Enzyklopädie der Psychologie

ENZYKLOPÄDIE DER PSYCHOLOGIE

In Verbindung mit der
Deutschen Gesellschaft für Psychologie

herausgegeben von

Prof. Dr. Niels Birbaumer, Tübingen
Prof. Dr. Carl F. Graumann, Heidelberg
Prof. Dr. Martin Irle, Mannheim
Prof. Dr. Julius Kuhl, Osnabrück
Prof. Dr. Wolfgang Prinz, München
Prof. Dr. Franz E. Weinert, München

Themenbereich C

Theorie und Forschung

Serie IV

Motivation und Emotion

Band 3

Psychologie der Emotion

Verlag für Psychologie · Dr. C.J. Hogrefe
Göttingen · Toronto · Zürich

Psychologie der Emotion

Herausgegeben von

Prof. Dr. Klaus R. Scherer, Genf

Verlag für Psychologie · Dr. C.J. Hogrefe
Göttingen · Toronto · Zürich

Satz: MS-Satz, Jürgen Meyer, Neunkirchen-Seelscheid 1

Druck und Bindung: Hubert & Co., Göttingen

Printed in Germany.

ISBN 3-8017-0520-X

Autorenverzeichnis

Prof. Dr. Herrmann Brandstätter

Johannes-Kepler-Universität Linz
Institut für Psychologie

A-4040 Linz

Dr. Winand Dittrich

Ruhr-Universität Bochum
Fakultät für Psychologie
Postfach 10 21 48

D-4630 Bochum 1

Prof. Dr. Dietrich Dörner

Max-Planck-Projektgruppe
Kognitive Anthropologie
Frauenstr. 6

D-1000 Berlin 45

Dr. med. Dr. phil. Dipl.-Psych.
Hermann Faller

Psychosomatische Klinik der
Universität Heidelberg
Abt. für Psychotherapie und
Medizinische Psychologie
Landfriedstraße 12

D-6900 Heidelberg 1

Dr. Ulrich Geppert

Max-Planck-Institut für
Psychologische Forschung
Leopoldstr. 24

D-8000 München 44

Prof. Dr. Dr. h.c.
Heinz Heckhausen†

Max-Planck-Institut für
Psychologische Forschung
Leopoldstr. 24

D-8000 München 44

Dr. Michael Hüppe

Institut für Psychologie
der Universität Würzburg
Lehrstuhl für Psychologie I
Domerschulstraße 13

D-8700 Würzburg

Prof. Dr. Wilhelm Janke

Institut für Psychologie
der Universität Würzburg
Lehrstuhl für Psychologie I
Domerschulstraße 13

D-8700 Würzburg

Dr. Carl-Walter Kohlmann

Psychologisches Institut der
Johannes Gutenberg-Universität
Abt. Persönlichkeitspsychologie
Saarstr. 21/Staudingerweg 9

D-6500 Mainz

Prof. Dr. phil. Rainer Krause

Universität des Saarlandes
Fachrichtung Psychologie
FB 6: Sozial- und Umweltwissenschaften
Universitätscampus, Bau 1

D-6600 Saarbrücken

Prof. Dr. Heinz W. Krohne

Psychologisches Institut der
Johannes Gutenberg-Universität
Abt. Persönlichkeitspsychologie
Saarstr. 21/Staudingerweg 9

D-6500 Mainz

Prof. Dr. Lothar Laux

Universität Bamberg
Lehrstuhl für Persönlich-
keitspsychologie
Markusstraße 6

D-8600 Bamberg

Prof. Dr. Klaus R. Scherer

Universität Genf
Abteilung für Psychologie
F.P.S.E.
24, rue Général-Dufour

CH-1211 Genf 4

Prof. Dr. Klaus Schneider

Ruhr-Universität Bochum
Fakultät für Psychologie
Postfach 10 21 48

D-4630 Bochum 1

Dr. Thea Stäudel

Universität Bamberg
Lehrstuhl Psychologie II
Markusplatz 3

D-8600 Bamberg

Prof. Dr. med. Dipl.-Psych.
Rolf Verres

Abt. Medizinische Psychologie
Universitätskrankenhaus
Hamburg-Eppendorf
Martinistraße 52

D-2000 Hamburg 20

PD Dr. Harald Wallbott

Justus-Liebig-Universität
Fachbereich 06 Psychologie
Otto Behaghel-Straße 10

D-6300 Gießen

Dr. Hannelore Weber

Universität Bamberg
Lehrstuhl für Persönlich-
keitspsychologie
Markusstraße 6

D-8600 Bamberg

Inhaltsverzeichnis

1. Kapitel: Theorien und aktuelle Probleme der Emotionspsychologie
Von Klaus R. Scherer

Phylogenese und Ontogenese der Emotionen

2. Kapitel: Evolution und Funktion von Emotionen
Von Klaus Schneider und Winand Dittrich

3. Kapitel: Ontogenese der Emotionen
Von Ulrich Geppert und Heinz Heckhausen

4. Kapitel: Emotionalität bei alten Personen
Von Wilhelm Janke und Michael Hüppe

Komponenten der Emotion

5. Kapitel: Emotion und Kognition
Von Dietrich Dörner und Thea Stäudel

6. Kapitel: Ausdruck von Emotionen
Von Klaus R. Scherer und Harald G. Wallbott

7. Kapitel: Emotionen im sozialen Verhalten
Von Hermann Brandstätter

Differentielle Aspekte der Emotionen

8. Kapitel: Persönlichkeit und Emotion
Von Heinz W. Krohne und Carl-Walter Kohlmann

9. Kapitel: Bewältigung von Emotionen
Von Lothar Laux und Hannelore Weber

10. Kapitel: Psychodynamik der Emotionsstörungen
Von Rainer Krause

11. Kapitel: Emotion und Gesundheit
Von Hermann Faller und Rolf Verres

1. Kapitel

Theorien und aktuelle Probleme der Emotionspsychologie[1]

Klaus R. Scherer

Die Emotionen haben zu allen Zeiten eine Herausforderung für die Wissenschaften vom Verhalten dargestellt. Es gibt wohl keinen umfassenden theoretischen Erklärungsversuch für menschliches oder tierliches Verhalten, der sich nicht auch um eine Deutung der Emotionen als Reaktionen auf Umweltreize und Faktoren der Verhaltenssteuerung bemüht hätte. Somit liest sich die Liste derer, die der Emotionsforschung wichtige Impulse gegeben haben, fast wie ein Abriß der Geschichte der abendländischen Geistes- und Verhaltenswissenschaften. Nahezu alle großen Philosophen haben den Emotionen wesentliche Teile ihres Werkes gewidmet: die Großen der klassischen griechischen Philosophie, insbesondere Plato und Aristoteles; die Philosophen der Stoa; die Philosophen und Rhetoriker der römischen Schulen, wie etwa Cicero; Kirchenväter wie Augustinus; die Vertreter der scholastischen Philosophie des Mittelalters, so etwa Thomas von Aquin; die Philosophen des 17. Jahrhunderts, insbesondere Descartes und Spinoza; die Philosophen der Aufklärung, insbesondere Kant; und eine große Zahl von Philosophen der Neuzeit, in besonderem Maße Sartre. Ausführliche Darstellungen der philosophischen Beiträge zur Emotionsliteratur finden sich in folgenden Arbeiten: Gardiner, Clark-Metcalf, und Beebe-Center (1937/80); Plutchik & Kellerman (1980); Rorty (1980); Strongman (1973/1986).

[1] Dieses Kapitel war ursprünglich als umfassende Übersicht und kritische Diskussion klassischer und moderner Emotionstheorien sowie des gegenwärtigen Forschungsstandes bezüglich der von diesen Theorien generierten Vorhersagen gedacht. Aufgrund gravierender Probleme mit dem Gesamtumfang des Bandes mußte diese Intention jedoch revidiert werden. Der vorliegende Aufsatz beschränkt sich auf eine Übersicht über die Vielfalt der Emotionstheorien und eine Auflistung der Fragestellungen, die gegenwärtig die meisten Forschungsanstrengungen auf sich ziehen. Die Darstellung soll dem Benutzer dieses Enzyklopädiebandes eine Orientierungshilfe an die Hand geben, die dazu beitragen kann, die vielfältigen Forschungsrichtungen, die in den Einzelbeiträgen referiert werden, zu integrieren. Außerdem sollen Anregungen für ein weiterführendes Selbststudium geliefert werden.

Während sich die Philosophen vorwiegend mit dem durch die Emotionen hervorgerufenen Gemütszustand, den Gefühlen, beschäftigt haben (obwohl wir gerade auch in der klassischen Philosophie viele Hinweise auf motorischen Ausdruck und physiologische Prozesse finden), haben sich Vertreter der biologischen und medizinischen Wissenschaften von alters her mit den körperlichen Symptomen der emotionalen Reaktionen befaßt. Es seien hier nur einige wichtige Namen aus dieser Forschungstradition aufgeführt: Hippokrates, Galen, Bell, Darwin, Cannon.

Auch in der noch jungen Geschichte der Psychologie haben die Emotionen eine zentrale Rolle gespielt, obschon die Geschicke der Emotionsforschung in dieser Disziplin sehr wechselhaft waren (vgl. auch Frijda, 1986). Wir finden kaum einen „Klassiker" der Psychologie, der nicht auch den Emotionen einen breiten Raum in seinem Theoriengebäude eingeräumt hätte, so etwa James und Wundt, um nur zwei bedeutsame Namen aus der Frühzeit der Psychologie zu nennen.

Auch wenn eine umfassende Geschichte der wissenschaftlichen Beschäftigung mit den Emotionen noch aussteht, so zeigen doch bereits diese kurzen Hinweise, welch intensive Forschungsbemühungen diesem Phänomen gegolten haben. Um so überraschender ist es, wenn man bei Durchsicht moderner Lehrbücher der Psychologie feststellen muß, daß der Erkenntnisstand in diesem Forschungsgebiet weit weniger entwickelt ist als in anderen Bereichen der Psychologie. Nicht nur ist der Umfang des gesicherten Wissens gering, auch die Zahl der empirischen Forschungsarbeiten liegt weit unter der anderer Teildisziplinen der Psychologie. Dies mag nicht zuletzt auch auf den unbefriedigenden Stand der Konzeptualisierung der Emotionsphänomene zurückzuführen sein.

1 *Zur Definition der Emotion*

Bereits die Vielzahl der sprachlichen Begriffe für emotionale Phänomene, die sich in vielen verschiedenen Sprachen finden, zeigt das Problem der Eingrenzung und Präzisierung des Emotionskonzepts: Emotion, Affekt, Stimmung, Gefühl, Erregung, usw. Bei näherer Betrachtung klassischer Kontroversen in der Emotionspsychologie stellt sich nicht selten heraus, daß die Quelle der fehlenden Übereinstimmung oft eher in unterschiedlicher Konzeptualisierung denn in grundlegenden Meinungsverschiedenheiten über die ablaufenden Prozesse zu liegen scheint. So muß man sich fragen, ob die berühmte Kontroverse zwischen W. James und W.B. Cannon (Cannon, 1927) nicht zumindest zum Teil darauf zurückzuführen ist, daß James vorwiegend eine

Erklärung für die Auslösung von *Gefühlszuständen* suchte, während sich Cannon eher mit den *neuronalen und somatischen Komponenten* der emotionalen Prozesse beschäftigte. Eine Klärung dieser Frage bleibt einer ausführlicheren wissenschaftsgeschichtlichen Abhandlung vorbehalten. Es scheint jedoch nützlich als Grundlage für eine kritisch vergleichende Würdigung verschiedener Emotionstheorien und für die Darstellung der aktuellen Forschungsprobleme, den Versuch einer Definition des Emotionskonzepts zu unternehmen.

In Anbetracht der außerordentlich vielfältigen Definitionsvorschläge (s. Kleinginna & Kleinginna, 1981) wäre es müßig, oder vermessen, eine Integration dieser Vorschläge zu versuchen und eine verbindliche Emotionsdefinition vorlegen zu wollen. Es soll daher an dieser Stelle ein Definitionsvorschlag des Autors eingeführt werden, der jedoch in vielen Bereichen mit neueren Definitionsvorschlägen anderer Forscher in diesem Bereich zu konvergieren scheint (siehe auch Buck, 1985; Frijda, 1986; Lazarus, Coyne & Folkman, 1984; Lewis, Sullivan & Michalson, 1984; Öhman, 1987; Shaver, Schwartz, Kirson & O'Connor, 1987). Die Auffassung, daß Emotionen Prozesse darstellen, an denen jeweils verschiedene Reaktionskomponenten oder -modalitäten beteiligt sind, ist im Laufe der Zeit zunehmend anerkannt worden. D. h. es wird übereinstimmend angenommen, daß zum Zustandekommen und Ablauf emotionaler Prozesse sowohl subkortikale als auch kortikale Verarbeitungsmechanismen externer oder interner Reizung, neurophysiologische Veränderungsmuster, motorischer Ausdruck, Motivationstendenzen und Gefühlszustände beitragen. Die Existenz dieser Komponenten scheint unbestritten, obschon einige Theoretiker die „kognitive" Komponente vorwiegend für das *Entstehen* von Emotionen verantwortlich machen und von einer eigentlichen emotionalen „Reaktionstrias" (i. e. neurophysiologische Symptome, motorischer Ausdruck und Gefühl) abgrenzen. Die motivationale Komponente (die emotionsbegleitenden Verhaltenstendenzen) wird mitunter auch eher als *Folge* der emotionalen Erregung, denn als Teil der Emotion gesehen. Sieht man Emotionen jedoch als Prozeß, dann wird eine Unterscheidung in Antezedenz, Essenz und Konsequenz nahezu undurchführbar, da offensichtlich sehr enge Wechselwirkungen zwischen den Teilprozessen bestehen.

Der Autor hat vorgeschlagen, die Emotionskomponenten als Zustandsformen fünf organismischer Subsysteme zu definieren (vgl. Scherer, 1984a, 1986 und Abb. 1), die ihrerseits jeweils eigene Funktionen für Adaptation und Verhalten des Organismus haben (z. B. Regelung der internen Homöostase, instrumentelles Handeln, etc; zur Frage der Funktion der Emotionen s. Schneider & Dittrich, in diesem Band). Emotionsprozesse sind dieser Auffassung entsprechend durch eine enge Koordination der Veränderungen aller einzelnen

Funktionen	Subsysteme	Komponenten
Reizbewertung	Informationsverarbeitungssystem	Kognitive Komponente
Systemregulation	Versorgungssystem	Neurophysiologische Komponente
Handlungsvorbereitung	Steuerungssystem	motivationale Komponente
Kommunikation von Reaktion und Intention	Aktionssystem	Ausdruckskomponente
Reflexion und Kontrolle	Monitorsystem	Gefühlskomponente

Abb. 1: Organismische Subsysteme in Beziehung zu Funktionen und Komponenten von Emotionen

Subsysteme im Interesse einer Gesamtmobilisierung des Organismus, und zwar unter Hintanstellung der Einzelfunktionen der einzelnen Subsysteme, gekennzeichnet. Bevor eine derartige Emotionsdefinition eingehend dargestellt werden kann, müssen die fünf Subsysteme kurz dargestellt werden (vgl. detaillierte Erörterung in Scherer, 1986).

Das Informationsverarbeitungs-Subsystem ist für die interne und externe Reizbewertung verantwortlich. Es wird angenommen, daß das System die externe Umwelt und interne Rückkoppelungssignale ständig daraufhin überwacht, ob für den Organismus wichtige Veränderungen eintreten. Der jeweilige Zustand des Subsystems besteht aus dem Ergebnis der Wahrnehmung, Erinnerung, Vorhersage oder Bewertung von Situationen, Beziehungen, Tatsachen, Ereignissen oder Handlungen (auch oft kurz die „kognitive" Komponente genannt, obwohl hier auch subkortikale Verarbeitungsprozesse eine Rolle spielen können).

Das Versorgungs-Subsystem dient in erster Linie der homöostatischen Regulation des Organismus und der Erzeugung der für instrumentelle Handlungen nötigen Energie. Das Substrat dieses Subsystems besteht vorwiegend aus dem neuroendokrinen System und dem autonomen Nervensystem. Der Zustand dieses Subsystems kann somit durch die Erfassung hormonaler und autonomer Variablen bestimmt werden (neurophysiologische Komponente).

Das Steuerungs-Subsystem, dessen Substrat aus verschiedenen Strukturen des zentralen Nervensystems gebildet wird, dient der Entscheidung über und der Planung von instrumentellen Handlungen, der Vorbereitung und Richtung dieser Handlungen, als auch der Vermittlung zwischen konfligierenden Motiven und Plänen (die motivationale Komponente). Der Zustand dieses Subsystems wird durch die jeweilige Plan- und Zielstruktur des Organismus bestimmt.

Das Aktions-Subsystem, mit dem somatischen Nervensystem und insbesondere der quergestreiften Muskulatur als Substrat, dient vorwiegend dem Ausdruck und damit der Kommunikation von Reaktion und Intention sowie der Ausführung willentlicher Handlungen (Ausdruckskomponente).

Ein letztes Subsystem schließlich, das sich vorwiegend als Gefühl äußert, wird als Monitor-Subsystem konzeptualisiert, als Kontrollsystem, das den gegenwärtigen Zustand aller anderen Subsysteme reflektiert und integriert und damit die Aufmerksamkeit auf für den Organismus wesentliche Um- und Innenweltbedingungen lenkt (Gefühlskomponente).

Wie bereits erwähnt, scheint es das besondere Merkmal der Emotionen zu sein, daß verschiedene Subsysteme, denen im einzelnen jeweils unterschiedliche Funktionen zukommen, für einen begrenzten Zeitraum zusammenwirken. Diese koordinierten Zeitabschnitte im Strom der sich ständig verändernden Subsystemzustände sollen als emotionale Prozesse bezeichnet werden. Auf dieser Grundlage kann folgende Arbeitsdefinition vorgeschlagen werden: Emotionen bestehen aus Abfolgen von aufeinander bezogenen, synchronisierten Veränderungen in den Zuständen aller fünf organismischen Subsysteme. Diese Veränderungen werden ausgelöst durch die Bewertung eines externen oder internen Reizes als bedeutsam für die zentralen Bedürfnisse und Ziele des Organismus. Die einzelnen Bestimmungsstücke dieser Definition sollen nun kurz näher erläutert werden.

Reaktion auf Reize und Ereignisse. Es wird vorgeschlagen, den Begriff Emotion nur auf solche Zustandsveränderungen anzuwenden, die durch diskrete Ereignisse oder Reize ausgelöst werden. Diese Reize können tatsächlich aufgetreten sein oder nur in der Vorstellung eines Menschen existieren (mit anderen Worten: allein die mentale Repräsentation eines für die Zukunft erwarteten Ereignisses kann eine Emotion auslösen). Diese Einschränkung eliminiert länger andauernde Veränderungen des externen oder internen Milieus. So sind die „Stimmungen" als mittel- oder langfristige Veränderungen einzelner Subsystemzustände von den Emotionen abzugrenzen, da sie hier nur selten durch spezifische Reize unmittelbar ausgelöst werden, sondern sich eher unspezifisch über einen längeren Zeitraum hinweg ausbilden. Auch stabile emotional getönte Einstellungen gegenüber Objekten und Personen, wie etwa Vorlieben oder Abneigungen, fallen nicht unter die hier vorgeschlagene Definition. Allerdings ist nicht auszuschließen, daß zwischen Emotionen, Stimmungen und affektiven Einstellungen enge Wechselwirkungen bestehen (vgl. auch Frijda, 1986, S. 252-253; Izard, 1977).

Bewertung der Bedeutung. Der vorgeschlagenen Definition entsprechend, können nur solche Ereignisse und Reize, die vom Organismus als wichtig für die wesentlichen Bedürfnisse und Ziele eingeschätzt werden, Emotionen auslösen. Ein wichtiges Bestimmungsstück von Emotionen ist somit immer die hohe Ich-Beteiligung, das „involvement" des Organismus, aufgrund der hohen Bedeutung des Reizes oder des Ereignisses für die eigenen Ziele (auch wenn dies nur auf der subjektiven Einschätzung beruht) (vgl. auch Buck, 1985; Frijda, 1986).

Auswirkungen auf alle Subsysteme. Dieser Definition nach soll der Begriff Emotion nur dann zur Bezeichnung von Zustandsänderungen des Organismus verwandt werden, wenn aufeinander bezogene Veränderungen in den Zuständen aller postulierten Subsysteme vorliegen. So würde man z. B. Bewertungen von Reizen im Sinne ästhetischer Präferenz, die jedoch keine physiologischen oder motorischen Veränderungen hervorrufen, eher als affektive Einstellungen denn als Emotionen bezeichnen wollen. Dies könnte beispielsweise bei „bewundern" der Fall sein. Es ist jedoch zu beachten, daß Veränderungen der Subsysteme, vor allen Dingen des Versorgungs- und des Aktions-Subsystems, sehr subtil und nicht immer ohne Hilfsmittel wahrnehmbar sein können (wie etwa leichte Spannungsänderungen in der Gesichtsmuskulatur oder Veränderungen der Hormonausschüttung). Die Forderung, daß alle Subsysteme korrespondierende Veränderungen erfahren müssen, bedeutet, daß der Emotionsprozeß auch immer eine Veränderung des subjektiven Gefühlszustandes mit sich bringt. Es soll jedoch hier nicht auf die schwierige Frage eingegangen werden, ob dieser Gefühlszustand auch immer bewußt und/oder verbalisierbar sein muß.

Synchronisation der Veränderungen. Eine Veränderung bezieht sich immer auf die Abweichung von einem stabilen Zustand, einer „baseline". Dieser Grundzustand ist jedoch nicht notwendigerweise ein neutraler oder Nullzustand. Es handelt sich hierbei vielmehr um Gleichgewichtszustände, die sich zu verschiedenen Zeitpunkten auf unterschiedlichen Niveaus stabilisieren können. Kurzfristige Veränderungen um diese Gleichgewichtszustände herum charakterisieren die speziell bei Emotionen anzutreffenden Auslenkungen der Systemzustände. Die Forderung, daß die entsprechenden Veränderungen der Subsysteme synchronisiert sein müssen, bezieht sich insbesondere darauf, daß Emotionen als spezielle Zustände des Organismus gesehen werden, während derer alle Ressourcen mobilisiert werden, um bestimmte Anpassungsanforderungen meistern zu können. Diese Sicht der Emotionen als Alarmzustände des Organismus schließt auch die positiven Emotionen ein, denn auch hier sind Auslenkungen des normalen Systemzustandes zu verzeichnen, die nicht über längere Zeit hinweg andauern können.

Die hier vorgeschlagene Definition postuliert mithin folgenden Ablauf des Emotionsprozesses: Die Ergebnisse von Informationsverarbeitungsprozessen, kortikal oder subkortikal, führen zu Veränderungen der Zustände aller fünf Subsysteme. Diese Veränderungen führen zu komplexen Wechselwirkungen und damit zu einer Synchronisation der Systemzustände, auch wenn die speziellen Eigenschaften der einzelnen Subsysteme unterschiedliche Verlaufsformen der Veränderungsprozesse nahelegen. Während der Episoden der so synchronisierten Subsystemzustände ist mithin die gesamte Verarbeitungskapazität des Organismus auf den speziellen Auslöser gerichtet. Die emotionale Episode endet, wenn die Synchronisation und das gegenseitige Einwirken der Subsysteme aufeinander schwächer werden und die einzelnen Subsysteme wieder ihre speziellen Funktionen übernehmen.

2 *Theorien der Emotion*

Wohl aufgrund des fehlenden Konsensus über ein verbindliches Emotionskonzept und des relativ mageren Erkenntnisstandes über den Auslöser von Emotionsprozessen und der beteiligten Reaktionsmuster ist in diesem Bereich ein regelrechter Wildwuchs von Theorievorschlägen entstanden. Da es in dieser Forschungstradition nur wenige kritische Experimente gibt, die eine gewisse Selektionsfunktion bezüglich der Theorienvielfalt ausüben könnten, ist wohl auch nicht zu erwarten, daß sich dieser Zustand ändert. Kaum eine der Emotionstheorien kann den Anspruch erheben, eine umfassende Theorie emotionaler Prozesse zu sein. Nahezu alle bisherigen Ansätze beschränken sich auf die Thematisierung von Einzelkomponenten des Emotionsprozesses oder sogar von Einzelfragestellungen, so etwa auf die Frage der Definition und der Funktion von Emotionen, auf die Bestimmung der beteiligten Substratstrukturen und ihrer Vernetzungen, auf die Erklärung der Auslösungs- und Rückkopplungsbeziehungen zwischen einzelnen Komponenten oder auf die soziokulturellen Regulation von Emotionen. An dieser Stelle kann nur ein grober Überblick über die theoretischen Ansätze vorgelegt werden, die in der modernen Emotionsliteratur regelmäßig zitiert und diskutiert werden. Die Theorien werden dabei nach den jeweiligen Komponenten gruppiert, denen sie ihre Hauptaufmerksamkeit schenken. Bei dieser Gliederung wird keine Rücksicht auf historische Priorität genommen.

2.1 Die kognitive Komponente

Die wichtigste Gruppe von „kognitiven“ Theorien beschäftigt sich mit der Auslösung und Differenzierung von Emotionen durch kognitive oder quasikognitive Bewertungsprozesse. Obschon die Annahme von kognitiv gesteuerten Umweltbewertungen implizit bei vielen frühen Theorieansätzen eine Rolle spielt (etwa bereits bei Lersch, 1962, S. 218-220), so wurde dieser Aspekt jedoch explizit von Arnold (1960) und Lazarus (1968) in den Mittelpunkt ihrer Theorieansätze gestellt. Während Arnold eine relativ simple Bewertung von Objekten und Umweltereignissen aufgrund ihrer hedonischen Valenz für den Organismus annahm und sich ansonsten vorwiegend mit Fragen des neuropsychologischen Substrats dieser Verarbeitungsprozesse (siehe unten) beschäftigte, nahm Lazarus relativ frühzeitig einen komplexeren „transaktionalen“ Bewertungsprozeß an, in den neben der hedonischen Valenz der Zielopportunität von Ereignissen auch die Bewältigungsfähigkeit des Organismus als Bewertungskriterium eingeht (wobei die Prozeßhaftigkeit der Emotionsauslösung durch die Annahme von „reappraisals" angedeutet wird). Diese frühen Ansätze blieben lange Zeit ohne größeren Einfluß. Zu Beginn der achtziger Jahre wurden jedoch — völlig unabhängig voneinander — elaboriertere Bewertungskonzepte von einer Reihe von Psychologen vorgelegt. So thematisierte Weiner (1982, 1985) im Rahmen seiner attributionstheoretischen Arbeiten zur Leistungsmotivation die emotionsgenerierenden und -differenzierenden Wirkungen unterschiedlicher Kausalattributionen. Bandura (1977) bezieht emotionale Reaktionen auf die Selbsteinschätzung der „self-efficacy". Abelson (1983) sowie Ellsworth mit ihren Schülern Roseman (1984) und Smith (Smith und Ellsworth, 1985, 1987) versuchen die kognitiven Komponenten zu bestimmen, die Einzelemotionen differenzieren. Frijda (1986, 1987), angeregt durch die Arbeiten von Spinoza, stellt Listen von emotionsdifferenzierenden kognitiven Dimensionen auf, die zur Gruppierung und Taxonomisierung der Emotionsbegriffe verwendet werden. Solomon (1976) beschreibt aus philosophischer Sicht die Kriterien, die es erlauben, die Besonderheiten der diskreten Emotionen zu bestimmen. Auch Ortony, Clore und Collins (1988) wählen einen auf die sprachlichen Emotionsadjektive bezogenen Ansatz und versuchen, die Sinndimensionen der jeweiligen semantischen Felder theoretisch zu erklären. Scherer (1979, 1981, 1984 a, b), ausgehend von evolutionsbiologischen Überlegungen zu den Funktionen von Emotionen, schlägt eine Sequenz von Bewertungsschritten vor, deren Ergebnismuster die Emotionsdifferenzierung bestimmen. Eine vergleichende Übersicht dieser Theorieansätze, die sich insbesondere mit den emotionsauslösenden kognitiven Bewertungsmechanismen beschäftigen, zeigt, daß die postulierten Dimensionen, die zum Teil inzwischen empirisch nachgewiesen werden konnten, sehr häufig nahezu deckungsgleich sind (siehe Scherer, 1988). Abb. 2 zeigt eine Übersicht über die von verschiedenen Autoren vorgeschlagenen Bewertungskriterien oder -dimensionen.

Auch in den Theorien von Schachter (1975; Schachter & Singer, 1962) und eng daran angelehnt Mandler (1984) spielen emotionsdifferenzierende Kognitionen eine zentrale Rolle. Allerdings liegt die Betonung hier nicht auf der Auslösung und Differenzierung, sondern auf den nach Eintreten eines physiologischen Erregungszustandes einsetzenden kognitiven Attributionsprozessen, die eine gefühlsmäßige Identifizierung des Emotionszustandes erlauben sollen. Abgesehen von den Schwierigkeiten der empirischen Replikation der auf dieser Theorie basierenden Untersuchungen von Schachter und Singer (siehe Erdmann & Janke, 1978; Reisenzein, 1983) kann auch der theoretische Zugang wohl nur als für Ausnahmefälle (wie etwa Erregungsübertragung — „excitation transfer" —, Zillmann, 1978) anwendbar erscheinen. Bedauerlich ist, daß diese interessante, aber wohl wenig ökologisch valide Theorie über Jahrzehnte hinweg die für die Emotion reservierten Teile der psychologischen Lehrbücher dominiert hat.

SCHERER	FRIJDA	ORTONY/ CLORE	ROSEMAN	SMITH/ ELLSWORTH	SOLOMON	WEINER
Novelty	Change			Attention		
● Suddenness						
● Familiarity	Familiarity					
● Predictability		Unexpectedness				
Intrinsic Pleasantness	Valence	Appealingness		Pleasantness		
Goal Significance						
● Concern relevance	Focality		App/Ave Motives		Scope/Focus	
● Outcome probability	Certainty	Likelihood	Probability	Certainty		
● Expectation	Presence	Prospect realization				
● Conduciveness	Open/Closed	Desirability	Motive Consistency	Goal/Path Obstacle	Evaluation	
● Urgency	Urgency	Proximity		Anticipated effort		
Coping Potential						
● Cause: Agent	Intent/Self-Other	Agency	Agency	Agency	Responsibility	Locus of Causality
● Cause: Motive				Agency		Stability
● Control	Modifiability					Controllability
● Power	Controllability		Power		Power	Controllability
● Adjustment						
Compatibility Standards		Blameworthiness				
● External	Value Relevance			Legitimacy		
● Internal						

Abb. 2: Vergleichende Gegenüberstellung der Listen emotionsantezedenter Bewertungskriterien bei verschiedenen Autoren

Eine weitere Gruppe kognitiver Theorien läßt sich im weitesten Rahmen als auf Informationsverarbeitungssystemen beruhenden Ansätzen beschreiben. Zu diesen Autoren zählen etwa Berlyne (1960), obschon er nur die von einigen Emotionspsychologen gar nicht als Emotionen anerkannten Zustände „Interesse“ und „Überraschung“ direkt thematisiert, und Simonov (1970), der die Diskrepanz zwischen erwarteten und eintreffenden Informationen zur Emotionsdifferenzierung nutzen will. Auch die von Leventhal (1984) vorgelegte „perceptual motor theory of emotion“ hat starke informationstheoretische Komponenten, insofern als hier die unterschiedlichen Verarbeitungsebenen des Informationsverarbeitungsapparates in den Mittelpunkt gestellt werden (wobei allerdings auch den motorischen Rückkopplungsprozessen eine wichtige Rolle beigemessen wird).

In neuester Zeit schließlich haben Netzwerk- und Assoziationstheorien, aus der kognitiven Psychologie stammend, theoretische Ansätze in der Emotionspsychologie beeinflußt. Hierzu gehören insbesondere die Beiträge von Bower (Bower & Cohen, 1982) und Lang (1984).

2.2 Die neurophysiologische Komponente

Hier ist zwischen zwei wesentlichen Gruppen von Theorien zu unterscheiden: zum einen die eher auf periphere und autonome Prozesse zielenden Theorien, zum anderen Theorien, die sich vorwiegend mit den zentralen kortikalen und limbischen Substraten und den emotionsrelevanten Erregungsbahnen beschäftigen. Zur ersten Gruppe zählen insbesondere Theorien, die die autonome Erregung als Determinanten von Gefühlszuständen sehen, also die klassische James-Lange-Theorie (James, 1884; Lange 1885), nach der die differenzierte Rückkopplung peripherer Systeme die Differenzierung des Gefühlszustandes herbeiführt. Auch die Theorien von Schachter und Mandler gehören in gewisser Weise in diese Gruppe, obschon hier entgegen der James-Lange-Theorie eine unspezifische autonome Erregung angenommen wird, die die entscheidende Rolle bei der Auslösung von kognitiven Attributionsprozessen (siehe oben) spielt. Diese Theoriengruppe kann auch den auf die Gefühlskomponente gerichteten Ansätzen zugeordnet werden (s. u.), da die Wechselwirkung beider Komponenten hier im Mittelpunkt steht.

Dies ist nicht der Fall bei einer Gruppe von Theorien, die die autonome Erregung und ihre kontinuierliche Variation als hinreichende Determinante von Emotionsdifferenzierung ansehen. Hierzu zählen insbesondere Duffy (1934, 1941), die durch ihre Forderung nach Abschaffung des Emotionskonzeptes und Ersetzung durch ein differenzierteres Aktivierungskonzept berühmt (und berüchtigt) wurde, aber auch, obschon in modifizierter Form, Lindsley (1951) und Young (1961). Sehr viel differenziertere Vorstellungen, aus neurophysiologischer Sicht, entwickelten Theoretiker, denen es in erster Linie um die Frage der Homöostase der peripheren Systeme geht. Von besonderem Interesse ist Gellhorns (1970) Theorie der komplexen Interaktion der ergotropen und trophotropen Systeme als differenzierendes Moment der diskreten Emotionen, die zu Unrecht nur in sehr beschränktem Maße rezipiert wurde. Zu dieser Gruppe könnte man auch Wenger zählen, der sich mit der Frage interindividueller Unterschiede in der relativen Ausprägung der beiden Subsysteme des ANS in verschiedenen Emotionszuständen beschäftigte (s. Wenger & Cullen. 1972).

Die Gruppe der auf zentrale Mechanismen gerichteten Theorien läßt sich nur schwer untergliedern, obschon hier wichtige Unterschiede vorliegen. Diese beziehen sich nicht nur auf die jeweils in den Mittelpunkt gestellten Strukturen und die jeweils angenommenen Vernetzungsprozesse, sondern auch auf den Grad der Berücksichtigung der phylogenetischen Entwicklung, motivationaler Grundtendenzen, der Spezialisierung von Strukturen und ihrer Beziehungen zu anderen Emotionskomponenten. Da eine differenzierte Behandlung dieser Unterschiede an dieser Stelle nicht möglich ist, sollen die wichtigsten Theoretiker hier nur kurz aufgezählt werden: Arnold (1960), Cannon (1915), Hebb (1949), MacLean (1975), Panksepp (1982), Papez (1937), Pribram (1967, 1984).

2.3 Die Ausdruckskomponente

Die Theoretiker in dieser Gruppe sehen den motorischen Ausdruck als zentrale Komponente und zum Teil sogar als Determinante der Emotionsdifferenzierung an. Quelle und Vorbild nahezu aller moderner Ausdruckstheorien ist Darwins Pionierarbeit über den Ausdruck der Emotionen bei Menschen und Tieren (Darwin, 1872), in dem der berühmte Evolutionsbiologe anhand dreier Prinzipien die Zweckmäßigkeit von Ausdrucksbewegungen bei der Adaptation an Umweltbedingungen darstellte und an einer Vielzahl von Beispielen illustrierte (s. Beitrag von Scherer & Wallbott in diesem Band). Im Mittelpunkt dieses Ansatzes steht also die Funktionalität der Emotionsreaktionen, die als Bewältigungsmechanismen aufgefaßt werden, wobei viele Ausdrucksprozesse als rudimentäre Überreste von eigentlich zweckmäßigen Bewegungen oder von letzteren abgeleitet angesehen werden. Viele Theoretiker, die den motorischen Ausdruck in den Mittelpunkt ihrer Erklärungsversuche stellen, nehmen an, daß angeborene Neuro-Motor-Programme die Auslösung und Differenzierung der emotionalen Reaktionen leisten (wobei das Primat den Ausdrucksprozessen und vorwiegend den mimischen Prozessen zukommt). Innerhalb eines solchen, auf die biologische Anlage zentrierten Theorienansatzes liegt es nahe, eine begrenzte Anzahl diskreter Emotionen als Basis- oder fundamentale Emotionen anzunehmen. Allerdings unterscheiden sich die Listen der entsprechenden Emotionen bei den einzelnen Theoretikern z. T. erheblich. Die Renaissance des Darwinschen Gedankenguts und die Zentrierung der Aufmerksamkeit auf die Gesichtsmuskulatur geht insbesondere auf Tomkins (1962, 1963, 1984) zurück.

Die Anreicherung Darwinschen Gedankenguts mit Ansätzen aus einer Vielzahl anderer Teilbereiche der Psychologie und der Verhaltenswissenschaften hat eine kleine Gruppe von Theoretikern nachhaltig beeinflußt. Hierzu zählen insbesondere Izard (1971, 1977), der ursprünglich gemeinsam mit Tomkins und später eigenständig, eine integrale Theorie der diskreten Emotionen entwickelt hat. Dieser Theorievorschlag muß wohl als einer der umfassendsten theoretischen Ansätze in der Emotionspsychologie angesehen werden, da hier nahezu alle Komponenten des Emotionsprozesses, allerdings unter der Grundannahme biologisch verankerter diskreter Emotionen, thematisiert werden. Izard selbst hat sich intensiv mit der empirischen Untersuchung interkultureller Unterschiede im Emotionsausdruck und seiner ontogenetischen Entwicklung beschäftigt (1978). Auch die Arbeiten von Ekman (1972, 1984) beruhen auf der Theorie von Tomkins. Ekman hat sich, mit weniger umfassendem theoretischen Anspruch als Izard, insbesondere um die Weiterentwicklung des methodischen Instrumentariums zur Überprüfung der Theorie und mit theoretischen Einzelfragen beschäftigt (s. Ekman, 1982, 1984).

Im deutschen Sprachraum haben sich insbesondere Lersch (1932) und Klages (1950) in ihren emotionstheoretischen Überlegungen auf den Ausdruck konzentriert, wobei jedoch die zugrundeliegenden psychologischen Konzepte auf persönlichkeitsspezifische und motivational bedeutsame „Schichten“ der Person zurückgeführt werden.

2.4 Die motivationale Komponente

Die Theorien in dieser Gruppe stellen die Beobachtung, daß nahezu alle Emotionszustände starke motivationale Auswirkungen haben und differenzierte Verhaltenstendenzen hervorrufen, in den Mittelpunkt ihrer Erklärungsansätze. Hier lassen sich zwei Hauptgruppen von Theorien unterscheiden. In der ersten Gruppe wird das Hauptaugenmerk wiederum auf die phylogenetische Kontinuität motivationaler Tendenzen und die Reduktion der Emotionsvielfalt auf eine begrenzte Zahl von für sehr viele Arten nachweisbare motivationale Bestrebungen gelegt. Zu ihr gehört insbesondere die Theorie von

Scott (1969), der eine Klassifikation der grundlegenden Motivationssysteme bei verschiedenen Tierarten vorgelegt hat, und die von ihr, aber auch von Darwin ausgehende Theorie von Plutchik (1980). Die Emotionen werden dabei sowohl in ihrer Entstehung als auch in ihrer Auswirkung auf diese grundlegenden und neurophysiologisch vorgeprägten Motivations- und Verhaltensmuster bezogen. Ein ähnlicher Erklärungsansatz, allerdings stärker neurophysiologisch orientiert, wurde in neuerer Zeit von Panksepp (1982) vorgeschlagen.

Eine zweite Gruppe funktional orientierter Theoretiker stellt die psychologischen Komponenten der emotionsbezogenen Motivationen und die Vielfalt der beim Menschen anzutreffenden Motivationszustände in den Mittelpunkt. Bereits sehr frühzeitig haben sich McDougall (1928) und Leeper (1948, 1965) hiermit auseinandergesetzt und das Primat der motivationalen Funktionen von Emotionen betont. In neuerer Zeit haben Buck (1985), der annimmt, daß Emotionen ein „priming", eine Vorformung der Verhaltensadaptation, leisten, und Frijda (1986), der die „action readiness" als zentrale Komponente der Emotionen ansieht, ähnliche Annahmen vorgelegt. Interessante Einsichten liefern auch die neueren handlungstheoretischen Ansätze, die sich intensiv mit der Rolle der Emotionen auseinandersetzen (vgl. die Beiträge in Eckensberger & Lantermann, 1985).

2.5 Die Gefühlskomponente

Kaum einer der bislang angeführten Theoretiker würde bezweifeln, daß emotionale Prozesse mit der Veränderung der Gefühlszustände beim Menschen einhergehen. Dennoch spielt diese Komponente in den einzelnen Theorien eine unterschiedlich gewichtige Rolle. Offensichtlich ist diese Komponente in biologisch orientierten Ansätzen, die die phylogenetische Kontinuität der Emotionen herausarbeiten, weniger bedeutsam als in den philosophisch-anthropologisch orientierten Theorien, die der großen Vielfalt der auch sprachlich extrem differenzierten Emotionszustände beim Menschen Rechnung tragen. Es gibt daher eine Reihe von Theorievorschlägen, die sich vorwiegend auf den Bereich der Gefühlskomponente beziehen. Eine Gruppe von Theorien hat sich insbesondere mit der Dimensionalität des emotionalen Erlebens beschäftigt. Der klassische Beitrag und das Vorbild für viele spätere Arbeiten war dabei Wundts Klassifizierung der Gefühlsempfindungen in die Dimensionen Lust-Unlust, Erregung-Beruhigung und Spannung-Lösung (Wundt, 1902, 1905). Obschon ähnliche Dimensionen für die Einschätzung motorischer Ausdrucksphänomene demonstriert wurden (Schlosberg, 1954), haben sich die weitaus meisten Arbeiten mit der Dimensionierung des semantischen Raums, der als Abbildung der Gefühlszustände angesehen wird, beschäftigt (Davitz, 1969; Fillenbaum & Rapoport, 1971; Mees, 1985; Russell, 1980; Traxel & Heide, 1961).

Sehr stark philosophisch orientiert sind eine Reihe von phänomenologischen Theorien des Gefühlsbereichs, wie sie etwa Sartre (1948), Hillman (1960) und Heller (1980) vorgelegt haben.

Wie erwähnt, wurde die Gruppierung in dieser kurzen Übersicht der heute noch beachteten Emotionstheorien durch die Komponente des Emotionsprozesses bestimmt, die in der jeweiligen Theorie akzentuiert wird. Wegen dieser weitgehenden Spezialisierung der einzelnen Theorien ist zu vermuten, daß keine dieser Theorien zutreffender ist als andere. In vielen Fällen ist es auch schwierig, konkrete Vorhersagen über Komponenten emotionaler Prozesse aus den einzelnen Theorien abzuleiten. Viele der Theorien stehen sich somit nicht als Konkurrenten gegenüber, zumal auch nur wenige den Anspruch erheben, umfassende Theorien der Emotion zu sein. Es ist daher anzunehmen, daß jede der Theorien einen wichtigen Ausschnitt aus der Realität der Emotionen abdeckt und daß statt einer kompetitiven Auseinandersetzung die Entwicklung von Schnittstellen zwischen den einzelnen Theorieansätzen und der Versuch der Integration verschiedener Theorien (vgl. etwa Leventhal & Scherer, 1987, als ein Beispiel für die mögliche Vorgehensweise) erforderlich sind.

Eine gewisse Sonderstellung nehmen schließlich die Theoretiker ein, die sich mit der soziokulturellen Einbettung der Emotionen und insbesondere ihrer Regulation und Kontrolle durch sozial- normative Faktoren beschäftigt haben. Hierzu zählen Averill (1980, 1982), Elias (1977), Hochschild (1983), Kemper (1978), Wundt (1900). Historische Übersichten finden sich in Vowinckel (1983) und Gerhards (1988).

Auch eine Reihe weiterer Theorien, die quer zu der hier vorgeschlagenen Klassifikation der Theorieansätze stehen, sind zu erwähnen. In diesen Theorien werden weniger bestimmte Aspekte oder Komponenten der Emotionsprozesse in den Mittelpunkt gestellt als vielmehr ideengeschichtliche Positionen oder spezifische Bestimmungsfaktoren. So kann man z. B. psychoanalytische Theorien, ausgehend von Freud, identifizieren, die die Emotionen und ihre Symptome aus psychodynamischen Prozessen herleiten und die sich insbesondere auch mit Affektstörungen befassen (Bowlby, 1975; Brenner, 1974; Dahl, 1979; Haynal, 1985; Krause, 1983, 1985; Rado, 1969; Rapaport, 1950; Spitz, 1963; s. Krause, in diesem Band). Auch lerntheoretische Ansätze zur Emotionserklärung sind vorwiegend aus dem vorherrschenden theoretischen Grundanliegen der jeweiligen Theoretiker zu verstehen (vgl. etwa Baltes & Reisenzein, 1985; Bindra, 1970; Gray, 1982; Millenson, 1967; Mowrer 1960, Watson, 1919).

Schließlich ist nicht zu verkennen, daß die Rezeption von Emotionstheorien über die Sprachgrenzen hinweg bislang kaum gelungen ist. So haben etwa die Beiträge der französischen Theoretiker bislang nur geringen Einfluß gehabt, obschon sich auch hier viele interessante Ideen finden (Dumas, 1948; Janet, 1928; Wallon, 1949).

3 Aktuelle Probleme und Forschungsansätze

Es wurde bereits betont, daß die heterogenen Ansätze der vorliegenden Emotionstheorien nur in seltenen Fällen dazu geführt haben, daß empirische Forschungsaktivität durch theoretische Kontroversen ausgelöst wurde. Es ist daher wenig sinnvoll, die aktuellen Fragestellungen der Emotionspsychologie, insbesondere auch die Bereiche besonders intensiver Forschungsanstrengungen, aus diesen Theorien herzuleiten. In dieser Einführung soll daher ein anderer Zugang zur Darstellung der wesentlichen Forschungsfragen gewählt werden. Es soll grob unterschieden werden nach Ansätzen bezüglich a) der strukturellen Determinanten und auslösenden Faktoren von Emotionen, b) der organismischen Korrelate emotionaler Prozesse, und c) der Varianten von Emotionsprozessen (etwa phylo- und ontogenetische Entwicklung, interindividuelle Unterschiede und pathologische Formen.

3.1 Strukturelle Determinanten emotionaler Prozesse

Bei den hier dargestellten Forschungsansätzen steht die Untersuchung objektiv bestimmbarer emotionsauslösender Faktoren und reaktionsbestimmender Strukturen im Mittelpunkt. Dabei geht es einerseits um die „Hardware", also die biologischen Strukturen, die die Substrate der emotionalen Prozesse bilden, andererseits um die „Software", also die Lernprozesse und sozialen Einflußfaktoren, die den Ablauf emotionaler Prozesse determinieren.

Die Suche nach den biologischen Systemkonstanten bezüglich emotionsspezifischer Erregungsbahnen, die insbesondere in den „zentralistischen" neurophysiologischen Theorien eine wichtige Rolle spielte, ist in neuerer Zeit etwas in den Hintergrund getreten (siehe aber Panksepp, 1982 und Pribram, 1984). Eine verwandte Fragestellung, die wohl aufgrund ermutigender empirischer Ergebnisse in den vergangenen Jahren intensiv untersucht wurde, bezieht sich auf die

Rolle der Hemisphärenspezialisierung emotionaler Prozesse (Heilman & Satz, 1983; Kinsbourne & Bemporad, 1984; Tucker, 1981) und die unterschiedliche Lokalisation positiver und negativer Emotionen (Davidson, 1984). In diesem Bereich hat auch die Frage nach angeborenen motorischen Ausdrucksmustern besonderes Interesse erfahren. Dies belegen eine Reihe von Untersuchungen zum Ausdrucksverhalten von Neugeborenen (Chiva, 1985; Field & Walden, 1982; Steiner, 1979; vgl. Geppert & Heckhausen, in diesem Band). Interessanterweise gibt es nur wenige vergleichende Untersuchungen über angeborene motivationale Strukturen, obschon man dies aufgrund des großen Interesses, das ethologische Ansätze gefunden haben (vgl. Charlesworth, 1982; Eibl-Eibesfeldt, 1972, 1979), erwarten müßte.

Im Bereich der Software, also des Erwerbs emotionaler Repertoires im Rahmen kulturspezifischer Sozialisierung, sind zwei wichtige neuere Forschungsrichtungen auszumachen. Zum einen die vorwiegend von Anthropologen und Soziologen betriebene Untersuchung der soziokulturell bestimmten Wahrnehmung, Verbalisierung und Regulation von Emotionen (Gordon, 1981; Hochschild, 1979, 1983; Levy, 1984; Lutz & White, 1986). Ein anderer wichtiger Forschungsbereich ist die vorwiegend von Entwicklungspsychologen untersuchte Fragestellung der Entwicklung kognitiver Repräsentationen von Emotionen und des Repertoires emotionaler Ausdrucksregeln (Camras, 1980; Harris, Olthof & Meerum-Terwogt, 1981; Malatesta & Haviland, 1982; Saarni, 1979; Zivin, 1977).

Neben der Untersuchung der Hardware und der Software gilt es auch, um bei der eingeführten Analogie zu bleiben, die Inputs in das System zu untersuchen, also die objektiv bestimmbaren Situationen und Objekte, die Emotionen auslösen können. Obschon die Frage der Untersuchung von Situationen in der Psychologie in letzter Zeit zunehmend Interesse gefunden hat (Furnham & Argyle, 1981; Magnusson, 1981), ist der Kenntnisstand in diesem Bereich nach wie vor sehr gering. In neuerer Zeit wurden in einer Reihe von Untersuchungen emotionsauslösende Situationen empirisch erhoben (Averill, 1982; Fehr & Russell, 1984; Folkman & Lazarus, 1985; Shaver et al., 1987; Roseman, 1984; Smith & Ellsworth, 1985, 1987; Scherer, 1988; Scherer & Tannenbaum, 1986; Scherer, Wallbott & Summerfield, 1986; Wallbott & Scherer, 1986). Hemmend auf den Fortschritt der Forschungsarbeiten wirkt sich dabei insbesondere das Fehlen eines konzeptuellen Instrumentariums zur Klassifikation von Situationstypen aus. Einer Untergruppe solcher Situationen, den sozialen Beziehungen und ihrem emotionsgenerierenden Potential, gelten in letzter Zeit verstärkte Forschungsanstrengungen (de Rivera, 1977; Levenson & Gottman, 1983; Peplau & Perlman, 1982; Noller, 1984; Rook, 1984). Besonderes Interesse finden auch Situationen, die „moralische“ Emotionen wie Schuld und Scham hervorrufen (Borg, Scherer, & Staufenbiel, 1986; Weiner, 1985; Wicker, Payne, & Morgan, 1983).

Obschon in vielen der hier angeführten Untersuchungen, objektive Situationsmerkmale untersucht werden sollen, beruht die Forschungsmethodik weitgehend auf dem subjektiven Erlebnisbericht der befragten Personen. Dennoch lassen es die hohe Übereinstimmung und die große Stabilität bestimmter Situationsmerkmale (vgl. Wallbott & Scherer, 1986) wahrscheinlich erscheinen, daß diese Faktoren überindividuell ähnliche Auswirkungen haben. Eindeutig beantwortet werden kann diese Frage selbstverständlich nur durch experimentelle Vorgehensweisen. Besonders intensiv diskutiert wird in diesem Zusammenhang die Frage nach geeigneten Mechanismen für die Induktion von Emotionen im Laboratorium oder im Feld, vor allem in Anbetracht der Vielzahl der damit verbundenen ethischen und praktischen Problemen (Wallbott & Scherer, 1985).

3.2 Organismische Korrelate emotionaler Prozesse

Bei den in diesem Abschnitt angeführten Forschungsansätzen geht es um die Reaktionen des Einzelorganismus auf emotionsauslösende Reize in den verschiedenen eingangs dargestellten Subsystemen oder Komponenten. Umstritten ist, inwieweit auch die kognitive Bewertung als Teil des Emotionsprozesses gelten kann (Zajonc, 1980). Eine weithin beachtete Kontroverse zwischen Lazarus und Zajonc über die Rolle der Kognition bei der Emotionsentstehung muß allerdings als überwiegend semantisch und wenig fruchtbar für den Forschungsprozeß bewertet werden (siehe Leventhal & Scherer, 1987). Wie bereits oben erwähnt, haben die kognitiven Theorien der Emotionsdifferenzierung zu einer lebhaften Forschungsaktivität geführt, die die Bestimmung emotionsgenerierender und — begleitender kognitiver Bewertungsprozesse zum Ziel hat (s. die Beiträge in Hamilton, Bower, & Frijda, 1988). Interessant sind in diesem Zusammenhang auch Ansätze, die der Untersuchung der Entstehungsbedingungen für Einzelemotionen gelten, so etwa zu Ärger (Averill, 1982), Trauer (Averill, 1968; Stroebe & Stroebe, 1987), Ekel (Rozin & Fallon, 1987), Eifersucht (White, 1981); Neid (Schoeck, 1982), Überraschung (Meyer, 1988) und, wie oben erwähnt, Scham und Schuld (s. auch Euler & Mandl, 1983, Abschnitte V und VI).

Die Frage nach den Auswirkungen emotionaler Erregung auf kognitive Prozesse hat in den letzten Jahren große Aufmerksamkeit auf sich gezogen. Dabei geht es in vielen Fällen um die Frage, inwieweit die Speicherung von Informationen und der Abruf von Gedächtnisinhalten durch emotionale

Zustände gesteuert werden kann. Untersuchungen über den Einfluß von Emotionen oder Erregung allgemein auf Gedächtnisprozesse sind daher in der Forschungsliteratur der letzten Jahren außerordentlich stark vertreten (s. die Beiträge in Clark & Fiske, 1982; Fiedler & Forgas, 1988; Hamilton, et al., 1988; Izard, Kagan, & Zajonc, 1984; Mandl & Huber, 1983). Nicht geringer ist der Einfluß der Emotionen auf andere kognitive Prozesse, wie etwa Urteile, Entscheidungen oder Problemlösen (siehe Dörner & Stäudel, in diesem Band).

Eine Revolution der Forschungsansätze ist für den Bereich der neurophysiologischen Korrelate zu erwarten. Die ständig verfeinerten Techniken zur Bestimmung von Hormonausschüttungen (insbesondere in der Streßforschung, s. Frankenhäuser, 1975, 1979; Mason, 1975; Sachar, 1975), und zur Untersuchung der verschiedenen Komponenten des autonomen Nervensystems haben zu erheblichen Forschungsanstrengungen in diesem Bereich geführt (s. Bösel, 1986; Brady, 1970; Cacioppo & Petty, 1983; DiCara, 1975; Fahrenberg, Walschburger, Förster, Myrtek & Müller, 1979; Öhman, 1987; Wagner & Manstead, 1989; Stemmler, 1984).

Die Untersuchung des motorischen Ausdrucks ist, wie aus der bedeutenden Rolle dieses Forschungsbereichs für das Wiedererstarken des Interesses an den Emotionen in der Psychologie zu erwarten ist, weit verbreitet. Dieser Forschungsbereich hat in besonderem Maße von der Entwicklung objektiver Techniken zur Analyse von Ausdrucksprozessen profitiert (Scherer & Ekman, 1982). Zu den wichtigsten Fragestellungen zählt die Bestimmung der spezifischen Ausdrucksmuster für die einzelnen Emotionen, insbesondere in der Mimik. Hier steht nach wie vor die Frage nach der Bedeutung angeborener und mithin universeller gegenüber kulturell determinierter Ausdrucksmuster im Mittelpunkt (Ekman, 1973, 1982; Ekman, & Oster, 1979; Izard, 1971; Öhman & Dimberg, 1978; Zajonc, 1985).

Besondere Fortschritte wurden im Bereich der Messung nichtsichtbarer Gesichtsmuskelaktivierungen durch Oberflächen-EMG-Messung der Gesichtsmuskulatur erreicht. Die Untersuchungen in diesem Gebiet haben eine Reihe außerordentlich wichtiger Befunde erbracht (s. Brown & Schwartz, 1980; Cacioppo, Martzke, Petty, & Tassinary, 1988; Fridlund & Izard, 1983; Schwartz, 1982).

Weit weniger häufig wurde bislang der stimmliche Emotionsausdruck untersucht, obschon die einzelnen Emotionen in dieser Modalität offensichtlich ähnlich differenziert ausgedrückt werden wie in der Mimik (Frick, 1985; Scherer, 1985, 1986).

Interessante Einzelfragestellungen beziehen sich auf die Bestimmung von Täuschung und Maskierung von Emotionen (Ekman, 1985; Zuckerman, DePaulo & Rosenthal, 1981), sowie die Fähigkeit zur Enkodierung und Dekodierung von Emotionszuständen (DePaulo & Rosenthal, 1980).

Wichtige neuere Forschungsanstrengungen finden sich auch in einem klassischen, aber lange vernachlässigten Forschungsbereich, der Untersuchung der Ausdrucksprozesse bei Emotionsstörungen. Besonderes Interesse gilt hier den Depressionen und dem Formenkreis der Angst (Ekman & Fridlund, 1987; Scherer, 1987; Krause, Steimer & Wagner, 1989; Ellgring, 1983; Dittman, 1987; Siegman, 1987). Ein Überblick zum gegenwärtigen Stand der Literatur über Ausdrucksprozesse findet sich in Scherer & Wallbott, in diesem Band.

Weniger häufig als eigentlich zu erwarten werden motivationale Korrelate des Emotionsprozesses untersucht (s. auch Heckhausen, 1980). Obschon etwa in der Aggressionsliteratur die Emotion Ärger eine wichtige Rolle gespielt hat (Berkowitz, 1962; siehe auch Scherer, Abeles & Fischer, 1975), ist die Zahl von Arbeiten, die sich mit konkreten Verhaltensabsichten bei Ärger beschäftigt, relativ gering (s. hierzu auch Asendorpf, 1984). Gleiches gilt für andere Emotionen, mit einigen wenigen Ausnahmen wie etwa der Rolle von Emotionen in Gruppeninteraktionen (s. Brandstätter, in diesem Band) oder in sozialen Beziehungen (Kelley, 1984; Levenson & Gottman, 1983; Rook, 1984).

Nur vereinzelte neuere Forschungsanstrengungen gibt es im Bereich der Erfassung des Gefühlszustandes, obschon auch hier Versuche gemacht wurden, durch kontinuierliche Erfassung von Gefühlsveränderungen oder durch das Event Sampling in realistischen Situationen (s. Brandstätter, in diesem Band) Fortschritte zu erzielen.

Nur relativ selten wurden bislang die wichtigen Wechselwirkungen zwischen den Korrelaten in den einzelnen Komponenten untersucht. Eine Ausnahme macht hier die Kontroverse zwischen klassischen Katharsis-Annahmen und der sog. Facial-Feedback-Hypothese, der Annahme, daß motorischer Ausdruck zu einer Verstärkung der Gefühlsempfindungen führt. Da die empirischen Daten wenig eindeutig sind, finden sich lebhafte und teils polemische Debatten in der Literatur (s. Überblick in Scherer & Wallbott, in diesem Band).

3.3 Varianten emotionaler Prozesse

Die Entwicklung emotionaler Prozesse erstreckt sich über verschiedene Stadien und kann für einzelne Arten und Individuen sehr unterschiedlich verlaufen. Entwicklungsprozesse können mithin als Beispiele für Varianten von Emotionsprozessen angesehen werden. Leider gibt es nur außerordentlich wenige Ansätze, die sich empirisch mit der *phylogenetischen* Entwicklung von Emotionen, wie sie etwa von Hebb (1946, 1949) thematisiert wurde, beschäftigten (s. auch Hamburg, Hamburg, & Barchas, 1975; Plutchik, 1980; Öhman, 1986). Wie bereits in den für die damalige Zeit sehr einfallsreichen Untersuchungen Darwins (1872) zu erkennen, eignet sich insbesondere der Ausdruck für solche vergleichenden Entwicklungsuntersuchungen. In diesem Bereich sind auch einige neuere Ansätze zu verzeichnen (Andrew, 1972; Ploog, 1980; Redican, 1982; Scherer, 1985; van Hooff, 1972).

Die *ontogenetische* Entwicklung der Emotionen ist hingegen gegenwärtig eines der fruchtbarsten Gebiete der Emotionsforschung. Wohl auch aufgrund der Tatsache, daß sich Emotionen insbesondere bei Kleinkindern sowohl aus ethischen als auch praktischen Gründen leichter induzieren und beobachten lassen als bei Erwachsenen, finden wir hier eine Vielzahl wichtiger Forschungsansätze. Untersuchungen, die sich mit der Entwicklung von sozialen Repräsentationen und von Regulations- bzw. Kontrollprozessen bei Kindern beschäftigen, wurden bereits oben erwähnt (s. auch die Beiträge in Lewis & Saarni, 1985). Andere entwicklungspsychologische Untersuchungen beziehen sich entweder auf die Rolle der Emotionen im Entwicklungsverlauf, insbesondere in Bezug auf die Determinanten und Begleiterscheinungen der Differenzierung von Emotionen (Emde, 1984; Campos & Barrett, 1984; Lewis & Michalson, 1983; Piaget, 1981; Sroufe, 1979) oder auch auf emotionale Begleiterscheinungen motivationaler Prozesse (s. Geppert & Heckhausen, in diesem Band). Eine weitere Arbeitsrichtung ist die Untersuchung der Entwicklung von Empathie mit emotionalen Zuständen bei anderen Personen (Hoffman, 1984). Ein sehr vielversprechendes Forschungsgebiet ist auch die Untersuchung der Emotionalität in der Mutter-Kind-Beziehung und ihrer Bedeutung für die sozioemotionale Entwicklung des Kindes (Campos & Sternberg, 1981; Bretherton & Waters, 1985; Grossmann, 1979; Papousek, Papousek, & Koester, 1984, Spitz, 1972; Stern, 1985; Trevarthen, 1984).

Die weitaus meisten Arbeiten in diesem Bereich sind allerdings auf die Altersgruppe bis etwa 4 Jahren beschränkt. Nur sehr wenige Untersuchungen beschäftigen sich mit der späteren Kindheit oder der Adoleszenz. In neuerer

Zeit gibt es eine Reihe außerordentlich interessanter Untersuchungen über Emotionen bei alten Menschen (siehe Janke & Hüppe in diesem Band).

Ein weiterer Hauptbereich der Untersuchungen von Varianten beschäftigt sich mit interindividuellen Unterschieden (siehe ausführliche Übersichten über diese Literatur in Krohne & Kohlmann sowie in Laux & Weber, in diesem Band, sowie Pekrun, 1988).

Auch abnormale Verläufe von Emotionsprozessen, Pathologien also, zählen zu den Varianten emotionaler Prozesse. Hier gibt es eine lange Forschungstradition in der medizinischen, psychiatrischen und psychologisch-klinischen Forschung. Auch Untersuchungen zu Streß kann man ebenfalls in diesem Zusammenhang anführen, da es nicht unergiebig scheint, Streß als übernormal lange andauernde und überintensive Emotion, d. h. als Emotions*störung*, zu konzeptualisieren (siehe Scherer et al., 1985). Einen Überblick über die relevante Literatur geben Faller & Verres (in diesem Band).

Von den eigentlichen Affektstörungen sind, wie dies zu erwarten wäre, insbesondere der Formenkreis der Angst (Lang, 1985; Öhman, Dimberg & Öst, 1985; Strian, 1983) und die Depressionen (s. Maser, 1987) untersucht worden. Ein Überblick zum Problem der Affektstörungen aus psychodynamischer Sicht findet sich im Beitrag von Krause in diesem Band.

4 *Ausblick*

In dieser kurzen Einführung konnten nur einige wenige Aspekte der modernen Emotionspsychologie angedeutet werden. Insgesamt ist beim Leser wohl der — vom Autor durchaus angestrebte — Eindruck entstanden, daß es sich hier um einen noch weitgehend unterentwickelten aber durchaus entwicklungsfähigen Arbeitsbereich der Psychologie handelt. Diese Sachlage ist nicht neu. Rohracher beschloß die Diskussion der „Gefühle und Affekte“ in seinem klassischen Lehrbuch der Psychologie (1947, 2. Auflage) wie folgt:

„Nach dem Studium der Psychologie des Gefühlslebens entsteht leicht der Eindruck, daß man wohl viele schwer verständliche Worte kennengelernt, aber nichts Sicheres und Konkretes erfahren habe. Man fragt sich, was eigentlich von dem ganzen umständlichen Herumreden über die Gefühle als solides Wissensgut übrigbleibt. Darauf muß man ehrlich antworten: sehr wenig. Dieses Wenige ist aber wichtig; denn es hängt aufs Engste mit der Kulturentwicklung der Menschheit zusammen.“

Die vorangegangene Übersicht über Haupttendenzen der modernen psychologischen Emotionsforschung, und vor allem die Beiträge in diesem Band, lassen uns jedoch optimistischer in die Zukunft sehen, als Rohracher es seinerzeit tun konnte. Nach einer langen Periode der Vernachlässigung der Emotionen in der Psychologie hat sich die Lage gewandelt. Heute kann man wohl eher von einer Hochkonjunktur der Emotionsforschung reden — wachsendes Interesse an der Fragestellung in vielen Disziplinen, fruchtbare theoretische Auseinandersetzungen, und zunehmende empirische Forschungsanstrengungen, allerdings gefolgt von den in diesen Phasen wohl unvermeidlichen negativen Begleiterscheinungen, wie etwa modischen Übertreibungen oder unkritischer Akzeptanz auch wenig aussagekräftiger Forschungsparadigmata.

Ein optimistischer Ausblick kann sich auf eine Reihe sehr begrüßenswerter Tendenzen in Theorie und Forschung stützen, von denen zu hoffen ist, daß sie diesen Arbeitsbereich zunehmend bestimmen. Im einzelnen lassen sich insbesondere folgende Entwicklungen aufzeigen:

— *Phänomenorientierung.* Andes als in vielen früheren Ansätzen, in denen Gefühle und Affekte oft in sehr abstrakter Form auf der ausschließlichen Grundlage verbaler Begriffe abgehandelt wurden, stützen sich die meisten Forscher heute auf konkrete Emotionsprozesse. Auch wenn die Phänomene nicht immer der direkten empirischen Beobachtung oder der experimentellen Manipulation entstammen, was bei den oft sehr kurzlebigen und häufig in der Öffentlichkeit unterdrückten Emotionsepisoden nicht verwunderlich ist, so besteht doch eine zunehmende Tendenz, theoretische Aussagen mit konkreten Beispielen zu untermauern. Zu wünschen wäre, daß Forscher in denjenigen Teilbereichen der Emotionsforschung, in denen notwendigerweise mit abstrakten Einheiten gearbeitet wird, wie etwa der Untersuchung der semantischen Struktur von Emotionsbegriffen, diese Begrenzung akzeptieren und nicht versuchen, ihre Befunde auf die Struktur der Emotionen im allgemeinen zu generalisieren.

— *Ökologische Validität.* Es wurde oben dargestellt, daß sich die Schachter/Singer-Theorie auf einen möglichen, aber doch wohl sehr seltenen Sonderfall bezieht. In der neueren Emotionsforschung zeigen sich Tendenzen, der ökologischen Validität der untersuchten Phänomene auch in der Theorienentwicklung und Hypothesengenerierung größere Bedeutung beizumessen. In gewisser Weise wirken sich hier die praktischen und ethischen Grenzen bei der experimentellen Erzeugung von Emotionszuständen positiv aus: Es ist wenig wahrscheinlich, daß der Zwang zur Produktion „nicht trivialer" Ergebnisse oder die Verwendung „etablierter" experimenteller Manipulationen zur Entwicklung von Ansätzen führt, die nur auf die von den Forschern selbst erzeugten Situationen an wendbar sind.

— *Theoretischer Eklektizismus.* Anders als viele Vertreter klassischer Theorieansätze, die sich oft mit Haut und Haar bestimmten Schulen oder Traditionen verpflichtet fühlen, sind die heutigen Emotionsforscher oft des Theorienpluralismus fähig. Dies ist zum einen darauf zurückzuführen, daß die klassischen Richtungen der Psychologie, mit wenigen Ausnahmen, weitgehend von ideologischen Komponenten befreit wurden. Zum anderen hat der Erfolg interaktionistischer Sichtweisen dazu beigetragen, daß es inzwischen fast selbstverständlich geworden ist, anzunehmen, daß Nature *und* Nurture die Fähigkeiten und Neigungen bestimmen, und daß Persönlichkeit *und* Situation das Verhalten bestimmen. Es ist zu vermuten, daß es auch in der Emotionspsychologie bald allgemein akzeptiert wird, daß die Emotionen sowohl phylogenetisch kontinuierliche biologische Grundlagen haben (Plutchik, 1980) als auch phänomenologisch auf der Grundlage der Lebensgeschichte eines individuellen Menschens von außerordentlich spezifischen und komplexen subjektiven Erlebniszuständen begleitet werden (Ulich, 1982).

— *Theoretische Querverbindungen.* Selbst bei dem sehr kurzen Überblick in dieser Einführung ist wohl deutlich geworden, daß die Emotionspsychologie es sich vielleicht noch weniger als andere Gebiete der Psychologie leisten kann, den eigenen Arbeitsbereich gegen andere Bereiche hin abzuschotten. Emotionsprozesse lassen sich ohne Berücksichtigung von Kognition und Motivation nicht einmal konzeptualisieren, geschweige denn erforschen. Mithin muß der Emotionspsychologe mit den neueren Erkenntnissen in diesen Bereichen vertraut sein, ebenso wie mit der Lernforschung, der neuropsychologischen Forschung, den sozialpsychologischen Untersuchungen zu Attributionsprozessen und interpersonalen Beziehungen, der Persönlichkeitsforschung, der Stressforschung, der Psychosomatik. Umgekehrt gilt, daß in all diesen Arbeitsbereichen auch dem Phänomen Emotion verstärkt Beachtung geschenkt werden muß (und z. T. auch schon geschenkt wird), auch da, wo man es bislang eher mit säuberlicher Trennung hielt (etwa in der „reinen" Kognitionspsychologie oder auch der Psycholinguistik).

— *Untersuchung von Varianten.* Ein klassisches Paradigma aller wissenschaftlicher Forschung ist die Untersuchung normaler Funktionen unter Rückgriff auf Störungen oder Pathologien dieser Funktionen einerseits und auf individuelle Varianten andererseits. Beide Vorgehensweisen gewinnen auch in der Emotionspsychologie zunehmend an Bedeutung. Während normale Emotionen früher nur selten mit Affektstörungen oder auch Stress in Verbindung gebracht wurden, haben neuere Ansätze (s. o.) erwiesen, daß die die Untersuchung abnormaler emotionaler Prozesse zu einem besseren Verständnis der normalen

Abläufe führt. Umgekehrt können Fortschritte in der Erforschung normaler Emotionen auch zu Verbesserungen in der Diagnostik emotionaler Störungen und möglicherweise in der Entwicklung neuer Ansätze zu ihrer Therapie genutzt werden. Auch die Untersuchung individueller Unterschiede, etwa im Rahmen der Persönlichkeitspsychologie, liefert wichtige Aufschlüsse für das Verständnis der Natur der Emotionen (s. den Beitrag von Krohne und Kohlmann in diesem Band). Auch eine diachronische Betrachtungsweise erlaubt verschiedene Varianten zu untersuchen. Nicht von ungefähr ist daher auch die entwicklungspsychologische Untersuchung der Emotionen einer der vielversprechendsten Arbeitsbereiche der Emotionspsychologie (s.o. und den Beitrag von Geppert und Heckhausen in diesem Band).

— *Vergleichender Ansatz.* Auch hier geht es um Varianten, und zwar zwischen Kulturen und zwischen Arten. Während die Emotionen aus allgemeinpsychologischer Sicht oft als relativ invariant erschienen, haben neuere Arbeiten, oft aus der Soziologie und der Anthropologie stammend, wichtige soziokulturelle Einflußfaktoren aufgezeigt. Viele Emotionsforscher legen daher großen Wert auf interkulturell vergleichende Untersuchungen, um die jeweilige Rolle biologischer und kultureller Faktoren abschätzen zu können. Auch die Bedeutung eines Interartenvergleichs ist allgemein anerkannt, obwohl die Zahl der Ansätze hier noch vergleichsweise gering ist.

— *Anwendungsbezug.* Schließlich haben viele Emotionspsychologen die Bedeutung des Anwendungsbezugs entdeckt. Die Untersuchung von Emotionsprozessen in verschiedenen Lebensbereichen hilft nicht nur, dem Ziel der ökologischen Validität der Untersuchungsansätze näher zu kommen. Hinzu kommt die Notwendigkeit der Einbettung des Untersuchungsgegenstandes in komplexe, multifaktoriell determinierte Realitätszusammenhänge, die insbesondere die Interaktion von Emotionsepisoden mit anderen Formen psychischer und interpersonaler Prozesse erkennen lassen, so etwa in der Gesundheitspsychologie (s. den Beitrag von Faller und Verres, in diesem Band), der Organisationspsychologie (s. den Beitrag von Brandstätter in diesem Band), und der Pädagogischen Psychologie (s. Oerter und Weber, 1975).

— *Methodenvielfalt.* Obschon die wachsende Komplexität und der hohe apparative Aufwand bei vielen methodischen Zugängen zu einer zunehmenden Spezialisierung einzelner Forscher führen, ist andererseits jedoch das Bewußtsein, daß viele Phänomene nur mit mehreren, sich gegen seitig ergänzenden Methoden umfassend untersucht werden können, weit verbreitet. So wird wohl kaum bestritten, daß konkrete Emotionsprozesse gleichzeitig im Hinblick auf die hormonale Ausschüttung, die autonomen Erregungsprozesse, den Ausdruck in Gesicht, Körper, und Stimme sowie das subjektive Erleben und die Handlungstendenzen untersucht werden müßten. Kein einzelner Forscher kann alle die hierzu erforderlichen Methoden beherrschen und die erforderlichen Apparaturen zur Verfügung haben. In der Zukunft müssen daher Modelle der Zusammenarbeit entwickelt werden, die es erlauben, das gleiche Phänomen mit unterschiedlichen Methoden zu untersuchen (vgl. etwa die Kombination psychophysiologischer Meßverfahren mit fortgeschrittenen Methoden der Gesichtsausdrucksmessung bei Ekman, Levenson & Friesen, 1983).

Wenn die hier angedeuteten Tendenzen anhalten und sich gar verstärken sollten, so dürfte der Optimismus bezüglich der zukünftigen Entwicklung der Emotionspsychologie gerechtfertigt sein. Die Beiträge in diesem Band zeigen, daß die Emotionspsychologie schon heute wieder einen wichtigen Platz im Kanon der Forschungsbereiche der Psychologie einnimmt.

Literatur

Abelson, R. P. (1983). Whatever became of consistency theory? *Personality and Social Psychology Bulletin*, 9, 37—54.

Andrew, R. J. (1972). The information potentially available in mammal displays. In R. A. Hinde (Ed.), *Nonverbal communication* (pp. 129—206). Cambridge: Cambridge University Press.

Arnold, M. B. (1960). *Emotion and personality* (Vol. 1 & 2). New York: Columbia University Press.

Asendorpf, J. (1984). Lassen sich emotionale Qualitäten im Verhalten unterscheiden? Empirische Befunde und ein Dilemma. *Psychologische Rundschau, 35*, 125—135.

Averill, J. R. (1968). Grief: Its nature and significance. *Psychological Bulletin, 70*, 721—748.

Averill, J. R. (1980). A constructivist view of emotion. In R. Plutchik & H. Kellerman (Eds.), *Emotion. Theory, research, and experience* (Vol. 1) (pp. 305—340). New York: Academic Press.

Averill, J. R. (1982). *Anger and aggression: An essay on emotion*. New York: Springer.

Baltes, M. & Reisenzein, R. (1985). Emotionen aus der Sicht der behavioristischen Lerntheorien. In L. Eckensberger und E.-D. Lantermann (Hrsg.), *Emotion und Reflexivität* (S. 51—69). München: Urban & Schwarzenberg.

Bandura, A. (1977). Self-efficacy: Toward a unifying theory of behavioral change. *Psychological Review*, 84, 191—215.

Berkowitz, L. (1962). *Aggression: A social psychological analysis*. New York: McGraw-Hill.

Berlyne, D. E. (1960). *Conflict, arousal and curiosity*. New York: McGraw-Hill.

Bindra, D. (1970). Emotion and behaviour theory: Current research in historical perspective. In P. Black (Ed.), *Physiological correlates of emotion*. New York: Academic Press.

Borg, I., Scherer, K. R. & Staufenbiel, T. (1986). Determinanten von Peinlichkeit und Scham: Ein facettentheoretischer Ansatz. *Archiv für Psychologie, 138*, 53—70.

Bösel, R. (1986). *Biopsychologie der Emotionen: Studien zu Aktiviertheit und Emotionalität.* Berlin: Walter de Gruyter.

Bower, G. H. & Cohen, P. R. (1982). Emotional influences in memory and thinking. In M.S. Clark & S. T. Fiske (Eds.), *Affect and cognition.* Hillsdale, N. J.: Erlbaum.

Bowlby, J. (1975). *Bindung. Eine Analyse der Mutter-Kind- Beziehung.* München: Kindler.

Brady, J. V. (1970). Endocrine and autonomic correlates of emotion. In P. Black (Ed.), *Physiological correlates of emotion* (pp. 95—129). New York: Academic Press.

Brenner, C. (1974). On the nature and development of affects: A unified theory. *Psychoanalytic Quarterly, 43*, 532—556.

Bretherton, I. & Waters, E. (Eds.) (1985). Growing points in attachment theory and research. *Monographs of the Society for Research in Child Development, 49* (6, Serial No. 181).

Brown, S.-L. & Schwartz, G. E. (1980). Relationships between facial electromyography and subjective experience during affective imagery. *Biological Psychology, 11*, 49—62.

Buck, R. (1985). Prime theory: An integrated view of motivation and emotion. *Psychological Review, 92*, 389—413.

Cacioppo, J. T. & Petty, R. E. (Eds.) (1983). *Social psychophysiology: A sourcebook.* New York: Plenum.

Cacioppo, J. T., Martzke, J. S., Petty, R. E. & Tassinary, L. G. (1988). Specific forms of facial EMG response index emotions during an interview: From Darwin to the continuous flow hypothesis of affect-laden information processing. *Journal of Personality and Social Psychology, 54*, 592—604.

Campos, J. J. & Barrett, K. C. (1984). Toward a new understanding of emotions and their development. In C. E. Izard, J. Kagan & R. B. Zajonc (Eds.), *Emotions, cognition, and behavior* (pp. 229— 263). Cambridge and New York: Cambridge University Press.

Campos, J. J. & Sternberg, C. R. (1981). Perception, appraisal and emotion: The onset of social referencing. In M. Lamb & L. Sherrod (Eds.), *Infant social cognition.* Hillsdale, N. J.: Lawrence Erlbaum Associates.

Camras, L. A. (1980). Children's understanding of facial expressions used during conflict encounters. *Child Development, 51*, 879—885.

Cannon, W. B. (1915). *Bodily changes in panic, hunger, fear and rage* (2nd ed. 1929). New York: Appleton-Century-Crofts.

Cannon, W. B. (1927). The James-Lange theory of emotions: A critical examination and an alternative theory. *American Journal of Psychology, 39*, 106—124.

Charlesworth, W. R. (1982). An ethological approach to research on facial expression. In C. E. Izard (Ed.), *Measuring emotions in infants and children* (pp. 317—334). New York: Cambridge University Press.

Chiva, M. (1985). *Le doux et l'amer: Sensation gustative, emotion et communication chez le jeune enfant.* Paris: PUF.

Clark, M. S. & Fiske, S. T. (Eds.) (1982). *Affect and cognition. The 17th Annual Carnegie Symposium on Cognition.* Hillsdale, N. J.: Erlbaum.

Dahl, H. (1979). The appetite hypothesis of emotions: A new psychoanalytic model of motivation. In C. E. Izard (Ed.), *Emotions in personality and psychopathology* (pp . 201—225). New York: Plenum Press.

Darwin, C. (1872). *The expression of the emotions in man and animals.* London: Murray. (Reprinted, Chicago: University of Chicago Press, 1965; deutsch: Der Ausdruck der Gemüthsbewegungen bei dem Menschen und den Thieren. Stuttgart: Schweizerbart, 1872).

Davidson, R. J. (1984). Hemispheric asymmetry and emotion. In K. R. Scherer & P. Ekman (Eds.), *Approaches to emotion* (pp. 39—58). Hillsdale, N. J.: Erlbaum.

Davitz, J. R. (1969). *The language of emotion.* New York: Academic Press.

De Rivera, J. (1977). A structural theory of the emotions. *Psychological Issues*, 10, No. 4, Monograph 40.

DePaulo, B. M. & Rosenthal, R. (1982). Measuring the development of nonverbal sensitivity. In P. B. Read & C. Izard (Eds.), *Measuring emotions in infants and children.* New York: Cambridge University Press.

DiCara, L. V. (Ed.) (1975). *Limbic and autonomic nervous systems research.* New York: Plenum Press.

Dittman, A. T. (1987). Body movements as diagnostic cues in affective disorders. In J. D. Maser (Ed.), *Depression and expressive behavior* (pp. 17—36). Hillsdale, NJ: Erlbaum.

Duffy, E. (1934). Emotion: An example for the need of reorientation in psychology. *Psychological Review, 41*, 184—198.

Duffy, E. (1941). An explanation of „emotional" phenomena without the use of the word „emotion". *Journal of General Psychology, 25*, 283—293.

Dumas, G. (1948). *La vie affective.* Paris: Presses Universitaires de France.

Eckensberger, L. & Lantermann, E.-D. (1985). *Emotion und Reflexivität.* München: Urban & Schwarzenberg.

Eibl-Eibesfeldt, I. (1972). Similarities and differences between cultures in expressive movements. In R. A. Hinde (Ed.), *Nonverbal communication* (pp. 297—314). Cambridge: Cambridge University Press.

Eibl-Eibesfeldt, I. (1979). Human ethology: Concepts and implications for the sciences of man. *The Behavioral and Brain Sciences, 2*, 1—57.

Ekman, P. (1972). Universals and cultural differences in facial expression of emotion. In J. R. Cole (Ed.), *Nebraska Symposium on Motivation* (pp. 207— 283). Lincoln: University of Nebraska Press.

Ekman, P. (1984). Expression and the nature of emotion. In K. R. Scherer & P. Ekman (Eds.), *Approaches to emotion* (pp. 319—344). Hillsdale, N.J.: Erlbaum.

Ekman, P. (1985). *Telling lies: Clues to deceit in the marketplace, marriage, and politics.* New York: Norton.

Ekman, P. (Ed.) (1973). *Darwin and facial expression: A century of research in review.* New York: Academic Press.

Ekman, P. (Ed.) (1982). *Emotion in the human face* (2nd ed.). Cambridge: Cambridge University Press.

Ekman, P. & Fridlund, A. J. (1987). Assessment of facial behavior in affective disorders. In J. D. Maser (Ed.), *Depression and expressive behavior* (pp. 37—56). Hillsdale, NJ: Erlbaum.

Ekman, P. & Oster, H. (1979). Facial expression of emotion. *Annual Review of Psychology, 30*, 527—554.

Ekman, P., Levenson, R. W. & Friesen, W. V. (1983). Autonomic nervous system activity distinguishes between emotions. *Science, 221*, 1208—1210.

Elias, N. (1977). *Der Prozeß der Zivilisation.* Frankfurt: Suhrkamp.

Ellgring, H. (1983). *Nonverbale Kommunikation im Verlauf der Depression.* Univ. Giessen: Unveröff. Habilschrift. (engl. Fassung: Nonverbal communication in depression. Cambridge: Cambridge University Press, 1989).

Emde, R. N. (1984). Levels of meaning for infant emotions: A biosocial view. In K. R. Scherer & P. Ekman (Eds.), *Approaches to emotion.* Hillsdale, N. J.: Erlbaum, pp. 77—108.

Erdmann, G. & Janke, W. (1978). Interaction between physiological and cognitive determinants of emotions: Experimental studies on Schachter's theory of emotions. *Biological Psychology, 6*, 61—74.

Euler, H. A. & Mandl, H. (Eds.) (1983). *Emotionspsychologie. Ein Handbuch in Schlüsselbegriffen.* München: Urban & Schwarzenberg.

Fahrenberg, J., Walschburger, P., Förster, F., Myrtek, M. & Müller (1979). *Psychophysiologische Aktivierungsforschung. Ein Beitrag zu den Grundlagen der multivariaten Emotions- und Stressforschung.* München: Minerva.

Fehr, B. & Russell, J. A. (1984). Concept of emotion viewed from a prototype perspective. *Journal of Experimental Psychology: General, 113*, 464—486.

Fiedler, K. & Forgas, J. (Eds.). (1988). *Affect, cognition, and social behavior.* Toronto: Hogrefe.

Field, T. M. & Walden, T. A. (1982). Production and perception of facial expressions in infancy and early childhood. In H. Reese & L. Lipsitt (Eds.), *Advances in child development and behavior* (Vol. 16) (pp. 169—211). New York: Academic Press.

Fillenbaum, S. & Rapoport, A. (1971). *Structures in the subjective lexicon.* New York: Academic Press.

Folkman, S. & Lazarus, R. S. (1985). If it changes it must be a process: Study of emotion and coping during three stages of a college examination. *Journal of Personality and Social Psychology, 48*, 150—170.

Frankenhäuser, M. (1975). Experimental approaches to the study of catecholamines and emotions. In L. Levi (Ed.), *Emotions - their parameters and measurement* (pp. 209—234). New York: Raven Press.

Frankenhäuser, M. (1979). Psychoendocrine approaches to the study of emotion. In H. E. Howe, Jr. & R. A. Dienstbier (Eds.), *Nebraska Symposium on Motivation* (Vol. 26). Lincoln: University of Nebraska Press.

Frick, R. W. (1985). Communicating emotion: The role of prosodic features. *Psychological Bulletin, 97*, 412—429.

Fridlund, A. J. & Izard, C. E. (1983). Electromyographic studies of facial expressions of emotions and patterns of emotions. In J. T. Cacioppo & R. E. Petty (Eds.), *Social psychophysiology: A sourcebook* (pp. 243—286). New York: Plenum.

Frijda, N. (1986). *The emotions*. Cambridge and New York: Cambridge University Press.

Frijda, N. (1987). Emotion. Cognitive structure and action readiness. *Cognition and Emotion, 1*, 115—143.

Furnham, A. & Argyle, M. (Eds.) (1981). *The psychology of social situations*. Oxford: Pergamon.

Gardiner, H. M. & Clark-Metcalf, R. & Beebe-Center, J. G. (1937). *Feeling and emotion: A history of theories*. New York: American Book Co. (wiederveröff. 1980).

Gellhorn, E. (1970). The emotions and the ergotropic and trophotropic systems. *Psychologische Forschung, 34*, 48—94.

Gerhards, J. (1988). *Soziologie der Emotionen*. Weinheim: Juventa.

Gordon, S. L. (1981). The sociology of sentiments and emotions. In M. Rosenberg & R. H. Turner (Eds.), *Social Psychology: Sociological perspectives* (pp. 261—278). New York: Basic Books.

Gray, J. A. (1982). *The neuropsychology of anxiety: an enquiry into the function of the septo-hippocampal system*. Oxford: Clarendon Press.

Grossmann, K. E. (1979). Emotionale und soziale Entwicklung im Kleinkindalter. In H. Rauh (Hrsg). *Jahrbuch für Entwicklungspsychologie, 1*, 25—82.

Hamburg, D. A., Hamburg, B. A. & Barchas, J. D. (1975). Anger and depression in perspective of behavioral biology. In L. Levi (Ed.), *Emotions: Their parameters and measurements.* New York: Raven.

Hamilton, V., Bower, G. & Frijda, N. (1988). *Cognitive perspectives on emotion and motivation*. Dordrecht: Kluwer Academic Publishers.

Harris, P. L., Olthof, T. & Meerum-Terwogt, M. (1981). Childrens knowledge of emotion. *Journal of Child Psychology and Psychiatry, 22*, 247—261.

Haynal, A. (1985). *Depression and creativity*. New York: International Universities Press.

Hebb, D. O. (1946). Emotion in man and animal: An analysis of the intuitive processes of recognition. *Psychological Review, 53*, 88— 106.

Hebb, D. O. (1949). *The organization of behavior.* New York: Wiley.

Heckhausen, H. (1980). *Motivation und Handeln*. Heidelberg: Springer.

Heilman, K. M. & Satz, L. (1983). *Neuropsychology of emotion*. New York: Guilford.

Heller, A. (1980). *Theorie der Gefühle*. Hamburg: VSA.

Hillman, J. (1960). *Emotion*. London: Routledge & Kegan Paul.

Hochschild, A. R. (1979). Emotion work, feeling rules, and social structure. *American Journal of Sociology, 3*, 551—575.

Hochschild, A. R. (1983). *The managed heart*. Berkeley: University of California Press.

Hoffman, M. L. (1984). Interaction of affect and cognition in empathy. In C. E. Izard, J. Kagan & R. B. Zajonc (Eds.), *Emotions, cognition, and behavior* (pp. 103—131). Cambridge and New York: Cambridge University Press.

Hooff, J. A. R. A. M. van (1982). Categories and sequences of behavior: Methods of description and analysis. In K. R. Scherer & P. Ekman (Eds.). *Handbook of methods in nonverbal behavior research* (pp. 362—439). Cambridge and New York: Cambridge University Press.

Izard, C. E., Kagan, J. & Zajonc, R. B. (Eds.) (1984). *Emotions, cognition, and behavior.* New York: Cambridge University Press.

Izard, C. E. (1971). *The face of emotion*. New York: Appleton- Century-Crofts.

Izard, C. E. (1977). *Human emotions*. New York: Plenum (dt. 1981: Die Emotionen des Menschen. Weinheim: Beltz).

Izard, C. E. (1978). On the ontogenesis of emotions and emotion- cognition relationships in infancy. In M. Lewis & L. A. Rosenblum (Eds.), *The development of affect* (pp. 389—413). New York: Plenum Press.

James, W. (1884). What is an emotion ? *Mind, 9*, 188—205.

Janet, P. (1928). *De l'angoisse a l'extase*. Paris: Alcan.

Kelley, H. H. (1984). Affect in interpersonal relations. In P. Shaver (Ed.), *Review of personality and social psychology, Vol. 5: Emotions, relationships, and health* (pp. 89—115). Beverly Hills, CA: Sage.

Kemper, T. D. (1978). *A social interactional theory of emotions*. New York, Wiley.

Kinsbourne, M. & Bemporad, B. (1984). Lateralization of emotions: A model and the evidence. In N. A. Fox & R. J. Davidson (Eds.), *The psychobiology of affective development*. Hillsdale, NJ: Erlbaum.

Klages, L. (1950). *Grundlagen der Wissenschaft vom Ausdruck.* (7. Aufl.). Bonn: Bouvier.

Kleinginna, P. R. & Kleinginna, A. M. (1981). A categorized list of emotion definitions, with suggestions for a consensual definition. *Motivation and Emotion, 5*, 345—379.

Krause, R. (1983). Zur Onto- und Phylogenese des Affektsystems und ihrer Beziehungen zu psychischen Störungen. *Psyche, 37*, 1016—1043.

Krause, R. (1985). Über die psychoanalytische Affektlehre am Beispiel der Einsicht. In L. Eckensberger & E.D. Lantermann (Hrsg.), *Emotion und Reflexivität* (S. 267—271). München: Urban & Schwarzenberg.

Krause, R., Steimer, E. & Wagner, G. (1989). Facial expression of schizophrenics and their interaction partners. *Psychiatry, 52*, 1—12.

Lang, J. P. (1984). Cognition in emotion: Concept and action. In C. Izard, J. Kagan & R. Zajonc (Eds.), *Emotion, cognition, and behavior* (pp. 1—61). New York: Cambridge University Press.

Lang, P. J. (1985). The cognitive psychophysiology of emotion: fear and anxiety. In A. H. Tuma & J. D. Maser (Eds.) *Anxiety and anxiety disorders.* Hillsdale, NJ: Erlbaum.

Lange, C. G. (1885). *Om Sindsbevoegelser: Et psyko-fysiologiske Studie.* Kjobenhavn. (dt. Die Gemütsbewegungen. Würzburg: Kabitsch, 1910)

Lazarus, R. S. (1968). Emotions and adaptation: Conceptual and empirical relations. In W. J. Arnold (Ed.), *Nebraska Symposium on Motivation* (Vol.16) (pp. 175—270). Lincoln, Ne.: University of Nebraska Press.

Lazarus, R. S., Coyne, J.C. & Folkman, S. (1984). Cognition, emotion and motivation: The doctoring of 'humpty-dumpty'. In K. R. Scherer & P. Ekman (Eds.), *Approaches to emotion.* (pp. 221—237). Hillsdale, N. J.: Erlbaum.

Leeper, R. W. (1948). A motivational theory of emotion to replace „emotion as disorganized response." *Psychological Review, 55*, 5— 21.

Leeper, R. W. (1965). Some needed developments in the motivational theory of emotions. In D.E. Levine (Ed.), *Nebraska Symposium on Motivation* (pp. 25—122). Lincoln: University of Nebraska Press.

Lersch, P. (1932). *Gesicht und Seele.* München: Ernst Reinhart Verlag. (2nd ed., 1971)

Lersch, P. (1962). *Der Aufbau der Person.* (8. Aufl.) München: Barth.

Levenson, R. W. & Gottman, J. M. (1983). Marital interaction: Physiological linkage and affective exchange. *Journal of Personality and Social Psychology, 45*, 587—597.

Leventhal, H. (1984). A perceptual motor theory of emotion. In K. R. Scherer & P. Ekman (Eds.), *Approaches to emotion* (pp. 271—292). Hillsdale, N. J.: Erlbaum.

Leventhal, H. & Scherer, K. R. (1987). The relationship of emotion and cognition: A functional approach to a semantic controversy. *Cognition and Emotion, 1*, 3—28.

Levy, R. I. (1984). The emotions in comparative perspective. In K. R. Scherer & P. Ekman (Eds.), *Approaches to emotion.* (pp. 397— 410). Hillsdale, N. J.: Erlbaum.

Lewis, M. & Michalson, L. (1983). *Children's emotions and moods: Developmental theory and measurement.* New York: Plenum Press.

Lewis, M. & Saarni, C. (1985). *The socialization of emotions.* New York: Plenum Press.

Lewis, M., Sullivan, M. W. & Michalson, L. (1984). The cognitive- emotional fugue. In C. E. Izard, J. Kagan & R. B. Zajonc (Eds.), *Emotions, cognition, and behavior* (pp. 264—288). Cambridge and New York: Cambridge University Press.

Lindsley, D. B. (1951). Emotion. In S. S. Stevens (Ed.), *Handbook of experimental psychology* (pp. 473— 516). New York: Wiley.

Lutz, C. & White, G. M. (1986). The anthropology of emotions. Annual Review of Anthropology, *15*, 405—436.

MacLean, P. D. (1975). Sensory and perceptive factors in emotional functions of the triune brain. In L. Levi (Ed.), *Emotions: their parameters and measurement.* New York: Raven Press.

Magnusson, D. (1981). *Toward a psychology of situations: An interactional perspective.* Hillsdale, NJ: Erlbaum.

Malatesta, C. Z. & Haviland, J.M. (1982). Learning display rules: The socialization of emotion expression in infancy. Child Development, *53*, 991—1003.

Mandl, H. & Huber, G. L. (Hrsg.) (1983). *Emotion und Kognition.* München: Urban & Schwarzenberg.

Mandler, G. (1984). *Mind and body: The psychology of emotion and stress.* New York: Norton.

Maser, J. D. (Ed.) (1987). *Depression and expressive behavior.* Hillsdale, NJ: Erlbaum.

Mason, J. W. (1975). Emotion as reflected in patterns of endocrine integration. In L. Levi (Ed.), *Emotions - their parameters and measurement.* (pp. 143—181). New York: Raven Press.

McDougall, W. (1928). Emotion and feeling distinguished. In M. L. Reymert (Ed.), *Feelings and emotions.* Worcester, Mass.: Clark University Press.

Mees, U. (1985). Was meinen wir, wenn wir von Gefühlen reden? Zur psychologischen Textur von Emotionswörtern. *Sprache und Kognition, 1*, 2—20.

Meyer, W. U. (1988). Die Rolle von Überraschung im Attributionsprozeß. *Psychologische Rundschau, 39*, 136—147.

Millenson, J. R. (1967). *Principles of behavioural analysis.* New York: Macmillan.

Mowrer, O. H. (1960). *Learning theory and behavior.* New York: Wiley.

Noller, P. (1984). *Nonverbal communication and marital interaction.* Oxford: Pergamon.

Oerter, R. & Weber, E. (Hrsg.) (1975). *Der Aspekt des Emotionalen in Erziehung und Unterricht.* Donauwörth: Auer.

Öhmann, A. (1986). Face the beast and fear the face: Animal and social fears as prototypes for evolutionary analyses of emotion. *Psychophysiology, 23*, 123—145.

Öhman, A. (1987). The psychophysiology of emotion: An evolutionary-cognitive perspective. In P.K. Adeles, J.R. Jennings & M. G. H. Coles (Eds.), *Advances in psychophysiology* (Vol.2, pp. 79—127). Greenwich, CT: The JAI Press.

Öhman, A. & Dimberg, U. (1978). Facial expression as conditioned stimuli for electrodermal responses: A case of „preparedness"? *Journal of Personality and Social Psychology, 36*, 1251—1258.

Öhman, A., Dimberg, U. & Öst, L.-G. (1985). Animal and social phobias: Biological constraints on learned fear responses. In S. Reiss & R. R. Bootzin (Eds.), *Theoretical issues in behavior therapy* (pp. 123—178). New York: Academic Press.

Ortony, A., Clore, G. & Collins, A. (1988). *Cognitive structure of emotion.* Cambridge: Cambridge University Press.

Panksepp, J. (1982). Toward a general psychobiological theory of emotions. *Behavioral and Brain Sciences, 5*, 407—422.

Papez, J. W. (1937). A proposed mechanism of emotion. *Archives of Neurological Psychiatry, 38*, 725—743.

Papousek, H., Papousek, M. & Koester, L. S. (1984). Sharing emotionality and sharing knowledge: A microanalytic approach to parent-infant communication. In C. E. Izard & P. Read (Eds.), *Measuring emotions in infants and children* (Vol. 2). New York: Cambridge University Press.

Pekrun, R. (1988). *Emotion, Motivation und Persönlichkeit.* München: Psychologie Verlags Union.

Peplau, L. A. & Perlman, D. (Eds.) (1982). *Loneliness: A sourcebook of current theory, research and therapy.* New York: Wiley.

Piaget, J. (1981). *Intelligence and affectivity: Their relationship during child development.* Palo Alto, CA: Annual Reviews Monograph.

Ploog, D. (1980). Der Ausdruck der Gemütsbewegungen bei Mensch und Tier. In *Jahrbuch der Max-Planck-Gesellschaft 1980* (S. 66—97). München: Vandenhoeck & Ruprecht.

Plutchik, R. (1980). *Emotion: A psychoevolutionary synthesis.* New York: Harper & Row.

Plutchik, R. & Kellerman, H. (Eds.). (1980). *Emotion. Theory, research, and experience: Vol. 1: Theories of emotion.* New York: Academic Press.

Pribram, K. H. (1967). A new neurology and the biology of emotion: A structural approach. *American Psychologist, 22*, 830—838.

Pribram, K. H. (1984). Emotion: A neurobehavioral analysis. In K.R. Scherer & P. Ekman (Eds.), *Approaches to emotion* (pp. 13— 38). Hillsdale, N. J.: Erlbaum.

Rado, S. (1969). *Adaptational psychodynamics: Motivation and control.* New York: Science House.

Rapaport, D. (1950). *Emotions and memory*. New York: International Universities Press.

Redican, W. K. (1982). An evolutionary perspective on human facial displays. In P. Ekman (Ed.), *Emotion in the human face* (2nd ed.). New York: Cambridge University Press.

Reisenzein, R. (1983). The Schachter theory of emotion: Two decades later. *Psychological Bulletin, 94*, 239—264.

Rohracher, H. (1947). *Lehrbuch der Psychologie*. Wien: Urban & Schwarzenberg.

Rook, K. (1984). Research on social support, loneliness, and social isolation: Towads an integration. In P. Shaver (Ed.), *Review of personality and social psychology, Vol. 5: Emotions, relationships, and health* (pp. 239—264). Beverly Hills, CA: Sage.

Rorty, A. O. (Ed.) (1980). *Explaining emotions*. Berkeley, CA: University of California Press.

Roseman, I. J. (1984). Cognitive determinants of emotion: A structural theory. In P. Shaver (Ed), *Review of Personality and Social Psychology, Vol. 5: Emotions, Relationships, and Health* (pp. 11—36). Beverly Hills, Cal.: Sage Publications.

Rozin, P. & Fallon, A. (1987). A perspective on disgust. *Psychological Review, 94*, 23—41.

Russell, J. A. (1980). A circumplex model of affect. *Journal of Personality and Social Psychology, 39*, 1161—78.

Saarni, C. (1979). Childreǹs understanding of display rules for expressive behavior. *Developmental Psychology, 15*, 424—429.

Sachar, E. J. (1975). Neuroendocrine abnormalities in depressive illness. In E.J. Sachar (Ed.), *Topics in psychoendocrinology* (pp. 135—156). New York: Grune & Stratton.

Sartre, J. P. (1948). *Esquisse d'une Theorie des Emotions* (2. Ed.). Paris: Hermann.

Schachter, S. (1975). Cognition and peripheralist-centralist controversies in motivation and emotion. In M. S. Gazzaniga & C. W. Blakemore (Eds.), *Handbook of psychobiology* (pp. 529—564). New York: Academic Press.

Schachter, S. & Singer, J. E. (1962). Cognitive, social, and physiological determinants of emotional states. *Psychological Review, 69*, 379—399.

Scherer, K. R. (1979). Entwicklung der Emotion. In H. Hetzer, E. Todt, I. Seiffge-Krenke & R. Arbinger (Eds.), *Angewandte Entwicklungspsychologie des Kindes- und Jugendalters*. (S. 211—253). Heidelberg: Quelle und Meyer.

Scherer, K. R. (1981) Wider die Vernachlässigung der Emotion in der Psychologie. In W. Michaelis (Ed.), *Bericht über den 32. Kongreß der Deutschen Gesellschaft für Psychologie in Zürich 1980* (S. 304—317). Göttingen: Hogrefe.

Scherer, K. R. (1984a). On the nature and function of emotion: A component process approach. In K. R. Scherer & P. Ekman (Eds.), *Approaches to emotion* (pp. 293—318). Hillsdale. NJ: Erlbaum.

Scherer, K. R. (1984b). Emotion as a multicomponent process: A model and some cross-cultural data. In P. Shaver (Ed.) *Review of Personality and Social Psychology* (Vol. 5) (pp.37—63). Beverly Hills, CA: Sage.

Scherer, K. R. (1985). Vocal affect signaling: A comparative approach. In J. Rosenblatt, C. Beer, M. C. Busnel & P. J. B. Slater (Eds.), *Advances in the study of behavior* (Vol. 15) (pp. 198—244). New York: Academic Press.

Scherer, K. R. (1986). Vocal affect expression: A review and a model for future research. *Psychological Bulletin, 99*, 143—165.

Scherer, K. R. (1988a). Criteria for emotion-antecedent appraisal: A review. In V. Hamilton, G. H. Bower & N. H. Frijda (Eds.), *Cognitive perspectives on emotion and motivation.* (pp. 89—126). Dordrecht: Kluwer.

Scherer, K. R. (Ed.) (1988b). *Facets of emotion: Recent research.* Hillsdale, NJ: Erlbaum.

Scherer, K. R., Abeles, R. P. & Fischer, C. S. (1975). *Human aggression and conflict. Interdisciplinary perspectives.* Englewood Cliffs, N.J.: Prentice-Hall.

Scherer, K. R. & Ekman, P. (Eds.). (1982). *Handbook of methods in nonverbal behavior research.* Cambridge and New York: Cambridge University Press.

Scherer, K. R. & Ekman, P. (1984). *Approaches to emotion.* Hillsdale, N. J.: Erlbaum.

Scherer, K. R. & Tannenbaum, P. (1986). Emotional experiences in everyday life: A survey approach. *Motivation and Emotion, 10*, 295—314.

Scherer, K. R., Wallbott, H. G. & Summerfield, A. B. (Eds.). (1986). *Experiencing emotion: A crosscultural study.* Cambridge: Cambridge University Press.

Scherer, K. R., Wallbott, H. G., Tolkmitt, F. & Bergmann, G. (1985). *Die Streßreaktion: Physiologie und Verhalten.* Göttingen: Hogrefe.

Schlosberg, H. (1954). Three dimensions of emotion. *Psychological Review, 61*, 81—88.

Schoeck, H. (1982). *Der Neid. Die Urgeschichte des Bösen.* München: Goldmann.

Schwartz, G. E. (1982). Psychophysiological patterning and emotion revisited: A systems perspective. In C. Izard (Ed.), *Measuring emotions in infants and children* (Vol. 1) (pp. 67—93). Cambridge: Cambridge University Press.

Scott, J. P. (1969). The emotional basis of social behavior. *Annals of the New York Academy of Sciences, 159*, 777—790.

Shaver, P., Schwartz, J., Kirson, D. & O'Connor, C. (1987). Emotion knowledge: Further exploration of a prototype approach. *Journal of Personality and Social Psychology, 52*, 1061—1086.

Siegman, A. W. (1987). The pacing of speech in depression. In J. D. Maser (Ed.), *Depression and expressive behavior* (pp. 83—102). Hillsdale, NJ: Erlbaum.

Simonov, P. V. (1970). The information theory of emotion. In M. B. Arnold (Ed.), *Feelings and emotions: The Loyola Symposium* (pp. 145—149). New York: Academic Press.

Smith, C. A. & Ellsworth, P. C. (1985). Patterns of cognitive appraisal in emotion. *Journal of Personality and Social Psychology, 48*, 813—838.

Smith, C. A. & Ellsworth, P. C. (1987). Patterns of appraisal and emotion related to taking an exam. *Journal of Personality and Social Psychology, 52*, 475—488.

Solomon, R. C. (1976). *The passions, the myth and nature of human emotion.* Garden City, NY: Doubleday.

Spitz, R. (1963). Ontogenesis: The proleptic function of emotion. In P. Knapp (Ed.), *Expression of the emotions in man.* New York: International Universities Press.

Spitz, R. (1972). *Vom Säugling zum Kleinkind. Naturgeschichte der Mutter-Kind-Beziehungen im ersten Lebensjahr.* Stuttgart: Klett.

Sroufe, L. A. (1979). Socioemotional development. In J. D. Osofsky (Ed.), *The handbook of infant development* (pp. 462—516). New York: Wiley.

Steiner, J. E. (1979). Human facial expressions in response to taste and smell stimulation. In H. W. Reese & L. P. Lipsitt (Eds.), *Advances in child development and behavior* (Vol. 13) (pp. 257—295). New York: Academic Press.

Stemmler, G. (1984). *Psychophysiologische Emotionsmuster.* Frankfurt/Main: Lang.

Stern, D. N. (1985). *The interpersonal world of the infant: A view from psychoanalysis and developmental psychology.* New York: Basic Books.

Strian, F. (1983). *Angst: Grundlagen und Klinik.* Heidelberg: Springer.

Stroebe, W. & Stroebe, M. (1987). *Bereavement and health: The psychological and physical consequences of partner loss.* Cambridge: Cambridge University Press.

Strongman, K. T. (1986). *The psychology of emotion.* London: Wiley. (3rd ed.; Orig. 1973).

Tomkins, S. S. (1962). *Affect, imagery, consciousness, Vol. 1: The positive affects.* New York: Springer.

Tomkins, S. S. (1963). *Affect, imagery, consciousness, Vol. 2: The negative affects.* New York: Springer.

Tomkins, S. S. (1984). Affect theory. In K.R. Scherer & P. Ekman (Eds.), *Approaches to emotion* (pp. 163—196). Hillsdale, N.J.: Erlbaum.

Traxel, W. & Heide, H. J. (1961). Dimensionen der Gefühle. Das Problem der Klassifikation der Gefühle und die Möglichkeiten seiner empirischen Lösung. *Psychologische Forschung, 26,* 179—204.

Trevarthen, C. (1984). Emotions in infancy: Regulators of contact and relationships with persons. In K. R. Scherer & P. Ekman (Eds.), *Approaches to emotion* (pp. 129—162). Hillsdale, N. J.: Erlbaum.

Tucker, D. M. (1981). Lateral brain function, emotion, and conceptualization. *Psychological Bulletin, 89,* 19—46.

Ulich, D. (1982). *Das Gefühl: Eine Einführung in die Emotionspsychologie.* München: Urban & Schwarzenberg.

Vowinckel, G. (1983). *Von politischen Köpfen und schönen Seelen. Ein soziologischer Versuch über die Zivilisation der Affekte und ihres Ausdrucks.* München: Juventa.

Wagner, H. & Manstead, A. (Eds.) (1989). Handbook of social psychophysiology. Chichester: Wiley.

Wallbott, H. & Scherer, K. R. (1986). How universal and specific is emotional experience? *Social Science Information, 26*, 763—795.

Wallbott, H. G. & Scherer, K. R. (1985). Differentielle Situations- und Reaktionscharakteristika in Emotionserinnerungen: Ein neuer Forschungsansatz. *Psychologische Rundschau, 36*, 83—101.

Wallon, H. (1949). *Les origines du caractre chez l'enfant* (2. Aufl.). Paris: P. U. F.

Watson, J. B. (1919). A schematic outline of the emotions. *Psychological Review*, 26, 165—196.

Weiner, B. (1982). The emotional consequences of causal attributions. In M. S. Clark & S. T. Fiske (Eds.), *Affect and cognition* (pp. 185—209). Hillsdale, N. J.: Erlbaum.

Weiner, B. (1985). An attributional theory of achievement motivation and emotion. *Psychological Review, 92*, 548—573.

Wenger, M. A. & Cullen, T. D. (1972). Studies of autonomic balance in chidren and adults. In N. S. Greenfield & R.A. Sternbach (Eds.), *Handbook of psychophysiology*. New York: Holt, Rinehart & Winston.

White, G. L. (1981). A model of romantic jealousy. *Motivation and Emotion, 5*, 295—310.

Wicker, F. W., Payne, G. C. & Morgan, R. D. (1983). Participant descriptions of guilt and shame. *Motivation and Emotion, 7*, 25— 39.

Wundt, W. (1900). *Völkerpsychologie. Eine Untersuchung der Entwicklungsgesetze von Sprache, Mythos und Sitte*. Leipzig: Kröner.

Wundt, W. (1905). *Grundzüge der physiologischen Psychologie* (Band 3, 5. Aufl.). Leipzig: Engelmann.

Young, P. T. (1961). *Motivation and emotion: A survey of the determinants of human and animal activity*. New York: Wiley.

Zajonc, R. B. (1980). Thinking and feeling: Preferences need no inferences. *American Psychologist, 35*, 151—175.

Zajonc, R. B. (1985). Emotion and facial efference: A theory reclaimed. *Science, 228*, 15—21.

Zillmann, D. (1978). Attribution and misattribution of excitatory reactions. In J. H. Harvey, W. J. Ickes & R. F. Kidd (Eds.), New directions in attribution research (Vol. 2) (pp. 335—368). Hillsdale, NJ: Erlbaum.

Zivin, G. (1977). On becoming subtle: Age and social rank changes in the use of a facial gesture. Child Development, *48*, 1314—1321.

Zuckerman, M., DePaulo, B. M. & Rosenthal, R. (1981). Verbal and nonverbal communication of deception. In L. Berkowitz (Ed.), Advances in experimental social psychology (Vol. 14) (pp. 1—59). New York: Academic Press.

Phylogenese und Ontogenese der Emotionen

2. Kapitel

Evolution und Funktion von Emotionen

Klaus Schneider und Winand Dittrich

1 Die Funktion von Emotionen im menschlichen Handeln

Emotionsforscher nennen in der Regel drei charakteristische Komponenten emotionaler Zustände: (1) spezifische Erlebnisweisen, die nur der jeweiligen Person zugänglich sind, über die Menschen aber im Verbalreport Auskunft geben können; (2) motorisches Verhalten, speziell das Ausdrucksverhalten, aber auch typische Handlungsweisen und Handlungsanfänge (Initien) und (3) periphere körperliche Veränderungen, die durch das Vegetative Nervensystem und das Hormonsystem gesteuert sind. Alle diese Komponenten emotionaler Reaktionen sind an ein funktionierendes Zentrales Nervensystem gebunden. Der neurobiologischen Forschung der vergangenen Jahrzehnte ist es gelungen, entscheidende zentralnervöse Strukturen, die diese Leistungen ermöglichen, im Stammhirn und in den Großhirnhemisphären zu lokalisieren. Es erscheint uns aber trivial, Emotionen, wie manche Autoren es vorschlagen (vgl. Izard, 1977), eine gesonderte neurophysiologische Komponente zuzusprechen — schließlich entspricht allen psychischen Prozessen ein neuronaler Vorgang.

Das emotionale Erleben umfaßt (1) die „Gefühlstöne" äußerer und innerer Wahrnehmungen, „Erlebnistönungen", (2) Gefühle im eigentlichen Sinne als qualitativ unterscheidbare subjektive Phänomene, die in vielfältiger Weise mit Wahrnehmungen, Bewertungen, Vorstellungen usw. verwoben sind (Wundt, 1910), und (3) Stimmungen, die den Hintergrund des Erlebens bilden (vgl. Ewert, 1965, 1983). Schon die „einfachen" Gefühlstöne von Sinnesempfindungen lassen sich nach Wundt (1910) nur durch Abstraktion von den Empfindungen selbst trennen. Um so mehr gilt das von Gefühlen wie etwa der Angst, die durch komplexe wahrgenommene Reizkonfigurationen ausgelöst werden und im Verein mit anderen Wahrnehmungen, Bewertungen der Situation und der eigenen Ressourcen sowie Erinnerungen in Abhängigkeit von Verhaltens- und Erlebensdispositionen die subjektive Repräsentation der Motivation des

Lebewesens darstellen und damit die Richtung und Intensität des Verhaltens bestimmen (McDougall, 1908). Mit vielen Emotionsforschern gehen wir daher davon aus, daß Emotionen irgendeine Form der Informationsaufnahme und -verarbeitung voraussetzen (vgl. z. B. Plutchik, 1977), wenngleich in Rechnung gesetzt werden muß, daß kognitive Prozesse auf einem noch unbewußten Niveau durch gleichzeitig angeregte Emotionen qualitativ verändert oder sogar abgeblockt werden können (Zajonc, 1980).

Neben dieser subjektiven Seite der Emotionen, den Gefühlen — sie eignen sich aus leicht einsehbaren methodologischen Gründen nicht für eine phylogenetische Rekonstruktion —, hat man seit den Anfängen der Emotionsforschung die mit den emotionalen Erlebnissen einhergehenden peripheren physiologischen Veränderungen (vgl. Wundt, 1910) und auch die körperlichen emotionalen Ausdruckserscheinungen (Darwin, 1872) zu erfassen gesucht. Im emotionalen Ausdruck teilen sich emotional-motivationale Zustände Artgenossen und Artfremden mit; die begleitenden peripheren physiologischen Vorgänge im Organismus wie z. B. die Zunahme der Frequenz und des Volumens des Herzschlages und der Atmungsfrequenz dienen der Vorbereitung des Organismus zur Handlung, zur Flucht oder zum Kampf (Cannon, 1929). Da Emotionen in aller Regel nur in Situationen auftreten, die in der einen oder anderen Weise eine aktive Auseinandersetzung mit der dinglichen und/oder sozialen Umwelt verlangen, ist diese Ankoppelung emotionaler Zustände an periphere Aktivierungsprozesse, die den Organismus auf Handlung einstellen, adaptiv. Außerdem können von außen sichtbare vegetative Veränderungen wie etwa das Erröten ebenfalls Signalcharakter gewinnen, indem sie Artgenossen und/oder Artfremden den emotional-motivationalen Zustand anzeigen (Darwin, 1872). Solche vegetativen Veränderungen haben daher eine doppelte Funktion — eine regulative und eine kommunikative. Emotionale Zustände sind damit in viel stärkerem Maße, als dies für kognitive Prozesse gilt, mit peripheren körperlichen Vorgängen verknüpft. Ihre spezifische Erlebnisweise und auch die Wirksamkeit, die sie im Verhalten entfalten, sind sicherlich zu einem Teil Folge dieser engen Anbindung an periphere körperliche Vorgänge, speziell an vegetativ gesteuerte Veränderungen im Organismus.

1.1 Die allgemeine Funktion emotionaler Reaktionssysteme

Als Funktion von Emotionen wird übereinstimmend von vielen Autoren, beginnend mit McDougall (1908), die motivationsgerechte Auslösung von Verhaltensweisen angenommen: Eine emotionale Reaktion bestimmt die allgemeine Richtung des Verhaltens und ermöglicht dadurch eine situations-, zustands- und erfahrungsangemessene Auswahl von Verhaltensweisen —

bestimmt aber nicht die speziellen Verhaltensweisen. Ein grundlegendes und notwendiges Charakteristikum aller Lebewesen — von den einfachsten einzelligen Formen bis zum Menschen — ist nämlich die Zielgerichtetheit im Verhalten: hin zu positiven, die Lebenslage verbessernden Situationen und Sachverhalten, und weg von negativen Situationen und Sachverhalten, die den Status des Lebewesens verschlechtern. Damit sind Annäherung und Flucht (Vermeidung) die basalen Klassen des Verhaltens, um lebenswichtige Ziele zu sichern oder zu erlangen und schädliche Situationen zu beenden oder zu meiden (Maier & Schneirla, 1935; Schneirla, 1959). Hinzu kommt die Notwendigkeit, gute und schlechte Orte sowie erfolgreiche und nicht gelungene Vorgehensweisen beim nächsten Mal zu erinnern.

Will man eine Antwort auf die Frage nach der Funktion von Emotionen finden, so ist zunächst einmal zu fragen, wie überhaupt sichergestellt werden kann, daß Lebewesen auch ohne Einsicht in letzte (ultimate) Handlungsziele förderliche Situationen aufsuchen und schädigende meiden. In evolutionsbiologischer Sicht ist das letzte Ziel allen Verhaltens die Förderung der umfassenden Fortpflanzungsfitness im erweiterten Verständnis der Darwinschen Evolutionslehre (Hamilton, 1964; Wilson, 1975) und damit die Weitergabe oder Erhaltung der eigenen Gene. Dieses übergeordnete Ziel wird im tierlichen und auch im menschlichen Handeln nicht motivationswirksam — in der Regel auch nicht im Handeln von Personen, die um diese Zusammenhänge wissen.

Im tierlichen Verhalten haben starre Koppelungen von Reizen und Reaktionen, für die im Nervensystem ein Mechanismus auf genetischer Basis bereitsteht und die damit Ausdruck einer phylogenetischen Anpassung sind, eine relativ große Bedeutung (Lorenz, 1935; Tinbergen, 1951). Hierzu ein Beispiel: Bei der Aufklärung der Bedingungen des Nahrungsaufnahmeverhaltens der Schmeißfliege konnte Dethier (1976) zeigen, daß „hungrige“ Fliegen, wenn die Umgebungstemperatur auf über 20 Grad Celsius geklettert ist, scheinbar zufällig die Flugrichtung wechselnd die Umgebung durchstreifen. Der Geruch fermentierten Zuckers veranlaßt die Schmeißfliege, die Geruchsquelle anzufliegen, und zwar immer noch im Zickzack-Kurs. Wenn das Tier etwa einen Meter von der Geruchsquelle entfernt ist, geht der Zickzackflug bevor das Tier landet in einen geraden Flug über. Die Landung ist wahrscheinlicher, wenn der Ort neu ist und wenn sich dort schon Artgenossen aufhalten oder ihre Duftmarken hinterlassen haben. Auf der Oberfläche der potentiellen Futterquelle marschiert die Fliege wieder scheinbar zufällig die Richtung wechselnd umher, bis sie mit einem ihrer Füße einen Tropfen Zuckerlösung berührt. Die Fliege dreht sich dem Tropfen zu, fährt ihren Saugrüssel aus und saugt ca. 20 Sekunden lang; sie unterbricht dann, wandert wieder umher und saugt vielleicht ein zweites Mal, möglicherweise ein drittes Mal. Die Fliege beendet ihre Mahlzeit endgültig, wenn der Ösophagus gefüllt ist — die Fliege ist „satt“. Nach einer

Mahlzeit wird die Fliege wieder aktiv, wenn der Zucker im Kropf abgenommen hat — die Fliege ist „hungrig".

Von der Arbeitsgruppe Dethiers wurden außer den genannten äußeren und inneren Reizen auch die beteiligten Rezeptoren, die Effektoren und die zentralen Mechanismen im Detail erforscht, die diese Verhaltensweisen auslösen und steuern. Die Motivation „Hunger" und ihre Befriedigung konnten damit in ihren zugrundeliegenden Mechanismen aufgeklärt werden, die, hierarchisch organisiert, die bedürfnisgerechten Verhaltensweisen der Nahrungssuche und -aufnahme und der Abstinenz bewirken. Jedes Element in der beschriebenen Verhaltenskette wird durch bekannte innere und/oder äußere Reize ausgelöst. Ob die Fliege den behavioral und physiologisch gekennzeichneten Zustand des „Hungers" als unangenehm, den entsprechend definierten Zustand der „Sättigung" als angenehm erlebt, wissen wir nicht und werden wir vermutlich nie wissen. Die Tatsache, daß wir Menschen, auch selbsternannte Tierschützer unter uns, nicht dazu neigen, der Schmeißfliege in dieser Situation eine Emotion zuzusprechen, liefert kein überzeugendes Argument für oder wider eine solche Annahme. Im Rahmen einer funktionellen Analyse der Emotionen im Verhalten (s.S. 45 ff) erweist sich eine solche Annahme allerdings als höchst unwahrscheinlich. Emotionen sollen zwischen entkoppelten Rezeptor-Effektor-Systemen vermitteln. Die Freiheitsgrade im Verhalten der Schmeißfliege und damit verbunden die individuelle Lernfähigkeit sind offensichtlich noch zu wenig ausgeprägt, um einen solchen Vermittlungsmechanismus zu verlangen.

Anders stellt sich die Situation bei den Säugetieren dar. Jeder Hundehalter ist wahrscheinlich mit Recht davon überzeugt, daß sein Tier Emotionen, z. B. Freude und Traurigkeit, erlebt. Zwar sind die Instinktbewegungen, wie sie von den Ethologen auch im Verhalten von Säugern beschrieben wurden (vgl. Eibl-Eibesfeldt, 1978; Ewer, 1976; Lorenz, 1937; Tinbergen, 1951), dadurch gekennzeichnet, daß bei einer entsprechenden inneren „*Gestimmtheit*" und dem Vorhandensein eines „*Auslösereizes*" eine relativ starre Bewegungsabfolge, die eigentliche „*Instinkthandlung*", ausgelöst wird. Beim sogenannten Appetenzverhalten, das der eigentlichen Instinkthandlung vorausgeht, zeigt sich aber auch schon unterhalb der Organisationsstufe der Säugetiere eine größere Variabilität und Abhängigkeit von der Lerngeschichte des Individuums.

Das Verhalten von Säugetieren und besonders von Primaten ist zudem im Vergleich mit den anderen Klassen der Vertebraten und der Invertebraten durch eine größere Flexibilität auch bei den Endhandlungen ausgezeichnet. Ein bestimmter Reiz löst häufig nicht mehr ein bestimmtes Verhalten aus, sondern bestimmt nur die allgemeine Richtung des Verhaltens. So konnten z. B. Verhaltensstudien an Rhesusaffen (vgl. Keverne, 1976) zeigen, daß männliche

Tiere durch olfaktorische Reize, die auf der Vaginalschleimhaut des Weibchens in Abhängigkeit vom Ovulationszyklus entstehen, zum Sexualverhalten angeregt werden. Durch diese motivational wirksamen Reize wird aber bei den Rhesusaffen kein starres Verhaltensschema mehr ausgelöst, sondern in Abhängigkeit von der Situation und den beteiligten Individuen kommt es zu unterschiedlichen Verhaltensweisen, so z. B. zu sexuellen Verhaltensweisen wie Aufreiten und Koitus oder Masturbation, aber auch zu sozialen Verhaltensweisen wie der Hautpflege. Man kann vermuten, daß durch die genannten Duftreize bei den männlichen Tieren eine sexuelle Erregung oder Spannung, eine Emotion also, ausgelöst wird, die zu unterschiedlichen Verhaltensweisen führt. Emotion hätte hier also eine Funktion bei der Sicherstellung eines wichtigen übergreifenden Verhaltenszieles, bei dessen Verfolgung wie bei anderen Zielen auch (a) organismische Zustände und (b) die Gegebenheiten in der Umwelt zu berücksichtigen sind. Emotionen regen damit adaptive Organismus-Umwelt-Transformationen an, die auf einfacheren Organisationsstufen durch Instinktmechanismen erzwungen werden. Auch aus dieser funktionalen Analyse läßt sich auf die notwendige enge Verzahnung von kognitiven und emotionalen Prozessen schließen.

In der Stammesgeschichte der Säugetiere, besonders der Primaten, wurden anscheinend ursprünglich angelegte starre Verknüpfungen von Reiz und Reaktion, wie sie im Verhalten von Invertebraten, aber auch von Fischen, Amphibien, Reptilien und Vögeln noch weitgehend vorherrschen, zu Gunsten „offener Verhaltensprogramme“ (Mayr, 1974) aufgegeben. Auf der Organisationsstufe der Säugetiere ermöglichen emotionale Reaktionen, die zwischen Reiz und Reaktion auftreten und nur die grundsätzliche Richtung des Verhaltens festlegen, eine größere Flexibilität im Verhalten, das dann zusätzlich durch Lernen an sich verändernde Situationen angepaßt werden kann (Arnold, 1960; Hamburg, 1963; McDougall, 1908; Plutchik, 1962; Scherer, 1981, 1984).

In Emotionen drücken sich nach diesem funktionalen Verständnis die genetisch verankerten Stellungnahmen eines Lebewesens zu seinem eigenen Status in Verbindung mit den gegebenen Sachverhalten in seiner Umwelt aus. Auch hierdurch kann nämlich sichergestellt werden, daß lebenswichtige Ziele angestrebt und schädliche Umstände gemieden werden, und zwar mit größerer Flexibilität, als dies durch starre Reiz-Reaktionsverbindungen ermöglicht würde. Durch emotionale Reaktionen werden, so wird angenommen, zunächst nur die grundsätzlichen Richtungen des Verhaltens festgelegt — weg oder hin zu einem Sachverhalt —, während die konkreten Verhaltensweisen dann in Abhängigkeit von der Situation und auch in Abhängigkeit von der Erfahrung eines Lebewesens in vergleichbaren Situationen ausgewählt werden können.

Je nach theoretischem Standpunkt wird man dabei entweder davon ausgehen, daß ein bestimmtes Verhalten durch kontingent erfahrene positive Emotionen verstärkt oder durch negative Emotionen gehemmt wird (Spencer, 1870; Thorndike, 1898) oder aber, daß die zuvor erfahrenen Emotionen hic et nunc vorweggenommen werden und dadurch in Kombination mit den Hinweisreizen in der Situation als Anreize für das Verhalten wirksam werden. Diese Vorwegnahme von Emotionen kann auch durch basale Lernmechanismen wie das Pawlowsche Konditionieren zustandekommen, es handelt sich dabei nicht notwendig um bewußte Antizipationen im Sinne der Erwartung-mal-Wert-Modelle der Motivationsforschung (vgl. McClelland, 1951). In jedem Fall findet dabei eine Bedeutungsverleihung statt: Eigene Verhaltensweisen, Handlungsfolgen und/oder Sachverhalte in der Umwelt werden emotional markiert, als vital bedeutungsvoll herausgestellt, und damit dem inneren Repräsentationssystem einverleibt. Nur so kann die individuelle Lernfähigkeit zur Anpassung beitragen (s. Livesey, 1986).

Auch ohne Einsicht in die übergreifenden (ultimaten) Ziele des Verhaltens sichern Emotionen damit, daß wichtige Verhaltensziele, die den Reproduktionserfolg und damit die Weitergabe der Gene sicherstellen, angestrebt und Situationen und Umstände, die ihn gefährden, gemieden werden und daß dabei individuelle Erfahrungen berücksichtigt werden.

In dieser Auffassung der Funktion von Emotionen scheint uns auch der heute noch beachtenswerte Kern der McDougallschen Auffassung genetisch verankerter „Instinkte“ beim Menschen zu liegen (McDougall, 1908): Danach stellen die emotionalen Reaktionen im Verhalten des Menschen die eigentlichen „Invarianten“ des instinktiven, d. h. des genetisch fundierten Verhaltens beim Menschen dar. Auslösende Reize und instrumentelle Verhaltensweisen sind dagegen zumeist variabel und häufig gebunden an die individuelle Lerngeschichte eines Lebewesens. Damit werden Emotionen zu Organisationskernen von Verhaltenssystemen. Emotionen sind nach diesem Verständnis die internen Repräsentationen von Motivierungen (vgl. auch Leyhausen, 1968) — eine Konzeption, die mindestens schon bei Carus (1846, zit. nach Grossart, 1931) zu finden ist, wobei man sich die Genese solcher Motivierungen aus dem Zusammenwirken von dispositionellen Faktoren, organismischen Zuständen und konkreten und/oder antizipierten Anreizen erklären muß. Emotionen zeigen damit auch die funktionale Bedeutsamkeit von situativen Gegebenheiten an — funktional im Hinblick auf überdauernde Verhaltensdispositionen und aktuelle Bedürfnisse. Sie stellen damit auch eine Form der Verarbeitung von Umweltgegebenheiten (Informationsverarbeitung) dar, wenngleich sie sowohl im Hinblick auf die zugrundeliegenden neuronalen Systeme und deren Phylogenese als auch im Hinblick auf ihre funktionale Wirkung von anderen

Mechanismen der Informationsverarbeitung (kognitive Prozesse) zu trennen sein dürften (vgl. LeDoux, 1984).

Diese funktionale Betrachtungsweise verdeutlicht, daß Emotionen erst auf einer Stufe der Entwicklung der Arten vorteilhaft werden konnten, auf der starre Verknüpfungen von Reiz-Reaktionsschemata zugunsten einer größeren Verhaltensvariabilität (Entscheidungsfreiheit) aufgegeben wurden. Nur wenn das Lebewesen zwischen verschiedenen Annäherungen an das gewünschte Ziel oder überhaupt zwischen verschiedenen Verhaltenszielen wählen kann, ist eine allgemeine Ausrichtung des Verhaltens durch emotionale Zustände in Abhängigkeit von angeborenen Bewertungsdispositionen und den aktuellen Bedürfnissen notwendig und hilfreich. Eine solche Entscheidungsfreiheit setzt aber eine irgendwie geartete innere Repräsentation der möglichen Verhaltensziele, der Orte und Objekte an und mit denen Verhalten stattfindet, und der wahrscheinlichen Verhaltensfolgen voraus. Daraus folgt, daß Emotionen phylogenetisch erst mit der Entwicklung der an die kortikalen Vorgänge gebundenen Repräsentations- und Entscheidungsfunktionen funktional deutliche Vorteile erbringen konnten und damit eigentlich erst mit der Ausbildung kortikaler Mechanismen der Informationsverarbeitung entstehen konnten. Gallistel (1985) folgend postulieren wir daher nur für Lebewesen auf solchen Organisationsstufen Emotionen, bei denen bereits eine zentralnervöse Repräsentation der Umwelt angenommen werden kann. Es fragt sich dann allerdings, auf welcher Organisationshöhe wir solche kognitiven Vorgänge annehmen dürfen, da auch schon die primitivsten Wirbeltiere, die Kieferlosen oder Agnatha, „neocorticale Äquivalente“ aufweisen (vgl. Ebbesson, 1980).

In den verschiedensten Erklärungsansätzen menschlichen und tierlichen Verhaltens sind in der Regel nur einzelne der genannten Funktionen in Betracht gezogen worden: so die verhaltensrichtende und antreibende Funktion in der behavioristisch orientierten Motivationsforschung — etwa in der Annahme der Wirkung von situativer Angst auf das Verhalten (vgl. Spence & Spence, 1966) oder in der Annahme der Bedeutung des Ärgers für aggressives Verhalten (vgl. Berkowitz, 1962) —, die Anreizfunktion antizipierter Emotion z.B. in der Erklärung leistungsmotivierten Verhaltens (Atkinson, 1957; McClelland, 1951) oder die Verstärkerfunktion oder besser Gedächtnisfunktion in der Lernforschung beginnend mit Thorndike (1898; vgl. Lorenz, 1969). Daneben wurde von einzelnen Autoren sogar ausschließlich die aus dem menschlichen Erleben auch bekannte verhaltenshemmende Funktion insbesondere starker Emotionen betont (vgl. Leeper, 1948). Die letztgenannte Annahme, die in der Emotionspsychologie immer noch Aufmerksamkeit findet (Mandler, 1975), greift einen Nebeneffekt emotionaler Reaktionen beim Menschen auf, der sich unter den vollständig veränderten Lebensbedingungen unserer technisierten und arbeitsteilig organisierten Umwelt besonders nachteilig bemerkbar machen kann, und stellt ihn als die einzige (Miß)funktion von Emotionen heraus. An diesem Beispiel allein kann man verdeutlichen, daß evolutionsbiologische Überlegungen auch für die humanpsychologische Forschung von Bedeutung sind, weil sie solche Irrwege zu vermeiden helfen.

1.2 Die Funktion spezifischer Emotionen

Über die Feststellung einer allgemeinen Funktion von Emotionen im Verhalten hinaus lassen sich durch eine Analyse des Funktionswertes emotionaler Reaktionen auch Gründe für die Phylogenese einzelner, qualitativ unterschiedlicher emotionaler Reaktionssysteme ausmachen. Dabei geht man im allgemeinen von der Überlegung aus, welche grundlegenden Aufgaben sich etwa für alle Säugetiere im Verhalten stellen, auf die qualitativ verschiedene Emotions/Motivationssysteme eine Antwort im Rahmen phylogenetischer Anpassungen darstellen (Darwin, 1872). Es ist dies die gleiche Frage, wie sie sich auch dem Motivationspsychologen stellt, der die grundlegenden Antriebskräfte im Verhalten identifizieren will. Nur für solche emotionalen Verhaltensweisen, die sich in vergleichbarer Weise beim Menschen und bei den nächstverwandten Primaten beobachten lassen, wird man aber mit Sicherheit eine genetische Basis und damit auch eine Phylogenese als Folge einer Anpassung an die Notwendigkeiten der Lebensgestaltung in den jeweils gegebenen Umwelten annehmen können (vgl. Plutchik, 1962, 1980; Scott, 1958; 1980). Emotionen, die nur beim Menschen zu beobachten sind, können auch Ergebnisse der kulturellen Evolution des Menschen sein.

Die Frage, wie viele solcher Motivationssysteme phylogenetisch entstanden sind, denen grundlegende (primäre) Emotionen zugeordnet werden können, konnte bislang nicht definitiv beantwortet werden. McDougall (1908) zählt 7 „Hauptinstinkte" des Menschen auf, zu denen als invariante Reaktion eine charakteristische Emotion gehört: (1) Der Fluchtinstinkt mit der Emotion der Furcht; (2) die Abwehr mit der Emotion des Ekels; (3) Neugier mit der Emotion Staunen; (4) Kampfesinstinkt mit der Emotion Zorn; (5) Selbstbehauptung mit dem positiven Selbstgefühl; (6) Selbsterniedrigung mit dem negativen Selbstgefühl und (7) Pflegeinstinkt mit der Emotion der Fürsorglichkeit.

Eine etwas andere Auflistung finden wir bei Scott (1958, 1980), der in stärkerem Maße als McDougall das Verhalten von Säugern insgesamt im Auge hatte: (1) Nahrungs-, Flüssigkeits- und Sauerstoffaufnahme; (2) Schutzsuche; (3) Exploration; (4) Sexualverhalten; (5) Fürsorge für Nachkommen und Suche nach Fürsorge und Betreuung; (6) agonistisches Verhalten; (7) Nachahmung; (8) Ausscheidung. Jedem der Verhaltenssysteme sind Emotionen zugeordnet -

z. B. „Hunger“ und „Durst“ im erstgenannten Verhaltenssystem, „Furcht“ im zweitgenannten System „Schutzsuche“.

Im Anschluß an die bereits vorgestellten grundlegenden Überlegungen Schneirlas (1959) und Arnolds (1960) subsumiert Plutchik (1980) unter die primären Verhaltensklassen der Annäherung und Vermeidung — ein Sachverhalt wird als gut oder schlecht bewertet — 8 primäre Verhaltenssysteme und zugehörige Emotionen: 1. Schutz (Furcht, Entsetzen), 2. Destruktion (Ärger, Wut), 3. Reproduktion (Freude, Ekstase), 4. Reintegration (Traurigkeit, Kummer), 5. Affiliation (Annahme, Vertrauen), 6. Abweisung (Ekel, Abscheu), 7. Exploration (Vorwegnahme), 8.Orientierung (Überraschung). Zusätzlich werden diesen Verhaltenssystemen typische Verhaltensweisen zugeordnet. Hier spätestens wird das Schema, das den Anspruch erhebt, für höhere Lebewesen allgemein Geltung zu haben, zweifelhaft: Solche spezifischen Verhaltensweisen lassen sich bei genauerer Betrachtung jeweils nur für eine Art oder für Gruppen eng verwandter Arten angeben, weil sie jeweils Ausdruck spezifischer Phylogenien sind.

Von größerem Interesse als die jeweiligen vorgeschlagenen Auflistungen der genannten Autoren erscheint die generelle Vorgehensweise, unterschiedliche Emotionen an Verhaltens-(Motivations)Systeme anzubinden, die die stammesgeschichtliche Antwort auf bestimmte Aufgaben sind, die sich allen höheren Lebewesen in vergleichbarer Weise stellen (vgl. Bischof, 1985; Schneider, 1983; Schneider & Schmalt, 1981). — Die speziellen Auflistungen weisen derzeit alle eine gewisse Willkürlichkeit auf, was nicht ausbleiben kann, wenn solche Taxonomien am Schreibtisch ersonnen werden.

Eine zukünftig zu erstellende Taxonomie von Motivationssystemen und zugehörigen grundlegenden Emotionen sollte einige basale Unterscheidungen berücksichtigen: Unter funktionalen Gesichtspunkten erscheint uns eine Trennung zwischen Motivsystemen angebracht, die (a) homöostatische, zyklische Bedürfnisse repräsentieren und damit Bestandteil eines organismischen Systems zur Aufrechterhaltung des körperlichen Gleichgewichtes sind und (b) solchen Motiven, die Antwort auf die Notwendigkeit der Erlangung und Sicherung der Lebenschancen und der Weitergabe der eigenen Gene in der Auseinandersetzung mit der dinglichen und sozialen Umwelt darstellen, z. B. durch Erkunden, Vermeiden von Gefahren und Abwehr von Feinden und schließlich durch Fortplanzung und die Fürsorge für die Nachkommen (vgl. Pribram, 1960).

Während bei den zyklischen Bedürfnissen Körperempfindungen und in aller Regel auch äußere Sinnesdaten vorhanden sind, die sowohl das Bedürfnis als auch die Richtung seiner Befriedigung anzeigen, fallen die Körperempfindungen bei den nicht-homöostatischen Motivationen weg, allenfalls treten sekundär somatische Empfindungen hinzu. Genügt zur Identifikation des körperlichen Bedürfnisses die affektiv getönte Körperempfindung, so offenbaren sich diese „höheren" Motivationen, die darin enthaltenen Bewertungen von Umweltgegebenheiten und richtenden Verhaltensimpulse dem handelnden Lebewesen u. a. offensichtlich durch die spezifische Qualität der zugeordneten Emotion. Ob ein Lebewesen friert, hungrig oder durstig ist oder von Harndrang geplagt wird, offenbart sich ihm in den entsprechenden Körperempfindungen; um verhaltenswirksam zu werden, genügt ein beigemischtes Unlusterleben. Ob ein neues Objekt in der Umwelt Unsicherheit oder Überraschung und Staunen hervorruft und damit zur Exploration auffordert oder Furcht auslöst und damit zur Flucht und nachfolgenden Vermeidung antreibt, stellt in der Regel keinen „unbedingten" Effekt des wahrgenommenen Sachverhaltes dar, sondern ist das Ergebnis einer Verarbeitung des Sachverhaltes auf dem Hintergrund von angeborenen und erworbenen Dispositionen mit dem Ziel, die Lebenschancen des Individuums und damit seine Fortpflanzungschancen zu verbessern. Je nachdem welcher emotional-motivationale Zustand in einem solchen Konfliktfall die Oberhand gewinnt, wird das Lebewesen sich dem Objekt nähern oder sich davon fernhalten, und zwar mit größerer Intensität und kürzerer Latenz je intensiver sich der entsprechende emotionale Zustand darstellt.

Es genügt daher, wenn bedürfnisanzeigende Körperempfindungen wie Kälte, Durst und Hunger eine emotionale Tönung — Unlust in diesem Falle — erhalten, die in die Erlebnistönung des Angenehmen oder Lustvollen übergeht, wenn das Defizit behoben oder der Ausgleich hergestellt wird. Die Identifikation des Bedürfniszustandes ist eindeutig durch die spezifische Körperempfindung gegeben. Durch die emotionale Tönung erhalten diese Wahrnehmungen ihre verhaltensantreibende (motivationale) Wirksamkeit (vgl. Tomkins, 1980), die Richtung des Verhaltens dagegen wird durch die inneren bedürfnisanzeigenden Signale und äußeren „Anreize" determiniert. Anders bei den nicht-homöostatischen Systemen: hier determiniert, wie gesagt, eine spezifische Emotion auch die grundsätzliche Richtung des Verhaltens und bestimmt zusätzlich durch ihre Intensität Stärke und Ausdauer der ausgewählten Verhaltensweisen.

Nicht nur bei sozial lebenden Tieren, bei diesen aber in besonderer Weise, lassen sich die genannten Verhaltensziele, auch die homöostatischen, häufig nur in Kooperation mit Artgenossen und/oder anderen Lebewesen erreichen. Es bestand daher vermutlich in der Evolution nicht nur ein Anpassungsdruck zur Identifikation der zugeordneten Motivationen für das handelnde Lebewesen selbst, sondern auch für die Mitteilung der Emotion/Motivation und der zugeordneten Handlungsintentionen an Artgenossen und auch Artfremde

(Partner oder Rivalen). Damit war ein evolutiv wirksamer Anlaß für die Ausbildung unterschiedlicher und emotionsspezifischer Ausdrucksmuster und damit verschränkt zur Ausbildung von Mechanismen des Ausdrucksverständnisses (das „angeborene Ausdruckserfassen“, s. Leyhausen, 1968) gegeben (Darwin, 1872).

2 Emotionale Reaktionssysteme als evoluierte Verhaltens- und Wertungsdispositionen

Die Funktion der Emotionen im menschlichen Handeln, ihre Bedeutung als Richtungsdeterminante in variablen Handlungsabläufen, hat sich im Laufe der Entwicklung zum Menschen mit der progressiven Neencephalisation und der damit gegebenen zunehmenden Verhaltensvariabilität und Entscheidungsfreiheit, die mit der Notwendigkeit zur Verhaltenskoordination im sozialen Verband konfligiert, herausgebildet. Die Notwendigkeit zur Verhaltenskoordination in Gruppen verlangt die Kommunikation emotional-motivationaler Zustände, mit der dadurch gegebenen Möglichkeit, daß sich Partner und Gegner im voraus auf das, was kommen wird, einstellen. Hierauf hat Darwin (1872) hingewiesen und so die Grundlagen für die vergleichende Emotionsforschung gelegt. Der auf ihn zurückgehende vergleichende Untersuchungsansatz ermöglicht Aussagen über ontogenetische und phylogenetische Faktoren der objektivierbaren Aspekte emotionaler Prozesse, des Ausdruckverhaltens, der begleitenden vegetativen Reaktionen und auch der zugrundeliegenden neuronalen und hormonellen Mechanismen. Während Darwin noch von Emotionen bei dem Menschen und den Tieren sprach, klammerten in der Folge Ethologen den subjektiven Aspekt emotionaler Reaktionen gänzlich aus ihren Arbeiten aus und beschränkten sich auf das Studium angeborener Ausdrucksmuster. Ein wichtiger Zugang zum vergleichendenden Studium „mentaler“ Vorgänge wurde dadurch aufgegeben.

Entsprechend der Darwinschen Argumentation kann man jedoch annehmen, daß emotionales Verhalten beim Menschen unter Einschluß des emotionalen Erlebens und das Ausdrucksverhalten der Tiere und die auch hier vermuteten Repräsentationen von Motivationen in der Form von Emotionen einen gemeinsamen Ursprung haben. Die Beweisführung für diese Annahme ist wegen des Fehlens von Verhaltensfossilien weniger eindeutig als der Beweis für den gemeinsamen Ursprung morphologischer Merkmale. Allerdings haben die Pioniere der Ethologie überzeugend demonstriert, daß das Konzept der Homologie auch auf Verhalten angewandt werden kann — allerdings mit Erfolg nur auf solche Verhaltensweisen, deren raumzeitliche Struktur (Morphologie) relativ stabil und artspezifisch ist (vgl. Heinroth, 1911; Lorenz, 1935; zusammenfassend: Baerends, 1958; Wickler, 1967). In dieser Tradition ist die vergleichende Methode auch auf Ausdrucksverhalten angewandt worden (s. Eibl-Eibesfeldt, 1984). Einige mimische Ausdrucksmuster, die beim Menschen universal nachweisbar sind (vgl. Ekman, 1972) und zwischen emotionalen Grundzuständen differenzieren, lassen sich mit Ausdrucksverhalten bei den uns nächstverwandten Primaten homologisieren (s. S. 90 ff.).

Die Tatsache, daß die Gesichtsmuskulatur, speziell auch die mimische Muskulatur in der Primatenreihe kontinuierlich ist, legt es nahe, durch ein vergleichendes Studium der mimischen Reaktionen bei den Primaten zu begründeten Hypothesen hinsichtlich der Funktion des mimischen Ausdrucks beim Menschen zu kommen. Auch hat man versucht, durch eine vergleichende Gegenüberstellung der Ausdrucksmuster rezenter Primaten die Stammesgeschichte einzelner Ausdrucksmerkmale zu rekonstruieren (vgl. van Hooff, 1972) — ein Vorgehen, das wegen des Fehlens von Verhaltensresten mit größter Unsicherheit behaftet ist. Entsprechende Hypothesen und Ableitungen werden wir im fünften und sechsten Teil dieses Kapitels vorstellen.

Nimmt man außerdem eine Verursachung emotionaler Erlebnisweisen durch propriorezeptiv rückgemeldete Ausdrucksbewegungen an, wie einige Emotionstheoretiker das vorschlagen (vgl. Gellhorn, 1964; Izard, 1977; Tomkins, 1963, 1979), so ließe sich auch die Rekonstruktion der phylogenetischen Entwicklung der dem emotionalen Erleben zugrundeliegenden Mechanismen aus der Rekonstruktion des Ausdrucksverhaltens herleiten. Für diese Hypothese liegen aber derzeit keine überzeugenden Belege vor (vgl. Buck, 1980, 1984). Ausdrucksverhalten hat zudem — darauf hat Darwin 1872 bereits hingewiesen — eine eigene Funktion, nämlich diejenige der Mitteilung handlungsdeterminierender innerer Zustände an andere Lebewesen — an Freund und Feind. Diese Funktion dient auch der Erlangung übergeordneter Ziele des Verhaltens, aber nur unter genau definierten Umständen, dann nämlich, wenn es für das Individuum vorteilhaft ist, dem Sozius oder Gegner die eigenen Verhaltensabsichten mitzuteilen, um ihn damit zu einem Verhalten zu motivieren, das dem Agierenden einen Vorteil erbringt, z. B. indem der oder die Angedrohte aus dem Weg geht. Unter anderen Umständen mag dies von Nachteil sein und der Ausdruck sollte dann entsprechend unterdrückt oder sogar verfälscht werden, während der emotionale Zustand, die interne Repräsentation der aktuellen Motivation nach wie vor die Verhaltensrichtung determiniert (s. Hinde, 1985a). Vermutlich war daher die Phylogenese des Ausdrucksverhaltens getrennt von der stammesgeschichtlichen Entwicklung der Mechanismen, die der emotionalen Verhaltenssteuerung zugrundeliegen. Wenig erfolgversprechend erscheint es uns daher zu sein, die phylogenetische

Entwicklung emotionaler Reaktionssysteme ausschließlich von der Phylogenese der emotionalen Ausdrucksmuster ableiten zu wollen.

Emotionale Erlebnisse, die nur nach einer irgendwie gearteten Mitteilung Gegenstand einer wissenschaftlichen Untersuchung werden können, eignen sich für eine vergleichende Vorgehensweise nicht. Nur das ihnen zugrunde liegende materielle Substrat, die affektiven Zentren des Gehirns und die dort verwandten Transmitter und Modulatoren, können für eine phylogenetische Rekonstruktion herangezogen werden. Allenfalls lassen sich aus den prähistorischen kulturellen Überresten Rückschlüsse auf kognitiv-emotionale Bewertungen unserer Vorfahren von grundlegenden Sachverhalten der menschlichen Lebenssituation, Tod, Geburt, transzendentale Mächte, vornehmen. Solche Rekonstruktionen sind bei der Spärlichkeit der gefundenen Reste notwendigerweise spekulativ, wenngleich sie anregende Einsichten in mögliche Entwicklungsbedingungen emotionaler Reaktionsweisen und ihrer kulturellen historischen Überformung ermöglichen (vgl. Bischof-Köhler, 1985). Für die historische Formung der Emotionen des Menschen und ihres Ausdruckes lassen sich auch Hinweise aus der durch schriftliche Dokumente belegbaren neueren Geschichte verschiedener Kulturen anführen. Beispielhaft hierfür dürften die Untersuchungen von Elias (1969) zur Kontrolle des emotionalen Verhaltens durch sich verändernde soziale Normen sein. Der Ausdruck von Emotionen ist offensichtlich einer wirksamen sozialen Normierung unterworfen, die auch noch in historisch jüngster Zeit einen starken Wandel erfahren hat (vgl. z. B. die Studie zum Wandel des Ausdrucks von Ärger/Wut in der Neuzeit: Zisowitz-Stearns & Stearns, 1986).

Neben dem Ausdrucksverhalten verbleiben dann als Basis für eine Rekonstruktion der Phylogenese emotionaler Reaktionssysteme an erster Stelle die dem emotionalen Erleben und Verhalten zugrunde liegenden zentralen und peripheren Mechanismen des Nervensystems sowie das damit verbundene Hormonsystem. Auch bei der Rekonstruktion der Phylogenese des Nervensystems türmen sich Schwierigkeiten auf. Abgesehen von Schädelausgüssen, die Rückschlüsse auf die Größe des Gehirns und die Strukturiertheit der Hirnoberfläche erlauben, sind für die tieferliegenden Hirnareale keine Reste vorhanden. Man kann also hier nur anhand des Vergleiches der Gehirne und Nervensysteme rezenter Abkömmlinge der wahrscheinlichen Vorfahren des Menschen in der Stammesgeschichte der Primaten begründete Hypothesen über die Bedeutung bestimmter Areale zu gewinnen versuchen (Romer, 1959). Nach Lage des derzeitigen Erkenntnisstandes der Evolutionsbiologie sind Aussagen über die Funktion von Teilen des ZNS, die auf diesem Wege gewonnen werden, mit vielen Unsicherheiten behaftet, da selbst dann, wenn es sich um homologe Hirnstrukturen handelt, die Funktion dieser Strukturen sich im Verlaufe der Stammesgeschichte geändert haben könnte (Atz, 1970; Haas & Simpson, 1946).

Immerhin liegen beim ZNS Strukturen vor, die verglichen (homologisiert) werden können; zumindest bei rezenten Arten läßt sich außerdem etwas über die Funktion dieser Strukturen ausmachen, so daß die Argumentation über eine reine Spekulation hinausgeht. Alles dessen eingedenk soll im folgenden der Versuch gemacht werden, durch den Vergleich der den emotionalen Verhaltens- und Erlebnisweisen vermutlich zugrundeliegenden Hirnmechanismen und des Ausdrucksverhaltens rezenter Primatenarten einschließlich des Homo sapiens Rückschlüsse auf die Phylogenese emotionaler Reaktionssysteme zu gewinnen. Das Vegetative Nervensystem und das Neuroendokrine System eignen sich für eine solche Rekonstruktion nicht, da ihre primäre Funktion in der Aufrechterhaltung der Körper-Homöostase liegt (Bernard, 1878; Cannon, 1929) — eine Aufgabe, die sich auch schon für das einzellige Lebewesen stellt. Diese Reaktionssysteme entstanden daher sehr früh in der Evolution der Lebewesen und wurden vermutlich erst im Verlaufe der Entwicklung der Vertebraten an zentralnervös realisierte emotionale Zustände angekoppelt. Vorläufer des Vegetativen Nervensystems sind bereits bei „entfernten Vorfahren der Wirbeltiere", so bei Eichelwürmern (vgl. Romer, 1962) und auch bei den einfachsten Protochordaten nachweisbar, bei denen wir keinen Anlaß haben, aufgrund funktioneller Überlegungen emotionale Reaktionssysteme oder gar eine interne Repräsentation von Handlungsalternativen anzunehmen. Hormondrüsen wurden ebenfalls bei allen näher untersuchten einfachsten Wirbellosen entdeckt (Bern, 1972); darüber hinaus konnten funktionstüchtige neuroendokrine Systeme auch schon bei vielen etwas höher entwickelten Wirbellosen nachgewiesen werden (vgl. Obenchain & Oliver, 1975). Vergleichende Morphologen vermuten daher, daß die Entwicklung des neuroendokrinen Systems zur Regulation des „internen Milieus" der Entwicklung des sensomotorischen Systems zur Verhaltenssteuerung (Interaktion mit der externen Welt) vorausging (vgl. Sarnat & Netsky, 1981).

Bei der Phylogenese emotionaler Reaktionssysteme nehmen wir eine Folge von Stufen unterschiedlicher Organisationshöhe an: Protochordaten, Vertebraten, Säuger, etc., um gewisse Trends in der Entwicklung des emotionalen Reaktionssystems einschließlich der damit verbundenen informationsverarbeitenden Systeme zu illustrieren. Diese Stufenfolge ist für die genealogische Rekonstruktion der Entstehung der Arten ohne Wert, kann aber den vermuteten Entwicklungstrend illustrieren.

Wir folgen hier dem traditionellen Ansatz des Artenvergleichs in der Vergleichenden Psychologie und Vergleichenden Neuroanatomie, bei dem Gruppierungen von Lebewesen oberhalb der Speziesebene (Ordnungen, Klassen usw.) im Hinblick auf die scheinbar gerichtete Fortentwicklung eines Merkmals (z. B. zunehmende Funktionstüchtigkeit, zunehmende Differenzierung) betrachtet werden (Huxley, 1957; Rensch, 1972). Diese Vorgehensweise ist umstritten (vgl. Gottlieb, 1985), dürfte aber für den hier angezielten Zweck nach Aussage renommierter Evolutionsbiologen nicht ohne Wert sein (s. hierzu Gould, 1976).

3 Die Evolution von „affektiven" ZNS-Strukturen

Die Entstehung der vielfältigen emotionalen Ausdrucksformen muß in enger Beziehung zur stammesgeschichtlichen Entwicklung der „affektiven" Gehirnstrukturen, wie im folgenden zusammenfassend dargestellt, gesehen werden. Nach übereinstimmender Auffassung biopsychologischer Forscher sind emotionale Vorgänge bei Säugetieren an das sogenannte „limbische System" (MacLean, 1952) gebunden. Dieses strukturell unscharf definierte Funktionssystem (s. die Kritik bei Brodal, 1981, S. 689 ff.) umfaßt phylogenetisch ältere, kortikale wie auch subkortikale, Anteile der Endhirnhemisphären und Teile des Zwischenhirns sowie Mittelhirns. In Ergänzung zu der ursprünglichen Hypothese des Neurologen Papez (1937), nach dem das physiologische Korrelat von emotionalen Prozessen in Erregungsmustern eines telencephalen/diencephalen Systems zu suchen ist, das Hippocampus, Fornix, Corpora mamillaria sowie vordere Thalamuskerne und Gyrus cinguli und deren Verbindungen umfaßt (Papezscher „Neuronenkreis"), hat die nachfolgende Diskussion (vgl. Kelley & Stinus, 1984) die Bedeutung von einigen weiteren kortikalen und subkortikalen Arealen der Endhirnhemisphären an erster Stelle des Frontalhirns (Fulton, 1952) und der Amygdala (Klüver & Bucy, 1937), aber auch der Kerne des Septums (Brady & Nauta, 1953) und des Hypothalamus im Zwischenhirn (Hess, 1954) herausgestellt. Neben dem ursprünglichen Papez-Kreis wurde von Yakovlev (1948) ein weiteres funktionales System, das den orbifrontalen Cortex, die Insel, den vorderen Temporallappen, die Amygdala und den dorsomedialen Thalamus umfaßt, angenommen, welches emotionale Bewertungen repräsentiert, indem es interne Zustände nach außen mitteilt und zwischen dem im Hirnstamm lokalisierten System zur homöostatischen Regulation („visceral motility") und dem im Neocortex lokalisierten handlungssteuernden System („motility of effectuation") vermittelt.

Schließlich ist insbesondere von Nauta und Mitarbeitern (vgl. Nauta, 1979; Nauta & Domesick, 1982) die Anbindung dieser limbischen Strukturen des End- und Zwischenhirns an Strukturen des Mittelhirns nachgewiesen und als funktionell bedeutsam herausgestellt worden. — Im entwickelten Säugergehirn hat das limbische System eine hervorragende mittlere Position, um zwischen der kortikal repräsentierten Umwelt und ihren Anreizen und den im Zwischenhirn und tieferen Abschnitten des Hirnstamms repräsentierten organismischen

Ansprüchen durch die bedürfnisgerechte Auswahl von Verhaltensalternativen zu vermitteln. Auf der Achse Hypothalamus-Hypophyse ist darüber hinaus die Anbindung des Hormonsystems gewährleistet.

Das Gehirn des Menschen — das Organ, das Emotionen primär ermöglicht — ist das Ergebnis einer langen phylogenetischen Entwicklung. Die Stammesgeschichte der Vertebraten läßt sich über 500 Millionen Jahre zurückverfolgen. Das Lanzettfischchen, Amphioxus, steht, was die Entwicklung des Nervensystems anbelangt, den gemeinsamen Ahnen aller Vertebraten vermutlich am nächsten und wird als Modell für die Ahnenform aller Craniota (Chordatiere mit Kopf) herangezogen (s. Starck, 1982). Es mag daher hilfreich sein, aus den Verhältnissen bei dieser rezenten Art, wenngleich Amphioxus zeitlich genauso weit vom gemeinsamen Ursprung entfernt ist wie die höher entwickelten Säugetiere, auf die Ausbildung des ZNS bei den extinkten Protochordaten zurückzuschließen. Weitere Meilensteine in der Evolution zu den Säugetieren in diesem Zusammenhang könnten die Reptilien im Karbon (vor ca. 350 Mill. Jahren) und die ersten Säugetiere im Jura (vor ca. 180 Mill. Jahren) darstellen.

Das ZNS von Amphioxus besteht einzig und allein aus dem Rückenmark. Das sogenannte vordere Hirnbläschen ist nur in einem ganz allgemeinen Sinn mit dem Gehirn höher entwickelter Chordaten vergleichbar: es liegt vorn, ist aber nicht in Abschnitte gegliedert und empfängt keine Afferenzen von Sinnesorganen aus dem Kopfbereich. Interneurone im vorderen und hinteren Abschnitt dieses Rückenmarks verbinden sensorische Neurone mit kontralateralen motorischen Neuronen.

Ein seitlich wirksamer taktiler Reiz löst daher bei diesem Tier eine Schlängelbewegung des ganzen Körpers — weg vom Reiz — aus, der durch die Übertragung von links nach rechts und umgekehrt in der Erregungsleitung ermöglicht wird. Amphioxus liegt zumeist halb eingegraben im Sand auf dem Meeresboden und strudelt Nahrung herbei. Die Funktion des Wegdrehens ist offensichtlich: es entfernt das Tier von einem potentiell schädlichen Reiz. Größere Freiheitsgrade sind in diesem reflexiven Verhaltenssystem nicht vorhanden und offensichtlich auch nicht notwendig. Ein umfangreiches Verhaltensrepertoire, aus dem das Tier auswählen könnte, existiert nicht. Eine Repräsentation der Umweltsachverhalte, zwischen denen das Tier wählen sollte, ist nicht notwendig, damit entfällt auch die Notwendigkeit für ein emotionales Reaktionssystem, für die bewußte Repräsentation von Motivationen oder Bedürfnissen in affektiven Zuständen.

Bei Amphioxus treten vegetative Nerven, die die Bauchorgane versorgen, mit afferenten und efferenten Anteilen ebenfalls aus den dorsalen Wurzeln des Rückenmarks aus (Franz, 1923; Pick, 1970). In der aufsteigenden Reihe der

Wirbeltiere finden sich dann Modifikationen des Grundschemas des Vegetativen Nervensystems, so eine Zentrierung der Austrittsstellen auf dem Kopfbereich oder auf begrenzte Abschnitte des Rückenmarks. Schon bei der Klasse der Knorpelfische stellte die vergleichende Morphologie die von den Säugern bekannte Struktur der sympathischen Grenzstränge fest (Starck, 1982). Auch sind bei allen echten Vertebraten die Anbindungen der peripheren vegetativen Nerven an übergeordnete Zentren im Hirnstamm und Hypothalamus nachweisbar (Pick, 1970).

Unter der Annahme, daß die Funktion des Vegetativen Nervensystems die Aufrechterhaltung der organismischen Homöostase ist, lassen sich die vorhandenen Variationen in der Topographie der peripheren Nerven als Anpassung an unterschiedliche Umwelten (vom Wasser zum Land) und ganz wesentlich auch als Anpassung im Rahmen des Übergangs von der Poikilothermie zur Homoiothermie bei einer Gattung ausgestorbener Dinosaurier (Desmond, 1975), bei Vögeln und Säugern verstehen (Pick, 1954). Wichtig in diesem Zusammenhang ist, daß das Vegetative Nervensystem in der Entwicklungsreihe der Wirbeltiere bereitstand, um an zentral-nervös lokalisierte emotionale Erregungszustände angekoppelt zu werden.

Im Verlaufe der weiteren Entwicklung des ZNS bei den Vertebraten kam es dann zur Ausbildung eines nervösen Zentralorgans, des Gehirns, bei dem ein dreiteiliges Grundschema kennzeichnend ist: (1) Das Rückenmark, weitgehend homolog zum Nervensystem des Lanzettfischchens, welches durch afferente und efferente Nerven mit Rumpf und Extremitäten verbunden ist; (2) das Rhombencephalon, das mittels der Branchialnerven mit dem Mund- und Kiemendarmbereich einschließlich der Organe in der Leibeshöhle verbunden ist und (3) das Prosencephalon mit Telencephalon und Diencephalon, die mit den Sinnesorganen verbunden sind, wobei das Endhirn mit dem Riechorgan, das Zwischenhirn mit dem Sehorgan eine besonders prominente Beziehung eingegangen ist. Auf allen diesen Ebenen finden wir auch efferente Nerven und Zellgruppen zur Steuerung der motorischen Exekutive. Die Abb. 1 (aus Starck, 1982) illustriert dieses Grundschema des ZNS für verschiedene Klassen von Vertebraten, dessen topographische Gliederung den grundlegenden Verhaltensaufgaben von Lebewesen zugeordnet werden kann: die Verbindung mit der Außenwelt über die Fernsinne, die Aufrechterhaltung des Gleichgewichts im „inneren Milieu", und die Steuerung des Verhaltens mittels des motorischen Systems einschließlich der Verarbeitung der zugehörigen taktilen und propriorezeptiven Afferenzen.

Ein solches entwickeltes Gehirn, das Afferenzen von Sinnesorganen aus dem Kopfbereich erhält, zeigen unter den rezenten Arten schon die primitivsten echten Wirbeltiere aus der Klasse der Agnatha oder Kieferlosen. Hier treten im

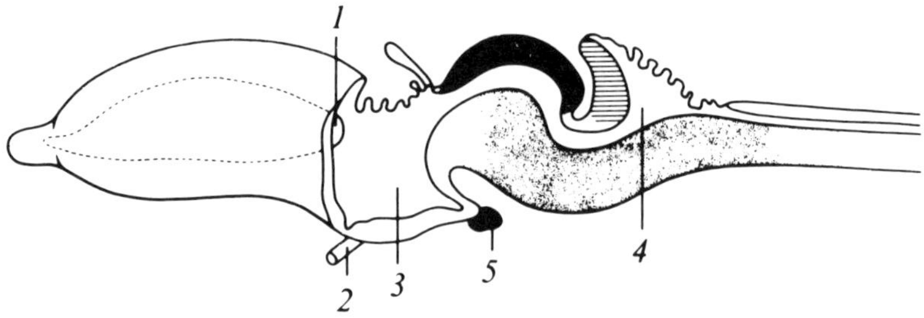

1 Foramen interventriculare, 2 Nervus opticus, 3 III. Ventrikel, 4 IV. Ventrikel, 5 Hypophyse. Der Umriß des rechten Seitenventrikels im Telencephalon ist gestrichelt

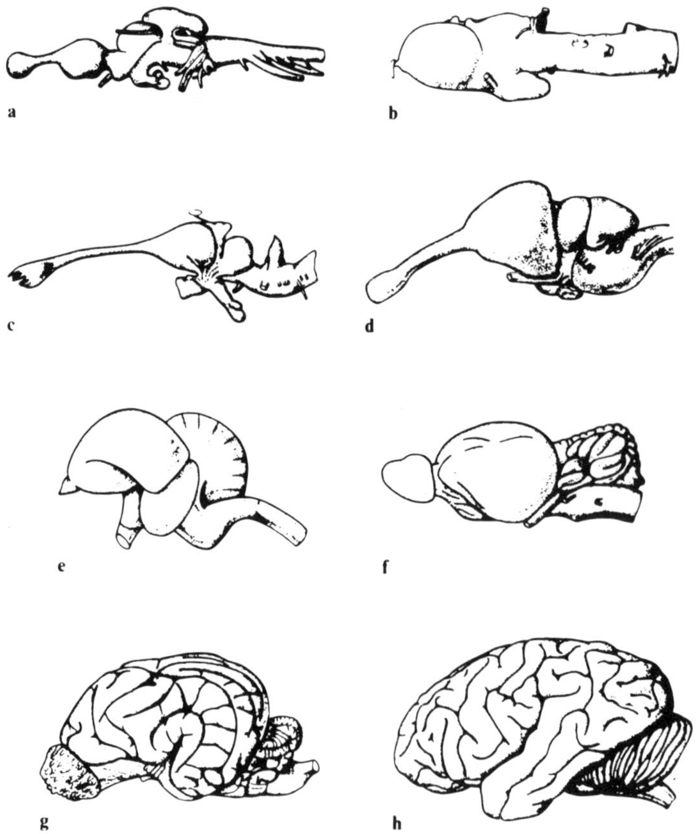

Abb. 1: Grundschema des Zentralnervensystems der Vertebraten (Rhombencephalon punktiert, davor das Prosencephalon mit Tel- und Diencephalon, dahinter das Rückenmark. Tectum: schwarz; Kleinhirn: horizontal schraffiert)
(a: Haifisch; b: urodeles Amphib.; c: Brückenechse; d: Alligator; e: Vogel; f: Insektivor; g: Haushund; h: Schimpanse)

Telencephalon sekundäre „Integrationsgebiete“ auf, die nicht direkt mit der Peripherie verschaltet sind, sondern Informationen aus primären Projektionsgebieten erhalten und offensichtlich eine integrative Funktion wahrnehmen (Ebbesson, 1980; Starck, 1982). Das Telencephalon, als sekundäre seitliche Ausstülpungen des Vorderhirnbläschens, entstand — so vermuten Sarnat & Netsky (1981) — beim Übergang von den nahrungsfiltrierenden Protochordaten, für die Amphioxus als rezentes Beispiel diente, zu den eigentlichen Vertebraten, die ihr Futter aktiv suchen müssen.

Weiterhin belegt die vergleichende Morphologie schon bei diesen primitiven und vermutlich auch ancestralen Vertebraten im Endhirn Strukturen (z. B. das Septum, der Palleo- und Archeaecortex), die homolog zu den gleichbenannten Strukturen bei Säugetieren sind und dort als Teile des limbischen Systems von der neurobiologischen Forschung als Orte emotionaler Integrationsprozesse herausgestellt wurden. Die folgende Darstellung (vergl. Abb. 2) aus Sarnat & Netsky (1981) demonstriert die relative Position dieser homologen Strukturen des Endhirns in der Entwicklung der Vertebraten von den Kieferlosen bis zu den Säugetieren. Besondere Beachtung verdient die progressive Entfaltung des Neocortex von der Klasse der Reptilien zu den Säugern und dann (hier nicht dargestellt) innerhalb der Klasse der Säuger.

Aufgrund der enormen Größenzunahme der Endhirnhemisphären und der damit einhergehenden Zunahme des Neocortex, der bei den Reptilien zum erstenmal deutlich auftritt, wenngleich wie gesagt auch bei den Agnatha, den einfachsten Wirbeltieren, schon neocorticale Äquivalente zu finden sind (Ebbesson, 1980), kommt es bei den Säugern zwar zu einer Verlagerung der älteren Abschnitte des Endhirns (Septum und Piriformer Cortex) nach basal und medial oder wie im Falle des Hippocampus sogar zu einer Einstülpung nach innen — dem Homologieschluß tut dies keinen Abbruch, da die Konnektivität untereinander und zu anderen Hirnarealen erhalten bleibt. Hirnmorphologisch sind damit die Voraussetzungen für emotionale Prozesse der Art, wie wir sie bei Säugern annehmen, bereits bei den Kieferlosen, den Knorpel- und Knochenfischen und Amphibien gegeben — ob es auf dieser Entwicklungsstufe der Vertebraten tatsächlich auch schon zu emotionalen Prozessen kommt, kann daraus nicht geschlossen werden. Entsprechend unserer allgemeinen funktionalen Analyse vermuten wir, daß erst mit der Entwicklung einer größeren Verhaltensvariabilität und Entscheidungsfreiheit und der an kortikale Prozesse gebundenen Repräsentationen von Umweltsachverhalten und Handlungsweisen emotionale Mechanismen entstehen konnten, deren neurobiologische Grundlagen wir uns in Wechselwirkungen — vermittelt durch das limbische System — zwischen neokortikalen Vorgängen (Repräsentation der Umwelt) und den im Hirnstamm repräsentierten Informationen über homöostatische Zustände des Organismus vorstellen müssen. Daraus ergibt sich für uns als

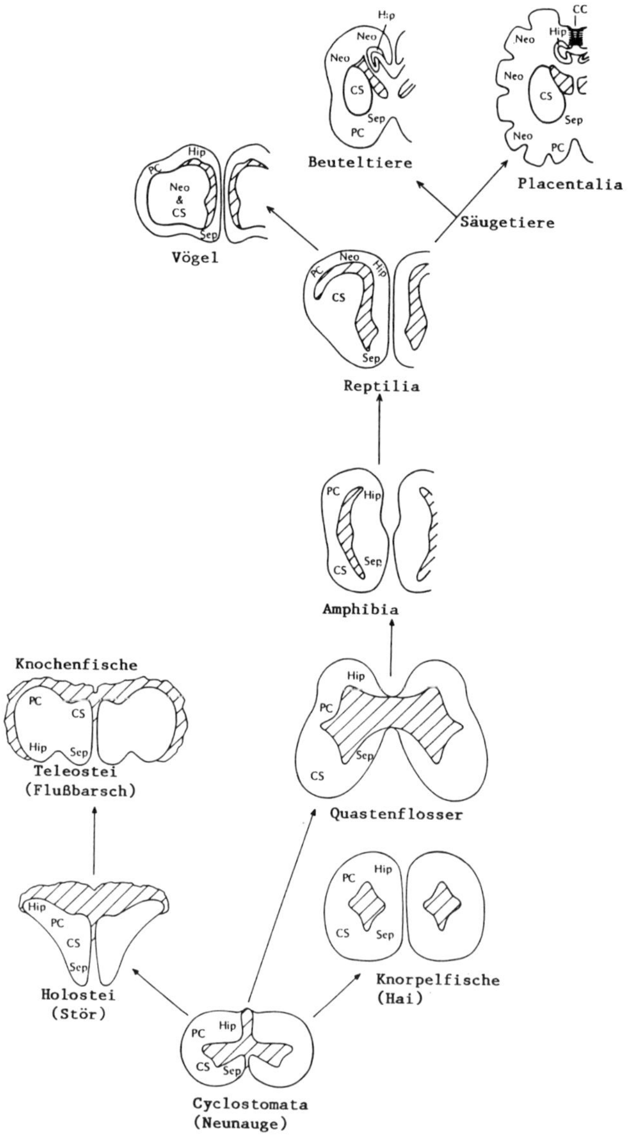

Abb. 2: Stammesgeschichtliche Entwicklung des Endhirns bei den Vertebraten rekonstruiert aus den Formen rezenter Arten beginnend bei den Rundmäulern bis zu den Vögeln und Säugetieren (aus Sarnat & Netsky, 1981, S. 324f.). Die Abbildung zeigt die homologen Strukturen des Archeo- und Palliapallidums (Hippocampus und Pyriformer Cortex) sowie die Zunahme des Neocortex ab der Klasse der Reptilien: CC = Corpus Callosum; Hip = Hippocampus; Neo = Neocortex; PC = Pyriformer Cortex; Sep = Septum; CS = Corpus striatum.
Die Ventrikel sind schraffiert dargestellt.

wahrscheinlichste Annahme, daß wir frühestens bei der Klasse der Reptilien emotionale Vorgänge annehmen können, bei denen auch aufgrund des Übergangs von der Poikilo- zur Homoiothermie — wie der französische Physiologe Bernard schon im vorigen Jahrhundert (1878) darlegte — eine neue „Freiheit“ und „Unabhängigkeit“ von den äußeren Lebensbedingungen durch Schaffung eines für Stoffwechselvorgänge optimalen „inneren Milieus“ erzielt wurde.

Diese Vermutung wird durch verhaltensbiologische Experimente belegt. Einige Beispiele dazu aus der tierexperimentellen Forschung: Keating, Korman und Horel (1970) stimulierten Caimane (Caiman sklerops) im Bereich des ventromedialen Kerns des basalen Vorderhirns, der von der Morphologie als homolog zur Amygdala bei Säugern eingestuft wird. Diese Tiere zeigen bei relativ schwachen Stromstärken gerichtetes Fluchtverhalten, gingen dabei auch Hindernissen aus dem Wege und wiesen in einigen Fällen zusätzliche vegetative und motorische Ausdrucksmuster wie schnelles Atmen und Vokalisation auf. Nach Läsionen in diesem Bereich konnten diese Verhaltensweisen zwar noch ausgelöst werden, jedoch in geringerem Umfang und nur nach längerer externer Stimulation durch „bedrohliche“ Reize. Hier konnte also durch Stimulation eines zentralnervösen Areals, von dem wir bei Säugetieren wissen, daß es für die Ausbildung emotionaler Prozesse notwendig ist, ein zielgerichtetes motiviertes Verhalten ausgelöst werden, das zudem noch mit emotionalem Ausdrucksverhalten und einer vegetativen Aktivierung einherging. Damit haben wir, soweit es im Tierversuch überhaupt möglich ist, die klassischen Indizes emotionaler Vorgänge dargestellt, deren Auftreten zusätzlich noch an eine Aktivierung des limbischen Systems geknüpft ist. Der Schluß daraus kann nur sein, daß in diesem Falle bei den Caimanen ein motivational/emotionaler Zustand erzeugt wurde, der zu dem Fluchtverhalten antrieb. Spätestens auf dieser Organisationsstufe der Entwicklung zum Menschen hin glauben wir aufgrund des vorliegenden Tatsachenmaterials, für welches diese Studie ein Beispiel ist, emotionale Reaktionen annehmen zu dürfen.

Dazu im Kontrast stehen Stimulationsexperimente bei Amphibien, wie sie etwa von Ewert und Mitarbeitern (vgl. Ewert, 1976, 1984a, 1987) durchgeführt wurden. Bei Reizung im Tectum des Mittelhirns der Erdkröte (Bufo bufo), in dem das Gesichtsfeld der Kröte (retinale Orte) repräsentiert ist, konnten Orientierungs- und Zuschnappbewegungen beim freibeweglichen Tier ausgelöst werden, die dem natürlichen Verhalten, hervorgerufen durch einen natürlichen Reiz oder eine Reizattrappe, in der Form vollständig entsprachen. Reizt man in der Übergangszone zwischen Mittelhirn und Zwischenhirn (Thalamus), läßt sich beim gleichen Tier Fluchtverhalten auslösen. Dieses Fluchtverhalten wird unter natürlichen Bedingungen von einem größeren Objekt im Gesichtsfeld der Kröte hervorgerufen. Wie Ausschaltversuche außerdem zeigten, übt diese Region einen hemmenden Einfluß auf die Region, die das Beuteverhalten koordiniert, aus. Beide Mechanismen werden, wie weitere Ausschaltversuche zeigen, durch das Endhirn gehemmt. Hier scheint insbesondere das ventrale mediale Pallium eine bedeutsame Funktion zu haben — eine Struktur, die von vergleichenden Hirnanatomen (vgl. Herrick, 1933) als homolog zum Säuger-Hippocampus eingestuft wird. Bei Läsionen des Endhirns sind einzig die Orientierungsreaktionen der Kröten gestört, während die eigentlichen Instinkthandlungen, die Flucht und die Zuschnappbewegung, leichter ausgelöst werden können.

Diese Befunde lassen sich so deuten, daß bei Amphibien Instinkthandlungen durch entsprechende natürliche Reize auf dem Integrationsniveau des Mittelhirns ohne die Beteiligung von telencephalischen Mechanismen ausgelöst werden können. Der gleiche Effekt kann durch eine elektrische Stimulation im Mittelhirn simuliert werden. Eine Schwellenerniedrigung in Abhängigkeit von innerorganismischen Zuständen, z. B. vom Hunger (vgl. Ewert, 1987), besteht auch bei diesen Instinkthandlungen und konnte im übrigen von der vergleichenden Verhaltensforschung auch für viele Invertebraten gezeigt werden.

So konnte z. B. Kravitz (vgl. Kravitz, 1988) in einer Vielzahl von Studien belegen, daß durch Hormone die zentral-nervöse Antwortbereitschaft eines Invertebraten, des Hummers, zum Abwehrverhalten verändert wird. Eine solche Schwellenerniedrigung könnte die phylogenetische Vorläuferfunktion eines emotionalen Reaktionsmechanismus darstellen. Emotionen im eigentlichen Sinne nehmen wir dagegen auf dieser Stufe der Entwicklung noch nicht an, da durch eine solche Umstimmung nur die Auslösung von festverdrahteten Verhaltensreaktionen erleichtert wird, ohne daß die von uns als konstitutiv betrachteten höheren kognitiven Prozesse der Repräsentation der Umwelt und der Entscheidung zwischen Verhaltensalternativen gegeben sein dürften.

4 Die Evolution des Ausdrucksverhaltens

Wesentlicher Bestandteil des sozialen Verhaltens bei Tieren ist ein Kommunikationssystem, in dem Signale mittels arttypischer Verhaltensweisen übermittelt werden. Diese Signale werden in der Ethologie auch soziale Auslöser genannt. Eine besonders wichtige Klasse von sozialen Auslösern bilden die Ausdrucksbewegungen. Eine Ausdrucksbewegung (eine für die Signalgebung besonders ausdifferenzierte Verhaltensweise) wird dann als Auslöser bezeichnet, wenn der Sender eine spezifische Reaktion beim Empfänger des Signals bewirkt. Eine Verhaltensweise wird zur Ausdrucksbewegung, wenn sie regelhaft einem bestimmten Erregungszustand zugeordnet werden kann, so daß ein

Abb. 3 a + b: Ausdruck eine Plus-Gesichtes (3 a) und eines Minus-Gesichtes (3 b) (aus Zivin, 1982, S. 69).

anderer die spezifische Motivation oder Handlungsintention des Partners erkennen kann. Dies betrifft sowohl vegetative Begleiterscheinungen eines Erregungszustandes (z. B. Erröten, Erblassen) als auch spezifisch differenziertes Verhalten (z. B. Zähnezeigen, Ohren anlegen, Augenbrauen anheben).

Auf die Bedeutung der natürlichen Selektion und stammesgeschichtlicher Zusammenhänge bei der Analyse der Emotionen verwies Darwin (1872), wobei er besonders die kommunikative Funktion der Emotionen beim Menschen und bei den Tieren betonte. Nach seiner Ansicht liegen dem Ausdruck 3 Prinzipien zugrunde (Darwin, 1872):

1. Das Prinzip zweckmäßig assoziierter Gewohnheiten.
2. Das Prinzip des Gegensatzes.
3. Das Prinzip, daß Handlungen durch die Konstitution des Nervensystems verursacht werden, unabhängig vom Willen und in einer gewissen Ausdehnung unabhängig von Gewohnheit (z. B.Muskelzittern oder vegetative Reaktionen).

Das zweite Prinzip, nach dem sich gegensätzliche Emotionen auch in diametral entgegengesetzten Ausdrucksweisen äußern, hat sich für die vergleichende Erforschung des Ausdrucks als das fruchtbarste erwiesen. So besteht der aggressive Ausdruck des Hundes im Entblößen der Zähne, dem Aufrichten der Ohren und Aufstellen der Haare. Die entgegengesetzte Ausdrucksform „Unterwerfung" besteht in entgegengesetzten Bewegungen wie Verdecken der Zähne und Anlegen der Haare. Eine Untersuchung von Schenkel (1947) zum Ausdrucksverhalten von Wölfen liefert einige bestätigende Hinweise für diese Annahme. Auch bei Affen (vgl. De Sade, 1973) und beim Menschen lassen sich solche antithetischen Verhaltensweisen im Ausdruck finden. So fand Zivin (vgl. Zivin, 1977a, 1977b, 1982), daß Kinder und auch Erwachsene in einer Dyade oder Triade zu Beginn eines Konflikts einen typischen Gesichtsausdruck zeigen, aufgrund dessen mit hoher Wahrscheinlichkeit der Ausgang des Konflikts vorhergesagt werden kann. Das Gewinner- oder Plus-Gesicht zeichnete sich durch folgende Merkmale aus: (Abb. 3a): 1. angehobene innere Augenbrauen, 2. Augenkontakt mit dem Gegenüber, 3. hochgezogenes Kinn. In Übereinstimmung mit dem Darwinschen Prinzip der antithetischen Ausdrucksreaktion fand Zivin für das Verlierer- oder Minus-Gesicht folgende Charakteristika (Abb. 3b): 1. gesenkte Augenbrauen, 2. kein Augenkontakt und nach unten gerichteter Blick, 3. gesenktes und zurückgezogenes Kinn.

Diejenigen Personen, die zu Beginn der Auseinandersetzung ein Plus- Gesicht zeigten, gingen in über 90 % aller Beobachtungen als Sieger hervor. Dies traf auch mit Einschränkungen, jedoch in umgekehrter Weise, für das Minus-Gesicht zu. Auseinandersetzungen waren im Vor- und Grundschulalter zumeist körperlicher Art und bei den Erwachsenen Dispute in Diskussionsgruppen.

In weiteren Analysen zur Auswirkung von Plus- und Minus-Gesichtern auf die Reaktion des Gegners bei körperlichen Auseinandersetzungen zeigte sich, daß nach Äußerung eines Plus-Gesichts der Gegner eine doppelt bis dreifach so lange Latenzzeit bis zu seiner ersten motorischen oder verbalen Reaktion aufwies, als wenn kein Plus-Gesicht vorkam (Zivin, 1982).

Diese Beobachtungen lassen darauf schließen, daß das Plus-Gesicht sowohl Ausdruck des emotionalen Zustands des späteren Siegers ist — er fühlt sich selbstsicher und überlegen —, als auch instrumentell als Drohmittel in der Auseinandersetzung gezielt eingesetzt wird (Zivin, 1977a).

Wenn auch Darwins Hypothesen zur Entstehung und Funktion für einzelne Emotionen heute nicht in allen Fällen mehr akzeptabel sind, so war seine Methode der Beobachtung und Beschreibung sowie des Vergleichens für die Analyse des Ausdrucksverhaltens äußerst wertvoll (Charlesworth, 1982). Dies wird durch das von Ekman und Mitarbeitern erstellte Beschreibungssystem FACS zur Analyse des emotionalen Ausdrucks (Ekman & Friesen, 1978) aufs Neue demonstriert.

4.1 Funktionelle Aspekte

Betrachtet man die Funktion der Ausdrucksbewegungen, so lassen sich 3 Aspekte differenzieren. 1. Zuerst liegt eine mögliche Bedeutung des Ausdrucks auf dem Gebiet der Erregungsregulierung (expressive Funktion). Emotionen und Affekte werden in Ausdrucksbewegungen kanalisiert und bewirken so die Ausbalancierung des Erregungsgleichgewichts. In diesem Zusammenhang ist relevant, daß hierdurch der jeweilige motivationale Zustand des Senders angezeigt wird.

2. Die Ausdrucksbewegungen können darüber hinaus auf das Verhalten der Artgenossen wirken, im einfachsten Fall als Stimmungsübertragung (z.B. Gähnen), dann jedoch auch in direkter Auslösefunktion spezifischer Verhaltensweisen (semantische Funktion). Im Laufe der stammesgeschichtlichen Entwicklung entstand ein exakt zwischen Sender und Empfänger abgestimmtes Kommunikationssystem, wobei das Problem der ‚Intentionalität' (s. hierzu Buck, 1985; Dennett, 1983; Simon, 1986) im evolutiven Zusammenhang unerheblich ist.

3. Einige Ausdrucksbewegungen bei Tieren haben anscheinend auch den Charakter einer Darstellung (symbolische Funktion). Hierunter fallen möglicherweise manche Verhaltensweisen, bei denen spätere Verhaltensweisen symbolisch vorweggenommen werden oder bei denen Gegenstände verwendet werden, die für bestimmte Zusammenhänge stehen (z. B. Imponieren mit Benzintank bei Schimpansen).

Ein Selektionsdruck für spezifische Ausdrucksbewegungen ist jedoch nicht allein durch die Notwendigkeit der Kommunikation mit dem Artgenossen gegeben, sondern wird gleichzeitig auch durch ökologische Erfordernisse bewirkt. So hat Tinbergen (1959a) die Auswirkung der Selektion in vielen Einzelheiten exemplarisch bei Möwen aufzeigen können: Sowohl der Körperbau als auch Verhaltensmuster sind in starkem Maße auf die speziellen Bedingungen des Nestorts auf Steilfelsen am Meer ausgerichtet.

Ausgehend von der soziobiologischen Konzeption nach der ein Lebewesen als ‚Gen-Maschine' anzusehen ist, welche konstruiert ist, die darin enthaltenen Gene zu erhalten und zu verbreiten (Dawkins, 1978), haben Caryl (1979) sowie Dawkins und Krebs (1981), stark beeinflußt von den Konzepten der Spieltheorie, die klassische ethologische Betrachtungsweise in Frage gestellt und ein verändertes Kommunikationskonzept vorgestellt. Basierend auf der Überlebensstrategie der Gene gehen Dawkins und Krebs (1981) von einem Konfliktmodell der Kommunikation aus. Durch die natürliche Selektion sollten solche Individuen bevorzugt werden, die Objekte ihrer Umwelt manipulieren und zum eigenen Vorteil steuern konnten. Einige dieser Objekte können auch andere Lebewesen, wie Partner, Eltern, Beute oder Rivalen sein. Als Alternative der Manipulation anderer Lebewesen mittels physischer Kraft (Gewalt) entwickelte sich die Möglicheit der informationellen Manipulation.

Ebenso wie für Cullen (1972), der auch zwischen physischer Gewalt und dem Informationsaustausch als Möglichkeit der Beeinflußung anderer Lebewesen trennte, ist für Dawkins und Krebs (1981) der Kommunikationsbegriff durch das Wort ‚Signalisieren' ersetzbar. In der evolutiven Entwicklung war kommunikatives Verhalten auch energetisch weitaus effizienter als direkt aggressives Verhalten. Individuen wurden daraufhin selegiert, das Verhalten anderer Individuen zu manipulieren, wobei sie die Ähnlichkeit zwischen ritualisierten Signalen und den Signalen, auf die der Empfänger üblicherweise reagiert, ausnutzen. So nutzen die Nestlinge des Kuckucks zur Fütterung das Signalsystem ihres Wirts aus, oder die Schmetterlinge nutzen mittels ihrer Augenflecken den Umstand, daß kleinere Vögel auf starrende Augenpaare hin flüchten. Diese informationelle Manipulation basiert auf dem Einsatz der inner- und zwischenartlichen Signalsysteme. Was für den Bereich der zwischenartlichen Kommunikation noch recht anschaulich ist, wenden Dawkins und Krebs

(1981) nun ebenso auch auf den Bereich der innerartlichen Kommunikation an. Der evolutive Nutzen besteht allein auf der Seite des Senders. Ein Nutzen für den Empfänger ist zwar nicht ausgeschlossen, ist jedoch letztlich unerheblich.

Hierin liegt der gravierende Unterschied zur Auffassung der Kommunikation in der Klassischen Ethologie begründet. Diese geht davon aus, daß beide Teilnehmer an der Kommunikation die Effizienz ihres Informationsaustauschs zu maximieren trachten, also letzlich auch der Empfänger einen Nutzen haben muß (Marler, 1967), und daß Ausdrucksbewegungen durch komplexe koevolutive Prozesse zwischen Sender und Empfänger entstanden sind (Blest, 1961). Zum Verständnis der beiden Kommunikationskonzepte ist die Diskussion zwischen Hinde (1981) und Caryl (1982) aufschlußreich, wobei hier nur angemerkt werden kann, daß der Kommunikationsbegriff insgesamt in den Verhaltenswissenschaften sehr unterschiedlich definiert worden ist (zusammenfassend u. a. Burghardt, 1970; Cherry, 1978; Green & Marler, 1979; Halliday & Slater, 1983; Lewis & Gower, 1980; Sebeok, 1977; Smith, 1977; Tembrock, 1971). Auch wenn Hinde (1985a) vereinfachende ethologische Vorstellungen kritisiert, daß nämlich der emotionale Ausdruck nur der direkte Output eines emotionalen Zustands sei, wobei eine unmittelbare 1 zu 1 Beziehung vorherrsche, so ist er um ein differenzierteres und fortentwickeltes ethologisches Konzept bemüht, welches auch im Humanbereich Aufmerksamkeit finden sollte.

Hinde (1985b) geht von einem interaktionistischen Ansatz zwischen Sender und Empfänger aus und betrachtet den emotionalen Ausdruck als Signal, welches ein Verhandlungsangebot zur gegenseitigen Verständigung darstellt. Emotionen sind demnach weniger einseitige Signale als vielmehr Verständigungsmittel in den gegenseitig auszuhandelnden Beziehungsstrukturen. Emotionales Verhalten bezieht daher einerseits immer das Verhalten des Kommunikationspartners mit ein und ist andererseits von dem emotionalen Ausdruck als nur einem von mehreren Einflußfaktoren bestimmt. Das Konzept von Dawkins und Krebs (1981) eröffnet im Gegensatz dazu sicherlich für einzelne Formen der Kommunikation, besonders bei agonistischen Auseinandersetzungen (z. B. informelle Täuschungen), neue Perspektiven der Untersuchung, doch bietet es kaum Erklärungen, wie sich sehr komplexe Ausdrucksbewegungen ohne parallele Entwicklung der Erkennungsmechanismen des Empfängers (Ausdrucksverständnis, Eindrucksbildung; s. Leyhausen, 1968) entwickeln konnten. Die evolutive Entstehung von Ausdrucksbewegungen und deren adäquaten Erkennungsmechanismen sind nicht monokausal erklärbar: Aufgrund der Evolutionstheorie sind mehrere Erklärungsursachen anzunehmen (McFarland, 1985), so daß sich die beiden Kommunikationskonzepte eher ergänzen als ausschließen (Markl, 1985).

Solche evolutionsbiologischen Überlegungen basieren vollständig auf einer Argumentation, die sich an den ultimaten Faktoren der Evolution orientiert, und somit keinerlei Begründungszusammenhänge für die Wirkmechanismen im Handeln des Menschen darstellen.

4.2 Ritualisierung (Entstehung von Ausdrucksbewegungen)

Der Prozeß, in dem zuvor anders benutzte Verhaltensweisen im Laufe der Evolution zu Ausdrucksbewegungen wurden und somit Signalcharakter bekamen, wird Ritualisierung genannt (Huxley, 1914). Huxley (1966) definierte Ritualisierung als „adaptive Formalisierung oder das Ausrichten emotional angeregten Verhaltens in eine bestimmte Bahn unter dem teleonomen Druck der natürlichen Selektion, um a) die innerartliche und zwischenartliche Signalwirkung zu verbessern und eindeutiger zu gestalten, b) als effizienterer Reiz oder Auslöser, oder als wirksameres Verhaltensmuster zu dienen, c) innerartliche Beschädigungen zu verringern und d) als sexueller oder sozialer Bindungsmechanismus zu fungieren" (S.250, Übersetzung: W.D.).

Im Verlaufe der Ritualisierung von Verhaltensweisen zu Ausdrucksbewegungen besteht ein Selektionsdruck, die Signale auffällig, eindeutig und unmißverständlich zu gestalten. Wichtige Änderungen, die hierzu beitragen, sind die folgenden:

1. Vereinfachung und Rhythmisierung der Bewegungen;
2. Reduktion der Variabilität in der Verhaltensintensität;
3. Änderung der Geschwindigkeit und Orientierung von Bewegungen;
4. Änderung der Auslöseschwelle (zumeist Absinken);
5. Parallele Ausbildung unterstützender organischer Strukturen;
6. Motivationswechsel.

Als Quelle für die ritualisierten Bewegungen sind vor allem Intentionsbewegungen (speziell der Lokomotion), vegetative Reaktionen und sogenannte Übersprunghandlungen zu nennen (Hinde, 1966). Der Vorgang der Verbesserung der Verständigung auf Seiten des Empfängers wurde von Wickler (1967) ‚Semantisierung' genannt.

Lorenz (1954) nannte 3 Gründe, warum er die vergleichende Erforschung der Ausdrucksbewegungen als vorläufig einzige Möglichkeit ansah, „die stammesgeschichtliche Entwicklung von angeborenem Verhalten und damit von Psychischem schlechtweg mit einiger Exaktheit zu erhellen" (S. 221 f.): Ausdrucksbewegungen sind 1. als nahezu ‚rein' automatische Instinkthandlungen kaum von Orientierungsreaktionen modifiziert, 2. als Signale einfache und klare Bewegungen, die leicht zu beschreiben sind und 3. mit größter Wahrscheinlichkeit kaum durch Konvergenzentwicklungen gestört.

4.3 Prinzipien des Merkmalvergleichs

Betrachtet man die Evolution des emotionalen Ausdrucksverhaltens, so unterliegt dieses ebenso wie andere Merkmale oder Verhaltensweisen des Organismus der natürlichen Selektion. Obwohl das emotionale Ausdrucksverhalten (speziell die Mimik) bei den Primaten nicht so stark wie z. B. bei anderen Säugern stereotypisiert ist, kann die Betrachtung mittels ethologischer Konzepte sehr hilfreich sein, den Ursprung und die evolutive Entwicklung dieser Verhaltensweisen zu verstehen. Die Entwicklungsrichtung wird durch die Kräfte der natürlichen Selektion bestimmt und ist nur a posteriori anzugeben.

Die entscheidende Rolle der natürlichen Selektion bei der Herausbildung von Merkmalen ist ein zentrales Konzept der Evolutionsbiologie. Ein Merkmal wird als adaptiv angesehen, wenn es sich in der Population durch Selektion erhält. Merkmale können als nicht-adaptiv angesehen werden, wenn sie die ‚fitness' des Individuums herabsetzen, d. h. die Chancen der Genweitergabe vermindern. Die Bewertung adaptiver versus nicht-adaptiver Merkmale ist jedoch nicht auf der Ebene der Art („Arterhaltung“) zu sehen. Was für das eine Individuum adaptiv ist, kann für eine anderes Individuum durchaus maladaptiv sein. Verdeutlicht werden kann dies anhand des Phänomens des Tötens von Jungtieren bei den Grauen Languren (Presbytis entellus) (zusammenfassend: Hausfater & Hrdy, 1984) Übernimmt ein neues Männchen die dominante Rangposition, so kann es dazu kommen, daß er Neugeborene in der Gruppe tötet. Dies führt bei den Müttern der Kinder zu einem vorgezogenen Östrus. Das neue Alphatier der Gruppe maximiert seine eigene Fitness auf Kosten der Fitness des Weibchens mit einem Neugeborenen. Aus der Sicht der „Arterhaltung“ wäre dies eine widersinnige Strategie. Der adaptive Wert von Merkmalen ist daher immer nur in Beziehung zur genetischen Ausstattung des Individuums zu analysieren. Erklärungen der Entstehung von Merkmalen und ihrer Funktion beziehen sich demnach immer auf die Fitness des Individuums.

Verhaltensmerkmal ist jede wiedererkennbare Einheit (Wickler, 1967). Diese Einheit ist umso sicherer wiederzuerkennen je strukturierter sie ist, wenngleich sie möglichst formstarr sein sollte. Verhaltensmerkmale haben jedoch im Unterschied zu morphologischen Merkmalen eine sehr viel kürzere Zeitcharakteristik und sind daher nur als Ablaufformen zu erfassen. Ob ein morphologisches Merkmal vorhanden ist oder nicht, ist unmittelbar zu überprüfen, anders bei Verhaltensmerkmalen, die häufig erst permanent gespeichert werden müssen (Video, Tonband). Darüber hinaus weisen sie meist eine größere Variabilität als morphologische Merkmale auf. Große methodische Schwierigkeiten bereiten daher olfaktorische Signale (Pheromone), die auch in der Kommunikation bei Menschen u. a. im Bereich Sexualität und Mutter-Kind-Interaktion eine Rolle spielen (vergl. Keverne 1976, Schleidt, 1980).

Besonders der Gesichtsausdruck scheint eine der wenigen menschlichen Verhaltensweisen zu sein, bei denen sehr komplexe Verhaltensabläufe eine hohe genetische Determination aufweisen. Daher ist der Gesichtsausdruck aufgrund seiner Universalität und der interspezifischen Gemeinsamkeiten ein geeignetes Beispiel, um das Homologiekonzept anzuwenden und komplexes Verhalten bei menschlichen und nichtmenschlichen Primaten zu vergleichen.

5 *Das Ausdrucksverhalten bei Primaten*

Ausdruck kann in den verschiedenen Modalitäten (u. a. olfaktorisch, akustisch, visuell) stattfinden. Besondere Bedeutung für den emotionalen Ausdruck ist bei Primaten den Vokalisationen beigemessen worden (Ploog, 1974). Lautäußerungen galten bis vor kurzem vor allem als Zeichen für emotionale Zustände bei Tieren. In neueren Untersuchungen (Gouzoules, Gouzoules, & Marler, 1984; Seyfarth, Cheney, & Marler, 1980; Snowdon & Cleveland, 1980) wurde jedoch deutlich, daß Vokalisationen bei Primaten nicht ausschließlich emotionale Bedeutung besitzen. Schon bei der Steuerung der Lautäußerungen von Primaten sind sowohl affektive als auch kognitive Prozesse (expressive und symbolische Funktion, s. o.) beteiligt (Marler, 1985).

Im folgenden wird besonders das visuelle Ausdrucksverhalten berücksichtigt werden. Die Betonung der visuellen Kommunikation, speziell des mimischen Ausdrucksverhaltens, bildet in der Primatenentwicklung einen wichtigen evolutiven Trend (Schultz, 1969; Vogel, 1975). Besonders deutlich zeigt sich dies in den vielfältigen Formen kommunikativen Verhaltens, z. B. der Körperhaltung, der Gestik, des Blickkontaktes und des äußeren Erscheinungsbildes. Dieses komplexe Signalsystem entstand entwicklungsgeschichtlich als Ergebnis seines hohen Überlebenswertes für die Individuen. In der Primatenentwicklung gewann das visuelle Sinnessystem einen primären Stellenwert. Auch für das soziale Leben einer Primatengruppe sind besonders visuelle Merkmale wie Gesichtsausdruck und Intentionsbewegungen relevant (Hall & DeVore, 1965). Die Hervorhebung der visuellen Ausdrucksbewegungen in dieser Darstellung dient auch dazu, anhand der Analyse des mimischen Ausdrucks bei den Primaten den Prozeß der Verhaltensevolution zu verdeutlichen. Die Evolution des Gesichtsausdrucks ist ein gutes Beispiel dafür, wie die Evolution anatomischer Strukturen, im vorliegenden Fall der Kauapparat und die Gesichtsmuskulatur, sehr eng mit der Ausbildung spezifischer mimischer Bewegungsmuster verkoppelt ist. Im Laufe der stammesgeschichtlichen Entwicklung beider Merkmale, Schädel und Muskulatur einerseits und mimische Bewegungen andererseits, wird es auch zu vielfältigen Wechselwirkungen zwischen Verhalten und morphologischen Strukturen gekommen sein (vgl. Baerends, 1950), ohne daß im einzelnen diese Wechselwirkungen heute nachvollzogen werden können.

Bei höher organisierten Tieren werden die starr miteinander verknüpften Verhaltensabläufe immer kürzer; immer kleinere Einheiten können in unterschiedlicher Weise zu neuen Abläufen verbunden werden, sowohl phylogenetisch als auch ontogenetisch (Lernprozesse). Bei Primaten ist das Verhaltensrepertoire in derartige kleine Bewegungseinheiten zerlegt, die regelmäßig neu verknüpft werden, so daß beispielsweise der Begriff ‚Übersprungverhalten' kaum noch sinnvoll angewendet werden kann (Wickler, 1967).

Bei der Betrachtung der evolutiven Entwicklung des mimischen Ausdrucks muß, wie im 2. Abschnitt ausgeführt, eindeutig zwischen funktioneller und kausaler Verursachung unterschieden werden. Der funktionelle Aspekt bedeutet, daß beispielsweise mittels des Ausdruckverhaltens Informationen an andere Artgenossen übermittelt werden. Auf diese Weise kann auch etwas über das zukünftige mögliche Verhalten des Senders mitgeteilt werden. Dies ermöglicht dann dem Sender, die Reaktionen des Empfängers auf sein angedeutetes Verhalten bei der tatsächlichen Äußerung des Verhaltens mitzuberücksichtigen. Hierin ist auch die Grundlage für Täuschungen und Manipulationen mittels des emotionalen Ausdrucks zu suchen (s. hierzu Markl, 1985).

5.1 Antwortbereitschaft auf wahrgenommenes Ausdrucksverhalten

Ausdrucksverhalten, speziell auch die Mimik, dient der Koordination sozialer Interaktionen (u. a. Hinde & Rowell, 1962; Redican, 1975; van Hooff, 1972). Bei Primaten ist die besondere Antwortbereitschaft auf Gesichter ein wichtiger Aspekt des Sozialverhaltens. Allein anhand von Gesichtsmerkmalen können Rhesusaffen andere Artgenossen differenzieren (Rosenfeld & van Hoesen, 1979). Gesichtsausdrücke haben auch eine Schlüsselrolle in der Nah-Kommunikation bei Schimpansen (Goodall, 1986; Kohts, 1935; Marler, 1976; van Hooff, 1967; Yerkes, 1943). Motivationale Zustände drücken sich ebenfalls im Ausdrucksverhalten aus (Ploog, 1974). Hierdurch werden die sozialen Beziehungen in einer Primatengruppe geregelt: der Zusammenhalt und die Auseinandersetzungen, das Reproduktionsverhalten ebenso wie die Jungenaufzucht, um nur einige Beispiele anzuführen (u. a. Altmann, 1967; Angst, 1975; Chance, 1967; Hinde & Rowell, 1962; Marler, 1965; Rowell, 1974; van Hooff, 1967) Diese wichtigen Funktionen visuellen Ausdrucksverhaltens setzen auf der Seite des Empfängers spezifische Erkennungsmechanismen voraus (u. a. Bruyer, 1986; Davies, Ellis & Sheperd, 1981; Dittrich, 1985; Delius, 1987; Dittrich, 1988), die ebenso wie die Ausdrucksbewegungen selbst einer evolutiven Entwicklung unterlagen.

Die besondere Bedeutung der mimischen Signale und des Gesichtserkennens zeigt sich auch in der Ontogenese des Menschen. Gesichter gehören zu den merkmalsreichsten Reizen (Helligkeit, Kontrastunterschiede, Komplexität), mit welchen schon Neugeborene konfrontiert werden. Sowohl das ganze Gesicht als auch einzelne Teile können sich bewegen (Augen, Mund, Zunge). Außerdem ist das Gesicht die Quelle für multimodale Informationen — visuell (Mimik), akustisch (Vokalisation), taktil (Berührungen) und olfaktorisch (natürl. und künstl. Duftstoffe). Gesichter sind auch wichtige Signalquellen für das Kleinkind, um über Gefühle, Stimmungen und den motivationalen Zustand des Kommunikationspartners etwas zu erfahren. Diese Informationen spielen eine bedeutende Rolle in der sozialen Kompetenzentwicklung. Neugeborene und Kleinkinder schauen bevorzugt menschliche Gesichter im Vergleich mit anderen Reizen an (Fantz, 1966; Goren, Sarty, & Wu, 1975). Das Studium des Gesichtererkennens bei Primaten unterliegt etlichen methodischen Schwierigkeiten. Darüberhinaus sind verschiedene miteinander verwobene kognitive Fähigkeiten angesprochen — u. a. visuelle Exploration, Aufmerksamkeit, visuelle Informationsverarbeitung, Invariantenbildung und Klassifikation, Gedächtnisbildung.

Miller und Mitarbeiter führten zur Fragestellung der Kommunikation von Affekten bei Primaten zahlreiche experimentelle Untersuchungen durch (zusammenfassend: Miller, 1971). Es genügt bereits das Bild eines Drohausdrucks, um eine konditionierte Vermeidungsreaktion aufzubauen (Miller, Murphy & Mirsky, 1959). Später verwendeten sie ein Kooperations-Vermeidungsparadigma, bei dem auschließlich ein Tier (Beobachter) Zugang zu einem Hebel hatte, durch dessen Betätigung ein Schock vermieden werden konnte, wobei den Schock auslösenden Reiz nur ein zweites Tier (Sender) wahrnehmen konnte. Das Beobachtertier sah das Gesicht des Sendertiers und lernte, den Schock zu vermeiden, wenn es den Gesichtsausdruck als relevantes Merkmal benutzte (Miller, Banks & Ogawa, 1963). Neben instrumentellen Reaktionen konnten auch vegetative Reaktionen wie die Herzrate konditioniert werden (Miller, Caul & Mirsky, 1967). In diesen Experimenten wird deutlich, daß Makaken affektive Reaktionen anhand des mimischen Ausdrucks von Partnertieren interpretieren und adäquate eigene Reaktionen auf der Basis dieser Information lernen können.

In Anlehnung an die Studien von Robert E. Miller führten Buck, Savin, Miller und Caul (1972) Versuche zur Interpretation des emotionalen Ausdrucks von Personen durch, denen sehr stark affektiv getönte Farbdias (z. B. von Aktszenen, Landschaften, fröhlichen Menschen, schwerverletzten Unfallopfern und ungewöhnlichen fotografischen Effekten) gezeigt wurden. Ein Beobachter sollte nun allein aufgrund des mittels Videobild beobachteten Gesichtsausdrucks einschätzen, welche Art von Bild der Person dargeboten wurde und welcher emotionale Zustand bei der Person ausgelöst wurde. Vergleichbar den Ergebnissen mit Rhesusaffen zeigte sich, daß die Beobachter sehr gut in der Lage waren, die Art der gezeigten Bilder einzuschätzen. Große individuelle Unterschiede wurden auf der Seite des Senders festgestellt; so zeigte sich ebenfalls, daß die Beobachter weit häufiger zu richtigen Einschätzungen kamen, wenn der Sender des Ausdrucks eine Frau war (Buck, Miller, & Caul, 1974). Spätere Studien zeigten dann, daß dieser Geschlechtsunterschied möglicherweise auf entwicklungsbedingten Erfahrungen beruht. So treten zwischen Kleinkindern kaum Unterschiede in der Ausdrucksstärke auf, erst im Alter von 3 1/2 bis 6 Jahren zeigten sich Geschlechtsunterschiede im Gesichtsausdruck, wobei Jungen zu dieser Zeit beginnen, weniger stark als Mädchen auf Bilder zu reagieren (Buck, 1975; Buck, 1979).

Sackett (1966) zeigte, daß isoliert gehaltene juvenile Rhesusaffen auf artgleiche Bilder von Juvenilen mit Spiel- und Manipulationsverhalten, auf drohende Adulte mit Furcht und Zurückhaltung reagierten. Auf alle anderen artgleichen Affenbilder reagierten sie nicht. Er schloß daraus, daß Jungtier- und Drohbilder „unlearned, prepotent activating properties for socially naive infant monkeys" (S. 1473) haben und daß der visuelle Drohausdruck als angeborener Auslöser für Furchtreaktionen wirkt.

Vergleichbare Untersuchungen wurden von Redican, Kellicut und Mitchell (1971) durchgeführt. Juvenile Rhesusaffen, die nicht isoliert gehalten waren, konnten einen Hebel drücken, um so Abbildungen von Gesichtsausdrücken von Rhesusaffen unterschiedlicher Altersstufen projiziert zu bekommen. Die Autoren fanden jedoch keine Unterschiede in der Vorführrate der unterschiedlichen Mimiken von Affenkindern und Erwachsenen, jedoch wurden die Ausdrücke von altersgleichen Tieren unterschiedlich beantwortet. Redican et al. (1971) schlossen, daß nicht angeborene Auslösereize, sondern allgemeinere Qualitäten der Mimiken ausschlaggebend seien. Dies wird auch dadurch unterstützt, daß eine reduzierte Antwortrate nicht allein auf Drohen, sondern auch auf Furchtausdrücke hin festgestellt wurde.

Zahlreiche Isolationsstudien mit Primaten zeigten, daß sozial isoliert aufgezogene Tiere nicht in der Lage sind, effektive Kommunikationsmuster auszubilden (Harlow, 1964; Harlow, Rowland und Griffin, 1964; Mason, 1960, 1961; Mason & Green, 1962). Dies betrifft zum einen die mangelnde Kompetenz in der semantischen Decodierung und zum anderen die fehlende Koordination in der Erzeugung des Ausdrucks. Hiervon sind auch die mimischen Ausdrücke mit ihrer Funktion der Koordination sozialer Interaktionen betroffen.

5.2 Exkurs: Systematik der Primaten

Entwicklungsgeschichtlich stammen die Primaten von den Insektivoren (rezente Vertreter: z. B. Rüsselspringer, Igel, Maulwurf, Spitzmaus sowie die madagassischen Borstenigel) ab. Die ersten Primatenformen sind mit den heute lebenden Tupajas vergleichbar, wenn auch die Tupajas nicht zu den Primaten zu stellen sind, vielmehr eine eigene Ordnung darstellen (Hoffstetter, 1974; Martin, 1966). Die Primatenentwicklung begann in der späten Kreidezeit vor etwa 65 Millionen Jahren in Nordamerika (van Valen & Sloan, 1965).

Diagnostische Kriterien für die Charakterisierung der Primaten sind nicht einfach in einer Liste zusammenzustellen; typisch ist vielmehr gerade das Fehlen einer charakteristischen Spezialisierung. Primaten lassen sich nach Clark (1959) eher durch evolutive Trends kennzeichnen, wobei im vorliegenden Zusammenhang vor allem die folgenden herauszuheben sind: 1. Erhalt einer generalisierten Struktur der Gliedmaßen, 2. Beweglichkeit von Hand und Fuß: Greiffähigkeit, 3. Tendenz den Oberkörper aufzurichten, 4. Erhalt eines generalisierten Zahnmusters, 5. Reduktion der Schnauze, 6. wachsende Bedeutung des Sehsinns: Farb- und stereoskopisches Sehen, 7. Vergrößerung und erhöhte Komplexität des Gehirns: Neencephalisation, 8. Verlängerung der fötalen - und kindlichen Entwicklung, Verlängerung der Lebensspanne, 9. Starke Differenzierung neuer Motivationssysteme (u. a. Neugier, Exploration, Spiel) und erhöhte Verhaltensvariabilität durch Emotionen und Kognitionen und 10. Ausbildung komplexer Sozialstrukturen und Kommunikationsformen.

Die rezent lebenden Primaten zeichnen sich durch eine enorme Variationsbreite hinsichtlich Gestalt, Größe und Lebensraum aus. Sieben Gruppen können als Superfamilien unterschieden werden: Lemuren, Fingertiere, Lorisiden, Tarsier, Neuweltaffen, Altweltaffen, Menschenaffen und der Mensch. Die formale Klassifikation der Primaten wird sehr unterschiedlich dargestellt (u. a. Fiedler, 1956; Hill, 1953- 1968; Napier & Napier, 1967; Simpson, 1945). Die in Klammern angegebene Zahl bezeichnet die Anzahl der rezenten Genera.

Ordnung: PRIMATES		
Unterordnung: Prosimii (Halbaffen)		
Superfamilie:	Lemuroidea	
	Lemuren (9)	Madagaskar
	Daubentonioidea	
	Fingertier (1)	Madagaskar
	Lorisioidea	
	Loris, Galagos (5)	Afrika, Asien
Unterordnung: Anthropoidea		
Superfamilie:	Tarsioidea	
	Tarsius (1)	SO-Asien
	Ceboidea	
	Neuweltaffen (16)	Zentral-, Südamerika
	Cercopithecoidea	
	Altweltaffen (14)	Afrika, Asien
	Hominoidea	
	Menschenaffen, Mensch (5)	Weltweit

Nachfolgend als Beispiel die wichtigsten systematischen Einheiten, denen der Mensch angehört:

Reich (Regnum)	Lebewesen (Animalia)
Stamm (Phylum)	Chordatiere (Chordata)
Unterstamm (Subphylum)	Wirbeltiere (Vertebrata)
Klasse (Classis)	Säugetiere (Mammalia)
Ordnung (Ordo)	Primaten (Primates)
Unterordnung (Subordo)	Anthropoidea
Überfamilie (Suprafamilia)	Hominoidea
Familie (Familia)	Hominidae
Gattung (Genus)	Homo
Art (Species)	H. sapiens

Daß die phylogenetische Systematisierung des Menschen und seiner Vorfahren auch heute noch zahlreiche Fragen aufwirft, zeigt das von Ciochron und Corruccini (1983) herausgegebene Werk „New Interpretations of Ape and Human Ancestry“.

5.3 *Evolution der Gesichtsmuskulatur und der Mimik bei Primaten*

Bei der Beurteilung des Gesichtsausdrucks muß auch auf die Form des Schädels geachtet werden, da Muskelspiel und Knochengerüst immer zugleich sichtbar sind. Es muß davon ausgegangen werden, daß das Knochengefüge und die Muskulatur des Kopfes eine funktionelle Einheit sind. Die individuellen Besonderheiten sind sicherlich in der Kopfregion am ausgeprägtesten und hierauf basiert auch der persönliche, jeweils individuelle Eindruck bei der Wahrnehmung von Gesichtern und ihres emotionalen Ausdrucks.

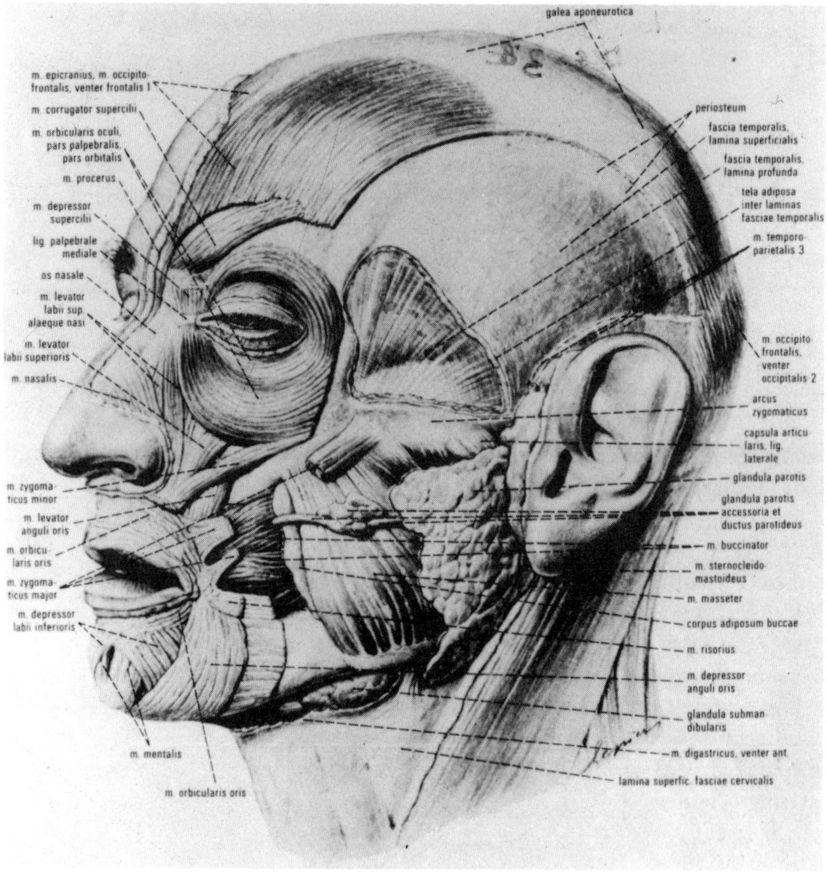

Abb. 4 a: Gesichtsmuskulatur des Menschen in lateraler Sicht (aus Sobotta und Becher, 1972, 563).

Neben den Schädelknochen und der Kopfmuskulatur gehören auch die Gesichtshaut und die Unterhaut-Gewebeschichten zu der funktionellen Einheit, welche die Individualität des Gesichts und den mimischen Ausdruck bestimmt. Die Mimik wird also nicht allein durch die Art der Anordnung und Differenzierung der Muskeln bestimmt, sondern auch durch die Dicke der Haut, die Lage und Festigkeit des Unterhaut-Bindegewebes, die Größe und Position der Fettpolster und nicht zuletzt den Turgor der Haut.

Die Gesichtsmuskeln (Abb. 4a – b) ermöglichen besonders feine und variable Bewegungen, da sie erstens nur zu einem Ende eine knöcherne Ansatzstelle haben oder sogar ganz frei im Bindegewebe liegen und Haut mit Haut

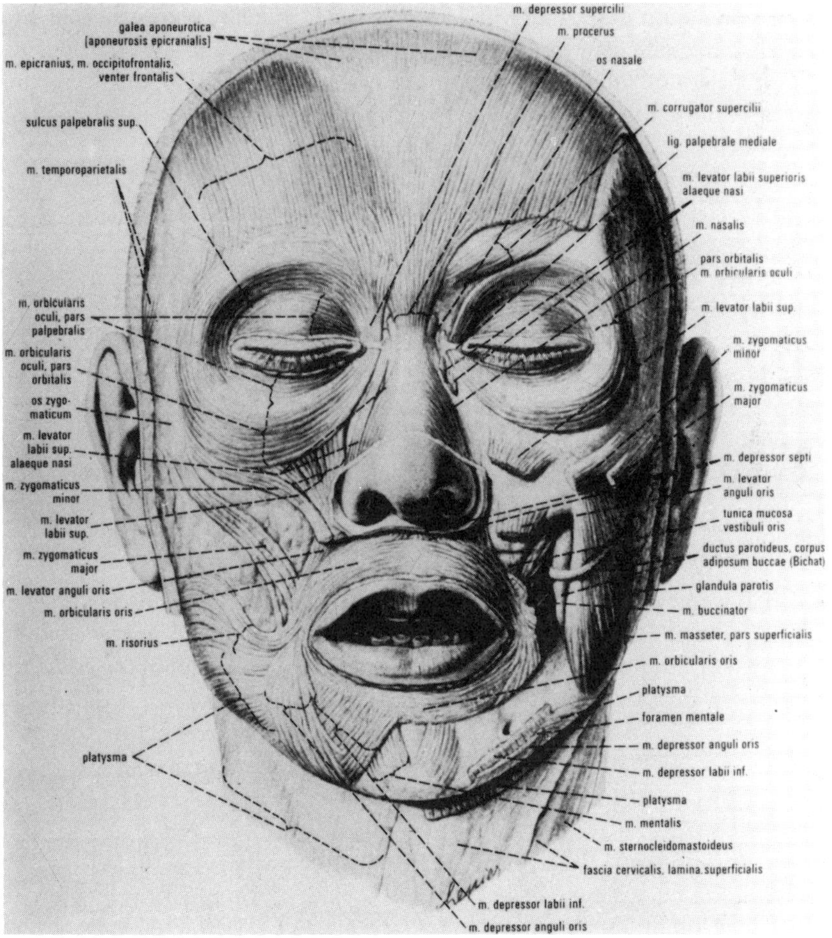

Abb. 4 b: Gesichtsmuskulatur des Menschen in frontaler Sicht (aus Sobotta und Becher, 1972, S. 562).

verbinden. Zweitens liegt keine Fascie vor, die sie ständig formt. Ihr lockeres Perimysium verbindet sie nur leicht mit dem subkutanen Bindegewebe. Drittens splittern sich die Muskelstränge in sehr feine Fasern auf, die in der Haut ihren Ansatz haben und dort feinste Grübchen und Faltungen hervorrufen.

So können immer wiederholte Muskelanspannungen sehr charakteristische Falten in die Haut eingraben (‚mimische Spuren'). Schon der Muskeltonus, der individuell sehr verschieden sein kann, führt zu einer Spannung verschiedener Hautbezirke.

Es kann zwischen einer Oberflächenschicht, die in enger Beziehung zur Gesichtshaut steht und daher *mimische Muskulatur* heißt, und einer Schicht in der Tiefe unterschieden werden, die den Unterkiefer bewegt und *Kaumuskulatur* (externaler und internaler Pterygoideus, Masseter und Temporalis) genannt wird. In vorliegendem Zusammenhang ist vor allem die mimische Muskulatur darzustellen.

Die mimische Muskulatur des Kopfes stammt von der Muskulatur des 2. Viszeralbogens ab und wird vom N. facialis innerviert. Die Gesichtsmuskeln haben ihren stammesgeschichtlichen Ursprung in der Muskulatur des Atmungsorgans (Kiemenbögen) der Fische. Ihre Funktion ist eindeutig respiratorischer Art, und da die autonomen Verbindungen (durch den N. facialis) zu diesen Muskeln erhalten bleiben, klassifizieren etliche Autoren die Gesichtsmuskulatur als viszeral (Crelin, 1981; Kent, 1965; Noback & Demarest, 1975). Eine ausführliche Beschreibung der zentralnervösen Innervation der mimischen Muskulatur findet sich in einer Arbeit von Rinn (1984): Der Autor nimmt an, daß sich im Laufe der Evolution unabhängige Innervationswege für die „volitionale" und „emotionale" Gesichtsmotorik entwickelt haben.

Bei den Tetrapoden (Amphibien, Reptilien) verblieb von den Kiemenmuskeln der Fische eine oberflächliche Muskelschicht in der sich entwickelnden Nackenregion. Sie dehnt sich als dünne Schicht aus (M.sphincter colli) und umzieht den Nacken. Die Tiere können mit diesem Muskel nur die Augen, Nase und den Mund öffnen und schließen. Außerdem sind diese Muskelschichten nicht mit der Haut verbunden. Insofern ist die Gesichtshaut sehr statisch und zu mimischem Ausdruck nicht fähig (Huber, 1931; van Hooff, 1967).

Bei den Säugetieren (Huber, 1931; Lightoller, 1938; Ruge, 1887; Seiler, 1973) entwickelten sich aus der Muskulatur des Nackens zwei Muskelschichten: die oberflächige longitudinale Schicht des Platysma und die tiefer gelegene Schicht des „Sphincter colli profundus" (Abb. 5a-f). Diese Muskelfasern bildeten zahlreiche Verbindungen mit der Haut aus und wurden zunehmend differen-

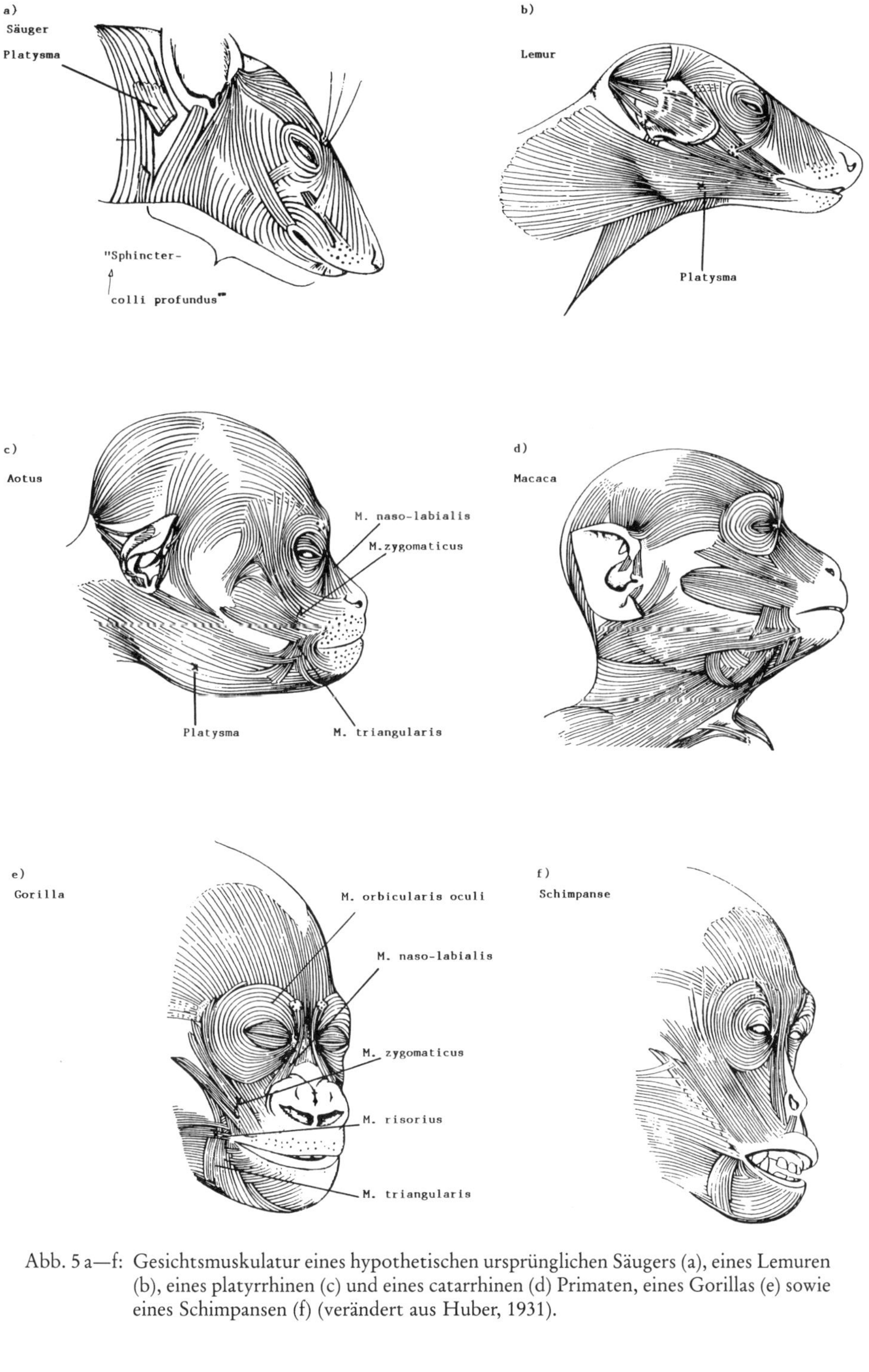

Abb. 5 a—f: Gesichtsmuskulatur eines hypothetischen ursprünglichen Säugers (a), eines Lemuren (b), eines platyrrhinen (c) und eines catarrhinen (d) Primaten, eines Gorillas (e) sowie eines Schimpansen (f) (verändert aus Huber, 1931).

zierter. Dies führte dazu, daß immer komplexere Bewegungen der Gesichtsmuskulatur möglich wurden. Die Abstammung aller Muskelfasern von dem einen ursprünglichen Sphincter-Muskel des Nackens liefert die Erklärung für die gemeinsame Innervation durch einen Nerven (N. facialis). Die beginnende Ausdifferenzierung der Gesichtsmuskeln bei den Säugern wird in engem Zusammenhang mit ihrer alimentarischen Funktion gesehen: dem extensiven Kauen der Nahrung und Saugen der Neugeborenen (Huber, 1931; van Hooff, 1962; vgl. Abb. 6). Ohne die Muskeln der Wangen und Lippen ist extensives Kauen und Saugen gar nicht möglich. Gebrauchshandlungen bildeten wiederum den Ausgangspunkt für die Entwicklung von mimischen Signalbewegungen (Darwin, 1872; Huxley, 1914; Tinbergen, 1951).

Nach Lightoller (1938) und Gregory (1929) ist eine weitere Ursache für die differenzierte Gesichtsmuskulatur in dem Übergang von der Poikilothermie zur Homoiothermie zu suchen. Dieser Wechsel der Stoffwechselaktivität bedingte eine gänzliche Neustrukturierung der Gewebeschichten an der Grenzfläche zwischen Körper und Außenwelt. Es entstand die weiche bewegliche Lederhaut mit ihren Drüsen, der Vascularisierung, dem Haarwachstum und der Muskulatur zur Piloerektion.

Über die genannten evolutiven Trends 4. und 5. (S. 75) hinaus beeinflussen auch folgende Faktoren die Differenzierung der mimischen Muskulatur: 1. Entwicklung und Beweglichkeit des externen Ohres, 2. Mobilität der Nase, Entwicklung des Rhinariums mit taktiler und olfaktorischer Funktion, 3. Entwicklung des Vibrissenapparats.

Obwohl diese Sinnessysteme bei fast allen Säugern durch entsprechende Muskulatur unterstützt werden, besitzen nur wenige Säugerordnungen — nämlich Primaten, Raubtiere und Huftiere — ein differenziertes mimisches Ausdruckssystem. Nach Bolwig (1959) ist dies auf die bei diesen Gruppen vorhandene Perfektion und Spezialisierung des visuellen Systems zurückzuführen.

Die Selektion formt, wie zuvor dargelegt, bevorzugt solche Verhaltensweisen zu Ausdrucksbewegungen, die etwas über den Zustand des Tieres oder seine zukünftige Reaktion aussagen. Viele der mimischen Ausdrücke haben ihre ursprüngliche Funktion verloren und wurden zu ritualisierten Bewegungen, die nun den emotionalen Zustand des Individuums anzeigen.

Dies trifft besonders für die mimischen Ausdrucksweisen zu, die auf Schutzreaktionen, gegenüber überraschenden, fremden und schmerzhaften Reizen zurückgeführt werden können. Charakteristisch hierfür ist das Anlegen der Ohren, das Schließen der Augen und das Zurückziehen der Mundwinkel. Bei der vollständig ausgeführten Schutzreaktion wird die Glottis zuerst kurzfristig verschlossen und danach durch ein plötzliches, heftiges Ausatmen der oberen Atemwege gereinigt (‚Aufatmen').

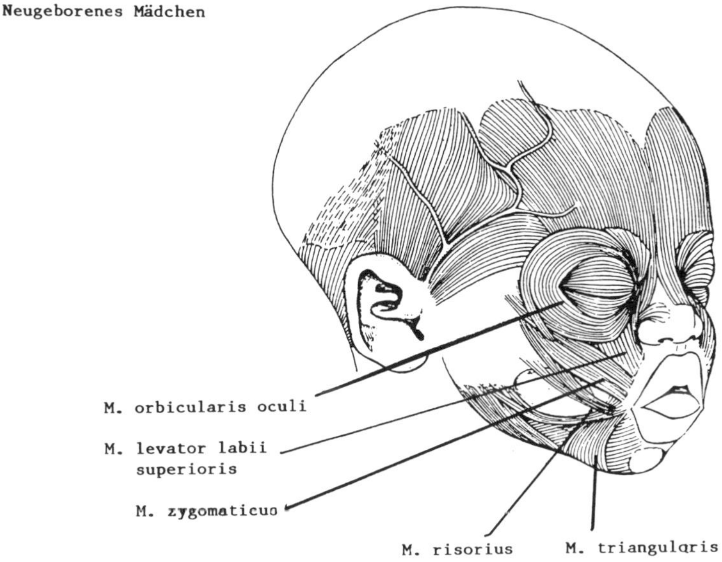

Abb. 6: Gesichtsmuskulatur eines Kindes (verändert aus Huber, 1931).

Dies Verhalten tritt bei etlichen Säugetieren und darunter auch den Prosimii (z. B. Galago crassicaudatus) auf (Andrew, 1963). Die Tiere legen die Ohren an und verengen die Augen, sobald eine Annäherung von fremden Artgenossen oder anderen möglicherweise gefährlichen Objekten zum Gesicht hin droht. Mit größerer Vertrautheit verringert sich der Abstand, ab dem diese Reaktion gezeigt wird.

Es war Charles Bell (1844) mit seinem Werk „The Anatomy and Philosophy of Expressions as connected with fine Arts", der sein Emotionskonzept gänzlich auf einer Respirationstheorie des Ausdrucks aufbaute. Als erster ließ er konsequent seine Vorstellungen zum emotionalen Reaktionssystem auf den bekannten biologischen und medizinischen Kenntnissen, insbesondere der Anatomie des Nervensystems und der Muskulatur, basieren. Analog zum äußeren motorischen System (primäres Reaktionssystem) nahm er ein zweites emotionales Reaktionssystem an, welches als Rezeptor das Herz besitzt und als Effektoren vor allem den Atmungsapparat, ergänzt von der Muskulatur des Stimmapparats und des Gesichts. Die interessante Frage nach der Vermittlung des ersten und zweiten Reaktionssystems hat er nie thematisiert; auch wenn einzelne seiner Vorstellungen einseitig sind oder später durch Darwin (1872) widerlegt wurden, so erscheint uns erst in der Kombination des Darwinschen mit dem Bellschen Ansatz, wie wir es hier versuchen, eine hinreichende Erklärung der Evolution emotionalen Ausdrucksverhaltens zu liegen.

Ausdrucksbewegungen, die mit der Atmung verkoppelt sind. Einen wichtigen Stellenwert für den Gesichtsausdruck nehmen Bewegungen der Mundregion ein, die einen Zusammenhang zur Atmung aufweisen. Die beteiligten Muskelgruppen umfassen den Sphincter-Muskel des Mundes (M.orbicularis oris), der auch bei jeder Vokalisation mit heftigem Luftausstoß ohne Anspannung der Glottis beteiligt ist. Dies Verhalten ist bei vielen Säugern weit verbreitet: bekannte Beispiele sind der heulende Hund, der brüllende Löwe und der röhrende Hirsch.

Plötzliches Ausstoßen der Atemluft ist bei vielen Säugern mit Drohverhalten gekoppelt. Hinzu können stoß- bzw. ruckartige Kopfbewegungen kommen. Das Ausatmen ist meist deutlich hörbar und kann einem Bellen oder Kläffen ähneln. Der Mund ist weit geöffnet (M.orbicularis oris), wobei die Zähne bedeckt bleiben. Dies kann auch die Intention des Beißens beinhalten. Hier könnte der menschliche Ausdruck der Empörung (Entrüstung) eingeordnet werden, der mit Abrunden des Mundes und plötzlichen geräuschhaftem Ausatmen einhergeht.

Ausdrucksbewegungen, die sich vom *Einsatz der Barthaare* ableiten, spielen im Gegensatz zu anderen Säugern (z.B. ‚Schnüffeln' bei Insektivora und Rodentia) bei Primaten kaum eine Rolle. Dies deutet möglicherweise darauf hin, daß die ehemals an den Bewegungen der Sinneshaare beteiligten und noch vorhandenen Muskelgruppen in der Primatenentwicklung neue funktionelle Einheiten bildeten und somit gänzlich andere Gesichtsbewegungen, vor allem im Wangen- und Mundbereich, ermöglichten.

Zungenbewegungen und Beweglichkeit des Gesichtsausdrucks. Auch Bewegungen der Zunge, urspünglich eine Gebrauchshandlung, sind zu Bestandteilen von kommunikativen Signalen geworden. Vor allem betrifft dies das Lippen-Schmatzen (‚lip-smacking'). Bei den Prosimii und Platyrrhini besteht das Lippen-Schmatzen noch vorwiegend aus einem Vorstrecken und Zurückziehen der Zunge. Erst bei den Catarrhini mit ihrer größeren Beweglichkeit der Lippen treten Zungenbewegungen nach außen etwas zurück gegenüber einer stärkeren Auf- und Abbewegung der Lippen. Die Zunge wird dabei periodisch gegen den Gaumen gerieben bei gleichzeitigem Einatmen. Dies verursacht das typische Geräusch des Schmatzens.

Dieses Ausdrucksverhalten tritt in unterschiedlichen Situationen auf. Es wird von jungen Makaken und Pavianen gezeigt, wenn sie physischen Kontakt mit Gleichaltrigen suchen. Von Gleichaltrigen oder Subdominanten wird es gezeigt, um die Bereitschaft zum aktiven Grooming anzuzeigen. Bei Begrüßung nach einer Trennung wird ebenfalls Lippen-Schmatzen als Kontaktsignal benutzt und die Interaktion geht dann öfter in Grooming über. Es ist durchaus möglich, daß Lippen- Schmatzen bei nicht-menschlichen Primaten in vergleichbaren Situationen gezeigt wird, in denen Menschen lächeln, obwohl Lächeln und Lippen-Schmatzen bisher in ihrer Entwicklung als eher verschieden angesehen wurden. Bei den Menschenaffen und den Menschen tritt das Lippen-Schmatzen nicht auf. Lippenbewegungen, z. B. Vorstülpen der Lippen, um beispielsweise Objekte zu greifen, vergleichbar dem Grooming, sind feststellbar. Eine wichtige Funktion in der prälinguistischen Phase der Humanevolution könnten die Vokalisationen gehabt haben, die mit der Atmung und Zungenbewegungen gekoppelt waren, indem sie die Aufmerksamkeit auf die mit den Vokalisationen verbundenen mimischen Signale lenkten bzw. ihre Wirkung unterstützten. Ein deutlicher Trend in der Primatenevolution war jedoch die Trennung von akustischen und visuellen Signalsystemen. Damit verbunden war bei der Entwicklung zum Menschen eine größere Motilität der Gesichtsmuskulatur. Diese erhöhte Gewichtung des mimischen Ausdrucksverhaltens wird besonders bei den terrestrischen Primaten deutlich, die in großen Sozialverbänden leben.

6 *Emotion und Mimik bei Primaten*

Im folgenden wird ein selektiver Überblick über einige Gesichtsausdrücke bei den Catarrhini gegeben. Im Gegensatz zu den im Humanbereich vorliegenden objektiven Beschreibungsverfahren für mimische Ausdrücke liegen im primatologischen Bereich erst qualitative Kategorisierungen vor (Andrew 1963, Angst, 1975; Bolwig, 1964; van Hooff, 1962, 1967). Diese basieren auf der Beschreibung des typischen Ausdrucks in einer definierten Situation (s. Redican, 1982). Verhalten, welches mit der sozialen Kommunikation verknüpft ist, hat notwendigerweise auch einen Bezug zur Verteilung der Gruppenmitglieder im Raum. Das räumliche Verteilungsmuster der Individuen einer Primatengruppe sagt etwas über die Sozialstruktur und damit über die Reproduktionsstrategie aus. Außerdem wird das Ausdrucksverhalten dadurch beeinflußt, daß die Signalübertragung der Distanz zwischen den Tieren und den Bedingungen des Lebensraumes angepaßt sein muß. Für zahlreiche Arten der Catarrhini (z. B. Macaca, Papio, Pan) ist die Verteilung der Tiere im Raum gut bekannt. Die

Abb. 7: Freundlich-positiver Gesichtsausdruck bei Schimpansen (z. B. Begrüßen; aus Goodall, 1986, S. 381) und Makake (z. B. Lippen-Schmatzen, unteres Foto: A. Paul)

Individuen bilden Gruppen verschiedener Größe und Zusammensetzung. Eine der wichtigsten Funktionen des Ausdrucksverhaltens ist die Aufrechterhaltung der räumlichen Verteilungsmuster und damit der sozialen Struktur einer Primatengruppe. Tinbergen (1959a) klärte die Funktion zahlreicher visueller Signale bei Möwen dadurch auf, daß er zwischen distanzvergrößernden und distanzverringernden Signalen unterschied. In vorliegendem Zusammenhang schlagen wir eine vergleichbare Gruppierung vor (s. auch Marler, 1968).

6.1 Ausgewählte mimische Ausdrücke

Lippenschmatzen. Die Situationen, in denen Lippen-Schmatzen gezeigt wird, sind sehr unterschiedlich, jedoch wird immer ein positiver sozialer Kontakt zum Gegenüber angestrebt. Geringe Furcht mag damit involviert sein. Lippen-Schmatzen (Abb. 7) wird oftmals zum Erreichen eines begehrten Sozialkontakts (z. B. gegenüber einem Sozialpartner) gezeigt, oder es wird auch in Gegenwart eines begehrten Objekts (z. B. Futter) gegenüber dem Besitzer des Objekts oder dem das Objekt okkupierenden Partner gezeigt. Furcht oder Unsicherheit, besonders im letzten Fall, sind möglicherweise oftmals nicht auszuschließen.

Folgende strukturelle Komponenten sind charakteristischerweise bei dem vollständigen Ausdruck Lippen-Schmatzen vorhanden:

1. Auf- und Abbewegungen des Unterkiefers ohne Berührung der Zahnreihen.
2. Vorstülpen der Lippen und Öffnen und Schließen der Lippen.
3. Vorstrecken und Zurückziehen der Zunge.
4. Anlegen der Ohren und Hochziehen der Augenbrauen.
5. Anheben des Kopfes mit Nicken und leichtem seitlichen Rotieren.
6. Blickkontakt mit dem Empfänger.

Die einzelnen Komponenten müssen nicht immer vollzählig vorhanden sein, um den Eindruck des Lippen-Schmatzens zu haben. Die Vollständigkeit des gezeigten Ausdrucks hängt u. a. mit der vorhandenen Intensität der Bewegungen zusammen.

In der Mehrzahl der beobachteten Situationen war mit Lippen-Schmatzen eine befriedigende, beschwichtigende und submissive Funktion verbunden. Der Ausdruck wurde besonders in folgendem sozialen Kontext beobachtet: Grooming, Kopulation, Begrüßung und antagonistisches Verhalten.

Spielgesicht. Beim Spiel zeigen etliche Säugetiere, vor allem die Primaten, einen typischen Gesichtsausdruck, der als Spielgesicht bezeichnet wird (Abb. 8).

Abb. 8: Spielgesicht (entspanntes Mundöffnen) bei Makak (oben), Schimpanse (mitte) und Kleinkind (aus van Hooff, 1976, S. 180f.)

Dieser Ausdruck ist dadurch gekennzeichnet, daß der Mund weit geöffnet ist, wobei die Mundwinkel nur leicht zurückgezogen sind. Die Zähne sind in der Regel kaum sichtbar, doch gibt es hierin eine größere Variationsbreite. Die Ohren können angelegt sein und die Augenbrauen sind oft gesenkt. Der Ausdruck wird sehr häufig im Zusammenhang mit nachfolgenden spielerischen Beißbewegungen gezeigt.

Charakteristischerweise sind mit dem Spielgesicht Vokalisationen verbunden. Besonders bei den Menschenaffen sind dies mehrfach wiederholte gutturale Laute.

Es wurde öfters auf mimische Ähnlichkeiten zwischen dem Spielgesicht und einem Drohgesicht hingewiesen, wenn auch feine differentielle Unterschiede beschrieben wurden (Gautier & Gautier, 1977; Redican, 1975; van Hooff, 1972). Deutliche Unterschiede zwischen Drohverhalten und spielerischen Bewegungen liegen hinsichtlich der Körperhaltung und der Lokomotion vor.

Das Spielgesicht wird typischerweise während des Spielverhaltens gezeigt. Van Hooff (1967) berichtete, daß Schimpansen es ebenfalls zeigten, wenn sie gekitzelt werden. Unklar ist jedoch, inwieweit das Spielgesicht als Auslöser für spielerische Kontakte eines Partners dient, oder ob es als Ausdrucksverhalten während des gemeinsamen Spiels gezeigt wird.

Drohmimik. Drohungen bestehen hinsichtlich des Ausdruckverhaltens aus ritualisierten Angriffsbewegungen. Diese Ausdrucksformen (Abb. 9) sind dadurch gekennzeichnet, daß eine Vielzahl von Einzelkomponenten den Ausdruck bestimmen, da ein relativ komplexer motivationaler Zustand als Grundlage angenommen werden muß. Charakteristisch für die Symbolisierung des Angreifers sind sowohl sehr dynamische Bewegungen (z. B. Armbewegungen wie „Faust hochrecken" bzw. „mit der Faust auf den Tisch schlagen") als auch besonders statische, beinahe eingefrorene, Verhaltensweisen (z. B. starrer Blick, angespannte Muskeln, offener Mund).

Kennzeichen des mimischen Drohens sind ein leicht bis weit geöffneter Mund, wobei die Oberlippe zurückgezogen und die Mundwinkel vorgebracht werden. Die Ohren sind vom Kopf abgespreitzt. Die weit geöffneten Augen sind auf den Opponenten gerichtet. Die Augenbrauen können hochgezogen sein und die Nasenöffnungen aufgebläht. Als eine Grundlage für den Drohausdruck kann eine besonders intensive Form des Beobachtungsverhaltens angenommen werden. Dies bestätigten auch elektromyographische Messungen, in denen die Aktivität bestimmter Muskeln beim Drohen und beim intensiven Beobachten sehr ähnlich waren (Seiler, 1973).

Abb. 9: Gesichtsausdrücke im aggressiven Kontext bei Macaca fascicularis (a) Drohen mit offenem Mund (dominant), (b) Drohen mit sichtbaren Zähnen (submissiv) Submission (aus Chevalier-Skolnikoff, 1973, S. 25).

Zum Ausdruck des Drohens gehört eine Vielzahl von unterschiedlichen Verhaltenskomponenten, auf die im einzelnen hier nicht eingegangen werden kann. Drohverhalten kann sowohl reaktiv als auch aktiv geäußert werden. Reaktiv wird Drohen beispielsweise auf eine Aggression des Gegenübers geäußert — dies betrifft auch die Verteidigung von Ressourcen, wie Futterplätze bzw. Nahrungsmittel, Schlaf- bzw. Wohnort —, andererseits wird Drohen auch initiiert, wenn es beispielsweise um die Erlangung von sozialem Status geht oder wenn in soziale Auseinandersetzungen eingegriffen wird. Eine besondere Form der Drohung ist die als ‚redirection activity' (Bastock, Morris & Moynihan, 1954) bezeichnete Handlung, die darin besteht, daß bei Bedrohung durch Partner A ein gänzlich unbeteiligter Dritter (Partner C) seinerseits bedroht wird.

Wie für Primaten häufig berichtet wird, tritt Drohen im Zusammenhang des Sexualverhaltens auf. Hierbei kann das Zielobjekt des Drohens beinahe beliebig sein. Es können Lebewesen, auch jedweder möglichen sozialen Kategorie, sogar Kinder (Hall, 1968), und auch unbelebte Objekte (Michael & Zumpe, 1970) sein. Die Form des Ausdrucksverhaltens ist auch von der sozialen Rolle des Gruppenmitglieds abhängig. In verschiedenen Studien konnte eine korrelative Beziehung zwischen der Form des Gesichtsausdrucks und der Dominanzstellung in der Gruppe aufgezeigt werden. Ranghohe Tiere drohen z. B. mit anderem Gesichtsausdruck als rangtiefere Tiere (Hinde & Rowell, 1962; van Hooff, 1967). Chevalier-Skolnikoff (1971) fand bei Makaken in Abhängigkeit von der Rangstellung mehr als vier unterschiedliche Gesichtstypen für Drohverhalten.

Der affektive Zustand beim Drohen sollte nicht hauptsächlich auf aggressive Tendenzen zurückgeführt werden, vielmehr ist eine Wechselwirkung von Angriff und Flucht, also Aggressions- und Furchttendenzen anzunehmen (Tinbergen, 1959b; Hinde, 1985b).

6.2 Affekt-Kategorien bei nichtmenschlichen Primaten

Bei den nichtmenschlichen Primaten liegt bisher kein ausgearbeitetes System der Kategorisierung von Affekten vor. Hierfür fehlt zur Zeit auch eine ausreichende Datenbasis. Auch gibt es bisher kaum systematische Untersuchungen über Emotionen bei Schimpansen. Für Goodall (1986) ist jedoch die Berücksichtigung der Emotionen unbedingt erforderlich, um zu einem vollständigen Verständnis der Interaktionen in einer gegebenen Situation zu gelangen. Anhand des visuellen Ausdrucksverhaltens und vor allem der Vokalisationen lassen sich folgende emotionale Zustände bei Schimpansen beschreiben: ‚apprehension, fear, distress, annoyance, anger, enjoyment, social excitement' (Goodall, 1986). Im Humanbereich hat es verschiedene Versuche zur Kategorisierung menschlicher affektiver Zustände gegeben (Ekman, 1972; Izard, 1971; Scherer, 1984; Tomkins, 1963). Die systematische Einordnung menschlicher Affekte und Emotionen, völlig unabhängig von kulturellen Konventionen, anhand des nonverbalen Ausdrucksverhaltens ist einer der wichtigen Fortschritte der Kommunikationsforschung. Kulturvergleichende Studien zum emotionalen Gesichtsausdruck zeigten, daß es ubiquitär verbreitete gleichartige Gesichtsausdrücke gibt, die gleiche emotionale Zustände anzeigen (Ekman, Sorenson & Friesen, 1969). Diese emotionalen Gesichtsausdrücke korrespondieren mit den von Ekman und Friesen (1975) postulierten Grundemotionen des Menschen — Überraschung, Furcht, Ekel, Wut, Trauer, Freude.

Die Universalität des emotionalen Reaktionssystems wird als Hinweis auf eine starke genetische Disposition für diese emotionalen Ausdrücke angesehen (Darwin, 1872; Izard, 1971; Tomkins, 1963). Auch wenn dies sicherlich nicht eine Überlagerung oder Formung dieses Verhaltens durch kulturabhängige Faktoren ausschließt (Ekman, 1972), so muß aufgrund der Universalität eine phylogenetische Komponente angenommen werden. Dieser stammesgeschichtliche Anteil sollte am ehesten bei der Untersuchung der nichtmenschlichen Primaten aufgedeckt werden können. Hierfür soll ein einfacher Vergleich der emotionalen Gesichtsausdrücke von nichtmenschlichen Primaten (bes. Makaken und Schimpansen) und dem Menschen beispielhaft durchgeführt werden. Sollten sich in den Gesichtsbewegungen Ähnlichkeiten finden lassen, so wäre anschließend noch der jeweils spezifische Verhaltenskontext zu vergleichen. Ließen sich auch hier Gemeinsamkeiten feststellen, so wäre ein begründeter Hinweis auf zugrundeliegende ähnliche Emotionen gestattet, denn gleiche strukturelle Merkmale (z. B. Verhaltenselemente, Handlungssequenz) verweisen zumeist auch auf Gemeinsamkeiten in funktioneller Hinsicht (vergl. Darwin, 1872). Bereits Hebb (1945) schlug vor, Emotionen vor allem durch ihren Zusammenhang mit spezifischen Situationen zu identifizieren und dann erst den Gesichtsausdruck oder Zustand miteinzubeziehen. Auch wenn wir dies für eine Umkehrung bei der Suche nach homologen Merkmalen halten, da vor allem nach der Funktion gefragt wird, stimmen wir seiner Schlußfolgerung uneingeschränkt zu: „The conclusion that emotions cannot be reliably identified is erroneous, being based on unsatisfactory scientific methods; ... human and animal emotions can be identified in the same way" (Hebb, 1945, S. 551).

Aufgrund der unzureichenden Ergebisse der Erforschung emotionaler Prozesse bei nichtmenschlichen Primaten ist eine vergleichende Zuordnung menschlicher und nichtmenschlicher affektiver Zustände nur sehr bedingt möglich. Verschiedene Versuche liegen von Chevalier-Skolnikoff (1973), van Hooff (1976) und zuletzt von Redican (1982) vor.

Letzterer schlug die folgende Zuordnung vor.

Menschliche Emotion:	Primatentypischer Gesichtsausdruck:
fear/surprise	grimace, open-mouth grimace
anger	tense mouth display
disgust	?
happiness	play face
sadness	pout(?)

Chevalier-Skolnikoff (1973) postulierte folgende 9 Grundemotionen bei den Schimpansen, für die sie spezielle Merkmale benannte: (1) Ärger, Typ I (zusammengepresste Lippen) und (2)Typ II (geöffneter Mund); (3) Furcht; (4) Freude, Typ I (Lächeln) und (5) Typ II (Lachen); (6) Trauer, Typ I (stumm traurig) und (7) Typ II (kreischend); (8) Überraschung und (9) Abscheu. Beim Vergleich von Gesichtsausdrücken der Schimpansen und des Menschen fand Chevalier-Skolnikoff (1973) für folgende Ausdrücke eine Übereinstimmung.

Emotionale Reaktion des Menschen und des Schimpansen

Mensch:	Schimpanse:
Ärger (Typ I)	Ärger (Typ I)
Ärger (Typ II)	Furcht-Ärger
Lächeln	Furcht (stummes Zähneentblößen)
Schreigesicht	Frustration-Trauer (‚whimper')
Lachen	Spielgesicht

Bei seiner vergleichenden Studie zwischen den Gesichtsausdrücken der nichtmenschlichen Primaten und des Menschen verweist van Hooff (1976) zuerst auf den gemeinsamen Ursprung und die sich daraus ergebenden Ähnlichkeiten in der Morphologie des Gesichts. Auch wenn er die Bedeutung eines vergleichenden Ansatzes hervorhebt, so deutet er auf eine Schwierigkeit und den vorläufigen Charakters eines solchen Vergleichs. Sein Vergleich umfaßt die folgenden emotionalen Kategorien: Interesse, Überraschung, Ärger, Furcht, Abscheu, Trauer und Freude (van Hooff, 1976). Es zeigte sich, daß mit Ausnahme des Lippen-Schmatzens die Hauptkategorien des Gesichtsausdrucks bei den nichtmenschlichen Primaten zumindest in ihren basalen Formen auch im Ausdruck der menschlichen Grundemotionen wiederzufinden sind. Im Ausdrucksverhalten der Primaten hingegen fehlen einige emotionale Ausdrücke wie Überraschung und Ekel, obwohl van Hooff (1976) annimmt, daß entsprechende Verhaltensweisen als nicht ritualisierte Verhaltensmuster im entsprechenden Kontext eingesetzt werden. Erstaunlich ist, daß gerade die agonistischen und alerten Verhaltensmuster die höchsten Übereinstimmungen zwischen Mensch und nichtmenschlichen Primaten aufweisen. Die Beschwichtigungs- und positiven Beziehungsgebärden divergieren dagegen sehr viel stärker.

Funktionsanalysen spezifischer Gesichtsausdrücke wurden anhand folgender Variablen zu erstellen versucht:

a) Alters- und Geschlechtsklassen von Sender und Empfänger;
b) Verhaltenskontext, z. B. Nahrungsaufnahme, Aggression, Spiel;
c) Reaktionen des Empfängers, z. B. fliehen, drohen, sich annähern.

Studien über das Ausdrucksverhalten von Primaten erfaßten jedoch anfänglich kaum objektivierbare Daten, daher gründeten sich die meisten Funktionsbetrachtungen auf der subjektiven Einschätzung des Beobachters (Andrew, 1963; Goodall, 1968; Hall & DeVore, 1965; Hinde & Rowell, 1962; Jay, 1965; van Hooff, 1962, 1967).

Den Versuch, funktionale Interpretationen des Ausdrucksverhaltens mit objektivierbaren Daten zu belegen, unternahm van Hooff (1971) bei seiner Untersuchung des kommunikativen Verhaltens von Schimpansen. Er analysierte den sequentiellen Ablauf sozialer Verhaltensweisen bei individuellen Tieren und fand heraus, daß einzelne Verhaltensweisen mit größerer Häufigkeit anderen entweder vorausgehen oder auf sic folgen. Es ließen sich sequentielle Cluster von solchen Verhaltensweisen bilden, die in regelmäßiger Sequenz zusammen auftraten. Diese Cluster konnten dann wiederum zu Clustern höherer Ordnung zusammengefaßt werden. Schließlich ließen sich in einem hierarchisch verzweigten Stammbaum natürlich zusammengehörige Verhaltensweisen ordnen und bildeten somit die objektivierbare Grundlage für weiterführende funktionale Interpretationen.

Neben der Erfassung der Häufigkeit und Dauer sowie der Übergangswahrscheinlichkeit einzelner Gesichtsausdrücke ist ein wichtiger, jedoch sehr schwer zu objektivierender Gesichtspunkt, die Intensität des Ausdrucks bzw. der emotionalen Reaktion. Nach Lorenz (1953) entstehen die unterschiedlichen Intensitäten vor allem dadurch, daß sich verschiedene Motivationszustände überlagern. So beschrieb er die verschiedenen mimischen Ausdrücke des Hundes bei Kampf- und Fluchtmotivation und bildete sie in einer Matrix mit den entsprechenden Übergangsformen ab (Abb. 10a). Das gleiche Konzept benutzte Leyhausen (1956) zur Analyse des Ausdrucksverhaltens der Katze. Abhängig von Intensität und emotionalem Zustand erstellte er Übergangsmatrixen für einzelne Ausdrucksweisen (Abb. 10b). Im primatologischen Bereich wurde dieses Konzept vor allem von Chevalier-Skolnikoff (1973) übernommen. Sie nimmt an, daß mittels des Gesichtsausdrucks auch unterschiedliche Intensitätsgrade von Emotionen gezeigt werden können. Zur Veranschauli-

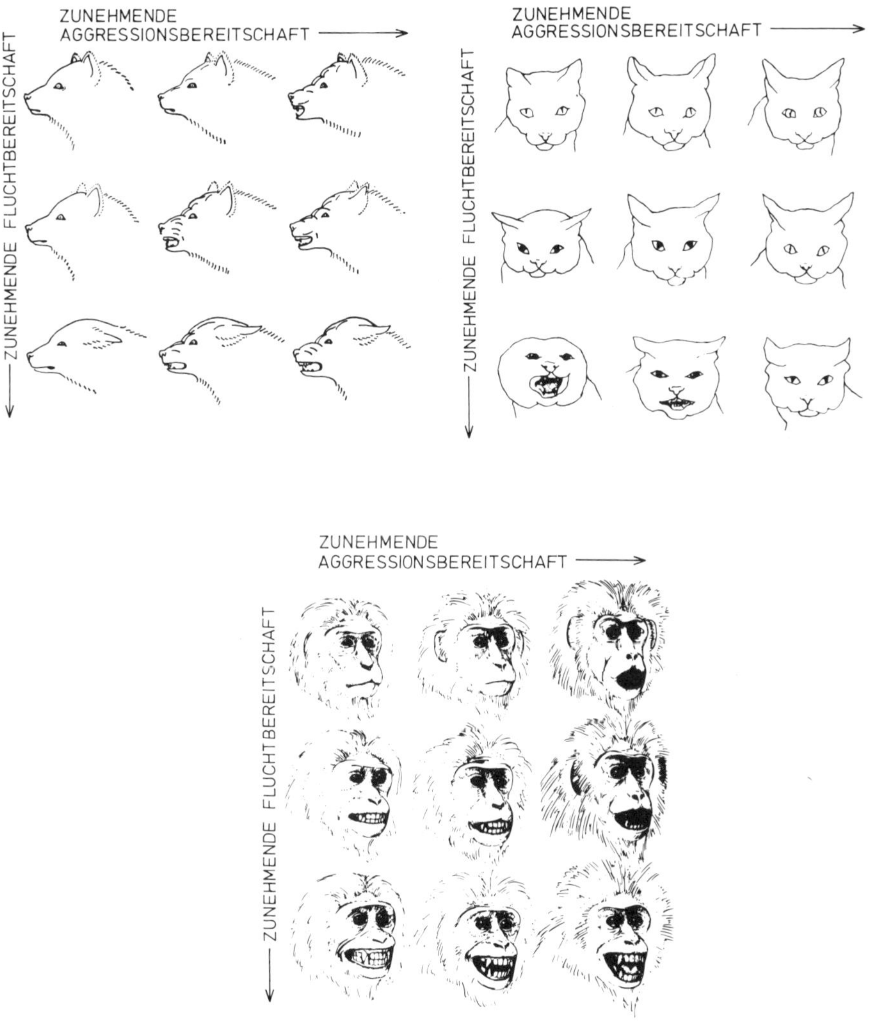

Abb. 10 a—c: Übergangsmatrix, die sich durch Überlagerung einzelner emotionaler Zustände (Wut/Drohen und Furcht/Submission) und unterschiedlicher Intensitätsstufen ergibt. (a) Hund (aus Lorenz, 1953), (b) Katze (aus Leyhausen, 1956), (c) Makak (aus Chevalier-Skolnikoff, 1973).

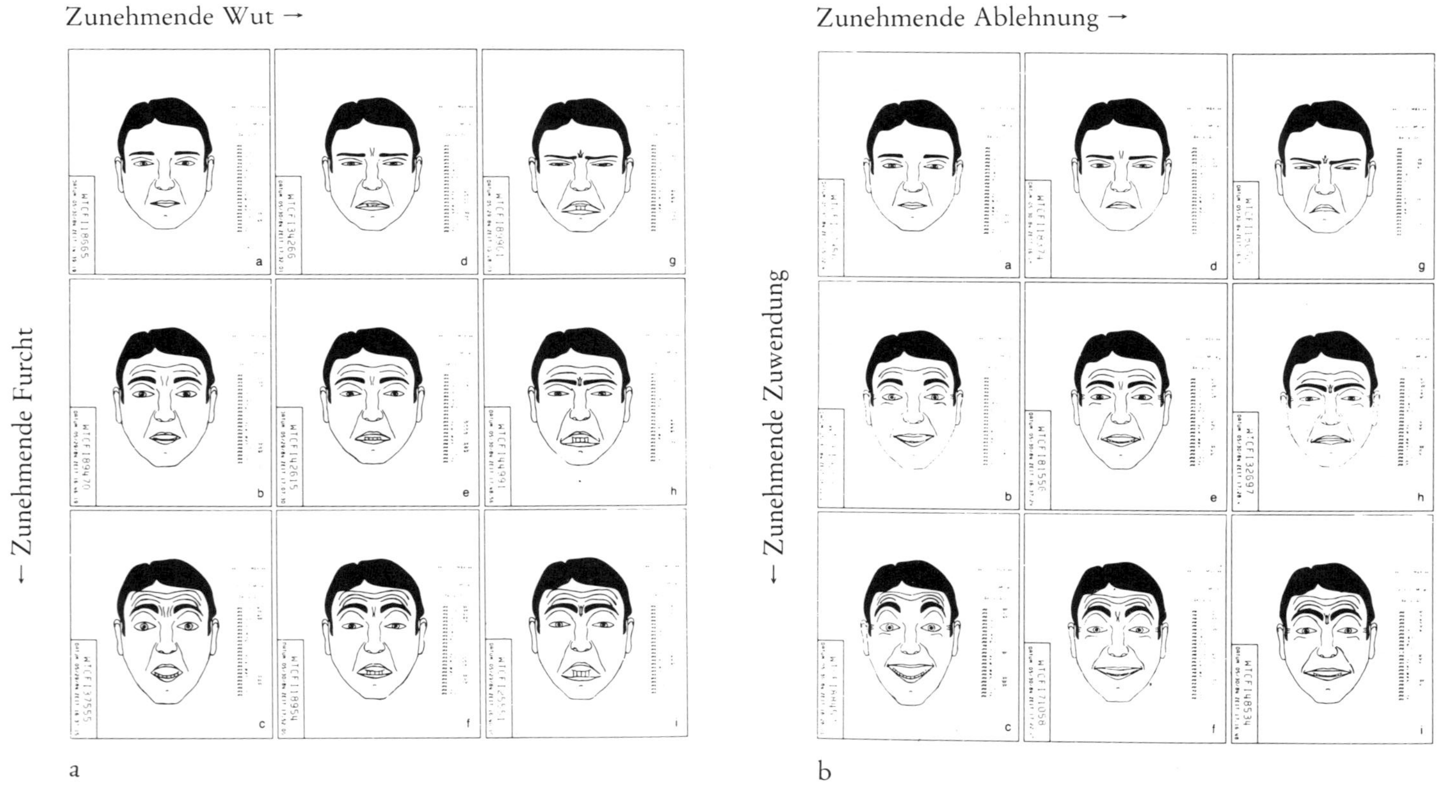

Abb. 11 a+b: Übergangsmatrix für computergenerierte Gesichter des Menschen für die emotionalen Ausdrücke von Wut und Furcht (a) sowie Zuwendung und Ablehnung (b) (nach K. Grammer und W. Musterle in Eibl-Eibesfeldt, 1984, S. 584 f.).

chung gruppierte sie einzelne Gesichtstypen verschiedener Emotionen in einer Matrix. Die Übergänge stellten dann verschiedene Grade des emotionalen Ausdrucks dar (Abb.10c).

Einen ersten Versuch, dieses Verfahren der „Lorenz-Matrix“ auf menschliches Ausdrucksverhalten zu beziehen, wurde von K. Grammer und W. Musterle am MPI für Verhaltensphysiologie (Seewiesen) gemacht (nach Eibl-Eibesfeldt, 1984). Basierend auf den Studien van Hooffs (1967, 1973) wurden die einzelnen Muskelbewegungen und die entsprechende Mimik für Ärger/Wut und Furcht nach dem System von Ekman und Friesen kodiert. Läßt man nun die Gesichtsausdrücke entsprechend der Kodierung computergraphisch darstellen (Methode: W. Musterle), so können auch die Überlagerungen bzw. Übergänge zwischen diesen emotionalen Ausdrücken generiert werden (Abb. 11a). Nach der gleichen Methode lassen sich auch Überlagerungen anderer emotionaler Ausdrücke, z. B. Zuwendung und Ablehnung wie in Abb. 11b, darstellen; an solchen Simulationen lassen sich Hypothesen für das Zustandekommen definierter Gesichtsausdrücke gewinnen.

Zur Zeit liegt kein einheitliches Kodiersystem für den Menschen und die nichtmenschlichen Primaten vor. Erst auf dieser Grundlage könnte ein direkter Vergleich der Gesichtsausdrücke erfolgen. Möglicherweise bietet in dieser Situation das FACS von Ekman und Friesen (1978), welches auf definierten Muskelaktionen basiert, einen neuen Zugang. Es wäre dringend notwendig, zukünftig für die Kodierung von Gesichtsausdrücken bei nichtmenschlichen Primaten ein einheitliches Kodiersystem zu entwickeln und somit die Dokumentation zu standardisieren. Auch der vorliegende Vergleich sowie frühere Versuche (s. o.) müssen unbefriedigend bleiben, da die Datenbasis rein qualitativer Art ist und z. T. nach subjektiver Einschätzung, wenn auch aufgrund intimer Kenntnisse der Tiere, erfolgte. Hinweise auf gemeinsame Ausdrucksweisen, die aufgrund phänomenologischer Ähnlichkeit im Ausdruck ermittelt wurden, liefern im günstigen Fall heuristische Prinzipien, in welcher Form eine Homologisierung, aufbauend auf einer exakten Datenbasis, erfolgen könnte.

Nachfolgend wird versucht, einen zusammengefaßten Überblick über die bei nichtmenschlichen Primaten und dem Menschen vorliegenden Gemeinsamkeiten in der Mimik für die basalen Emotionen vorzunehmen. Nähere Einzelheiten finden sich in den Arbeiten von Chevalier- Skolnikoff (1973), Ekman und Friesen (1975), Redican (1982) und van Hooff (1967, 1973).

Vergleichende Deskription (Mensch, Schimpanse, Makake) basaler emotionaler Gesichtsausdrücke:

Tab. 1: Vergleichende Deskription (Mensch, Schimpanse, Makak) basaler emotionaler Gesichtsausdrücke nach Ekman 1975; van Hooff 1967; Chevalier-Skolnikoff 1973; Godall 1986

Emotion		Gesichtsausdruck	Augen	Stirn u. Augenbrauen	Mund	Anderes
Interesse/ Überraschung	Mensch		Augenlieder geöffnet	hochgezogene Augenbrauen horizontale Stirnfalten	leicht geöffnet	
	Schimpanse Makake	‚alert face' ‚grimace'				
Furcht	Mensch		oberes Lid hochgezogen	Brauen nach innen hochgezogen und zentrale Stirnfalten	geöffnet mit angespannten, zurückgezogenen Lippen	
	Schimpanse Makake	‚silent grin' ‚silent bared teeth' ‚open mouth grimace'				
Abscheu	Mensch		unteres Lid abgesenkt mit Faltenbildung	Brauen herabgezogen	Oberlippe wird hochgezogen; Unterlippe berührt entweder Oberlippe oder wird gesenkt u. leicht vorgewölbt	Nasenfalten; gehobenes Kinn Abwenden
	Schimpanse Makake	nicht vorhanden nicht vorhanden				
Ärger/ Wut	Mensch		starrer Blick; oberes unteres Lid angespannt (‚zusammengekniffen')	Brauen nach innen heruntergezogen u. vertikale Stirnfalten	Lippen entweder aufeinandergepreßt oder bei geöffnetem Mund in eckiger Form angespannt	erweiterte Nasenöffnung
	Schimpanse Makake	‚tense mouth face' ‚staring open-mouth' ‚staring bared teeth scream face'				
Freude	Mensch		Anheben des Unterlides, Falten im Außenwinkel (‚Krähenfüße')		hochgezogene Mundwinkel bei mehr oder weniger geöffnetem Mund	Nasen-labiale Falte gehobenes Kinn
	Schimpanse Makake	‚play face' ‚silent bared teeth face' oder ‚released open-mouth face'				
Trauer	Mensch		oberes Lid innen angehoben; Faltenbildung	innere Brauen angehoben Faltenbildung	herabgesenkte und nach außen gedrehte Lippen	
	Schimpanse	‚stretched poutwhimper face'				
	Makake	‚pout face'				

Die fehlende Korrespondenz zwischen menschlichen Emotionen sowie ihrer Mimik und nichtmenschlichen Gesichtsausdrücken kann zweierlei bedeuten: 1. Die menschlichen Emotionen sind weniger basal und phylogenetisch verankert als bisher angenommen oder 2. die Datenbasis und experimentellen Studien besonders im primatologischen Bereich sind bislang noch unzureichend. Ebenso wie Redican (1982) halten wir die 2. Alternative für wahrscheinlicher.

Da nach Meinung von Chevalier-Skolnikoff (1982) bisher kein geeigneter Ansatz besteht, die phylogenetische Differenz zwischen den Gesichtsausdrücken verschiedener Primaten zu bestimmen, schlug sie vor, das Piagetsche Modell der kognitiven Entwicklung während der sensomotorischen Phase als Bezugsrahmen für den Vergleich zugrunde zu legen (Chevalier-Skolnikoff, 1977). Hierzu verglich sie das Verhalten von 12 Makaken und Languren, 42 Menschenaffen (Schimpanse, Gorilla und Orang-Utan) sowie 11 Kleinkindern anhand der sechs Stufen der sensomotorischen Entwicklung (Piaget, 1975a, 1975b). Hinsichtlich des Stufenkonzepts zeigte sich, daß bei den verschiedenen Primaten die Entwicklung der kognitiven Fähigkeiten in derselben Stufenfolge verläuft. Überraschenderweise zeigte sich ebenfalls, daß die Variabilität im mimischen Ausdruck bei Säuglingen und Menschenaffenbabies sehr viel ausgeprägter ist als bei den Neugeborenen der Makaken, die in der Mimik sehr starr erscheinen, obwohl ihre motorische Entwicklung am weitesten fortgeschritten ist. Besonders betont werden die Unterschiede zwischen den nichtmenschlichen Primaten. Obwohl der Ausdruck der Menschenaffen zwischen dem des Menschen und dem der Cercopithecinen anzusiedeln ist, ist anzunehmen, daß der Gesichtsausdruck der Menschenaffen dem des Menschen ähnlicher ist als dem der Cercopithecinen. Diese Annahme gründet auf folgenden Befunden: Die emotionalen Ausdrücke beim Menschen und den Menschenaffen entwickeln sich mit vergleichbarer Häufigkeit und in der gleichen sensomotorischen Stufe. Sie treten in gleichen kognitiven Zusammenhängen auf. Über die Tatsache hinaus, daß auch emotional neutrale Gesichtsausdrücke gezeigt werden, zeichnen sich beide Gruppen dadurch aus, daß ihre Gesichtsausdrücke auch in Diskrepanz mit ihrem emotionalen Zustand sein können, d. h. sie sind fähig zu täuschen, zu lügen und zu provozieren. Hierdurch bestätigt sich, daß die größere Ähnlichkeit zwischen Menschenaffen und Menschen im Vergleich mit Makaken oder Languren vor allem auf die größeren Gemeinsamkeiten im kognitiven Bereich zurückzuführen sind.

Die Problematik der phylogenetischen Ableitung einzelner Ausdrucksbewegungen kann exemplarisch am Beispiel des Lächelns und Lachens verdeutlicht werden. Einmal wird angenommen, daß Lachen einfach die intensivere Form des Lächens darstellt und somit ein Kontinuum verschiedener Intensitätsstufen besteht (Andrew 1963; Hinde, 1974). Eine Alternativerklärung basiert darauf, daß Lächeln und Lachen getrennte diskontinuierliche Verhaltensweisen sind und einen unterschiedlichen Ursprung haben.

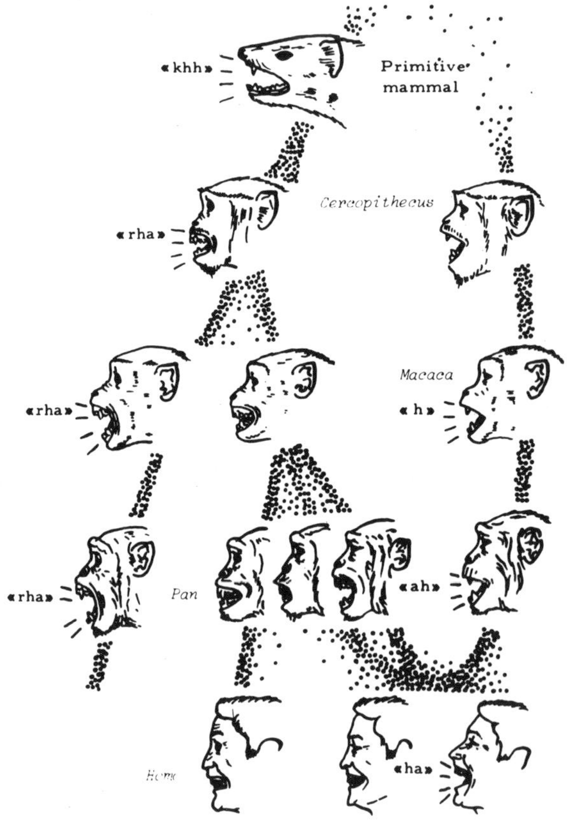

Abb. 12: Mögliche Ableitung des Lachen und Lächelns aus voneinander unabhängigen Ausdrucksbewegungen (aus van Hooff, 1972, S. 237). Das Schema soll keine lineare Verwandtschaftsbeziehung zwischen rezenten Arten nahelegen.

Van Hooff (1967, 1971) postulierte, daß Lächeln seinen Ursprung im stummen Zähneblinken (‚silent bared-teeth grimace') der Primaten hat, während Lachen aus dem Spielgesicht (entspanntes Mundöffnen — 'relaxed open-mouth display') entstanden ist (Abb. 12). Die Unterschiede zwischen den Ausdrucksbewegungen liegen vor allem im Ausmaß des Zähneentblößens, der Stärke des Lippenzurückziehens, der Ausformung des Mundes und der Faltenstärke im Augenwinkel.

Eine ethologische Studie mit Kindern zeigte, daß Lachen zeitlich mit „rough and tumble"-Spiel und Lächeln mit „sozialen" Verhaltensmustern assoziiert ist

(Blurton-Jones, 1972). Lachen wird zumeist reaktiv und in einem spielerischen Verhaltenskontext gezeigt. Lächeln dagegen wird in affiliativen Situationen wie der Begrüßung und des Abschieds geäußert. Allerdings zeigen Kleinkinder im ersten Lebensjahr Lächeln in nicht-sozialen Situationen als Reaktion auf die Einordnung einer Reizvorlage oder die Erzeugung eines Kontingenzeffekts in ihrer Umwelt (Kagan, 1971; zusammenfassend: Geppert, Kap.6). Die Schwierigkeit der Trennung von Lächeln und Lachen mag dadurch verstärkt werden, daß beide Ausdrucksbewegungen in ihrer funktionalen Bedeutung einer Konvergenzentwicklung unterlagen. Signale der Freundlichkeit und Kooperation waren in der Entwicklung zum Menschen äußerst wichtig, und so mag ein starker Selektionsdruck zur Äußerung affiliativen Ausdrucks bestanden haben (Lockard, 1980).

Bei einigen Cercopithecinen wird das stumme Zähneblinken und bei Schimpansen eine Variante hiervon, das Mundöffnen (open-mouth display), sehr häufig nicht nur in submissiven sondern in affiliativen Situationen wie der Begrüßung (möglicherweise als Beschwichtigungsgeste) gezeigt (van Hooff, 1967, 1971). Vine (1973) diskutiert, inwieweit Lächeln bei Annäherung in Mutter-Kind-Interaktionen ähnliche Signalfunktion besitzt.

Auch ontogenetische Daten unterstützen nicht die Hypothese, daß Lachen eine höhere Intensitätsstufe des Lächelns darstellt: Bei Kleinkindern ist die Entwicklung beider Ausdrücke zeitlich getrennt, und es liegen keine Anhaltspunkte dafür vor, daß sich das eine Verhalten aus dem anderen entwickelt habe (Sroufe & Waters, 1976; Sroufe & Wunsch, 1972).

Blurton-Jones (1972) vermutete, daß ursprünglich beide Ausdrucksbewegungen in verschiedenen Zusammenhängen auftraten und dies auch ontogenetisch für das Kleinkind zutrifft. Durch Lernprozesse in der menschlichen Entwicklung werden jedoch die Situationen stärker vermischt, in denen das eine oder andere Verhalten gezeigt wird. So liegt die Schwierigkeit der Trennung beider einmal in einer Konvergenzentwicklung während der Phylogenese und zum anderen in Lernprozessen während der Ontogenese des Kindes begründet.

Dieses vorgeschlagene heuristische Prinzip der Vergleichbarkeit emotionaler Reaktionssysteme bei Tieren und dem Menschen bedarf jedoch der empirischen Überprüfung in jedem einzelnen Fall, so sollten z. B. entsprechend des Homologievergleichs exakte Sequenzierungen und Verlaufsbeschreibungen der Gesichtsbewegungen unter Berücksichtigung des Verhaltenszusammenhangs vorgenommen werden. Ähnliche Emotionen bei nichtmenschlichen Primaten und dem Menschen sind zumindest auf der Dimension Annäherung — Vermeidung (Appetenz — agonistisches Verhalten) anzunehmen, wenn auch die subjektive Repräsentation der Emotionen bei den nichtmenschlichen

Primaten aus grundsätzlichen Überlegungen heraus niemals zugänglich sein wird. Die Tatsache, daß Gesichtsausdrücke universell nahezu gleich sind und zahlreiche Gemeinsamkeiten mit den Gesichtsausdrücken von nichtmenschlichen Primaten aufweisen, berechtigt jedoch nicht zu der Annahme, daß solche Verhaltensweisen kulturell nicht beeinflußbar sind. Kulturell bedingte Normen und Regeln sind wichtige Faktoren für das mimische Ausdrucksverhalten beim Menschen.

Eine allgemeine phylogenetische Ableitung für das emotionale Reaktionssystem oder das Ausdrucksverhalten erscheint jedoch nur beschränkt nützlich für das Verständnis emotionaler Reaktionssysteme. Vielmehr bedarf es des Vergleichs spezifischer Formen des emotionalen Ausdrucks, welche dann jeweils aus dem spezifischen situativen Kontext erklärt werden müssen. Die Kontextabhängigkeit oder auch ökologische Bedingtheit der Ausdrucksbewegungen gilt es beim Vergleich verschiedener, auch nahe verwandter Arten besonders zu berücksichtigen. Dabei erlaubt vermutlich auch nur der Vergleich mit den nächstverwandten Primatenarten die Aufstellung eines phylogenetischen Stammbaums solcher spezifischen Ausdrucksverhaltensweisen beim Menschen. Wie oben dargelegt, fehlt dafür im Moment noch eine hinlänglich detaillierte deskriptive Dokumentation des Ausdrucksverhaltens „beim Menschen und bei den Tieren“, besonders bei den nächstverwandten Primaten. Die Entwicklung objektiver Analysemethoden im letzten Jahrzehnt läßt jedoch hoffen, daß dieses Desiderat in naher Zukunft behoben werden kann.

7 *Zusammenfassung und Ausblick*

Das emotionale Bewertungssystem, das zwischen den überdauernden Strebungen und aktuellen Bedürfnissen auf seiten des Individuums und den Angeboten und Erfordernissen der Umwelt vermittelt, ist vermutlich phylogenetisch mit der Ausbildung größerer Freiheitsgrade im Verhalten und der sie ermöglichenden kortikalen Mechanismen (kognitive Prozesse) entstanden. Wegen des weitgehenden Fehlens von Verhaltensresten läßt sich der exakte Zeitpunkt nicht bestimmen, allenfalls lassen sich aus einer funktionalen Analyse des Verhaltens rezenter Arten, deren direkte Vorfahren vermutlich Meilensteine auf der Entwicklung zum Menschen hin darstellten, Hinweise auf das Auftreten emotionaler Bewertungsmechanismen gewinnen. Sowohl die subkortikalen Areale, die von der biopsychologischen Forschung als das Substrat emotionaler Prozesse identifiziert wurden, als auch Vorstufen des Neokortexes waren vermutlich schon bei den primitivsten Wirbeltieren vorhanden. Das Hormonsystem und vegetative Nerven, die ebenfalls zur Ausgestaltung emotionaler Reaktionen beitragen, sind sogar noch früher nachweisbar. Aufgrund funktionaler Überlegungen und der vorliegenden experimentellen Befunde zur emotional-motivationalen Steuerung des Verhaltens bei rezenten Wirbeltieren, kamen wir daher zu dem Schluß, daß spätestens ab der Klasse der Reptilien Emotionen eine verhaltenssteuernde und motivierende Wirkung haben. — Diese allgemeine phylogenetische Ableitung dürfte jedoch nur von geringem Nutzen für die Emotionsforschung beim Menschen sein, allenfalls mag sie der Abwehr einseitiger sozialisationstheoretischer Positionen in der Erklärung der Ontogenese von Emotionen dienen und Emotionsforscher daran erinnern, daß emotionale Reaktionssysteme in der Phylogenese des Menschen nur deswegen sich entwickeln konnten, weil sie eine adaptive Funktion haben. So trivial diese Behauptung sein mag, sie ist auch heute noch nicht in allen Lagern der psychologischen Forschung, ganz zu schweigen von sozialwissenschaftlichen Forschern, akzeptiert. Einen entscheidenden Beitrag für das Verständnis der Funktion von Emotionen im Verhalten erhoffen wir uns, wie dargelegt, von feinkörnigen Vergleichen des Ausdrucksverhaltens beim Menschen und anderen Primaten unter Einschluß des jeweiligen Verhaltenskontextes. Die Methoden für die Durchführung solcher Analysen sind vorhanden.

Literatur

Altmann, S. A. (1967). The structure of primate social communication. In S. A. Altmann (Ed.), *Social communication among primates (pp. 325—362).* Chicago: University of Chicago Press.

Andrew, R. J. (1963). The origin and evolution of the calls and facial expressions of the primates. *Behaviour, 20,* 1—109.

Angst, W. (1975). *Das Ausdrucksverhalten der Javaneraffen, Macaca fascicularis Raffles.* Berlin: Parey.

Arnold, M. (1960). *Emotion and personality.* New York: Columbia University Press.

Atkinson, J. W. (1957). Motivational determinants of risk-taking behavior. *Psychological Review, 64,* 359—372.

Atz, J. W. (1970). The application of the idea of homology to behavior. In L. E. Aronson E. Totsach, D. S. Lehrman & J. S. Rosenblatt (Eds.), *Development and evolution of behavior. Essays in memory of T. C. Schneirla* (pp. 53—74). San Francisco: Freeman.

Baerends, G. P. (1950). Specialisations in organs and movements with a releasing function. *Symposia of the Society for Experimental Biology, 4,* 337—360.

Baerends, G. P. (1958). Comparative methods and the concept of homology in the study of behaviour. *Archives Neerlandaises de Zoologie (Suppl.), 13,* 401—417.

Bastock, M., Morris, D. & Moynihan, M. (1954). Some comments on conflict and thwarting in animals. *Behaviour, 6*, 66—84.

Bell, C. (1844). *The anatomy and philosophy of expression as connected with the fine arts.* London: John Murray.

Berkowitz, L. (1962). *Aggression: A social psychological analysis.* New York: McGraw-Hill.

Bern, H. A. (1972). Comparative endocrinology. The state of the field and the art. *Genetic Comparative Endocrinology Supplement, 3*, 751—761.

Bernard, C. (1878). *Lecons sur les phénomènes de la vie communs aux animaux et aux végetaux.* Paris: Baillière.

Bischof, N. (1985). *Das Rätsel Ödipus.* München: Piper.

Bischof-Köhler, D. (1985). Zur Phylogenese menschlicher Motivation. In L. H. Eckensberger & E. -D. Lantermann (Eds.), *Emotion und Reflexivität* (pp. 3—47). München: Urban & Schwarzenberg.

Blest, A. D. (1961). The concept of ritualization. In W. H. Thope & O. L. Zangwill (Eds.), *Current problems in animal behaviour* (pp. 102— 124). London: Cambridge University Press.

Blurton-Jones, N. (1972). Categories of child-child interaction. In N. Blurton-Jones (Ed.), *Ethological studies of child behaviour* (pp. 97—127). Cambridge: Cambridge University Press.

Bolwig, N. (1959). A study of the behaviour of the chacma baboon, *Papio ursinus. Behaviour, 14*, 136—163.

Bolwig, N. (1964). Facial expression in primates with remarks on a parallel development in certain carnivores: (A preliminary study on work in progress). *Behaviour, 22*, 167—192.

Brady, J. V. & Nauta, W. J. H. (1953). Subcortical mechanisms in emotional behavior: Affective changes following septal forebrain lesions in the albino rats . *Journal of Comparative and Physiological Psychology, 46*, 339—346.

Brodal, A. (1981). *Neurological anatomy* (3rd ed.). New York: Oxford University Press.

Bruyer, R. (Ed.) (1986) The neuropsychology of face perception and facial expression. Hillsdale, NJ: Erlbaum.

Buck, R. (1975). Nonverbal communication of affect in children. *Journal of Personality and Social Psychology, 31*, 644—653.

Buck, R. (1979). Individual differences in nonverbal sending accuracy and electrodermal responding: The externalizing-internalizing dimension. In R. Rosenthal (Ed.), *Skill in nonverbal communication: Individual differences (pp. 140—170).* Cambridge, MA: Oelgeschlager, Gunn & Hain.

Buck, R. (1980). Nonverbal behavior and the theory of emotion: The facial feedback hypothesis. *Journal of Personality and Social Psychology, 38*, 811—824.

Buck, R. (1984). *The communication of emotion.* New York: Guilford Press.

Buck, R. (1985). Prime-theory: An integrated view of motivation and emotion. *Psychological Review, 92,* 389—413.

Buck, R., Miller, R. E., Caul, W. F. (1974). Sex, personality, and physiological variables in the communication of emotion via facial expression. *Journal of Personality and Social Psychology, 30,* 587—596.

Buck, R., Savin, V. J., Miller, R. E. & Caul, W. F. (1972). Nonverbal communication of affects in humans. *Journal of Personality and Social Psychology, 23,* 362—371.

Burghardt, G. M. (1970). Defining communication. In J. W. Johnston, D. G. Moulton & A. Turk (Eds.), *Communication by chemical signals* (pp. 5—18). New York: Appleton-Century-Crofts.

Cannon, W. B. (1929). *Bodily changes in pain, hunger, fear, and rage.* New York: Appleton-Century-Crofts.

Caryl, P. G. (1979). Communication by agonistic displays: what can games theory contribute to ethology? *Behaviour, 68,* 136—169.

Caryl, P. G. (1982). Animal signals: a reply to Hinde. *Animal Behaviour, 30,* 240—244.

Chance, M. R. (1967). Attention structure as the basis of primate rank orders. *Man, 2,* 503—518.

Charlesworth, W. R. (1982). An ethological approach to research on facial expressions. In C. Izard (Ed.), *Measuring emotions in infants and children* (pp. 317—334). Cambridge: Cambridge University Press.

Cherry, C. (1978). *On human communication.* Cambridge: MIT Press.

Chevalier-Skolnikoff, S. (1971). *The ontogeny of communication in Macaca speciosa.* Thesis: Berkeley.

Chevalier-Skolnikoff, S. (1973). Facial expression of emotion in nonhuman primates. In P. Ekman (Ed.), *Darwin and facial expressions* (pp. 11—89). New York: Academic Press .

Chevalier-Skolnikoff, S. (1977). A Piagetian model for describing and comparing socialization in monkey, ape, and human infants. In S. Chevalier-Skolnikoff & F. E. Poirier (Eds.), *Primate bio-social development: biological, social, and ecological determinants* (pp. 159—187). New York: Garland.

Chevalier-Skolnikoff, S. (1982). A cognitive analysis of facial behavior in old world monkeys, apes, and human beings. In C. T. Snowdon, C. H. Brown. & R. Petersen (Eds.), *Primate communication* (pp. 303—368). New York: Cambridge University Press.

Ciochron, R. L. & Corruccini, R. S. (1983). *New interpretations of age and human ancestry.* New York: Plenum .

Clark, W. E. Le Gros (1959). *The antecedents of man.* Edingburgh: Edingburgh University Press.

Crelin, E. S. (1981). Development of the musculoskeletal system. *CIBA Clinical Symposia, 33* (1).

Cullen, J. M. (1972). Some principles of animal communication. In R. A. Hinde (Ed.), *Non-verbal communication* (pp. 101—122). Cambridge: Cambridge University Press.

Darwin, C. (1872). *The expression of the emotions in man and animals.* London: John Murray.

Davies, G., Ellis, H., & Shepherd, J. (Eds.) (1981) Perceiving and remembering faces. London: Academic.

Dawkins, R. (1978). Replicator selection and the extended phenotype. *Zeitschrift für Tierpsychologie, 47,* 61—76.

Dawkins, R. & Krebs, J. R. (1981). Signale der Tiere: Information oder Manipulation? In J. R. Krebs & N. B. Davies (Eds.), *Öko- Ethologie* (pp. 222—242). Berlin: Parey.

De Sade, D. S. (1973). An ethogramm for rhesus monkeys. *American Journal of Physical Anthropology, 38,* 537—542.

Delius, J. D. (1987). Kognitionen bei Tieren. *Bericht 35. Kongreß der DGP, 35, (2),* 135—144.

Dennett, D. C. (1983). Intentional systems in cognitive ethology: The „Panglossian paradigm" defended. *The Behavioral and Brain Sciences, 6,* 343—390.

Desmond, A. J. (1975). *The hot-blooded dinosaurs. A revolution in palaentology.* London: Blond and Briggs.

Dethier, V. G. (1976). *The hungry fly.* Cambridge, MA.: Harvard University Press.

Dittrich, W. (1985). Zum Gesichtererkennen bei Javaneraffen (Macaca fascicularis). *Verhandlung Deutsche Zoologische Gesellschaft, 78,* 334.

Dittrich, W. (1988) Wie klassifizieren Javaneraffen (Macaca fascicularis) natürliche Muster. *Ethology, 77,* 187—208.

Ebbesson, S. O. E. (1980). The parcellation theory and its relation to interspecific variability in brain organization, evolutionary and ontogenetic development, and neuronal plasticity. *Cell and Tissue Research, 213,* 179—212.

Efron, D. (1941). *Gesture and environment.* New York: King's Crown Press.

Eibl-Eibesfeldt, I. (1978). *Grundriß der vergleichenden Verhaltensforschung. Ethologie.* München: Piper.

Eibl-Eibesfeldt, I. (1984). *Die Biologie des menschlichen Verhaltens.* München: Piper.

Ekman, P. (1972). Universals and cultural differences in facial expressions of emotion. In J. K. Cole (Ed.), *Nebraska symposium on motivation* (Vol. 19) (pp. 207—283). Lincoln: University of Nebraska Press.

Ekman, P. & Friesen, W. V. (1975). *Unmasking the face: A guide to recognizing emotions from facial cues.* Englewood Cliffs, NJ: Prentice-Hall.

Ekman, P. & Friesen, W. V. (1978). *The facial action coding system: A manual for the measurement of facial movement.* Palo Alto, CA: The Consulting Psychologists Press.

Ekman, P., Sorenson, E. R., Friesen, W. V. (1969). Pan-cultural elements in facial displays of emotion. *Science, 164,* 86—88.

Elias, N. (1969). *Über den Prozeß der Zivilisation. Soziogenetische und psychogenetische Untersuchungen.* Bern: Francke.

Ewer, R. F. (1976). *Ethologie der Säugetiere.* Hamburg: Parey.

Ewert, J.-P. (1976). *Neuro-Ethologie. Einführung in die neurophysiologischen Grundlagen des Verhaltens.* Berlin: Springer.

Ewert, J.-P. (1984a). Tectal mechanisms that underlie prey-catching and avoidance behaviors in toads. In H. Vanegas (Ed.), *Comparative neurology of the optic tectum.* New York: Plenum.

Ewert, J.-P. (1987). Neuroethology of releasing mechanisms: Prey-catching in toads. *Behavioral and Brain Sciences, 10,* 337—405.

Ewert, O. (1965). Gefühle und Stimmungen. In H. Thomae (Ed.), *Handbuch der Psychologie, Band 2, II* (pp. 220—271). Göttingen: Hogrefe.

Ewert, O. (1983). Ergebnisse und Probleme der Emotionsforschung. In H. Thomae (Ed., *Theorien und Formen der Motivation)* (pp. 397—452). Göttingen: Hogrefe.

Fantz, R. L. (1966). Pattern discrimination and selective attention as determinants of perceptual development from birth. In A. H. Kidd & J. L. Rivoire (Eds.), *Perceptual development in children* (pp. 143—173). New York : International University Press.

Fiedler, W. (1956). Übersicht über das System der Primaten. *Primatologia, 1,* 1—266.

Franz, V. (1923). Haut, Sinnesorgane und Nervensystem der Akranier. *Jenaische Zeitschrift für Naturwissenschaft, 59,* 401—526.

Frijda, N. H. (1969). Recognition of emotion. *Advances in Experimental Social Psychology, 4,* 167—223.

Fulton, J. F. (1952). *The frontal lobes and human behaviour.* Liverpool: University Press of Liverpool.

Gallistel, Ch. R. (1985). Motivation, intention, and emotion: Goal directed behavior from a cognitive-neuroethological perspective. In M. Frese & J. Sabini (Eds.), *Goal directed behavior: The concept of action in psychology* (pp. 48—65). Hillsdale, NJ: Lawrence Erlbaum .

Gautier, J.-P. & Gautier, A. (1977). Communication in old world monkeys. In T. A. Sebeok (Ed.), *How animals communicate* (pp. 890—964). Bloomington, IN: Indiana University Press.

Gellhorn, E. (1964). Motion and emotion : The role of proprioception in the physiology and pathology of the emotions. *Psychological Review , 71,* 457—472.

Goodall, J. (1968). Expressive movements and communication in free- ranging chimpanzees: A preliminary report. In P. C. Jay (Ed.), *Primates: Studies in adaptation and variability* (pp. 313—374). New York: Holt.

Goodall, J. (1986). *The chimpanzees of Gombe.* Cambridge, MA: Harvard University Press .

Goren, C. C., Sarty, M. & Wu, P. Y. K. (1975). Visual patterning and pattern discrimination of face-like stimuli by newborn infants. *Pediatrics, 56,* 544—549.

Gottlieb, G. (1985). Anagenesis: Theoretical basis for the ecological void in comparative psychology. In T. D. Johnston & A. T. Pietrewicz (Eds.), *Issues in the ecological study of larning* (pp. 59—72). Hillsdale, NJ: Lawrence Erlbaum.

Gould, S. J. (1976). Grades and clades revisited. In R. B. Masterton, W. Hodos & H. Jerison (Eds.), *Evolution, brain, and behavior: Persistent problems* (pp. 115—122). Hillsdale, NJ: Lawrence Erlbaum.

Gouzoules, S., Gouzoules, H. & Marler, P. (1984). Rhesus monkey (Macaca mulatta) screams: representational signalling in the recruitment of agonistic aid. *Animal Behaviour, 32,* 182—193.

Green, S. & Marler, P. (1979). The analysis of animal communication. In P. Marler & J. G. Vandenbergh (Eds.), *Handbook of Behavioral Neurobiology. 3. Social behavior and communication* (pp. 73—158). New York: Plenum Press.

Gregory, W. K. (1929). *Our face from fish to man.* New York: Putnam.

Grossart, F. (1931). Gefühl und Strebung: Grundlinien einer seelischen Gefühlslehre. Teil 1. *Archiv für die gesamte Psychologie, 79,* 385—452.

Haas, O. & Simpson, G. G. (1946). Analysis of some phylogenetic terms, with attempts at redefinition. *Proceedings of the American Phil. Society, 90,* 319—349.

Hall, K. R. L. (1968). Aggression in monkey and ape societies. In P. C. Jay (Ed.), *Primates: Studies in adaptation and variability* (pp. 149—161). New York: Holt.

Hall, K. R. L. & DeVore, I. (1965). Baboon social behavior. In I. DeVore (Ed.), *Primate behavior: Field studies of monkeys and apes* (pp. 53—110). New York: Holt.

Halliday, T. R., & Slater, P. J. (Eds.). (1983). *Animal behavior. 2. Communication.* Oxford: Blackwell.

Hamburg, D. A. (1963). Emotions in the perspective of human evolution. In P. H. Knapp (Ed.), *Expression of emotions in man* (pp. 300—317). New York: International University Press.

Hamilton, W. D. (1964). The genetical evolution of social behavior. *Journal of Theoretical Biology, 7,* 1—52.

Harlow, H. F. (1964). Early social deprivation and later behavior in the monkey. In A. Abrams, H. H. Garner & J. E. P. Toman (Eds.), *Unfinished tasks in the behavioral sciences* (pp. 154—173). Baltimore: Williams & Wilkins.

Harlow, H. F., Rowland, G. L. & Griffin, G. A. (1964). The effect of total social deprivation on the development of monkey behavior. *Psychiat. Res. Rep., 19,* 116—135.

Hausfater, G. & Hrdy, S. B. (Eds.) (1984). *Infanticide: Comparative and evolutionary perspectives.* New York: Aldine.

Hebb, D. O. (1945). The forms and conditions of chimpanzee anger. *Bulletin of the Canadian Psychological Association, 5,* 549—551.

Heinroth, O. (1911). Beiträge zur Biologie der Anatiden. *Verh. 5. Internationaler Ornithologie Kongreß Berlin.*

Herrick, C. J. (1933). The amphibian forebrain. VI Necturus. *Journal of Comparative Neurology, 58,* 1—288.

Hess, W. R. (1954). *Das Zwischenhirn: Syndrome, Lokalisation, Funktionen.* Basel: Schwabe.

Hill, W. C. O. (1953—1968). *Primates: Comparative anatomy and taxonomy* (Vols. 1—6). Edingburgh: Edingburgh University Press.

Hinde, R. A. (1966). *Animal behaviour: A synthesis of ethology and comparative psychology.* New York: McGraw-Hill.

Hinde, R. A. (1974). *Biological bases of human social behavior.* New York: McGraw-Hill.

Hinde, R. A. (1981). Animal signals: Ethological and games-theory approaches are not incompatible. *Animal Behaviour, 29,* 535—542.

Hinde, R. A. (1985a). Was The expression of the emotions' a misleading phrase? *Animal Behaviour, 33,* 985—992.

Hinde, R. A. (1985b). Expression and negotiation. In G. Zivin (Ed.), *The development of expressive behavior* (pp. 103—116). New York: Academic Press.

Hinde, R. A. & Rowell, T. E. (1962). Communication by posture and facial expression in the rhesus monkey. *Proceedings of the Zoological Society of London, 138,* 1—21.

Hoffstetter, R. (1974). Phylogeny and geographical development of the primates. *Journal of Human Evolution, 3,* 327—350.

Hooff, J. A. R. A. M. van (1962). Facial expressions in higher primates. *Symposia of Zoological Society of London, 8,* 97—125.

Hooff, J. A. R. A. M. van (1967). The facial displays of catharrhine monkeys and apes. In D. Morris (Ed.), *Primate Ethology* (pp. 7—68). Chicago: Aldine.

Hooff, J. A. R. A. M. van (1971). *Aspects of the social behaviour and communication in human and higher non-human primates.* Rotterdam: Author.

Hooff, J. A. R. A. M. van (1972). A comparative approach to the phylogeny of laughter and smiling. In R. A. Hinde (Ed.), *Nonverbal communication* (pp. 209—241). Cambridge: Cambridge University Press.

Hooff, J. A. R. A. M. van (1973). A structural analysis of the social behaviour of a semi-captive group of chimpanzees. In M. von Cranach & I. Vine (Eds.), *Expressive movement and nonverbal communication* (pp. 75—162). London: Academic Press.

Hooff, J. A. R. A. M. van (1976). The comparison of facial expression in man and higher primates. In M. von Cranach (Ed.), *Methods of inference from animal to human behaviour* (pp. 165—196). Paris: Mouton.

Huber, E. (1931). *Evolution of facial musculature and facial expression.* Baltimore: Oxford University Press.

Huxley, J. S. (1914). The courtship habits of the great crested grebe (Podiceps cristatus) with an addition to the theory of sexual selection. *Proceedings of the Zoological Society of London, 2*, 491— 562.

Huxley, J. S. (1957). The three types of evolutionary progress. *Nature, 180,* 454—455.

Huxley, J. S. (1966). Ritualization of behaviour in animals and men. *Philosophical Transactions of the Royal Society London, Ser. B., 251,* 249—271.

Izard, C. E. (1971). *The face of emotion.* New York: Appleton-Century- Crofts.

Izard, C. E. (1977). *Human emotions.* New York: Plenum .

Jay, P. (1965). The common langur of north India. In I. DeVore (Ed.), *Primate behaviour: Field studies of monkeys and apes* (pp. 197—249). New York: Holt.

Kagan, J. (1971). *Change and continuity in infancy.* New York: Wiley.

Keating, E. G., Kormann, L. A. & Horel, J. A. (1970). The behavioral effects of stimulating and ablating the reptilian amygdala (Caiman sklerops). *Physiology and Behavior, 5,* 55—59.

Kelley, A. E. & Stinus, L. (1984). Neuroanatomical and neurochemical substrates of affective behavior. In N. Fox & R. J. Davidson (Eds.), *The psychobiology of affective development* (pp. 1—75). Hillsdale, NJ: Lawrence Erlbaum.

Kent, G. C. (1965). *Comparative anatomy of the vertebrates.* Saint Louis: C. V. Masby Comp.

Keverne, E. B. (1976). Sexual receptivity and attractiveness in the female rhesus monkey. In J. S. Rosenblatt, R. A. Hinde, E. Shaw & C. Beer (Eds.), *Advances in the study of behaviour* (Vol. 7) (pp. 155—200). New York: Academic Press.

Klüver, H. & Bucy, P. (1937). „Psychic blindness" and other symptoms following bilateral temporal lobectomy in Rhesus monkeys. *American Journal of Physiology, 119,* 352—353.

Kohts, N. (1935). Infant ape and human child (instincts, emotions, play, habits). *Scientific Memoirs of the Museum of Darwinianum no. 3, Moscow.*

Kravitz, E. A. (1988). Hormonal control of behavior:Amines and the biasing of behavioral output in lobsters. *Science, 241,* 1775—1781.

LeDoux, J. E. (1984). Cognition and emotion: Processing functions and neural systems. In M. S. Gazzaniga (Ed.), *Handbook of cognitive neurosciences* (pp. 357—368). New York: Plenum.

Leeper, R. (1948). A motivational theory of emotion to replace „emotion as disorganized response". *Psychological Review, 55,* 5—21.

Lewis, D. B. & Gower, D. M. (1980). *Biology of communication.* Glasgow: Blackie.

Leyhausen, P. (1956). Verhaltensstudien an Katzen. *Zeitschrift für Tierpsychologie — Beiheft 2.* Berlin: Parey.

Leyhausen, P. (1968). Biologie von Ausdruck und Eindruck. *Psychologische Forschung, 31,* 113—176 (I).

Lightoller, G. (1938). Probable homologues: A study of the comparative anatomy of the mandibular and hyoid arches and their musculature. *Transactions of the Zoological Society* (London), *24,* 349—444.

Livesey, P. J. (1986). *Learning and emotion: A biological synthesis.* Hillsdale, NJ: Lawrence Erlbaum .

Lockard, J. S. (1980). Studies of human social signals: Theory, method and data. In J. S. Lockard (Ed.), *The evolution of human social behavior.* New York: Elsevier.

Lorenz, K. (1935). Der Kumpan in der Umwelt des Vogels. Der Artgenosse als auslösendes Moment sozialer Verhaltensweisen. *Journal für Ornithologie, 83,* 137—213, 289—413.

Lorenz, K. (1937). Über die Bildung des Instinktbegriffs. *Die Naturwissenschaft, 25,* 289—300, 307—318, 325—331.

Lorenz, K. (1953). Die Entwicklung der vergleichenden Verhaltensforschung in den letzten 12 Jahren. *Zoologischer Anzeiger, Supplement 16,* 36—58.

Lorenz, K. (1954). Psychologie und Stammesgeschichte. Nachdruck in: K. Lorenz (Ed., 1973). *Über tierisches und menschliches Verhalten* (S. 2). München: Piper.

Lorenz, K. (1969). Innate bases of learning. In K. H. Pribram (Ed.), *On the biology of learning* (pp. 13—93). New York: Harcourt, Brace and World.

MacLean, P. D. (1952). Some psychiatric implications of the physiological studies on frontotemporal portion of limbic systems (visceral brain). *Electroencephalogy and Clinical Neurophysiology, 4,* 407—418.

Maier, N. R. F. & Schneirla, T. C. (1935). *Principles of animal psychology.* New York: McGraw-Hill.

Mandler, G. (1975). *Mind and emotion.* New York: Wiley.

Markl, H. (1985). Manipulation, modulation, information, cognition: some of the riddles of communication. In B. Hölldobler & M. Lindauer (Eds.), *Experimental behavioral ecology* (pp. 163—194). Stuttgart: Fischer.

Marler, P. (1965). Communication in monkeys and apes. In I. DeVore (Ed.), *Primate behaviour: Field studies of monkeys and apes* (pp. 544—584). New York: Holt.

Marler, P. (1967). Animal communication signals. *Science, 157,* 769—774.

Marler, P. (1968). Aggregation and dispersal: Two functions in primate communication. In P. C. Jay (Ed.), *Primates: Studies in adaptation and variability* (pp. 420—438). New York: Academic Press.

Marler, P. (1976). Social organization, communication, and graded signals. The chimpanzee and the gorilla. In P. P. G. Bateson & R. A. Hinde (Eds.), *Growing points in ethology* (pp. 239—280). New York: Cambridge University Press.

Marler, P. (1985). Representational vocal signals of primates. *Fortschritte der Zoologie, 31,* 211—221.

Martin, R. D. (1966). Tree shrews: Unique reproductive mechanism of systematic importance. *Science, 152,* 1402—1404.

Mason, W. A. & Green, P. C. (1962). The effects of social restriction on the behavior of rhesus monkeys: II. Responses to a novel environment and to an alien species. *Journal of Comparative and Physiological Psychology, 55,* 363—368.

Mason, W. A. (1960). The effects of social restriction on the behavior of rhesus monkeys: I. Free social behavior. *Journal of Comparative and Physiological Psychology, 53,* 582—589.

Mason, W. A. (1961). The effects of social restriction on the behavior of rhesus monkeys: III. Tests of gregariousness. *Journal of Comparative and Physiological Psychology, 54,* 287—290.

Mayr, E. (1974). Behavior programms and evolutionary strategies. *American Scientist, 62,* 650—659.

McClelland, D. C. (1951). *Personality.* New York: Holt, Rinehart & Winston.

McDougall, W. (1908). *An introduction to social psychology.* London: Methuen.

McFarland, D. (1985). *Animal behaviour (psychobiology, ethology and evolution).* Burnt Mill, Harlow: Longmann.

Michael, R. P. & Zumpe, D. (1970). Rhythmic changes in the copulatory frequency of rhesus monkeys (Macaca mulatta) in relation to the menstrual cycle and a comparison with the human cycle. *Journal of Reproduction and Fertility, 21,* 199—201.

Miller, R. E. (1971). Experimental studies of communication in the monkey. In L. A. Rosenblum (Ed.), *Primate behaviour* (Vol. II) (pp. 139—175). New York: Academic Press.

Miller, R. E., Banks, J. & Ogawa, N. (1963). Role of facial expressions in „cooperative-avoidance conditioning“ in monkeys. *Journal of Abnormal and Social Psychology, 67,* 24—30.

Miller, R. E., Caul, W. F. & Mirsky, I. A. (1967). Communication of affects between feral and socially isolated monkeys. *Journal of Personality and Social Psychology, 7,* 231—239.

Miller, R. E., Murphy, J. V. & Mirsky, I. A. (1959). A non-verbal communication of affect. *Journal of Clinical Psychology, 15,* 155—158.

Napier, J. R. & Napier, P. H. (1967). *A handbook of living primates.* London: Academic Press.

Nauta, W. J. H. (1979). Expanding borders of the limbic system concept. In T. Rasmussen & R. Marino (Eds.), *Functional neurosurgery.* New York: Raven Press.

Nauta, W. J. H. & Domesick, V. B. (1982). Neural associations of the limbic system. In A. Beckman (Ed.), *Neural substrates of behavior.* New York: Spectrum.

Noback, C. R. & Demarest, R. J. (1975). *The human nervous system: Basic principles of neurobiology.* New York: McGraw-Hill.

Obenchain, F. D. & Oliver, J. H. (1975). Neurosecretory system of the American dog tick, Dermacentor variabilis (Acari : Ixodidae). *Journal of Morphology, 145,* 269—294.

Papez, J. W. (1937). A proposed mechanism of emotion. *Neurology and Psychiatry, 38,* 725—743.

Piaget, J. (1975a). *Der Aufbau der Wirklichkeit beim Kinde.* Stuttgart: Klett.

Piaget, J. (1975b). *Das Erwachen der Intelligenz beim Kinde.* Stuttgart: Klett.

Pick, J. (1954). The evolution of homeostasis. The phylogenetic development of the regulation of bodily and mental activities by the autonomic nervous system. *Proceedings of the American Philosoph. Society, 98,*.

Pick, J. (1970). *The autonomic nervous system. Morphological, comparative, clinical and surgical aspects.* Philadelphia, PA: J. B. Lippincott Company.

Ploog, D. (1974). *Die Sprache der Affen.* München: Kindler.

Plutchik, R. (1962). *The emotions. Facts, theories, and a new model.* New York: Random House.

Plutchik, R. (1977). Cognitions in the service of emotions : An evolutionary perspective. In D. K. Candland et al. (Ed.), *Emotion.* Monterey, CA: Brooks, Cole.

Plutchik, R. (1980). *Emotion. A psychoevolutionary synthesis.* New York: Harper & Row.

Pribram, K. H. (1960). Review of theory in physiological psychology. *Annual Review of Psychology, 11,* 1—40.

Redican, W. K. (1975). Facial expressions in nonhuman primates . In L. A. Rosenblum (Ed.), *Primate behaviour* (Vol. IV) (pp. 103—194). New York: Academic Press.

Redican, W. K. (1982). An evolutionary perspective on human facial displays. In P. Ekman (Ed.), *Emotion in the human face* (pp. 212—280). Cambridge: Cambridge University Press.

Redican, W. K., Kellicut, M. H. & Mitchell, G. (1971). Preferences for facial expressions in juvenile rhesus monkeys (Macaca mulatta). *Developmental Psychology, 5,* 539.

Rensch, B. (1972). *Neuere Probleme der Abstammungslehre* (3. Aufl.). Stuttgart: Enke.

Rinn, W. E. (1984). The neuropsychology of facial expression. A review of the neurological and psychological mechanisms for producing facial expressions. *Psychological Bulletin, 95,* 52—77.

Romer, A. S. (1959). *The vertebrate story.* Chicago: University of Chicago Press.

Romer, A. S. (1962). *The vertebrate body.* Philadelphia, PA : W. B. Saunders .

Rosenfeld, S. A. & Hoesen, C. W. van (1979). Face recognition in the rhesus monkey. *Neuropsychologia, 17,* 503—509.

Rowell, T. E. (1974). The concept of social dominance. *Behavioural Biology, 11,* 131—154.

Ruge, G. (1887). *Untersuchungen über die Gesichtsmuskulatur der Primaten.* Leipzig: Engelmann.

Sackett, G. P. (1966). Monkeys reared in isolation with pictures as visual input: Evidence for an innate releasing mechanism. *Science, 154,* 1468—1473.

Sarnat, H. B. & Netsky, M. G. (1981). *Evolution of the nervous system.* New York: Oxford University Press.

Schenkel, R. (1947). Ausdruckstudien an Wölfen. *Behaviour, 1,* 81—129.

Scherer, K. R. (1981). Wider die Vernachlässigung der Emotionen in der Psychologie. In W. Michaelis (Ed.), *Bericht über den 32. Kongreß der Deutschen Gesellschaft für Psychologie in Zürich 1980* (pp. 304—317). Göttingen: Hogrefe.

Scherer, K. R. (1984). On the nature and function of emotion: A component process approach. In K. R. Scherer & P. Ekman (Eds.), *Approaches to emotion* (pp. 293—317). Hillsdale, NJ: Lawrence Erlbaum .

Schleidt, M. (1980). Personal odor and nonverbal communication. *Ethology and Sociobiology, 1,* 225—231.

Schneider, K. (1983). Psychobiologische und soziobiologische Ansätze. In H. A. Euler & H. Mandl (Eds.), *Emotionspsychologie* (S. 37—45). München: Urban & Schwarzenberg.

Schneider, K. & Schmalt, H. -D. (1981). *Motivation.* Stuttgart: Kohlhammer.

Schneirla, T. C. (1959). An evolutionary and developmental theory of biphasic processes underlying approach and withdrawal. In M. R. Jones (Ed.), *Nebraska symposium on motivation* (Vol. 7) (pp. 1—42). Lincoln: University of Nebraska Press.

Schultz, A. (1969). *The life of primates.* London: Weidenfeld & Nicolson.

Scott, J. P. (1958). *Animal behavior.* Chicago: University of Chicago Press.

Scott, J. P. (1980). The function of emotions in behavioral systems : A systems theory analysis. In R. Plutchik & H. Kellerman (Eds.), *Emotion. Theory, research, and experience. Vol. 1: Theories of emotion* (Vol. 1) (pp. 35—56). New York: Academic Press.

Sebeok, Th. A. (Ed.). (1977). *How animals communicate.* Bloomington: Indiana University Press.

Seiler, R. (1973). On the function of facial muscles in different behavioral situations. A study based on muscle morphology and electromyography. *American Journal of Physical Anthropology , 38,* 567—572.

Seyfarth, R. M., Cheney, D. L. & Marler, P. (1980). Monkey responses to three different alarm calls: evidence of predator classification and semantic communication. *Science, 210,* 801—803.

Simon, M. A. (1986). Animal communication: Do animals mean what they say? *Journal of Social and Biological Structures, 9,* 365—374.

Simpson, G. G. (1945). The principles of classification and a classification of mammals. *Bulletin American Museum History, 85,* 1—350.

Smith, W. J. (1977). *The behavior of communicating.* Cambridge: Harvard University Press.

Snowdon, C. T. & Cleveland, J. (1980). Individual recognition of contact calls by pygmy marmosets. *Animal Behavior, 28,* 717—727.

Sobotta, J. & Becker, H. (1972). *Atlas der Anatomie des Menschen,* (Bd. 1). München: Urban & Schwarzenberg.

Spence, J. & Spence, K. W. (1966). The motivational components of manifest anxiety : Drive and drive stimuli . In C. D. Spielberger (Ed.), *Anxiety and behavior* (pp. 291—326). New York: Academic Press.

Spencer, H. (1870). *The principles of psychology* (Vol. 1) (2nd ed.). New York: Appleton-Century-Crofts.

Sroufe, L. A. & Waters, E. (1976). The ontogenesis of smiling and laughter: A perspective on the organization of development in infancy. *Psychological Review, 83,* 173—189.

Sroufe, L. A. & Wunsch, J. P. (1972). The development of laughter in the first year of life. *Child Development, 43,* 1326—1344.

Starck, D. (1982). *Vergleichende Anatomie der Wirbeltiere auf evolutionsbiologischer Grundlage.* Berlin: Springer.

Tembrock, G. (1971). *Biokommunikation I/II.* Berlin: Akademie Verlag.

Thorndike, E. L. (1898). Animal intelligence. *Psychological Review Monograph Supplement, 8.* New York: Macmillan.

Tinbergen, M (1951). *The study of instinct.* London: Oxford University Press.

Tinbergen, N. (1959a). Comparative studies of the behaviour of gulls (Laridae): A progress report. *Behaviour, 15,* 1—70.

Tinbergen, N. (1959b). Einige Gedanken über „Beschwichtigungsgebärden". *Zeitschrift für Tierpsychologie, 16,* 651—665.

Tomkins, S. S. (1979). Script theory: Differential magnification of affects. In H. E. Howe & R. A. Dienstbier (Eds.), *Nebraska symposium on motivation, 1978* (Vol. 26). Lincoln: University of Nebraska Press.

Tomkins, S. S. (1980). Affect as amplification: Some modifications in theory. In R. Plutchik & H. Kellerman (Eds.), Emotion. *Theory, research, and experience.* (Vol. 1) (pp. 141—164). New York: Academic Press.

Tomkins, S. S. (1963). *Affect, imagery, consciousness* (Vol. 2). New York: Springer.

Valen L.van & Sloan, R. E. (1965). The earliest primates. *Science, 150,* 743—745.

Vine, I. (1973). The role of facial—visual signaling in early social development . In M. v. Cranach & I. Vine (Eds.), *Studies of interaction and expression in man and chimpanzee* (pp. 195—298). New York: Academic Press.

Vogel, C. (1975). Praedispositionen bzw. Praeadaptationen in der Primatenevolution im Hinblick auf die Hominisation. In G. Kurth & I. Eibl-Eibesfeldt (Eds.), *Hominisation und Verhalten* (pp. 1—31). Stuttgart: Fischer.

Wickler, W. (1967). Vergleichende Verhaltensforschung und Phylogenetik. In G. Heberer (Ed.), *Evolution der Organismen 1* (S. 420—508). Stuttgart: Fischer.

Wilson, E. O. (1975). *Sociobiology: The new synthesis.* Cambridge, MA: Belknap.

Wundt, W. (1910). *Grundriß der physiologischen Psychologie* (Vol. 2). Leipzig: Engelmann.

Yakovlev, P. I. (1948). Motility, behavior and the brain. *The Journal of Nervous and Mental Disease, 107,* 313—335.

Yerkes, R. M. (1943). *A laboratory colony.* New Haven: Yale University Press.

Zajonc, R. B. (1980). Feeling and thinking : Preferences need no inferences. *American Psychologist, 35,* 151—175.

Zisowitz-Stearns, C. & Stearns, P. N. (1986). *Anger: The struggle for emotional control in America's history.* Chicago: University of Chicago Press.

Zivin, G. (1977a). Facial gestures predict preschoolers' encounter outcomes. *Social Science Information, 16,* 715—730.

Zivin, G. (1977b). On becoming subtle: Age and social rank changes in the use of a facial gesture. *Child Development, 48,* 1314—1321.

Zivin, G. (1982). Watching the sands shift: Conceptualizing development of nonverbal mastery. In R. S. Feldman (Ed.), *The development of nonverbal communication in children* (pp. 63—98). New York: Springer.

3. Kapitel

Ontogenese der Emotionen

Ulrich Geppert und Heinz Heckhausen

1 Einleitung

Emotionen entwickeln sich schon früh in der Säuglings- und Kleinkindzeit. Als funktional wirksame Zustände handelnder Personen (Schneider, im Druck) dienen Emotionen ähnlich wie die basalen sensorischen und motorischen Entwicklungsprozesse der Anpassung des Organismus an die Umwelt. Diese adaptive Funktion der Emotion steht im Kleinkindalter so sehr im Vordergrund, daß das Kleinkind zu Recht als ein primär emotionales Wesen angesehen wird (Sroufe, 1979). Im höheren Alter, wenn die Betrachtung der Entwicklungspsychologie eher auf den intellektuellen Leistungsfähigkeiten der Kinder ruht, werden die Emotionen leicht vernachlässigt, ja manchmal sogar für Epiphänomene gehalten. So endet fast jede Darstellung der emotionalen Entwicklung mit dem vierten Lebensjahr. Allenfalls wird die Pubertät noch einmal als sensible emotionale Durchgangsphase angesehen. Abgekoppelt von entwicklungspsychologischen Fragen findet dann eine breite Diskussion der Emotionspsychologie — unter allgemeinpsychologischem Aspekt — erst wieder beim Erwachsenen statt. Eine Betrachtung der emotionalen Entwicklung als eines lebenslangen Prozesses wird erst neuerdings unternommen (Malatesta, 1982; Malatesta & Izard, 1984a; siehe auch Janke & Hüppe, in diesem Band).

Emotionale Prozesse können unter verschiedenen Leitvorstellungen betrachtet werden. Ähnlich wie ethologische Ansätze (z.B. Kummer, 1971) für die Biologie eine Forschungsausrichtung auf die Akzente Struktur, Ursache und Funktion sowie Phylogenese und Ontogenese fordern, kann eine solche Gliederung auch für die Psychologie der Emotion fruchtbar gemacht werden.

Die strukturelle Betrachtungsweise beschreibt in formaler Art die vorübergehenden Emotionszustände, das Erscheinungsbild einer Emotion. Dieses Erscheinungsbild wird geprägt durch (1.) emotionale Verhaltensweisen wie Ausdruck (Mimik, Gestik, posturales Verhalten, Vokalisation) und instrumentelle Aktivitäten (Annähern, Angriff, Meiden, Flucht), durch (2.) physiologische Veränderungen im autonomen Nervensystem und auch im somatischen Nervensystem unter Einschluß des limbischen Systems und des Neocortex (Izard, 1977, 1982) sowie durch das nur der Introspektion direkt zugängliche (3.) emotionale Erleben. Das emotionale Erleben, das Gefühl für die eigene Befindlichkeit, resultiert aus der Wahrnehmung und der oftmals bewußten Bewertung der eigenen innerorganismischen Zuständlichkeit sowie der situativen Begleitumstände. Die durch diese Reaktionstrias charakterisierbaren emotionalen Zustände unterliegen einem ständigen Wandel, der dazu anregt, nach den Bedingungen zu suchen, die diesen Wandel hervorrufen. Eine solche Betrachtung führt zu den möglichen Ursachen der Emotion. Die Betrachtung der Vorgänge, die sich aus den emotionalen Zuständen oder Zustandsänderungen ergeben, analysiert die Funktion und damit die Zweckgerichtetheit der Emotion.

Mögliche Ursachen für Emotionen liegen in der Bewertung innerorganismischer oder situativer Wahrnehmungsinhalte, die ständig auf ihre Relevanz für den Organismus überprüft werden. Dabei ist zu trennen zwischen rasch ablaufenden und möglicherweise auf einem phylogenetisch älteren affektiven Bewertungssystem beruhenden Vor-Bewertungsschritten, mit Hilfe derer Ereignisse und Sachverhalte grob klassifiziert werden, und sich daran anschließenden Bewertungen durch bewußtes Erwägen und Schlußfolgern (Zajonc, 1980). Primärbewertungen „präkognitiver", subkortikaler Art sind etwa (1.) die Prüfung auf Neuartigkeit und Ungewohntheit und (2.) die Unterscheidung zwischen angenehm und unangenehm. Aus diesen Erstbewertungen resultieren Schreckreaktion oder Initialimpulse des Annäherns oder Meidens. Weitere Bewertungsschritte setzen eine komplexere Informationsverarbeitung voraus, so etwa bei der Prüfung, (3.) ob ein Ereignis für das Erreichen eines Handlungsziels hinderlich oder förderlich ist (Zielrelevanz eines Reizes), (4.) ob man sich in der Lage sieht, das, was sich bei der Verfolgung eines Ziels in den Weg stellt, zu überwinden (Bewältigungsfähigkeit) und (5.) ob die eigene Handlung und deren Ergebnis mit sozialen Normen oder Aspekten des Selbstkonzeptes zu vereinbaren ist (Scherer, 1981). Eine umfassende Taxonomie von Ereignissen, deren Wahrnehmung auf angeborener oder erlernter Grundlage Emotionen unterschiedlicher Qualität und Intensität auslöst, fehlt bis heute (Asendorpf, 1983; Schneider, im Druck). Möglicherweise können zu einem solchen Taxonomie-Entwurf Forschungsansätze beitragen, die die Bereitschaft („preparedness"), in einem situativen Kontext in bestimmter Weise emotional zu reagieren, untersuchen (Öhman & Dimberg, 1978; Öhman, Fredrikson, Hugdahl & Rimmö, 1976; Seligman, 1970; Seligman & Hager, 1972).

Unter funktionalem Aspekt haben Emotionen zum einen eine handlungsstützende und zum anderen eine kommunikative Funktion. In handlungsstützender Hinsicht dienen Emotionen der Initiierung und der Bestimmung der Intensität einer Handlung, der Aufrechterhaltung und Beendigung einer Handlung sowie der Verhaltensbekräftigung als Folge einer Handlung. In kommunikativer Hinsicht signalisieren die Ausdruckserscheinungen der jeweiligen Emotionen dem außenstehenden Beobachter Zustände und Handlungsbereitschaften und dienen so der gegenseitigen Verhaltensregulierung unter Artgenossen. Emotionen erfüllen somit sowohl motivationale Funktionen für das Verhalten des Individuums selbst, als auch kommunikative Funktionen für die soziale Umgebung. Als „Schnittstelle“ zwischen Organismus und Umwelt vermitteln emotionale Prozesse zwischen ständig wechselnden Umweltsituationen und -ereignissen und den Verhaltenssystemen des Individuums. Sie dienen zur Bewertung von Umweltgegebenheiten im Hinblick auf die Verfolgung von Bedürfnissen, Plänen oder Präferenzen des Individuums, bereiten den Organismus physiologisch und psychologisch auf Handlungen vor, die diesen Umweltbedingungen entsprechen können, und übermitteln Zustände und Intentionen des Individuums an andere Individuen (Scherer, 1979).

Während im Tierreich das Aufsuchen förderlicher Situationen und das Meiden schädigender Situationen durch Instinkthandlungen mit genetisch verursachter und eher invarianter Kopplung von Wahrnehmungsgegenstand und Reaktion sichergestellt wird, erhalten Emotionen beim Menschen durch die komplexere Bewertung des Wahrgenommenen die Funktion, die starre, reflexartige Kopplung von Reizaufnahme und Reaktion zu lockern. Durch diese Entkopplung wird eine flexiblere und differenziertere Reaktion gewährleistet, da eine durch Erfahrung geleitete Reanalyse der Auslöserbedingungen ermöglicht wird. In der zwischen Reizaufnahme und Reaktion eingelegten Latenzzeit laufen nicht nur Bewertungsprozesse ab, sondern der Organismus wird durch die Erregungsprozesse, die die Emotion begleiten, auf Handlungen vorbereitet (siehe „Orientierungsreaktion“ nach Sokolov, 1963), die eine entsprechende physiologische Aktiviertheit (Erhöhung des Tonus des Sympathikus) erfordern. Gleichzeitig können Handlungsabsichten in ihrer Wirkung auf den Interaktionspartner durch expressive Intentionsbewegungen vorgetestet werden (Scherer, 1979). Die ontogenetische und phylogenetische Betrachtungsweise von Emotion umfaßt größere Zeiträume. Die Untersuchung ontogenetischer Veränderungen soll die komplexen Entwicklungsvorgänge eines Individuums entwirren. Dazu gehört die Beschreibung des Entwicklungsverlaufs (wann und wie tauchen welche Emotionen in der Entwicklung auf und wie verändern sie sich), die Klärung der genetischen und kognitiven Entwicklungsvoraussetzungen und des Anteils sozialer und ökologischer Einflüsse (adaptive Modifikation) auf die Art und den Verlauf der Emotionsentwicklung.

Unter entwicklungspsychologischen Gesichtspunkten müssen somit Struktur, Verursachung und Funktion der Emotion über den gesamten Lebenslauf hinweg genauer analysiert werden.

Unter diesem Blickwinkel stellt sich die Frage, ob das dem Verhalten des Erwachsenen strukturell ähnliche emotionale Verhalten des Kindes bloß eine frühe Version des Erwachsenenverhaltens ist (Wolff, 1966). Da gleiche situative Auslöser nicht zu allen Alterszeitpunkten gleiches emotionales Verhalten hervorrufen, kann nach Cicchetti und Pogge-Hesse (1981) das Gemeinsamkeit stiftende Band der Entwicklungsanalyse nur darin bestehen, nach dem emotionalen Verhalten zu suchen, das zu verschiedenen Alterszeitpunkten der gleichen Funktion dient. Hierdurch ließen sich die Vorläufer des Erwachsenenverhaltens spezifizieren, ohne anzunehmen, daß gleiches Verhalten für Kind und Erwachsenen das gleiche bedeutet. Die Ontogenese von Emotionen sollte eine logische Abfolge zeigen, bei der sich entwicklungsspätere Emotionen aus Vorläufern entfalten, die identischen Funktionen für den Organismus dienen. Auf diese Weise ließe sich eine Brücke zwischen dem ersten Auftauchen eines diskreten Ausdrucksverhaltens der ersten Lebensjahre und dem emotionalen Verhalten des Erwachsenen schlagen: Die Entwicklung der Emotion wird als ein lebenslanger Prozeß aufgefaßt (siehe Janke & Hüppe, in diesem Band).

Schließlich interessiert der langfristige Prozeß der durch die Evolution vorangetriebenen Phylogenese der Emotion — die stammesgeschichtliche und damit auch artspezifische Änderung des Genotyps mit der genetischen Ausstattung des emotionalen Reaktionssystems. Zu prüfen wäre, wie die stammesgeschichtliche Entwicklung als biologische Basis die Ontogenese beeinflußt.

Untersuchungen zur Ontogenese von Emotionen wurden meist auf primäre Einzelemotionen ausgerichtet. Entwicklungssequenzen von Emotionen, insbesondere solche, die die gesamte emotionale Entwicklung integrieren, sind nur selten aufgestellt worden (Ausnahme: Sroufe, 1979). Hauptsächlich haben die Untersucher ihre Daten im Querschnitt erhoben, d. h. an verschiedenen Kindern zu unterschiedlichen Alterszeitpunkten. Oft liegen diese Alterszeitpunkte eng beieinander, so daß wenig über längere Lebensspannen ausgesagt werden kann. An Längsschnittuntersuchungen, wie sie eigentlich nötig wären, mangelt es (Demos, 1982; Emde, Gaensbauer & Harmon, 1976). Häufig wird nur die Entwicklung einer einzigen Emotion betrachtet, Untersuchungen mehrerer Emotionen gleichzeitig sind in der Minderheit. Das größte Forschungsinteresse zogen die Emotionen der Freude (endogenes und exogenes Lächeln) und der Furcht auf sich, nicht zuletzt deshalb, weil ihr Ausdruck für die Bezugspersonen und auch für die Forscher am augenfälligsten in den beiden ersten Lebensjahren ist. Neben diesen Emotionen bleiben die Forschungsergebnisse zu anderen Emotionen blaß.

Die Auflistung der Entwicklungsabfolge wird meist mit den allgemeinen Erregungszuständen der ersten Lebenstage begonnen. Dies sind vor allem Unlustreaktionen (Bühler & Hetzer, 1927; Meili, 1957), die sich in unruhiger Motorik und Schreien äußern und durch Hunger, Schmerz, Schreck oder allgemeines Unwohlsein hervorgerufen werden. Es folgen dann Beschreibungen des ersten Lächelns und Lachens (MacDonald & Silverman, 1978; Spitz & Wolf, 1946; Sroufe & Waters, 1976; Sroufe & Wunsch, 1972; bei erfolgreichem Manipulieren mit Objekten: Piaget, 1975b; Shultz & Zigler, 1970) und der Furchtreaktionen (Hiatt, Campos & Emde, 1979; Lewis & Rosenblum, 1974; Scarr & Salapatek, 1970). Furchtreaktionen werden durch unterschiedliche situative Ereignisse ausgelöst wie durch die „visuelle Klippe“ (Campos, Hiatt, Ramsay, Henderson & Svejda, 1978; Gibson & Walk, 1960; Walk, 1966), die Trennung von vertrauten Personen (Bowlby, 1960; Schaffer & Emerson, 1964; Stayton, Ainsworth & Main, 1973), den Anblick fremder Personen (“Fremdeln“: Campos, Emde, Gaensbauer & Henderson, 1975; Decarie, 1974; Emde, Gaensbauer & Harmon, 1976; Spitz, 1950) und durch plötzliche oder unerwartete Reizänderungen (Bronson, 1968, 1972). Andere Emotionen wie Kummer/Trauer (Sullivan & Lewis, 1989), Überraschung (Charlesworth, 1964, 1969), Ärger/Wut/Trotz (Goodenough, 1931; Kemmler, 1957; Kramer & Rosenblum, 1970; Stenberg, Campos & Emde, 1983) und die sekundären, auf kognitiven Entwicklungsfortschritten beruhenden selbstbezogenen und -bewertenden Emotionen Verlegenheit, Schüchternheit, Scham /Beschämung, Schuld und Stolz (Asendorpf, 1990; Geppert, 1986; Geppert & Gartmann, 1983; Heckhausen & Roelofsen, 1962; Lewis, Sullivan, Stanger & Weiss, 1989; Stipek, 1983) werden eher am Rande behandelt.

2 *Grundlagen einer ontogenetischen Betrachtung*

Die Erforschung der emotionalen Entwicklung beruht bisher weitgehend auf der Sammlung von Beobachtungsdaten emotionaler Phänomene, deren Auftreten und Verschwinden eine enge Kopplung ans Lebensalter aufzuweisen scheinen. Die Auswahl der Phänomene und der Beobachtungsgegenstände wurde dabei häufig von ganz allgemein formulierten Emotionstheorien geleitet. Während die allgemeinpsychologische Emotionsforschung von den introspektiv berichteten Erlebnistatbeständen der Emotionen (Gefühlen) ausgeht — sie allein sollen beim derzeitigen Forschungsstand eindeutig emotionale Zustände kennzeichnen (Schneider, im Druck) — kann beim Säugling und Kleinkind nicht auf Selbstberichte zurückgegriffen werden. Bis das Kind seinen eigenen emotionalen Zustand verbalisieren kann, wird die emotionale Entwicklung vornehmlich aus dem expressiven Verhalten erschlossen. Diese entwicklungsbedingte Einengung auf die Ausdruckskomponente der emotionalen Reaktion — gelegentlich tritt noch die psychophysiologische Komponente hinzu — hat Konsequenzen für die Formulierung der Theorien, denn der Beobachter kann nicht sicher sein, ob das Kind tatsächlich die angezeigte Emotion erlebt.

Nimmt man in Übereinstimmung mit eher biologisch orientierten Forschungsansätzen an, daß emotionaler Ausdruck und emotionales Erleben isomorph sind, läßt sich das Vorliegen einer bestimmten Emotion identifizieren, sobald ihr typischer Ausdruck im Laufe der Entwicklung auftritt (Izard, 1971); ähnlich wie man auch Tieren Emotionen zuspricht, wenn entsprechende emotionale Ausdrucksbilder darauf hindeuten. So haben sich bestimmte diskrete Emotionen schon von Geburt an (oder sogar schon pränatal, siehe Malatesta, 1985) beobachten lassen. Eine eher sozialpsychologisch orientierte Argumentationsweise basiert dagegen das Erleben von Emotion nicht auf den biologisch fundierten emotionalen Zustand, sie führt stattdessen die Emotion auf die sozial gelernte Interpretation der Begleitumstände expressiven Verhaltens zurück und schreibt sie entweder den situativen Gegebenheiten oder der Person zu. Ein emotionaler Zustand, gekennzeichnet durch expressives Verhalten, wird danach erst durch emotionales Erleben zur Emotion. Aus dieser Sicht kann man wegen der „kognitiven Unreife" des Säuglings erst im zweiten Lebensjahr von Emotionen sprechen, nachdem z. B. basale Prozesse der Selbstentwicklung abgeschlossen sind (Lewis & Brooks, 1978). Je nach theoretischer Orientierung wird man deshalb im ersten Lebensjahr eher von einer Entwicklungspsychologie des Ausdrucksverhaltens als von einer Entwicklungspsychologie der „Emotion" im Sinne des emotionalen Erlebens sprechen. Wenn die Entwicklungspsychologie der Emotion vom Ausdrucksverhalten her organisiert wird, muß mit einer weiteren Erschwernis gerechnet werden. Ausdrucksverhalten zeigt nicht nur einen emotionalen Zustand an, sondern ist auch ein Signal für andere Personen, ihr Verhalten zu ändern (Charlesworth, 1982). Dieser funktional regulative Aspekt ist eng mit dem expressiven Aspekt eines inneren Zustands verwoben und mittels Verhaltensbeobachtung meist nicht eindeutig voneinander zu trennen. Es könnte daher durchaus sein, daß ein bestimmtes, auf eine Emotion hindeutendes Ausdrucksverhalten des Säuglings oder Kleinkindes funktional ist, d. h. Überlebensfunktion im ethologischen Sinne hat, aber noch keine Emotion im Sinne des Erlebensaspektes anzeigt.

Die Unterteilung in Expression und Kommunikation erinnert in etwas freier Auslegung an die Begriffe der Zeichentheorie Bühlers (1934), die zwischen der Ausdrucksfunktion (Symptom für den inneren Zustand des Senders) und der

Appellfunktion (Signal für den Empfänger) eines Zeichens differenziert (siehe Scherer & Wallbott, in diesem Band; Grossmann, 1985). In der englischsprachigen, vor allem ethologischen Literatur wird diese Trennung durch die Begriffe „expression" und „display" vollzogen. Dabei sollte der Begriff „display" in der Ethologie ursprünglich nur vom vermeintlich intentionalen Aspekt des Begriffs Ausdruck abheben (Redican, 1982). Während in der Ethologie „display" dem damit beschriebenen Verhalten die Bedeutung eines Signals und einer objektiv feststellbaren Handlungsbereitschaft zuspricht (von einer „Emotion" wird dabei nicht gesprochen), wird mit „display" in der Psychologie eher das von solcher Bedeutung freie, offen beobachtbare Verhalten umschrieben, das potentiell Signal und/oder Ausdruck (Symptom) innerer Zustände sein kann. Ekman und Friesens (1975) Konzept der sog. „display rules", die man am besten als Darbietungsregeln für einen Emotionsausdruck versteht (wir kommen darauf zurück), beschreibt Regeln und Mechanismen, die eine Veränderung der Relation zwischen dem offen zu beobachtenden Verhalten (Zeichen) und dem bezeichneten Zustand bewirken. Die Relation ändert sich in der Entwicklung durch sozialisatorische Einflüsse von einem natürlichen Zusammenhang zwischen Zeichen und Bezeichnetem zu einem konventionellen, d. h. willkürlichen. Damit wird Zeichen zum Symbol („Emblem" in der Terminologie von Ekman & Friesen, 1969b).

Das Emotionssystem umfaßt angeborene und veränderbare Komponenten. Die angeborenen Komponenten sind durch genetische Programme gesteuert, die veränderbaren Komponenten ergeben sich aus ebenfalls genetisch festgelegten Spielräumen für Lernen und Entwicklung (Malatesta, 1985). Die angeborenen und genetisch festgelegten Komponenten des Emotionssystems umfassen (1.) die angeborenen Auslöser affektiver Reaktion (Unmutsschrei bei Hunger etc.), (2.) die angeborene Morphologie des Ausdrucks im Sinne der Bündelung gleichzeitig innervierter Gesichtsmuskelbahnen, ehe Modifikation durch Lernen einsetzt (klassisches Ärger- oder Furchtgesicht), (3.) den natürlichen Zusammenhang (zumindest am Anfang) zwischen innerem Zustand und Verhalten (Unmutszustand verbunden mit Unmutsschrei) und (4.) den vorhersagbaren Zeitplan für das erste Auftauchen bestimmter diskreter Muster expressiv-emotionalen Verhaltens (interkulturell invarianter Zeitpunkt des ersten Lächelns oder Fremdelns etc.). Die Möglichkeit entwicklungsmäßiger Veränderbarkeit zeigt sich darin, daß (1.) Stimuluskonfigurationen durch Lernvorgänge die Fähigkeit zur Auslösung emotionalen Verhaltens erwerben, daß (2.) das Ausdrucksmuster durch instrumentelles Lernen und durch willkürliche Kontrolle modifiziert wird und daß (3.) das emotionale Erleben selbst ausgestaltet und verfeinert werden kann.

Hauptsächlich fünf Forschungstraditionen haben die Entwicklungspsychologie der Emotion beeinflußt. Sie unterscheiden sich vor allem dadurch, in wieweit sie biologische, kognitive oder soziale Prozesse in den Vordergrund ihrer Erörterung stellen. Die einen favorisieren eher einen Satz von angeborenen Primäremotionen (Interesse, Freude, Überraschung, Unmut, Ärger, Ekel, Furcht und Scham), die sich als diskrete Systeme entwickeln, und die anderen eher einen Grundzustand der Erregung, der sich durch kognitive Prozesse der Transaktion mit der sozialen und dinglichen Umwelt zu einer Vielzahl von aufeinander aufbauenden Emotionen ausdifferenziert.

Der *biologisch evolutionstheoretische Ansatz* geht auf Darwin (1872) zurück und wird heute durch psychobiologisch und soziobiologisch orientierte Forscher vertreten. Diese lassen sich vordergründig aufteilen in solche, die sich mehr mit dem expressiven Aspekt der Emotion (Symptom) beschäftigen (Ekman & Friesen, 1975; Ekman, Friesen & Ellsworth, 1972; Izard, 1971; Tomkins, 1962, 1963), und andere, denen mehr am regulativen, funktionalen Aspekt des Ausdrucksverhaltens (Signal) gelegen ist (Buck, 1984; Charlesworth, 1982; Charlesworth & Kreutzer, 1973; Eibl-Eibesfeldt, 1978a, 1984). Dazu hat sich eine weitere Forschungstradition gesellt, die sich der Neurophysiologie der Emotion und dabei insbesondere der Hirnhemisphärendominanz der Wahrnehmung und des Ausdrucks der Emotion widmen (Fox & Davidson, 1984). Im Zentrum des Interesses stehen die biologischen Prozesse der Emotion, die genetischen Aspekte basaler mimischer Ausdrucksmuster (Kontinuität in der Morphologie-Entwicklung der Gesichtsmuskulatur von den Säugern über die subhumanen Primaten bis zum Menschen, siehe Chevalier-Skolnikoff, 1973; van Hooff, 1976; Redican, 1982) und die Universalität des Ausdrucks beim Vergleich verschiedener ethnischer Gruppen (Eibl-Eibesfeldt, 1972; Ekman, 1972, 1973; Ekman & Friesen, 1971; Ekman, Sorenson & Friesen, 1969; Izard, 1980). Emotionales Verhalten wird unter funktionalem Blickwinkel betrachtet, der die Zweckmäßigkeit der Organisation und der Verhaltensweisen im Hinblick auf das Überleben durch Adaptation an die Umwelt hervorhebt.

Ein weiterer Ansatz entstammt der *kognitiven Entwicklungspsychologie,* der auf frühen Arbeiten von Baldwin (1891, 1894) basiert und mit Namen wie Werner (1948, 1967) und vor allem Piaget (1967, 1972, 1981) verbunden ist. Emotionen resultieren in diesem Forschungsansatz aus kognitiven Interaktionsprozessen des Kindes mit der gegenständlichen Umwelt. Im Zentrum der Forschung steht eher die Frage, wie es zu einer Emotion kommt, als was sie bewirkt. Ein bedeutender Vertreter dieser Forschungstradition ist Hebb (1946, 1949), der mit seiner Diskrepanztheorie Einfluß insbesondere auf die Erforschung der kindlichen Furchtreaktion, aber auch auf die Lächelreaktion genommen hat (Kagan, 1971, 1974; McCall & McGhee, 1977). Mäßige Abweichung vom vertrauten Reizniveau soll zu positiver, starke Abweichung zu negativer emotionaler Reaktion führen. Diesen Ansatz hat später McClelland seiner Motivationstheorie zugrundegelegt (McClelland, Atkinson, Clark & Lowell, 1953).

Im Rahmen *psychoanalytischer Tradition* bewegen sich Ansätze, die Emotionen als Resultat sozialer Beziehungsstrukturen ansehen (A. Freud, 1980; S. Freud, 1968, 1969 a, 1969 b, 1976; Hartmann, 1972; Klein, 1962; Spitz, 1965). Emotionale Energie wird durch solche hypothetischen Instanzen wie „Es", „Ich" und „Über-Ich" reguliert. Nach Spitz ist die „Ich-Entwicklung" — ein zentraler Begriff in der Neo-Psychoanalyse — kein bloß biologischer Reifungsprozeß, sondern auch durch die Qualität der Mutter-Kind-Interaktion bestimmt. Da die Mutter sowohl durch die Befriedigung körperlicher Bedürfnisse als auch durch Frustration die Triebstärke des Kindes reguliert, ist sie in das affektive Leben des Kindes eingebunden und dafür verantwortlich.

Spitz (1959; empirische Fundierung durch Emde, Gaensbauer & Harmon, 1976) postuliert drei Ebenen der emotionalen Entwicklung, die jeweils in Entwicklungssprüngen („biobehavioral shifts", das sind Perioden rascher diskontinuierlicher Veränderungen) aufeinander folgen. Auf der ersten Ebene eher homöostatischer Regulation läßt sich nur das Schreien als erkennbarer Affektausdruck und biologisches Notsignal feststellen. Auf der zweiten Ebene (ab 3. Monat) tritt das exogen ausgelöste, soziale Lächeln auf, das eine Periode aktiver Exploration und den Beginn enger emotionaler Beziehungen zu den Eltern kennzeichnet. Dabei werden die sich entwickelnden kognitiven Fähigkeiten für die Emotionsgenese bestimmender. Der dritte Entwicklungssprung (ab 8./9. Monat) setzt mit der Herausbildung von Fremden- und Trennungsfurcht (Periode des Negativismus) ein.

Der *lerntheoretische Ansatz* geht auf den Begründer des Behaviorismus, auf Watson (1913), zurück. Die emotionale Entwicklung beruht danach auf gelernten Assoziationen mit einer der drei postulierten angeborenen Grundemotionen, nämlich Furcht, Wut und Liebe/Sexualität. Der klassische Lehrbuch-Fall ist die Fallstudie des kleinen Albert, dem mittels des klassischen Konditionierens eine Furchtreaktion beigebracht wurde (Watson & Rayner, 1920; vgl. aber die kritische Quellenstudie von Harris, 1979). Zum operanten Konditionieren als primärem Mechanismus zur Veränderung des Emotionssystems liegen Arbeiten von Rheingold, Gewirtz und Ross (1959) und von Brackbill (1958), zum Beobachtungslernen von Bandura und Walters (1959, 1963) vor.

Eine Integration verschiedener Forschungsrichtungen bietet der *sozial-kognitive Forschungsansatz,* dem, neben dem biologischen Ansatz, zurzeit die größere Zahl an Forschern zuneigt. Ausgangspunkt sind Beschreibungen der emotionalen Entwicklung durch Bridges (1930, 1932, 1933), die eine allmähliche Entfaltung und Differenzierung der Grundemotionen aus einem entwicklungsprimären allgemeinen und unspezifischen Erregungszustand postuliert (siehe auch Dashiell, 1928, und Stratton, 1928). Das undifferenzierte emotionale

Zustandsbild der Erregung (excitement) verändert sich in den ersten Lebenswochen und spaltet sich in Unmuts-/Unlustäußerungen (distress) einerseits und etwas später in Vergnügen /Lustreaktionen (delight) andererseits auf. Die etwa vom dritten Lebensmonat an zu beobachtende Polarisierung in positive und negative Emotionen setzt sich in der Differenzierung von Ärger, Abscheu/Ekel und Furcht auf der einen und Begeisterung und Zuneigung auf der anderen Seite fort. Diese Beschreibung einer Phasenabfolge der Emotionsentwicklung und die Idee der Ausdifferenzierung spezifischer Emotionen aus entwicklungsfrüheren globaleren Emotionen greift Sroufe (1979) auf und formuliert eine Theorie der kognitiv-aktivationalen Differenzierung der Emotionen. Die Differenzierung resultiert aus der Auseinandersetzung des Kindes mit der sozialen und dinglichen Umwelt, wobei der kognitiven Verarbeitung der Situationsereignisse, die mit den dabei ablaufenden Erregungsprozessen verbundenen sind, entscheidende Bedeutung zukommt. Die Annahme einer Differenzierung der Emotionen sowie Elemente der kognitiven Entwicklungstheorie Piagets und der Theorie der sozialen Entwicklung Sanders (1962, 1969) bilden das Gerüst für Sroufe's Theorie der emotionalen Entwicklung.

Im sozial-kognitiven Ansatz spielt die Entwicklung des emotionalen Erlebens („experience") eine große Rolle. Maßgebend ist das Erklärungskonstrukt der sozialen Bindung (attachment), das Bowlby (1969), ein Psychoanalytiker, eingeführt hat, der die Mutter-Kind-Bindung aus ethologischer Sicht betrachtete. Anblicken, Lächeln, Vokalisieren, Weinen und Schreien des Säuglings beeinflussen das Verhalten der Eltern und regulieren zusammen mit der kindlichen Lokomotion die räumliche Distanz zwischen Kind und Eltern. Die Signale des Kindes fordern die Nähe des schützenden Erwachsenen. Die Entwicklung vertrauensvoller Beziehungen zwischen Kind und Eltern fördert gleichzeitig die emotionale Entwicklung (Ainsworth, 1973, 1979; Lamb, 1981 a, 1981 b). Das gegenseitige Vertrauen schafft emotionale Sicherheit, die Basis für die Exploration der kindlichen Nahumwelt.

Der wesentliche Dissenz zwischen den verschiedenen Forschungstraditionen liegt — wie bei so vielen entwicklungspsychologischen Problemen — in der Antwort auf die Frage, ob die emotionale Entwicklung eher endogen vorprogrammiert oder gelernt ist. Nach Überzeugung der einen Seite soll die emotional-expressive Entwicklung einem Ablaufplan folgen, der das Produkt der Evolution ist und die Verarbeitung des Stroms von Lernerfahrungen erst ermöglicht und erleichtert (Malatesta, 1985). Nach Überzeugung der anderen Seite soll die emotional-expressive Entwicklung durch die sich kumulierende Lernerfahrung des Kindes organisiert werden, ohne daß man die grundlegende Bedeutung einer biologisch angelegten Prädisposition für emotionale Reaktionstendenzen leugnet. Aber dieser erste, biologisch determinierte Ausdruck gilt als primitiv und präemotional (Lewis & Michalson, 1983, 1985).

Mit der Anlage-Umwelt-Kontroverse steht die Frage in Zusammenhang, ob die Entwicklungspsychologie sich eher mit der allgemeinen oder mit der differentiellen, individuelle Unterschiede aufzeigenden Entwicklung beschäftigen soll. Im ersten Falle geht es mehr um die Entdeckung allgemeiner Entwicklungsgesetzmäßigkeiten (etwa Sequenz der Entwicklungserrungenschaften und ihre Voraussetzungsstruktur), wobei individuelle Unterschiede als lästige Fehlervarianz behandelt werden, im zweiten Falle geht es darum zu zeigen, wie bestimmte Lernerfahrungen den Entwicklungsverlauf in individuumsspezifischer Weise verändern, so daß es nicht nur zu Verzögerungen oder Beschleunigungen der Entwicklung kommt, sondern auch die Art, neue Lernerfahrungen zu machen, durch die vorhergehenden Erfahrungen determiniert wird. Unter allgemeinpsychologischem Blickwinkel interessiert es z. B., welche Entwicklungsvariablen verantwortlich dafür sind, daß ein Säugling zunächst auf jedes Gesicht mit Lächeln, später aber auf fremde Gesichter mit Furcht reagiert. Unter differentiellem Blickwinkel betrachtet interessiert mehr, wie etwa die Qualität der Mutter-Kind-Bindung die Auseinandersetzung mit der Umwelt fördert oder behindert und damit zukünftige Lernerfahrungen ermöglicht oder verbaut. Während biologische oder kognitionspsychologische Ansätze eher die Betrachtung der generellen Entwicklung favorisieren, stellen sozialisationspsychologische Ansätze eher die differentielle Entwicklung in den Vordergrund.

Ein weiterer Streitpunkt ist, ob Emotionen eher als Folge kognitiver Prozesse anzusehen sind (Lazarus, 1966, 1984) oder emotionale Reaktionen ohne vorherige kognitive Prozesse ablaufen können (Zajonc, 1980, 1984). In Forschungsansätzen, in denen das Auftreten von Emotionen den Kognitionen zeitlich vorausgeht, werden folgende Funktionen von Emotion betont: (1.) Emotion als Konsequenz und Bekräftiger einer Handlung oder als Auslöser eines durch die Evolution hiermit verknüpften Verhaltensmusters (Emotion als Motivation) (2.) Emotion und emotionale Stimmung als Markierung („marker") kognitiver Prozesse (Bower, 1981; Norman & Rumelhart, 1975; Zajonc, 1980) sowie (3.) Emotion als Anstifter („instigator") für bestimmte Denkprozesse. Die Auffassung, eine Emotion sei eine Folge vorausgehender Kognitionen, dominiert in den sogenannten Bewertungstheorien („appraisal"). In diesen Theorien wird die Emotion als Konsequenz von Bewertungsprozessen angesehen (Arnold, 1960, 1970; Lazarus, 1966, 1982; Lazarus, Averill & Opton, 1970). Die gleichen zeitlichen Beziehungen werden auch in den schon angeführten Diskrepanztheorien (z. B. Berlyne, 1960; Hebb, 1946, 1949; Lewis & Goldberg, 1969) angenommen, in denen die Emotionen aus den kognitiven Verarbeitungsprozessen bei der Bewältigung von Diskrepanzen zwischen Reizkonfiguration und kognitiver Struktur resultieren. Einen kompromißartigen dritten Ansatz („kognitiv emotionale Fuge"), der Emotion und Kognition nicht als voneinander getrennte, unabhängige Prozesse behandelt, stellen Lewis, Sullivan und

Michalson (1984) vor. Emotion und Kognition sind danach nicht durch zwei sich einander ausschließende einfache lineare Modelle zu kennzeichnen. Sie sind vielmehr in einer höchst komplexen Komposition miteinander verwobene Elemente eines fortgesetzten, untrennbaren Verhaltensstroms, bei dem, wie in der musikalischen Werkform einer Fuge, das Thema aussetzt und wieder auftaucht und ein Zusammenspiel verschiedener Kräfte (Themen) abläuft, gleichsam wie eine Bewegung ohne Anfang und Ende. Für dieses Modell werden Belege angeführt, die zeigen, daß die einfachen linearen Modelle zur Erklärung nicht ausreichen.

Der in der Regel überzeichnete Gegensatz von „Kognition vor Emotion“ und „Emotion vor Kognition“ ist ebenso wie die forschungsstrategische Anlage-Umwelt-Debatte wenig fruchtbar und fände besser ein Ende. Sinnvoller wäre es, nach gemeinsamen oder auch trennenden basalen Mechanismen zu suchen, die sowohl den kognitiven als auch den emotionalen Prozessen zugrundeliegen, und zu fragen, welchen unterschiedlichen Funktionen Kognition und Emotion dienen. Einerseits müßte man sich mehr den Prozessen der Informationsverarbeitung zuwenden, die den Kognitionen und Emotionen zugrundeliegen, andererseits müßte man prüfen, ob hier eher ein emotionales Blitzkommunique der eigenen Lagebefindlichkeit oder dort eher ein schlußfolgerndes Denken angebracht ist.

Im folgenden sollen die Konsequenzen erörtert werden, die eine Orientierung der Forschung an einer eher biologischen oder eher sozialisatorischen oder eher kognitivistischen Tradition hat.

2.1 Entwicklungstheorien der Emotion

2.1.1 Der biologisch-evolutionstheoretische Ansatz

2.1.1.1 Die Grundlegung durch Darwin

Darwin ist die Erkenntnis zu verdanken, daß menschliche Motivation und Emotion auf biologischen Systemen gründen, die zumindest auch bei allen höheren Tierarten existieren. Lernen und andere kognitive Prozesse beeinflussen Motivation und Emotion bei Mensch und Tier, so daß eine kognitiv-emotionale Wechselwirkung nicht nur den Menschen auszeichnet. Einzigartig am Menschen aber ist das rational-logische Denken und die über ein bloßes Signalsystem hinausgehende Sprache. Beides wirkt sich auf das kulturell gestaltete System der Verhaltenskontrolle aus, wenn das Verhalten des Menschen im Zuge der Ontogenese immer deutlicher unter den Einfluß der durch Sprache vermittelten Prinzipien von Logik, Vernunft und sozialer Konvention gerät. Allerdings vergeht eine geraume Zeit, bis das Kind seine Emotionen und seinen emotionalen Ausdruck in diesem Sinne zu steuern und zu beherrschen lernt. Regressionen auf die biologischen Wurzeln sind immer auch noch später zu beobachten, wenn der Erwachsene in Not und stark belastende Situationen gerät.

Darwins (1872, 1877) Forschungsinteressen bezüglich der Emotionen lagen auf dem Gebiet des emotionalen nonverbalen Ausdrucksverhaltens, der Körperhaltung, Gestik und Mimik; symbolisches sprachliches Verhalten und Gefühle im Sinne des emotionalen Erlebens spielten für ihn keine Rolle. Die Beobachtung von Säuglingen und Kleinkindern gab ihm eine willkommene Möglichkeit zur Überprüfung seiner These, daß viele expressive Verhaltensweisen angeboren seien und daß eine phylogenetisch begründete Kontinuität des emotionalen Ausdrucks zwischen Tieren und Menschen bestehe. Die Tatsache, daß Kinder sehr früh die gleichen Ausdrucksmuster zeigten, die beim Erwachsenen bestimmten Emotionen zugeordnet werden, und daß dem Menschen phylogenetisch näher verwandte Tiere analoges Verhalten zeigten, bestärkten ihn in dieser Annahme. Die in vergleichenden Tieruntersuchungen gewonnenen Erkenntnisse über die Phylogenese des Verhaltens (im Sinne der Entwicklung der Arten) öffneten auch den Weg für ein besseres Verständnis der Ontogenese des Menschen. Dieses Verständnis wurde durch Untersuchungen an Blinden und psychisch Kranken mit geringer Affektkontrolle und durch kulturvergleichende Studien gefördert. Obwohl er die Angeborenheit vieler emotionaler Verhaltensweisen als Grundtatsache in den Vordergrund stellte, leugnete Darwin nicht den Einfluß des Lernens. Steht ein bestimmtes emotionales Verhalten erst einmal dem Kind zur Verfügung, kann es dies auch willentlich und bewußt als Mittel der Kommunikation einsetzen. Angeborenes expressives Verhalten ist also nicht nur spontan (nicht-intentional), sondern wird auch instrumentell eingesetzt.

Vergleichende Tieruntersuchungen an infrahumanen Primaten zeigten gemeinsame Merkmale und Ähnlichkeiten zwischen menschlichem Ausdruck und dem der Primaten auf (Andrew, 1963, 1965; Chevalier-Skolnikoff, 1973, 1982; Eibl-Eibesfeldt, 1970, 1978a, 1984; v. Hooff, 1976; Rajecki & Flanery, 1981; homologe Lautäußerungen: Green, 1975; Jürgens, 1979; Marler & Tenaza, 1977; Tembrock, 1977), was zumindest für einige Verhaltensmerkmale eine stammesgeschichtliche Kontinuität nahelegt. Zentralen Raum nehmen in der Tierwelt vor allem solche Ausdruckssignale ein, die dem individuellen Überleben, der Fortpflanzung, der Aufzucht der Jungen und dem sozialen Leben dienen (Prince, 1975). Hierzu gehören Alarm-, Schreck- und Aufgeregtheitssignale, Furchtreaktionen, Verhaltensweisen der Subordination, der Dominanz, der Einschüchterung, des Imponierens und der Aggression, aber auch Signale der Zuneigung und des Spiels, kurzum Ausdrucksverhalten mit der Tendenz zu Angriff oder Flucht und mit der Tendenz zur sozialen Bindung (v. Hooff, 1962, 1973).

Chevalier-Skolnikoff (1973) hat eine Reihe von Mimikmerkmalen bei Schimpansen zusammengestellt, zu denen Homologa beim Menschen zu finden sind. Beispielsweise zeigen Schimpansen verschiedene Ärgergesichter (Anstarren mit zusammengepreßten Lippen oder entblößten Zähnen), Lächeln (Zähnezeigen mit und ohne Mundöffnen und unterschiedlicher Lippenstellung) und Lachen (Spielgesicht), Schmollen und verschiedene Trauergesichter (Jammer- und Heulgesicht). In ähnlicher Weise hat Jolly (1972) wichtige verwandte Ausdrucksbewegungen verschiedener Primaten zusammengefaßt. Fraglich ist nur, ob solche Homologien, also Ähnlichkeiten im Verhalten aufgrund gemeinsamer Abstammung, dieselbe funktionale Bedeutung haben. Ein typisches Beispiel ist das Grimassieren (z. T. auch als Grinsen gedeutet), dem beim Menschen als homologes Verhalten oft das Lächeln zugeordnet wird. Während bei nichthumanen Primaten diesem Grimassieren eher agonistische Bedeutung zugeschrieben wird (submissives Beschwichtigen und Furchtreaktion), hat das Lächeln beim Menschen eher eine freundliche, also nicht-feindliche Bedeutung (siehe Redican, 1982, mit einer ausführlichen Diskussion der Homologien). Im übrigen sei vor einer anthropomorphisierenden Interpretation des tierischen Verhaltens im Sinne voreiliger Emotionszuschreibungen gewarnt (Tinbergen, 1959).

Kulturvergleichende Untersuchungen fanden heraus, daß Mitglieder verschiedener Kulturen denselben Gesichtsausdruck unter ähnlichen Auslöserbedingungen zeigen und dieselben Emotionen erleben (Eibl-Eibesfeldt, 1972, 1978 b, 1984; Ekman, 1972, 1979; Ekman & Friesen, 1971; Ekman et al., 1987). So gibt es Hinweise auf Universalität des Ausdrucks für Überraschung, Freude, Ärger, Ekel, Furcht und Trauer (Ekman & Oster, 1979) sowie für Interesse, Scham, Verachtung (Izard, 1971) und Scheu (Eibl-Eibesfeldt, 1970). Allerdings sind Konkordanzen dieser Art nicht unbedingt ein unanzweifelbarer Beweis für arttypische angeborene Affektprogramme. Sie könnten auch auf allgemeinen arttypischen Lernerfahrungen beruhen (Ekman, 1973).

Neben der Vererbung betonte Darwin die Zweckgerichtetheit des emotionalen Ausdrucksverhaltens. Ausdruck unterliegt seiner Ansicht nach einem Selektionsdruck zur Übermittlung von emotionalen Zuständen. Expressives Verhalten dient als Signal für andere Tiere/Menschen, indem es über den inneren Zustand informiert und ankündigt, was alsbald geschehen wird (siehe etwa die Bedeutung von Intentionsbewegungen bei Tinbergen, 1952). Dabei dürfte nicht jedes expressive Verhalten kommunikativ im Sinne einer phylogenetischen Prädisposition sein. Im Gegensatz zur traditionellen ethologischen

Auffassung (Huxley, 1923; Tinbergen, 1951; Wickler, 1970), nach der Verhalten nur dann als kommunikatives angeborenes Signalverhalten (display) angesehen wird, wenn es durch natürliche Selektion auf seine kommunikative Eigenschaft hin spezialisiert wurde (Ritualisierung), sah Darwin manches auffällige expressive Verhalten als vererbt an, das nicht primär kommunikativen Funktionen diente (z. B. Erröten als Produkt der angeborenen Thermoregulation), obwohl es dann für den Empfänger informative Bedeutung erringen konnte (siehe auch Menzel & Halperin, 1975). Es ist also anzunehmen, daß nicht jegliches expressive Verhalten bei Tier und Mensch in evolutionärer Hinsicht ein der Kommunikation dienendes und hierfür spezialisiertes Signalverhalten ist.

Als „ultrakonservative" Anpassungsreaktion (Plutchik, 1980) bereiten die Emotionen darüberhinaus auf Handlungen vor, die die Chance des Überlebens vergrößern. Deshalb wurden sie in funktional angemessener Form über alle phylogenetischen Stufen der Entwicklung der Arten hinweg weitergegeben. Die Grundfrage eines biologischen Ansatzes zur Emotionsentwicklung lautet daher, auf welche Weise ein bestimmtes, beobachtbares emotionales Verhalten zum Überleben (der Art oder des einzelnen Individuums) beiträgt.

Darwin gewann seine Erkenntnisse zur Ontogenese des emotionalen Ausdrucks vor allem an Beobachtungen seiner eigenen Kinder im Säuglings- und Kleinkindalter, die er in seinen Kindertagebüchern (1877) niederlegte. Entwicklungen bei älteren Kindern hat er eher sporadisch in seinem Buch von 1872 beschrieben (siehe ausführliche Würdigung bei Charlesworth & Kreutzer, 1973).

Darwin beobachtete diskrete emotionale Ausdrucksmuster bei seinen Kindern schon in sehr frühem Alter. Wie bei allen Kindertagebuchautoren sind solche Beobachtungen zufällig und nicht systematisch angelegt, oft fehlen genauere Altersangaben, exakte Beschreibungen des Verhaltens oder scharfe Definitionen der auslösenden Situationen. Die Interpretation eines Verhaltensmusters als Indikator für einen bestimmten Emotionszustand erscheint vorschnell, zumal dann, wenn nur einzelne Bestimmungsstücke eines typischen Emotionsausdruck beobachtet werden können. Dennoch hat er mit seinen Beobachtungen die Erforschung der emotionalen Entwicklung bis heute angeregt, auch wenn sein Ansatz erst in den letzten Dekaden wieder systematisch aufgegriffen wurde, nachdem die Frage nach den biologischen Determinanten des Verhaltens lange Zeit vernachlässigt wurde. Erstaunlicherweise hat die neuere Forschung an Beobachtungsdaten noch nichts substantiell Neues gegenüber dem geliefert, was Darwin schon aufgeführt hatte. Untersuchungen derselben Phänomene erbrachten ähnliche Befunde: Die Morphologie des Ausdrucks scheint weitgehend festgelegt zu sein, ehe Lernen einsetzen kann, denn die meisten globalen emotionalen Ausdrucksmerkmale des Erwachsenen treten bei Kleinkindern schon in den ersten beiden Lebensjahren auf (siehe z. B. Izard im folgenden Abschnitt).

Ärger/Wut registrierte Darwin mit vier, sieben und elf Monaten. Das Blut steigt ins Gesicht und rötet Gesichts- und Kopfhaut, die Stirn runzelt sich, die Lippen wölben sich vor, die Atmung ändert sich und Wut- und Frustrationsgeschrei ertönt. Ab elf Monaten beobachtete Darwin Schlagen und Werfen mit den Gegenständen, die das Kind erzürnen. *Furcht* taucht schon nach einigen Lebenswochen bei lauten Geräuschen auf, das Kind schreckt auf und schreit. *Unbehagen* bei Hunger und Schmerz fand Darwin von Geburt an; das Kind schließt die Augen fest, runzelt die Stirn, zieht die Lippen zurück, verdickt die oberen Wangenpartien und schreit. Erste Reaktionen der *Zuneigung* beobachtete Darwin unter zwei Monaten. Das Kind lächelt, wenn es eine beliebige Person sieht, ab fünf Monaten, wenn es die Kinderfrau erblickt. Später kommt Küssen hinzu. *Lustvolle Empfindungen* beim Anblick der Mutter erweisen sich an feuchten Augen, Lächeln (ab 45. Tag) und leuchtenden Augen, die durch die leicht geschlossenen Augenlider durchblinzeln. *Vergnügen* kommt etwa im vierten Monat beim Guck-Guck-Spiel auf oder wenn das Kind in Nase oder Wange gezwickt wird. Das Kind lächelt und bricht in kurzes Lachen aus. Erste *Schüchternheit* stellte Darwin mit zwei bis drei Monaten fest. Nachdem sein Sohn ihn zehn Tage nicht gesehen hat, zögerte der Blick des Kindes zunächst, um sich dann kurz abzuwenden, bevor es zur „Wiederversöhnung" kam. *Eifersucht* (keine Verhaltensbeschreibung) trat mit etwa 15 bis 16 Monaten auf, als Darwin eine große Puppe streichelte oder als er die jüngere Tochter im Arm wiegte. *Scham* und *Verlegenheit,* erkennbar am Erröten, zeigte seine Tochter mit etwa drei Jahren. Mit vier Jahren errötete ein anderes Mädchen, als es für ein Vergehen getadelt wurde. Im dritten Lebensjahr taucht *Kummer* auf (in seinem Buch von 1872 schildert Darwin allerdings auch einen Fall von Kummer bei einem sechs Monate alten Kind). Die Mundwinkel werden nach unten, die inneren Augenbrauenenden nach oben gezogen, und das Kind kämpft mit den Tränen.

2.1.1.2 Izards Theorie der Entwicklung diskreter Emotionen

Izard gilt heute als einer der prominentesten Vertreter des von Darwin angeregten evolutionsbiologischen Ansatzes in der Entwicklungspsychologie der Emotion. In zahlreichen Publikationen (Izard, 1978; Izard & Buechler, 1979; Malatesta & Izard, 1984b) bietet er eine integrative, differentielle Emotionstheorie, die die Angeborenheit diskreter expressiver Verhaltensmuster im Sinne neuraler Programme verficht, die adaptive Funktion der Emotionen betont und das emotionale Erleben (Gefühl) als sensorische Rückkopplung der motorischen Ausdrucksmuster ansieht (Ausdruck und Erleben sind isomorph).

In dieser Theorie ist das Kind zu Beginn ein affektives Wesen, bei dem emotionaler Ausdruck unmittelbar, offen beobachtbar und unmoduliert auftritt. Biologische Aspekte der emotionalen Entwicklung dominieren, nichts ist sozialisiert, und es existieren keine Schemata, die auf Lernen und Erfahrung basieren. Der Säugling ist mit der Bereitschaft ausgestattet, Gefühle auszudrücken, ist vorbereitet, mit anderen Personen zu kommunizieren und sich im Gegenzug von anderen beeinflussen zu lassen. Die angeborene Bereitschaft, gelernte Affektauslöser aufzunehmen und den Ausdruck unter dem Einfluß sozialer Modelle zu modulieren, gibt dem Emotionssystem hohe Plastizität. Folgen wir zunächst den theoretischen Gedankengängen Izards.

Als Basis für die Entwicklung von Verhaltenssystemen besitzt der Säugling bei der Geburt schon „komplexe, nicht-gelernte Reaktionen" (Harlow & Mears, 1978), gleichsam einen Minimalsatz von genetisch codierten Programmen, die die Adaptation und die Person-Umwelt-Interaktion garantieren. Dies sind die Fähigkeit zum Überleben (homöostatisches System), Triebe und biologische Bedürfnisse zu registrieren und darauf zu reagieren (Triebsystem), Emotionen wie Schmerz, Interesse und Lust zu erleben und auszudrücken (erste Ansätze des Emotionssystems), nahegelegene Objekte in der Umwelt zu erforschen (erste Ansätze des Wahrnehmungssystems) und differenziert sowohl wahrnehmungsmäßig als auch affektiv auf Änderungen der Stimulation und Information zu reagieren (erste Ansätze des kognitiven Systems und Basis für affektiv-kognitive Strukturen). Fundamentale, diskrete Emotionen sind nach Izard Interesse-Aufgeregtheit, Vergnügen-Freude, Überraschung-Schreck, Unmut-Pein, Ärger-Wut, Ekel-Widerwille, Verachtung-Spott, Furcht-Entsetzen, Scham/Schüchternheit-Erniedrigung und Schuld-Zerknirschung, geordnet nach dem möglichen Intensitätsgrad, mit dem sie variieren können (zum Vergleich sieben basale universale Emotionen nach Ekman, Friesen & Ellsworth, 1972: Interesse, Freude, Überraschung, Ärger, Ekel, Furcht und Trauer). Neben ihrer Stärke können diese primären Emotionen in hierarchischer Form abhängig von der Reizintensität geordnet werden: Auf Aufmerksamkeit kann Überraschung, auf Überraschung kann Furcht folgen.

Beim Säugling stehen die affektiven Reaktionen im Vordergrund, denn das homöostatische System sowie die Triebe und Emotionen sind einstweilen die bedeutsamsten Systeme des Kindes. Da die neuralen Mechanismen für Ausdruck und Erleben der fundamentalen Emotionen angeboren sind, wird die Entwicklung der Emotionen primär als Funktion von altersbezogenen biologischen Reifungsprozessen und erst in zweiter Linie als Funktion von Erfahrung und Lernen angesehen.

Die biologischen Reifungsprozesse bilden im wesentlichen die Kapazität zum Encodieren der verschiedenen emotionalen Ausdrucksweisen heraus. Diese expressive Komponente der Emotion hat zwei wichtige Aufgaben zu erfüllen. Sie stellt einmal die sensorischen Daten für die kortikal-integrative Aktivität des Gehirns bereit, um emotionales Erleben zu ermöglichen. Emotionales Erleben wird also durch sensorische Rückkopplung von der Gesichtsmuskulatur aktiviert — vorrangig zumindest bei Säuglingen und Kleinkindern. Zum anderen liefert die expressive Komponente die Signale für die Kommunikation, die für die sozialen Beziehungen des Kindes großen adaptiven Wert besitzen.

Die Ausdrucksontogenese verläuft nicht unabhängig vom situativen Kontext. Emotionen kommen dann auf, wenn sie für das Kind zur Anpassung an die Umwelt und an die versorgenden Bezugspersonen nötig werden. Izard (1978) unterscheidet bei der Entwicklung der Bewußtheit drei überlappende Prozeßniveaus, schwerpunktmäßig gekennzeichnet zunächst durch *sensorisch-affektive Prozesse* in den ersten beiden Lebensmonaten (Sarbin & Allen, 1968: „somatisches Selbst"), sodann durch *affektiv-perzeptuelle Prozesse,* die in ihrer Bedeutung zwischen dem zweiten und vierten Monat zunehmen, und schließlich durch die *affektiv-kognitiven Wechselwirkungen* in der zweiten Hälfte des ersten Lebensjahres, deren Entwicklung nicht mehr primär eine Funktion biologischer Veränderungen, sondern eine Funktion ökologischer Variablen ist, die mit Lern- und Gedächtnisprozessen verbunden sind. Ist das Kind einmal symbolischen Denkens mächtig, spielt die Wahrnehmung und Kognition eine wichtige Rolle beim Lernen der emotionsauslösenden Ereignisse, des Reagierens auf diese Auslöser sowie deren Bewältigung (coping). Vorstellungsspiel, Nachahmung und Rollenübernahme führen zu volitionaler Kontrolle des emotionalen Ausdrucks, was im weiteren zum Erwerb von Selbstregulationstechniken für Emotionen führt. Abhängig vom Stand der Entwicklung des Wahrnehmungs-, Kognitions-, und Emotionssystems sowie des motorischen Systems kann die gleiche Situation verschiedenartige Emotionen auslösen. Das erste Auftauchen einer diskreten Emotion kennzeichnet daher eine kritische Periode für neue Typen von Erfahrung und Lernen bestimmter Reaktionsweisen, die wichtig für diesen Entwicklungszeitpunkt sind. In der Entwicklung ändert sich nach Izard also nicht nur die Zahl der unterscheidbaren Emotionen, sondern auch die Beziehung zwischen dem Emotionssystem und den anderen Subsystemen der Person. Jede neu im Entwicklungsverlauf auftretende Emotion erhöht die Kapazität des Kindes, eine Vielzahl von Informationen zu verarbeiten und auf Folgen, die sich in der Umwelt aufgrund des eigenen Verhaltens einstellen, adäquat und angepaßt zu reagieren. Jede neu hinzutretende Emotion beeinflußt in spezifischer Weise die weitere Entwicklung und das Lernen.

Emotionen dienen als integrale Bestandteile motivationaler Systeme unterschiedlichen Funktionen. Die Überlebensfunktion ist die schon aus der Phylogenese her bekannte, wichtigste und ursprünglichste dieser Funktionen.

Die emotionale Entwicklung (Ontogenese) kann nach Ansicht Izards durch den Wandel der Funktionen gekennzeichnet werden.

Emotionen fördern das Überleben. Unmutsschrei, Schreck und Ekel, aber auch das erste Lächeln des Neugeborenen sowie Interesse spielen eine vitale Rolle für das Überleben und die gesunde Entwicklung des Neugeborenen. Die Schreckreaktion ermöglicht ein automatisches Abwenden von schädigenden und gefährlichen Reizen und Ekel das Hinausbefördern von nicht schmackhaften Substanzen aus dem Mund oder deren Zurückweisung. Unmutsschrei, Schreck und Ekelreaktion sind soziale Signale, die die Aufmerksamkeit der versorgenden Personen wecken und sie zur Hilfe heranrufen, um einen dem Kinde abträglichen Zustand zu ändern. Obwohl das Lächeln des Neugeborenen (meist im REM-Schlaf; REM „rapid eye movement") noch zunächst ohne sozialen Bezug erfolgt und es fraglich ist, ob es schon Freude ausdrückt, hat es dennoch denselben Signalwert wie das soziale Lächeln, da die Mutter das Lächeln ihres Kindes als intentional auffaßt und zu positiven Reaktionen veranlaßt wird. Interesse fördert erste exploratorische Aktivitäten, und die Aufmerksamkeit wird auf neue Ereignisse gelenkt.

Mit dem Auftauchen des sozialen Lächelns nach etwa zweieinhalb Monaten wird eine weitere Funktion von Emotionen deutlich: Positive Emotionen fördern die Kind-Umwelt-Interaktion. Das soziale Lächeln bindet die versorgenden Personen an das Kind.

Emotionen fördern die Differenzierung des eigenen Selbst von anderen Personen. Zwei gegensätzliche Gruppen von Emotionen erfüllen diese Funktion. Scham und Schüchternheit führen zu einem Abwenden des Kindes von den emotionsauslösenden Ursachen und zu einem Nachinnenwenden auf sich selbst; möglicherweise wird durch Antizipation von Scham die Entwicklung von Fertigkeiten gefördert, die zu einer Steigerung von Selbstwertgefühlen und zu einer Abnahme der Wahrscheinlichkeit führen, Scham zu erleben. Ärger und Ekel/Abscheu sind Anzeichen dafür, daß das Kind aktiv versucht, selbst auf die Umwelt einzuwirken und Barrieren zu überwinden. Der Ursprung von Scham und Schüchternheit/Scheu ist in der Verlegenheit gegenüber fremden Personen zu sehen. An Ärger/Ekel wird sichtbar, daß das Kind die Möglichkeit, auf die Umwelt einzuwirken, verspürt und sich selbst als aktiv handelnd erfährt. Frustrationen begegnet das Kind nicht einfach mit einem hilfeersuchenden Unmutsschrei, sondern auch mit Ärger (Alter 4—6 Monate), indem es versucht, die frustrierenden Bedingungen selbst zu ändern oder abzuwehren. Ekel wird mehr zu einer psychologischen und weniger zu einer physiologischen Reaktion. Nicht nur unangenehmer Geschmack, sondern auch andere Auslöser können Abscheu hervorrufen. Erste Ansätze von Verachtung werden deutlich, wenn das Kind über Widerstände triumphiert.

Emotionen fördern die Ausweitung der Aktivitätsräume. Um den fünften Lebensmonat beginnt nach Izard die Emotion Interesse eine herausragende Rolle zu spielen. Das von Piaget (1975a) beschriebene Bemühen des Kindes, interessante Effekte andauern zu lassen („sekundäre Kreisreaktionen"), kennzeichnet ein neues Niveau der Entwicklung der sensomotorischen Intelligenz. Durch die Emotion Interesse wird ermöglicht, sensorische und motorische Prozesse in Gang zu setzen und aufrechtzuerhalten, was zu einer fortgesetzten Reizaufnahme führt. Hierdurch wird der Kontakt mit Personen und Objekten der Umwelt ausgeweitet. Zu diesem Zeitpunkt erreicht auch die Emotion Überraschung ihre spezifische Qualität. Das Kind erlebt Überraschung als Folge der Verletzung eigener Hypothesen oder Erwartungen (Charlesworth, 1969). Überraschung und Interesse ermöglichen Aktivitätszyklen, die die Exploration und den Erfahrungsspielraum des Kindes rasch vergrößern: Die Wahrnehmung von Neuem aktiviert Interesse, Interesse motiviert Exploration, Exploration führt zu Überraschung, Überraschung tritt in Wechselwirkung mit Interesse und erhöht die Aufmerksamkeit, weitere Exploration und errungene Kompetenz (mastery) führt zu Freude. Das Kind ist somit fähig, komplexe Emotions-Wahrnehmungs-Kognitions-Handlungssequenzen mit positiver Grundeinstellung zu vollziehen.

Emotionen fördern Kognitionen über sich selbst und Selbstkontrolle. Fast alle bisher berichteten Emotionen fördern in irgendeiner Weise das Gefühl, selbst der Agent des Handelns zu sein. Am Ausgang des ersten Lebensjahres und im zweiten Lebensjahr kommen zwei Emotionen hinzu, die in besonderer Weise selbstbezogene Kognitionen und eine Schärfung der Selbstwahrnehmung fördern: Furcht und Schuldgefühle. Beide Emotionen sind eng verknüpft mit der Einengung des Aktionsspielraumes des Kindes. Sie rufen Handlungen hervor, die zur physischen Sicherheit und psychologischen Integrität beitragen. Furcht schafft Kognitionen über das eigene Selbst, das durch Gefahren bedroht ist. Erste Furchtreaktionen im Sinne von Flucht zu einem Beschützenden tauchen auf, wenn das Kind von der Mutter getrennt ist. Diese Furchtreaktionen bekräftigen nähesuchendes Verhalten und damit die emotionale Bindung an die Eltern. Schuld hingegen regt zu Kognitionen über selbstverursachte Handlungen an, die anderen Personen unangenehm sind oder Schaden zufügen. Selbstverantwortlichkeit entwickelt sich.

Die funktionale Bedeutung der Emotionen, wie hier am Beispiel des Izardschen Ansatz dargelegt, steht auch bei anderen Autoren im Vordergrund der theoretischen Elaboration (siehe Barrett & Campos, 1987, und Malatesta, 1989). Als stichwortartige Zusammenfassung der funktionalistischen Sichtweise kann die von Malatesta übernommene Tabelle (Tab. 1) dienen.

Tabelle 1: Signaleigenschaft und adaptive Funktion der Emotionen (aus Malatesta, 1989, Reproduktion erfolgt mit Genehmigung der University of Nebraska Press)

Emotion	Auslöser	Funktion im Selbstsystem	Funktion innerhalb des interpersonalen Systems
Ärger	Zielbehinderung	Bewirkt Abbau von Barrieren oder Ursachen der Zielbehinderung	Warnung vor möglichem bevorstehenden Angriff, Aggression
Trauer	Verlust eines wertvollen Objekts, Mangel an Wirksamkeit	Aktivitätsreduktion (möglicherweise um weiteren Traumaanlässen zuvorzukommen), bewahrt Energie	Löst Pflege-/Hilfeverhalten, Empathie aus
Furcht	Wahrnehmung von Gefahr	Feststellen von Bedrohung; bewirkt Flucht oder Angriff	Signalisiert Submission, wehrt Angriffe ab
Verachtung	Wahrnehmung eigener Überlegenheit	Organisiert und stärkt das Bewußtwerden der eigenen dominierenden sozialen Position	Signalisiert Dominanz gegenüber anderen
Scham/Schüchternheit	Wahrnehmung, daß das Selbst im Brennpunkt einer intensiven Prüfung steht	Bewirkt Verhalten, das das Selbst gegen weitere Verletzungen der Privatsphäre schützt	Signalisiert Bedürfnis nach Privatheit
Schuld	Erkenntnis, daß man etwas falsch gemacht hat, und Gefühl, daß eine Flucht nicht möglich ist	Fördert Versuche des Wiedergutmachens	Bewirkt submissive Körperhaltung, die die Wahrscheinlichkeit eines Angriffs reduziert
Ekel	Wahrnehmung schädlicher Substanzen/Individuen	Weist schädliche Substanzen/Individuen zurück	Signalisiert Mangel an Aufnahmefähigkeit
Interesse/Aufgeregtheit	Neuigkeit; Diskrepanz zur Erwartung	Öffnet die sensorischen Systeme für die Informationsaufnahme	Signalisiert Aufnahmebereitschaft
Freude	Vertrautheit; angenehme Stimulation	Signal an das Selbst, die augenblicklichen Tätigkeiten fortzusetzen	Fördert soziale Bindung durch Übertragung eines guten Gefühls
Überraschung	Wahrnehmung von Neuartigem; Erwartungsverletzung	Macht den „Kanal frei", um den Organismus für neue Erfahrung bereitzumachen	Zeigt Unbefangenheit des Organismus, die vor Angriffen schützt

Die Schwäche der Izardschen Theorie zur emotionalen Entwicklung liegt in der unklaren Beziehung zwischen emotionaler und kognitiver Entwicklung, aber auch im Fehlen einer elaborierten Motivationstheorie. Die Interaktion zwischen den beiden voneinander getrennt aufgefaßten Systemen Emotion und Kognition sind für die Izardsche Theorie grundlegend, jedoch fehlt eine definitorische Abhebung des Kognitionssystems. Die Erforschung der Beziehungen zwischen den beiden Systemen ist noch unzureichend. Weiter fehlt die Würdigung von Gedächtnisprozessen im Rahmen der emotionalen Entwicklung. Auch müßte geklärt werden, wie komplexe Emotionen entstehen und ob sie sich nicht aus einfacheren entwickeln. Nach Izard differenzieren sich Emotionen nicht aus undifferenzierten Prototypen, sondern treten gleich relativ komplex auf. Emotionen wie Schuldgefühl und Verachtung sind nach Izard im Verhaltensrepertoire des Kleinkindes angelegt, tauchen aber erst dann in der Entwicklung auf, wenn sie zur Adaptation nötig werden. Die Frage ist, ob hier nicht die angeborene neurale Programmierung des Ausdrucksverhaltens überstrapaziert wird und ob stattdessen nicht der adaptive Wert einer Flexibilität kortikaler Funktionen stärker betont werden müßte (Cicchetti & Pogge-Hesse, 1981).

Strittig ist auch die hirnphysiologische Betrachtung der propriorezeptiven Rückkopplung der den Ausdruck generierenden Muskelenervierung als Determinante des emotionalen Erlebens (facial feedback theory), obgleich es naheliegt und auch Darwins Ansicht entspricht, daß der freie Ausdruck einer Emotion diese verstärkt, während die Unterdrückung des Ausdrucks den emotionalen Zustand schwächt (siehe hierzu auch Fridlund, Ekman & Oster, 1987; Riskind, 1984; Santibanez-H & Bloch, 1986; Strack, Martin & Stepper, 1988). Darwin betont aber eine Rückkopplung generell auf den emotionalen Zustand, nicht auf das Gefühl. Buck (1981) schlägt in seiner Kritik an der Izardschen Feedback-Hypothese vor, subjektives Erleben und expressives Verhalten eher als zwei unterschiedliche und konzeptuell voneinander unterscheidbare Arten der Expression des emotionalen Zustands zu betrachten. Die eine Art meldet den (emotionalen) Zustand der zentralnervösen Mechanismen intern der Person, die andere Art extern der sozialen Umwelt. Beide Arten unterscheiden sich in ihrer evolutionären Geschichte und sollten deshalb relativ unabhängig voneinander sein. Zu einer endgültigen Beilegung des Streits über die Möglichkeit, Gefühle auf Rückkopplungsprozesse zurückzuführen, wird möglicherweise die neue Hirnforschung beitragen.

2.1.2 Der kognitionspsychologische Ansatz

Stehen im evolutionsbiologischen Ansatz Funktion und Deskription des emotionalen Verhaltens im Vordergrund, so ist der kognitionspsychologische Ansatz mehr daraufhin orientiert, nach den Anregungsbedingungen für das

Auftreten von Emotionen zu suchen. Die Bewertung des emotionalen Zustands und die Frage, ob das emotionale Erleben erst physiologisch oder durch Ausdruckskomponenten der Emotion ausgelöst wird, stehen im Mittelpunkt des Interesses. Der ontogenetische Schwerpunkt der Betrachtung liegt auf dem Zusammenhang zwischen sensomotorischer und weiterer intellektueller Entwicklung (u. a. Selbstentwicklung) einerseits und emotionaler Entwicklung andererseits.

2.1.2.1 Piagets Theorie der Beziehung zwischen Affekt und Kognition

Piaget gilt als der große Pionier in der Erforschung der kognitiven Entwicklung des Kindes. Seine Grundbegriffe zur Beschreibung der Entwicklung sind aus der Biologie entlehnt, in der er seine wissenschaftliche Laufbahn begann. Kognitive Aktivität ist ähnlich wie die biologische darauf ausgerichtet, die Umwelt intern zu organisieren (Koordination der Handlungen und geistigen Operationen und Konstruktion der Realität), um das Verhalten (oder: sich selbst) extern an die Umwelt zu adaptieren. Sie ist damit in die Gesamtfunktionalität des Organismus eingebettet und eine spezielle Form der gesamten biologischen Aktivität. Schemata sind die mentalen Strukturen, durch die sich das Kind intellektuell an die Umwelt anpaßt und sich eine Repräsentation der Umwelt konstruiert. Sie sind keine exakten Kopien der Realität, nähern sich im Laufe der Entwicklung dieser Realität aber immer mehr an. Mit der Entwicklung werden die Schemata (Konzepte) zahlreicher, generalisierter, differenzierter und ähneln immer mehr den Schemata Erwachsener.

Die Prozesse („Funktionen" in der Terminologie Piagets), die die Entwicklung voranbringen, sind Assimilation und Akkomodation. Bei der Assimilation werden neue Wahrnehmungs-, Motorik- und Begriffssachverhalte in bereits bestehende Schemata oder Verhaltensmuster integriert, was zu einer Verbreiterung, aber nicht zu einer Veränderung der Schemata führt. Akkomodation ist dagegen der Adaptationsprozeß, durch den neue Schemata gebildet oder bereits existierende Schemata modifiziert werden, sobald neue Ereignisse aufgrund ihrer Charakteristika nicht in bestehende Schemata eingepaßt (nicht assimiliert) werden können. Akkomodation verändert somit die kognitiven Strukturen. Neben Struktur und Funktion unterscheidet Piaget den Inhalt als dritte Komponente der Intelligenz. Hierbei handelt es sich um das Wissen des Kindes, das erfragt werden kann oder das sich im beobachtbaren Verhalten zeigt, woraus die Organisation des Wissens und die Struktur der Intelligenz erschlossen werden kann. Inhalte und Struktur der Intelligenz verändern sich im Laufe der kognitiven Entwicklung, nur die Funktionen bleiben unverändert.

Zwar konzentrierte sich Piagets Forschungsarbeit weitgehend auf die Entwicklung (sukzessive qualitative Veränderung) der kognitiven Strukturen beim

Kind, die wenigen Fragmente über den Zusammenhang zwischen intellektueller und emotionaler Entwicklung weisen aber auf die Bedeutung hin, die er der emotionalen Entwicklung beimaß. Die affektive und kognitive Entwicklung sind seiner Ansicht nach untrennbar miteinander verbunden, ergänzen sich in notwendiger Weise und verlaufen parallel (Piaget, 1967, 1972; insbesondere Sorbonne-Vorlesung 1954, 1981; Piaget & Inhelder, 1972). Die Affektivität des Menschen (nach Piaget: Emotionen, Werte, Moral und Gefühle) ist das Energiereservoir, auf dem das Funktionieren der Intelligenz beruht. Ohne Emotion gäbe es kein Interesse, kein Bedürfnis und keine Motivation. Emotion ist aber nur eine notwendige und keine hinreichende Bedingung für die Entwicklung der Intelligenz (Piaget, 1972). Denn die Affektivität kann zur Beschleunigung oder Retardierung der intellektuellen Entwicklung, zur Störung der intellektuellen Funktion und zur Modifikation der Inhalte (und damit auch zu interindividuellen Unterschieden) führen, kann aber nicht Ursache für die Bildung kognitiver Strukturen sein, genausowenig, wie kognitive Strukturen Ursache für Emotion sein können. Um die Korrespondenz zwischen Kognition und Emotion noch deutlicher zu machen: Es gibt kein Verhalten, das rein kognitiv ohne Affekt oder rein affektiv ohne kognitive Elemente auftritt.

Die Stufen der emotionalen Entwicklung korrespondieren genau mit denen der Entwicklung der kognitiven Strukturen, da die Mechanismen, die die emotionalen Konzepte bilden, dieselben sind wie bei den kognitiven Konzepten. Die Kinder assimilieren erlebte Ereignisse in gleicher Weise an affektive Schemata, wie sie es an kognitive Schemata tun. So wie die kognitiven Schemata, die zunächst auf die eigene Handlung zentriert sind und später dem Kind helfen, auch auf Umweltgegebenheiten zu dezentrieren und die Welt als objektiv und differenziert zu sehen, entwickelt sich die Affektivität während der gleichen sensomotorischen Stufen von einem Mangel an Differenzierung zwischen Selbst und physikalischer und sozialer Umwelt zu einem Austausch von Selbst und Umwelt und zu emotionalem Engagement fort. Dabei wird das differenzierte Selbst emotional an andere Personen (Gefühle) oder Sachen (Interessen) gebunden. Dissoziation (Differenzierung von subjektiver und objektiver Umwelt) und Objektpermanenz, die beiden wesentlichen Errungenschaften der sensomotorischen Phase, sowie die Überwindung des Egozentrismus lassen sich somit auch in der Entwicklung der Emotionen feststellen.

In der Frühphase der sensomotorischen Entwicklung, den Stadien der „Reflexe“ und der „primären Zirkulärreaktionen“, treten die ersten Affekte in einem Kontext auf, in dem das Kind sich seiner selbst nicht bewußt ist („Adualismus“ nach Baldwin, 1894). Die Grenzen zwischen interner und erfahrener Umwelt sowie externer Realität sind noch verwischt („Symbiose“: Mahler, Pine & Bergman, 1975), die Affektivität ist zunächst auf den Körper und die motorischen Aktionen des Säuglings zentriert. Korrespondierend mit der

Rhythmik der spontanen globalen Aktivität des Säuglings können Zustände der Spannung und Erholung, der Suche nach angenehmen Reizen und der Tendenz, unangenehme Reize zu meiden, unterschieden werden. Gefühle soll es noch nicht geben. Emotionen treten zunächst reflexartig und instinktmäßig gebunden auf.

Mit zunehmender Komplexität des Verhaltens zur Zeit der sekundären Zirkulärreaktionen („Vorgehensweisen, die dazu dienen, interessante Erscheinungen andauern zu lassen" und „Koordination der sekundären Verhaltensschemata und Anwendung auf neue Situationen") wird der Kontakt mit anderen Personen bedeutsamer. Emotionen beziehen sich auf andere Personen (beliebt, unbeliebt), und die Zahl der psychologischen Befriedigungen steigt in Ergänzung zu den organischen Befriedigungen. Gelungene Aktivitäten werden von positiven Affekten begleitet, insbesondere dann, wenn erlebt wird, daß die Effekte selbst aktiv herbeigeführt werden (siehe „Funktionslust" bei Bühler, 1918). Die Kinder sind von Aktivitäten gefesselt, mit denen sie angestrebte Effekte herbeigeführt haben.

Mit dem Aufbau der Imitation und dem Verstehen von Gesten beginnt das Kind in zunehmend spezifischer Art auf Personen zu reagieren, weil sich Personen in ihrem Verhalten von der dinglichen Welt abheben; und zwar nach Art solcher Schemata, die denen der eigenen kindlichen Handlungsweise ähneln. In den Stadien der tertiären Zirkulärreaktionen („Die Entdeckung neuer Mittel durch aktives Ausprobieren" und „Erfindung neuer Mittel durch geistige Kombination") kommt es zur Differenzierung von Mitteln und Zielen. Die Mittel werden koordiniert, um ein Ziel zu erreichen. Das Kind kann nun zwischen dem eigenen Selbst und anderen Personen unterscheiden, was einen sozialen Austausch möglich macht. Durch emotionales Dezentrieren kommt es zu affektiven Fixierungen, d. h. die Personen der Nahumwelt werden zu emotionalen Objekten („Objektwahl" im Sinne der Psychoanalyse, deren Terminologie Piaget aufgreift). Erste Gefühle werden möglich. Die Emotionen regulieren das intendierte Verhalten, d. h. die frühen Handlungen des Kindes.

Mit dem Einsetzen der Sprache (Stadium des symbolischen und vorbegrifflichen Denkens) ist das Kind in der Lage, mit anderen Personen sprachlich zu kommunizieren, das Sprechen zum Denken und das Handeln zum Vorstellen in Bildern und zum gedanklichen Probehandeln zu verinnerlichen (Piaget, 1967). Dies führt zur Entwicklung und Stabilisierung zwischenmenschlicher Gefühle. Aus der Erwachsenen-Kind-Beziehung kommt es zu moralischen Empfindungen und zur Regulation von Interessen und Wertungen (Stadium der intuitiven Affekte), die mit dem intuitiven Denken gekoppelt sind. Das präoperationale Stadium läßt sich durch die Symbolfunktion und Repräsentation sowie die Bindung des Denkens an die Sprache kennzeichnen. Erste repräsentationale

Emotionen wie Sympathie und Antipathie treten auf, die auf gegenseitigen Werturteilen zwischen Personen beruhen und auch ohne unmittelbaren Wahrnehmungskontakt weiterbestehen. Ähnlich ist es mit selbstbewertenden Emotionen, die zwar einerseits selbstbezüglich sind, gleichzeitig aber auch den Vergleich mit anderen Personen einbeziehen können. Emotionen (Gefühle) können repräsentiert und damit auch erinnert werden, was sie konsistenter und weniger unmittelbar macht.

Im dritten Stadium, dem der „konkreten Operationen", bilden sich die ersten mentalen Operationen der Intelligenz heraus. Auf der affektiven Seite korrespondiert die reziproke Moral, das Gerechtigkeitsgefühl des „wie du mir, so ich dir". Die Moral wird allmählich autonomer, weniger regelgehorsam und weniger fixiert auf elterliche Autorität (Stadium der normativen Affekte). Der eigene Wille als regulierender Mechanismus wird zwingender und bringt Wertungen und Gefühle in Entscheidungen ein. Wertehierarchien entstehen und bleiben auch trotz einzelner Anfechtungen und Schwankungen im sozialen Interaktionsgefüge erhalten.

Im vierten Stadium, dem der „formalen Operationen", kann das Kind verschiedene Gesichtspunkte berücksichtigen, Hypothesen prüfen und über das Mögliche und das Wahrscheinliche und nicht nur das real Konkrete urteilen. Das Kind ist jetzt gesinnungshafter Gefühle fähig, d. h. das Fühlen knüpft an soziale (kollektive) und ideale Realitäten an (Stadium der idealistischen Gefühle).

Es wurde schon gesagt, daß Piaget in den Artikeln, in denen er sich eigens zum Zusammenhang zwischen Emotion und Kognition ausläßt, eine parallelistische These vertritt. „Parallel" meint dabei nicht eine unabhängige, eigenständig nebeneinander herlaufende Entwicklung der Bereiche Kognition und Emotion, sondern das Ineinanderverwobensein, so daß das eine nicht ohne das andere vorkommen kann, aber auch das eine nicht Ursache für das andere ist. Diese Position wäre eine gute kompromißartige Synthese der verschiedenen Emotionstheorien, wenn nicht einige Unklarheiten über die Entstehung von Emotionen im Piagetschen Theoriegebäude bestünden. Affekt ist die Energie, die nicht aus sich selbst heraus Entwicklungsfortschritte zeitigen kann, da der Affekt keine eigene Struktur besitzt. Emotionen entwickeln sich, als würde die Struktur der jeweiligen Schemata über eine Serie von Stufen transformiert, wobei die Stufen hauptsächlich mit kognitionsdefinierenden Begriffen beschrieben werden. Manchmal spricht Piaget auch von affektiven Schemata, als ob sie von kognitiven Schemata zu trennen seien, beschreibt sie aber dann als isomorph mit den kognitiven Strukturen. Hinzu kommt, daß die Komplexität des Emotionsrepertoires bei Piaget zu wenig Berücksichtigung findet. Er hat Emotionen nur im kognitiven Kontext erwähnt, soziale Emotionen fehlen gänzlich (Cicchetti & Hesse, 1983). Weiter fehlen Definitionen und Beschreibungen der emotionalen Zustände, so daß ein Vergleich der Ausdruckserscheinungen der verschiedenen Emotionen zu unterschiedlichen Entwicklungszeitpunkten oder eine Analyse der Ereignisse, die eine Emotion auslösen, nicht möglich ist.

Für eine weiterführende Diskussion des Piagetschen Ansatzes sei auf die Arbeiten von Cicchetti und Pogge-Hesse (1981; Cicchetti & Hesse, 1983) und Cowan (1982) verwiesen. Da Piaget in den über sein Werk verstreuten Äußerungen zur kognitiv-affektiven Korrespondenz oftmals nicht deutlich Stellung bezieht, wie Emotion und Kognition miteinander interagieren und wie Emotionen kognitive Veränderungen ermöglichen, haben viele Kognitionsforscher, die Piaget folgten, eher angenommen, daß Emotionen von den kognitiven Veränderungen in der Entwicklung bestimmt werden. Die grundlegenden Werke Piagets (1975 a, b, c) und besonders sein Buch über die Äquilibrationsprozesse (1977) legten eine solche Grundannahme nahe. Im kognitiven Ansatz gilt daher auch eher die These, daß Erregungszustände durch kognitive Informationsbearbeitung ihren typischen Emotionscharakter erhalten.

2.1.2.2 Die Diskrepanztheorie

Die Diskrepanztheorie, nach der affektives Verhalten als Konsequenz mehr oder weniger stark erlebter Unähnlichkeit zwischen Reizkonfiguration und kognitiver Struktur angesehen wird, bedient sich in ihren Erklärungsversuchen des Begriffs der Assimilation, also einer der von Piaget definierten adaptiven Funktionen. Schon 1928 hatten Charlotte Bühler, Hildegard Hetzer und Francis Mabel, unbeeinflußt von Piaget, „die Affektwirksamkeit von Fremdheitseindrücken im ersten Lebensjahr“ untersucht. Sprach z. B. die Säuglingsschwester über die Wiege gebeugt mit einer hohen Fistelstimme, so erregte dies „Erschrecken“, „negatives Erstaunen“ oder gar „aktive Unmutsäußerungen“ (wie Weinen). Zwei Jahrzehnte später suchte Hebb (1946, 1949) zu erklären, wieso Furcht durch das Auftreten neuer Reize, die nicht mit unangenehmen Folgen assoziiert sind, ausgelöst werden kann. Er vermutete in seiner physiologischen Erklärung, daß die Diskrepanz zwischen der Erregung durch bereits Vertrautes und der Erregung durch Unvertrautes zu einer Furchtreaktion führt, besonders wenn beides innerhalb desselben Wahrnehmungsgegenstandes nebeneinander besteht („difference in sameness“). Ergänzend postulierten McClelland, Atkinson, Clark und Lowell (1953) im Rahmen ihrer „Affective-Arousal-Theorie“, daß mäßige Abweichungen sensorischer oder perzeptueller Reize vom Adaptationsniveau mit einem Anstieg positiver Affekte assoziiert sind, während bei stärkeren Abweichungen negative Affekte entstehen. Kagan (1971) griff diese Erklärungen auf und führte die Furcht- oder Unmutsreaktion auf den kognitiven Aufwand und den erlebten Mißerfolg zurück, die Diskrepanz/Unähnlichkeit zwischen bereits etablierten Schemata und Eigenschaften des neuen Objektes zu überwinden. Während die umgekehrte U-Funktion (bei wachsender Unähnlichkeit zunächst ansteigende positive Erregung und dann ein Umschlag) für positive Affekte Bestätigung fand, ließ sich die Vorhersage für negative Affekte weniger bestätigen (McCall & McGhee, 1977).

Um positive Affekte hervorzurufen, scheint es wichtig zu sein, daß die Assimilation — also der Versuch, einen neuen Reiz in die bestehenden Schemata einzufügen — mit einer gewissen Mühe und Anstrengung verbunden ist („effortful assimilation"). Ein Beispiel ist das von Piaget (1975a, 1975b) oftmals angeführte Lächeln und die Freude nach erfolgreich abgeschlossener Beherrschung neuer Umweltelemente.

Shultz und Zigler (1970) präzisieren, daß jeder Reiz positive emotionale Reaktionen (Lächeln) beim Kind erzeugt, wenn er auf der angemessenen Stufe der kognitiven Entwicklung präsentiert wird: Nicht die wiedererkennende Assimilation soll ausschlaggebend für das Hervorrufen positiver Affekten sein, sondern die Bewältigung („mastery") einer neuen Reizgegebenheit. Stimuli scheinen dann nicht affektwirksam zu sein, wenn die Kinder die Stimuli einerseits schon längst in ein Schema einordnen können oder wenn andererseits nach dem augenblicklichen kognitiven Entwicklungsstand eine den Stimuli entsprechende Schemabildung noch nicht möglich ist.

Negative Affekte können in Situationen auftreten, die so starke Diskrepanzerlebnisse und eine so hohe Unsicherheit erzeugen, daß sie dem Kind bedrohlich erscheinen. Furcht resultiert aus nicht-assimilierbaren Diskrepanzen (Kagan, 1974; Kagan, Kearsley & Zelazo, 1978). McCall und McGhee (1977) vermuten daher, daß positiver Affekt auftritt, sobald das Kind die subjektive Unsicherheit bei mittlerer und starker Diskrepanz erfolgreich reduzieren konnte. Hingegen soll negativer Affekt aus nicht erfolgreichen Versuchen zur Reduzierung von Unsicherheit resultieren. Während es zunächst starke auditive und taktile Stimulationen sind, die emotionale Reaktionen hervorrufen, treten etwa ab dem vierten Lebensmonat zunehmend soziale Stimuli hinzu, und es kommt weniger auf die Reizintensität und mehr auf den Wahrnehmungsgegenstand und die subjektive Bedeutung an, für die Inkongruenz festgestellt wird (Meili, 1955; Sroufe & Waters, 1976).

Das Erleben von Diskrepanz scheint mit einem innerorganismischen Spannungszustand gepaart zu sein (Sroufe & Waters, 1976), der, erkennbar an gesteigerter Aufmerksamkeit (absinkende Herzschlagrate) und gleichzeitiger Hemmung der Motorik, sich durch Adaptationsprozesse wieder entspannen läßt. Durch Assimilation des zum Diskrepanzerleben führenden Ereignisses an die vorhandenen Schemata wird diese Spannung gelöst, und es erscheinen affektive Reaktionen wie Lächeln (Sroufe & Waters, 1976). Dieser Spannungszustand scheint für das Kind attraktiv zu sein, zumal dann, wenn er auf mäßiger Diskrepanz beruht. Das Kind ist gleichermaßen motiviert, Diskrepanzen zwischen Ereignissen und gelernten Schemata zu suchen und seine Aufmerksamkeit darauf zu lenken sowie durch Exploration aktiv die Unsicherheit zu reduzieren. Ein periodischer Aktivierungszirkel („arousal jags", Berlyne, 1960) ist als zweckfreie Motivation dem kindlichen Spiel zugrundegelegt worden (Heckhausen, 1964). Solches Spiel- und Neugierverhalten, das zum Aufsuchen von Spannungszuständen führt, steht im Gegensatz zu den Ansichten der Triebreduktionstheoretiker (Freud, Hull), die in der Reduzierung von Triebzuständen das für das Kind attraktive und motivierende Agens sehen.

Während sich auf der einen Seite die Latenz zwischen Diskrepanzereignis und positiver emotionaler Reaktion mit zunehmendem Alter verkürzt (Sroufe & Wunsch, 1972), kommt es andererseits in der Mitte des ersten Lebensjahres zu einer vorübergehenden Verzögerung zwischen dem Auftauchen diskrepanter Ereignisse und der negativen Reaktion. Der beobachtete längere Aufmerksamkeitsprozeß, bevor Furchtreaktionen eintreten, wird als Vorgang gesteigerter Vorsicht und vermehrter Wachsamkeit (wariness) angesehen, der zunehmend die früheren Alles-oder-Nichts-Reaktionen wie Schreien verhindert (Waters, Matas & Sroufe, 1975). Wurden große Diskrepanzen von jüngeren Kindern wegen ihres geringen kognitiven Entwicklungsstandes und einer postnatal zunächst bestehenden Abschirmung gegenüber starken, unbekannten Reizen („stimulus barrier", siehe Benjamin, 1965; Tennes, Emde, Kisley & Metcalf, 1972) nicht beachtet, entwickeln sich in der zweiten Hälfte des ersten Lebensjahres bei Mischung von Bekanntem mit Unbekanntem Spannungszustände, die in Fremdeln oder andere Furchtreaktionen münden. Die gehäuft in diesem Alter auftretenden Furchtreaktionen hinterlassen den Eindruck, daß hier eine sensible Phase für die Angstentwicklung abläuft.

Einige Fragen lassen die diskrepanztheoretischen Ansätzen jedoch offen. Da ist zunächst der postulierte Mechanismus der Assimilierbarkeit als Auslöser von positiven oder negativen Reaktionen. Eine mäßige Diskrepanz kann assimiliert werden und führt zu positivem Affekt, eine starke Diskrepanz hingegen kann nicht assimiliert werden und führt zu negativem Affekt. Warum wurde bei dieser Hypothese aber der zweite Adaptationsprozeß nach Piaget, die Akkomodation, außer acht gelassen? Akkomodation folgt unvollständiger Assimilation neuer Ereignisse, wobei es zur Ausbildung eines neuen Schemas kommt. Die automatische Furchtreaktion auf eine mißlungene Assimilation wäre einerseits ein Zeichen von Fehlanpassung, denn das Kind wäre nicht in der Lage zu akkomodieren, und sie spräche andererseits für die Annahme, daß erst eine Furchtreaktion eine Akkomodation einleitet, was nicht der Fall ist. Eine andere Frage ist, wann und warum es manchmal zu positiven und manchmal zu negativen emotionalen Reaktionen mit unterschiedlicher Qualität kommt. Wie läßt sich die Entstehung anderer Emotionen außer Freude und Furcht erklären? Liegt die Ursache für andere Emotionen nicht im Diskrepanzerleben? Wie groß und welcher Art muß die Unähnlichkeit zwischen Vertrautem und Unvertrautem sein, um ein positives oder negatives emotionales Resultat zu haben? Kann eine bestimmte emotionale Reaktion vorhergesagt werden oder sind wir nur auf *post-hoc*-Erklärungen angewiesen?

Kann für die Intensität der emotionalen Reaktion möglicherweise die Höhe des Spannungszustandes verantwortlich gemacht werden (Stechler & Carpenter, 1967), so sollte sich nach Sroufe, Waters und Matas (1974) die Qualität und Richtung des Affektes daraus ergeben, wie die Situation im Prozeß der Spannungsbewältigung bewertet wird. Das ließe sich an unterschiedlichen Reaktionen von Kleinkindern auf gleiche Ereignisse bei unterschiedlichem Kontext belegen. Ist die Mutter in einer experimentellen Situation anwesend, so reagiert das Kind mit positiven emotionalen Reaktionen und Explorationsverhalten, wenn ein Fremder eintritt. Ist die Mutter abwesend, treten stattdessen Furchtreaktionen auf.

Ein neuer Erklärungsversuch von Sroufe (1979) führt die Auslösung von Furchtreaktionen nicht mehr auf die Unassimilierbarkeit zurück, sondern auf die Bewertung eines Ereignisses als negativ oder als Teil einer Klasse aversiver Reize. Das Ereignis wird an ein negatives Schema assimiliert. Damit läßt sich erklären, warum Kinder in der zweiten Hälfte des ersten Lebensjahres, nachdem sie bisher ihre Reaktion nur verzögert hatten (Übergangssphase zu einer Akkomodation?), anfangen, negativ auf Unvertrautes, z. B. auf einen Fremden, zu reagieren, ohne zuvor länger zu prüfen. Nach anfänglichem Zögern wird der Fremde an ein negatives Schema assimiliert.

2.1.2.3 Emotionales Erleben und Selbstentwicklung

Die Entwicklung des Gefühlslebens und damit die Bewertung innerer Zustände setzt die Entwicklung kognitiver Fähigkeiten, aber auch das Wissen um das eigene Selbst voraus (Lewis & Brooks, 1978). Diese Bewertungsprozesse, die zu Gefühlen führen, beruhen auf Selbstaufmerksamkeit, die die emotionalen Zustände im eigenen Körper lokalisiert und die körperlichen Veränderungen zum Erleben und zur Bewertung bringt. Die in ihrer ursprünglichen Funktion als soziale Signale wirkenden emotionalen Reaktionen müssen zu Signalen für das Kind selbst werden, die kognitiv verarbeitet werden (Emde, Klingman, Reich & Wade, 1978). Dieses Erleben seiner selbst wird durch den Erwerb reflexiven Denkens und den Spracherwerb mitgestaltet. Letzteres liefert die Benennung für gefühlshafte Empfindungen. Die Entwicklung des emotionalen Erlebens geht also mit der kognitiven Entwicklung und im engeren Sinne auch mit der Selbstentwicklung Hand in Hand. Der Zusammenhang mit der Selbstentwicklung soll hier näher betrachtet werden.

Lewis und Brooks (1978) unterscheiden vier Entwicklungsperioden des emotionalen Erlebens, denen Fortschritte der Selbstentwicklung zugrundeliegen. (1.) Bis zum Alter von drei Monaten existiert noch kein emotionales Erleben im Sinne ausgebildeter Gefühle. Emotionale Zustände und emotionaler Ausdruck werden durch starke Reizänderungen hervorgerufen und treten in Form biologisch determinierter, unkonditionierter Reflexe auf. Mit einem basalen Selbstkonzept entwickelt sich allmählich die Unterscheidung zwischen Selbst und anderen Personen, allerdings eher auf einer wahrnehmungsmäßigen und noch nicht auf einer kognitiv-bewertenden Basis. (2.) Vom vierten bis achten Monat nimmt die soziale Aktivität des Kleinkindes zu. Die Unterscheidung zwischen dem Selbst und anderen Personen festigt sich. Die Selbst- und Personpermanenz entwickelt sich. Emotionale Erfahrungen erscheinen als gelernte Assoziationen, und zurückliegende Erfahrung beeinflußt den Ausdruck der Emotion. (3.) In der Zeit zwischen dem neunten und zwölften Monat zieht das Kind vermehrt soziale Kategorien heran, wenn es sich selbst und andere bewertet. Es kann nun gleichzeitig zwischen verschiedenen Stimuli und zwischen sich selbst und anderen Personen vergleichen. Das emotionale Erleben festigt und differenziert sich. Objektpermanenz, reflexive Imitation und Mittel-Zweck-Relationen runden das Bild auf der kognitiven Seite ab. (4.) Das zweite Lebensjahr ist durch repräsentationales Verhalten gekennzeichnet, soziale und selbstbezogene Repräsentation eingeschlossen. Mit dem Wissen um das eigene Selbst sind die Grundlagen für das Sich-selbst-Wiedererkennen (im Spiegel oder Porträtfoto), nach Lewis das „kategoriale Selbst“, gelegt. Komplexere Emotionen auf der Basis komplexer kognitiver Fähigkeiten sind möglich (Empathie), wobei einsetzende Sprachentwicklung und symbolische Repräsentation das Selbsterkennen und das emotionale Erleben unterstützen.

Die Entwicklung erster Ansätze eines Konzeptes vom eigenen Selbst, und damit auch die Entwicklung emotionalen Erlebens, resultiert aus der Interaktion des Kleinkindes mit der sozialen Umwelt. Diese Interaktion beeinflußt die emotionale Entwicklung, weil sie Selbstwert- und Wirksamkeitsgefühle beim Kind hervorruft und emotionale Reaktionen des Kindes mit Begriffen aus der Gefühlswelt des Erwachsenen benennt.

Im Unterschied zu dem breiten Raum, den die Selbstkonzeptforschung etwa in der Sozialpsychologie des Erwachsenen einnimmt, steckt die experimentelle Erforschung der frühkindlichen Selbstkonzeptentwicklung noch in den Anfängen. Die skizzierten Zusammenhänge zwischen Selbstentwicklung und emotionaler Entwicklung sind zwar plausibel, aber noch sehr spekulativ. Nach Lewis und Brooks (1978; Lewis & Brooks-Gunn, 1979) scheinen sich zwei Aspekte des Selbst schon in den ersten zwei Lebensjahren zu entwickeln, das „existentielle Selbst“, das Selbst als Subjekt, und das „kategoriale Selbst“, das Selbst als Objekt. Das existentielle Selbst erscheint einfacher und ist früher entwickelt, denn hierzu reicht es, zwischen Ich und anderen Personen zu unterscheiden, während ein kategoriales Selbst erst vorliegt, wenn das Kind sich selbst Eigenschaften zuschreibt, wie „ich bin klein“, „ich bin ein Mädchen“ oder „ich bin tüchtig“. Das existentielle Selbst entwickelt sich bereits in den ersten Lebensmonaten aufgrund der Erfahrungen, die das Kind mit eigenen Aktivitäten und Kontingenzerlebnissen macht. Kinästhetische Rückkopplungen der Eigenaktivität vermitteln ein Körperschema, hinzu treten Erfahrungen der Objektpermanenz (Personpermanenz, Selbstpermanenz).

In der Entwicklung des Selbstkonzepts ist zwischen der Selbstwahrnehmung der körperlichen Identität und der psychologischen Identität zu unterscheiden. Für beide Identitätsaspekte ergibt sich nur aus der Analyse des kategorialen Selbst ein Erkenntnisgewinn. Während die Frage nach dem existentiellen Selbst metawissenschaftlich, d. h. einer Hypothesenbestätigung oder Hypothesenzurückweisung nicht zugänglich ist, besteht für das kategoriale Selbst ein empirischer Zugang.

Der Beginn der Selbstkonzept-Entwicklung wurde früher etwa in einem Alter von zweieinhalb Jahren angenommen (Guardo, 1968). Für diese zeitliche Festlegung spielte die Verbalität der Kinder eine große Rolle. Nach neueren Erkenntnissen zeigt aber schon das präverbale Kind Elemente eines Verständnises vom Selbst. Hierzu gehören die Selbstwahrnehmung und die Selbstaufmerksamkeit, die in ersten Ansätzen visuellen und propriorezeptiven Selbsterkennens zu beobachten sind. Von den beiden Arten des Selbsterkennens tritt die Propriorezeptivität wahrscheinlich früher auf und wäre daher besonders bedeutsam für den Prozeß des emotionalen Erlebens. Das visuelle Selbsterkennen ist dagegen leichter zu beobachten (Spiegeltests) und wurde darum vorrangig untersucht (Amsterdam, 1969, 1972; Dixon, 1957; Gallup, 1970; Lewis & Brooks-Gunn, 1979).

Bertenthal und Fischer (1978) belegten die postulierte strukturelle Parallelität zwischen der Entwicklung des Selbsterkennens und der sensomotorischen Entwicklung (Entwicklung der Objektpermanenz). In welchem Zusammenhang aber steht das Wissen um das eigene Selbst („deklaratives Selbst“: in ersten Ansätzen etwa beim Selbsterkennen im Spiegel zu entdecken) mit dem tatsächlichen und hier besonders interessierenden emotionalen Verhalten des Kindes („funktionales Selbst“; siehe Begriffsunterscheidung bei Lütkenhaus & Bullock, 1987)? Geppert und Küster (1983) fanden eine Korrespondenz zwischen der Entwicklungsabfolge des Selbst und dem Auftreten und der Heftigkeit von Protesten und Ärgerreaktionen auf nicht erbetene Hilfe

(„Selbermachenwollen"). Aufseiten der emotionalen Entwicklung gab die Studie von Lewis und Brooks (1978) Hinweise auf einen Zusammenhang zwischen dem Grad der Selbstaufmerksamkeit (Selbsterkennen) und der Fremdenfurcht. Eine neuere Studie (Lewis, Sullivan, Stanger & Weiss, 1989) hingegen zeigte, daß Selbsterkennen für die Entwicklung von Verlegenheit, nicht aber für die Entwicklung von Vorsicht/Furcht vor Fremden, notwendig ist. Im Gegensatz zu diesen Befunden, die immer im Zusammenhang mit dem Selbsterkennen im Spiegel stehen, fanden Lütkenhaus und Bullock (1987) keine Beziehungen zwischen emotionaler Reaktion und dieser Art des Selbsterkennens. Sie belegten hingegen, daß die Wahrnehmung des Selbst als Handelnder (Wissen über die Selbstverursachung eines Handlungsergebnisses) für das Investieren emotionaler Energie beim Handeln des Kleinkindes wichtig ist.

2.1.2.4 Sroufe's kognitiv-aktivationale Differenzierungstheorie

Sroufe (1979) hat eine Entwicklungstheorie der Emotion konzipiert, die in ähnlicher Weise wie Bridges (1930, 1932) von einer Differenzierung der Emotionen in der Entwicklung ausgeht. Anders als Bridges hat er aber versucht, diesen Entwicklungsprozeß der Differenzierung zu beschreiben und zu begründen sowie die Voraussetzung für die Entwicklung der einzelnen Emotionen aufzuzeigen. In weitgehender Übereinstimmung mit Arnold (1960) und Lazarus (1968) stellt er eine kognitive Emotionstheorie vor, nach der die Richtung und Qualität der emotionalen Reaktion zweifach determiniert ist, und zwar einmal durch interne Spannungs- oder Erregungsänderungen, die aus kognitiven Prozessen resultieren, und zum anderen durch die Bewertung der Situation, in der die Spannungsänderung auftritt.

Frühkindliche Entwicklung wird durch das Zusammenspiel emotionaler, kognitiver und sozialer Faktoren gekennzeichnet. Das Neue am Ansatz Sroufe's ist, daß er sowohl die von Piaget beschriebene kognitive (sensomotorische) Entwicklung als auch die eher von der Psychoanalyse aufgegriffene sozialemotionale Entwicklung integriert. In der Abfolge der emotionalen Entwicklungssequenz folgt Sroufe der Ansicht Spitz', daß es in der Entwicklung, verbunden mit der Reifung des Zentralen Nervensystems (Emde, Gaensbauer & Harmon, 1976), Übergangsstadien der Reorganisation gibt, die zu Änderungen im emotionalen Verhalten des Kindes, zur Entwicklung neuer Funktionen und zu einer qualitativ veränderten Transaktion mit der Umwelt führen. Dazu gehört die Fähigkeit des Kindes, (1.) zwischen „innen" und „außen" zu unterscheiden (durch Beziehung zur Außenwelt erstes Auftreten des „sozialen" Lächelns), (2.) ein wiedererkennendes Gedächtnis und Objektpermanenz zu etablieren (affektive Reaktion auf Verlust und Wiederentdecken, Fremdenfurcht) und (3.) sich selbst als getrennt von anderen Personen wahrzunehmen

Tabelle 2: Stufen der kognitiven Entwicklung und parallele Veränderungen im Bereich der emotionalen und sozialen Entwicklung (aus Sroufe, 1979, S. 476/477; Übersetzung Scherers, 1979, S. 232/233, leicht modifiziert, Reproduktion erfolgt mit Genehmigung des Autors bzw. Übersetzers), Altersangaben in Monaten

Kognitive Entwicklung (Piaget)	Emotionale Entwicklung (Sroufe)	Soziale Entwicklung (Sander)
0—1 Phase der Reflexe	0—1 Absolute Reizabweisung	0—3 Anfangsregulation
Minimale Generalisierung/ Akkomodation angeborener Verhaltensweisen	Angeborener Schutzmechanismus	Schlafen, Essen, Beruhigung, Erregung; Einsetzen selektiver Responsivität gegenüber den Pflegepersonen
1—4 Primäre Kreisreaktion	1—3 Zuwendung	
Erste erworbene Adaptationen (körperbezogen); Antizipation auf Grundlage visueller Reize; Beginn der Koordination von Schemata	Orientierung zur Umwelt; Hohe Anfälligkeit für Reizung; Exogenes (soziales) Lächeln	
4—8 Sekundäre Kreisreaktion	3—6 Positiver Affekt	4—6 Reziproker Austausch
Verhalten zur Außenwelt orientiert (sensumotorische Kategorien und Wiedererkennung); Beginn zielgerichteten Handelns (Versuche interessante Reize zu verfolgen, aufgeschobene Zirkulärreaktionen)	Inhaltsbestimmte emotionale Reaktionen (lustbetonte Assimilation, Fehlschlagen von Versuchen zur Assimilation, Enttäuschung, Frustration); Lust als Erregungsfaktor (Lachen, soziale Responsivität); Aktive Reizabwehr (Kontrolle der Affektreagibilität)	Mutter und Kind koordinieren Füttern und Pflegeverhalten; Emotional getöntes Spielverhalten
	7—9 Aktive Teilnahme	7—9 Initiative
	Freude über eigene Urheberschaft (Kompetenz, Initiierung sozialer Spiele); Fehlschlagen von Verhaltensabsichten (Erfahrung der Unterbrechung von Handlungsentwürfen); Differenzierung der emotionalen Reaktionen (anfängliches Zögern, positive und negative soziale Reaktionen und Kategorien)	Frühes zielgerichtetes Verhalten (Initiierung sozialer Interaktion, bevorzugte Tätigkeiten); Erfolgs- und Mißerfolgserlebnisse bei zielgerichtetem Verhalten

Fortsetzung Tabelle 2: Stufen der kognitiven Entwicklung und parallele Veränderungen im Bereich der emotionalen und sozialen Entwicklung (aus Sroufe, 1979, S. 476/477; Übersetzung Scherers, 1979, S. 232/233, leicht modifiziert), Altersangaben in Monaten

Kognitive Entwicklung (Piaget)	Emotionale Entwicklung (Sroufe)	Soziale Entwicklung (Sander)
8—12 Koordination sekundärer Schemata und Anwendung auf neue Situationen	9—12 Bindung	10—13 Fokussierung
Objektorientierung (Interesse an Eigenschaften und Beziehungen von Objekten, Suche nach verborgenen Objekten); Echte Intentionalität (differenzierte Mittel-Ziel-Relation, Werkzeuggebrauch) Nachahmung neuer Verhaltensweisen; Beginnende Einsicht in Kausalbeziehungen (Wahrnehmung anderer als Verursacher, Voraussehen von Folgen)	Emotional getönte Schemata (spezifische affektive Bindungen, kategoriale Reaktionen); Integration und Koordination emotionaler Reaktionen (kontextbestimmte Verhaltensweisen, einschließlich Bewertung und erster Bewältigungsversuche	Testen der Verfügbarkeit und der Responsivität der Mutter (Fokussierung der Forderungen auf die Mutter); Exploration von sicherer Basis aus; Reziprozität abhängig von Kontextinformation
12—18 Tertiäre Kreisreaktion	12—13 Üben	14—20 Selbstbehauptung
Suche nach Neuheit (aktives Experimentieren zum Herbeiführen neuer Effekte); Problemlösen durch Versuch und Irrtum (Erfinden neuer Mittel); Erstes Verständnis physischer Kausalität unabhängig von den Aktionen des Kindes	Mutter als sichere Basis für Exploration; Freude über Kompetenz; Affekte als Teil des Kontexts (Stimmungen, verzögerte Gefühle); Kontrolle des emotionalen Ausdrucks	Weiterreichende Initiative; Erreichen von Erfolg und Befriedigung unabhängig von der Mutter
18—24 Erfindung neuer Mittel durch mentale Kombination	18—36 Entstehen des Selbstkonzepts	
Symbolische Repräsentation (Sprache, verzögerte Nachahmung, symbolisches Spiel); Problemlösen ohne offenes Verhalten (neuartige Kombination von Schemata)	Wahrnehmung des Selbst als selbständigem Akteur (aktive Bewältigung, positive Selbstbewertung, Scham); Gefühl der Eigenständigkeit (Zuneigung, Ambivalenz, Willenskonflikt, Trotz)	

(selbstbezogene Affekte, Repräsentation). Einen vierten organisierenden Faktor sieht Sroufe in Ergänzung zu Spitz in der Fähigkeit zum Phantasiespiel, zur Rollenübernahme sowie zur Übernahme und Internalisierung von Normen (Liebe, Schuld, Stolz). Diese Aufgliederung in Wendepunkte hat Sroufe in feinere Stadienabstufungen aufgeteilt (Tab. 2).

Das erste Stadium, das durch geringe Verwundbarkeit durch Außenreize gekennzeichnet werden kann, bezeichnet Sroufe nach Tennes, Emde, Kisley und Metcalf (1972) als Zeit *passiver Reizabweisung.* Dieser Schutzmechanismus schirmt den Organismus vor Reizen ab, mit denen das Kind noch nicht fertig werden kann. Als zweites Stadium folgt die *Zuwendung* auf die Umwelt (1.-3. Monat), in der der Säugling sich äußeren Reizen in einem Zustand relativer Verletzbarkeit öffnet, da er zur Antwort nur über starre angeborene Mechanismen zur Erregungsverarbeitung verfügt. Diese Mechanismen schließen die Koordination von Aufmerksamkeit und motorischer Aktivität sowie Lächeln und Kontaktlaute ein. In dieser Phase der Zuwendung werden die Wurzeln für Interesse und Neugier gelegt. Soziales, „exogenes" Lächeln erscheint. Das soziale Lächeln kündigt das dritte Stadium des *positiven Affektes* an (3.—6. Monat). In der Zeit der sekundären Kreisprozesse tritt Freude über gelungene Assimilation und die Fähigkeit, aktiv schädliche Reize zu meiden, in den Vordergrund. Der Säugling besitzt jetzt genügend Wachheit und Reaktionsbereitschaft, um in reziproke Beziehungen mit den Personen der Umwelt zu treten. Dieses soziale Erwachen setzt sich im vierten Stadium der *aktiven Teilnahme* fort (7.—9. Monat), wenn sich der Säugling bemüht, soziale Reaktionen zu provozieren. Er erforscht die Personen seiner Umwelt und entwickelt erste Ansätze von Kompetenz. Emotionale Reaktionen werden differenzierter, auf neuartige Objekte und fremde Personen reagiert er mit vorsichtigem Zaudern. Der Säugling nimmt die eigenen Emotionen wahr. Freude, Furcht, Ärger und Überraschung erscheinen. In dieser Periode wird der Kontakt mit den Bezugspersonen des Kindes intensiviert. Dies bereitet das fünfte Stadium, *Bindung,* vor (9.—11. Monat), in dem es besonders stark auf Bezugspersonen mit Affekten reagiert, was die enge Beziehung zu Personen der unmittelbaren Nahumwelt unterstreicht. Es schließt sich das sechste Stadium des *Übens und Ausprobierens* an (12.—18. Monat), das durch Bindungs-Explorations-Gleichgewicht und Versuche zur Selbstbehauptung gekennzeichnet ist. Das Kind erforscht die Umwelt, und es gelingt ihm, zunehmend kompetenter mit der Umwelt zu interagieren. Diese Auseinandersetzung mit der Umwelt erweitert den Horizont und führt zu wachsendem Bewußtwerden der eigenen Verschiedenheit von den Bezugspersonen sowie zur Selbstreflexion, was zur *Entstehung des Selbstkonzeptes* (dem siebten Stadium) beiträgt. Die Pflege der neu gefundenen Autonomie im Widerstreit zur Trennungsangst und das Gewahrwerden der engen Grenzen der eigenen Autonomie ist die

Tabelle 3: Zeitplan der Ontogenese einiger basaler Emotionen, geordnet nach Emotionssystemen (aus Sroufe, 1979, S. 473, Reproduktion erfolgt mit Genehmigung des Autors)

Monat	Stadium der emotionalen Entwicklung	Lust/Freude	Vorsicht/Furcht	Wut/Ärger
0	absolute Reizabweisung	endogenes Lächeln	Schreck/Schmerz	Unmut über Bedecken des Gesichts, physische
1	Zuwendung	Zuwendung	gerichtete Aufmerksamkeit	Behinderung, extremes körperliches Unbehagen
2				
3	positiver Affekt	Lust		Wut/Enttäuschung
4				
5		Vergnügen aktives Lachen	vorsichtige Aufmerksamkeit	
6	aktive Teilnahme			
7		Freude		Ärger
8				
9	Bindung		Furcht (vor Fremden)	
10				
11				
12	Üben	Hochstimmung	Angst, unmittelbare Furcht	ärgerliche Stimmung, Gereiztheit
18	Entstehung eines Selbstkonzepts	positive Bewertung des eigenen Selbst	Scham	Trotz
24				
36	Spiel und Phantasie	Stolz, Liebe		Schuld

Aufgabe des Zweijährigen. Diese Aufgabe wird schließlich im achten Stadium, *Spiel und Phantasie,* gelöst.

Eine ähnliche Phasenabfolge der sozial-emotionalen Entwicklung wie Sroufe hat Erikson schon 1950 vorgelegt. Er gliedert zwar die Phasenabfolge der Frühentwicklung nicht so fein, führt die Entwicklung aber bis ins Erwachsenenalter fort. Sein Interesse gilt vorrangig der allgemeinen Persönlichkeitsentwicklung, seine dargelegte Phasenabfolge definiert er jedoch aufgrund emotionaler Entwicklungsfortschritte (siehe Vergleich zwischen Sroufe und Erikson bei Hesse & Cicchetti, 1982).

Einen aufschlußreichen Einblick in die von Sroufe postulierte kontinuierliche Entwicklungsabfolge der frühkindlichen Emotionen gibt Tabelle 3. Die Entfaltung der Emotionen wird für die drei wesentlichen Emotionssysteme der frühkindlichen Entwicklung „Vergnügen/Freude", „Vorsicht/Furcht" und „Wut/Ärger" vorgestellt und den Stadien der integrierten kognitiven, emotionalen und sozialen Entwicklung zugeordnet. Hierdurch wird die Differenzierung verschiedener Emotionen und ihrer Schattierungen verdeutlicht. Später auftretende Emotionen stehen in logischer Beziehung zu früheren, vorauslaufenden Emotionen.

Sroufe ist — wie wir gesehen haben — der Ansicht, daß Emotionen durch kognitive Bewertungsprozesse entstehen. Gleichzeitig würdigt er aber auch, ähnlich wie Piaget, die reziproke Einflußmöglichkeit des Affektes auf die Kognition. Kognitive Entwicklungsfortschritte fördern Exploration, soziale Entwicklung und Differenzierung des Affektes; andererseits lenkt die affektivsoziale Entwicklung die kognitive Entwicklung (Sroufe & Waters, 1976). Aber selbst aus der Dynamik dieses interaktionistischen Modells der sozioemotionalen Entwicklung ist nur schwer zu verstehen, wie kognitive Zustände sich in Affekte und diese in kognitive Zustände wandeln, auch wie sich Sroufes Position etwa vom epiphänomenalistischen Standpunkt unterscheidet. So sollte die vorgeschlagene Sequenz emotionaler Entwicklungsstufen und deren strukturelle Organisation eher als ein heuristischer Versuch angesehen werden, solange nicht mehr Belege über die Mechanismen vorliegen, die genauer spezifizieren, was der Änderung und Organisation der Entwicklung zugrundeliegt (Campos, Barrett, Lamb, Goldsmith & Stenberg, 1983; Cicchetti & Pogge-Hesse, 1981).

2.1.2.5 Scherers Prozeßmodell der Emotion und emotionalen Entwicklung

Einen Versuch, grundlegende, biologisch determinierte Mechanismen der Informationsverarbeitung für die Entstehung von Emotionen zu ordnen, hat Scherer (1981, 1983, 1984) unternommen. Er postuliert eine Sequenz von rasch aufeinander folgenden Informationsverarbeitungsschritten, die Wahrnehmungsinhalte prüfen und zu einer Aktualgenese von Emotionen führen können. Die hierarchisch geordnete Stufenabfolge dieser Verarbeitungsschritte, z.T. festgelegt durch ihre Überlebensrelevanz, hat auch Implikationen für die Onto- und Phylogenese. Werden bestimmte Informationsverarbeitungsschritte nicht vollzogen, können die von diesen Prüfschritten abhängigen Emotionen nicht auftreten. Ist ein Kind noch nicht in der Lage, einen bestimmten Verarbeitungsschritt durchzuführen, wird es die entsprechenden Emotionen noch nicht oder allenfalls Vorformen dieser Emotion haben können. Oder es wird eine andere, dem Wahrnehmungsinhalt nicht angepaßte Emotion zeigen, die auf der Beherrschung hierarchisch vorauslaufender Schritte beruht. Mit zunehmender Entwicklung kognitiver Fertigkeiten, und damit der Möglichkeit differenzierterer Verarbeitungsschritte der Wahrnehmungsinformationen, erschließen sich dem Kind neue Emotionen.

Die Abfolge der Informationsverarbeitungsschritte beginnt mit der Prüfung auf Neuartigkeit oder Unerwartetheit, einem Prüfschritt, der besonders rasch ausgeführt wird, da das Überleben des Individuums von der Blitzreaktion auf unerwartete Ereignisse abhängen kann. Schreck als Reaktion auf ein lautes Geräusch dürfte die unmittelbarste Folge dieses Prüfschritts sein. Aber auch bei weniger plötzlich auftretenden Reizen, die erst gegen Erwartungen, die aus dem Gedächtnis abgerufen werden müssen, geprüft werden, erfolgt dieser erste Verarbeitungsschritt. Überraschung und Langeweile können als solche Emotionen gelten, die aber erst durch spätere Verarbeitungsschritte ihre spezifische Gestalt erhalten.

Im zweiten, ebenfalls basalen Verarbeitungsschritt wird der wahrgenommene Reizinhalt unabhängig von seiner Bedeutung für die vom Individuum augenblicklich verfolgten Ziele auf seine Angenehmheit oder Unangenehmheit überprüft, was zum Erleben von Behagen oder Unbehagen führen kann, aber auch über anfängliche Impulse des Annäherns oder Meidens entscheidet. Während man die ersten beiden Prüfschritte noch als „präkognitiv" ansehen kann, sie könnten z.B. noch ohne Prozesse des Wiedererkennens auskommen, kann man den weiteren Bearbeitungsschritten des Emotionssystems eine Verbindung mit komplexeren Schritten der Informationsverarbeitung nicht abstreiten.

Erst in einem dritten Prüfschritt wird der Wahrnehmungsinhalt daraufhin bewertet, ob er zur Erreichung eines bereits angestrebten Ziels hinderlich oder förderlich ist. Wenn die fortlaufenden Zielerreichungspläne vereitelt werden, resultiert Furcht oder Ärger, werden sie gefördert, führt dies zu Zufriedenheit. Wenn die Erwartungen übertroffen werden, folgt Freude. Überraschung kann als Resultat der ersten drei Prüfschritte angesehen werden. An ihrer Auslösung ist nicht nur die Neuartigkeitsprüfung beteiligt. Positive und negative Überraschung hängt auch von der Angenehmheit oder der Zielrelevanz des Wahrnehmungsinhalts ab.

Der nächste Schritt prüft, ob und wieweit das Individuum sich in der Lage sieht, das, was sich der Zielverfolgung in den Weg stellt, zu bewältigen und zu überwinden. Zu diesem Prüfschritt gehört die Abklärung der Ursachen des Hindernisses (siehe Attributionsansatz im nächsten Abschnitt). Es wird nicht nur der Verursacher und die Ursache für das Hindernis identifiziert, sondern auch die eigene Kraft kalkuliert, das Hindernis zu überwinden, und die Fähigkeit abgeschätzt, sich an unkontrollierbare Ereignisse anzupassen. Läßt sich das Hindernis ohne Gefährdung des verfolgten Ziels noch überwinden, resultiert Ärger, ist dies nicht mehr möglich, kommt es zu Furcht. Unkontrollierbare negative Ereignisse führen zu Trauer.

Ein weiterer Schritt vergleicht die eigene Handlung und das erzielte Ergebnis mit sozialen Normen und verschiedenen Aspekten des eigenen Selbstkonzeptes (selbst- und fremdgesetzte Standards). Dies führt zu selbstbewertenden Emotionen; genügt das erreichte Ergebnis nicht dem Standard, kommt es zu Verlegenheit, Scham oder Schuldgefühlen, wird der Standard übertroffen, resultiert Selbstzufriedenheit und Stolz.

Kennt man den Entwicklungsstand des Kindes in Hinsicht auf seine Fähigkeit zur Informationsverarbeitung, könnte somit bei bestimmten Wahrnehmungsangeboten die Art des affektiven Zustands vorausgesagt werden. In Tabelle 4 sind einige Emotionen und die dafür nötigen Prüfschritte aufgeführt. Die Sequenz des ersten Auftretens der Emotionen stimmt mit den gängigen Entwicklungsvorstellungen überein. Ob aber tatsächlich die Emotionen Resultat der durchlaufenen Verarbeitungsschritte sind, muß erst empirisch erwiesen werden.

2.1.2.6 Attributionstheorie und emotionale Entwicklung

Eine Position, die sich deutlich von den meisten Ansätzen zur emotionalen Entwicklung unterscheidet, ist im Forschungsbereich zur Kausalattribution, einem Themenbereich der Sozialpsychologie, entstanden. Hier richtet sich das Hauptinteresse auf das Erleben relativ komplexer Emotionen, die im sozialen Motivationsprozeß eine Rolle spielen (Ärger, Schuld, Mitleid, Stolz). Emotionen werden als Folge von Kausalattributionen behandelt (Weiner & Graham, 1984), weil die Art, wie Personen auf soziale Ereignisse emotional reagieren, auf der Ursacheninterpretation dieser Ereignisse beruhen soll. In einem ersten Schritt werden Ereignisse (Handlungsergebnisse) danach bewertet, ob sie positiv oder negativ sind (Erfolg/Mißerfolg). Hierbei sollen „ergebnisabhängi-

Tabelle 4: Voraussetzungen auf seiten der Verarbeitungsschritte für die Ontogenese bestimmter Emotionen (nach Scherer, 1984, S. 314, Reproduktion erfolgt mit Genehmigung des Autors)

Emotionaler Ausdruck	Altersbeginn (in Monaten)	Verarbeitungsschritte				
		neuartig	angenehm	zielförderlich	bewältigbar	norm-/selbstkompatibel
Schreck	0	X				
Unbehagen	0	.	X			
Überraschung	1—3	.	.	X		
Freude	3—5	.	.	X		
Ärger	4—6	.	.	X	X	
Furcht	5—9	.	.	X	X	
Scham/Schuld	12—15	.	.	.	.	X
Verachtung	15—18	.	.	.	.	X

Legende: X: Verarbeitungsschritt ist notwendig für das Erscheinen der Emotion
.: Verarbeitungsschritt möglich, hat aber keine zentrale Bedeutung für Emotion

ge" Emotionen wie Freude und Trauer entstehen. In einem zweiten Schritt wird nach den Ursachen für das Ereignis gesucht, besonders wenn unerwartete Handlungsergebnise auftreten. Die Suche nach Erklärungen dient der Reduzierung von Überraschung („attributionsabhängige" Emotion). Um eine Emotion wie Stolz als Reaktion auf einen Erfolg, den man eigener Kompetenz zuschreibt, oder das Gefühl der Dankbarkeit als Folge eines Erfolges, der durch die Hilfe anderer zustandegebracht wurde, auszulösen, wird kein Erregungszustand benötigt, der vor dem emotionalen Erleben bewertet werden müßte (Weiner, 1982). Emotionen wie Mitleid, Ärger, Schuldgefühl und Stolz sollen unmittelbar und allein aus kognitiven Bewertungsprozessen und aus der unterschiedlichen Gewichtung der drei wesentlichen Ursachen-Dimensionen „Personabhängigkeit/Ort der Kontrolle" (internal-external), „Stabilität" (variabel-stabil/länger andauernd) und „Kontrollierbarkeit" resultieren. Aus unterschiedlicher Gewichtung der drei Dimensionen entstehen „dimensionsabhängige" Emotionen. Stolz soll z. B. dann entstehen, wenn man die Ursache für ein positives Ergebnis als personabhängig ansieht, Hoffnungslosigkeit dann, wenn Ursachen für einen Mißerfolg als zeitlich stabil angesehen werden. Die Entwicklung schreitet von den ergebnisabhängigen zu den attributions- und dimensionsabhängigen Emotionen fort. Auch die Anknüpfung von Emotionen an die verschiedenen Erklärungsdimensionen im letzten Schritt ist entwicklungsabhängig. Während z. B. Sechs- und Siebenjährige jemandem, der ein Leistungsergebnis nur zufällig erzielt hat, Schuldgefühle zuschreiben, machen dies Neun- bis Elfjährige nur noch bei absichtlichem Fehlverhalten. Stolz wird mit zunehmendem Alter immer mehr mit internaler Kontrolle, d. h. mit persönlicher Fähigkeit und/oder aufgewendeter Anstrengung, verbunden. Was sich im emotionalen Attributionsprozeß entwickelt, ist demnach die Verbindung zwischen den verschiedenen Kombinationen der Verursachungsdimensionen und den Emotionen.

Meyer, Niepel und Engler (1987) haben aufgrund neuerer Untersuchungen dieser Weinerschen Einteilung in attributions- und dimensionsabhängige Emotionen widersprochen. Überraschung ist insbesondere davon abhängig, wie erwartungsdiskrepant Erfolg auftritt. Der Einfluß der Zufallsattribution — eine eminent hohe intellektuelle Leistung — ist demgegenüber gering. Überraschung erfordert keine tiefgehende Verarbeitung im Sinne ursächlicher Analysen und des Begreifens, daß ein Ereignis zufallsabhängig auftritt (Meyer, 1988). Auch Stolz scheint mehr vom Ausmaß der vom Ergebnis übertroffenen Erwartung als von der Attribution des Erfolgs abhängig. Das Erleben von Stolz setzt keine differenzierten Attributionen auf internale Gründe wie Fähigkeit oder Anstrengung voraus. Es reicht anscheinend aus, daß man selbst als Handelnder einen intendierten Effekt herbeigeführt hat. Eine tiefergehende Analyse der Ursachen des Ereignisses kann anschließend durch externale

Attributionen zu einer Abschwächung, durch internale Attributionen zu einer Vergrößerung von Stolz führen.

Ein grundsätzlicher Mangel der Weinerschen Studien ist, daß nicht versucht wurde, Emotionen im Prozeß ihres Entstehens in realen Situationen zu betrachten. Meist handelt es sich um Fragebogenstudien, in denen sich Versuchspersonen hypothetische Situationen vorzustellen haben, in denen ihnen selbst oder anderen Personen Ereignisse, die auf bestimmte Ursachen zurückgehen, widerfahren. Untersucht wurden also eher Gedanken über Emotionen als aktuelles Erleben einer Emotion (Meyer, 1983).

2.1.3 Der sozialisationspsychologische Ansatz

Vom dargestellten biologischen Ansatz her, vor allem in Darwinscher Sicht, ist emotionales Verhalten als vorprogrammiert und kulturübergreifend zu betrachten. Emotionen funktionieren eher wie biologisch festgelegte Instinkte oder Impulse (siehe z. B. McDougall, 1932), wobei die emotionale Entwicklung eine Abfolge grundlegender Reifungsschritte ist. Da eine feste Verknüpfung von Zustand, Ausdruck und Erleben zumindest für die grundlegenden („primären") diskreten Emotionen postuliert wird, sind sozialisatorischen Einflüssen enge Grenzen gesetzt. Die Möglichkeiten beschränken sich auf die Veränderung des bereits entwickelten angeborenen Ausdrucksverhaltens und die Entwicklung einer differenzierteren Gefühlswelt. Dagegen betrachten sozialisatorische Ansätze die Verbindung zwischen den emotionalen Komponenten Zustand, Ausdruck und Gefühl als zunächst offen oder lose, und erst der Sozialisationsprozeß stellt im Laufe der Entwicklung die Verbindung her. Die Aufgabe der Sozialisation liegt also darin, emotionalen Zustand und Erleben durch besondere Sozialisationserlebnisse des Kindes zu verknüpfen und die noch nicht festgelegte Eins-zu-eins-Beziehung zwischen Ausdruck und Erleben herzustellen. Als Ursache sowohl der Veränderung biologisch festgelegter Emotionen und ihrer Ausdrucksformen, als auch der noch nötigen Verknüpfung von Zustand, Ausdruck und Erleben wird die Interaktion des Kindes mit seiner sozialen Umwelt angesehen. Damit gehen Sozialisationsansätze über eine auch von biologischen Ansätzen zugestandene soziale Auslösung von Emotionen und eine Veränderbarkeit des emotionalen Verhaltens in biologisch festgelegten Grenzen hinaus. Beide Ansätze verstehen emotionale Entwicklung zwar als Interaktionsprozeß, der von biologischen *und* Umweltfaktoren bestimmt wird, der sozialisatorische Ansatz sieht Umwelteinflüsse aber schon bei der Ontogenese der einzelnen Emotionen am Werk, während der biologische Ansatz eine Einflußmöglichkeit der Umwelt eher erst bei der Weiterentwicklung einräumt.

Die sozialisatorische (lerntheoretische) Betrachtungsweise rückt die Wirkung des sozialen Einflusses auf das Erleben und den Ausdruck von Emotionen durch sog. „Gefühlsregeln“ (Hochschild, 1979) und „Ausdrucksdarbietungsregeln“ („display rules“, Ekman & Friesen, 1969a, 1975) in den Vordergrund. Gefühlsregeln beziehen sich auf die Modifikation des emotionalen Zustands, Ausdrucksregeln auf die Modifikation des emotionalen Verhaltens. Fünf Kernfragen stellen sich dabei nach Lewis und Michalson (1982): Wie lernen Kinder, (1.) wie man Emotionen ausdrückt, (2.) wann man sie ausdrückt und (3.) wie man sie kontrolliert (Modifizieren und Unterdrücken des Ausdrucks)? (4.) Wie erwerben Kinder die Benennung von Emotionen und welchen Einfluß hat diese Benennung auf das emotionale Erleben, und (5.) wie kommt es bei den Kindern zu einer Verknüpfung von emotionaler Zustandsänderung und spezifischem emotionalem Erleben?

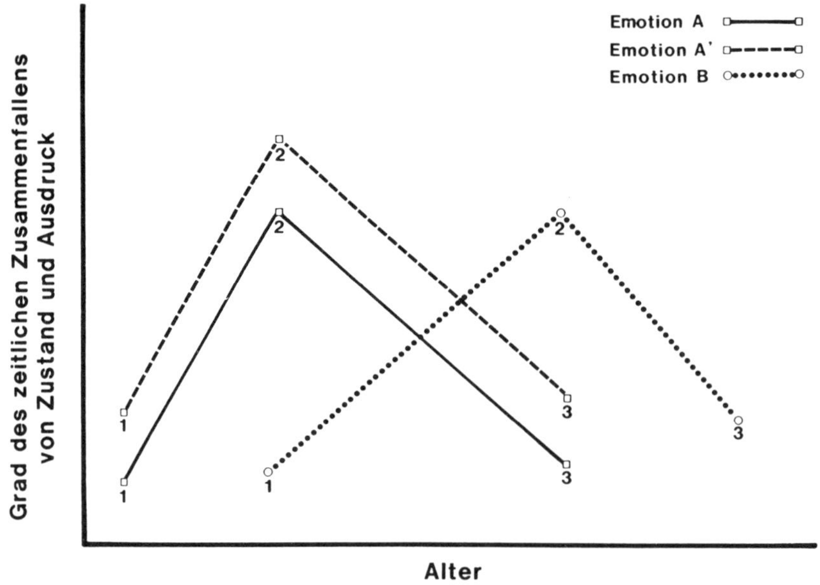

Abb. 1: Beziehung zwischen emotionalem Zustand und Ausdruck in der Entwicklung (aus Lewis & Michalson, 1985, S. 164, Reproduktion erfolgt mit Genehmigung des Erstautors)

Lewis und Michalson (1983, 1985) kennzeichnen die Entwicklung der Emotionen durch die sich verändernde Beziehung zwischen emotionalem Ausdruck und emotionalem Zustand. In einem Phasenmodell (Abb. 1) postulieren sie für jede Emotion zunächst einen vorbereitenden Entwicklungsabschnitt der Asynchronie, in dem aufgrund biologischer Unreife interne emotionale Zustände undifferenziert und ohne feste Beziehung zum Ausdruck auftreten („biologische Asynchronie“). Dabei kann es zunächst gleichgültig sein, ob der Zustand des Säuglings schon differenzierter als der entsprechende Gesichtsausdruck oder der

Gesichtsausdruck schon differenzierter als der zugrundeliegende Zustand entwickelt ist: Wichtig ist das anfängliche Ungleichgewicht zwischen beiden.

In einer zweiten Phase kommt es zu einer zwischenzeitlichen Synchronie. Diese synchrone Beziehung wird damit erklärt (Lewis & Michalson, 1985), daß nun biologische Faktoren ihre volle Wirkung entfalten, um den Ausdruck an den entsprechenden Zustand zu koppeln. Sozialisatorische Einflüsse sind dagegen noch nicht mächtig genug, um Ausdruck und Zustand zu entkoppeln. Eine solche Entkopplung wird durch die noch fehlende Fähigkeit des Kleinkindes behindert, den eigenen emotionalen Ausdruck getrennt vom zugrundeliegenden Zustand zu kontrollieren. Obwohl soziale Bekräftigungen und sozialisatorische Regeln schon wirksam sein könnten, fehlen dem Kind das Wissen um das sozial angemessene emotionale Verhalten sowie die kognitiven Voraussetzungen, um eigenen Ausdruck zu maskieren oder vorzutäuschen. Alternativ zu dieser biologischen Erklärung favorisieren Lewis und Michalson (1985) eine Verursachung der kurzfristigen Synchronie durch sozialisatorische Faktoren, was konsequenter einem sozialisatorischen Ansatz entspricht. Die sozialisatorische Erfahrung des Kindes soll die Synchronisation von Ausdruck und Zustand herbeiführen. Als Beleg wird angeführt, daß ein Ziel der sozialisatorischen Bemühungen der sozialen Umwelt des Kindes darin besteht, den Ausdruck des Kindes zu korrigieren, bis er zum vermeintlichen emotionalen Zustand des Kindes paßt. Gleichzeitig soll durch die Veränderung des Gesichtsausdrucks mittelbar auch der zugrundeliegende emotionale Zustand reguliert werden, was unausgesprochen der schon erwähnten Feedback-Hypothese entspräche.

In der dritten Phase erneut wachsender Asynchronie treten unter volitionaler Kontrolle der emotionale Zustand und sein Ausdruck aufgrund kultureller Regeln immer weiter auseinander. Der Ausdruck verliert somit im Laufe der Entwicklung seinen Charakter als Indikator für einen emotionalen Zustand und wird zum Symbol. Dies sollte einen fortgeschrittenen Entwicklungsstand der kognitiven Strukturen und einen inzwischen kumulierten Sozialisationsdruck verraten.

Für alle Emotionen wird von Lewis und Michalson ein solcher initialer Entwicklungsverlauf vermutet, allerdings mit je nach Emotion unterschiedlicher zeitlicher Abfolge und Dauer der Phasen, unterschiedlicher Stärke der Synchronie und unterschiedlicher zeitlicher Verschiebung auf der Zeitachse der Gesamtentwicklung. Es ist also möglich, daß bei der einen Emotion schon Synchronie, bei einer anderen noch die Frühphase 1 der Asynchronie herrscht usw. (siehe Abb. 1: Vergleich der Emotionen A und B). Das Modell sieht auch vor, daß eine größere Intensität der emotionsauslösenden Situationsfaktoren (und damit auch des emotionalen Zustands) zu einer größeren Synchronie zwischen Zustand und Ausdruck zwingt (Vergleich der gleichen Emotion A und A' in Abb. 1). Es sollte also schwierig sein, das Ausdrucksverhalten von starken emotionalen Zuständen abzukoppeln (Lewis, Brooks & Haviland, 1978). Unverständlich bleibt im dargestellten Modell jedoch (siehe Abb. 1), warum diese engere Synchronie im Verlauf der Emotionsontogenese nur als einmaliges, zeitlich befristetes Übergangsstadium auftritt. Wäre es nicht sinnvoll, auch in der späteren Entwicklung das Auftreten von Synchronie zwischen Zustand und Ausdruck zu postulieren, wenn die Auslöserstärke ein bestimmtes Maximum übersteigt, obwohl dem Kind unter „normaler" emotionsauslösender Bedingung bereits eine Abkopplung des Ausdrucks vom emotionalen Zustand gelingt?

Die Stärke der Asynchronie zwischen Zustand und Ausdruck ist von mehreren Faktoren abhängig (Lewis & Michalson, 1985). Die Art der Emotion, das Ausmaß, mit dem ein bestimmter emotionaler Ausdruck Ziel sozialisatorischer Bemühungen war, die Art der Situation, die zur Auslösung der Emotion führt, und der Grad, mit dem das Kind schon in der Lage ist, einen Ausdruck kognitiv zu kontrollieren, sollen für die Intensität der Asynchronie verantwortlich sein.

Daß sozialisatorische Einflüsse die Beziehung zwischen emotionalem Zustand, Ausdruck und Erleben prägen und zu einer Ausdrucksbeherrschung führen, wird auch von biologisch orientierten Forschungsansätzen nicht bestritten. Uneinigkeit besteht nur über die erste asynchrone Phase des Entwicklungsmodells von Lewis und Michalson und die Entstehung der Synchronie zwischen den Emotionskomponenten. Im Einklang mit dem biologischen Ansatz von Izard postuliert Malatesta (1985) ein einfacheres Zweiphasenmodell, bei dem zunächst eine angeborene Synchronie zwischen emotionalem Zustand, Ausdruck und Erleben herrscht, die sich durch sozialisatorische, kulturelle Lerneinflüsse im Entwicklungsverlauf immer mehr in eine Asynchronie der Emotionskomponenten auflöst. Die wesentliche Entwicklungsaufgabe der Kinder besteht also darin zu lernen, ihren Emotionsausdruck und insbesondere dabei die Mimik zu verstellen, nicht aber Zustand und Verhalten zunächst in Einklang zu bringen. Damit muß nicht erklärt werden, wie und warum die Sozialisation in einem komplexen Entwicklungsparcours zunächst Synchronie zwischen den Emotionskomponenten herstellt, dann aber, wenn Synchronie herrscht, diese allmählich wieder in Richtung Asynchronie auflöst. Der Sozialisation kommt also (wie in der dritten Phase von Lewis) die Aufgabe zu, das kindliche, möglicherweise zu heftige, inadäquate emotionale Verhalten in kulturspezifische situationsangemessene Bahnen zu lenken, was auch Verstellen und Maskieren mit einschließt (vgl. Schneider & Dittrich und Scherer & Wallbott, in diesem Band). Zudem obliegt es gleichermaßen der sozialen Umwelt, adäquates Ausdrucksverhalten zu stützen und aufrechtzuerhalten. In den meisten Blindenuntersuchungen (Charlesworth, 1970; Eibl-Eibesfeldt,

1973; Fraiberg, 1977, 1979; Freedman, 1964; Goodenough, 1932; Thompson, 1941) hat sich gezeigt, daß Blinde zwar auch basaler emotionaler Ausdrucksmuster zunächst fähig sind, aber daß sich die Ausdrucksmuster mit der Zeit abschwächen und weniger häufig auftreten. Denn Blinde sind in der sozialen Kommunikation visueller Rückkopplung, die zur Imitation anregt, beraubt (Funktion und Bedeutung der Imitation bei der Sozialisation der Emotion referieren Malatesta und Izard, 1984 b, ausführlich). Dadurch scheinen Blinde auch keinen persönlichen Ausdrucksstil zu entwickeln.

Ähnlich wie beim emotionalen Ausdruck soll nach Malatesta (1985) Kindern auch schon das Erleben von Emotionen quasi von Natur aus mitgegeben sein. Emotionales Fühlen muß also nicht gelernt werden. Im Verlauf der Entwicklung lernt das Kind „nur noch“, sich das eigene Erleben bewußt zu machen, es zu benennen und es differenzierter zu analysieren und zu beschreiben. Nähme man an, Säuglinge hätten nicht zumindest ein basales Erleben von Emotionen, sondern sie müßten emotionales Fühlen erst lernen, dann wäre zu klären, wie sie dies lernen und wer sie dies lehrt. Gefühle sind aber auch für Erwachsene (die potentiellen Lehrmeister des Kindes) nur schwer zu beschreiben, und die verbale Beschreibung trifft noch lange nicht die Komplexität des tatsächlichen Erlebens, zu dem Erwachsene fähig sind. Es müßte also erklärt werden, wie es zu solch einer Komplexität des Erlebens durch Lernen kommt, wenn es in dieser Komplexität gar nicht lehrbar ist.

2.1.3.1 Vom spontanen zum volitionalen Ausdruck

Kultureller Einfluß verändert den spontanen emotionalen Ausdruck in dem Maße, in dem das Kind lernt, sich nach sozialen Konventionen zu verhalten. Nach Ekmans (1977) Ansicht existieren zwei voneinander getrennte neuromuskuläre Bahnungen für spontanes und volitionales mimisches Verhalten, die in den unterschiedlichen Hirnhemisphären aktiviert werden. Während die rechte Hemisphäre für den spontanen Ausdruck zuständig ist, obliegt der linken Hemisphäre die Aufgabe, den willentlich kontrollierten, posierten Ausdruck zu aktivieren (Buck, 1982). Eine solche funktionale Aufgabenteilung der beiden Hirnhemisphären ist allerdings umstritten. Nach Auffassung von Rinn (1984) wird spontaner emotionaler Ausdruck eher vom phylogenetisch älteren subkortikalen extrapyramidalen motorischen System gesteuert, während bei volitionalem Ausdruck der Kortex (kortikobulbäre Projektion) stärker beteiligt ist. Das Kind muß also mit zunehmender Reifung des Kortex lernen, das spontan ausgelöste und im Laufe der Phylogenese fest programmierte emotionale Verhalten durch volitionale, flexiblere Aktivität (kortikal gesteuertes Verhalten) zu überlagern. Dieses flexiblere Verhalten wird an der Berücksichtigung verschiedener Faktoren sichtbar. Alter, Geschlecht und Status des Kommunikationspartners, desgleichen situative Merkmale, werden stärker mit einbezogen. Dabei kann es zu Mischungen sowohl spontaner Ausdruckselemente als auch ihnen entgegenarbeitender Elemente volitionalen Verhaltens kommen (Ekman & Friesen, 1969 a). Solche Mischungen lassen den Versuch einer Ausdruckskontrolle erkennen. Das Ersetzen eines Ausdrucks durch einen anderen scheint besser zu gelingen als die Neutralisierung eines Ausdrucks. Ein typischer, häufig gebrauchter Ausdrucksersatz ist das Lächeln (Ekman & Friesen, 1975).

Verschiedene Sozialisationsprozesse (Cole, 1985) werden für den Erwerb der Darbietungsregeln (display rules), die den Ausdruck intensivieren, abschwächen, neutralisieren oder durch einen anderen ersetzen, verantwortlich gemacht (Ekman, 1977; Ekman & Friesen, 1969 a). Durch Bekräftigungslernen wird angemessener Ausdruck unterstützt, durch Ignorieren und Bestrafen wird unangemessenes Verhalten unterdrückt. Als weitere Prozesse werden das Modellernen (Maccoby, 1980) und das „social referencing" (soziale Bezugnahme bzw. soziales Sich-Vergewissern/Rückversichern: Campos & Stenberg, 1981) genannt. In einer Phase emotionaler Unsicherheit sucht das Kind nach Hinweisen im Ausdrucksverhalten der Mutter, um zu schauen, wie sie die verunsichernde Situation bewertet. Das Kind decodiert das mütterliche Verhalten und reagiert emotional darauf, so daß Unsicherheit weicht. Das emotionale Verhalten der Bezugsperson bietet somit die Information für das Kind, was man in diesem Kontext fühlen und wie man sich verhalten sollte. Diese Information kann durch direkte Instruktion erteilt werden („Jungen weinen nicht!"), kann aber auch — und dies ist der häufigere Fall — durch subtilere Beeinflussung übermittelt werden. Kinder können Ausdrucksregeln unmittelbar ableiten, sobald sie feststellen, daß ihr emotionales Verhalten sich von dem anderer Personen unterscheidet (Lewis & Michalson, 1983). Auch können Kinder schon früh die Erwartungen anderer Personen erschließen, die diese bezüglich eines situationsangemessenen kindlichen Verhaltens hegen (Saarni, 1985). Beobachtung und Imitation anderer Personen oder Erwartungskonformität führt zur Veränderung des Ausdrucksverhaltens.

Das erste Auftreten des sozialen Lächelns im zweiten und dritten Lebensmonat markiert anscheinend spätestens die Aufnahme sozialer Beziehungen und damit die Öffnung für eine kulturelle Beeinflußbarkeit. In einer Reihe von Studien zur Mutter-Kind-Interaktion zeigt sich zwischen dem dritten und sechsten Monat, daß Mütter häufiger auf das Lächeln des Kindes reagieren und das Lächeln des Kindes imitieren, worauf die Kinder kontingent mit Wiederlächeln antworten (Field & Greenberg, 1981, zit. nach Cole, 1985; Malatesta & Haviland, 1982). Zur gleichen Zeit wird das Auftreten von Weinen durch Nichtbeachten vonseiten der Mutter seltener (Brooks-Gunn & Lewis, 1982). Auch werden jetzt möglicherweise erste Geschlechtsunterschiede im Verhalten der Kinder angelegt, da Mütter z. B. ihre Reaktionen auf das Weinen bei Jungen früher als bei Mädchen in der Entwicklung verringern (Malatesta & Haviland, 1982). Sozialisatorischer Einfluß auf das kindliche emotionale Verhalten wird also schon früh ausgeübt und zeigt Wirkung.

Eine das Verhalten des Kindes leitende Übernahme des mütterlichen emotionalen Verhaltens im Sinne des „social referencing" bei emotionaler Unsicherheit des Kindes zeigt sich zum ersten Mal etwa im Alter zwischen 10 und 12 Monaten (Feinman & Lewis, 1983). Daß dies Kleinkindern erst am Ausgang des ersten Lebensjahres gelingt, liegt an einer Reihe von komplexen Entwicklungsschritten, die es erst einmal beherrschen muß (Klinnert, Campos, Sorce, Emde & Svejda, 1983). Das Kind muß fähig sein, sich an der Quelle dieser emotionalen Information, dem menschlichen Gesicht, zu orientieren. Dies gelingt schon sehr früh. Es muß aber auch die Gesichtsinformationen entdecken, die wichtig für den emotionalen Ausdruck sind, muß die jeweiligen Muster der mimischen Komponenten identifizieren, die den Ausdruck einer bestimmten Emotion bestimmen, und muß die emotionale Bedeutung dieser Muster richtig einschätzen, um die Information zur Wahl des richtigen Verhaltens nützen zu können. Aus einer schon weit zurückliegenden Arbeit von Bühler und Hetzer (1928) wissen wir, daß drei und vier Monate alte Kinder den Gesichtsausdruck noch nicht auffassen, sondern nur auf den menschlichen Blick (Augenpartie des Gesichts) positiv reagieren. Durch die Erweiterung des Gesichtskreises und die Möglichkeit, auf weitere Bestandsstücke des Gesichts zu achten, sind fünf bis acht Monate alte Kinder in der Lage, die positive und negative Mimik widerzuspiegeln, indem sie Teile der Gesichtsbewegungen des Erwachsenen wiederholen und mitmachen. Durch diese Nachahmung soll sich die Qualität der Mimik auf das Kind übertragen. Mit etwa acht Monaten lösen sich die Kinder von dieser reflektorischen Übertragung und beginnen mit selbständigen Bewegungen (z. B. mit freudigem Strampeln etc. als Reaktion aufs Anlächeln, mit Unruhe und Senken des Blicks als Reaktion auf das erzürnte Gesicht) sinnvoll auf die Mimik des erwachsenen Modells zu reagieren. Bühler und Hetzer sehen hierin ein erstes Verständnis des Kindes für Ausdruck.

Das Alter, ab wann Kinder ihr offenes Verhalten kontrollieren, ist noch nicht klar. Kontrovers wird z. B. diskutiert, ab wann Kinder willentlich imitieren. Erste Vorläufer einer solchen, zumindest sich auf grobmotorische Bewegungen des Gesichts beziehende Imitation haben Field, Woodson, Greenberg und Cohen (1982) und Meltzoff und Moore (1977) schon an sehr jungen Kindern beobachtet. Eine erste volitionale, selbstinitiierte Kontrolle scheint aber erst in der zweiten Hälfte des ersten Lebensjahres möglich zu sein (instrumentelles Schreien: Wolff, 1969; Verzögerung von Unmutsäußerungen: Sroufe, 1983). Willentliches Simulieren und Verstellen des emotionalen Ausdrucks gelingt dagegen erst im Kindergarten- und Grundschulalter (zumindest sind in diesem Alter die meisten Untersuchungen angesiedelt), wenn das Kind in der Lage ist, seine selbstregulatorischen Fähigkeiten feiner und flexibler zu handhaben und es längere Handlungssequenzen planen, über seine Handlungen und inneren Erlebnisse reflektieren sowie Gedanken, Gefühle und Absichten anderer erschließen kann.

In einer inzwischen als klassisch zu bezeichnenden Untersuchung haben Odom und Lemond (1972) Kindergartenkindern und Fünftkläßlern die Aufgabe gestellt, acht Emotionen zu identifizieren (dekodieren) und dann zu reproduzieren (enkodieren). Die Dekodier- und Enkodierrate stieg mit dem Alter, dabei fiel das Erkennen der abgebildeten Emotion den Kindern beider Altersstufen leichter als das Posieren. Positiver Ausdruck wurde exakter erkannt und wiedergegeben als negativer. Nachfolgende Studien konnten diese Befunde bestätigen. Die größte Verbesserung in der Encodierrate scheint sich zwischen dem sechsten und neunten Lebensjahr zu ergeben, wobei durchgehend die Simulation positiver Emotionen leichter fällt (Buck, 1977; Ekman, Roper & Hager, 1980; Field & Walden, 1982; Hamilton, 1973; Lewis, Sullivan & Vasen, 1987; Yarcowzer, Kilbride & Hill, 1979).

Daß negative Emotionen schwieriger zu simulieren sind, mag an der bereits gelernten Tendenz liegen, negativen Ausdruck zu maskieren, zumal Yarcowzer, Kilbride und Hill (1979) gezeigt haben, daß Grundschulkinder negativen Ausdruck exakter produzierten, wenn sie sich unbeobachtet fühlten. Berichte von Cole (1985) legen aber auch nahe, daß Kinder sich weigern, eine negative Emotion zu produzieren, weil sie das entsprechende Gefühl nicht aufkommen lassen wollen. Es mangelt ihnen wohl noch an der Kenntnis, daß Gefühl und Ausdruck voneinander abweichen können. Rottleuthner-Lutter (1987) fand, daß erst Kinder ab Mitte des siebten Lebensjahres häufiger zwischen Gefühlsausdruck und Gefühlserleben verbal differenzieren. Die Fähigkeit, Gefühl und Ausdruck beim Enkodieren voneinander zu trennen, macht aber selbst Erwachsenen noch Schwierigkeit. Wenn sie einen negativen Gesichtsausdruck zeigen sollen, gelingt es ihnen leichter, wenn sie sich zuvor in den entsprechenden Gefühlszustand versetzen (Laird, 1974). Umfangreiches Training scheint aber eine solche Entkopplung von Zustand und Ausdruck zu ermöglichen (Bloch, Orthous & Santibanez-H, 1987).

Auch beim Täuschen und Verstellen haben Grundschulkinder noch große Schwierigkeiten. Erst etwa Zehn- bis Elfjährige scheinen sich darauf besser zu verstehen (Allen & Atkinson, 1978; Morency & Krauss, 1982). Gelingt eine Kontrolle des Gesichtsausdrucks, so verraten sie sich durch Körperbewegungen oder durch die Stimme. Während es Jungen in einer Studie von Shennum und Bugental (1982) fertigbrachten, ihren Ausdruck in negativer Bedingung zu neutralisieren, versuchten die Mädchen in dieser Studie mit positiver Mimik die Situation zu überspielen, was ihnen aber nicht überzeugend gelang. Ähnliche

Ergebnisse erhielt Saarni (1984) bei einem Experiment, bei dem Sechs- bis Zehnjährige mit einem enttäuschenden Geschenk (Babyspielzeug) belohnt wurden. Während die jüngeren Jungen ihrem negativen Ausdruck freien Lauf ließen und die älteren Jungen und die jüngeren Mädchen sich unberührt zeigten (Neutralisierung des Ausdrucks), schafften es die älteren Mädchen sogar, Gefallen am Geschenk zu heucheln. Cole (1983) fand ähnliche Verhaltensweisen auch schon bei jüngeren Kindern.

Systematische Untersuchungen zur Entwicklungsabfolge der Ausdrucksmodifikation im Sinne der vier Ekmanschen Typen wurden bisher nicht unternommen. Dennoch kann mit Saarni (1982) vermutet werden, daß die Intensivierung und Übertreibung des Emotionsausdrucks zuerst erfolgt. Oft genug läßt sich feststellen, daß z.B. Kleinkinder Weinen und Schreien bei Verletzungen steigern, wenn sie sich beobachtet sehen (Blurton Jones, 1967). Vorschulkinder neigen dagegen eher dazu, ihren Ausdruck abzuschwächen. Maskieren, ob Neutralisieren oder Ersetzen, dürfte der komplizierteste Fall der Ausdrucksmodifikation sein und erst spät auftreten. Aus der geschilderten Befundlage ist die Tendenz nicht zu übersehen, daß Jungen eher zur Neutralisierung, Mädchen eher zur Substitution mit Lächeln neigen.

2.1.3.2 Die Entwicklung der Emotionsbenennung

Eltern interpretieren und benennen das emotionale Verhalten ihres Kindes, lange bevor das Kind selbst sprechen und damit seine Gefühle verbalisieren kann. Sie liefern damit dem Kind die Wörter eines umfangreichen, oft sehr nuancierten Emotionslexikons, das eine größere Differenzierung und Vielfalt an Namen für Gefühlszustände und Intensitätsabstufungen von Emotionen umfaßt, als aufseiten der Analyse des emotionalen Ausdrucksverhaltens bekannt und jemals in der Psychologie erforscht worden ist. Durch die Kommentierung des emotionalen Zustands und Ausdrucks des Kindes in spezifischen emotionsauslösenden Situationen liefern die Pflegepersonen aber nicht nur die Emotionsetiketten, die das Kind dann auch mit dem Zustand und seinem Verhalten in dieser Situation verknüpft und zur Schilderung der eigenen Gefühle übernimmt. Darüberhinaus machen Pflegepersonen das Kind auf Emotionen aufmerksam, lenken seine Aufmerksamkeit auf ablaufende, zurückliegende oder zukünftige emotionale Vorgänge, erläutern dem Kind, was in ihm vor sich geht, strukturieren das emotionale Erleben und legen ihm nahe, welche emotionalen Reaktionen sie von ihm in der konkreten Situation erwarten. Eltern wirken somit emotionsmodulierend und -modifizierend auf das Kind ein. Indem sie auf die Emotionen des Kindes eingehen und sie benennen, verändern die Eltern das emotionale Verhalten und Erleben des Kindes in sozial angemessener und kulturspezifischer Form. Drei Typen der Beeinflussung des kindlichen Verhaltens durch mündliche Kommentare beobachteten Malatesta und Haviland (1985) in ihren Studien: Affektermutigung („Komm, lächle Mama an!"), Affektmißbilligung („Sei nicht traurig!") und eine eher nichtdirektive emotional-reflexive Betrachterperspektive („Du fühlst dich unglücklich, nicht wahr."). Sie vermuten, daß sich zunächst diese elterlichen Kommentare auf aktuelle Ereignisse beziehen, im Laufe der Entwicklung des Kindes aber auch zunehmend zurückliegende oder antizipierte emotionale Vorgänge mit eingeschlossen werden.

Sprache hat u. a. die Funktion, wesentlich erscheinende Aspekte der Umwelt — losgelöst von dem hier und jetzt Wahrgenommenen — faßbar zu machen. Sie ist aber auch das Werkzeug eines bestimmten Kulturkreises, d. h. viele Begriffe und auch die Beschreibung von Gefühlszuständen sind kulturspezifisch geprägt. Kulturen variieren in der Zahl der Wörter, die sie zur Beschreibung von Emotionen besitzen (Izard, 1980). Die Zahl der Wörter für eine Emotion gilt als guter Index für die Bedeutung dieser Emotion im jeweiligen Kulturkreis (Levy, 1980, zit. nach Malatesta & Haviland, 1985; Levy, 1984). An ihr lassen sich Überbetonungen von Emotionen, Emotionsabwertungen durch inflationären, abstumpfenden Gebrauch entsprechender Gefühlswörter, aber auch die Unterrepräsentanz bestimmter Emotionen in einer Kultur erkennen. Kulturen, in denen z. B. die Verantwortlichkeit für Verhalten weitgehend externalen Ursachen zugeschrieben wird, kennen nur wenige Wörter für Schuld. Gleichzeitig wird in solchen Kulturen nur wenig über das Erleben von Schuldgefühlen berichtet. Die Anzahl der emotionalen Wörter steht also mit dem Erleben in Verbindung und beeinflußt es. (Diese These entspricht der in der Sprachpsychologie umstrittenen Whorfschen Ansicht, 1956, über die Funktion der Sprache.) In ähnlicher Weise gilt diese kulturspezifische Varianz auch für die Nahumwelt des Kindes in der Familie. Sprache ermöglicht eine ideosynkratische, familientypische Verknüpfung zwischen Zustand, Erleben und Ausdruck. Sieht man von familientypischen Ausdrucks- und Erlebensbesonderheiten ab, die in gewissen Randbereichen variieren, kann ungeeignetes Benennen zu gemischten Gefühlen oder zum Austausch des einen durch ein anderes Gefühl führen. Durch Ignorieren oder extreme Reaktion auf eine Emotion des Kindes kann es auch zur Löschung oder zur Unterdrückung einer emotionalen Reaktion kommen (Lewis & Michalson, 1982). Die zunehmende Entwicklung sprachlicher/symbolischer Funktionen führt somit beim Kind zu einer Entkopplung zunächst biologisch fundierter Verknüpfungen der verschiedenen Komponenten einer Emotion und zur bewußten Kontrolle. Individuelle Unterschiede in der Auslösung von Emotionen in bestimmten Situationen, im Ausdrucksverhalten und im Gefühlsleben können sich herausbilden.

Sprache ist an der Bildung und am Abruf emotionaler Gedächtnisschemata beteiligt und trägt zur Entwicklung eines abstrakten Begriffssystems von Emotionen bei. Dieses Begriffssystem umfaßt Abstraktionen von konkreten und gelegentlich auftretenden Ereignissen und erlaubt das Denken über Gefühle. Emotionale Etiketten gewinnen begriffliche Substanz. Verbunden mit globalen Begriffen wie Trauer, Ärger, Furcht, Freude usw. ist dieses Begriffssystem nützlich für die Emotionskontrolle und die volitionale Regulierung des Ausdrucksverhaltens. Für eine rasche Informationsverarbeitung und emotionale Reaktion ist es aber auch — unabhängig von solchen komplexen Begriffsbildungsprozessen — wichtig, auf relativ einfach organisierte Gedächtnisschemata zurückgreifen zu können, in denen sensomotorische Programme, mit prototypischen emotionsauslösenden Situationen verknüpft, bereitgehalten werden. Leventhal (1979; siehe auch Leventhal & Scherer, 1987) ist der Ansicht, daß in solchen Schemata auf konkretem, ikonischem Niveau Wahrnehmungscharakteristika der emotionsauslösenden Situation, die zur Situation passenden Ausdrucksmuster, autonomen Reaktionen, instrumentellen Bewältigungsreaktionen und die Gefühlserlebnisse gespeichert und abrufbereit gehalten werden. Malatesta und Haviland (1985) nehmen ergänzend an, daß auch die lexikalische Bezeichnung des jeweiligen emotionalen Zustands mitgespeichert wird. Diese Gedächtnisschemata („Skripts" im Sinne Abelsons, 1981; siehe hierzu Bullock & Russell, 1986) umfassen somit die Repräsentation spezifischer emotionaler Erfahrungen, die dank ihrer strukturierten Form rasch durch Vorstellungen und Emotionswörter abgerufen und aktiviert werden können. Die verbale Bezeichnung Furcht ruft z. B. ganz bestimmte prototypische Vorstellungen einer Sequenz von Ereignissen, verbunden mit bestimmten Ursachen, Bewertungen von Situationen, physiologischen Reaktionen, Ausdruck, Handlungen und Folgen, beim Zuhörer hervor.

Das Benennen von emotionalen Zuständen beim Kind dürfte somit als eine wichtige Sozialisationsvariable anzusehen sein. Umso erstaunlicher ist es, wie wenig Untersuchungen sich mit dem Etikettieren und Deuten emotionaler Zustände durch die Pflegepersonen beschäftigen. Lewis und Michalson (1982) berichten über eine Studie, in der sie die Reaktionen der Mütter auf das Verhalten ihrer einjährigen Kinder in einer Fremdesituation protokollierten. In dieser Situation, mit der das Bindungsverhalten von Mutter und Kind geprüft werden kann, wird die Reaktion des Kindes auf die Wiedervereinigung mit der Mutter nach einer Phase des Alleinseins erfaßt. Meist wirken die Kinder in der Alleinsituation verstört, sie weinen und zeigen alle Anzeichen von Trauer oder Furcht. Nur 26 Prozent der Mütter trösteten ihre Kinder, indem sie auch Benennungen des emotionalen Zustands vornahmen. Dabei variierten die Benennungen von müde/traurig, ärgerlich/wütend, erschrocken/furchtsam/verwirrt bis zur Feststellung „hast du mich vermißt". Nicht das Benennen scheint allerdings in dieser spezifischen emotionsanregenden Situation im Vordergrund zu stehen, sondern nichtsprachliche Tröstungsversuche. Andererseits wird aber deutlich, daß die gleiche Situation zu unterschiedlichem

Ausdrucksverhalten der Kinder und, darauf fußend, zu unterschiedlichen emotionalen Interpretationen der Mütter führt.

Auch über den Aufbau eines basalen Affektlexikons bei Kindern weiß man noch recht wenig. In einer schon weiter zurückliegenden Arbeit fand Amen (1941), daß Vierjährige eine begrenzte Anzahl von Emotionswörtern, wie etwa fröhlich, traurig, ärgerlich, wütend und erschreckt, gebrauchen. In Tagebuchnotizen von Müttern (Bretherton, McNew & Beeghly-Smith, 1981) tauchen die ersten Emotionswörter aber schon viel früher, am Ende des zweiten Lebensjahres, auf und werden dann im dritten Lebensjahr immer häufiger. Kinder können in diesem Alter schon eigene und Emotionen anderer Personen benennen, zurückliegende und zukünftige Emotionen diskutieren und angemessen über die Ursachen und Folgen emotionaler Zustände sprechen (siehe Sammelreferat von Bretherton, Fritz, Zahn-Waxler & Ridgeway, 1986). Etwa ein Drittel einer Gruppe 20 Monate alter Kinder benannten schon physiologische oder emotionale Zustände korrekt wie Schlaf/Müdigkeit, Schmerz, Unmut, Ekel, Zuneigung und moralische Konformität. Bretherton und Beeghly (1982) ließen Mütter von 28 Monate alten Kindern Aussprüche ihrer Kinder protokollieren, die sich mit internen Zuständen beschäftigten. Eine Vielzahl positiver und negativer Emotionen wurde richtig verbalisiert, wie etwa Freude, Vergnügen, Zuneigung, Stolz, Überraschung und allgemeines Wohlbefinden sowie Trauer, Furcht, Ärger, Ekel, Schuld und allgemeine negative Gefühle. Gleichzeitig zeigten die Äußerungen der Kinder ein in ersten Ansätzen funktionales Verständnis. Sie nannten in diesem Alter schon Ereignisse, die zum Erleben bestimmter Emotionen führen, oder sie erwähnten Handlungen, die sich als Konsequenz einer Emotion in einem bestimmten Kontext ergeben. Reiches Material für erste Ansätze des Benennens von Emotionszuständen liefern auch die Vorstellungsspiele der Zwei- bis Dreijährigen, bei denen Kinder Tierfiguren und Puppen Gefühlszustände zusprechen (Wolf, Rygh & Altschuler, 1984). Aus diesen Materialsammlungen schließen Bretherton et al. (1986), daß Kinder bis zum 36. Lebensmonat rasche Fortschritte in der Ausbildung einer emotionalen Sprache machen. Kinder dieser Altersstufe können nicht nur ihre eigenen Gefühlszustände oder die anderer Personen kommentieren, sondern zeigen auch schon erste Ansätze, damit bestimmte Ziele zu verfolgen oder etwas vorzutäuschen. Eine eher experimentelle Vorgehensweise haben Michalson und Lewis (1985) gewählt, um Emotionsbenennungen bei zwei- bis fünfjährigen Kindern zu erfragen. Sie legten den Kindern Photos vor, auf denen die Emotionen Freude, Trauer, Ärger, Furcht, Überraschung und Ekel von einem zehnjährigen Mädchen posiert wurden, und fragten nach, welches Gesicht dieses Kind macht. Die Benennungen für Freude und Trauer kamen am frühesten. Ärger war die nächste Emotion, für die die Kinder ein richtiges Etikett verwandten, wobei nur 18 Prozent der Dreijährigen, aber schon 67

Prozent der Vierjährigen den richtigen Emotionsnamen nannten. Überraschung und Furcht kamen noch später, erst 40 Prozent der Fünfjährigen machten entsprechende verbale Zuordnungen. Ekel wurde selbst von den Fünfjährigen nicht genannt. Im nächsten Schritt wurde das Verständnis für Emotionswörter getestet. Die Kinder sollten die Emotionsnamen den entsprechenden Bildern zuordnen. Hier zeigte es sich, daß Kinder schon früh die Emotionsbegriffe verstehen, sie aber erst deutlich später aktiv einsetzen. 80 Prozent der Zweijährigen deuteten richtig auf das freudige und traurige Gesicht und 40 Prozent auf Überraschung und Ärger. Ein Entwicklungsunterschied zwischen den verschiedenen Altersstufen bestand nur bei Furcht und Ekel. Diese Zuordnung gelang erst Vier- und Fünfjährigen.

Die Entwicklung der Zuordnung von Emotionsbegriff und Ausdruck haben auch Bullock und Russell (1986) mit einem um die Zustände Aufgeregtheit, Überraschung, Schläfrigkeit und Entspanntheit erweiterten Bildersatz bei zwei- bis fünfjährigen Kindern (verglichen mit einer Gruppe Erwachsener) untersucht. Wiederum zeigte sich die erwartete zunehmende Prägnanz des Ausdrucksverständnisses. Darüberhinaus erbrachte eine Fehleranalyse, daß die Kinder nicht etwa zufällig, sondern systematisch sowohl auf richtige als auch „falsche" Bilder deuteten. Sollten sie das ärgerliche Gesicht suchen, wählten sie z. B. auch das Furcht- und Ekelbild, sollten sie den Furchtausdruck herausfinden, wählten sie auch Überraschung, sollten sie Überraschung finden, wählten sie auch Aufgeregtheit. Die Kategorisierung geschah also durchaus sinnvoll, aber nicht äquivalent zu denen der Erwachsenen. Es scheint, als seien die Emotionskonzepte bei Kleinkindern zunächst breiter angelegt, um dann im Laufe der Entwicklung eingeengt zu werden. Möglicherweise beginnen Kinder zunächst, in Grundzügen die emotionale Welt zu interpretieren (nach Bullock und Russell mit den Dimensionen Angenehmheit und Erregung), eine Differenzierung in diskrete Kategorien und der Aufbau einer Taxonomie emotionaler Zustände erfolgt später.

Wie entwickelt sich das Verständnis für emotionale Konzepte? Bullock und Russell (1986) vermuten folgende Stufenabfolge:

1. Säuglinge/Kleinkinder müssen zunächst die Fähigkeit erlangen, Veränderungen im Gesicht, der Stimme, der Gestik und der Körperhaltung bei anderen festzustellen. Zwischen dem 6. und 10. Lebensmonat scheinen Kinder in der Lage zu sein, mimische Merkmale zu extrahieren und zu Mustern zu kombinieren (Caron, Caron & Myers, 1982; LaBarbera, Izard, Vietze & Parisi, 1976; Oster, 1978).

2. Die Kinder fangen an, den Veränderungen im Ausdruck des anderen emotionale Bedeutung beizumessen. Diese Bedeutung ist zu Beginn noch wenig

differenziert, Emotionen werden zunächst möglicherweise nur nach ihrer Angenehmheit und dem Grad der Erregung unterschieden. Die Präzisierung der Bedeutung der wahrgenommenen Ausdrucksveränderungen kann dann z. B. über den Prozeß des sozialen Sich-Vergewisserns/Rückversicherns (social referencing) herbeigeführt werden. Zumindest müßten zunächst negative und positive Ausdrucksweisen unterschieden werden können.

3. Die Bedeutung der Emotionen wird durch die Unterscheidung der auslösenden Situationen erweitert. Die Ausdrucksveränderungen werden mit dem Kontext, in dem sie auftreten, und ihren Folgen und Ursachen, aber auch den Emotionsbenennungen verknüpft. Diese Assoziationspaare bilden die Basis für ein Emotionsskript.

4. Durch die Beobachtung der Kombination von Ausdruck, Situation und Emotionswort sind Kinder in der Lage, Skripts zu konstruieren. Sie können nun mehrere Elemente verknüpfen und sie in zeitlicher und kausaler Sequenz verbinden. Die Registrierung spezifischer Ausdrucksmuster zu verschiedenen Zeitpunkten führt zu generalisierten Skripts. Emotionsbenennungen durch die Pflegepersonen regen das Kind an, zwischen zunächst als gleich angesehenen Ereignissen zu unterscheiden.

3 *Die Entwicklung ausgewählter Emotionen*

In den verschiedenen Publikationen zur Entwicklung der Emotionen werden Altersangaben gemacht, ab wann der Ausdruck verschiedener Emotionen in der frühen Kindheit zu beobachten ist. Die Synopse dieser Altersangaben (Tabelle 5) zeigt zeitliche Differenzen, die sich zwischen den verschiedenen Untersuchungsansätzen ergeben; gleichzeitig tritt eine Sequenz des ersten gesicherten Auftretens der Emotionen hervor.

Interesse und Schreck lassen wir beiseite, da sie schon von Geburt an zu beobachten sind. Bei beiden ist es strittig, ob man sie zu den Emotionen zählen sollte (oder Interesse eher als Motivationskonstrukt: Schneider, 1987; Schreck eher als Reflex: Ekman, Friesen & Simons, 1985). Früheste unterscheidbare Emotionen sind dann Unmut/Unlust (Schreien, Weinen) und Behagen/Lust, gefolgt vom sozialen Lächeln/Freude, Ekel, Überraschung, Ärger und Furcht. Von diesen primären Emotionen setzen sich die sekundären Emotionen wie Scham, Schüchternheit, Schuld, Verachtung und Eifersucht deutlich ab. Sie treten erst im zweiten und dritten Lebensjahr auf. Die als primäre Emotion angesehene Trauer fällt etwas aus dem Rahmen. Sie wurde bisher kaum

Tabelle 5: Vergleichende Übersicht zu den Angaben über das erste Auftreten eines bestimmten Emotionsausdrucks (Alter in Monaten; modifizierte Tabelle nach Izard & Buechler, 1979, S. 454; ergänzt um Bühler & Hetzer, 1927, und Emde, 1980; siehe Scherer, 1979, S. 238, Reproduktion erfolgt mit Genehmigung des Autors, und Keller & Meyer, 1982, S. 83)

Autor / Emotionsausdruck	Darwin	Bühler/Hetzer	Bridges	Emde	Emde (1980)	Sroufe	Izard
Interesse		2			2 1/2		0
Behagen	2	1—2					
Endogenes Lächeln				0		0	0
Soziales Lächeln	2 1/2	2—3	2 1/2	2 1/2	2 3/4	3	1 1/2—3
Lachen, Freude	3 3/4	5	20			4	4—5
Schreck	0	0				0	0
Überraschung		1—3			5 1/2		2—3
Unlust, Unmut	0	0	3	0	8 3/4	0	0
Ekel, Abscheu			5				0
Wut						3	3—5
Ärger	3 3/4		3—4		6 1/4	7	3—5
Kummer/Trauer	6—30						
Wachsamkeit						4 1/2	
Furcht	0—5	8	6	9	8	9	5—9
Scham	36					18	4—5
Schüchternheit	3—27				9		12—18
Schuldgefühl	13					36	12—15
Verachtung							15—18
Eifersucht			18				

untersucht, so daß wir nur Darwins widersprüchliche Altersangaben von 6 (1872) oder 30 Monaten (1877) einfügen konnten. Inzwischen haben aber Sullivan und Lewis (1989) erste Anzeichen von Trauer ab viertem Monat beobachtet. Ähnliche Differenzen zwischen den verschiedenen Forschungsansätzen gibt es bei der Reaktion des Lachens. Während sie in den meisten Arbeiten spätestens mit fünf Monaten entdeckt wurde, legt sie Bridges (1930) in das Alter von 20 Monaten. Emde (1980) liegt mit seiner Altersangabe zum Unbehagen deutlich über denen der anderen Autoren. Die Daten zur Überraschung unterscheiden sich zwar nicht so stark, bleiben aber alle leicht unter der Altersangabe von sechs Monaten, die Charlesworth (1969) in seiner klassischen Arbeit zur Überraschung als frühest möglichen Zeitpunkt angibt. Auch bei Ekel gibt es Differenzen. Hierzu liegt inzwischen eine neuere Arbeit von Rozin und Fallon (1987) vor, die zwischen Abscheu/Abneigung gegenüber schlecht schmeckenden Substanzen (distaste) und Ekel (disgust) unterscheidet. Ekel ist danach eine Reaktion, die im Gegensatz zu Abscheu erst in der mittleren Kindheit auftritt. Gravierende Unterschiede fallen schließlich noch bei den sekundären Emotionen der Scham und der Schuld auf. Zu beiden gibt es kaum gesicherte Ergebnisse.

Man sollte den Altersangaben und den Differenzen nicht viel Gewicht beimessen. Das zugrundeliegende Beobachtungsmaterial wurde unter recht unterschiedlichen Bedingungen gesammelt. Darwins Angaben beruhen auf Tagebuchnotizen über seine Kinder. Solche Materialsammlungen gab es um die Jahrhundertwende häufiger (siehe z.B. Buchner, 1909); alle beruhen auf Einzelfalldarstellungen und variieren in ihren Altersangabe beträchtlich. Emdes (1980) Daten stammen von Mütteraufzeichnungen, Sroufes Altersangaben sind Schätzwerte aufgrund der Zusammenfassung mehrerer Untersuchungen oder reine (wenn auch plausible) Vermutungen. Wollte man die Abfolge genauer bestimmen, müßte man die Untersuchungen sorgfältig auf ihre emotionsauslösenden Situationen und die Art der Ausdrucksanalyse hin betrachten. Gründe für früheres oder späteres Auftreten ließen sich dann leicht finden. Fest steht, daß man mit kindgemäßeren Methoden das erste Auftreten fast aller Entwicklungsmerkmale wohl früher als bisher beobachten kann. So fanden Sullivan und Lewis (1989) den Ausdruck für Überraschung und Ärger, aber auch schon für Trauer und Furcht ab 16. Lebenswoche.

Während zur Entwicklung einiger primärer Emotionen wie Freude und Furcht die Zahl der Untersuchungen kaum noch zu überschauen ist (Überblicke hierzu geben Keller & Meyer, 1982; Sroufe, 1979; über die ältere Literatur: Freedman, Loring & Martin, 1967), fehlen zur Klasse der selbstbewertenden Emotionen Studien, die ein umfassendes Bild der Entwicklung dieser sekundären Emotionen ermöglichten. Um so reizvoller erscheint es deshalb, als Beispiel für die Ontogenese von Emotionen die Befunde zur Entwicklung selbstbewertender

Emotionen etwas genauer zu betrachten und zu diskutieren. Wir können dabei z. T. auf Ergebnisse aus eigenen Untersuchungen zurückgreifen.

3.1. Selbstbezogene und selbstbewertende Emotionen: Verlegenheit, Beschämung, Scham, Schuld und Stolz

Selbstbezogene und -bewertende Emotionen treten zumindest in zwei Erfahrungsbereichen des Kindes auf, beim Leistungshandeln und beim moralischen Handeln. Sie gehören zu den sog. „sekundären" Emotionen, die erst später in der Entwicklung des Kindes auftauchen, möglicherweise nicht biologisch determiniert sind, einen bestimmten kognitiven Entwicklungsstand voraussetzen und starken sozialisatorischen Einflüssen unterliegen. Sie scheinen eine phylogenetische Errungenschaft allein des Menschen zu sein, selbst bei den höchstentwickelten infrahumanen Primaten sind sie bisher nicht beobachtet worden. Allenfalls gibt es Parallelen in bestimmten Teilaspekten des Ausdrucksverhaltens.

3.1.1 Selbstbewertende Emotionen im Leistungshandeln

Selbstbewertendes emotionales Ausdrucksverhalten kann man bei Kindern schon früh beobachten, wenn sie ein selbstgestecktes Handlungsziel erreicht oder nicht erreicht haben. Gelingt ihnen eine Handlung, zeigen sie alle Anzeichen von Stolz, mißlingt die Handlung, wirken sie beschämt und niedergeschlagen. Heckhausen und Roelofsen (1962) haben solche selbstbewertenden Emotionen als Reaktion auf Erfolg oder Mißerfolg bei einer Wetteiferaufgabe (Turmbauen) beobachtet. Kinder zwischen zwei und fünf Jahren bauten mit einem erwachsenen Versuchsleiter um die Wette Türme aus Aufsteckringen. Waren die Kinder früher fertig, lösten sie die Augen vom eigenen Werk, lächelten und schauten triumphierend auf den Verlierer. Sie richteten ihren Körper auf und warfen z.T. ihre Arme in die Höhe, gleichsam um ihr „Ich zu vergrößern". Wurden die Kinder später fertig, fiel ihr Oberkörper zusammen, der Kopf senkte sich, Augen und Hände hafteten am eigenen Werk, wodurch sie sich einer Kontaktaufnahme mit dem Gewinner entzogen. Das psychische Feld ist aber nicht völlig auf den bisherigen Tätigkeitsschwerpunkt eingeengt. Häufig zeigt ein verdecktes Lächeln, gepaart mit einer gespannten und verklemmten Gesamthaltung, daß die eigene Beschämung vor dem Gegenspieler verborgen werden soll. Dieses typische Erfolgs-/Mißerfolgsverhalten wurde bei einzelnen Kindern schon ab 27 Monaten, spätestens ab 42 Monaten bei allen beobachtet. Mit zunehmendem Alter kam es zu stärkerer Ausdrucksbeherrschung (vgl. Film von Heckhausen, Ertel & Kiekheben-Roelofsen, 1966).

Wie kommt es zu einem solchen selbstbewertenden Verhalten, welche Voraussetzungen müssen erfüllt sein, gibt es Vorläufer für selbstbewertende Emotionen nach Gelingen und Mißlingen? Die klassische Definition für Leistungsmotivation als „Auseinandersetzung mit einem Gütestandard" (McClelland, Atkinson, Clark & Lowell, 1953) setzt Viererlei voraus. (1.) Das Kind will ein Handlungsziel selbst erreichen. (2.) Es vergleicht das Handlungsergebnis mit einem Gütemaßstab (Standard), den es als verbindlich erlebt. (Bei kleinen Kindern müssen die Standards natürlich sehr einfach und erreichbar sein.) (3.) Das Kind erlebt nicht nur einen Zusammenhang zwischen Handlung und Ergebnis, sondern nimmt den Handlungseffekt als selbstverursacht wahr. (4.) Das Kind bringt die selbstverursachte Zielerreichung mit der Vorstellung der eigenen Tüchtigkeit (Kompetenz) in Verbindung. Eine Vorstellung eigener Tüchtigkeit ist ein Attribut des kategorialen Selbst und scheint die unmittelbare Voraussetzung für die erste Auslösung selbstbewertender Emotionen zu sein (Heckhausen, 1981, 1984, 1987; Trudewind, 1976).

Selbstbezogene Reaktionen lassen sich bereits im zweiten Lebensjahr beobachten (Geppert & Küster, 1983). Die Kinder zeigen in diesem Alter nicht nur Freude über einen Effekt (gleichgültig, ob er von ihnen selbst oder von anderen hervorgerufen wurde: Heckhausen, Ertel & Kiekheben-Roelofsen, 1966; siehe „Kontingenzwahrnehmung": Watson, 1966), sondern freuen sich über ihre eigene Wirksamkeit, d. h. darüber, selbst der Urheber eines Handlungsergebnisses zu sein („Wirksamkeitsmotivation": Harter, 1978; White, 1959; siehe in diesem Zusammenhang auch Hetzer, 1931, zum Entdecken und Respektieren des eigenen Werks). Sie pochen auch energisch darauf, eine Handlung selbst zum Ziel zu führen („Selbermachenwollen"). Es vergeht dann noch fast ein Jahr, bis die Kinder sich selbst Tüchtigkeit zuschreiben und damit den Entwicklungsstand erreicht haben, ein Handlungsergebnis mit ihrer eigenen Tüchtigkeit in Verbindung bringen und darauf die Güte der Ausführung rückführen zu können (Geppert & Küster, 1983). Spätestens von diesem Alter an (ca. 30 Monate) müßten Kinder auch in der Lage sein, im Rahmen des Leistungshandelns sich selbst affektiv zu bewerten. Kagan (1971) fand z. B., daß Kinder in diesem kritischen Altersbereich (27 Monate) um so mehr nach erfolgreicher Bewältigung einer Aufgabe lächelten, je schwieriger die Lösung dieser Aufgabe für sie war. Diese schwierigkeitsbezogene Reaktion der Kinder könnte als Indiz für ein, wenn auch erst in Ansätzen entwickeltes, schwierigkeitsgeleitetes Tüchtigkeitskonzept genommen werden.

In der Wetteiferstudie von Heckhausen und Roelofsen (1962) zeigten Kinder frühestens ab etwa 27 und spätestens ab 42 Monaten selbstbewertendes Verhalten. Halisch und Halisch (1980) replizierten die Originalstudie mit 28 bis 44 Monate alten Kindern und untersuchten gleichzeitig die Fähigkeit der Kinder zum komparativen Zeiturteil (Unterscheidung zwischen früher oder später zum Abschluß kommenden Vorgängen). Sie fanden heraus, daß nur jene Kinder, die das komparative Zeiturteil beherrschten, wetteiferten und selbstbewertend sowohl auf das Gelingen wie das Mißlingen reagierten (spätestens ab etwa 42 Monaten). Kinder, die nicht zum komparativen Zeiturteil in der Lage waren, konnten somit die zeitliche Struktur des Wetteifers (früher oder später Fertigwerden) und deshalb den Aufgabenstandard nicht verstehen und sich auch nicht damit auseinandersetzen. Wohl darum zeigten sie auch in der Studie von Heckhausen und Roelofsen keine selbstbewertenden Reaktionen, obwohl sie möglicherweise schon ein Tüchtigkeitskonzept entwickelt hatten. Die Wetteifersituation erfordert zu hohe kognitive Voraussetzungen, um schon allererste Anzeichen leistungsmotivierten Handelns erkennen zu lassen. Einen Beleg für schon früher auftretende selbstbewertende Emotionen legten Halisch und Halisch (1980) vor. Sie fanden bei jüngeren Kindern, die die soziale und zeitliche Struktur des Wetteifers und des darin verankerten Gütemaßstabs noch nicht erfaßten, positive affektive Selbstbewertungen, sobald sie fertig geworden waren (gleichgültig, ob dies früher oder später als beim Gegenspieler geschah). Die Kinder bezogen sich auf den einfacheren, aufgabeninhärenten Gütestandard, mit dem sie ihr eigenes Handlungsergebnis bewerten konnten, nämlich Fertiggewordensein. Da sowohl im Erfolgs- als auch Mißerfolgsfall der eigene Wetteiferturm fertiggestellt wurde, hatten die Kinder immer „Erfolg". Mißerfolgserleben konnte nicht entstehen, da sie am einfacheren Gütemaßstab des bloßen Fertigwerdens nicht scheitern konnten. Die Attribution eines Ergebnisses auf Tüchtigkeit und nachfolgende Selbstbewertung setzt somit entwicklungsangemessene, möglichst einfache Gütestandards voraus. Neben der Etablierung eines Tüchtigkeitskonzeptes ist es also wichtig, daß das Kind ein Verständnis für Aufgabenstandards (Normen) entwickelt und als verbindlich ansieht, ob sie nun fremd- oder selbstgesetzt sind.

Ob ein einfacherer Standard zu frühzeitigerer Selbstbewertung führt, wurde in einer weiteren Studie an Kindern im Alter zwischen 18 und 42 Monaten zu klären versucht (Gartmann, 1983; Geppert & Gartmann, 1983). Die Turmbauaufgabe wurde mit zwei verschiedenen Mißerfolgsmodi durchgeführt. Mißerfolg wurde einmal durch die Wetteifertechnik — späteres Fertigwerden — und zum anderen durch irreparablen Einsturz des Turms kurz vor Fertigstellung induziert. Bei diesem Versuch zeigten die Kinder erste Stolzreaktionen ab 30 Monaten, doch erste Beschämungsreaktionen frühestens ab 36 Monaten, wobei wider Erwarten kein wesentlicher Unterschied zwischen den beiden Mißerfolgsmodi bestand. Danach ist anzunehmen, daß positive und negative selbstbewertende Reaktionen nicht gleichzeitig in der Entwicklung hervortreten. Man kann es als ein funktional sinnvolles Ergebnis der Phylogenese betrachten, daß Kinder früher ihr gelingendes als ihr mißlingendes Handeln auf das eigene Können zurückführen und noch einige Zeit davor geschützt sind, Mißlingen auf fehlende Tüchtigkeit zurückführen zu müssen (Heckhausen,

1984; ein weiterer Beleg für die im Vergleich zur Erfolgsreaktion spätere Mißerfolgsreaktion, siehe J. Heckhausen, 1988).

Einen wichtigen Hinweis erbrachte die Gartmann-Studie (1983) zu den Emotionen, die den selbstbewertenden Emotionen in der Entwicklung vorausgehen, nämlich zu Freude und Trauer. Kinder unter 30 Monaten lächelten nach Fertigwerden, ließen also Freude erkennen. Aber nach Mißlingen blieben sie ausdruckslos oder zeigten zumindest keinen negativen Ausdruck. Erst Kinder im Übergang zwischen 30 und 36 Monaten reagierten mit traurigem Ausdruck auf Mißlingen. Die Frage ist, ob sich die selbstbewertenden Emotionen des Stolzes und der Beschämung aus früheren Emotionen der Freude und Trauer entwickeln und diese Veränderung der emotionalen Reaktion ein neues Stadium in der Entwicklung des Leistungshandelns andeutet; und zwar ein Stadium, in dem man sich der Beobachterperspektive bewußt ist, aus der andere Personen den eigenen Erfolg oder Mißerfolg zur Kenntnis nehmen. Die Sroufesche Differenzierungshypothese (1979) legt nahe (siehe Tab. 3), daß sich Stolz im Emotionssystem von Vergnügen/Freude ausdifferenziert. Stipek (1983) betrachtet das Gefühl der eigenen Wirksamkeit als Vorläufer von Stolz. Danach sollten Kinder, bevor sie mit Stolz auf Erfolg reagieren, selbstbezogene Freude zeigen. Sowohl mit Sroufes als auch Stipeks Annahmen stimmen die Gartmannschen Befunde überein. Für die Reaktion nach Mißlingen besteht diese Übereinstimmung allerdings nicht. Sroufe siedelt Scham — allerdings sollte man zwischen Scham und Beschämung differenzieren — in dem Emotionssystem Furcht an. Stipek sieht in Furcht vor Verlassenheit oder Ärger (Kramer & Rosenblum, 1970) einen Vorläufer von Scham nach Mißerfolg.

Die wesentlichen Ausdrucksunterschiede zwischen Freude und Stolz einerseits und Trauer und Beschämung andererseits liegen in den beim selbstbewertenden Verhalten beobachtbaren posturalen Merkmalen (siehe schon Darwin, 1872). Freude und Stolz zeichnen sich durch die Lächelreaktion aus (vor allem beim Übergang von Freude zu Stolz), bei Stolz steht aber nicht so sehr die Mimik, sondern die erhobene Körper- und Kopfhaltung im Vordergrund (ob Stolz eine Mischung von Freude- und Ärgeraffekt ist, wie Bloch, Orthous & Santibanez-H, 1987, vermuten, konnten wir am Ausdrucksverhalten nicht feststellen). Trauer und Beschämung haben oft die gesenkten Mundwinkel als gemeinsames Ausdrucksmerkmal, z.T. kommt der gesenkte Blick hinzu, wobei Beschämung sich vorrangig durch die gesenkte Körper- und Kopfhaltung von einer Trauerreaktion abhebt.

Eine Sonderrolle spielt das „verlegene Lächeln" nach Mißerfolg, auf das wir noch zu sprechen kommen. Die Beobachtungen zum Ausdruck der Beschämung stimmen mit den Darwinschen Kriterien (1872) für Scham und den Beschreibungen Izards (1979) überein. Darwin führt für Scham noch das

Erröten an, Izard das Einrollen der Lippen und das Lippenbeißen. Wir würden aber das im Leistungshandeln zu beobachtende Verhalten nicht als „Scham" bezeichnen. Das Gefühl der Scham mit dem Ausdruck des Errötens sollte eher für moralisches Handeln reserviert bleiben (allerdings ist Erröten ein sehr seltenes Ereignis, siehe: Buss, Iscoe & Buss, 1979). Solch ein gravierendes, länger andauerndes Verhalten (siehe Definition von Buss, 1980) ist nicht typisch fürs Leistungshandeln. Deshalb benutzen wir den Begriff Beschämung, obwohl Unterschiede zwischen dem Ausdruck Beschämung und Scham vermutlich gering sind.

Die posturalen Merkmale (Kopf- und Körperhaltung) im Ausdruck von Stolz und Beschämung werden in der ethologischen Literatur als Zeichen für Dominanz- und Submissionsverhalten angesehen (Eibl-Eibesfeldt, 1984; Strayer & Strayer, 1980; Weisfeld & Beresford, 1982; siehe auch „Plus-" und „Minusgesicht": Zivin, 1977, 1982, sowie Hottenstein, 1977). Diese Übereinstimmung in einer Reihe von Verhaltenskriterien legt die Frage nahe, ob das Emotionspaar von Stolz-Beschämung mit dem Verhaltenspaar von Dominanz-Submission verknüpft ist und die beiden Emotionen eine mögliche emotionale Reaktion auf Rangkonflikte darstellen. Die Annahme liegt nahe, daß zwei unterscheidbare Ausdruckspaare, nämlich Freude-Trauer und Stolz-Beschämung, für die im Leistungshandeln typischen Mischungen des freudigen und stolzen oder traurigen und beschämten Verhaltens verantwortlich sind. Damit käme es zu einer Mischung von Verhaltenssystemen und ihren Ausdrucksmustern verschiedenen evolutionären Ursprungs. Das erste Ausdrucksmuster wird allein von der schlichten Bewertung des erreichten oder nicht erreichten Ergebnisses ausgelöst, und hieraus resultiert Freude oder Trauer. Diesem Emotionsausdruckspaar entspricht als Verhaltenssystem die Reaktion auf Gewinn oder Verlust eines Objekts, wie es auch bei infrahumanen Primaten der Fall ist (Darwin, 1872; Frijda, 1986; Harlow & Suomi, 1974; Kaufmann & Rosenblum, 1969; Vergleich des Ausdrucks zwischen infrahumanen Primaten und Mensch: Chevalier-Skolnikoff, 1973; Redican, 1982). Dem Emotionsausdruckspaar Stolz und Beschämung entspricht das Verhaltenssystem von Dominanz vs. Submission, wie es in Rangkonflikten gesellig lebender Primaten zu beobachten ist.

So betrachtet entstünde im Falle von Erfolg und Gewinnen über den Wetteiferpartner eine Mischung von Freude und Dominanz. Demgegenüber entsteht bei Mißerfolg und Unterliegen eine Mischung aus Trauer und Submission. Das Vorherrschen des einen (Freude vs. Trauer) oder anderen (Dominanz vs. Submission) Teils hängt davon ab, worauf die Wahrnehmung des Kindes fokussiert ist: Auf den Handlungsausgang selbst oder auf den Handlungsausgang mit Selbstbezug oder auf den Konkurrenten, gegenüber dem man gewonnen oder verloren hat. Je nach Stärke des Sozialbezugs müßte man auf der Verhaltensebene einerseits eine Veränderung des Verhaltens vom Lächeln über stolzes Aufrichten bis zur noch stärkeren Drohgebärde des Anstarrens, andererseits eine Veränderung von trauriger Mimik, beschämtem In-sich-Versinken bis zum Beschwichtigungsverhalten erwarten.

In „psychoevolutionärer" Argumentationsweise könnte man aber auch vermuten, daß leistungsbezogene Emotionen als neue Qualität des Menschen nicht einfach eine Mischung zweier phylogenetisch bekannter Verhaltenssysteme und ihrem zugehörigen Ausdruck sind, nämlich von Objektgewinn vs. -verlust mit Freude und Trauer sowie Dominanz vs. Submission mit Stolz und Beschämung, sondern ihre eigene Gestaltqualität und ihre eigenen Ausdrucksmerkmale besitzen. Die Evolution hätte dann aber nicht völlig neue Ausdrucksmerkmale für ein neues Motiv wie Leistungsstreben kreiert, sondern hätte zwei schon vorliegende infrahumane Systeme von Verhalten und Ausdruck miteinander kombiniert. Dabei mußte es auch kaum zu Interferenzen im expressiven Verhalten kommen, da der Ausdruck der beiden Systeme nur wenig überlappt. Während Freude und Trauer in der Mimik zum Ausdruck kommen, geschieht die auffälligste Kommunikation von Dominanz und Submission eher (aber nicht nur, siehe Camras, 1980, 1982) über posturale Verhaltensmerkmale. Ein evolutionsgeschichtlich neues System selbstbewertender Emotionen von Freude/Stolz und Trauer/Beschämung würde damit auf evolutionsgeschichtlich altem Ausdrucksverhalten aufbauen.

Die Emotionen Stolz und Beschämung lägen damit an der Nahtstelle zwischen Leistungskonflikt und Rangkonflikt. Sie stellen Reaktionen auf eine ganz spezifische Konstellation des Sozialbezugs dar. Funktional gesehen dienen sie einerseits der Selbstbewertung, andererseits unter dem Aspekt der Signalwirkung ihres Ausdrucksverhaltens der Regulierung des Partnerbezugs.

Das von Heckhausen und Roelofsen (1962) und Gartmann (1983) entwickelte molare Beobachtungssystem wurde überarbeitet und verfeinert (Geppert, 1986). Diese am „MAX" von Izard (1979) angelehnte molekulare Auswertungsprozedur hat den Vorteil, daß das Ausdrucksverhalten zeitlich und inhaltlich in Verhaltenseinheiten aufgelöst und genauer beschrieben wird. Nicht nur die Existenz eines aus mehreren Verhaltensmerkmalen bestehenden Ausdrucksmusters, auch die Aktualgenese der einzelnen Merkmale, und damit der zeitliche Verlauf sowie die Übergänge von einem Merkmalsmuster mit emotionaler Bedeutung zu einem anderen, kann bestimmt werden. Durch die Konzentration auf den zeitlichen Verlauf konnte auch eine Segmentierung des Verhaltensstroms der kindlichen Reaktion auf Erfolg und Mißerfolg erreicht werden. Die Einteilung in Episoden erlaubt, die emotionsgenerierenden Kontextbedingungen zu isolieren, so z. B. die aufgabenbezogenen versus partnerbezogenen Auslösebedingungen. Das Codierungssystem ist so angelegt, daß es eine Ausdrucksunterscheidung zwischen Trauer/Kummer und Beschämung sowie Freude und Stolz, aber auch weitergehender Dominanz- und Submissionsverhaltensweisen ermöglicht. Weiterhin kann der Ausdruck von Überraschung und Ärger identifiziert werden.

In einer Wetteiferstudie (Schäfer, 1986) mit drei- bis fünfjährigen Kindern wurde dieses Auswertungsverfahren erprobt. Die Kinder reagierten auf Erfolg und Mißerfolg dann mit Freude und Trauer sowie mit Mischungen dieser Emotionen und den selbstbewertenden Emotionen, wenn sie sich nicht in Interaktion mit dem Wetteiferpartner befanden. Wurde Blick- oder verbaler Kontakt aufgenommen, änderte sich dieses gemischte Verhalten deutlich in Richtung Dominanz oder Submission. Submissives Verhalten wurde am Zusammensinken des Körpers und Senken oder Neigen des Kopfes mit gleichzeitiger Lächelreaktion deutlich. So läßt sich das sog. „verlegene" Lächeln nach Mißerfolg in den älteren Untersuchungen als Unterlegenheit in einem Rangkonflikt deuten. (Dagegen interpretiert Malatesta, 1989, dieses submissive Verhalten als Ausdruck von Schuld, siehe Tab. 1.) Schon Heckhausen und Roelofsen (1962) deuteten das Mißerfolgserleben wie folgt.

„Nichtsdestoweniger hat aber das Lächeln nicht nur seinen Platz im Mißerfolgsausdruck, sondern auch seine besondere Rolle. Diese ist wohl ohne Frage in der Hauptsache sozialer Natur. Das Lächeln soll die durch den eigenen Mißerfolg belastete bzw. aus dem Gleichgewicht gebrachte Beziehung zum Gegenspieler entlasten und harmonisieren. Auch wird damit einer möglichen Verschärfung der sozialen Lage vorgebaut, die dadurch entstehen könnte, daß zu heftiger Mißerfolgsausdruck auf seiten des Verlierers das Triumpfgefühl des Gewinners verstärkt, wodurch die mühsam aufrecht erhaltene Sozialbeziehung noch mehr oder gar völlig aus dem Gleichgewicht geraten könnte". (S. 368)

Schäfer (1986) fand, daß Beschämung aus den posturalen Merkmalen der Submission bestand, jedoch meist mit einem traurigen Gesichtsausdruck. Ohne Blickkontakt scheint die Situation allein unter Leistungsthematik zu stehen. Wird der Standard nicht erreicht, sind die Kinder traurig und beschämt. Wird der Kontakt zum Partner aufgenommen, schlägt der Rangkonflikt mit submissivem, besänftigendem Lächeln („verlegenes Lächeln") durch. Nach Erfolg und ohne Blickkontakt kommt Freude und Stolz (Ausdrucksmerkmale: Kopf heben, Körper aufrichten, leichtes Lächeln) auf. Ist der Kontakt aufgenommen, werden die posturalen Merkmale von Stolz pointiert. Das Lächeln schwindet und die Kinder schauen den Versuchsleiter z. T. gebannt an (Übergang zu Dominanz — das Verhalten nähert sich einer angedeuteten Drohgebärde). Die Mischungen von Freude und Stolz sowie Trauer und Beschämung liegen häufig an der Nahtstelle zur Aufnahme des Kontaktes mit dem Wetteiferpartner. Sie scheinen auf den Sozialkontakt vorzubereiten, mit dem sich das „Selbst“ auseinandersetzen muß. Ausgesprochenes Dominanzverhalten nach Erfolg tritt nur selten auf. Öfter erscheint submissives Lächeln auch nach Erfolg ähnlich wie nach Mißerfolg. Dies mag an dem großen Rangunterschied zwischen Kind und Erwachsenem liegen. In Bezug auf die Lächelreaktion stimmen diese Befunde mit Ergebnissen von Lütkenhaus, Grossmann und Grossmann (1985) überein. Ohne Blickkontakt lächelten dort die Kinder mehr nach Erfolg als nach Mißerfolg, diese Differenz verschwand bei Blickkontakt.

Im Leistungshandeln tritt Beschämung erst sehr spät auf, wenn man bedenkt, daß Izard und Buechler (1979) das erste Auftreten von Scham schon in das Alter von vier bis fünf oder Sroufe (1979) in das Alter von 18 Monate legen (Stolz aber erst ab 36 Monaten). Allerdings haben sie keine eigenen Beobachtungen gemacht oder andere Untersuchungen herangezogen, die erkennen ließen, wie der Schamausdruck definiert wird und in welchen Situationen er auftritt. Man müßte wohl zwischen Scham nach moralischem Vergehen oder Beschämung nach Scheitern an einem Leistungsstandard unterscheiden. Ein typisches Beispiel aus dem Alltagsleben ist die Verwechselung von Verlegenheit und Beschämung. Lewis, Sullivan, Stanger und Weiss (1989) haben das erste Auftreten von Verlegenheitsreaktionen geprüft. Verlegenheit wurde durch Situationen ausgelöst, in denen Kinder mit Komplimenten überhäuft oder in Anwesenheit eines Fremden zum Tanzen animiert wurden. Verlegen reagierten schon 15 bis 24 Monate alte Kinder zumindest dann, wenn sie einen bestimmten, relativ einfachen Grad des Selbsterkennens erreicht hatten. Dies bestätigt die Hypothese von Buss (1980), daß es für Verlegenheit schon reicht, wenn man sich selbst der öffentlichen Aufmerksamkeit ausgesetzt fühlt.

Zur Auslösung von Scham/Beschämung müßte aber als zusätzliche Entwicklungsbedingung das Bewußtsein hinzutreten, selbst eine Standardverletzung herbeigeführt zu haben. Man kann somit zwischen selbstbezogener Verlegenheit und selbstbewertender Beschämung unterscheiden; und zwar (1.) aufgrund der Fokussierung der emotionalen Bewertung auf bestimmte Merkmale des situativen Kontextes (tritt man nur öffentlich auf oder wurde auch ein Standard nicht erreicht) und damit (2.) aufgrund der funktionalen Bedeutung der beiden Emotionen (Schutz vor dem Eindringen anderer in die eigene Intimsphäre oder Selbstbewertung der eigenen Unzulänglichkeit im Angesicht anderer). Aber auch vom Ausdruck her gibt es Unterscheidungsmöglichkeiten. So ist für Verlegenheit das Lächeln, begleitet von fluktuierender Blickab- und -zuwendung und gelegentlichen, kurzen Handbewegungen wie Berühren des Haares, des Gesichts oder der Kleidung, charakteristisch, während Beschämung eher am traurigen Gesichtsausdruck, gepaart mit längerer Blickabwendung, und vor allem an den typischen posturalen Merkmalen zu erkennen ist.

Abschließend ist zum Leistungshandeln anzumerken, daß natürlich nicht jedes Übertreffen oder Nichterfüllen eines Gütestandards zu heftigen selbstbewertenden Emotionen führt. Dazu müssen die Gütemaßstäbe und die damit verbundenen Handlungsziele schon selbstwertrelevant sein. Möglicherweise bedarf es auch einer sozialen Einbettung des Handlungsgeschehens wie beim Wetteifer. Bei dieser Art von Aufgabe kann die im Versuch angeregte Leistungsthematik aber leicht in einen Rangkonflikt umschlagen. Genügt die eigene Leistung nicht dem durch unmittelbaren sozialen Vergleich bestimmten Standard, wie beim Wetteifer, kippt das selbstbewertende Verhalten der Beschämung bei stärkerer Konfrontation mit dem Gewinner leicht um in submissives Verhalten mit zugewandtem Lächeln, geneigtem Kopf und posturalem Absinken. Diese Art des Verhaltens könnte man als eine besondere Form von „Verlegenheits"reaktion ansehen, die nicht der Abschottung gegenüber dem sozialen Kontext, sondern der Beschwichtigung des Kontrahenten und der Unterordnung unter den Gewinner als Anerkennung seines Siegs dient. Ein solches Verhalten führt weg vom eigenen Ungemach und lenkt den Affekt auf den Kontrahenten.

Indirekt bestätigt werden unsere bisherigen Überlegungen durch Untersuchungen von Schneider und Mitarbeiter (Josephs, 1987; Josephs & Schneider, 1987; Schneider, 1987; Schneider & Unzner, 1987), gerade weil in diesen *keine* Erfolg und Mißerfolg unterscheidenden posturalen Ausdrucksmerkmale beobachtet werden konnten. Dies ist kein Widerspruch, weil in diesen Untersuchungen sich das Kind nicht mit dem Versuchsleiter konfrontiert sah. Die sorgfältigen Mimikanalysen mithilfe des FACS von Ekman und Friesen (1978) ließen nur Unterschiede in der Lächelreaktion (Überlappung von AU6 „orbicularis oculi" und AU12 „zygomaticus major") erkennen; vor allem hinsichtlich ihrer Latenz auf den Erfolgs-/Mißerfolgsausgang. Die Kinder hatten die Aufgabe, Kugeln nacheinander durch ein Tor, dessen Weite verstellt werden konnte, rollen zu lassen, oder Plastikfrösche in einen Korb zu schnippen. Die Aufgaben bestanden somit in einer Sequenz von kontinuierlichen Einschritthandlungen, die jeweils zu einem Effekt führten. Beim Turmbau des Wetteiferspiels dagegen führt eine längere Reihenhandlung zu einem abschließenden „Fertigeffekt". Abgesehen von der andersartigen sozialen Einbettung der Versuchsanordnung (bloße Anwesenheit des Versuchsleiters versus Spiel gegen den Vl) könnten die unterschiedlichen emotionalen Reaktionen auf der Länge der Handlung, der Art des Handlungsziels (kontinuierlicher Effekt vs. Fertigeffekt) und der Verweildauer nach Zielerreichung beruhen.

Wahrscheinlich müssen sich komplexe Selbstbewertungsprozesse über eine längere Handlungssequenz aufschaukeln, ehe sie sich nach erreichtem Ziel allmählich entfalten. Kann das Kind schnell durch eine neue Handlung dem Selbstbewertungsprozeß entgehen oder erlebt es sich in einem Handlungsfluß, bei dem die einzelnen positiven oder negativen Ausgänge keine Zäsur fürs Kind bedeuten, können selbstbewertende Emotionen ausbleiben. So spielt — wie so oft bei entwicklungspsychologischen Experimenten — die gewählte Aufgabe eine wichtige Rolle. Bieten kontinuierliche Effekte zu wenig Zeit zum Resümee, gleiten andererseits Wetteiferaufgaben zu sehr in einen Rangkonflikt ab.

Wie die weitere Entwicklung selbstbewertender Emotionen im Leistungshandeln fortschreitet, ist unbekannt. Studien zur Bewertung eigener (oft fiktiver) Leistungen bei Erwachsenen, die z. T. schon im Kapitel zum attributionstheoretischen Ansatz dargestellt und kritisiert wurden, zeigen zumindest, wie es in der Entwicklung weitergehen könnte. Als unmittelbare Voraussetzung für die erste Auslösung von Stolz und Beschämung im Leistungshandeln haben wir eingangs die Attribution des Kindes auf die eigene Tüchtigkeit genannt. In diesem ersten, globalen Tüchtigkeitskonzept sind die aus der Attributionsforschung bekannten Ursachenfaktoren stabile Fähigkeit und variable Anstrengung noch undifferenziert. Anfänglich und noch im Vorschulalter herrscht ein Kopplungsschema: Wer sich viel anstrengt, wird auch für fähiger gehalten und umgekehrt (Heckhausen, 1982; Kun, 1977). Mit der Differenzierung beider internaler Ursachenfaktoren von Fähigkeit und Anstrengung sind drei kausale Schemata (Kelley, 1972) verbunden: (1.) das der multipel hinreichenden Ursachen, wenn sich ein Ergebnis entweder mit Fähigkeit oder Anstrengung erklären läßt; (2.) das der multipel notwendigen Ursachen, wenn beide Ursachen zusammen vorhanden sein müssen (z. B. Erfolg bei einer ganz schwierigen Aufgabe); und (3.) das der kompensatorischen Ursachen, wenn das Fehlen oder die schwache Ausprägung einer der beiden Ursachen durch die starke Ausprägung der anderen Ursache kompensiert werden kann (was Kinder erst ab etwa 12 Jahren zu beherrschen beginnen, siehe Heckhausen, 1982, 1983. Aufgrund neuerer Forschungsergebnisse, Heckhausen & Geppert, in Vorb., setzt diese Beherrschung schon zwischen acht und zehn Jahren ein.).

Die Rückführung von Erfolg und Mißerfolg auf Fähigkeit versus Anstrengung ist mit unterschiedlichen selbstbewertenden Emotionen verknüpft. Man hat lange darüber gestritten, ob Fähigkeits- oder Anstrengungsattribution affektwirksamer sei (vgl. Brown & Weiner, 1984; Covington & Omelich, 1984, 1985; Jagacinski & Nicholls, 1984; Nicholls, 1976; Sohn, 1977; Weiner, 1985). Inzwischen läßt sich sagen, daß es entscheidend darauf ankommt, ob die Aufgabensituation eher fähigkeits- oder anstrengungszentriert ist (Heckhausen, 1980). Sie ist fähigkeitszentriert, wenn man sich mit anderen mißt oder an anderen gemessen wird; oder wenn z. B. bei gleichem Leistungsresultat weniger Anstrengung, als andere benötigen, anzeigt, daß man fähiger ist (kompensatorisches Schema). Sie ist anstrengungszentriert, wenn man sich mit Ausdauer verbessern will und nur die eigenen Fortschritte im Auge hat. In fähigkeitszentrierten Situationen ist Fähigkeitsattribution und in anstrengungszentrierten Situationen Anstrengungsattribution affektwirksamer. Auf Fähigkeit zurückgeführter Erfolg löst in fähigkeitszentrierten Aufgabensituationen Stolz, in anstrengungszentrierten Situationen Stolz oder Freude und Gefühle der Tüchtigkeit und Selbsterfüllung aus. Im Falle von Mißerfolg ist Fähigkeitsattribution in fähigkeitszentrierten Situationen mit Beschämung im Sinne öffentlicher Bloßstellung, in anstrengungszentrierten Situationen mit Schuldgefühlen verbunden.

So kann es sein, daß man bei Mißerfolg wegen zu geringer Anstrengung zwar wenig Beschämung im Sinne öffentlicher Bloßstellung empfindet (man hat ja seine Fähigkeit noch nicht voll eingesetzt), aber man tauscht dies gegen höheres Schuldgefühl ein (man hat es an dem erforderlichen Einsatz fehlen lassen, wofür man verantwortlich zu machen ist). Andererseits kann man sich bei schweren Aufgaben, zu deren Lösung die eigene Fähigkeit nicht reicht, durch viel Anstrengung und Ausdauer von Schuldgefühlen befreien, sieht sich dann aber wegen Fähigkeitsmangel beschämt bloßgestellt. Alle diese Befunde beruhen auf Selbstangaben der Versuchspersonen, die meistens zwischen vorgelegten Emotionsbezeichnungen zu entscheiden hatten. Häufig wurden die Gefühle nicht einmal experimentell induziert, sondern die Versuchspersonen hatten sich nur in geschilderte Szenarien hineinzuversetzen. Hier liegt ein lohnendes Feld für anspruchsvollere Methoden, einschließlich Ausdrucksanalysen.

3.1.2 Selbstbewertende Emotionen im moralischen Handeln

Die selbstbewertenden Emotionen Scham und insbesondere Schuld (besser „Schuldgefühl“) werden eher moralischem Handeln zugeordnet. Werden moralische Standards verletzt (übertreten), müßte es zu solchen negativen Selbstbewertungen kommen. Werden Standards übertroffen, müßte Stolz im Sinne von Werkgerechtigkeit auftreten. Bei Werkgerechtigkeit scheinen moralische Bewertung und Leistungsbewertung miteinander verquickt zu sein (Kelley, 1971). Untersuchungen zur moralischen Entwicklung und zum moralischen Urteil beschäftigen sich nur mit der Fremdbewertung von Täter und Opfer. Genauere experimentelle entwicklungspsychologische Untersuchungen zu den selbstbewertenden Emotionen beim moralischen Handeln liegen nicht vor, vielleicht aus ethischen Gründen. Es überwiegen auf diesem Gebiet eher Arbeiten mit philosophischer oder tiefenpsychologischer Problembearbeitung (Isenberg, 1980; H. Lewis, 1971; Thrane, 1979). So vermutet z.B. Erikson (1950), daß sich Scham zuerst im Kontext der frühkindlichen Reinlichkeitserziehung entwickelt. Wir sind deshalb auf Spekulationen und Gelegenheitsbeobachtungen zur Aktual- und Ontogenese, aber auch zum Ausdrucksverhalten angewiesen. Die Emotion Schuld wird von Izard und Buechler (1979) schon Einjährigen zugesprochen, Sroufe (1979) vermutet ihr erstes Erscheinen bei Dreijährigen. Immer aber wird erwartet, daß Scham früher auftritt. Hoffman (1982) hat eine Entwicklungstheorie des Schuldgefühls konzipiert, die er aus dem Empathiekonzept ableitet. Diese Theorie werden wir noch ausführlicher darstellen.

Scham und Schuld sind nicht leicht zu unterscheiden, da sie oft im gleichen Zusammenhang genannt werden. Darüberhinaus werden eine Reihe Ausdrucksmerkmale angeführt, die beide Emotionen überschneiden; z. B. Senken des Kopfes, Blickabwenden oder nur kurzes Anblicken des Kommunikationspartners (Buss, 1980). Schuldgefühle sollen Ausdruck und Verhalten länger als Schamgefühle beeinflussen. Dabei stimulieren Schuldgefühle viele Gedanken, die sich mit dem Vergehen beschäftigen. Pläne werden entwickelt, um die Dinge wieder in Ordnung zu bringen. Nach Lynd (1961) geht Scham mit Gefühlen der Hilflosigkeit und des Kontrollverlustes einher und führt eher zu passivem Verhalten (Depression). Schuld dagegen führt eher zu aktiven, selbstkontrollierten Versuchen, etwas wieder gut zu machen. Scham und Schuld unterscheiden sich nach Piers und Singer (1953) insofern, als Scham aus einer Spannung zwischen Ich und Ich-Idealen resultiert, z. B. dann, wenn intendierte Ziele nicht erreicht werden. Das Ich-Ideal wird durch die Identifikation mit Eltern und Gleichaltrigen gebildet und führt zur Übernahme ihrer Ziele und Anspruchsniveaus. Scham hat mit der Furcht vor Verachtung durch andere und mit Furcht vor dem Verlassenwerden zu tun.

Schuld hingegen resultiert aus Diskrepanzen zwischen Ich und Gewissen („Über-Ich"), wenn moralische Standards (religiöse Normen) verletzt oder andere Personen geschädigt werden. Bei Schuld stellt sich das Gefühl ein, gesündigt oder moralische Normen übertreten zu haben und schlecht zu sein. Bei Scham steht das Gefühl, bloßgestellt zu sein, im Vordergrund (ich bin häßlich, ich habe versagt, ich bin beim Schwindeln ertappt worden). Während Schuldgefühle in Selbstverachtung und Selbsthaß münden, führt Scham zur sozialen Angst (Buss, 1980). Die beste Unterscheidung zwischen Scham und Schuldgefühlen läßt sich nach Buss aufgrund der Unterscheidung von privat und öffentlich machen. Schuld ist privat und wird gerade dann erfahren, wenn niemand von einer Übertretung weiß. Da dieses Gefühl eine Sache des eigenen Gewissens ist, gibt es kein Entkommen. Scham dagegen ist öffentlich. Sind keine Beobachter vorhanden, gibt es auch keinen Anlaß für Scham. Der Scham kann man entgehen, wenn man die Öffentlichkeit flieht („in den Boden versinkt").

Nach Hoffman (1982) ist Schuld (ohne die genannten, schon fast pathologisch zu nennenden Aspekte) ein „schlechtes" Gefühl über sich selbst, weil man gewahr wird, jemandem geschadet zu haben. Der soziale Wert des Schuldgefühls liegt darin, daß die Neigung, etwas wiedergutzumachen und dem Opfer zu helfen, angeregt wird („reparativer Altruismus" — es gibt aber kaum Belege für einen solchen Zusammenhang zwischen Schuldgefühl und altruistischem Handeln, siehe Sandrock, 1975). Schuldgefühle, so nimmt Hoffman an, entstehen aus einer Verbingung zwischen empathischer Reaktion auf die negative Emotion (Unmut/Schmerz) des anderen und der Wahrnehmung, selbst der Verursacher dieser Emotion beim anderen zu sein.

Zur Empathie im Sinne des unmittelbaren Angerührtseins durch die Emotionen anderer Personen und des stellvertretenden Miterlebens dieser Emotionen (Eisenberg, 1986) sind Kinder schon früh fähig. Die empathische Reaktion bedarf nicht unbedingt eines kognitiven Prozesses der Rollenübernahme, auch einfachere Formen der Anregung durch die expressiven Signale, die die Emotionen anderer anzeigen, sind möglich (siehe Kritik am Empathie-Konzept Hoffmans und Vorschlag einer Unterscheidung zwischen „Gefühlsansteckung" und „Empathie" bei Bischof-Köhler, 1988). Hoffman nennt sechs verschiedene Modi, empathische Reaktionen (vor allem „empathic distress") auszulösen. Dies reicht vom reaktiven Schreien des Säuglings (Bühler, 1927; Simner, 1971), über motorische Nachahmung, die zu afferenter Rückmeldung führt (Lipps, 1907), bis zur, auf mentaler Repräsentation beruhenden Rollenübernahme (sich in die Lage des anderen versetzen). Die anfänglich affektiv angeregte Empathie erfährt Wandlungen durch die sich in der Entwicklung verändernde Weise, wie man andere Personen wahrnimmt. Zunächst kann das Kind noch nicht zwischen sich selbst und anderen trennen. Erst mit aufkommender „Personpermanenz" am Ende des ersten Lebensjahres wird es der physischen Eigenexistenz des anderen, getrennt von sich selbst, gewahr. Mit zwei bis drei Jahren erwächst dann das Verständnis dafür, daß der andere seine eigenen Gedanken, Wahrnehmungen und Gefühle besitzt, auch wenn sie für das Kind noch nicht klar identifizierbar und unterscheidbar sind. Ältere Kinder und beginnende Adoleszenten sind sich dann der personalen Identität des anderen und seines eigenständigen Erlebens bewußt.

Affektive Empathie und das sich ändernde kognitive Verständnis für den anderen führen im Laufe der Entwicklung zu verschiedenen (hypothetischen) Niveaus empathischen Mitfühlens.

1. Globale Empathie: Vor Entwicklung von Personpermanenz lösen Unmutsreaktionen anderer eher globale empathische Unmutsreaktionen aus. Da dem Kind noch nicht klar sein kann, wer den Unmut erlebt, dessen es Zeuge wird, wird es sich zunächst so verhalten, als ob das, was dem anderen geschieht, ihm auch selbst geschieht (nach Bischof-Köhler, 1988, ist dies eher Gefühlsansteckung als Empathie).

2. „Egozentrische" Empathie: Wenn das Kind zwischen sich selbst und anderen physisch unterscheiden kann, bleibt zunächst noch ein Rest an Verwechslung

zwischen dem eigenen Zustand und dem anderer Personen. So schenkt das Kind dem Opfer das zur Beruhigung, was ihm selbst als Beruhigung dient (dem traurigen Erwachsenen wird die eigene geliebte Puppe gegeben).

3. Empathie für die Gefühle anderer: Mit Beginn der Fähigkeit zur Rollenübernahme (zweites bis drittes Lebensjahr) verstehen die Kinder, daß Gefühle anderer sich von ihren eigenen Gefühlen unterscheiden können. Kinder erkennen den emotionalen Ausdruck einiger Grundemotionen bei anderen und reagieren darauf empathisch (Borke, 1971). Mit Entwicklung der Sprache sind sie nicht mehr nur auf Hinweisreize des Ausdrucks angewiesen, sondern können die Emotionen anderer auch aufgrund symbolischer Hinweise ableiten. Dies ermöglicht eine empathische Reaktion auf komplexe Emotionen wie Enttäuschung und Gefühle des Vertrauensbruchs. Sie können jetzt auch auf die mißliche Situation anderer Personen empathisch reagieren, die gar nicht anwesend sind.

4. Empathie für eine generell schlechte Lage des anderen: In der späten Kindheit reagieren die Kinder nicht nur auf augenblickliche negative Emotionen, sondern auch auf die überdauernden schlechten Lebensbedingung anderer Personen. Sind diese empathischen Reaktionen zunächst auf Einzelpersonen gerichtet, werden ältere Kinder auch zusehends sensibler für die Notlage ganzer Gruppen von Menschen (arme Leute, Behinderte etc.).

Hoffman sieht einen direkten Zusammenhang zwischen der Entwicklung der Empathiefähigkeit und Schuldgefühlen, auch wenn bei letzteren noch weitere, vor allem kognitive Entwicklungserrungenschaften vonnöten sind. Um eigentliche Schuldgefühle zu erleben, genügt nicht nur das Verständnis für die Trennung des Selbst von anderen Personen und die Erkenntnis, selbst einem anderen Schaden zugefügt zu haben. Auch die Erkenntnis, Kontrolle über das eigene Verhalten gehabt zu haben und zwischen verschiedenen Handlungen gewählt haben zu können, ist eine Voraussetzung zumindest für „reifere" Schuldgefühle.

Erste Ansätze von Schuldgefühlen treten möglicherweise schon früh auf, wenn Kinder sich für etwas entschuldigen, was sie gar nicht getan haben, was aber in zeitlicher oder räumlicher Verbindung zu ihrer Handlung steht (nach Heider, 1958, kausales Schemata der Kontiguität). Zahn-Waxler, Radke-Yarrow und King (1979) haben entsprechendes Verhalten aufgrund einfacher Schuldgefühle schon bei 15 bis 18 Monate alten Kindern beobachtet. In einer von ihnen geschilderten Episode spielte ein Kind mit der Mutter. Die Mutter schaute aus irgendeinem Grund traurig drein. Das Kind, das nichts falsch gemacht hatte, zeigte ebenfalls einen traurigen Ausdruck und sagte: „Tut mir leid, habe ich dir wehgetan?"

Bei etwas Älteren kommen dann richtige interpersonale Schuldgefühle auf, wenn Kinder sich der Wirkung der eigenen Handlung bewußt sind. Wird jetzt einem anderen Kind Schaden zugefügt und weint es, macht der Täter ein trauriges Gesicht und leistet Wiedergutmachung, begleitet von beruhigenden Gesten. Mit zwei bis drei Jahren beginnt das Kind zu verstehen, daß andere ihre eigenen Gefühle haben. Damit werden Schuldgefühle möglich, die sich auf die Verletzung der Gefühle anderer beziehen. Im Laufe der weiteren Entwicklung treten Schuldgefühle auf, die auf der Erkenntnis beruhen, daß auch durch Nichthandeln Schaden zugefügt werden kann. Bei älteren Kindern und Adoleszenten löst sich die Kopplung von Schuldgefühl und emotionaler Reaktion des Geschädigten auf; auch für Handlungen, die erst später zur Schädigung führen, fühlt man sich verantwortlich. Während für die Entwicklung von Schuldgefühlen eine empathische Reaktion vorausgesetzt werden muß, kann Schuld später unabhängig von Empathie auftreten. Es genügt dann schon, sich als Verursacher eines Schadens zu sehen, man braucht nicht die Emotion des Opfers mitzuerleben. Ebenso kann man bei zufälliger Beobachtung eines Geschädigten empathisch mitleiden, ohne sich schuldig zu fühlen.

Schuldgefühle entstehen also dann, wenn einem anderen Schaden durch eigenes Tun zugefügt wird. Beobachtbar wird die Emotion Schuld an der empathischen Reaktion (ähnlicher Emotionsausdruck wie beim Geschädigten im Sinne von „Gefühlsansteckung") — zumindest bei Kleinkindern — und am reparativen Helfen. Jemand anderem Schaden zuzufügen, verstößt gegen eine moralische Norm, ähnlich wie andere Übertretungshandlungen. Bis dieses Normenbewußtsein sich entwickelt hat, hilft die emotionale Reaktion des Opfers, das Kind auf die Schädigung anderer durch eigenes Tun hinzuweisen.

Nicht immer führt Normverletzung zu Schuldgefühlen, oft ist es Furcht vor Strafe, die davon abhält, Normen zu übertreten. Wann tritt nun aber Scham im moralischen Handeln auf? Legt man die Unterscheidung privat vs. öffentlich (Buss, 1980) zugrunde, müßte dann Scham auftreten, wenn man sich bei einem Vergehen gegen moralische Normen ertappt fühlt und Tadel und Minderung des eigenen Selbst befürchtet (siehe zur Unterscheidung von Scham und Schuld auch Ausubel, 1971). Wie die Entwicklung von Scham (und Stolz!) in diesem Zusammenhang aussieht, ist noch nicht klar. Möglicherweise ist hier die von Kelley (1971) vorgenommene Einteilung des moralischen Bewertungsprozesses (gut vs. schlecht) in Realitätsbewertung (richtig vs. falsch) und Leistungsbewertung (Erfolg vs. Mißerfolg) hilfreich.

4 Ausblick: Differentielle Entwicklung

Wir haben, dem Thema Ontogenese entsprechend, unsere Darstellung auf die allgemeine Entwicklung der Emotionen gelenkt und dies an der noch in den Anfängen steckenden Forschung zu den selbstbewertenden Emotionen exemplarisch vertieft. Die ontogenetische Sichtweise fokussiert darauf, wann und warum eine spezifische Emotion in einem bestimmten Alterszeitraum zum ersten Mal auftaucht. Sie versucht, Entwicklungsvoraussetzungen für die Entstehung der einzelnen Emotion aufzudecken und die relevanten emotionsauslösenden Bedingungen entwicklungsaltersmäßig zu beschreiben. Ein wichtiges Augenmerk richtet sich auf die adaptive Funktion, der die jeweilige Emotion im Sinne interner oder sozialer Regulation im Altersbereich ihres ersten Entstehens und in der weiteren Entwicklung dient. Die Ontogenese der Emotionen steht im Spannungsfeld zwischen stammesgeschichtlicher Grundlegung und sozialisatorischer Gestaltung und Veränderung, wobei alle Emotionen mehr oder weniger deutlich auf biologische Wurzeln zurückzuführen sind. Die primären Emotionen sind wegen ihrer entwicklungsfrühen Verfügbarkeit, ihrer Überlebensfunktion sowie ihrer Homologie zum Verhalten infrahumaner Primaten als invariantes evolutionsgeschichtliches Erbe des Menschen anzusehen. Dagegen beruhen spätere, komplexere Emotionen mehr auf sozialem Erleben und Lernen.

Wie bereits im Abschnitt über den sozialisationspsychologischen Ansatz dargestellt, wird soziales Lernen für die Entwicklung individueller Unterschiede im emotionalen Verhalten verantwortlich gemacht; und damit letztlich auch für die Ausbildung individuumsspezifischer Persönlichkeitseigenschaften sowie emotionaler Störungen. Aber auch die differentielle Entwicklung — ähnlich wie die allgemeine Entwicklung — ist nicht allein eine Domäne des sozialen Lernens. Wiederum werden genetische Anlagen, nun aber nicht artspezifische Gemeinsamkeiten, sondern individuumsspezifische Unterschiede, relevant (siehe hierzu ausführlicher Grossmann & Grossmann, 1986; Scarr, 1985). Die neuere Temperamentsforschung führt angeborene und altersstabile Temperamentsunterschiede an, die an der Höhe des allgemeinen Aktivitätsniveaus, der Reaktionsintensität, der Aufmerksamkeitsspanne und der Anpassungsfähigkeit des Säuglings sichtbar werden. Temperament wird — genauer gesagt — an den individuellen Unterschieden, die sich hinsichtlich der Intensität, der Latenz und der Dauer der emotionalen Reaktion auftun, offenkundig (Überblick über die Temperamentsforschung, siehe Campos, Barrett, Lamb, Goldsmith & Stenberg, 1983, und Hubert, Wachs, Peters-Martin & Gandour, 1982). Auf diese genetischen Unterschiede baut soziales Lernen auf, ebnet die individuellen Differenzen ein oder hebt sie hervor.

Kinder unterscheiden sich in der Vielfalt, Labilität, Intensität und Latenz der emotionalen Reaktion, der Auf- und Abbauzeit des Ausdrucks sowie der Fähigkeit, die emotionale Reaktion zu steuern und zu kontrollieren (Thompson & Lamb, 1983). Nimmt man diese Unterschiede als Hinweise auf eine differentiell verlaufende Entwicklung, so ist zu prüfen, wie es zu diesen Unterschieden im Zuge der Sozialisation gekommen sein könnte und welche Einflußbedingungen hierfür verantwortlich zu machen sind. Die Mutter-(Vater, Geschwister)-Kind-Interaktion gilt als ein Prüffeld für Einflüsse der sozialen Umwelt in der Frühentwicklung. Die Grundkonzepte und Forschungsstrategien zur Untersuchung der Mutter-Kind-Interaktion haben sich in den letzten Jahren verändert. Stand zunächst der mütterliche Part der Interaktion im Vordergrund, bei dem das Kind nur als Rezipient gesehen wurde, so konzentriert sich heute die Beobachtung eher auf das Kind und die wechselseitigen Beiträge beider Partner zur Interaktion. Das Kind gilt als autonomer, neugieriger und aktiver Partner (Papoušek & Papoušek, 1977, 1982). Wurde früher die Rolle der Mutter primär als Stillerin der physiologischen Bedürfnisse des Kindes aufgefaßt, wird heute die Aufgabe der Mutter auch darin gesehen, die „kognitiven" Bedürfnisse des Kindes zu befriedigen (Papoušek, 1984). Erste Ansätze in der Sozialisationsforschung hoben zunächst das Pflegeverhalten (z. B. Brust- vs. Flaschenfütterung) der Mutter hervor (Whiting & Child, 1953); es folgten Studien zur mütterlichen Deprivation (Bowlby, 1951, 1953; Goldfarb, 1943, 1955) als Ursache kindlicher Defizite. Später wurde dann die Mutter als Quelle der Stimulation des Kindes entdeckt (Casler, 1961, 1965; Harlow & Zimmermann, 1959), die dem Kind die Umwelt erschließt. Kontingenz zwischen kindlichem Verhalten und mütterlicher Stimulation wurde zum wichtigen Begriff (Watson & Ramey, 1972).

Neuen Schwung hat neuerdings die Forschung zur Mutter-Kind-Interaktion durch den ethologischen Ansatz bekommen. Soziales Verhalten wird als adaptativ angesehen, weil es die evolutionäre Fitness des Kindes und damit dessen sozialregulative Funktionen steigert. Die Initiative geht vom Kind aus, wenn es durch Lächeln und Blickkontakt sozialen Kontakt initiiert und aufrechterhält oder durch Schreien Hunger und Schmerz signalisiert und damit Pflegeverhalten hervorruft. Bereits das Neugeborene ist mit einer Reihe von Signalen ausgestattet, die von den Pflegepersonen wahrgenommen, richtig integriert und angemessen und prompt beantwortet werden sollten (Schaffer, 1977). Die „Feinfühligkeit" der Mutter, ein wichtiger Begriff in der Bindungsforschung (Grossmann, 1984; Papoušek, 1984), fördert das Vertrauen des Kindes, gibt ihm Sicherheit im Umgang mit fremden Situationen und fundiert damit die soziale Kompetenz des Kindes. Gelingt dieses „Zwiegespräch" zum gegenseitigen Vertrautwerden nicht, d. h. beachtet die Mutter die Signale und Wünsche des Kindes zu wenig oder steht den kindlichen Initiativen passiv gegenüber, flachen die Affekte ab, der emotionale Ausdruck des Kindes wird eher neutral, das emotionale Bewältigungsverhalten wird automanipulatorisch und das emotionale Kommunikationsverhalten versiegt. Ist dagegen das mütterliche Verhalten inkonsistent und nicht vorhersehbar, weil sie nur von Fall zu Fall auf die kindlichen Signale reagiert oder sie ignoriert, muß das kindliche emotionale Verhalten eine hohe Intensität annehmen, um Reaktionen der Mutter hervorzulocken. Konsistente Unsensibilität führt zu einer Unterdrückung des emotionalen Ausdrucks, inkonsistentes mütterliches Verhalten zu andauernden und unmodulierten emotionalen Aufforderungen des Kindes (Thompson & Lamb, 1983). Stern (1974a, 1974b, 1979) und Kaye (1977) haben darauf hingewiesen, daß eine wesentliche Aufgabe der Mutter bei der Interaktion mit ihrem Kind darin besteht, einen leichten emotionalen Angeregtheitsgrad beim Kind aufrechtzuerhalten und durch feinfühliges, kontingentes Reagieren die Interaktion und dabei die Aufmerksamkeits-Affekt-Zyklen zu synchronisieren (wir haben darüber im Abschnitt über den sozialisationspsychologischen Ansatz schon berichtet). Eine gut synchronisierte Interaktion ermöglicht dem Kind allmähliche, maßvolle Erregungsänderungen, so daß es nicht zu jähen Emotionswechseln kommt. Sie fördert das Vergnügen an solchen kontrollierten Erregungsverläufen („arousal jag", Berlyne, 1960) und erhöht die funktionale Wirksamkeit der Strategien des Kindes, Interaktionen zu steuern (Thompson & Lamb, 1983).

Neben kontingentem und voraussagbarem Reagieren der Eltern auf die Initiative des Kindes besitzen Eltern intuitive didaktische Fähigkeiten. In der Regel vereinfachen sie ihr kommunikatives Verhalten (Papoušek, 1984; Papoušek & Papoušek, 1981), sie übertreiben, pointieren und verlangsamen ihre Mimik und benutzen die sich durch einfache Struktur, Verkürzungen, Wiederholungen sowie ausdrucksvolle Prosodik auszeichnende „Ammensprache". Sie unterstützen den Blickkontakt mit ihrem Kind, folgen mit ihrem Gesicht den Kopfbewegungen des Kindes und bringen dabei ihr Gesicht in eine Entfernung vom Gesicht des Säuglings, die den Blickkontakt erleichtert und ihr Gesicht zum Zentrum der Aufmerksamkeit des Kindes macht.

Aus der Forschung zur Mutter-Kind-Bindung ist bekannt, daß unangemessenes mütterliches Verhalten und eine dadurch gestörte Kommunikation mit dem Kind mit unsicher-meidendem oder unsicher-ambivalentem Bindungsverhalten des Kindes verbunden ist. Solche Kommunikationsstörungen sind eine schwerwiegende Bedingung für die Genese individueller Unterschiede im emotionalen Verhalten und gehören zu den Entwicklungsursachen von Persönlichkeitsstörungen.

Genügend Platz für die Entfaltung individueller Unterschiede bleibt allerdings auch in der „normalen" Entwicklung. Über Einflußgrößen und -prozesse haben wir bereits berichtet (siehe hierzu auch Malatesta, 1989). Erinnert sei an den

„social-referencing-Ansatz", der auf das vorsprachliche Beziehungslernen aufmerksam macht und gezeigt hat, daß sich das Kind am emotionalen Verhalten der Pflegepersonen orientiert. Dieses Vergewissern oder Rückversichern bei Unsicherheit formt das emotionale Verhalten des Kindes auch in individueller Art, wenn es sein Verhalten nach den Eigenarten ausrichtet, mit denen Eltern auf emotionsauslösende Situationen emotional reagieren. Im Laufe der Sprachentwicklung des Kindes formt darüber hinaus das Etikettieren von Gefühlen und das Sprechen über emotionale Zustände die weitere emotionale Entwicklung. Erleben und Ausdruck der Emotionen erhalten einen individuellen Zuschnitt, wenn die Bezugspersonen des Kindes auf eine ihrer Ansicht und Erwartung entsprechende, der auslösenden Situation angemessene emotionale Reaktion des Kindes Wert legen und dies einfordern. Wie dies in der Mutter-Kind-Interaktion geschieht, ist noch weitgehend unerforscht.

Literatur

Abelson, R. P. (1981). Psychological status of the script concept. *American Psychologist, 36,* 715—729.

Ainsworth, M. D. (1973). The development of infant-mother attachment. In B. Caldwell & H. Ricciuti (Eds.), *Review of child development research* (Vol. 3) (pp. 1—94). Chicago: University of Chicago Press.

Ainsworth, M. D. (1979). Attachment as related to mother-infant interaction. In J. S. Rosenblatt, R. A. Hinde, C. Beer & M. Busnel (Eds.), *Advances in the study of behavior* (Vol. 9) (pp. 2—51). New York: Academic Press.

Allen, V. L. & Atkinson, M. L. (1978). Encoding of nonverbal behavior by high-achieving and low-achieving children. *Journal of Educational Psychology, 70,* 298—305.

Amen, E. (1941). Individual differences in apperceptive reaction: A study of the responses of preschool children to pictures. *Genetic Psychology Monographs, 23,* 319—385.

Amsterdam, B. (1969). *Mirror behaviour in children under two years of age* (Unpubl. Diss.). Chapel Hill, N.C.: University of North Carolina Press.

Amsterdam, B. (1972). Mirror self-image reactions before age two. *Developmental Psychobiology, 5,* 297—305.

Andrew, R. J. (1963). The origin and evolution of the calls and facial expressions of the primates. *Behaviour, 20,* 1—109.

Andrew, R. J. (1965). The origins of facial expressions. *Scientific American, 213,* 88—94.

Arnold, M. B. (1960). *Emotion and personality* (2 Vols.). New York: Columbia University Press.

Arnold, M. B. (1970). Perennial problems in the field of emotion. In M. B. Arnold (Ed.), *Feelings and emotions: The Loyola symposium* (pp. 169—185). New York: Academic Press.

Asendorpf, J. (1983). Soziale Interaktion und Emotion. In H. A. Euler & H. Mandl (Hrsg.), *Emotionspsychologie* (S. 267—273). München: Urban & Schwarzenberg.

Asendorpf, J. (1990). The expression of shyness and embarrassment. In R. Crozier (Ed.), *Shyness and embarrassment: Perspectives from social psychology.* Cambridge: Cambridge University Press.

Ausubel, D. (1971). Relationship between shame and guilt in the socialization process. In G. G. Thompson, F. J. DiVerta & J. E. Horrocks (Eds.), *Social development and personality* (pp. 568—584). New York: Wiley.

Baldwin, J. M. (1891). *Feeling and will.* New York: Holt.

Baldwin, J. M. (1894). *Mental development in the child and the race.* London: Macmillan.

Bandura, A. & Walters, R. H. (1959). *Adolescent aggression: A study of the influence of child-rearing practices and family interrelationships.* New York: Ronald Press.

Bandura, A. & Walters, R. H. (1963). *Social learning and personality development.* New York: Holt, Rinehart, & Winston.

Barrett, K. C. & Campos, J. J. (1987). Perspectives on emotional development II: A functionalist approach to emotions. In J. Osofsky (Ed.), *Handbook of infant development* (2nd ed.) (pp. 555—578). New York: Wiley.

Benjamin, J. (1965). Developmental biology and psychoanalysis. In N. Greenfield & W. Lewis (Eds.), *Psychoanalysis and concurrent biological thought* (pp. 57—80). Madison: University of Wisconsin Press.

Berlyne, D. E. (1960). *Conflict, arousal and curiosity.* New York: McGraw-Hill.

Bertenthal, B. I. & Fischer, K. W. (1978). Development of self-recognition in the infant. *Developmental Psychology, 14,* 44—50.

Bischof-Köhler, D. (1988). Über den Zusammenhang von Empathie und der Fähigkeit, sich im Spiegel zu erkennen. *Schweizerische Zeitschrift für Psychologie, 47,* 147—159.

Bloch, S., Orthous, P. & Santibanez-H, G. (1987). Effector patterns of basic emotions: A psychophysiological method for training actors. *Journal of Social and Biolocial Structures, 10,* 1—19.

Blurton Jones, N. G. (1967). An ethological study of some aspects of social behaviour of children in nursery school. In D. Morris (Ed.), *Primate ethology* (pp. 347—368). London: Weidenfeld & Nicolson.

Borke, H. (1971). Interpersonal perception of young children: Egocentrism or empathy? *Developmental Psychology, 5,* 263—269.

Bower, G. H. (1981). Mood and Memory. *American Psychologist, 36,* 129—148.

Bowlby, J. (1951). *Maternal care and mental health.* Geneva: World Health Organization.

Bowlby, J. (1953). Some pathological processes set in train by the early mother-child seperation. *Journal of Mental Science, 99,* 265—272.

Bowlby, J. (1960). Separation anxiety. *International Journal of Psychoanalysis, 41,* 89—113.

Bowlby, J. (1969). *Attachment and loss:* (Vol. 1) *Attachment.* New York: Basic Books.

Brackbill, Y. (1958). Extinction of the smiling response in infants as a function of reinforcement schedule. *Child Development, 29,* 114—124.

Bretherton, I. & Beeghly, M. (1982). Talking about internal states: The acquisition of an explicit theory of mind. *Developmental Psychology, 6,* 906—921.

Bretherton, I., Fritz, J., Zahn-Waxler, C. & Ridgeway, D. (1986). Learning to talk about emotions: A functionalist perspective. *Child Development, 57,* 529—548.

Bretherton, I., McNew, S. & Beeghly-Smith, M. (1981). Early person knowledge as expressed in gestural and verbal communication: When do infants acquire a „theory of mind"? In M. E. Lamb & L. R. Sherrod (Eds.), *Infant social cognition* (pp. 333—373). Hillsdale, N.J.: Erlbaum.

Bridges, K. M. B. (1930). A genetic theory of the emotions. *Journal of Genetic Psychology, 37,* 514—527.

Bridges, K. M. B. (1932). Emotional development in early infancy. *Child Development, 3,* 324—341.

Bridges, K. M. B. (1933). A study of social development in early infancy. *Child Development, 4,* 36—49.

Bronson, G. W. (1968). The fear of novelty. *Psychological Bulletin, 69,* 350—358.

Bronson, G. W. (1972). Infants' reactions to unfamiliar persons and novel objects. *Monographs of the Society for Research in Child Development, 37,* 3, No. 148.

Brooks-Gunn, J. & Lewis, M. (1982). Affective exchanges between normal and handicapped infants and their mothers. In T. Field & A. Fogel (Eds.), *Emotions and early interaction* (pp. 161—188). New York: Erlbaum.

Brown, J. & Weiner, B. (1984). Affective consequences of ability versus effort ascriptions: Controversies, resolutions, and quandaries. *Journal of Educational Psychology, 76,* 146—158.

Buchner, M. (1909). Die Entwicklung der Gemütsbewegungen im ersten Lebensjahr. *Zeitschrift für Kinderforschung, 14,* 166—181.

Buck, R. (1977). Nonverbal communication of affect in preschool children: Relationships with personality and skin conductance. *Journal of Personality and Social Psychology, 33,* 225—236.

Buck, R. (1981). The evolution and development of emotion expression and communication. In S. S. Brehm, S. M. Kassin & F. X. Gibbons (Eds.), *Developmental social psychology* (pp.127—151). New York: Oxford University Press.

Buck, R. (1982). Spontaneous and symbolic nonverbal behavior and the ontogeny of communication. In R. S. Feldman (Ed.), *Development of nonverbal behavior in children* (pp. 29—62). New York: Springer.

Buck, R. (1984). *The communication of emotion.* New York: The Guilford Press.

Bühler, C. (1927). Die ersten sozialen Verhaltensweisen des Kindes. In C. Bühler (Hrsg.), *Quellen und Studien zur Jugendkunde* (Bd. 5) (S. 1—102). Jena: G. Fischer.

Bühler, C. & Hetzer, H. (1927). Inventar der Verhaltensweisen des ersten Lebensjahres. In C. Bühler (Hrsg.), *Quellen und Studien zur Jugendkunde* (Bd. 5) (S. 125—250). Jena: G. Fischer.

Bühler, C. & Hetzer, H. (1928). Das erste Verständnis für Ausdruck im ersten Lebensjahr. *Zeitschrift für Psychologie, 107,* 50—61.

Bühler, C., Hetzer, H. & Mabel, F. (1928). Die Affektwirksamkeit von Fremdheitseindrücken im ersten Lebensjahr. *Zeitschrift für Psychologie, 107,* 30—49.

Bühler, K. (1918). *Die geistige Entwicklung des Kindes.* Jena: Fischer.

Bühler, K. (1934). *Sprachtheorie.* Jena: G. Fischer.

Bullock, M. & Russell, J. A. (1986). Concepts of emotion in developmental psychology. In C. E. Izard & P. B. Read (Eds.), *Measuring emotions in infants and children* (Vol. 2) (pp. 203—237). Cambridge: Cambridge University Press.

Buss, A. H. (1980). *Self—consciousness and social anxiety.* San Francisco: Freeman & Co.

Buss, A. H., Iscoe, I., & Buss, E. (1979). The development of embarrassment. *Journal of Psychology, 103,* 227—230.

Campos, J. J., Barrett, K. C., Lamb, M. E., Goldsmith, H. H. & Stenberg, C. (1983). Socioemotional development. In P. H. Mussen (Ed.), *Handbook of infant development (Vol. 2) Infancy and developmental psychobiology* (pp. 783—915). New York: Wiley.

Campos, J. J., Emde, R. N., Gaensbauer, T. & Henderson, C. (1975). Cardiac and behavioral interrelationships in the reactions of infants to strangers. *Developmental Psychology, 11,* 589—601.

Campos, J. J., Hiatt, S., Ramsay, D., Henderson, C., Svejda, M. (1978). The emergence of fear on the visual cliff. In M. Lewis & L. A. Rosenblum (Eds.), *The development of affect* (pp. 149—182). New York: Plenum.

Campos, J. J. & Stenberg, C. R. (1981). Perception, appraisal and emotion: The onset of social referencing. In M. E. Lamb & L. R. Sherrod (Eds.), *Infant social cognition* (pp. 273—314). Hillsdale, N.J.: Erlbaum.

Camras, L. A. (1980). Animal threat displays and children's facial expressions: A comparison. In D. R. Omark, F. E. Strayer & D. G. Freedman (Eds.), *Dominance relations: An ethological view of human conflict and social interaction* (pp. 121—136). New York: Yarland Press.

Camras, L. A. (1982). Ethological approaches to nonverbal communication. In R. S. Feldman (Ed.), *Development of nonverbal behavior in children* (pp. 3—28). New York: Springer.

Caron, R. F., Caron, A. J. & Myers, R. S. (1982). Abstraction of invariant face expressions in infancy. *Child Development, 53,* 1008—1015.

Casler, L. (1961). Maternal deprivation: A critical review of the literature. *Monographs of the Society for Research in Child Development, 26,* 2, Serial No 80.

Casler, L. (1965). Effects of extra tactile stimulation on a group of institutionalized infants. *Genetic Psychological Monographs, 71,* 137—175.

Charlesworth, W. R. (1964). Instigation and maintenance of curiosity behavior as a function of surprise versus novel and familiar stimuli. *Child Development, 35,* 1169—1186.

Charlesworth, W. R. (1969). The role of surprise in cognitive development. In D. Elkind & J. H. Flavell (Eds.), *Studies in cognitive development. Essays in honor to J. Piaget* (pp. 257—314). New York: Oxford University Press.

Charlesworth, W. R. (1970). *Surprise reactions in congenitally blind and sighted children* (Progress report). Washington: National Institute of Mental Health.

Charlesworth, W. R. (1982). An ethological approach to research on facial expression. In C. E. Izard (Ed.), *Measuring emotions in infants and children* (pp. 317—334). New York: Cambridge University Press.

Charlesworth, W. R. & Kreutzer, M. A. (1973). Facial expressions of infants and children. In Ekman, P. (Ed.), *Darwin and Facial expression: A century of research in review* (pp. 91—168). New York: Akademic Press.

Chevalier-Skolnikoff, S. (1973). Facial expression of emotion in nonhuman primates. In P. Ekman (Ed.), *Darwin and facial expression: A century of research in review* (pp. 11—89). New York: Academic Press.

Chevalier-Skolnikoff, S. (1982). A cognitive analysis of facial behavior in old world monkeys, apes, and human beings. In C. T. Snowdon, C. H. Brown & R. Petersen (Eds.), *Primate communication* (pp. 303—368). New York: Cambridge University Press.

Cicchetti, D. & Hesse, P. (1983). Affect and intellect: Piaget's contributions to the study of infant emotional development. In R. Plutchik & H. Kellermann (Eds.), *Emotion: Research and theory* (Vol. 2) (pp. 115—169). New York: Academic Press.

Cicchetti, D. & Pogge-Hesse, P. (1981). The relation between emotion and cognition in infant development. In M. E. Lamb & L. R. Sherrod (Eds.), *Infant social cognition* (pp. 205—272). Hillsdale, N.J.: Lawrence Erlbaum.

Cole, P. M. (1983). *Preschoolers' emotional display rules: Grin and bear it?* Paper presented at the meetings of the Society for Research in Child Development, Detroit.

Cole, P. M. (1985). Display rules and the socialization of affective displays. In G. Zivin (Ed.), *The development of expressive behavior: Biology environment interactions* (pp. 269—290). Orlando: Academic Press.

Covington, M. V. & Omelich, C. L. (1984). Controversies or consistencies? A reply to Brown and Weiner. *Journal of Educational Psychology, 76,* 159—168.

Covington, M. V. & Omelich, C. L. (1985). Ability and effort valuation among failure-avoiding and failure-accepting students. *Journal of Educational Psychology, 77,* 446—459.

Cowan, P. A. (1982). The relationship between emotional and cognitive development. In D. Cicchetti & P. Hesse (Eds.), *Emotional development. New directions for child development* (Vol. 16) (pp. 49—80). San Francisco: Jossey-Bass.

Darwin, C. (1872). *The expression of the emotions in man and animals.* London: J. Murray.

Darwin, C. (1877). A biographical sketch of an infant. *Mind, 2,* 285—294.

Dashiell, J. F. (1928). Are there any native emotions? *Psychological Review, 35,* 319—327.

Decarie, T. G. (1974). *The infant's reaction to strangers.* New York: International University Press.

Demos, E. V. (1982). Facial expressions of infants and toddlers: A descriptive analysis. In T. Field & A. Fogel (Eds.), *Emotion and early interaction* (pp. 127—160). Hillsdale, N.J.: Erlbaum.

Dixon, J. C. (1957). Development of self recognition. *Journal of Genetic Psychology, 91,* 251—256.

Eibl-Eibesfeldt, I. (1970). *Ethology: The biology of behavior.* New York: Holt, Rinehart & Winston.

Eibl-Eibesfeldt, I. (1972). Similarities and differences between cultures in expressive movements. In R. A. Hinde (Ed.), *Non-verbal communication* (pp. 297—314). Cambridge: Cambridge University Press.

Eibl-Eibesfeldt, I. (1973). The expressive behavior of the deaf-and-blind-born. In M. von Cranach & I. Vine (Eds.), *Social communication and movement* (pp. 163—194). London: Academic Press.

Eibl-Eibesfeldt, I. (1978a). *Grundriß der vergleichenden Verhaltensforschung. Ethologie* (5. Aufl.). München: Piper.

Eibl-Eibesfeldt, I. (1978b). Stammesgeschichtliche und kulturelle Anpassung im menschlichen Verhalten. In H. Zeier & R. A. Stamm (Hrsg.), *Lorenz und die Folgen* (S. 405—429). Zürich: Kindler.

Eibl-Eibesfeldt, I. (1984). *Die Biologie des menschlichen Verhaltens. Grundriß der Humanethologie.* München: Piper.

Eisenberg, N. (1986). *Altruistic emotion, cognition, and behavior.* Hillsdale, N.J.: Erlbaum.

Ekman, P. (1972). Universal and cultural differences in facial expressions of emotions. In J. K. Cole (Ed.), *Nebraska Symposium on Motivation* (Vol. 19) (pp. 207—283). Lincoln: University of Nebraska Press.

Ekman, P. (1973). Cross-cultural studies of facial expression. In P. Ekman (Ed.), *Darwin and facial expression: A century of research in review* (pp. 169—222). New York: Academic Press.

Ekman, P. (1977). Biological and cultural contributions to body and facial movement. In J. Blacking (Ed.), *The anthropology of the body* (pp. 39—84). London: Academic Press.

Ekman, P. (1979). About brows: Emotional and conversational signals. In M. von Cranach, K. Foppa, W. Lepenies & D. Ploog (Eds.), *Human ethology: Claims and limits of a new discipline* (pp. 169—202). Cambridge: Cambridge University Press.

Ekman, P., & Friesen, W. V. (1969a). Nonverbal leakage and clues to deception. *Psychiatry, 32,* 83—105.

Ekman, P. & Friesen, W. V. (1969b). The repertoire of non-verbal behavior: Categories, origins, usage and coding. *Semiotica, 1,* 49—98.

Ekman, P. & Friesen, W. V. (1971). Constants across cultures in face and emotion. *Journal of Personality and Social Psychology, 17,* 124—129.

Ekman, P., & Friesen, W. V. (1975). *Unmasking the face: A guide to recognizing emotions from facial cues.* Englewood, N.J.: Prentice—Hall.

Ekman, P., & Friesen, W. V. (1978). *The facial action coding system: A manual for the measurement of facial movement.* Palo Alto, Cal.: The Consulting Psychologists Press.

Ekman, P., Friesen. W. V., & Ellsworth, P. (1972). *Emotion in the human face.* New York: Pergamon.

Ekman, P., Friesen, W. V., O'Sullivan, M., Chan, A., Diacoyanni-Tarlatzis, I., Heider, K., Krause, R., LeCompte, W. A., Pitcairn, T., Ricci-Bitti, P. E., Scherer, K., Tomita, M. & Tzarvaras, A. (1987). Universals and cultural differences in the judgements of facial expressions of emotion. *Journal of Personality and Social Psychology, 53,* 712—717.

Ekman, P., Friesen, W. V. & Simons, R. C. (1985). Is the startle reaction an emotion? *Journal of Personality and Social Psychology, 49,* 1416—1426.

Ekman, P. & Oster, H. (1979). Facial expression of emotion. In M. R. Rosenzweig & L. W. Porter (Eds.), *Annual Review of Psychology* (Vol. 30) (pp. 527—554). Palo Alto, Ca.: Annual Reviews Inc.

Ekman, P., Roper, G. & Hager, J. C. (1980). Deliberate facial movement. *Child Development, 51,* 886—891.

Ekman, P., Sorenson, E. R. & Friesen, W. V. (1969). Pan-cultural elements in facial displays of emotion. *Science, 164,* 86—88.

Emde, R. N. (1980). Levels of meaning for infant emotions: A biosocial review. In W. A. Collins (Ed.), *The Minnesota symposia on child psychology* (Vol. 13) (pp. 1—37). Hillsdale, N.J.: Erlbaum.

Emde, R. N., Gaensbauer, T. & Harmon, R. (1976). *Emotional expression in infancy: A biobehavioral study.* New York: International Universities Press.

Emde, R. N., Klingman, D. H., Reich, J. H., & Wade, T. C. (1978). Emotional expression in infancy: I. Initial studies of social signaling and an emergent model. In M. Lewis & L. A. Rosenblum (Eds.), *The development of affect* (pp. 125—148). New York: Plenum.

Erikson, E. (1950). *Childhood and society.* New York: Norton.

Feinman, S. & Lewis, M. (1983). Social referencing at ten months: A second-order effect on infants' responses to strangers. *Child Development, 54,* 878—887.

Field, T. M. & Greenberg, R. (1981). *Facial expressions of 2- and 3-month-old infants during face-to-face interaction* (Unveröff. Manuskript).

Field, T. M., & Walden, T. A. (1982). Production and perception of facial expressions in infancy and early childhood. In H. Reese & L. Lipsitt (Eds.), *Advances in child development and behavior* (Vol. 16) (pp. 169—211). New York: Academic Press.

Field, T. M., Woodson, R., Greenberg, R. & Cohen, D. (1982). Discrimination and imitation of facial expressions by neonates. *Science, 218,* 179—181.

Fox, N. A., & Davidson, R. J. (1984). *The psychobiology of affective development.* Hillsdale, N.J.: Erlbaum.

Fraiberg, S. (1977). *Insights from the blind.* New York: Basic Books.

Fraiberg, S. (1979). Blind infants and their mothers: An examination of the sign system. In M. Bullowa (Ed.), *Before speech* (pp. 149—169). Cambridge: Cambridge University Press.

Freedman, D. G. (1964). Smiling in blind infants and the issue of innate versus acquired. *Journal of Child Psychology and Psychiatry, 5,* 171—184.

Freedman, D. G., Loring, C. B. & Martin, R. M. (1967). Emotional behavior and personality development. In Y. Brackbill (Eds.), *Infancy and early childhood* (pp. 427—502). New York: Free Press.

Freud, A. (1980). Die Entwicklung des Trieb- und Gefühlslebens. In A. Freud (Hrsg.), *Die Schriften der Anna Freud* (Bd. 5) (S. 1445—1472). München: Kindler.

Freud, S. (1968). Hemmung, Symptom und Angst. *Gesammelte Werke* (Bd. 14, 4. Aufl.) (S. 111-205) . Frankfurt: Fischer.

Freud, S. (1969a). Neue Folge der Vorlesungen zur Einführung in die Psychoanalyse. *Gesammelte Werke* (Bd. 15, 5. Aufl.). Frankfurt: Fischer.

Freud, S. (1969b). Triebe und Triebschicksale. *Gesammelte Werke* (Bd. 5, 5. Aufl.) (S. 209—232) . Frankfurt: Fischer.

Freud, S. (1976). Die Traumdeutung. *Gesammelte Werke* (Bd. 2, 6. Aufl.).(S. 1—642) Frankfurt: Fischer.

Fridlund, A. J., Ekman, P. & Oster, H. (1987). Facial expressions of emotion: Review of literature, 1970—1983. In A. W. Siegman & S. Feldstein (Eds.), *Nonverbal behavior and communication* (2nd ed.) (pp. 143—224) . Hillsdale, N.J.: Erlbaum.

Frijda, N. H. (1986). *The emotions.* Cambridge: Cambridge University Press.

Gallup, G. G. (1970). Chimpanzees: Self recognition. *Science, 167,* 86—87.

Gartmann, D. (1983). *Frühentwicklung emotionaler Ausdrucksmuster nach Gelingen und Mißlingen,* Unveröff. Dipl.Arbeit, Psychologisches Institut der Ruhr-Universität, Bochum.

Geppert, U. (1986). *A coding-system for analyzing behavioral expressions of self-evaluative emotions* (Report). München: Max-Planck-Institut für psychologische Forschung.

Geppert, U. & Gartmann, D. (1983). *The emergence of self-evaluative emotions as consequences of achievement actions.* Extended version of a poster presented at the Seventh Biennial Meetings of the International Society for the Study of Behavioural Development, München.

Geppert, U. & Küster, U. (1983). The emergence of „wanting to do it oneself": A precursor of achievement motivation. *International Journal of Behavioral Development, 6,* 355—370.

Gibson, E. J. & Walk, R. D. (1960). The „visual cliff". *Scientific American, 202,* 64—71.

Goldfarb, W. (1943). Infant rearing and problem behavior. *American Journal of Orthopsychiatry, 13,* 249—265.

Goldfarb, W. (1955). Emotional and intellectual consequences of psychologic deprivation in infancy: A reevaluation. In P. H. Hock & J. Zurbin (Eds.), *Psychopathology of childhood* (pp. 105—119). New York: Grune, Stratton.

Goodenough, F. L. (1931). *Anger in young children.* Minneapolis: Uni of Minneapolis Press.

Goodenough, F. L. (1932). Expressions of the emotions in a blind-deaf child. *Journal of Abnormal and Social Psychology, 27,* 328—333.

Green, S. (1975). Variation of vocal pattern with social situation in the Japanese monkey (Macaca fuscata): A field study. In L. A. Roscnblum (Ed.), *Primate behavior: Developments in field and laboratory research* (Vol. 4) (pp. 2—102). New York: Academic Press.

Grossmann, K. E. (1984). Die Ontogenese kindlicher Zuwendung gegenüber Bezugspersonen und gegenüber Dingen. In C. Eggers (Hrsg.), *Bindungen und Besitzdenken beim Kleinkind* (S. 121—154). München: Urban & Schwarzenberg.

Grossmann, K. E. (1985). The development of emotional expression in a social context. In J. T. Spence & C. E. Izard (Eds.), *Motivation, emotion, and personality* (pp. 305—316). Amsterdam: North-Holland.

Grossmann, K. E. & Grossmann, K. (1986). Phylogenetische und ontogenetische Aspekte der Entwicklung der Eltern-Kind- Bindung und der kindlichen Sachkompetenz. *Zeitschrift für Entwicklungspsychologie und Pädagogische Psychologie, 18,* 287—315.

Guardo, C. J. (1968). Self revisited: The sense of self identity. *Journal of Humanistic Psychology, 8,* 137—142.

Halisch, C. & Halisch, F. (1980). Kognitive Voraussetzungen frühkindlicher Selbstbewertungsreaktionen nach Erfolg und Mißerfolg. *Zeitschrift für Entwicklung und Pädagogische Psychologie, 12,* 193—212.

Hamilton, M. L. (1973). Imitative behavior and expressive ability in facial expression of emotion. *Developmental Psychology, 8,* 138.

Harlow, H. F. & Mears, C. (1978). The nature of complex, unlearned responses. In M. Lewis & L. A. Rosenblum (Eds.), *The development of affect* (pp. 257—274). New York: Plenum.

Harlow, H. F. & Suomi, S. J. (1974). Induced depression in monkeys. *Behavioral Biology, 12,* 273—296.

Harlow, H. F. & Zimmermann, R. (1959). Affectional responses in the infant monkey. *Science, 130,* 421—432.

Harris, B. (1979). Whatever happened to little Albert? *American Psychologist, 34,* 151—160.

Harter, S. (1978). Effectance motivation reconsidered. *Human Development, 21,* 34—64.

Hartmann, H. (1972). *Ich-Psychologie: Studien zur psychoanalytischen Theorie.* Stuttgart: Klett.

Hebb, D. O. (1946). On the nature of fear. *Psychological Review, 53,* 259—276.

Hebb, D. O. (1949). *The organization of behavior.* New York: Wiley.

Heckhausen, H. (1964). Entwurf einer Psychologie des Spielens. *Psychologische Forschung, 27,* 225—243.

Heckhausen, H. (1980). *Motivation und Handeln.* Berlin: Springer.

Heckhausen, H. (1981). Developmental precursors of success and failure experience. In G. d'Ydewalle & W. Lens (Eds.), *Cognition in human motivation and learning* (pp. 15—32). Hillsdale, N.J.: Erlbaum.

Heckhausen, H. (1982). The development of achievement motivation. In W. W. Hartup (Eds.), *Review of Child Development Research* (pp. 600—668). Chicago: The University of Chicago Press.

Heckhausen, H. (1983). Entwicklungsschritte in der Kausalattribution von Handlungsergebnissen. In D. Görlitz (Hrsg.), *Kindliche Erklärungsmuster. Entwicklungspsycho logische Beiträge zur Attributionsforschung* (Bd. 1) (S. 49—85). Weinheim: Beltz.

Heckhausen, H. (1984). Emergent achievement behavior: Some early developments. In J. Nicholls (Ed.), *The development of achievement motivation* (pp. 1—32). Greenwich, Conn.: JAI Press.

Heckhausen, H. (1987). Emotional components of action: Their ontogeny as reflected in achievement behavior. In D. Görlitz & J. F. Wohlwill (Eds.), *Curiosity, imagination and play: On the development of spontaneous cognitive and motivational processes* (pp. 326—348). Hillsdale, N.J.: Erlbaum.

Heckhausen, H., Ertel, S. & Kiekheben-Roelofsen, I. (1966). *Die Anfänge der Leistungsmotivation im Wetteifer des Kleinkindes* (Tonfilm). Göttingen: Institut für den Wissenschaftlichen Film.

Heckhausen, H. & Geppert, U. (in Vorb.). *Entwicklung des Leistungshandelns und seiner Emotionen vom 2. bis 10. Lebensjahr.* Abschlußbericht zum Forschungsprojekt im Schwerpunkt Entwicklungspsychologie der Stiftung Volkswagenwerk. München: Max-Planck-Institut für psychologische Forschung.

Heckhausen, H. & Roelofsen, I. (1962). Anfänge und Entwicklung der Leistungsmotivation. I. Im Wetteifer des Kleinkindes. *Psychologische Forschung, 26,* 113—197.

Heckhausen, J. (1988). Becoming aware of one's competence in the second year: Developmental progression within the mother-child dyad. *International Journal of Behavioral Development, 11,* 305—326.

Heider, F. (1958). *Psychology of interpersonal relations.* New York: Wiley.

Hesse, P. & Cicchetti, D. (1982). Perspectives on an integrated theory of emotional development. In D. Cicchetti & P. Hesse (Eds.), *Emotional development. New directions for child development* (Vol. 16) (pp. 3—48). San Francisco: JosseyBass.

Hetzer, H. (1931). Kind und Schaffen. Experimente über konstruktive Betätigungen im Kleinkindalter. In C. Bühler (Hrsg.), *Quellen und Studien zur Jugendkunde* (Bd. 7). Jena: G. Fischer.

Hiatt, S., Campos, J. & Emde, R. N. (1979). Facial patterning and infant emotional expression: happiness, surprise, and fear. *Child Development, 50,* 1020—1035.

Hochschild, A. R. (1979). Emotion work, feeling rules, and social structure. *American Journal of Sociology, 85,* 551—575.

Hoffman, M. L. (1982). Development of prosocial motivation: Empathy and guilt. In N. Eisenberg (Ed.), *The development of prosocial behavior* (pp. 281—313). New York: Academic Press.

Hooff, J. A. R. A. M. van (1962). Facial expressions in higher primates. *Symposia of the Zoological Society of London, 8,* 97—125.

Hooff, J. A. R. A. M. van (1973). A structural analysis of the social behavior of a semicaptative group of chimpanzees. In M. von Cranach & I. Vine (Eds.), *Social communication and movement* (pp. 75—162). London: Academic Press.

Hooff, J. A. R. A. M. van (1976). The comparison of facial expression in man and higher primates. In M. von Cranach (Eds.), *Methods of inference from animal to human behaviour* (pp. 165—196). Chicago: Aldine.

Hottenstein, M. P. (1977). *An exploration of the relationship between age, social status, and facial gesturing.* (Unpubl. Diss.). Philadelphia. University of Pennsylvania.

Hubert, N. C., Wachs, T. D., Peters-Martin, P. & Gandour, M. J. (1982). The study of early temperament: Measurement and conceptual issues. *Child Development, 53,* 571—600.

Huxley, J. (1923). Courtship activities in the red-throated diver (Colymbus stellatus Pontopp.); together with a discussion of the evolution of courtship in birds. *Journal of the Linnean Society of London, Zoology, 53,* 253—292.

Isenberg, A. (1980). Natural pride and natural shame. In A. O. Rorty (Eds.), *Explaining emotions* (pp. 355—383). Berkeley: University of California Press.

Izard, C. E. (1971). *The face of emotion.* New York: Appleton- Century-Crofts.

Izard, C. E. (1977). *Human emotions.* New York: Plenum Press.

Izard, C. E. (1978). On the ontogenesis of emotions and emotion-cognition relationships in infancy. In M. Lewis & L. A. Rosenblum (Eds.), *The development of affect* (pp. 389—413). New York: Plenum.

Izard, C. E. (1979). *The maximally discriminative facial movement coding system (Max).* Newark: University of Delaware.

Izard, C. E. (1980). Cross-cultural perspectives on emotion and emotion communication. In H. C. Triandis & W. Louner (Eds.), *Handbook of cross-cultural psychology* (Vol. 3) (pp. 185—221). Boston: Allyn & Bacon.

Izard, C. E. (1982). Comments on emotion and cognition: Can there be a working relationship. In M. S. Clark & S. T. Fiske (Eds.), *Affect and cognition: The Seventeenth Annual Carnegie Symposium on Cognition* (pp. 229—240). Hillsdale, N.J.: Lawrence Erlbaum.

Izard, C. E. & Buechler, S. (1979). Emotion expressions and personality integration in infancy. In C. E. Izard (Ed.), *Emotions in personality and psychopathology* (pp. 447—472). New York: Plenum.

Jagacinski, C. M. & Nicholls, J. G. (1984). Conceptions of ability and related affects in task involvement and ego involvement. *Journal of Educational Psychology, 76,* 909—919.

Jolly, A. (1972). *The evolution of primate behavior.* New York: Macmillan.

Josephs, I. (1987). *Über den kindlichen Ausdruck bei Erfolg und Mißerfolg in einer leistungsthematischen Situation: Eine Studie mit dem Facial Action Coding System* (Unveröff. Dipl. Arb.). Bochum: Fakultät für Psychologie der Ruhr-Universität.

Josephs, I. & Schneider, K. (1987). *Kindliche Mimik bei Erfolg und Mißerfolg in einer leistungsorientierten Situation.* Vortrag auf der 29. Tagung Experimentell arbeitender Psychologen, Aachen.

Jürgens, U. (1979). Vocalization as an emotional indicator: A neuroethological study in the squirrel monkey. *Behaviour, 69,* 88—117.

Kagan, J. (1971). *Change and continuity in infancy.* New York: Wiley.

Kagan, J. (1974). Discrepancy, temperament and infant distress. In M. Lewis & L. A. Rosenblum (Eds.), *The origins of fear* (pp. 229—248). New York: Wiley.

Kagan, J., Kearsley, P. & Zelazo, P. (1978). *Infancy: Its place in human development.* Cambridge, Mass.: Harvard University Press.

Kaufmann, I. C. & Rosenblum, L. A. (1969). The reaction of separation from mother on the emotional behavior of infant monkeys. *Annals of the New York Academy of Science, 159,* 681—695.

Kaye, K. (1977). Thickening thin data: The maternal role in developing communication and language. In M. Bullowa (Eds.), *Before speech* (pp. 191—206). London: Cambridge University Press.

Keller, H. & Meyer, H. J. (1982). *Psychologie der frühesten Kindheit.* Stuttgart: Kohlhammer.

Kelley, H. H. (1971). Moral evaluation. *American Psychologist, 26,* 293—300.

Kelley, H. H. (1972). *Causal schemata and the attribution process.* New York: General Learning Press.

Kemmler, L. (1957). Untersuchung über den frühkindlichen Trotz. *Psychologische Forschung, 25,* 279—338.

Klein, M. (1962). *Das Seelenleben des Kleinkindes und andere Beiträge zur Psychoanalyse.* Stuttgart: Klett.

Klinnert, M., Campos, J. J., Sorce, J., Emde, R. & Svejda, M. (1983). Emotions as behavior regulators: The development of social referencing. In R. Plutchik & H. Kellerman (Eds.), *Emotion: Theory, research and development.* (Vol. 2) *Emotions in early development* (pp. 57—86). New York: Academic Press.

Kramer, Y. & Rosenblum, L. (1970). Responses to „frustration" in one-year-old infants. *Psychosomatic Medicine, 32,* 243—257.

Kummer, H. (1971). *Primate Societies: Group Techniques of Ecological Adaptation.* Chicago: Aldine Atherton.

Kun, A. (1977). Development of the magnitude-covariation and compensation schemata in ability and effort attributions of performance. *Child Development, 48,* 862—873.

LaBarbera, J. D., Izard, C. E., Vietze, P. & Parisi, S. A. (1976). Four- and six-month-old infants' visual responses to joy, anger, and neutral expressions. *Child Development, 47,* 535—538.

Laird, J. D. (1974). Self-attribution of emotion: The effects of expressive behavior on the quality of emotional experience. *Journal of Personality and Social Psychology, 29,* 475—486.

Lamb, M. E. (1981a). Developing trust and perceived effectance in infancy. In L. P. Lipsitt (Eds.), *Advances in infancy research* (Vol. 1) (pp. 101—127). Norwood, N.J.: Ablex.

Lamb, M. E. (1981b). The development of social expectations in the first year of life. In M. E. Lamb & L. R. Sherrod (Eds.), *Infant social cognition: Empirical and theoretical considerations* (pp. 155-175). Hillsdale, N.J.: Erlbaum.

Lazarus, R. S. (1966). *Psychological stress and the coping process.* New York: McGraw Hill.

Lazarus, R. S. (1968). Emotions and adaption: Conceptual and empirical relations. In W. J. Arnold (Ed.), *Nebraska symposium on motivation* (Vol. 16) (pp. 175—270). Lincoln: University of Nebraska Press.

Lazarus, R. S. (1982). Thoughts on the relations between emotion and cognition. *American Psychologist, 37,* 1019—1024.

Lazarus, R. S. (1984). On the primacy of cognition. *American Psychologist, 39,* 124—129.

Lazarus, R. S., Averill, J. R. & Opton, E. M. (1970). Towards a cognitive theory of emotion. In M. B. Arnold (Ed.), *Feelings and emotions* (pp. 207—232). New York: Academic Press.

Leventhal, H. (1979). A perceptual-motor processing model of emotion. In P. Pliner, K. Blankenstein & I. M. Spigel (Eds.), *Perception of emotion in self and others* (Vol. 5) (pp. 1—46). New York: Plenum.

Leventhal, H. & Scherer, K. (1987). The relationship of emotion to cognition: A functional approach to a semantic controversy. *Cognition and Emotion, 1,* 3—28.

Levy, R. I. (1980). *On the nature and functions of emotions: An anthropological perspective* (Unpubl. paper).

Levy, R. I. (1984). The emotions in comparative perspective. In K. R. Scherer & P. Ekman (Eds.), *Approaches to emotion* (pp. 397—412). Hilldale, N.J.: Erlbaum.

Lewis, H. (1971). *Shame and guilt neurosis.* New York: International University Press.

Lewis, M. & Brooks-Gunn, J. (1979). *Social cognition and the aquisition of self.* New York: Plenum.

Lewis, M. & Brooks, J. (1978). Self-knowledge and emotional development. In M. Lewis & L. A. Rosenblum (Eds.), *The development of affect* (pp. 205—226). New York: Plenum.

Lewis, M., Brooks, J. & Haviland, J. (1978). Hearts and faces: A study in the measurement of emotion. In M. Lewis & L. A. Rosenblum (Eds.), *The development of affect* (pp. 77—123). New York: Plenum.

Lewis, M. & Goldberg, S. (1969). Perceptual-cognitive development in infancy: A generalized expectancy model as a function of the mother-infant interaction. *Merrill-Palmer Quarterly, 15,* 81—100.

Lewis, M. & Michalson, L. (1982). The socialization of emotions. In T. Field & A. Fogel (Eds.), *Emotion and early interaction* (pp. 189—212). Hillsdale, N.J.: Erlbaum.

Lewis, M. & Michalson, L. (1983). From emotional state to emotional expression. In D. Magnusson & V. L. Allen (Eds.), *Human development: An interactional perspective* (pp. 261—275). New York: Academic Press.

Lewis, M. & Michalson, L. (1985). Faces as signs and symbols. In G. Zivin (Ed.), *The development of expressive behavior: Biology-environment interactions* (pp. 153—180). Orlando: Academic Press.

Lewis, M. & Rosenblum, L. A. (Eds.). (1974). *The origins of fear.* New York: Wiley.

Lewis, M., Sullivan, M. W. & Michalson, L. (1984). The cognitive-emotional fugue. In C. E. Izard, J. Kagan & R. B. Zajonc (Eds.), *Emotions, cognition, and behavior* (pp. 264—288). Cambridge: Cambridge University Press.

Lewis, M., Sullivan, M. W., Stanger, C. & Weiss, M. (1989). Self development and self-conscious emotions. *Child Development, 60,* 146—156.

Lewis, M., Sullivan, M. W. & Vasen, A. (1987). Making faces: Age and emotion differences in the posing of emotional expressions. *Developmental Psychology, 23,* 690—697.

Lipps, T. (1907). Das Wissen von fremden Ichen. In T. Lipps (Hrsg.), *Psychologische Untersuchungen* (Bd. 1) (S. 694—722). Leipzig: Engelmann.

Lütkenhaus, P. & Bullock, M. (1987). *Die Entwicklung von Funktionalen und Deklarativen Aspekten des Selbstkonzeptes bei Kleinkindern.* Vortrag auf der 8. Tagung Entwicklungspsychologie, Bern.

Lütkenhaus, P., Grossmann, K. E. & Grossmann, K. (1985). Transactional influences of infants' orienting ability and maternal cooperation on competition in three-year-old children. *International Journal of Behavioral Development, 8,* 257—272.

Lynd, H. M. (1961). *On shame and the search for identity.* New York: Science Editions.

Maccoby, E. E. (1980). *Social development. Psychological growth and the parent-child relationship.* New York: Harcourt Brace Jovanovich.

MacDonald, N. E. & Silverman, I. W. (1978). Smiling and laughter in infants as a function of level of arousal and cognitive evaluation. *Developmental Psychology, 14,* 235—241.

Mahler, M. S., Pine, F. & Bergman, A. (1975). *The psychological birth of the human infant.* London: Hutchinson.

Malatesta, C. Z. (1982). The expression and regulation of emotion: A lifespan perspective. In T. Field & A. Fogel (Eds.), *Emotion and early interaction* (pp. 1—24). Hillsdale, N.J.: Erlbaum.

Malatesta, C. Z. (1985). Developmental course of emotion expression in the human infant. In G. Zivin (Ed.), *The development of expressive behavior: Biology environment interactions* (pp. 183—219). Orlando: Academic Press.

Malatesta, C. Z. (1989). The role of emotions in the development and organization of personality. In R. A. Thompson (Ed.), *Nebraska Symposium on Motivation* (Vol. 36). Lincoln: University of Nebraska Press.

Malatesta, C. Z. & Haviland, J. M. (1982). Learning display rules: The socialization of emotional expression in infancy. *Child Development, 53,* 991—1003.

Malatesta, C. Z. & Haviland, J. M. (1985). Signals, symbols and socialization: The modification of emotional expression in human development. In M. Lewis & C. Saarni (Eds.), *The socialization of affect* (pp. 89—116). New York: Plenum.

Malatesta, C. Z. & Izard, C. E. (Eds.). (1984a). *Emotion in adult development.* Beverly Hills: Sage Publications.

Malatesta, C. Z. & Izard, C. E. (1984b). The ontogenesis of human social signals: From biological imperative to symbol utilization. In N. Fox & R. J. Davidson (Eds.), *Affective development: A psychobiological perspective* (pp. 161—206). Hilldale, N.J.: Erlbaum.

Marler, P. & Tenaza, R. (1977). Signaling behavior of apes with special reference to vocalization. In T. A. Sebeok (Ed.), *How animals communicate* (pp. 965—1031). Bloomington: Indiana University Press.

McCall, R. B. & McGhee, P. E. (1977). The discrepancy hypothesis of attention and affect in infants. In I. C. Uzgiris & F. Weizman (Eds.), *The structuring of experience* (pp. 179—210). New York: Plenum.

McClelland, D. C., Atkinson, J. W., Clark, R. A. & Lowell, E. L. (1953). *The achievement motive.* New York: Appleton Century Crofts.

McDougall, W. (1932). *The energies of men.* London: Methuen.

Meili, R. (1955). Angstentstehung bei Kleinkindern. *Schweizerische Zeitschrift für Psychologie und ihre Anwendungen, 14,* 195—212.

Meili, R. (1957). *Anfänge der Charakterentwicklung.* Bern: Huber.

Meltzoff, A. N. & Moore, M. K. (1977). Imitation of facial and manual gestures by human neonates. *Science, 198,* 75—78.

Menzel, E. W. & Halperin, S. (1975). Purposive behavior as a basis for objective communication between chimpanzees. *Science, 189,* 652—654.

Meyer, W. U. (1983). Attributionstheoretische Ansätze. In H. A. Euler & H. Mandl (Hrsg.), *Emotionspsychologie* (S. 80—85). München: Urban & Schwarzenberg.

Meyer, W. U. (1988). Die Rolle von Überraschung im Attributionsprozeß. *Psychologische Rundschau, 39,* 136—147.

Meyer, W. U., Niepel, M. & Engler, U. (1987). Erwartung, Affekt und Attribution: Untersuchungen zur Beziehung zwischen Erwartung und Anreiz und zur Attributionsabhängigkeit von Affekten. *Psychologische Beiträge, 29,* 227—258.

Michalson, L. & Lewis, M. (1985). What do children know about emotions and when do they know it? In M. Lewis & C. Saarni (Eds.), *The socialization of emotions* (pp. 117—139). New York: Plenum.

Morency, N. L. & Krauss, R. M. (1982). Children's nonverbal encoding and decoding of affect. In R. S. Feldman (Ed.), *Development of nonverbal behavior in children* (pp. 181—199). New York: Springer.

Nicholls, J. G. (1976). Effort is virtuous, but it's better to have ability: Evaluative responses to perceptions of effort and ability. *Journal of Research in Personality, 10,* 306—315.

Norman, D. A. & Rumelhart, D. F. (1975). *Explorations in cognition.* San Francisco: Freeman.

Odom, R. D. & Lemond, C. M. (1972). Developmental differences in the perception and production of facial expressions. *Child Development, 43,* 359—369.

Öhman, A. & Dimberg, U. (1978). Facial expression as conditioned stimuli for electrodermal responses: A case of „preparedness"? *Journal of Personality and Social Psychology, 36,* 1251—1258.

Öhman, A., Fredrikson, M., Hugdahl, K. & Rimmö, P. A. (1976). The premise of equipotentiality in human classical conditioning: Conditioned electrodermal responses to potentially phobic stimuli. *Journal of Experimental Psychology, General, 105,* 313—337.

Oster, H. (1978). Facial expression and affect development. In M. Lewis & L. A. Rosenblum (Eds.), *The development of affect* (pp. 43—75). New York: Plenum.

Papoušek, H. & Papoušek, M. (1977). Mothering and the cognitive head-start: Psychobiological considerations. In H. R. Schaffer (Ed.), *Studies in mother-infant interaction* (pp. 63—85). London: Academic Press.

Papoušek, H. & Papoušek, M. (1982). Integration into the social world: Survey of research. In P. M. Stratton (Ed.), *Psychobiology of the human newborn* (pp. 367—390). London: Wiley.

Papoušek, M. (1984). Wurzeln der kindlichen Bindung an Personen und Dinge: Die Rolle der integrativen Prozesse. In C. Eggers (Hrsg.), *Bindungen und Besitzdenken beim Kleinkind* (S. 155—184). München: Urban & Schwarzenberg.

Papoušek, M. & Papoušek, H. (1981). Intuitives elterliches Verhalten im Zwiegespräch mit dem Neugeborenen. *Sozialpädiatrie in Praxis und Klinik, 3,* 229—238.

Piaget, J. (1954). *Les relations entre l'affectivit et l'intelligence dans le dveloppement mental de l'enfant.* Paris: Centre de Documentation Universitaire.

Piaget, J. (1967). *Six psychological studies.* New York: Random House.

Piaget, J. (1972). The relation of affectivity to intelligence in the mental development of the child. In S. Harrison & J. McDermott (Eds.), *Childhood psychopathology* (pp. 167—175). New York: International Universities Press.

Piaget, J. (1975a). *Das Erwachen der Intelligenz beim Kinde. Gesammelte Werke* (Bd. 1). Stuttgart: Klett.

Piaget, J. (1975b). *Der Aufbau der Wirklichkeit beim Kinde. Gesammelte Werke* (Bd. 2). Stuttgart: Klett.

Piaget, J. (1975c). *Nachahmung, Spiel und Traum. Gesammelte Werke* (Bd. 5). Stuttgart: Klett.

Piaget, J. (1977). *The development of thought equilibration of cognitive structures.* Oxford: Blackwell.

Piaget, J. (1981). *Intelligence and affectivity: Their relationship during child development.* Palo Alto, Calif.: Annual Reviews Inc.

Piaget, J. & Inhelder, B. (1972). *Die Psychologie des Kindes.* Freiburg/Br.: Olten.

Piers, G. & Singer, M. (1953). *Shame and guilt: A psychoanalytic and a cultural study.* Springfield, Ill.: Thomas.

Plutchik, R. (1980). *Emotion: A psychoevolutionary synthesis.* New York: Harper & Row.

Prince, J. H. (1975). *Languages of the animal world.* New York: Thomas Nelson.

Rajecki, D. W. & Flanery, R. C. (1981). Social conflict and dominance in children: A case for a primate homology. In M. E. Lamb & A. L. Brown (Eds.), *Advances in developmental psychology* (pp. 87—129). Hillsdale, N.J.: Erlbaum.

Redican, W. K. (1982). An evolutionary perspective on human facial displays. In P. Ekman (Ed.), *Emotion in the human face* (pp. 212—280) (2. Aufl.). Cambridge: Cambridge University Press.

Rheingold, H. L., Gewirtz, J. & Ross, H. (1959). Social conditioning of vocalizations in the infant. *Journal of Comparative and Physiological Psychology, 52,* 68—73.

Rinn, W. E. (1984). The neuropsychology of facial expression: A review of the neurological and psychological mechanisms for producing facial expressions. *Psychological Bulletin, 95,* 53—77.

Riskind, J. H. (1984). They stoop to conquer: Guiding and self-regulatory functions of physical posture after success and failure. *Journal of Personality and Social Psychology, 47,* 479—493.

Rottleuthner-Lutter, M. (1987). Verwenden Kindergartenund Grundschulkinder die Unterscheidung zwischen Ausdruck und Erleben, wenn sie über Gefühle reden? *Zeitschrift für Entwicklungspsychologie und Pädagogische Psychologie, 19,* 287—299.

Rozin, P. & Fallon, A. E. (1987). A perspective on disgust. *Psychological Review, 94,* 23—41.

Saarni, C, (1982). Social and affective functions of nonverbal behavior: Developmental concerns. In R. S. Feldman (Ed.), *Development of nonverbal behavior in children* (pp. 123—147). New York: Springer.

Saarni, C. (1984). An observational study of children's attempts to monitor their expressive behavior. *Child Development, 55,* 1504—1513.

Saarni, C. (1985). Indirect processes in affect socialization. In M. Lewis & C. Saarni (Eds.), *The socialization of emotions* (pp. 187—209). New York: Plenum.

Sander, L. (1962). Issues in early mother-child interaction. *Journal of the American Academy of Child Psychiatry, 1,* 141—166.

Sander, L. (1969). The longitudinal course of early mother-child interaction-cross-case comparison in a sample of mother-child pairs. In B. Foss (Ed.), *Determinants of Infant Behavior* (Vol. 4) (pp. 189—227). London: Tavistock.

Sandrock, J. W. (1975). Moral structure: The interrelations of moral behavior, moral judgement, and moral affect. *Journal of Genetic Psychology, 127,* 201—213.

Santibanez-H., G. & Bloch, S. (1986). A qualitative analysis of emotional effector patterns and their feedback. *The Pavlovian Journal of Biological Science, 21,* 108—116.

Sarbin, T. R. & Allen, V. L. (1968). Role theory. In G. Lindzey & E. Aronson (Eds.), *The handbook of social psychology* (Vol. 1, 3rd ed.) (pp. 488—567) . Reading, Mass.: Addison-Wesley.

Scarr, S. (1985). Constructing psychology: Making facts and fables for our times. *American Psychologist, 40,* 499—512.

Scarr, S. & Salapatek, P. (1970). Patterns of fear development during infancy. *Merrill-Palmer Quarterly, 16,* 53—90.

Schäfer, G. (1986). *Früher Entwicklungswandel leistungsthematischer Emotionen im Spiegel des Ausdrucksverhaltens nach Erfolg und Mißerfolg.* Unveröff. Dipl.Arbeit, Fakultät für Psychologie der Ruhr-Universität, Bochum.

Schaffer, H. R. (1977). Early interactive development. In H. R. Schaffer (Ed.), *Studies in mother-infant interaction* (pp. 3—16). London: Academic Press.

Schaffer, H. R. & Emerson, P. E. (1964). The development of social attachments in infancy. *Monographs of the Society for Research in Child Development, 29,* No. 3 (Serial No. 94).

Scherer, K. R. (1979). Die Entwicklung der Emotionen. In H. Hetzer, E. Todt, I. Seiffge-Krenke & R. Arbinger (Hrsg.), *Angewandte Entwicklungspsychologie des Kindes- und Jugendalters* (S. 211—253). Heidelberg: Quelle und Meyer.

Scherer, K. R. (1981). Wider die Vernachlässigung der Emotionen in der Psychologie. In W. Michaelis (Hrsg.), *Bericht über den 32. Kongreß der Deutschen Gesellschaft für Psychologie in Zürich 1980* (Bd. 1) (S. 304—317). Göttingen: Hogrefe.

Scherer, K. R. (1983). Prolegomina zu einer Taxonomie affektiver Zustände: Ein Komponenten-Prozeß-Modell. In G. Lüer (Hrsg.), *Bericht über den 33. Kongreß der Deutschen Gesellschaft für Psychologie in Mainz 1982* (Bd. 1) (S. 415—423). Göttingen: Hogrefe.

Scherer, K. R. (1984). On the nature and function of emotion: A component process approach. In K. R. Scherer & P. Ekman (Eds.), *Approaches to emotion* (pp. 293—317). Hillsdale, N.J.: Lawrence Erlbaum.

Schneider, K. (1987). Achievement-related emotions in preschoolers. In F. Halisch & J. Kuhl (Eds.), *Motivation, intention, and volition* (pp. 163—177). Berlin: Springer.

Schneider, K. (in Druck). Emotionen. In H. Spada (Hrsg.), *Lehrbuch der Allgemeinen Psychologie.*

Schneider, K. & Unzner, L. (1987). *The development of interest and joy in two different games in preschool children* (unveröff. Arbeitsbericht). Bochum: Fakultät für Psychologie der Ruhr-Universität.

Seligman, M. E. P. (1970). On the generality of the law of learning. *Psychological Review, 77,* 406—418.

Seligman, M. E. P. & Hager, J. E. (1972). *Biological boundaries of learning.* New York: Appleton-Century-Crofts.

Shennum, W. A. & Bugental, D. B. (1982). The development of control over affective expression in nonverbal behavior. In R. S. Feldman (Ed.), *Development of nonverbal behavior in children* (pp. 101—121). New York: Springer.

Shultz, T. R. & Zigler, E. (1970). Emotional concomitants of visual mastery in infants: The effects of stimulus movement on smiling and vocalization. *Journal of Experimental Child Psychology, 10,* 390—402.

Simner, M. (1971). Newborn's response to the cry of another infant. *Developmental Psychology, 51,* 136—150.

Sohn, D. (1977). Affect-generating powers of effort and ability self attributions of academic success and failure. *Journal of Educational Psychology, 69,* 500—505.

Sokolov, E. N. (1963). *Perception and the conditioned reflex.* New York: Macmillan.

Spitz, R. A. (1950). Anxiety in infancy: A study of its manifestations in the first year of life. *International Journal of Psycho-Analysis, 31,* 138—143.

Spitz, R. A. (1959). *A genetic field theory of ego formation.* New York: International University Press.

Spitz, R. A. (1965). *The first year of life: A psychoanalytic study of normal and deviant development of object relations.* New York: International Universities Press.

Spitz, R. A. & Wolf, K. M. (1946). The smiling response: A contribution to the ontogenesis of social relations. *Genetic Psychology Monographs, 34,* 57—125.

Sroufe, L. A. (1979). Socioemotional development. In J. D. Osofsky (Ed.), *Handbook of infant development* (pp. 462—516). New York: Wiley.

Sroufe, L. A. (1983). Infant-caregiver attachment and patterns of adaptation in preschool: The roots of maladaptation and competence. In M. Perlmutter (Ed.), *Minnesota Symposium in Child Psychology* (Vol. 16) (pp. 41—84). Hillsdale, N.J.: Erlbaum.

Sroufe, L. A. & Waters, E. (1976). The ontogenesis of smiling and laughter: A perspective on the organization of development in infancy. *Psychological Rewiew, 83,* 173—189.

Sroufe, L. A., Waters, E. & Matas, L. (1974). Contextual determinants of infant affective response. In M. Lewis & L. A. Rosenblum (Eds.), *The origins of fear* (pp. 49—72). New York: Wiley.

Sroufe, L. A. & Wunsch, J. P. (1972). The development of laughter in the first year of life. *Child Development, 43,* 1326—1344.

Stayton, D., Ainsworth, M. D. & Main, M. (1973). The development of separation behavior in the first year of life: Protest, following, and greeting. *Developmental Psychology, 9,* 213—225.

Stechler, G. & Carpenter, G. (1967). A viewpoint on early affective development. In J. Hellmuth (Ed.), *The exceptional infant* (Vol. 1) (pp. 163—189). Seattle: Special Child Publications.

Stenberg, C. R., Campos. J. J. & Emde, R. N. (1983). The facial expression of anger in seven-month-old infants. *Child Development, 54,* 178—184.

Stern, D. N. (1974a). Mother and infant at play: The dyadic interaction involving facial, vocal and gaze behaviors. In M. Lewis & L. A. Rosenblum (Eds.), *The effect of the infant on its caregiver* (pp. 187—213). New York: Wiley.

Stern, D. N. (1974b). The goal and structure of mother-infant play. *Journal of the American Academy of Child Psychiatry, 13,* 402—421.

Stern, D. N. (1979). *Mutter und Kind: Die erste Beziehung.* Stuttgart: Klett-Cotta.

Stipek, D. J. (1983). A developmental analysis of pride and shame. *Human Development, 26,* 42—54.

Strack, F., Martin, L. L. & Stepper, S. (1988). Inhibiting and facilitating conditions of the human smile: A non-obstrusive test of the facial-feedback hypothesis. *Journal of Personality and Social Psychology, 54,* 768—777.

Stratton, G. M. (1928). Excitement as an undifferentiated emotion. In M. L. Reymert (Ed.), *Feelings and Emotions: The Wittenberg Symposium* (pp. 215—221). Worcester (Mass.): Clark University Press.

Strayer, F. F. & Strayer, J. (1980). Preschool conflict and the assessment of social dominance. In D. R. Omark, F. F. Strayer & D. G. Freedman (Eds.), *Dominance relations: An ethological view of human conflict and social interaction* (pp. 137—157). New York: Yarlund Press.

Sullivan, M. W. & Lewis, M. (1989). Emotion and cognition in infancy: Facial expressions during contingency learning. *International Journal of Behavioral Development, 12,* 221—237.

Tembrock, G. (1977). *Tierstimmenforschung: Eine Einführung in die Bioakustik* (2. Aufl.). Wittenberg: A. Ziemsen.

Tennes, K. H., Emde, R., Kisley, A. & Metcalf, D. (1972). The stimulus barrier in early infancy: An exploration of some formulations of John Benjamin. In R. Holt & E. Peterfreund (Eds.), *Psychoanalysis and Contemporary Science* (pp. 206—234). New York: Macmillan.

Thompson, J. (1941). Development of facial expression in blind and seeking children. *Archives of Psychology, 264,* 1—47.

Thompson, R. A. & Lamb, M. E. (1983). Individual differences in dimensions of socioemotional development in infancy. In R. Plutchik & H. Kellerman (Eds.), *Emotion. Theory, research, and experience.* (Vol. 2) *Emotion in early development* (pp. 87—114). New York: Academic Press.

Thrane, G. (1979). Shame. *Journal for the Theory of Social Behavior, 9,* 139—166.

Tinbergen, M. (1951). *The study of instinct.* London: Oxford University Press.

Tinbergen, M. (1952). *Instinktlehre.* Hamburg: Parey.

Tinbergen, N. (1959). Einige Gedanken über Beschwichtigungs-Gebärden. *Zeitschrift für Tierpsychologie, 16,* 651—665.

Tomkins, S. S. (1962). *Affect, imagery, consciousness* (Vol. 1). The positive affects. New York: Springer.

Tomkins, S. S. (1963). *Affect, imagery, consciousness* (Vol. 2). The negative affects. New York: Springer.

Trudewind, C. (1976). Die Entwicklung des Leistungsmotivs. In H. D. Schmalt & W. U. Meyer (Hrsg.), *Leistungsmotivation und Verhalten* (S. 193—219). Stuttgart: Klett.

Walk, R. D. (1966). The development of depth perception in animal and human infants. *Monographs of the Society for Research in Child Development, 31,* No. 5, 82—108.

Waters, E., Matas, L. & Sroufe, L. A. (1975). Infants' reactions to an approaching stranger: Description, validation and functional significance of wariness. *Child Development, 46,* 348—356.

Watson, J. B. (1913). Psychology as the behaviorist views it. *Psychological Review, 25,* 151—176.

Watson, J. B. & Rayner, R. (1920). Conditioned emotional reactions. *Journal of Experimental Psychology, 3,* 1—14.

Watson, J. S. (1966). The development and generalization of contingency awareness in early infancy: Some hypotheses. *Merrill-Palmer-Quarterly, 12,* 123—135.

Watson, J. S. & Ramey, C. (1972). Reactions to response contingent stimulation in early infancy. *Merrill-Palmer Quarterly, 18,* 219—228.

Weiner, B. (1982). The emotional consequences of causal attributions. In M. S. Clark & S. T. Fiske (Eds.), *Affect and cognition* (pp. 185—209). Hillsdale: Lawrence Erlbaum.

Weiner, B. (1985). An attributional theory of achievement motivation and emotion. *Psychological Review, 92,* 548—573.

Weiner, B. & Graham, S. (1984). An attributional approach to emotional development. In C. E. Izard, J. Kagan & R. Zajonc (Eds.), *Emotions, cognition, and behavior* (pp. 167—189). Cambridge: Cambridge University Press.

Weisfeld, G. E. & Beresford, J. M. (1982). Erectness of posture as an indicator of dominance or success in humans. *Motivation & Emotion, 6,* 113—131.

Werner, H. (1948). *Comparative psychology of mental development.* New York: International Universities Press.

Werner, H. (1967). The concept of development from a comparative and organismic point of view. In D. Harris (Ed.), *The concept of development* (2nd ed.) (pp. 125—148). Minneapolis: University of Minneapolis Press.

White, R. W. (1959). Motivation reconsidered: The concept of competence. *Psychological Review, 66,* 297—333.

Whiting, J. & Child, I. (1953). *Child training and personality: A cross cultural study.* New Haven, Conn.: Yale University Press.

Whorf, B. L. (1956). *Language, thought, and reality: Selected writings.* Cambridge: Technology Press of MIT.

Wickler, W. (1970). *Stammesgeschichte und Ritualisierung. Zur Entstehung tierischer und menschlicher Verhaltensmuster.* München: Piper.

Wolf, D. P., Rygh, J. & Altschuler, J. (1984). Agency and experience: Representation of people in early play narratives. In I. Bretherton (Ed.), *Symbolic play: The development of social understanding* (pp. 195—217). New York: Academic Press.

Wolff, P. H. (1966). The causes, controls, and organization of behavior in the neonate. *Psychological Issues, 5,* 1—99.

Wolff, P. H. (1969). The natural history of crying and other vocalizations in early infancy. In B. M. Foss (Ed.), *Determinants of infant behavior* (Vol. 4) (pp. 81—110). London: Methuen.

Yarcowzer, M., Kilbride, J. E. & Hill, L. A. (1979). Imitation and inhibition of facial expression. *Developmental Psychology, 15,* 453—454.

Zahn-Waxler, C., Radke-Yarrow, M. & King, R. A. (1979). Childrearing and children's prosocial initiations towards victims of distress. *Child Development, 50,* 319—330.

Zajonc, R. B. (1980). Feeling and thinking. Preferences need no inferences. *American Psychologist, 35,* 151—175.

Zajonc, R. B. (1984). On the primacy of affect. *American Psychologist, 39,* 117—123.

Zivin, G. (1977). On becoming subtle: Age and social rank changes in the use of a facial gesture. *Child Development, 48,* 1314—1321.

Zivin, G. (1982). Watching the sands shift: Conceptualizing development of nonverbal mastery. In R. S. Feldman (Ed.), *The development of nonverbal communication in children* (pp. 63—98). New York: Springer.

4. Kapitel

Emotionalität bei alten Personen[1]

Wilhelm Janke und Michael Hüppe[2]

A. Grundlagen

1 Kennzeichnung von Emotionalität

Die dem Bereich Emotionalität zugeordneten Konstrukte sind kurzfristige Zustände (States) im Sinne von Gefühlen, bestimmte längerfristige Verhaltens- und Erlebensweisen im Sinne von Eigenschaften (Traits) sowie hinsichtlich der Dauer zwischen Eigenschaften und Zuständen anzusiedelnde Stimmungen (Befindlichkeiten).

Unter Gefühlen (Emotionen) werden Zustände verstanden, die bei Auslenkung des bestehenden psycho-somatischen Gleichgewichts auftreten und mit einem spezifischen Gefühlserleben einhergehen. Auf sie wird durch beobachtete Sachverhalte (Indikatoren) auf den Manifestationsebenen des Erlebens, des Verhaltens bzw. Handelns, des Ausdrucks und somatischer Vorgänge geschlossen, und sie lassen sich nach Intensität, Qualität und zeitlichen Merkmalen (Latenz, Verlauf, Dauer) charakterisieren. Stimmungen lassen sich gegenüber Gefühlen als zeitlich ausgedehntere (Minuten bis Tage) Zustände beschreiben. Ihr Beginn und Ende ist häufig nicht eindeutig bestimmbar. Erlebensmäßig sind sie in der Regel diffuser als Gefühle. Eine Abgrenzung ist jedoch schwierig. Viele Konzepte der Gerontopsychologie, etwa die Lebenszufriedenheit, sind Befindlichkeiten zwischen Zuständen und Eigenschaften.

---

[1] Prof. Dr. Lothar Tent (Marburg) zum 60. Geburtstag gewidmet

[2] Für die Mithilfe bei der Erstellung des Manuskripts danken wir Frau Roswitha Gerhard und Dipl.-Psych. Beate Drexler.

2 *Erfassung von Merkmalen der Emotionalität bei alten Personen*

2.1 Altersspezifische Besonderheiten der Methoden

Bei der Erfassung von Emotionalitätsmerkmalen alter Personen sind viele methodische Besonderheiten zu beachten:

(1) Interindividuelle Varianzen verschiedener Verhaltens- und Erlebensaspekte nehmen mit dem Alter in der Regel zu. Die in der 6. bis 9. Lebensdekade anwendbaren Methoden müssen deshalb „heterogener" als bei jüngeren Gruppen sein.

(2) Im Vergleich zu anderen Lebensphasen findet sich ein beträchtlicher Wandel von psychischen und somatischen Merkmalen. Dieser ist so bedeutsam, daß es kaum möglich ist, für die gesamte Altersspanne Methoden zu entwickeln.

(3) Der Inhaltsbereich der Methoden zur Erfassung von Emotionen ist sehr heterogen. So werden in vielen Untersuchungen breite und heterogene Konstrukte erfaßt (z. B. Lebenszufriedenheit, allgemeines Wohlbefinden).

(4) In Anbetracht dessen, daß Emotionen letztlich subjektiv definiert sind, wären Selbstbeurteilungsverfahren die Methoden der Wahl. Diese setzen jedoch einen bei alten Menschen oft nicht vorhandenen Grad an motivationaler und kognitiver Fähigkeit und an Kooperationsbereitschaft voraus.

(5) Somatische Indikatoren sind bei alten Personen aufgrund altersbedingter Veränderungen im ZNS und VNS problematischer als bei jungen Personen, so daß eine wichtige Klasse von Methoden bei alten Personen zu hinterfragen ist.

(6) Die im Verlaufe des Alterns auftretenden Veränderungen sind nicht nur quantitativ, sondern auch und vor allem qualitativ (vgl. Schulz, 1982). Zur Erfassung dieser Veränderungen fehlen jedoch geeignete Meßverfahren.

2.2 Abriß von Methoden zur Erfassung von Merkmalen der Emotionalität

Die Methoden zur Erfassung von Emotionalität bei alten Menschen lassen sich unter den Gesichtspunkten Merkmalsebene und Informationsquelle einteilen (ausführlicher Janke, 1984). Tabelle 1 verdeutlicht die methodischen Ansätze und gibt Beispiele.

Tabelle 1: Methodische Ansätze zur Erfassung von Emotionalitätsmerkmalen (in Anlehnung an Janke, 1984)

Informationsquelle	„Rating“		„Verhaltensbeobachtung“		„Test und Experiment“	
	Beurteilungen		Beobachtungen		Messungen von Reaktionen[a]	
Merkmalsebene	selbst	fremd	in Standardsituationen	in freien Situationen	auf Standardreize	in experimentellen Situationen
Erleben	z. B. NAS[b] EWL 60-S[d] Bf-S[f]	z. B. NAR[c] EWL 60-F[e]			z. B. Skalierung der erregenden Wirkung von Geräuschen oder unangenehmen Bildern	z. B. Skalierung der Angst in einer experimentellen Angstsituation
Ausdruck		z. B. Einschätzung der Schrift hinsichtlich innerer Erregung	z. B. Handbewegungsformen nach Ulrich	z. B. Handbewegungen beim Anstehen in einer Schlange	z. B. Frequenzanalyse der Sprache bei Beantwortung von Standardfragen	z. B. Sprachfrequenzanalyse bei einer Standardansprache vor Publikum
Verhalten (Handlung)	z. B. Listen für Tagesaktivitäten oder soziale Aktivitäten	z. B. Beobachtungslisten für Verhalten auf Stationen hinsichtlich Aggressivität	z. B. Verhalten auf aversive Reize (z. B. Lärmreiz)	z. B. Sprechaktivitäten im Verlaufe eines Tages	z. B. Abwehrbewegungen bei Annäherung	z. B. Fluchtreaktionen in experimenteller „Angstsituation“
Somatische Variablen (physiologische und biochemische Vorgänge)	z. B. FBL-W[g]	z. B. Fremdbeurteilungslisten vegetativer Symptome	z. B. vegetative und muskuläre Phänomene während Exploration	z. B. Häufigkeit von Herzattacken im Verlaufe einer Woche	z. B. zentralnervöse, vegetative Veränderungen bei emotionalen oder sensorischen Reizen	z. B. zentralnervöse, vegetative Reaktionen in einer Leistungssituation

Anmerkungen: [a]Reaktionen können sich ausdrücken als Reagibilität (Stärke, Schnelligkeit und Qualität der Reaktion) und Adaptivität (Schnelligkeit, Art und Güte des Wiedererreichens der Ausgangslage). [b] NAS: Nürnberger Alters-Selbstbeurteilungs-Skala; [c] NAR: Nürnberger Altersrating; [d] EWL 60-S: Eigenschaftswörterliste (Selbstbeurteilungsform); [e] EWL 60-F: Eigenschaftswörterliste (Fremdbeurteilungsform); [f] Bf-S: Befindlichkeits-Skala; [g] FBL-W: Freiburger Beschwerdeliste.

Tabelle 2: Selbstbeurteilungsmethoden zur Erfassung augenblicklicher (A), mittelfristiger (M) und langfristiger (L) Merkmale der Emotionalität

Methoden	Itemzahl	Abstufungen	Zeitl. Bezug	Erfaßte Merkmale (nach Angaben der Autoren)	Autoren
Mehrdimensionale Methoden					
Symptom Check List (Self-Report-Symptom Inventory, SCL-90-R)	90	5	A	9 Befindlichkeitsaspekte (u. a. Depressivität, Ängstlichkeit)	Derogatis (1977)
Freiburger Persönlichkeitsinventar (FPI-R)	138	2	L	10 Dimensionen (z. B. Lebenszufriedenheit, Soziale Orientierung, Gehemmtheit, Erregbarkeit, Aggressivität) sowie Extraversion und Emotionalität	Fahrenberg, Selg & Hampel (1984)
Fragebogen zur Erfassung psychischer und somatischer Beschwerden	46	4	M	8 Aspekte (Depression, Angst, kognitive Beeinträchtigung, körperliche Störungen, Schlafprobleme, soziale Probleme, psychotische Erlebnisse, sexuelle Beeinträchtigungen)	Hautzinger (1984)
Eigenschaftswörterliste (EWL-K)	123	2	A	15 Befindlichkeitsaspekte zu 6 Bereichen (Leistungsbezogene Aktivität, Allg. Desaktivität, Extraversion/Introversion, Allg. Wohlbehagen, Emot. Gereiztheit, Angst/Deprimiertheit)	Janke & Debus (1978)
Eigenschaftswörterliste (EWL 60-S)	60	4	A		Janke, Debus & Hüppe (1984)
Profile of Mood States (POMS)	35	7	A	4 Aspekte (Niedergeschlagenheit, Müdigkeit, Tatendrang, Mißmut)	McNair, Lorr & Droppleman (1971)
Multiple Affect Adjective Checklist (MAACL)	132	2	A	3 Aspekte (Angst, Depression, Feindseligkeit)	Zuckerman & Lubin (1965)
Eindimensionale bzw. „globale" Methoden					
Allg. Wohlbefindlichkeit					
Nürnberger-Alters-Selbstbeurteilungsskala (NAS)	12	5	M	Selbstbeurteilte Alterung	Oswald & Fleischmann (1986)
Befindlichkeits-Skala (Bf-S)	28	3	A	Allg. Wohlbefinden	von Zerssen (1976 a)

Lebenszufriedenheit					
Life Satisfaction Index A (LSI-A)	20	3	M	„Happiness“	Neugarten, Havighurst & Tobin (1961)
Lebenszufriedenheitsskala	19(12)	2(3)	M	Zufriedenheit mit gegenwärtigem und vergangenem Leben	Wiendick (1970)
Depressivität					
Beck Depression Inventory	21	3	M	Depressivität	Beck, Ward, Mendelson, Mock & Erbaugh (1961)
Depressionsskala des Centers for Epidemiology (CES-D)	20	4	M	Depressive Stimmung	Radloff (1977)
Depressivitäts-Skala (D-S)	16	4	A	Ängstlich-depressive Stimmung	von Zerssen (1976 b)
Self-Rating-Depression Scale (SDS)	20	4	M	Depressive Stimmung	Zung (1965)
Angst					
State-Trait-Anxiety-Inventory (STAI-XI)	20	4	A	Zustandsangst	Spielberger, Gorsuch & Lushene (1970) (Laux, Glanzmann, Schaffner & Spielberger , 1981)
State-Trait-Anxiety-Inventory (STAI-X2)	20	4	L	Angstdisposition	Spielberger et al. (1970) (Laux et al., 1981)
Self-Rating Anxiety Scale (SAS)	20	4	M	„Klinische Angst“	Zung (1976)

Die vollständige Beschreibung eines emotionalen Vorganges bei alten Personen ist nur unter Beachtung der verschiedenen *Ebenen* und der verschiedenen *methodischen Ansätze* möglich.

Für die Erfassung der „emotionalen Befindlichkeit" liegen Methoden vor, die je nach zeitlicher Referenz den Status von Meßinstrumenten für Gefühle, Stimmungen oder langfristige Merkmale haben. Für die Bestimmung „Emotionaler Reaktivität" sind Methoden noch im Erprobungsstadium. Bei dieser Merkmalsklasse geht es um die Erfassung von Reaktionen auf emotionsinduzierende Reize/Situationen.

Eine Literatursichtung hinsichtlich der Verwendung der Methodenarten, die bei alten Personen zur Anwendung kommen (Janke, 1984; Janke & Baltissen, 1979), zeigt, daß Fremdbeurteilungsverfahren vor Interviews und diese vor Selbstbeurteilungsverfahren verwendet werden. Projektive Tests, Persönlichkeitsfragebogen und Befindlichkeitsskalen werden in der angegebenen Reihenfolge seltener angewendet, und die Erfassung emotionaler Reaktionen auf Lebensereignisse, emotionale Reize oder komplexere Situationen mit emotionalem Gehalt steht an letzter Stelle.

2.2.1 Beurteilungsmethoden

Selbstbeurteilungsmethoden: Sie lassen sich unter zeitlichem Aspekt in solche zur Erfassung von Gefühlen und Stimmungen und solche zur Erfassung langfristiger Merkmale aufgliedern.

In Tabelle 2 ist eine Auswahl von Methoden zusammengestellt.

Selbstbeurteilungsmethoden zur Erfassung langfristiger Merkmale von Emotionalität sind ausnahmslos an nicht-alten Personengruppen konstruiert und validiert worden (Überblick bei Brickenkamp, 1975; Mittenecker, 1982; Seitz, 1977). Erst in neuerer Zeit entwickelte Verfahren berücksichtigen in Zielrichtung und ihrer Eichstichprobe alte Personen, etwa das FPI in seiner revidierten Form (Fahrenberg, Selg & Hampel, 1984). Viele Untersuchungen erfassen Konstrukte, denen besondere altersspezifische Relevanz nachgesagt wird, etwa Lebenszufriedenheit oder allgemeines Wohlbefinden (zusammenfassend Kozma & Stones, 1978; Larson, 1978; Linn, 1979; Thomae, 1984a).

Gemeinsame Merkmale dieser Konstrukte sind ihre faktorielle Heterogenität (vgl. Adams, 1969; Schreiner & Heemskerk, 1972) und die dadurch bedingte niedrige innere Konsistenz.

Fremdbeurteilungsverfahren (Fremdschätzmethoden, sog. Ratingskalen):
Bei den zahlreich vorliegenden Methoden handelt es sich oft um ad-hoc Skalen, für die keine Testgütekriterien existieren. Tabelle 3 zeigt eine Auswahl von

Tabelle 3: Gerontopsychiatrische Fremdbeurteilungsverfahren

Methoden	Beurteiler	Item-zahl	Abstu-fungen	Erfaßte Merkmale (nach Angaben der Autoren)	Autoren
Eigenschaftswörterliste (EWL 60-F)	Arzt/Psychologe/Bezugsperson	60	4	15 Emotionsaspekte, die 6 Bereichen zugeordnet werden können: Leistungsbezogene Aktivität, Allgemeine Desaktivität, Extraversion/Introversion, Allg. Wohlbehagen, Emotionale Gereiztheit, Angst/Deprimiertheit	Janke, Debus & Hüppe (1987)
Nürnberger-Alters-Rating (NAR)	Psychologe	9	7	Aktivität, Stimmung, Ängstlichkeit	Oswald (1979)
Brief Psychiatric Rating Scale (BPRS)	Arzt/Psychologe	18	7	Angst/Depression, Anergie, Denkstörung, Aktivierung, Feindseligkeit	Overall & Gorham (1962)
Plutchik Geriatric Rating Scale (PLUT)	Pflegepersonal	31	3	Sozialverhalten, Aggressivität, Selbstversorgungsverhalten, Schlafstörungen, sensorische Leistungen, Arbeitsverhalten	Plutchik, Conte, Lieberman, Bakur, Grossman & Lehmann (1970)
Sandoz Clinical Assessment Geriatric Scale (SCAG)	Arzt/Psychologe	18	7	u. a. Stimmung, Verwirrtheit, Motivation, Störbarkeit, Feindseligkeit, Soziobilität, Emotionale Labilität, Angst, Desorientiertheit	Shader, Harmatz & Salzman (1974)

Methoden, für die Reliabilitäts- und Validitätshinweise vorliegen. Weitere Methoden sind bei CIPS (1986), Janke und Hüppe (1989) sowie bei Lehmann (1984a, 1984b) angeführt.

Auch spezifische altersrelevante Konstrukte, wie Lebenszufriedenheit und Alltagsaktivitäten, können über Fremdbeurteilungsverfahren erfaßt werden (Übersichten bei Gurski & Kanowski, 1981; Salzman, Kochansky & Shader, 1972).

2.2.2 *Methoden der Verhaltensbeobachtung*

Verhaltensbeobachtung ist kaum mit gut ausgearbeiteten Methoden betrieben worden. Die meisten Fremdbeurteilungsverfahren setzen keine strukturierte Verhaltensbeobachtung voraus. Nur die Ward Behavior Rating Scale von Burdock, Hardesty, Hakerem und Zubin (1960) oder die Nürnberger Alters-Beobachtungsskala (NAB) nach Oswald und Fleischmann (1986) basieren auf Verhaltensbeobachtungen.

2.2.3 *Methoden der Ausdrucksbeobachtung und -beurteilung*

Die Beobachtung von Ausdrucksmerkmalen zur Erfassung emotionaler Zustände ist in der Gerontopsychologie nicht etabliert, wenngleich die Quantifizierung von Merkmalen der Gestik, Mimik oder Sprache nach den mit anderen Populationen gewonnenen Ergebnissen vielversprechend erscheint, insbesondere in der Psychopathologie, wo Emotionen häufig das Krankheitsbild (mit)definieren (Übersicht bei Ellgring, 1989; vgl. zur Manumotorik Freedmann, 1972; Ulrich, 1982; zur Sprache und Stimme Scherer, 1982; zur Mimik Ellgring & Ploog, 1984).

Erste gerontologische Untersuchungen zur Beziehung von Merkmalen der Gestik und Sprechaktivität zu Aspekten der Emotionalität zeigen besonders deutlich deren Beziehung zum Fremdurteil (Hüppe, 1987; Janke, Debus & Hüppe, 1987). Außerdem erscheinen Merkmale der Sprechaktivität sensitiv für Variationen der emotionalen Befindlichkeit.

2.2.4 *Test und Experiment*

Der wichtigste Ansatz ist die Erfassung von Reaktivitäten auf emotionsinduzierende Bedingungen (Reize oder komplexe Situationen) (Überblick und Erörterungen bei Baltissen & Janke, 1982; Janke, 1984; Janke & Baltissen, 1979). Ein besonderes Kennzeichen dieses „Reaktivitäts"-Ansatzes ist, daß Emotionen als Reaktionswerte (im Vergleich zu Basalwerten) bestimmt werden. Somit ist es möglich, die Entstehung emotionaler Reaktionen (Qualität, Latenz, Anstiegszeit bis zur Maximalreaktion) und das Verschwinden dieser Reaktionen (Dauer, Art und Güte des Wiedererreichens der Ausgangslage) unter dem Gesichtspunkt emotionaler Reagibilität und Adaptivität zu betrachten (vgl. dazu auch Coper, Jänicke & Schulze, 1985). Die experimentelle Erforschung emotionalen Verhaltens im engeren Sinne (Gefühl) und die Forschung zu spezifischen Emotionen wie Ärger, Gereiztheit, Angst usw. werden erst durch diesen Ansatz möglich.

Als „Reaktivitätsproben" wurden eingesetzt:

— Symbolische Stimuli, d. h. Bilder/Wörter mit emotionaler Valenz (Baltissen, 1983; Olsen & Elder, 1958; Silverman, Cohen & Shmavonian, 1958; Wallach, Riege & Cohen, 1980),

— Belastungen durch Rechen- oder Lernaufgaben (Barnes, Raskind, Gumbrecht & Halter, 1981; Capriotti, Garwood & Engel, 1981; Eisdorfer, Nowlin & Wilkie, 1970; Faucheux, Bourliere, Baulon & Dupuis, 1981; Faucheux, Dupuis, Baulon, Lille & Bourliere, 1983; Furchtgott & Busemeyer, 1979; Garwood, Engel & Capriotti, 1982; Plouffe & Stelmack, 1984; Powell, Eisdorfer, Bogdonoff & Durham, 1964; Powell, Milligan & Furchtgott, 1980; Zelinski, Walsh & Thompson, 1978),

— Eiswasser (Botwinick & Kornetsky, 1960; Capriotti et al., 1981; Casale, Pecorini, Cuzzoni & DeNicola, 1985; Garwood et al., 1982; Palmer, Ziegler & Lake, 1978),

— elektrische Schläge (Botwinick & Kornetsky, 1959, 1960),

— Lärm (Smith & Hutto, 1973),

— Kälte-/Hitzereize (Wagner, Horvath, Kitagawa & Bolduan, 1987),

— Veränderungen der Körperhaltung (Sato et al., 1981; Sever, Birch, Osikowska & Tunbridge, 1977; Sowers, Rubenstein & Stern, 1983; Vargas, Rothwell, Weinkove & Lye, 1984)

— Isometrische Übungen (z. B. Muskelanspannung) (Capriotti et al., 1981; Fiorica, 1984; Garwood et al., 1982; Palmer et al., 1978; Saar & Gordon, 1979; Sowers et al., 1983; Young, Rowe, Pallotta, Sparrow & Landsberg, 1980).

Die abhängigen Variablen sind leider in diesen Untersuchungen auf physiologische, biochemische oder endokrine Parameter beschränkt, so daß in der Regel unklar bleibt, welche emotionalen Qualitäten ausgelöst bzw. angesprochen wurden.

2.3 Brauchbarkeit verschiedener Methoden und Ansätze bei alten Personen

Prinzipiell sind alle beschriebenen Methoden und Ansätze bei alten Personen anwendbar. Ihr Wert hängt jedoch davon ab, inwiefern altersspezifische Besonderheiten in der Konstruktion bzw. Untersuchung berücksichtigt werden.

Selbstbeurteilungsverfahren: Selbstbeurteilungsverfahren sind bezüglich der angezielten Konstrukte in der Regel weniger mehrdeutig als andere Methoden. Probleme zeigen sich in der Länge und Verständlichkeit der zur Verfügung stehenden Instrumente. Weitere Probleme existieren im Zusammenhang mit Antwortstilen und -tendenzen (vgl. zusammenfassend Bungard, 1979; Perry, 1982). So finden sich in der Literatur Hinweise, daß mit zunehmendem Alter nicht-differenzierende Antwort-Kategorien bevorzugt werden (vgl. Taylor, 1955) und die Zustimmungstendenz (vgl. Berg, 1967; Bungard, 1979) und Antworten im Sinne „Sozialer Erwünschtheit" zunehmen (vgl. Fröhlich & Wiskandt, 1962), wobei letztere mit Lebenszufriedenheit beträchtlich korrelieren (r=.45 — .70 nach Carstensen & Cone, 1983; Kozma & Stones, 1987; McCrae, 1986).

Fremdbeurteilungsverfahren: Bei kranken alten Personen werden Fremdbeurteilungsverfahren nahezu ausschließlich benutzt (vgl. Janke & Hüppe, 1989; Lehmann, 1984a). Sie ermöglichen aber prinzipiell nur eine indirekte Emotionsmessung und haben häufig nur geringe Interrater-Reliabilitäten; außerdem hängt die Validität solcher Verfahren von vielen Faktoren ab, etwa von den Eigenschaften des Beurteilers.

Methoden der Verhaltensbeobachtung: Die Methoden der Verhaltensbeobachtung sind im „Probierstadium", so daß eine Bewertung gegenwärtig nicht möglich ist. Es ist jedoch wahrscheinlich, daß die Brauchbarkeit vollkommen abhängt von den spezifischen Untersuchungsbedingungen. Eine allgemeine Bewertung erscheint daher kaum möglich.

Erfassung von Ausdrucksmerkmalen: Untersuchungen zur Brauchbarkeit von Ausdrucksmerkmalen als Emotionalitätsindikatoren fehlen bei alten Personen. Einige Ergebnisse aus Untersuchungen mit anderen Populationen verdeutlichen mancherlei Probleme (zusammenfassend Schmidt-Atzert, 1983). Offen sind vor allem die Fragen, zu welchen Anteilen Ausdrucksmerkmale lang- und kurzfristige Merkmale der Emotionalität anzeigen und wieweit Ausdrucksmerkmale situationsspezifisch wechseln und damit ihr Indikatorwert variiert.

Messung von Reaktionen durch Tests und Experimente: Die Brauchbarkeit dieses Ansatzes hängt im wesentlichen von der Operationalisierung der emotionsauslösenden Bedingungen und von der Art und dem Umfang der Erfassung dieser Reaktionen ab. Der Ansatz bietet gegenüber den bisher beschriebenen Vorteile, so etwa die Erfassung phasischer Reaktionen, die Möglichkeit zur simultanen Betrachtung verschiedener Ebenen und die Erforschung ‚neuer Emotionsqualitäten' (vgl. Baltissen & Janke, 1982; Janke, 1984; Janke & Baltissen, 1979). Probleme des Ansatzes liegen in ökonomischen Aspekten (zeitlicher und technischer Aufwand), aber auch in Aspekten, die die Reaktionen betreffen (Ausgangslagenabhängigkeit, Individualspezifität, Dissoziation von Reaktionen).

2.4 Brauchbarkeit von Methoden aus den verschiedenen Manifestationsebenen

Obwohl nach der Auffassung der meisten Autoren Emotionen sich auf mehreren Ebenen manifestieren, sind allenfalls für die Emotionen Angst, Ärger und Traurigkeit Mehrebenenmessungen realisiert worden, jedoch kaum für alte Personen. Trotzdem ist es wegen wahrscheinlicher Indikatordissoziationen gerade bei alten Personen notwendig, Aussagen nur aufgrund von Mehrebenendaten zu machen.

Daten der Erlebensebene: Erlebensdaten sind aufgrund der Tatsache, daß in der Humanpsychologie Emotionskonstrukte letztlich auf das Erleben Bezug nehmen, von zentraler Bedeutung. Auch kommt dem Erleben offenbar eine verhaltensrichtende Funktion zu (vgl. Lehr, 1977; Thomae, 1971). Bedauerlicherweise werden Erlebensdaten fast durchweg über Methoden vom Typ der Selbstbeurteilungsfragebogen erhoben. Es ist zu hoffen, daß Alternativansätze wie Interviews, freie Berichte in Standardsituationen, Kombinationen aus mehreren methodischen Ansätzen, etwa Selbstaussage, Fremdaussage und Ausdruck, entwickelt werden, die validere Aussagen über das „Erleben" ermöglichen als konventionelle Selbstbeurteilungsmethoden.

Daten der Ausdrucksebene: Obwohl Ausdrucksmerkmale in der Gerontopsychologie stark vernachlässigt worden sind, handelt es sich um prinzipiell wichtige Datenquellen. Zum einen spiegeln Ausdrucksmerkmale mehr als Daten anderer Manifestationsebenen Erlebensvorgänge wider. Zum anderen haben sie eine fundamentale Bedeutung für die soziale Kommunikation. Damit zusammenhängend ist es auch verständlich, daß Fremdurteile über Befindlichkeiten eng mit Ausdrucksmerkmalen zusammenhängen, (Hüppe, 1987; Hüppe & Janke, 1989). Andere Befunde deuten auf Zusammenhänge zwischen Fehlern bei der Fremdbeurteilung der Befindlichkeit aufgrund mimischer Ausdrucksvariablen und Persönlichkeitseigenschaften des Beurteilten hin (vgl. Malatesta, Fiore & Messina, 1987). Im einzelnen sind Kovariationen und Dissoziationen zwischen Ausdrucksvariablen und Daten anderer Ebenen sorgfältig zu untersuchen, bevor sie als etablierte Emotionsindikatoren angesehen werden können.

Daten der Verhaltensebene: Verhalten und Handlung sind bedeutsame Manifestationsebenen von Emotionen. Sie bilden jedoch mit kognitiven Faktoren schwer auflösbare Einheiten, so daß sie kaum als unmittelbare Emotionsindikatoren interpretierbar sind.

Daten der somatischen Ebene: Auch wenn nicht zu bezweifeln ist, daß Gefühle, Stimmungen und manche Eigenschaften zum Bereich Emotionalität somatopsychische Phänomene sind, so ist doch die Brauchbarkeit somatischer Parameter als Emotionalitätsindikatoren in jedem Fall zu überprüfen. Physiologische Variablen sind wahrscheinlich besonders indikativ bei Messungen emotionaler Reaktionen (vgl. Marsh & Thompson, 1977; Thompson & Marsh, 1973). Besonderheiten für alte Personen ergeben sich dabei jedoch in mehrfacher Hinsicht: So lassen niedrige Korrelationen zwischen verschiedenen Systemen des VNS untereinander und ihre Beziehungen zu biochemischen und zentralnervösen Variablen keine abschließenden Antworten zu grundlegenden Fragen, so etwa zur Frage der Unter- oder Überaktivierung im Alter, zu. Weiterhin lassen sich die aufgrund von Korrelationen an jüngeren Personen gefundenen Validitäten physiologischer Variablen als Indikatoren für Emotionen nicht ohne weiteres auf alte Personen übertragen, da eine unterschiedliche Beziehung zwischen der Verhaltensebene und der somatischen Ebene bei jungen und alten Personen wahrscheinlich ist (Thompson & Nowlin, 1973). Schließlich ist eine Zunahme individualspezifischer Reaktionen vegetativer Parameter im Alter zu beobachten (Baltissen, 1988; Garwood et al., 1982).

2.5 Untersuchungspläne zur Erfassung von Emotionalität bei alten Personen

Alle Aussagen auf der Basis von Untersuchungen zu emotionalen Veränderungen bei alten Personen sind mit methodischen Problemen behaftet (vgl. zusammenfassend Birren & Renner, 1977; von Eye, 1984; Nesselroade &

Labouvie, 1985; Schaie, 1977; Schaie & Hertzog, 1985). Grundsätzlich ist zu unterscheiden, ob Aspekte der Emotionalität allein an einer Population alter Personen untersucht werden oder ob Veränderungen im Alter Untersuchungsgegenstand sind.

Im ersten Fall werden Aussagen über eine spezielle Stichprobe möglich. So ist die Frage nach der Wirkung verschiedener „emotionsauslösender Bedingungen" im Alter untersuchbar durch Ziehung einer Stichprobe aus der Population „Personen älter als 65 Jahre". Auch Vergleiche von Subpopulationen alter Personen (z. B. Altenheimbewohner vs. Nicht- Altenheimbewohner) fallen unter diesen Ansatz, wobei es sich jedoch in der Regel dabei um quasiexperimentelle Versuchspläne handelt, mit vielerlei Möglichkeit für konfundierende Variablen. Im übrigen gelten für den erwähnten Ansatz für Versuchspläne alle Kriterien in vergleichbarer Weise wie für jüngere Populationen (zu einzelnen Versuchsplänen vgl. Campbell & Stanley, 1970).

Im zweiten Fall handelt es sich um Untersuchungen, in denen Aussagen über Alterseffekte angestrebt werden. Das zentrale Problem ist hierbei, daß Alter eine grundsätzlich problematische Variable ist, die nicht als „unabhängige Variable" definiert werden kann.

Bedingt durch ökonomische Aspekte ist der überwiegende Teil von Untersuchungen zu „altersbedingten Veränderungen" in Aspekten der Emotionalität nach dem Querschnittsprinzip durchgeführt worden. Die Kritik an diesem Ansatz begründet sich in der Konfundierung von Alter und Kohorte, so daß Gruppenunterschiede nicht allein auf Alter zurückzuführen sind (vgl. Baltes, 1968). Diese Kritik gilt für Altersquerschnittsuntersuchungen in der gesamten Entwicklungspsychologie, sie ist aber für gerontopsychologische Untersuchungen deshalb besonders bedeutsam, weil oft Stichproben über besonders weite Altersspannen verglichen werden. Dadurch schlagen sich Sozialisationsbedingungen, selektive Populationsveränderungen etwa bezüglich Gesundheit und Bekanntheitsgrad mit Tests als Varianzquellen besonders nieder.

Längsschnittuntersuchungspläne haben gegenüber Querschnittsuntersuchungen den Vorteil, daß die Erfassung von intraindividueller Konstanz und Variabilität von Merkmalen der Emotionalität sowie die Betrachtung von Variablenbeziehungen möglich wird (vgl. Baltes, 1968; Petermann, 1978). Dennoch liegt bei diesem Untersuchungsansatz eine Konfundierung von Alter und Testzeit vor, so daß Effekte nicht eindeutig interpretierbar sind. Weitere Probleme finden sich in der Stichprobengewinnung, in systematischen Pbn-Ausfällen, in der Wahl von Entwicklungssequenzen, in Testungseffekten und letztlich auch in den relativ hohen Kosten.

Die Möglichkeit, Längsschnitt- und Querschnittsuntersuchungspläne zu kombinieren, wurde von Schaie (1965) in seinen Sequenzmodellen formuliert, in denen von den drei Variablen Alter, Kohorte und Testzeit je zwei Varianzquellen konfundiert sind. In der gerontopsychologischen Emotionsforschung fehlen Untersuchungsanalysen nach dem 3-Komponenten-Modell nahezu vollständig.

B. Ursachen, Auslöser und Mediatoren emotionaler Veränderungen im Alter

Eine Auflistung der Ursachen und Auslöser emotionaler Veränderungen im Alter ist wegen der Vielzahl sowie der Komplexität in Frage kommender Merkmale und ihrer Verknüpfungen schwierig. Noch schwieriger ist es, einzelne Faktoren als Ursachen, Auslöser oder Mediatoren empirisch nachzuweisen. Diese lassen sich in umweltbezogene und subjektbezogene Bedingungsfaktoren differenzieren, wobei sich nach Lawton (1984) negative Affekte besser durch subjektbezogene Faktoren (z. B. Gesundheit) vorhersagen lassen und weniger gut durch umweltbezogene, während für die Prädiktion positiver Affekte Umweltfaktoren (z. B. Sozialkontakte) bedeutsamer erscheinen.

1 Veränderungen der Umwelt

Die Bedeutung der Umwelt für emotionale Vorgänge während des Alterns und für alte Personen wird sowohl von der Gerontopsychologie (vgl. Scheidt & Windley, 1985) als auch von der Umweltpsychologie (vgl. Altman, Lawton & Wohlwill, 1984; Lawton, 1977, 1978, 1980; Lawton & Nahemow, 1973) hervorgehoben. Weitgehend offen ist dabei gegenwärtig, in welcher Weise und in welchem Maße ökologische und biologische Faktoren interagieren und über welche Mediatoren letztlich emotionale Veränderungen induziert und vorhandene Emotionen beeinflußt werden.

1.1 Soziale Umwelt

Veränderungen der sozialen Umwelt im Alter sind in quantitativer Hinsicht durch Reduktion sozialer Kontakte, Aktivitäten und Rollen gekennzeichnet. Diese quantitative Reduktion ist von vielen Autoren als Ursache/Auslöser für negative emotionale Befindlichkeiten und Störungen gesehen worden. Depression etwa wird als Folge von sog. Exit-Ereignissen gesehen.

Die Bedeutung des Verlustes an sozialen Kontakten ist nicht unumstritten, insbesondere im Sinne negativer Auswirkungen. Während Vertreter der „Aktivitätstheorie" (z. B. Lemon, Bengtson & Peterson, 1972; Tartler, 1961) einen positiven Zusammenhang zwischen dem sozialen Aktivitätsniveau und Lebenszufriedenheit postulieren und dafür auch empirische Belege anführen können (Knapp, 1977), wird von Vertretern der „Disengagement-Theorie" (Cumming & Henry, 1961) die Meinung vertreten, daß das Sich-Zurückziehen aus sozialen Kontakten nicht nur von der Gesellschaft, sondern auch vom Individuum gewünscht wird und eine Voraussetzung für zufriedenes Altern darstellt. Die Hauptannahme der Disengagement-Theorie, wonach Verringerung sozialer Aktivitäten „regelhaft" zur Erhöhung der Lebenszufriedenheit im Alter führt, läßt sich empirisch nicht halten (Fröhlich, Becker, Bengtson & Bigot, 1969; Olbrich, 1983). Maddox und Eisdorfer (1968) beurteilen die Befunde des empirischen Materials zur Disengagementtheorie als Artefakt von Querschnittsuntersuchungen, und Lehr und Rudinger (1970) zeigen aufgrund von Daten der Bonner Gerontologischen Längsschnittstudie (BLSA), daß eine Zunahme sozialer Aktivitäten mit einer Erhöhung der Lebenszufriedenheit und abnehmende Rollenaktivität mit einer Verminderung der Zufriedenheit einhergehen. Gleichzeitig ist zwischen verschiedenen sozialen Bezügen zu differenzieren (vgl. Olbrich & Lehr, 1976).

Eine wichtige Rolle spielt natürlich der Familienstand. Untersuchungen zeigen höhere Zufriedenheit bei verheirateten Personen, wenn der Ehepartner noch lebt (Breckenridge, Gallagher, Thompson & Peterson, 1986; Edwards & Klemmack, 1973; Spreitzer & Snyder, 1974). Mehrere Befunde deuten außerdem darauf hin, daß unverheiratete Personen sich nicht von Verheirateten mit lebenden Ehepartnern in ihrer Zufriedenheit unterscheiden, daß jedoch verwitwete und geschiedene Personen geringere Zufriedenheit zeigen (Kutner, Fanshel, Togo & Langner, 1956; Pihlblad & Adams, 1972).

Insgesamt wird man festhalten müssen, daß die Beziehungen zwischen den während des Alterns auftretenden sozialen Veränderungen und emotionalen Veränderungen zu komplex sind, um einfache Wenn-dann-Beziehungen finden zu können. Diese Komplexität ergibt sich u. a. aus der Schwierigkeit, die sozialen Veränderungen in quantitativer und qualitativer Hinsicht zu operationalisieren, aus der Tatsache, daß es auch auf die subjektive Einschätzung der sozialen Veränderungen sowie auf sog. „soziale Unterstützung" ankommt, und vor allem aus den vielfältigen methodischen Problemen im Zusammenhang mit der isolierenden Betrachtung einzelner Faktoren.

1.2 Sozioökonomische Umwelt

Mit dem Älterwerden verändern sich meist die sozioökonomischen Bedingungen, womit ein beträchtlicher Teil alterskorrelierter emotionaler Veränderungen kovariieren dürfte.

Der sozioökonomische Status scheint in Beziehung zum Wohlbefinden bzw. Lebenszufriedenheit im Alter zu stehen. Die kausalen Beziehungen sind ungeklärt. Eine Vielzahl von Untersuchungen zeigt jedoch, daß alte Personen mit geringem sozioökonomischen Status auch geringeres allgemeines Wohlbefinden angeben, auch, wenn Variablen wie Gesundheit, Arbeit und Familienstand kontrolliert werden (Cutler, 1973; Edwards & Klemmack, 1973; George, 1978). Die Selbsteinschätzung des sozioökonomischen Status, d. h. der subjektive Vergleich mit anderen, ist dabei auch von Bedeutung (Usui, Keil & Durig, 1985). Von den Variablen, die den sozioökonomischen Status definieren (Einkommen, berufliche Stellung, Bildung), zeigt Einkommen die konsistentesten Korrelationen zur Lebenszufriedenheit (Larson, 1978; Lehr & Olbrich, 1976).

1.3 Handlungsraum

Veränderungen im Handlungsraum im Alter ergeben sich in besonderer Weise durch Veränderung der Wohnumgebung und Pensionierung. Im allgemeinen scheinen sich alle Arten von Veränderungen der gewohnten Wohnumgebung negativ auf die Befindlichkeit auszuwirken. So konnten als Folge von Umzügen vermehrt gesundheitliche Probleme und Todesfälle (Ferraro, 1983; Miller & Lieberman, 1965) und abnehmende Lebenszufriedenheit (Brand & Smith, 1974) beobachtet werden. Auch die (vorübergehende) Einweisung in ein allgemeines Krankenhaus führt bei älteren Menschen signifikant häufiger zu depressiven Symptomen als bei jüngeren Personen (Gillick, Serrell & Gillick, 1982). Geschieht der Umgebungswechsel plötzlich und unvorbereitet, kann es zu psychopathologischen Erscheinungsbildern wie dem Verlust der zeitlichen und örtlichen Orientiertheit kommen (Jansen, 1971). Männer scheinen eher als Frauen dazu zu neigen, einen Heimeintritt als Handlungseinschränkung zu empfinden (Lehr, 1977). Altenheimbewohner haben im Vergleich zu alten Menschen, die bei ihren Kindern leben, mehr körperliche Beschwerden, mehr psychische Probleme, eine schlechtere Gesundheit und geringere Lebenszufriedenheit (Gomathi, Sitharthan & Anantaraman, 1981). Hierbei sind natürlich methodische Fehlerquellen in Rechnung zu stellen, etwa Einstellung zum Altenheim (Bierhoff & Schmitz- Scherzer, 1974) und selegierte Stichproben.

Wichtige Determinanten für die Wirkung eines Umzugs sind Kontrollierbarkeit und Vorhersagbarkeit von Ereignissen, die mit dem Umzug unmittelbar verbunden sind, sowie Unterschiede in der Kontrolle der Wohnumgebung vor und nach dem Umzug (Baltes & Reisenzein, 1986; Saup, 1984; Schulz & Brenner, 1977). Von mehreren Autoren wird festgestellt, daß „Kontrollierbarkeit" positive Einflüsse auf die Stimmungslage hatte (Schulz, 1980, 1982; Schulz & Brenner, 1977).

Die Möglichkeit, Transportmittel für Aktivitäten zur Verfügung zu haben, steht im Zusammenhang mit gehobener Stimmung und allgemeinem Wohlbefinden (Cutler, 1972, 1975; Lehr & Olbrich, 1976). Weitere den Handlungsraum betreffende Faktoren, die mit Stimmung positiv korrelieren, sind die Benutzbarkeit eines Gartens, Verfügbarkeit von Telefon und Tageszeitung und Reiseerfahrungen. Hierbei sind Geschlechtsunterschiede beobachtbar (Lehr & Olbrich, 1976).
Ob der Rückzug aus dem Berufsleben als Einschränkung des Handlungsraums oder als Erweiterung (aufgrund der vermehrt zur Verfügung stehenden Zeit) erlebt wird, hängt von den Plänen und Einstellungen für die Zeit nach der Pensionierung, von der Bereitschaft, pensioniert zu werden und von schichtspezifischen Faktoren ab (Ash, 1966; Havighurst, 1954; Heron, 1963; Oliver, 1966; Peretti & Wilson, 1975).

Eine von den bisher besprochenen Aspekten unabhängige Komponente bezieht sich auf Veränderungen der sog. Mikroumgebung. Vor allem bedingt durch körperliche Beschwerden und Krankheiten ist die Anpassung des alten Menschen an seine Mikroumwelt (Essen, Schlafen, Ruhen, Reinigung) stark beeinträchtigt. Damit wird der Handlungsraum stark eingeschränkt bzw. verändert, und es kommt zu Schwierigkeiten der Person-Mikroumwelt-Beziehung, die vermutlich Ursachen oder Auslöser für Emotionen mit negativer Valenz sind (Dysphorie, Ärger, Hilflosigkeitsgefühle). Von Howell (1980) wird aus der Sicht der Architektur eine verstärkte Forschung zur Beziehung zwischen Mikroumwelt und Befinden und die Berücksichtigung der Ergebnisse bei der Planung von Wohnungen gefordert.

1.4 Physische Umwelt

Veränderungen im Zusammenhang mit Wohnungswechsel und Beendigung der beruflichen Tätigkeit bringen in der Regel auch Veränderungen der physischen Umwelt mit ihren geographischen und technischen Aspekten mit sich. Die hierbei zu leistende Wiederanpassung kann erheblich sein, etwa beim Wechsel von Land zu Stadt oder umgekehrt. Eine Fülle von Veränderungen physischer Bedingungen kann je nach Art der Veränderung positive oder negative Einflüsse auf die Gesundheit ausüben. Die emotionalen Auswirkungen können sich in Veränderungen des allgemeinen Aktiviertheitsgrades (z. B. über die Beeinflussung der unspezifischen zentralnervösen und vegetativen Aktivierung) mit Auswirkungen auf die emotionale Reagibilität sowie in Verbesserungen und Verschlechterungen des allgemeinen Wohlbefindens, der Gereiztheit und spezifischer Emotionen ausdrücken. Eine wichtige Rolle dürfte in jedem Fall die Beeinflussung des Schlafverhaltens spielen, mit eventuellen sekundären Folgen für die Emotionalität.

2 Veränderungen des Individuums

2.1 Psychische Veränderungen

Die vom alternden Individuum wahrnehmbaren psychischen und körperlichen Veränderungen sind so umfangreich und stark, daß Altern als ein „Belastungsfaktor" stärksten Ausmaßes anzusehen ist. Eingehende Untersuchungen über die Bewertung und Bewältigung der verschiedenen Veränderungen stehen noch aus.

2.1.1 Veränderungen der Aktiviertheit

Querschnittsuntersuchungen zeigen ein uneinheitliches Bild für die subjektiv erlebte Aktiviertheit/Aktivität. Die meisten Befunde deuten jedoch auf eine Abnahme von durch Fragebogen erhobenen Aktivitätswerten bei alten Personen hin (Blumenthal, Schocken, Needels & Hindle, 1982; Jeffers & Nichols, 1961). Nichtsdestoweniger sind nach Befunden aus Längsschnittuntersuchungen die durch Wiederholungskoeffizienten definierten „relativen" Aktivitätswerte über mehrere Jahre zeitlich stabil (Duke- Studie, vgl. Palmore, 1970, 1974; Bethesda-Studie, vgl. Birren, Batler, Greenhouser, Sokoloff & Yarrow, 1963; Birren, Woodruff & Bergman, 1972; BLSA, vgl. Thomae, 1976; Grombach, 1976).

Beziehungen der Aktiviertheit zu Variablen der Emotionalität sind überwiegend für globale Konzepte, wie etwa Lebenszufriedenheit (z. B. Bond, 1982; George, 1978) oder gesundheitliches Wohlbefinden (z. B. Jeffers & Nichols, 1961) untersucht worden. Unabhängig vom Erfassungsmodus und der untersuchten Gruppe zeigen die Untersuchungen, daß eine geringe, aber konsistent positive Beziehung zwischen Aktiviertheit einerseits und Wohlbefinden und Lebenszufriedenheit andererseits existiert (Graney, 1975; Larson, 1978).

2.1.2 *Veränderungen des Denkens, Lernens und des Behaltens*

Leistungsveränderungen wirken sich direkt oder indirekt auf Emotionen aus (Giambra und Arenberg (1980), Olbrich und Stafford (1984), Rabbitt (1977) und Schaie (1980).

Die Mehrheit der kognitiven Veränderungen ist mit Leistungsverschlechterungen verbunden, die über Bewertungsprozesse zu negativ getönten Emotionen und Befindlichkeiten führen und z. T. als Prädiktoren für das Sterbealter diskutiert werden (vgl. Siegler, 1975). Geschwindigkeitsabhängige Leistungen sind stärker als tempofreie alterskorreliert (Blum, Jarvik & Clark, 1970; Oswald, 1979; Oswald & Fleischmann, 1986). Es ist zu erwarten, daß Fertigkeiten zur Bewältigung täglicher Arbeiten mit Befindlichkeitsaspekten (zumindest intraindividuell) kovariieren.

Besondere Bedeutung für emotionale Prozesse haben Veränderungen in Gedächtnisleistungen. Gedächtnisbeschwerden gelten als Indikator für subjektiv erlebte Alterung (Fleischmann, 1989; Zelinski, Gilewski & Thompson, 1980). Hierbei ist zwischen selbst-, fremdwahrgenommener und objektivierter Veränderung zu unterscheiden. Es ist anzunehmen, daß manche „alterskennzeichnende" emotionale Erlebens- und Verhaltensweise mit subjektiven Gedächtnisminderungen zusammenhängt. Es fehlt jedoch an Untersuchungen.

2.1.3 *Sensorische Veränderungen*

Sensorische Veränderungen gehören zu den stärksten und einschneidendsten alterskorrelierten Veränderungen, etwa Altersweitsichtigkeit und Altersschwerhörigkeit. Veränderungen des Geruchs- und Geschmackssinns sind dagegen weniger gewichtig. Ihre Auswirkung auf die Emotionalität ist jedoch kaum untersucht. Es kann jedoch davon ausgegangen werden, daß weniger das Ausmaß eines Defektes von Bedeutung ist als die Grenzen von Korrekturmöglichkeiten sowie die Bedeutung einer Modalität zur individuellen Bedürfnisbefriedigung (vgl. Harless & McConnell, 1982). Vor allem sind langfristig einsetzende und damit weniger deutlich zu beobachtende emotionale Wirkungen denkbar (vgl. Eisdorfer, 1960a; Thomas et al. 1983). Personen mit erheblicher Schwerhörigkeit sind in sozialen Kommunikationsprozessen so behindert, daß es zu depressiven Verstimmungen und emotionaler Gereiztheit kommen kann (vgl. Plattig, 1984). Daten zur Beziehung zwischen Veränderungen der Hörfähigkeit und emotionalen Daten liegen nur wenige vor (Eisdorfer, 1960b; Thomas et al., 1983).

Alternsbedingte Geschmacks- und Geruchs-Rezeptorenatrophien können zu qualitativen Veränderungen führen (Verzerrungen ins Üble oder Illusionen), die als erhebliche subjektive Beeinträchtigungen empfunden werden und sich emotional und motivational auf das Eßverhalten auswirken können (vgl. zum Geschmack: Cooper, Bilash & Zubek, 1959; Engen, 1977; Hughes, 1969; Moore, Nielsen & Mistretta, 1982; zum Geruch: Glanville, Kaplan & Fischer, 1964; Kalmus & Trotter, 1962; Kimbrell & Furchtgott, 1963; Rous, 1969). Vermutlich kommt solchen Veränderungen Bedeutung für das Wohlbefinden zu.

Die Befunde zur Altersabhängigkeit von Schmerzreaktionen sind widersprüchlich (Übersichtsarbeiten bei Harkins, Kwentus & Price, 1984; Harkins & Warner, 1980; Kenshalo, 1977). Faktoren wie Einstellungen oder Status erscheinen bedeutsamer als die sensorischen Veränderungen selbst (vgl. Kenshalo, 1977). Ein wichtiger Befund ist, daß zwischen Schmerzintensität und der affektiven Bewertung zu unterscheiden ist (Harkins, Price & Martelli, 1986).

2.1.4 Psychomotorische Veränderungen

Veränderungen psychomotorischer Leistungen hinsichtlich Schnelligkeit, Genauigkeit, Koordination und Stetigkeit gehören zu den auffallendsten Merkmalen des Alterns (zusammenfassend Mathey, 1984a; Salthouse, 1985; Welford, 1977). Sie sind in Selbst- und Fremdwahrnehmung so deutlich, daß sie Bedeutung für die „Alterszuschreibung" haben dürften.

Die Relevanz psychomotorischer Veränderungen für emotionale Vorgänge beim alten Menschen ergibt sich aus mehreren Gründen. Einmal kommt motorischen Vorgängen ein hoher Ausdrucksgehalt zu, der vom Empfänger emotional beantwortet wird. Zum zweiten besteht zwischen Motorik und Emotionalität eine enge Beziehung über Rückkoppelungsschleifen. Ein besonderer Aspekt ist dabei die Auswirkung der Motorik auf die retikuläre Aktivität. Zum dritten gehören Veränderungen der Psychomotorik zu den am deutlichsten vom Betroffenen wahrgenommenen Hinweisen für „Altwerden" und lösen damit emotionale Reaktionen aus. So zeigen Siebens et al. (1986), daß der Verlust an der (psychomotorischen) Fertigkeit, selbständig Nahrung zu sich zu nehmen, bei Altenheimbewohnern mit vielfältigen Verschlechterungen einhergeht und auf den baldigen Tod hinweist. Als letztes schließlich sind zahlreiche indirekte Einflüsse wahrscheinlich, so vor allem über Veränderungen des Handlungsraumes mit den sich daraus ergebenden Konsequenzen (vgl. Garms-Homolova & Hütter, 1983). Von großer Bedeutung sind weiterhin direkte und indirekte Auswirkungen auf gesundheitsrelevante Merkmale, etwa physisches Training. Welche emotionalen Konsequenzen mit den zahlreichen motorischen Veränderungen im einzelnen verbunden sind, ist bislang wegen des Fehlens gezielter Untersuchungen schwer zu beschreiben. Es kann jedoch angenommen werden, daß einfache und vor allem komplexe Bewegungen verlangsamt sind und sensomotorische Tätigkeiten unter Zeitdruck stark psychisch beanspruchend sind (Birren, 1964; Craik & Trehub, 1982; Mathey, 1976; Poon, 1980; Talland, 1968; Welford, 1975).

2.1.5 Veränderungen der gesundheitsbezogenen Befindlichkeit

Die selbst-wahrgenommene und -bewertete Gesundheit stellt wahrscheinlich die wichtigste Ursache für emotionale Zustände und Veränderungen im Alter dar (vgl. Thomae, 1976, S. 2).

Alle Untersuchungen, die zum Thema „körperliche Befindlichkeit" durchgeführt wurden, stimmen darin überein, daß eine schlechte subjektive körperliche Verfassung mit emotionalen Störungen und gute subjektive körperliche Verfassung mit emotionalem Anpassungsvermögen einhergehen. Eine Reihe von Untersuchungen zeigt positive Korrelationen zwischen selbstbeurteilter Gesundheit und positiver Befindlichkeit (Edwards & Klemmack, 1973; Hautzinger, 1983; Jeffers & Nichols, 1961; Larson, 1978; Maddox & Eisdorfer, 1962; Palmore & Luikart, 1972).

McDonald und Suchy (1980) zeigten Unterschiede bei 1247 Personen im Alter von 55 - 75 Jahren hinsichtlich Leistungs- und Emotionsaspekten in Abhängigkeit von einem Wert in der Beschwerdeliste nach von Zerssen (1971).

La Rue, Bank, Jarvik und Hetland (1979) machen auf einen differentiellen Aspekt der körperlichen Gesundheit aufmerksam. Bei einer Stichprobe von 69 Personen zwischen 77 und 93 Jahren zeigte sich sowohl zwischen dem Selbst- als auch dem Arzturteil und „Überlebenszeit" ein Zusammenhang, der aber nur für die „jüngeren Personen" (unter 85 Jahren) galt.

2.1.6 Persönlichkeitsveränderungen

Eine Reihe von Persönlichkeitsmerkmalen, die nicht zum Bereich Emotionalität gerechnet werden, haben zweifellos eine Bedeutung für das emotionale Geschehen, indem sie Emotionen und Eigenschaften des emotionalen Bereiches beeinflussen oder damit kovariieren. Solche Merkmale sind etwa Rigidität, Extraversion/Introversion. Eine systematische theoretische und empirische Bearbeitung steht noch aus.

Tabelle 4: Organische Störungen im Alter und kovariierende oder folgende emotionale Veränderungen

Krankheiten	Emotionale Konsequenzen
Nervensystem	
Hirnorganisches Psychosyndrom	Affektlabilität, Schwellenverschiebungen für die Auslösbarkeit von Emotionen
Encephalopathie aufgrund von inneren Krankheiten (z. B. Niere)	Irritierbarkeit, Erregbarkeit, Depression
Parkinsonsche Krankheit	Depression
Alzheimersche Krankheit	Emotionale „Verflachung“
Biochemisches System	
Elektrolytinbalancen, z. B. Kalium-, Natrium-, Magnesium-, Calcium-Über- und Unterverfügbarkeiten Neurotransmitter- und -modulatoreninbalancen,	Apathie, Irritierbarkeit, Erregbarkeit, Angst, Depression
z. B. Dopaminmangel	Depression (?)
Noradrenalinmangel	Vigilanzverlust, Erschöpfung, Depression
Serotoninmangel	Depression, Angst, Reizbarkeit, Aggressivität
Hormonsystem	
Diabetes	Depression, Agitiertheit
Hyperthyreose	Erregtheit, Affektlabilität, Hyperaktivität, Erschöpftheit
Hypothyreose	Antriebsminderung, Depression, Verwirrtheit

2.2 Somatische Veränderungen

Somatische Veränderungen im Alter, die Bedeutung für Emotionen haben, finden sich in allen somatischen Teilsystemen. Für viele Personen treten im Verlaufe des Alterns zusätzlich zu den „normalen" „krankhafte" Veränderungen auf. Es gehört zu den methodischen Herausforderungen, daß krankhafte und „normale" Veränderungen sich nur schwer trennen lassen.

Übersichten über alternsbedingte somatische Veränderungen geben Bondareff (1985), Brody (1980), Everitt und Huang (1980), Lerner (1984), Platt (1976), Samorajski und Hartford (1980), Theimer (1973), Whitbourne (1985) sowie mehrere Autoren im Handbook of the Psychology of Aging von Birren und Schaie (1985), im Handbook of the Biology of Aging von Finch und Schneider (1985), im Handbook of Geriatric Psychiatry von Busse und Blazer (1980) sowie im Nachschlagewerk von Oswald, Herrmann, Kanowski, Lehr und Thomae (1984). Beim gegenwärtigen Erkenntnisstand wird man aber nur bei Extremvarianten der Emotionalität wagen können, somatische Veränderungen als Ursachen, Auslöser oder Mediatoren anzuführen. Bislang können nur Einzelbefunde zu mehr oder weniger isolierten somatischen Systemen mit Befunden zur Emotionalität nach dem Prinzip „sie haben etwas miteinander zu tun" in Beziehung gesetzt werden.

In Tabelle 4 sind Krankheiten und damit kovariierende emotionale Veränderungen aufgeführt, deren Auftretenswahrscheinlichkeit mit dem Alter zunimmt. Die „emotionalen" Folgen von Krankheiten sind natürlich vielfältiger Art und in der Regel teils direkt über ihren Einfluß auf emotionsrelevante somatische Systeme, teils indirekt über nicht-primär emotionsrelevante Systeme (z. B. Motorik, Formatio reticularis) vermittelt.

2.2.1 Veränderungen des Zentralen Nervensystems (ZNS)

Die zahlreichen Veränderungen im ZNS können unspezifische Aktivierungsvorgänge, spezifische emotionale Erlebensweisen sowie kognitive Prozesse, die mit unspezifischen und spezifischen Emotionskomponenten in Verbindung stehen, beeinflussen. Am interessantesten sind natürlich jene Systeme, die mit dem emotionalen Geschehen am eindeutigsten verknüpft sind, also Thalamus, Hypothalamus und Limbisches System. Wegen der unspezifischen und kognitiven Komponenten sind jedoch auch Veränderungen im Cortex und Formatio reticularis bedeutsam.

Anatomisch-morphologische Veränderungen
Im Verlauf des normalen Alterns erfolgt eine regional unterschiedliche Gehirnatrophie (vgl. zusammenfassend Bondareff, 1985; Peters & Mehraein,

1984; Platt, 1976; Yamaura, Ito, Kubota & Matsuzawa, 1980), die je nach spezifischen Bedingungen allmählich eintritt, wobei entwicklungsgeschichtlich spätreife Hirnteile und Strukturen (Stirn- und Schläfenhirn) besonders betroffen sind.

Wichtiger noch sind Umstrukturierungen der Neuronen und der Neuronenverbindungen (zusammenfassend etwa Platt, 1976), was zu tiefgreifenden funktionellen Veränderungen führt.

Von den Veränderungen sind für die Emotionalität vor allem jene bedeutsam, die die Funktionsfähigkeit des Zwischenhirns und des Limbischen Systems betreffen, wobei der Hypothalamus — allein oder in Verbindung mit der Hormonregulation — häufiger in den Mittelpunkt von Alternstheorien gestellt wird (vgl. Everitt & Huang, 1980; Frolkis, 1977). Solche Theorien interpretieren Untersuchungsbefunde teils im Sinne generalisiert abnehmender Aktivität, teils im Sinne einer Dysregulation des Hypothalamus, teils im Sinne einer Störung der Regelkreise „Hypothalamus-Neurohormone" (vgl. Dilman, 1971; Groen, 1959; Frolkis, 1977; Frolkis, Bezrukov, Duplenko & Genis, 1972).

Welche Bedeutung den Veränderungen im Hypothalamus im einzelnen für das emotionale Geschehen zukommt, ist offen (vgl. dazu Kupfermann, 1985). Es ist jedoch anzunehmen, daß sie sich eher auf allgemeine Merkmale bei der Entstehung und Aufrechterhaltung von Gefühlen und Stimmungen beziehen als auf spezifische Emotionen, so etwa auf das maximale tonische und phasische Niveau, Schwellenreize und zeitliche Parameter wie Latenz und Dauer emotionaler Reaktionen.

Physiologische Veränderungen

Regionale Hirndurchblutung: Mehrere Untersuchungen lassen den Schluß auf eine alternsbedingte Verringerung der regionalen Hirndurchblutung (CBF) zu (zusammenfassend MacInnes et al.,1984; Obrist, 1980). Es ist jedoch wahrscheinlich, daß der wesentliche Anteil zu Lasten von Krankheiten geht.

Elektroencephalogramm (EEG): Das EEG verändert sich während des Alterns in mehreren Aspekten (Obrist, 1976; Übersichten bei Marsh & Thompson, 1977; Matejcek, 1984):

(1) Verlangsamung der Alpha-Frequenz: Während sich beim jungen Erwachsenen eine Alpha-Durchschnittsfrequenz von 10 — 10.5 Hertz zeigt, liegt sie bei 70jährigen mental Gesunden etwa um 9.0 — 9.5 Hertz und bei 80jährigen etwa um 8.5 — 9.0 Hertz (Obrist, 1979).

(2) Auftreten diffuser langsamer Aktivität: Diffuse langsame EEG-Aktivität aus Theta- und/oder Delta-Wellen korreliert bei mental Kranken gut mit dem

intellektuellen Abbau (Obrist, 1976). Normales Altern ist jedoch nicht so deutlich mit dem Auftreten diffuser langsamer Aktivitäten verbunden.

(3) Schnelle EEG-Aktivität: Mit zunehmendem Alter findet man häufig eine Zunahme der Beta-Aktivität (Matejcek, 1984). Sie wird von manchen Autoren als Zeichen gut erhaltener mentaler Fähigkeiten aufgefaßt (Müller, Grad & Engelsmann, 1975; Obrist, 1976; Weidenhammer & Engel, 1988).

(4) Fokale EEG-Veränderungen: Besonders in der linken (fronto-)temporalen Region treten bei 30 — 40 % gesunder älterer Menschen über 60 Jahre Gruppen von langsamen Theta- und/oder Delta-Wellen auf, die mit steilen Abläufen oder auch nur mit langsamer Alpha-Aktivität vermengt sind.

Die Bedeutung der EEG-Veränderungen für emotionale Vorgänge ergibt sich als Indikator für Grundaktivität des Gehirns. Wieweit über die Aktiviertheit hinaus Beziehungen zu spezifischen Emotionen bestehen, ist offen.

Evozierte Potentiale (EVP) (Übersicht bei Drechsler, 1977; Marsh & Thompson, 1977): Es zeigen sich Alternseffekte in Abhängigkeit von der Stimulusqualität, vom Ableitungsort und von den ausgewerteten Parametern. Unter auditorischer Stimulation zeigen sich die geringsten Alternseffekte. Somatosensorische oder visuelle Stimulation ergibt bei frühen Komponenten eine Zunahme von Amplitude und Latenz im Alter, während bei späten Komponenten im mittleren und hohen Lebensalter eine Zunahme zu beobachten ist (vgl. Marsh & Thompson, 1977; Storrie & Eisdorfer, 1978).

Kontingente negative Variation (CNV): Altersunterschiede sind weniger deutlich als bei EEG oder EVP. Oft treten Widersprüche auf (Loveless & Sandford, 1974; Marsh & Thompson, 1977; Michalewski et al., 1980; Thompson & Nowlin, 1973).

Neurochemische Veränderungen

Neurotransmitter (zusammenfassend Bondareff, 1985; Peters & Mehraein, 1984; Samorajsky & Hartford, 1980): Viele Befunde sprechen dafür, daß im Alter die Verfügbarkeit von Monoaminen, besonders von *Noradrenalin*, vermindert ist (Bertler, 1961; McGeer, 1980; Robinson, 1975; Robinson et al., 1972). Auch das *Dopaminsystem* zeigt Veränderungen im Verlauf des Alterns (Bertler, 1961; Missale, Govoni, Pasinetti, Assini, Spano, Battaini & Trabucchi, 1986; Severson, 1984). Vermutlich haben diese Veränderungen aber weniger mit Emotionalität als mit Motorik zu tun. Auch Veränderungen im *Serotoninsystem* sind nachgewiesen. So fanden Gottfries et al.(zusammenfassend Gottfries 1980), daß Abbauprodukte von Serotonin (etwa HVS und 5-HIES) bei alten Personen (80jährige) im Vergleich zu jüngeren erheblich erhöht waren, was auf eine niedrigere Verfügbarkeit von Serotonin hinweisen würde. Bei 65- und

70jährigen wurden aber gegenüber jüngeren Personen von Robinson (1975) und Robinson et al. (1971) keine Abweichungen gefunden. Die Bedeutung solcher Veränderungen für Emotionen ist noch zu bestimmen. Es ist aber sicher, daß Serotonin ein emotionsrelevanter Transmitter ist, so für Angst, Ärger (Aggression), Stimmung (zusammenfassend Janke, 1986; Praag, 1986) und Schlaf bzw. circadiane Rhythmik. Bedeutsam ist, daß der Serotoningehalt des Gehirns durch Tryptophan-haltige Nahrung (Transmittervorstufe!) beeinflußt werden kann, und damit emotionale Veränderungen auch mit der Art der Nahrung in Zusammenhang gebracht werden können.

Als sog. *Neuromodulatoren* werden Stoffe diskutiert, die die Aktivität des ZNS modulierend beeinflussen. Als Neuromodulatoren werden viele Neuropeptide, so die Freisetzungshormone des Hypothalamus, bestimmte Hormone der Hypophyse sowie endogene Opioide (Endorphine) und bestimmte gastrointestinale Hormone, angesehen. Veränderungen der Schmerzintensität und -toleranz hängen möglicherweise mit Veränderungen im Endorphinsystem zusammen.

Adrenokortikotropes Hormon (ACTH): ACTH entfaltet seine Wirkungen nicht nur als Hormon, sondern auch über einen direkten ZNS-Einfluß. Über solche Einflüsse sind wohl spezifische Verknüpfungen mit Angst und Aggression zu erklären. Alternskorrelierte Veränderungen der ACTH-Sekretion sind wahrscheinlich, jedoch nicht gesichert. Blichert-Taft (1975) etwa fand bei Personen über 70 Jahren gegenüber einer jungen Vergleichsgruppe morgens keine Altersunterschiede.

2.2.2 *Vegetatives Nervensystem (VNS)*

Für das Verständnis der Beziehung des VNS zu Emotionen hat man sich darüber klar zu sein, daß an der Funktion dieser vegetativen Systeme mehrere Strukturen beteiligt sind, so die vegetativen Ganglien, der limbische Cortex, der Hypothalamus, das zentrale Kreislaufsystem in der Medulla oblongata und die Erfolgsorgane (zusammenfassend Everitt & Huang, 1980).

Alternsbedingte degenerative Veränderungen des VNS zeigen sich in den sympathischen und parasympathischen Ganglien und in den postganglionären Nervenendigungen (vgl. Finch & Landfield, 1985; Frolkis, 1977). Veränderungen in der Regulation des Hypothalamus wurden bereits diskutiert.

In der Emotionspsychologie spielen Maße des kardiovaskulären, respiratorischen und elektrodermalen Systems eine besondere Rolle bei der Diskussion um die Entstehung von Emotionen (Erdmann, 1984), als Indikatoren (vgl. Janke, 1976; Schandry, 1989) und als Ausdrucksmerkmale.

Systolischer und *diastolischer Blutdruck* sind im Alter erhöht, die *Herzfrequenz* in der Regel verringert (Baltissen, 1983; Borkan & Norris, 1980; Faucheux et al., 1983; Powell et al., 1980; Robertson, 1986; Sato et al., 1981).

Catania, Thompson, Michalewski und Bowman (1980) fanden bei alten Menschen im Vergleich zu jüngeren weniger aktive Schweißdrüsen. Für das *elektrodermale System* zeigen sich im Alter gehäuft eine verringerte Anzahl spontaner Hautwiderstandsreaktionen (Shmavonian & Busse, 1963; Silverman et al., 1958) und verringerte Hautleitfähigkeitsgrundwerte (Catania et al., 1980; Garwood, Engel & Quilter, 1979).

2.2.3 *Veränderungen des motorischen Systems*

Untersuchungen zeigen eine Veränderung der Funktionstüchtigkeit motorischer Einheiten bzw. monosynaptischer Reflexe im Alter (Brody & Vijayashankar, 1977; Campbell, McComas & Petito, 1973; Harbin & Berg, 1983; Sabbahi & Sedgwick, 1982). Eine Abnahme der Muskelkraft im Alter ist für eine Vielzahl von Muskelgruppen nachgewiesen (Burke, Tuttle, Thompson, Janney & Weber, 1953; Fisher & Birren, 1947).

Garms-Homolova und Hütter (1983) untersuchten die Motorik von 1512 Personen im Alter von 60 — 90 Jahren mit dem TMMIPS nach Jefferys, Millard, Hyman und Warren (1969). Mit zunehmendem Alter zeigte sich eine stetige Verschlechterung der Leistungen der oberen Extremitäten, wobei sich allerdings erst ab 75 Jahren ein signifikanter Unterschied zu den 60jährigen abbildete.

Die Bedeutung motorischer Veränderungen für Emotionen ist groß. In Abschnitt 2.1.4 wurde bei der Besprechung psychomotorischer Veränderungen bereits darauf hingewiesen.

2.2.4 *Biochemische Systeme*

Biochemische Systeme bilden einerseits selbständige Funktionseinheiten, etwa die verschiedenen Hormonsysteme, das Immunsystem, die verschiedenen Stoffwechselsysteme und die Elektrolytsysteme einschließlich Mineral- und Vitaminhaushalt zur Herstellung des notwendigen inneren Milieus.

Die Beziehungen dieser Systeme zur Emotionalität sind indirekt, weil über Nerven- und Hormonsystem vermittelt, jedoch sehr bedeutsam, was sich bei vielen Störungen eindrucksvoll zeigt. Anderseits stellen sog. *neurochemische Systeme* nicht selbständige Einheiten dar, sondern sind entweder nur spezielle

Betrachtungsweisen des Nervensystems oder sind engstens mit dem Nervensystem verbunden. Beispiele für die erstgenannten sind Neurotransmittersysteme, Beispiele für die letztgenannten die Hormone des Hypothalamus (Übersichten bei Busse & Blazer, 1980; Finch & Schneider, 1985).

In den letzten Jahren ist es besonders als Folge eines enormen Fortschritts in den anwendbaren Methoden klar geworden, daß alle Systeme zusammenhängen, wobei die Art der Zusammenhänge im einzelnen noch durchweg unbekannt ist (vgl. Panksepp, 1986). Die Befunde zu einzelnen Systemen sind demgemäß aus dem Zusammenhang gerissen und bedürfen der Abklärung ihrer „physiologischen Relevanz". Es ist anzunehmen, daß biochemische Parameter alter Personen häufig „verzerrt" sind, weil Alter und Krankheit konfundiert sind, da für die Analysen gesunde alte Personen nur selten verfügbar sind.

2.2.4.1 Stoffwechsel-, Elektrolyt-, Mineralien- und Vitaminhaushalt

In den Stoffwechselsystemen treten im Verlaufe des Alterns tiefgreifende Veränderungen auf (zusammenfassend Platt, 1976). Die Beziehungen von alterskorrelierten Veränderungen im Stoffwechselsystem und im Elektrolyt-, Mineralien- und Vitaminhaushalt und Emotionalität sind jedoch weitgehend unaufgeklärt. Vermutlich sind sie im wesentlichen indirekter Art und beeinflussen insofern eher langfristig das emotionale Geschehen, vor allem Stimmungslage und tonische Aktiviertheit.

Im Zusammenhang mit der Frage emotionaler Belastbarkeit alter Personen sind relativ häufig Variablen des *Fettstoffwechsels* (Lipidstoffwechsels) untersucht worden, am häufigsten die freien Fette als abhängige Variablen. Altersvergleiche zeigen in der Regel eine höhere Basiskonzentration freier Fettsäuren bei alten Personen im Vergleich zu jungen (Powell et al., 1964; Troyer, Eisdorfer, Wilkie & Bogdonoff, 1966; Wilkie & Eisdorfer, 1976).

Das *Proteinsystem* unterliegt auch starken Veränderungen. Insgesamt ist die Proteinbiosynthese herabgesetzt, wahrscheinlich insgesamt verändert (vgl. Platt, 1976). Wegen der fundamentalen Bedeutung von Einflüssen für alle möglichen Lebensvorgänge und die Funktion des Nervensystems sind damit auch psychische Veränderungen verbunden. Es ist jedoch nicht zu bestimmen, welche spezifischen Einflüsse auf das emotionale Geschehen ausgeübt werden.

Tiefgreifende Veränderungen finden sich auch im *Elektrolyt- und Mineralhaushalt* mit direkten oder indirekten Konsequenzen für das emotionale Geschehen.

2.2.4.2 Immunsystem

Die Bedeutung des Immunsystems für den Alterungsvorgang wurde bereits vor Jahren in verschiedenen Theorien hervorgehoben. Hinweise darauf boten Beobachtungen mit infektiösen Erkrankungen und anatomisch-morphologische Befunde im Zusammenhang mit der Rückbildung der Thymusdrüse, einem wichtigen lymphozytenbildenden System.

Tier- und Humanuntersuchungen zeigen dementsprechend, daß verschiedene Immunabwehrreaktionen im Verlaufe des Alterns beeinträchtigt sind (zusammenfassend Makinodan, 1976). Die Beziehungen zwischen Altern und Immunsystem sind jedoch kompliziert. Einerseits sprechen Befunde dafür, daß im Verlaufe des Lebens eine erhöhte Reagibilität des Immunsystems erworben wird. Andererseits wird angenommen, daß das Immunsystem bei Belastung altersabhängig leichter erschöpft wird.

Die Bedeutung des Immunsystems dürfte sich vor allem auf die Anfälligkeit für somatische und körperliche Störungen im Zusammenhang mit starker und längerandauernder emotionaler Belastung (Streß) beziehen (zusammenfassend Ader, 1981).

Da im Verlaufe des Alterns die Leistungsfähigkeit des Immunsystems abnimmt, steigt die Wahrscheinlichkeit für somatische und psychische Störungen. Vor allem depressive Störungen sind Beispiele für Beziehungen zwischen Immunsystem und psychischen Störungen. So scheint bei Depression die Lymphozytenfunktion herabgesetzt zu sein. Störungen, die im Zusammenhang mit dem Tod von Partnern auftreten, sind inzwischen mehrfach unter Verwendung von Immunparametern untersucht worden. So fanden Schleifer et al. (1983) veränderte Immunreaktionen bei 15 älteren Männern nach dem Tod ihrer Frauen. Eine junge Kontrollgruppe fehlte jedoch.

2.2.4.3 Hormonsysteme

Befunde mit erheblichen Veränderungen der Verfügbarkeit von Schilddrüsen- und Keimdrüsenhormonen haben zur Entwicklung von hormonellen Alternstheorien geführt (vgl. Dilman, Ravskoy & Golubev, 1986; Everitt & Huang, 1980; Shock, 1977). Auch wenn derartige Theorien wie alle monokausalen zu bezweifeln sind, ist die Bedeutung von hormonellen Veränderungen während des Alterns für emotionale Prozesse nicht hoch genug einzuschätzen.

Nebennierenmarkhormone wie Adrenalin und Noradrenalin stehen in Beziehung zu Aspekten phasischer und tonischer Aktiviertheit, worauf die Ausschüttung von Adrenalin und Noradrenalin bei allen Arten von intensiven Reizen und positive Korrelationen der beiden Hormone zur allgemeinen

Aktiviertheit und Leistung hinweisen (Frankenhaeuser, 1975). Die Beziehungen der vom Nebennierenmark freigesetzten peripheren Hormone und des im Hypothalamus und anderen Hirnstrukturen gebildeten Noradrenalins zum emotionalen Geschehen sind noch nicht geklärt. Man wird aber annehmen können, daß periphere und zentrale Systeme gleichermaßen an der Regulation des veränderten Verhaltens alter Personen in Belastungssituationen und der allgemeinen Aktiviertheit beteiligt sind. Auch Beziehungen zur bei alten Personen erhöhten Wahrscheinlichkeit des Auftretens von Depression sind anzunehmen. Querschnittsuntersuchungen konnten lediglich für Noradrenalin, nicht aber für Adrenalin Altersdifferenzen in Basalwerten aufzeigen (Barnes et al., 1981; Esler et al., 1981; Lake, Ziegler, Coleman & Kopin, 1976; Prinz, Halter, Benedetti & Raskind, 1979; Ziegler, Lake & Kopin, 1976). Eine fundamentale Bedeutung besitzt das *Nebennierenrindenhormonsystem.* An erster Stelle besitzt das Hypothalamus- Hypophysen-Nebennierenrindensystem mit dem Corticotropin- Freisetzungshormon (CRH) des Hypothalamus, dem Adrenocorticotropen Hormon (ACTH) der Hypophyse und den von der Nebennierenrinde freigesetzten Glukokorticoiden (insbesondere Cortisol) eine Bedeutung für die „Anpassungsreaktion“ bei Belastung, aber auch für das Furcht- und Angstverhalten und wahrscheinlich auch für die Aggressivität. Glukokorticoide werden vor allem mit psychischer Erregung in beliebigen Belastungssituationen in Beziehung gebracht, da sich meist eine Erhöhung zeigt (vgl. Mason, 1971). Zusätzlich spielen Korticoide eine Rolle in der Pathobiochemie depressiver Verstimmungen. Durchweg wird angenommen, daß hierbei Wechselwirkungen zwischen peripherem Cortisol und übergeordneten Hormonen des Hypothalamus und der Hypophyse eine Rolle spielen (vgl. Dilman et al., 1986; Holsboer, 1986; Matussek & Holsboer, 1987). Die basale Plasmakonzentration der Glukokorticoide zeigt keine Veränderungen im mittleren und höheren Lebensalter (Grad, Kral, Payne & Berensen, 1967; Jensen & Blichert-Taft, 1971). Es ist jedoch aufgrund von Tierversuchen sehr wahrscheinlich, daß die Dauer der Cortisolfreisetzung unter Streß bei alten Personen verlängert ist (Sapolsky, Krey & McEwen, 1983).

Zu den augenfälligsten und beeindruckendsten alternsbezogenen hormonellen Veränderungen gehören die des *Keimdrüsenhormonsystems* (zusammenfassend von Eickstedt, 1984; Harman & Talbert, 1985). In dem jeweiligen Zeitraum, in dem starke Veränderungen im Keimdrüsenhormonsystem am eindrucksvollsten nachweisbar werden, finden sich auch Veränderungen der Emotionalität, die die Tönung und die Erregbarkeit von Gefühlen und die Stimmungslage betreffen. In der klinischen Literatur werden Nervosität, Reizbarkeit, depressive Verstimmungen, subjektive Leistungsbeeinträchtigung und Schlafstörungen als häufige Symptome genannt. Bei all diesen Veränderungen ist nicht auszumachen, zu welchen Anteilen sie zu Lasten von zumeist gleichzeitig auftretenden vegetativen Störungen und Beschwerden oder direkten hormonellen Veränderungen gehen.

Das *Schilddrüsenhormonsystem* besitzt für die Emotionalität vor allem eine Bedeutung über seine Auswirkung auf die tonische Aktiviertheit sowie die Erregbarkeit. Es ist anzunehmen, daß die erheblichen Veränderungen der Schilddrüsenhormonverfügbarkeiten (vgl. Bürgi & Labhart, 1978) emotionale Konsequenzen haben. Bei einer beträchtlichen Anzahl älterer Personen treten Hyper- und Hypothyreosen auf. Von Eickstedt (1984) berichtet, daß viele Symptome der Hypothyreose dem physiologischen Alterungsprozeß ähneln und deshalb nicht als krankhaft identifiziert werden.

C. *Darstellung der speziellen Emotionen bei alten Personen*

Allgemeines

Emotionale Veränderungen während des Alterns können und müssen hinsichtlich verschiedener Merkmale betrachtet werden (Janke, 1984; Lehr, 1977, S. 118; Schulz, 1985, S. 533)

(1) *Intensität (Stärke):* Welche maximale und durchschnittliche Intensität hat eine Emotion?

Mehrere Autoren vertreten die Meinung, daß alte Personen geringere Intensitäten aufweisen (vgl. dazu Lehr, 1977, S. 118). Auf der anderen Seite wird die Meinung vertreten, daß aufgrund der erhöhten ZNS-Aktivität unter Belastung mindestens negative Emotionen bei alten ebenso stark wie bei jungen Personen auftreten (Schulz, 1985, S. 540).

(2) *Qualität:* Wie ist die erlebte spezifische Gefühlstönung? Welches sind die kognitiven Komponenten einer Emotion?

Es ist anzunehmen, daß im Verlauf lebenslanger emotionaler Erfahrungen die kognitiven Komponenten von Gefühlen, Stimmungen und Befindlichkeiten verändert werden. Damit im Zusammenhang, aber auch unabhängig davon — etwa bedingt durch veränderte vegetative Reaktionen — kann sich die erlebte emotionale Tönung erheblich während des Alterns verändern. Auf solche qualitativen Veränderungen haben mehrere Autoren hingewiesen (etwa von Bracken, 1952; vgl. auch Lehr, 1977, S. 118ff).

(3) *Manifestationsebene:* Wie drückt sich eine Emotion auf den verschiedenen Manifestationsebenen (Erleben, Ausdruck, Verhalten, somatische Prozesse) aus?

Viele Ergebnisse weisen darauf hin, daß sich im Verlauf des Alterns die Konfiguration der Emotionsindikatoren ändert. Am leichtesten läßt sich dies für somatische Variablen zeigen.

(4) *Dauer:* Wie lange hält eine Emotion an?

An Hand von theoretischen Erwägungen im Zusammenhang mit der Adaptationsfähigkeit und einer verminderten homöostatischen Regulation des alternden Organismus wird häufig angenommen, daß einmal aufgetretene Emotionen bei alten Personen länger andauern (etwa Schulz, 1985, S. 541). Derartige Annahmen sind jedoch empirisch für einzelne Emotionen nicht überprüft.

(5) *Zeitlicher Verlauf:* Mit welcher Latenz (nach Reizbeginn) tritt eine Emotion auf, wie lange dauert es bis zum Erreichen der Maximalreaktion, wie lange dauert die Maximalreaktion, wie lange dauert es bis zum Erreichen der Ausgangslage, gibt es eine Nebenwirkung?

Alle diese Fragen stellen neben der Gesamtdauer zentrale Aspekte der emotionalen Reagibilität und Adaptivität dar (vgl. auch Janke, 1984, S. 89; nächster Abschnitt).

Diese Merkmale sind vermutlich grundlegende Determinanten für die subjektive und objektive psychische und somatische Gesundheit und das allgemeine Wohlbefinden des alten Menschen.

(6) *Auslösbarkeit:* Wie leicht und wodurch werden Emotionen ausgelöst?

Diese Frage hat einen quantitativen und qualitativen Aspekt: Der erste bezieht sich auf die Schwellenwerte hinsichtlich der Auslösbarkeit von Emotionen. Hierzu liegen vereinzelt Untersuchungen vor, die nahelegen, daß nur geringfügige Veränderungen während des Alterns auftreten. Der zweite Aspekt betrifft die Art der Reize und Situationen, die spezifische Emotionen auslösen. Es ist anzunehmen, daß im Verlaufe des Lebens als Folge des Umgangs mit verschiedenen emotionsinduzierenden Situationen die Art der Auslösersituationen für spezifische Emotionen sich wandelt.

(7) *Häufigkeit und Variabilität der Intensität und Qualität des Auftretens von Emotionen:* Wie oft und mit welcher Variabilität tritt eine spezifische Emotion auf?

Es erscheint denkbar, daß bestimmte Emotionen bei alten Personen weniger häufig und mit geringeren Variabilitäten über die Zeit auftreten. Insbesondere positive Emotionen stärkeren Ausmaßes werden als seltener und negative Emotionen als häufiger auftretend diskutiert (Schulz, 1985, S. 541). Es existieren jedoch kaum einwandfreie Untersuchungen, die diese Fragen abschließend beantworten könnten. Das gleiche gilt für den Aspekt der Variabilität; er ist bislang kaum untersucht, obwohl es denkbar erscheint, daß es sich dabei um ein wesentliches Merkmal für die Unterscheidung junger und alter Organismen handeln dürfte.

Die angeführten Merkmale, in denen sich alte von jungen Personen in ihren Emotionen unterscheiden können, wären durch weitere zu ergänzen. Es ist aber zu wünschen, daß wenigstens die angeführten zukünftig mehr Aufmerksamkeit finden als bisher. Man hat nämlich festzustellen, daß zu praktisch allen Punkten kaum Untersuchungen vorliegen. Die Literatur wird vollkommen beherrscht von Untersuchungen, die sich nur auf die Emotionsintensität beziehen.

1 Reaktivität auf emotionale Reize und Situationen

Die erste darzustellende Klasse von Ergebnissen bezieht sich nicht auf eine spezifische Emotion. Stattdessen werden Reaktionsweisen in unspezifisch psychisch und physisch belastenden sowie emotionsauslösenden Situationen besprochen, die mit unspezifischer Aktiviertheit oder mit verschiedenen emotionalen Qualitäten beantwortet werden (können).

Der Aussagewert solcher Erebnisse richtet sich vor allem auf Fragen der Reagibilität und Adaptivität, wie sie in den Fragen 4, 5 und 6 angesprochen werden. Auch das Problem der Manifestationsebene wird angesprochen.

1.1 Reaktionen auf emotionale Reize und Situationen

1.1.1 Reaktionen in experimentellen Situationen

Der methodisch befriedigendste Ansatz beruht auf der mehrdimensionalen Erfassung der Reaktionen in kontrollierten experimentellen Situationen.

Die Untersuchung von Emotionen und emotionalen Veränderungen mit dem reaktiven Untersuchungsansatz ist bislang auf Querschnittsuntersuchungen beschränkt. Als emotionale Reize und Situationen wurden mentale Belastungstests, der Eiswassertest, Dias mit emotionalem Bedeutungsgehalt sowie isometrische Übungen verwendet.

Bei 21 Untersuchungen wurden als abhängige Variablen in 16 Fällen periphere physiologische Parameter, in 11 Untersuchungen biochemische und nur in einem Fall subjektive Parameter benutzt.

Tabelle 5 zeigt Ergebnisse der vorliegenden Untersuchungen.

Für die *Herzfrequenz* zeigt sich in fünf von sieben Untersuchungen ein im Vergleich zu jungen Personen geringerer Anstieg unter Provokationsbedingun-

Tabelle 5: Querschnittsuntersuchungsergebnisse zu Alterseffekten von physiologischen und biochemischen Variablen unter provozierenden Bedingungen

Variable	Ausgangslage	Reaktionslage	Veränderung	Autoren
Herzfrequenz			—	Baltissen (1983)
	—		—	Faucheux, Dupuis, Baulon, Lille & Bourliere (1983)
			—	Furchtgott & Busemeyer (1979)
			—	Garwood, Engel & Capriotti (1982)
		—	+	Palmer, Ziegler & Lake (1978)
	—			Powell, Milligan & Furchtgott (1980)
	—		—	Sato, Hasegawa, Takahashi, Hirata, Shimomura & Hotta (1981)
systolischer	+	+		Baltissen (1983)
Blutdruck	+	+	+	Garwood, Engel & Capriotti (1982)
	+	+	+	Palmer, Ziegler & Lake (1978)
	+	+		Powell, Milligan & Furchtgott (1980)
	+			Sato, Hasegawa, Takahashi, Hirata, Shimomura & Hotta (1981)
diastolischer	+			Powell, Milligan & Furchtgott (1980)
Blutdruck	+			Sato, Hasegawa, Takahashi, Hirata, Shimomura & Hotta (1981)
Atemfrequenz	+	+		Baltissen (1983)
Elektrodermale		—		Baltissen (1983)
Aktivität: SCL	—			Capriotti, Garwood & Engel (1981)
	—			Furchtgott & Busemeyer (1979)
		—	—	Garwood, Engel & Capriotti (1982)
	—	—		Plouffe & Stelmack (1984)
Noradrenalin		+	+	Fiorica (1984)
(Plasma-	+	+	+	Palmer, Ziegler & Lake (1978)
konzentration)	+	+		Palmer, Ziegler & Lake (1978)
	+			Pfeifer, Weinberg, Cook, Best, Reenan & Halter (1983)
	+			Prinz, Halter, Benedetti & Raskind (1979)
	+	+	+	Sowers, Rubenstein & Stern (1983)
		+		Vargas, Rothwell, Weinkove & Lye (1984)
		+	+	Young, Rowe, Pallotta, Sparrow & Landsberg (1980)
Adrenalin (Urinkonzentration)	—	—		Faucheux, Bourliere, Baulon & Dupuis (1981)
Freie Fettsäuren	+	+	+	Powell, Eisdorfer, Bogdonoff & Durham (1984)
Beta-Endorphin		—		Casale, Pecorini, Cuzzoni & DeNicola (1985)

Anmerkungen: +/—: signifikant höhere/niedrigere Werte für alte Probanden. Nicht aufgeführt sind im Text erwähnte Untersuchungen, die sich nicht dem Schema der Tabelle anpassen lassen.

gen. Lediglich in der Untersuchung von Palmer et al. (1978) wurden mit dem Cold Pressure Test größere Veränderungen bei alten Probanden erzielt. Auch ein verlangsamtes Erreichen der Ausgangslage nach Auslenkung wird berichtet (Faucheux et al., 1983; Furchtgott & Busemeyer, 1979). Die Befunde zur Herzfrequenz deuten somit auf eine verringerte Reaktivität bei alten Personen hin, wobei sich in der Ausgangslage oft eine geringere Herzfrequenz findet (Faucheux et al., 1983; Powell et al., 1980; Sato et al., 1981).

Der *systolische Blutdruck* ist bei alten Personen in der Ausgangslage und unter Provokationsbedingungen höher als bei jungen Personen (Baltissen, 1983; Garwood et al., 1982; Palmer et al., 1978; Powell et al., 1980; Sato et al., 1981), wobei auch die Veränderungswerte (z.B. Differenzwerte) größer sind (Garwood et al., 1982; Palmer et al., 1978). Insgesamt deuten die Befunde zum systolischen Blutdruck auf ein reagibleres Blutdrucksystem im Alter hin.

Die Befunde zu den *elektrodermalen Maßen* zeigen reduzierte Reagibilität dieses Systems im Alter. So ist unter Ruhebedingung (Ausgangslage) und unter verschiedensten Induktionsbedingungen in den Reaktionslagen bei alten Personen eine geringere Hautleitfähigkeit bzw. ein höherer Hautgrundwiderstand zu beobachten (Baltissen, 1983; Capriotti et al., 1981; Furchtgott & Busemeyer, 1979; Garwood et al., 1982; Plouffe & Stelmack, 1984).

Befunde zu *Noradrenalin* bei Bestimmung der Plasmakonzentration weisen durchgängig auf erhöhte Noradrenalinkonzentrationen im Alter unter physischen Provokationsbedingungen hin (isometrische Übungen, Aufrichten aus liegender Stellung, Orthostase). So sind die Reaktionswerte (Plasmakonzentration) bei alten Probanden höher als bei jungen und auch die Auslenkung aus der Ruhelage ist größer (Fiorica, 1984; Palmer et al., 1978; Sowers et al., 1983; Vargas et al., 1984; Young et al., 1980). Manchmal finden sich bereits in der Ruhelage bedeutsame Unterschiede; so wurden erhöhte Basisnoradrenalinkonzentrationen bei alten gegenüber jungen Personen berichtet (Palmer et al., 1978; Pfeifer et al., 1983; Prinz et al., 1979; Sowers et al., 1983). Wird in Untersuchungen anstelle der Plasmakonzentration die Urinkonzentration erhoben, so zeigt sich überraschenderweise eine niedrigere Katecholaminkonzentration bei alten Menschen (Descovich et al., 1974; Faucheux et al., 1981; Karki, 1956). Eine Untersuchung zu *Adrenalin* deutet ebenfalls auf eine geringere Urinkonzentration bei alten Menschen in der Ruhelage (Basiswerte) und in der Reaktionslage hin (Faucheux et al., 1981).

Auch die Konzentration *freier Fettsäuren* ist bei alten Personen in Basiswerten und Reaktionswerten höher als bei jungen, wobei es nach Provokation sogar zu einem weiteren Konzentrationsanstieg kommen kann (Powell et al., 1964).

Zu *Beta-Endorphin* liegt eine Untersuchung mit dem Cold Pressor Test vor (Casale et al., 1985), wo sich erstaunlich geringe Gruppenunterschiede zeigen; zu zwei von sieben Meßzeitpunkten zeigen sich geringere Beta- Endorphinkonzentrationen bei alten Personen. In der Ausgangslage gibt es keine Gruppenunterschiede.

Untersuchungen zur emotionalen Reagibilität, die neben somatischen Variablen auch subjektive berücksichtigen, sind äußerst selten. Lediglich Untersuchungen von Baltissen (1983) und Barnes et al. (1981) berücksichtigen sowohl objektive als auch subjektive Variablen. Barnes et al. (1981) fanden keine Unterschiede zwischen jungen und alten Personen in der Angstskala von Spielberger vor und nach Belastung durch Rechen- bzw. Lernaufgaben. Baltissen (1983) konnte dagegen mit Dias unterschiedlicher Qualität bei alten Personen geringere subjektive innere Erregtheit, weniger Herzklopfen und weniger subjektive Muskelanspannung aufzeigen.

Daß auch alte Personen unter Provokationsbedingungen in subjektiven und objektiven Parametern reagieren, zeigt eine Untersuchung von Janke, Hüppe und Perisic (1989) eindrucksvoll. In dieser Untersuchung wurde eine Gruppe von Frauen im Alter von 60 bis 80 Jahren mit einer unlösbaren Denkaufgabe (Turm von Hanoi) konfrontiert. Die Experimentalgruppe beschrieb sich nach einer Vorbereitungszeit auf die Aufgabe im Vergleich zur Kontrollgruppe als schlechter gestimmt und erregter. Gleichzeitig fanden sich signifikante Unterschiede im diastolischen und systolischen Blutdruck.

Zusammengefaßt zeigen die Experimente zur emotionalen Reagibilität im Alter erhöhte Reagibilität der Variablen Noradrenalin und systolischer Blutdruck und eine verringerte Reagibilität der Herzfrequenz und Hautleitfähigkeit. Für den diastolischen Blutdruck, Maße des respiratorischen Systems, Beta-Endorphin und subjektive Variablen sind aufgrund der Datenlage Aussagen nicht möglich.

Insgesamt ist festzuhalten, daß alte Personen in Belastungssituationen im Vergleich zu jüngeren nicht allgemein stärker reagieren, es jedoch Hinweise darauf gibt, daß sie länger brauchen bis zum Wiedererreichen der Ausgangslage.

1.1.2 Subjektive Reaktionen in vorgestellten Belastungssituationen

Neben Reaktionsmessungen in experimentellen Situationen können auch die Ergebnisse von Angst- und Streßreagibilitätsfragebogen als Hinweis auf Belastungsreaktionen herangezogen werden. In einem von Erdmann und Janke (1978) entwickelten „Situativen Reaktionsfragebogen", der sieben psychische und körperliche Reaktionen in 10 Belastungssituationen erfaßt, fanden sich in drei altersunterschiedlichen Gruppen (20—34, 35—49, 50—64 Jahre) zu je 64 Personen (jeweils 32 weiblich bzw. männlich) Altershaupteffekte nur für die Situation „wenn ich Auseinandersetzungen oder Streit mit anderen habe", wobei die stärkere Reaktion für die beiden älteren Gruppen nachweisbar war. Hinsichtlich der Reaktionsarten ergab sich — unabhängig von der Belastungssituation — bei den beiden älteren Gruppen hochsignifkant stärkere „Niedergeschlagenheit". Deutlich geringere Werte für die älteste Gruppe ergaben sich in der Reaktionsart „Aggression" (Janke, Erdmann & Karrenberg, 1980).

Mit dem gleichen Fragebogen wurde eine weitere Untersuchung mit 264 Personen und einer zusätzlichen Gruppe im Alter von mehr als 65 Jahren durchgeführt. Das deutlichste Ergebnis war, daß Unterschiede zwischen Männern und Frauen mit steigendem Alter in praktisch allen Belastungssituationen größer wurden, wobei stärkere Reaktionen der Frauen, schon bei den 35—49jährigen auftraten (Janke & Erdmann, 1979).

In einer Untersuchung von Janke und Hüppe (1990) wurden 20- bis 79jährige Personen mit einer Reihe von Fragebogen untersucht. In einer Variante des eben erwähnten Situativen Reaktionsfragebogens, dem „Allgemeinen Belastungssituationsfragebogen (ABSF)" (Janke, Erdmann & Boucsein, 1984) waren subjektive psychische und körperliche Reaktionen in neun Belastungssituationen auf 8stufigen Skalen zu beurteilen.

In Abbildung 1 sind die psychischen Reaktionen (z. B. innere Erregung, Angst, Niedergeschlagenheit, Ärger) für die neun Belastungssituationen — getrennt nach Geschlechtern — für die Altersgruppen 20—64 und 65—79 Jahre — wiedergegeben[3].

Wie man sieht, sind Altersunterschiede in den genannten Merkmalen besonders stark und eindeutig bei Frauen. Überraschenderweise sind diese Altersunterschiede in Richtung geringerer Reaktionen bei der älteren Gruppe. Der Richtung nach die gleichen Tendenzen ergeben sich bei der Skalierung der „körperlichen" Reaktionen. Allerdings waren die Altersunterschiede durchweg geringer. Auch nach den Ergebnissen von Fragebogen sind alte Personen damit nicht allgemein streßreagibler, sondern partiell weniger reagibel.

[3] Die Darstellung bezieht sich auf eine Zusammenfassung verschiedener Altersgruppen. Die Alters-Geschlechtsbeziehungen sind nicht immer monoton. Für eine detaillierte Analyse vgl. Janke und Hüppe (1990).

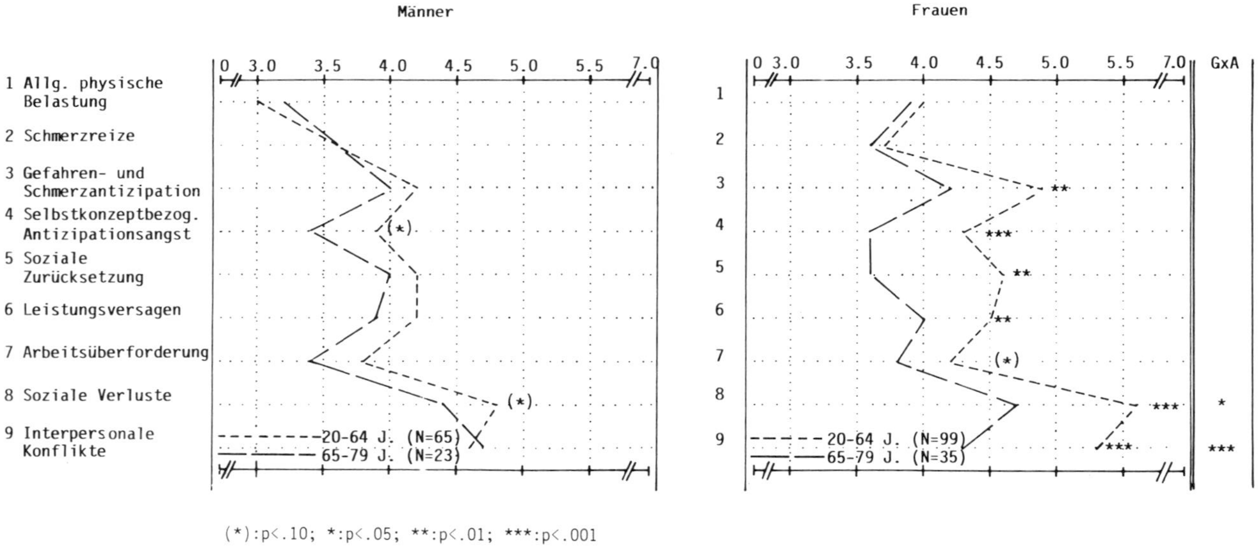

Abb. 1: Auf Anzahl der Items bezogene Mittelwerte der Subtests des ABSF: Psychische Reaktionen für verschiedene Teilstichproben aus der Untersuchung Janke und Hüppe (1990).

$N_{ges} = 222$; $N_{20-64} = 164$ (- - - - - -)
$N_{65-79} = 58$ (— — —)

Alters- und Geschlechtsinteraktionen aus der Varianzanalyse; Altersunterschiede innerhalb der Geschlechtsgruppen nach t-Test.

1.1.3 Reaktionen auf Lebensereignisse

Häufig wird mit der Erwähnung von pathologischen Reaktionen auf kritische Lebensereignisse wie Tod, Pensionierung oder Auszug der Kinder implizit oder explizit unterstellt, daß alte Personen es schwerer haben, sich an die mit kritischen Lebensereignissen verbundenen Änderungen wieder anzupassen. Die Forschung auf diesem Gebiet ist sehr heterogen und hat in Anbetracht des Umfangs der Diskussionen erstaunlich wenig empirische Ergebnisse aufzuweisen. Es liegen zwar eine Reihe von Befunden vor, wonach Lebensereignisse, vor allem Verwitwung, zu psychischen und/oder körperlichen Störungen (einschließlich Tod) führen, jedoch ist es offen, inwieweit derartige Reaktionsweisen altersunterschiedlich sind.

Besonders interessant sind Untersuchungen mit dem Fragebogen von Holmes und Rahe (1967; vgl. Holmes & Masuda, 1974). Mühlenkamp, Gress und Flood (1975) fanden bei 41 gesunden Personen im Alter von 65—84 Jahren in 25 von 43 Situationen höhere „Wiederanpassungswerte".

In zukünftigen Untersuchungen wird an Hand von realen Belastungssituationen mit konkreten Belastungsindikatoren abzuklären sein, ob die Reagibilität alter und jüngerer Leute sich unterscheidet, wenn die Belastungssituationen für beide Gruppen vergleichbar sind. Es erscheint denkbar, daß alte Personen wegen ihrer größeren Erfahrung mit Belastung „streßreduzierende" Verhaltens- und Erlebensweisen einsetzen können und es somit zu verringerten Reaktionen kommt.

1.2 Streßbewältigung

Daß die Art der Bewältigungsvorgänge in Belastungssituationen eine große Bedeutung für Intensität und Qualität aller emotionalen Vorgänge hat, sowie für die Wahrscheinlichkeit, somatische und psychische Störungen als Folge von Belastungen zu entwickeln, wurde von vielen Autoren hervorgehoben (Lazarus, 1966, 1971, 1977, 1981; Thomae, 1983). Allgemeine Erörterungen zum „kognitiven Umgang" mit Belastungen im Alter finden sich bei Lazarus und DeLongis (1983), Olbrich (1985), Schmitz-Scherzer, Zimmermann und Rudinger (1983), Thomae (1983, 1984b), und Ulich und Saup (1984). Die in Diskussionen vertretenen Positionen zur Streßbewältigung alter Personen reichen von einer „Regressionshypothese", nach der mit zunehmendem Alter eine Regression zu primitiven Strategien zu beobachten ist (Gutman, 1977, 1980; Pfeiffer, 1977), bis hin zu einer „Reifungshypothese", nach der im Alter aktive (reife) Bewältigungsstrategien zunehmen und unreife abnehmen (vgl. Vaillant, 1977). Es fällt aber auf, daß die Zahl der empirischen Untersuchungen

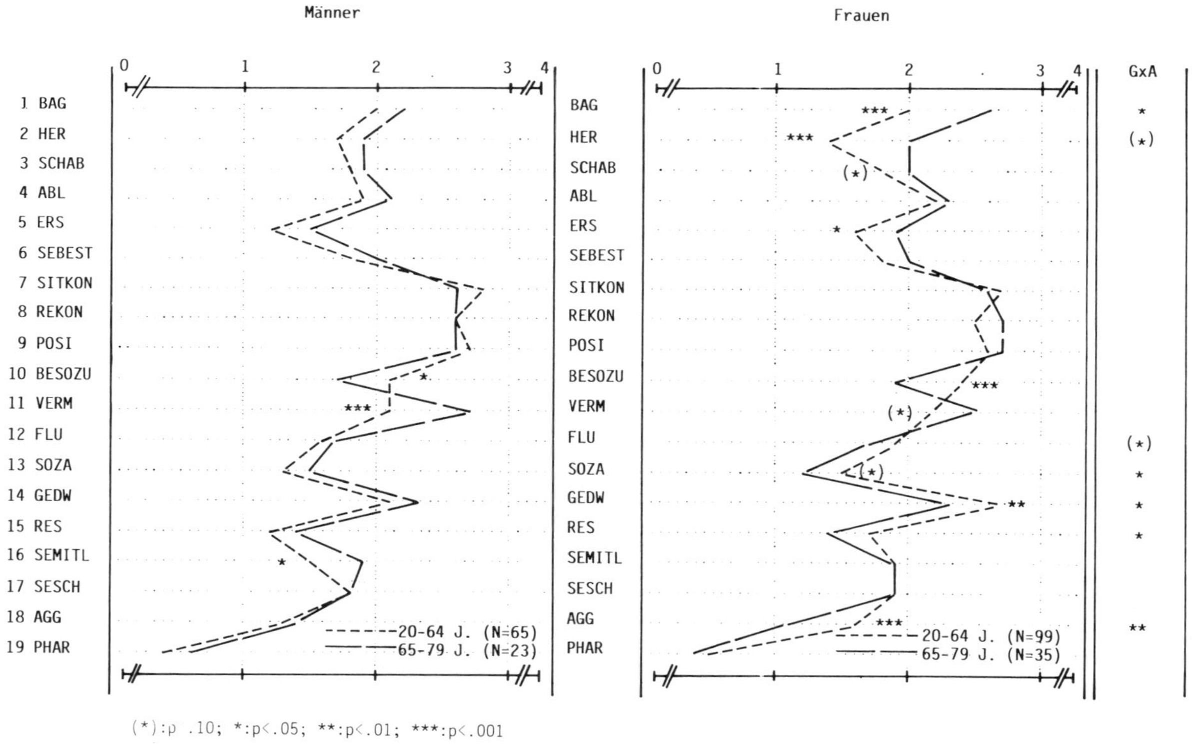

Abb. 2: Auf Anzahl der Items bezogene Mittelwerte der Subtests des SVF: Reaktionen für verschiedene Teilstichproben aus der Untersuchung Janke und Hüppe (1990).

$N_{ges} = 222$; $N_{20-64} = 164$ (- - - - - -)
$N_{65-79} = 58$ (— — —)

Alters- und Geschlechtsinteraktionen aus der Varianzanalyse; Altersunterschiede innerhalb der Geschlechtsgruppen nach t-Test.

Abkürzungen der Subtests: BAG: Bagatellisierung; HER: Herunterspielen durch Vergleich mit anderen; SCHAB: Schuldabwehr; ABL: Ablenkung von Situationen; ERS: Ersatzbefriedigung; SEBEST: Suche nach Selbstbestätigung; SITKON: Situationskontrollversuche; REKON: Reaktionskontrollversuche; POSI: Positive Selbstinstruktion; BESOZU: Bedürfnis nach sozialer Unterstützung; VERM: Vermeidungstendenz; FLU: Fluchttendenz; SOZA: Soziale Abkapselung; GEDW: Gedankliche Weiterbeschäftigung; RES: Resignation; SEMITL: Selbstbemitleidung; SESCH: Selbstbeschuldigung; AGG: Aggression; PHA: Pharmakaeinnahme.

über Streßbewältigungsverhalten im Alter weitaus geringer ist als die Zahl der Diskussionen und Sammelreferate. Erst in den letzten Jahren sind Querschnittsuntersuchungen mit mehreren Altersgruppen unter Verwendung von objektivierbaren Daten vorgelegt worden, wenn auch mit in der Regel hinsichtlich der Testgütekriterien unbefriedigenden Verfahren.

Für den deutschsprachigen Raum wurde von der Arbeitsgruppe des Erstautors in Gießen, Düsseldorf und Würzburg (Boucsein, Debus, Erdmann, Kallus & Hüppe) seit 1968 ein Fragebogen entwickelt, der Streßverarbeitungsfragebogen (SVF), der sich in gerontopsychologischen Untersuchungen als brauchbar erwiesen hat (Janke, Erdmann & Kallus, 1985). Für die Standardisierungsstichprobe des SVF fanden Janke et al. (1985, S. 91—96) bei 255 nach Alter, Geschlecht und Schulbildung geschichteten Personen signifikante Altershaupteffekte für die Subtests „Bagatellisierung" (+)[4], „Herunterspielen durch Vergleich mit anderen" (+), „Schuldabwehr" (+), „Selbstbestätigung" (+), „Reaktionskontrolle" (+), „Positive Selbstinstruktion" (+), „Vermeidungstendenz" (+) und „Aggression" (-). Der Varianzanalyse wurden dabei vier Gruppen (20—34, 35—49, 50—64, 65 Jahre und älter) zugrunde gelegt. Zwischen den beiden älteren Gruppen waren die Unterschiede durchweg gering, ebenso wie zwischen den beiden jüngeren Gruppen. Signifikante Wechselwirkungen Alter/Geschlecht fanden sich für den Subtest „Resignation" in der Weise, daß die ältesten weiblichen Gruppen besonders hohe Werte in diesem Subtest hatten. Die Ergebnisse werden im ganzen durch eine weitere Erhebung im Würzburger Raum bestätigt. Janke und Hüppe (1990) verglichen 20- bis 64jährige und 65- bis 85jährige Personen mit dem SVF. In Abbildung 2 sind die Mittelwerte für Männer und Frauen getrennt veranschaulicht.

Die Altersunterschiede sind meist geschlechtsabhängig. Wie Abbildung 2 verdeutlicht, sind bei Frauen in neun, bei Männern nur in drei Subtests signifikante Altersunterschiede aufweisbar. Entsprechend finden sich sieben signifikante Wechselwirkungen Alter/Geschlecht. McCrae (1982) verglich drei Altersgruppen von insgesamt 150 Personen im Alter von 21—90 Jahren (21—49, 50—64, 65—90 Jahre) mit einem aus 118 Items bestehenden Fragebogen zu Verarbeitungsstrategien über drei verschiedene Situationen miteinander, die sich die Versuchspersonen vorstellen mußten. In 6 von 20 Skalen zeigten sich signifikante Effekte in dem Sinne, daß mit steigendem Alter niedrigere Werte in den Skalen „Feindselige Reaktionen", „Positive Gedanken", „Fluchtgedanken", „Unterdrückung", „Selbstanpassung" und „Humor" auftreten. In einer weiteren Untersuchung (McCrae, 1982, 1984) füllten 255 Männer und Frauen im Alter von 25—91 Jahren einen 118-Item-Fragebogen zur Streßverarbeitung

[4] +/-: Werte bei älteren Probanden höher/niedriger.

aus. Die Probanden wurden in drei Altersgruppen aufgeteilt (24—49, 50—64, 65—91 Jahre) und nach ihren Berichten über belastende Ereignisse der letzten 1 1/2 Jahre jeweils einer von drei Belastungssituationsgruppen zugeordnet (Verluste; gesundheitliche Gefährdung; Herausforderung). In 10 von 28 Streßverarbeitungsstrategien zeigten sich signifikante Alterseffekte. Gleichzeitig erwiesen sich jedoch die belastenden Ereignisse als altersabhängig in dem Sinne, daß „Herausforderungen" mit dem Alter abnahmen und eine „Krankheitsgefährdung" zunahm. Unter Berücksichtigung dieser situativen Alterseffekte ergab die kovarianzanalytische Betrachtung für sechs Verarbeitungsstrategien eine signifikante Abnahme mit dem Alter: „Feindselige Reaktionen", „Fluchtgedanken", „Sedierung", „Wunschdenken", „Unschlüssigkeit" und „Schämen". „Glaube" nahm mit dem Alter zu. Für die drei Belastungssituationen fanden sich in 19 der 28 Strategien signifikante Haupteffekte (McCrae, 1984). Insgesamt sprechen die Befunde eher für die Reifungs- als für die Regressionshypothese.

In weiteren Untersuchungen sind die gefundenen Alterseffekte nicht gravierend, oft nur auf bestimmte Belastungsarten bezogen (Ilfeld, 1980; Pearlin & Schooler, 1978) und in einigen Fällen gar nicht statistisch zu sichern (Folkman & Lazarus, 1980; Moos & Billings, 1982). Die Befunde sind nach diesen Ergebnissen nicht konsistent. Es dürfte aber klar sein, daß manche Altersdifferenzen aus den unterschiedlichen Belastungssituationen, denen die verschiedenen Altersperioden ausgesetzt sind, zu erklären sind. Weitere mehrfach replizierte Ergebnisse sind Unterschiede zwischen Männern und Frauen und die Wechselwirkung zwischen Alter und Geschlecht für einige Bewältigungsstrategien (Janke et al., 1985; Janke & Hüppe, 1990). Erst in neuerer Zeit wird die Nützlichkeit spezifischer Streßverarbeitungsstrategien bei depressiven und nicht-depressiven alten Personen untersucht (Foster & Gallagher, 1986).

Die Mehrheit der sich zum Thema Streßbewältigung und Alter stellenden Fragen ist in zukünftigen Untersuchungen zu bearbeiten. Dabei ist nicht nur denjenigen Belastungssituationen Beachtung zu schenken, die als alterstypisch angesehen werden, und Situationen mit hoher „Ich-Relevanz", sondern auch solchen, die das allgemeine psychophysische Gleichgewicht in Bezug auf Temperatur, Nahrung, optische und akustische Umgebung etc. betreffen. Der mit derartigen Faktoren zusammenhängende Streß ist wegen der erheblichen alternsbedingten Änderungen im vegetativen Nervensystem von Bedeutung für die allgemeine psychische und somatische Befindlichkeit, auch wenn dies aus methodischen Gründen weniger deutlich sichtbar wird als bei den üblicherweise untersuchten Belastungssituationen. Offen bleibt in jedem Fall das Problem der geeigneten Methoden zur Erfassung von Bewältigungsstrategien. Es ist das Verdienst von Thomae und seinen Mitarbeitern, schon früh damit begonnen zu haben, Formen der Verarbeitung von belastenden Lebensereignissen bei alten

Personen zu untersuchen. Die zumeist deskriptiven Analysen stützen sich auf Ergebnisse der Bonner Alterslängsschnittuntersuchung (Übersichten bei Olbrich, 1985; Schmitz-Scherzer et al., 1983; Thomae, 1983, 1984b). Für belastende Ereignisse aus den Bereichen Gesundheit/Familie/Wohnen/Wirtschaft verdeutlichen die Analysen von aus 17 Verarbeitungsstrategien gebildeten Antworthierarchien einerseits relativ situationsunabhängige Strategien (z. B. Leistung, d. h. vermehrter Energieaufwand, nimmt für alle Lebensereignisse den ersten oder zweiten Rang ein), andererseits erweisen sich Strategien als situationsabhängig. Dies sind in besonderer Weise „Anpassung an die institutionellen Aspekte der Situation", „Depressive Reaktionen", „Identifikation", „Anpassung an Eigenheiten und Bedürfnisse anderer" und „Soziale Kontaktpflege".

2 *Spezielle Emotionen im Alter*

Die meisten Ergebnisse beziehen sich auf Querschnittsuntersuchungen, in denen in einer nicht näher definierten Zustandslage Versuchspersonen verschiedenen Alters einen Befindlichkeitsfragebogen ausfüllten oder an einem Interview teilnahmen. Eine Reihe von Untersuchungen wendet die üblichen Persönlichkeitsfragebogen und -tests an. Gerontopsychologische Emotionsuntersuchungen mit experimentell ausgelösten Emotionen fehlen nahezu vollständig. Die wenigen Längsschnittstudien sind zudem auf Persönlichkeitseigenschaften gerichtet und nicht auf Gefühle und Stimmungen.

Aus diesem Grunde ist es beim gegenwärtigen Forschungsstand außerordentlich schwer, verallgemeinernde Aussagen über spezielle Emotionen im Alter zu machen.

Tabelle 6 stellt Befunde zu spezifischen Emotionen zusammen. Die Befunde beziehen sich dabei auf Altersvergleiche in einer nicht definierten Ausgangslage und lassen über situationsabhängige Emotionsveränderungen keine Aussage zu.

Die Ergebnisse verdeutlichen, daß Alters- und Geschlechtseffekte gleichermaßen eine Rolle spielen, und daß häufig Wechselwirkungen auftreten.

In Abbildung 3 sind die Ergebnisse der Kurzform der Eigenschaftswörterliste (EWL 60-S) aus einer Untersuchung von Janke und Hüppe (1990) für die Altersgruppen 20—64 und 65—79 Jahre getrennt für Männer und Frauen wiedergegeben.

Tabelle 6: Altershaupteffekte in Selbstbeurteilungsmethoden aus Querschnittsuntersuchungen mit gesunden jüngeren und alten Probanden

Merkmal	Altersgruppen	N	Methode	Alters-effekt	Autoren
Emotionen mit negativer Tönung					
Depression	17-24/60-79	641	SDS	+	Berry, Storandt & Coyne (1984)
	<70/>70	329/173	4 Indikatoren	+	Gillick, Serrell & Gillick (1982)
	55-64/65-75	1247	Bf-S/STAI-X1	+	McDonald & Suchy (1980)
	Stud./alte Pbn	424/79	DI (Beck)	+	Zemore & Eames (1979)
Angst	55-64/65-75	329/173	Bf-S/STAI-X1	—	McDonald & Suchy (1980)
	20-64/65-79	164/58	EWL 60-S	+	Janke & Hüppe (1990)
Ärger	50-95	200	Interview	—	Dean (1962)
	20-64/65-79	164/58	EWL 60-S	+	Janke & Hüppe (1990)
Gereiztheit	50-95	200	Interview	—	Dean (1962)
Erregtheit	20-64/65-79	164/58	EWL 60-S	+	Janke & Hüppe (1990)
Desaktiviertheit	20-64/65-79	164/58	EWL 60-S	—	Janke & Hüppe (1990)
Introvertiertheit	20-64/65-79	164/58	EWL 60-S	—	Janke & Hüppe (1990)
Einsamkeit	50-95	200	Interview	+	Dean (1962)
Langeweile	50-95	200	Interview	—	Dean (1962)
Emotionen mit positiver Tönung					
Lebenszufriedenheit	>50	86	LSI-A	—	Neugarten, Havighurst & Tobin (1961)
	>45	507	LSI-A	—	Edwards & Klemmack (1973)
	16 bis >80	2035	FPI-R	+	Fahrenberg, Selg & Hampel (1984)
Freude/Wohlbehagen	60-69/70-80	83	Bf-S	—	McDonald (1983)
	62-86	51	LSI-A (mood)	+	Knapp (1976)
	20-64/65-79	164/58	EWL 60-S	+	Janke & Hüppe (1990)
Aktiviertheit	20-64/65-79	164/58	EWL 60-S	+	Janke & Hüppe (1990)
Extravertiertheit	20-64/65-79	164/58	EWL 60-S	+	Janke & Hüppe (1990)

Anmerkungen: +/—: signifikant höhere/niedrigere Werte für alte Probanden

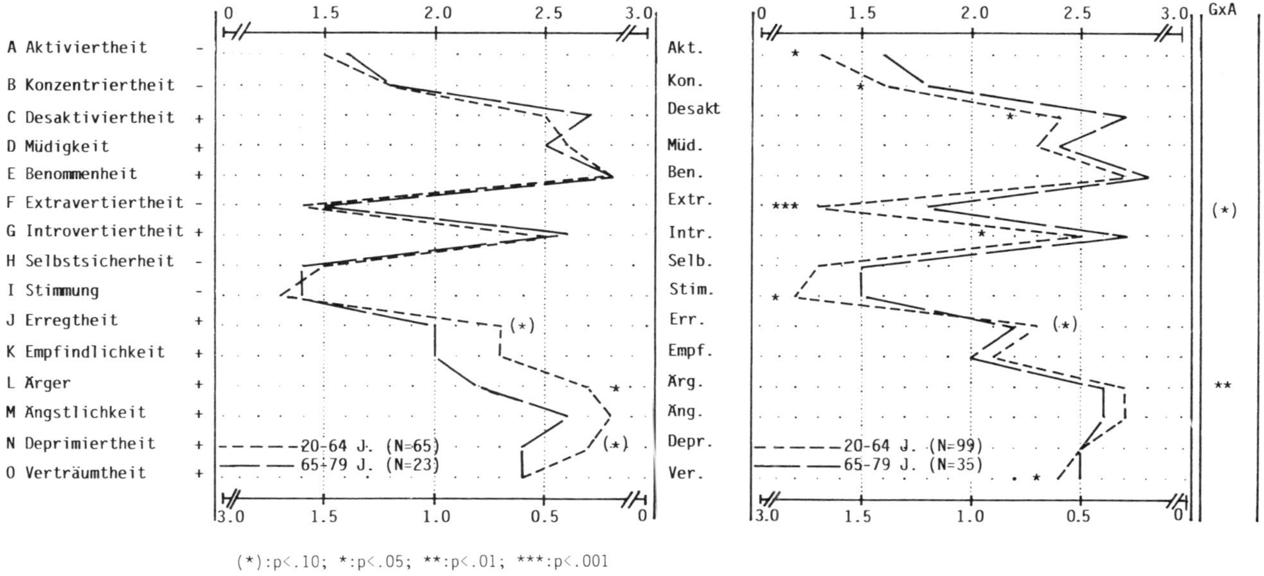

Abb. 3: Auf Anzahl der Items bezogene Mittelwerte der Subtests der EWL 60-S: Reaktionen für verschiedene Teilstichproben aus der Untersuchung Janke und Hüppe (1990).

$N_{ges} = 222$; $N_{20-64} = 164$ (- - - - - -)
$N_{65-79} = 58$ (— — —)

Alters- und Geschlechtsinteraktionen aus der Varianzanalyse; Altersunterschiede innerhalb der Geschlechtsgruppen nach t-Test.

2.1 Negative Emotionen

2.1.1 Traurigkeit und Depression

Zu den Merkmalen Traurigkeit/Depression liegen viele Befunde vor, meist aus Querschnittsuntersuchungen (Berry, Storandt & Coyne, 1984; Gillick et al., 1982; Hautzinger, 1983; Himmelfarb & Murrell, 1983; Janke & Hüppe, 1990; Magni & De Leo, 1984; McDonald & Suchy, 1980; Zemore & Eames, 1979; Zung, 1967). Lediglich eine Analyse von Nowlin (1974b) läßt eine Längsschnittbetrachtung zu. Diese verdeutlicht einen „Depressionsanstieg" über einen 10-Jahreszeitraum. Querschnittsuntersuchungen mit Gesunden unterschiedlichen Alters sind u. a. von Berry et al. (1984), Hautzinger (1983), Janke und Hüppe (1990), McDonald und Suchy (1980), Zemore und Eames (1979) und Zung (1967) durchgeführt worden.

Bis auf die Untersuchung von Hautzinger (1983) und Janke und Hüppe (1990) werden in allen Untersuchungen signifikant höhere Depressionswerte für die älteren Probandengruppen (im Vergleich zu den jüngeren) berichtet. Hautzinger fand bei 2729 Personen im Alter von 50—92 Jahren eine Null-Korrelation zwischen Alter und selbstbeurteilter Depression. Bei Janke und Hüppe (1990) fanden sich in dem Subtest Deprimiertheit keine Unterschiede bei 20- bis 64jährigen gegenüber 65- bis 79jährigen. Lehr (1977) berichtet über insignifikante Unterschiede zwischen 60- bis 65jährigen und 70- bis 75jährigen hinsichtlich der depressiven Färbung der Stimmung bei den Pbn der BLSA zum ersten Untersuchungszeitpunkt.

Zemore und Eames (1979) und Berry et al. (1984) machen darauf aufmerksam, daß Alterseffekte im Depressionswert durch somatische Items in Depressionsinventaren zustande kommen können.

Die Frage, ob sich ältere Menschen Emotionen wie Traurigkeit weniger oder mehr „zugestehen" als jüngere, wurde von Malatesta und Kalnok (1984) an 240 Männern und Frauen im Alter von 17—85 Jahren untersucht, die sich in drei Altersgruppen aufteilten (17—34, 35—56, 57—85 Jahre). Die älteren Probanden berichteten keine größere Hemmung in der Äußerung von Gefühlen, waren jedoch signifikant mehr als die jüngeren der Meinung, Menschen ihres Alters sollten ein Gefühl wie Traurigkeit verbergen. Männer unterstützten diese Einstellung signifikant mehr als Frauen.

2.1.2 Angst und Furcht

Untersuchungen mit gesunden Probanden unterschiedlichen Alters sind verhältnismäßig selten und geben zudem ein uneinheitliches Bild ab. Sallis und

Lichstein (1983) beschreiben einen Anstieg der selbstbeurteilten Angst mit dem Alter und vermuten, daß 10 % alter Menschen meßbare Symptome chronischer Angst zeigen. Jarvik und Russell (1979) sehen Angst dagegen nicht als besonderes Altersproblem. McDonald und Suchy (1980) verglichen 518 Männer und 729 Frauen im Alter von 55—75 Jahren hinsichtlich der Zustandsangst im STAI miteinander. Ihre Gruppe „alter Personen" (ab 65 Jahre) zeigte einen signifikant geringeren Angstwert als die jüngere Gruppe. Keinen Alterseffekt konnte McDonald (1983) hinsichtlich der Zustands-Angst bei 83 Probanden im Alter von 60—80 Jahren aufzeigen. Dagegen fanden Janke und Hüppe (1990) bei Personen zwischen 65—79 Jahren in der EWL 60-S einen in der Tendenz signifikant höheren aktuellen Angstwert als bei Personen zwischen 20—64 Jahren.

In einigen Untersuchungen wurden Geschlechtsunterschiede bei alten Personen berichtet, wobei relativ einheitlich Frauen mehr Angst berichten als Männer (Magni & De Leo, 1984; McDonald, 1983; McDonald & Suchy, 1980). Derartige Unterschiede finden sich jedoch auch bei jüngeren Stichproben.

Nowlin (1974a) beschreibt aus einer Längsschnittuntersuchung Veränderungen der mittels einer Adjektivliste erfaßten Zustandsangst von 279 Männern und Frauen im Alter von 45—71 Jahren im Verlauf einer medizinischen Untersuchung. Alterseffekte waren im Gegensatz zu Geschlechtsunterschieden nicht bedeutsam. Tismer und Struck (1971) untersuchten die Richtung und Stärke der Leistungsmotivation bei 60- bis 65jährigen und 70- bis 75jährigen Männern und Frauen. Die Gruppe der älteren Frauen unterschied sich von der jüngeren durch geringere „Furcht vor Mißerfolg".

Die Furcht vor dem Tod oder Sterben könnte bei alten Personen stärker sein als bei jüngeren (Roth, 1978). Dagegen stehen jedoch eine Reihe von Befunden, die belegen, daß alte Menschen nicht mehr und manchmal sogar weniger Angst vor Tod und Sterben angeben als jüngere (Kimsey, Roberts & Logan, 1972; Sanders, Poole & Rivero, 1980; Swenson, 1961). Westman, Canter und Boitos (1984) zeigten, daß dies nicht auf den Abwehrmechanismus „Leugnen" zurückzuführen ist. „Leugnen" war bei jüngeren Personen bezogen auf die Furcht vor dem Sterben stärker ausgeprägt als bei alten Personen.

Relativ wenig Untersuchungen benutzen andere Ansätze als Selbstbeurteilungsmethoden. Edwards und Wine (1963) berichten eine signifikante positive Korrelation von r = .30 zwischen Vorsicht (cautiousness) und Alter bei 80 Personen zwischen 22 und 76 Jahren, die jedoch bei Herauspartialisierung der Intelligenz nicht mehr signifikant ist.

Okun und Elias (1977) konnten bei 18 Personen (M = 68,2 J.) im Vergleich zu 18 jungen Probanden keine Altersunterschiede in der Vorsicht absichern.

2.1.3 Ärger, Aggressivität, Gereiztheit

Ärger und Aggressivität sind praktisch nicht untersucht. So werden in beiden Auflagen des „Handbook of the Psychology of Aging" (Birren & Schaie, 1977, 1985) keine Untersuchungen zur Altersabhängigkeit dieser Emotionen angeführt. Allenfalls liegen Hinweise zu dem mit Aggression verwandten Merkmal „Reizbarkeit" vor.

Dean (1962) fand bei 200 Personen im Alter von 50—95 Jahren, daß die Häufigkeit von Ärger und Gereiztheit (irritation) nach Selbstberichten mit dem Alter abnimmt.

Janke und Hüppe (1990) fanden für die Subtests „Ärger" und „Erregtheit" mit der EWL 60-S bei ihrer Untersuchung von 222 Personen im Alter von 20—79 Jahren einen signifikanten Haupteffekt für den Faktor Alter (bis 64 Jahre, ab 65 Jahre). Die alten Personen beschrieben sich aktuell als weniger verärgert und erregt als die jungen Personen. Dieser Unterschied kam in erster Linie durch alte Männer zustande, die sich als deutlich weniger verärgert beschrieben. Auch hier ist an Ergebnisse von Malatesta und Kalnok (1984) zu denken, wonach Ältere (insb. Männer) mehr als jüngere der Meinung sind, daß ältere Menschen Gefühle verbergen sollten.

Für habituelle Aggressionen als Reaktionstendenz in Streßsituationen konnten in der Untersuchung von Janke und Hüppe (1990) Altersunterschiede verdeutlicht werden. Mit dem Streßverarbeitungsfragebogen nach Janke et al. (1985) schrieben sich die alten Personen weniger Aggressionen zu als die jungen Personen. Dieser Effekt kam durch Frauen zustande; die jungen Frauen schrieben sich deutlich mehr Aggressionen zu als die alten, während bei den Männern keine Altersunterschiede sichtbar waren. Aggressivität als Persönlichkeitsmerkmal wird auch im FPI-R erfaßt. Die Mittelwerte der Analysenstichprobe für dieses Verfahren (N = 2035) zeigen, daß mit zunehmendem Alter Aggressivität abnimmt.

Alle angeführten Befunde bedürfen methodischer Abklärung, weil angenommen werden muß, daß die Angabe von Ärger und Aggression in Fragebogen stark durch Antworttendenzen im Sinne sozialer Erwünschtheit beeinflußt wird.

2.1.4 Sonstige negative Emotionen

Zum Stereotyp „Alter" gehört u. a. die negative emotionale Befindlichkeit „Gefühl der Einsamkeit". Dean (1962) befragte in einem Interview 200 Personen im Alter von 50—95 Jahren nach der Häufigkeit von Langeweile und

Einsamkeit. Wie erwartet fand er eine Zunahme der Häufigkeit des Gefühls der Einsamkeit mit zunehmendem Alter, dagegen eine Abnahme der Häufigkeit von Langeweile. Einsamkeit ist zu unterscheiden von „Allein-Sein". Untersuchungen an nicht-verheirateten Frauen zeigen, daß diese im Vergleich zu verheirateten isolierter sind und sich mehr „allein fühlen", sich jedoch in Bezug auf Einsamkeit nicht von den verheirateten unterscheiden (Gubrium, 1974). Eine dänische Untersuchung zeigt einen Anstieg von Einsamkeit von 12 % im Alter von 62 Jahren auf 23 % im Alter vom 72 Jahren (Olsen, Trampe & Hansen, 1976), und eine schwedische Studie ergab, daß sich 20 % von Personen zwischen 60—65 Jahren und 40 % der über 80jährigen einsam fühlen (Sou, 1977). Berg, Mellström, Persson und Svanborg (1981) untersuchten 1148 70jährige, die sich nach ihrer Antwort auf die Frage, ob sie sich einsam fühlten, in zwei Gruppen aufteilten. Die Gruppe der „Einsamen" war im Vergleich zu den „Nicht-Einsamen" sozial isolierter (alleinlebend, weniger Sozialkontakte, häufiger verwitwet). Die Beziehung zwischen sozialer Isolation und Einsamkeit im Alter konnte auch von Munnichs (1964) belegt werden.

2.2 Positive Emotionen

2.2.1 Freude und Wohlbehagen

Zur Erfassung von Freude und Wohlbehagen im Alter werden sowohl Einzelitems in Interviews als auch einzelne Subtests aus mehrdimensionalen Fragebogen wie „Happiness" aus dem Attitude Inventory (Burgess, Cavan & Havighurst, 1949), „Positive State" aus der Affect Balance Scale (Bradburn, 1969), „Mood" aus der LSI-A (Neugarten, Havighurst & Tobin, 1961) oder „Gehobene Stimmung" aus der EWL 60-S (Janke, Debus & Hüppe, 1984) angewendet. In einigen Untersuchungen wird auch die Befindlichkeitsskala von von Zerssen (1976a) verwendet. Auch die Befunde zu den Merkmalen Freude und Wohlbehagen stammen zumeist aus Querschnittsuntersuchungen. Diese Untersuchungen lassen insgesamt nicht den Schluß auf eine Altersabhängigkeit zu. So fand Cameron (1975) bei einem Interview über die Stimmung der letzten halben Stunde bei 6452 Personen im Alter von 4—99 Jahren keine Alterseffekte, jedoch schilderten sich die Frauen häufig glücklicher und trauriger als die Männer, was zur Vermutung von Geschlechtsunterschieden hinsichtlich der emotionalen Reagibilität verleitet. Stone und Norris (1966) verglichen in einer Querschnittsuntersuchung die Werte des Subtests „Happiness" aus dem Chicago Activity and Attitude Inventory bei einer Gruppe von 463 Männern im Alter von 20—99 Jahren, die an einer Längsschnittuntersuchung teilnahmen. 151 Personen waren älter als 60 Jahre. Weder über die Gesamtgruppe noch innerhalb der Gruppe der Teilnehmer über 60 Jahre konnten signifikante Alterseffekte aufgezeigt werden.

Snow und Crapo (1982) fanden bei einer Stichprobe von 205 männlichen ambulanten Patienten im Alter von 65—98 Jahren zwischen der ABS und dem Alter keine Beziehung.

McDonald (1983) ließ 126 geriatrische Patienten im Alter von 66—90 Jahren mit der Bf-S von von Zerssen eine Selbstbeurteilung der augenblicklichen Stimmung vornehmen. Er fand keine Alterseffekte. In einer weiteren Untersuchung an 83 gesunden Personen im Alter von 60—80 Jahren ergab sich ein zusätzlicher Alterseffekt; die Gruppe der älteren Teilnehmer (70—80 Jahre) beschrieb sich mit signifikant geringerem Wohlbehagen als die Gruppe der jüngeren Teilnehmer.

Hierzu in Kontrast stehen Befunde von Knapp (1976) und Janke und Hüppe (1990). Knapp fand bei 51 Personen im Alter von 62—86 Jahren eine positive Korrelation von r = .27 zwischen der Stimmungsskala (Mood) aus der LSI-A und dem Lebensalter und in der Untersuchung von Janke und Hüppe (1990) beschrieben Probanden ab 65 Jahre (N = 58) im Vergleich zur jüngeren Gruppe signifikant bessere Stimmung.

Auch die wenigen Befunde aus Längsschnittuntersuchungen sprechen eher für Stabilität von Freude und Wohlbehagen im Alter als für bedeutsame Veränderungen. So berichtet Grombach (1976) aus der BLSA (Thomae, 1976) Stimmungsstabilität für einen 4-Jahreszeitraum und Lehr (1982) sogar für einen Zeitraum von 12 Jahren.

2.3 Persönlichkeitsmerkmale (Eigenschaften) des Bereiches Emotionalität

Einigen Persönlichkeitsmerkmalen im Sinne von Eigenschaften sind zwanglos Zustände zuzuordnen, die in einem Klassifikationssystem der Emotionen ihren Platz haben. Theoretisch befriedigend gilt das für Angst, weniger gut für Aggressivität (Ärger), Lebenszufriedenheit (allgemeines Wohlbehagen, gehobene Stimmung) und Depression (Trauer), schlecht für Eigenschaften wie Extraversion und Introversion (Neuere Übersicht zur Bedeutung von Eigenschaften für Emotionen bei Strelau, 1987).

2.3.1 Neurotizismus

Neurotizismus und Ängstlichkeit sensu Cattell sind zeitlich stabile Eigenschaften, die sich bis ins hohe Alter nur wenig ändern (zusammenfassend Bengtson, Reedy & Gordon, 1985). So zeigen Längsschnittuntersuchungen die absolute und relative Stabilität von Ängstlichkeit — erfaßt mit dem 16 PF nach Cattell

— für einen 10jährigen Zeitraum (Costa & McCrae, 1977—78). Auch bei Querschnittsuntersuchungen ergaben sich keine konsistenten Unterschiede (Costa & McCrae, 1976; Douglas & Arenberg, 1978; McCrae, Costa & Arenberg, 1980).

2.3.2 *Selbstvertrauen*

Wallach und Kagan (1961) untersuchten 511 Männer und Frauen aus zwei Altersgruppen. Die Gruppe junger Probanden bestand aus College-Studenten (N = 357; N = 132 Frauen, N = 225 Männer), die Gruppe alter aus 89 Frauen (M = 69,5 Jahre) und 65 Männern (M = 70,2 Jahre). Die Probanden mußten die Wahrscheinlichkeit für das Eintreten verschiedener Ereignisse angeben und zusätzlich auf einer 5stufigen Skala beschreiben, wie sicher sie sich bei ihrem Urteil glaubten (self-confidence). Für „self-confidence" ergab sich, daß alte Männer im Vergleich zu jungen signifikant häufiger die Kategorie „sehr sicher" wählten, ein Effekt, der auch bei den Frauen beobachtet werden konnte. Hier zeigten sich zusätzlich seltenere Urteilshäufigkeiten in den Kategorien „ziemlich sicher", „etwas sicher" und „weniger sicher".

2.3.3 *Lebenszufriedenheit*

Im Vergleich zu Freude und Wohlbehagen ist Lebenszufriedenheit und Selbstgefühl komplexer. Besonders für Lebenszufriedenheit muß von einem mehrdimensionalen Konstrukt ausgegangen werden, das in der Arbeitsgruppe um Havighurst ursprünglich die Faktoren „Lebensfreude gegen Apathie", „Entschlossenheit gegen Resignation", „Kongruenz zwischen erstrebten und erreichten Zielen", „positives Selbstbild, bezogen auf körperliche Erscheinung, psychische Qualitäten und soziale Situation" und „heitere, optimistische Stimmungslage" enthält (vgl. Neugarten et al., 1961).

Eine Reihe von Querschnittsuntersuchungen berichten geringere Lebenszufriedenheit im Alter. So fanden Edwards und Klemmack (1973) bei 507 Personen ab 45 Jahren eine sehr geringe signifikante negative Korrelation zwischen Lebensalter und LSI-A (r = -.14). McDonald und Suchy (1980) verglichen 652 Männer und Frauen im Alter von 55—64 Jahren mit 595 Personen im Alter von 65—75 Jahren mit der Lebenszufriedenheitsskala (LZ-Skala) nach Wiendieck (1970). Die Gruppe der alten Probanden schilderte signifikant geringere Lebenszufriedenheit als die Gruppe der jungen Probanden. Männer (N = 518) hatten signifikant höhere Lebenszufriedenheit als Frauen (N = 729) und Personen mit geringem Beschwerdewert in der Beschwerdeliste von v. Zerssen höhere als Personen mit einem Beschwerdewert ab 16. Interaktionen waren nicht signifikant. Wittkowski und Zobel (1982) untersuchten Personen im mittleren Lebensalter (43—56 Jahre) mit der LZ-Skala und einem Interview, wobei u. a. Zufriedenheit mit der Vergangenheit erhoben wurde. Beim Vergleich jüngerer Personen (42—46 Jahre) mit älteren (53—56 Jahre) zeigten sich nur bei den Männern Effekte; die jungen hatten höhere Werte auf der LZ-Skala und geringere in vergangenheitsbezogener Lebenszufriedenheit. Vereinzelt werden auch entgegengesetzte Befunde, d. h. Zunahme von Lebenszufriedenheit im Alter, berichtet. Fahrenberg et al. (1984) fanden beim FPI-R für den Subtest „Lebenszufriedenheit“ bei 2035 Personen im Alter von 16 bis über 80 Jahren eine sehr geringe positive Beziehung zwischen Alter und Lebenszufriedenheit von r = .10.

Viele Untersuchungen konnten gegenüber den bisher aufgeführten keine Altersabhängigkeit der Lebenszufriedenheit aufzeigen. So fanden Palmore und Luikart (1972) bei N = 502 Personen der Duke Längsschnittstudie zwischen 45—69 Jahren zu Beginn der Untersuchung zwischen Alter und Lebenszufriedenheit eine Korrelation von r = -.04. Snow und Crapo (1982) errechneten bei 205 ambulanten männlichen Patienten zwischen 65—98 Jahren zwischen dem Lebensalter und dem LSI-A eine Korrelation von r = .04. Neugarten et al. (1961) errechneten zwischen dem Lebensalter und dem LSI-A eine Korrelation von r = -.10 und zwischen Alter und dem LSI-B r = -.07 (N=86).

Zusammenfassend ist festzustellen, daß die Beziehung zum chronologischen Alter nicht eindeutig ist, und daß in den Untersuchungen, in denen signifikante Beziehungen berichtet werden, der Anteil der durch das Lebensalter aufgeklärten Varianz der Lebenszufriedenheit bei nur etwa 1 % liegt. Tatsächlich sind andere Faktoren für die Lebenszufriedenheit wesentlich bedeutsamer als Alter (Überblick bei Larson, 1978; Thomae, 1984a). Der wichtigste Faktor ist Gesundheit, wobei in der Regel zur Lebenszufriedenheit Korrelationen zwischen r = .2 und r = .4 bestehen. Weitere Determinanten sind soziale Aktivitäten und sozioökonomische Variablen.

2.3.4 Extraversion — Introversion

Verschiedene Untersuchungen zum Bereich Extraversion/Introversion kommen relativ übereinstimmend zu dem Ergebnis einer Abnahme der Extraversion bzw. einer Zunahme der Introversion (Übersicht bei Neugarten, 1977). In der Normstichprobe des FPI-R (N = 2035) haben alte Probanden signifikant geringere Werte auf den Dimensionen „Offenheit“ und „Extraversion“. Die Korrelation von Alter mit Offenheit beträgt r = -.31, mit Extraversion r = -.30 (Fahrenberg et al., 1984).

2.3.5 Rigidität

Rigidität gilt als alterscharakteristisches Merkmal. Erlemeier und Angleitner (1971) führten zur „Rigidität" bei 144 im eigenen Heim lebenden 60- bis 80jährigen Personen und bei 217 Bewohnern eines Altersheims eine Untersuchung durch. In beiden Gruppen zeigten sich die älteren Personen dogmatischer als die jüngeren. Riegel und Riegel (1960) fanden mit ihrem Fragebogen zur Erfassung von Rigidität, Dogmatismus und Einstellungen zum Leben einen Anstieg der Rigidität über die gesamte Lebensspanne. Bei ihrer Stichprobe von 55—75jährigen korrelierte „Allgemeine Rigidität" mit dem Alter zu r = .19 und „Persönliche Rigidität" mit dem Alter zu r = .20.

Angleitner (1972) fand bei einer Gruppe 76- bis 94jähriger im Vergleich zu 52- bis 75jährigen ebenfalls signifikant höhere Rigiditäts- und Dogmatismuswerte. Bei seiner Stichprobe korrelierte Lebensalter mit allgemeiner Rigidität zu r = .15 und mit persönlicher Rigidität zu r = .16. Genereller Dogmatismus korrelierte mit Lebensalter zu r = .25.

Angleitner (1976) verfolgte Rigidität über einen 7-Jahreszeitraum für 119 Personen. Persönliche Rigidität zeigte einen Anstieg, während Generelle Rigidität und Genereller Dogmatismus abfielen. Über einen 5-Jahreszeitraum konnten keine Veränderungen nachgewiesen werden (Angleitner, 1974).

D. Ausblick

Die Erforschung der Emotionalität beim alternden und alten Menschen stellt sowohl aus der Perspektive der Gerontopsychologie als auch der Emotionspsychologie eine Herausforderung dar. Konzeptuelle und methodische Probleme haben offensichtlich dazu geführt, daß nur wenige Untersuchungen durchgeführt wurden und bislang kaum gesichertes Wissen vorliegt. Dies ist vor allem deshalb beklagenswert, weil Alterstheorien in der Regel auf emotionsnahe Konstrukte Bezug nehmen, etwa Adaptivität oder homöostatische Regulation. Konzeptuelle Probleme betreffen vor allem die Frage der Definition und Operationalisierung von Emotionsmerkmalen in ihrer Einbettung im Gesamt der ablaufenden Prozesse sowie das Ausmaß und die Art der Manifestation auf verschiedenen Ebenen, etwa Erleben, Ausdruck, Verhalten und somatische Vorgänge. Mehr noch als konzeptuelle stellen methodologische Probleme eine Herausforderung dar. An erster Stelle steht gewiß die Frage des Untersuchungsplanes. Empirisch zu verwirklichende Möglichkeiten stehen weit zurück hinter den methodisch angemessenen. Von Untersuchungsplänen her betrachtet besteht ein Bedarf an Längsschnittstudien mit der Möglichkeit zur Analyse nach Sequenzmodellen. Es ist erstaunlich, wie wenig Längsschnittuntersuchungen im Vergleich zu Querschnittsuntersuchungen mit nur schwer zu akzeptierenden Kontrollgruppen jüngerer Personen existieren. Es ergibt sich der Eindruck, daß im Unterschied zu anderen Forschungsfeldern die Notwendigkeit der Äquivalenz der Vergleichsgruppen nicht klar gesehen wird. Es ist zu hoffen, daß dieses Problem genauerer Betrachtung unterzogen wird.

Das spezielle, in jeder gerontopsychologischen Untersuchung auftauchende Problem der Konfundierung von Alter und Krankheit wird im Unterschied zur allgemeinen Problematik häufiger diskutiert, wobei eine theoretische Klärung jedoch auch hier noch nicht erzielt wurde.

Auch die Methoden zur Erfassung von Emotionen und emotionalen Veränderungen im Alter sind mit vielen Problemen behaftet. Zukünftig wird man nicht umhin können, verstärkt eine multimethodale Diagnostik zu betreiben. Dabei ist dem reaktiven Untersuchungsansatz mehr Beachtung zu schenken. Die Forschung zu Ursachen, Auslösern und Mediatoren emotionaler Veränderungen im Alter ist verstärkt (quasi)experimentell zu betreiben. Obwohl dies leicht gefordert ist, wird eine Realisierung nicht für jeden der angesprochenen Bereiche möglich sein. Spezielle Emotionen sollten häufiger als bisher nach mehr Aspekten als nur dem der Intensität, insbesondere nach zeitlichen Verläufen untersucht werden.

Die enge Verknüpfung emotionaler Prozesse mit somatischen Faktoren einschließlich Krankheiten erfordert interdisziplinäre Zusammenarbeit zwischen Psychologen, Medizinern und Biologen. Sie ist leider in überschaubarer Zeit nicht in angemessenem Umfang in Sicht.

Literatur

Adams, D. L. (1969). Analysis of a life satisfaction index. *Journal of Gerontology, 24,* 270—274.

Ader, R. (1981). *Psychoneuroimmunology.* New York: Academic Press.

Altman, J., Lawton, M. P. & Wohlwill, J. F. (Eds.). (1984). *Elderly people and the environment.* New York: Plenum.

Angleitner, A. (1972). *Rigidität im Alter.* Unveröff. Diss., Universität, Bonn.

Angleitner, A. (1974). Changes in personality of older people over a 5 year period of observation. *Gerontologia, 20,* 179—185.

Angleitner, A. (1976). Changes in personality observed in question naire data from the Riegel questionnaire on rigidity, dogmatism and attitude toward life. In H. Thomae (Ed.), *Patterns of aging. Findings from the Bonn Longitudinal Study of Aging* (pp. 68—80). Basel: Karger.

Ash, P. (1966). Pre-retirement counseling. *Gerontologist, 6,* 97—99.

Baltes, M. M. & Reisenzein, R. (1986). The social world in longterm care institutions: Psychosocial control toward dependency? In M. M. Baltes & P. B. Baltes (Eds.), *The psychology of control and aging* (pp. 315—343). Hillsdale: Erlbaum.

Baltes, P. B. (1968). Longitudinal and cross-sectional sequences in the study of age and generation effects. *Human Development, 11,* 145—171.

Baltissen, R. & Janke, W. (1982). Probleme der Erfassung emotionaler Reaktionen alter Personen mit Hilfe experimenteller Methoden. *Zeitschrift für Gerontologie, 15,* 22—25.

Baltissen, R. (1983). *Psychische und somatische Reaktionen auf affektive visuelle Reize bei jungen und alten Personen.* Diss., Universität Düsseldorf.

Baltissen, R. (1988). Psychische und somatische Reaktionen junger und alter Personen auf affektive Reize: Reaktionsspezifität. *Zeitschrift für Gerontopsychologie und -psychiatrie, 1,* 57—63.

Barnes, R. F., Raskind, M., Gumbrecht, G. & Halter, I. B. (1981). *The effects of age on the plasma catecholamine response to mental stress in man.* Paper presented at the XII International Congress of Gerontology, Hamburg.

Bengtson, V. L., Reedy, M. N. & Gordon, C. (1985). Aging and self- conceptions: Personality processes and social contexts. In J. E. Birren & K. W. Schaie (Eds.), *Handbook of the psychology of aging* (pp. 544—593). New York: Van Nostrand.

Berg, I. A. (Ed.). (1967). *Response set in personality assessment.* Chicago: Aldine Publishing Company.

Berg, S., Mellström, D., Persson, G. & Svanborg, A. (1981). Loneliness in the swedish aged. *Journal of Gerontology, 36,* 342—349.

Berry, J. M., Storandt, M. & Coyne, A. (1984). Age and sex differences in somatic complaints associated with depression. *Journal of Gerontology, 39,* 465—467.

Bertler, A. (1961). Occurence and localization of catecholamines in the human brain. *Acta Physiologica Scandinavica, 51,* 97—107.

Bierhoff, H. W. & Schmitz-Scherzer, R. (1974). Die Einstellung älterer Menschen zum Altenheim. *Zeitschrift für Gerontologie, 7,* 334—343.

Birren, J. E. & Renner, V. J. (1977). Research on the psychology of aging: Principles and experimentation. In J. E. Birren & K. W. Schaie (Eds.), *Handbook of the psychology of aging* (pp. 3—38). New York: Van Nostrand.

Birren, J. E. & Schaie, K. W. (Eds.). (1977). *Handbook of the psychology of aging.* New York: Van Nostrand.

Birren, J. E. & Schaie, K. W. (Eds.). (1985). *Handbook of the psychology of aging* (2nd ed.). New York: Van Nostrand.

Birren, J. E. (1964). *The psychology of aging.* Englewood Cliffs: Prentice-Hall.

Birren, J. E., Batler, R. N., Greenhouser S. W., Sokoloff, L. & Yarrow, M. R. (1963). *Human aging. A biological and behavioral study.* Bethesda: Nat.Inst.Ment.Health.

Birren, J. E., Woodruff, D. R. & Bergman, S. (1972). Research, demonstration, and training: Issues and methodology in social gerontology. *Gerontologist, 12,* 49—83.

Blichert-Taft, M. (1975). Secretion of corticotropin and somatotropin by the senescent adenohypophysis in man. *Acta Endocrinologica, 78, Suppl. 195,* 15—154.

Blum, J. E., Jarvik, L. F. & Clark, E. T. (1970). Rate of change on selective tests of intelligence: A twenty year longitudinal study of aging. *Journal of Gerontology, 25,* 171—176.

Blumenthal, J. A., Schocken, D. D., Needels, T. L. & Hindle, P. (1982). Psychological and physiological effects of physical conditioning on the elderly. *Journal of Psychosomatic Research, 26,* 505—510.

Bond, J. B. (1982). Volunteerism and life satisfaction among older adults. *Canadian Counsellor, 16,* 168—172.

Bondareff, W. (1985). The neural basis of aging. In J. E. Birren & K. W. Schaie (Eds.), *Handbook of the psychology of aging* (2nd ed.) (pp. 95—112). New York: Van Nostrand.

Borkan, G. A. & Norris, A. H. (1980). Assessment of biological age using a profile of physical parameters. *Journal of Gerontology, 35,* 177—184.

Botwinick, J. & Kornetsky, C. (1959). Age differences in the frequency of the GSR during a conditioning experiment. *Journal of Gerontology, 14,* 503.

Botwinick, J. & Kornetsky, C. (1960). Age differences in the acquisition and extinction of the GSR. *Journal of Gerontology, 15,* 83—84.

Bracken, H. von (1952). Wandlungen der menschlichen Persönlichkeit im mittleren und höheren Alter. *Studium Generale, 5,* 306—315.

Bradburn, N. M. (1969). *The structure of psychological wellbeing.* Chicago: University Chicago Press.

Brand, F. N. & Smith, R. T. (1974). Life adjustment and relocation of the elderly. *Journal of Gerontology, 29,* 336—340.

Breckenridge, J. N., Gallagher, D., Thompson, L. W. & Peterson, J. (1986). Characteristic depressive symptoms of bereaved elders. *Journal of Gerontology, 41,* 163—168.

Brickenkamp, R. (1975). *Handbuch psychologischer und pädagogischer Tests.* Göttingen: Hogrefe.

Brody, H. & Vijayashankar, N. (1977). Anatomical changes in the nervous system. In C. E. Finch & L. Hayflick (Eds.), *Handbook of the biology of aging.* New York: Van Nostrand.

Brody, H. (1980). Neuroanatomy and neuropathology of aging. In E. W. Busse & D. G. Blazer (Eds.), *Handbook of geriatric psychiatry* (pp.28—45). New York: Van Nostrand.

Bungard, W. (1979). Methodische Probleme bei der Befragung älterer Menschen. *Zeitschrift für Experimentelle und Angewandte Psychologie, 26,* 211—237.

Burdock, E., Hardesty, A. S., Hakerem, G. & Zubin, J. (1960). A ward behavior rating scale for mental hospital patients. *Journal of Clinical Psychology, 15,* 246—247.

Burgess, E. W., Cavan R. S. & Havighurst, R. J. (1949). *Examiner manual for your activities and attitudes.* Chicago: Sci. Res. Assoc.

Bürgi, H. & Labhart, A. (1978). Die Schilddrüse. In A. Labhart (Hrsg.), *Klinik der inneren Sekretion* (S. 130—284). Berlin: Springer.

Burke, W. E., Tuttle, W. W., Thompson, C. W., Janney, C. D. & Weber, R. J. (1953). The relation of grip strength and grip strength endurance to age. *Journal of Applied Physiology, 5,* 628—630.

Busse, E. W. & Blazer, D. G. (Eds.). (1980). *Handbook of geriatric psychiatry.* New York: Van Nostrand.

Cameron, P. (1975). Mood as an indicant of happiness: Age, sex and social class, and situational differences. *Journal of Gerontology, 30,* 216—224.

Campbell, D. T. & Stanley, J. C. (1970). Experimentelle und quasiexperimentelle Anordnungen in der Unterrichtsforschung. In K.-H. Ingenkamp (Hrsg.), *Handbuch der Unterrichtsforschung* (S. 448—632). Weinheim: Beltz.

Campbell, M. J., McComas, A. J. & Petito, F. (1973). Physiological changes in aging muscle. *Journal of Neurology, Urosurgery and Psychiatry, 36,* 174—182.

Capriotti, R., Garwood, B. S. & Engel, B. T. (1981). Skin potential level: Age and recording site interactions. *Journal of Gerontology, 36,* 40—43.

Carstensen, L. L. & Cone, J. D. (1983). Social desirability and the measurement of psychological well-being in elderly persons. *Journal of Gerontology, 38,* 713—715.

Casale, G., Pecorini, M., Cuzzoni, G. & DeNicola, P. (1985). Betaendorphin and cold pressor test in the aged. *Gerontology, 31,* 101—105.

Catania, J. J., Thompson, L. W., Michalewski, H. A. & Bowman, T. E. (1980). Comparisons of sweat gland counts, electrodermal activity, and habituation behavior in young and old groups of subjects. *Psychophysiology, 17,* 146—152.

CIPS, Collegium Internationale Psychiatriae Scalarum (Hrsg.). (1986). *Internationale Skalen für Psychiatrie.* Weinheim: Beltz.

Cooper, R. M., Bilash, I. & Zubek, J. P. (1959). The effect of age on taste sensitivity. *Journal of Gerontology, 14,* 56—58.

Coper, H., Jänicke, B. & Schulze, G. (1985). Adaptivität. In D. Bente, H. Coper & S. Kanowski (Hrsg.), *Hirnorganische Psychosyndrome im Alter II* (S. 159—170). Berlin: Springer.

Costa, P. T. & McCrae, R. R. (1976). Age differences in personality structure: A cluster analytic approach. *Journal of Gerontology, 31,* 564— 570.

Costa, P. T. & McCrae, R. R. (1977—78). Age differences in personality structure revised: Studies in validity, stability and change. *International Journal of Aging and Human Development, 8,* 261—275.

Craik, F. I. M. & Trehub, S. (Eds.) (1982). *Aging and cognitive process.* New York: Plenum Press.

Cumming, E. & Henry, W. E. (Eds.). (1961). *Growing old. The process of disengagement.* New York: Basic Books.

Cutler, S. (1972). The availability of personal transportation, residential location, and life satisfaction among the aged. *Journal of Gerontology, 27,* 383—389.

Cutler, S. (1973). Volunteer association, participation and life satisfaction. *Journal of Gerontology, 28,* 96—100.

Cutler, S. (1975). Transportation and changes in life satisfaction. *Gerontologist, 15,* 155—159.

Dean, L. R. (1962). Aging and the decline of affect. *Journal of Gerontology, 17,* 440—446.

Descovich, G. C., Montalbetti, N., Kuhl, J. F. W., Rimondi, S., Halberg, F. & Ceredi, C. (1974). Age and catecholamine rhythms. *Chronobiologia, 1,* 163—171.

Dilman, V. M. (1971). Age-associated evaluation of hypothalamic threshold to feedback control, and its role in development, aging and disease. *Lancet, 1,* 1211—1219.

Dilman, V. M., Ravskoy, S. Y. & Golubev, A. G. (1986). Neuroendocrine- ontogenetic mechanism of aging: Toward an integrated theory of aging. *International Review of Neurobiology, 28,* 89—156.

Douglas, K. & Arenberg, D. (1978). Age changes, cohort differences, and cultural change on the Guilford-Zimmerman Temperament Survey. *Journal of Gerontology, 33, 737—747.*

Drechsler, F. (1977). Methoden zur Bestimmung neurophysiologischer Parameter des ZNS im Alter. I. Mitteilung: Evozierte Potentiale. *Aktuelle Gerontologie, 7,* 273—283.

Edwards, A. E. & Wine, D. B. (1963). Personality changes with age in their dependency on concomitant intellectual decline. *Journal of Gerontology, 18,* 82—184.

Edwards, J. & Klemmack, D. (1973). Correlates of life satisfaction: A reexamination. *Journal of Gerontology, 28,* 497—502.

Eickstedt, K. W. von (1984). Endokrinologie. In W. D. Oswald, W. M. Herrmann, S. Kanowski, U. M. Lehr & H. Thomae (Hrsg.), *Gerontologie* (S. 96—103). Stuttgart: Kohlhammer.

Eisdorfer, C. (1960a). Developmental level and sensory impairment in the aged. *Journal of Projective Techniques, 24,* 129—132.

Eisdorfer, C. (1960b). Rorschach rigidity and sensory decrement in a senescent population. *Journal of Gerontology, 15,* 188—190.

Eisdorfer, C., Nowlin, J. & Wilkie, F. (1970). Improvement of learning in the aged by modification of autonomic nervous system activity. *Science, 170,* 1527—1529.

Ellgring, H. (1989). *Nonverbal communication in depression.* Cambridge: Cambridge University Press.

Ellgring, H. & Ploog, D. (1984). Sozialkommunikatives Verhalten in klinischer Perspektive. In D. Bente, H. Coper & S. Kanowski (Hrsg.), *Hirnorganische Psychosyndrome im Alter* (S. 217—243). Berlin: Springer.

Engen, T. (1977). Taste and smell. In J. E. Birren & K. W. Schaie (Eds.), *Handbook of the psychology of aging* (pp. 554—561). New York: Van Nostrand.

Erdmann, G. & Janke, W. (1978). Der Situative Reaktionsfragebogen. *Ärztliche Praxis, 30,* 1240—1241; 1271—1274.

Erdmann, G. (1984). *Zur Beeinflussung emotionaler Prozesse durch vegetative Variationen.* Weinheim: Beltz.

Erlemeier, N. & Angleitner, A. (1971). Untersuchungen zur „Rigidität" im höheren Alter. *Zeitschrift für Gerontologie, 4,* 194—207.

Esler, M., Skews, H., Leonard, P., Jackman, G., Bobik, A. & Korner, P. (1981). Age-dependence of noradrenaline kinetics in normal subjects. *Clinical Science, 60,* 217—219.

Everitt, A. V. & Huang, C. Y. (1980). The hypothalamus, neuroendocrine, and autonomic nervous systems in aging. In J. E. Birren & R. B. Sloane (Eds.), *Handbook of mental health and aging* (pp. 100—133). Prentice-Hall: Englewood Cliffs.

Eye, A. von (1984). Längs- und Querschnittsforschung. In W. D. Oswald, W. M. Herrmann, S. Kanowski, U. M. Lehr & H. Thomae (Hrsg.), *Gerontologie* (S. 255—260). Stuttgart: Kohlhammer.

Fahrenberg, J., Selg, H. & Hampel, R. (1984). *Das Freiburger Persönlichkeitsinventar (FPI-R).* Göttingen: Hogrefe.

Faucheux, B. A., Bourliere, F., Baulon, A. & Dupuis, C. (1981). The effects of psychosocial stress on urinary excretion of adrenaline and noradrenaline in 51- to 55- and 71- to 74-year-old men. *Gerontology, 27,* 313—325.

Faucheux, B. A., Dupuis, C., Baulon, A., Lille, F. & Bourliere, F. (1983). Heart rate reactivity during minor mental stress in men in their 50s and 70s. *Gerontology, 29,* 149—160.

Ferraro, K. F. (1983). The health consequences of relocation among the aged in the community. *Journal of Gerontology, 38,* 90—97.

Finch, C. E. & Landfield, P. W. (1985). Neuroendocrine and autonomic functions in aging mammals. In C. E. Finch & E. L. Schneider (Eds.), *Handbook of the biology of aging* (pp. 567—594). New York: Van Nostrand.

Finch, C. E. & Schneider, E. L. (Eds.) (1985). *Handbook of the biology of aging.* New York: Van Nostrand.

Fiorica, V. (1984). Plasma norepinephrine levels of elderly men on a controlled sodium intake diet. Journal of the American *Geriatric Society, 32,* 576—581.

Fisher, M. B. & Birren, J. E. (1947). Age and strength. *Journal of Applied Psychology, 31,* 490—497.

Fleischmann, U. M. (1989). *Gedächtnis und Alter.* Bern: Huber.

Folkman, S. & Lazarus, R. S. (1980). An analysis of coping in a middleaged community sample. *The Journal of Health and Social Behavior, 21,* 219—239.

Foster, J. M. & Gallagher, D. (1986). An exploratory study comparing depressed and nondepressed elders' coping strategies. *Journal of Gerontology, 41,* 91—93.

Frankenhaeuser, M. (1975). Experimental approaches to the study of catecholamines and emotion. In L. Levi (Ed.), *Emotions. Their parameters and measurement* (pp. 209—234). New York: Raven Press.

Freedman, N. (1972). The analysis of movement behavior during the clinical interview. In A. W. Siegman & B. Pope (Eds.), *Studies in dyadic communication* (pp. 153—175). New York: Pergamon Press.

Fröhlich, W. D. & Wiskandt, M. (1962). Untersuchung zur möglichen Altersabhängigkeit der Versuchseinstellung im Fragebogenexperiment. *Vita Humana, 5,* 167—176.

Fröhlich, W. D., Becker, J., Bengtson, V. L. & Bigot, A. (1969). The problem of cross-national reliability of ratings, some tentative approaches and findings. In R. Havinghurst et al. (Eds.), *Adjustment to retirement. A cross-national study* (pp. 18—34). Assen: Van Gorcum.

Frolkis, V. V. (1977). Aging of the autonomic nervous system. In J. E. Birren & K. W. Schaie (Eds.), *Handbook of the psychology of aging* (pp. 177—189). New York: Van Nostrand.

Frolkis, V. V., Bezrukov, V. V., Duplenko, Y. K. & Genis, E. D. (1972). The hypothalamus and aging. *Experimental Gerontology, 7,* 169—184.

Furchtgott, E. & Busemeyer, J. K. (1979). Heart rate and skin conductance during cognitive processes as a function of age. *Journal of Gerontology, 34,* 183—191.

Garms-Homolova, V. & Hütter, U. (1983). Motorische Leistungsfähigkeit und motorische Behinderungen 60- bis 90-jähriger Großstadtbevölkerung. *Zeitschrift für Gerontologie, 16,* 260—269.

Garwood, M. K., Engel, B. T. & Capriotti, R. (1982). Autonomic nervous system function and aging: Response activity. *Psychophysiology, 19,* 378—385.

Garwood, M. K., Engel, B. T. & Quilter, R. E. (1979). Age differences in the effect of epidermal hydration on electrodermal activity. *Psychophysiology, 16,* 311—317.

George, L. K. (1978). The impact of personality and social status factors upon levels of activity and psychological well-being. *Journal of Gerontology, 33,* 840—847.

Giambra, L. M. & Arenberg, D. (1980). Problem solving, concept learning, and aging. In L. W. Poon (Ed.), *Aging in the 1980s. Psychological Issues* (pp. 253—259). Washington: American Psychological Association.

Gillick, M. R., Serrell, N. A. & Gillick, L. S. (1982). Adverse consequences of hospitalization in the elderly. *Social Science and Medicine, 16,* 1033—1038.

Glanville, E. V., Kaplan, A. R. & Fischer, R. (1964). Age, sex, and taste sensitivity. *Journal of Gerontology, 19,* 474—478.

Gomathi, S., Sitharthan, T. & Anantaraman, R. N. (1981). A study of institutionalised and non-institutionalised older people. *Journal of Psychological Researches, 25,* 125—128.

Gottfries, C. G. (1981). Biochemical Aspects of Dementia. In H. M. van Praag (Ed.), *Handbook of Biological Psychiatry* (Bd. 4) (pp. 417—438). New York: Dekker.

Grad, B., Kral, A., Payne, R. C. & Berensen, Y. (1967). Plasma and urinary corticoids in young and old persons. *Journal of Gerontology, 22,* 66—71.

Graney, M. J. (1975). Happiness and social participation in aging. *Journal of Gerontology, 30,* 701—706.

Groen, J. J. (1959). General physiology of aging. *Geriatrics, 14,* 318—331.

Grombach, H. H. (1976). Consistency and change of personality variables in late life. In H. Thomae (Ed.), Patterns of aging. *Findings from the Bonn Longitudinal Study of Aging* (pp. 51—67). Basel: Karger.

Gubrium, I. (1974). Marital desolation and the evaluation of every-day life in old age. *Journal of Marriage and the Family, 36,* 107—113.

Gurski, G. E. & Kanowski, S. (1981). Die Beurteilung der Funktionskapazitäten von Patienten anhand der Aktivitäten im Alltagsleben: Die Anwendbarkeit von norm- im Vergleich zu kriterienbezogenen Meßmethoden. In W. D. Oswald & U. M. Fleischmann (Hrsg.), *Experimentelle Gerontopsychologie* (S. 131—149). Weinheim: Beltz.

Gutman, D. (1977). The cross-cultural perspective. In J. E. Birren & K. W. Schaie (Eds.), *Handbook of the psychology of aging* (pp. 302—326). New York: Van Nostrand.

Gutman, D. (1980). Observations on culture and mental health in later life. In J. E. Birren & B. Sloane (Eds.), *Handbook of mental health and aging* (pp. 429—447). Englewood Cliffs: Prentice Hall.

Harbin, T. J. & Berg, W. K. (1983). The effects of age and prestimulus duration upon reflex inhibition. *Psychophysiology, 20,* 603—610.

Harkins, S. W. & Warner, M. H. (1980). Age and pain. In C. Eisdorfer (Ed.), *Annual review of gerontology and geriatrics* (Vol. 1) (pp. 121—134). New York: Springer.

Harkins, S. W., Kwentus, J. & Price, D. D. (1984). Pain and the elderly. In C. Benedetti, C. R. Chapman & G. Moricca (Eds.), *Advances in pain research and therapy* (Vol. 7). New York: Raven Press.

Harkins, S. W., Price, D. D. & Martelli, M. (1986). Effects of age on pain perception: Thermonociception. *Journal of Gerontology, 41,* 58—63.

Harless, E. L. & McConnell, F. (1982). Effects of hearing aid use on self concept in older persons. *Journal of Speech and Hearing Disorders, 47,* 305—309.

Harman, S. M. & Talbert, G. B. (1985). Reproductive aging. In C. E. Finch & E. L. Schneider (Eds.), *Handbook of the biology of aging* (pp. 457—510). New York: Van Nostrand.

Hautzinger, M. (1983). Determinanten depressiver Reaktionen im Alter. *Aktuelle Gerontologie, 13,* 191—194.

Havighurst, R. J. (1954). Flexibility and the social roles of the retired. *American Journal of Sociology,* 309—311.

Heron, A. (1963). Retirement attitudes among industrial workers in the sixth decade of life. *Vita Humana, 6,* 152—159.

Himmelfarb, S. & Murrell, S. A. (1983). Reliability and validity of five mental health scales in older persons. *Journal of Gerontology, 38,* 333—339.

Holmes, T. H. & Masuda, M. (1974). Life change and illness susceptibility. In B. S. Dohrenwend & B. P. Dohrenwend (Eds.), *Stressful life events* (pp. 45—72). New York: Wiley.

Holmes, T. H. & Rahe, R. H. (1967). The Social Readjustment Rating Scale. *Journal of Psychosomatic Research, 11,* 213—218.

Holsboer, F. (1986). Klinischer Nutzen psychoneuroendokrinologischer Untersuchungen. In H. Heimann & H. J. Gaertner (Hrsg.), *Das Verhältnis der Psychiatrie zu ihren Nachbardisziplinen* (S. 67—83). Berlin: Springer.

Howell, S. C. (1980). Environments and aging. In C. Eisdorfer (Ed.), *Annual review of gerontology and geriatrics* (Vol. 1) (pp. 237—260). New York: Springer.

Hughes, G. (1969). Changes in taste sensitivity with advancing age. *Gerontologia Clinica, 11,* 224—230.

Hüppe, M. & Janke, W. (1989) On the relation between ratings of the emotional state and expressive variables of gesture and verbal activities in old-aged people. *Pharmacopsychiatry, 22,* 35—38 (Supplement).

Hüppe, M. (1987). *Emotionsausdruck im Alter. Experimentelle Untersuchungen zur Bedeutung von Gestik und Sprechaktivität als Emotionsindikatoren bei alten Frauen.* Unveröff. Diss., Universität Würzburg.

Ilfeld, F. W. (1980). Coping styles of Chicago adults: Description. *Journal of Human Stress, 6,* 2—10.

Janke, W. & Baltissen, R. (1979). Critical considerations on methods of assessing emotional and motivational characteristics of old persons. In F. Hoffmeister & C. Müller (Eds.), *Brain function in old age* (pp. 214— 227). Berlin: Springer.

Janke, W. & Erdmann, G. (1979). *Untersuchungen mit dem SR- Fragebogen.* Unveröff. Manuskript, Universität Würzburg, Lehrstuhl für Psychologie I.

Janke, W. & Hüppe, M. (1989). Psychological methods for the assessment of performance and emotionality in elderly patients. In Kusche & Bergener (Eds.), *Diagnosis and treatment of senile dementia* (pp. 149—163). New York: Springer

Janke, W. & Hüppe, M. (1990). Untersuchungen zur Emotionalität verschiedener Altersgruppen erfaßt durch mehrere neu entwickelte Fragebogen. *Zeitschrift für Differentielle und Diagnostische Psychologie,.*

Janke, W. (1976). Psychophysiologische Grundlagen des Verhaltens. In M. von Kerekjarto (Hrsg.), *Medizinische Psychologie* (2. Aufl.) (S. 1—101). Berlin: Springer.

Janke, W. (1984). Emotionalität. In W. D. Oswald, W. M. Herrmann, S. Kanowski, U. M. Lehr & H. Thomae (Hrsg.), *Gerontologie* (S. 78—95). Stuttgart: Kohlhammer.

Janke, W. (1986). Angst: Definition und somatische Grundlagen. In W. Janke, & P. Netter (Hrsg.), *Psychopharmaka und Angst* (S. 19—42). Stuttgart: Kohlhammer.

Janke, W., Debus, G. & Hüppe, M. (1984). *Die Selbstbeurteilungsform der Eigenschaftswörterliste (EWL 60—S) nach Janke und Debus.* Universität Würzburg, Lehrstuhl für Psychologie I.

Janke, W., Debus, G. & Hüppe, M. (1987). *Die Eigenschafts wörterliste zur Fremdbeurteilung des Befindens* (EWL 60-F). Universität Würzburg, Lehrstuhl für Psychologie I.

Janke, W., Erdmann, G. & Boucsein, W. (1984). *Der Allgemeine Belastungsfragebogen (ABSF).* Universität Würzburg, Lehrstuhl für Psychologie I.

Janke, W., Erdmann, G. & Kallus, W. (1985). *Der Streßverarbeitungsfragebogen (SVF) nach Janke, Erdmann und Boucsein. Beschreibung und Handanweisung.* Göttingen: Hogrefe.

Janke, W., Erdmann, G. & Karenberg, E. (1980). *Untersuchungen mit dem SR-Fragebogen.* Unveröff. Manuskript, Universität Würzburg, Lehrstuhl für Psychologie I.

Janke, W., Hüppe, M. & Perisic, I. (in press). Experimentelle Untersuchungen zur emotionalen Reagibilität alter Personen. *Zeitschrift für Gerontopsychologie und -psychiatrie,.*

Jansen, W. (1971). Die Vorbereitung auf das Altenheim. *Aktuelle Gerontologie, 1,* 195—203.

Jarvik, L. F. & Russell, D. (1979). Anxiety, aging and the third emergency reaction. *Journal of Gerontology, 34,* 197—200.

Jeffers, F. & Nichols, C. (1961). The relationship of activities and attitudes to physical well-being in older people. *Journal of Gerontology, 16,* 67—70.

Jefferys, M., Millard, J. B., Hyman, M. & Warren, M. D. (1969). A set of tests for measuring motor impairment in prevalence studies. *Journal of Chronic Diseases, 22,* 303—319.

Jensen, H. K. & Blichert-Taft, M. (1971). Serum corticotropin, plasma cortisol and urinary excretion of 17-ketogenic steroids in the elderly (age group 66—94 years). *Acta Endocrinologica, 66,* 25—34.

Kalmus, H. & Trotter, W. R. (1962). Direct assessment of the effect of age on P.T.C. sensitivity. *Annual Human Genetics, 26,* 145—149.

Karki, N. T. (1956). The urinary excretion of noradrenalin and adrenalin in different age groups, its diurnal variation and the effect of muscular work on it. *Acta Physiologica Scandinavica, 39,* 1—96.

Kenshalo, D. R. (1977). Age changes in touch, vibration, temperature, kinesthesis and pain sensitivity. In J. E. Birren & K. W. Schaie (Eds.), *Handbook of the psychology of aging* (pp. 562—579). New York: Van Nostrand.

Kimbrell, G. McA. & Furchtgott, E. (1963). The effect of aging on olfactory threshold. *Journal of Gerontology, 18,* 364—365.

Kimsey, L., Roberts, J. & Logan, D. (1972). Death, dying, and denial in the aged. *American Journal of Psychiatry, 129,* 161—166.

Knapp, M. R. (1976). Predicting the dimensions of life satisfaction. *Journal of Gerontology, 31,* 595—604.

Knapp, M. R. (1977). The activity theory of aging: An examination in the english context. *The Gerontologist, 17,* 553—559.

Kozma, A. & Stones, M. J. (1978). Some research issues and findings in the study of psychological well-being in the aged. *Canadian Psychological Review, 19,* 241—249.

Kozma, A. & Stones, M. J. (1987). Social desirability in measures of subjective well-being: A systematic evaluation. *Journal of Gerontology, 42,* 56—59.

Kupfermann, J. (1985). Hypothalamus, limbic system, and cerebral cortex: Homeostasis and arousal. In E. R. Kandel & J. H. Schwartz (Eds.), *Principles of neural science* (pp. 611—625). New York: Elsevier.

Kutner, B., Fanshel, D., Togo, A. & Langner, T. (1956). *Five hundred over sixty.* New York: Russell Sage Foundation.

La Rue, A., Bank, L., Jarvik, L. & Hetland, M. (1979). Health in old age: How do physicians' ratings and self-ratings compare. *Journal of Gerontology, 34,* 687—691.

Lake, C. R., Ziegler, M. G., Coleman, M. D. & Kopin, I. J. (1976). Use of plasma norepinephrine for evaluation of sympathic neuronal function in man. *Life Sciences, 18,* 1315—1326.

Larson, R. (1978). Thirty years of research on the subjective well-being of older Americans. *Journal of Gerontology, 33,* 109—125.

Lawton, M. P. & Nahemow, L. (1973). Ecology and the aging process. In C. Eisdorfer & M. P. Lawton (Eds.), *Psychology of adult development and aging* (pp. 619—674). Washington: American Psychological Association.

Lawton, M. P. (1977). The impact of the environment on aging and behavior. In J. E. Birren & K. Schaie (Eds.), *Handbook of the psychology of aging* (pp. 276—301). New York: Van Nostrand.

Lawton, M. P. (1978). The housing problems of community-resident elderly. In R. Boynton (Ed.), *Occasional papers in housing and community affairs* (Vol. 1) (pp. 39—74). Washington: U.S. Dept. of Housing and Urban Development.

Lawton, M. P. (1980). *Environment and aging.* Monterey: Books/Cole Publishing Company.

Lawton, M. P. (1984). The varieties of wellbeing. In C. Z. Malatesta & C. E. Izard (Eds.), *Emotion in adult development* (pp. 67—84). Beverly Hills: Sage.

Lazarus, R. S. & DeLongis, A. (1983). Psychological stress and coping in aging. *American Psychologist, 38,* 245—254.

Lazarus, R. S. (1966). *Psychological stress and coping process.* New York: Mc Graw-Hill.

Lazarus, R. S. (1971). The concepts of stress and disease. In L. Levi (Ed.), *Society, stress and disease* (pp. 53—58). Oxford: Oxford University Press.

Lazarus, R. S. (1977). Psychological stress and coping in adaptation and illness. In Z. F. Lipowski, D. R. Lipsitt & P. C. Whybrow (Eds.), *Psychosomatic medicine* (pp. 14—26).

Lazarus, R. S. (1981). Psychological stress and coping in psychosomatic illness. In L. Levi (Ed.), *Society, stress and disease* (Vol. 4) (pp. 162— 168). Oxford: Oxford University Press.

Lehmann, E. (1984a). Entwurf eines praktikablen und gültigen Untersuchungsansatzes zum Nachweis der Wirksamkeit nootroper Substanzen mit Hilfe von Rating-Skalen. In D. Bente, H. Coper & S. Kanowski (Hrsg.), *Organische Psychosyndrome im Alter* (S. 251—259). Berlin: Springer.

Lehmann, E. (1984b). *Klinische und psychologische Skalen zur Erfassung „gewünschter und unerwünschter Arzneimittelwirkungen bei Hirnleistungsstörungen, die bevorzugt im fortgeschrittenen Lebensalter vorkommen"*. Weinheim: Beltz.

Lehr, U. & Olbrich, E. (1976). Ecological correlates of adjustment to aging. In H. Thomae (Ed.), *Patterns of aging. Findings from the Bonn Longitudinal Study of Aging* (pp. 81—92). Basel: Karger.

Lehr, U. & Rudinger, G. (1970). Strukturen der sozialen Teilhabe im höheren Lebensalter. In A. Störmer (Hrsg.), *Geroprophylaxe, Infektions- und Herzkrankheiten, Rehabilitation und Sozialstatus im Alter* (S. 81—88). Darmstadt: Steinkopff.

Lehr, U. (1977). *Psychologie des Alterns* (3. Aufl.). Heidelberg: Quelle & Meyer.

Lehr, U. (1982). Depression und „Lebensqualität" im Alter — Korrelate negativer und positiver Gestimmtheit. *Zeitschrift für Gerontologie, 15,* 241—249.

Lemon, B. W., Bengtson, V. L. & Peterson, J. A. (1972). An exploration of the activity theory of aging: Activity types and life satisfaction among intermovers to a retirement community. *Journal of Gerontology, 27,* 511—523.

Lerner, R. M. (1984). *On the nature of human plasticity.* Cambridge: Cambridge University Press.

Linn, M. W. (1979). Assessing community adjustment in the elderly. In A. Raskin & L. F. Jarvik (Eds.), *Psychiatric symptoms and cognitive loss in the elderly* (pp. 187—204). New York: Wiley.

Loveless, N. E. & Sandford, A. J. (1974). Effects of age on the contingent negative variation and preparatory set in a reaction time task. *Journal of Gerontology, 29,* 36—52.

MacInness, W. D., Golden, C. J., Gillen, R. W., Sawicki, R. F., Quaife, M., Uhl, H. S. M. & Greenhouse, A. J. (1984). Aging, regional cerebral blood flow, and neuropsychological functioning. *Journal of the American Geriatrics Society, 32,* 712—719.

Maddox, G. L. & Eisdorfer, C. (1962). Some correlates of activity and morale among the elderly. *Social Forces, 41,* 254—260.

Maddox, G. L. & Eisdorfer, C. (1968). Zusammenhänge zwischen Aktivität und Stimmung bei älteren Menschen. In H. Thomae & U. Lehr (Hrsg.), *Altern. Probleme und Tatsachen* (S. 235—252). Frankfurt: Akademische Verlagsgesellschaft.

Magni, G. & De Leo, D. (1984). Anxiety and depression in geriatric and adult medical impatients: A comparison. *Psychological Reports, 55,* 607—612.

Makinodan, T. (1976). Immunobiology of aging. Journal of *American Geriatric Society*, 249—252.

Malatesta, C. Z. & Kalnok, M. (1984). Emotional experience in younger and older adults. *Journal of Gerontology, 39*, 301—308.

Malatesta, C. Z., Fiore, M. J. & Messina, J. J. (1987). Affect, personality, and facial expressive characteristics of older people. *Psychology and Aging, 2*, 64—69.

Marsh, G. R. & Thompson, L. W. (1977). Psychophysiology of aging. In J. E. Birren & K. W. Schaie (Eds.), *Handbook of the psychology of aging* (pp. 219—248). New York: Van Nostrand.

Mason, J. W. (1971). A re-evaluation of the concept of nonspecifity in stress theory. *Journal of Psychiatric Research, 8*, 323—333.

Matejcek, M. (1984). Elektroenzephalogramm (EEG). In W. D. Oswald, W. M. Herrmann, S. Kanowski, U. M. Lehr, & H. Thomae (Hrsg.), *Gerontologie* (S. 69—77). Stuttgart: Kohlhammer.

Mathey, F. J. (1976). Psychomotor performance and reaction speed in old age. In H. Thomae (Ed.), *Patterns of aging. Findings from the Bonn Longitudinal Study of Aging* (pp. 36—50). Basel: Karger.

Mathey, F. J. (1984a). Fertigkeiten. In W. D. Oswald, W. M. Herrmann, S. Kanowski, U. M. Lehr & H. Thomae (Hrsg.), *Gerontologie* (S. 113—126). Stuttgart: Kohlhammer.

Mathey, F. J. (1984b). Verkehrsteilnahme. In W. D. Oswald, W. M. Herrmann, S. Kanowski, U.Lehr & H. Thomae (Hrsg.), *Gerontologie* (S. 506— 519). Stuttgart: Kohlhammer.

Matussek, N. & Holsboer, F. (1987). Biologischer Hintergrund. In K. P. Kisker, H. Lauter, J.-E. Meyer, C. Müller & E. Strömgren (Hrsg.), *Psychiatrie der Gegenwart 5. Affektive Psychosen* (3. Aufl.) (S. 203—240) . Berlin: Spinger.

McCrae, R. R. (1982). Age differences in the use of coping mechanisms. *Journal of Gerontogogy, 37*, 454—460.

McCrae, R. R. (1984). Situational determinants of coping responses: Loss, threat, and challenge. *Journal of Personality and Social Psychology, 46*, 919—928.

McCrae, R. R. (1986). Well-being scales do not measure social desirability. *Journal of Gerontology, 41*, 390—392.

McCrae, R. R., Costa, P. T. & Arenberg, D. (1980). Constancy of adult personality structure in males: Longitudinal, cross-sectional and times-of-measurement analyses. *Journal of Gerontology, 35*, 877—883.

McDonald, R. J. & Suchy, I. (1980). Der Einfluß subjektiver Beschwerden auf Leistung und Befindlichkeit im Alter. *Zeitschrift für Gerontologie, 13*, 346—358.

McDonald, R. J. (1983). Die Messung von Emotionen im Alter. In H. Löwe, U. Lehr & J. Birren (Hrsg.), Psychologische *Probleme des Erwachsenenalters* (S. 130—141). Bern: Huber.

McGeer, P.L. & McGeer, E. G. (1980). Chemistry of mood and emotion. *Annual Review Psychology, 31*, 273—307.

Michalewski, H. J., Thompson, L. W., Smith, D. B. D., Patterson, J. V., Bowman, T. E., Litzelman, D. & Brent, G. (1980). Age differences in the contingent negative variation (CNV): Reduced frontal activity in the elderly. *Journal of Gerontology, 35,* 542—549.

Miller, D. & Lieberman, M. A. (1965). The relationship of affect state and adaptive capacity to reactions to stress. *Journal of Gerontology, 20,* 492—497.

Missale, C., Govoni, S., Pasinetti, G., Assini, C., Spano, P. F., Battaini, F. & Trabucchi, M. (1986). Age-dependent changes in the mechanisms regulating dopamine uptake in the central nervous system. *Journal of Gerontology, 41,* 136—139.

Mittenecker, E. (1982). Subjektive Tests zur Messung der Persönlichkeit. In K.-J. Groffmann & L. Michel (Hrsg.), *Enzyklopädie der Psychologie.* Bd. 3. Persönlichkeitsdiagnostik (S. 57—131). Göttingen: Hogrefe.

Moore, L. M., Nielsen, C. R. & Mistretta, C. M. (1982). Sucrose taste thresholds: Age related differences. *Journal of Gerontology, 37,* 64—70.

Moos, R. H. & Billings, A. G. (1982). Conceptualizing and measuring coping resources and processes. In L. Goldberger & S. Breznitz (Eds.), *Handbook of stress* (pp. 212—230). New York: The Free Press.

Mühlenkamp, A. F., Gress, L. D. & Flood, M. A. (1975). Perception of life change events by the elderly. *Nursing Research, 24,* 109—113.

Müller, H. F., Grad, B. & Engelsmann, F. (1975). Biological and psychological predictors of survival in a psychogeriatric population. *Journal of Gerontology, 30,* 47—52.

Munnichs, J. M. A. (1964). Loneliness, isolation and social relations in old age: A pilot survey. *Vita Humana, 7,* 228—238.

Nesselroade, J. R. & Labouvie, E. W. (1985). Experimental design in research on aging. In J. E. Birren & K. W. Schaie (Eds.), *Handbook of the psychology of aging* (2nd ed.) (pp. 35—60). New York: Van Nostrand.

Neugarten, B. L. (1977). Personality and aging. In J. E. Birren & K. E. Schaie, (Eds.), *Handbook of the psychology of aging* (pp. 626—649). New York: Van Nostrand.

Neugarten, B. L., Havighurst, R. J. & Tobin, S. S. (1961). *The measurement of life satisfaction. Journal of Gerontology, 16,* 134—143.

Nowlin, Y. B. (1974a). Anxiety during a medical examination. In E. Palmore (Ed.), *Normal aging II* (pp. 77—86). Durham: Duke University Press.

Nowlin, Y. B. (1974b). Depression and health. In E. Palmore (Ed.), *Normal aging II* (pp. 168—172). Durham: Duke University Press.

Obrist, W. D. (1976). Problems of aging. In A. Remond (Ed.), *Handbook of the electroencephalography and clinical neurophysiology* (Vol. 6A). Amsterdam: Elsevier.

Obrist, W. D. (1979). Electroencephalographic changes in normal aging and dementia. In F. Hoffmeister & C. Müller (Eds.), *Brain function in old age* (pp. 102—111). Berlin: Springer.

Obrist, W. D. (1980). Cerebral blood flow and EEG changes associated with aging and dementia. In E. W. Busse & D. G. Blazer (Eds.), *Handbook of geriatric psychiatry* (pp. 83—101). New York: Van Nostrand.

Okun, M. A. & Elias, C. S. (1977). Cautiousness in adulthood as a function of age and payoff structure. *Journal of Gerontology, 32,* 451—455.

Olbrich, E. & Lehr, U. (1976). Social roles and contacts in old age: Consistency and patterns of change. In H. Thomae (Ed.), *Patterns of aging. Findings from the Bonn Longitudinal Study of Aging* (pp. 113—126). Basel: Karger.

Olbrich, E. & Stafford, J. L. (1984). Denken und Problemlösen. In W. D. Oswald, W. M. Herrmann, S. Kanowski, U. M. Lehr & H. Thomae (Hrsg.), *Gerontologie* (S. 60—68). Stuttgart: Kohlhammer.

Olbrich, E. (1983). Altern — soziale Aspekte. In U. Lehr (Hrsg.), Altern. *Tatsachen und Perspektiven* (S. 123—145). Bonn: Bouvier.

Olbrich, E. (1985). Coping and development in the later years: A process-oriented approach to personality and development. In J. M. A. Munnichs, P. Mussen, E. Olbrich & P. G. Coleman (Eds.), *Life-span and change in a gerontopsychological perspective* (pp. 133—155). New York: Academic Press.

Oliver, W. R. (1966). A public school approach: Pre-retirement-education. In C. Tibbitts & W. Donahue (Eds.), *Aging in today's society* (pp. 382—386). Englewood Cliffs: Prentice Hall.

Olsen, H., Trampe, J. P. & Hansen, G. (1976). *Familiekontakter i den tidige alderdom* (Socialforskningsinstitutets publ. no. 74). Köpenhamn.

Olsen, I. A. & Elder, J. H. (1958). A word association test of emotional disturbance in older women. *Journal of Gerontology, 13,* 305—308.

Oswald, W. D. & Fleischmann, U. M. (1986). *Das Nürnberger Alters-Inventar (NAI).* Universität Erlangen-Nürnberg: Psychologisches Institut II.

Oswald, W. D. (1979). Psychometrische Verfahren und Fragebogen für gerontopsychologische Untersuchungen. *Zeitschrift für Gerontologie, 12,* 341—350.

Oswald, W. D., Herrmann, W. M., Kanowski, S., Lehr, U. M. & Thomae, H. (Hrsg.). (1984). *Gerontologie.* Stuttgart: Kohlhammer.

Palmer, G. J., Ziegler, M. G. & Lake, C. R. (1978). Response of norepinephrine and blood pressure to stress increases with age. *Journal of Gerontology, 33,* 482—487.

Palmore, E. & Luikart, C. (1972). Health and social factors related to life satisfaction. *Journal of Health and Social Behavior, 13,* 68—80.

Palmore, E. (Ed.) (1974). *Normal aging II.* Durham: Duke University Press.

Palmore, E. (Ed.). (1970). Normal aging. Durham: Duke University Press.

Panksepp, J. (1986). The neurochemistry of behavior. *Annual Review of Psychology, 37,* 77—107.

Pearlin, L. J. & Schooler, C. (1978). The structure of coping. *The Journal of Health and Social Behavior, 19,* 2—21.

Peretti, P. O. & Wilson, L. (1975). Voluntary and involuntary retirement of aged males and their effect on emotional satisfaction, usefulness, self-image, emotional stability, and interpersonal relationships. International *Journal of Aging and Human Development, 6,* 131—138.

Perry, B. C. (1982). Validity and reliability of the aged to surveys and questionnaires. *The Journal of Family Practice, 15,* 182—183.

Petermann, F. (1978). *Veränderungsmessung.* Stuttgart: Kohlhammer.

Peters, G. & Mehraein, P. (1984). Zentralnervensystem. In W. D. Oswald, W. M. Herrmann, S. Kanowski, U. M. Lehr & H. Thomae (Hrsg.), *Gerontologie* (S. 550—558). Stuttgart: Kohlhammer.

Pfeifer, M. A., Weinberg, C. R., Cook, D., Best, J. D., Reenan, A. & Halter, J. B. (1983). Differential changes of autonomic nervous system function with age in man. The American *Journal of Medicine, 75,* 249—258.

Pfeiffer, E. (1977). Psychopathology and social pathology. In J. E. Birren & K. W. Schaie (Eds.), *Handbook of the psychology of aging* (pp. 650—671). New York: Van Nostrand.

Pihlblad, C. & Adams, D. (1972). Widowhood, social participation and life satisfaction. *Aging und Human Development, 3,* 323—330.

Platt, D. (1976). *Biologie des Alterns.* Heidelberg: Quelle & Meyer.

Plattig, K.-H. (1984). *Sinnesorgane.* In W. D. Oswald, W. M. Herrmann, S. Kanowski, U. M. Lehr & H. Thomae (Hrsg.), *Gerontologie* (S. 420—425). Stuttgart: Kohlhammer.

Plouffe, L. & Stelmack, R. M. (1984). The electrodermal orienting response and memory: An analysis of age differences in picture recall. *Psychophysiology, 21,* 191—198.

Poon, L. W. (Ed.). (1980). *Aging in the 1980s.* Washington: American Psychological Association.

Powell, A. H., Eisdorfer, C., Bogdonoff, M. D. & Durham, N. C. (1964). Physiologic response patterns observed in a learning task. *Archives of General Psychiatry, 10,* 192—195.

Powell, D. A., Milligan, W. L. & Furchtgott, E. (1980). Peripheral autonomic changes accompanying learning and reaction time performance in older people. *Journal of Gerontology, 35,* 57—65.

Prinz, P. N., Halter, J., Benedetti, C. & Raskind, N. (1979). Circadian variation of plasma catecholamines in young and old men: Relation to rapid eye movement and slow wave sleep. *Journal of Clinical Endocrinology and Metabolism, 49,* 300—304.

Rabbitt, P. M. A. (1977). Changes in problem solving ability in old age. In J. E. Birren & K. W. Schaie (Eds.), *Handbook of the psychology of aging* (pp. 606—625). New York: Van Nostrand.

Riegel, K. F. & Riegel, R. M. (1960). A study on changes of attitudes and interests during later years of life. *Vita Humana, 3,* 177—206.

Robertson, J. I. S. (1986). Hypertension in the elderly. *Triangle, 25,* 19—23.

Robinson, D. S. (1975). Changes in monoamine oxidase and monoamines with human development and aging. *Federation Proceedings, 34,* 103—107.

Robinson, D. S., Davis, J. M., Nies, A., Colburn, R. W., Davis, J. N., Bourne, H. R., Bunney, W. E., Shaw, D. M. & Coppen, A. J. (1972). Aging monoamines, and monoamine-oxidase levels. *Lancet, 1,* 290—291.

Robinson, D. S., Davis, J. M., Nies, A., Ravaris, C. L. & Sylwester, D. (1971). Relation of sex and aging to monoamine oxidase activity of human brain, plasma, and platelets. *Archives of General Psychiatry, 24,* 536—539.

Roth, N. (1978). Fear of death in the aging. American *Journal of Psychotherapy, 32,* 552—560.

Rous, J. (1969). Effect of age on the functional state of the olfactory analyser. *Ceskolovensk Otolaryngologie, 18,* 248—256.

Saar, N. & Gordon, R. D. (1979). Variability of plasma catecholamine levels: Age, duration of posture and time of day. *British Journal of Clinical Pharmacology, 8,* 353—358.

Sabbahi, M. A. & Sedgwick, E. M. (1982). Age-related changes in monosynaptic reflex excitability. *Journal of Gerontology, 37,* 24—33.

Sallis, J. F. & Lichstein, K. L. (1983). Analysis and management of geriatric anxiety. *International Journal of Aging and Human Development, 15,* 197—211.

Salthouse, T. A. (1985). Speed of behavior and its implications for cognition. In J. E. Birren & K. W. Schaie (Eds.), *Handbook of the psychology of aging* (pp. 400—426). New York: Van Nostrand.

Salzman, C., Kochansky, G. E. & Shader, R. J. (1972). Rating scales for geriatric psychopharmacology: A review. *Psychoharmacology Bulletin, 8,* 3—50.

Samorajski, A. & Hartford, J. (1980). Brain physiology of aging. In E. W. Busse & D. G. Blazer (Eds.), *Handbook of geriatric psychiatry* (pp. 46— 82). New York: Van Nostrand.

Sanders, J., Poole, T. & Rivero, W. (1980). Death anxiety among the elderly. *Psychological Reports, 46,* 53—54.

Sapolsky, R. M., Krey, L. & McEwen, B. S. (1983). The adrenocortical stress-response in the aged male rat: Impairment of recovery from stress. *Experimental Gerontology, 18,* 55—64.

Sato, J., Hasegawa, Y., Takahashi, N., Hirata, Y., Shimomura, K. & Hotta, K. (1981). Age-related changes of cardiac control function in man: With special reference to heart rate control at rest and during exercise. *Journal of Gerontology, 36,* 564—572.

Saup, W. (1984). Streß und Streßbewältigung bei der Heimübersiedlung älterer Menschen. *Zeitschrift für Gerontologie, 17,* 198—204.

Schaie, K. W. & Hertzog, C. (1985). Measurement in the psychology of adulthood and aging.

In J. E. Birren & K. W. Schaie (Eds.), *Handbook of the psychology of aging* (2nd ed.) (pp. 61—92). New York: Van Nostrand.

Schaie, K. W. (1965). A general model for the study of developmental problems. *Psychological Bulletin, 64,* 42—107.

Schaie, K. W. (1977). Quasi-experimental research designs in the psychology of aging. In J. E. Birren & K. W. Schaie (Eds.), *Handbook of the psychology of aging* (pp. 39—58). New York: Van Nostrand.

Schaie, K. W. (1980). Intelligence and problem solving. In J. E. Birren & R. B. Sloane, (Eds.), *Handbook of mental health and aging* (pp. 262—284). Englewood Cliffs: Prentice Hall.

Schandry, R. (1983). Nicht-sprachliche Methoden. In H. A. Euler & H. Mandl (Hrsg.), Emotionspsychologie. *Ein Handbuch in Schlüsselbegriffen* (S. 103—108). München: Urban & Schwarzenberg.

Schandry, R. (1989). *Lehrbuch der Psychophysiologie* (2. Aufl.). München: Psychologie Verlags Union.

Scheidt, R. J. & Windley, P. G. (1985). The ecology of aging. In J. E. Birren & K. W. Schaie (Eds.), *Handbook of the psychology of aging* (2nd ed.) (pp. 245—258). New York: Van Nostrand.

Scherer, K. R. (1982). Die vokale Kommunikation emotionaler Erregung. In K. R. Scherer (Hrsg.), *Vokale Kommunikation* (S. 287—306). Weinheim: Beltz.

Schleifer, S. J., Keller, S. E., Camerino, M., Thornton, J. C. & Stein, M. (1983). Suppression of lymphocyte stimulation following bereavement. *Journal of the American Medical Association, 290,* 374—377.

Schmidt-Atzert, L. (1983). Ausdruckserscheinungen. In H. A. Euler & H. Mandl (Hrsg.), Emotionspsychologie. *Ein Handbuch in Schlüsselbegriffen* (S. 28—35). München: Urban & Schwarzenberg.

Schmitz-Scherzer, R., Zimmermann, E. J. & Rudinger, G. (1983). Krisen im Alltag: Ein Versuch einer multivariaten Analyse von Bewältigungsstrategien in Krisen. *Zeitschrift für Gerontologie, 16,* 115—120.

Schreiner, M. & Heemskerk, J. J. (1972). Probleme der Messung der Lebenszufriedenheit im höheren Lebensalter mit Hilfe des Life Satisfaction Index A (LSI). *Zeitschrift für Gerontologie, 5,* 424—431.

Schulz, R. & Brenner, G. (1977). Relocation of the aged: A review and theoretical analysis. *Journal of Gerontology, 32.* 323—334.

Schulz, R. (1980). Aging and control. In J. Garber & M. Seligman (Eds.), *Human helplessness. Theory and applications* (pp. 261—277). New York: Academic Press.

Schulz, R. (1982). Emotionality and aging: A theoretical and empirical analysis. *Journal of Gerontology, 37,* 42—51.

Schulz, R. (1985). Emotion and affect. In J. E. Birren & K. W. Schaie (Eds.), *Handbook of the psychology of aging* (2nd ed. pp. 531—543). New York: Van Nostrand.

Seitz, W. (1977). *Persönlichkeitsbeurteilung durch Fragebogen.* Braunschweig: Westermann.

Sever, P. S., Birch, M., Osikowska, B. & Tunbridge, R. D. G. (1977). Plasmanoradrenaline in essential hypertension. *Lancet, 2,* 1078—1081.

Severson, J. A. (1984). Neurotransmitter receptors and aging. *Journal of the American Geriatrics Society, 32,* 24—28.

Shmavonian, B. M. & Busse, E. W. (1963). Psychophysiologic techniques in the study of the aged. In R. Williams, C. Tibbits & W. Donahue (Eds.), *Processes of aging* (Vol. 1 pp. 160—183). New York: Atherton Press.

Shock, N. W. (1977). Biological theories of aging. In J. E. Birren & K. W. Schaie (Eds.), *Handbook of the psychology of aging* (pp. 103—115). New York: Van Nostrand.

Siebens, H., Trupe, E., Siebens, A., Cook, F., Anshen, S., Hanauer, R. & Oster, G. (1986). Correlates and consequences of eating dependency in institutionalized elderly. *Journal of the American Geriatrics Society, 34,* 192—198.

Siegler, J. C. (1975). The terminal drap hypothesis: Fact or artefact. *Experimental Aging Research, 1,* 165—185.

Silverman, A. J., Cohen, S. I. & Shmavonian, B. M. (1958). Psychophysiologic response specifity in the elderly. *Journal of Gerontology, 5,* 443.

Smith, R. C. & Hutto, G. L. (1973). Sonic booms and sleep: Affect change as a function of age. *Aerospace Medicine, 44,* 703—707.

Snow, R. & Crapo, L. (1982). Emotional bondedness, subjective well-being, and health in elderly medical patients. *Journal of Gerontology, 37,* 609—616.

Sou (1977). *Pensionär 75.* Stockholm: Norstedts.

Sowers, J. R., Rubenstein, L. Z. & Stern, N. (1983). Plasma norepinephrine responses to posture and isometric exercise increase with age in the absence of obesity. *Journal of Gerontology, 38,* 315—317.

Spreitzer, E. & Snyder, E. (1974). Correlates of life satisfaction among the aged. *Journal of Gerontology, 29,* 454—458.

Stone, J. L. & Norris, A. H. (1966). Activities and attitudes of participants in the Baltimore Longitudinal Study. *Journal of Gerontology, 21,* 575—580.

Storrie, M. C. & Eisdorfer, C. (1978). Psychophysiological studies in aging: A ten-year review. In M. A. Lipton, A. DiMascio & K. F. Killam (Eds.), *Psychopharmacology. A generation of progress* (pp. 1489—1497). New York: Raven Press.

Strelau, J. (1987). Emotion as a key concept in temperament research. *Journal of Research in Personality, 21,* 510—528.

Swenson, W. (1961). Attitudes toward death in an aged population. *Journal of Gerontology, 16,* 49—52.

Talland, G. A. (1968). Age and the span of immediate recall. In G. A. Talland, (Ed.), *Human aging and behavior* (pp. 92—129). New York: Academic Press.

Tartler, R. (1961). *Das Alter in der modernen Gesellschaft.* Stuttgart: Enke.

Taylor, C. (1955). Adult age differences in rigidity as revealed in attitude scale responses. *American Psychologist, 10,* 339—340.

Theimer, W. (1973). *Altern.* Stuttgart: Thieme.

Thomae, H. (1971). Die Bedeutung einer kognitiven Persönlichkeitstheorie für die Theorie des Alterns. *Zeitschrift für Gerontologie, 4,* 8—18.

Thomae, H. (1983). Alternsstile und Altersschicksale. *Ein Beitrag zur Differentiellen Gerontologie.* Bern: Huber.

Thomae, H. (1984a). Lebenszufriedenheit. In W. D. Oswald, W. M. Herrmann, S. Kanowski, U. M. Lehr & H. Thomae (Hrsg.), *Gerontologie* (S. 271—275). Stuttgart: Kohlhammer.

Thomae, H. (1984b). Stressbewältigung. In W. D. Oswald, W. M. Herrmann, S. Kanowski, U. M. Lehr & H. Thomae (Hrsg.), *Gerontologie* (S. 484—493). Stuttgart: Kohlhammer.

Thomae, H. (Ed.). (1976). *Patterns of aging. Findings from the Bonn Longitudinal Study of Aging.* Basel: Karger.

Thomas, P. D., Hunt, W. C., Garry, P. J., Hood, R. B., Goodwin, J. M. & Goodwin, J. S. (1983). Hearing acuity in a healthy elderly population: Effects on emotional, cognitive, and social status. *Journal of Gerontology, 38,* 321—325.

Thompson, L. W. & Marsh, G. R. (1973). Psychophysiological studies of aging. In C. Eisdorfer & M. P. Lawton (Eds.), *The psychology of adult development and aging.* Washington: American Psychological Association.

Thompson, L. W. & Nowlin, J. B. (1973). Relations of increased attention to central and autonomic nervous system states. In L. Jarvik, C. Eisdorfer & J. Blum (Eds.), *Intellectual functioning in adults. Psychological and biological influences* (pp. 107—124). New York: Springer.

Tismer, K. G. & Struck, E. (1971). Leistungsmotivation im 7. und 8. Lebensjahrzehnt. *Aktuelle Gerontologie, 1,* 739—745.

Troyer, L. W., Eisdorfer, C., Wilkie, F. & Bogdonoff, M. D. (1966). Free fatty acid responses in the aged individual during performance of learning tasks. *Journal of Gerontology, 21,* 45—51.

Ulich, D. & Saup, W. (1984). Psychologische Lebenslaufforschung unter besonderer Berücksichtigung von Krisenbewältigung im Alter. *Zeitschrift für Pädagogik, 30,* 699—714.

Ulrich, G. (1982). *Videoanalyse depressiver Verhaltensaspekte.* Stuttgart: Enke.

Usui, W. M., Keil, T. J. & Durig, K. R. (1985). Socioeconomic comparisons and life satisfaction of elderly adults. *Journal of Gerontology, 40,* 110—114.

Vaillant, G. E. (1977). *Adaption to life.* Boston: Little, Brown & Company.

Vargas, E., Rothwell, C., Weinkove, C. & Lye, M. (1984). The measurement of plasma noradrenalin before and after tilt in young and old healthy subjects. *Gerontology, 30,* 253—260.

Wagner, J. A., Horvath, S. M., Kitagawa, K. & Bolduan, N. W. (1987). Comparisons of blood and urinary responses to cold exposures in young and older men and women. *Journal of Gerontology, 42,* 173—179.

Wallach, H. F., Riege, W. H. & Cohen, H. J. (1980). Recognition memory for emotional words: A comparative study of young, middle-aged and older persons. *Journal of Gerontology, 35,* 371—375.

Wallach, M. A. & Kagan, N. (1961). Aspects of judgment and decision making: Interrelationships and changes with age. *Behavioral Science, 6,* 23—36.

Weidenhammer, W. & Engel, R. (1988). Psychometrie und Elektroenzephalographie bei gesunden Hochbetagten. *Zeitschrift für Gerontopsychologie und -psychiatrie, 1,* 105—115

Welford, A. T. (1975). *Aging and human skill.* Westpoint: Greenwood Press Publishers.

Welford, A. T. (1977). Motor performance. In J. E. Birren & K. W. Schaie (Eds.), *Handbook of the psychology of aging* (pp. 450—496). New York: Van Nostrand.

Westman, A. S., Canter, F. M. & Boitos, T. M. (1984). Denial of fear of dying or of death in young and elderly populations. *Psychological Reports, 55,* 413—414.

Whitbourne, S. K. (1985). *The aging body.* New York: Springer.

Wiendieck, G. (1970). Entwicklung einer Skala zur Messung der Lebenszufriedenheit im höheren Lebensalter. *Zeitschrift für Gerontologie, 3,* 215—224.

Wilkie, F. L. & Eisdorfer, C. (1976). *Serial learning and psychophysiological parameters. Paper read at the 29th Annual* Gerontological Society Meeting, New York.

Wittkowski, J. & Zobel, M. (1982). Korrelate von Lebenszufriedenheit im mittleren Erwachsenenalter. *Zeitschrift für Gerontologie, 15,* 259—264.

Yamaura, H., Ito, M., Kubota, K. & Matsuzawa, T. (1980). Brain atrophy during aging: A quantitative study with computer tomography. *Journal of Gerontology, 35,* 492—498.

Young, J. B., Rowe, J. W., Pallotta, J. A., Sparrow, D. & Landsberg, L. (1980). Enhanced plasma norepinephrine response to upright posture and oral glucose administration in elderly human subjects. *Metabolism, 29,* 532—539.

Zelinski, E. M., Gilewski, M. J. & Thompson L. W. (1980). Do laboratory tests relate to selfassessment of memory abilities in young and old? In L. W. Poon, J. L. Fozard, L. S. Cermak, D. Arenberg & L. W. Thompson (Eds.), *New directions in memory and aging. Proceedings of the George A. Thalland Memorial Conference* (pp. 519—538). New York: Lawrence Erlbaum.

Zelinski, E. M., Walsh, D. A. & Thompson, L. W. (1978). Orienting task effects on EDR and free recall in three age groups. *Journal of Gerontology, 33,* 239—245.

Zemore, R. & Eames, N. (1979). Psychic and somatic symptoms of depression among young adults, institutionalized aged and noninstitutionalized aged. *Journal of Gerontology, 34,* 716—722.

Zerssen, D. von (1971). Die Beschwerdeliste als Test. *Therapiewoche, 21,* 1908—1914.

Zerssen, D. von (1976a). *Die Befindlichkeits-Skala (Bf-S).* Weinheim: Beltz.

Zerssen, D. von (1976b). *Depressivitäts-Skala (D-S).* Weinheim: Beltz.

Ziegler, M. G., Lake, C. R. & Kopin, I. J. (1976). Plasma noradrenaline increases with age. *Nature, 261,* 333—335.

Zung, W. W. K. (1967). Depression in the normal aged. *Psychosomatics, 8,* 287—292.

Komponenten der Emotionen

5. Kapitel

Emotion und Kognition

Dietrich Dörner und Thea Stäudel

1 Einleitung

„Emotion und Kognition" — „Gefühl und Verstand": diese Begriffspaare werden in der Alltagspsychologie oft als gegensätzlich empfunden. „Gefühle" umgreifen den „ganzen" Menschen, sind „ichnah", aber verschwommen und schlecht beschreib- und analysierbar. — Verstand hingegen ist klar, bezieht sich auf unterscheid- und benennbare Inhalte, ist vielleicht computerisierbar, „ichfern" und deshalb „kalt".

Sind also emotionale Prozesse und Zustände und kognitive Prozesse und Zustände überhaupt unter einen Hut zu bringen? Immerhin heißt die Überschrift dieses Artikels ja „Emotion und Kognition". Nun: Gegensätze sind immer Gegensätze im Hinblick auf eine bestimmte Dimension. „Heiß" und „kalt" betreffen beide die Dimension „Temperatur". „Hell" und „dunkel" betreffen beide die Dimension „Helligkeit". Wenn Emotion und Kognition Gegenbegriffe sind: hinsichtlich welcher Dimension sind sie Gegenbegriffe? Befragt man hierzu die Alltagspsychologie, so bekommt man — so meinen wir — eine klare Auskunft. „Reagiere nicht in Wut und Ärger!" — „Überschlaf es!" — „Laß Deine Gefühle nicht Dein Handeln bestimmen!" — dies sind Maximen, die in dieser oder jener Form die Alltagspsychologie vorschlägt.

Diese Maximen beziehen sich auf den Gegensatz von Gefühl und Verstand. (Wir werden später, nämlich im Abschnitt 2.3, noch darauf eingehen, daß diese „Gegensätzlichkeit" von einer ganz bestimmten Form ist und keineswegs von der „hell-dunkel"-Art.) Sie besagen, daß man möglichst den Verstand einsetzen soll, wenn es nahe liegt, „gefühlsmäßig" zu handeln. Gefühl und Verstand beziehen sich in diesen Maximen auf die Handlungssteuerung oder doch auf die Vorbereitung derselben. Im Hinblick auf die Handlungssteuerung werden Gefühl und Verstand als Gegenspieler betrachtet. Also ist ihnen immerhin gemeinsam, daß beide handlungsleitende Systeme sind. Wenn nun zwei handlungsleitende Systeme beim Menschen vorhanden sind, und manchmal das eine, manchmal das andere „kommandiert", so stellen sich einige Fragen:

Zum einen fragt es sich, in welchem Verhältnis die beiden handlungsleitenden Systeme stehen. Zum anderen muß man sich fragen, wieso es *zwei* Systeme der Handlungssteuerung beim Menschen gibt, nämlich Kognition und Emotion? Eines sollte doch reichen! Wenn man diese Fragen beantworten will, so ist es zunächst einmal nötig, die Begriffe „Kognition" und „Emotion" einer genaueren Analyse zu unterziehen, um sodann den Bezug dieser Instanzen zur Handlungssteuerung zu untersuchen.

2 *Das Verhältnis von Kognition und Emotion im psychischen Geschehen*

2.1 Kognition

Der Begriff „Kognition" bezog sich — zumindest bis zur sogenannten „kognitiven Wende" — auf Erkenntnis und Erkenntnistätigkeit. (Mit „kognitiver Wende" wird in der Psychologie gern der Zeitpunkt — oder besser der Zeitraum — bezeichnet, von dem an in massiver Weise Theorien unter Bezug auf Konzepte der Informationsverarbeitungstechnologie gebildet wurden.) — Der Begriff „Kognition" bezog sich ursprünglich also auf die Gedächtnismodelle, die sich Menschen von der Welt machen, und auf die Prozesse, mit denen Menschen solche Modelle erstellen und modifizieren, also auf Denken und Lernen.

Seit der „kognitiven Wende" hat der Begriff Kognition eine fast unerträgliche Ausweitung seiner Bedeutung erfahren: für viele bedeutet er einfach „Informationsverarbeitung". Und wenn man heute von „Kognitionspsychologie" spricht, so meint man damit meist eine Psychologie, die ihre Gegenstände als Prozesse der Informationsverarbeitung ansieht oder als die Produkte von Informationsverarbeitungsprozessen. Der Begriff „Informationsverarbeitung" ist aber viel allgemeiner als der Begriff „Kognition"; als Informationsverarbeitungsprozeß kann man jeden Prozeß auf dieser Welt beschreiben, wenn man von seinen „materialqualitativen" und „energetischen" Aspekten absieht und nur den abstrakten Wirkzusammenhang betrachtet (s. Bischof 1968).

Es ist eine Sache des *Standpunktes,* einen Prozeß als Informationsverarbeitungsprozeß zu beschreiben. Es ist nicht der eine Prozeß „Informationsverarbeitung“, der andere nicht. Der Lauf eines Automotors z. B. kann (auch) als „Informationsverarbeitung“ betrachtet werden. Tut man dies, so betrachtet man den Automotor als ein Gefüge von voneinander abhängigen Variablen, die in bestimmter Weise aufeinander einwirken. Dieses „Wirkungsnetz“ kann man z. B. mit einem Computer simulieren. Der Computer simuliert dann die Art und Weise, wie sich die verschiedenen Variablen beeinflussen; er simuliert nicht die spezifische Form der Energieumwandlung oder die beteiligten Stoffe und Materialien. Daher kann man mit einem computersimulierten Automotor auch kein Auto antreiben. Man kann aber studieren, in welcher Weise sich die verschiedenen Variablen beeinflussen, und was geschieht, wenn bestimmte Variablen ihre Zustände, oder bestimmte Überführungsfunktionen ihre Charakteristika ändern.

Der Lauf eines Automotors kann also auch als Informationsverarbeitungsprozeß beschrieben werden; sicherlich aber ist er kein kognitiver Prozeß. — Es empfiehlt sich, kognitive Prozesse von Prozessen der Informationsverarbeitung scharf abzutrennen. Es ist sicherlich fruchtbar, psychische Prozesse im Allgemeinen, also auch kognitive Prozesse, als Informationsverarbeitungsprozesse zu betrachten; der Begriff „Informationsverarbeitung“ ist dann ein Oberbegriff auch für kognitive Prozesse. Aber nicht jede Informationsverarbeitung ist ein kognitiver Prozeß.

In diesem Artikel soll der Begriff Kognition in seinem ursprünglichen Sinn verwendet werden. Kognitive Prozesse sind also Prozesse, die unmittelbar den Aufbau oder den Umbau von Realitätsmodellen bewirken. („Unmittelbar“ ist wichtig; der Genuß einer Tasse Kaffee, der jemanden auf eine gute Idee bringt, ist kein kognitiver Prozeß, sondern erzeugt allenfalls ein „Klima“ oder eine „Atmosphäre“, in der kognitive Prozesse anscheinend besonders effektiv ablaufen.)

Kognitive Prozesse sind selbstverständlich handlungsleitende Prozesse. Handlungen werden vom Abbild der Realität, in der man sich jeweils bewegt, beeinflußt und das Abbild der Realität ist Produkt eines kognitiven Prozesses. „Denken: Das Ordnen des Tuns“: diesen Titel gab Aebli (1980) einer Monographie über das Denken und betonte damit die Rolle des Denkens für das Handeln.

Denkprozesse dienen dem Auf- bzw. Umbau von Modellen der Realität. Problemlösendes Denken betrifft das Planen von Handlungen aufgrund der Kenntnisse, die in einem Realitätsmodell niedergelegt sind. Wenn mein Schachspiel von der Art und Weise abhängt, wie der Realitätsbereich „Schach“ in meinem Gedächtnis niedergelegt ist, so steuert das entsprechende Realitätsmodell zweifellos mein Handeln. Realitätsmodelle als Produkte von kognitiven

Prozessen geben also dem Handeln seine Form. Die Reihenfolge der Handlungsschritte wird dadurch festgelegt. Dies mag manchmal in primitiver Weise erfolgen, indem lediglich die Inhalte eines Realitätsmodells als „Automatismen“ zur Verhaltenssteuerung abgerufen werden — und es mag manchmal in komplizierter Form erfolgen, indem langwierige und langdauernde Denkprozesse eine neue Abfolge der Handlungsschritte erzeugen. Der handlungssteuernde Aspekt der *Produkte* kognitiver Prozesse, nämlich von Realitätsmodellen, und der kognitiven *Prozesse* selbst, nämlich der Denk- und Lernprozesse, ist sinnfällig.

Kognitive Prozesse und ihre Produkte, die Realitätsmodelle, haben für die Verhaltenssteuerung gewissermaßen eine „analytische“, eine „auflösende“ Funktion (s. Klix 1988). Sie befreien von den fest vorgegebenen Mechanismen und Automatismen eines „präkognitiven“ Zustandes. Lebewesen, die „instinktgeleitet“ sind, müssen mit einem fest vorgeprägten „Weltbild“ auskommen, welches „Auslöser“ für bestimmte Verhaltensweisen enthält. (Äußere) Situation und (innerer) Mangel- oder Ungleichgewichtszustand bestimmen „automatisch“ das Verhalten. Wenn das System von (inneren, motivationalen, und äußeren, einen bestimmten Zustand der Umgebung indizierenden) Auslösern und Verhaltensprogrammen unveränderlich ist, so verfügen die Lebewesen nach unserer Definition nicht über kognitive Prozesse, genauso wenig, wie ein Zigarettenautomat über kognitive Prozesse verfügt (auch wenn er 2,— DM von 5,— DM Münzen unterscheiden und sie damit „erkennen“ kann, und wenn er Zigarettenpakete ausspuckt und sich damit „verhalten“ kann).

Ein vorprogrammiertes Verhaltensinventar zeichnet sich einerseits durch Starrheit aus, andererseits aber auch durch einen hohen Grad an „Entschiedenheit“ und „Entschlossenheit“. Lebewesen mit kognitiven Prozessen hingegen können ihre Realitätsbilder und damit ihre Verhaltensprogramme umbauen. Dadurch werden sie befähigt, sich neuen Umständen und wechselnden Situationen anzupassen. Ihre Verhaltensweisen sind ihnen nicht mehr fest vorgegeben. Im Extremfall stehen ihnen gar keine vorgefertigten Wege zur Erreichung eines bestimmten Zieles zur Verfügung, sondern nur gewissermaßen die Teilstücke solcher Wege. Es bleibt dem Lebewesen überlassen, daraus mögliche Wege zusammenzubauen. Problemlösendes Denken führt zur Synthese von neuen, den jeweiligen Situationen und dem jeweiligen Ziel angemessenen Verhaltensweisen. Kognitive Prozesse ermöglichen insgesamt eine feine Anpassung des Verhaltens an die jeweiligen Realitäten und an die gerade verfolgten Ziele.

Die Entwicklung kognitiver Prozesse im Gang der Phylogenese fordert allerdings ihren Preis: Die Entschiedenheit und Entschlossenheit des Handelns geht verloren, weil in vielen Situationen das Handeln nicht mehr „unbedenklich" erfolgen wird. Die Analyse der neuen Situation, die Bildung von Hypothesen und die damit verbundene Unsicherheit machen die Entscheidung schwer. Kognitive Prozesse stellen für eine gegebene Situation u. U. eine Vielzahl möglicher Verhaltensweisen bereit und ermöglichen eine große Zahl von Neukonstruktionen; es kann aber schwer fallen, unter diesen verschiedenen Verhaltensweisen auszuwählen oder den Konstruktionsprozeß neuer Verhaltensweisen abzuschließen, also aufzuhören zu denken. Unsicherheit und Unbestimmtheit sind der Preis, den die Natur für die Entwicklung kognitiver Fähigkeiten zahlen mußte. — (Wir werden sehen, daß den Emotionen im Konzert der psychischen Prozesse im Hinblick auf diese kognitiv erzeugte Unentschiedenheit und Unsicherheit eine wichtige Regulationsfunktion zukommt. Emotionen konterkarieren diesen Zustand der Unsicherheit teilweise.)

Wir haben nun den Begriff „Kognition" behandelt. Uns erscheint die Anbindung des Begriffes „Kognition" an den Aufbau und die Modifikation von Realitätsmodellen zwar global, aber doch brauchbar. Auf alle Fälle ist diese Konzeptualisierung des Begriffes „Kognition" erheblich brauchbarer als die Gleichsetzung von Kognition mit Informationsverarbeitung, die, oft nur implizit vollzogen, schon für einige Verwirrung gesorgt hat.

Auf einer implizit unterschiedlichen Konzeptualisierung von Kognition und Emotion beruht letztlich auch die sog. „Emotions-Kognitions-Debatte", die in den letzten Jahren vor allem von den Kontrahenten Zajonc (1980, 1984a, 1984b) und Lazarus (1982, 1984) geführt wurde. Die Kernfrage der Debatte war zunächst, ob Kognitionen eine unabdingbare Voraussetzung für die Entstehung von Emotionen seien oder nicht. Zajonc geht davon aus, daß ein Affekt auch ohne Beteiligung des kognitiven Systems entstehen und der Kognition vorausgehen kann („primacy of emotion"). Lazarus hingegen nimmt an, daß jeder Emotion ein Bewertungsprozeß vorausgehen muß, in dem die Lage des Individuums in der gegebenen Umwelt im Hinblick auf die Befriedigung seiner Bedürfnisse interpretiert wird. Und dieser Bewertungsprozeß ist seiner Auffassung nach ein kognitiver Prozeß („primacy of cognition").

Was verstehen Zajonc und Lazarus nun genau unter den Begriffen Emotion und Kognition? Bei Zajonc findet man (1984b, S. 241) die Aussage, daß er unter „cognition" diejenigen internalen Prozesse versteht, die bei „acquisition, transformation and storage of information" beteiligt sind. Auf den ersten Blick ist Kognition bei Zajonc also reine Informationsverarbeitung. 1984(a) allerdings schreibt er, daß die Minimalform einer Kognition die Transformation des sensorischen Inputs in irgendeine subjektiv *verfügbare* Form sei. Man kann dies „verfügbar" so verstehen, daß eine Information dann Kognition ist, wenn sie *bewußt* gemacht werden kann. Zajoncs Kognitionsbegriff scheint sich also auf die höchste Stufe von „Kognitionen" zu beschränken, nämlich auf die bewußten oder bewußtseinsfähigen.

Lazarus verwendet den Begriff Kognition demgegenüber sehr breit. Bei ihm sind bereits sehr basale Prozesse der Wahrnehmung „kognitive Prozesse". Bei Lazarus ist also jede Form der Informationsverarbeitung Kognition.

Fiedler (1983, S. 220) stellt nach einer fundierten Kritik einiger experimenteller Befunde, die Zajonc als Beleg für seine These anführt, fest: „Im Grunde meint Zajonc, wenn er von kognitionsunabhängigen Affekten spricht, nichts als unbewußte oder unreflektierte oder unterschwellige Prozesse, deren Existenz jedoch nichts Neues ist und gewiß von keinem kognitiven Psychologen in Frage gestellt wird." Dies aber wird von Zajonc, wie Leventhal (1984 b) feststellt, nicht expliziert. Und so beruht die gesamte Kognitions-Emotions-Debatte letztlich auf einer unterschiedlichen Konzeptualisierung der verwendeten Begriffe (siehe Kleinginna & Kleinginna, 1985, Plutchik, 1985, Leventhal & Scherer, 1987). Viel Licht auf die Frage, in welchem Verhältnis Kognition und Emotion zueinander stehen, wirft die „Kognitions-Emotions-Debatte nicht.

2.2 Die Funktion von Emotionen

Kognitive Prozesse und ihre Produkte steuern Verhalten! Was sollen nun die Emotionen in dem Spiel? Von einem „technischen" Standpunkt aus kann man sich fragen, wozu ein System, welches über Realitätsmodelle verfügt und außerdem über die Fähigkeit, diese Realitätsmodelle zu verändern und neu aufzubauen, noch das System der Emotionen als handlungssteuerndes System braucht. Es gibt doch die kognitiven Prozesse, die die Anpassung des Handelns an die jeweiligen Umstände ermöglichen. Die kognitiven Prozesse erzeugen neue, den jeweiligen Umständen angepaßte Verhaltensweisen und diese können automatisiert werden. Dadurch sind auch schnelle und komplexe Verhaltensregulationen möglich. Wozu nun noch Emotionen?

Die (negative) Antwort auf diese Frage ist implizit in der Auffassung enthalten, daß die Emotionen gewissermaßen ein „altes", phylogenetisch frühes Steuerungssystem darstellen (z. B. Zajonc 1984a, Izard im Druck), welches beim Menschen durch die Entwicklung des kognitiven Systems immer mehr „eigentlich" überflüssig geworden ist und (fast) nur störend wirkt (z. B. Dewey 1895, Woodworth 1940).

Die Auffassung, daß Emotionen ein störendes Relikt alter Zeiten sind, geht einmal an der Tatsache vorbei, daß mit der Fortentwicklung der kognitiven Fähigkeiten sich die Emotionen keineswegs zurückgebildet haben, sondern daß im Gegenteil mit der Fortentwicklung der kognitiven Fähigkeiten eine Fortentwicklung der Differenziertheit und Vielfalt der Emotionalität verbunden ist. Soweit wir dies beurteilen können, gibt es kein so emotionales Lebewesen wie den Menschen, und es gibt zweifellos auch kein so „kognitives" Lebewesen.

Untersuchungsergebnisse belegen, daß, in der *phylogenetischen* Reihe abwärtssteigend, der Verlust an Intellektualität mit einem Verlust an Emotionalität verbunden ist. Hebb (1949, Hebb & Thompson 1968), auf den sich in neuerer Zeit mehrere Emotionstheoretiker beziehen (Scherer 1981, Leventhal 1984 a, Izard 1978), verglich das Verhalten von unterschiedlich weit entwickelten Säugetieren. Er zeigt zunächst auf, daß der Mensch, verglichen mit den Tieren, in vielerlei Hinsicht intellektuell sehr hoch entwickelt ist (was ja nicht sehr überrascht). Der Mensch verfügt über kognitive Fähigkeiten, wie die Fähigkeit zum Problemlösen und zum Lernen, die Fähigkeit zu absichtsvoller, symbolischer Sprache und absichtsvoller dyadischer Kooperation, die sich in dieser Form und diesem Ausmaß im Tierreich nicht nachweisen lassen. Es zeigt sich nun bei der Untersuchung von Tieren, daß mit einer größeren intellektuellen Kapazität auch eine erhöhte emotionale Empfindlichkeit einhergeht. Je höher man in der phylogenetischen Reihe steigt, desto größer ist der Umfang der Auslösereize für Emotionen, desto größer ist auch die Variationsbreite hinsichtlich der Reaktionen und desto länger dauern emotionale Störungen. So verhalten sich Ratten in verschiedenen Situationen, die aggressives Verhalten nahelegen, immer ziemlich gleichartig aggressiv. Dahingegen zeigen Schimpansen sowohl leicht ärgerliches, als auch chronisch „böses" Verhalten. Schimpansen differenzieren also ihre Aggressivität. Desgleichen zeigt sich in der *Ontogenese* ein paraller Anstieg von Emotion und Kognition (vergl. Scherer 1982). So reagieren nach Hebb & Thompson (1968) erwachsene Schimpansen mit wesentlich mehr Angst als junge, wenn man sie mit einem leblosen Schimpansenkörper oder dem Lehmmodell eines Affen konfrontiert.

Was ist der Grund dafür, daß mit besser entwickelten kognitiven Fähigkeiten auch eine stärkere Emotionalität einhergeht? In Kapitel 2.1 wurde die „analytische" Funktion der Kognitionen erwähnt. Kognitive Prozesse dienen u. a. zur Auflösung und zur Resynthese von Verhaltensweisen. Doch der Ersatz der „fest verdrahteten" Reiz-Bedürfnis-Reaktionskopplungen, der Instinkte, durch kognitive Prozesse bedingt auch einen Verlust der Entschiedenheit und Schnelligkeit des Handelns. Kognitive Prozesse ermöglichen es, eine Situation detailliert zu analysieren, bevor man handelt. Das Verhalten muß aus einer Vielzahl möglicher Verhaltensweisen ausgewählt oder aus Teilstücken neu konstruiert werden. Und hier haben die Emotionen eine wichtige Integrations- und Regulationsfunktion, die diese Nachteile wieder wettmachen. Betrachten wir ein Beispiel:

Ich habe es eilig und strebe meinem Arbeitszimmer zu. In einer Viertelstunde beginnt die Vorlesung und ich will noch einmal kurz in das Vorlesungsskript hineinsehen, welches sich in meinem Arbeitszimmer befindet. Ich trete auf die Tür zu, drücke auf die Klinke; die Tür läßt sich nicht öffnen. Der Griff zum Schlüsselbund bleibt vergeblich, der Schlüsselbund findet sich nicht in der Hosentasche. Nun werde ich ärgerlich. Ich ziehe noch einmal kräftig an der Tür. Vergeblich! Ich werde wütend und schlage mit der Faust kräftig gegen das Schloß.

Mein Verhalten hier ist zweifellos emotional gesteuert. Zwar wird mein Verhalten auch bestimmt von dem „Realitätsmodell" Tür; ich ziehe nicht an irgendetwas und schlage nicht irgendwohin, sondern auf die jeweiligen neuralgischen Punkte. Mein „Ärgerverhalten" ist also durch das Produkt früherer kognitiver Prozesse, durch ein Realitätsmodell, geprägt. Es ist aber emotional und nicht nur kognitiv gesteuert, denn ich baue weder ein neues Modell der Realität auf, noch verändere ich das alte. Ich konstruiere auch keine neuen Verhaltensweisen.

Wie kommt es zu dieser emotionalen Steuerung? In der Beispielssituation war es notwendig, schnell an eine unabdingbare Voraussetzung für eine weitere Handlung, nämlich an das Vorlesungsmanuskript zu gelangen. Dies war zugleich wichtig. Der Ärger tauchte in dem Moment auf, in dem eine als erfolgssicher antizipierte Verhaltenssequenz, die auf ein Ziel hoher Relevanz gerichtet war, sich plötzlich als nicht zielführend herausstellte. Die „Kompetenzeinschätzung" zur Erreichung des Zieles sank plötzlich ab.

Die drei auslösenden Bedingungen für den Ärger sind also: hohe Bedeutsamkeit der Aufgabe, Zeitdruck und plötzlich und unerwartet geschwundene Kompetenz zur Erledigung der Aufgabe. (Natürlich erlebe ich dies nicht so, die einzelnen Komponenten bleiben mir wohl meist unbewußt). Der „Ärger" stellt zum einen gewissermaßen die Zusammenfassung dieser Komponenten zu einer „Situationsbeurteilung" dar und enthält zum anderen eine bestimmte Steuerung sowohl der inneren Prozese als auch des Verhaltens im Hinblick auf die Gesamtlage, in der das Individuum steht.

Wie sieht nun diese Steuerung aus? Nun: einmal *intensiviert* der Ärger mein Verhalten. Ich drücke besonders kräftig auf die Türklinke und schlage sehr heftig gegen das Türschloß. Zum zweiten *kanalisiert* der Ärger mein Verhalten. Denn es gibt immerhin eine ganze Menge Möglichkeiten, eine verschlossene Tür zu öffnen oder das damit verbundene Problem zu lösen. Man könnte es mit anderen Schlüsseln probieren. Man könnte den Hausmeister zu Hilfe rufen. Man könnte versuchen, über eine Nebentür oder aber über das Fenster das Innere des verschlossenen Raumes zu erreichen. Es könnte einem einfallen, daß man eine Fotokopie des Vorlesungsskriptes einem Kollegen geliehen hat, der drei Türen weiter sein Arbeitszimmer hat. Es gibt viele Wege, um das Ziel, dem man gerade nachgeht, zu erreichen. Charakteristisch für die Emotion „Ärger“ scheint zu sein, daß von diesen vielen Möglichkeiten nur eine ausgewählt und besonders nachdrücklich verfolgt wird. Die Emotion Ärger kanalisiert das Verhalten, indem sie eine bestimmte Verhaltensweise überakzentuiert und die anderen gar nicht erst im Bewußtsein auftauchen läßt. (Die in der Einleitung genannten alltagspsychologischen Handlungsmaximen wie „überschlaf es!“ oder „handle nicht in der ersten Wut!“ haben wohl gerade den Sinn, jene kanalisierenden Wirkungen bestimmter Emotionen aufzuheben und die gesamte „Breite“ des Verhaltensspektrums zur Erreichung eines bestimmten Zieles wieder zur Verfügung zu stellen.)

Was soll diese Intensivierung und Kanalisierung des Verhaltens? Der Sinn dieser Form von emotionaler Verhaltenssteuerung ist wohl, daß dadurch das Verhalten an die Erfordernisse der Realität in Relation zur „inneren Gesamtlage“ des Handelnden angepaßt wird. Der Ärger betrifft nicht einfach die Aufgabe, die Tür zu öffnen. Er betrifft die Lösung der Aufgabe „öffne die Tür!“ im Gesamtkontext der Handlungsplanung für den Vormittag. Es ist wichtig und es muß schnell gehen! Der Ärger betrifft die Wichtigkeit des angestrebten Endziels und den Zeitrahmen, in dem dieses erreicht werden muß. Insgesamt integriert er die verschiedenen Aspekte der Gesamtsituation und es ergibt sich daraus eine bestimmte Form der Steuerung des Verhaltens und auch der inneren Prozesse, des Denkens beispielsweise und des Erinnerns.

Verallgemeinert man dieses Beispiel etwas, so könnte man sagen: eine Emotion faßt bestimmte Merkmale der Situation, in der das Individuum steht, zu einem „Lagebericht“ zusammen. Zum anderen erfolgt aufgrund dieses Lageberichts eine bestimmte Steuerung sowohl der inneren als auch der äußeren Prozesse.

Mit der „Situation“, über die der „Lagebericht“ erstellt wird, ist nun keineswegs nur die *augenblickliche* Lage gemeint. Vielmehr ist damit all das gemeint, was das Individuum gerade an Zielen anstrebt, an Erfolgen erhofft, an Mißerfolgen befürchtet, von der Zukunft erwartet. Es geht die Wichtigkeit der Ziele ein und auch der Zeitrahmen, der für die Erfüllung der Ziele gesetzt ist. Wir werden im nächsten Abschnitt sehen, wie eine solche Lagebeurteilung innerhalb eines psychischen Systems tatsächlich aussehen kann.

(Natürlich nehmen wir nicht an, daß diese Lagebeurteilung etwas mit bewußten Prozessen zu tun hat. Der Begriff „Urteil“ ist also hier etwas problematisch, aber wir finden im Augenblick keinen besseren.)

Die „Lagebeurteilung“ wirkt steuernd auf innere und äußere Prozesse der Verhaltensregulation und der Verhaltensvorbereitung. Im Falle „Ärger“ wird z. B. alles auf „schnelle Erledigung“ geschaltet.

Insgesamt stellen die Emotionen, so könnte man verallgemeinern, die Einheit des Verhaltens und Handelns wieder her, die durch kognitive Prozesse immer in der Gefahr ist, verloren zu gehen, da diese sich immer, „analytisch“, wie sie nun einmal sind, auf den Einzelprozeß beziehen. — Um das Ärgerbeispiel mit dem nicht erreichbaren Vorlesungsmanuskript etwas zu überziehen: überließe man die verschlossene Tür der Kognition allein, so würde diese sich vielleicht daranmachen, die Beschaffung einer Feile zur Zurechtfeilung eines Eisenstückes zu einem Schlüssel zu planen. Der Ärger setzt hier ein Stoppsignal: „nicht weiter daran denken; das würde zu lange dauern!“ würde man zu hören bekommen, wenn sich Ärger und Kognition tatsächlich unterhalten würden. Tatsächlich aber geht wohl der Ärger roher mit der Kognition um und blockiert sie einfach bis auf geringe Restaktivitäten.

Die oben genannten Handlungsmaximen und das Ärgerbeispiel legten es nahe, die Funktion des Ärgers eher als negativ zu sehen, und als nicht geeignet, eine den Erfordernissen der Realität gemässe Verhaltensauswahl zu treffen. Und man könnte von daher die Notwendigkeit einer emotionsgesteuerten Integration der spezifischen Absichtserledigung in die Gesamtlage des Individuums bezweifeln. Es sei zugestanden, daß in dem Demonstrationsbeispiel die „blinde“ Ärgerreaktion wohl eher kontraindiziert ist. In anderen Situationen aber, in denen wirklich schnelles Handeln erforderlich ist, könnte der Ärger sehr nützlich sein. Eine detaillierte, kognitive Analyse der verschiedenen Handlungsmöglichkeiten in einer Gefahrensituation im Verkehr beispielsweise, könnte — im Sinne des Wortes — tödlich sein.

Immerhin können wir diesen Abschnitt ganz befriedigt abschließen. Wir haben eine einfache Formel für das Verhältnis Kognition — Emotion gefunden: Kognition löst auf, vereinzelt die Verhaltensformen und liefert damit die Grundlagen für die Fähigkeit eines Individuums, sich immer neuen Situationen anpassen zu können. Und die Emotionen sorgen dafür, daß bei all dieser Analyse das Handeln des Individuums integriert bleibt und nicht (allzu sehr) auseinanderfällt.

Wenn diese Formel auch einfach ist, so ist doch aus ihr leicht ableitbar, warum niedere Tiere sowohl wenig an Kognition als auch wenig an Emotion zu bieten haben und warum sowohl in der Phylo- als auch in der Ontogenese Emotionalität und Intellektualität korrelieren. Und andererseits ist in dieser Formel auch enthalten, daß Emotionen und kognitive Prozesse Gegenspieler sind und sich u.U. schlecht vertragen.

2.3 Was sind Emotionen?

Wir haben bislang viel über Emotionen geredet, über den Zusammenhang zwischen Emotion und Kognition im allgemeinen und über die Funktionen, die Emotionen haben können. Wir wollen nun in diesem Abschnitt die globale Beschreibung von Emotionen als Instanzen, die aufgrund eines „Lageberichts" psychischen Prozesse steuern, differenzieren und beschreiben, was man nun eigentlich hinter dem „Lagebericht" zu vermuten hat und wie die Steuerung geschieht.

Wir waren davon ausgegangen, daß Emotionen und Kognitionen etwas mit *Handlungsregulation* zu tun haben (s. Abschnitt 2.1). Was nun heißt eigentlich Handlungsregulation? Ziemlich viel und ziemlich viel Verschiedenes! Bei einer Handlung macht man etwas; eine Handlung ist also ein Verhalten. Aber nicht jedes Verhalten ist eine Handlung; die Handlungstheoretiker sind sich darin einig, daß, wenn jemand auf einer Bananenschale ausrutscht, dies keine Handlung sei. Sie betonen, daß eine Handlung *zielgerichtet* sein muß; man strebt mit einer Handlung etwas an. Ein handlungsregulierendes System muß also Ziele haben und auch solche erzeugen können. (Ein Kühlschrank hat auch ein Ziel, er kann aber keines erzeugen, deshalb würde man ihm vielleicht die Fähigkeit zum Verhalten, nicht aber Handlungsfähigkeit zusprechen.) Weiterhin wird man gewöhnlich einfache Verhaltensformen, wie z.B. das Niesen, nicht als „Handeln" bezeichnen. Handlungen sind komplexere Verhaltensformen.

Schon im Wort „Handeln" ist enthalten, daß es darüberhinaus beim Handeln um etwas Problematisches geht; es ist etwas nicht genau festgelegt, sondern muß „ausgehandelt" werden. Handlungen werden, zumindest teilweise, bedacht; sie enthalten Probleme, die gelöst werden müssen. Viele Handlungstheoretiker sprechen auch von Handeln nur dann, wenn ein Verhalten *bewußt* erfolgt.

Wir können hier natürlich nicht alle Facetten des Handlungsbegriffs diskutieren (siehe hierzu Lenk 1981 oder Werbik 1978), insgesamt aber muß ein System der Handlungsregulation komplexe, zielgerichtete Verhaltensweisen hervorbringen können, bei denen es „bewußt" Probleme löst. Wir wollen nun im Abschnitt 2.3.1 zunächst die Architektur eines Systems der Handlungsregulation schildern, um dann in 2.3.2 zu schildern, was Emotionen mit einem solchen System zu tun haben.

2.3.1 Die Architektur eines Systems der Handlungsregulation

In diesem Abschnitt wollen wir die funktionale Struktur eines Systems der Handlungsregulation schildern. Wir möchten also beschreiben, aus welchen Instanzen der Informationsverarbeitung und aus welchen Datenstrukturen ein System bestehen könnte, welches „handelt". Dieses System soll uns als Bezugsbasis für die Besprechung theoretischer Ansätze und empirischer Befunde dienen.

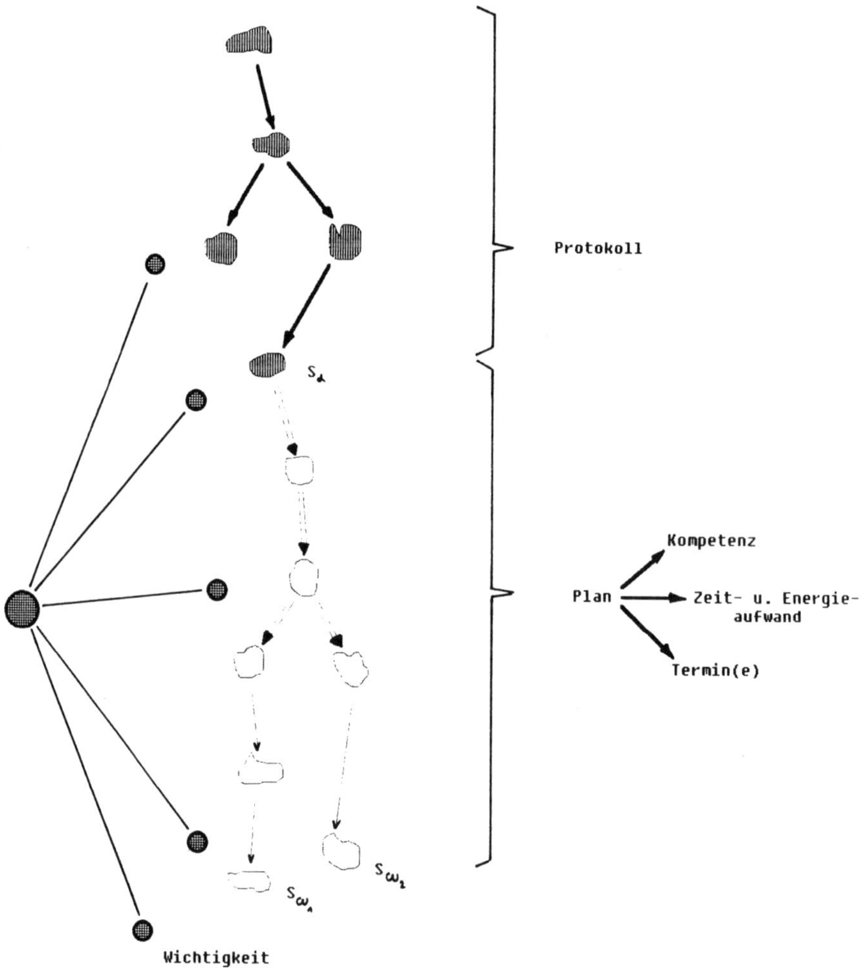

Abb. 1: Die Struktur einer „Absicht"

Als erstes muß ein handlungsregulierendes System Ziele oder „Absichten" (zum Begriff „Absichten" s. u.) erzeugen können. Ohne Ziele kein Handeln! Die Erzeugung von Zielen muß in Beziehung zur augenblicklichen Situation stehen; man wird in einer bayrischen Landgaststätte nicht frische Krabben haben wollen, um seinen Hunger zu stillen. Die jeweiligen „Absichten" müssen also (oder: sollten) *situationsangemessen* sein; sie sollten der augenblicklichen Situation und dem, was man über die Verhaltensmöglichkeiten in dem jeweiligen Realitätsausschnitt weiß, entsprechen. Ein System der Handlungsregulation muß also auch die Fähigkeit zur *Wahrnehmung*, zur Identifikation der Bestandteile seiner Umgebung haben.

Wir wollen nun den Begriff „Absicht" etwas spezifizieren. Mit „Absicht" möchten wir einen Gedächtnisinhalt bezeichnen, der ein Ziel enthält und darüberhinaus mehr oder minder gut ausgearbeitete Informationen darüber, wie man von der gegebenen Situation (der *Startsituation*) aus das Ziel errreichen kann. Eine Absicht umfaßt also auch „Handlungspläne". Außerdem kann eine Absicht Wissen darüber enthalten, was man bisher getan hat, um das Ziel zu erreichen, Wissen also gewissermaßen über die „Geschichte" der Absichtserledigung. Weiterer Bestandteil einer Absicht ist ein mehr oder minder explizites Wissen um die Wichtigkeit der Absicht und ggf. auch über ihre Dringlichkeit. Eine Absicht ist also etwas Komplexeres als ein Ziel; es enthält um ein Ziel herum eine Menge von zielbezogenen Informationen. Abb. 1 zeigt, wie man sich eine Absicht als Informationsbündel mit den einzelnen Komponenten, die wir gerade nannten, vorstellen kann (zur Vertiefung s. Dörner 1984a, 1986).

Wenn ein handlungsregulierendes System Absichten hat und auch solche erzeugen kann, so wird es zu einem bestimmten Zeitpunkt *mehrere* Absichten haben können. Gewöhnlich aber kann es zu einem Zeitpunkt nur eine ausführen. Also braucht unser System einen *Auswahlmechanismus*, um jeweils eine Absicht aus den vorhandenen zur Behandlung auszuwählen. Nach dem zu fordernden Mechanismus zur Erzeugung von Absichten und nach dem Wahrnehmungssystem wäre ein solcher Auswahlmechanismus die dritte zu fordernde Instanz eines Systems zur Handlungsregulation.

Wenn man die Erfüllung von Absichten anstrebt, so stellen sich die erwünschten Ziele gewöhnlich nicht von selbst ein, man muß etwas für sie tun, man muß sie voranbringen. Ein handlungsregulierendes System muß also etwas tun können, um den jeweils *gegebenen* Zustand in Richtung auf den gewünschten Endzustand zu bewegen. Es braucht eine Art von *Exekutive*, welche die Absicht voranbringt. Diese Exekutive muß Verhalten in Gang setzen oder auch fehlende Verhaltensweisen „konstruieren" können.

Ein System, welches alle diese Komponenten enthält, ist in Abb.2 dargestellt. Abb.2 stellt die Architektur eines handlungsregulierenden Systems dar. In den Kästchen sieht man die Instanzen der *Informationsverarbeitung* (also die Funktionen des Systems), in den ovalen Einheiten die Datenstrukturen, die von den Informationsverarbeitungssystemen als „output" erzeugt, bzw. von ihnen als „input" verwendet werden. Betrachten wir nun diese Struktur im Einzelnen:

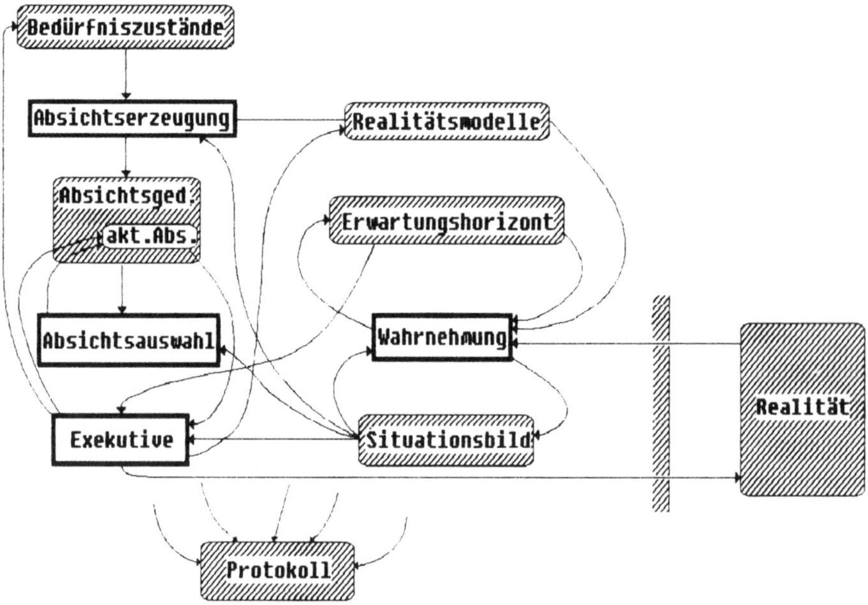

Abb. 2: Ein System zur Absichtsregulation

In der Abbildung sieht man vier verschiedene Blöcke, die mit „Absichtserzeugung", „Absichtsauswahl", „Exekutive", „Wahrnehmung" bezeichnet sind. Diese Teilsysteme verarbeiten jeweils spezifische Informationen. Beginnen wir mit der Absichtserzeugung. Dieses Teilssystem „sagt" dem Gesamtsystem gewissermaßen, was zu tun ist. Zu diesem Zwecke spürt es „Ungleichgewichte" auf. Ein „Ungleichgewicht" kann alles mögliche sein. Es kann z. B. ein Mangel an Flüssigkeit sein, ein Zuviel an Wärme, ein Zuviel an Information, ein Zuwenig an Information, ein Zuwenig an Blutzucker, ein Zuwenig an sozialer Zuwendung, Schmerz usw. Wir wollen hier davon absehen, zu diskutieren, welches die „Ungleichgewichte" sind, die der menschlichen Motivation generell zugrunde liegen; es gibt eben Ungleichgewichte oder „Bedürfnisse", und die Tendenzen zu ihrer Beseitigung sind die Grundtriebkräfte des Verhaltens und Handelns.

Die Funktion „Absichtserzeugung“ reagiert also auf diese Bedürfnisse, indem es sie zum einen in Verbindung mit der Datenstruktur, die in der Abb.2 „Realitätsmodelle“ genannt wird, bringt. Auf die Binnenstruktur von Gedächtnissystemen, die die Realität abbilden, wollen wir hier nicht genau eingehen (s. Dörner, Schaub, Stäudel & Strohschneider 1988); auf alle Fälle enthält das Gedächtnis in den „Realitätsmodellen“ Informationen über die Zustände und Verhaltensweisen, die geeignet sind, Ungleichgewichte zu beseitigen. Eine mögliche Grundeinheit eines Realitätsmodells ist ein *Aktionsschema.* Ein Aktionsschema ist ein Informationsbündel, welches in verbalisierter Form folgendermaßen aussieht: „Wenn man unter Bedingung X das Verhalten Y aktiviert, ergibt sich das Ergebnis Z“. (Aktionsschemata liegen im Gedächtnis nun gewöhnlich nicht oder nicht nur in verbalisierter Form vor, sondern als sensumotorische Regulationsprogramme. Ein sensorischer Input, der in das Eingangsschema eines Aktionsschemas paßt, kann ein motorisches Programm auslösen, welches zu einem bestimmten Ergebnis führt.)

Durch die „Absichtserzeugung“ werden die „Bedürfnisse“ des Systems in Verbindung mit den Realitätsmodellen *und* dem Situationsbild des Systems gebracht. Ein Bäckerladen beispielsweise ist bestens dafür geeignet, einen Mangel an Blutzucker zu beseitigen, und so fällt mir beim Auftauchen eines Hungergefühls in meinem Arbeitszimmer in der Universität der nahegelegene Bäckerladen ein; es wird eine Absicht gebildet mit einem Ausgangszustand, dem Zielzustand und einem Plan, nämlich der Sequenz von Aktionsschemata, die mich von meinem Arbeitszimmer zum Bäckerladen führen. In einer anderen Situation als in meinem Arbeitszimmer in der Universität würde mir anderes einfallen, zuhause vermutlich der Kühlschrank; denn in einer anderen Situation ist das Situationsbild eben anders.

Damit man für eine Absicht die richtigen Wege und die richtigen Zielzustände finden kann, muß man wissen, was im Moment der Fall ist. Daher muß die Absichtserzeugung außer den Realitätsmodellen noch die Datenstruktur „Situationsbild“ bei der Erzeugung von Absichten berücksichtigen. In diesem Situationsbild befindet sich die Information darüber, in welcher Situation sich das System augenblicklich befindet. Von dieser gegebenen Situation aus werden mögliche Wege hin zu der Zielsituation gesucht. Diese Wege bilden den „Plan“ für die Verwirklichung der Absicht. Aus diesem Plan ergibt sich außerdem die „Kompetenz- und Aufwandsschätzung“ für die Durchführung des Planes, also die Schätzung der Erfolgswahrscheinlichkeit für die Absicht. Die *Kompetenzschätzung* ist das subjektive Vertrauen des Individuums, daß der ins Auge gefaßte Plan zur Erledigung der Absicht auch funktioniert. Solche Kompetenzschätzungen tauchen auf in Äußerungen wie: „das kann ich natürlich schaffen!“, „das ist ziemlich ungewiß!“ oder „das schaff’ ich nie!“.

Weiterhin ist in dem Plan Information über den Zeitaufwand enthalten, der nötig ist, um die Absicht zu verwirklichen. Dieser ergibt sich mehr oder minder genau aus dem Zeitaufwand für die einzelnen Operationen, aus denen der Plan besteht. Aus der Größe des zugrunde liegenden „Ungleichgewichtes" ergibt sich die *Wichtigkeit* einer Absicht.

Die Absichtsauswahl ist also eine Instanz, die ständig Absichten aufgrund der existierenden Ungleichgewichte, aufgrund der augenblicklichen Gegebenheiten und aufgrund der im Gedächtnis vorhandenen „Realitätsmodelle" erzeugt.

Die Absichten werden in einem „Absichtsgedächtnis" gespeichert. Jedes Individuum hat wohl ständig eine ganze Menge von Absichten. Man muß noch einen Brief schreiben, ein Buch bei der Bibliothek vorbeibringen, ein halbes Pfund Butter einkaufen, ein Referat vorbereiten, usw., usw. Da Menschen bekanntlich Individuen sind, sich also nicht in verschiedene „Handlungssysteme" zerlegen können, sondern „unteilbar" handeln müssen, ist gewöhnlich auch nur eine Absicht zu einem Zeitpunkt ausführbar. Wer bestimmt nun, welcher Absicht sich ein Individuum zu einem bestimmten Zeitpunkt widmet? Wir brauchen auch hierfür eine Instanz und in der Abb. 2 haben wir diese „Absichtsauswahl" genannt. Im einfachsten Fall könnte die Absichtsauswahl z. B. so funktionieren, daß jeweils diejenige Absicht als „aktuelle Absicht" ausgewählt wird, die im Augenblick im Hinblick auf Wichtigkeit und Erfolgserwartung an oberster Stelle steht.

Die Auswahl nach der Erfolgswahrscheinlichkeit und dem „Gewicht" einer Absicht ist in der Psychologie der Motivation als „Erwartungs-Wert-Prinzip" bekannt. Formal lautet es: diejenige Handlungstendenz oder Absicht setzt sich durch, für die das Produkt aus Wichtigkeit und Erfolgserwartung maximal ist. (Man kann im Einzelnen zeigen (s. Dörner 1984b), daß das Erwartungs-Wert-Prinzip nicht ganz hinreichend ist, um eine erfolgreiche Absichtsauswahl durchführen zu können. Es muß beispielsweise zusätzlich ein Sicherungsmechanismus angenommen werden, welcher die aktuelle Absicht gegen ihre Konkurrenten verteidigt. Die aktuelle Absicht muß also eine gewisse „Trägheit" oder „Beharrungstendenz" haben und darf nicht allzu schnell von ihren Konkurrenten vom Zugang zu den handlungsleitenden Systemen verdrängt werden können. Sonst ergibt sich eine allzu große Instabilität im Verhalten. Diese „Trägheit" ist eine Ingredienz der „emotionalen" Arbeitsweise des Systems. Wir kommen darauf zurück.)

Eine ausgewählte Absicht wird „behandelt". Die Absichtsbehandlung kann auf zwei Ebenen erfolgen (s. Reason 1987). Die erste Ebene ist die Ebene der „Automatismen". Wenn es bei der Absicht um die Erledigung einer Routineangelegenheit geht, die wiederholt schon durchgeführt worden ist, so wird ganz einfach das entsprechende „Verhaltensprogramm“ in Gang gesetzt, wenn die Absicht ausgewählt wird. (Solche Routineabsichten könnten z. B. sein: „Zähne putzen“, „Kaffee kochen“, u. ä.) Gibt es aber keinen kohärenten Plan für die Absicht, der aus dem jeweiligen Realitätsmodell abgerufen werden kann, so wird die Absicht der zweiten Stufe der Behandlung zugeführt: das System löst „Probleme“. Die zweite Stufe ist also gewissermaßen die „Denkstufe“ des Systems. Diese zweite Stufe besteht darin, daß neue Verhaltensweisen konstruiert werden. Dafür werden Heurismen verwendet, d. h. Verfahren zum Auffinden neuer Verhaltensweisen (Duncker 1935). Im einfachsten Fall kann es sich hierbei um Versuch-Irrtums-Verhaltensweisen handeln. Beim Menschen kommt das ganze Arsenal von Problemlösemethoden hinzu, die man im Laufe einer lebenslangen Auseinandersetzung mit Problemen gelernt hat.

Durch die Absichtsbehandlung wird die Absicht natürlich verändert. Wenn der jeweilige Zielzustand dabei erreicht wird, so verschwindet die Absicht aus dem Absichtsgedächtnis.

Die letzte Einheit der Abb.2, die wir besprechen müssen, ist die „Wahrnehmung“. Diese erzeugt ein „Situationsbild“, also das gewöhnlich ständig modifizierte Wissen über die Gegebenheiten der augenblicklichen Situation.

Mit der Wahrnehmung der jeweiligen Außenwelt ist aber noch mehr verbunden. Dadurch, daß sich in der Zeit Situationsbild an Situationsbild reiht, entsteht eine Datenstruktur, die wir in Abb.2 „Protokoll“ nennen. Das „Protokoll“ enthält die Geschichte des Systems, also das, was in der Vergangenheit alles der Fall gewesen ist. Ein solches Protokoll ist nicht unwichtig für ein handlungsregulierendes System, da es sich ja ggf. *zurückorientieren* muß, um innerhalb eines bestimmten Realitätsbereichs z. B. neu beginnen zu können, wenn die zunächst erprobten Lösungsansätze nicht zum Erfolg geführt haben. (In das „Protokollgedächtnis“ geht aber nicht nur die Abfolge der verschiedenen Situationsbilder ein, sondern auch die Tätigkeit der Exekutive, also all das, was z. B. gedacht wird, um eine Absicht zu erledigen. Wir möchten hier auf die genaue Struktur eines solchen Protokollgedächtnisses nicht eingehen.)

Ein weiteres indirektes Produkt der Wahrnehmung ist der „Erwartungshorizont“. Der Erwartungshorizont wird aufgrund der gegebenen Situation und aufgrund der „Realitätsmodelle“ gebildet . „Wenn x der Fall ist und wenn ich weiß, daß x eine konkrete Form von X ist und wenn X gewöhnlich in Y übergeht, dann wird y der Fall sein!“: das ist, in expliziter Form, die Art von Schlüssen, durch die der Erwartungshorizont erzeugt wird. Der Erwartungshorizont stellt also eine Extrapolation der gegebenen Situation aufgrund des Wissens über deren gewöhnliche Fortentwicklung dar. Er enthält Informationen darüber, was man in der näheren und ferneren Zukunft zu erwarten hat.

Soweit zu den vier Informationsverarbeitungseinheiten und zu den Datenstrukturen, mit denen sie arbeiten. Wir wollen annehmen, daß die entsprechenden Einheiten simultan arbeiten, also zeitlich parallel zueinander. Es werden also ständig neue Absichten erzeugt, bzw. bei einem wechselnden Umgebungsbild auf einen neuen Stand gebracht. Die Absichtsauswahl läuft ständig und führt u.U. zu einer Unterbrechung der laufenden Absichtsbehandlung dadurch, daß eine neue Absicht stärker wird, als die gerade behandelte. Es wird ständig ein neues Situationsbild erzeugt und — darauf aufbauend — ein Erwartungshorizont. Die sich aufschichtenden Situationsbilder bilden das Protokollgedächtnis oder einen Teil davon.

Das ganze System handelt. Absichten entstehen, kämpfen um ihren Zugang zur Exekutive, werden behandelt und vielleicht erledigt, die Behandlung erfolgt entsprechend der augenblicklichen Umgebungsbedingungen.

(Das geschilderte System ist *ein* mögliches System der Handlungsregulation, nicht notwendigerweise das *einzig mögliche.* Im Augenblick erscheint es uns aber ganz plausibel als Abbild der menschlichen psychischen Instanzen der Handlungsorganisation. Auf alle Fälle ist es, wie man im nächsten Abschnitt sehen wird, ganz gut geeignet, um die Rolle von Emotionen bei der Handlungsorganisation zu erörtern.)

2.3.2 Emotionen und Handlungsregulation

Wir haben gerade ein System der Handlungsregulation skizziert, welches über eine Reihe von Informationsverarbeitungsinstanzen und über eine Reihe von Datenstrukturen verfügt und letztere ständig umarbeitet. In diesem System findet man Informationsverarbeitungsprozesse und auch kognitive Prozesse. So werden bei der Absichtsbehandlung u. U. neue Handlungswege erzeugt, die dem Vorrat an vorhandenen Realitätsmodellen angefügt werden. Aber Emotionen finden wir bislang nicht in dem System! Brauchen wir sie nicht? Oder sind sie irgendwo verborgen? Auf diese Fragen wollen wir nun eine Antwort versuchen.

Analysiert man die Arbeitsweise des Systems etwas genauer, so wird man feststellen, daß das System so, wie wir es bislang geschildert haben, nicht sehr gut funktionieren würde! Die einzelnen Informationsverarbeitungsinstanzen arbeiten nur dadurch zusammen, daß sie füreinander in- und outputs produzieren, sonst aber sind sie unabhängig. Die Absichtsbehandlung z. B. erfolgt, ohne daß der jeweilige Gesamtzustand des Systems berücksichtigt wird. Das ist nicht sehr vernünftig. Die Absichtsbehandlung sollte z. B. abhängig sein von der Menge der Absichten im Absichtsgedächtnis. Gibt es viele und wichtige Absichten, die auf die Erledigung warten, so sollte die Absichtsbehandlung beschleunigt werden. Dies könnte in verschiedener Weise geschehen. Man könnte einfach schneller arbeiten. Oder man könnte ungenauer, gröber arbeiten. Oder man könnte die Zielkriterien für die gerade bearbeitete Absicht herabsetzen und sie nicht optimal, sondern lediglich „zufriedenstellend" erledigen. Parameter für die Absichtsbehandlung wären also „Geschwindigkeit", „Genauigkeit", „Anspruchsniveau". Je nach Einstellung dieser Parameter würde die Behandlung einer Absicht ganz verschieden erfolgen; mal würde die erste beste Verhaltensweise, die zu einer Absicht in etwa paßt, ausgewählt werden, mal würden die verschiedenen Erledigungsmöglichkeiten genau geprüft werden.

Generell geht es also darum, daß für die einzelnen Instanzen der Informationsverarbeitung Parameter so eingestellt werden, daß die Instanzen ihre Arbeitsweise der Gesamtsituation anpassen. Neben den Parametern für die Absichtsbehandlung lassen sich auch für die anderen Instanzen Parameter angeben, die die Arbeitsweise an bestimmte Erfordernisse adaptieren. Es wäre z. B. sinnvoll, die Absichtserzeugung mit jeweils verschiedenen *Schwellen* arbeiten zu lassen. Manchmal sollte die Absichtserzeugung „feinfühlig" erfolgen und schon Ungleichgewichte geringen Grades in Absichten verwandelt werden. In Zeiten hoher Belastung sollten nur sehr große Sollwertabweichungen beachtet werden, um auf diese Weise Zusatzbelastungen in Grenzen zu halten.

Auch die Wahrnehmung könnte mit verschiedenen Parametern arbeiten. Mal könnte die gesamte Umgebung relativ vollständig abgetastet werden, mal nur ausschnittsweise. Eine nur ausschnittsweise Betrachtung der Umwelt wäre in Situationen hoher Belastung des Gesamtsystems sinnvoll; sie würde die Wahrnehmungskapazität des Systems auf die jeweils relevanten Aspekte des Umfeldes beschränken. Darüberhinaus könnte der einzelne Abtastvorgang in dem einen Fall sehr genau sein und alle Details eines Objektes betreffen oder er könnte lediglich auf die Erfassung der globalen Hauptmerkmale eines Objektes gerichtet sein. Folgende Parameterkombinationen wären also für die Wahrnehmung möglich:

„Konzentriert — genau": innerhalb eines engen Ausschnittes detaillierte Informationsaufnahme.

„Konzentriert — global": innerhalb eines engen Ausschnittes Beschränkung auf die „wesentlichen" Merkmale (geringster Aufwand!).

„Unzentriert — genau": sehr genaue Abtastung des gesamten Umfeldes (sehr aufwendig!).

„Unzentriert — ungenau": globaler Rundumblick.

Ein für die Absichtauswahl sinnvoller Parameter wäre die *Unterschiedsschwelle*. Mal könnte die aktuelle Absicht schon fallengelassen werden, wenn eine andere im Hinblick auf ihr „Absichtsgewicht" (z. B. Wichtigkeit * Erfolgswahrscheinlichkeit) geringfügig über der aktuellen Absicht liegt. Unter diesen Umständen würde sich ein relativ häufiger Wechsel der Absichten in der Zeit ergeben; das System würde in einem bestimmten Zeitraum viele Dinge nebeneinanderher betreiben. Wäre aber die Absichtsauswahl auf hohe Unterschiede eingestellt, so würde die aktuelle Absicht nur dann gewechselt, wenn das Absichtsgewicht einer anderen Absicht sehr deutlich über dem Absichtsgewicht der aktuellen Absicht liegt; das System wäre nur wenig ablenkbar.

Verschiedene Parameterkombinationen für die verschiedenen Instanzen der Informationsverarbeitung würden für das System sehr verschiedene Verhaltensformen bedeuten. Man stelle sich einmal ein System mit folgenden Parametern für die verschiedenen Instanzen vor:

Absichtsbehandlung: schnell, ungenau, geringes Anspruchsniveau.
Absichtsauswahl: geringe Unterschiedsschwelle.
Wahrnehmung: konzentriert, global.
Absichtserzeugung: geringe Schwelle.

Ein System mit solchen Parametern der Informationsverarbeitung würde mal dieses, mal jenes aufgreifen, leicht durch die geringsten neuauftretenden Anforderungen abgelenkt werden, nichts richtig erledigen, die Umgebung nur ausschnittsweise und sehr grob wahrnehmen. Man würde vermutlich nicht zögern, das Gesamtverhalten des Systems als „ängstlich" zu kategorisieren.

Ein System mit den Parametern:

Absichtsbehandlung: langsam, genau, hohes Anspruchsniveau,
Absichtsauswahl: hohe Unterschiedsschwelle,
Wahrnehmung: konzentriert, global,
Absichtserzeugung: hohe Schwelle,

wäre kaum durch neu auftauchende Bedürfnisse ablenkbar, würde die Umgebung kaum noch wahrnehmen und würde die einmal aufgegriffene Absicht mit hoher Perfektionstendenz behandeln. Wäre es nun mit einer schwer oder gar nicht erledigbaren Absicht befaßt, die es nicht zu Ende bringen könnte, so würde man das Verhalten des Systems wohl als „schwermütig" oder „traurig" kennzeichnen.

Damit sind wir bei den Emotionen, zumindest bei ihren im Verhalten sichtbaren Komponenten. Wir wollen nun nicht alle möglichen Emotionen als

Parameterkombinationen der Informationsverarbeitungsinstanzen durchdeklinieren, obwohl dies eine reizvolle Aufgabe wäre. Sie ist aber zugleich auch kompliziert, da es wohl mit einer einfachen Zuordnung „Parameterkombination — Emotion" nicht getan wäre, sondern zusätzlich *Verläufe*, also Änderungen der Parameterkombinationen in der Zeit, betrachtet werden müßten. Hier kommt es uns auf die allgemeine These an: der emotionale Zustand des Systems entspricht den jeweilig eingestellten Parametern der Informationsverarbeitungsinstanzen des Systems bzw. der Aufeinanderfolge der Parameter.

Wer aber stellt die Parameter ein? Die Parameter könnten sich zum Teil aus Merkmalen der Datenbestände des Systems ergeben, zum Teil aus spezifischen „Moderatorsignalen", die bestimmte Informationsverarbeitungsinstanzen an andere senden. Dies wollen wir nun darstellen.

Das Absichtsgedächtnis enthält zu einem bestimmten Zeitpunkt eine bestimmte Anzahl von Absichten. Diese können mehr oder minder wichtig sein und die mit ihnen verbundenen Pläne mehr oder minder erfolgversprechend. Die Anzahl der Absichten, ihre Wichtigkeit und die mit ihnen verbundene Erfolgserwartung könnte sich auf die Parameter für die Absichtsauwahl und Absichtserledigung folgendermaßen auswirken:

Eine große Anzahl wichtiger Absichten sollte die Absichtsbehandlung auf „hohe Geschwindigkeit", „Ungenauigkeit" und „niedriges Anspruchsniveau" schalten, denn dann ist der Durchsatz an Absichten am höchsten und darauf kommt es ja bei einer hohen Zahl von Absichten an. Die Parameter der Absichtbehandlung sollten aber darüberhinaus noch von der jeweilig aktuellen Absicht abhängig sein, also von der Absicht, die gerade behandelt wird. Eine wichtige aktuelle Absicht sollte den Genauigkeits- und den Anspruchsniveauparameter generell erhöhen. Dadurch ergibt sich bei vielen und wichtigen Absichten eine mittlere Genauigkeit und ein mittleres Anspruchsniveau (Senkung durch die Anzahl der wichtigen Absichten, Erhöhung durch die aktuelle wichtige Absicht). Gibt es im Absichtsgedächtnis nur wenige, unwichtige Absichten und nur eine wichtige, so bekommt diese den maximalen Genauigkeits- und Anspruchsniveauwert.

Bei dieser Steuerung der Parameter für die Absichtsbehandlung könnte der *Erfolgserwartung* folgende zusätzliche Funktion zukommen: bei relativ hoher Erfolgserwartung werden die Parameter bei vielen vorliegenden Absichten nicht ganz so stark herabgesetzt wie bei niedrigen Erfolgserwartungen. — Generell würde also das Vorliegen von vielen Absichten zu einer Herabsetzung der drei Parameter der Absichtsbehandlung führen; sind aber die Erfolgserwartungen hoch, so fällt die Senkung der Parameter gemäßigt aus.

Die *Wichtigkeit* einer aktuellen Absicht sollte sich auch auf die Schwellen der Absichtserzeugung und der Absichtsauswahl auswirken. Generell sollte eine wichtige aktuelle Absicht in beiden Fällen für hohe Schwellen sorgen, denn dann wird sie wenig gestört durch neu entstehende Absichten oder durch Absichten, die sich nach Maßgabe von Umgebungsparametern zur Erledigung aufdrängen, z. B. weil sich plötzlich die Gelegenheit zur Erledigung einer Absicht bietet. — So mag der Verliebte, (der sicherlich einer „wichtigen Absicht“ nachgeht), Essen und Trinken vergessen. Wiederum könnte in diesem Zusammenhang der Erfolgserwartung eine Moderatorrolle zukommen; bei geringerer Erfolgerwartung sind die Schwellenerhöhungen für die Absichtsauswahl und die Absichtserzeugung nicht allzu hoch.

Auch auf die Wahrnehmung sollte sich die Wichtigkeit einer aktuellen Absicht auswirken. Eine einfache Formel für diese Wirkung könnte lauten: je wichtiger, desto mehr konzentriert sich die Wahrnehmung auf den jeweils absichtsrelevanten Teil der Realität. Auch hier könnte die Erfolgserwartung wieder moderierend wirken: bei geringer allgemeiner Kompetenz zur Erledigung der anstehenden Absichten, also bei niedriger Erfolgerwartung sollte die Aufmerksamkeit breiter gestreut sein, das System also „unkonzentrierter“ arbeiten, als bei hoher Kompetenz. Denn bei geringer Kompetenz werden eher unliebsame Überraschungen aus der Umgebung erwartet, während hohe Kompetenz bedeutet, daß man sich sicher fühlt.

Soweit zur möglichen Wirkung der Wichtigkeiten und Erfolgserwartungen, die mit den Absichten verbunden sind, auf die Einstellung der Parameter der Instanzen der Informationsverarbeitung des Systems. Die allgemeine These ist: Wichtigkeiten und Erfolgswahrscheinlichkeiten der im Absichtsgedächtnis vorhandenen Absichten und der gerade behandelten Absicht stellen die Parameter der Informationsverarbeitungsinstanzen so ein, daß diese der „Gesamtlage“ entsprechend arbeiten.

Über die Wichtigkeiten und die Erfolgserwartungen hinaus liefern aber die Instanzen der Informationsverarbeitung noch andere Beiträge zur Verstellung der Parameter ihrer Kollegen.

Betrachten wir etwas genauer, was alles mit der Wahrnehmung verbunden ist: diese erzeugt das Situationsbild und sekundär einen Teil des Protokollgedächtnisses und den Erwartungshorizont. Bei jeder neuen Informationsaufnahme wird nun jeweils geprüft, ob die neue Information kompatibel mit dem Erwartungshorizont ist oder nicht. Ist sie kompatibel, so sind die Gesetzmäßigkeiten, aufgrund derer der Erwartungshorizont erzeugt worden ist, in Ordnung; die entsprechenden Realitätsmodelle bilden anscheinend die Verhältnisse in der Realität richtig ab. Ergibt sich aber ein Widerspruch zwischen dem, was erwartet worden ist und dem, was tatsächlich eintritt, so ist irgendetwas nicht in Ordnung. Die Realitätsmodelle im Gedächtnis führten in diesem Falle zu einem falschen Erwartungshorizont. Diese Information sollte benutzt werden. In einem solchen Fall sollte eine spezifische Absicht erzeugt werden, nämlich eine *Explorationsabsicht.* Es sollte exploriert werden, wie das Realitätsmodell, welches den inadäquaten Erwartungshorizont erzeugte, geändert werden müsste, damit zukünftig ein besserer Erwartungshorizont gebildet werden kann.

Ist diese Explorationsabsicht wichtig genug, betrifft sie beispielsweise einen für die Existenz entscheidenden Bereich der Realität, so kann es geschehen, daß die entsprechende Absicht die bisherige Absicht verdrängt.

Eine solche „Schreckreaktion" (als subjektive Erscheinung der Inkompatibilität von Wahrnehmung und Erwartungshorizont) könnte weitreichende Folgen haben: Die Invalidierung eines Teiles der Realitätsmodelle des Systems könnte dazu führen, daß die Kompetenz für eine Reihe von Absichten plötzlich stark absinkt — mit allen Folgen für die Einstellung der Parameter des Systems.

Über ein solches „Bruch-einer-Erwartung-" oder „Schrecksignal" hinaus sollte die „Wahrnehmung" noch ein „Neuigkeitssignal" aussenden können. Dies sollte gesendet werden, wenn es während des Wahrnehmungsvorganges nicht gelingt, eine Information aus der Umwelt auf eines der Schemata zurückzuführen, die in den Realitätsmodellen des Gedächtnisses gespeichert sind. Dann ist etwas der Fall, was das System nicht kennt und nicht in sein vorhandenes Wissen einordnen kann. Auch ein Neuigkeitssignal sollte zur Erzeugung einer Explorationsabsicht führen.

Zur Erzeugung des Erwartungshorizontes werden sowohl das augenblickliche Umgebungsbild, als auch die Realitätsmodelle verwendet. Es kann sein, daß in einer bestimmten Situation ein brauchbarer Erwartungshorizont nicht erzeugt werden kann. Ein brauchbarer Erwartungshorizont sollte möglichst eindeutige Zukunftserwartungen enthalten, also nicht allzu viele Möglichkeiten offen lassen. Ein unbestimmter Erwartunghorizont ist gewöhnlich nicht wünschenswert. Im Interesse einer effektiven Handlungsregulation ist es vielmehr wünschenswert, daß die Zukunft möglichst gut voraussehbar ist. Hohe Unbestimmtheit des Erwartungshorizontes sollte gleichfalls dazu führen, daß eine Explorationsabsicht erzeugt wird. Diese sollte darauf gerichtet sein, diejenigen Teile des Realitätsmodelles zu verändern, die bislang zu unspezifisch sind, um einen adäquaten Erwartungshorizont zu erzeugen.

Die mit der Wahrnehmungsfunktion verbundenen Signale, nämlich das „Schrecksignal", das „Neuigkeitssignal" und das „Unbestimmtheitssignal" führen allesamt zu bestimmten Formen von Explorationsabsichten. Insgesamt vermehrt sich auf jeden Fall durch solche Signale die Anzahl von Absichten im Absichtsgedächtnis und damit der gesamte „Absichtsdruck" im System mit allen Konsequenzen für die Wichtigkeiten und die Erfolgserwartungen der Absichten, die sich wiederum auf die Arbeitsparameter der Instanzen der Informationsverarbeitung auswirken. — Sowohl das Schrecksignal, als auch das Neuigkeits- und das Unbestimmtheitssignal wirken generell kompetenzsenkend, da alle diese Signale Unzulänglichkeiten der Realitätsmodelle des Systems indizieren. (Die Schreck-, Unbestimmtheits- und Neuigkeitssignale sind in einem gewissen Sinn ebenfalls „Ungleichgewichtsindikatoren". Sie indizieren allesamt, daß etwas mit dem kognitiven System nicht in Ordnung ist; dieses erlaubt eine adäquate Erfassung der Zukunft oder Gegenwart nicht und damit auch nicht eine den Erfordernissen gerecht werdende Handlungsorganisation.)

Der Erwartungshorizont des Systems könnte darüber hinaus eine Quelle für Lust-Unlust-Komponenten des emotionalen Zustandes sein. Denn er enthält möglicherweise Antizipationen von Ereignissen, die etweder Ungleichgewichte beseitigen, also subjektiv lustvolle Zustände, oder Zustände, die Ungleichgewichte erzeugen würden, wenn sie einträten, also unlustvolle Zustände. Auch daraus könnten sich Absichten ergeben, nämlich Appetenzabsichten in dem einen Fall und Vermeidungsabsichten in dem anderen Fall. Besonders letztere sind interessant. Wenn man etwas Unangenehmes erwartet, so muß man etwas tun, um es zu vermeiden; erwartet man dagegen etwas Angenehmes, so wird man, je nach der Sicherheit, mit der das Ereignis auftritt, nichts tun brauchen als eben den Gang der Dinge abzuwarten.

Diese Asymmetrie von aus Erwartungen geborenen Appetenz- und Vermeidungsabsichten mag dafür verantwortlich sein, daß Menschen zu unangenehmen Dingen mehr Ereignisfolgen und Vermeidungsaktionen assoziieren als zu angenehmen Dingen (van der Meer, 1987).

Betrachten wir nun die Absichtsauswahl. Die Absichtsauswahl gestaltet sich dann besonders schwer, wenn sehr viele und relativ gleichgewichtige Absichten vorliegen. Denn dann würde z. B. ein geringer Verlust an „Kompetenz" für die gerade behandelte Absicht dazu führen, daß eine andere Absicht gewichtiger wird, und an die Exekutive zur weiteren Bearbeitung übergeben wird. Die laufende Absicht würde dann unerledigt fallen gelassen.

Dies würde sich aus der Arbeitsweise der Absichtsauswahl nach dem Erwartungs-Wert Prinzip ergeben. Sinkt die Erfolgserwartung, so sinken die Chancen, daß die aktuelle Absicht weiterhin aktuell bleibt und eine andere kann zum Zuge kommen. Wäre auch für diese Absicht der Erledigungsversuch nicht erfolgreich, so würde eine dritte ausgewählt. Insgesamt wäre ein schneller und gewöhnlich dysfunktionaler Wechsel der Absichten die Folge. (Dies ist ein Zustand, den jeder aus eigener Erfahrung kennen wird.)

Ein entsprechender Zustand der Absichtsauswahl, also eine hohe Frequenz der Absichtswechsel, sollte dazu führen, daß eine Absicht, die im Absichtsgedächtnis versammelten Absichten stärker zu „profilieren", erzeugt wird. Es müßten bestimmte Absichten verstärkt, andere abgeschwächt werden. Dies wäre eine „Metaabsicht", eine Absicht nämlich zur Beseitigung von Absichtskonflikten, eine Absicht also, die sich auf Absichten bezieht.

Darüberhinaus könnte sich der Absichtsauswahlmechanismus auch selbst gegen allzu hohen Absichtswechsel schützen. Er könnte bei einer allzu hohen Frequenz des Absichtswechsels seine eigenen Unterschiedsschwellen erhöhen und sich so autoreflektorisch selbst regulieren. Vermutlich wäre es sinnvoll, die Absichtsauswahl so zu steuern, daß diese zunächst ihre eigenen Schwellen verstellt und erst bei Mißerfolg dieser Maßnahme „Metaabsichten" zur „Absichtsprofilierung" bildet.

Wir haben die Struktur eines handlungsregulierenden Systems besprochen, welches „Absichten" mehr oder minder gut behandelt und zu erledigen sucht. Wir haben die Arbeitsweise von insgesamt vier parallel zueinander arbeitenden Informationsverarbeitungsprozessen geschildert, die bestimmte, ephemere Gedächtnisstrukturen benutzen, erzeugen und umarbeiten. Wir haben zugleich ausgeführt, daß es dysfunktional wäre, wenn diese vier Strukturen unabhängig voneinander arbeiten würden. Vernünftiger wäre es, wenn die Instanzen der Informationsverarbeitung integriert arbeiten. Diese Integration könnte im wesentlichen über die Wichtigkeiten und „Kompetenzen" der jeweiligen Absichten erfolgen, sowie über Absichten ,die das System hinsichtlich seiner eigenen Arbeitsweise erzeugt, also über Signale, wie das Neuigkeits-, das Unbestimmtheits- und das Schrecksignal, über das „Häufigkeit des Absichtswechsels" — Signal oder z. B. ein Signal der Exekutive, daß die Kompetenz für die Behandlung einer Absicht rapide gesunken ist.

Nach der soeben geschilderten Konzeption (die die Präzisierung einer früheren Konzeption (Dörner, 1985) darstellt) liegt die „Emotionalität" eines psychischen Zustandes oder Prozesses in der augenblicklichen Parameterkonstellation der Instanzen der Informationsverarbeitung bzw. in der Folge der Parameterkonstellationen. Dies macht „die Emotion" natürlich zu einem komplexen Gebilde. Die möglichen Muster solcher Parameterkonstellationen und der Inhalte, die mit den Parameterkonstellationen jeweils verknüpft sind, sind kaum aufzählbar und damit auch schwierig zu kategorisieren. Hier liegen vielleicht die Gründe für die Schwierigkeiten, ein zufriedenstellendes Kategoriensystem für Emotionen zu finden. Die Konzeption hat aber immerhin den Vorteil, daß sie der alten „Drei-Dimensions-Theorie" der Emotionen ganz gut entspricht. Eine Fassung dieser Theorie stammt von Traxel (1960), der die Dimensionen „Lust — Unlust", „Submission — Dominanz" und „Aktiviertheit" als Dimensionen eines Kategoriensystems für Emotionen nennt.

Die Lust-Unlust-Dimension entspricht in dem soeben geschilderten Informationsverarbeitungskonzept der Erwartung einer Ungleichgewichtsbeseitigung oder einer Ungleichgewichtsentstehung. Die Dimension „Submission — Dominanz" entspricht der größeren oder geringeren Kompetenz zur Erledigung einer Absicht, und die Aktiviertheit der Wichtigkeit. Die Rolle gerade dieser Merkmale zur Einstellung der Parameter des Systems haben wir oben ausgiebig geschildert.

Auf den ersten Blick könnte man versucht sein, manche der Moderationssignale der Informationsverarbeitungsinstanzen selbst mit Emotionen zu identifizieren. Bei den Signalen „Unerwartetheit", „Neuigkeit", „Unbestimmtheit", „Erwartung der Ungleichgewichtsvergrößerung bzw -verminderung" liegt es zunächst einmal nahe, von „Überraschung", „Staunen", „Schreck", „Furcht" oder „Hoffnung" zu sprechen.

Bei näherem Hinsehen erweist sich aber eine einfache Identifikation der Emotionen mit solchen Signalen als falsch. Finde ich unerwarterweise in meiner Schreibtischschublade eine Apfelsine, so ist die Überraschung anders, als wenn ich eine tote Ratte oder ein Stück Kreide fände. Mit der Unerwartetheit mischt sich die Bedeutung des Reizes und aus beidem ergibt sich das Gefühl. Man könnte sagen, daß in diesem Fall die Emotion aus dem Moderationssignal „Unerwartetheit" und der Bedeutung des unerwarteten Sachverhaltes besteht. Der Gesamtzustand: das ist das Gefühl!

Wenn wir im Alltag von Gefühlen sprechen, so meinen wir immer etwas, was wir „technisch" als Parameterkonstellation oder als eine Folge solcher Konstellationen und als Konstellation von Inhalten kennzeichnen können. Ärger z. B. läßt sich zweifellos mit dem Moderationssignal „plötzlich abgesunkene Kompetenz" in Verbindung bringen. Aber Ärger selbst ist mehr. Die Wichtigkeit der Absicht z. B. kommt hinzu. Wenn ich z. B. versuche, eine Klaviersonate von Beethoven, die meine Tochter mit großer Geläufigkeit spielt, ebenfalls zu spielen und wenn es sich dann erweist, daß meine Kompetenz dafür keineswegs hinreicht, so ärgere ich mich nichtt, — so wichtig ist mir das Klavierspielen nicht — sondern bin allenfalls etwas enttäuscht.

Und außer mit dem Inkompetenzsignal ist Ärger wohl immer verknüpft mit dem Unerwartetheitssignal. „Unerwartetes Absinken der Kompetenz zur

Erledigung einer wichtigen Absicht", so könnte man Ärger umschreiben. Aber auch das reicht nicht! Wenn ich durch einen Bedienungsfehler am Rechner eine umfangreiche Textdatei vernichte und unerwarteterweise feststellen muß, daß ich vergessen habe, eine Sicherheitskopie herzustellen, und wenn aus diesem Grunde meine Kompetenz, bis morgen das Manuskript eines Aufsatzes abzuliefern, auf Null sinkt, so ärgere ich mich nicht, sondern es packt mich Verzweiflung oder tiefe Resignation. Aus und vorbei!

Beim Ärger ist wohl immer noch neben der abgesunkenen Kompetenz die Einschätzung dabei: „irgendwie geht es doch noch!". Diese Einschätzung mag aus einer schnellen Abschätzung der verbleibenden Handlungsmöglichkeiten kommen.

Faßt man zusammen, was in diesem Abschnitt ausgeführt wurde, so könnte man folgende Definition wagen:

Eine Emotion ist ein psychischer Zustand oder Prozeß, der gekennzeichnet ist durch eine bestimmte Parameterkonstellation der Informationsverarbeitungsinstanzen. Der spezifische Charakter einer Emotion ergibt sich aus der Art der Parameter und aus der Bedeutung der verarbeiteten Inhalte.

Das klingt kompliziert und ist es wohl auch. Ein solcher Begriff von Emotion bedeutet, daß eine Emotion ein psychischer Gesamtzustand oder ein Gesamtprozeß ist, der kognitive Prozesse als Teile enthalten kann. Das aber gibt unseres Erachtens Sinn. Was ist Ärger ohne das schnelle, oft kurzschlüssige Nachdenken über mögliche Handlungsalternativen? Was ist Ärger ohne die Betrachtung des „Protokollgedächtnisses" und ohne den daraus abgeleiteten Selbstvorwurf: „du hättest ja wirklich daran denken können, den Schlüssel einzustecken!". Was ist Ärger ohne die aggressiven Verhaltensformen?

Was ist Trauer ohne das Nichtwahrnehmenwollen des auslösenden Ereignisses oder ohne die illusionäre Verkennung der Realität: „es ist ja gar nicht geschehen!" oder ohne den langsamen Umbau der Realitätsmodelle, durch den die durch den Verlust entstandene Lücke wieder gefüllt wird?

Nimmt man die kognitiven und Verhaltensmerkmale aus den Emotionen heraus, so verändern sie sich bis zur Unkenntlichkeit oder verschwinden. Die entsprechenden kognitiven Prozesse sind Teile des Prozesses, den wir als Emotion bezeichnen.

Wir neigen dazu, Begriffe zu reifizieren und Sachverhalte, die mit verschiedenen Begriffen bezeichnet werden, als disjunkt anzusehen. Es gibt den Begriff „Ärger" und es gibt den Begriff „Denken". Also liegt es nahe, anzunehmen, daß es *einerseits* Ärger und *andererseits* Denken gibt und daß z. B. der Ärger das Denken beeinflußt, so wie der Motor die Umdrehungsgeschwindigkeit der Räder eines Autos beeinflußt. Unseres Erachtens ist eine solche Sichtweise falsch und irreführend. Der Ärger besteht (unter anderem) auch aus einer bestimmten Form des Denkens; diese ist *Teil* des Gesamtprozesses.

(Es mag einer sprachpsychologischen Untersuchung vorbehalten sein, zu prüfen, ob unser Eindruck richtig ist, daß die Umgangssprache der Ganzes-Teil-Beziehung von Emotion und anderen psychischen Prozessen darin Rechnung trägt, daß sie dazu neigt, Gefühle mit dem Zeitwort „sein" zu verbinden, andere Seelenzustände dagegen auch mit dem Zeitwort „haben".

"Ich habe Trauer!" — „Ich habe Schreck!" — „Ich habe Überraschung!": das klingt entschieden merkwürdig (oder weist im Falle von „ich habe Trauer!" auf ein „distanziertes" Gefühl hin); „ich bin traurig!" — „ich bin erschreckt!" — „ich bin überrascht!" klingt dagegen normal.

"Ich habe Hunger!" — „Ich habe Durst!"; das geht gut! Aber: „ich habe Liebe!"? Das ist zumindest mißdeutungsträchtig! Hinter „Liebe" steckt zwar auch eine Motivation (oder mehrere), wie beim Hunger, aber zusätzlich ist es eben ein Gefühl. Hunger (wenigstens in leichten Graden) kann dagegen recht „gefühlskalt" sein. Gefühle „ist" man; Motivationen und Gedanken „hat" man.)

Der „Komplexcharakter" von Gefühlen ist vielleicht für die Schwierigkeiten verantwortlich, die es der Psychologie bis heute gemacht hat, die Gefühle ordentlich zu kategorisieren. Und es geht schon gar nicht, sie von kognitiven Prozessen abzutrennen.

2.4 Theoretische Konzeptionen zur Interaktion von Emotion und Kognition

Um den Zusammenhang von Kognition und Emotion zu untersuchen, haben wir im letzten Abschnitt versucht, als Bezugsbasis die Architektur eines Handlungsregulationssystems zu schildern. Vor dem Hintergrund dieser Bezugsbasis wollen wir nun diejenigen theoretischen Konzeptionen schildern, die uns im Hinblick auf das Zusammenwirken von Emotion und Kognition wichtig erscheinen.

Die Auffassung, daß Emotionen die Funktion haben, die Integration eines auf ein bestimmtes Spezialziel gerichteten Verhaltens in den Gesamtkontext der Lebensvollzüge eines Individuums zu gewährleisten, findet sich besonders deutlich bei Oatley (1986). Oatley schreibt den Emotionen die Rolle eines Integrationssystems für ein Lebewesen zu, welches mit verschiedenen „Verhaltensmodulen" verschiedene Ziele zugleich verfolgen muß: „Emotions as conscious, intentional states, occur when there are conflicts among our multiple goals, and when resources for resolving these conflicts and continuing with a plan, are not available."

Ohne Emotionen würde ein kognitives System, welches aus verschiedenen „Modulen" besteht, „desintegriert" arbeiten: „..., Emotions are functional, but they only occur in systems that work towards multiple goals with finite resources and imperfect knowledge of the environment."

Die verschiedenen „Verhaltensmodule" von Oatley entsprechen dem, was wir oben als „Absichten" bezeichnet haben. Oatley schildert nicht ganz klar, in welcher Art und Weise die verschiedenen Verhaltensmodule miteinander interagieren. Man könnte aus seinem Text ableiten, daß die Verhaltensmodule parallel arbeiten, also die Bearbeitung der einzelnen Absichten simultan geschieht. Wir meinen, daß eine derartige Konzeption nicht richtig ist. Wir glauben, daß die verschiedenen „Absichten", die ein Mensch mit sich herumträgt, in seinem Absichtsgedächtnis niedergelegt sind und ständig gewissermaßen um den Zugang zu den handlungsleitenden Systemen „kämpfen", da sie nur sequentiell erledigt werden können. Bei diesem Kampf der verschiedenen „Absichten" gegeneinander spielen Emotionen eine bedeutsame Rolle.

Zu einem ähnlichen Schluß kommt Simon (1967). Er geht davon aus, daß die höheren kognitiven Funktionen des Zentralnervensystem generell sequentiell stattfinden. (Dies entspricht der oben geschilderten sequentiellen Arbeitsweise der Absichtsregulation und der Notwendigkeit der Annahme eines Mechanismus der Absichtsauswahl.) Aus der sequentiellen Arbeitsweise ergibt sich die Notwendigkeit, daß gerade ausgeführte Handlungen gegebenenfalls unterbrochen werden, um einer neu aufgetauchten Notwendigkeit gerecht zu werden. Emotionen haben nach Simon eine „Unterbrechungsfunktion" (Simon, 1967, Mandler, 1979, 1980). Bei Simon sind es die sog. „real-time needs", die unterbrechend wirken. Hierher gehören nach Simon physiologische Bedürfnisse, Unbestimmtheit und kognitive Assoziationen. Bei Mandler (1979, S 201) heißt es: „Unterbrechung findet dann statt, wenn eine bestehende Struktur im Umgang mit vorhandenem Input oder verfügbarer Handlung versagt". Das heißt, Unterbrechung geschieht zum einen dann, wenn ein Input nicht durch die bestehenden kognitiven Strukturen assimiliert werden kann, also neuartig oder erwartungswidrig ist. Zum anderen bedeutet Unterbrechung, daß ablaufende Handlungen oder Gedanken nicht zu Ende gebracht werden können. Es müssen neue Wege gesucht werden. Schlägt dies fehl, so kommt es zu Hilflosigkeit und Angst.

In diesen Konzeptionen wird deutlich, daß Emotionen wichtige Steuerungsgrößen im Hinblick auf die Handlungsregulation sind. Wir folgen allerdings der Annahme, daß das ZNS generell seriell arbeitet, in dieser Form nicht. Wir nehmen an, daß jeweils nur eine Absicht handlungsleitend sein kann, daß also die Absichten seriell bearbeitet werden. Die untergeordneten Instanzen aber arbeiten parallel zueinander (s. 2.3). Bei der Absichtsbehandlung aber ergibt sich die Notwendigkeit der Unterbrechung gerade laufenden Verhaltens, wenn neue Absichten auftauchen, die wichtiger und dringlicher sind als die gerade behandelte. Wir meinen allerdings, daß diese Unterbrecherfunktion nur eine von einer großen Anzahl von Integrationsfunktionen der Moderationssignale sind, von denen wir oben sprachen, keineswegs aber ist ihre Rolle damit erschöpft.

Unterschiedliche Moderationssignale und ihr Bezug zu Emotionen werden in sehr differenzierter Form in der Scherer'schen SEC-Theorie beschrieben. Scherer (1981, 1982, 1984), sowie Scherer & Leventhal (1987) bringen emotionale Zustände und Prozesse generell in den Zusammenhang mit bestimmten Prüfprozessen für Reize. (Das Akronym SEC steht für „stimulus-evaluation-checks".) Nach Scherer wird jeder eingehende Reiz im Hinblick auf eine Reihe von Aspekten überprüft und so ein „Lagebericht" über den Bezug des Organismus zu seiner spezifischen Umwelt erstellt. Jeder Prüfprozeß löst nach Scherer automatisch die jeweilige Emotion aus (1984). Die Vielfalt der erlebbaren Emotionen stellt eine Mischung der jeweiligen Ergebnisse der einzelnen „checks" und ihrer Interaktionen dar. Von daher sieht Scherer (1982) Emotionen auch nicht als einen Zustand, sondern als einen Prozeß, in dem in einer komplexen Interaktion die Komponenten der kognitiven Bewertung, der physiologischen Aktivation, des motorischen Ausdrucks und motivationaler Tendenzen verarbeitet werden. Die Handlung selbst klammert Scherer aus, wohl aber nimmt er an, daß Verhaltenstendenzen entstehen, die auf den adaptiven Funktionen der Emotionen basieren. Die Funktion der Emotionen besteht demnach darin, Mediatoren zwischen Organismus und Umwelt zu sein und so die Überlebenschancen des Organismus zu erhöhen.

Das Prozeßmodell des „stimulus evaluation check" (SEC) sieht vor, daß jeder Reiz mehrere Bewertungen durchläuft, in hierarchischer Ordnung und unter Umständen auch mehrmals. Die Überprüfungen der Reize beziehen sich auf:

— Neuheit und Unerwartetheit,
— Angenehmheit/Unangenehmheit,
— Zielrelevanz,
— Bewältigbarkeit,
— Übereinstimmung mit den Normen der jeweiligen Bezugsgruppe.

Zunächst wird die Neuheit und Unerwartetheit des Reizes überprüft, primär über basale Hirnfunktionen, so daß dieser „check“ sehr schnell vor sich geht und zu einer Orientierungsreaktion führen kann. Bei komplexeren Reizen kann auch das Gedächtnis beteiligt sein. Das Ergebnis des checks sind Überraschung oder Langeweile.

Die zweite Überprüfung betrifft die intrinsiche Angenehmheit/Unangenehmheit des Reizes, und zwar unabhängig von seiner Zielrelevanz (1984). Das Ergebnis des checks sind Eustress/ Distress.

Der dritte Prüfprozeß betrifft die Relevanz des Reizes im Hinblick auf die augenblicklich aktiven Bedürfnisse und Ziele des Organismus. Stellt der Reiz eine Behinderung der Zielerreichung dar, so resultiert Ärger oder Furcht, überschreitet er die Erwartungen, so ergibt sich Freude und Zufriedenheit.

Der vierte Prüfprozeß betrifft die Bewältigbarkeit. Hier findet sich das Modell von Lazarus (1966, 1968) in differenzierter Form wieder. Überprüft wird die Verursachung des Ereignisses, die Kontrollierbarkeit der Konsequenzen des Ereignisses, die Bewältigbarkeit und schließlich die Anpassungsmöglichkeiten des Organismus an unkontrollierbare Ereignisse. Bei unkontrollierbaren negativen Ereignissen resultiert Trauer, bei Nicht-Bewältigbarkeit Furcht und bei Bewältigbarkeit Ärger.

Während die vorangegangenen Überprüfungen für viele Tiere, speziell Säugetiere gelten sollen, nimmt Scherer für höhere Spezies, insbesondere die Menschen einen fünften Prüfprozeß an, nämlich den auf Übereinstimmung mit Normen der Gruppe und des Selbst. Bei Nichtübereinstimmmung entstehen Scham und Schuld.

Die Scherer'schen SEC's sind mit anderen Ansätzen, die ebenfalls von Prüf- oder Bewertungsprozessen ausgehen (im Überblick in Scherer, 1988) sehr gut zu vereinbaren. Allerdings birgt eine solche Konzeptionalisierung die Gefahr in sich, einer petitio principii zu erliegen, da davon ausgegangen wird, daß jede einzelne Emotion dadurch entsteht, daß ein für sie zuständiger Prüfprozeß durchgeführt wird. Weiterhin ergeben sich auch einige Unklarheiten. So ist z. B. nicht recht einzusehen, daß die einzelnen „checks“ in einer festgelegten Reihenfolge stattfinden sollen. Vielmehr könnten, wie bereits oben diskutiert, die einzelnen Instanzen parallel zueinander arbeiten und somit auch gleichzeitig Moderationssignale aussenden. Die Sequenzierung der „checks“ ergibt sich bei Scherer wohl ursprünglich aus dem Ansatz, das Schicksal einer von *außen* kommenden Information zu beschreiben (in neueren Publikationen spricht Scherer von „äußeren *und* inneren“ Reizen). Bei einem Handlungssystem kommen aber Informationen nicht nur von außen. Für die Reizaufnahme hat das Scherer — Modell seine Logik: ein Input muß erst enkodiert werden (wobei sich z. B. ein Neuigkeitssignal ergeben kann), bevor er daraufhin überprüft werden kann, ob er angenehm oder unangenehm ist.

Eine weitere Unklarheit betrifft die Prüfung auf Neuheit. Scherer subsumiert unter Neuheitsprüfung sowohl die Prüfung, ob etwas bekannt ist, als auch die Prüfung, ob ein Reiz einer Erwartung entspricht. U. E. muß man diese beiden „checks“ trennen, da ihnen unterschiedliche Prozesse zugrunde liegen und da sie verschiedene Sachverhalte betreffen.

Ein weiterer wichtiger Unterschied liegt in den den Prüfprozessen zugrundeliegenden Strukturen und Verarbeitungsinstanzen. In ihrer Arbeit von 1987 kombinieren Leventhal & Scherer ihre beiden Theorien in folgender Weise miteinander: Die Prüfprozesse arbeiten mit den Gedächtnisstrukturen und mit den Verarbeitungsprozessen, die Leventhal in seiner „perceptual-motor theory“ (1980, 1984a, 1984b) annimmt. Leventhal unterscheidet drei hierarchisch geordnete Ebenen der Informationsverarbeitung und Handlungskontrolle, die zwar getrennt sind, jedoch parallel und interagierend arbeiten:

1. das „expressive-motor system“, in dem angeborene Reiz-Reaktions-Ketten automatische Reaktionen neuromotorischer Art auf eingehende Reize erzeugen. Je nach Art des Stimulus entstehen mittels dieser basalen Programme differenzierte Emotionen, sowohl im Erleben als auch im Ausdruck. Diese basalen Reiz-Reaktionsketten werden durch Lernen modifiziert.

2. das „schematic processing“, ein automatisches Verarbeitungssystem, das auf einem Schemagedächtnissystem basiert, in dem konditionierte emotionale Reaktionen und erlebtes emotionales Geschehen gespeichert sind. Die Inhalte dieses Gedächtnisses sind relativ konkret und prototypisch, holistisch und nicht als semantisches Netzwerk organisiert, sondern räumlich, in Mustern oder Bildern. Sie enthalten letztlich erlebte Episoden, die durch neue emotionale Erfahrungen sowohl erweitert als auch generalisiert werden. Dadurch entstehen zum einen neue Emotionen aufgrund der Kombination vorhandener Reaktionen, zum anderen werden allgemeinere Charakteristika von Situationen zu Emotionsauslösern. Die Schemata stabilisieren die Objektbeziehungen des Individuums und damit das Annäherungs- und Vermeidungsverhalten.

3. die begriffliche Verarbeitung, die mit einer propositional organisierten Gedächtnisstruktur arbeitet, in der abstrakte Propositionen und Regeln über emotionale Episoden und mögliche willentliche Reaktionsformen in emotional gefärbten Situationen und Reaktionsformen auf Emotionen

selbst enthalten sind. Diese Information wurde durch Abstraktion und schlußfolgendes Denken aus den Inhalten des Schemagedächtnisses gewonnen. Die Information ist verbal und abstrakt. Das System arbeitet sequentiell und ermöglicht „bewußtes“ Denken, willentliche Verhaltenskontrolle und Selbstreflexion.

Das emotionale System kann durch Stimulation auf jeder der Ebenen aktiviert werden. Je mehr Ebenen gleichzeitig beteiligt sind, desto schneller und klarer wird die Emotion erlebt.

Auch wenn Leventhals Konzeption plausible Implikationen für die praktische Anwendung vor allem im klinischen Bereich hat, so meinen wir doch, daß eine andere Konzeption sinnvoller ist. Leventhal geht davon aus, daß es für jede Art von Datenstruktur (Reiz-Reaktions-Ketten, schematisches Gedächtnis und begriffliches Gedächtnis) eine spezifische Art der Verarbeitung gibt. Dies muß man nicht annehmen. So kann man durchaus willentlich und absichtlich mit dem konkreten oder episodischen Material im schematischen Gedächtnis arbeiten, es also „konzeptuell“ verarbeiten. Der Zugriff der bewußten, kognitiven Verarbeitung ist keineswegs allein auf verbales, propositional organisiertes Material beschränkt. Es ist also nicht zwingend, die Art der Verarbeitung mit der Art des gespeicherten Materials gleichzusetzen.

Eine weitere Unklarheit betrifft die Organisation des Gedächtnisses selbst, nämlich die Art der Abspeicherung der verschiedenen Inhalte (verbales vs. visuelles Material). Leventhal nimmt an, daß die Inhalte des schematischen Gedächtnisses holistisch-räumlich in der Form von Schemata gespeichert sind, die Inhalte des konzeptuellen Gedächtnisses jedoch in Form von Propositionen. Hierüber läßt sich streiten (Anderson, 1978, Kosslyn, 1981, Pylyshyn, 1981). Es läßt sich zeigen, daß jeder beliebige Inhalt in Form von Propositionen darstellbar ist. Die Art des Inhaltes sagt noch nichts aus über die jeweilige Form der Speicherung (Kosslyn, 1980).

U. E. reicht es aus, wie an anderer Stelle ausgeführt (Dörner, Schaub, Stäudel & Strohschneider, 1988), ein durchgängig konnektionistisch aufgebautes Gedächtnis anzunehmen, in dem die einzelnen Knoten durch einige wenige unterschiedliche Arten von Relationen miteinander verbunden sind. Der jeweilige Inhalt ergibt sich aus der Art der Relationen und der Verbindung der gesamten Struktur zu den sensorischen Eingängen. Und diese sensorischen Eingänge können nun sowohl visuelles als auch verbales und anderes Material betreffen. Weiterhin gibt es im Bereich der Gedächtnisforschung Belege dafür, daß beispielsweise die Konkret-Abstrakt-Relation gar nicht gespeichert ist, sondern jeweils erst bei Bedarf erzeugt wird (Hoffmann, 1983, Klix, 1986, Klix & van der Meer, 1984, Klix et.al, 1987). Daraus folgt, daß die Annahme eines anders und speziell organisierten konzeptuellen Gedächtnisses zumindest zu diskutieren ist.

Dies hat wiederum Implikationen für die Theorie. In der Zusammenführung der beiden Theorien gehen Scherer und Leventhal (1987, S. 17) davon aus, daß die jeweiligen SEC's auf den unterschiedlichen Verarbeitungsebenen zu unterschiedlichen Ergebnissen führen. So erfolgt etwa die Feststellung der Unerwartetheit erst auf der konzeptuellen Ebene, also auf der verbal-begrifflichen, da allein hier Informationen über Ursache-Wirkungs-Zusammenhänge und einen größeren zeitlichen Kontext verfügbar seien. Man könnte aber auch die Auffassung vertreten, daß die Erzeugung eines Erwartungshorizontes ein sehr basaler und ständig automatisch durchgeführter Prozeß ist, der keiner Arbeit höherer Ebenen bedarf.

Noch weitreichender ist Leventhals Annahme, es gäbe zwei voneinander unabhängige und eigenständige Systeme für einerseits die kognitive und andererseits die emotionale Informationsverarbeitung. Er nimmt an, es gäbe ein emotions- und ein problemorientiertes Kontrollsystem, Hiervon geht auch Zajonc (1980, 1984 b), wenn auch in weniger differenzierterer Form, aus. Nach Leventhal (1984 a, S 126) müßte jeder Reiz sowohl in einem problemorientierten, als auch in einem emotionsorientierten System enkodiert, repräsentiert und verarbeitet werden. Obwohl die Systeme als parallel und interaktiv arbeitend konzipiert sind, ergibt sich daraus doch ein immenser Aufwand für die Informationsverarbeitung. Wir meinen, daß ein Repräsentationssystem, in welchem unterschiedliche Prüf- und Verarbeitungsprozesse arbeiten, ausreicht, um Emotionen entstehen zu lassen und Verhalten so zu steuern, wie Emotionen dies tun.

3 Kognition, Emotion und Handlungsregulation

Wir wollen nun im weiteren Gang der Abhandlung nach der allgemeinen Bestimmung der Rolle von Kognition und Emotion für die Verhaltens- und Handlungssteuerung auf spezifische Aspekte des Zusammenwirkens von Emotion und Kognition bei der Verhaltens- und Handlungssteuerung eingehen. Wie wir in den vorangegangenen Kapitel gezeigt haben, haben die Emotionen steuernde Funktionen für die Handlungsregulation. Bei starker Belastung des Systems durch viele und wichtige Absichten kommt es z. B. neben einer allgemeinen Aktivierung zu einer Reduzierung der internen Prozesse zugunsten einer stärkeren Handlungsorientierung. Dies geschieht z. B. dadurch, daß die Exekutive der Absichtsbehandlung auf „schnell und grob" geschaltet wird. Die internen Prozesse der Informationsverarbeitung und des Denkens werden einfacher und weniger differenziert, das unmittelbare Handeln drängt sich in den Vordergrund. Die stärkere Handlungsorientierung impliziert, daß das Verhalten in starkem Maße abhängig von den Signalen aus der momentanen Umgebung wird. Die Verhaltenssteuerung wird externalisiert und auf die direkte Gegenwart bezogen. Diese Umschaltung vom Denken auf das Handeln gewährleistet in Situationen potentieller Gefahr, eingeschränkter Kontrolle oder die eigenen Bedürfnisse gefährdender Hindernisse eine schnelle Ausrichtung des Verhaltens auf die momentane Umgebung und ihre Anforderungen und damit auch ein (wohl meist) situationsadäquates Verhalten. In Situationen allerdings, die nur dadurch zu bewältigen sind, daß differenzierte interne Verarbeitungsprozesse durchgeführt werden, wirkt diese starke Ausrichtung auf das direkte Handeln eher störend. Für das Problemlösen ist dies im allgemeinen auch der Fall. So zeigen ältere Untersuchungen von Everall (1935) und Patrick (1934), daß emotionale Reaktionen die Flexiblität beim Problemlösen beeinflussen. Lantz (1945) zeigte, daß Frustration die Flüssigkeit des Denkens beeinflußt. Aus dem Bereich der Angstforschung ist seit langem bekannt, daß sich ein mittleres Angst- oder Aktivationsniveau auf akademische Leistungen eher fördernd auswirkt, ein sehr hohes oder sehr niedriges aber hindernd (s. Lindsley 1951, Malmo 1959). Dies entspricht der schon 1908 im Yerkes-Dodson-Gesetz niedergelegten Beziehung zwischen Aktivation und Leistung in Form einer umgekehrten U-Funktion. Dieser Zusammenhang ist in dieser sehr allgemeinen Formulierung allerdings nicht ohne Kritik geblieben (Holroyd & Appel 1980, Schwarzer 1983). Es bedarf einer differenzierteren Betrachtung der einzelnen Prozesse.

Betrachten wir also die Prozesse im einzelnen und zwar in Bezug auf die Handlungssteuerung. Man kann verschiedene Stationen der Handlungssteuerung unterscheiden: Einmal ist es für einen Akteur wichtig, sich die Ziele, die er anstrebt, klarzumachen. Oftmals sind Handlungssituationen durch unklare, globale oder sogar widersprüchliche Ziele gekennzeichnet, d. h. durch Ziele, die miteinander nicht verträgliche Teilziele aufweisen. Wichtig ist also die Station „Zielelaboration" bei der Handlungssteuerung.

Zweitens ist es für die Steuerung des Verhaltens in einem bestimmten Realitätsausschnitt wichtig, möglichst viel Wissen über diesen Realitätsausschnitt anzusammeln und zu einem „Realitätsmodell" zu integrieren. Informationssammlung und -integration ist also eine weitere wichtige Station der Handlungssteuerung.

Eine dritte, wichtige Station der Handlungssteuerung ist die Prognose. Man muß wissen, was in Zukunft zu erwarten ist, um sein Verhalten entsprechend einrichten zu können. Man muß also aus seinem Wissen über einen bestimmten

Realitätsausschnitt, aus seinem „Realitätsmodell“, Annahmen über die Zukunft ableiten können.

Eine vierte wichtige Station der Handlungssteuerung ist das Planen und Entscheiden. Darunter verstehen wir die Neuintegration von einzelnen Operatoren für einen Realitätsausschnitt, also von einzelnen Maßnahmen, Handlungen usw. zu neuen „Handlungsprogrammen“. Hat man mehrere Handlungsstränge zur Auswahl, so ergibt sich das Problem der Entscheidung. Man muß auf irgendeine Art und Weise zwischen den Alternativen auswählen.

Schließlich ist eine wichtige Station der Handlungssteuerung die Selbstkontrolle und Selbstorganisation. Alle die eben genannten Phasen können bei einem bestimmten Individuum, in einer bestimmten Situation in bestimmten Formen ablaufen, die mehr oder minder effektvoll sein können. Man hat also mehr oder minder effektvolle Methoden der Wissensakquirierung, des problemlösenden Denkens, der Zielelaborierung. Und man hat eine mehr oder minder sinnvolle Art, das gesamte Vorgehen zu strukturieren, also die Aufeinanderfolge der einzelnen Schritte zu planen. Die Effektivität solcher Methoden erweist sich hauptsächlich im Erfolg oder im Mißerfolg des eigenen Handelns. Die Erfolgskontrolle ist mithin ein wichtiges Kriterium für die Überprüfung der Angemessenheit einzelner Verfahrensweisen bei der Handlungsplanung. Aufgrund von Erfolg und Mißerfolg sollte man ggf. selbstreflexives Denken einsetzen, um die eigenen Vorgehensweisen, die eigenen Denkmethoden zu modifizieren.

Das Zusammenspiel von kognitiven Prozessen und emotionalen Prozessen wollen wir nun im Hinblick auf die o.g. Stationen der Handlungssteuerung im Einzelnen betrachten:

3.1 Zielelaboration

Die Elaboration von Zielen besteht darin, daß unklare oder zu globale Ziele konkretisiert werden und daß ggf. Widersprüche bei den Teilzielen, in die ein komplexes Ziel zerfällt, beseitigt werden. Dies beinhaltet kognitive Detailarbeiten. Wenn man z. B. das globale Ziel hat, das Rechenzentrum einer Universität „benutzerfreundlicher“ zu machen, so beinhaltet die Konkretisierung dieses globalen Zieles die genaue Analyse der Bedürfnisse und Wünsche der Benutzer und der augenblicklichen Organisationsabläufe im Rechenzentrum und die Passung dieser beiden Aspekte. Erspart man sich diese Arbeit, so ergibt sich daraus ein „Durchwurstelverhalten“, welches mehr oder minder zufällig einzelne Ziele aufgreift, ohne deren Stellung im Rahmen des Gesamtsystems zu berücksichtigen. Ein emotionaler Zustand, der zum direkten Handeln drängt, wie er bei Ärger oder Wut oder Zuständen der Hilflosigkeit vorliegt, wird genau zu diesem „Durchwurstelverhalten" führen.

Das Aufdecken von Widersprüchlichkeiten unter den Teilzielen setzt gleichfalls eine genaue Analyse des jeweiligen Realitätsausschnittes voraus. Sonst bleibt u.U. unentdeckt, daß die Ziele „Erhöhung der Benutzerfreundlichkeit" und „Verbesserung der Arbeitsbedingungen für das Personal" teilweise kontradiktorisch sind. Entdeckt man solche Kontradiktionen nicht, so ergibt sich fast notwendigerweise, daß durch das Handeln, welches das eine Teilziel anstrebt, das andere Teilziel gefährdet wird und sich der entsprechende Zustand eher verschlechtert.

3.2 Suche und Umgang mit Information

Der Aufbau einer Wissensstrukur über einen Realitätsausschnitt beinhaltet drei Schwierigkeiten: Zunächst muß man Informationen über den Realitätsausschnitt sammeln. Dabei stellt sich oft das Problem, unter allzuviel vorhandener Information die jeweilig relevante und passende auswählen zu müssen, ein Zustand, der auch als informationelle Überlastung („informational overload") bezeichnet wird. Zum zweiten ist es sehr oft der Fall, daß Information, die man eigentlich braucht, faktisch nicht verfügbar ist und nur erschlossen werden kann. Zum dritten geht es darum, die erhaltene Information zu integrieren und in einem sinnvollen Zusammenhang im Gedächtnis zu speichern, sich also ein internes Modell des Realitätsausschnitts aufzubauen. Und schließlich muß das vorhandene Wissen aus dem Gedächtnis wieder abgerufen werden, um es aktuell einsetzen zu können.

Informationelle Überlastung ist ein Zustand, der eng damit verbunden ist, daß man keine Vorstellungen darüber hat, was alles in einem bestimmten Realitätsbereich eine Rolle spielt, was wichtig und unwichtig ist. Verfügt man nicht über ein Modell des jeweiligen Realitätsausschnittes, in dem gehandelt werden soll, so wird man auch nicht wissen, „wohin man gucken soll". Es besteht die Gefahr, daß man in der Informationsflut untergeht.

Der Aufbau eines Realitätsmodelles ist ein schwieriger und langwieriger kognitiver Prozess. Unter Zeitdruck und unter Streß wird man zunächst versuchen, sich auf das Wesentliche zu konzentrieren. Nach Easterbrook (1959; s. auch Freeman, 1940, Callaway & Dembo, 1958, Bacon, 1974) kommt es bei gesteigerter Aktivation zu einer verringerten Informationsnutzung („cue-utilization"), indem zunächst nur noch die wichtigen Aspekte beachtet werden. Bei einer weiteren Steigerung allerdings werden auch relevante Informationen weggefiltert, was sich in einer Leistungssenkung niederschlägt. Isen et. al.

(1982) berichten, daß Vpn, die sich in einer glücklichen Stimmung befinden, bei einer Entscheidungsaufgabe dazu neigen, diejenigen Dimensionen zu ignorieren, die sie nicht als wichtig ansehen. Damit kommen sie auch wesentlich schneller als die Kontrollgruppe zu einer Entscheidung. Allerdings birgt dies die Gefahr in sich, daß neue Aspekte übersehen werden. Rodrigue, Olson und Markley (1987) konnten zeigen, daß Vpn, bei denen eine depressive Stimmung induziert worden war, weniger neugierig waren und weniger zusätzliche Information wünschten als Vpn in einer neutralen Stimmung. In einer Untersuchung von Stäudel (1987) hatten die Vpn die Aufgabe, als Entwicklungshelfer in einem computersimulierten Entwicklungsland für das Wohl der Bevölkerung zu sorgen. In regelmäßigen Abständen mußten die Vpn ihren emotionalen Zustand auf einer Schätzskala einstufen. Fast durchgängig korrelieren Verwirrung, Unsicherheit, Enttäuschung und Resignation *negativ* mit der Anzahl der gestellten Fragen. Wer emotional belastet ist, fragt also weniger. Weiterhin gibt es eine Reihe von Untersuchungen, die zeigen, daß Angst dazu führt, daß weniger gut gelernt wird (Shneiderman, 1980, Hamilton, 1975). Die Einengung der Aufmerksamkeit auf solches Material, das augenblicklich relevant ist, könnte auch verantwortlich sein für den sog. „mood-congruity-effect". Gilligan und Bower (1984) versetzten ihre Vpn mittels Hypnose in eine glückliche oder traurige Stimmung und präsentierten ihnen dann neutrales oder solches Material, das der jeweiligen Stimmung entsprechend war. Im Hinblick auf das neutrale Material hatte die Stimmung, in der es gelernt wurde, keinen Effekt. Für das emotionale Material jedoch ließ sich ein Kongruenz-Effekt nachweisen in der Form, daß „glückliches" Material in einer glücklichen Stimmung besser gelernt wird als „trauriges", und umgekehrt. Allerdings erinnern die Vpn das „glückliche" Material umso besser, je intensiver die Stimmung war. Die traurigen Vpn jedoch erinnern das traurige Material schlechter, wenn ihre Stimmung sehr intensiv war. Es scheint also, als seien die Effekte positiver und negativer Emotionen nicht in allen Aspekten symmetrisch.

Interessant in diesem Zusammenhang sind auch Ergebnisse aus dem Bereich der Stress- und Entscheidungsforschung. Bronner (1974) konnte zeigen, daß durch Stress, induziert durch Zeitdruck, die Menge der nachgefragten Information verrringert wird, allerdings nicht die Präzision der Nachfrage. Weiterhin wurde innerhalb der Gruppen, die die Entscheidungen zu fällen hatten, weniger interagiert, weniger Informationen und Stellungnahmen übermittelt und auch weniger Kritik. Schulz & Höfert(1981) bildeten bürotypische Belastungssituationen im Labor nach. Dabei stellten sie fest, daß unter Zeitdruck die Aufgabenanalyse zu früh abgebrochen wird. Dadurch wird auch das Einprägen und das später notwendige Erinnern der handlungsnotwendigen Informationen beeinträchtigt. Dies hat zur Folge, daß Informationen mehrmals angefordert werden müssen.

Genügt eine Filterung der Informationsflut nicht, um sie auf das nötige Maß zu reduzieren, wird man dazu neigen, den Aufbau eines Realitätsmodelles zu vernachlässigen. Man wird vorgefertigte Realitätsmodelle übernehmen und mit diesen operieren. Das kann zu Konservatismus und Dogmatismus führen. Um der informationellen Überlastung zu entgehen, werden die existierenden Modelle gegen falsifizierende Erfahrungen „abgeschottet“. Sie existieren fürderhin gewissermaßen unabhängig von der Realität in dem Sinne, daß sie nicht mehr modifiziert werden, keineswegs aber unabhängig im Hinblick darauf, daß sie nicht weiterhin handlungsleitend sind. Das Handeln wird also bestimmt von Realitätsvorstellungen, die an der „wahren“ Realität nicht mehr rückgekoppelt werden.

Lantermann (1987) glaubt feststellen zu können, daß es unter dem Einfluß von starken (negativen) Emotionen dazu kommt, daß unvollständige Wissensbestände über Sachverhalte „mit Gewalt“ vervollständigt werden, um sie „rund“ und konsonant zu machen. Weiterhin sollen nach Lantermann Relationen in einem Zustand starker emotionaler Belastung als unveränderlich angenommen werden. Man tendiert dazu, zu sagen „so ist es!“, nicht etwa: „so könnte es vielleicht sein!“. In der oben zitierten Untersuchung von Stäudel (1987) erzeugten die Mehrzahl der Vpn eine Hungerkatastrophe. Diese Meldung rief bei allen Vpn starke emotionale Belastungen hervor. Vpn, die wenig Vertrauen in ihre Problemlösefähigkeiten hatten, also eine geringe subjektive heuristische Kompetenz, gingen in einer solchen Katastrophensituation einfach von ungeprüften Meinungen über das System aus. Sie ersetzten also den Prozeß des Hypothesenbildens und -prüfens, der bei Vpn mit hoher heuristischer Kompetenz in dieser Situation stark zunahm, durch eine „ Setzung“ der Realität.

Das Erschließen von Informationen aus vorhandenen Informationen ist natürlich eine Angelegenheit von kognitiven Prozessen, von logischen Schlußfolgerungen, induktiven oder abduktiven Schlüssen. Einsatz und Abfolge solcher Schlußfolgerungsprozesse sind von emotionalen Zuständen abhängig. In der zitierten Untersuchung von Stäudel reduzierten die wenig kompetenten Vpn im Anschluß an die Katastrophenrückmeldung die Anzahl ihrer Schlußfolgerungen. Dörner (1974) konnte zeigen, daß ein Zustand der Zielnähe, also ein Zustand, in dem man glaubt, das Ziel schon fast erreicht zu haben, dazu führt, daß „überinklusiv“ gedacht wird. Dies führt z.B. dazu, daß Regeln und Operationen als zulässig angesehen werden, obwohl die Bedingungen dafür gar nicht erfüllt sind. (In der zitierten Arbeit ging es um bestimmte Operationen in einem Bereich der formalen Logik.)

Skrypzinski (1985) ließ Vpn, bei denen eine negative Stimmung induziert worden war, den „Turm von Hanoi“ bearbeiten. Im Vergleich mit den Vpn in neutraler Stimmung war bei diesen die Anzahl regelwidriger Züge signifikant erhöht. Nach Spies (1988) wird beim Auftreten von Emotionen die Genauigkeit von Vergleichsprozessen herabgesetzt. Sie ließ Vpn, die sich in positiver, negativer oder neutraler Stimmung befanden, Gesichter daraufhin vergleichen, ob sie gleich oder unterschiedlich waren. Die Emotionsgruppen übersahen häufiger Unterschiede als die Neutralgruppe.

Informationen müssen nicht nur gesucht oder erschlossen, sondern auch integriert und im Gedächtnis gespeichert werden, um so für eine weitere Verarbeitung bereitzustehen. Auch hier wirken sich Emotionen aus. Leichner (1982) konnte zeigen, daß situativ induzierte Angst „tiefe" Verarbeitungsprozesse stört. Isen et. al (1982) fanden bei „Glücklichen" die Tendenz, im Umgang mit ihrem Gedächtnis auf eher „intuitive" oder vereinfachende Strategien wie etwa die „availability heuristic" (Tversky & Kahnemann, 1974) zu vertrauen, anstatt „anstrengende" Prüf- und Vergleichsprozesse durchzuführen. Stäudel (1987) konnte zeigen, daß die Vpn mit geringer heuristischer Kompetenz in der emotional belastenden Situation wesentlich seltener neue Informationen kurz wiederholen. Diese kurze Wiederholung neuer Informationen ist ein Kennzeichen erfolgreicher Problemlöser (Dörner et.al, 1983). Sie dient vermutlich der besseren Einspeicherung der Information mittels dieses „rehearsals", oder aber auch dem Vergleich der neuen mit den bekannten Informationen, um so mögliche Diskrepanzen auszudecken. Ihr Zweck ist es also, neue Informationen in gezielter Weise in Relation zu vorhandenen Gedächtnisinhalten zu setzen.

Von der Art der Abspeicherung der Informationen im Gedächtnis hängt es ab, wie diese Informationen bei Bedarf wieder abgerufen werden können. Auch hier spielen die Emotionen eine Rolle. In den letzten Jahren wurden eine ganze Reihe von Untersuchungen durchgeführt, die den Einfluß von Stimmungen auf Lernen und Wiedererinnern untersuchten. Bei der Betrachtung dieser Ergebnisse muß man allerdings berücksichtigen, daß Stimmungen Emotionen besonderer Art sind. Sie sind eher längerdauernde und weniger intensive Zustände, als Emotionen, die unmittelbar in der Situation entstehen.

In den Untersuchungen zeigte sich, daß eine positive Stimmung den Wiederaufruf von positivem Material erleichtert, sowie, allerdings weniger durchgängig, eine negative Stimmung den Wiederaufruf negativen Materials (Isen et. al., 1978, Laird, Wagener, Halal & Szegda, 1982, Teasdale & Russel, 1983, Bower, 1981, Gilligan & Bower, 1984, aber auch Nasby & Yando, 1982), Diese Ergebnisse sind allerdings sowohl davon abhängig, wie in den Experimenten die jeweilige Stimmung induziert wurde, als auch von der Art des verwendeten Materials. Weiterhin sind die Effekte für positive und negative Emotionen nicht immmer symmetrisch. Ebenfalls uneinheitliche Ergebnisse liegen vor im Hinblick auf den Effekt des state-dependent-learning (Bower et. al, 1981, aber auch Bower & Mayer, 1985 sowie Klix, 1988), bei dem es darum geht, daß gelerntes Material dann besser erinnert werden kann, wenn es in der gleichen Stimmung erinnert wird, in der es auch gelernt wurde.

Die Ursache für diese Effekte wird vor allem darin gesehen, daß der jeweilige emotionale Zustand eine Art von „retrieval cue" darstellt, der Material, das mit diesem Zustand verbunden ist, leichter zugänglich macht. Dies gilt allerdings nur dann, wenn nicht andere Aspekte, wie z. B. die inhaltliche Bedeutung oder sonstige Kontextinformationen relevanter sind, um die Information wiederzufinden. Von daher sollte dieser Effekt, zumindest bei milden Ausprägungen der Stimmungen, nicht überbewertet werden. (Eine ausführliche Diskussion dieser Gedächtniseffekte würde bedeuten, daß hier die unterschiedlichen Konzeptionen über den Aufbau des Gedächtnisses und die Art der Informationsverarbeitung dargestellt werden müßten. Dies würde den Rahmen dieses Artikels sprengen. Es sei aber verwiesen auf die Diskussionen bei Isen et.al, 1978, Bower et. al, 1981, Nasby & Yando, 1982, Teasdale & Russell, 1983, Isen, 1984).

3.3 Prognosen

Über den Zusammenhang zwischen den kognitiven Prozessen, die zu bestimmten Prognosen führen, und emotionalen Prozessen oder Zuständen gibt es nicht allzu viele Befunde. Ausgehend davon, daß starke negative Emotionen dazu führen, daß das unmittelbare Handeln sich in den Vordergrund drängt, könnte man annehmen, daß Prognoseprozesse unter starker emotionaler Belastung entweder ganz wegfallen oder auf sehr einfache Formen reduziert werden. Wir wissen, daß Versuchspersonen beim Prognostizieren von zeitlichen Abläufen sowieso einfache Modelle bevorzugen. So werden Prozesse, die tatsächlich exponentiell verlaufen, tendenziell linear extrapoliert (Wagenaar und Sagaria, 1975, Dörner, 1980, 1981). Unter emotionaler Belastung sollten diese Prognoseprozesse noch weiter vereinfacht werden. Ein Befund, der dies belegt, stammt aus einer Untersuchung von Knapp (1986), in der die Vpn die Aufgabe hatten, Fische aus einem computersimulierten Gewässer abzufischen, womit sie auch Gewinne machen konnten. Diejenigen Vpn, die sich in einer neutralen Stimmung befanden, lagen mit ihren Prognosen über die Veränderung des Fischbestandes näher an der Realität als diejenigen, bei denen man Emotionen induziert hatte. Wright und Bower (1981) ließen Vpn die Wahrscheinlichkeit zukünftiger Ereignisse schätzen und fanden asymmetrische Effekte. „Traurige" Vpn unterschätzten die Wahrscheinlichkeiten erwünschter Ereignisse und überschätzten sie für tragische Ereignisse. Für „glückliche" Vpn ergab sich genau der entgegengesetzte Effekt. Allerdings gilt dieser Effekt für Wahrscheinlichkeitsschätzungen generell: Positive Stimmungen führen zu höheren subjektiven Werten als negative, pessimistisch getönte (Tversky & Kahnemann 1981).

Andere Fehlformen der Prognostik enthalten „strukturelle Extrapolationen"; man nimmt an, daß die Sachverhalte in der Zukunft in den gleichen Relationen zueinander stehen werden wie in der Vergangenheit. Eine besonders häufig anzutreffende Form einer strukturellen Extrapolation ist die „Momentanextrapolation" von besonders sinnfälligen und bedeutsamen gegenwärtigen Ereignissen. Häufiger Regen in einem Sommer führt immer wieder dazu, daß manche Journalisten nun eine neue Eiszeit nahen fühlen, genauso wie ein trockener Sommer zu Extrapolationen derart führt, daß in absehbarer Zeit Mitteleuropa einer afrikanischen Steppe ähneln wird, da sich die Atmosphäre entsprechend aufheizt. Die Überwertigkeit der Gegenwart als Induktionsbasis für die Prognose wird vermutlich unter emotionalen Belastungen noch größer sein als in normalen Zuständen. Es fehlen aber hierzu empirische Untersuchungen bzw. es sind uns hierzu keine empirischen Untersuchungen bekannt.

3.4 Handlungsplanung

Handlungsplanung bedeutet zunächst einmal die Suche und Auswahl von Operatoren, mit denen es möglich ist, die gegebene Situation so zu beeinflussen, daß man sich seinen Zielen annähert. Nun haben Operatoren aber nicht nur erwünschte, sondern oft auch unerwünschte Effekte, die evt. erst nach längerer Zeit zum Vorschein kommen. Um solche Neben- und Langzeitwirkungen zu vermeiden, sind differenzierte Prozesse der Analyse und Prognose nötig. Aufgrund der reduzierten Differenziertheit der internen Informationsverarbeitung entfallen diese Prozesse unter emotionaler Belastung noch häufiger als normalerweise. So konnte Knapp (a. a. O.) in seiner Fischfangsimulation zeigen, daß die Pbn bei negativen Emotionen voreilige und rascher auf Gewinn abzielende Lösungsstrategien bevorzugten. Sie entnahmen überproportional viele Fische und gefährdeten dadurch den Bestand. In einer Untersuchung von Kienan (1987) legten sich Vpn unter Stress bei Entscheidungsaufgaben häufiger auf Alternativen fest, bevor sie alle Alternativen überprpüft hatten und gingen dabei auch unsystematischer vor als die KG.

Handlungsplanung impliziert weiterhin die Synthese von bekannten Teilprozessen oder Teiloperationen zu neuen „Plänen". Ein häufiger Fehler bei der Handlungsplanung ist das, was Clausewitz (1880) „Methodismus" nannte, und was in der Psychologie als „Einstellungseffekt" (Luchins, 1942) bekannt geworden ist. Es handelt sich dabei darum, daß eine bestimmte Folge von Operationen, z. B. eine bestimmte Zugfolge im Schachspiel, die sich mehrmals als erfolgreich erwies, nun als die einzig mögliche und richtige in einer gegebenen Situation angesehen wird und in Zukunft nur noch, ohne Betrachtung möglicher Alternativen, verwendet wird. Dies hat Vorteile; es entlastet den kognitiven Apparat. Man braucht Handlungspläne nicht mehr zu generieren, sondern nur abzurufen. Unter Zeitdruck steigt diese Tendenz, die sowie schon ziemlich stark ist, noch weiter an (Luchins, 1942). Dies gilt auch für starke Emotionen . Im Rahmen der Ängstlichkeitsforschung der 50-er Jahre zeigte sich, daß bei Aufgaben, die gut gelernte Verhaltensweise erfordern, von Hochängstlichen bessere Leistungen erbracht werden. Sind diese Reaktionen allerdings falsch, sind also kognitive Umstrukturierungs- und Problemlöseprozesse nötig, so sind die Niedrigängstlichen überlegen (s. zusammenfassend Sarason, 1960). Albert (1980) konnte in einer Reanalyse von drei Experimenten nachweisen, daß unter Angst bedrohungsrelevante Reaktionen häufiger, bedrohungsirrelevante Reaktionen dagegen seltener auftreten.

Bei fortgesetztem Mißerfolg, also in Situationen, in denen auch die gut gelernten und in der Vergangenheit erfolgreichen Reaktionen nicht mehr zum Ziel führen, wird auf sehr basale, vermutlich angeborene und universell einsetzbare Verhaltensweisen zurückgegriffen. In Anlehnung an Lazarus (1966, 1968) kann man als solche basalen „Notfallreaktionen" Aggression bei Ärger und Wut, Flucht bzw. Regression zusammen mit Angst, und Resignation bei Trauer und Depression ansehen (s. Dörner, Reither & Stäudel, 1983). Diese basalen Verhaltensweisen bieten den letzten Ausweg in einer Situation, die in der einen oder anderen Form nicht mehr kontrollierbar ist.

Es gibt Belege dafür, daß bei fortgesetztem Mißerfolg und starken Emotionen auf diese Verhaltensweisen zurückgegriffen wird. Schon Dembo (1931) beschreibt in ihrer sehr exakten Analyse des Verhaltens ihrer Vpn bei einem nur sehr schwierig zu lösenden Problem solche „Notfallreaktionen. Die Vpn wurden bei fortgesetztem Mißerfolg immer unruhiger, dann ärgerlich, später auch wütend oder resigniert. Sie versuchten, „aus dem Felde zu gehen", also zu „flüchten", zeigten irreale Lösungsversuche und Ersatzhandlungen, und später (der Versuch dauerte Stunden), auch Aggressionen. Heuser (1978) beobachtete bei induziertem Mißerfolg beim Umgang mit Problemen Ausweichverhalten, Versuchs-Irrtums-Verhalten und die Tendenz aufzugeben. In der Untersuchung von Stäudel (1987) reagierten die wenig kompetenten Vpn nach der Katastrophe mit signifikant verstärkten Resignationstendenzen und dem Wunsch aufzuhören. Skrypzinski (1985) fand bei den Vpn, denen eine negative Stimmung induziert worden war, beim Umgang mit dem „Turm von Hanoi" neben verstärkten emotionsbezogenen Äußerungen gehäuft Abbrüche des Versuchs.

3.5 Selbstorganisation und Selbstreflexion

Das menschliche System zur Handlungssteuerung ist kein fest programmiertes „Betriebssystem", sondern ein variierbares und modifizierbares Gebilde. Diese Tatsache impliziert die Notwendigkeit, das eigene Handeln zu steuern, die Effektivität der eigenen Handlungssteuerung ständig zu überprüfen und ggf. „selbstreflexiv" zu modifizieren. Selbstreflexives Denken, welches die eigenen Denkstrategien zum Objekt hat, kommt sowieso nicht häufig vor (Dörner et. al, 1983, Reither, 1979, Hesse, 1979). Aufgrund der Reduktion der internen Prozesse sollte die Häufigkeit selbstreflexiven Denkens unter emotionaler Belastung noch weiter absinken und die Steuerung der eigenen Handlungen eher desorganisiert werden.

Hinweise auf eine reduzierte Selbstorganisation und deren selbstreflexives Überprüfen finden sich in der Arbeit von Stäudel (1987). Zum einen zeigt sich bei Vpn mit subjektiv geringer heuristischer Kompetenz in der emotional belastenden Situation verstärkt ein zirkuläres Vorgehen. Die selben Themen werden immer und immer wieder aufgegriffen, ohne daß sie zu einem klaren Abschluß gebracht würden. Eine solche Zirkularität kann dadurch verhindert werden, daß das „Protokoll" über die vorangegangenen Ereignisse und Handlungen auf eine solche Zirkularität hin überprüft wird. Diese Prüfprozesse scheinen in einer emotional belasteten Situation nicht mehr stattzufinden. Auch Skrypzinski (1985) konnte bei negativer Stimmung beim „Turm von Hanoi" gehäuft Zirkularitäten im Denkprozeß feststellen.

In der Untersuchung von Stäudel sanken weiterhin die Anzahl der „Vornahmen". „Vornahmen" sind Absichten, die sich auf die Organisation des eigenen Vorgehens beziehen. Diese finden sich in der emotional belastenden Situation signifikant seltener. Und schließlich zeigt sich sowohl im Gruppenvergleich als auch korrelationsstatistisch, daß emotional belastete und wenig kompetente Vpn ihr Vorgehen auch weniger klar strukturieren. Es fehlt ein „roter Faden" im Vorgehen, der sich darin äußert, daß von allgemeinen zu spezifischeren Themen übergegangen wird, und dann wieder zurück zum Allgemeinen. Der eigene Denkprozess ist also wenig organisiert und strukturiert.

Die Forderung, die eigene Handlungssteuerung zu überprüfen und in Frage zu stellen, steht im Gegensatz zu der menschlichen Tendenz, die Einschätzung der eigenen Kompetenz möglichst hoch zu halten (vergl. Dittes 1959, Frey & Benning, 1983). Die meisten Menschen setzen sich erbittert zur Wehr, wenn ihre Kompetenz und ihre Handlungsfähigkeit in einem für sie wichtigen Bereich angezweifelt wird. Noch weniger sind sie bereit, diese selbst anzuzweifeln. Die Kompetenzsicherung in relevanten Bereichen ist ein Ziel, welches für die meisten Menschen eine hohe Priorität hat. Und die Kompetenzsicherung in relevanten Bereichen muß wohl eine hohe Priorität haben, denn ohne eine hohe Kompetenzeinschätzung gibt es keine Handlungsbereitschaft. Jemand, der davon überzeugt ist, daß er in einem bestimmten Bereich nicht in der Lage ist, effektvoll zu handeln, wird in diesem Bereich auch nicht tätig werden, sondern ihn vermeiden (s. Bandura, 1980). Es mag wohl generell vernünftig sein, die Kompetenz in einem bestimmten Realitätsausschnitt eher ein wenig zu überschätzen (s. Alloy & Abramson, 1979), um auf diese Art und Weise die Handlungsbereitschaft zu erhöhen, als sie zu unterschätzen und damit unter Umständen in einen Zustand zu geraten, in dem gar nichts mehr getan wird. Wird die Kompetenz in einem bestimmten Bereich ernsthaft bedroht, so finden häufig selbstwertsichernde Maßnahmen statt. Mißerfolge werden „external attribuiert" oder überhaupt nicht mehr wahrgenommen (Frey, 1978, Nisbett & Ross, 1980).

Diese — in gewissem Umfang vernünftige — Tendenz zur Selbstwertsicherung steht im Gegensatz zu den Anforderungen der Selbstkontrolle und der Selbstorganisation. Denn Selbstkontrolle setzt voraus, daß man die eigene Kompetenz in einem bestimmten Bereich anzweifelt, aufgrund dieses Zweifels die eigenen Handlungsstrategien überprüft und ggf. modifiziert.

Eine massive Bedrohung der Selbstsicherheit führt also oft zu selbstwertsichernden Maßnahmen, zu einer Abschottung der eigenen Kompetenz (s. Wright & Mischel, 1983) und damit zur Rigidität der „zweiten Art", also zu einer Rigidität im Hinblick auf die kognitiven Prozesse, nicht nur zu einer Rigidität im Hinblick auf die Handlungssteuerung.

(Die vorangegangene Schilderung der mit Emotionen einhergehenden Veränderungen im Denken und Handeln mag den Eindruck erwecken, Emotionen seien doch, trotz aller anderslautenden Darstellungen, nur Störungen einer Handlungsplanung. Bei komplexen Anforderungen, die ein hohes Ausmaß an differenzierten kognitiven Prozessen erfordern, mag dies auch vorwiegend der Fall sein. Vielleicht ist es aber auch nur interessanter und wichtiger, die negativen Effekte von Emotionen darzustellen, da diese dramatischer sind und bei Trainingsversuchen besonders beachtet werden müssen.

Wir meinen aber trotz der Schwerpunktbildung hinsichtlich negativer Effekte, daß es ohne Emotionen bzw. ohne die ihnen unterliegenden Parameterverstellungen der Instanzen der Informationsverarbeitung, insgesamt schlechter bestellt wäre mit dem menschlichen System der Handlungssteuerung. Emotionen sind die Erscheinungen integrativer Tendenzen der menschlichen Handlungsorganisation und diese sind insgesamt notwendig für die adäquate Funktion des Systems.)

4 *Schlußbemerkungen*

Wir haben versucht, in den vorstehenden Abschnitten das Zusammenspiel von kognitiven und emotionalen Prozessen bei der Handlungssteuerung zu schildern. Da sich die Psychologie im Rahmen ihres isolationistischen Programmes weitgehend entweder mit kognitiven oder aber mit emotionalen Prozessen befaßt hat, nicht aber mit dem Zusammenspiel von beiden, war unsere Darstellung notwendigerweise lückenhaft und oft spekulativ. Wer dies bemängelt, mag sich daranmachen, durch entsprechende Experimente oder gezielte und genaue empirische Beobachtungen diesem Mangel abzuhelfen.

Literatur

Aebli,H. (1980). *Denken: Das Ordnen des Tuns.* Bern: Huber.

Albert, D. (1980). Anxiety and Learning Performance. *Archiv für Psychologie, 132,* 139—169.

Alloy, L.B. & Abramson, L.Y. (1979). Judgement of Contingency in Depressed and Non-Depressed Students: Sadder or Wiser?. *Journal of Experimental Psychology, 108,* 441—485.

Anderson, J.R. (1978). Arguments Concerning Representations for Mental Imagery. *Psychological Review, 85,* 249—277.

Bacon, S.J. (1974). Arousal and the Range of Cue Utilization. *Journal of Experimental Psychology, 102,* 81—87.

Bandura, A. (1980). Gauging the Relationship between Self-Efficacy Judgment and Action. *Cognitive Therapy and Research, 4,* 263—268.

Bischof, N. (1968). Kybernetik in Biologie und Psychologie. In S. Moser & S. J. Schmidt (Eds), *Information und Kommunikation.* München: Oldenbourg.

Bower, G.H. (1981). Mood and Memory. *American Psychologist, 36,* 129—148.

Bower, G. H., Gilligan, S. G. & Montiero, K. P. (1981). Selective Learning Caused by Affective States. *Journal of Experimental Psychology: General, 110,* 451—473.

Bower, G.H. & Mayer, D. (1985). Failure to replicate mood-dependent retrieval. *Bull. of the Psychonomic Society, 23,* 39—42.

Bronner, R. (1974) Streß und Leistung. *Zeitschrift für Organisation, 7,* 363.

Callaway, E. & Dembo, D. (1958). Narrowed Attention: a Psychological Phenomenon that Accompanies a Certain Physiological Change. *AMA Archives of Neurology and Psychiatry, 79,* 74—90.

Clausewitz, C.von (1880). *Vom Kriege.* Berlin: Dümmler.

Dembo, T. (1931). Ärger als dynamisches Problem. *Psychologische Forschung, 15,* 1—45.

Dewey, J. (1895). The theories of Emotion, II. The Significance of Emotion. *Psychological Review, 2,* 13—32.

Dittes, J.E. (1959). Attractiveness of Group as a Function of Self-Esteem and Acceptance by Group. *Journal of Abnormal and Social Psychology, 59,* 77—82.

Dörner, D. (1974). *Die kognitive Organisation beim Problemlösen.* Bern: Huber.

Dörner, D. (1980). On Difficulties People Have in Dealing with Complexity. *Simulations & Games, 11,* 87—106.

Dörner, D. (1981). Über die Schwierigkeiten menschlichen Umgangs mit Komplexität. *Psychologische Rundschau, 32,* 163—179.

Dörner, D. (1984a). The Organization of Action in Time. In E. Frehland (Hrsg.), *Synergetics: from Microscopie to Macroscopie Order* (S. 243—249). Berlin: Springer.

Dörner, D. (1984b). Thinking and the Organisation of Action. In J. Kuhl & J. Beckman (Eds.), *Action-Control: from Cognition to Behavior* (pp. 219—325). Berlin: Springer.

Dörner, D. (1985). Verhalten, Denken und Emotionen. In L. Eckensberger & E. D. Lantermann (Hrsg), *Emotion und Reflexivität* (S. 157 181). München: Urban & Schwarzenberg.

Dörner, D. (1986). Intention Memory and Intention Regulation. In F.Klix & H. Hagendorf (Eds.), *Human Memory and Cognitive Capability* (pp. 929—939). North-Holland: Elsevier Science Publisher.

Dörner, D., Kreuzig, H.W., Reither, F. & Stäudel, T. (Hrsg.). (1983). Lohhausen: *Vom Umgang mit Unbestimmtheit und Komplexität.* Bern: Huber.

Dörner, D., Reither, F. & Stäudel, T. (1983). Emotion und problemlösendes Denken. In H. Mandl & G.L. Huber (Hrsg.), *Emotion und Kognition* (S. 61—84). München: Urban & Schwarzenberg.

Dörner, D., Schaub, H., Stäudel, T. & Strohschneider, S. (1988). *Ein System zur Handlungsregulation oder die Interaktion von Emotion, Kognition und Motivation.* Sprache & Kognition, 7, S 217—232.

Duncker, K. (1974). Zur Psychologie des produktiven Denkens. Berlin: Springer (Erstausgabe 1935).

Easterbrook, J.A. (1959). The Effect of Emotion on Cue Utilization and the Organization of Behavior. *Psychological Review, 66,* 183—201.

Everall, E.E. (1935). Perseveration in the Rat. *Journal of Comparative Psychology, 19,* 343—368.

Fiedler, K. (1983). Antikognitivistische Tendenzen in der Psychologie. *Sprache und Kognition, 4,* 215—227.

Freeman, G.L. (1940). The Relationship between Performance Level and Bodily Activity Level. *Journal of Experimental Psychology, 26,* 606—608.

Frey, D. (1978). Reactions to Success and Failure in Public and Private Conditions. *Journal of Experimental Psychology, 14,* 172—179.

Frey, D. & Benning, E. (1983). Das Selbstwertgefühl. In H. Mandl & G.L. Huber, *Emotion und Kognition* (S.148—182). München: U & S.

Gilligan, S.G. & Bower, G.H. (1984). Cognitive Consequences of Emotional Arousal. In C.E. Izard, J. Kagan & R.B. Zajonc (Eds.), *Emotions, Cognition and Behavior* (pp. 547—588). Cambrigde: Cambridge Univ. Press.

Hamilton, V. (1975). Sozialisation Anxiety and Information processing: A Capacity Model of Anxiety-Induced Performance Deficits. In I.G. Sarason & C.D. Spielberger (Eds.), *Stress and Anxiety* (Vol. 2).

Hebb, D.D. (1949). *The Organization of Behavior.* New York: Wiley.

Hebb, D.D. & Thompson, W.R. (1968). The Social Significance of Animal Studies. In G. Lindzey & E. Aronson (Eds.), *Handbook of social Psychology* (pp.729—744). 2, Reading, Mass.: Addison-Wesley.

Hesse, F.W. (1979). *Trainingsinduzierte Veränderungen in der heuristischen Struktur und ihr Einfluss auf das Problemlösen.* Aachen: Dissertation RWTH Aachen.

Heuser, J. (1978). Zur differentiellen Wirkung von Stress auf das Problemlösen. *Zeitschrift für Experimentelle und Angewandte Psychologie, 3,* 379—406.

Hoffmann, J. (1983). *Das aktive Gedächtnis.* Berlin.

Holroyd, K.A. & Appel, M.A. (1980). Test Anxiety and Physiological Response. In I.G. Sarason (Ed.), *Test Anxiety* (pp.129—154). Hillsdale: Erlbaum.

Isen, A.M. (1984). Towards Understanding the Role of Affect and Cognition. In R.S. Wyer & T.K.Skrull, *Handbook of social cognition* (pp.179—236). Hillsdale, N.J.: Erlbaum.

Isen, A.M., Means, B., Patrick. R. & Nowicki, G. (1982). Some factors influencing decision-making strategy and risk taking. In M.S. Clark & S.T. Fiske, *Affect and Cognition* (pp.243—261). Hillsdale, N.J.: Erlbaum.

Isen, A.M., Shalker, T., Clark, M. & Kark, L. (1978). Affect, Accessibility of Material in Memory and Behavior: A Cognitive Loop?. *Journal of Personality and Social Psychology, 36,* 1—12.

Izard, C.E. (1978). Emotions as Motivations: An Evolutionary-Developmental Perspective. In *Nebraska Symposium on Motivation* (S. 163—200).

Izard, C.E. (in press). The Primacy of Emotions in Human Developement and in Emotion-Cognition Relationships. In C.E. Izard, J. Kagan & R.B. Zajonc (Eds.), *Emotions, Cognition and Behavior.* New York: Cambridge University Press.

Kienan, G. (1987). Decision making under stress. Scanning of alternatives under controllable threats. *Journal of Personality and Social Psychology, 52,* 639—644.

Kleinginna, P.R. & Kleinginna, A.M. (1985). Cognition and Affect: A reply to Lazarus and Zajonc. *American Psychologist, 40,* 470—471.

Klix, F. (1988). Über Emotion und Kognition in der evolutionsgeschichtlicher Betrachtung und aktualgenetischer Prüfung. (Vortrag auf dem Symposium „Kognitive und emotionale Evolution". Salzburg, 1987) In Roth, E. (Hrsg), *Emotion und Erkenntnis.*

Klix, F. (1986). On Recognition Processes in Human Memory. In F.Klix & H. Hagendorf (Eds.), *Human Memory and Cognitive Capability.* North-Holland: Elsevier Science Publisher.

Klix, F. & van der Meer, E. (1984). *Über Begriffsbeziehungen — Untersuchungen an Organisationsformen der menschlichen Gedächtnistätigkeit.* Wiss. Z. Humboldt Univ., Math.-Nat. R. XXXIII, 6, 547—556.

Klix, F., van der Meer, E., Preuß, M. & Wolf, M. (1987). *Über Prozeß- und Strukturkomponenten der Wissensrepräsentation beim Menschen. Z. Psychologie.*

Knapp, A. (1986). Die Auswirkungen emotionaler Zustände auf das Lösen eines sozialen Dilemmas. *Zeitschrift für Sozialpsychologie, 17.*

Kosslyn, S.M. (1980). *Image and Mind.* Cambridge, Mass.

Kosslyn, S.M. (1981). The Medium and the Message in Mental Imagery: A Theory. *Psychological Review, 88,* 46—66.

Laird, J.D., Wagener, J.J., Halal, M. & Szegda, M. (1982). Remembering what You Feel: The Effect of Emotion on Memory. *Journal of Personality and Social Psychology, 42,* 646—657.

Lantermann, E.D. (1987). *Kognition und Emotion. Psychologisches Colloquium,* Universität Bamberg.

Lantz, B. (1945). Some Dynamic Aspects of Success and Failure. *Psychological Monographs, 59,* 271.

Lazarus, R.S. (1966). *Psychological Stress and the Coping Process.* New York: McGrawHill.

Lazarus, R.S. (1968). Emotion and Adaption: Conceptual and Empirical Relations. In M.B. Arnold (Ed.), *Nebraska Symposium on motivation* (Vol. 10) (pp 103—270).

Lazarus, R.S. (1982). Thoughts on the Relation between Emotion and Cognition. *American Psychologist,* 1019—1024. (auch erschienen in K.R. Scherer & P. Ekman (Eds.) (1984). Approaches to Emotion (pp.247—258). Hillsdale, N.J.: Erlbaum.

Leichner, R. (1982). Die Verarbeitung von visueller sozialer Information unter sozialer Angst. *Zeitschrift für Experimentelle und Angewandte Psychologie, 29,* 290—314.

Lenk, H. (Hrsg.) (1981). *Handlungstheorien interdisziplinär.* München: Fink.

Leventhal, H. (1980). Towards a Comprehensive Theory of Emotion. In L. Berkowitz (Ed.), *Advances in Experimental Social Psychology* (Vol.13.) (pp. 140—208). New York: Academic Press.

Leventhal, H. (1984a). A Perceptual-Motor Theory of Emotion. In L. Berkowitz (Ed.), *Advances in Experimental Social Psychology,* (Vol.17). New York: Academic Press.

Leventhal, H. (1984b). A Perceptual-Motor Theory of Emotion. In K. R. Scherer & P. Ekman (Eds.), *Approaches to Emotion* (pp. 271—292). Hillsdale, N. J.: Erlbaum.

Leventhal, H. & Scherer, K. (1987). The Relationship of Emotion to Cognition: A Functional Approach to a Semantic Controversy. *Cognition and Emotion, 1,* 3—28.

Lindsley, D.B. (1951). Emotion. In Stevens, S.S. (Ed.), *Handbook of Experimental Psychology* (pp.473—516). New York: Wiley.

Luchins, A.S. (1942). Mechanization in Problem Solving — The Effect of Einstellung. *Psychological Monographs, 54.*

Malmo, R.B. (1959). Activation: A Neurophysiological Dimension. Psychological Review, 66, 367—388.

Mandler, G. (1979). *Denken und Fühlen.* Paderborn: Junfermann.

Mandler, G. (1980). The Generation of Emotion: A Psychological Theory. In R. Plutchik & H. Kellerman (Eds.), *Emotion. Theory, Research, and Experience* (Vol.1) (pp. 219—243). New York: Academic Press.

Nasby, W. & Yando, R. (1982). Selective Encoding and Retrieval of Affectively Valent Information. *Journal of Personality and Social Psychology, 43,* 1244—1255.

Nisbett, R. & Ross, L. (1980). *Human Interference: Strategies and Short-Comings of Social Judgement.* Englewood Cliffs: Prentice Hall.

Oatley, K. (1986). *Emotions and the Functions of Consciousness. Symposium „Aspects of Consciousness and Awareness"*, Universität Bielefeld.

Patrick, J.R. (1934). Studies in Rational Behavior and Emotional Excitement: I. Rational Behavior in Human Subjects. *Journal of Comparative Psychology, 18,* 1—22.

Plutchik, R. (1985). On Emotion. The Chicken-and-Egg Problem Revisited. *Motivation and Emotion, 9,* 197—200.

Pylyshyn, Z.W. (1981). The Imagery Debate: Analogue Media Versus Tacit Knowledge. *Psychological Review, 88,* 16—45.

Reason, J.T. (1987). *Some Basic Error-Shaping Properties of Human Cognition. Working Paper No.1, Joint Research Centre, Ispra Establishment.*

Reither, F.(1979). *Über die Selbstreflexion beim Problemlösen.* Gießen: Dissertation.

Rodrigue, J.R., Olson, K.R. & Markley, R.P. (1987). Induces mood and curiosity. *Cognitive Therapy and Research, 11,* 101—106.

Sarason, I.G. (1960). Empirical Findings and Theoretical Problems in the Use of Anxietyscales. *Psychological Bulletin, 57,* 403—415.

Scherer, K.R. (1981). Wider die Vernachlässigung der Emotion in der Psychologie. In W. Michaelis (Ed.), *Bericht über den 32. Kongreß der DGfP in Zürich 1980.* Göttingen: Hogrefe.

Scherer, K.R. (1982). Emotion as a Process: Function, Origin and Regulation. *Social Science Information, 21,* 555—570.

Scherer, K.R. (1984). On the Nature and Function of Emotion: A Component Process Approach. In K.R. Scherer & P. Ekman (Eds.), *Approaches to Emotion* (pp.295—318). Hillsdale, N.J.: Erlbaum.

Scherer, K.R. (1988). Criteria for Emotion-Antecedent Appraisal: A Review. In V. Hamilton, G.H. Bower & N.H. Frijda (Eds.), *Cognitive Perspectives on Emotion and Motivation.* Dordrecht: Nijhoff.

Schulz, P. & Höfert, W. (1981). Wirkungsmechanismen und Effekte von Zeitdruck bei Angestelltentätigkeiten: Feld- und Laborstudien. In M. Frese (Hrsg.), *Stress im Büro.* Bern: Huber.

Schwarzer, R. (1983). Angst. In H. Mandl & G.L. Huber (Hrsg.), Emotion und Kognition (S.123—147). München: U & S.

Shneiderman, B. (1980). *Software Psychology.* Cambridge, Mass.: Winthrop.

Simon, H. (1967). Motivational and Emotional Control of Cognition. *Psychological Review, 74,* 29—39.

Skrypzinski, R. (1985). *Empirische Untersuchung zum Einfluß negativer Emotionen auf die Bearbeitung des Turm-von-Hanoi-Problems.* Diplomarbeit am Psych. Institut der Universität Göttingen.

Spies, K. (1988). Einfluß von Emotionen auf den Musterübereinstimmungsvergleich. *Zeitschrift für Experimentelle und Angewandte Psychologie, 35,* 317—344

Stäudel, T. (1987). *Problemlösen, Kompetenz und Emotion. Die Überprüfung eines integrativen Konstrukts.* Regensburg: Roderer-Verlag.

Teasdale, J.D. & Russell, R. (1983). Differential Aspects of Induced Mood on the Recall of Positive, Negative and Neutral Words. *British Journal of Clinical Psychology, 20,* 39—48.

Traxel, W. (1960). *Empirische Untersuchungen zur Einteilung von Gefühlsqualitäten. In Bericht über den 22. Kongreß der DGfP,* Heidelberg 1959 (S. 290—294), Göttingen: Hogrefe.

Tversky,A. & Kahnemann,D. (1974). Judgment under Uncertainty: Heuristics and Biases. *Science, 185,* 1121—1131.

Tversky, A. & Kahnemann, D. (1981). Availability: A Heuristic for Judging Frequency and Probability. *Cognitive Psychology, 5,* 207—232.

van der Meer, E. (1987). *Emotionale Bewertung von begrifflichem Wissen. Vortrag auf dem Symposium „Kognitive und emotionale Evolution“.* Salzburg.

Wagenaar, W. & Sagaria, S. (1975). Misperception of Exponential Growth. Percept. *Psychophysics, 18,* 416—422.

Werbik, H. (1978). *Handlungstheorien.* Stuttgart: Kohlhammer.

Woodworth, R.S. (1940). *Psychology.* New York: Holt.

Wright, W.F. & Bower, G.H. (1981). *Mood effects on Subjective Probability Assessment* (unpublished manuscript). Stanford: Stanford University.

Wright, J. & Mischel, W. (1983). Influence of Affect on Cognitive Social Learning Person Variables. *Journal of Personality & Social Psychology, 43,* 901—914.

Yerkes, R.M. & Dodson, J.D. (1908). The Relation of Strength of Stimulus to Rapidity of Habit-Formation. *Journal of Comparative Neurological Psychology, 18,* 459—482.

Zajonc, R.B. (1980). Feeling and Thinking. Preferences Need no Inferences. *American Psychologist, 35,* 151—175.

Zajonc, R.B. (1984 a). On Primacy of Affect. In K.R. Scherer & P. Ekman (Eds.), *Approaches to Emotion* (pp. 259—270). Hillsdale, N.J.: Erlbaum

Zajonc, R.B. (1984 b). The Interaction of Affect and Cognition. In K.R. Scherer & P. Ekman (Eds.), *Approaches to emotion* (pp. 239—246). Hillsdale, N.J.: Erlbaum.

6. Kapitel

Ausdruck von Emotionen

Klaus R. Scherer und Harald G. Wallbott

1 Einführung und Überblick

In der modernen Emotionspsychologie werden Emotionen zumeist als „Syndrome“, bzw. als Bündel verschiedener Komponenten definiert (s. Scherer, in diesem Band). Während Zahl und Art der Komponenten von Autor zu Autor variieren, fehlt die Komponente des motorischen Ausdrucks in keinem dieser Definitionsversuche. Dieser Tatbestand reflektiert die Bedeutung des Ausdrucks als privilegiertem Indikator emotionaler Zustände, eine Rolle die den Ausdrucksphänomenen bereits in der Antike zugestanden wurde. Zwei Ursachen mögen hierfür verantwortlich sein — zum einen die Externalisierung, und mithin die Kommunikation eines internen Zustands, der damit öffentlich und sozial relevant wird, zum anderen die außerordentlich hohe Differenziertheit der Ausdrucksweisen, die der phänomenologisch empfundenen Vielfalt der Gefühlszustände entspricht.

Die zentrale Rolle des Ausdrucks für das Verständnis der Emotionen zeigt sich in der Geschichte der Psychologie an der Bedeutung der Ausdruckspsychologie als einem wichtigen Teilfach der Disziplin. Bis in die sechziger Jahre hinein war die Ausdruckspsychologie Prüfungsfach in den Diplomprüfungsordnungen der psychologischen Institute an vielen deutschen Universitäten. Auch von der Zahl der Forschungsvorhaben und Publikationen vor dem 2. Weltkrieg her gesehen, stellte die Ausdruckspsychologie einen wesentlichen Faktor in der Psychologie dar. Doch ähnlich wie die Emotionspsychologie, die in den vergangenen Jahrzehnten weitgehend aus dem Blickfeld der Aufmerksamkeit psychologischer Forscher geriet, wurde die Ausdruckspsychologie praktisch abgeschafft, und das nicht nur in den Prüfungsordnungen. In der Reaktion auf die einer introspektiv-deutenden philosophisch-phänomenologischen Vorgehensweise verpflichteten klassischen Ausdruckspsychologie lehnten viele positivistisch-empirisch orientierte Psychologen die Beschäftigung mit der entsprechenden Literatur ab. Wie so oft wurde dabei das Kind mit dem Bad ausgeschüttet; nicht nur der Forschungsansatz, sondern auch das Phänomen selbst galten als suspekt.

Glücklicherweise erlebte die Beschäftigung mit Ausdrucksphänomenen eine Renaissance — und zwar unter dem unverfänglichen Titel „nonverbale Kommunikation" und mit einem aus den USA reimportierten experimentellen oder zumindest auf systematischer und objektivierter Beobachtung beruhenden Forschungsmodell (vgl. die Übersichten in Scherer & Wallbott, 1979/1984; Scherer, 1982c). Interessanterweise war es dann wiederum die zentrale Rolle des emotionalen Ausdrucks in der Forschung zur nonverbalen Kommunikation, die ihrerseits zu einer Wiederbelebung der Emotionspsychologie führte (etwa die Arbeiten zum emotionalen Gesichtsausdruck von Tomkins, 1962/63; Izard, 1971, 1977; und Ekman, 1973a, 1982a, 1984; vgl. Scherer, in diesem Band).

Die Berücksichtigung der Ausdruckskomponente, und insbesondere auch deren Funktion für die soziale Kommunikation, ist für das Verständnis der Emotionsprozesse unerläßlich. Die Vielzahl von Verweisen auf Ausdrucksphänomene in nahezu allen Beiträgen dieses Bandes bezeugt dies sehr nachdrücklich. Der systematischen Erforschung des emotionalen Ausdrucks in Gesicht, Stimme, und Körperbewegungen kommt daher eine Schlüsselrolle bei der Analyse von Emotionsprozessen zu. In diesem Beitrag werden die wichtigsten Grundlagen, Fragestellungen, Methoden und Ergebnisse der Emotionsausdrucksforschung dargestellt.

Nach einer ausführlichen Erörterung der Funktionen und Determinanten des Ausdrucks, werden Produktion und Formen des Ausdrucksverhaltens in den verschiedenen Modalitäten dargestellt (wobei insbesondere die neuropsychologischen Steuerungsprozesse und die Rolle der quergestreiften Muskulatur besprochen werden). Daran schließt sich der Versuch einer Synthese der Forschungsergebnisse zu emotionsspezifischen Ausdrucksmustern an. In einem Abschnitt über Beziehungen zwischen Ausdruck und anderen Emotionskomponenten werden sodann einige wichtige aktuelle Fragestellungen der Emotionspsychologie aufgeworfen. Den Abschluß des Kapitels bildet die Darstellung der Forschungsansätze zur Wahrnehmung des Emotionsausdrucks, also des „Emotions-Eindrucks".

2 *Funktionen des Ausdrucks*

Ein psychobiologischer Ansatz zur Analyse des Verhaltens mißt den adaptiven Funktionen einzelner Verhaltensweisen zentrale Bedeutung zu. Dies gilt sowohl für proximate Ursachen, i. e. Funktionen für unmittelbar wirksame Zielvorgaben, wie auch für ultimate Ursachen, i. e. Funktionen im Kontext selektiver Anpassung im Verlauf der Phylogenese (vgl. Kapitel 1 in Immelmann, Scherer, Vogel, & Schmook, 1988). Geht man davon aus, daß sich bei den heute lebenden Organismen viele beobachtbare Verhaltensweisen stammesgeschichtlich entwickelt haben, so bildet der funktionale Ansatz eine unverzichtbare Voraussetzung für eine Ausdrucksanalyse in Bezug auf Formen und Determinanten (vgl. auch Leyhausen, 1967).

2.1 Historischer Überblick

Emotionsbegleitendes Ausdrucksverhalten ist vielfach unübersehbar und unüberhörbar. Die Frage nach seiner Funktion wurde aus diesem Grunde schon von Anbeginn der Bemühungen um eine wissenschaftliche Erklärung der Emotionsprozesse gestellt. So beschäftigt sich bereits Hippokrates (geb. ca. 460 v. Chr.) mit den physiologischen und expressiven Wirkungen der emotionalen Erregung. Emotionen sind seiner Ansicht nach auf Störungen des Gleichgewichts zwischen den verschiedenen Elementen des Körpers und der Seele zurückzuführen. Ausdruckserscheinungen werden durch Veränderungen im Fluß der „Körpersäfte" und der Atemprozesse hervorgerufen, die durch diese Perturbationen verursacht worden sind. Die extern beobachtbaren Ausdruckserscheinungen stellen also lediglich quasi-automatische Folgen der internen physiologischen Veränderungen dar (Gardiner, Clark-Metcalf & Beebe-Center, 1937/1980, S. 54). Diese Auffassung wurde bis weit in die Neuzeit beibehalten. Zwar finden wir bei Aristoteles und seinen Schülern bereits sehr detaillierte Beschreibungen von Ausdrucksphänomenen in Zusammenhang mit bestimmten Emotionen sowie Spekulationen über die mögliche adaptive Funktion des Ausdrucksverhaltens (z. B. die Schutzfunktion des Furchtausdrucks, die Vermeidungsfunktion des Schamausdrucks, usw., vgl. Gardiner et al., 1937/1980, S. 54). Auch die sozial-strategische Bedeutung situationsangemessenen Emotionsausdrucks wird in der Nikomachischen Ethik von Aristoteles (1960, S. 86-87) ausführlich diskutiert. Doch noch Descartes sah die Ausdruckserscheinungen als inzidentelle Nebenprodukte der Stärke und Richtung des Blutflusses und der von ihm angenommenen „Lebensgeister" und dies obschon er die Emotionen durchaus als eine adaptive Reaktion des Organismus verstand (Descartes, 1911, Artikel 112-136; Gardiner et al., 1937/1980, S. 163-166).

Erste systematische Überlegungen zu den möglichen Funktionen affektiver Ausdruckserscheinungen finden sich in den „Ideen zu einer Mimik“ von J. J. Engel (1785/1968). Engel unterscheidet „malende“ und „ausdrückende“ Gebärden und unterteilt letztere in willentlich nicht zu beeinflussende Wirkungen physiologischer Veränderungen (wie etwa Erröten), nachahmende Gebärden — („die Veränderungen der Seele malen ... daher hat jede eigentümliche Sinnesart, jede innere Bewegung und Leidenschaft ihren unterscheidenden Gang ... S. 97—98), und absichtliche Gebärden — („freiwillige äußere Handlungen, aus welchen die Bewegungen, Triebe und Leidenschaften der Seele, zu deren Befriedigung sie als Mittel dienen, ersichtlich sind“ S. 96—97). Er versucht anhand von Beispielen die Wirkungen solcher adaptiven Ausdrucksverhaltensweisen auf das innere Gleichgewicht, insbesondere aber auch auf instrumentelle Verhaltensweisen und die Beziehung zu Interaktionspartnern zu veranschaulichen.

Die fortschreitende Erforschung der Phylogenese des Verhaltens und der physiologischen Grundlagen von Ausdruckserscheinungen, eine Entwicklung, die zur Evolutionstheorie Charles Darwins und zur Veröffentlichung seines berühmten Buches „Der Ausdruck der Gemüthsbewegungen beim Menschen und bei den Thieren“ im Jahre 1872 führte, regte differenziertere Versuche zur Erklärung der Funktion des Ausdrucksverhaltens an. Schon vor Darwin unterschied der Philosoph und Psychologe Herbert Spencer in einer Abhandlung über „Die Sprache der Emotionen“ (1870) zwischen einer allgemeinen, diffusen Entladung nervöser Energie (mit entsprechenden Ausdrucksveränderungen) und spezifischen Ausdrucksmustern (oder „restringierter“ Entladung) für bestimmte Emotionen. Letztere Ausdrucksmuster werden weiter in ungerichtete und gerichtete Muster unterteilt, wobei letztere bestimmten Motiven dienen. Bei den spezifischen Mustern geht Spencer bereits von der Annahme aus, daß Ausdrucksverhalten ein Rudiment phylogenetisch adaptiver Verhaltensweisen sein könne.

Diese Annahme wurde insbesondere von Darwin, in dem ersten seiner drei berühmten Prinzipien des Ausdrucksgeschehens, in den Vordergrund gestellt:

„I. Das Princip zweckmässiger associirter Gewohnheiten. - Gewisse complicirte Handlungen sind unter gewissen Seelenzuständen von directem oder indirectem Nutzen, um gewisse Empfindungen, Wünsche u.s.w. zu erleichtern oder zu befriedigen; und sobald derselbe Seelenzustand herbeigeführt wird, so schwach dies auch geschehen mag, so ist infolge der Macht der Gewohnheit und der Association eine Neigung vorhanden, dieselben Bewegungen auszuführen, wenn sie auch im gegebenen Falle nicht von dem geringsten Nutzen sind. Einige in der Regel durch Gewohnheit mit gewissen Seelenzuständen associirte Handlungen können theilweise durch den Willen unterdrückt werden, und in derartigen Fällen sind die Muskeln, welche am wenigsten unter der besondern Controle des Willens stehen, diejenigen, welche am meisten geneigt sind, doch noch thätig zu werden und damit Bewegungen zu veranlassen, welche wir als expressive anerkennen. In gewissen andern Fällen erfordert das Unterdrücken einer gewohnheitsgemässen Bewegung andre unbedeutende Bewegungen, und diese sind gleicherweise ausdrucksvoll." (Darwin, 1872, p. 28).

Die weiteren Prinzipien beschreibt Darwin wie folgt:

„II. Das Princip des Gegensatzes. — Gewisse Seelenzustände führen zu bestimmten gewohnheitsgemässen Handlungen, welche, nach unserm ersten Princip, zweckmässig sind. Wenn nun ein direct entgegengesetzter Seelenzustand herbeigeführt wird, so tritt eine sehr starke und unwillkürliche Neigung zur Ausführung von Bewegungen einer direct entgegengesetzten Natur ein, wenn auch dieselben von keinem Nutzen sind, und derartige Bewegungen sind in manchen Fällen äusserst ausdrucksvoll.

III. Das Princip, dass Handlungen durch die Constitution des Nervensystems verursacht werden, von Anfang an unabhängig vom Willen und in einer gewissen Ausdehnung unabhängig von Gewohnheit. — Wenn das Sensorium stark erregt wird, so wird Nervenkraft im Überschusse erzeugt und in gewissen bestimmten Richtungen fortgepflanzt, welche zum Theil von Gewohnheit abhängen, oder die Zufuhr der Nervenkraft kann allem Anscheine nach unterbrochen werden. Es werden hierdurch Wirkungen hervorgebracht, welche wir als expressive anerkennen. Dieses dritte Princip kann der Kürze wegen das der directen Thätigkeit des Nervensystems genannt werden." Darwin, 1872; p. 28-29).

Obschon die Darwinschen Prinzipien im einzelnen häufig kritisiert wurden (vgl. Bühler, 1933), und insbesondere das zweite und dritte Prinzip sich nicht recht durchsetzen konnten, hat Darwins Grundannahme, nämlich daß das Ausdrucksverhalten unmittelbar mit adaptiven Verhaltensweisen und der Übermittlung von Informationen über Emotionszustände an Artgenossen zusammenhinge, einen entscheidenden Einfluß auf Theorie und Forschung zum emotionalen Ausdrucksverhalten ausgeübt. Dieser Einfluß ist besonders in der Ethologie (Lorenz, 1965; Eibl-Eibesfeld, 1984; Hinde, 1974; Marler, 1984) stark spürbar. In der Psychologie wurden die Darwin'schen Überlegungen hauptsächlich durch Tomkins (1962/63) und seine Schüler Ekman (1973b) und Izard (1977) sowie durch Plutchik (1980) rezipiert.

An dieser Stelle konnten nur einige wenige historische Beiträge dargestellt werden — ausführlichere Überblicksreferate über wichtige klassische Ausdruckstheorien finden sich in Bühler (1933) sowie in Kirchhoff (1965). Im folgenden werden die wichtigsten Funktionen, die dem emotionalen Ausdrucksverhalten heute allgemein zugeschrieben werden, kurz dargestellt.

2.2 Intraorganismische Funktionen

Optimierung der Informationsaufnahme und -verarbeitung. Bereits bei Spencer und Darwin sowie bei einigen ihrer Vorläufer findet man eine Vielzahl von Hinweisen darauf, daß emotionales Ausdrucksverhalten dazu dienen kann, die Informationsverarbeitungskapazität des Organismus zu erhöhen. Offensichtlich können bestimmte Ausdrucksbewegungen die Bedingungen für die Wahrnehmung externer Reize verbessern, wie z. B. durch die Zuwendung des Blickes, das Hochziehen der Augenbrauen, die Erweiterung der Pupillen, sowie die Öffnung des Mundes und der Nasenflügel.

Modulation der Erregung. Die Externalisierung der Emotionen im motorischen Ausdruck kann nach Ansicht einer Reihe von Autoren zur Erregungsregulierung dienen, d. h. zum Wiederherstellen des Erregungsgleichgewichts (siehe auch Schneider & Dittrich, in diesem Band). Von besonderer Bedeutung ist in diesem Zusammenhang die sog. Abfuhrhypothese, nach der die motorische Entladung zu einer Reduktion der emotionalen Intensität führt (Feshbach, 1984). Dieser Ansicht entgegen steht jedoch die Theorie des propriozeptiven Feedbacks, derzufolge die bei motorischem Ausdruck entstehende propriozeptive Rückmeldung die zentrale Aktivierung noch erhöhen kann (Buck, 1980; Laird, 1974; Tomkins, 1984). Wir gehen auf diese Diskussion unter Punkt 6 näher ein.

Energiebereitstellung und Handlungsvorbereitung. Insbesondere physiologisch orientierte Emotionstheorien versuchen nachzuweisen, daß bei unterschiedlichen Emotionen auch unterschiedliche physiologische Reaktionsmuster auftreten, die für die jeweils adaptiven Verhaltensweisen (etwa Kampf oder Flucht) eine „optimale Voreinstellung" der betreffenden Körperorgane liefern. Im Falle von Ärger würde zum Beispiel die Blutzufuhr in den Kopf, den Hals und die Brust gelenkt, um den Organismus in Kampfbereitschaft zu versetzen, während im Falle von Furcht die Extremitäten stärker durchblutet würden, um die Fluchtreaktion zu erleichtern. Da sich hierbei sowohl das Körperäußere (z. B. Rotwerden des Gesichts) als auch die Aktivation der quergestreiften Muskulatur in verschiedenen Körperbereichen verändert, können sich derartige physiologische Prozesse auch auf das Ausdrucksverhalten auswirken.

Bahnung adaptiver Verhaltensweisen. Während die vorherige Stufe lediglich die Bereitstellung von Energie für mögliche Verhaltensweisen beschreibt, handelt es sich hier um die motorische Ausführung oder zumindest Andeutung der entsprechenden Verhaltensreaktion, so etwa das Erheben der geballten Faust bei Wut. In vielen Fällen wird die Unterscheidung zwischen dem emotionalen Ausdruck und einer emotional beeinflußten instrumentellen Verhaltensweise hier außerordentlich schwierig. (s. entsprechende Diskussion bei Frijda, 1986, der Emotionen als Handlungstendenzen versteht).

2.3 Soziale Funktionen

Schon Darwin hat die Kommunikationsfunktion des emotionalen Ausdrucks nachdrücklich betont, da die Möglichkeit, Emotionszustände Artgenossen mitzuteilen, einen wichtigen selektiven Vorteil darstellt. In der Tat kann man zeigen (siehe auch Wilson, 1975, S. 202—216), daß die Entwicklung komplexer Kommunikationsmechanismen eine wesentliche Voraussetzung für die Herausbildung sozialer Organisationsformen darstellt. Die sozialen Kommunikationsfunktionen des Emotionsausdrucks könnte man wie folgt unterteilen:

Anzeige von Zustand und Reaktion. In der Interaktion mit einem Artgenossen ist es für die Wahl der eigenen Verhaltensstrategie außerordentlich wichtig, den jeweiligen motivationalen oder emotionalen Zustand des anderen zu erkennen oder seine Reaktion auf äußere Ereignisse oder Verhaltensweisen anderer Artgenossen einzuschätzen. Aus den Untersuchungen zur Tierkommunikation (mittelbar aber auch aus solchen zur menschlichen Kommunikation) läßt sich diese Funktion eindeutig nachweisen.

Anzeige der Verhaltensintention. In unmittelbarem Zusammenhang mit der Anzeige von motivationalem Zustand und emotionaler Reaktion steht die Andeutung der nächsten, tatsächlich geplanten und in Vorbereitung befindlichen Handlung. In Anbetracht der Möglichkeit strategischer Verhaltenskontrolle muß diese nicht notwendigerweise mit der emotionalen Reaktion übereinstimmen. So würde die Wahrnehmung eines offensichtlich unterdrückten Wutausdrucks darauf hinweisen, daß unmittelbar keine Gefahr einer Aggressionshandlung besteht, obwohl die negative Reaktion und der Ärgerzustand erkennbar bleiben.

Soziale Repräsentation. In neueren Arbeiten, besonders von Peter Marler und seinen Mitarbeitern (Marler, 1984), wird darauf hingewiesen, daß emotionaler Ausdruck auch eine symbolische Repräsentationsfunktion haben kann. In Untersuchungen mit Makaken beispielsweise konnten Seyfarth, Cheney und Marler (1980) zeigen, daß die Alarmrufe dieser Affen je nach Art des Raubfeindes (z. B. Boden- und Luftfeinde) unterschiedlich ausfallen.

Anzeige und Veränderung von Beziehungen. Viele Emotionen sind sozialer Art und der jeweilige Emotionsausdruck kann in erheblichem Maße zur Gestaltung der sozialen Beziehung beitragen. So spricht Frijda (1986) von Ausdruck als „Beziehungsverhalten" (relational behavior). Er geht davon aus, daß Ausdrucksverhalten soziale Beziehungen etablieren oder verändern kann, etwa in Bezug auf die Koorientierung zweier Organismen, auf Interesse und Responsivität, auf positiven oder negativen Kontakt, usw.

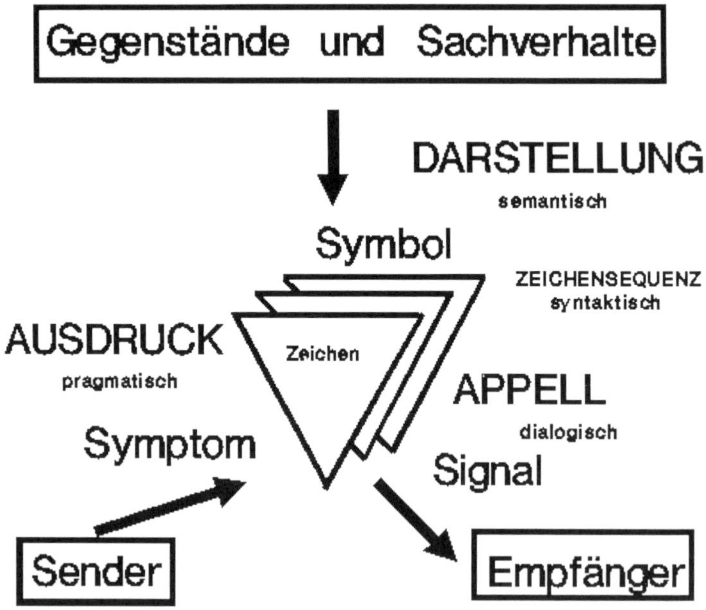

Abb. 1: Bühler's Organonmodell kommunikativer Zeichen (nach Bühler, 1934, S. 28).

Obschon es bestimmte Arten des emotionalen Ausdrucksverhaltens gibt, die auf einzelne Funktionen spezialisiert sind, ist doch festzustellen, daß viele Ausdrucksweisen gleichzeitig mehreren dieser Funktionen dienen können. So kann eine Geste des Wutausdrucks sowohl motorische Vorbereitung für einen Aggressionsakt als auch Kommunikation der Reaktion des Senders auf eine zweideutige Äußerung des Empfängers und der hierdurch hervorgerufenen Verhaltensintention sein. Diese Multifunktionalität der Ausdruckszeichen läßt sich anhand des von Karl Bühler vorgeschlagenen Organon-Modells der Sprache veranschaulichen: Demnach ist ein Sprachzeichen „*Symbol* kraft seiner Zuordnung zu Gegenständen und Sachverhalten, Symptom (Anzeichen, Indizium) kraft seiner Abhängigkeit vom Sender, dessen Innerlichkeit es ausdrückt, und *Signal* kraft seines Appells an den Hörer, dessen äußeres oder inneres Verhalten es steuert wie andere Verkehrszeichen" (Bühler, 1934/1982, S. 28).

Abbildung 1 überträgt dieses Modell auf emotionale Ausdruckszeichen, wie etwa einen bestimmten emotionalen Gesichtsausdruck. In dieser Erweiterung des Organon-Modells wird die dreifache Funktion des Zeichens in Beziehung gesetzt zu einer auf den Zeichenfunktionen der Semiotik beruhenden Funktionskategorisierung des nonverbalen Verhaltens (Scherer, 1978b). Dieses Modell postuliert, daß jede (möglicherweise „syntaktisch" strukturierte) Folge von Ausdruckszeichen 1) eine semantische Funktion ausübt, in dem sie Gegenstände, Sachverhalte oder Ereignisse (wie etwa Art eines emotionsauslösenden Ereignisses, z. B. Luft- versus Bodenfeinde bei den Makaken, oder Typ einer Emotion) als Symbol darstellt, 2) im Rahmen einer pragmatischen Funktion als Symptom wirkt (z. B. Zustandsform, Reaktion und Verhaltensintention des Senders ausdrückt), und schließlich 3) im Sinne einer dialogischen Appellfunktion als Signal einer Veränderung der Beziehung zum Empfänger dient oder ein bestimmtes Verhalten des Empfängers herausfordert (siehe auch Scherer, 1988).

Diese kurze Übersicht zeigt, daß die frühe Annahme, der emotionale Ausdruck sei nur eine quasi-automatische Folge innerer Veränderungen, in dieser Allgemeinheit nicht haltbar ist. Offensichtlich sind eine Reihe emotionaler Ausdrucksweisen von erheblicher adaptiver Bedeutung für das physiologische Gleichgewicht, die Handlungsvorbereitung und die soziale Interaktion von Organismen. Selbstverständlich steht dies nicht im Widerspruch zu der Tatsache, daß externe Ausdrucksformen durch physiologische Ursachen produziert werden. Entscheidend ist die Frage des adaptiven Effekts: Auf welches Ziel hin ist ein bestimmtes Ausdrucksverhalten ausgerichtet? Der Frage der Determinanten und der Zielrichtung des Ausdrucksverhaltens gehen wir im nächsten Absatz nach.

3 Determinanten des Ausdrucks

Scherer und seine Mitarbeiter (Scherer, Helfrich & Scherer, 1980; Scherer, 1985; Scherer & Kappas, 1988) haben vorgeschlagen, zwischen zwei Haupttypen von Determinanten des Ausdrucksverhaltens zu unterscheiden: zwischen 1) internalen „Push"-Faktoren, die das Ausdrucksverhalten aufgrund der als Begleiterscheinung der emotionalen Erregung auftretenden physiologischen Veränderungen in eine bestimmte Richtung „drücken“, und 2) externalen „Pull“-Faktoren, die es etwa aufgrund soziokultureller Konventionen in Richtung auf ein spezifisches Zielmuster „ziehen“. Im Folgenden soll diese Unterscheidung kurz erläutert und an einigen Beispielen illustriert werden.

Push-Faktoren werden definiert als Veränderungen in organismischen Subsystemen, die eine direkte Auswirkung auf Art und Intensität des motorischen Ausdrucks haben. Die Push-Faktoren wirken weitgehend unwillkürlich; doch kann ihre Wirkungsweise in gewissem Maße beeinflußt werden (z. B. durch Unterdrückung). Die Wirkung dieser Faktoren auf mimisches und gestisches Ausdrucksverhalten sowie auf Vokalisationen und ihre akustischen Parameter sind nahezu ausschließlich durch die Art und Stärke der physiologischen Veränderungen bestimmt. Das resultierende Ausdrucksmuster ist mithin unabhängig von sozial-normativen Vorgaben oder Zielmustern.

Im Gegensatz hierzu bestehen die Pull-Faktoren aus gerade solchen externen Vorgaben oder Normen. Sie wirken darauf hin, genau diejenigen Ausdrucksmuster (z. B. Gesichtsausdruck oder Vokalisationsmuster) zu erzeugen, die durch sozial normierte Situationsanforderungen, durch Signalübertragungsbedingungen oder auch Selbstdarstellungsabsichten (siehe unten) vorgegeben sind. Mit anderen Worten, bei den Push-Faktoren sind die Erzeugungsmechanismen die unabhängigen Variablen (also etwa die physiologischen Veränderungen), während die resultierende Ausdruckserscheinung die abhängige Variable darstellt. Bei den Pull-Faktoren ist es umgekehrt: Hier sind die zu erzeugenden Ausdrucksmuster die unabhängigen Variablen und die zu ihrer Erzeugung benötigten Mechanismen die abhängigen Variablen. Ein Beispiel mag helfen, diesen Unterschied noch weiter zu verdeutlichen: Wenn ein Gegenstand einen Abhang heruntergestoßen wird, so ist weder ein konkreter Zielpunkt vorgegeben, an dem das Objekt zur Ruhe kommen soll, noch der genaue Weg vorbestimmt, auf dem das Objekt zu Tal rollt. Anders wenn ein Objekt den Abhang hochgezogen wird: Hier ist der Zielpunkt und der zurückzulegende Weg weitgehend durch die Zugrichtung vorbestimmt.

Es ist anzunehmen, daß die meisten Pull-Faktoren über das somatische Nervensystem, also die quergestreifte Muskulatur, wirken, da kaum anzunehmen ist, daß das vegetative Nervensystem flexibel genug ist, um die zur Erzeugung bestimmter Ausdrucksmuster erforderlichen Veränderungen relativ rasch zu erzeugen. Anders die Push-Faktoren, bei denen sowohl das sympathische Nervensystem als auch das vegetative Nervensystem beteiligt sind (so kann eine durch Hormonsekretion hervorgerufene Änderung des Speichelflusses durch Beeinflussung der Resonanzeigenschaften des Mundraumes die Stimmqualität verändern).

3.1 Ausdruck als Begleiterscheinung organismischer Veränderungen (Push-Faktoren)

Es ist nicht möglich, an dieser Stelle eine umfassende Aufzählung der vielfältigen Einflußmöglichkeiten physiologischer Veränderungen auf das Ausdrucksverhalten zu geben. Einige Beispiele sollen jedoch das Prinzip erläutern. Eine bei vielen Emotionen auftretende Veränderung des physiologischen Zustandes besteht in einer Erhöhung der Aktivität des ergotropen Systems auf Kosten des trophotropen Systems (Hess, 1954; Gellhorn, 1970). Hiermit gehen insbesondere eine Dominanz des sympathischen Zweiges des autonomen Nervensystems sowie eine Erhöhung der Innervation der quergestreiften Muskulatur einher. Während normalerweise beide Systeme in einem dynamischen Gleichgewichtszustand sind, kann in Situationen hoher emotionaler Erregung nach Gellhorn (1969) die Erregung aus dem einen System in das andere „überschwappen“ (spilling-over), oder es können sogar beide Systeme gleichzeitig erregt sein. Andererseits kann hohe emotionale (ergotrope) Erregung durch Bewegungsaktivität reduziert werden („proprioceptive discharge“).

In Anbetracht der Tatsache, daß nahezu alle Ausdruckserscheinungen unmittelbar oder mittelbar von differentiellen Innervationen der quergestreiften Muskulatur erzeugt werden, wird eine generelle Tonuserhöhung der quergestreiften Muskulatur erhebliche Auswirkungen auf das Ausdrucksverhalten insgesamt haben. Dies läßt sich in einer Vielzahl von Ausdrucksmodalitäten nachweisen. So ist insbesondere in der Grobmotorik bei vielen Emotionszuständen eine erhöhte Spannung festzustellen, die sich etwa in ruckartigerem motorischen Verhalten oder auch in stereotypen Bewegungsmustern bemerkbar macht (Asendorpf, 1979). Solche Tonussteigerungen können dazu führen, daß Bewegungen quantitativ eingeschränkt und qualitativ verändert („eckig“, „abgehackt“ etc.; vgl. Wallbott, 1982b, 1985) ausgeführt werden, während in Phasen des „spilling over“, also der Aktivierung des trophotropen Systems durch Übererregung des ergotropen Systems, durch die resultierende Tonusreduktion Bewegungen „schlaff“ oder „müde“ erscheinen mögen. Auch die an der Stimmerzeugung beteiligten Muskeln unterliegen dem ergotropen Effekt. Ihr erhöhter Spannungszustand führt zu einer Reihe akustisch nachweisbarer Veränderungen der Phonation und der Artikulation, so z. B. zur Erhöhung der Grundfrequenz der Stimme in vielen Emotionssituationen und unter Streß (Scherer, 1979, 1986; Streeter, Krauss, Geller, Olson, & Apple, 1977). Eine eindeutige Wirkung von Push-Effekten zeigt sich auch im Erröten, das durch Blutzustrom zur Kopfregion zustande kommt (und meist nicht einmal unterdrückt, geschweige denn auf Wunsch hervorgerufen werden kann).

3.2 Ausdruck als soziokulturell determiniertes Signalmuster (Pull-Faktoren)

Unter Berücksichtigung der verschiedenen Arten externer Vorgaben für die zu produzierenden Ausdrucksmuster kann der Versuch einer Typologie von Pull-Faktoren unternommen werden.

Signalübermittlung und Lokalisierbarkeit. Eine wichtige Anforderung an der Kommunikation dienende Ausdrucksmuster ist, daß die Signale angesichts der jeweils herrschenden Umweltbedingungen ohne allzu große Verluste vom Sender an den Empfänger übermittelt werden können oder daß der Aufenthaltsort des Senders vom Empfänger relativ präzise geortet werden kann. So hat bereits Darwin darauf hingewiesen, daß Affektvokalisationen, die unter anderem die Funktion haben, Hilfe herbeizurufen, akustisch so beschaffen sein müssen, daß sie über eine größere Distanz hinweg tragen (1872/1965, S. 90-91). Insbesondere im Bereich der akustischen Tierkommunikation läßt sich nachweisen, daß die jeweilige Beschaffenheit des Habitats oder bestimmte situationale Anforderungen dazu führen, daß sich die akustische Zusammensetzung eines Rufes verändert oder bei einigen Arten speziell an diese Anforderungen angepaßt ist. Desgleichen sind unterschiedliche akustische Strukturen zu finden, je nachdem ob der Sender durch leichte oder erschwerte Lokalisierbarkeit selektive Vorteile hat (vgl. Brown, 1982; Waser & Brown, 1988).

Anziehen oder Vertreiben von Artgenossen. Darwin hat auch bereits auf einen weiteren Fall hingewiesen, in dem externe Zielvorgaben die zu produzierenden Ausdrucksmuster bestimmen: Die Produktion von für die Artgenossen angenehmen oder unangenehmen Signalmustern, durch die das Ziel verfolgt wird, andere Individuen anzuziehen oder fernzuhalten (1872/1965, S. 91). Zielvorgabe wäre hierbei somit die artspezifische Angenehmheit oder Unangenehmheit bestimmter Signalmuster.

Akkommodation. Ein wichtiger externaler Pull-Faktor ist die Angleichung von Ausdrucksmustern im Rahmen einer Interaktion mit einem Artgenossen. Insbesondere im Bereich der sozialpsychologischen Interaktionsforschung (Feldstein & Welkowitz, 1978; Giles & Smith, 1979; Giles, Mulac, Bradac, & Johnson, 1987) ist beschrieben worden, daß sich die Sprechweise zweier Interaktionspartner bei gegenseitiger Sympathie in wesentlichen Parametern wie Dialektverwendung, Pausen, Intonation oder Lautstärke angleicht und bei Antipathie divergiert. Ähnliche Effekte könnte man auch für den Bereich der emotionalen Ausdrucksmuster erwarten, insbesondere im Falle der Herstellung von Empathie, d. h. des Mitfühlens des emotionalen Zustandes eines Interaktionspartners. Hierbei würde also das Ausdrucksverhalten des Interaktionspartners die Zielvorgabe für das angestrebte Ausdrucksmuster des Senders liefern.

Kontrolle und Maskierung von Push-Effekten. Ein Sonderfall von Pull-Faktoren ist das bewußte oder auch unbewußte Bemühen, ein durch entsprechende Push-Effekte angestoßenes Ausdrucksgeschehen vor oder während der motorischen Ausführung zu unterdrücken oder nach dessen Auftreten unmittelbar durch einen anderen Ausdruck zu maskieren. So wird zum Beispiel häufig der Gesichtsausdruck relativ starr gehalten, ein „Pokerface" aufgesetzt, um Ausdruckserregungen zu unterdrücken oder zu kontrollieren. Auch ein „soziales Lächeln" kann solche Kontroll- und Maskierungsfunktionen übernehmen (Ekman & Friesen, 1982). In beiden Fällen liegen kulturell normierte Ausdrucksformen vor, die die Zielvorgabe der Pull-Faktoren darstellen. Die Zielmuster der Pull-Faktoren können jedoch auch sehr variabel und ideosynkratisch sein, z. B. kann, etwa im Sinne von Darwins zweitem Ausdrucksprinzip der Antithese, genau das Gegenteil der von den jeweiligen Push-Faktoren angestoßenen Ausdrucksformen produziert werden, also etwa bewußt monotone Sprechweise statt einer ärgerlich-expressiven Ausdrucksform (vgl. Krause, 1982, der ähnliche Verhaltensweisen für mimischen Ausdruck bei Stotterern gezeigt hat).

Diesen Kontrollaspekt sozialer Pull-Faktoren hat bereits Wundt präzise formuliert: „Indem der Culturmensch den Ausdruck seiner Affecte nach den Mitmenschen richtet, von denen er sich beobachtet weiß, sucht er mehr und mehr auch Geberden und Mienen dieser Rücksicht anzupassen. Er sucht gewisse Affecte zu verbergen und andere auszudrücken" (Wundt, 1905, S. 85). Ekman (1972) hat zur Beschreibung solcher sozialen Einflüsse auf den Emotionsausdruck das Konzept der „Darbietungsregeln" (display rules) eingeführt, wobei er zwischen Amplifikation, De-Amplifikation, Neutralisierung und Maskierung unterscheidet. Amplifikation bedeutet, daß eine Emotion stärker als eigentlich empfunden ausgedrückt wird (beispielsweise „übertriebene Freude" über ein Geschenk). Bei der De-Amplifikation wird das Ausdrucksverhalten reduziert, wenn der „volle" Ausdruck in der gegebenen Situation unangemessen wäre (z. B. Ärger über einen Vorgesetzten). Bei Neutralisierung wird versucht, eine erlebte Emotion für andere nicht sichtbar werden zu lassen (das erwähnte „Pokerface"). Maskiert werden schließlich häufig negative Emotionen bzw. deren Ausdruck oft durch ein „soziales" Lächeln, ohne daß dies in allen Fällen vollständig gelingen müßte (vgl. Ekman & Friesens (1982) Überlegungen zu „unechtem" Lächeln).

Darbietungsregeln entsprechen auf der Ebene der Regulation des Emotionsausdrucks den Normen und Rollenerwartungen in einer gegebenen Situation und können damit kulturell, gruppenspezifisch, aber auch individuell (in Abhängigkeit von der spezifischen Lerngeschichte) variieren. Untersuchungen von Ekman und seinen Mitarbeitern (Ekman, 1972; 1973b) zeigten beispielsweise, daß die Existenz des „asiatischen Lächelns" nicht bedeutet, daß Asiaten sich in ihrem emotionalen Erleben grundsätzlich von Mitgliedern anderer Kulturen unterscheiden, sondern daß es in asiatischen Kulturen (besonders in Japan) explizite Regeln gibt, negative Emotionen nicht auszudrücken, sondern durch ein Lächeln zu maskieren (vgl. auch Scherer, Matsumoto, Wallbott & Kudoh, 1988).

Darbietungsregeln variieren nach Ekman (1972) in Abhängigkeit von transienten und stabilen Person- und Situationsfaktoren (z.B. Alter, Geschlecht, Rolle). Einige neuere Untersuchungen zeigen, wie solche Darbietungsregeln im Sozialisationsprozeß erworben werden. So wissen bereits Fünfjährige, daß es in bestimmten Situationen nicht sozial angemessen ist, seine Gefühle offen zu verbalisieren (Harris, Olthof & Meerum-Terwogt, 1981), oder negative Emotionen auszudrücken (Saarni, 1979). Außerdem kennen schon junge Kinder die Möglichkeit, negative Emotionen durch Lächeln zu maskieren (Mood, Johnson & Shantz, 1978).

Solche Normen können zum einen rollenspezifisch — Männer dürfen nicht weinen und Frauen keinen offenen Ärger zeigen — und zum anderen eher situationsspezifisch sein — bei feierlich-andachtsvollen Anlässen darf Fröhlichkeit nicht gezeigt werden, während bei dem Mißgeschick eines anderen Anteilnahme gezeigt werden muß.

Das Konzept der Darbietungsregeln kann allerdings zu zirkulären post-hoc Erklärungen von Befunden verlocken. Zeigen in einem Experiment Versuchspersonen unterschiedliche mimische Reaktionen auf die gleiche experimentelle Bedingung oder bleiben erwartete mimische Reaktionen ganz aus, so ist man leicht geneigt, dies im nachhinein mit dem Einfluß von Darbietungsregeln der unterschiedlichsten Art zu erklären.

Es muß noch einmal betont werden, daß Darbietungsregeln nicht etwa nur die Unterdrückung des Emotionsausdrucks beinhalten, sondern häufig auch eine Verstärkung bestimmter Ausdrucksmuster. Sie können auch eine Darstellung von Emotionen fordern, die man nicht empfindet, aber aus strategischen Erwägungen im Ausdruck zumindest andeuten muß. Von Interesse ist hier insbesondere auch die Tatsache, daß relativ unkontrolliert wirkende Emotionsausdrücke, so etwa „rohe" Affektvokalisationen anstelle kulturell ritualisierter vokaler Embleme (siehe Scherer, 1977), besonders „echt" wirken und von daher strategisch vorteilhaft einzusetzen sind. Dies weist darauf hin, daß es in vielen Fällen günstig sein kann, die Pull-Faktoren den Push-Faktoren anzunähern, d.h. den Versuch zu unternehmen, diejenigen Ausdrucksmuster willentlich zu erzeugen, die auch unwillkürlich auftreten würden.

Soziokulturell und sprachlich konventionalisierte Signalmuster. Bereits Wundt (1900) hat sich ausführlich mit kulturell und sprachlich determinierten emotionalen Ausdrucksmustern beschäftigt, so wie „ach“ oder „oh weh“ oder etwa ein bedauerndes „oh“ (vgl. auch Leonhard, 1949), den Interjektionen oder vokalen Emblemen (Scherer, 1977), die ritualisierte und stereotypisierte Formen des vokalen Affektausdrucks darstellen (vgl. auch Goffman, 1979). Ähnlich ritualisierte Affektsignale lassen sich im Gesichtsausdruck nachweisen, so etwa stilisierte Ausdrücke des Bedauerns, des Ekels, das soziale Lächeln und viele andere mehr (vgl. Ekman, 1984). Darüber hinaus gibt es für eine Reihe emotional bestimmter Situationstypen wie Begräbnisse, Gottesdienste oder Hochzeiten spezifische soziale Vorgaben für gefordertes oder erlaubtes Ausdrucksverhalten, die sich z. B. auf Sprachstilformen und vokale Register beziehen (siehe Brown & Levinson, 1979; Laver & Trudgill, 1979). In diesen Fällen sind einzelne Ausdrucksmuster oder -register durch kulturelle Normierung und Stilisierung relativ präzise vorgegeben.

Im Sinne der Selbstpräsentation ist bei diesem außerordentlich wichtigen Pull-Faktor auch die Intention des Senders ausschlaggebend, beim Empfänger einen strategisch günstigen Eindruck zu erzielen. Im Bereich der Tierkommunikation ist dies von Morton (1977) ausführlich dargestellt worden. Er wies in einer vergleichenden Untersuchung der vokalen Kommunikationsmuster einer Vielzahl von Säugetierarten nach, daß rauh klingende Vokalisationen mit tiefen Frequenzen in aggressiven Auseinandersetzungen benutzt werden, um den Sender größer und stärker und damit bedrohlicher erscheinen zu lassen. Rufe mit relativ hohen Frequenzen werden hingegen benutzt, wenn der Eindruck von Submission oder Hilfebedürftigkeit erweckt werden soll. In neueren soziobiologischen Ansätzen (Dawkins & Krebs, 1978; Caryl, 1979) wird sogar postuliert, daß nahezu die gesamte Signalproduktion von Tieren strategisch bestimmt und damit auf Manipulation und Täuschung ausgerichtet sei. Diese Sichtweise scheint jedoch den Pull-Faktor der Selbstdarstellung stark zu überzeichnen (siehe Hinde, 1981; Zahavi, 1982), zumal Täuschungssignale, ähnlich wie Falschgeld, sicherlich nur solange akzeptiert werden, wie sie die Ausnahme und nicht die Regel darstellen (Scherer, 1985).

In den meisten Fällen geht es sowohl im Tierreich als auch beim Menschen nicht um direkte Täuschung, sondern eher darum, durch Darstellung des Selbst als kompetentem sozialen Akteur, einen positiven Eindruck beim anderen zu erzielen. Dieses Bedürfnis nach positiver Selbstpräsentation wurde insbesondere von Erving Goffman (1973) herausgestellt. Goffman wies an einer Vielzahl von Beispielen nach, daß wir ständig versuchen, „Eindrucksmanagement“ zu betreiben (siehe auch Schlenker, 1980), indem wir sowohl verbale als auch nonverbale Verhaltensweisen gezielt zur Produktion bestimmter Eindrücke bei Beobachtern einsetzen. Dies gilt in besonders hohem Maße auch für die

Manipulation des emotionalen Ausdrucksverhaltens. Da dieses, wie oben dargestellt, wichtige Rückschlüsse auf Zustand, Reaktion und Verhaltensintention des Senders, aber auch auf stabile Persönlichkeitseigenschaften bezüglich der Emotionalität einer Person zuläßt, erfordert die erfolgreiche Selbstdarstellung seine umfassende Überwachung und Kontrolle. In der Literatur zur Emotionspsychologie gibt es eine Vielzahl von Hinweisen darauf, wie kulturelle Normen und soziale Konventionen Wünschbarkeit und Zulässigkeit bestimmter Emotionszustände, oder doch zumindest ihren Ausdruck, regulieren. Eine Reihe soziologischer und anthropologischer Arbeiten hat gezeigt, daß solche kulturellen Anforderungen an die Kontrolle des Emotionsausdrucks sowohl kulturellen als auch historischen Veränderungen unterliegen (Levy, 1984; Hochschild, 1979; Elias, 1977; Vohwinckel, 1983).

3.3 Phylogenetische Entwicklung der Beziehung zwischen Ausdruck und Eindruck

Wie wir verschiedentlich betont haben, ist die Annahme irrig, daß Ausdrucksmuster ausschließlich inzidentelle Begleiterscheinungen der mit Emotionen verbundenen physiologischen Veränderungen sind. Deshalb ist die Auffassung, daß sich der Eindruck des Empfängers vom Emotionsausdruck des Senders nur an den durch physiologische Gesetzmäßigkeiten determinierten Push-Faktoren orientieren kann, nicht länger haltbar. Es ist offensichtlich vielmehr so, daß auch die speziellen Bedürfnisse der Kommunikation, insbesondere der Eindruckserzeugung, einen Einfluß auf die Herausbildung bestimmter Ausdrucksmuster haben. Dies kann über das Konzept von Pull-Faktoren, die sich in erster Linie auf die aktualgenetisch erforderliche Modifikation des Ausdrucksprozesses durch extern vorgegebene Zielmuster beziehen, hinausgehen. Es erscheint denkbar, daß sich im Laufe der Phylogenese durch Veränderung der genetischen Programmierung des Ausdruckspotentials eine Anpassung an die Erfordernisse der Eindrucksbildung ergeben haben kann. Für das ungeheuer vielfältige menschliche Ausdrucksverhalten ist dies bislang nicht zweifelsfrei nachweisbar. Leyhausen (1967) zeigt jedoch anhand einer Vielzahl von Tierbeispielen, daß man durchaus von einer eindrucksbedingten „Züchtung" von Ausdruckserscheinungen ausgehen kann. Als wichtigste Prinzipien dieses Prozesses nennt er Konzentration (die Begrenzung komplexer Ausdruckserscheinungen auf einige wenige, besonders „eindrückliche" Elemente), Typisierung (Verwendung eines invarianten Ausdrucksmusters ohne Rücksicht auf die unterschiedliche Intensität des Senderzustandes), Symbolisierung (Auftreten von Teilhandlungen oder Intentionsbewegungen außerhalb ihres eigentlichen Verhaltenskontextes, z. B. Beißbewegungen als Drohsignal) und schließlich Variation (eine Erhöhung der Variabilität bestimmter Ausdrucksmuster, um die Habituation der Eindrucksmechanismen, also etwa angeborene Auslösemechanismen, zu verhindern).

Diese Beobachtungen zeigen, in welch hohem Maße die kommunikative Funktion der emotionalen Ausdruckserscheinungen bei der Klärung der Determinanten der spezifischen Ausdrucksmuster mitberücksichtigt werden muß. Die Untersuchung des emotionalen Ausdrucks ist mithin immer auch Teil einer sozial- und kommunikationspsychologischen Vorgehensweise. Die doppelte Bestimmtheit der emotionalen Ausdrucksmuster durch a) biologisch adaptive, physiologische und verhaltensmäßige Veränderungen mit unmittelbarem Bezug zum aktuellen Verhalten des Organismus und b) durch die Erfordernisse einer auf die jeweiligen Interaktionsprozesse abgestimmten Kommunikation von Senderzustand und Intentionen und dem damit verbundenen Verhaltensappell an den Interaktionspartner stellt die besondere Rolle des motorischen Emotionsausdrucks als Teil des hochkomplexen Emotionsmechanismus heraus.

4 Produktion und Formen des Ausdrucks

4.1 Neuropsychologische Steuerungsprozesse

4.1.1 Mimik

Die Mimik wird von den motorischen Zentren des cerebralen Kortex, wo die Steuerungsareale für die Gesichtsmuskulatur neben denen für die Handmuskulatur den größten Bereich aller motorischen Effektoren einnehmen (Penfield & Rasmusson, 1950), über die Motorneuronen des Hirnstamms durch den siebten cranialen Nerv (oder nervus facialis) und teilweise durch den fünften cranialen Nerv (nervus trigeminalis), der den musculus temporalis, den masseter, sowie die internen und externen Kaumuskeln (musculi pterygoidi) innerviert, gesteuert (Rinn, 1984). Die Nervenverbindungen im menschlichen Gesicht sind in Abbildung 2 dargestellt.

Die vom Facial-Nerv innervierten Muskeln bewegen keine skeletalen Strukturen. Außerdem ist deren Innervation gegenüber den Innervationen durch den Nervus trigeminalis nicht bilateral, sondern unilateral. Die primäre Funktion dieser Innervationen ist daher nicht, instrumentelle Handlungen einzuleiten (wie beim fünften cranialen Nerv), sondern einzig den Gesichtsausdruck zu steuern. Dabei ist wichtig, daß der faciale Kern, der im Hirnstamm über der Basis der Pons liegt, beim Menschen nicht nur größer, sondern auch weitaus

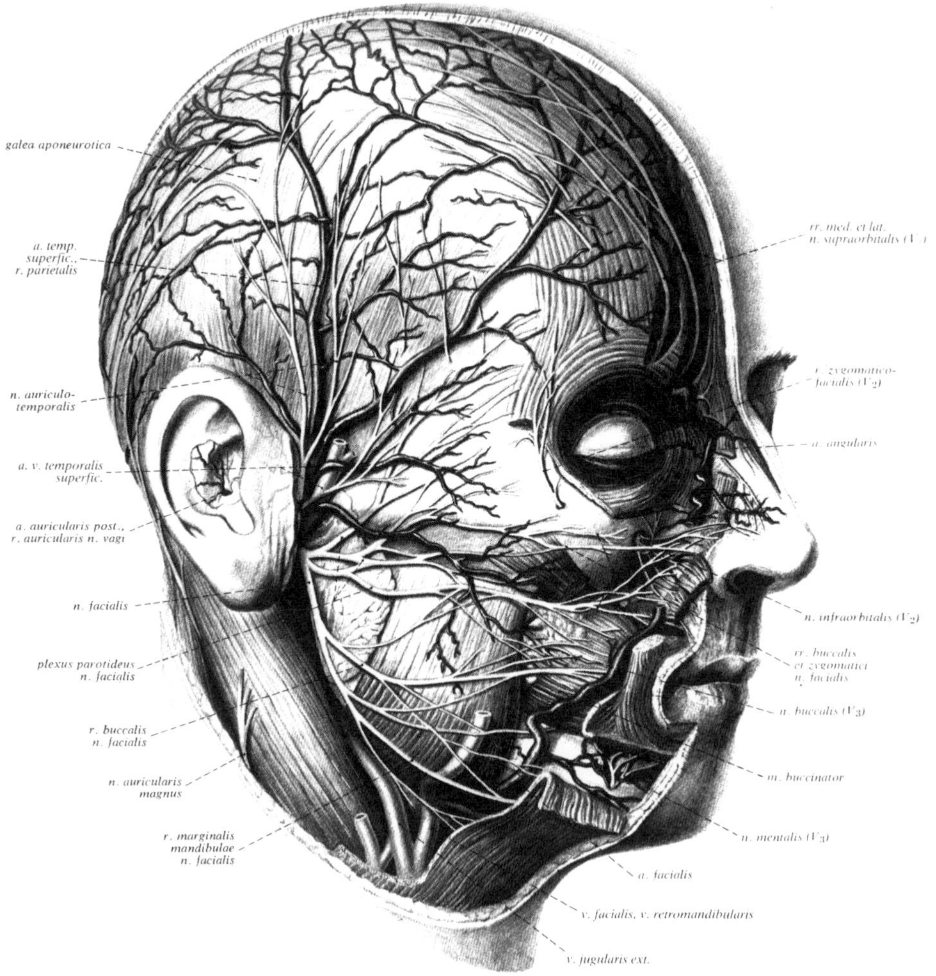

Abb. 2: Innervation der Gesichtsausdrucksmuskulatur. Hier: Nerven und Arterien des Kopfes, mittlere Schicht, Oberflächliche Teile der glandula parotis entfernt, so daß Facialisstamm und plexus parotideus des n. facialis sichtbar sind. (aus Sobotta, 1982, 18. Aufl., Abb. 214, S. 138)

differenzierter ist als bei allen anderen Tierarten (Rinn, 1984; Brodal, 1981), also weitaus komplexere Innervationen als bei anderen Arten erlaubt.

Außerdem läßt sich zeigen, daß die Repräsentationen des Ober- und des Untergesichts im Motorcortex sehr unterschiedlich sind. Das Obergesicht wird durch einen relativ kleinen und recht „primitiven" Bereich gesteuert, was seine Entsprechung in den relativ wenigen Muskeln des Obergesichts und dem damit einhergehenden recht geringen Repertoire möglicher mimischer Bewegungen (vgl. Ekman & Friesen, 1978) findet. Das Untergesicht dagegen wird von einem sehr großen Areal kontrolliert (vgl. Rinn, 1984), was zu Vermutungen Anlaß gegeben hat, daß sich hier die Entwicklung der Sprachfähigkeit und die dazu nötige große Differenzierung der am Sprechen beteiligten Muskeln beim Menschen niedergeschlagen hat und diese größere Differenzierung auch der „primitiveren" Ausdrucksfunktion zugute kommt.

Weiterhin verläuft die Innervation der Gesichtsmuskeln bei willkürlichen und bei unwillkürlichen (auch emotionalen) Bahnungen unterschiedlich (vgl. Rinn, 1984; Tucker, 1981; Heilman & Satz, 1983). Willkürliche Innervationen des Gesichts werden über den facialen Kern auf pyramidalen Bahnen gesteuert, während emotionaler Ausdruck über die phylogenetisch älteren extrapyramidalen Bahnen innerviert wird. Von daher wäre anzunehmen, daß bei willkürlichem Ausdruck eine größere Lateralisation der Mimik auftreten sollte als bei emotionalem Ausdruck, da insgesamt die Hemisphärenspezialisierung bzw. — lateralisierung im Cortex sehr viel ausgeprägter als im Subcortex ausfällt (Ley & Bryden, 1981).

In einigen Untersuchungen (Sackeim, Gur & Saucy, 1978; Schwartz, Ahern & Brown, 1979) wurde aber gefunden, daß spontaner emotionaler Gesichtsausdruck vielfach auf der linken Gesichtshälfte stärker ausgeprägt ist. Dies Ergebnis wird damit begründet, daß die rechte Hirnhemisphäre bei emotionale Prozessen in höherem Maße Steuerungsfunktionen ausübt als die linke (Ley & Bryden, 1979) und daher unwillkürliche mimische Reaktionen als integrale Komponente der emotionalen Reaktion auf der linken Gesichtshälfte stärker in Erscheinung treten sollten. Ekman, Hager und Friesen (1981) fanden allerdings demgegenüber, daß eine linksseitige Lateralisierung des Gesichtsausdrucks sehr viel stärker bei intentionalen mimischen Bewegungen als bei „echtem", spontanem emotionalem Ausdruck auftritt (dies würde oben angestellten Spekulationen über Unterschiede zwischen Willkür- und emotionalen Ausdrücken entsprechen, obwohl unklar bleibt, warum in dieser Untersuchung Willkürausdrücke links lateralisiert auftreten). Eine Lateralisierung des mimischen Ausdrucks kann also nicht durchgängig nachgewiesen werden. Daher wurden in einigen Theorien Zusatzannahmen gemacht. So wird vermutet, daß die rechte Hirnhemisphäre eher für negative Emotionen (Reuter-Lorenz &

Davidson, 1981; Sackeim & Gur, 1978) bzw. für „Vermeidungsemotionen“ (Davidson & Fox, 1982) zuständig ist und daher nur für diese Emotionen linksseitige Lateralisierung auftreten sollte, während positive Emotionen oder „Annäherungsemotionen“ eher von der linken Hemisphäre gesteuert und damit zu rechtseitiger Lateralisierung des Gesichtsausdrucks führen sollten.

Eine aktuelle Übersicht über mimische Lateralität geben Hager und Ekman (1985), die zusätzlich zu den oben berichteten Ergebnissen fanden, daß das Ausmaß der beobachteten Lateralität von Gesichtsausdrücken auch davon abhängt, welche Muskeln an einem Gesichtsausdruck beteiligt sind. Es scheint, daß das einfache Modell hemisphärischer Spezialisierung und kontralateraler Innervation zumindest für den mimischen Ausdruck zu einfach ist, zumal gerade bei Muskeln, die am emotionalen Ausdruck beteiligt sind (vor allem bei solchen im oberen Gesicht) die neuralen Pfade nicht kontralateral, sondern bilateral verlaufen (Rinn, 1984).

4.1.2 Stimme

Die cerebrale Organisation der Vokalisation beim Menschen ist außerordentlich komplex. Für die spezifisch menschliche Fähigkeit zur Sprachproduktion haben sich eine Reihe spezieller kortikaler Strukturen herausgebildet (s. Friederici, 1984), während die motorische Lautproduktion auf einem phylogenetisch alten, und für viele Säugetiere homologen, vorwiegend subkortikal (mit starker Beteiligung des limbischen Systems) gesteuerten Affektvokalisationssystem beruht. Der stimmliche Affektausdruck erfolgt beim Menschen mithin sowohl durch eine Art „roher“ Affektvokalisation, analog zu den Ruftypen vieler tierlicher Kommunikationsrepertoires, als auch durch emotional bestimmte „paralinguistische“ Variationen der Sprechweise (siehe Scherer, 1979, 1985). Wegen des außerordentlichen komplexen Zusammenspiels dieser beiden Systeme sowie wegen der Vielzahl der beteiligten neurologischen Strukturen sind die Details der neuronalen Steuerungsprozesse des vokalen Affektausdrucks beim Menschen bislang nur unvollkommen bekannt. Insbesondere neuere Untersuchungen zur neuropsychologischen Basis von Stimm- und Sprachstörungen tragen allerdings in zunehmendem Maße zur Verbreiterung unseres Wissensstandes bei (Poeck, 1983; Poeck, de Bleser & Graf, 1984).

Von besonderer Bedeutung ist jedoch ein phylogenetischer und vergleichender Ansatz zur Untersuchung der neuronalen Steuerung affektiver Vokalisationen. Wichtige Beiträge zu dieser Fragestellung wurden durch Ploog und seine Mitarbeiter geliefert. Abbildung 3 zeigt das von Jürgens und Ploog (1976, S. 36) vorgelegte Schema zur zerebralen Organisation der Stimmgebung. Demnach ist die niedrigste Integrationsstufe stimmlicher Lautäußerungen (automatische Steuerung von angeborenen Lautmustern) in der dorsalen Mittelhirn-Pons-

Übergangszone (caudales periaquaeductes Grau und parabrachiales Kerngebiet bei Säugetieren) lokalisiert. Werden diese Gebiete durch einen experimentellen Eingriff zerstört, so verstummen die meisten Versuchstiere der verschiedenen untersuchten Tierarten. Werden diese Regionen dagegen experimentell gereizt, so produzieren sie ihre jeweiligen artspezifischen Lautäußerungen.

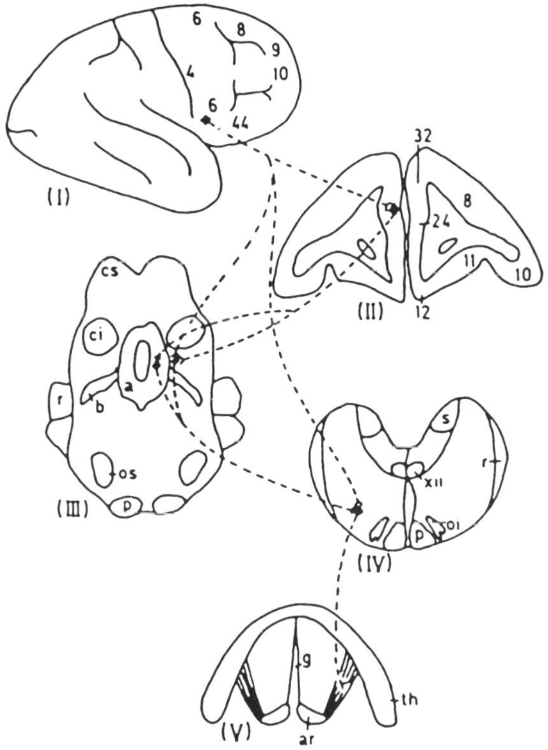

Abb. 3: Schema der neuronalen Verbindungen zwischen corticale Stimmlippenarea (I), peri-cingulärer Vokalisationsarea (II), dorsaler Mittelhirn-Pons-Übergangszone (III), Nucl. ambiguus (IV) und Kehlkopf (V) bei einem hochstehenden Primaten (Schimpanse, Mensch). Abkürzungen: a: periaquäduktes Grau; ar: Stellknorpel; b: Brachium conjunctivum; ci: Colliculus inferior; cs: Colliculus superior; g: Glottis; oi: untere Olive; os: obere Olive; p: Pyramidenbahn; r: Corpus restiforme; Nucl. tr. solitarii; th: Schildknorpel; XII: Nucl. n. hypoglossi; 4 ... 44: cytoarchitektonische Rindenfelder nach Brodmann (aus Jürgens & Ploog, 1976, Abb. 8).

Die nächst höhere Integrationsebene liegt im Kortex um den vorderen Sulcus Cinguli. Diese Region scheint der Steuerung der intentionierten, nicht notwendigerweise durch akut einwirkende Reize hervorgebrachten Vokalisationen zu dienen. Bei subhumanen Primaten führt eine Zerstörung dieses Bereichs zum Ausbleiben solcher Vokalisationen, beim Menschen hingegen zu einer Reduktion des Sprachantriebs (z. B. akinetischer Mutismus). Auch die Spontaneität des Sprechausdrucks und die Expressivität der Sprechdynamik leidet bei Patienten, bei denen Läsionen in dieser Region zu beobachten sind.

Die höchste Integrationsebene befindet sich im Bereich des motorischen und sensorischen Gesichtskortex. Eine Reizung der entsprechenden Regionen führt beim Menschen zu Vokalisationen (Penfield & Roberts, 1959), eine Zerstörung führt zu Sprachstörungen. Da diese Region für die Vokalisation bei Tieren kaum von Bedeutung zu sein scheint, ist anzunehmen, daß der perizentrale Gesichtskortex erst bei der intentionalen Produktion erlernter Lautfolgen eine Rolle spielt (nach Jürgens & Ploog, 1976).

Für das Phänomen des emotionalen Stimmausdrucks ist insbesondere die starke Beteiligung der limbischen Strukturen an den nichtsprachlichen aber auch den sprachlichen Vokalisationen hervorzuheben (siehe insbesondere Robinson, 1976). Eine systematische Untersuchung dieser subkortikalen Steuerungsprozesse ist für unser Verständnis der neuropsychologischen Prozesse, die am Stimmausdruck beteiligt sind, dringend notwendig.

Es sei darauf hingewiesen, daß wir hier vorwiegend die zerebrale Organisation der Phonation dargestellt haben. Selbstverständlich ist für das Zustandekommen der Vokalisationen auch die Steuerung der Respirations- und Artikulationsprozesse von Bedeutung (siehe unten).

4.1.3 Übrige Motorik

Die Mechanismen des menschlichen Bewegungsverhaltens sind bisher bis auf relativ einfache Modelle der Bewegungsteuerung (Hennemann, 1968) nur in Ansätzen erforscht (Hutton, 1972), da die meisten Erkenntnisse aus Untersuchungen an Tieren (vgl. Evarts, Bizzi, Burke, DeLong & Thack, 1971) stammen. Allerdings sind die wichtigsten Komponenten des ZNS, die für die Bewegungssteuerung und den Bewegungsablauf (die spatiale, die temporale und die quantitative Kontrolle; Evarts et al., 1971) verantwortlich sind, bekannt. Dies sind der sensomotorische Kortex, die Basalganglien, das Cerebellum, der Thalamus, Hirnstammabschnitte wie der Olivenkern oder die Reticulärkerne und schließlich der Pyramidaltrakt (Hennemann, 1968).

Bewegungsverhalten wird besonders bei extrem überlernten Bewegungen durch das Cerebellum gesteuert (Ito, 1970), wobei aber auch der Thalamus und der sensomotorische Kortex eine Rolle spielen (Evarts & Thack, 1969). Nach Vanderwolf (1971) steuert der Thalamus als Teil des limbischen Systems

Emotions- und Erregungsausdruck im Bewegungsverhalten, während Willkürbewegungen eher von höheren motorischen Zentren im Kortex geregelt werden. Diese können aber zeitweise an das limbische System „angekoppelt" werden (Hutton, 1972). Auch Willkürbewegungen wie sprachbegleitende Gesten ("Illustratoren"; Ekman & Friesen, 1969a) können mithin von Emotionen überformt werden. Folglich müßten Ausdruckscharakteristika von Emotionen nicht nur im „eigentlich" emotionalen Ausdruck in der Stimme oder der Mimik nachzuweisen sein, sondern auch in anderen Körperbewegungen. Bereits Allport und Vernon (1933, S. 21—22) wiesen in ihrer klassischen Monographie über Ausdrucksbewegungen darauf hin, daß jede Bewegung sowohl Zweck- als auch Ausdruckscharakter habe.

Daß auch Willkürbewegungen nicht gänzlich von Einflüssen „alter" und in Emotionsprozessen sehr bedeutsamer subkortikaler Strukturen unabhängig sind, behauptete schon Gurewitsch (1929). Nach Gurewitsch sind der Muskeltonus, die Geschwindigkeit und der Rhythmus von Körperbewegungen (vgl. Wallbott, 1982b) sowie die Regulation von Innervation/Denervation bestimmt von extrapyramidalen Faktoren, die Kraft und Energie von Bewegungen dagegen von pyramidalen Faktoren und die Richtungs- und Gesamtkoordination einer Bewegung schließlich von kortikalen Strukturen. Würde diese Annahme stimmen, müßte man emotionstypische Aspekte des Bewegungsverhaltens besonders in der Geschwindigkeit von Bewegungen, in deren Rhythmus (d. h. in der zeitlichen Strukturiertheit) sowie in der „Eckigkeit" oder „Flüssigkeit" von Bewegungen als Charakteristika von Innervations/Denervationsmustern nachweisen können (vgl. Wallbott, 1982b).

4.2 Motorische Effektoren des Ausdrucks

Die motorischen Effektoren des Ausdrucks sind die Muskeln. Dies sind 1) beim mimischen Verhalten die Gesichtsmuskeln, sowie die Nacken- und Halsmuskulatur, 2) beim vokalen Ausdruck die Muskeln in und um den Kehlkopf, die an der Respiration beteiligten Muskeln, sowie Muskeln, die das Ansatzrohr verändern können und 3) beim Bewegungsverhalten des übrigen Körpers bzw. bei Körperhaltungen die Haltemuskulatur und die jeweiligen Adduktoren und Abduktoren der einzelnen Gliedmaßen. Emotionales Ausdrucksverhalten läßt sich damit (abgesehen von einigen wenigen extern beobachtbaren viszeralen Veränderungen, wie Erröten bei Scham bzw. Verlegenheit oder Perspiration bei Furcht oder Angst; s.u.) als Muskelaktivität verstehen.

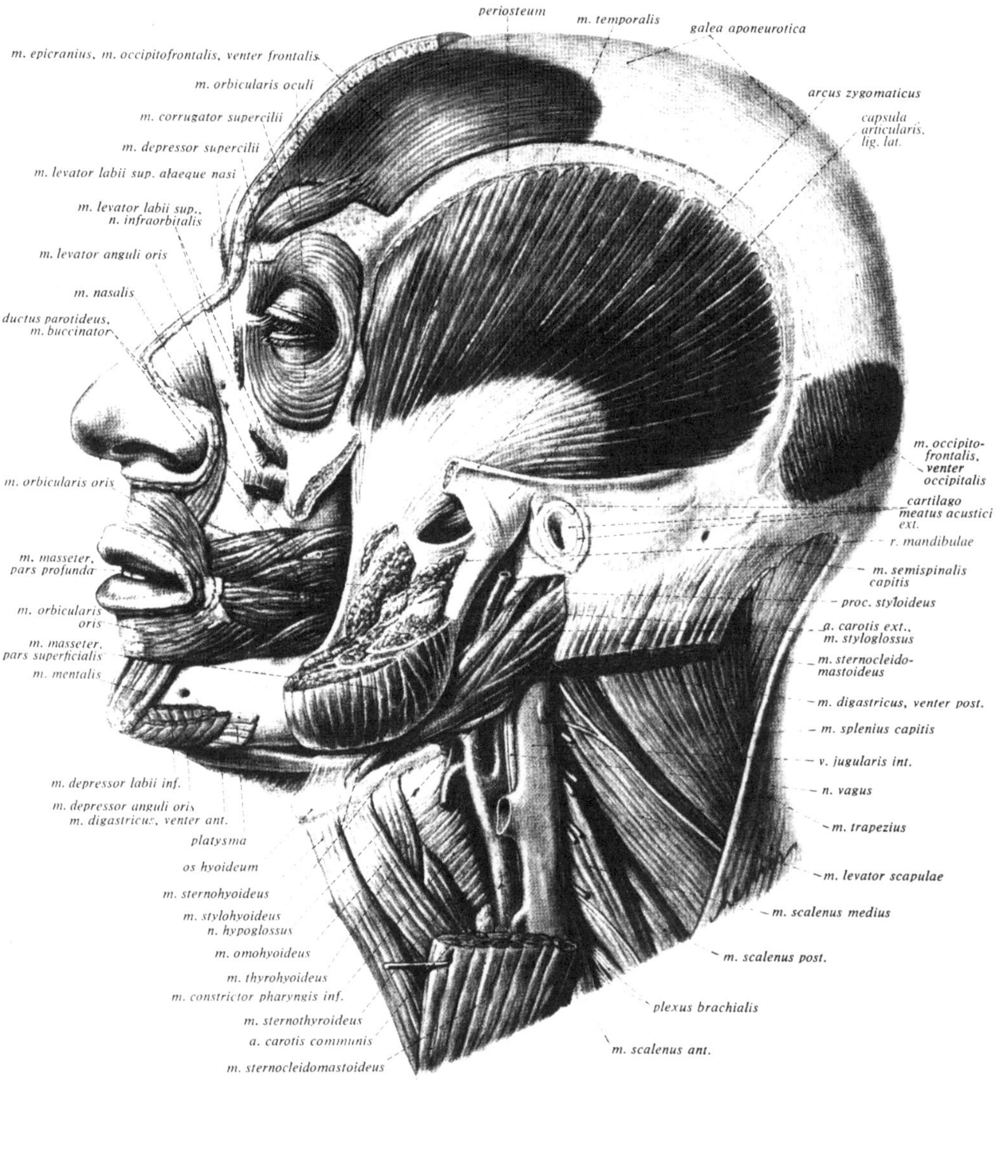

Abb. 4: Gesichtsausdrucksmuskulatur. Hier: Seitenansicht des Kopfes und des oberen Halsteils mit mimischer und Kaumuskulatur. Ohrmuschel entfernt, ebenso ein Teil des arcus zygomaticus. Aus dem m. sternocleidomastoideus ein breites Stück der oberen Hälfte herausgetrennt zur Sichtbarmachung der großen Halsgefäße. Der m. masseter z. T. abgetragen zur Darstellung seiner sehnigen Durchsetzung zwischen den Muskelbündeln. Einige mimische Muskeln sind in der Nähe des Ursprungs durchgeschnitten (aus Sobotta, 1982, 18. Aufl., Abb. 220, S. 143).

4.2.1 Mimik und Körpermotorik

Durch die Vielzahl der im Gesicht lokalisierten Muskeln werden sehr differenzierte Ausdrucksmuster möglich. Abbildung 4 zeigt eine vereinfachte Darstellung der wichtigsten Oberflächenmuskeln des meschlichen Gesichts. Deutlich wird, daß im Stirn/Augenbereich relativ wenige Muskeln für mimische Bewegungen verantwortlich sind, während besonders im Bereich um den Mund eine Vielzahl hochdifferenzierter Muskeln zusammenwirken.

Wie bereits dargestellt, wird die Tatsache, daß beim Menschen die Gesichtsmuskulatur, vor allem die Muskulatur des Untergesichts, sehr viel differenzierter entwickelt ist als bei anderen Arten (Huber, 1931), mit der Entwicklung des Sprechens aus zunächst primär affektivem vokalem Ausdruck in Verbindung gebracht (Andrew, 1963). So ist beim Menschen besonders die Muskulatur rund um den Mund sehr viel differenzierter entwickelt als bei anderen Arten (Chevalier-Skolnikoff, 1973). Wie im nächsten Abschnitt zu zeigen sein wird, gilt diese gegenüber anderen Tierarten sehr viel größere Differenzierung auch für den Vokalapparat.

Inwieweit die übrigen motorischen Effektoren des Körpers (also Haltemuskulatur und Adduktoren und Abduktoren der Gliedmaßen) emotionale Ausdrucksfunktion haben, ist umstritten (s. u.). Während die mimische Muskulatur weitgehend von anderen Funktionen „freigestellt" ist und weitestgehend dem Emotionsausdruck zur Verfügung steht, hat die übrige Körpermuskulatur primär andere Funktionen: Sie bestimmt die Körperhaltung, dient der Lokomotion und wird besonders auch für instrumentelle Handlungen eingesetzt. Zudem sind diese Muskeln im Vergleich zur mimischen Muskulatur und den Muskeln, die an der Stimmbildung beteiligt sind (s. u.) groß und undifferenziert, so daß in diesem Bereich komplexe, differenzierte Ausdrucksmuster, wie wir sie in der Mimik finden, kaum zu erwarten sind. Allerdings ist zu erwarten, daß Emotionen insofern Einfluß auf die Körpermotorik nehmen, als emotionale Erregung zu Spannungsveränderungen führt und u.U. Einfluß auf die Koordination von Adduktoren und Abduktoren nehmen kann. Dies ließe weniger emotionale *Ausdrucksmuster* in der Körpermotorik als vielmehr emotional bedingte Veränderungen in *Form und Ablauf* von Lokomotionen und instrumentellen Handlungen erwarten.

4.2.2 Motorische Effektoren der Stimmgebung

Die phylogenetische Entwicklung der motorischen Effektoren des Stimmausdrucks ist von besonderem Interesse für die Frage nach der Sprachfähigkeit subhumaner Primaten (siehe Lieberman, 1984). Man kann zeigen, daß im Laufe der Evolution die Innervation der Larynxmuskulatur immer komplexer wurde.

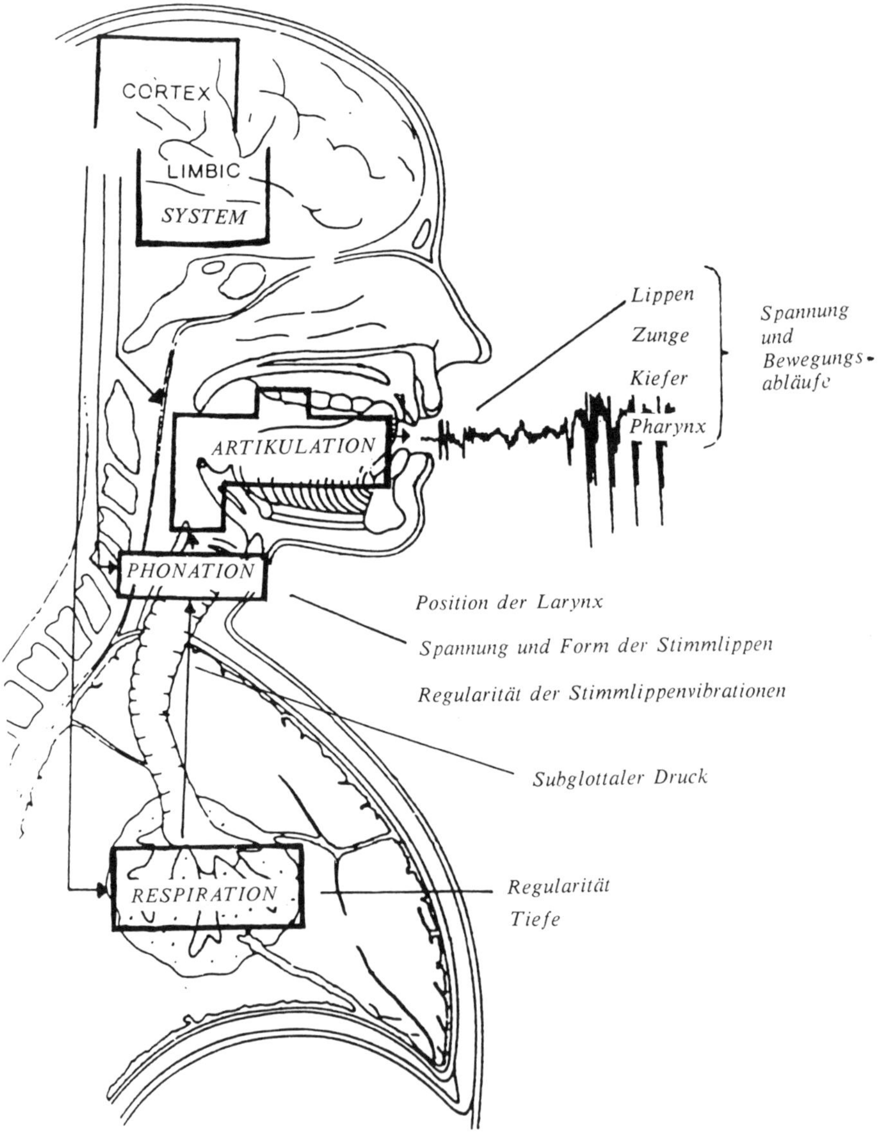

Abb. 5: Zentrale Strukturen der Stimmgebung mit den wichtigsten Determinanten der akustischen Lautform

Erst beim Menschen wird durch eine besondere Innervation der Stimmlippenmuskulatur eine Feinregulierung der Stimme möglich (Goerttler, 1972). Besonders wichtig für das Hervorbringen von Sprachlauten ist jedoch die Entwicklung des Resonanzrohrs, des supralaryngealen Trakts. Weder bei subhumanen Primaten noch bei den Hominiden (z. B. Australopithekus, Neandertaler) findet man den charakteristischen rechtwinkligen Knick des Ansatzrohrs und die erforderliche Flexibilität der Artikulationsorgane. Auch beim Kleinkind ist diese Vokaltraktkonfiguration noch nicht vorhanden, sie entwickelt sich in den ersten beiden Lebensjahren. Schon diese phylogenetische Differenzierung der Lautproduktionsfähigkeit, ohne die die Entwicklung der gesprochenen Sprache unmöglich gewesen wäre, ist für die Vielfalt des emotionalen vokalen Ausdrucksgeschehens von Bedeutung. Dennoch kann man zeigen, daß bezüglich einer Vielzahl von Parametern des vokalen Ausdrucks direkte Entsprechungen in den Affektvokalisationen vieler Tierarten festzustellen sind (siehe Scherer, 1985).

Abbildung 5 zeigt eine Darstellung der an der Stimmproduktion beteiligten Strukturen. Grob vereinfacht entsteht eine Vokalisation durch folgenden Prozeß: Ein durch die Respiration erzeugter Luftstrom von den Lungen zur Glottis erzeugt (bei geschlossenen Stimmlippen) einen subglottalen Druck. Durch Einwirkung dieses subglottalen Drucks sowie der Innervation der laryngealen Muskulatur öffnen und schließen sich die Stimmlippen. Die so auftretende Vibration der Stimmlippen erzeugt die Glottisimpulse, die ihrerseits den supralaryngealen Trakt anregen. Durch die Veränderung der mobilen Strukturen innerhalb dieses Trakts verändern sich auch die Resonanzeigenschaften (Filtercharakteristika) dieses Raumes und beeinflussen somit die Form der Schallwelle, die vom Munde abgestrahlt wird.

Die Effektoren des stimmlichen Ausdrucks sind mithin die an der Respiration beteiligten Muskeln, die für die Phonation verantwortlichen Muskelgruppen, insbesondere die intra- und extralaryngealen Muskeln, sowohl die artikulatorisch wirksamen Muskelgruppen der Larynx, der Pharynx und des Mund- und Nasenraums (insbesondere das Gaumensegel, die Zunge und die Lippen). Die Atmungsmuskulatur wird durch eine Vielzahl verschiedener Nerven beeinflußt (siehe Zemlin, 1968). Phonation und Artikulation werden insbesondere über die Vagus, Facialis, Hypoglossus und Trigeminalis Nerven gesteuert, wobei der Vagus ausschließlich die intrinsischen Muskeln der Larynx innerviert.

Obwohl die beschriebenen Muskelgruppen für die weitaus meisten Variationen des Stimmausdrucks verantwortlich sind, können auch Veränderungen des vegetativen Nervensystems einen Einfluß auf die resultierenden vokalen Ausdrucksmuster nehmen. Hierzu gehören insbesondere die Veränderungen der Sekretion der Schleimhäute im Mund/Rachenraum.

Ähnlich wie bei der Gesichtsmuskulatur wird durch die Vielzahl verfügbarer Muskelgruppen sowie der sehr hohen Variationsmöglichkeit der Steuerungsprozesse eine außergewöhnliche Vielfalt von Ausdrucksvariationen ermöglicht. Es ist jedoch zu berücksichtigen, daß anders als beim Gesichtsausdruck, bei dem die differentielle Innervation bestimmter Muskeln direkt sichtbar wird, bei der Stimmgebung gleiche oder ähnliche akustische Formen durch unterschiedliche Phonations- und Artikulationsprozesse hervorgerufen werden können (siehe auch Laver, 1980). Erschwerend kommt hinzu, daß wir aufgrund der Lage der an der Vokalisation beteiligten Muskulatur häufig nicht in der Lage sind, die hier ablaufenden Prozesse direkt zu beobachten oder auch durch elektromyogaphische Untersuchungen präzise zu bestimmen.

4.3 Objektiv meßbare distale Hinweisreize des motorischen Ausdrucks in verschiedenen Sinnesmodalitäten

4.3.1 Distale Hinweisreize der Mimik

Zur Messung distaler Ausdrucksaspekte emotionalen Verhaltens würde es sich natürlich vor allem anbieten, direkt mittels elektromyographischer Techniken an den Effektororganen anzusetzen. Dies wurde bei der Untersuchung mimischen Verhaltens auch versucht, besonders um nicht-sichtbare mimische Muskelaktivität, wie sie beispielsweise bei der mentalen Vorstellung emotionaler Erlebnisse auftritt, nachzuweisen (vgl. Schwartz, Fair, Greenberg, Mandel & Klerman, 1974; Schwartz, Fair, Salt, Mandel & Klerman, 1976). Problematisch scheint allerdings, daß eine EMG-Ableitung der hoch differenzierten Ausdrucksmuster mit den üblicherweise benutzten großflächigen Oberflächenelektroden, die oft die Aktivität mehrerer Muskeln erfassen, kaum zu bewerkstellen ist. Dieses Meßverfahren kann emotionstypische Unterschiede nivellieren, da die Muskeln, deren Potentiale durch eine Elektrode gleichzeitig erfaßt werden, möglicherweise zu unterschiedlichen Ausdrucksmustern gehören (vgl. auch Hager & Ekman, 1985). Methodisch verfeinerte Ansätze zur Gesichtsmuskel-EMG-Untersuchung unter verschiedenen Emotionszuständen stellen Cacioppo, Martzke, Petty, & Tassinary (1988) vor.

Der Einsatz der eigentlich für den angesprochenen Zweck optimalen Nadelelektroden, die spezifisch auf einzelne Muskeln zugreifen und damit eindeutige Aussagen über mögliche emotionstypische Innervationsmuster zulassen würden, wird allerdings zum einen durch die Tatsache beeinträchtigt, daß eine Vielzahl kleiner und kleinster mimischer Muskeln am emotionalen mimischen Ausdruck beteiligt sind, und zum anderen durch die zwangsläufige Beeinflussung und Belästigung der Versuchspersonen durch solche Messungen erschwert. Wenn eine Versuchsperson mit Nadelelektroden im Gesicht „gespickt“ ist, dürfte die Induktion von Emotionen recht schwer fallen. Besonders interpersonale Situationen, die wohl am häufigsten Emotionen auslösen (vgl. Scherer & Tannenbaum, 1986; Scherer, Wallbott & Summerfield, 1986), dürften dann kaum noch in sinnvoller Weise zu realisieren sein.

Wegen dieser Meßproblematik werden in der Emotionsforschung häufig Kodier- oder Beschreibungssysteme zur Verhaltensanalyse verwendet, die sich des menschlichen Beobachters als Meßinstrument bedienen (vgl. Ekman, 1982b; Scherer & Wallbott, 1985; Wallbott, 1984). Die Möglichkeit der Speicherung von Bewegungsverhalten auf Film oder Videoband kommt der Verwendung dieser Techniken natürlich entgegen. Die Verfahren, die entwickelt wurden, um das Ausdrucksverhalten zu kodieren, unterscheiden sich stark im Ausmaß der Inferenzen, die von den Beobachtern gefordert werden. Bei unserem gegenwärtig noch relativ niedrigen Erkenntnisstand scheint es angebracht, auf Inferenzen, etwa bezüglich zugrundeliegender Emotionen, möglichst zu verzichten und die Ausdrucksphänomene eher objektiv zu beschreiben. Wie beim Einsatz von Beobachtungsverfahren im allgemeinen verlangt dies natürlich, daß solche Kodiersysteme in bezug auf ihre Objektivität durch die Bestimmung von Kodiererübereinstimmungen überprüft sind und daß die Kategorien anhand objektiv beobachtbarer Kriterien definiert sind.

Um diesem Anspruch an die Objektivität zu genügen, basieren Kodiersysteme mimischen Ausdrucksverhaltens häufig auf der Analyse der dem Ausdrucksverhalten zugrundeliegenden Muskelstrukturen. Solche Systeme wurden auf der Grundlage der Pionierarbeiten von Duchenne (1862) und Darwin (1872) u. a. von Hjörtsjö (1970) und, darauf aufbauend, von Ekman und Friesen (1978) entwickelt. Das von Ekman und Friesen (1978) vorgelegte Facial Action Coding System (FACS) dürfte dabei inzwischen in der Forschung am weitesten verbreitet sein. Mit diesem System wird versucht, mimisches Verhalten exhaustiv und objektiv zu erfassen. Dazu werden „Action Units“ (also Aktionsgruppen) unterschieden, d. h. durch einen geschulten Beobachter visuell (u. U. unter Einsatz technischer Möglichkeiten wie Zeitlupenbetrachtung von Film oder Video) noch unterscheidbare „kleinste Einheiten“ mimischen Verhaltens. Bei der Definition der Action Units gingen die Autoren von der Anatomie der Gesichtsmuskulatur aus. Zu den Kriterien für die Bildung von Action Units zählen beispielsweise, inwieweit einzelne Muskeln oder Muskelgruppen unabhängig von anderen Muskeln innerviert werden und ob diese Innervationsmuster auch visuell als Veränderungen des Gesichtsausdrucks erkannt werden können. Auf diese Weise ergaben sich 44 Action Units, mit Hilfe derer eine große Vielzahl möglicher Gesichtsausdrücke objektiv beschrieben werden kann. Diese Action Units sind in Tabelle 1 zusammengestellt.

Tabelle 1: Die wichtigsten Kategorien mimischen Ausdrucks („Action Units") im „Facial Action Coding System" (FACS) nach *Ekman und Friesen (1976)*

„Action Unit"-Nummer	Name	muskuläre Basis
1	Heben des inneren Teils der Augenbrauen	Frontalis, Pars Medialis
2	Heben des äußeren Teils der Augenbrauen	Frontalis, Pars Lateralis
4	Senken und Zusammenziehen der Augenbrauen	Depressor Glabellae, Corrugator, Depressor Supercilii
5	Heben der Oberlider	Levator Palpebrae Superioris
6	Heben der Wangen	Orbicularis Oculi, Pars Orbitalis
7	Anspannen der Augenlider	Orbicularis Oculi, Pars Palebralis
9	Nase rümpfen	Levator Labii Superioris Alaeque Nasi
10	Heben der Oberlippe	Levator Labii Superioris, Caput Infraorbitalis
11	Vertiefen der nasolabialen Furche	Zygomaticus Minor
12	Heben der Mundwinkel	Zygomaticus Major
13	Mundwinkel stark nach oben	Caninus
14	„Grübchen"-Bildung	Buccinator
15	Mundwinkel nach unten	Triangularis
16	Unterlippe nach unten	Depressor Labii
17	Kinn anheben	Mentalis
18	Lippen spitzen	Incisivii Labii Superioris, Incisivii Labii Inferioris
20	Lippen gedehnt	Risorius
22	Lippen trichterförmig	Orbicularis Oris
23	Lippen spannen	Orbicularis Oris
24	Lippen zusammenpressen	Orbicularis Oris
25	Lippen öffnen	Depressor Labii, oder Entspannung von Mentalis oder Orbicularis Oris
26	Kinn fallenlassen	Masseter, Temporaler und Internaler Pterygoideus entspannt
27	Mund aufreißen	Pterygoidae, Digastricus
28	Lippen einziehen	Orbicularis Oris

Ref.: Ekman, P. & Friesen, W. V. (1976). Measuring facial movement. *Environmental Psychology and Nonverbal Behavior, 1,* 56—75.

Beschreibungssysteme, die weniger differenziert sind, und vom Beobachter einen höheren Inferenzgrad verlangen, da auf zugrunde liegende Emotionen geschlossen werden muß, wurden u. a. von Grant (1969), Blurton-Jones (1971), Ekman und Friesen (1975) und Izard (1979), vorgeschlagen. Ekman (1982b) hat insgesamt 14 solcher Beschreibungssysteme zusammengestellt und ihre jeweiligen Vor- und Nachteile diskutiert.

Tabelle 2: Liste der für die Stimmanalyse wichtigen akustischen Parameter

Parameter	Beschreibung
Grundfrequenz-Perturbation	Leichte Veränderung in der Dauer glottaler Zyklen
F0-Mittelwert	mittlere Grundfrequenz (Vibrationsrate der Stimmlippen über eine Sprachäußerung gemittelt)
F0-Variationsbereich	Differenz zwischen höchstem und niedrigstem Grundfrequenzwert in einer Äußerung
F0-Variabilität	Streuungsmaß (z. B. Standardabweichung der Grundfrequenz)
F0-Kontur	Grundfrequenzwerte über den Zeitverlauf dargestellt (Intonation); wichtigste Variablen: allgemein aufwärts oder abwärts gerichtete Tendenz der Kontur, Regelmäßigkeit der Veränderungen der der FO-Bewegungen in der Kontur
Fl-Mittelwert	Frequenz des ersten (niedrigsten) Formanten (signifikante Energiekonzentration im Spektrum, Durchschnittswert für eine Sprachäußerung)
F2-Mittelwert	Mittlere Frequenz des 2. Formanten
Formanten-Bandbreite	Breite des Spektralbandes, das signifikante Formantenergie enthält
Formanten-Genauigkeit	Grad, in dem Formantfrequenzen die durch das phonologische System einer Sprache vorgegebenen Zielwerte erreichen
Mittelwert der Intensität	Energiewerte einer Sprachschallwelle, Durchschnittswert für eine Äußerung
Variationsbereich der Intensität	Differenz zwischen höchsten und niedrigsten Intensitätswerten in einer Äußerung
Variabilität der Intensität	Streuungsmaß der Intensitätswerte in einer Äußerung (z. B. Standardabweichung)
Frequenzbereich	Differenz zwischen Grundfrequenzwert und höchstem Punkt in einem Frequenzspektrum, in dem noch Sprachenergie gemessen werden kann
Hochfrequente Energie	Relative Energiekonzentration im oberen Frequenzbereich (z. B. oberhalb von 1 kHz)
Rauschen	Aperiodische Energiekomponenten im Spektrum des Stimmsignals
Sprechrate	Anzahl von Sprachsegmenten per Zeiteinheit (z. B. Silben, Wörter)

4.3.2 Distale Hinweisreize der Stimme

Wie an anderer Stelle dargestellt (Scherer, 1982a, 1986), lassen sich physiologische und phonatorisch-artikulatorische Prozesse mit Hilfe komplexer Meßanordnungen objektiv erfassen. In den meisten Fällen können solche aufwendigen und den Gesamtzustand des Probanden erheblich beeinflussenden Verfahren

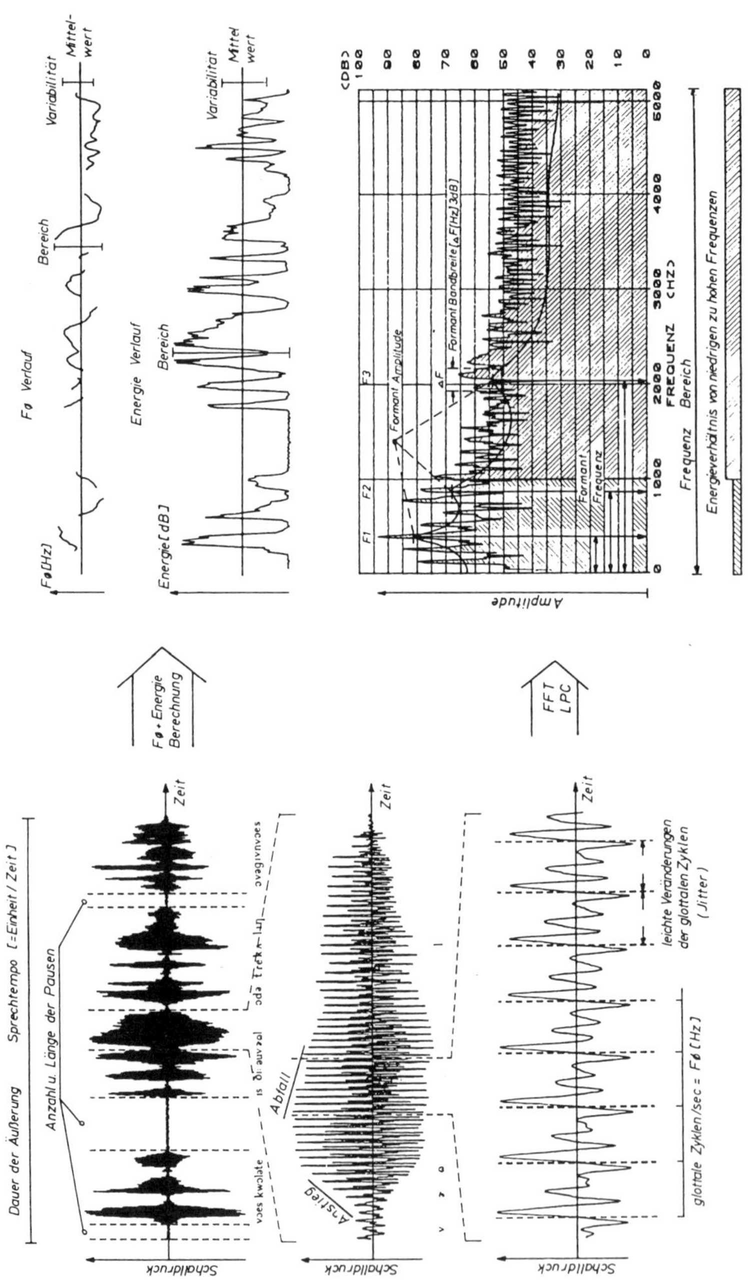

Abb. 6: Darstellung der für den Emotionsausdruck wichtigsten akustischen Parameter im Zeit- und Frequenzbereich

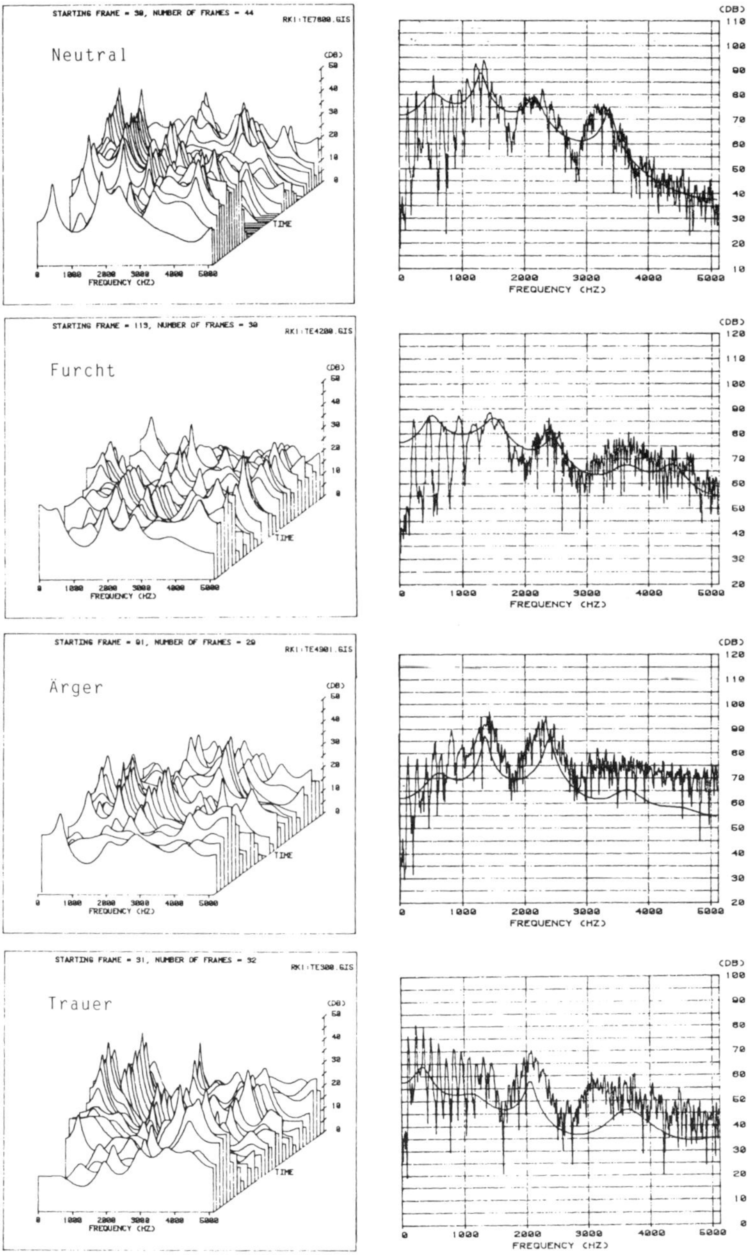

Abb. 7: Leistungsspektren für den Vokal /a/ unter vier emotionalen Ausdrucksbedingungen (links: geglättete Einzelspektren im Zeitverlauf; rechts: gemittelte Vokalspektren mit Harmonischen).

jedoch nur in sehr reduzierten Laborsituationen verwandt werden. Es scheint (ähnlich wie bei elektromyographischen Untersuchungen der Gesichtsmuskulatur) experimentaltechnisch nahezu unmöglich, eine systematische Untersuchung emotionaler Ausdrucksprozesse mit physiologisch orientierten Techniken vorzunehmen.

Auch der von phonetischer Seite vorgeschlagene Ansatz, phonatorisch-artikulatorische Prozesse durch Expertenurteil zu erfassen (durch Zuordnung von Produktionsmechanismen zu akustischen Variablenmustern; siehe Laver, 1980; Nolan, 1985) kann bislang nicht als etabliert gelten. Diese Methode ist überdies vorwiegend auf stabile Stimmqualitätsunterschiede zwischen einzelnen Sprechern, selten auf emotionale Ausdrucksvariationen angewandt worden (s. jedoch van Bezooijen, 1985).

Objektiv meßbares Resultat vokaler Ausdrucksprozesse ist somit vorwiegend das akustische Signal, das mit Hilfe von Tonaufzeichnungsgeräten konserviert und anschließend mit Hilfe elektroakustischer Apparate oder neuerdings insbesondere auch digitaler Signalanalyseverfahren untersucht werden kann. Die Parameter für diese distalen akustischen Hinweisreize sind größtenteils der Akustik entlehnt (s. einführende Übersichten in Lieberman & Blumstein, 1988; Scherer, 1982a). Abbildung 6 und Tabelle 2 illustrieren die wichtigsten vokalen Parameter, die sich unterschiedlichen emotionalen Ausdrucksformen zuordnen lassen (Tabelle 2 enthält eine kurze Erklärung des jeweiligen Parameters). Abbildung 7 zeigt beispielhafte Ergebnisse einer solchen digitalen akustischen Analyse. Dargestellt werden die Leistungsspektren für den aus einem sinnfreien Satz herausgelösten Vokal /a/. Der Satz wurde von einem Schauspieler bei der Darstellung vier verschiedener Emotionen gesprochen.

Durch den schnellen Fortschritt der Entwicklung leistungsfähiger Mikrocomputer und entsprechender Software ist die digitale Signalanalyse emotionaler Vokalisationen heute auch für Forscher im Bereich der Psychologie unschwer möglich.

4.3.3 Distale Hinweisreize der Körpermotorik

Auch zur Analyse der übrigen Körpermotorik wurden Kodiersysteme vorgeschlagen, in denen die objektiv gegebenen Bewegungsmöglichkeiten der jeweils beteiligten Körperteile zugrundegelegt werden. Wichtige Impulse gaben dabei das ursprünglich für ethologische Untersuchungen entwickelte Notationssystem für Bewegungsverhalten von Eshkol (1973; vgl. auch Golani, 1976; Rosenfeld, 1982) oder die sogenannte „Labanotation“ (Laban, 1975), die ursprünglich zur Aufzeichnung der Schritt- und Bewegungsfolgen von Tänzern entwickelt wurde. Objektive, umfassende Beschreibungssysteme für das menschliche Bewegungsverhalten wurden auch von Birdwhistell (1970), von Frey und Pool (1976) oder von Bull (1985) entwickelt. Frey und Pool (1976) beispielsweise geben die Bewegungen jedes Körperteils im Raum an, d. h. in bezug auf die vertikale, die sagittale und die frontale Achse. Diese Systeme sind allerdings bisher erst relativ selten zur Untersuchung emotionalen Ausdrucksverhaltens eingesetzt worden.

Andere Systeme beziehen nicht nur objektive räumliche und zeitliche Informationen ein, sondern versuchen auch die „Qualität" des Bewegungsverhaltens wie beispielsweise Kraft- und Energieaspekte durch Beobachtung zu erfassen, wie z. B. die erwähnte „Labanotation" (Laban, 1975) oder die daraus hervor gegangene „Effort-Shape"-Methode (Hutchinson, 1977). Im Mittelpunkt der Betrachtung stehen hier Bewegungseigenschaften, die sich subjektiv als „eckig", „rund", „fließend", „schnell" etc. bezeichnen lassen, also die Form einer Bewegung, deren Dynamik oder auch deren Rhythmus (vgl. zu einer Übersicht Wallbott, 1982b). Solche eher subjektiven Bewegungsbeschreibungen spielten vor allem in der deutschsprachigen Ausdruckspsychologie eine große Rolle, wo Bewegungscharakteristika als Indikatoren emotionaler Zustände und vor allem von („Charakter"-)Eigenschaften von großer Bedeutung waren (vgl. zu einer Übersicht Wallbott, 1982a; 1982b).

Von Bedeutung für die Emotionsforschung könnten auch Notationssysteme sein, die das Ausmaß interpersonaler Distanz oder von Körperberührungen beschreiben. Ein solches System zur Analyse „proxemischen" Verhaltens wurde von Hall (1959, 1963) vorgeschlagen. Hall versucht zu beschreiben, inwieweit in Abhängigkeit von der interpersonellen Distanz die verschiedenen Sinnesrezeptoren Informationen über die andere Person aufnehmen können. Temperatur- und Geruchsreize können nur bei geringen Distanzen empfangen werden. Bei größeren Distanzen gewinnen vokale und insbesondere visuelle Informationen an Bedeutung. Besonders bei Distanzverhalten sind enge Beziehungen zu verschiedenen emotionalen Zuständen zu vermuten, so wird bei Scham oder Schuld eher Distanz zu anderen Personen gesucht, während Ärger und Freude eher zu Annäherungsverhalten führen (vgl. Wallbott & Scherer, 1986a).

5 Spezifische Ausdrucksformen einzelner Emotionen

5.1 Mimik

Schon bei Duchenne (1862), Darwin (1872) oder bei Rudolph (1903) findet man detallierte Darstellungen der mimischen Ausdrucksmuster, die spezifische Emotionen begleiten. Für Freude/Glück soll der Mund geöffnet sein mit nach hinten und oben gezogenen Mundwinkeln. Zusätzlich sei die Oberlippe etwas angehoben, die oberen und unteren Orbicularis-Muskeln angespannt, und schließlich entstünden Fältchen unter und neben den Augen. Bei Trauer/ Verzweiflung seien die inneren Enden der Augenbrauen angehoben und die Mundwinkel gesenkt. Furcht/Angst zeichne sich durch einen weit geöffneten Mund und aufgerissene Augen, durch zusammengezogene Pupillen und durch Anspannung des risorius- Muskels aus. Ärger/Wut und Haß seien gekennzeichnet durch senkrechte Falten auf der Stirn, durch zurückgezogene Lippen oder durch zusammengepreßte Lippen und Zähne. Abscheu schließlich lasse sich an Naserümpfen, leichtem Heben der Nase, an senkrechten Falten auf der Stirn und einem geöffneten Mund erkennen (Beschreibungen nach Darwin, 1872; Kapitel 7 bis 12).

Darwin (1872) legte dabei seine drei oben dargestellten „Prinzipien" zugrunde: das „Prinzip der zweckdienlichen, assoziierten Gewohnheiten", das besagt, daß ursprünglich instrumentelle Verhaltensweisen mit emotionalen Zuständen assoziiert wurden (wie Zähne entblößen als Rudiment einer Beißhandlung bei Ärger oder Wut), das „Prinzip des Gegensatzes" (gegensätzliche Emotionen werden mit gegensätzlichen Ausdrucksmustern assoziiert, z. B. bei Freude und Trauer Mundwinkel nach oben bzw. nach unten), und das „Prinzip der direkten Wirkungen des Nervensystems", nach dem „Nervenenergie" unmittelbar über die Muskulatur abgeführt wird, was sich nach Darwin vor allem in unkontrolliertem Zittern der Körpermuskulatur, aber auch im Zusammenbeißen der Zähne bei sehr großer Wut oder im weiten Aufreißen der Augen bei intensivem Schrecken äußern kann.

Es gibt viele Beschreibungen solcher prototypischer mimischer Ausdrucksmuster für diskrete Emotionen. Einige von ihnen wurden zur Schulung von Schauspielern und bildenden Künstlern entwickelt (z. B. Austin, 1806; Engel, 1785; Rudolph, 1903), andere entstammen dem Bereich der deutschsprachigen Ausdruckspsychologie (Leonhard, 1949; Lersch, 1971). Experimentelle Untersuchungen, die solche differentiellen mimischen Muster durch gezielte Induktion von Emotionen oder auch durch Beobachtungen mimischen Verhaltens in Felduntersuchungen belegen, fehlen jedoch weitgehend. Ausschlaggebend für diesen Mangel dürften zwei Probleme sein: Zum einen sind Untersuchungen des emotionalen Ausdrucks im Labor schwierig durchzuführen, da die hier induzierten Emotionen oft nicht eindeutig und intensiv genug sind (nicht zuletzt, weil ethische Gründe die Erzeugung wirklich starker Emotionen verbieten); in Feldbeobachtungen andererseits ist der Zugang zu wirklich emotional involvierenden Situationen häufig verwehrt, so daß Untersuchungen dieser Art ebenfalls wenig aussagekräftig sind (vgl. Wallbott & Scherer, 1985; siehe auch Abschnitt 8).

Wegen dieses Forschungsdilemmas sind die meisten Untersuchungen, die Ergebnisse über „mimische Universalien" lieferten, nicht als Ausdrucks-, sondern eher als Eindrucksuntersuchungen zu werten. Aus der Tatsache, daß Beurteiler in unterschiedlichen Kulturen Fotografien mimischer Ausdrucksmuster jeweils die gleichen Emotionsbegriffe zuordnen, wird geschlossen, daß diese Muster universelle Gültigkeit besitzen müssen (vgl. Ekman, 1973b; Izard, 1977). Darüberhinaus wurde in den meisten dieser Untersuchungen nicht mit spontanem, sondern mit gestelltem Emotionsausdruck gearbeitet. Spontaner und gestellter Ausdruck müssen sich aber nicht unbedingt entsprechen (zu dieser Problematik vgl. Ekman & Friesen, 1969b; Zuckerman, Hall, De Frank & Rosenthal, 1976). Ekman und Friesen (1982) haben am Beispiel des Lächelns zeigen können, daß sich „unechtes" von „echtem" emotionalen Lächeln u. a. durch die fehlende Beteiligung der Augenpartie, einer größeren Asymmetrie des Ausdrucks und einem anderen zeitlichen Verlauf unterscheidet. Darüber hinaus wird gestellter Ausdruck vielfach überzeichnet in stereotyper Form dargestellt und kann somit die Untersuchungsbefunde verfälschen (Wallbott & Scherer, 1986b).

Erschwert wird die Identifikation eindeutiger, emotionstypischer mimischer Muster außerdem durch das Auftreten von „Mischungen" (Blends; Ekman, 1972), d. h. durch das Auftreten zweier oder mehrerer emotionaler Gesichtsausdrücke gleichzeitig oder in rascher Folge. Bei solchen „Blends" können mehrere verschiedene Emotionen in jeweils anderen Teilen des Gesichts, wie z. B. im Ober- oder im Untergesicht auftreten oder aber auch auf die gleichen mimischen Muskeln zugreifen (Ekman, 1972). „Blends" erscheinen oft dann, wenn ein Reiz oder eine bestimmte Situation mehr als eine Emotion auslösen (z. B. bei einem Appetenz/ Aversionskonflikt), wenn eine Emotion durch einen völlig anderen Ausdruck „maskiert" wird oder wenn emotionale Reaktionen auf die eigene erlebte Reaktion auftreten (zum Beispiel, wenn hoch-ängstliche Personen Ärger empfinden und auf diese Emotion mit Angst reagieren).

Neben der eher indirekte Evidenz aus den interkulturellen Beurteilungsuntersuchungen von Ekman (1973b) oder Izard (1977) finden sich Hinweise auf universelle mimische Ausdrucksmuster auch in Beobachtungen von Taub-

Blind-Geborenen, bei denen Lernen durch Beobachtung ausgeschlossen werden kann (Eibl-Eibesfeldt, 1973; 1984), in vergleichenden ethologischen Beobachtungen (Eibl-Eibesfeldt, 1984) und durch Beobachtungen an Neugeborenen und Säuglingen (Izard, 1977; Oster, 1978).

In einer der wenigen experimentellen Untersuchungen zu diesem Thema versuchten Ekman, Friesen und Ancoli (1980) positive und negative Emotionen durch die Darbietung angenehmer Filme (mit Blumen-, Meeres- und Tierszenen) und unangenehmer Filme (mit Szenen von Sägewerksunfällen) zu induzieren. Es gelang ihnen, positive Stimmung und Abscheu/Ekel, nicht aber andere negative Emotionen eindeutig zu elizitieren. Während für Freude das Heben der Mundwinkel (nach dem „Facial Action Coding System", Ekman & Friesen, 1978, s. o., Action Unit - oder AU - 12) charakteristisch war, zeichnete sich Abscheu durch ein „Naserümpfen" (AUs 9+10) aus. Interessant ist, daß Lächeln während des abscheuerregenden Films immer mit Aktionsmustern, die bei negativen Emotionen auftreten, kombiniert und häufig asymmetrisch war, es sich also offensichtlich um „unechtes" Lächeln handelte.

Auf der Grundlage dieser und anderer Untersuchungen sowie theoretischer Annahmen (Ekman & Friesen, 1978) haben Ekman, Roper und Hager (1980) unter anderem folgende Charakteristika für sechs Grundemotionen zusammengestellt:

— Überraschung: Heben der Augenbrauen, Senken des Unterkiefers, Heben der oberen Augenlider (AUs 1+2, 26, 5)

— Ärger: Zusammenziehen der Augenbrauen, Zusammenpressen der Lippen, Spannung der Lider (AUs 4, 24, 7)

— Abscheu: Rümpfen der Nase, Herunterziehen der Unterlippe (AUs 9, 16)

— Freude/Glück: Heben der Mundwinkel (AU 12)

— Furcht/Angst: Heben der Oberlippe, Spannung der Lider, Mundwinkel zur Seite gezogen (AUs 5, 7, 20)

— Trauer: Senken der Mundwinkel, Heben des inneren Teils der Augenbrauen, Herunterziehen der Unterlippe (AUs 15, 1, 16).

Weitere Zuordnungen zwischen Grundemotionen und spezifischen mimischen Ausdrucksmustern finden sich bei Ekman und Friesen (1978) und bei Wiggers (1982).

Alle bislang berichteten Untersuchungen gehen von der Grundannahme aus, daß es für die unterschiedlichen Emotionen „typische", d. h. eindeutige und „universelle" Gesichtsausdrucksmuster gibt. Viele Theorien (Ekman, 1984; Izard, 1977; Tomkins, 1962/63) gehen dabei von festgelegten „Affektprogrammen" aus, die von emotionsauslösenden Reizen oder Situationen „aufgerufen" werden und jeweils unterschiedliche Ausdrucksmuster hervorrufen. Diese Autoren versuchen, mit der Annahme solcher „Programme" nicht nur den mimischen, sondern auch den vokalen Ausdruck, sowie physiologische Reaktionsmuster zu erklären. Die Frage, durch welche Mechanismen diese „Programme" ausgelöst werden, wird dabei in verschiedenen Theorien unterschiedlich beantwortet. Nach Tomkins (1962/63) wird das jeweils aufgerufene Affektprogramm von der „Dichte der neuronalen Erregungsentladungen" bestimmt, die ein Reiz hervorruft. Schnell zunehmende neuronale Erregungsdichte führt nach Tomkins zu Furcht, langsamere Zunahme zu Interesse, während eine Abnahme der neuronalen Erregungsdichte Freude erzeugt. Gleichbleibend hohe Dichte schließlich resultiert nach diesen Überlegungen in Ärger. Izard (1977) oder Ekman (1972) gehen demgegenüber von spezifischen Elizitierungsbedingungen für die verschiedenen Emotionen aus, die neuronale Programme mit zugehörigem Gesichtsausdruck auslösen sollen. Evidenz dafür, daß solchen emotionstypischen Elizitoren auch ein gewisser Grad an „Universalität" zukommen mag, findet sich in Wallbott und Scherer (1986a), Scherer, Summerfield und Wallbott (1983) und in Scherer, Wallbott und Summerfield (1986).

Eine entschiedene Gegenpositionen zu den Vertretern differentieller und universeller Ausdrucksmuster nehmen die sogenannten „Kulturrelativisten" ein. Landis (1924, 1929) folgerte aus Untersuchungen, in denen Versuchspersonen mit einer Vielzahl emotionsauslösender Situationen (u. a. Konfrontation mit unangenehmen Gerüchen oder der Beobachtung einer Dekapitation von Ratten!) konfrontiert wurden, und dabei keineswegs übereinstimmende Gesichtsausdrücke zeigten, daß es keine universellen mimischen Ausdrucksmuster gebe. Ähnlich argumentierten Klineberg (1938), der die unterschiedlichen mimischen Reaktionen von Asiaten und Europäern auf (anscheinend) gleiche emotionsauslösende Situationen beschrieb, und Birdwhistell (1970), der Mimik und Körperbewegungen als erlernte und kulturabhängige Verhaltensweisen ansieht. Allerdings kann man methodische Einwände gegen diese Vermutungen vorbringen: Die Tatsache, daß nicht alle Personen auf den gleichen Stimulus mit dem gleichen Gesichtsausdruck reagieren, kann auch dadurch bedingt sein, daß Situationen gleichen Typs person- und kulturabhängig unterschiedliche Emotionen und damit zwangsläufig unterschiedlichen mimischen Ausdruck auslösen. Während in Japan Mißerfolg in Leistungssituationen häufig Trauer auslöst, ist dies in Europa oder USA nicht der Fall (vgl. Scherer, Matsumoto,

Kudoh & Wallbott, 1988). Zudem können „Darbietungsregeln", d.h. interindividuell und interkulturell unterschiedliche Normen bezüglich der „Angemessenheit" des Ausdrucks emotionaler Erregung zu kultur- oder personenabhängig unterschiedlichen Ausdrucksmustern in Reaktion auf die gleiche Situation führen (Ekman, 1972; vgl. Abschnitt 3.2).

Es dürfte also schwer nachzuweisen sein, daß „echter" emotionaler Ausdruck wirklich kulturabhängig ist. Allerdings ist auch die „universelle" Position bisher kaum eindeutig empirisch abgesichert. Allerdings lassen die oben berichteten Befunde aus der vergleichenden Verhaltensforschung, Beobachtungen an Taub-Blind-Geborenen und indirekte Hinweise aus Dekodierungs- und Fragebogenuntersuchungen die Existenz mimischer „Universalien" wahrscheinlich erscheinen (vgl. Übersicht bei Ekman, 1984).

5.2 Vokalisationen

Obschon Charles Darwin den Vokalisationen in seinem klassischen Werk zum Emotionsausdruck ebenso große Bedeutung zumaß wie der Mimik, so hat doch die empirische Untersuchung dieser Ausdrucksmodalität in der Folgezeit sehr viel weniger Aufmerksamkeit gefunden als der Gesichtsausdruck. Dies mag zum Teil darauf zurückzuführen sein, daß zur Untersuchung des flüchtigen, auditiv wahrnehmbaren Stimmsignals erheblich größere methodische Anstrengungen erforderlich sind als zur Beobachtung und Beschreibung des Gesichtsausdrucks. Vielleicht mag die relative Vernachlässigung des vokalen Emotionsausdrucks auch darauf beruhen, daß dem visuellen Ausdruck oft Priorität zugemessen wurde (siehe unten).

Die Literatur zeigt (siehe Scherer, 1979, 1986), daß zuverlässige Schlußfolgerungen über konkrete akustische Muster für den Ausdruck einzelner Emotionen bislang nicht gezogen werden können. Darüberhinaus geben die vorliegenden Befunde Anlaß zu der Frage, ob der vokale Emotionsausdruck nicht lediglich eine Unterscheidung zwischen aktiven, auf Sympathikuserregung beruhenden Emotionen wie (wie Ärger, Furcht, starke Freude) und passiven Emotionen (wie Trauer, Desinteresse, Langeweile) erlaubt. Insbesondere scheinen hohe Grundfrequenz, große Lautstärke und schnelle Sprechgeschwindigkeit mit einem hohen, niedrige Grundfrequenz der Stimme mit geringer Variabilität, geringer Intensität und langsamem Tempo mit einem niedrigen Erregungsniveau einherzugehen (siehe Scherer, 1981). In Anbetracht dieser Ergebnisse ist es fraglich, ob der Stimmausdruck ähnlich differenziert wie der Gesichtsausdruck mit dem variablen emotionalen Erleben kovariiert. Andererseits hat man jedoch in einer Vielzahl von Untersuchungen zur Emotionserkennung aufgrund rein vokalen Ausdrucks festgestellt, daß menschliche Beurteiler

Tabelle 3: Vorhersage von Veränderung akustischer Stimmparameter für die wichtigsten Einzelemotionen

Emotionen	GE-NIESS	FREU-DE	EKEL	VER-ACHT	TRAU-RIG	VER-ZWEI	ANGST	FURCHT	ÄR-GER	WUT	LANG-EW	SCHAM
Grundfrequenz												
Perturbation	<=	>			>	>		>		>		
Mittelwert	<	>	>	<>	<>	>	>	>>	<>	<>	<	>
Bereich	<=	>			<	>		>>	<	>>		
Variabilität	<	>			<	>		>>	<	>>		
Kontur-Tendenz	<	>			<	>	>	>>	<	=		>
Regelmäßigkeit der Konturveränderung	=	<						<		<	>	
F1-Mittelwert	<	<	>	>	>	>	>	>	>	>	>	>
F2-Mittelwert			<	<	<	<	<	<	<	<	<	<
F1-Bandbreite	>	<>	<<	<	<>	<<	<	<<	<<	<<	<	<
Formantengenauigkeit		>	>	>	<	>	>	>	>	>		>
Intensität												
Mittelwert	<	>	>	>>	<<	>		>	>	>>	<>	
Bereich	<=	>			<			>	>	>		
Variabilität	<	>			<			>		>		
Frequenzbereich	>	>	>	>>	>	>>		>>	>	>	>	
Hochfrequente Energie	<	<>	>	>	<>	>>	>	>>	>>	>>	<>	>
Sprechrate	<	>			<	>		>>		>		
Phonemtransitionen	>	<			>	<		<		<		

Anmerkung: ANGST = Angst/Sorge, LANGEW = Langeweile/Gleichgültigkeit, VERACHT = Verachtung, EKEL = Mißfallen/Ekel, FREUDE = Hochstimmung/ausgelassene Freude, GENIESS = Genießen/stilles Glücksgefühl, FURCHT = Furcht/Schrecken, VERZWEI = Verzweiflung, ÄRGER = Verstimmung/kalter Ärger, WUT = heißer Ärger/Wut, TRAURIG = Traurigkeit/Niedergeschlagenheit, SCHAM = Scham/Schuld, F0 = Grundfrequenz, F1 = erster Formant, F2 = zweiter Formant, > = Anstieg, < = Abnahme, Doppelte Symbole bedeuten erhöhte angenommene Veränderungsstärke, Zwei Symbole in entgegengesetzte Richtung weisend beziehen sich auf Fälle, in denen gegensätzliche Einflüsse angenommen werden.

sehr wohl in der Lage sind, überzufällig präzise Zuordnungen vorzunehmen (siehe Scherer, 1981, 1986). Es gibt deshalb wohl doch Grund zu der Annahme, daß der vokale Ausdruck in der Tat eine ausreichende Zahl differenzierter Parametervariationen aufweist, die diese Erkennungsleistungen ermöglichen.

Das bisherige Fehlen einschlägiger Ergebnisse ist, wie eine kritische Durchsicht der in der Literatur verfügbaren Arbeiten zeigt, wohl eher darauf zurückzuführen, daß bislang nur eine relativ geringe Zahl der Parameter, auf die sich, theoretischen Annahmen entsprechend, der emotionale Zustand des Sprechers auswirken kann, überhaupt systematisch untersucht wurde. Insbesondere gibt es nur außerordentlich wenige Untersuchungen zur Stimmqualität, die sich akustisch hauptsächlich in der Energieverteilung im Spektrum darstellt. Es ist nicht auszuschließen, daß bislang vorwiegend Parameter untersucht wurden, die für die generelle Aktivierung bedeutsam sind, während Stimmqualitätsunterschiede, die eine feinere Unterscheidung der einzelnen Emotionen innerhalb der Aktivierungsdimension erlauben würden, noch nicht empirisch geprüft worden sind.

Es ist möglich, aufgrund der vorliegenden Forschungsergebnisse und der physiologisch zu erwartenden Zusammenhänge eine Reihe von Vorhersagen hierzu zu machen. Tabelle 3 zeigt eine Übersicht über die theoretisch herleitbaren vokalen Ausdrucksmuster, die für Einzelemotionen zu erwarten sind. Für eine Reihe von Vorhersagen, insbesondere zur Grundfrequenz, liegt inzwischen empirische Evidenz vor (siehe Scherer, 1986).

5.3 Übrige Motorik

Während zum mimischen Ausdrucksverhalten zumindest spezifische Annahmen über emotionstypische Ausdrucksmuster existieren (wenn auch die empirische Evidenz zum weitaus größten Teil aus Dekodierungs- und nicht aus Enkodierungsuntersuchungen stammt), liegen für das übrige Bewegungsverhalten wie etwa Gestik und Körperhaltungen nur wenige Untersuchungen vor. Dies mag daran liegen, daß in diesen Verhaltensmodalitäten (im Gegensatz zu Mimik und Vokalisation) keine spezifischen Emotionen ausgedrückt werden, sondern eher die Intensität der allgemeinen Erregung (vgl. hierzu Ekman & Friesen, 1972, 1974).

Die wenigen Untersuchungen zu emotionsspezifischen Körperhaltungen finden sich vor allem in der Verhaltensforschung, hier allerdings weitgehend beschränkt auf „Ärger/Aggression“ und „Furcht/Submission“. Zur Zusammenfassung der dabei erzielten Ergebnisse kann nochmals auf Darwins Beobachtungen (1872) verwiesen werden, der das Verhalten von Hunden wie folgt beschreibt: „Wenn sich ein Hund ... in einer wilden und feindseligen Stimmung nähert, so geht er aufrecht und recht steif einher: sein Kopf ist leicht emporgehoben ... die Haare sträuben sich" (S. 51). Die „Demutshaltung" umgekehrt wird von Darwin so beschrieben: „Anstatt aufrecht zu gehen, sinkt der Körper nach abwärts oder duckt sich ... der Schwanz wird gesenkt ... das Haar wird augenblicklich glatt" (S. 54).

Bei Emotionen wie Ärger, wo sich der Organismus im Besitz der nötigen Ressourcen zur Bewältigung der Situation sieht (oder sich zumindest so darzustellen versucht), besteht offensichtlich bei vielen Tierarten und auch beim Menschen eine Tendenz sich „größer" erscheinen zu lassen, z. B. durch Heben des Kopfes, Aufstellen der Körperbehaarung oder (beim Menschen) durch Heben der Brust und Zurückziehen der Schultern. Bei Emotionen wie Furcht, die Submission nahelegen, weil die Bewältigungsfähigkeit des Organismus nicht ausreicht, wird das Erscheinungsbild des Körpers dagegen häufig „verkleinert", indem der Kopf gesenkt wird und die Schultern nach vorn fallen (vgl. Eibl-Eibesfeldt, 1984).

Im klinischen Bereich findet man eine Reihe von Spekulationen, ausgehend von den Arbeiten Reichs über „Charakteranalyse" (Reich, 1970) sowie seiner Nachfolger über „Bioenergetik" und körperorientierte Therapien (vgl. Lowen, 1967; 1971). Hier wird davon ausgegangen, daß sich lebensgeschichtlich bedeutsame Emotionen in charakteristischen Körperhaltungen und damit einhergehenden Muskelverspannungen niederschlagen bzw. aus diesen erkannt werden können. In der psychiatrischen Literatur wird besonders das typische Bild des Depressiven beschrieben (zusammengesunken, mit gebeugtem Kopf; Kraepelin, 1883; Bleuler, 1949; Brengelmann, 1960).

Eine der wenigen empirischen Untersuchungen führten Gidro-Frank und Bull (1950) bzw. Bull und Gidro-Frank (1950) durch. In Hypnose versetzte Personen, die auf ein Wort hin sechs unterschiedliche Emotionen nacherleben sollten, nahmen spontan jeweils spezifische Körperhaltungen ein (vgl. dazu auch Asendorpf, 1984). Riskind (1984) konnte zeigen, daß Emotionen nach Erfolg bzw. Mißerfolg sich in unterschiedlichen Körperhaltungen manifestieren: nach Erfolgserlebnissen nahmen die Versuchspersonen eine eher aufgerichtete, straffe Haltung an, während sie nach Mißerfolgserlebnissen in sich „zusammensanken" (vgl. auch Weisfeld & Beresford, 1982).

6 *Beziehungen des Ausdrucks zu den anderen Emotionskomponenten*

Auf mögliche Beziehungen zwischen dem Ausdrucksverhalten und physiologischen Symptomen von Emotionen wurde mehrfach hingewiesen. An dieser Stelle sollen die besonderen Wechselbeziehungen dieser beiden Systeme diskutiert werden. Dabei stehen sich wie oben kurz angesprochen zwei Hypothesen mit gegensätzlichen Aussagen gegenüber. Zum einen wird postuliert, daß das Ausdrucksverhalten dazu beitragen kann, emotionale Erregung zu reduzieren („Abfuhr"-Hypothese), zum anderen, daß das Ausdrucksverhalten emotionale Erregung steigert („Verstärkungs"-Hypothese).

Der Abfuhr-Hypothese zufolge soll das Ausagieren emotionaler Impulse, beispielsweise durch heftige Bewegungen, emotionale Erregung reduzieren. In älteren Versionen wird eher von „Abreagieren" im triebtheoretischen Sinne gesprochen: Ein sich akkumulierender innerer „emotionaler Druck" muß sozusagen über ein „äußeres Ventil" abgeleitet werden (Feshbach, 1984). Ähnlich behauptet der Volksmund oder auch einige Ansätze in der psychosomatischen Medizin (die sich teilweise auf psychoanalytische Vorstellungen zurückführen lassen; vgl. Reich, 1970; Laplanche & Pontalis, 1972), man „solle bei Trauer seinen Tränen freien Lauf lassen" oder den „Ärger herauslassen". Überzeugende empirische Evidenz für diese Hypothese ist allerdings selten. Die meisten systematischen Untersuchungen stammen aus der Aggressionsforschung und beschränken sich deshalb auf die Emotion Ärger. So zeigten Geen, Stonner und Shope (1975), daß physiologische Erregung reduziert wurde, wenn Aggressionen gegen ein frustrierendes Hindernis durchgeführt werden konnten. Nicht reduziert wurde aber das Ärgergefühl der Versuchspersonen. Dies läßt vermuten, daß zwar unter Umständen durch körperliche Aktivität generelle unspezifische Erregung abgebaut werden kann, daß dies aber nicht notwendigerweise den emotionalen Zustand selbst beeinflußt.

Es gibt auch Hinweise darauf, daß Erregung dann länger aufrecht erhalten wird, wenn Bewegungsverhalten gehemmt oder unterdrückt wird (Gellhorn, 1964; 1969). Körperbewegungen könnten also doch erregungsreduzierende Effekte haben. Allerdings konnten Freeman und Pathman (1942) zeigen, daß in einer Überraschungssituation parallel zum Abklingen physiologischer Erregung (gemessen durch den Hautwiderstand) das Ausmaß skeletaler Bewegungsaktivität zunahm. Dies mag darauf hindeuten, daß Erregung Bewegungsverhalten hemmen kann. Andererseits könnte dieses Ergebnis mit dem speziellen Bild der „Überraschung" zusammenhängen, eine Emotion, die sich gerade dadurch auszeichnet, daß das laufende Verhaltensprogramm, auch die motorische Aktivität, kurzfristig unterbrochen wird.

Wenn expressive Bewegung zu Erregungsabbau führte, müßte umgekehrt künstlich induzierter erhöhter Muskeltonus ohne die Möglichkeit des Tonusabbaus durch Bewegungen erhöhte emotionale Responsivität zur Folge haben (Gellhorn, 1969). In emotionalen Situationen, die zu erhöhter Muskelspannung führen, in denen diese Erregung aber nicht durch großräumige Bewegungen abgebaut werden kann, müßte sich also die Intensität der Emotionen erhöhen.

Hinweis auf ein inverses Verhältnis zwischen Emotionsausdruck und physiologischer Erregung finden sich auch in den Untersuchungen von Buck, Miller und Caul (1974) oder bei Notarius und Levenson (1979). Buck et al. (1974) zeigten, daß Personen, die auf das Betrachten von emotionsauslösenden Dias physiologisch relativ stark reagieren (hier gemessen in Form von Hautwiderstandsänderungen), eher weniger Ausdrucksverhalten zeigen, während Personen mit deutlichem Ausdrucksverhalten physiologisch weniger starke Reaktionen zeigen. Man kann hier an die alte Unterscheidung zwischen „Internalisierern" (Personen, die emotionale Erregung eher physiologisch, weniger aber im Ausdruck zeigen) und „Externalisierern" (mit mehr Ausdrucks-, aber geringeren physiologischen Veränderungen; Jones, 1935, 1950) anknüpfen. Allerdings sind die von Buck et al. (1974) gefundenen Effekte eher schwach. Insgesamt ist der Nachweis eines inversen Verhältnisses zwischen physiologischen Reaktionen und der Intensität des Ausdrucksverhaltens bisher nicht überzeugend gelungen.

Diesen Vorstellungen steht die Annahme entgegen, daß expressives Verhalten das emotionale Befinden nicht etwa reduziert, sondern im Gegenteil verstärkt. Schon Darwin (1872) merkte an: „Der freie Ausdruck einer Gemüthserregung durch äussere Zeichen macht sie intensiver. Auf der anderen Seite macht das Zurückdrängen aller äussern Zeichen, so weit dies möglich ist, unsere Seelenbewegungen milder" (S. 374). Die Theorien von James (1884) und von Wundt (1905) kommen zu ähnlichen Vorhersagen. Faßt man die emotionale Reaktion als integriertes Syndrom von physiologischen, kognitiven und expressiven Reaktionen auf, so sollte der Verstärkungshypothese gemäß eine Veränderung einer dieser Komponenten auch Einfluß auf die anderen haben. Belege für diese Auffassung finden sich in Untersuchungen, in denen Versuchspersonen aufgefordert wurden, sich an emotionale Ereignisse zu erinnern oder sich diese vorzustellen. Diese Elizitierung der subjektiven Emotionskomponente scheint in einigen Untersuchungen mit physiologischen Reaktionen, in geringerem Maße mit Änderungen des Ausdrucksverhaltens, einherzugehen (vgl. Ellgring & Nagel, 1985; Schwartz et al., 1976).

Über die Mechanismen, die möglicherweise eine Verstärkung emotionaler Erregung durch die Rückmeldung expressiver Motorik erzeugen, gibt es unterschiedliche Annahmen. So könnte der mimische Ausdruck propriozeptiv ins limbische System rückgekoppelt werden (Tomkins, 1962, 1963), zentral vom Motorkortex auf andere kognitive System einwirken (Izard, 1971) oder aber nach neueren theoretischen Vorschlägen über Rückmeldung der Spannung der Gesichtshaut (Tomkins, 1984) bzw. über Veränderungen des Blutflusses zum Cortex (Zajonc, 1985).

Solche Überlegungen werden meist unter dem Konzept der „Facial-Feedback"-Hypothese zusammengefaßt. Diese Hypothese, die hauptsächlich auf der Theorie von Tomkins (1962/63) aufbaut, existiert in zwei Versionen. Die „starke" Version der Hypothese besagt, daß mimisches Verhalten nötig und hinreichend für das Erleben von Emotionen ist (Ekman & Oster, 1979). Die „schwache" Form postuliert lediglich, daß Rückmeldungen mimischen Ausdrucks in positiver Beziehung zum emotionalen Erleben stehen, dieses aber nicht ausschließlich durch mimisches Verhalten ausgelöst wird (Tourangeau & Ellsworth, 1979).

Laird (1974) ist einer der wenigen, der Evidenz für die „starke" Version der Facial-Feedback-Hypothese zu besitzen glaubt. Er ließ seine Versuchspersonen unter einem Vorwand willentlich verschiedene mimische Ausdrücke darstellen. Anschließend mußte der emotionale Gefühlszustand eingeschätzt werden. Laird folgert aufgrund seiner Ergebnisse, daß die Mimikinduktionen tatsächlich unterschiedliche Gefühle auslösten. Der schlüssige Nachweis eines solchen Effekts hätte natürlich immense praktische Konsequenzen, da es beispielsweise im klinischen Bereich hinreichen könnte, bei Depressiven durch Erzeugung häufigen Lächelns eine Veränderung ihres Gefühlszustandes zu bewirken. In Untersuchungen von Lanzetta, Cartwright-Smith und Kleck (1976) und Colby, Lanzetta und Kleck (1977) konnte gezeigt werden, daß Manipulation des Gesichtsausdrucks während eines Schmerzreizes bei „Ausagieren" des Schmerzes zu intensiveren physiologischen Reaktionen und größeren subjektiven Schmerzangaben führte als bei Unterdrückung der Schmerzäußerung. Auch die Untersuchung von Kleck, Vaughan, Cartwright-Smith, Vaughan, Colby und Lanzetta (1976) liefert zumindest Hinweise auf die schwache Form der Feedback-Hypothese, obwohl die gefundenen Effekte, wie in den meisten dieser Untersuchungen, nicht sehr stark sind.

Das Konzept des „Facial Feedback" ist gerade in den letzten Jahren wieder besonders aktuell geworden, da Ekman, Levenson und Friesen (1983) angeben, durch Erzeugung willkürlichen Gesichtsausdrucks bei Schauspielern, die über die emotionstypische Bedeutung der von ihnen ausgeführten Muskelbewegungen nicht unterrichtet werden, Emotionen auslösen zu können. Dabei sollen

Erhöhungen der Herzrate mit ärgerlichem, furchtsamem und traurigem Gesichtsausdruck, Absenkungen dagegen mit Freude, Abscheu und Überraschung einhergehen. Weiterhin soll ein ärgerlicher Gesichtsausdruck zu einem Anstieg, ein trauriger oder furchtsamer Ausdruck dagegen zu einem Abfallen der Hauttemperatur führen.

Ähnlich wie die Untersuchung von Laird ist auch die Arbeit von Ekman et al. (1983) aus methodischen Gründen angreifbar. So kann man annehmen, daß bereits der physiologische Aufwand, der nötig ist, um willentlich verschiedene Gesichtsausdrücke darzustellen, zu körperlichen Veränderungen führt. Dieser Aufwand könnte für verschiedene Ausdrucksformen (z. B. in Abhängigkeit von der Zahl der zu innervierenden Muskeln) unterschiedlich sein, so daß die meßbaren physiologischen Veränderungen unter Umständen nichts mit Emotionen zu tun haben (die „effort"-Hypothese). Wichtiger noch ist in diesem Zusammenhang die Selbstwahrnehmungshypothese, die besagt, daß die gefundene Effekte nur dadurch zustande kämen, daß Enkodierer durch Selbstbeobachtung „merken", welche Emotion von ihnen „verlangt" wird, und sich dann in den dem Gesichtsausdruck angemessenen Emotionszustand hineinsteigern.

Buck (1980) kommt unter anderem aufgrund dieser Argumente in einem Übersichtsreferat zu dem Schluß, daß mimische Rückmeldung nicht als zentraler Auslöser emotionaler Prozesse angesehen werden kann. Eine neuere Untersuchung von Strack, Martin und Stepper (1988), in der versucht wurde, die „effort"-Hypothese wie auch die Selbstwahrnehmungshypothese dadurch auszuschalten, daß Versuchspersonen einen Schreibstift entweder mit den Zähnen (führt zu Hochziehen der Mundwinkel, i. e. positive Emotion) oder mit den Lippen (führt zu „Schmollmund", i. e. negative Emotion) halten mußten, legt wiederum eine „weiche" Version der Facial-Feedback-Hypothese nahe. Ein umfassender Überblick zum gegenwärtigen Erkenntnisstand zum Facial Feedback findet sich bei Manstead (1988).

Letztlich läßt sich die Diskussion über die Facial-Feedback-Theorie auf die alte Kontroverse in der Emotionsforschung zwischen James-Lange-Anhängern und Cannon-Anhängern (vgl. James, 1884; Strongman, 1978) zurückverfolgen. Teilweise wurden auch Verbindungen zwischen der Feedback-Hypothese und Prozessen der Empathie und des Emotionsverständnisses (s.u.) postuliert. Rohracher (1963) postulierte in seiner „Rudimententheorie" in Anlehnung an Carpenters „ideomotorisches Gesetz", daß imitierte Ausdrucksbewegungen Gefühle induzieren, die beim wirklichen Erleben von Emotionen mit diesen Bewegungen verbunden sind, die wiederum das „einfühlende Verständnis" für den emotionalen Zustand anderer Personen möglich machen. Allerdings werden keine eindeutigen Aussagen darüber gemacht, welche Mechanismen hier zugrunde liegen könnten.

Es verwundert, daß eine der Facial-Feedback-Hypothese entsprechende Vocal-Feedback-Hypothese in der Literatur fehlt, obschon in der Emotionstheorie von Tomkins (1962/63; 1984) explizit betont wurde, daß nahezu alle Emotionen mit spezifischen Atmungs- und Vokalisationsmustern einhergehen. Tomkins forderte sogar explizit „to encourage the vocalisation of affect" (1984; S. 191ff.), um Emotionen und Emotionserleben zu intensivieren, und ist der Auffassung, daß „holding one's breath to suppress vocalisation of affect" (Tomkins, 1984; S. 192) eine oft geübte Technik der Affektkontrolle darstelle.

7 *Empathie und Wahrnehmung des Emotionsausdrucks*

Es ist viel darüber spekuliert worden, vor allem in der deutschsprachigen Ausdruckspsychologie, wie Emotionen von einem Beobachter aufgrund des Ausdrucksverhaltens erkannt werden. Lipps (1907) beispielsweise ging von einem „Nachahmungstrieb" aus. Ein Beobachter ahmt „unbewußt" das gesehene Ausdrucksverhalten nach; diese Nachahmung induziert im Beobachter eine Erfahrung oder ein Gefühl, das dann über „Hinausverlegen" der beobachteten Person zugeschrieben wird. Lipps wie auch Klages (1950) sehen in dieser Nachahmungstendenz die Wurzel von „Empathie". Dem entspricht die oben geschilderte „Tendenz zu ideomotorischen Reaktionen" (Rohracher, 1963).

In neueren Ansätzen der Empathieforschung wurde das Empathie- oder „Einfühlungs"-Konzept weiter differenziert. So unterscheidet Flavell (1977) drei Arten des Erkennens von Emotionen bei anderen, die „nicht-empathische Inferenz", bei der ein Beobachter schlußfolgernd aus Informationen über Ausdrucksverhalten und situativen Kontext auf die mögliche Emotion der anderen Person schließt (vgl. auch Borke's, 1971, Konzept der „kognitiven Empathie"), die „inferentielle Empathie", die in Situationen auftritt, in denen eine Person die gleichen Emotionen wie eine andere erlebt und somit aus ihrem eigenen Erleben auf die Stimmung der anderen Person schließt (vgl. Feshbach, 1975, „affektive Empathie"), und die „nicht-inferentielle Empathie", die letztlich Lipps' Nachahmungskonzept entspricht. Wiggers (1984) hat diese verschiedenen Empathiekonzepte bei Kindern untersucht und gefunden, daß schon bei Fünfjährigen die „nicht-empathische Inferenz" von sehr viel größerer Bedeutung als die „nicht-inferentielle Empathie" ist.

Dennoch haben einige Autoren spezielle Formen der Wahrnehmung für das Erkennen von Emotionen postuliert, die unmittelbarer als andere Wahrnehmungsprozesse und mit weitaus geringerem Inferenzgrad ablaufen, so nach C. G. Jung (1960) die „intuitive Wahrnehmung", nach Kroh (1934) die „physiognomische Wahrnehmung" und nach Wellek (1943) das „komplex-qualitative Verstehen von Ausdruck". Hemisphärendifferenzen, wie sie bei der Wahrnehmung des Emotionsausdrucks und der Wahrnehmung nicht-emotionaler Stimuli gefunden wurden (Moscovitch, Scullion & Christie, 1976; Suberi & McKeever, 1977), legen in der Tat nahe, daß emotionale Ausdrücke andere Verarbeitungsprozesse auslösen als nicht-emotionales Stimulusmaterial.

Unabhängig von solchen theoretischen Spekulationen über die der Emotionsbeurteilung zugrundeliegenden Prozesse hat eine Vielzahl von Untersuchungen gezeigt, daß Beurteiler generell sehr gut in der Lage sind, Emotionen aufgrund mimischer Informationen zu erkennen (vgl. die Übersicht in Ekman, 1982a). Die oben beschriebenen distalen Ausdrucksmuster für spezifische Emotionen finden also offensichtlich ihre Entsprechung in subjektiven, proximalen Perzepten und Inferenzschlüssen auf seiten des Wahrnehmenden. Die generell recht hohe Erkennungsgenauigkeit von Emotionen aufgrund der Mimik ist auch in interkulturellen Untersuchungen (s. o.; Ekman, 1982a; Izard, 1977; Rosenthal, Hall, DiMatteo, Rogers & Archer, 1979) recht stabil und deutet damit, wie oben angedeutet, auf universelle Komponenten hin. Berücksichtigt werden muß allerdings, daß solche Erkennungsleistungen auch von der Art der Emotion abhängen. Emotionen, deren Ausdrucksmuster sehr spezifische Charakteristika aufweisen, wie etwa Lachen oder Lächeln bei Freude, werden besser erkannt als Emotionen, die von subtileren mimischen Ausdrucksmustern begleitet werden. Außerdem werden Emotionen, deren mimischer Ausdruck ähnliche motorische Teilkomponenten beinhaltet (wie die weit geöffneten Augen, die sowohl bei Überraschung als auch bei Furcht auftreten), eher miteinander verwechselt als solche, deren Ausdruck sehr spezifische Komponenten aufweist (vgl. u. a. Ekman, 1982a; Schlosberg, 1952). Hier könnten möglicherweise „Prototypen"-Modelle, helfen, Dekodierungs- und Urteilsprozesse wie auch Verwechslungen genauer zu beschreiben (z. B. Mervis & Rosch, 1981). In diesen Modellen wird davon ausgegangen, daß „natürliche Prototypen" existieren, in die Stimuli mittels eines „feature matching process" (Tversky, 1977) eingeordnet werden, wobei Objekte mit mehreren „common features" mit größerer Wahrscheinlichkeit einem Prototypen bzw. einer Objektklasse (also hier einer Emotion) zugeordnet werden als Objekte, die sich durch „distinctive features" auszeichnen.

Inwieweit Emotionen aufgrund von Körperbewegungen, Gesten oder Körperhaltungen erkannt werden können, ist umstritten. Ekman und Friesen (1967, 1974; s. o.) schließen aufgrund ihrer Ergebnisse zur Dekodierungsleistung von Beurteilern, daß Beurteiler allein aus der Beobachtung von Körperbewegungen (hier Videoaufnahmen von Personen, deren Gesicht nicht sichtbar war) nur den generellen Erregungsgrad der beobachteten Person, nicht aber die Art der Emotion, bestimmen können. Andere Untersuchungen wiedersprechen dem:

Rosenthal et al. (1979) fanden, daß auch aufgrund von Körperbewegungen zumindest grobe Klassen von Emotionen überzufällig genau erkannt werden können. Carmichael, Roberts und Wessell (1937) belegten, daß auch Gesten emotionale Bedeutung übertragen können, wobei die Erkennungsleistung höher war, wenn die Gesten dynamisch (Film) im Gegensatz zu statisch (Fotografie) vorgegeben wurden. Ähnlich wie bei der Frage nach emotionstypischen distalen Ausdrucksmustern in Gestik und Körperhaltung (s. o.), sind auch hier einschlägige Untersuchungen außerordentlich selten und das jeweils verwandte Stimulusmaterial variiert erheblich. Eine abschließende Aussage kann mithin nicht getroffen werden.

Bei der Darstellung der distalen Hinweisreize, die den vokalen Ausdruck einzelner Emotionen unterscheiden, sind insbesondere die relevanten akustischen Parameter dargestellt worden. Der naive Beobachter, der auf der Grundlage des vokalen Ausdrucks eine Emotion attribuiert, nimmt diese akustischen Parameter selbstverständlich wahr. Dennoch ist davon auszugehen, daß die tatsächliche Eindrucksbildung und Inferenz (z. B. bezüglich der ausgedrückten Emotionen) in erster Linie auf auditorischen, also proximalen Hinweisreizen beruht. Man kann zeigen (Scherer, 1974), daß z. B. der Eindruck der Stimmhöhe nicht nur von dem akustischen Merkmal der Grundfrequenz des Sprachsignals bestimmt wird, sondern auch von der Energieverteilung im Spektrum. Die Tatsache, daß der auditorische Eindruck oft auf einer Mischung mehrerer akustischer Parameter beruht, läßt sich auch für eine Vielzahl weiterer proximaler Hinweisreize, insbesondere der Stimmqualität, nachweisen. So basieren globale Eindrücke wie „dunkle“, „rauhe“, oder „volle“ Stimme größtenteils auf sehr komplexen Beziehungen akustischer Parameter. Welche Zusammenhänge zwischen solchen proximalen Reizen und der Inferenz bestimmter Emotionen bestehen, ist bislang nicht systematisch untersucht worden (siehe unten).

Neben allgemeinen Überlegungen zu Empathie und Emotionserkennung wurden bisher kaum konkrete Aussagen darüber gemacht, wie Personen die Vielfalt der ihnen zugänglichen Informationen zu einem Emotionsurteil integrieren. Einem Beobachter stehen normalerweise eine große Zahl von vor allem visuellen und vokalen Hinweisreizen über die andere Person, aber auch Informationen über Situationscharakteristika, zeitliche Abläufe, sowie über Normen- und Rollenmuster zur Verfügung, die das Urteil über die emotionale Befindlichkeit des Gegenübers beeinflussen.

Viele Untersuchungen haben gezeigt, daß Urteile über Emotionen nicht als einfache lineare Kombination des Eindrucks über einzelne Komponenten des Ausdrucks verstanden werden können. So wies Frois-Wittmann schon 1930 nach, daß der Gesamteindruck von einem emotionalen Gesichtsausdruck sich nicht aus Eindrücken von Teilen des Gesichts (z. B. Ober- oder Untergesicht auf Fotografien abgedeckt) vorhersagen läßt. Zudem muß immer berücksichtigt werden, daß normalerweise nicht ein expressiver Verhaltensaspekt (z. B. Mimik) isoliert wahrgenommen und beurteilt wird, sondern daß dieses Verhalten immer im Kontext anderer Verhaltensweisen und im situativen Kontext auf den Betrachter einwirkt (vgl. zusammenfassend Wallbott, 1986).

In Multikanaluntersuchungen der Eindruckswirkung expressiven Verhaltens wird versucht, die Bedeutung der verschiedenen Verhaltensmodalitäten oder „Kanäle" wie Mimik, Stimme, oder Körperhaltung für die Wahrnehmung von Emotionen zu bestimmen. Mehrabian (1972) fand, daß in Urteile über Senderpersonen (hier bezüglich interpersoneller Einstellungen) visuelle Informationen (Mimik) mit etwa doppelt so großer Gewichtung eingehen als vokale Informationen (Stimmklang etc.), während verbalen Informationen (Inhalt) kaum Bedeutung zukommt. Zu ähnlichen Ergebnissen bei der Wahrnehmung von Emotionen kamen u. a. Gitter, Kozel und Mostofsky (1972), Levitt (1964) oder Burns und Beier (1973). Die generell größere Bedeutung nonverbalen gegenüber verbalem Verhalten demonstrierten u. a. Archer und Akert (1977), Argyle, Salter, Nicholson, Williams und Burgess (1970), Argyle, Alkema und Gilmour (1971). Innerhalb des visuellen Kanals scheint dem mimischen Gesichtsausdruck die größte Bedeutung für das Erkennen von Emotionen zuzukommen (vgl. Ekman & Friesen, 1974, 1975).

Eine Dominanz des visuellen über den vokalen (und den verbalen) Verhaltenskanal besteht allerdings nicht in allen Fällen. Bugental, Kaswan und Love (1970) fanden komplexe nicht-lineare Integrationsstrategien und Discounting-Effekte in Abhängigkeit von der Art der vorgegebenen Stimuli, wobei dem vokalen Kanal teilweise (besonders bei diskrepanten Informationen) größere Bedeutung als dem visuellen zukam (vgl. auch Bugental, Kaswan, Love & Fox, 1970; Bugental, 1974). Auch Rosenthal und seine Mitarbeiter zeigten, daß nicht von einer generellen Dominanz eines Kanals ausgegangen werden kann, sondern daß bestimmte Emotionen, wie z. B. Ärger, besser aufgrund vokaler Informationen, andere, wie z. B. Freude, besser aufgrund visueller Informationen erkannt werden (Zuckerman, Lipets, Hall & Rosenthal, 1975; DePaulo, Rosenthal, Eisenstat, Rogers & Finkelstein, 1978; Rosenthal, et al., 1979; vgl. auch Thompson & Meltzer, 1964; Friedman, 1979; Wallbott & Scherer, 1986b). Schließlich hängt die relative Dominanz von Kanälen auch davon ab, welche Aspekte beurteilt werden sollen. So lassen sich manche Personaspekte besser aufgrund visueller, andere dagegen aufgrund auditorischer Informationen beurteilen (Ekman, Friesen, O'Sullivan & Scherer, 1980; Scherer, Scherer, Hall & Rosenthal, 1977).

Gerade auch die Frage, ob es in erster Linie das expressive Verhalten oder situative Kontextinformationen sind, die Emotionseinschätzungen bestimmen, hat zu heftigen Kontroversen geführt. Auch hier ist ein abschließendes Urteil bisher nicht möglich. So kommen einige Untersuchungen zu dem Ergebnis, daß Kontextinformationen den Senderausdruck (am häufigsten untersucht wurde hier mimisches Verhalten) vollständig überschatten (z. B. Cline, 1956; Turhan, 1960). Andere Untersuchungen (z. B. Munn, 1940) legen nahe, daß dem Kontext zwar eine große, aber keine ausschließliche Bedeutung zukommt. Wiederum andere Arbeiten (besonders Frijda, 1969; Watson, 1972) deuten demgegenüber an, daß vorwiegend das Ausdrucksverhalten die Urteile bestimmt und Kontextaspekte nur dann von Bedeutung sind, wenn sie in ihrer Eindeutigkeit und Intensität den Ausdrucksreizen überlegen sind (zu einer Übersicht vgl. Ekman, 1982a).

Schließlich werden in einigen Untersuchungen (Flores D'Arcais, 1961; Frijda, 1969) Strategien (z. B. die Uminterpretation einzelner Informationskomponenten) beschrieben, die Versuchspersonen einsetzen, um widersprüchliche Ausdrucks- und Kontextinformationen zu integrieren und zu einem endgültigen Urteil zu kommen. Die Lage wird dadurch noch komplizierter, daß Urteile auch von der Art der Stimulusdarbietung beeinflußt werden können. So führt statische Vorgabe (Fotografien) zu anderen Urteilen als dynamische Vorgabe (Film oder Video; vgl. Carmichael et al., 1937; Thayer, 1980).

Beurteiler haben in Emotionswahrnehmungssituationen grundsätzlich zwei Aufgaben zu erfüllen: Einmal müssen sie die gegebenen distalen Hinweisereize proximal abbilden und zum anderen müssen sie diese proximalen Hinweisreize zu einem Urteil integrieren. Während bei der ersten Aufgabe primär die Frage im Mittelpunkt steht, wie Beobachter distale Cues aus dem Person- und dem Kontextbereich abbilden, stellt sich bei der zweiten Aufgabe die grundsätzliche Frage, wie diese Informationen integriert werden. Diese zentrale Frage aber ist in der Emotionsforschung bisher weitgehend vernachlässigt worden (zu Ansätzen vgl. Frijda, 1969; Wallbott, 1986). Es scheint jedoch möglich, entsprechende Modelle und Forschungsparadigmata aus der sozialpsychologischen Personwahrnehmungsforschung und aus der Kognitionspsychologie zu übernehmen, z. B. lineare Kombinations-Modelle (Anderson, 1965, 1971, 1974; Bugenthal et al., 1970; Manis, Gleason & Dawes, 1966; Triandis & Fishbein, 1962; Rimoldi, 1956) oder „Gestalt"-Modelle (Asch, 1946).

8 *Forschungsprobleme*

In diesem Kapitel ist mehrfach betont worden, daß sich der Ausdruck von Emotionen nur im Zusammenhang mit Eindrucksprozessen im Rahmen interpersonaler Kommunikation umfassend untersuchen und verstehen läßt. Die Grundlage eines Forschungsparadigmas in diesem Bereich muß daher ein Modell sein, in dem sowohl Ausdruck als auch Eindruck gemeinsam untersucht werden kann. Ein solches Modell stellt die modifizierte Fassung des Brunswikschen Linsenmodells dar (Brunswik, 1956; siehe Scherer, 1978a, 1982a). Abbildung 8a zeigt eine abstrakte Darstellung des Modells, Abbildung 8b die Anwendung auf den Ausdruck einer bestimmten Emotion, in diesem Falle Ärger. Wie dargestellt, wird ein bestimmter Senderzustand, in diesem Falle die Emotion Ärger, unter Vermittlung einer Reihe physiologischer und insbesondere motorischer Prozesse externalisiert. Hierdurch werden objektiv beobachtbare distale Hinweisreize erzeugt (bei Ärger u. a. Innervation des Corrugator und des Masseter-Muskels sowie Erhöhung der Grundfrequenz durch höhere Spannung der Stimmlippen und Erhöhung der Lautstärke, u. a. durch Erhöhung des subglottalen Drucks). Diese distalen Hinweisreize werden in den visuellen und auditorischen Kommunikationskanälen übertragen und im Sensorium des Beobachters als proximale Perzepte abgebildet (z. B. zusammengekniffene Augen, gespannter Mund, hohe, laute Stimme). Auf der Grundlage dieser proximalen Perzepte wird mit Hilfe probabilistischer Inferenzmodelle eine Attribution des wahrscheinlichen Senderzustandes vorgenommen, also in diesem Falle Ärger attribuiert.

Bei einer umfassenden Untersuchung des Ausdrucks von Emotionen und der resultierenden Eindrucksprozesse müßten alle vier Hauptkonstituenten dieses Prozessmodells, das selbstverständlich noch um eine dynamische Komponente erweitert werden kann (siehe Scherer, 1982a), systematisch untersucht werden. Wenn man sich die verschiedenen Forschungstraditionen im Gebiet des emotionalen Ausdrucks anschaut, so stellt man fest, daß die meisten Vertreter der einzelnen Traditionen sich mehr oder weniger auf eine dieser Konstituenten spezialisiert haben. Wir werden versuchen, die hierdurch entstehenden Nachteile in einem kurzen historischen Überblick darzustellen.

Die klassische deutschsprachige Ausdruckspsychologie stellt eine der ersten Forschungstraditionen dar, in der Ausdrucksverhalten untersucht wurde. Allerdings lag das eigentliche Hauptgewicht in vielen dieser Untersuchungen bei der Beschreibung von Eindrucksprozessen (vgl. Asendorpf, 1982; Asendorpf & Wallbott, 1982). Es gab zwar einige Versuche (Leonhard, 1949;

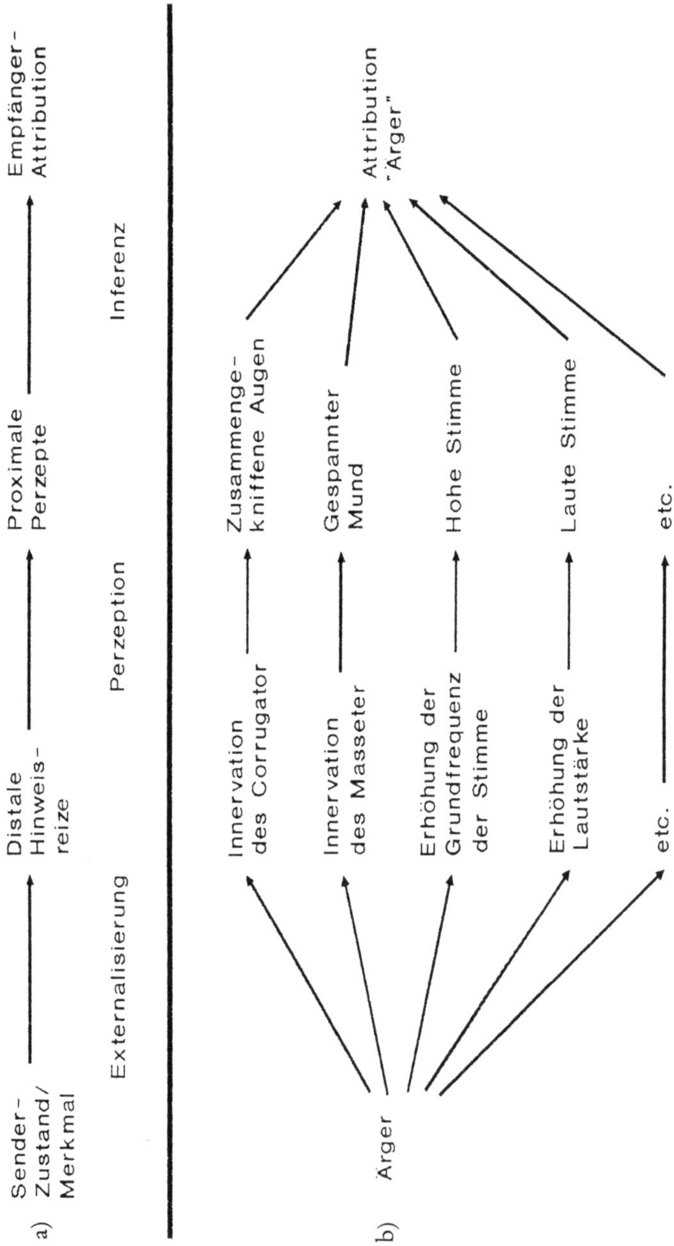

Abb. 8: Modifiziertes Brunswik'sches Linsenmodell (s. Scherer, 1978, 1982a; mit Beispiel für die Emotion Ärger)

Strehle, 1935; Lersch, 1971) „Inventare“ des emotionalen Gesichtsausdrucks zusammenzustellen, doch war die Vorgehensweise hierbei weitgehend von Fallstudien, persönlichen Beobachtungen und Spekulationen geprägt.

Obwohl in diesem Bereich bei der Untersuchung von Gestik, Körperbewegungen und Gang teilweise technisch anspruchsvolle objektive Auswertungsverfahren entwickelt wurden (Geiger, 1935; Schleier, 1952; Voigt, 1939; zu Übersichten vgl. Wallbott, 1982a, 1982b), die sich der Filmtechnik und verschiedener Verfahren zur Koordinatenmessung von Bewegungen bedienten, tendierte man dazu, die gewonnenen Daten subjektiv-bewertend zu beschreiben und so die Trennung zwischen distalen und proximalen Variablen zu verwischen. Allzu häufig wurden semantische Analogien als Grundlagen für psychologische Schlüsse gewählt (z. B. „Submission“ gefolgert aus „niedergeschlagenen Augen“, Klages, 1950; ein „erratischer Charakter“ gefolgert aus „eckigen Körperbewegungen“; Lersch, 1971), ohne daß diese „analogistisch-metaphorischen“ Schlußfolgerungsprozesse (Holzkamp, 1965), die der „naiven Psychologie“ nahekommen und als „Inferenz durch Analogie“ beschrieben werden können (Holzkamp, 1965; Asendorpf & Wallbott, 1982) und damit häufig der logischen Grundlage entbehren, hinterfragt worden wären.

In sehr vielen dieser Forschungsansätze wird der Schwerpunkt auf eine sehr detaillierte Beschreibung der proximalen Perzepte gelegt, die im Beobachter durch den Emotionsausdruck eines Senders erzeugt werden. Dies ist insofern verständlich, als ja gerade auch der intuitiv verstehende Ansatz, wie er von vielen Vertretern der Ausdruckspsychologie angewandt wird, eine Beschränkung auf die Ebene der proximalen Perzepte nahelegt. Die Ergebnisse dieser Forschungstradition erlauben es daher nur selten, Querverbindungen zu den objektiv bestimmbaren distalen Reizen vorzunehmen oder auch einen systematischen Bezug zu der Art der auslösenden Emotionen und der Beobachterattributionen vorzunehmen. Da meist aufgrund „allgemeiner Erfahrung“ oder fallstudienähnlicher Methodik vorgegangen wurde, ist in dieser Tradition kaum eine systematische Sammlung oder auch experimentelle Manipulation der auslösenden Emotionszustände versucht worden. Auch beobachterseitig steht lediglich das Urteil des beobachtenden Experten und Wissenschaftlers, selten die empirische Untersuchung der probabilistischen Inferenzprozesse bei einer größeren Zahl von Versuchspersonen im Mittelpunkt.

Experimentalpsychologische Ansätze zur Emotionsforschung, wie sie insbesondere zur Blütezeit des Behaviorismus in einigen wenigen Fällen versucht wurden (siehe etwa die Untersuchung von Landis, 1924), haben den Schwerpunkt ihrer Untersuchungen insbesondere auf die systematische Erzeugung realer Emotionszustände gelegt und dabei sowohl die genaue Untersuchung der distalen und proximalen Perzepte wie auch die Attributionsprozesse von

Beobachtern hintangestellt. In Untersuchungen zum Emotionseindruck mußte bei dem Versuch, möglichst vielfältige und systematische Variationen der Senderemotionen zu erzeugen, indessen häufig auf Schauspieler zurückgegriffen werden, denen die Produktion bestimmter Emotionsausdrücke abverlangt wurde.

Die zu Beginn der sechziger Jahre in den USA beginnende und inzwischen weitverbreitete Tradition der nonverbalen Kommunikationsforschung hat, zum Teil in Reaktion auf die eher deutende ausdruckspsychologische Tradition, besonderen Wert auf die objektive Messung der distalen Hinweisreize gelegt. Beispiele sind die verschiedenen Verfahren zur Untersuchung des Gesichtsausdrucks (Izard, 1979; Ekman & Friesen, 1978), der Gestik (Freedman, Blass, Rifkin & Quitkin, 1973; Freedman, 1977; Wallbott, 1982b; Frey & Pool, 1976) und der akustischen Parameter des vokalen Affektausdrucks (Scherer, 1982a).

Schließlich gibt es eine eher sozialpsychologisch orientierte Forschungstradition, die sich insbesondere mit der Frage der Fähigkeit von Beobachtern zur Erkennung von Emotionen aufgrund des Ausdrucks beschäftigt hat. Im Mittelpunkt des Interesses steht hier entweder die differentielle Frage unterschiedlicher Erkennungsfähigkeit (etwa als Persönlichkeits- oder Geschlechtsmerkmal) oder das Problem der relativen Leistungsfähigkeit einzelner Kommunikationskanäle zur Übermittlung der eine Identifizierung erlaubenden Hinweisreize (O'Sullivan, Ekman, Friesen, & Scherer, 1985; Rosenthal et al., 1979; Zuckerman, Amidon, Bishop & Pomerantz, 1982; Zuckerman et al., 1975; De Paulo, Rosenthal, Eisenstat, Rogers & Finkelstein, 1978; DePaulo, Zuckerman & Rosenthal, 1980).

Die relativ einseitige Spezialisierung des Forschungsgegenstandes in allen diesen Forschungstraditionen hat verhindert, daß der gesamte Prozeß der Ausdrucks- und Eindrucksbildung umfassend untersucht wurde. Dies hat dazu geführt, daß die empirischen Forschungsparadigmen nicht immer der Komplexität des Gegenstandes angemessen waren. Obschon Forschungsansätze möglich sind, in denen alle Konstituenten des Linsenmodells und damit der gesamte Prozeß untersucht werden (siehe Scherer, 1978a), so ist dies sicher ein sehr aufwendiges Verfahren und möglicherweise nicht für alle Forschungsanstrengungen zu fordern. Dennoch sollte man sich der Einbettung der bei Ausdruck und Eindruck vorliegenden Einzelprozesse in ein solches Gesamtmodell bewußt sein, auch wenn Teilprozesse untersucht werden. Zum Abschluß sollen einige Überlegungen dargestellt werden, in welcher Form klassische Forschungsparadigmen durch Berücksichtigung des Brunswikschen Linsenmodells ergänzt werden könnten.

Variation der Sender-Emotionszustände. Ein schwerwiegender Mangel der bisherigen Forschungsanstrengungen und einer der Gründe für unseren geringen Wissensstand in diesem Bereich ist das Fehlen systematischer Untersuchungen aller Einzelemotionen. Es läßt sich unschwer nachweisen (siehe Scherer, Wallbott & Summerfield, 1986), daß gerade im Bereich der Emotionsforschung ein systematisches Experimentieren, etwa mit Hilfe der Induktion von Emotionszuständen, sehr schnell auf praktische und ethische Grenzen stößt. Dennoch sollten die vorhandenen und ethisch vertretbaren Möglichkeiten systematischer genutzt werden. Auch eine systematische Beobachtung von im Feld natürlich ablaufenden Emotionsprozessen scheitert zumeist an der mangelnden Zugänglichkeit oder Beobachtbarkeit der jeweiligen Situationen. Auch hier könnte man sich jedoch weitergehende und einfallsreichere Bemühungen vorstellen (Beispiele etwa bei Kraut & Johnston, 1973). Sowohl bei der experimentellen Induktion als auch der naturalistischen Beobachtung von Emotionszuständen ist zu berücksichtigen, daß in der Vergangenheit häufig keine präzise Klassifikation der beobachteten oder induzierten Emotion, etwa auch im Sinne eines Manipulation-Check, vorgenommen wurde. Hier ist eine konzeptuelle Einordnung der beobachteten Emotionszustände mit Hilfe theoretischer Beschreibungssysteme (etwa im Sinne der kognitiven Bewertungsdimensionen, vgl. Frijda, 1986; Scherer, 1982b, 1984, 1988) zu fordern.

Auch die Verwendung von Schauspielern ist für diesen Forschungsbereich weiterhin unumgänglich erforderlich. Selbst wenn sich solche Untersuchungen nur auf soziale Stereotype des emotionalen Ausdrucks beschränken sollten, so wäre dies im Sinne eines umfassenderen Wissens über konventionelle Normen des Emotionsausdrucks (im Sinne von Pull-Faktoren) durchaus interessant. Problematisch ist die in der Vergangenheit häufig sehr unsystematische methodische Vorgehensweise, mit der Beschränkung auf einzelne Schauspieler bis hin zu wenig eindeutigen Vorgaben für die Produktion des Ausdrucks. Hier lassen sich sehr viel systematischere Forschungsansätze entwickeln (vgl. etwa Wallbott & Scherer, 1986b).

Objektive Analyse der distalen Hinweisreize. Während man vielen früheren Untersuchungen zugute halten kann, daß es keine reliablen und validen Analyseinstrumente für distale Hinweisreize gab, ist dies inzwischen nicht mehr der Fall. Für nahezu alle Ausdrucksbereiche existieren weitgehend durch Daten abgesicherte Erhebungsinstrumente und Kodierungsverfahren (siehe Scherer & Ekman, 1982; Scherer & Wallbott, 1985). Zwar erfordern viele dieser Verfahren einen höheren personellen und apparativen Einsatz, als dies in der Vergangenheit die Regel war, doch lassen sich solche erhöhten Anforderungen an die empirische Forschung nicht umgehen, wenn die Qualität und Aussagefähigkeit der Daten gesichert sein soll.

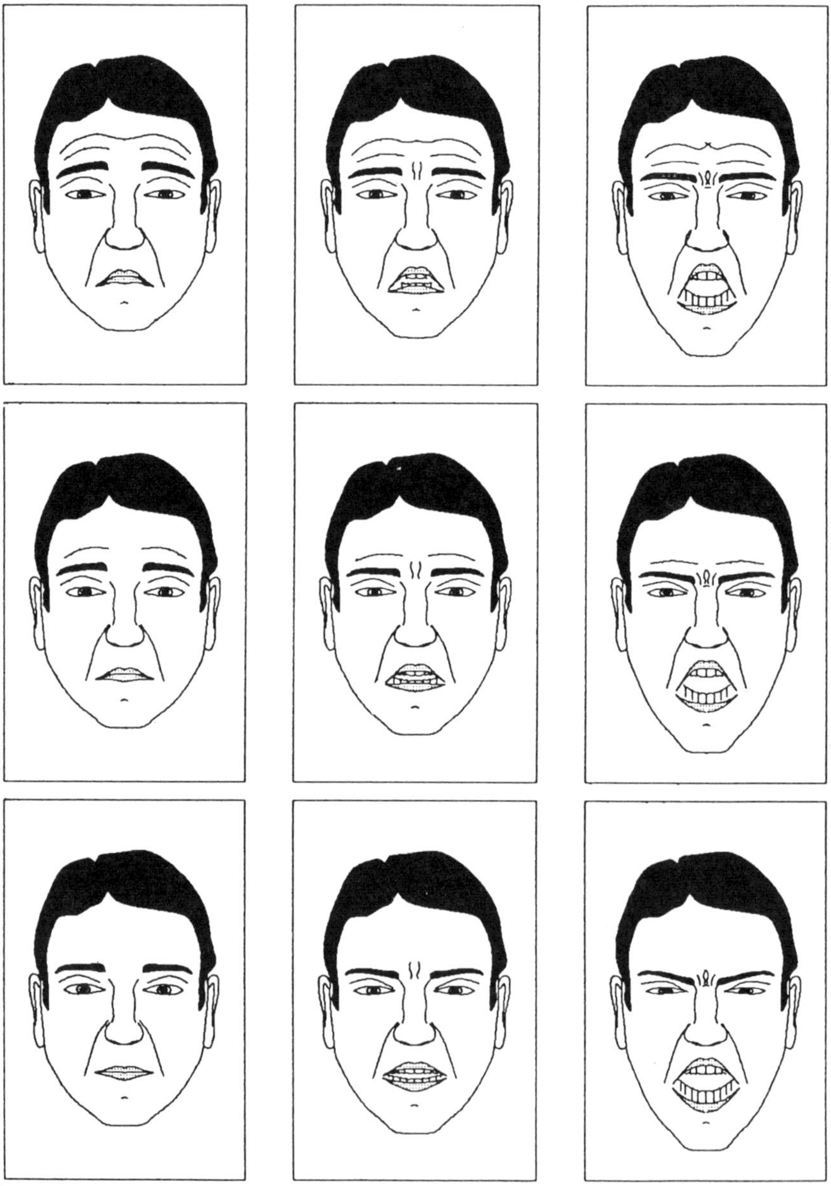

Abb. 9: Computersynthetisierter emotionaler Gesichtsausdruck (aus Musterle & Rossler, 1986, Abb. 7).

Eine besonders interessante Möglichkeit zu einer systematischen Untersuchung von Eindrucksprozessen eröffnet sich durch die Möglichkeit zur synthetischen Herstellung von emotionalen Ausdruckskonfigurationen, in denen jeweils Einzelkomponenten systematisch variiert werden. Ein Beispiel zu computergenerierten Gesichtern, wo mittels eines Programms frei wählbare Kombinationen von Aktionseinheiten hergestellt werden können, ist in Abbildung 9 widergegeben (nach Musterle & Rossler, 1986, s. auch Abb. 11 in Schneider & Dittrich in diesem Band). Auch im Bereich der vokalen Kommunikation erlauben die modernen Verfahren der digitalen Sprachresynthese (vgl. Markel & Gray, 1976; Sickert, 1983) die Entwicklung sehr leistungsfähiger Untersuchungsdesigns (vgl. Bergmann, Goldbeck, & Scherer, 1988; Ladd, Silverman, Tolkmitt, Bergmann & Scherer, 1985).

Erfassung proximaler Hinweisreize. In Anbetracht der Tatsache, daß in vielen Ausdrucksmodalitäten die proximalen Perzepte keine Eins-zu-Eins-Abbildungen der distalen Hinweisreize sind, ist eine detaillierte Untersuchung dieser Teilkonstituenten der Eindrucksbildung von großer Bedeutung. Da die proximalen Perzepte den Input für die Inferenzprozesse bilden, die zur Emotionsattribution führen, ist ein Verständnis der kognitiven Inferenzprozesse nur dann möglich, wenn wir die proximalen Perzepte getrennt messen können.

So kann man zeigen (vgl. Wallbott, 1982b; 1985), daß die proximalen Perzepte von Bewegungscharakteristika wie „schwungvolle, intensive, heftige, verkrampfte, eckige, ausladende oder fliessende" Bewegungen (hier untersucht am Beispiel gestischen Verhaltens von depressiven Patienten) objektive physikalische Charakteristika dieser Bewegungen abbilden (als „schnell" beurteilte Bewegungen beispielsweise sind durch höhere physikalisch gemessene Geschwindigkeit, als „ausladend" beurteilte Bewegungen durch größeren physikalischen Raumumfang gekennzeichnet; Wallbott, 1982b). Die proximalen Perzepte objektiver distaler Charakteristika entsprechen also hier durchaus den distalen Reizen. Andererseits werden für den Inferenzschluß über den Besserungsgrad von depressiven Patienten die „falschen" Bewegungsparameter herangezogen, so daß die resultierenden Attributionen nicht valide sind. Interessanterweise stimmen die in diesen Untersuchungen verwandten (und zu Fehlurteilen führenden) Perzepte mit denen überein, die in der psychiatrischen Literatur als charakteristisch für depressives Bewegungsverhalten genannt werden (obschon dies offensichtlich nicht immer der Fall ist).

Bezüglich der proximalen Erfassung von Stimmausdruck gibt es eine große Zahl von Beschreibungsvorschlägen in der Form allgemeinsprachlicher Adjektive in der ausdruckspsychologischen Literatur (Leonhard, 1949; Rudert, 1965; Görlitz, 1972; Trojan, 1975). In den meisten Fällen fehlen jedoch eindeutige Definitionsversuche und systematische Beurteilungsvorgaben (eine Ausnahme macht hier das systematisch entwickelte Stimmbeurteilungssystem von Fährmann, 1967). Ein weiteres Problem ist die Proliferation der stimmbeschreibenden Adjektive auf proximaler Ebene, die häufig Synonyme darstellen, oder sich doch stark überschneiden. Versuche, mit Hilfe faktorenanalytischer Verfahren eine begrenzte Zahl von stimmbeschreibenden Dimensionen zu bestimmen, zeigen, daß wohl kaum mehr als ca. 10-15 Faktoren reliabel unterschieden werden können (Boves, 1985; Scherer, 1974, 1982a).

Insgesamt ist festzuhalten, daß der Stand der Forschungsmethodik im Bereich der Erfassung proximaler Eindrucksvariablen wenig zufriedenstellend ist. Die Schwierigkeit besteht darin, daß naturgemäß allgemeinsprachliche Bezeichnungen herangezogen werden müssen, um den proximalen Eindruck bei der wahrnehmenden Person erfragen zu können. Weitere Forschungsanstrengungen zur Objektivierung der entsprechenden Befragungsmethoden, der faktoriellen Klärung der semantischen Bereiche, sowie der Beziehung zu den distalen Meßkriterien sind vordringliche Aufgaben der Eindrucksforschung. Hierbei ist insbesondere auch mit experimentell manipulierten distalen Vorgaben zu arbeiten, um eine saubere Zuordnung von distalen zu proximalen Reizen vornehmen zu können. So könnten (durch Schauspieler oder Trickfilm) erstellte systematische Veränderungen der Mimik- und Körpermuskulatur (z. B. beteiligte Muskelgruppen, Intensität, Dynamik, Tempo, etc.) mit Hilfe der proximalen Adjektive eingeschätzt werden. Im Bereich der Stimmausdrucksforschung bieten sich Filter- oder Modifizierungsverfahren (Scherer, 1982a, S. 177-178; s. auch Scherer, Feldstein, Bond, & Rosenthal, 1985; Scherer, Ladd, & Silverman, 1984) zur Manipulation der distalen akustischen Variablen, insbesondere aber auch die modernen Techniken der digitalen Resynthese an (s. o.).

Beobachterattributionen von Emotionen. In der Vergangenheit lag der Schwerpunkt der Forschungsanstrengungen in diesem Bereich fast ausschließlich auf der Ermittlung einer prozentualen Erkennungsgenauigkeit (vgl. Ekman, 1982a, Kap. 2; Scherer, 1986, S. 144). Im Rahmen des Linsenmodells wird damit in erster Linie der Aspekt der funktionalen Validität erfasst (operationalisiert durch die Korrelation zwischen Kriterium und Attribution), der detaillierte Ablauf des Ausdrucks- und Eindrucksprozesses bleibt unberücksichtigt. Nachteil der Zentrierung auf die globale Erkennungsgenauigkeit ist insbesondere, daß die Ursachen für Fehler oder Ungenauigkeiten in der Emotionserkennung (oder -zuschreibung) nicht identifiziert werden können. In vielen Fällen ist jedoch gerade dies die für den Forscher interessanteste Information. Sie erlaubt zu bestimmen, ob der Emotionszustand sich überhaupt in erfassbaren distalen Ausdrucksvariablen externalisiert, ob diese distalen Variablen ohne Verlust oder Verzerrung in einem Kommunikationskanal an den Empfänger übertragen und proximal abgebildet werden, und schließlich, ob die Inferenzregeln des Empfängers den tatsächlichen Abbildungsbeziehungen zwischen

Kriterium und distalen Variablen entsprechen. Am Beispiel der Wahrnehmung von Persönlichkeitseigenschaften aufgrund von Stimmeindrücken und unter Verwendung pfadanalytischer Vorgehensweisen hat Scherer (1974, 1978a) zeigen können, in welcher Weise eine modifizierte Form des Brunswikschen Linsenmodells zur Klärung dieser Fragen eingesetzt werden kann. Diese Untersuchungen zeigten auch die Bedeutung dieser Vorgehensweise für die Erfassung interkultureller Unterschiede in den Ausdrucks- und Eindrucksprozessen. Gerade in Anbetracht des in diesem Kapitel diskutierten Spannungsverhältnisses zwischen phylogenetisch erworbener, biologisch bestimmter Universalität des emotionalen Ausdrucks einerseits und der Bedeutung kultureller Kontroll- und Regulationsmechanismen andererseits, wäre es wünschenswert, die konkreten Ursachen für interkulturelle Unterschiede in der Genauigkeit der Emotionserkennung zu bestimmen (z. B. Unterschiede in den distalen Ausdrucksmustern, der proximalen Abbildung, oder den Inferenzregeln).

9 *Ausblick*

Der in diesem Kapitel vorgelegte Überblick zeigt den wichtigen Stellenwert der Ausdrucksforschung für die Emotionspsychologie. Eine umfassende Untersuchung vieler zentraler Fragestellungen in dieser Teildisziplin ist ohne die Berücksichtigung von Ausdrucksphänomenen nicht möglich. Entgegen der von dem jeweils gewählten Forschungsparadigma und der zugrundeliegenden theoretischen Tradition relativ festgelegten Ansätze in der Vergangenheit, die oft den heutigen empirisch methodischen Ansprüchen nicht genügten, stehen heute sowohl adäquate Forschungsparadigmen (wie etwa das modifizierte Brunswik'sche Linsenmodell, s. o.) als auch entsprechende objektive Erhebungsmethoden zur Verfügung. Reliable Auswerteverfahren für Ausdrucksparameter, deren Validität in einer Vielzahl von Untersuchungen unter Beweis gestellt wurden, sind im Rahmen vertretbaren methodischen Aufwandes für alle Ausdrucksmodalitäten einzusetzen.

Nachdem somit gegenüber der Vergangenheit sowohl in Quantität als auch Qualität erheblich verbesserte Forschungsparadigmen und Analyseverfahren zur Verfügung stehen, bedarf es nunmehr systematischer theoriengeleiteter Forschungsanstrengungen, um den Erkenntnisstand bezüglich des Ausdrucks von Emotionen voranzutreiben. Von besonderer Bedeutung ist in diesem Zusammenhang eine enge Verzahnung der Fragestellungen mit den wichtigsten theoretischen Ansätzen in der Emotionspsychologie. Statt wie bisher vorwiegend isolierte Einzelfragestellungen zu behandeln, wie etwa die prozentuale Erkennungsgenauigkeit oder die Rolle einzelner Ausdruckselemente, gilt es die Ausdrucksforschung in zentrale Ansätze der Emotionspsychologie zu integrieren. Im folgenden werden einige Möglichkeiten aufgeführt (vgl. Ekman & Scherer, 1984):

— ein psychobiologischer Ansatz, innerhalb dessen die Funktionen des Ausdrucks im Zusammenhang mit der adaptiven Rolle der emotionsbedingten Handlungsintentionen, vor allem auch im phylogenetischen Vergleich, untersucht werden

— die Untersuchung der Indikatorfunktion des Ausdrucksverhaltens für die zugrundeliegenden emotionsantezedenten Bewertungsprozesse, die die Differenzierung der Einzelemotionen erzeugen

— die detaillierte Erforschung der Interaktion zwischen biologisch bedingten, universalen Ausdrucksmechanismen (Push-Faktoren) und soziokulturell determinierten Kontroll- oder Aufforderungsmechanismen (Pull-Faktoren) im Rahmen interkultureller Forschungsanstrengungen

— die empirische Prüfung der z. T. widersprüchlichen Annahmen über die Rolle des Ausdrucksverhaltens in Bezug auf die Regulation anderer Emotionskomponenten wie etwa des subjektiven Gefühls oder der physiologischen Erregung

— die Untersuchung der Wirkung des Ausdrucksverhaltens in sozialen Beziehungen, Konflikten, oder anderen sozialen Interaktionen, in denen die Affektzuschreibung aufgrund des Ausdrucksverhaltens zu erheblichen Veränderungen in der Dynamik interpersonaler Prozesse führen kann

Eine solche Verzahnung der Erforschung des emotionalen Ausdrucks mit den Hauptströmungen der allgemeinen Emotionsforschung würde nicht nur wichtige Konsequenzen für die theoretische Stringenz der Ausdrucksforschung und die Integration der Forschungsbefunde zeitigen, sondern auch wichtige Zulieferarbeit für andere Bereiche der Emotionspsychologie leisten.

Literatur

Allport, G. W. & Vernon, P.E. (1933). *Studies in expressive movement.* New York: Hafner.

Anderson, N. H. (1965). Adding vs. averaging as a stimulus combination rule in impression formation. *Journal of Experimental Psychology, 70,* 394—400.

Anderson, N. H. (1971). Two more tests against change of meaning in adjective combinations. *Journal of Verbal Learning and Verbal Behavior, 10,* 75—85.

Anderson, N. H. (1974). Cognitive algebra: Integration theory applied to social attribution. In L. Berkowitz (Ed.), *Advances in experimental social psychology* (Vol. 7). New York: Academic Press.

Andrew, R. J. (1963). Evolution of facial expressions. *Science, 142,* 1034—1041.

Archer, D. & Akert, R. M. (1977). Words and everything else: Verbal and nonverbal cues in social interpretation. *Journal of Personality and Social Psychology, 35,* 443—449.

Argyle, M., Alkema, F., & Gilmour, R. (1971). The communication of friendly and hostile attitudes by verbal and non-verbal signals. *European Journal of Social Psychology, 1,* 385—402.

Argyle, M., Salter, V., Nicholson, H., Williams, M., & Burgess, P. (1970). The communication of inferior and superior attitudes by verbal and nonverbal signals. *British Journal of Social and Clinical Psychology, 9,* 222—231.

Aristoteles (1960). Nikomachische Ethik. In E. Grumach (Hrsg.), *Aristoteles Werke* (Bd. 6). Darmstadt: Wissenschaftliche Buchgesellschaft.

Asch, S. E. (1946). Forming impressions of personality. *Journal of Abnormal and Social Psychology, 41,* 258—290.

Asendorpf, J. & Wallbott, H. G. (1982). Contributions of the German 'Expression psychology' to nonverbal behavior research. Part 1: Theories and concepts. *Journal of Nonverbal Behavior, 6,* 135—147.

Asendorpf, J. (1979). Abnorme Bewegungsstereotypien: Versuch einer Integration aus aktivierungstheoretischer Sicht. *Archiv für Psychologie, 131,* 293—300.

Asendorpf, J. (1982). Contributions of the German 'Expression psychology' to nonverbal behavior research. Part 2: The face. *Journal of Nonverbal Behavior, 6,* 199—219.

Asendorpf, J. (1984). Lassen sich emotionale Qualitäten im Verhalten unterscheiden? Empirische Befunde und ein Dilemma. *Psychologische Rundschau, 35,* 125—135.

Austin, G. (1806). *Chironomia: or, a treatise on rhetorical delivery.* London (wiederveröff. Carbondale: Southern Illinois University Press, 1966).

Bergmann, G., Goldbeck, T. & Scherer, K. R. (1988). Emotionale Eindruckswirkung von prosodischen Sprechmerkmalen. *Zeitschrift für Experimentelle und Angewandte Psychologie, 35,* 167—200.

Bezooijen, R. van (1985). *Characteristics and recognizability of vocal expression of emotion.* Dordrecht: Foris.

Birdwhistell, R. L. (1970). *Kinesics and context.* Philadelphia: University of Pennsylvania Press.

Bleuler, E. (1949). *Lehrbuch der Psychiatrie* (8. Aufl.). Berlin: Springer.

Blurton-Jones, N. G. (1971). Criteria for use in describing facial expressions. *Human Biology, 43,* 365—413.

Borke, H. (1971). Interpersonal perception of young children: Egocentrism or empathy. *Developmental Psychology, 5,* 263—269.

Boves, L. (1985). *The phonetic bases of perceptual ratings of running speech.* Dordrecht: Foris.

Brengelmann, H. (1960). Expressive movements and abnormal behavior. In H. J. Eysenck (Ed.), *Handbook of abnormal psychology* (pp. 62—107). London: Pitman.

Brodal, A. (1981). *Neurological anatomy in relation to clinical medicine.* New York: Oxford University Press.

Brown, C. H. (1982). Auditory localization and primate vocal behavior. In C. T. Snowdon, C.H. Brown & M. R. Petersen (Eds.), *Primate communication* (pp. 144—164). Cambridge: Cambridge University Press.

Brown, C. H. & Waser, P. M. (1988). Influence of environmental factors on the evolution of call structure. In D. Todt, P. Goedeking & D. Symmes (Eds.), *Primate vocal communication* (pp. 51—66). Berlin: Springer.

Brown, P. & Levinson, S. (1979). Social structure, groups and interaction. In K. R. Scherer & H. Giles (Eds.), *Social markers in speech* (pp. 291—341). Cambridge: Cambridge University Press.

Brunswik, E. (1956). *Perception and the representative design of psychological experiments.* Berkeley: University of California Press.

Buck, R. (1980). Nonverbal behavior and the theory of emotion: The facial feedback hypothesis. *Journal of Personality and Social Psychology, 5,* 811—824.

Buck, R. W., Miller, R. E. & Caul, W. F. (1974). Sex, personality, and physiological variables in the communication of affect via facial expression. *Journal of Personality and Social Psychology, 30,* 587—590.

Bugental, D. E. (1974). Interpretations of naturally occurring discrepancies between words and intonation: Modes of inconsistency resolution. *Journal of Personality and Social Psychology, 30,* 125—133.

Bugental, D. E., Kaswan, J.W. & Love, L. R. (1970). Perception of contradictory meanings conveyed by verbal and nonverbal channels. *Journal of Personality and Social Psychology, 16,* 647—655.

Bugental, D. E., Kaswan, J. W., Love, L. R. & Fox, M. N. (1970). Child vs. adult perception of evaluative messages in verbal, vocal, and visual channels. *Developmental Psychology, 2,* 367— 375.

Bühler, K. (1933). *Ausdruckstheorie* (Neuauflage 1968). Jena: Fischer.

Bühler, K. (1934). *Sprachtheorie* (Neuauflage 1984). Jena: Fischer.

Bull, N. & Gidro-Frank, L. (1950). Emotions induced and studied in hypnotic subjects. Part II: The findings. *Journal of Nervous and Mental Disease, 112,* 97—120.

Bull, P. (1985). *Body movement scoring system.* Unveröff., University of York.

Burns, K. L. & Beier, E. G. (1973). Significance of vocal and visual channels in the decoding of emotional meaning. *Journal of Communication, 23,* 118—130.

Cacioppo, J. T., Martzke, J. S., Petty, R. E. & Tassinary, L. G. (1988). Specific forms of facial EMG response index emotions during an interview: From Darwin to the continuous flow hypothesis of affect-laden information processing. *Journal of Personality and Social Psychology, 54,* 592—604.

Carmichael, L., Roberts, S. O. & Wessell, N. Y. (1937). A study of the judgment of manual expression as presented in still and motion pictures. *Journal of Social Psychology, 8,* 115—142.

Caryl, P. G. (1979). Communication by antagonistic displays: What can games theory contribute to ethology? *Behaviour, 68,* 136—169.

Chevalier-Skolnikoff, S. (1973). Facial expression of emotion in nonhuman primates. In P. Ekman (Ed.), *Darwin and facial expression* (pp. 11—89). New York: Academic Press.

Cline, M.G. (1956). The influence of social context on the perception of faces. *Journal of Personality,* 2, 142—158.

Colby, C. Z., Lanzetta, J. T. & Kleck, R. E. (1977). Effects of the expression of pain on autonomic and pain tolerance responses to subject-controlled pain. *Psychophysiology, 14,* 537—540.

Darwin, C. (1872). *The expression of the emotions in man and animals.* London: Murray. (Reprinted, Chicago: University of Chicago Press, 1965) deutsch: Der Ausdruck der Gemüthsbewegungen beim Menschen und den Tieren. Stuttgart: Schweizerbart).

Davidson, R. J. & Fox, N. A. (1982). Asymmetrical brain activity discriminates between positive versus negative affective stimuli in human infants. *Science, 218,* 1235—1237.

Dawkins, R. & Krebs, J. R. (1978). Animal signals: Information or manipulation? In J. R. Krebs & N. B. Davies (Eds.), *Behavioural ecology* (pp. 282—309). Oxford: Blackwell.

DePaulo, B. M., Rosenthal, R., Eisenstat, R. A., Rogers, P. L. & Finkelstein, S. (1978). Decoding discrepant nonverbal cues. *Journal of Personality and Social Psychology, 36,* 313—323.

DePaulo, B. M., Zuckerman, M., & Rosenthal, R. (1980). Humans as lie detectors. *Journal of Communication, 30,* 129—139.

Descartes, R. (1911). *Abhandlung über die Leidenschaften der Seele.* Leipzig: Meiner.

Duchenne, G. B. A. (1862). *Mechanisme de la physionomie humaine: Ou, Analyse electrophysiologique de l'expression des passions.* Paris: Bailliere.

Eibl-Eibesfeldt, I. (1973). The expressive behaviour of the deaf-and-blind-born. In M. von Cranach, & I. Vine (Eds.), *Social interaction and movement* (pp. 163—194). London: Academic Press.

Eibl-Eibesfeldt, I. (1984). *Die Biologie des menschlichen Verhaltens.* München: Piper.

Ekman, P. (1972). Universals and cultural differences in facial expression of emotion. In J. R. Cole (Ed.), *Nebraska Symposium on Motivation* (pp. 207—283). Lincoln: University of Nebraska Press, 1972.

Ekman, P. (Ed.) (1973a). *Darwin and facial expression.* New York: Academic Press.

Ekman, P. (1973b). Darwin and cross-cultural studies of facial expression. In P. Ekman (Ed.), *Darwin and facial expression* (pp. 1-83). New York: Academic Press.

Ekman, P. (Ed.) (1982a). *Emotion in the human face* (2nd ed.). Cambridge: Cambridge University Press.

Ekman, P. (1982b). Methods of measuring facial action. In K. R. Scherer & P. Ekman (Eds.), *Handbook of methods in nonverbal behavior research* (pp. 45—90). Cambridge: Cambridge University Press.

Ekman, P. (1984). Expression and the nature of emotion. In K. R. Scherer & P. Ekman (Eds.), *Approaches to emotion* (pp. 319— 344). Hillsdale, N. J.: Erlbaum.

Ekman, P. & Friesen, W. V. (1967). Head and body cues in the judgment of emotion: A reformulation. *Perceptual and Motor Skills, 24,* 711—724.

Ekman, P. & Friesen, W. V. (1969a). *The repertoire of nonverbal behavior: Categories, origins, usage, and coding. Semiotica, 1,* 49—98.

Ekman, P. & Friesen, W. V. (1969b). Nonverbal leakage and clues to deception. *Psychiatry,* 32, 88—106.

Ekman, P. & Friesen, W.V. (1972). Hand movements. *Journal of Communication, 22,* 353—374.

Ekman, P. & Friesen, W. V. (1974). Detecting deception from the body or face. *Journal of Personality and Social Psychology, 29,* 288—298.

Ekman, P. & Friesen, W. V. (1975). *Unmasking the face.* Englewood Cliffs, N. J.: Prentice Hall.

Ekman, P. & Friesen, W. V. (1978). *The facial action coding system.* Palo Alto: Consulting Psychologists' Press.

Ekman, P. & Friesen, W. V. (1982). Felt, false, and miserable smiles. *Journal of Nonverbal Behavior, 6,* 238—252.

Ekman, P. & Oster, H. (1979). Facial expression of emotion. *Annual Review of Psychology, 30,* 527—554.

Ekman, P., Friesen, W. V. & Ancoli, S. (1980). Facial signs of emotional experience. *Journal of Personality and Social Psychology, 39,* 1125—1134.

Ekman, P., Friesen, W. V., O'Sullivan, M. & Scherer, K. R. (1980). Relative importance of face, body, and speech in judgments of personality and affect. *Journal of Personality and Social Psychology, 38,* 270—277.

Ekman, P., Hager, J. C. & Friesen, W. V. (1981). The symmetry of emotional and deliberate facial actions. *Psychophysiology, 18,* 101—106.

Ekman, P., Levenson, R. W. & Friesen, W. V. (1983). Autonomic nervous system activity distinguishes between emotions. *Science, 221,* 1208—1210.

Ekman, P., Roper, G. & Hager, J. C. (1980). Deliberate facial movement. *Child Development, 51,* 267—271.

Ekman, P. & Scherer, K. R. (1984). Questions about emotion: An introduction. In K.R. Scherer & P. Ekman (Eds.), *Approaches to emotion* (pp. 1—12). Hillsdale, N.J.: Erlbaum.

Elias, N. (1977). *Der Prozeß der Zivilisation.* Frankfurt: Suhrkamp.

Ellgring, H. & Nagel, U. (1985). *Zur Funktion des mimischen Ausdrucks: Mimisches Verhalten bei Vorstellungen und Mitteilungen.* Unveröffentlichtes Manuskript, Max-Planck-Institut für Psychiatrie, München.

Engel, J. J. (1785). *Ideen zu einer Mimik.* Berlin: Mylius (Neuauflage Darmstadt: Wiss. Buchgesellschaft, 1968).

Eshkol, N. (1973). *Moving, writing, reading.* Tel Aviv: Movement Notation Society.

Evarts, E. V., Bizzi, R. E., DeLong, M. & Thack, W. T. (1971). Central control of movement. *Neuroscience Research Program Bulletin, 9,* 1—170.

Evarts, E. V. & Thack, W. T. (1969). Motor mechanisms of the CNS: Cerebrocerebellar interrelations. *Annual Review of Physiology, 31,* 451—498.

Fährmann, R. (1967). *Die Deutung des Sprechausdrucks* (2. Aufl.). Bonn: Bouvier

Feldstein, S. & Welkowitz, J. (1978). A chronography of conversation: In defense of an objective approach. In A.W. Siegman & S. Feldstein (Eds.), *Nonverbal behavior and communication* (pp. 329—378). New York: Erlbaum.

Feshbach, N.D. (1975). Empathy in children: some theoretical and empirical considerations. *Counseling Psychologist, 5,* 25—30.

Feshbach, S. (1984). The catharsis hypothesis, aggressive drive, and the reduction of aggression. *Aggressive Behavior, 10,* 91—101.

Flavell, J. H. (1977). *Cognitive Development.* Englewood Cliffs, N. J.: Prentice Hall.

Flores D'Arcais, B. (1961). Forming impressions of personality in situations of contrast between verbal and mimic expressions. *Acta Psychologica, 19,* 494—495.

Freedman, N. (1977). Hands, words, and mind: On the structuralization of body movements during discourse and the capacity for verbal representation. In N. Freedman & S. Grand (Eds.), *Communicative structures and psychic structures* (pp. 109—132). New York: Plenum.

Freedman, N., Blass, T., Rifkin, A. & Quitkin, F. (1973). Body movements and the verbal encoding of aggressive affect. *Journal of Personality and Social Psychology, 26,* 72—85.

Freeman, G. L. & Pathman, J. H. (1942). The relation of overt muscular discharge to physiological recovery from experimentally induced displacement. *Journal of Experimental Psychology, 30,* 161—174.

Frey, S. & Pool, J. (1976). *A new approach to the analysis of visible behavior.* Bern: Research Reports from the Department of Psychology.

Friederici, A. D. (1984). *Neuropsychologie der Sprache.* Stuttgart: Kohlhammer.

Friedman, H. S. (1979). The interactive effects of facial expression of emotion and verbal messages on perceptions of affective meaning. *Journal of Experimental Social Psychology, 15,* 453—469.

Frijda, N. H. (1969). Recognition of emotion. In L. Berkowitz (Ed.), *Advances in experimental social psychology* (Vol.4) (pp. 196—223). New York: Academic Press.

Frijda, N. H. (1986). *The emotions.* Cambridge: Cambridge University Press.

Frois-Wittmann, J. (1930). The judgment of facial expressions. *Journal of Experimental Psychology, 13,* 113—151.

Gardiner, H. M., Clark-Metcalf, R. & Beebe-Center, J. G. (1937). *Feeling and emotion: A history of theories.* New York: American Book (wiederveröff. 1980).

Geen, R. G., Stonner, D. & Shope, G.L. (1975). The facilitation of aggression by aggression: Evidence against the catharsis hypothesis. *Journal of Personality and Social Psychology, 31,* 721—726.

Geiger, E. (1935). *Zur Psychomotorik der Konstitutionstypen bei industriellen Hämmerarbeiten.* Würzburg: Triltsch.

Gellhorn, E. (1964). Motion and emotion: The role of proprioception in the physiology and pathology of the emotions. *Psychological Review, 71,* 457—472.

Gellhorn, E. (1969). The consequences of the suppression of overt movements in emotional stress: A neurophysiological interpretation. *Confin. Neurol., 31,* 289—299.

Gellhorn, E. (1970). The emotions and the ergotropic and trophotropic systems. *Psychologische Forschung, 34,* 48—94.

Gidro-Frank, L. & Bull, N. (1950). Emotions induced and studied in hypnotic subjects. Part I: The method. *Journal of Nervous and Mental Disease, 111,* 91—100.

Giles, H. & Smith, P. M. (1979). Accommodation theory: Optimal levels of convergence. In H. Giles & R. St. Clair (Eds.), *The social psychology of language* (pp. 45—65). Oxford: Blackwell.

Giles, H., Mulac, A., Bradac, J. J. & Johnson, P. (1987). Speech accomodation theory: The first decade and beyond. In M.L. McLaughlin (Ed.) *Communication Yearbook 10.* (pp. 13—48). Beverly Hills, CA: Sage.

Gitter, A. G., Kozel, N. J. & Mostofsky, D. I. (1972). Perception of emotion: The role of race, sex, and presentation mode. *Journal of Social Psychology, 88,* 213—222.

Goerttler, K. (1972). Morphologische Sonderstellung des Menschen im Reich der Lebensformen auf der Erde. In H.-G. Gadamer & P. Vogler (Hrsg.), *Neue Anthropologie.* (Bd. 2). (S. 217—257). Stuttgart: dtv und Thieme.

Goffman, E. (1973). *Wir alle spielen Theater — Die Selbstdarstellung im Alltag.* München: Piper.

Goffman, E. (1979). Response cries. In M. von Cranach, K. Foppa, W. Lepenies & D. Ploog (Eds.), *Human ethology* (pp. 203—240). Cambridge: Cambridge University Press.

Golani, I. (1976). Homeostatic motor processes in mammalian interactions: A choreography of display. In P. P. G. Bateson & P. H. Klopfer (Eds.), *Perspectives in ethology* (Vol. 2). New York: Plenum.

Görlitz, D. (1972). *Ergebnisse und Probleme der ausdruckspsychologischen Sprechstimmenforschung.* Meisenheim: Hain.

Grant, E. C. (1969). Human facial expression. *Man, 4,* 525—536.

Gurewitsch, M. O. (1929). Eine provisorische Gliederung der motorischen Komponenten. Zit. In N.I. Oseretzky, Zur Methodik der Untersuchung der motorischen Komponenten. *Zeitschrift für Angewandte Psychologie, 32,* 257—293.

Hager, J. C. & Ekman, P. (1985). The asymmetry of facial actions is inconsistent with models of hemispheric specialization. *Psychophysiology, 22,* 307—318.

Hall, E. T. (1959). *The silent language.* Garden City, N. Y.

Hall, E. T. (1963). Proxemics: The study of man's spatial relations. In I. Galdston (Ed.), *Man's image in medicine and anthropology* (pp. 422—445). New York: International University Press.

Harris, P. L., Olthof, T. & Meerum-Terwogt, M. (1981). Childrehs knowledge of emotion. *Journal of Child Psychology and Psychiatry, 22,* 247—261.

Heilman, K. M. & Satz, L. (1983). *Neuropsychology of emotion.* New York: Guilford.

Hennemann, E. (1968). Organization of the motor systems. In V.B. Mountcastle (Ed.), *Medical physiology* (Vol. 2). (pp. 1675— 1680). St. Louis: Mossy.

Hess, W. R. (1954). *Das Zwischenhirn. Syndrome, Lokalisationen, Funktionen.* Basel: Schwabe.

Hinde, R. A. (1974). *Biological bases of human social behavior.* New York: McGraw-Hill.

Hinde, R. A. (1981). Animal signals: Ethological and games-theory approaches are not incompatible. *Animal Behavior, 29,* 535—542.

Hjörtsjö, C. H. (1970). *Man's face and mimic language.* Lund: Student-Litteratur.

Hochschild, A. R. (1979). Emotion work, feeling rules, and social structure. *American Journal of Sociology, 3,* 551—575.

Holzkamp, K. (1965). Zur Geschichte und Systematik der Ausdruckstheorien. In R. Kirchhoff (Hrsg.), *Handbuch der Psychologie: Band 5. Ausdruckspsychologie* (S. 39—113). Göttingen: Hogrefe.

Huber, E. (1931). *Evolution of facial musculature and facial expression.* Baltimore: John Hopkins Press.

Hutchinson, A. (1977). *Labanotation.* New York: Theatre Art Books.

Hutton, R. (1972). Neurosciences: Mechanisms of motor control. In R. N. Singer (Ed.), *The psychomotor domain: Movement behavior* (pp. 349—384). Philadelphia: Lea & Ferbiger.

Immelmann, K., Scherer, K. R., Vogel, C. & Schmook, P. (Hrsg.). (1988). *Psychobiologie.* Stuttgart: Fischer/Psychologie Verlagsunion.

Ito, M. (1970). Neurophysiological aspects of the cerebellar motor control system. *International Journal of Neurology, 7,* 162—176.

Izard, C. E. (1971). *The face of emotion.* New York: Appleton- Century-Crofts.

Izard, C. E. (1977). *Human emotions.* New York: Plenum (dt. 1981: *Die Emotionen des Menschen.* Weinheim: Beltz).

Izard, C. E. (1979). *The maximally discriminative facial movement coding system* (MAX). Unveröffentlichtes Manuskript, University of Delaware.

James, W. (1884). What is an emotion? *Mind, 9,* 188—205.

Jones, H. E. (1935). The galvanic skin reflex as related to overt emotional expression. *American Journal of Psychology, 47,* 241— 251.

Jones, H. E. (1950). The study of patterns of emotional expression. In M.L. Reymert (Ed.), *Feelings and emotions* (pp. 161—168). New York: McGraw-Hill.

Jung, C. G. (1960). *Psychologische Typen* (9. Aufl.). Zürich: Rascher.

Jürgens, U. & Ploog, D. (1976). Zur Evolution der Stimme. *Archiv für Psychiatrische Nervenkrankheiten, 222,* 117—137.

Kirchhoff, R. (Hrsg.) (1965) *Handbuch der Psychologie: Band 5. Ausdruckspsychologie.* Göttingen: Hogrefe.

Klages, L. (1950). *Grundlagen der Wissenschaft vom Ausdruck* (7. Aufl.). Bonn: Bouvier.

Kleck, R. E., Vaughan, R. C., Cartwright-Smith, J., Vaughan, K. B., Colby, C. Z. & Lanzetta, J. T. (1976). Effects of being observed on expressive, subjective, and physiologic responses to painful stimuli. *Journal of Personality and Social Psychology, 34,* 1211—1218.

Klineberg, O. (1938). Emotional expression in Chinese literature. *Journal of Abnormal and Social Psychology, 33,* 517—520.

Kraepelin, E. (1883). *Psychiatrie.* Leipzig.

Krause, R. (1982). A social psychology approach to the study of stuttering. In Fraser, C. & Scherer, K. R. (Eds.), *Advances in the social psychology of language* (pp. 77—122). Cambridge: Cambridge University Press.

Kraut, R. E. & Johnston, R. (1973). Social and emotional messages of smiling: An ethological approach. *Journal of Personality and Social Psychology, 37,* 1539—1553.

Kroh, O. (1934). Das physiognomische Verstehen in seiner allgemeinpsychologischen Bedeutung. *Neue psychologische Studien, 12,* 23—40.

Laban, R. (1975). *Principles of dance and movement notation* (2nd ed.). London: MacDonald & Evans.

Ladd, D. R., Silverman, K. E. A., Tolkmitt, F., Bergmann, G. & Scherer, K. R. (1985). Evidence for the independent function of intonation contour type, voice quality, and F0 range in signalling speaker affect. *Journal of the Acoustical Society of America, 78,* 435—444.

Laird, J. D. (1974). Self-attribution of emotion: The effect of expressive behavior on the quality of emotional experience. *Journal of Personality and Social Psychology, 29,* 475—486.

Landis, C. (1924). Studies of emotional reactions: II. General behavior and facial expression. *Journal of Comparative Psychology, 4,* 447—509.

Landis, C. (1929). The interpretation of facial expression in emotion. *Journal of General Psychology, 2,* 59—72.

Lanzetta, J. T., Cartwright-Smith, J. & Kleck, R. E. (1976). Effects of nonverbal dissimulation on emotional experience and autonomic arousal. *Journal of Personality and Social Psychology, 33,* 354—370.

Laplanche, J. & Pontalis, J. B. (1972). *Das Vokabular der Psychoanalyse.* Frankfurt: Suhrkamp.

Laver, J. & Trudgill, P. (1979). Phonetic and linguistic makers in speech. In K. R. Scherer & H. Giles (Eds.), *Social markers in speech.* (pp. 1—32). Cambridge: Cambridge University Press.

Laver, J. (1980). *The phonetic description of voice quality.* Cambridge: Cambridge University Press.

Leonhard, K. (1949). *Ausdruckssprache der Seele — Darstellung der Mimik, Gestik und Phonik des Menschen.* Berlin: K. F. Haug.

Lersch, P. (1957). Zur Theorie des mimischen Ausdrucks. *Zeitschrift für Experimentelle und Angewandte Psychologie, 4,* 409—419.

Lersch, Ph. (1971). *Gesicht und Seele.* München: E. Reinhardt (7. Aufl.; Original 1932).

Levitt, E. A. (1964). The relationship between abilities to express emotional meanings vocally and facially. In J.R. Davitz (Ed.), *The communication of emotional meaning.* New York: McGraw-Hill.

Levy, R. I. (1984). The emotions in comparative perspective. In K. R. Scherer & P. Ekman (Eds.), *Approaches to emotion* (pp. 397—410). Hillsdale, N.J.: Erlbaum.

Ley, R. & Bryden, M. P. (1979). Hemispheric differences in processing emotions and faces. *Brain and Language, 7,* 127—138.

Leyhausen, P. (1967). Biologie von Ausdruck und Eindruck (Teil 1). *Psychologische Forschung, 31,* 113—176.

Lieberman, P. (1984). *The biology and evolution of language.* Cambridge, Mass.: Harvard University Press.

Lieberman, P. & Blumstein, S. E. (1988). *Speech physiology, speech perception, and acoustic phonetics.* Cambridge: Cambridge University Press.

Lipps, T. (1907). Das Wissen von fremden Ichen. In T. Lipps (Hrsg.), *Psychologische Untersuchungen. Band 1.* Leipzig: Engelmann.

Lorenz, K. (1965). *Über tierisches und menschliches Verhalten. Aus dem Werdegang der Verhaltenslehre.* München: Pieper.

Lowen, A. (1967). *Betrayal of the body.* New York: Macmillan.

Lowen, A. (1971). *The language of the body.* New York: Macmillan.

Manis, M., Gleason, T. C. & Dawes, R. M. (1966). The evaluation of complex social stimuli. *Journal of Personality and Social Psychology, 3,* 404—419.

Manstead, A. S. R. (1988). The role of facial movement in emotion. In H. L. Wagner (Ed.), *Social psychophysiology: Theory and clinical application.* (pp. 105—129). Chichester: Wiley.

Markel, J. D. & Gray, A. H. Jr. (1976). *Linear prediction of speech.* Berlin: Springer.

Marler, P. (1984). Animal communication: Affect or cognition? In K.R. Scherer & P. Ekman (Eds.), *Approaches to emotion* (pp. 345—368). Hillsdale, N.J.: Erlbaum.

Mehrabian, A. (1972). *Nonverbal communication.* Aldine: Atherton.

Mervis, C. B. & Rosch, E. (1981). Categorization of natural objects. *Annual Review of Psychology, 32,* 89—115.

Mood, D. W., Johnson, J. E. & Shantz, C. U. (1978). Social comprehension and affect-matching in young children. *Merril-Palmer Quarterly, 24,* 63—66.

Morton, E. S. (1977). On the occurrence and significance of motivational-structural rules in some bird and mammal sounds. *American Naturalist, 111,* 855—869.

Moscovitch, M., Scullion, D. & Christie, D. (1976). Early vs. late stages of processing and their relation to functional hemispheric asymmetries in face recognition. *Journal of Experimental Psychology: Human Perception and Performance, 2,* 401—416.

Munn, N.L. (1940). The effect of knowledge of the situation upon judgment of emotion from facial expression. *Journal of Abnormal and Social Psychology, 35,* 324—338.

Musterle, W. & Rossler, O. E. (1986). Computer faces: The human Lorenz matrix. *BioSystems, 19,* 61—80.

Nolan, F. (1985). *The phonetic bases of speaker recognition.* Cambridge: Cambridge University Press.

Notarius, C. I. & Levenson, R. W. (1979). Expressive tendencies and physiological responses to stress. *Journal of Personality and Social Psychology, 37,* 1204—1210.

O'Sullivan, M., Ekman, P., Friesen, W. V. & Scherer, K. R. (1985). What you say and how to say it: The contribution of speech content and voice quality to judgment of others. *Journal of Personality and Social Psychology, 48,* 54—62.

Oster, H. (1978). Facial expression and affect development. In M. Lewis & L. A. Rosenblum (Eds.), *The development of affect* (pp. 43—75). New York: Plenum Press.

Penfield, W. & Rasmusson, T. (1950). *The cerebral cortex of man.* New York: Macmillan.

Penfield, W. & Roberts, L. (1959). *Speech and brain mechanisms.* Princeton, N.J.: Princeton University Press.

Plutchik, R. (1980). *Emotion. A psychoevolutionary synthesis.* New York: Harper.

Poeck, K. (1983). What do we mean by aphasic syndromes? A neurologist's view. *Brain and Language, 20,* 79—89.

Poeck, K., de Bleser, R. & Graf, D. (1984). Neurolinguistic status and localization of lesion in aphasic patients with exclusively consonant-vowel recurring utterances. *Brain, 107,* 199—217.

Reich, W. (1970). *Charakteranalyse.* Frankfurt: Fischer.

Reuter-Lorenz, P. & Davidson, R. J. (1981). Differential contributions of the two cerebral hemisheres to the perception of happy and sad faces. *Neurophysiologia, 19,* 609—613.

Rimoldi, H. J. A. (1956). Prediction of scale values for combined stimuli. *British Journal of Statistical Psychology, 9,* 29—40.

Rinn, W. E. (1984). The neuropsychology of facial expression: A review of the neurological and psychological mechanisms for producing facial expressions. *Psychological Bulletin, 95,* 52— 77.

Riskind, J. H. (1984). They stoop to conquer: Guiding and self- regulatory functions of physical posture after success and failure. *Journal of Personality and Social Psychology, 47,* 479—493.

Robinson, B. W. (1976). Limbic influences on human speech. *Annals of the New York Academy of Sciences, 280,* 761—776.

Rohracher, H. (1963). *Einführung in die Psychologie.* Wien: Urban & Schwarzenberg.

Rosenfeld, H. M. (1982). Measurement of body motion and orientation. In K. R. Scherer & P. Ekman (Eds.), *Handbook of methods in nonverbal behavior research* (pp. 199—286). Cambridge: Cambridge University Press.

Rosenthal, R., Hall, J. A., DiMatteo, M. R., Rogers, P. L. & Archer, D. (1979). *Sensitivity to nonverbal communication: The PONS Test.* Baltimore: John Hopkins University Press.

Rudert, J. (1965). Vom Ausdruck der Sprechstimme. In R. Kirchhoff (Hrsg.), *Handbuch der Psychologie. Band 5: Ausdruckspsychologie* (S. 422—468). Göttingen: Hogrefe.

Rudolph, H. (1903). *Der Ausdruck der Gemütsbewegungen des Menschen.* Dresden: Kühtmann.

Saarni, C. (1979). Children's understanding of display rules for expressive behavior. *Developmental Psychology, 15,* 424—429.

Sackeim, H. A., & Gur, R. C. (1978). Lateral asymmetry in intensity of emotional expression. *Neuropsychologia, 16,* 473—481.

Sackheim, H. A., Gur, R. C. & Saucy, M. C. (1978). Emotions are expressed more intensely on the left side of the face. *Science, 202,* 434—436.

Scherer, K. R. (1974). Voice quality of American and German speakers. *Journal of Psycholinguistic Research, 3,* 281—298.

Scherer, K. R. (1977). Affektlaute und vokale Embleme. In R. Posner & H.P. Reinecke (Hrsg.), *Zeichenprozesse — Semiotische Forschung in den Einzelwissenschaften* (S. 199—214). Wiesbaden: Athenaion.

Scherer, K. R. (1978a). Inference rules in personality attribution from voice quality: The loud voice of extraversion. *European Journal of Social Psychology, 8,* 467—487.

Scherer, K. R. (1978b). Die Funktionen des nonverbalen Verhaltens im Gespräch. In D. Wegner (Hrsg.), *Gesprächsanalyse* (S. 273—295). Hamburg: Buske.

Scherer, K. R. (1979). Nonlinguistic vocal indicators of emotion and psychopathology. In C. E. Izard (Ed.), *Emotions in personality and psychopathology* (pp. 493—529). New York: Plenum Press.

Scherer, K. R. (1981). Speech and emotional states. In J. Darby (Ed.), *Speech evaluation in psychiatry* (pp. 189—220). New York: Grune & Stratton.

Scherer, K. R. (1982a). Methods of research on vocal communication: Paradigms and parameters. In K. R. Scherer & P. Ekman (Eds.), *Handbook of methods in nonverbal behavior research* (pp. 136— 198). Cambridge: Cambridge University Press.

Scherer, K. R. (1982b). Emotion as a process: Function, origin and regulation. *Social Science Information, 21,* 4/5, 555—570.

Scherer, K. R. (Hrsg.) (1982c). *Vokale Kommunikation.* Weinheim: Beltz.

Scherer, K. R. (1984). On the nature and function of emotion: A component process approach. In K. R. Scherer & P. Ekman (Eds.), *Approaches to emotion* (pp. 293—318). Hillsdale, N.J.: Erlbaum.

Scherer, K. R. (1985). Vocal affect signalling: A comparative approach. In J. Rosenblatt, C. Beer, M.-C. Busnel & J. B. Slater (Eds.), *Advances in the study of behavior* (Vol. 16) (pp. 189—244). New York: Academic Press.

Scherer, K. R. (1986). Vocal affect expression: A review and a model for future research. *Psychological Bulletin, 99,* 143—165.

Scherer, K. R. (1988). Criteria for emotion-antecedent appraisal: A review. In V. Hamilton, G. H. Bower & N. H. Frijda (Eds.), *Cognitive perspectives on emotion and motivation* (pp. 89—126). Dordrecht: Kluwer.

Scherer, K. R. (1988). On the symbolic functions of vocal affect expression. *Journal of Language and Social Psychology, 7,* 79—100.

Scherer, K. R. & Ekman, P. (1982). Methodological issues in studying nonverbal behavior. In K. R. Scherer & P. Ekman (Eds.), *Handbook of methods in nonverbal behavior research* (pp. 1—44). Cambridge: Cambridge University Press.

Scherer, K. R., Feldstein, S., Bond, R. N. & Rosenthal, R. (1985). Vocal cues to deception: A comparative channel approach. *Journal of Psycholinguistic Research, 14,* 409—425.

Scherer, K. R. & Kappas, A. (1988). Primate vocal expression of affective state. In D. Todt, P. Goedeking & D. Symmes (Eds.), *Primate vocal communication.* (pp. 171—194). Berlin: Springer.

Scherer, K. R., Ladd, D. R. & Silverman, K. E. A. (1984). Vocal cues to speaker affect: Testing two models. *Journal of the Acoustical Society of America, 76,* 1346—1356.

Scherer, K. R., Matsumoto, D., Wallbott, H. G. & Kudoh, T. (1988). Emotional experience in cultural context: A comparison between Europe, Japan, and the USA. In K. R. Scherer (Ed.), *Facets of emotion.* (pp. 5—30). Hillsdale, N. J.: Erlbaum.

Scherer, K. R., Scherer, U., Hall, J. A. & Rosenthal, R. (1977). Differential attribution of personality based on multichannel presentation of verbal and nonverbal cues. *Psychological Research, 39,* 221—247.

Scherer, K. R., Summerfield, A. B. & Wallbott, H. G. (1983). Cross- national research on antecedents and components of emotion: A progress report. *Social Science Information, 3,* 355—385.

Scherer, K. R. & Tannenbaum, P. (1986). Emotional experiences in everyday life: A survey approach. *Motivation and Emotion, 10,* 295—314.

Scherer, K. R. & Wallbott, H.G. (Hrsg.) (1979). *Nonverbale Kommunikation — Forschungsberichte zum Interaktionsverhalten* (2. Auflage 1984). Weinheim: Beltz .

Scherer, K. R. & Wallbott, H. G. (1985). Analysis of nonverbal behavior. In T. A. van Dijk (Ed.), *Handbook of discourse analysis* (pp. 199—230). London: Academic Press.

Scherer, K. R., Wallbott, H. G. & Summerfield, A. B. (Eds.) (1986). *Experiencing emotion: A cross-cultural study.* Cambridge: Cambridge University Press.

Scherer, U., Helfrich, H. & Scherer, K. R. (1980). Internal push or external pull? Determinants of paralinguistic behavior. In H. Giles, P. Robinson & P. Smith (Eds.), *Language: Social psychological perspectives* (pp. 279—282). Oxford: Pergamon.

Schleier, R. P. (1952). Motorik und Gesamtpersönlichkeit. *Zeitschrift für Psychologie, 147,* 38—64.

Schlenker, B. R. (1980). *Impression management.* Belmont, CA: Wadsworth.

Schlosberg, H. A. (1952). The description of facial expressions in terms of two dimensions. *Journal of Experimental Psychology, 44,* 229—237.

Schwartz, G. E., Ahern, G. L. & Brown, S. L. (1979). Lateralized facial muscle response to positive and negative emotional stimuli. *Psychophysiology, 16,* 561—571.

Schwartz, G. E., Fair, P. L., Greenberg, P. S., Mandel, M. R. & Klerman, G.L. (1974). Facial expression and depression: An electromyographic study. *Psychosomatic Medicine, 36,* 458.

Schwartz, G. E., Fair, P. L., Salt, P., Mandel, M. R. & Klerman, G. L. (1976). Facial expression: An electromyographic study. *Psychosomatic Medicine, 38,* 337—347.

Seyfarth, R. M., Cheney, D. L., & Marler, P. (1980). Monkey responses to three different alarm calls: Evidence of predator classification and semantic communication. *Science, 210,* 801—803.

Sickert, K. (1983). *Automatische Spracheingabe und Sprachausgabe.* München: Verlag Markt & Technik.

Sobotta, J. (1982). *Atlas der Anatomie des Menschen* (18. von H. Ferner & J. Staubesand neubearbeitete Aufl.). München: Urban & Schwarzenberg .

Spencer, H. (1870). *Principles of psychology.* London: Longmans.

Strack, F., Martin, L. L. & Stepper, S. (1988). Inhibiting and facilitating conditions of the human smile: A non-obtrusive test of the facial-feedback hypothesis. *Journal of Personality and Social Psychology, 54,* 768—777.

Streeter, L. A., Krauss, R. M., Geller, V., Olson, C. & Apple, W. (1977). Pitch changes during attempted deception. *Journal of Personality and Social Psychology, 35,* 345—350.

Strehle, H. (1935). *Analyse des Gebärdens. Erforschung des Ausdrucks der Körperbewegung.* Berlin: Bernard & Graefe.

Strongman, K. T. (1978). *The psychology of emotion.* London: Wiley.

Suberi, M. & McKeever, W. F. (1977). Differential right hemispheric memory storage of emotional and non-emotional faces. *Neuropsychologia, 15,* 757—768.

Thayer, S. (1980). The effect of facial expression sequence upon judgments of emotion. *Journal of Social Psychology, 111,* 305—306.

Thompson, D. F. & Meltzer, L. (1964). Communication of emotional intent by facial expression. *Journal of Abnormal and Social Psychology, 68,* 129—135.

Tomkins, S. S. (1962). *Affect, imagery, consciousness: Vol. 1. The positive affects.* New York: Springer.

Tomkins, S. S. (1963). *Affect, imagery, consciousness. Vol. 2. The negative affects.* New York: Springer.

Tomkins, S. S. (1984). Affect theory. In K. R. Scherer & P. Ekman (Eds.), *Approaches to emotion* (pp. 163—196). Hillsdale, N.J.: Erlbaum.

Tourangeau, R. & Ellsworth, P. (1979). The role of facial response in the experience of emotion. *Journal of Personality and Social Psychology, 37,* 1519—1531.

Triandis, H. & Fishbein, M. (1962). Cognitive interaction in person perception. *Journal of Abnormal and Social Psychology, 67,* 446—453.

Trojan, F. (1975). *Biophonetik.* Zürich: Bibliographisches Institut.

Tucker, D. M. (1981). Lateral brain function, emotion, and conceptualization. *Psychological Bulletin, 89,* 19—46.

Turhan, M. (1960). Über die Bedeutung des Gesichtsausdrucks. *Psychologische Beiträge, 5,* 440—495.

Tversky, A. (1977). Features of similarity. *Psychological Review, 84,* 327—352.

Vanderwolf, C. H. (1971). Limbic-diencephalic mechanisms of voluntary movement. *Psychological Review, 78,* 83—113.

Vohwinckel, G. (1983). *Von politischen Köpfen und schönen Seelen. Ein soziologischer Versuch über die Zivilisation der Affekte und ihres Ausdrucks.* München: Juventa.

Voigt, H. (1939). Gestaltpsychologische Untersuchungen zur menschlichen Motorik. *Archiv für die gesamte Psychologie, 103,* 231—265.

Wallbott, H. G. (1982a). Contributions of the German 'Expression Psychology' to nonverbal behavior research. Part 3: Gait, gestures, and body movement. *Journal of Nonverbal Behavior, 6,* 20—32.

Wallbott, H. G. (1982b). *Bewegungsstil und Bewegungsqualität: Untersuchungen zum Ausdruck und Eindruck gestischen Verhaltens.* Weinheim: Beltz.

Wallbott, H. G. (1984). Ein halbautomatisches Verfahren zur Ermittlung quantitativer Bewegungsparameter aufgrund von Videoaufzeichnungen. *Motorik, 7,* 110—117.

Wallbott, H. G. (1985). Hand movement quality: A neglected aspect of nonverbal behavior in clinical judgment and person perception. *Journal of Clinical Psychology, 41,* 345—359.

Wallbott, H. G. (1986). Person und Kontext: Zur relativen Bedeutung von mimischem Verhalten und Situationsinformationen im Erkennen von Emotionen. *Archiv für Psychologie, 138,* 211—231.

Wallbott, H. G. & Scherer, K. R. (1985). Differentielle Situations- und Reaktionscharakteristika in Emotionserinnerungen: Ein neuer Forschungsansatz. *Psychologische Rundschau, 36,* 83—101.

Wallbott, H. G. & Scherer, K. R. (1986a). How universal and specific is emotional experience? Evidence from 27 countries on five continents. *Social Science Information, 25,* 763—796.

Wallbott, H. G. & Scherer, K. R. (1986b). Cues and channels in emotion recognition. *Journal of Personality and Social Psychology, 51,* 690—699.

Watson, S. G. (1972). Judgment of emotion from facial and contextual cue combinations. *Journal of Personality and Social Psychology, 24,* 334—342.

Weisfeld, G. E. & Beresford, J.M. (1982). Erectness of posture as an indicator of dominance or success in humans. *Motivation and Emotion, 6,* 11—131.

Wellek, A. (1943). Hellpachs „Deutsche Physiognomik" und die Probleme der Physiognomik überhaupt. *Zeitschrift für Angewandte Psychologie und Charakterkunde, 66,* 1—41.

Wiggers, M. (1982). Judgments of facial expression of emotions predicted from facial behavior. *Journal of Nonverbal Behavior, 7,* 101—116.

Wiggers, M. (1984). *Emotion recognition in children and adults.* Unveröff. Dissertation, Nijmegen.

Wilson, E. O. (1975). *Sociobiology: The new synthesis.* Cambridge: Harvard University Press.

Wundt, W. (1900). *Völkerpsychologie. Eine Untersuchung der Entwicklungsgesetze von Sprache, Mythos und Sitte. Band I. Die Sprache.* Leipzig: Kröner.

Wundt, W. (1905). *Grundzüge der physiologischen Psychologie. Band 3* (5. Aufl.). Leipzig: Engelmann.

Zahavi, A. (1982). The patterns of vocal signals and the information they convey. *Behaviour, 80,* 1—8.

Zajonc, R. B. (1985). Emotion and facial efference: A theory reclaimed. *Science, 228,* 15—21.

Zemlin, W. R. (1968). *Speech and hearing science. Anatomy and physiology.* Englewood Cliffs, N.J.: Prentice-Hall.

Zuckerman, M., Amidon, M. D., Bishop, S. E. & Pomerantz, S. D. (1982). Face and tone of voice in the communication of deception. *Journal of Personality and Social Psychology, 43,* 347—357.

Zuckerman, M., Hall, J. A., DeFrank, R. S. & Rosenthal, R. (1976). Encoding and decoding of spontaneous and posed facial expressions. *Journal of Personality and Social Psychology, 34,* 966—977.

Zuckerman, M., Lipets, M. S., Hall, J. A. & Rosenthal, R. (1975). Encoding and decoding nonverbal cues of emotion. *Journal of Personality and Social Psychology, 32,* 1068—1076.

7. Kapitel

Emotionen im sozialen Verhalten

Hermann Brandstätter

A. *Ganzheitlich-phänomenologische Betrachtungsweise sozialer Emotionen*

Im folgenden ist von sozialen Emotionen die Rede, d. h. von Gefühlen, die von anderen ausgelöst und auf andere bezogen sind. In freudiger Erwartung öffnen wir einen Brief von einem geliebten Menschen und beginnen zu lesen: wir sind glücklich über die Äußerungen der Zuneigung, besorgt über die Nachricht einer Erkrankung, enttäuscht über den dadurch notwendigen Aufschub eines Besuches, verwundert und etwas verärgert über ein offenbares Mißverständnis, erleichtert über dessen Aufklärung im weiteren Verlauf des Briefes. So erleben wir in einigen Minuten eine ganze Reihe verschiedener Gefühle, ausgelöst durch die Äußerungen des anderen und unsere eigenen Interpretationen. Wir wissen auch, daß der andere beim Schreiben mitbedacht hat, welche Gefühle er bei uns wachrufen könnte, und in unserem Antwortschreiben nehmen wir Rücksicht auf seine Gefühle.

Es geht in diesem Kapitel um die Bedingungen und Wirkungen der sozialen Gefühle eines Individuums und um die wechselseitig aufeinander abgestimmten und aufeinander folgenden Gefühle und Gefühlsäußerungen von Interaktionspartnern. Ein solches Wechselspiel der Gefühle kann von kurzer Dauer sein, z. B. in einem flüchtigen Gespräch, oder sich über längere Zeit erstrecken, etwa wenn es gilt, die Entwicklung einer Freundschaft hinsichtlich der gegenseitigen Gefühlserfahrungen zu untersuchen.

Eine Analyse der in eine soziale Interaktion verflochtenen Gefühle muß aber die Funktion der Gefühle im gesamten Erlebnis- und Handlungszusammenhang eines Menschen im Auge behalten. Dieser Blick auf das Ganze vor aller

Herauslösung von Komponenten erschien philosophisch und phänomenologisch orientierten Psychologen immer schon wichtig. So schreibt z. B. Müller-Freienfels (1924, S. 86) „Man versteht das Leben der Seele so wenig wie das Leben eines leiblichen Organismus, wenn man ihn in möglichst kleine Teile zerhackt, man versteht es nur so, daß man in allen Einzeltatbeständen das sinnvolle Wirken einer Ganzheit wiederfindet, die zwar als allgemeine Intuition gegeben sein muß, deren Erkenntnis aber erst dadurch, daß man ihren feinsten Einzeläußerungen nachgeht, vertieft und verständlich wird".

In der psychologischen Forschung der vergangenen Jahrzehnte, die mehr oder weniger von der experimentellen Methode geprägt und vorwiegend auf Detailanalysen gerichtet war, verlor man dagegen allzu oft diesen Sinnzusammenhang menschlichen Erlebens und Handelns aus dem Auge. Erst seit einigen Jahren läßt sich wieder eine gewisse Ausweitung des Horizonts in psychologischen Phänomenbeschreibungen und theoretischen Erklärungen beobachten, jetzt aber, so scheint es, ohne einen Verzicht auf die notwendige Präzision der Analyse. War es doch vor allem die Unschärfe der Begriffe und die unzulängliche Nachprüfbarkeit der Aussagen in den frühen Arbeiten einer „verstehenden" Psychologie, die zum so wirksamen behavioristischen Verdikt über Introspektion als Forschungsmethode und damit über die verschiedenen Spielarten von Bewußtseinspsychologie führten.

Wenn von sozialen Emotionen oder Gefühlen die Rede ist, sind damit jene Arten von Erlebnissen gemeint, in denen uns fortlaufend bewußt wird, wie wir unsere jeweilige soziale Situation als Ganzes und die in ihr sich abhebenden einzelnen sozialen Objekte und Ereignisse spontan bewerten, und zwar im Hinblick darauf, ob sie für die Befriedigung unserer Bedürfnisse förderlich oder hinderlich sind. Lersch (1952, S. 170) sagt in diesem Zusammenhang: „In den Anmutungserlebnissen erfahren wir die Beziehung, in der die Inhalte der gegenständlich erschlossenen Welt zur Thematik der Strebungen stehen."

Introspektiv betrachtet und sprachlich mitgeteilt erscheinen Gefühle in einem als Antworten persönlicher Betroffenheit durch Ereignisse (Anmutungen durch Eindrücke) und als Bewegungsimpulse (Antriebsgestalten der Gefühle im Sinne von Klages, 1950, S. 155, und unter Bezug auf Klages bei Lersch, 1952, S. 173). Auch Vetter (1966, S. 96) betont, daß die Gefühle zwischen Kognition und Motivation vermitteln — er spricht von Innerung (in Form von Empfindungseindruck und Verstandeseinsicht) und Äußerung (als Bewegungsantrieb und Willensentschluß).

Die sprachlichen Ausdrücke „Gefühle" und „Emotionen" werden in den weiteren Erörterungen als Synonyme verwendet, wenngleich die Bezeichnung

„Gefühl" mehr auf die Eindruckskomponente, „Emotion" mehr auf die Ausdrucks- und Antriebskomponente der zur Diskussion stehenden Art von Erlebnissen hinweist.

Stellt man die spezifische Erlebnisweise als wesentliches Merkmal des Gefühlsbegriffs heraus, so soll dies besagen, daß die gefühlsauslösenden Ereignisse, deren kognitive Einordnung, die physiologisch faßbaren Erregungsprozesse und die von Interaktionspartnern wahrnehmbaren Ausdrucksphänomene, die alle zusammen erst das ausmachen, was wir heute in der wissenschaftlichen Sprache als Emotionen bezeichnen, ihren Sinn vor allem aus der spezifischen Qualität ihrer Gefühlserlebnisse beziehen.

Obwohl (soziale) Emotionen einerseits mit (sozialer) Kognition und andererseits mit (sozialer) Motivation eng verwoben sind, gibt es gute Gründe dafür, diese Komponenten des Erlebens nicht nur in ihrer Integration im Gefühl, sondern auch in ihrer Eigenart und Funktion jeweils für sich zu untersuchen.

Unter sozialer Kognition faßt man zweckmäßigerweise psychische Prozesse (Wahrnehmen, Vorstellen, Erinnern, Denken) zusammen, mit denen wir soziale Objekte und Vorgänge zur Orientierung unseres sozialen Handelns abbilden. Was wir über andere Menschen und über ihre Beziehungen untereinander (einschließlich unserer Beziehungen zu ihnen) wissen oder zu wissen meinen, ist unsere subjektive Repräsentation der sozialen Umwelt und unserer Beziehung zu ihr. Emotionen kommen in dem Maße ins Spiel, als wir von diesen auf andere Menschen bezogenen Wahrnehmungen, Erinnerungsvorstellungen und gedanklichen Folgerungen angenehm oder unangenehm berührt werden, Hoffnung auf Erfolg oder Furcht vor Mißerfolg unserer sozialen Bestrebungen, Befriedigung oder Frustration unserer sozialen Bedürfnisse erleben.

Die Abgrenzung sozialer Motivation, Motivation im Sinne aktueller Zielgerichtetheit des Handelns (Heckhausen 1980, S. 25), von sozialer Emotion gelingt weniger gut als die von sozialer Kognition, da (erlebte) Zielgerichtetheit nicht ohne Gefühle der Hoffnung und Furcht, d.h. der (emotionalen) Bewertung eines möglichen Erfolgs oder Mißerfolgs denkbar ist. Verlangen nach und Abscheu vor möglichen Konsequenzen des sozialen Handelns sind sowohl wesentliche Komponenten der Motivation als auch eindeutig der Erlebnisart der Gefühle zuzordnen wie z.B. auch Stolz über eine soziale Anerkennung oder Ärger über einen Tadel Gefühle darstellen, mit denen wir den tatsächlichen Erfolg oder Mißerfolg bestimmter Strebungen bewerten. Der Beschreibungsbegriff Motivation schließt also Emotion als wesentlichen Bestandteil ein, umfaßt aber mehr, nämlich auch die kognitive Repräsentation des Ziels und der möglichen Wege zum Ziel sowie den erlebten impulsiven oder willensgesteuerten Einsatz der Kräfte, letzteren allerdings wiederum in enger Verflechtung mit Gefühlen.

Die Schwierigkeiten der Abgrenzung lassen sich auch nicht vermeiden, wenn man unter Kognition, Emotion und Motivation nicht real gesonderte, an relativ selbständige psychophysiologische Strukturen gebundene Teilprozesse, sondern nur verschiedene Betrachtungsweisen eines und desselben komplexen Prozesses versteht. Wie fragwürdig alle Versuche der Definition von Gefühlen sind, betont auch Rohracher, wenn er unverändert von der ersten (1946) bis zur letzten (1971) von ihm durchgesehenen Auflage seiner Einführung in die Psychologie feststellt: „Es liegen vielerlei Versuche vor, das Gefühl zu definieren;... — keiner von ihnen ist gelungen, obwohl man den ganzen Apparat wissenschaftlicher Begriffsbildung aufbot, wodurch man nicht mehr erreichte als meist sehr geschraubte und gekünstelte Umschreibungen mit leeren Worten" (Rohracher, 1946, S. 399). Um nicht auch hier dieser Gefahr zu erliegen, wollen wir uns nicht länger mit Definitionen aufhalten. Es sollte jeweils aus dem Zusammenhang klar werden, was eigentlich gemeint ist, wenn von Gefühlen die Rede ist.

Bevor wir uns einer genaueren Bedingungs- und Wirkungsanalyse sozialer Emotionen zuwenden, wollen wir uns unter Berufung auf die Selbsterfahrung bewußt machen, welch wesentlichen Beitrag Emotionen zur fortlaufenden Erfassung und Gestaltung sozialer Situationen leisten. Vetter (1949, 1966) weist in vielen seiner Arbeiten nachdrücklich darauf hin, daß mit der „Instinktenthebung" des Menschen das Gefühl eine zentrale Orientierungs- und Integrationsfunktion gewinnt. Wenn Scherer (1984, S. 296) sagt „that one of the major functions of emotion consists of the constant evaluation of external and internal stimuli in terms of their relevance for the organism and the preparation of behavioral reactions which may be required as a response to those stimuli", so drückt das denselben Grundgedanken in der heute üblichen Terminologie aus.

Nach dieser Auffassung sagt uns das Gefühl nicht nur, was für uns gut oder schlecht ist, sondern vielfach auch, welche Ursachen es hat (Weiner, 1986), für welche Motive die Situation hinderlich oder förderlich ist und welche Handlungsmuster am ehesten in Frage kommen (Shaver et al. 1987). Wenn wir z. B. einem Menschen begegnen, der in uns das Gefühl der Dankbarkeit auslöst, wissen (meinen) wir in einem, daß er uneigennützig etwas für uns getan hat, was uns tröstet oder freut, und erleben die Bereitschaft, ihm ebenfalls etwas Gutes zu tun. Wenn der andere uns dagegen ärgert, wissen (meinen) wir, daß er die Erfüllung unserer Bedürfnisse mit Absicht behindert, und wir fühlen uns gedrängt, ihn dafür zu bestrafen und zum Einlenken zu bewegen. Der Ausdruck unserer Gefühle (in Mimik, Stimme, Gesten und Körperhaltung) sagt dem anderen nicht nur, wie wir sein vorausgehendes Verhalten interpretieren und was wir fühlen, sondern auch, was er von uns zu erwarten hat (vgl. Scherer & Walbott in diesem Band). Was wir in den beschriebenen Situationen tatsächlich tun, ist allerdings nicht allein von den gerade besonders akzentuierten Gefühlen und vom Stimmungshintergrund abhängig, sondern auch von Überlegungen zur Möglichkeit, Zweckmäßigkeit und Gewissensverträglichkeit der verschiedenen Handlungsalternativen und von den durch diese Überlegungen ausgelösten Gefühlen. Hier kommt auch die Antizipation künftiger Gefühle ins Spiel: wir sehen voraus, was uns, falls wir dies oder jenes tun, mit Stolz erfüllen oder Scham bereiten wird, was in uns das Gefühl der Gewissensübereinstimmung oder der Schuld auslösen wird etc.

Die Einfühlung in die Situation („Person-Umwelt-Konstellation") des anderen (zu unterscheiden von der Ausdruckswahrnehmung) besteht auch in der Antizipation seiner Gefühle. Oft sind wir darauf aus, ganz bestimmte Gefühle im anderen zu provozieren oder ihn vor bestimmten Gefühlen zu bewahren. Was damit gemeint ist, zeigt anschaulich ein Versuch von Folkes (1982), in dem Studentinnen anzugeben hatten, mit welchen Gründen sie eine Bitte um eine Verabredung ablehnen würden, wenn der tatsächliche Grund einer der verschiedenen Kombinationen der drei Attributionsdimensionen (intern-extern, instabil-stabil, nicht kontrollierbar-kontrollierbar) zuzuordnen war. Es überwogen eindeutig jene Gründe (Ausreden), von denen zu erwarten war, daß sich der Betroffene dadurch weniger verletzt fühlen würde (vgl. auch Weiner et al., 1987).

Die in den Gefühlen enthaltenen Bewertungen und Handlungsimpulse können auch in die Irre führen und große innere und äußere Konflikte auslösen. Man denke nur an jene Störungen des Gefühls, die nicht in einem Mangel an Gefühlen, sondern in der Ambivalenz von Gefühlen, in allzu großer Gefühlserregbarkeit oder in situationsinadäquaten Gefühlen bestehen. Der schlichte Rat „Hör auf dein Gefühl" könnte, wenn befolgt, das eine Mal heilsam, das andere Mal durchaus von Übel sein. In diesem Sinne spricht auch DeRivera (1977) von der Notwendigkeit, die richtigen Gefühle zu wählen, und ein vorrangiges Anliegen fast aller psychotherapeutischen Schulen ist es, Gefühle aus schädlichen Fixierungen zu lösen und den Patienten von Ängsten zu befreien, die den Handlungsspielraum einschränken und der Persönlichkeitsentwicklung im Wege stehen.

Es dürfte vor allem an den Handlungsimplikationen von Gefühlen liegen, daß Emotionen und Emotionsäußerungen einer kulturspezifischen Wertung und Normung unterliegen (Sommers, 1984a; 1984b), die nicht nur in die Bewertung der Gefühlsäußerungen von anderen, sondern auch in die jeweils persönliche (wiederum gefühlsmäßige) Wertung der eigenen Gefühle eingeht. Dies ist ein weiterer Hinweis darauf, daß Emotionen immer auch die Frage aufwerfen, ob man ihrem Appell folgen oder sich vor ihnen in Acht nehmen soll.

B. Bedingungs- und Wirkungsanalyse sozialer Emotionen

1 Emotionen als Bedingung von Verhalten in sozialen Situationen

1.1 Einfluß von Gefühlen auf Leistung in sozialen Situationen

Die Alltagserfahrung sagt uns, daß die Anwesenheit anderer Personen manche unserer Leistungen steigern, andere dagegen beeinträchtigen kann. In der Frühzeit der experimentellen Sozialpsychologie wurde dieses Phänomen wiederholt untersucht (vgl. Zajonc 1965), dann längere Zeit vernachlässigt, bis Zajonc's (1965) theoretische Integration der bis dahin vorliegenden Befunde zu einer Reihe weiterer Untersuchungen führte (vgl. Geen 1980, Markus 1978).

Für die auf den ersten Blick widersprüchlich erscheinenden Ergebnisse der älteren Experimente zu diesem Thema gibt Zajonc (1965) eine Erklärung, der das Hull'sche Konzept des Reaktionspotentials zugrunde liegt, das Spence weiterentwickelt und experimentell getestet hat (vgl. Weiner 1985, S. 103 ff.). Danach kommt eine Erhöhung der Antriebsstärke (drive) vor allem den „eingefahrenen" Stimulus-Response-Verbindungen (Habits; SHR) zugute. Leichte Aufgaben sind dadurch gekennzeichnet, daß das richtige Verhalten gut eingespielt oder, wie man zu sagen pflegt, dominant ist. Mit der Antriebsstärke steigt die Leistung bei leichten Aufgaben. Bei schwierigen Aufgaben dagegen konkurrieren mehrere unzweckmäßige Reaktionen mit der richtigen, der es (noch) an Habitstärke mangelt. Eine Antriebssteigerung verschiebt daher das Reaktionspotential zu Ungunsten der richtigen Reaktion; Fehlreaktionen treten mit größerer Wahrscheinlichkeit auf. Nun braucht man mit Zajonc (1965, 1980) nur noch anzunehmen, daß die Anwesenheit anderer Personen (allgemein: die Anwesenheit von Artgenossen; denn soziale Aktivierung findet sich auch bei Tieren) eine Antriebssteigerung bewirkt, und kann erklären, warum Menschen (und Küchenschaben) schwierige (neuartige) Aufgaben weniger gut in Gegenwart von Artgenossen bewältigen. Von Gefühlen ist allerdings in den meisten Arbeiten zu dieser Frage kaum die Rede, es sei denn, man nimmt die theoretisch angenommene und verschiedentlich auch physiologisch gemessene Aktivierung[1] als Komponente einer Emotion.

Emotionsbedingte Aktivierung ist vor allem dann anzunehmen, wenn die Vpn erwarten, daß die anwesenden Personen als kritische Beobachter die Leistung bewerten (Geen 1980). Die mit dieser Erwartung verbundene Hoffnung auf Anerkennung oder Furcht vor Tadel oder Beschämung könnte beim Menschen der eigentliche oder zumindest der wichtigste Grund für die aktivierende Wirkung sozialer Situationen sein (Cotrell 1972). Damit stimmt überein, daß die Anwesenheit anderer im Vergleich zur Alleinarbeit vor allem dann schwierige Leistungen behindert und leichte fördert, wenn die Vpn erwarten, daß sie bewertet werden, und wenn diese Bewertung für sie relevant ist[2]. Es fragt sich also, ob es allein auf die inhaltlich unspezifische, ungerichtete Antriebsstärke (drive im Sinne von Hull; vgl. Weiner 1985, S. 85-138) ankommt oder ob spezifische Bedürfnisse, Erwartungen und Gefühle erregt werden müssen, daß es zu den vielfach beobachteten Leistungsänderungen in sozialen Situationen kommt. Ist Letzteres der Fall, verlöre die von Zajonc (1965) vorgeschlagene Erklärung wesentlich an Überzeugungskraft[3].

In einem stärker auf die kognitiven Komponenten gerichteten Erklärungsansatz könnte man auch annehmen, daß die Erregung von Gefühlen, seien diese positiv oder negativ, Aufmerksamkeit von der Aufgabenlösung abzieht, was sich vor allem bei neuartigen Aufgaben schädlich auswirken müßte. Baron & Moore (1978) und Sanders (1981) weisen nun darauf hin, daß diese Erklärung der Zajonc'schen Aktivierungsthese nicht widerspreche: die Ablenkung durch die Anwesenheit anderer Personen erfordere vermehrte Anstrengung, was wiederum zu einer Steigerung der ungerichteten Antriebsstärke (drive) und damit zur Förderung der Leistung bei leichten und zur Behinderung der Leistung bei schwierigen Aufgaben führen müßte. Um die je nach Aufgabenschwierigkeit leistungsfördernde oder leistungsmindernde Wirkung der Ablenkung zu erklären, bräuchte man aber nicht unbedingt das Hull-Spence'sche Konzept einer ungerichteten Antriebsstärke (drive) zu bemühen. Eine auf Aufrechterhaltung der Leistung unter erschwerten Bedingungen gerichtete „reaktive Anspannungssteigerung" (Düker 1963) könnte die Befunde mindestens ebenso gut erklären. Danach wäre die Leistung die Resultante aus

---

[1] „Erregung eines Organismus durch Reizung von außen, durch ein Bedürfnis oder durch einen Affekt", Dorsch 1982, S. 19).

[2] Selbst wenn mehrere Personen nebeneinander arbeiten und alles vermieden wird, eine Wettbewerbssituation entstehen zu lassen, ist nicht auszuschließen, daß sich die Vpn so fühlen, als würde ihre Leistung im Vergleich zur Leistung der anderen bewertet.

[3] Gemäß dem Hull'schen Modell müßte ja die Reaktionsstärke bei jeder Art von Antriebserhöhung zunehmen.

Beeinträchtigung durch Ablenkung (größer bei schwierigen Aufgaben) und vermehrter Anspannung der Aufmerksamkeit, die bei leichten Aufgaben zu einer höheren Leistung, bei schwierigen Aufgaben zu einer Leistungsminderung führt, weil die ablenkungsbedingte Behinderung nicht voll durch die reaktive Anspannungssteigerung kompensiert wird.

Weitere mögliche Erklärungen der sozialen Aktivierung finden sich bei Bond & Titus (1983), die auch auf Mängel und zweifelhafte Schlußfolgerungen verschiedener Sammelreferate hinweisen. In ihrer eigenen Meta-Analyse der Effektstärken, wie sie in 241 Studien berichtet oder aus den statistischen Angaben rückgerechnet wurden, stellten sie fest, daß im allgemeinen die Quantität und noch mehr die Qualität komplexer Leistungen durch die Anwesenheit anderer Personen beeinträchtigt werden. Bei einfachen Leistungen fördert die Anwesenheit anderer Personen das Tempo, aber kaum die Genauigkeit. Insgesamt werden nur zwischen 1 % (Tempo bei einfachen und komplexen Leistungen) und 3 % der Varianz (Genauigkeit bei komplexen Leistungen) erklärt. Bemerkenswert ist noch, daß in der Regel die Anwesenheit anderer nur bei komplexen Aufgaben eine physiologisch nachweisbare Erregung auslöst und daß es bei den leistungsfördernden bzw. leistungshemmenden Effekten, anders als Cotrell (1972) meint, allein auf die Anwesenheit, nicht auf die Bewertung der Leistung durch Anwesende anzukommen scheint. Ersteres steht im Widerspruch, Letzteres in Übereinstimmung mit den Interpretationen von Zajonc (1965, 1980).

Wenn die bisherigen Befunde so widersprüchlich und bei großer Streuung im Durchschnitt die Effekte so gering sind, liegt der Verdacht nahe, daß nur eine Berücksichtigung individueller Unterschiede zu überzeugenderen Erklärungen führen kann, wie dies auch bei der Analyse der Wirkungen eines aggressiven, neutralen oder freundlichen Diskussionsstils der Fall war (Brandstätter, 1985; 1987).

Um eine differenziertere Klärung der Ursachen und einiger Apsekte der Wirkungen von Emotionen in Leistungssituationen bemüht sich auch Heckhausen (1989, S. 423 ff.), wobei er an Arbeiten von Weiner (u. a. Weiner et al. 1971; Weiner, Russel & Lerman 1979) anknüpft. Hier geht es nicht um eine unspezifische, ungerichtete Aktivierung wie bei Zajonc (1965), sondern um inhaltlich bestimmte Motive und kognitive Prozesse, die bestimmte Gefühle bedingen, die wiederum das Leistungshandeln beeinflussen. Eine Verbindung zu einem Teil der Arbeiten über soziale Aktivierung (z. B. Geen 1980) besteht insofern, als hier und dort von Gefühlen die Rede ist, die durch Fremd- und Selbstbewertung der Leistung ausgelöst werden. Die beiden Forschungsbereiche (Leistungsmotivation und soziale Aktiverung) stehen aber unverbunden nebeneinander.

Die von Heckhausen interpretierten Experimente sind in unserem Zusammenhang deswegen von Belang, weil es dabei meist um Leistungen in sozialen Situationen ging, (die sich die Vpn vorzustellen hatten oder denen sie tatsächlich ausgesetzt wurden), auch wenn man weniger über Wirkungen als über die Entstehung von Emotionen erfährt. So löst Fremdbewertung (Lob und Tadel) von Erfolg bzw. Mißerfolg bei fähigkeitszentrierten Aufgaben (das sind Aufgaben, deren Gelingen nach dem allgemeinen Verständnis besondere Fähigkeiten voraussetzt) andere Emotionen aus als bei anstrengungszentrierten Aufgaben. Da der Beurteilte (im allgemeinen in treffender Weise) annimmt, daß Lob und Tadel vor allem seiner Anstrengung gelten, wird er aus einem überschwenglichen Lob für Erfolg bei einer leichten (d. h. anstrengungszentrierten) Aufgabe eher herauslesen, daß man seine Fähigkeiten gering einschätzt, aus einem Tadel für Mißerfolg bei einer schwierigen (und daher fähigkeitszentrierten Aufgabe) dagegen, daß man viel von seinen Fähigkeiten hält. Gemäß einem derartigen „kompensatorischen Ursachenschema" (Heckhausen 1989, S. 437) würde Lob ein Gefühl der Beschämung und Tadel ein Gefühl des Stolzes auslösen. Während Lob und Tadel für eine Leistung vor allem auf die wahrgenommene Anstrengung abgestimmt sind, die man hinter der Leistung vermutet, variieren in der Selbstbewertung erfolgs- bzw. mißerfolgsabhängige Gefühle stärker mit der Fähigkeits- als mit der Anstrengungsattribution.

Heckhausen (1980) legte Studenten unmittelbar nach einer mündlichen Prüfung einen Fragebogen vor, um über ihre Gedanken und Gefühle Aufschluß zu erhalten, die sich während der Prüfung störend bemerkbar machten. Hinsichtlich der Gefühle unterschied er (a) motivierende Anreizemotionen (Erwartung positiver oder negativer Selbst- oder Fremdbewertung nach der Prüfung), (b) Erwartungsemotionen (Zuversicht vs. Befürchtung hinsichtlich des Ergebnisses), (c) Zustandsemotionen (z. B. Gelöstheit vs. Gespanntheit, Prüfungsangst, Ärger) und (d) Emotionswandel (Erleichterung vs. Enttäuschung). Häufig erwähnten die Studenten Überlegungen zur Attribution von Ursachen. Je stärker Fähigkeitsattributionen im Vordergrund standen, desto mehr bedeutete ihnen die erwartete Selbst- und Fremdbewertung von Erfolg bzw. Mißerfolg (Kovariation von Fähigkeitsattributionen mit motivierenden Anreizemotionen). Die Selbstbewertung wird insbesondere von jenen Vpn betont, die das Prüfungsergebnis als Erfolg werten. Erwartungsemotionen waren dagegen enger mit Anstrengungsattributionen verbunden. Heckhausen weist auf Unterschiede in den Attributionen und Emotionen während und nach der Leistungshandlung hin.

Die Hypothese der sozialen Aktivierung wurde bisher nur auf Leistungen angewendet, die in gleicher Weise allein oder in Anwesenheit anderer Personen erbracht werden können. Nun verlangt aber auch jedwede soziale Interaktion kognitive und sensumotorische Leistungen, die in sozialer Isolierung nicht vorkommen, wie z. B. abwechselndes Zuhören und Sprechen. Sie müßten aber von der sozialen Aktivierung ebenso betroffen sein wie Leistungen sachlicher Art, auch wenn dieser Effekt nicht durch einen Vergleich von Situationen mit und ohne Anwesenheit anderer Personen, wohl aber durch eine Variation der Anzahl, Nähe und Wichtigkeit der anwesenden Personen überprüft werden kann (Latané 1981). Auch wenn sich die Arbeiten von Latané nicht ausdrücklich auf das Konzept der sozialen Aktivierung beziehen, so müßte sich sein Modell, das soziale Wirkung als Funktion des Produkts aus Wichtigkeit (strength), Nähe (immediacy) und Anzahl (number) der anwesenden Personen begreift, doch dazu eignen, die Stärke der Aktivierung durch die Anwesenheit anderer Personen vorherzusagen und des weiteren daraus abzuleiten, welche Arten sozialer Fertigkeiten (vgl. Argyle 1972, S. 177 ff.) dadurch gefördert, welche behindert werden.

Die im folgenden erwähnten Arbeiten zur Wirkung von Emotionen auf Leistung beziehen sich zwar nicht ausdrücklich auf soziale Situationen; sie zeigen aber einige Aspekte der Beziehung zwischen Emotion und Leistung, die auch sozialpsychologisch bedeutsam sein könnten.

Eine deutliche leistungsfördernde Wirkung positiver und leistungshemmende Wirkung negativer Emotionen zeigte sich in einem Experiment von Masters, Barden und Ford (1979), in dem sich vierjährige Kinder zunächst an besonders glückliche bzw. besonders unglückliche Ereignisse zu erinnern und dann Lernaufgaben zu bearbeiten hatten[4]. Zu möglichen Erklärungen dieser Effekte sagen die Autoren jedoch wenig. So bleibt offen, ob unlustgetönte Erinnerungen zu einer überoptimalen Aktivierung führen, die Konzentration auf die Aufgaben erschweren, Mißerfolgsbefürchtungen auslösen etc.

Leventhal und Tomarken (1986, S. 595) berichten über Untersuchungen, die zeigen, daß depressive Stimmungen vor allem freies Erinnern beeinträchtigen, sowie Erinnern nach längerer Zeit, Erinnern wenig strukturierten Materials und Erinnern von Information, die eine gründlichere Verarbeitung beim Einprägen verlangte. Durch Depression scheinen also vor allem komplexere Strategien der Informationsverarbeitung betroffen zu sein, möglicherweise mitbedingt durch die depressionsbedingte Schwächung der Antriebe.

Unter Berufung auf Arbeiten von Isen und Mitarbeitern (vgl. Isen 1984) erwähnen Leventhal und Tomarken (1986), daß bei gehobener Stimmung komplexe Entscheidungen leichter fallen, Probleme eher intuitiv als analytisch

---

[4] Es zeigte sich, daß die meisten der erinnerten Ereignisse soziale Erfahrungen betrafen.

gelöst werden und umfassendere Kategorien verwendet werden, wobei Letzteres nach Meinung dieser Autoren auf die ganzheitlichere Informationsverarbeitung der rechten Gehirnhälfte hinweisen könnte, die zugleich eine gewisse Affinität zu Emotionen, insbesondere positiven Emotionen zu haben scheine (vgl. Bryden 1982, S. 134 ff.).

In den letzten Jahren hat der Zusammenhang von Emotionen und Gedächtnis besonderes Forschungsinteresse auf sich gezogen (vgl. Bower 1981). Leventhal und Tomarken (1986, S. 591 ff.) stellen — wiederum unter Bezug auf Isen (1984) — in ihrem Überblick fest, daß Erinnerung an ein Ereignis leichter fällt, wenn man sich in der gleichen Stimmung befindet wie zum Zeitpunkt des Ereignisses. Dieser Effekt sei vor allem unter sonst schwierigen Bedingungen zu erwarten, z. B. eher bei freier Reproduktion als bei Wiedererkennen, und eher mit Inhalten, die wegen ihres Umfangs, ihres geringen Bedeutungs- und/oder Anschauungsgehalts Mühe bereiten. Im allgemeinen würden stärkere Effekte bei Übereinstimmung in positiven als in negativen Gefühlen gefunden.

Eine andere nur unter experimentellen Bedingungen von der ersten Art zu unterscheidende Form des Stimmungseinflusses auf Gedächtnisleistungen besteht darin, daß ein Ereignis mit einem bestimmten emotionalen Anregungsgehalt dann besonders gut erinnert wird, wenn sich die Person bereits vor Kenntnisnahme von dem Ereignis in einer Stimmung befand, die der Gefühlstönung des Ereignisses ähnlich, das soll heißen, gleichermaßen positiv bzw. negativ ist. Auch dieser Effekt findet sich deutlicher und verlässlicher bei positiven als bei negativen Gefühlen (vgl. auch Bower, 1981 und Forgas & Bower, 1987).

Ohne auf Modelle einzugehen, die zur einheitlichen Erklärung dieser beiden verschiedenen Effekte entwickelt wurden, sei hier nur auf ihre mögliche Bedeutung für die Entstehung und Verfestigung von interpersonellen Konflikten hingewiesen. Eine Verstimmung zwischen Ehepartnern aus aktuellem Anlaß kann allein dadurch verschlimmert werden, daß unerfreuliche Erfahrungen der Vergangenheit, auch wenn sie inhaltlich wenig Ähnlichkeit mit dem gegenwärtigen Anlaß der Verstimmung haben, ins Gedächtnis gerufen werden. Andererseits müßte auch (und vor allem) eine gute Stimmung zwischen den Partnern durch positiv gefärbte Erinnerungen verstärkt und stabilisiert werden. Man könnte hier fragen, ob bei stimmungsstabilen Menschen das Emotions-Kognitions-Netz der Gedächtnisassoziationen weniger fest verknüpft ist als bei stimmungslabilen Personen.

1.2 Einfluß von Gefühlen auf Hilfsbereitschaft

Menschen helfen einander aus den verschiedensten Motiven, etwa um die eigene Überlegenheit zu demonstrieren und die Abhängigkeit des anderen auszukosten oder um sich, im Vertrauen auf das Prinzip der Gegenseitigkeit, künftiger Hilfeleistungen des anderen zu vergewissern. Menschen helfen einander aber auch, weil sie das Leid des anderen vermindern oder seine Freude vermehren wollen. Nur diese „altruistische" Form der Hilfsbereitschaft soll uns hier beschäftigen. Dem anderen aus Mitgefühl (Mitleid und Mitfreude) etwas Gutes zu tun, verdient die Bezeichnung „altruistisch" auch dann, wenn die „gute Tat" das im Mitleid enthaltene eigene Unbehagen vermindert und das in der Mitfreude enthaltene eigene Wohlbefinden erhöht, denn daß Menschen zu allererst Mitleid und Mitfreude empfinden können, macht ihren Altruismus aus, nicht daß ihr Handeln völlig frei von der Befriedigung eigener Bedürfnisse ist. Man könnte auch sagen, Altruismus sei in der Art der Bedürfnisse eines Menschen begründet und nicht darin, daß dieser Mensch, indem er den anderen fördert, jedweden eigenen Bedürfnissen zuwiderhandelt (vgl. die Diskussion des Problems bei Krebs, 1975, S. 1144; Batson et al. 1986).

Eine Reihe von Experimenten (Coke, Batson & McDavis, 1978; Krebs, 1975; weitere Arbeiten zitiert Bierhoff, 1984. S. 70 f.) legt den Schluß nahe, daß mit der Einfühlung in die Notlage des anderen die Hilfsbereitschaft wächst. Das Mitgefühl wiederum scheint besonders ausgeprägt zu sein, wenn der andere als einem selbst ähnlich erlebt wird (Krebs, 1975) und wenn man sich bewußt in die Lage des anderen hineinversetzt (vorausgesetzt, daß man die dadurch ausgelöste Erregung nicht fälschlich auf eine andere Ursache, z. B. auf die Wirkung einer Pille (Coke, Batson & McDavis, 1978) zurückführen kann). Nach Coke et al. (1978) geht das Nacherleben (die Perspektive des anderen Einnehmen) dem Mitgefühl voraus, das schließlich die Hilfsbereitschaft fördert. Diese Autoren finden keine Hinweise in ihren Daten, daß das eigentliche Motiv für die Hilfeleistung darin bestanden haben sollte, durch Hilfeleistung das eigene Unbehagen zu beseitigen. Allem Anschein nach ging es den Versuchspersonen vor allem darum, die hilfsbedürftige Person von ihrem Kummer zu befreien (altruistische Motivation) und nicht darum, dem eigenen Unbehagen zu entkommen (egoistische Motivation).

Ob Hilfsbereitschaft mehr durch das altruistische Bedürfnis, die Not des anderen zu lindern (Batson et al. 1983), oder vor allem durch das egoistische Verlangen, dem eigenen Unbehagen angesichts der Notlage zu entkommen (Cialdini, 1987), bestimmt wird, ist auch eine Frage der Persönlichkeit (Batson et al. 1986). Einander widersprechende experimentelle Befunde könnten in nicht erkannter, von Experiment zu Experiment variierender Verteilung von relevanten Persönlichkeitsmerkmalen begründet sein.

Die Fähigkeit, sich in die Lage des anderen zu versetzen (die Perspektive des anderen einzunehmen, d. h. im Sinne Schelers (zit. nach Lersch 1938, S. 102) nachzuerleben, was der andere wahrnimmt, denkt und fühlt), nimmt in der Kindheit im Laufe der kognitiven Entwicklung zu (Underwood & Moore 1982). Lersch (1938, 102 f.) unterscheidet unter Berufung auf Scheler phänomenologisch das Mitgefühl (Mitleid und Mitfreude) deutlich vom Nacherleben (einer notwendigen Voraussetzung des Mitgefühls) und von „primitiver" Gefühlsansteckung, in der die Grenze zwischen der eigenen und den fremden Personen verwischt oder, wie in der früheren Kindheit, noch nicht richtig ausgebildet ist[5]. Lersch (1938, S. 106) weist auch darauf hin, daß Menschen, denen es an Mitgefühl mangelt, sich nicht notwendigerweise rücksichtslos gegenüber anderen verhalten. Der Mangel an Mitgefühl kann nämlich durch die Gewissensforderung der Gerechtigkeit und Pflichterfüllung gegenüber den Mitmenschen kompensiert werden.

Die Bedeutung der Reife des moralischen Urteils für Hilfsbereitschaft geht aus einer zusammenfassenden Darstellung einschlägiger Ergebnisse durch Underwood und Moore (1982) hervor. In einer Meta-Analyse von Studien zur Hilfsbereitschaft, die meist mit Kindern verschiedenen Alters durchgeführt wurden, zeigen diese Autoren auch, daß die Fähigkeit, sich in die Lage eines anderen zu versetzen („perspective taking" hinsichtlich seiner Perspektive in den optischen Wahrnehmungen, Gedanken, Absichten und Gefühlen), vorwiegend positiv mit prosozialem Verhalten korreliert. Die Korrelationen zwischen Mitgefühl (empathy), das über ein Verstehen der Gefühle des anderen hinausgeht, und Hilfsbereitschaft waren dagegen widersprüchlich. Eine erneute Durchsicht dieser und weiterer einschlägiger Untersuchungen (Eisenberg & Miller, 1987) kommt jedoch zu dem Schluß, daß die Höhe der vorwiegend positiven Korrelationen davon abhängt, wie die Fähigkeit zur Einfühlung gemessen wurde und welches Alter die Versuchspersonen hatten. Keine signifikanten Korrelationen fanden sich, wenn die Einfühlungsfähigkeit der Versuchspersonen, meist Kinder, mit Hilfe von Bildern und/oder Geschichten gemessen wurde. Dies könnte, so meinen die Autoren, damit zusammenhängen, daß hier, im Unterschied zu anderen Meßverfahren, immer nur die Fähigkeit zur Einfühlung, nicht jedoch die aktuelle Einfühlung gegenüber der Person, die dann tatsächlich Hilfe heischte, erfaßt wurde. Beide Sammelreferate lassen aber den Leser am Ende ziemlich ratlos. Ohne vergleichende phänome-

[5] Zur Unterscheidung von Einfühlung (empathy) und Mitgefühl (sympathy) vgl. Auch Grün und Mendelsohn, 1986.

nologische Klärung der in den verschiedenen Experimenten konstruierten Situationen, wie dies Carlson und Miller (1987) versuchten, weisen auch Meta-Analysen keinen rechten Weg zu einem umfassenden Verständnis der vielen widersprüchlichen Einzelbefunde.

Wiederholt wurde in Versuchen beobachtet, daß Menschen, die gerade etwas Erfreuliches erlebt haben und daher gut gestimmt sind, eher zur Hilfe bereit sind (u. a. Isen, Clark & Schwartz, 1976). Daß Passanten bei Sonnenschein hilfsbereiter (im Beantworten von Interviewfragen) und Restaurantbesucher freigebiger (im Geben von Trinkgeldern) waren, erklärt sich Cunningham (1979) damit, daß Sonnenschein bessere Stimmung und diese größere Hilfsbereitschaft bedingt. Man könnte vermuten, daß man in positiver Stimmung weniger an die unangenehmen Seiten der Hilfeleistung denkt als in schlechter Laune (vgl. dazu auch Bierhoff, 1984, S. 69 f.; Lück, 1975, S. 77).

Ein Zusammenhang zwischen Stimmung und Hilfsbereitschaft wird im übrigen auch von den bei Clark und Reis (1988, S. 619 f.) erwähnten Untersuchungen nahegelegt, die zeigen, daß andere Personen in Abhängigkeit von der eigenen guten oder schlechten Simmung eher positiv oder aber eher negativ beurteilt werden. Dabei scheint der Effekt positiver Stimmung (verglichen mit neutraler Stimmung) stärker zu sein als der Effekt negativer Stimmung.

Den Einfluß von Attributionen der Notlage eines anderen auf die dadurch ausgelösten Gefühle und Hilfeleistungen untersuchte Reisenzein (1986) unter Berufung auf Weiners (1980; 1982) Attributionsmodell von Gefühlen. Es zeigte sich, in Übereinstimmung mit Weiners Annahmen und Befunden, daß entscheidend für Hilfeleistung bzw. Unterlassung der Hilfeleistung die Emotionen Ärger und Mitgefühl waren, die ihrerseits davon abhingen, ob der Notfall vom Hilfeheischenden verschuldet erschien oder nicht.

Carlson und Miller (1987) führten aufgrund von 44 Veröffentlichungen, in denen insgesamt über 85 Experimente zur Abhängigkeit der Hilfsbereitschaft von negativen Gefühlen (im Vergleich zu emotional neutralen Zuständen) berichtet wurde, eine neuartige Meta-Analyse durch. Die Autoren stellten aufgrund theoretischer Überlegungen und Durchsicht der einschlägigen Literatur eine Liste von Bedingungen zusammen, von denen es abhängen könnte, ob eine Versuchsperson, die in eine negative Stimmung versetzt wurde, größere oder geringere Hilfsbereitschaft zeigt als eine Versuchsperson in neutraler Gefühlslage. Sachverständige Beurteiler hatten dann aufgrund des Abschnitts „Methode“ in den jeweiligen Veröffentlichungen (in Unkenntnis der Ergebnisse des Experiments) einzuschätzen, ob bzw. in welchem Maße diese Bedingungen im betreffenden Experiment realisiert waren. Diese Schätzvariablen wurden schließlich als Prädiktoren in einer multiplen Regressionsanalyse verwendet, in der die für die 85 Experimente berichteten bzw. rückgerechneten Effektstärken[6] als abhängige Variable fungierten. Es zeigte sich, daß die Effektstärke vor allem davon abhing, auf welche Weise das Unlustgefühl provoziert wurde, was natürlich auch die Qualität des Unlustgefühls beeinflußte: Am geringsten war die spätere Hilfsbereitschaft gegenüber einer Person (die an den vorausgehenden unlustprovozierenden Ereignissen nicht beteiligt war)[7]; wenn die Versuchsperson selbst den Schaden hatte und ein anderer dafür verantwortlich war. Am größten war die Hilfsbereitschaft, wenn ein anderer den Schaden hatte, für den man selbst verantwortlich war. Im ersten Fall dürfte das Gefühl des Ärgers, im zweiten Fall das Gefühl der Schuld bestimmend gewesen sein.

1.3 Einfluß von Gefühlen auf Aggression

Von den vielen Fragen, die in sozialpsychologischen Untersuchungen menschlicher Aggression aufgeworfen wurden, interessieren hier nur jene, die sich auf die Funktion der Gefühle in aggressiven Interaktionen beziehen. Zur Orientierung eignet sich hier das von Michaelis (1976, S. 10 f.) vorgeschlagene Prozeßmodell der Aggression, das übrigens dem Komponenten-Prozeß-Modell der Emotionen von Scherer (1984) nicht unähnlich ist. In der Skizzierung von zwei parallel ablaufenden, aber gegenseitig sich beeinflussenden Prozessen, einem bewußt gesteuerten und einem spontan-impulsiven, erinnert es auch an die Lersch'sche Unterscheidung von „Willenshandlungen" und „antriebsunmittelbaren Handlungen" (Lersch, 1952, S. 406 f.). Eine Person nimmt etwas wahr (1.1), prüft, ob sie davon betroffen ist (1.2), ob das Ereignis aversiv ist (1.3), entscheidet für oder gegen aktive Auseinandersetzung (1.4), für oder gegen eine aggressive Antwort (1.5) unter gleichzeitiger Prüfung unerwünschter Nebenwirkungen (1.6), schließlich, abhängig von den vorausgehenden Schritten, folgen instrumentelle Aggression (1.7) und Überprüfung des Handlungsergebnisses (1.8). Parallel dazu und dadurch beeinflußt (1.1 beeinflußt 2.1, 1.2 beeinflußt 2.2 etc.), aber auch den nächsten Schritt in der ersten Kette beeinflussend (2.1 beeinflußt 1.2; 2.2 beeinflußt 1.3, etc.) ergibt sich die zweite Kette als kognitive Erregung (Wachheit; 2.1), Aktivierung des Gesamtorganismus (2.2), positives oder negatives Gefühl (2.3), Ärger/Wut oder ein anderes Gefühl, z. B. Furcht (2.4), expressive Wut-Aggression (2.5), Ergebnis (Erregungsentladung) (2.6). Mi-

[6] Effektstärke wurde definiert als durchschnittliche Hilfsbereitschaft von negativ gestimmten Versuchspersonen minus durchschnittliche Hilfsbereitschaft der neutralen Kontrollgruppe, geteilt durch die über Experimental- und Kontrollgruppe zusammengefassten Standardabweichungen innerhalb der Gruppen.

[7] Ob tatsächlich in allen zur Meta-Analyse herangezogenen Versuchen die der Hilfe bedürftige Person an der Auslösung des negativen Gefühls unbeteiligt war, geht aus dem Bericht von Miller & Carlson (1985) nicht eindeutig hervor.

chaelis weist darauf hin, daß instrumentelle leicht mit impulsiver Aggression zu verwechseln ist.

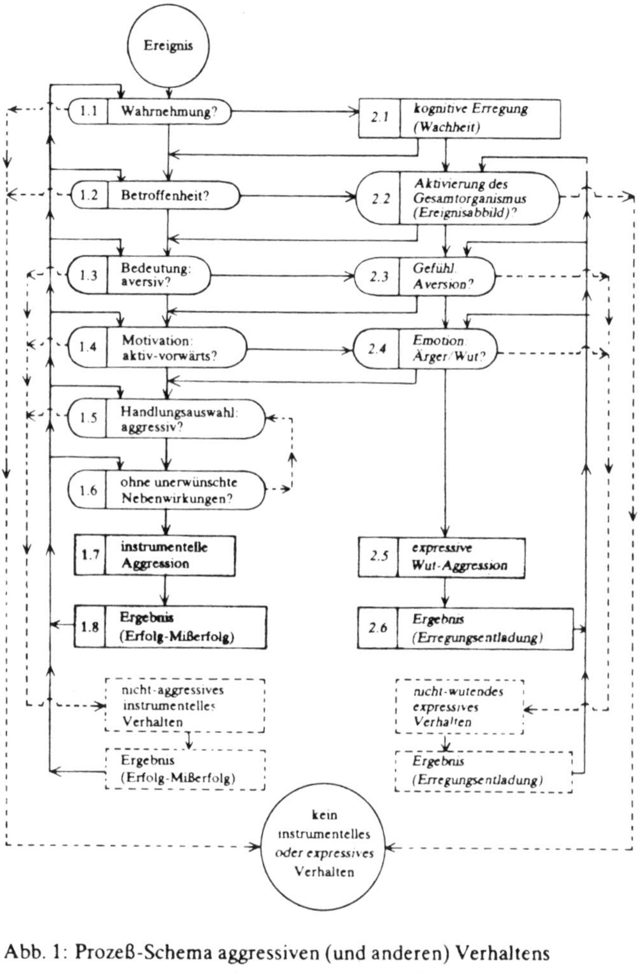

Abb. 1: Prozeß-Schema aggressiven (und anderen) Verhaltens
Normalschrift: außengesteuerte Prozeßkette 1 (linke Seite)
kursive Schrift: binnengesteuerte Prozeßkette 2 (rechte Seite)
————> : Entscheidung »ja«
-----------> : Entscheidung »nein«
gestrichelte Umrahmung: nicht-aggressives Verhalten
Grauzone: ähnliches, verwechselbares Verhalten

Aus: W. Michaelis. Verhalten ohne Aggression? Köln: Kipenheuer und Witsch, 1976, S. 12

Aggressive, d. h. den anderen schädigende Handlungen können bewußt zur Erreichung bestimmter Zwecke eingesetzt werden. Gefühle des Ärgers mögen dabei zwar mitspielen, sind aber weder eine notwendige, noch eine hinreichende Bedingung für diese Art von instrumenteller Aggression. Ärger hat aber eine gewisse Affinität zur impulsiven oder, wie sie auch genannt wird, expressiven Aggression, in der noch am deutlichsten Komponenten angeborener Verhaltensmuster sichtbar werden. Da der bei Kindern ursprünglich ganz unwillkürliche Ärgerausdruck auch oft bewirkt, daß der andere, der Anlaß zum Ärger gegeben hat, Furcht oder Gesten der Beschwichtigung, oder aber seinerseits Ärger und Gesten der Drohung zeigt, lernen Menschen, ihrem Ärger freien Lauf zu lassen oder ihn zu beherrschen, bewußt darzustellen oder zu verheimlichen.

Auch Berkowitz (1982a) erörtert erneut, an der altbekannten Frustrations-Aggressions-Hypothese anknüpfend, den Zusammenhang zwischen aversiven Reizen und Aggression. Er meint, daß nicht nur Frustrationen (Behinderungen in der Verfolgung eines Ziels), sondern auch andere aversive Reize (z. B. Hitze, Gestank, Lärm) aggressionsfördernd sein können, daß aber Aggression nur eine der möglichen Reaktionen auf aversive Reize ist. Ob Angriff zur Beseitigung der Störung oder Rückzug (Flucht) aus der unangenehmen Lage wahrscheinlicher ist, hinge davon ab, wie die Person diese Situation erlebe, und dies ergebe sich wiederum nicht allein aus der „objektiven" Beschaffenheit der Umstände (z. B. Ausmaß der Behinderung, Verursachung der Behinderung durch eine andere anwesende Person, Stärke des Gegners), sondern auch aus den Vorerfahrungen der Person (z. B. erfahrungsbedingte Verfügbarkeit von Verhaltensweisen, Konditionierung von Emotionen des Ärgers oder der Furcht). Gefühle des Ärgers (im Falle des Angriffs) und Gefühle der Furcht (im Falle der Flucht) sind nach Berkowitz (1982a, S. 255; 1982b) Begleiterscheinungen, nicht Ursachen des Verhaltens, auch wenn Emotionen die Bereitschaft zur Aggression bzw. Flucht fördern oder hemmen können[8]. Baron (1977, zit. nach Berkowitz, 1982a) ist der Auffassung, daß zunehmende negative Affekte zunächst die Aggressionsbereitschaft steigern, dann aber, bei weiterer Steigerung, reduzieren. Hier wäre freilich genauer die Qualität der negativen Affekte zu bestimmen, um einen solchen Befund verständlich zu machen. Die durch negative Affekte ausgelöste oder verstärkte Aggression ist nach Berkowitz (1982a, S. 276) zwar vorrangig darauf gerichtet, die Störung zu beseitigen; oft scheint es aber auf eine Entladung des Unbehagens durch ein Verhalten anzukommen, das einem anderen etwas Unangenehmes zufügt ohne Rücksicht darauf, ob der Betroffene das Unbehagen verursacht hat oder nicht. Wenn sich die Aggression gegen den

[8] An anderer Stelle spricht Berkowitz (1982a, S. 272) jedoch davon, daß es die negativen Affekte sind, die Aggression auslösen. Der Widerspruch löst sich auf, wenn man das Modell von zwei parallelen Prozessen von Michaelis (1976) heranzieht, das instrumentelle von expressiver Aggression unterscheidet.

Übeltäter richtet, ist nicht nur die Beseitigung der Störung, sondern die Bestrafung des anderen ein Handlungsziel; zu sehen, wie der Bestrafte leidet, bereitet Genugtuung.

1.4. Sozialer Rückhalt (social support) in der Bewältigung von Streß

Was unternehmen Menschen, die sich an ihrem Arbeitsplatz oder in ihrer Familie in Bedrängnis fühlen, die andauernden Belastungen ausgesetzt sind, denen sie sich nicht gewachen fühlen? Nur wenige suchen einen Psychotherapeuten auf. Zunächst sind es Familienangehörige und Freunde, bei denen sie Rat und Ermutigung suchen (vgl. Gottlieb, 1983). In den letzten Jahren wurde viel zur Frage veröffentlicht, ob und wie ein Netz sozialer Beziehungen dazu beiträgt, seelische Belastungen besser zu bewältigen. Cohen und Wills (1985), um nur eines der einschlägigen Sammelreferate zu nennen, belegen einen deutlichen Zusammenhang zwischen sozialem Rückhalt und Bewältigung von Streß. Wer keine verständnisvollen und mitfühlenden Familienangehörigen oder Freunde hat oder sogar mit Menschen zusammenleben muß, die ihm feindselig gesonnen sind, ist häufiger Konflikten ausgesetzt. Kommen andere Belastungen dazu, etwa berufliche Überforderungen, summieren sich die Effekte; das psychosomatische Erkrankungsrisiko ist entsprechend höher. Von diesem additiven Haupteffekt des sozialen Rückhalts (bzw. des Mangels an solchem) zu unterscheiden ist der sogenannte Puffereffekt: sozialer Rückhalt macht widerstandsfähiger gegenüber Streß, und zwar (a) durch Stärkung des Selbstvertrauens und damit der Zuversicht, mit den jeweiligen Belastungen zurechtzukommen; (b) durch Beratung bei der Lösung von schwierigen und beunruhigenden Problemen; (c) durch Ablenkung von grübelnden und kummervollen Gedanken; (d) durch direkte Hilfe.

Um das Ausmaß von Streß zu erfassen, dem eine Person ausgesetzt ist, fragt man gewöhnlich nach besonders belastenden Ereignissen der letzten Zeit (etwa nach Holmes & Rahe, 1967) oder nach belastenden Zuständen. Der soziale Rückhalt (social support) wird mehr oder weniger konkret und differenziert entweder als Netz von sozialen Beziehungen (zu Familienmitgliedern, Nachbarn, Freunden etc.) oder als Muster von hilfreichen Verhaltensweisen der Beziehungspartner beschrieben, und zwar in der Regel aus der Sicht der Probanden. Als mögliche Streßfolgen werden Stimmungen (Angst, Depressionen, Gereiztheit), psychosomatische Symptome (z. B. Kopfschmerzen, Schlaflosigkeit, Magenbeschwerden) und körperliche Erkrankungen (vor allem solche, die mit einer Schwächung des Immunsystems zusammenhängen) erfaßt. Cohen und Wills (1985) diskutieren auch einige Probleme adäquater Messung und statistischer Analyse, z. B. die Schwierigkeit, Streß und sozialen Rückhalt auseinanderzuhalten; die Mehrdeutigkeit der Ergebnisse hinsichtlich möglicher Kausalbeziehungen, etwa des Einflusses von Persönlichkeitsmerkmalen, die sowohl für die Bewältigung von Streß als auch für den Aufbau positiver sozialer Beziehungen bedeutsam sein dürften (Sarason, Sarason & Shearin 1986); schließlich den Zeitbedarf der Symptomentwicklung.

In ihrer Literaturanalyse fanden Cohen und Wills (1985), daß sozialer Rückhalt vor allem dann zu einer besseren Bewältigung von Streß beitrug ("Puffereffekt", nachgewiesen als statistische Wechselwirkung zwischen Streß und sozialem Rückhalt), wenn die Beziehungspartner das Selbstvertrauen stärkten und hilfreiche Informationen vermittelten. Die Einbindung in ein Netz sozialer Beziehungen erwies sich allgemein förderlich für das Wohlbefinden (Haupteffekt dieser Form sozialen Rückhalts), trug aber kaum dazu bei, Streß besser zu bewältigen. Bei Cohen und Wills (1985, p. 349) heißt es dazu: „... specific support functions are responsive to stressful events, whereas social network integration operates to maintain feeling of stability and well-being irrespective of stress level. We conclude that social integration and functional support represent different processes through which social resources may influence well-being".

Man wird kaum daran zweifeln, daß an der Wirkung sozialen Rückhalts Emotionen ganz wesentlich beteiligt sind, insbesondere Emotionen des Mitgefühls und der Zuneigung auf Seiten der Angehörigen und Freunde, die Angst, Traurigkeit oder Schuldgefühle überwinden helfen. Wie sich denn nun die verschiedenen Formen sozialen Rückhalts konkret äußern, wie sie vom Betroffenen wahrgenommen und emotional beantwortet werden, darüber erfährt man allerdings in den üblichen Untersuchungen wenig. Hier bedürfte es andersartiger Studien, in denen Erfahrungen ganz konkret erhoben und analysiert werden. Ein experimenteller Ansatz in dieser Richtung findet sich bei Schachter (1959). Es läge auch nahe, Parallelen zu den Untersuchungen des Phänomens und der Funktion der Bindung (attachment) des Kindes an die Mutter (Bowlby, 1973; Großman, Großman & Schwan, 1986) zu ziehen, einem Forschungsbereich, aus dem viele sehr differenzierte Beobachtungen insbesondere auch der emotionalen Äußerungen gesicherter und gefährdeter Bindung vorliegen.

1.5 Einfluß von Gefühlen auf Verhalten in Massensituationen

Die experimentelle Sozialpsychologie hat sich, ganz absorbiert von ihren Laborexperimenten mit kleinsten und kleinen Gruppen in all den Jahrzehnten nach LeBon (1895) und Freud (1921), nur wenig um Massenphänomene gekümmert; dies ist um so erstaunlicher, als begeisterte, in Ehrfurcht erschauernde, wütende und zerstörerische Massen deutlich genug, immer wieder und oft erschreckend in Erscheinung treten[9]. Was auch Massen sonst noch charakterisieren mag (spontan entstehende dichte Ansammlung von Menschen, Anonymität der individuellen Lebensäußerungen, Minderung rationaler Kontrolle, Planlosigkeit, vgl. Milgram & Toch, 1969, S. 507), und welche gesellschaftlichen Bedingungen für die Aktivierung von Massen auch im Einzelfall gegeben sein mögen (Smelser, 1963, zit. nach Milgram & Toch, 1969, S. 555 f.) — die gemeinsame Ergriffenheit von einem alle verbindenden Affekt (Jubel, Panik, Wut, Habgier) ist eines ihrer wesentlichen Merkmale, das gleichermaßen von LeBon (1895) und Freud (1921) betont, wenn auch unterschiedlich erklärt wurde (vgl. Milgram & Toch, 1969).

Nach LeBon werden Affekte dadurch zur beherrschenden und vereinheitlichenden Kraft in Massen, daß die weitgehende Anonymität die Hemmungs- und Steuerungsfunktionen außer Kraft setzt und daher ungezügelte Affektäußerungen begünstigt, während die Nähe der vielen anderen Menschen Gefühlsansteckung als Folge einer allgemein erhöhten Suggestibilität fördert, wenn erst einmal ein hinreichend starker Auslöser für die eine oder andere Art von Affekten gegeben ist.

Es fragt sich aber, ob ein Affekt in einer Masse derart überhandnehmen könnte, wenn der Anlaß zur Bildung einer Masse nicht von vornherein nur solche Menschen anziehen würde, die aufgrund ihrer Persönlichkeitsstruktur oder ihrer gesellschaftlichen Situation bereits von Bewunderung und Begeisterung für oder Haß gegen eine Idee, Person oder Sache erfüllt sind. So betrachtet würden die Menschen zwar einander in eine außerordentliche Erregung hineinsteigern, sie würden sich aber nicht zu Äußerungen und Handlungen hinreißen lassen, die ihnen wesensfremd sind. Unter welchen Umständen die Aufschaukelung von Massenaffekten besser als entpersönlichende Gefühlsansteckung oder aber als gegenseitige Verstärkung bereits individuell wirksamer Emotionen zu erklären ist, wäre in geeigneten empirischen Untersuchungen zu prüfen.

Freud (1921) nimmt LeBons Beschreibungen von Massenphänomenen, die sich auch bei McDougall (1920) wiederfinden, weitgehend als gültig an, wenn er übereinstimmend mit diesen Autoren in der Affektbestimmtheit, die durch einen Abbau der individuell je verschiedenen Steuerungsmechanismen und einen Rückfall auf ursprüngliche (infantile, aber auch menschheitsgeschichtlich

---

[9] Es ist allerdings zu vermuten, daß die jüngst erschienenen Arbeiten (Graumann & Moscovici, 1985) das Interesse für die Massenpsychologie beleben werden.

frühe) Erlebnisweisen bedingt ist, eines ihrer wesentlichen Merkmale sieht. In der Masse kann das Individuum verdrängte Triebregungen ohne Gewissensangst, die nach Freud ja eine „soziale Angst“ ist, ausleben. Er kritisiert aber an diesen Autoren, daß sie das Phänomen nur beschreiben, nicht erklären. Für ihn ist der eigentliche Grund für die affektive Übereinstimmung der vielen in der Masse die Gefühlsbindung (Libidobindung) an ihren Führer, die zugleich die Verbindung zwischen den Individuen begründet und absichert. Der Führer stellt für die Gefolgsleute das allen gemeinsam Ich-Ideal dar. Diese allen gemeinsame Identifikation mit dem Führer enthebt individueller Verantwortung und begründet die einheitliche Ergriffenheit und Lenkbarkeit der Masse (vgl. auch Milgram & Toch, 1969, S. 546; Mitscherlich & Muck, 1969, S. 120 f.).

Die eindrucksvollen Ereignisse, auf die sich die Massenpsychologie in der Tradition von LeBon (1895) und Freud (1921) bezieht, lassen sich zwar experimentell insgesamt nicht adäquat untersuchen; einige Bedingungskomponenten der „Enthemmung“ in Situationen verminderter sozialer Kontrolle wurden gleichwohl in Labor- und Feldexperimenten zur sogenannten Deindividuation durchgeführt (u. a. Festinger, Pepitone & Newcomb, 1952; Zander, 1979, S. 431 f.). Da sich das Interesse dabei aber auf normwidriges Verhalten konzentrierte, erfährt man kaum etwas über emotionale Einflüsse. Es lohnt daher nicht, hier weiter auf diese Experimente einzugehen.

2 *Sozial-emotionale Interaktionssequenzen*

Bisher haben wir soziale, d. h. von anderen ausgelöste und auf andere bezogene Gefühle als Erlebnisse eines Individuums betrachtet, die in seine Auffassungs- und Handlungsweise als Ursachen, Begleiterscheinungen oder Wirkungen verflochten sind. Wir wechseln jetzt die Perspektive und achten auf die Sequenzen von Gefühlen interagierender Personen.

Stellen wir uns vor, wir kennen von einer dyadischen Interaktion nur, was die beiden Interaktionspartner in jeder Phase eines Gesprächs an Gefühlen erleben. Wir würden gewisse Regelmäßigkeiten des Verlaufs entdecken, deren Bedingungen und Wirkungen nicht durch Rückgriff auf individuelle Merkmale der beteiligten Personen aufzuklären wären, sondern nur durch Berücksichtigung von Merkmalen der Beziehung zwischen den beiden Personen.

Im folgenden werden Probleme und Ergebnisse einer Auswahl von Forschungsprogrammen zur Analyse der emotionalen Komponenten der Interaktion in kleinen Gruppen berichtet.

2.1 Interaktionsprozeßanalyse nach Bales

Über viele Jahre hinweg entwickelte und modifizierte Bales ein Verfahren zur Beobachtung und Analyse sozialer Interaktion in kleinen Gruppen (Bales, 1950, 1970, 1985; Bales, Cohen & Williamson, 1979; vgl. auch Schneider, 1983). Den Bales'schen Beobachtungskategorien liegen die drei bipolaren Dimensionen „submissiv-dominant", „unfreundlich-freundlich", „gefühlsbestimmt-sachorientiert" („emotionally expressive vs. instrumentally controlled") zugrunde, deren Relevanz nach seiner Auffassung dadurch noch unterstrichen wird, daß in den verschiedensten Versuchen umfassender Beschreibungen von sozialen Verhaltensweisen, aber auch von Gefühlen, Einstellungen und Wortbedeutungen immer wieder diese drei Grunddimensionen in abgewandelter Form erscheinen (Bales, 1985). Die von einer Person erlebten Gefühle und ihre für die anderen sichtbaren sozialen Verhaltensweisen ließen sich nicht nur in den gleichen Grunddimensionen beschreiben; in der Regel würden auch im Laufe einer Interaktion die Gefühle und Verhaltensweisen einer Person gleichsinnig kovariieren. „It is the isomorphic dimensional structure of individual and social interaction fields, and the practicality of concentrating on about three dimensions as principally important, that offers the possibility of a workable comprehension and measurement of the unthinkable complication of the real global process" (Bales, 1985, S. 10).

Empirische Untersuchungen der angenommenen Parallelität des Verlaufs von sozialen Gefühlserlebnissen und sozialen Verhaltensweisen scheinen bisher aber zu fehlen. Bedenkt man, daß es in vielen sozialen Situationen ein Gebot der Klugheit ist, seinen Gefühlen nicht freien Lauf zu lassen, des weiteren daß sich manche Menschen beständig scheuen, ihre Gefühle zu zeigen, wird man kaum eine enge Entsprechung zwischen Gefühlen und Handeln erwarten, ganz abgesehen von den besonderen methodischen Schwierigkeiten einer adäquaten Untersuchung der Parallelität von Gefühls- und Handlungsverläufen. In einer eigenen Untersuchung (Brandstätter, Ebensperger & Waldhör, 1987) stellte sich jedenfalls heraus, daß die Anmutung einer Versuchsperson durch das Verhalten des Diskussionspartners zum Zeitpunt t-1 in den Aspekten „unfreundlich-freundlich" und „submissiv-dominant" nur in geringem Maße das von unbeteiligten Beobachtern eingestufte Verhalten der Versuchsperson zum Zeitpunkt t determinierte.

Was den gegenseitigen Einfluß auf den Interaktionsverlauf betrifft, schrittweise in der Folge von Rede und Antwort, Aktion und Reaktion, in den drei Grunddimensionen und auf den verschiedenen Beobachtungsebenen beschrieben (z. B. erlebte und berichtete Gefühle, in Mimik, Gesten und Stimme ausgedrückte Gefühle, verbale Stellungnahmen, Handlungen), so gibt es wohl eine Reihe von theoretischen Modellen sozialer Interaktion (vgl. Müller, 1985, S. 6 ff.), aus denen sich Vorhersagen von Interaktionsverläufen unter den genannten Aspekten ableiten ließen; doch finden sich sowohl bei Müller (1985) als auch bei Crott (1979), die sich beide hauptsächlich auf Befunde mit experimentellen Spielen beziehen (z. B. nach Art des Gefangenen-Dilemmas, des Transportspiels, des bilateralen Monopols bei Verhandlungen, schließlich des Koalitionsspiels; vgl. Müller, 1985, S. 49 f.), nur spärliche Hinweise auf Untersuchungen des emotionalen Aspekts sozialer Interaktion. Verlaufsanalysen scheinen völlig zu fehlen.

2.2 Partnerinteraktion

Mehr Information über die Sequenzen von geäußerten, wahrgenommenen und erwiderten Gefühlen bieten die in den letzten Jahren häufiger erscheinenden Studien zum Interaktionsverhalten von Ehepaaren (Clark & Reis, 1988; Gottman, 1979; Hahlweg, 1977; Kelley, 1984, 1986; Noller, 1980, 1984). Am Beispiel einer Untersuchung von Gaelick, Bodenhausen & Wyer (1985) sei erläutert, wie man durch nachträgliche Befragung der beiden Gesprächspartner Aufschluß über die Sequenz von Gefühlsäußerungen und Gefühlseindrücken erhalten kann. In dieser Studie diskutierten Ehepaare und unverheiratete Paare, die mindestens sechs Monate zusammenlebten, einen in ihrer Beziehung gerade aktuellen Konflikt. Anhand der Video-Aufnahmen skalierten dann beide Partner für jene Äußerungen, die mindestens einem von beiden besonders relevant erschienen, u. a. welches Gefühl sich darin ausdrückte und wie die unmittelbare[10] emotionale Reaktion des betroffenen Partners beschaffen war. Es zeigte sich eine hohe Übereinstimmung zwischen dem Urteil über den Eindruck von den Gefühlen des anderen (E2) und dem Urteil über den darauf folgenden Ausdruck der eigenen Gefühle (A2). Eine Übereinstimmung zwischen Ausdruck (A1 bzw. A2) und Eindruck (E1 bzw. E2) zeigte sich nur bei negativen Gefühlen (negativ aus der Sicht des Senders).

Eine Übereinstimmung (hier kann man von Reziprozität sprechen) zwischen Gefühlsausdruck A1 von Person P1 und darauffolgendem Gefühlsausdruck A2 von Person P2 findet man dementsprechend ebenfalls nur, wenn A1 negativ

[10] Aus der Veröffentlichung geht nicht hervor, ob darunter die nonverbalen Reaktionen des Zuhörens oder die darauffolgende Antwort der betroffenen Person oder beides zu verstehen ist.

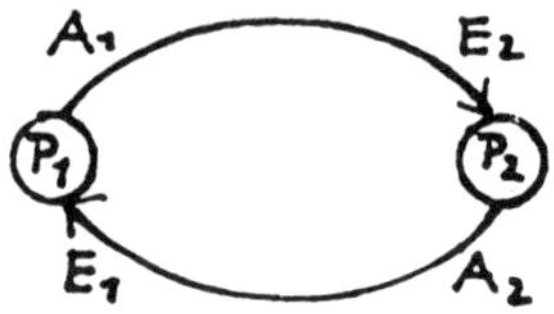

Abb 2: Schema der Abfolge des Ausdrucks und Eindrucks von Emotionen zweier interagierender Personen P1 und P2.

ist[11]. Es zeigte sich außerdem, daß gefühlsneutrale Äußerungen des Partners von den Frauen eher als Ausdruck von Zuneigung, von den Männern dagegen als Ausdruck von Feindseligkeit interpretiert wurden.

Revenstorf, Hahlweg und Schindler (1979) berichten in einer im übrigen auf Methodenfragen der Interaktionsanalyse abgestimmten Arbeit, daß sich Problempaare von Ehepaaren mit ungestörten Beziehungen nur in den Grundraten der von unbeteiligten Beobachtern eingestuften emotional negativen Äußerungen (wesentlich höher bei den Problempaaren), nicht jedoch im Grad der Reziprozität positiver bzw. negativer Äußerungen unterscheiden. Es bedarf sicher noch vieler sehr aufwendiger Analysen von Interaktionsprozessen mit simultaner Berücksichtigung von Aussagen über ausgedrückte und wahrgenommene Gefühle, von Ausdruckserscheinungen, von verbalen Stellungnahmen und eventuell auch von physiologischen Indikatoren, um die Funktion von Emotionen im Verlauf sozialer Interaktionen aufzuklären. Nicht zu unterschätzen sind dabei die besonderen mathematisch-statistischen Probleme solcher Analysen (Gottman, 1979; VanHoff, 1982).

2.3 Emotionen in kontroversen Diskussionen

In den Experimenten, die von Brandstätter und Mitarbeitern zur Analyse kontroverser Diskussionen durchgeführt wurden (vgl. Brandstätter, 1985), ging

[11] Eine schlüssige Interpretation dieses Mangels an Übereinstimmung bzw. Reziprozität bei positiven Gefühlen ist kaum möglich, da die Autoren keine Mittelwerte und Streuungen zu den von ihnen korrelierten Ausdrucks- und Eindrucksvariablen berichten. Da ein schwebender Konflikt zu diskutieren war, könnte man vermuten, daß die Einstufungen auf der Skala „positive Gefühle", anders als auf der Skala „negative Gefühle", im Durchschnitt niedrig lagen und eine sehr geringe Streuung aufwiesen. Es wäre jedenfalls voreilig, von einer generell größeren Fehlerhaftigkeit des Eindrucks von positiven Gefühlsäußerungen zu sprechen, zumal die Befunde von Noller 1980, in denen die Autoren eine weitere Bestätigung dieser These sehen, nur zeigen, daß die Vpn größere Schwierigkeiten haben, anweisungsgemäß positive Gefühle nonverbal mit inhaltlich neutralen Sätzen auszudrücken als negative. An diesem Beispiel wird deutlich, wie genau man als Autor eines Handbuchartikels alle zitierten Arbeiten lesen und wichtige Verweise auf weitere Arbeiten überprüfen müßte, wenn man möglichst vermeiden will, Fehlinterpretationen experimenteller Befunde weiterzugeben, die auch in renommierten wissenschaftlichen Zeitschriften gar nicht so selten sind.

es darum zu klären, unter welchen Bedingungen partnerbezogene Emotionen, seien sie durch vermeintliche Ähnlichkeit oder Unähnlichkeit der Wertauffassungen oder durch verbal oder nonverbal freundliches/unfreundliches Verhalten des Partners ausgelöst, den Einigungsprozeß fördern oder hindern. Es geht hier also um die Wirkung emotionsauslösender Eindrücke vom Diskussionspartner auf Annäherung oder Distanzierung der Standpunkte. Die wichtigsten Ergebnisse lassen sich wie folgt zusammenfassen:

1. Sympathie für einen Gesprächs- oder Verhandlungspartner macht zunächst kompromißbereit und ist mit der Erwartung verbunden, daß der andere ebenfalls geneigt ist entgegenzukommen. Um so größer ist die Enttäuschung und damit verbunden eine Verhärtung des Widerstands, wenn das erwartete Entgegenkommen ausbleibt (Brandstätter & Hoggatt, 1982; Brandstätter, Kette & Sageder, 1983; Peltzer & Schuler, 1976; Schuler, 1975, 1982; dagegen Kirchler & Brandstätter, 1982).

2. Nonverbal freundliches/unfreundliches Verhalten, das nicht als (kontingente) Verstärkung der Äußerungen der Versuchsperson, sondern als Ausdruck von genereller Wertschätzung oder Abneigung erscheint, wirkt wie eine auf andere Weise hervorgerufene Variation der Sympathie der Versuchsperson zum Partner vor allem anfänglich einigungsfördernd (Schuler & Peltzer, 1978).

3. In kontroversen Diskussionen über Wertfragen wird ein aggressiver Diskussionsstil weniger dem Sprecher zur Last gelegt und beeinträchtigt weniger den Einfluß des aggressiven Sprechers als in Diskussionen über Sachfragen (Wagner, Glatz & Brandstätter, 1982).

4. Verbale Aggression wirkte sich auf den davon direkt betroffenen Diskussionspartner in einigen Experimenten schwach einflußmindernd aus (Brandstätter & Klein-Moddenburg, 1982; Peltzer & Schuler, 1976; Wagner, Glatz & Brandstätter, 1982); Kirchler und Brandstätter (1982) fanden keinen generellen Einflußvorteil des freundlichen Sprechers, sondern komplizierte und schwer interpretierbare Wechselwirkungen höherer Ordnung zwischen Geschlecht der Versuchsperson und Ähnlichkeit, Freundlichkeit und Kompromißbereitschaft des Partners. Kirchler (1984b) wiederum berichtet einen größeren Langzeiteinfluß des neutralen Partners im Vergleich zum emotionalen (d. h. freundlichen oder unfreundlichen) Partner. Hier ist auch auf Jones und Panitch (1971) hinzuweisen, bei denen nur die männlichen, nicht jedoch die weiblichen Versuchspersonen Freundlichkeit (positive Beurteilung durch den Partner) mit kooperativem Verhalten in einem Matrixspiel beantworten. Die Uneinheitlichkeit der Ergebnisse und die auffallenden

individuellen Unterschiede in den Reaktionen auf einen emotional argumentierenden Partner waren der Anlaß für die Entwicklung des Persönlichkeitskonstrukts der sozialen Ausgleichs- vs. Verstärkungsorientierung (Brandstätter 1985, 1987), das im Abschnitt V erläutert wird.

5. In der Bewertung eines aggressiven Diskussionsstils unterscheiden sich unbeteiligte Beobachter danach, ob sie in der Sache auf Seiten des Angegriffenen (negative Bewertung) oder auf Seiten des Angreifers (eher positive Bewertung) stehen (Brandstätter & Klein-Moddenborg, 1982). Was den Einfluß des aggressiven Sprechers (verglichen mit einem nicht aggressiven Sprecher) auf Beobachter betrifft, sind die Befunde wiederum uneinheitlich: keinen signifikanten Unterschied fanden Rüttinger (1974) und Brandstätter und Klein-Moddenburg (1982); Stocker-Kreichgauer und von Rosenstiel (1982) berichten einen Einflußvorteil für den unfreundlichen Sprecher, Wagner, Glatz und Brandstätter (1982) dagegen für den neutralen (verglichen mit dem feindseligen) Sprecher. Wer sich als Beobachter für eine implizit aggressive Alternative aussprach (für strengere Bestrafung von Drogenbesitz bei Rüttinger, 1974; für Ausschluß von Anhängern radikaler Parteien aus dem Staatsdienst bei Stocker-Kreichgauer & von Rosenstiel, 1982), ließ sich von einem aggressiven Diskussionsstil unabhängig davon, ob der Sprecher für oder gegen die punitive Alternative argumentierte, stärker beeinflußen als von einem nicht-aggressiven Diskussionsstil.

6. Applaus bzw. Mißbilligung des einen oder anderen der beiden Diskussionssprecher durch ein Publikum erhöhte bzw. minderte den Einfluß auf die Diskussionsbeobachter ganz beträchtlich (von Rosenstiel & Stocker-Kreichgauer, 1978). Publikumsapplaus wirkte vermutlich deswegen eindeutiger im Sinne stellvertretender Verstärkung, weil dadurch weniger als durch die Beobachtung eines freundlich oder aggressiv argumentierenden Sprechers der Aspekt des sozialen Ausgleichs (Entgegenkommen für Freundlichkeit, Widerstand als Revanche für Aggression) betont wurde.

3 Emotionen im Verlauf der Entstehung, Veränderung und Trennung von Freundschafts- und Liebesbeziehungen

Man müßte von Anfang an verfolgen können, wie zwei Menschen einander anmuten, die sich zum ersten Mal und dann immer wieder in den verschiedensten Situationen begegnen, wie sich Art und Häufigkeit der vom Partner ausgelösten und auf den Partner bezogenen Gefühle im Zuge dieser Erfahrungen verändern und wie dadurch interpersonelle Einstellungen (im Sinne von

Bereitschaften, die andere Person in charakteristischer Weise aufzufassen, zu bewerten und zu behandeln) aufgebaut werden, die sich wiederum auf die jeweilige soziale Interaktion auswirken; dann würden allmählich Gesetzmäßigkeiten erkennbar werden, nach denen die Entwicklung sozial-emotionaler Beziehungen verläuft. Im Dunklen blieben nur, und das ist sehr viel, die sozial-emotionalen Vorerfahrungen, darunter die gemäß psychoanalytischer Auffassung prägend wirksamen der frühen Kindheit, die das Bild, unter dem man einen Partner sucht, und die Art und Weise, wie man bei der ersten Begegnung auf einen Menschen anspricht, ganz wesentlich beeinflussen dürften. Zur Entstehung und zum Verlauf von Partnerbeziehungen gibt es bisher aber nur recht unzulängliche Daten. Zwar fehlt es nicht an Untersuchungen, in denen Freundes-, Liebes- oder Ehepaare zu verschiedenen Zeiten über den Stand ihrer Beziehung in Skalenform berichten (vgl. Rubin, 1973, S. 211 f.; Berg, 1984; Berg & McQuinn, 1986; Hays, 1985) oder im Rückblick den Verlauf der Beziehung beschreiben (Huston, et al., 1981; Lloyd & Cate, 1985; zit. nach Duck, 1986, S. 116). Derartige Studien geben aber nur ein sehr grobes Bild des emotionalen Aspekts der Entwicklung einer Partnerbeziehung.

Daß sich „unglückliche" Paare in ihrem Erleben und Verhalten in vielerlei Weise von „glücklichen" Paaren unterscheiden, dafür gibt es viele Belege aus Befragungsstudien und einige aus Interaktionsexperimenten (vgl. dazu Duck, 1986, S. 124; Noller, 1980). Markman (1979, 1981) konnte immerhin zeigen, daß sich die spätere Ehezufriedenheit bereits in den Gefühlen ankündigte, mit denen die beiden Partner auf das gegenseitige Verhalten in der Diskussion von Standardproblemen reagierten, jedoch nicht in den zu diesem Zeitpunkt abgegebenen Urteilen über die Zufriedenheit mit der Partnerschaft. Kelly, Huston & Cate (1985) befragten neuvermählte Paare nach ihren Partnerschaftserfahrungen (hinsichtlich Liebe, Ambivalenz, Konflikt und bewußter Pflege der Beziehung) in den verschiedenen Stadien des gegenseitigen Kennenlernens. Nach zweieinhalb Jahren wurden Daten über Eheunzufriedenheit und Konflikthäufigkeit erhoben. Diese korrelierten deutlich positiv mit der Konflikthäufigkeit vor der Ehe, überraschenderweise aber auch schwach positiv mit der für die Zeit vor der Ehe berichteten Intensität der Liebe. Die Autoren vermuten, daß die früh sichtbar werdenden Unstimmigkeiten im gegenseitigen Verhalten erst nach und nach die Liebe beeinträchtigen.

Diese Befunde sind recht gut mit theoretischen Konzeptionen vereinbar, in denen gegenseitige Anziehung als Folge angenehmer gegenseitiger Erfahrungen aufgefaßt wird. Jemanden sympathisch zu finden bedeutet danach, daß der andere nach dem Muster der klassischen Konditionierung zum Auslöser angenehmer Gefühle geworden ist, daß von ihm weitere positive Erfahrungen zu erwarten sind (der andere als diskriminativer Reiz dafür, ob bei bestimmtem Verhalten mit Verstärkungen zu rechnen ist oder nicht), schließlich daß seine

Anwesenheit an sich verstärkend wirkt. Weil wir in der Vergangenheit mit einem Menschen gute oder schlechte Erfahrungen gemacht haben, berührt uns sein Anblick oder ein Gedanke an ihn angenehm oder unangenehm, suchen oder meiden wir seine Nähe in Erwartung weiterer erfreulicher oder unerfreulicher Erfahrungen, wirken seine Anwesenheit und Zuwendung auf uns belohnend oder bestrafend. Eine vergleichende Darstellung der verschiedenen Versionen der Verstärkungstheorie zwischenmenschlicher Anziehung (Clore & Byrne, 1974; Lott & Lott, 1974; Staats, 1968) findet man bei Clore & Itkin (1977).

Welche sozialen Erfahrungen von einer Person als befriedigend (belohnend), welche als frustrierend (bestrafend) erlebt werden, bleibt in allen diesen Modellen allerdings unbestimmt. Vor allem wäre zu fragen, ob man sich das erfreuliche oder störende Verhalten des Partners in der Anfangszeit einer Beziehung anders erklärt als später. Da Art und Intensität sozialer Gefühle auch von solchen Attributionen abhängen (vgl. Weiner, 1986), würde man jedenfalls mit Konditionierungskonzepten allein in der Erklärung von Veränderungen im Ausmaß gegenseitiger Zuneigung und Liebe nicht auskommen.

Einen Beitrag von allgemeinerer Bedeutung zur Beantwortung derartiger Fragen leistet Tesser (1987; zit. nach Clark & Reis, 1988, S. 625/626), indem er zeigt, daß Erfahrungen der Überlegenheit eines nahestehenden Menschen nur dann willkommen sind, wenn sie nicht einen Leistungsbereich betreffen, der für die Selbstbewertung wesentlich ist. Wer sich als Wissenschaftler versteht, erträgt es schwer, vom Ehepartner in den wissenschaftlichen Leistungen übertroffen zu werden, ist aber stolz, wenn dieser auf künstlerischem Gebiet erfolgreich ist.

Ob die beiden Partner überhaupt fähig und willens sind, die jeweiligen Bedürfnisse des anderen zu erfüllen und auf diese Weise zur Festigung der gegenseitigen Anziehung beizutragen, wird von manchen Autoren mit Überlegungen und empirischen Untersuchungen zur Verträglichkeit von Persönlichkeitsmerkmalen der Interaktionspartner zu klären versucht (vgl. Duck, 1977; Stroebe, 1977 und die dort zitierten Arbeiten von Schultz, 1958; Winch, 1958, Carson, 1969; Wright, 1968). Bedürfnisse und Fähigkeiten sind ohne Zweifel relativ beständige Persönlichkeitsmerkmale. Entscheidend wären danach aber nicht diese Merkmale an sich, sondern ihre interpersonelle Kompatibilität, etwa hinsichtlich Führungsanspruch (Dominanz) und Bereitschaft zur Unterordnung. Übereinstimmend zeigte sich z. B. in zwei am Institut für Psychologie der Univesität Linz durchgeführten Tagebuchstudien mit verheirateten und unverheirateten Paaren, daß es die Zufriedenheit mit der Partnerschaft beeinträchtigt, wenn die Frau in „Unabhängigkeit“ (Sekundärdimension des 16PF) höhere Werte aufweist als der Mann.

Die empirischen Belege für derartige Erklärungshypothesen sind aber insgesamt eher spärlich. Stroebe (1977) weist darauf hin, daß zur Verträglichkeit der Persönlichkeit noch die Verträglichkeit der Auffassungen über die Rolle des Mannes und der Frau kommen müsse und daß mit zu bedenken sei, wie weit diese individuellen Rollenvorstellungen von den geltenden gesellschaftlichen Normen gestützt werden. Es ist des weiteren noch zu bedenken, daß es je nach dem Stadium der Beziehung verschiedene Persönlichkeitsmerkmale sein können, deren Kompatibilität zu positiven emotionalen Erfahrungen beiträgt (vgl. Duck, 1977; Murstein, 1977 und die dort zitierte Literatur). Duck (1977, S. 157f.) berichtet z. B. darüber, daß Ähnlichkeit in grundlegenden Persönlichkeitseigenschaften, wie sie durch das CPI (California Personality Inventory) gemessen werden, allenfalls in der Anfangsphase von Freundschaften von Bedeutung sein, während es später auf die Ähnlichkeit der Gesichtspunkte ankäme, nach denen man Menschen im RepTest (Kelly, 1955) beurteilt. Persönlichkeitsmerkmale sind zwar sicher nicht ohne Bedeutung dafür, ob zwei Menschen vorwiegend erfreuliche oder unerfreuliche Erfahrungen miteinander machen, sie geben aber doch nur einen sehr weiten Rahmen ab. Auch wenn es Eigenschaften gibt, die einen Menschen zunächst für viele anziehend oder abstoßend machen (Wright, 1968; Buss & Barnes, 1986), kommt es im weiteren Verlauf der Freundschaft oder Liebesbeziehung unter Umständen auf eine schwer faßbare interpersonelle Relation spezifischer Einstellungen und Fähigkeiten an, die sich nicht ohne weiteres aus interpersonellen Unterschieden in grundlegenden Persönlichkeitseigenschaften ableiten lassen. So würde es z. B. nicht genügen zu wissen, daß jemand ein geringes Selbstwertgefühl hat und daß ein geringes Selbstwertgefühl oft mit der Vermutung verbunden ist, man sei für die anderen nicht anziehend oder liebenswert, was dann gemäß Jones und Panitch (1971) oder Hendrick & Brown (1971, zit. nach Duck, 1977, S. 148 bzw. 151) erst recht dazu führen müßte, sich so zu verhalten, daß sich die Vermutung bestätigt. Um die Auswirkung des Selbstwertgefühls auf die Anbahnung und Entwicklung einer Beziehung vorhersagen zu können, müßte man noch genauer darüber Bescheid wissen, welche Merkmale der Situation von der betreffenden Person als Hinweise auf zu erwartende Zuneigung oder Abneigung interpretiert werden.

Nach Walster, Utne und Traupman (1977) sind ausgewogene Beziehungen befriedigender und daher beständiger als unausgewogene. Als ausgewogen im Sinne der Equity-Theorie (vgl. Müller & Crott, 1984) gilt eine Beziehung dann, wenn die Gesamtbewertungen der Vorzüge und Mängel der eigenen Person und der des Partners einander die Waage halten. Welche emotionelle Alltagserfahrung den verschiedenen Graden von Ausgewogenheit entspricht bzw. wie sich die Gefühlserfahrungen des Zusammenlebens in den globalen Bewertungen der Ausgewogenheit niederschlagen, bleibt in dieser Theorie unbestimmt. Ist der

Partner, der mehr in die Beziehung einbringt (mehr an Schönheit, Gesundheit, Herzenswärme, Klugheit, Vermögen etc.) öfter unzufrieden? Fühlen sich beide in einer unausgewogenen Beziehung öfter unbehaglicher oder unglücklicher als die Partner einer ausgewogenen Beziehung, selbst wenn die Ausgewogenheit mehr in Mängeln als in Vorzügen besteht? Verdanken die Partner einer derart ausgewogenen Beziehung ihre angeblich befriedigenden gegenseitigen Erfahrungen einem reduzierten Anspruchsniveau? Im übrigen verweisen Clark und Reis (1988) auf eine Reihe von Untersuchungen, deren Ergebnisse vermuten lassen, daß in Partnerbeziehungen, die von persönlicher Zuneigung und Liebe geprägt sind, gerade nicht Aufwands- und Ertragsrechnungen angestellt, sondern daß vor allem die Bedürfnisse des anderen berücksichtigt werden (vgl. dazu auch Kirchler, 1989). Die Zufriedenheit mit der Partnerschaft scheint auch stärker von der Häufigkeit positiver Erfahrungen mit dem Partner als von der Beitragsbilanz abzuhängen.

Oft wird eine Beziehung, auch wenn sie von beiden Partnern zunächst als ausgewogen erlebt wurde, dadurch gestört, daß sich das Vergleichsniveau für Alternativen (Kelley & Thibaut, 1978; Thibaut & Kelley, 1959) bei einem der beiden Partner verschiebt; die Möglichkeit, eine andere Beziehung einzugehen, kann die Bewertungen der bisherigen gegenseitigen Erfahrungen einschneidend verändern und diese andere Beziehung attraktiver erscheinen lassen.

Der von einer solchen Situation bedrohte Partner reagiert in aller Regel mit Gefühlen der Eifersucht, die zwar je nach Umständen und persönlicher Eigenart recht verschieden gefärbt sein können, wesentlich aber in Furcht vor oder Schmerz (Ärger?) über Verlust der Ausschließlichkeit von Erfahrungen besteht, die für die Beziehung als zentral und nicht übertragbar erlebt werden (Neu, 1980). Im Sinne von Foa und Foa (1980) geht es dabei um solche Erfahrungen, deren Wert wesentlich darin besteht, daß sie, wie z. B. Äußerungen der Liebe, von einer bestimmten Person kommen und ein Gefühl der Einzigartigkeit der eigenen Person und der persönlichen Beziehung vermitteln. Je mehr das Gefühl des eigenen Wertes bisher auf die Zuwendung und Wertschätzung seitens des Liebespartners angewiesen war, je enger die Aktivitäten der Partner miteinander verflochten und aufeinander abgestimmt waren, desto stärker sind in der Eifersucht die Komponenten quälender Selbstzweifel und zwanghafter Vorstellungen von „treulosen“ Verhaltensweisen des Partners (Tov-Ruach, 1980).

Das Phänomen der Eifersucht wurde in lezter Zeit häufiger untersucht, wobei über eine phänomenologische Beschreibung der Erscheinungsformen hinaus eine Klärung der kulturellen, personalen und interaktionalen Bedingungen des Auftretens und der Bewältigung von Gefühlen der Eifersucht angestrebt wurde (vgl. Buunk, 1982; Mummendey & Schreiber, 1983, und die dort zitierte

Literatur). Dabei zeigt sich auch die Tendenz, Eifersucht als Ausdruck unzulässiger Besitzansprüche in falsch konzipierten Lebensgemeinschaften darzustellen, die durch alternative, eifersuchtsfreie Formen des Zusammenlebens abzulösen seien. Demgegenüber neigen Soziobiologen zur Annahme einer stammesgeschichtlich bedingten Universalität des Phänomens der Eifersucht, die all den kulturell verschiedenen Auslösebedingungen und Erscheinungsformen zugrundeliege (vgl. Eibl-Eibesfeldt, 1984, S. 309).

Ist es schon fraglich, ob das Modell sozialer Verstärkung zur Erklärung der Entstehung und Festigung von Freundschaften und Ehepartnerschaften ausreicht, so ist es zur Erklärung des Scheiterns und des Abbruchs von Beziehungen vermutlich noch weniger ausreichend. Zwar ist anzunehmen, daß die Unzufriedenheit mit der Partnerschaft und der Wunsch nach Trennung in dem Maße wachsen als Häufigkeit und Intensität negativer Erfahrungen zu- und Häufigkeit und Intensität positiver Erfahrungen abnehmen (vgl. Lloyd & Cate, 1985). Ob eine Ehe gelöst oder trotz zunehmender Enttäuschung und Frustration aufrechterhalten wird, ist aber auch von den verfügbaren Alternativen (Thibaut & Kelley, 1959) und nicht zuletzt von den persönlichen Gewissensüberzeugungen und sozialen Normen hinsichtlich Ehescheidung abhängig.

Simpson's (1987) zweimalige Befragung von Studenten (Zeitabstand drei Monate) gibt zwar einige Hinweise auf Bedingungen der Stabilität und — im Falle des Scheiterns — des von der Lösung der Freundschaft („dating relationship“) verursachten Kummers. Dem Verfasser sind aber keine sozialpsychologischen Studien bekannt, in denen die emotionalen Erfahrungen im Verlaufe des allmählichen Scheiterns von Partnerschaften explizit untersucht worden wären. Hier besteht offenbar ein Forschungsdefizit, das auch nicht durch die von Duck (1982) herausgegebenen Arbeiten beseitigt wurde. Eine eingehendere Behandlung dieses Themas ist daher nicht möglich.

Die Trennung enger sozialer Bindungen durch den Tod eines Beziehungspartners ist eine von den schmerzlichsten Erfahrungen des menschlichen Lebens. Sie gehört zu den Lebensereignissen, die oft tiefgreifende Krisen auslösen und ein besonderes Gesundheitsrisiko darstellen (Lehman, Wortman & Williams, 1987; Kessler, Price & Wortman, 1985; Parkes & Weiss, 1983; Stroebe & Stroebe, 1983).

Freud (1917) sieht in der „normalen“ Trauer eine notwendige Erschütterung durch den Verlust des Liebesobjekts, ein Sträuben gegen die aufgezwungene Trennung, das schließlich doch — bei gelungener „Arbeit der Trauer“ — zu einer inneren Befreiung und damit zur Bereitschaft für eine neue Bindung führt. In der psychogenen Melancholie dagegen gelingt diese Ablösung vom Liebesobjekt nicht, vielmehr identifiziert sich die Person erst recht in narzißtischer Weise mit dem verlorenen Objekt. Aus dem Bewußtsein verdrängte Haßgefühle gegen das treulose Liebesobjekt äußern sich als Selbstanklagen.

Bowlby (1980) setzt sich unter klinisch-psychologischer Perspektive eingehend mit den Bedingungen und dem Verlauf normaler und krankhafter Trauer über den Verlust eines geliebten Menschen bei Erwachsenen und Kindern auseinander, wobei er zwar psychoanalytische Auffassungen berücksichtigt, in seiner Bindungstheorie (attachment theory) aber wesentlich auch auf ethologische sowie sozial- und entwicklungspsychologische Erkenntnisse zurückgreift.

Eine soziobiologische Interpretation der Trauer versuchten Littlefield und Rushton (1986). Je größer die Chance war, mit dem Kind die eigenen Gene weiterzugeben, desto größer sollte die Trauer sein, wenn diese Chance durch den Tod des Kindes zerstört wurde. Die gemäß dieser soziobiologischen These in Abhängigkeit von Geschlecht, Gesundheitszustand, Alter und Ähnlichkeit des Kindes, sowie von Verwandtschaftsbeziehung zum Kind, Alter der Eltern und Zahl ihrer Kinder vorhergesagten Unterschiede im Ausmaß der Trauer fanden die Autoren in ihren Befragungsdaten bestätigt. Näherliegende Erklärungen ihrer Befunde (Trauer in Abhängigkeit vom Grad der Bindung an das Kind oder als Folge kulturell vorgegebener Gefühlsnormen) halten sie für vordergründig und letztlich auf soziobiologische Annahmen rückführbar.

4 *Gefühle als soziale Bindungskräfte (in Familien, Arbeitsgruppen, Organisationen, Nationen, Religionsgemeinschaften)*

Menschen leben und lebten zu allen Zeiten und Orten in relativ stabilen sozialen Verbindungen, in denen der einzelne eine bestimmte Rolle innehat, die auf die Rollen der anderen abgestimmt ist, und die sich von anderen sozialen Verbindungen derselben Art durch charakteristische Erlebens- und Verhaltensweisen ihrer Mitglieder unterscheiden (vgl. Lersch, 1965, S. 115 ff.). Was nun diese sozialen Gebilde (Familien, Freundes- und Arbeitgruppen, Organisationen, Nationen und Religionsgemeinschaften) zusammenhält, ist nicht die Übereinstimmung in den kognitiven Gehalten ihrer Erfahrungen als solcher, sondern das aus dieser Übereinstimmung abgeleitete Gefühl der Vertrautheit und Verbundenheit, das sich nicht zuletzt aus der gemeinsamen Geschichte ergibt und durch eine gemeinsame Deutung und Wertung der eigenen Geschichte verstärkt wird. Bindend wirkt vor allem die Übereinstimmung in den Wertüberzeugungen und in der Achtung der Normen. Diese Bindungskräfte lassen sich kaum anders als emotional bezeichnen. Ihren deutlichsten

Ausdruck finden sie in kultischen oder kultähnlichen Feiern und Festen, in denen sich die Teilnehmer durch Erinnerung an bedeutsame Ereignisse und Präsentation von Symbolen gemeinsam in Gefühle (der Freude, der Trauer, des Triumphes, des Hasses etc.) einstimmen und so ihren Zusammenhalt stärken.

Wenn Tajfel (1982, S. 101 f.) als soziale Identität jene Komponente des Selbstkonzepts bezeichnet, mit der eine Person Wert und Bedeutung aus der Zugehörigkeit zu einer sozialen Gruppe bezieht, so darf die Bezeichnung „Selbstkonzept" nicht darüber hinwegtäuschen, daß dieses nur den kognitiven Horizont des Selbstgefühls ausmacht, daß die soziale Identität im wesentlichen eines Sache des Gefühls ist.

Die Kehrseite einer solchen (in der Regel vorwiegend positiven) Gefühlsbindung an die eigene Gruppe (im weitesten Sinne) ist die Distanzierung und Isolierung von der fremden Gruppe, die sehr oft Mißtrauen, Verachtung und Feindschaft im Gefolge hat.

Es ist allerdings fraglich, ob das Bewußtsein, zu einer bestimmten Gruppe zu gehören, zwangsläufig zu einer Überbewertung der eigenen und Geringschätzung anderer Gruppen und zu einem mehr oder weniger feindseligen Wettbewerb um die höhere Rangposition in den für den Gruppenvergleich bedeutsamen Werten führt, wie es die von Tajfel begründete Theorie der sozialen Identität (vgl. die Darstellung dieser Theorie und weitere Literatur bei Mummendey, 1985) nahezulegen scheint. Ob sich die Mitglieder einer Gruppe zur Stärkung ihres Selbstwertgefühls der Diskriminierung der Mitglieder anderer Gruppen bedienen, dürfte vor allem abhängen a) vom Ausmaß und der Aktualität der Gegensätze in den Werthaltungen und Interessen, b) von der durch diese Gegensätze (aber auch durch andere Gründe) bedingten Gefährdung einer positiven Bewertung der eigenen Gruppenzugehörigkeit und damit einer Gefährdung des Selbstwertbewußtseins der Gruppenmitglieder, soweit dieses von der sozialen Identität abhängt.

Wie es Personen gibt, die ihr Selbstwertbewußtsein nicht daraus beziehen, daß sie andere Personen abwerten, so dürfte es auch Gruppen geben, deren Mitglieder nicht auf Diskriminierung der Mitglieder anderer Gruppen angewiesen sind, um ihre soziale Identiät abzusichern. So sieht Kelman (1986) ein vordringliches Ziel gesellschaftlicher Entwicklung nicht etwa darin, die Identifikation mit der eigenen Nation zu verhindern, sondern im Gegenteil zu fördern, um so die nötige Sicherheit im kulturellen und nationalen Selbstverständnis zu vermitteln, die erst die so notwendige Achtung und Wertschätzung zwischen den Nationen ermögliche.

Von Gefühlen als sozialen Bindungskräften zu sprechen, ohne auf Freuds Deutungen der Gemeinschaftsbildung in „Totem und Tabu“ (1913) und „Massenpsychologie und Ichanalyse“ (1921) einzugehen, ist nur dadurch zu rechtfertigen, daß eine fundierte Auseinandersetzung mit diesen Ideen nicht nur den vorgegebenen Rahmen dieses Beitrags, sondern auch die Kompetenz des Autors übersteigen würde. Das ändert nichts daran, daß Mitbedenken sowohl der kulturanthropologischen als auch der psychopathologischen Perspektive die vorwiegend experimentell betriebene sozialpsychologische Forschung vor einer allzu großen Einengung und Isolierung bewahren könnte.

5 *Zur Differentialpsychologie sozialer Emotionen*

5.1 *Gefühlsregungen als Effekte von Gefühlserregbarkeit und Anregung*

Lersch (1952, S. 243) spricht im Anschluß an Klages (1948, S. 103 f.) von „Gefühlserregbarkeit“ und meint damit den „Grad der Leichtigkeit in der Entstehung von Gefühlsregungen, gemessen an der Größe des Anlasses“. Davon unterscheidet er u. a. die für eine Person charakteristische Tiefe des Gefühlserlebens. Hohe Erregbarkeit ist seiner Auffassung nach häufig mit geringerer Tiefe des Erlebens verbunden. Beide Eigenschaften sind zwar generell konzipiert, zunächst ohne Bezug zu bestimmten Gefühlsqualitäten, sie müssen aber doch im Zusammenhang mit den für einen Menschen charakteristischen Arten von Gefühlsregungen gesehen werden. Dies heißt aber, auch wenn das bei Lersch nicht so deutlich zum Ausdruck kommt, daß sich Erregbarkeit und Tiefe immer auf jene Arten von Gefühlen beziehen, zu denen ein Mensch im besonderen Maße disponiert ist.

Lersch gewinnt seine Konzepte aus einer Analyse der Phänomene des Erlebens, wie sie sich seiner Introspektion, seiner Ausdruckswahrnehmung und seinem Verständnis der auf Erlebnisse bezogenen sprachlichen Ausdrücke darstellen.

Wenn Davitz (1969), Scherer, Summerfield und Wallbott (1986) und Shaver et al. (1987) sich nicht mehr allein auf ihre eigene Intuition verlassen, sondern viele Vpn nach ihren Gefühlserlebnissen befragen und die mehr oder weniger vorstrukturierten Erlebnisberichte dann nach bestimmten Aspekten analysieren, verwenden sie im Grunde dieselbe phänomenologische Methode wie Lersch, zusätzlich abgesichert nur durch den Konsens einer größeren Anzahl von Personen. Die auf diese Weise gewonnenen Berichte über emotionale Erfahrungen, ihre auslösenden Bedingungen, Begleiterscheinungen und sozialen Wirkungen könnten vielleicht auch darüber Auskunft geben, ob sich Menschen in der Erregbarkeit und Tiefe ihrer Gefühle unterscheiden. Dieser Aspekt wurde aber bei der Auswertung der vorliegenden Daten bisher nicht berücksichtigt.

Eine noch bessere Möglichkeit zur Überprüfung der Annahme einer generellen Eigenschaft „Gefühlserregbarkeit" fände sich in den Untersuchungen, in denen die Vpn über längere Zeit ihre Gefühle protokollieren, sei es rückblickend auf die Erfahrungen des jeweils vergangenen Tages (Wessman & Ricks, 1966; Diener, Larsen, Levine & Emmons, 1985), sei es bezogen auf den Zeitpunkt der Beobachtung selbst (Brandstätter, 1977, 1983; Diener, Larsen, Levine & Emmons, 1985; Flügel, 1925, 1955). Tatsächlich finden sich bereits bei Flügel (1955) Hinweise auf individuelle Unterschiede zwischen seinen neun Versuchspersonen in der generellen Gefühlserregbarkeit („general emotionality"), ablesbar an der Häufigkeit, mit der eine Person sowohl intensive positive wie intensive negative Gefühle erlebte. „... there is some general tendency for those who frequently experience high degrees of pleasure to experience frequently high degrees of unpleasure also" (Flügel, 1955, S. 168).

Diener et al. (1985) fanden in drei Studien mit 26, 42 und 34 Vpn ebenfalls stabile individuelle Unterschiede in der Intensität der Gefühle, die auch dann erhalten blieben, wenn der Einfluß von Antworttendenzen auspartialisiert wurde. Als Korrelationen zwischen der Intensität positiver und der Intensität negativer Emotionen geben die Autoren Werte von $.70 > r < .90$ an. Die Intensität der Gefühle erwies sich als weitgehend unabhängig von den relativen Häufigkeiten positiver und negativer Gefühle.

Eine Reanalyse von Daten Kirchlers (1984a, 1985), der Wehrpflichtige und Arbeitslose mit dem Zeitstichproben-Tagebuch nach Brandstätter (1977) untersuchte, bestätigt die Ergebnisse von Flügel (1955) und Diener et al. (1985). Die Halbierungsreliabilität des Merkmals „Intensität der berichteten Gefühle", gemessen als relative Häufigkeit der Beobachtungszeitpunkte, in denen extreme Werte (-- oder ++) gewählt wurden, beträgt für die Arbeitslosen $r(28) = .96$.

Man ist wohl berechtigt, diese Unterschiede in der Intensität der Gefühle als Unterschiede der Gefühlserregbarkeit zu interpretieren, es sei denn, man wollte die Hauptursache für die Intensitätsvarianz in der unterschiedlichen Gewichtigkeit der Anlässe sehen. Es ist aber kaum einzusehen, daß Menschen, deren Lebensumstände innerhalb der verschiedenen Untersuchungsgruppen sehr ähnlich sind, im Durchschnitt nicht auch ähnlich gewichtigen emotionsauslösenden Ereignissen begegnen sollten.

Eine hohe Gefühlsansprechbarkeit müßte sich vor allem in sozialen Situationen auswirken. Sie macht geneigt, sich besonders leicht und/oder besonders stark über andere zu freuen oder zu ärgern oder sonst irgendwelche auf andere bezogene Gefühle zu erleben. Genauer zu prüfen wäre, ob sich die Lersch'sche Unterscheidung zwischen Gefühlserregbarkeit und Gefühlstiefe (Lersch, 1952, S. 172f.) in den Daten der genannten Untersuchungen wiederfindet.

Nach Lersch (1952, S. 174), der sich hier auf Krueger (1928) bezieht, ist eine Gefühlsregung um so tiefer, „je mehr Bezirke des gesamten seelischen Lebens in ihren Kreis hineingezogen werden und von ihr ihre Färbung und Tönung erhalten". Die Tiefe eines Gefühls müßte sich aus Erlebnisberichten danach abschätzen lassen, wie weit das Gefühl Wahrnehmen, Vorstellen, Denken und Wollen durchdringt.

Es wäre des weiteren zu untersuchen, in welchem Maße und mit welchen Gewichten sich diese generelle Gefühlserregbarkeit mit Skalen gängiger Persönlichkeitsfragebogen vorhersagen läßt. Wie Watson und Clark (1984) gezeigt haben, finden sich in Persönlichkeitsfragebogen dieser Art stets Skalen, in denen die größere oder geringere Neigung einer Person zum Ausdruck kommt, sich in den verschiedensten Situationen unbehaglich zu fühlen. Beispiele dafür sind die Neurotizismusskala des Eysenck Personality Questionnaire (EPQ; Eysenck & Eysenck, 1975), die Skala „Belastbarkeit" (Faktor zweiter Ordnung) des 16PF (Schneewind, Schröder & Cattell, 1983) und verschiedene Skalen (Nervosität, Aggressivität, Depressivität, Mangel an Gelassenheit, Gehemmtheit) des Freiburger Persönlichkeitsinventars (Fahrenberg & Selg, 1970; zit. nach Amelang & Borkenau, 1982). Hier handelt es sich aber offensichtlich nicht um eine generelle, sondern um eine Gefühlserregbarkeit bestimmter Qualität. Es liegt nahe anzunehmen, daß die verschiedenen Dimensionen gängiger Persönlichkeitsfragebogen auch eine jeweils unterschiedliche Bereitschaft implizieren, Gefühle der einen oder anderen Art besonders häufig zu erleben. Ob dem so ist, soll demnächst mit den verschiedenen Datensätzen des Befindenstagebuchs (Brandstätter, 1977, 1981, 1983; Kirchler, 1984a, 1985) untersucht werden.

5.2 Soziale Verstärkungsorientierung vs. soziale Ausgleichsorientierung gegenüber belohnenden und bestrafenden Interaktionspartnern

Wir treffen allenthalben auf andere Menschen, die uns freundlich begegnen, uns zustimmen, in der Verfolgung unserer Ziele hilfreich sind oder aber uns ihre Abneigung spüren lassen, uns widersprechen und uns behindern. Versucht man die Reaktionen auf derartige positive oder negative soziale Erfahrungen mit einer allgemeinen (sozial)psychologischen Gesetzeshypothese zu erklären, bieten sich vor allem zwei Konzepte an, nämlich das lerntheoretische Konzept der Verstärkung und das sozialpsychologische des Ausgleichs oder der Reziprozität. Gemäß dem Verstärkungskonzept müßte ein Verhalten mit positiven Konsequenzen intensiviert, eines mit negativen Konsequenzen abgeschwächt (gemieden) werden. Dies hieße z. B. für eine kontroverse Diskussion mit einem Gegner, der unsere Meinung zwar nicht teilt, aber unsere Argumente interessant und bedenkenswert findet, daß wir uns in unserer Meinung bestärkt fühlen. Werden wir dagegen vom Gegner wegen unserer Äußerungen attackiert, müßten wir derartige Meinungsäußerungen unterlassen oder uns sogar der Position des Gegners annähern, um weitere Bestrafungen zu vermeiden. Gemäß dem sozialpsychologischen Konzept des Ausgleichs oder der Reziprozität (Gouldner, 1960; Youngs, 1986) wäre dagegen im Falle des belohnenden Interaktionspartners ein für diesen angenehmes Verhalten (z. B. Annäherung an seinen Standpunkt), im Falle des bestrafenden Interaktionspartners ein für diesen unangenehmes Verhalten (z. B. verstärkter Widerstand gegen seinen Beeinflußungsversuch) zu erwarten.

Brandstätter (1987) konnte in einer Reihe von Diskussionsexperimenten zeigen, daß beide Erklärungen zutreffen, allerdings für jeweils unterschiedliche Persönlichkeitstypen. Es gibt danach verstärkungsorientierte und ausgleichsorientierte Personen, die sich mit einem speziellen Fragebogen identifizieren ließen. Später stellte sich heraus, daß gefühlserregbare introvertierte Personen im obigen Sinne verstärkungsorientiert, gefühlserregbare extravertierte Personen dagegen ausgleichsorientiert sind. Man kann daher in der Operationalisierung des Konstrukts der Ausgleichs- vs. Verstärkungsorientierung auf die Sekundärfaktoren QII und QV (Belastbarkeit und Kontaktbereitschaft) des 16PF (Schneewind, Schröder & Cattell, 1983) zurückgreifen. Emotionen haben in diesem differentialpsychologischen Erklärungskonzept die Funktion intervenierender Variablen. Es wird angenommen, daß verstärkungsorientierte Personen auf Bestrafung mit Furcht, auf Belohnung mit Selbstgefälligkeit (Stolz) reagieren, während ausgleichsorientierte Personen in denselben Situationen mit Ärger bzw. Dankbarkeit antworten. Die Überprüfung dieser Annahme durch Analyse des auf Videobändern aufgenommenen Gesichtsausdrucks der Versuchspersonen nach dem Verfahren von Ekman und Friesen (1978) ist noch nicht abgeschlossen.

Eine gewisse Stütze findet diese Interpretation aber derzeit schon in Daten von Studien mit dem Befindenstagebuch (Brandstätter & Kirchler, 1986): In Situationen, in denen das eigene Wohlbefinden einem Interaktionspartner zugutegehalten wird, beschreiben verstärkungsorientierte Versuchspersonen ihre Gefühle vorwiegend mit Ausdrücken des Stolzes, ausgleichsorientierte

Versuchspersonen dagegen mit Ausdrücken der auf den anderen bezogenen Freude. Wird der Interaktionspartner für eine Verstimmung verantwortlich gemacht, benutzen verstärkungsorientierte Vpn vorwiegend Adjektive aus dem Bedeutungsumfeld der Furcht, während ausgleichsorientierte Vpn Wörter verwenden, die verschiedene Formen des Ärgers oder der Gereiztheit bezeichnen.

Mit diesem Ansatz der Erklärung persönlichkeitsspezifischer Reaktion auf Lob und Tadel (Unterstützung und Behinderung) ist auch die von Sarason und Sarason (1986) berichtete differentielle Wirkung sozialer Unterstützung kompatibel: nur bei jenen Personen, denen es nach ihren Angaben an sozialem Rückhalt im gewohnten Lebensbereich mangelte, wirkte sich die Versicherung von Hilfsbereitschaft durch den Versuchsleiter (eine Form von sozialer Unterstützung) leistungsfördernd aus. Es dürfte sich dabei um gefühlserregbare, introvertierte (also verstärkungsorientierte) Versuchspersonen gehandelt haben, die für freundliche soziale Zuwendung besonders empfänglich waren. Ähnlich könnte man auch interpretieren, daß sich in einem Experiment zum Zusammenhang zwischen Stimmausdruck und Überzeugungskraft eines Telefongesprächs (Hall, 1980) Versuchspersonen, die in einem Vorversuch verschiedene Ausdrucksqualitäten der Sprechstimme nicht gut unterscheiden konnten, von einem eher kühl und unfreundlich wirkenden Sprecher mehr beeinflußen ließen als von einem freundlich werbenden Sprecher, ein Ergebnis, das die Autorin überraschte. Vpn, die im Vorversuch ein feines Gespür für den Ausdrucksgehalt der Stimme bewiesen (gute Decodierer), verhielten sich erwartungsgemäß, d. h., sie ließen sich von einem Sprecher, der sein Bestes gab, um den Telefonpartner für Teilnahme an einem Experiment zu gewinnen und, wie eine nachträgliche Analyse der Äußerungen zeigte, ungezwungen und freundlich argumentierte, mehr beeinflussen als von einem Sprecher, der bewußt einen Tonfall wählte (bei gleichen Worten), der den Partner eher entmutigen sollte. Schlechten Decodierern werden von der Autorin Eigenschaften zugeschrieben, die an eine Kombination von Introversion und Neurotizismus erinnern. Danach würde es sich um verstärkungsorientierte Personen handeln, die sich gemäß dem oben skizzierten Modell von einem unfreundlichen Gesprächspartner mehr beeinflußen lassen als von einem freundlichen.

5.3 Persönlichkeitsunterschiede im situationsspezifischen Alltagsbefinden

Man hat der älteren Persönlichkeitspsychologie vorgeworfen, sie vernachlässige den Einfluß der jeweiligen Umweltbedingungen auf das menschliche Verhalten, übersah dabei aber, um die Neuartigkeit des interaktionistischen, d. h. die Wechselwirkung zwischen Persönlichkeit und Umwelt betonenden Ansatzes herauszustellen, daß Charaktereigenschaften immer schon im Hinblick auf bestimmte Umstände, in denen sie wirksam werden, konzipiert wurden. Allerdings wurden die Situationsklassen breiter gefaßt und weniger genau definiert als dies in einer von der behavioristischen Lerntheorie beeinflußten Persönlichkeitsforschung üblich war (vgl. Zuroff, 1986).

Hinsichtlich der Auslösung und Wirkung von sozialen Emotionen stellt sich hier die Frage, welche Umstände und Vorgänge in der Umwelt, die objektiv, sei es physikalisch oder im Konsens sozialer Bedeutungsinterpretationen, identifiziert werden können, von einer bestimmten Person als äquivalent erlebt und demnach mit gleichen oder ähnlichen Emotionen beantwortet werden (vgl. Graumann, 1975; Magnusson, 1974, 1976; Magnusson & Ekehamar, 1973; Lantermann, 1980, 1982; Moos, 1973; Mothersill, Dobson & Neufeld, 1986; Rotter, 1955; Scheele, 1985). Davitz (1969), Scherer et al. (1986) und Shaver et al. (1987) ermittelten zwar durch Befragung vieler Personen die für die verschiedenen Gefühle charakteristischen Situationsbewertungen, so z. B. für das Gefühl der Furcht: drohende Ablehnung durch andere Menschen; Gefahr eines Verlusts oder eines Versagens; Verlust der Kontrolle über eine Situation; Verletzungs- oder Todesgefahr; unvertraute Situation (Shaver et al. 1987). Aber selbst wenn die individuellen Unterschiede in den Angaben zu den emotionsauslösenden Situationen bzw. Situationsbewertungen gering wären — die vorliegenden Befragungsdaten müßten daraufhin erst genauer untersucht werden — bliebe noch zu erklären, wieso die einen allenthalben eine furchtauslösende Gefahr der Mißbilligung durch andere Menschen oder eine ärgerprovozierende (weil ungerechtfertigte) Behinderung ihrer Bestrebungen sehen, während andere die anscheinend gleichen Umstände als eine Chance, soziale Anerkennung zu gewinnen, bzw. als Aufforderung zur sachlichen Erläuterung ihrer Absichten erleben.

Für verbal vorgegebene Variationen furcht- bzw. ärgerauslösender Bedingungen und Variationen von Furcht- bzw. Ärgerreaktionen fanden beispielsweise Endler und Hunt (1966) beträchtliche generelle und situationsspezifische Persönlichkeitsunterschiede. Der situationsübergreifende Persönlichkeitseinfluß machte bei Ärger (Feindseligkeit) im Durchschnitt verschiedener Stichproben etwa 17 % der Varianz (gegenüber knapp 5 % bei Furcht) aus, bei etwa

10 % liegt in beiden Gefühlen der Anteil der Wechselwirkung zwischen Person und auslösenden Bedingungen, zwischen 10 % und 16 % der Varianzanteil der Wechselwirkung zwischen Person und Reaktionsform.

Im Anschluß an Arbeiten von Spielberger, Gorsuch und Lushene (1970) und Endler, Hunt und Rosenstein (1962) entwarf Zuckerman (1977) Fragebogen zur person- und situationsspezifischen Prognose emotionaler Reaktionen. Weitere Arbeiten mit Fragebogen dieser Art diskutieren Argyle, Furnham und Graham (1981, S. 319 f.).

In unseren eigenen Untersuchungen begnügten wir uns nicht damit, Versuchspersonen zu befragen, wie sie sich in verschiedenen Situationen fühlen oder verhalten würden, sondern ließen sie über längere Zeit immer wieder notieren, wie sie sich in der jeweiligen Alltagssituation, in der sie sich gerade befanden, tatsächlich fühlten (Brandstätter, 1977, 1981, 1983; Kirchler, 1984a, 1985). Da die Versuchspersonen auch den 16PF-Fragebogen (Schneewind, Schröder & Cattell, 1983) ausgefüllt hatten, ließ sich klären, in welchem Maße Gefühle verschiedener Qualitäten von Merkmalen der betroffenen Personen und ihrer jeweiligen Lebensumstände abhingen. So zeigte sich z. B. in einer Studie mit Hausfrauen, daß die Persönlichkeitseigenschaft „Impulsivität" dem Wohlbefinden nur in bestimmten Situationen (Anwesenheit der eigenen Kinder, Zusammensein mit Verwandten/Freunden) abträglich war, oder daß Verstandesbetontheit positives Befinden bei Hausfrauen nur dann begünstigte, wenn das Machtmotiv oder das Leistungsmotiv angesprochen waren (Brandstätter, 1983, S. 278/879).

In Situationen, in denen eine oder mehrere andere Personen für eine Verstimmung verantwortlich gemacht werden, bezeichnen introvertierte und zugleich gefühlserregbare Personen ihr Gefühl mit Worten, die Furcht und Beunruhigung ausdrücken, während extravertierte gefühlserregbare Personen in solchen Situationen vorwiegend Worte des Ärgers verwenden (Brandstätter & Kirchler, 1986). Eine umfassende und systematische Auswertung der in den verschiedensten sozialen Situationen von sieben Versuchspersonen-Gruppen verwendeten Adjektive nach grundlegenden Persönlichkeitsdimensionen wird vermutlich noch deutlicher zeigen, daß diese in engem Zusammenhang mit individuellen Unterschieden situationsspezifischer emotionaler Reaktionen stehen.

Auf der Suche nach allgemeinen Gesetzmäßigkeiten hat die sozialpsychologische Forschung der vergangenen Jahrzehnte individuelle Unterschiede meist nur als zufällige Fehler behandelt und in den Durchschnittswerten von experimentellen Manipulationseffekten verschwinden lassen. So beachtenswert Versuche sind, auch im Bereich des sozialen Verhaltens Gesetzeshypothesen zu formulieren und zu testen, denen analog zu psychophysischen Funktionsgleichungen allgemeine Gültigkeit zukommen soll (vgl. z. B. Latané, 1981; Latané & Harkins, 1976), so problematisch wären Verallgemeinerungen von Durchschnittsbefunden dann, wenn eine genauere Prüfung zeigt, daß ein Teil der Versuchspersonen beständig anders reagiert. In solchen Fällen, sie dürften die Regel und nicht Ausnahmen darstellen, muß man sich so lange mit differentialpsychologischen Erklärungshypothesen geringerer Reichweite zufrieden geben, bis sich eine umfassendere Erklärung der individuellen Unterschiede finden läßt.

5.4 Schüchternheit als Neigung zur Furcht vor sozialem Mißerfolg

Schüchternheit ist nicht nur ein Problem, das vielen Menschen in sozialen Situationen zu schaffen macht (vgl. Zimbardo, 1984, S. 31); es wurde in den letzten Jahren auch eingehender untersucht (Asendorpf, 1987; Briggs, 1985; Buss, 1980; Jones, Briggs & Smith, 1986; Jones, Cheek & Briggs, 1986; Pilkonis, 1977a,b; weitere Arbeiten siehe vor allem Jones, Briggs & Smith, 1986).

Schon in den Untersuchungen von Endler, Hunt und Rosenstein (1962; zit. nach Amelang & Bartussek, 1981, S. 341) erscheinen soziale Situationen, die eine Gefahr für das Selbstwertgefühl darstellen, als Auslöser von Angst (neben physisch bedrohenden Situationen und Situationen, die wegen der mit ihnen verbundenen Ungewißheit und Mehrdeutigkeit beunruhigen). Unter den Situationen, die eine Gefahr für das Selbstwertgefühl bedeuten, kann man sachliche Leistungsanforderungen und soziale Kontaktanforderungen unterscheiden. Wenn eine Person Leistung wichtig findet, sich den Anforderungen aber nicht gewachsen fühlt und daher einen Mißerfolg vor den Augen der anderen, eine Geringschätzung durch andere befürchtet, spricht man von Leistungsangst. Mit „sozialer Angst“ ist die Beunruhigung (Besorgtheit und Aufgeregtheit) eines Menschen gemeint, der einen guten Eindruck machen möchte, sich aber nicht die dazu nötigen persönlichen Eigenschaften (äußere Erscheinung, soziales Geschick) zutraut und daher erwartet, daß er übergangen, abgelehnt oder verachtet wird. Überschneidungen in der Verwendung der beiden Bezeichnungen für Mißerfolgsängste ergeben sich dort, wo sich die Angst auf soziale Leistungen (z. B. Rede vor einem Publikum) bezieht (zur Unterscheidung von Leistungs- und sozialer Angst vgl. auch Schwarzer, 1983).

Das Gefühl sozialer Angst entsteht aus mehr oder weniger bedrohlichen Umständen und größerer oder geringerer Angstbereitschaft (Ängstlichkeit) der Person. Wenn sich soziale Ängstlichkeit regelmäßig im sozialen Verhalten eines Menschen zeigt, etwa in Vermeidung von Kontakt, linkischem Benehmen oder gehemmter Schweigsamkeit, und nicht etwa durch betont forsches Auftreten überspielt wird, sprechen wir von Schüchternheit. Einer der Gründe für die nur mäßige Übereinstimmung zwischen Selbstbeurteilung und Einschätzung der Schüchternheit durch Bekannte (vgl. Jones, Briggs & Smith, 1986, S. 632; Pilkonis, 1977a) ist darin zu sehen, daß die anderen nicht so eindeutig erfassen können, was eine Person erlebt, vor allem dann nicht, wenn sich diese Person anders gibt als sie sich fühlt (Snyder, 1979; Snyder & Gangestad, 1986).

Schüchternes Verhalten als Ausdruck von Furcht vor sozialem Mißerfolg ist bei Menschen, die dazu disponiert sind, besonders in solchen Situationen zu beobachten, die für sie ungewohnt sind, etwa weil die Interaktionspartner oder die zu übernehmende Rolle unbekannt sind. Was immer den Eindruck verstärkt, beobachtet zu werden, z. B. unpassende oder auffällige Kleidung, zu spätes Erscheinen in einer Versammlung, steigert die Schüchternheit (Zimbardo, 1984, S. 58). Schüchterne Menschen scheinen im übrigen nicht nur negative, sondern auch betont positive Bewertung durch andere zu fürchten (Asendorpf, 1987).

Pilkonis (1977a, 1977b; vgl. auch Zimbardo, 1984, S. 50) konnte mit seinen Fragebögen zwei verschiedene Arten von Schüchternheit unterscheiden, denen verschiedene Personengruppen zugeordnet werden konnten: Schüchternheit, die sich vor allem in gehemmtem Sozialverhalten zeigt, und Schüchternheit, die als Unbehagen und Furcht vor sozialer Bewertung beschrieben wird. Dies deutet ebenfalls darauf hin, daß Erlebnis- und Verhaltensweisen nicht konform gehen müssen. Es wäre allenfalls zu fragen, wieso manche Menschen sich schüchtern fühlen, obwohl sie fähig sind, sich sozial gewandt zu verhalten. Man könnte sich in einem solchen Fall vorstellen, daß diese Gefühle durch frühere Erfahrungen konditioniert und trotz scheinbar gegenteiliger neuer Erfahrungen nicht überwunden (gelöscht) wurden, weil die betreffende Person den offensichtlichen Erfolg, den sie den erworbenen sozialen Fertigkeiten verdankt, wegen eines übersteigerten Anspruchsniveaus in einen Mißerfolg umdeutet.

Buss (1980) weist darauf hin, daß sich sozial ängstliche Menschen in besonderem Maße beobachtet fühlen. Umgekehrt sind aber nicht alle, denen häufig deutlich bewußt wird, daß andere sie beobachten und bewerten (Personen mit stark ausgeprägter „öffentlicher Selbstaufmerksamkeit“) sozial ängstlich. Die einen können sich in der Aufmerksamkeit der anderen sonnen, die anderen durch sie beunruhigt fühlen. Anders als Duval und Wicklund (1972; vgl. auch Wicklund, 1975, 1982) ist nach Buss (1980, S. 102) Selbstaufmerksamkeit (im Sinne von verstärkter Selbstbeobachtung — „private self-consciousness“ oder im Sinne von verstärktem Bedachtsein auf den Eindruck, den man auf andere macht — „public self-consciousness“) zwar häufig, aber nicht notwendig mit der Feststellung einer (als unangenehm erlebten) Unzulänglichkeit verbunden.

Dieser Autor sieht im übrigen in Verlegenheit, Scham, Publikumsangst und Schüchternheit verschiedene Formen sozialer Angst, deren Auslösebedingungen, Erlebnisqualitäten, Verhaltensweisen und Verhaltenskonsequenzen sowie deren zugrundeliegende Persönlichkeitseigenschaften er im einzelnen beschreibt.

Jones, Briggs und Smith (1986) sehen in der Schüchternheit eine Persönlichkeitseigenschaft, die nicht mit anderen bekannten Persönlichkeitskonstrukten wie z. B. Introversion oder Neurotizismus identisch ist oder als Kombination solcher Konstrukte aufgefaßt werden sollte. Mit faktorenanalytischen und korrelationsstatistischen Belegen homogener und spezifischer Skalen läßt sich freilich diese These grundsätzlich nicht beweisen, denn es ist immer möglich, einen Satz von (im statistisch-mathematischen Sinne) homogenen Items zu konstruieren, deren Beantwortung gleichwohl und gleichermaßen von einer Kombination mehrerer verschiedener latenter Bedingungsfaktoren determiniert ist. Spezielle Schüchternheitsskalen dürften ebenso überflüssig sein wie die meisten anderen sehr speziellen Konstrukte wie z. B. Handlungs- und Lageorientierung (Kuhl, 1983), Selbstdarstellung (self-monitoring; Snyder & Gangestad, 1986), Kontrollüberzeugung (Rotter, 1966; vgl. auch Beckmann, 1985), Ausgleichs- und Verstärkungsorientierung (Brandstätter, 1987), es sei denn man könnte nachweisen, daß sie durch Kombination von Konstrukten umfassender persönlichkeitspsychologischer Systeme, wie sie z. B. von R. B. Cattell oder von H. J. Eysenck in jahrzehntelanger kohärenter Forschungstätigkeit vorgelegt wurden (vgl. Amelang & Bartussek, 1981), nur unzulänglich darstellbar wären.

Immerhin korrelieren die verschiedenen Schüchternheitsskalen recht beträchtlich mit Persönlichkeitsdimensionen wie Selbstbehauptung (assertiveness), Extraversion, Neurotizismus und Selbstvertrauen (Jones, Briggs & Smith, 1986, S. 635). Es ist zu vermuten, daß Schüchternheit am häufigsten unter den introvertierten Menschen vorkommt, die zugleich emotional instabil sind, und am seltensten unter den extravertiert stabilen.

Wenn nach Buss (1980, S. 194) Kontaktbedürfnis und Schüchternheit nur schwach negativ korrelieren, zeigt dies einmal mehr, daß Wunsch und Fähigkeit zur Realisierung eines Wunsches auseinanderfallen können. Ein starker Kontaktwunsch (als Folge häufiger, vielleicht schüchternheitsbedingter Kontaktentbehrung) kann einerseits die Situation verschlimmern, weil sich übermäßige Aktivierung störend auf schwierige soziale Leistungen auswirkt und weil dann Mißerfolge besonders schmerzlich erlebt werden; zum anderen können oft wiederholte soziale Mißerfolge das Kontaktbedürfnis auf Dauer schwächen.

Buss (1980) erörtert auch die Entwicklungsstadien und Sozialisationsbedingungen der verschiedenen Formen sozialer Ängste. Insbesondere weist er darauf hin, daß die Gefühle der Scham und der Verlegenheit erst gegen das fünfte Lebensjahr auftreten, da sie ein Bewußtsein von einem eigenen Selbst und die Fähigkeit voraussetzen, die Perspektive des anderen einzunehmen und damit sich selbst als Objekt ihrer Aufmerksamkeit zu erleben.

C. Versuche der Persönlichkeitsentwicklung durch sozial-emotionale Erfahrungen in Gruppen

So verschieden auch psychoanalytische, behavioristische oder phänomenologisch-erlebnispsychologische Betrachtungsweisen der Persönlichkeitsentwicklung sein mögen — in einem stimmen sie überein: es sind vor allem gefühlsbetonte Erfahrungen, die Erlebnis- und Handlungsweisen einer Person nachhaltig prägen, und nach vielfach wiederholten ähnlichen Erfahrungen können nur tiefgreifende andersartige Gefühlseindrücke eine Änderung bewirken[12].

Auf der Suche nach einer neuen Lebensorientierung oder einer tieferen Lebenserfüllung kommt den Gefühlen nicht nur in den verschiedensten therapeutischen Schulen, sondern seit jeher auch in den rituellen Kultfesten der Naturvölker und Kultdramen der Antike, aber auch in den kultischen Feiern der heutigen Weltreligionen eine große Bedeutung zu.

Daß tiefgreifende sozial-emotionale Erfahrungen in kleinen Gruppen nicht zur religiösen Besinnung, sondern zur Persönlichkeitsentwicklung gesucht und nach bestimmten Regeln vermittelt werden, ist erst seit einigen Jahrzehnten mehr und mehr üblich geworden. Smith (1980, S. 5 f.) skizziert die Geschichte der sog. Selbsterfahrungsgruppen und stellt als besonders einflußreich heraus: Moreno (1970), der sein Konzept des Psychodramas ab 1908 in Wien entwickelte; eine psychoanalytisch orientierte Gruppe um Bion (1961) an der Tavistock Clinic in London und eine sozialpsychologisch ausgerichtete Forschergruppe um und in der Nachfolge von Lewin (Bradford, Gibb & Benne, 1964).

---

12 Behavioristen sprechen zwar kaum von Gefühlen, dafür um so mehr von Gefühlseffekten, nämlich der Verstärkung.

Däumling und Fengler (1978) nennen als Gemeinsamkeiten der im übrigen sehr verschiedenartigen gruppendynamischen Methoden das Prinzip des Hier-und-Jetzt und die Technik der Rückmeldung: Die Teilnehmer konzentrieren sich auf das hier und jetzt beobachtbare Verhalten und die sich darin äußernden und dadurch bei anderen ausgelösten Erlebnisse. In Verbindung mit Rückmeldung, verstanden als „subjektiv beschreibende Darstellung von Wahrnehmungen, Beobachtungen, Eindrücken und Empfindungen, die eine Person von einer anderen aufgrund von deren aktuellem Verhalten und der eigenen Resonanz darauf gewinnt" (Däumling & Fengler, 1978, S. 2801; vgl. auch Dunckel & Rummel, 1983), soll dies starke Gefühle provozieren und helfen, neue Einsichten über sich selbst und die Art und Weise, wie man auf andere wirkt, zu gewinnen, schließlich sich von entwicklungshemmenden Formen des Fühlens und Agierens zu befreien.

Wesentlich ist dabei, daß es im Laufe dieser gefühlsbetonten Erfahrungen auch zu einer kognitiven Umstrukturierung der Schemata kommt, nach denen ein Mensch bisher sein Wissen um die anderen und um sich selbst geordnet und als Handlungsgrundlage verwendet hat. Da Gefühle verstärkt dann auftreten, wenn die Ereignisse unseren (schematischen) Erwartungen zuwiderlaufen, sind sie auch der stärkste Anstoß für eine Revision der bisherigen Annahmen und Überlegungen (Oatley, 1980). Im Alltagsleben sind wir zu sehr von der Notwendigkeit zu handeln in Anspruch genommen, und wir handeln unter dem Druck der Umstände nach eingespielten Regeln, so daß wir unser inneres Abbild von den Wirkungszusammenhängen sozialer Interaktion, deren Mitspieler wir sind, mangels eindeutiger Rückmeldung bezüglich der Angemessenheit unserer Annahmen und mangels bewußter Selbstreflexion nicht in der nötigen Weise revidieren können. Selbsterfahrungsgruppen sollen dadurch, daß sie die Teilnehmer zeitlich und räumlich vom üblichen Lebensraum absondern und ihnen ungewohnte Spielregeln der Interaktion auferlegen, diesen Mangel beheben.

Ob sie diese Funktion wirklich erfüllen und von welchen Bedingungen ihre persönlichkeitsfördernde oder mitunter auch schädliche Wirkung abhängt, wurde oft untersucht, wenn auch vielfach methodisch anfechtbar und mit widersprüchlichen Ergebnissen (vgl. Liebermann, 1976; Liebermann, Yalom & Miles, 1973; Hartman, 1979; Smith, 1980).

Nach einer Bestandsaufnahme der verschiedensten Evaluierungsstudien zieht Smith (1980) den Schluß, daß Selbsterfahrungsgruppen tatsächlich oft Effekte in der gewünschten Richtung haben, daß viele dieser Effekte aber nicht lange anhalten. Einig ist man sich darüber (Hartman, 1979; Smith, 1980), daß die bisher meist allein verwendeten Ergebnisbeurteilungen dringend der Ergänzung durch theoretisch orientierte Prozeßanalysen bedürfen.

D. Ausblick

Was könnte die Sozialpsychologie gewinnen, wenn sie Emotionen in den Mittelpunkt ihrer Analysen sozialen Handelns stellte und damit zugleich Persönlichkeitsunterschiede ernst nähme, die sich ja wesentlich in den von Person zu Person verschiedenen Äquivalenzklassen von Situationen (im Sinne von erlebten Person-Umwelt-Konstellationen) manifestieren? Äquivalenz von Situationen kann ja sinnvoll nur heißen, daß sie in der betreffenden Person im wesentlichen gleiche Gefühle auslösen, Gefühle der Hoffnung auf Erfolg oder Furcht vor Mißerfolg bestimmter Bestrebungen und Gefühle der Freude über den Erfolg des Handelns oder Gefühle des Ärgers (der Enttäuschung) über einen Mißerfolg bzw. über die Zuträglichkeit oder Abträglichkeit von Ereignissen, die ohne eigenes Zutun eingetreten sind. Die experimentelle Sozialpsychologie hat sich, so scheint es, bisher viel zu sehr auf motivational und emotional mehrdeutige Anregungsbedingungen und Verhaltensweisen konzentriert, in der auffällig beschränkten Annahme, experimentelle Bedingungsvariationen müßten von den verschiedenen Versuchspersonen in gleicher Weise kognitiv und emotional differenziert werden, und die als Effekte von Bedingungsvariationen beobachteten Verhaltensweisen und Aussagen seien zwischen den verschiedenen Versuchspersonen ohne weiteres vergleichbar. Wie problematisch ein solches Vorgehen ist, läßt sich leicht am Beispiel des sogenannten prosozialen Verhalten klarmachen, eines Verhaltens also, das dem anderen nützt, mag es auch noch so verschieden motiviert sein (z. B. von echtem Mitgefühl oder kalter Berechnung eigener Vorteile). Wie sollten sich da mehr als „durchschnittspsychologische" Gesetzmäßigkeiten formulieren lassen, die ihre Bestätigung nur der Tatsache verdanken, daß sich unter den Versuchsteilnehmern eine Mehrheit von mitfühlenden oder aber egoistisch berechnenden Personen befindet? Die trostlose Widersprüchlichkeit der experimentellen Befunde in vielen Bereichen der Sozialpsychologie zeugt von dem verfehlten Ansatz. Immer noch dem behavioristischen Gebot „oberflächlicher" Objektivität verpflichtet, versäumen wir als experimentelle Sozialpsychologen, worauf wir im Alltag sehr wohl bedacht sind: Handlungen und Aussagen gemäß den sie tragenden und begleitenden Motiven und Gefühlen zu bewerten. Wir untersuchen zwar eifrig die Attributionen unserer Versuchspersonen (und wundern uns dabei manchmal, wie wenig sie von den äußeren Anlässen her erklärbar sind); als Versuchsleiter handeln wir aber so, als sei dank unserer experimentellen Manipulationen von vornherein klar, auf welche Kognitionen, Motive und Gefühle das beobachtete Verhalten zurückzuführen ist.

Man sollte sich mehr als üblich darum kümmern, was die Versuchspersonen während der nach Versuchsplan gestalteten sozialen Interaktion erleben. Wenn überhaupt eine Auffächerung von Teilprozessen möglich ist, sind dabei vor allem die Gefühle zu beachten, da sie am ehesten offenbaren, was ein Ereignis für einen Menschen bedeutet und was er anstrebt oder vermeidet. Sozialpsychologische Experimente werden dadurch zwar weniger handlich. Die zusätzliche Mühe, die mit einer sorgfältigen Aufklärung der jeweils verschiedenen Erlebnisweisen verbunden ist, könnte aber wesentlich dazu beitragen, die Zersplitterung der Forschungsergebnisse in eine unüberschaubare, widersprüchliche und kaum integrierbare Menge von Detailbefunden zu überwinden.

Literatur

Amelang, M. & Bartussek, D. (1981). Differentielle Psychologie und Persönlichkeitsforschung. Stuttgart: Kohlhammer.

Amelang, M. & Borkenau, P. (1982). Über die faktorielle Struktur und externe Validität einiger Fragebogenskalen zur Erfassung von Dimensionen der Extraversion und emotionalen Labilität. Zeitschrift für Differentielle und Diagnostische Psychologie, **3**, 119—146.

Argyle, M. (1972). Soziale Interaktion. Köln: Kiepenheuer & Witsch.

Argyle, M., Furnham, A. & Graham, J. A. (1981). Social situations. Cambridge: Cambridge University Press.

Asendorpf, J. B. (1987). Videotape reconstruction of emotions and cognitions related to shyness. Journal of Personality and Social Psychology, **53**, 542—549.

Bales, R. F. (1950). Interaction Process Analysis. A Method for the Study of Small Groups. Cambridge: Addison-Wesley.

Bales, R. F. (1970). Personality and Interpersonal Behavior. New York: Holt, Rineart & Winston.

Bales, R. F. (1985). The new field theory in social psychology. International Journal of Small Group Research, 1, 1—18.

Bales, R. F., Cohen, S. P. & Williamson, S. A. (1979). SYMLOG: A System for the Multiple Level Observation of Groups. New York: The Free Press.

Baron, R. A. (1977). Human Aggression. New York: Plenum.

Baron, R. S. & Moore, D. (1978). Distraction as a source of drive in social facilitation research. Journal of Personality and Social Psychology, **36**, 816—824.

Batson, C. D., Bolen, M. H., Cross, J. A. & Neuringer-Benefiel, H. E. (1986). Where is the altruism in the altruistic personality. Journal of Personality and Social Psychology, **50**, 212—220.

Batson, C. D., O'Quin, K., Fultz, J., Vanderplas, M. & Isen, A. (1983). Self-reported distress and empathy and egoistic versus altruistic motivation for helping. Journal of Personality and Social Psychology, **45**, 706—718.

Beckman, J. (1985). Handlungs- und Lageorientierung. In T. Herrmann & E. D. Lantermann (Hrsg.), Persönlichkeitspsychologie. Ein Handbuch in Schlüsselbegriffen (S. 277—284). München: Urban & Schwarzenberg.

Berg, J. H. (1984). The development of friendship between roommates. Journal of Personality and Social Psychology, **46**, 346—356.

Berg, J. H. & McQuinn, R. D. (1986). Attraction and exchange in continuing dating relationships. Journal of Personality and Social Psychology, **50**, 942—952.

Berkowitz, L. (1982a). Aversive conditions as stimuli to aggression. In L. Berkowitz (Ed.), Advances in experimental social psychology (Vol. 15) (pp. 249—288). New York: Academic Press.

Berkowitz, L. (1982b). The experience of anger as a parallel process in the display of impulsive, „angry" aggression. In R. G. Green & E. Donnerstein (Eds.), Aggression: Theoretical and empirical reviews. New York: Academic Press.

Bierhoff, H. W. (1984). Sozialpsychologie. Stuttgart: Kohlhammer.

Bion, W. R. (1961). Experience in groups. London: Tavistock.

Bond, C. F. & Titus, L. J. (1983). Social facilitation. A meta-analysis of 241 studies. Psychological Bulletin, **94**, 265—292.

Bower, G. H. (1981). Mood and memory. American Psychologist, 31, 129—148.

Bowlby, J. (1973). Attachment and loss (Vol. 2). Separation. New York: Penguin Books.

Bowlby, J. (1980). Attachment and loss (Vol. 3). Loss. New York: Penguin Books.

Bradford, L. P., Gibb, J. R. & Benne, K. D. (1964). (Eds.) T-Group Theory and Laboratory Method. New York: Wiley.

Brandstätter, H. (1977). Wohlbefinden und Unbehagen. Entwurf eines Verfahrens zur Messung situationsabhängiger Stimmungen. In W. H. Tack (Hrsg.), Bericht über den 30. Kongreß der DGfPs in Regensburg 1976 Bd. 2, (S. 60—62). Göttingen: Hogrefe.

Brandstätter, H. (1981). Time sampling of subjective well-being. In H. Hartmann, W. Molt & H. Stringer (Eds.), Advances in Economic Psycholog (pp. 63—76). Heidelberg: Meyn.

Brandstätter, H. (1983). Emotional responses to other persons in everyday life situations. Journal of Personality and Social Psychology, **45**, 871—883.

Brandstätter, H. (1985). Social emotions in controversial discussions and in group decision making. In E. L. Lawler (Ed.), Advances in Group Processes (Vol. 2) (pp. 249—281). Greenwich: JAI Press.

Brandstätter, H. (1987). Towards differential social psychology: Individual differences in responding to an aggressive discussant. In G. R. Semin & B. Krahe (Eds.), Issues in contemporary German Social Psychology (pp. 55—73). London: Sage.

Brandstätter, H., Ebensperger, F. & Waldhör, K. (1987). Erlebnispsychologische Prozeßanalyse kontroverser Diskussionen. Zeitschrift für Experimentelle und Angewandte Psychologie, **34**, 530—552.

Brandstätter, H. & Hoggatt, A. C. (1982). The influence of social emotions on bargaining outcomes in a bilateral monopoly game. In: H. Brandstätter, J. H. Davis & G. Stocker-Kreichgauer (Eds.), Group Decision Making (pp. 284—294). London: Academic Press.

Brandstätter, H., Kette, G. & Sageder, J. (1983). Expectations, attributions, and behavior in bargaining with liked and disliked partners. In R. Tietz (Ed.), Aspiration Levels in Bargaining and Economic Decision Making (pp. 136—152). Berlin: Springer.

Brandstätter, H. & Kirchler, E. (1986). Emotional responses to interpersonal conflict in experimental and natural behavior settings: An individual difference approach. Paper presented at the 21st International Congress of Applied Psychology, Jerusalem, July 1986.

Brandstätter, H. & Klein-Moddenborg, V. (1982). Short and long term effects of verbal aggression on observers and participants in group discussions. In H. Hiebsch, H. Brandstätter & H. H. Kelley (Eds.), Social Psychology. Amsterdam: North Holland.

Briggs, S. R. (1985). A trait account of social shyness. In P. Shaver (Ed.), Review of Personality and Social Psychology (Vol. 6) (pp. 35—64). Beverly Hills: Sage.

Bryden, M. P. (1982). Laterality. Functional asymmetry in the intact brain. New York: Academic Press.

Buss, A. H. (1980). Self-consciousness and social anxiety. San Francisco: Freeman.

Buss, D. M. & Barnes, M. (1986). Preferences in human mate selection. Journal of Personality and Social Psychology, **50**, 559—570.

Buunk, B. (1982). Strategies of jealousy: Its relationship to self-esteem, dependency, and reciprocity. Personality and Social Psychology Bulletin, **8**, 310—326.

Carlson, M. & Miller, N. (1987) Explanation of the relation between negative mood and helping. Psychological Bulletin, 102, 91—108.

Carson, R. C. (1969). Interaction concepts of personality. London: Allen & Unwind.

Cialdini, R. B., Schaller, M., Houlihan, D., Arps, K., Fultz, J. & Beaman, A. L. (1987). Empathy-based helping: Is it selflessly or selfishly motivated? Journal of Personality and Social Psychology, **52**, 749—758.

Clark, M. S. & Reis, T. H. (1988). Interpersonal processes in close relationships. Annual Review of Psychology, 39, 609—672.

Clore, G. L. & Byrne, D. (1974). A reinforcement-affect model of attraction. In T. L. Huston (Ed.), Foundations of interpersonal attraction (pp. 143—170). New York: Academic Press.

Clore, G. L. & Itkin, S. M. (1977). Verstärkungsmodelle der zwischenmenschlichen Anziehung. In G. Mikula & W. Stroebe (Hrsg.), Sympathie, Freundschaft und Ehe (S. 41—76). Bern: Huber.

Cohen, S. & Wills, T. A. (1985). Stress, social support, and the buffering hypothesis. Psychological Bulletin, **98**, 310—357.

Coke, J. S., Batson, C. D. & McDavis, K. (1978). Empathic mediation of helping: A two-stage model. Journal of Personality and Social Psychology, **36**, 752—766.

Cotrell, N. B. (1972). Social facilitation. In C. G. McClintock (Ed.), Experimental Social Psychology (pp. 185—236). New York: Holt, Rinehart & Winston.

Crott, H. (1979). Soziale Interaktion und Gruppenprozesse. Stuttgart: Kohlhammer.

Cunningham, M. R. (1979). Weather, mood, and the helping behaviour: Quasi experiments with the sunshine samaritan. Journal of Personality and Social Psychology, 37, 1947—1956.

Däumling, A. M. & Fengler, J. (1978). Gruppendynamische Methoden. In L. J. Pongratz (Hrsg.). Handbuch der Psychologie. Bd. 8. Klinische Psychologie. 2. Halbband (S. 2796—2841). Göttingen: Hogrefe.

Davitz, J. R. (1969). The language of emotion. London: Academic Press.

DeRivera, J. (1977). A structural theory of the emotions. New York: International Universities Press.

Diener, E., Emmons, R. A., Larsen, R. J. & Griffin, S. (1985). The satisfaction with life scale. Journal of Personality Assessment, **49**, 1, 71—75.

Diener, E., Larsen, R. J., Levine, S. & Emmons, R. A. (1985). Intensity and frequency: The underlying dimensions of positive and negative affect. Journal of Personality and Social Psychology, **48**, 1253—1265.

Dorsch, F. (1982). Psychologisches Wörterbuch (10. Auflage). Bern: Huber.

Duck, S. (1977). Zur Bedeutung der Persönlichkeit und Persönlichkeitsähnlichkeit der Partner in der Entwicklung von Freundschaftsbeziehungen. In G. Mikula & W. Stroebe (Hrsg.), Sympathie, Freundschaft und Ehe (S. 139—165). Bern: Huber.

Duck, S. (1982). Personal Relationships. Vol. 4. Dissolving Personal Relationships. London: Academic Press.

Duck, S. (1986). Human Relationships. Beverly Hills: Sage.

Düker, H. (1963). Über reaktive Anspannungssteigerung. Zeitschrift für Experimentelle und Angewandte Psychologie, **10**, 46—72.

Dunckel, H. & Rummel, M. (1983). Selbsterfahrungsgruppen. In D. Frey & S. Greif (Hrsg.), Sozialpsychologie. Ein Handbuch in Schlüsselbegriffen (S. 273—280). München: Urban & Schwarzenberg.

Duval, S. & Wicklund, R. A. (1972). A theory of objective self-awareness. New York: Academic Press.

Eibl-Eibesfeldt, I. (1984). Die Biologie des menschlichen Verhaltens. München: Piper.

Eisenberg, N. & Miller, P. A. (1987). The relation of empathy to prosocial and related behavior. Psychological Bulletin, **101**, 91—119.

Ekman, P. & Friesen, W. V. (1978). The facial action coding system (FACS):A technique for the measurement of facial action. Palo Alto: Consulting Psychologists Press.

Endler, N. S. & Hunt, J. McV. (1966). Source of behavioral variance as measured by the S-R Inventory of anxiousness. Psychological Bulletin, **65**, 336—346.

Endler, N. S., Hunt, J. McV. & Rosenstein, A. J. (1962). An S-R inventory of anxiousness. Psychological Monographs, 76 (17, Whole No. 536).

Eysenck, H. J. & Eysenck, S. B. G. (1975). Eysenck personality questionnaire manual. San Diego, Ca: Educational and Industrial Testing Service.

Fahrenberg, J. & Selg, H. (1970). Das Freiburger Persönlichkeitsinventar FPI. Handanweisung. Göttingen: Hogrefe.

Festinger, L., Pepitone, A. & Newcomb, T. (1952). Some consequences of de-individuation in a group. Journal of Abnormal & Social Psychology, **47**, 382—389.

Flügel, J. C. (1925). A quantitative study of feeling and emotion in everyday life. British Journal of Psychology, **15**, 318—355.

Flügel, J. C. (1955). Studies in feeling and desire. Bristol: Western Printing Services.

Foa, E. B. & Foa, U. G. (1980). Resource theory: Interpersonal behavior as exchange. In K. J. Gergen, M. S. Greenberg & R. H. Willis (Eds.), Social exchange (pp. 77—94). New York: Plenum.

Folkes, V. S. (1982). Communicating the causes of social rejection. Journal of Experimental Social Psychology, **18**, 235—252.

Forgas, J. P. & Bower, G. H. (1987). Mood effects on person-perception judgments. Journal of Personality and Social Psychology, **53**, 53—60.

Freud, S. (1913). Totem und Tabu. Studienausgabe Bd. IX (S. 287—444). Frankfurt a.M.: Fischer.

Freud, S. (1917). Trauer und Melancholie. Studienausgabe Bd. III (S. 197—212) Frankfurt a.M.: Fischer.

Freud, S. (1921). Massenpsychologie und Ich-Analyse. Studienausgabe Bd. IX (S. 65—134). Frankfurt a.M.: Fischer.

Gaelick, L., Bodenhausen, G. V. & Wyer, R. S. Jr. (1985). Emotional communication in close relationships. Journal of Personality and Social Psychology, **49**, 1246—1265.

Geen, R. G. (1980). The effects of being observed on performance. In P. B. Paulus (Ed.), Psychology of Group Influence (pp. 61—97). Hillsdale: Lawrence Erlbaum.

Gottlieb, B. H. (1983). Social support as a focus for integrative research in psychology. American Psychologist, **28**, 278—287.

Gottman, J. M. (1979). Marital interaction: Experimental investigations. New York: Academic Press.

Gouldner, A. W. (1960). The norm of reciprocity: A preliminary statement. American Sociological Review, **25**, 161—178.

Graumann, C. F. (1975). Person und Situation. In K. Lehr & E. W. Weinert (Hrsg.). Entwicklung und Persönlichkeit (S. 15—24). Stuttgart: Kohlhammer.

Graumann, C. F. & Moscovici, S. (Eds.) (1985). Changing conceptions of crowd mind and behavior. Berlin: Springer.

Großmann, K. E., Großmann, W. & Schwan, A. (1986). Capturing the wider view of attachment: A re-analysis of Ainsworth's strange situation. In C. E. Izard & P. B. Read (Eds.), Measuring Emotions in Infants and Children. (Vol. II) (pp. 124—171). Cambridge: Cambridge University Press.

Grün, R. J. & Mendelsohn, G. (1986). Emotional responses to affective displays in others: The distinction between empathy and sympathy. Journal of Personality and Social Psychology, **51**, 609—614.

Hahlweg, K. (1977). Konstruktion und Validierung diagnostischer Instrumente zum Einsatz in der Partnerschaftstheorie. Dissertation. Hamburg.

Hall, J. A. (1980). Voice tone and persuasion. Journal of Personality and Social Psychology, **38**, 924—934.

Hartman, J. J. (1979). Small group methods of personal change. Annual Review of Psychology, 30, 453—476.

Hays, R. B. (1985). A longitudinal study of friendship development. Journal of Personality and Social Psychology, **48**, 909—924.

Heckhausen, H. (1980). Task irrelevant cognitions during an exam: Incidence and effects. In H. W. Krohne & L. Laux (Eds.), Achievement, stress, and anxiety. Washington, D. C.: Hemisphere.

Heckhausen, H. (1989). Motivation und Handeln (2. Aufl.). Berlin: Springer.

Hendrick, C. & Brown, S. R. (1971). Introversion, extraversion, and interpersonal attraction. Journal of Personality and Social Psychology, **20**, 1, 31—36.

Hoff, J.A. van (1982). Categories and sequences of behavior: Methods of description and analysis. In K. R. Scherer & P. Ekman (Eds.), Handbook of methods in nonverbal behavior research (pp. 362—439). New York: Cambridge University Press.

Holmes, T. & Rahe, R. (1967). The social readjustment rating scale. Journal of Psychosomatic Research, **11**, 213—218.

Huston, T. L., Surra, C., Fitzgerald, N. & Cate, R. (1981). From courtship to marriage: Mate selection as an interpersonal process. In S. W. Duck & R. Gilmour (Eds.), Personal Relationships 2: Developing Personal Relationships (pp. 53—88). London: Academic Press.

Isen, A. M. (1984). Toward understanding the role of affect in cognition. In R. S. Weyer & T. K. Srull (Eds.), Handbook of Social Cognition (pp. 179—236). Hillsdale: Lawrence Erlbaum.

Isen, A. M., Clark, M. & Schwartz, M. F. (1976). Duration of the effect of good mood on helping: „Footprints on the sands of time“. Journal of Personality and Social Psychology, 34, 385—393.

Jones, S. C. & Panitch, D. (1971). The self-fulfilling prophecy and interpersonal attraction. Journal of Experimental Social Psychology, 7, 356—366.

Jones, W. H., Briggs, S. R. & Smith, T. G. (1986). Shyness. Conceptualization and measurement. Journal of Personality and Social Psychology, **51**, 629—639.

Jones, W. H., Cheek, J. M. & Briggs, S. R. (1986). Shyness: Perspectives on Research and Treatment. New York: Plenum.

Kelley, H. H. (1984). Affect in relationships. In P. Shaver (Ed.), Review of Personality and Social Psychology: Emotions, Relationships and Health (Vol. 5) (pp. 89—115). Beverly Hills: Sage.

Kelley, H. H. (1986). Personal relationships: their nature and significance. In R. Gilmour & S. Duck (Eds.), The emerging field of personal relationships (pp. 3—19). Hillsdale, NJ: Erlbaum.

Kelley, H. H. & Thibaut, J. W. (1978). Interpersonal Relations. New York: Wiley.

Kelly, C., Huston, T. L. & Cate, R. M. (1985). Premarital relationship correlates of the erosion of satisfaction in marriage. Journal of Social and Personal Relationships, **2**, 167—178.

Kelly, G. A. (1955). The Psychology of Personal Constructs. New York: Norton.

Kelman, (1986). Social-psychological dimensions of nationalism and national identity. Invited lecture at the 21st International Congress of Applied Psychology, Jerusalem, July 1986.

Kessler, R. C., Price, R. H. & Wortman, C. B. (1985). Social factors in psychopathology: Stress, social support, and coping processes. Annual Review of Psychology, **36**, 531—572.

Kirchler, E. (1984a). Befinden von Wehrpflichtigen in Abhängigkeit von personellen und situativen Gegebenheiten. Psychologie und Praxis - Zeitschrift für Arbeits- und Organisationspsychologie, **28**, 16—25.

Kirchler, E. (1984b). Einstellungsänderung von Frauen und Männern in Abhängigkeit vom Diskussionsstil des Gesprächspartners. Archiv für Psychologie, **136**, 167—180.

Kirchler, E. (1985). Job loss and mood. Journal of Economic Psychology, **6**, 9—25.

Kirchler, E. (1989). Kaufentscheidungen im privaten Haushalt. Eine sozialpsychologische Analyse des Familienalltags. Göttingen: Hogrefe.

Kirchler, E. & Brandstätter, H. (1982). Einstellungsänderung in Abhängigkeit von Ähnlichkeit, Freundlichkeit, Kompromißbereitschaft und Geschlecht des Diskussionspartners. Zeitschrift für Experimentelle und Angewandte Psychologie, **29**, 417—441.

Klages, L. (1948). Die Grundlagen der Charakterkunde (9. Auflage). Zürich: Hirzel.

Klages, L. (1950). Grundlegung der Wissenschaft vom Ausdruck (7. Auflage). Bonn: Bouvier.

Krebs, D. (1975). Empathy and altruism. Journal of Personality and Social Psychology, **32**, 1134—1146.

Krueger, F. (1928). Das Wesen der Gefühle. Archiv für die gesamte Psychologie, **65**, 91—128.

Kuhl, J. (1983). Motivation, Konflikt und Handlungskontrolle. Berlin: Springer.

Lantermann, E. D. (1980). Interaktionen — Person, Situation und Handlung. München: Urban & Schwarzenberg.

Lantermann, E. D. (Hrsg.). (1982). Wechselwirkungen. psychologische Analyse der Mensch-Umwelt-Beziehung. Göttingen: Hogrefe.

Latané, B. (1981). The psychology of social impact. American Psychologist, **36**, 343—356.

Latané, B. & Harkins, S. (1976). Cross-modality matches suggest anticipated stage fright. A multiplicative power function of audience size and status. Perception and Psychophysics, **20**, 482—488.

LeBon, G. (1895). Psychologie des foules. Paris.

Lehman, D. R., Wortman, C. B. & Williams, A. F. (1987). Long-terms effect of losing a spouse or child in a motor vehicle crash. Journal of Personality and Social Psychology, **52**, 218—231.

Lersch, Ph. (1938). Der Aufbau des Charakters. Leipzig: Barth.

Lersch, Ph. (1952). Aufbau der Person (5. Auflage). München: Barth (Erste Auflage unter dem Titel „Aufbau des Charakters", Leipzig: Barth, 1938).

Lersch, Ph. (1965). Der Mensch als soziales Wesen. München: Barth.

Leventhal, H. & Tomarken, A. J. (1986). Emotion: Today's problems. Annual Review of Psychology, 37, 565—610.

Liebermann, M. A. (1976). Change induction in small groups. Annual Review of Psychology, **27**, 217—250.

Liebermann, M. A., Yalom, I. D. & Miles, M. B. (1973). Encounter Groups: First facts. New York: Basic Books.

Littlefield, C. H. & Rushton, J. P. (1986). When a child dies: The sociobiology of bereavement. Journal of Personality and Social Psychology, **51**, 797—802.

Lloyd, S. A. & Cate, R. M. (1985). The developmental course of conflict in dissolution of premarital relationships. Journal of Social and Personal Relationships, **2**, 179—194.

Lott, A. J. & Lott, B. E. (1974). The role of reward in the formation of positive interpersonal attitudes. In T. L. Huston (Ed.), Foundations of Interpersonal Attraction (pp. 171—192). New York: Academic Press.

Lück, H. E. (1975). Prosoziales Verhalten. Köln: Kiepenheuer & Witsch.

Magnusson, D. (1974). The individual in the situation. Studia Psychologica, **16**, 124—132.

Magnusson, D. (1976). The person and the situation in an interactional model of behavior. Scandinavian Journal of Psychology, **17**, 253—271.

Magnusson, D. & Ekehamar, B. (1973). An analysis of situational dimensions. A replication. Multivariate Behavioral Research, **8**, 331—339.

Markman, H. J. (1979). Application of a behavioral model of marriage in predicting relationship satisfaction of couples planning marriage. Journal of Consulting and Clinical Psychology, 4, **4**, 743—749.

Markman, H. J. (1981). Prediction of marital distress: a 5-year follow-up. Journal of Consulting and Clinical Psychology, **49**, 5, 760—762.

Markus, H. (1978). The effect of mere presence on social facilitation: An unobtrusive test. Journal of Experimental and Social Psychology, **14**, 389—397.

Masters, J. C., Barden, R. C. & Ford, M. E. (1979). Affective states, expressive behavior and learning in children. Journal of Personality and Social Psychology, 37, 380—390.

McDougall, W. (1920). The group mind. Cambridge: Cambridge University Press.

McDougall, W. (1933). The Energies of Men. New York: Methuen.

Michaelis, W. (1976). Verhalten ohne Aggression? Versuch zur Integration der Theorien. Köln: Kiepenheuer & Witsch.

Milgram, S. & Toch, H. (1969). Collective behavior: Crowds and social movements. In G. Lindzey & E. Aronson (Eds.), Handbook of Social Psychology (Vol. 4) (pp. 507—610). Reading, Mass.: Addison-Wesley.

Mitscherlich, A. & Muck, M. 1969. Der psychoanalytische Ansatz in der Sozialpsychologie. In C. F. Graumann (Hrsg.), Handbuch der Psychologie. Bd. 7. Psychologie, 1. Halbband (S. 108—132). Göttingen: Hogrefe.

Moos, R. H. (1973). Conceptualizations of human environments. American Psychologist, **28**, 652—665.

Moreno, J. L. (1970). The Viennese origins of the encounter movement, paving the way for existentialism, group psychotherapy and psychodrama. Group Psychotherapy, **22**, 7—16.

Mothersill, K. J., Dobson, S. S. & Neufeld, R. W. J. (1986). The interactional model of anxiety: An evaluation of the differential hypothesis. Journal of Personality and Social Psychology, **51**, 640—648.

Müller, G. F. (1985). Prozesse sozialer Interaktion. Göttingen: Hogrefe.

Müller, G. F. & Crott, H. W. (1984). Gerechtigkeit in sozialen Beziehungen: Die Equity—Theorie. In D. Frey & M. Irle (Hrsg.), Theorien der Sozial psychologie. Bd. I. Kognitive Theorien (S. 218—241). Bern: Huber.

Müller-Freienfels, R. (1924). Das Gefühls- und Willensleben. Leipzig: Barth.

Mummendey, A. (1985). Verhalten zwischen sozialen Gruppen: Die Theorie der sozialen Identität. In D. Frey & M. Irle (Hrsg.), Theorien der Sozialpsychologie. Bd. II. Gruppen- und Lerntheorien (S. 185—216). Bern: Huber.

Mummendey, A. & Schreiber, H. J. (1983). Neid und Eifersucht. In H. A. Euler & H. Mandl (Hrsg.), Emotionspsychologie. Ein Handbuch in Schlüsselbegriffen (S. 195—200). München: Urban & Schwarzenberg.

Murstein, B. J. (1977). Die Stimulus-Werthaltungs-Rollentheorie der Ehepartnerwahl. In G. Mikula & W. Stroebe (Hrsg.), Sympathie, Freundschaft und Ehe (S. 166—192). Bern: Huber.

Neu, J. (1980). Jealous thoughts. In A. O. Rorty (Ed.), Explaining emotions (pp. 425—463). Berkeley: University of California Press

Noller, P. (1980) Misunderstandings in marital communication: A study of couples' nonverbal communication. Journal of Personality and Social Psychology, 39, 1135—1148.

Noller, P. (1984). Nonverbal communication and marital interaction. Oxford: Pergamon.

Oatley, K. (1980). Theories of personal learning in groups. In P. B. Smith (Ed.), Small groups and personal change (pp. 85—105). London: Methuen.

Parkes, C. M. & Weiss, R. S. (1983). Recovery from bereavement. New York: Basic Books.

Peltzer, U. & Schuler, H. (1976). Personwahrnehmung. Diskussionsverhalten und Präferenzänderung in Dyaden (LIDIA II). In H. Brandstätter & H. Schuler (Hrsg.), Entscheidungsprozesse in Gruppen (S. 105—117). Bern: Huber.

Pilkonis, P. A. (1977a). Shyness, public and private, and its relationship to other measures of social behavior. Journal of Personality, **45**, 585—595.

Pilkonis, P. A. (1977b). The behavioral consequences of shyness. Journal of Personality, 45, 596—611.

Reisenzein, R. (1986). A structural equation analysis of Weiner's attribution-affect model of helping behavior. Journal of Personality and Social Psychology, **50**, 1123—1133.

Revenstorf, D., Hahlweg, K. & Schindler, L. (1979). Interaktionsanalyse von Partnerkonflikten. Zeitschrift für Sozialpsychologie, **10**, 183—196.

Rohracher, H. (1946). Einführung in die Psychologie (10. Auflage 1971). Wien: Urban & Schwarzenberg.

Rosenstiel, L. von & Stocker-Kreichgauer, G. (1978). Vicarious social reinforcement. In H. Brandstätter, J. H. Davis & H. Schuler (Eds.), Dynamics of group decisions (pp. 133—148). Beverly Hills: Sage.

Rotter, J. B. (1955). The role of the psychological situation in determining the direction of human behavior. In M. R. Jones (Ed.), Nebraska Symposium on Motivation (pp. 245—268). University Press.

Rotter, J. B. (1966). Generalized expectances for internal versus external control of reinforcement. Psychological Monograph, **80** (1, Whole No. 609).

Rubin, Z. (1973). Liking and loving. An invitation to social psychology. New York: Holt, Rinehart & Winston.

Rüttinger, B. (1974). Die Wirkung verbaler Aggressionen auf den Sprechereinfluß und den Sprechereindruck in Entscheidungsgruppen. Dissertation Universität Augsburg.

Sanders, G.S. (1981). Driven by distraction: An integrative review of social facilitation theory and research. Journal of Experimental and Social Psychology, 17, 227—251.

Sarason, I. G. & Sarason, B. R. (1986). Experimentally provided social support. Journal of Personality and Social Psychology, **50**, 1222—1225.

Sarason, I. G., Sarason, B. R. & Shearin, E. N. (1986). Social support as an individual difference variable: Its stability, origins, and relational aspects. Journal of Personality and Social Psychology, **50**, 845—855.

Schachter, S. (1959). The psychology of affiliation. Stanford: Stanford University Press.

Scheele, B. (1985). Kognitive Psychologie. In T. Herrmann & E. D. Lantermann (Hrsg.), Persönlichkeitspsycholgie. Ein Handbuch in Schlüsselbegriffen (S. 84—92). München: Urban & Schwarzenberg.

Scherer, K. R. (1984). On the nature and function of emotion: a component process approach. In K. R. Scherer & P. Ekman (Eds.), Approaches to Emotion (pp. 293—317). Hillsdale: Lawrence Erlbaum.

Scherer, K. R., Summerfield, A. B. & Wallbott, H. G. (1986). Experiencing Emotions. Cambridge: Cambridge University Press.

Schneewind, K. A., Schröder, G. & Cattell, R. B. (1983). Der 16-Persönlichkeits-Faktoren-Test-16PF. Bern: Huber.

Schneider, J. F. (1983). Beobachtung von Gruppenprozessen. In D. Frey & G. Greif (Hrsg.), Sozialpsychologie. Ein Handbuch in Schlüsselbegriffen (S. 381—385). München: Urban & Schwarzenberg.

Schuler, H. (1975). Sympathie und Einfluß in Entscheidungsgruppen. Bern: Huber.

Schuler, H. (1982). Liking and influence in group decision making: A test in four different experimental settings. In H. Brandstätter, J. H. Davis & G. Stocker-Kreichgauer (Eds.), Group decision making (pp. 257—277). London: Academic Press.

Schuler, H. & Peltzer, U. (1978). Friendly and unfriendly non-verbal behavior: The effects on partner's decision making preferences. In H. Brandstätter, J. H. Davis & H. Schuler (Eds.), Dynamics of group decisions (pp. 113—132). Beverly Hills: Sage.

Schultz, W. C. (1958). FIRO: A three-dimensional theory of interpersonal behavior. New York: Holt, Rinehart & Winston.

Schwarzer, R. (1983). Angst und Furcht. In H. A. Euler & H. Mandl (Hrsg.), Emotionspsychologie. Ein Handbuch in Schlüsselbegriffen (S. 147—156). München: Urban & Schwarzenberg.

Shaver, P., Schwartz, J., Kirson, D. & O'Connor, C. (1987). Emotion knowledge: Further exploration of a prototype approach. Journal of Personality and Social Psychology, **52**, 1061—1086.

Simpson, J. A. (1987). The dissolution of romantic relationships: Factors involved in relationship stability and emotional distress. Journal of Personality and Social Psychology, **53**, 683—692.

Smelser, N. J. (1963). Theory of collective behavior. New York: Free Press.

Smith, P. B. (1980). Small groups and personal change. London: Methuen.

Snyder, L. M. (1979). Self-monitoring processes. In L. Berkowitz (Ed.), Advances in experimental social psychology (Vol. 12) (pp. 86—128). New York: Academic Press.

Snyder, L. M. & Gangestad, S. (1986). On the nature of self-monitoring: Matters of assessment, matters of validity. Journal of Personality and Social Psychology, 51, 125—139.

Sommers, S. (1984a). Adults evaluating their emotions: A cross cultural perspective. In C. Z. Maltesta & C. E. Izard (Eds.), Emotions in adult development (pp. 319—338). Beverly Hills: Sage.

Sommers, S. (1984b). Reported emotions and conventions of emotionality among college students. Journal of Personality and Social Psychology, 46, 207—215.

Spielberger, C. D., Gorsuch, R. L. & Lushene, R. E. (1970). The state-trait anxiety inventory (STAI). Test manual for form X. Palo Alto, Cal.: Consulting Psychologists Press.

Staats, A. W. (1968). Social behaviorism and human motivation: Principles of the attitude-reinforcer-discrimination system. In A. G. Greenwald, T. C. Brock & T. M. Ostrom (Eds.), Psychological foundations of attitudes (pp. 33—66). New York: Academic Press.

Stocker-Kreichgauer, G. & von Rosenstiel, L. (1982). Attitude change as a function of the observation of vicarious reinforcement and friendliness/hostility in a debate. In H. Brandstätter, J. H. Davis & G. Stocker-Kreichgauer (Eds.), Group decision making (pp. 241—255). London: Academic Press.

Stroebe, W. (1977). Ähnlichkeit und Komplementarität der Bedürfnisse als Kriterien der Partnerwahl: Zwei spezielle Hypothesen. In G. Mikula & W. Stroebe (Hrsg.), Sympathie, Freundschaft und Ehe (S. 77—107). Bern: Huber.

Stroebe, W. & Stroebe, W. (1983). Who sufffers more? Sex differences in health risks of the widowed. Psychological Bulletin, **93**, 279—301.

Tajfel, H. (1982). Gruppenkonflikt und Vorurteil. Bern: Huber.

Tesser, A. (1987). Toward a self-evaluation maintenance model of social behavior. In L. Berkowitz (Ed.), *Advances in Experimental Social Psychology* (Vol. 20). New York: Academic Press.

Thibaut, J. W. & Kelley, H. H. (1959). The social psychology of groups. New York: Wiley.

Tov-Ruach, L. (1980). Jealousy, attention, and loss. In A. O. Rorty (Ed.), Explaining emotions (pp. 465—488). Berkeley, Ca.: University of California Press.

Underwood, B. & Moore, B. (1982). Perspective-taking and altruism. Psychological Bulletin, 91, 143—173.

Vetter, A. (1949). Natur und Person. Stuttgart: Klett.

Vetter, A. (1966). Personale Anthropologie. Freiburg: Alber.

Wagner, W., Glatz, W. & Brandstätter, H. (1982). Zur Wirkung verbaler Aggression in Diskussionen. Archiv für Psychologie, **134**, 237—256.

Walster, E., Utne, M. K. & Traupman, J. (1977). Equity-Theorie und intime Sozialbeziehungen. In G. Mikula & W. Stroebe (Hrsg.), Sympathie, Freundschaft und Ehe (S. 193—220). Bern: Huber.

Watson, D. & Clark, L. A. (1984). Negative affectivity: The disposition to experience aversive emotional states. Psychological Bulletin, **96**, 465—490.

Weiner, B. (1980). A cognitive (attribution)-emotion-action model of motivated behavior: An analysis of judgments of help giving. Journal of Personality and Social Psychology, **39**, 186—200.

Weiner, B. (1982). The emotional consequences of causal attributions. In M. S. Clark & S. T. Fiska (Eds.), Affect and cognition (pp. 185—209). Hillsdale: Lawrence Erlbaum.

Weiner, B. (1985). Human Motivation. New York: Springer.

Weiner, B. (1986). An Attributional Theory of Motivation and Emotion. New York: Springer.

Weiner, B., Amirkhan, J., Folkes, V. S. & Verette, J. A. (1987). An attributional analysis of excuse giving: Studies of a naive theory of emotion. Journal of Personality and Social Psychology, 52, 316—324.

Weiner, B., Frieze, I. H., Kukla, A., Reed, L., Rest, S. & Rosenbaum, R. M. (1971). Perceiving the causes of success and failure. New York: General Learning Press.

Weiner, B., Russell, D. & Lerman, D. (1979). The cognition-emotion process in achievement related contexts. Journal of Personality and Social Psychology, 37, 1211—1220.

Wessman, A. E. & Ricks, D. F. (1966). Mood and Personality. New York: Holt, Rinehardt & Winston.

Wicklund, R. A. (1975). Objective self- awareness. In L. Berkowitz (Ed.) Advances in experimental social psychology (Vol. 8) (pp. 233—275). New York: Academic Press.

Wicklund, R. A. (1982). How society uses self-awareness. In J. Suls (Ed.), Psychological perpectives on the self (Vol. 1.) (pp. 209—230). Hillsdale: Lawrence Erlbaum.

Winch, R. F. (1958). Mate selection: A study of complementary needs. New York: Harper.

Wright, P. H. (1968). Need similarity, need complementareity and the place of personality in interpersonal attraction. Journal of Experimental Research in Personality, 3, 126—135.

Youngs, G. A. Jr. (1986). Patterns of threat and punishment reciprocity in a conflict setting. Journal of Personality and Social Psychology, 51, 541—546.

Zajonc, R. B. (1965). Social facilitation. Science, 149, 269—274.

Zajonc, R. B. (1980). Feeling and thinking. Preferences need no inferences. American Psychologist, 35, 2, 151—157.

Zander, A. (1979). The psychology of group processes. Annual Review of Psychology, 30, 417—451.

Zimbardo, P. G. (1984). Nicht so schüchtern. Landsberg a.Lech: mvg. Amerik. Original: Shyness. What it is, what to do about it. Reading, Mass.: Addison Wesley, 1977).

Zuckerman, M. (1977). Development of a situation-specific trait-state test for the prediction and measurement of affective responses. Journal of Consulting and Clinical Psychology, 45, 4, 513—523.

Zuroff, D. C. (1986). Was Gordon Allport a trait theorist? Journal of Personality and Social Psychology, 51, 993—1000.

Differentielle Aspekte der Emotionen

8. Kapitel

Persönlichkeit und Emotion[1]

Heinz W. Krohne und Carl-Walter Kohlmann

1 Persönlichkeit und Emotion: zwei Zugangsweisen

Seit Emotionen wissenschaftlich erforscht werden, wird auch über ihre Beziehung zu anderen Merkmalen des Individuums nachgedacht. Bereits in der Antike spekulierten Hippokrates (ca. 460—370) und nach ihm Galen (ca. 129—200) über den Einfluß chemischer Vorgänge im Körper (beschrieben durch die sog. Körpersäfte oder „humores") auf die Ausprägung bestimmter Temperamente (sanguinisch, melancholisch, cholerisch und phlegmatisch) als der persönlichkeitsspezifischen Grundlage emotionalen Verhaltens. Diese antike Spekulation beeinflußte nicht nur Kunst, Literatur und Medizin der frühen Neuzeit, sondern hat auch Spuren in der modernen Psychologie hinterlassen. So unterscheidet Wundt (1874) Menschen hinsichtlich Schnelligkeit und Intensität der Gefühlsentstehung. Die durch Kombination von jeweils zwei Ausprägungen dieser Dimensionen (schnell/langsam bzw. stark/schwach) resultierende Ordnung personspezifischer Emotionalität entspricht dabei im wesentlichen den vier Temperamenten des Hippokrates. (So sollen Choleriker etwa durch eine schnell ausgelöste und starke Gefühlsentstehung gekennzeichnet sein, während Phlegmatiker durch das entgegengesetzte Reaktionsmuster beschrieben werden.) In der neueren Persönlichkeitsforschung bezieht Eysenck (1981a) seine zentralen Dimensionen „Extraversion" und „Neurotizismus" ausdrücklich auf die antike Temperamentenlehre in ihrer Reformulierung durch Wundt.

Auch wenn derartige Temperamentslehren im Lichte der modernen Physiologie, Endokrinologie oder Persönlichkeitspsychologie als zu starke und damit unangemessene Vereinfachungen erscheinen, so gibt es doch, wie in den

---

[1] Die Autoren danken Lothar Laux und Klaus R. Scherer für wertvolle Kommentare zu einer Erstfassung dieses Beitrags.

folgenden Abschnitten gezeigt werden wird, vielfältige empirische Belege dafür, daß die Dauer, Intensität und wahrscheinlich auch Qualität ausgelöster Emotionen wesentlich von bestimmten Charakteristika der betreffenden Person abhängen (Frijda, 1986), Emotionen also nicht nur Funktion der konkreten Situation sind, sondern immer auch durch Merkmale der einzelnen Person determiniert werden (vgl. hierzu insbesondere Arnold, 1960).

Wallbott und Scherer (1985) beschreiben vier Problemstellungen, um die die gegenwärtige Emotionsforschung zentriert ist: Die Analyse der Rolle antezedenter Situationen bei der Emotionsauslösung, den Nachweis differentieller Reaktionsmuster für diskrete Emotionen, die Identifizierung personspezifischer Reaktionsmuster sowie die Frage nach der Kontrolle und Regulation von Emotionen in sozialen Interaktionen. Ein Bezug zur Persönlichkeitsforschung läßt sich dabei insbesondere für die Analyse der Rolle antezedenter Situationen bei der Emotionsauslösung sowie für die Frage nach der Identifizierung personspezifischer Reaktionsmuster herstellen.

Was die Rolle *antezedenter Situationen* betrifft, so hängt die Beantwortung der Frage nach der Bedeutung von Personmerkmalen davon ab, ob Situationen mittels objektiver oder subjektiver Parameter erfaßt werden (vgl. Magnusson & Stattin, 1982). Bei Verwendung objektiver Kriterien wird die Situation durch ökologische, räumliche, geographische, architektonische oder organisationsbezogene Strukturen beschrieben, unabhängig davon, wie das betroffene Individuum die jeweiligen Merkmale interpretiert. (Für die objektive Bestimmung von Streß-Situationen vgl. u. a. Levi & Andersson, 1975; Levine & Scotch, 1970; Mechanic, 1975.) Subjektive Kriterien beziehen sich auf die „psychologische“ Situation, d. h. die Art und Weise, wie eine Person ihre physikalische oder soziale Umwelt wahrnimmt. Wesentliche Dimensionen sind hier etwa die erlebte Kontrollierbarkeit einer Situation (Averill, 1973; Seligman, 1975) sowie die antizipierten Konsequenzen von Ereignissen und eigenen Verhaltensweisen (vgl. u. a. Bandura, 1977; Mischel, 1973). Proponenten dieses auf Lewin (1935) zurückgehenden Ansatzes sind u. a. Bandura (1977, 1986), Bowers (1973), Endler (1975), Lazarus und Launier (1978) sowie Mischel (1973). Für die subjektive Konzeptualisierung situativer Antezedenzien von Emotionen liegt der Bezug zu Personmerkmalen auf der Hand. So werden beispielsweise hochängstliche Personen Situationen im Sinne der Parameter Kontrollierbarkeit und Konsequenzen anders interpretieren, und damit vermutlich auch emotional anders reagieren, als niedrigängstliche. Aber auch bei objektiver Situationsbeschreibung sollte die Einbeziehung von Persönlichkeitsvariablen die Güte der Verhaltensvorhersage erhöhen. Selbst wenn beispielsweise zwei Personen eine Streß-Situation im Sinne der genannten Strukturen gleich interpretieren, müssen ihre emotionalen Reaktionen noch nicht identisch sein. Personmerkmale wie Streßresistenz („Hardiness“, Kobasa, 1979) oder die unterschiedliche Verfügbarkeit über Bewältigungsressourcen (z. B. die Fähigkeit, soziale Unterstützung zu erlangen, vgl. Pearlin, 1985; Sarason & Sarason, 1982) sollten hier einen moderierenden Einfluß haben.

Das Problem der *Identifizierung personspezifischer Reaktionsmuster* spricht unmittelbar die Persönlichkeitsforschung an. Dabei sind zwei Zugangsweisen, die noch genauer abgehandelt werden, zu unterscheiden. In einem eher *deskriptiven Zugang* werden interindividuelle Differenzen im emotionalen Reagieren betrachtet und auf transtemporale und transsituative Konsistenz hin überprüft. An dieser Stelle wären etwa die unter dem Begriff der „Reaktionsspezifität" (Fahrenberg, 1983; vgl. auch S. 490—492) zusammengefaßten Prinzipien des individualspezifischen, stimulusspezifischen und motivationsspezifischen Reaktionsmusters einzubringen. Bei einer eher *explikativen Betrachtung* wird demgegenüber nach den persönlichkeitsspezifischen Ursachen einzelner emotionaler Reaktionen (z. B. Angst) gesucht.

Forschungen zu Reaktionsunterschieden (deskriptiver Zugang) und zu Verursacherunterschieden (explikative Perspektive) bilden keine Dichotomie, sondern eher ein Kontinuum von Ansätzen mit zunehmend stärkerer theoretischer Verankerung. So betrachten Arbeiten wie die von Lacey (1950) oder Malmo und Shagass (1949) in erster Linie *deskriptive Konstellationen* emotionsbezogener Reaktionen, die intraindividuell vergleichsweise stabil sind. Sie verzichten dabei zunächst auf eine persönlichkeitstheoretische Erklärung dieser Differenzen. Demgegenüber zeigen *explikative Ansätze* wie das eingangs angesprochene Modell Eysencks einen eher theoriegeleiteten Zugang mit Schwerpunkt auf den, persönlichkeitsspezifisch zu erfassenden, Auslösern von Emotionen. Eine in jüngster Zeit verstärkt verfolgte Variante innerhalb des explikativen Zugangs kritisiert insbesondere das einfache Ursache-Wirkungsdenken bei der Analyse der Beziehung zwischen Persönlichkeit und Emotion. Tatsächlich sollen hier, wie insbesondere in der Streßforschung deutlich wird, komplexe Interaktionen und Rückmeldungen zwischen Situation, Person und Emotionen herrschen. (Für eine Übersicht vgl. Kaplan, 1983.) Persönlichkeit könnte hier eine *Moderatorfunktion* im Hinblick auf den Zusammenhang zwischen emotionsauslösendem Ereignis und resultierenden Emotionen einnehmen. (Zum Konzept des Moderators vgl. auch Baron & Kenny, 1986.)

In den folgenden Abschnitten werden diese verschiedenen Zugangsweisen bei der Behandlung der Beziehung zwischen Persönlichkeit und Emotion vorgestellt. Zunächst werden Ansätze beschrieben, die interindividuelle Reaktionsunterschiede als Persönlichkeitsmerkmal konzipieren. Im anschließenden Abschnitt wechselt sodann die Perspektive zum explikativen Zugang. Am Beispiel der zentralen Persönlichkeitsdimensionen Ängstlichkeit und Extraversion-Introversion wird aufgezeigt, wie bestimmte theoretische Konstruktionen zur

Erklärung interindividueller Differenzen bei emotionalen Reaktionen und damit zusammenhängenden Verhaltensweisen herangezogen werden. Der letzte Abschnitt erweitert diese Perspektive: Persönlichkeitsmerkmale werden nunmehr als Moderatoren der Beziehung zwischen Umweltereignissen und emotionalen Verhaltensweisen betrachtet. Exemplarisch für derartige Ansätze, die sich u. a. auf Konstrukte wie Typ A, Hardiness oder Sensation Seeking stützen, wird hier das Konzept Kontrollüberzeugung vorgestellt.

2 *Deskriptive Ansätze: Unterschiede in den emotionalen Reaktionen als Persönlichkeitsmerkmal*

2.1 Überblick über die verschiedenen Ansätze

Emotionen sind Reaktionen des Organismus auf externe oder interne Reize, die sich im Verhalten, Befinden, körperlichen Erscheinungsbild sowie in den vegetativ-endokrinen und motorischen Teilsystemen äußern. Interindividuelle Differenzen in diesen emotionalen Reaktionen lassen sich systematisch auf physiologisch-biochemischer, verhaltensmäßig-expressiver und subjektiv-gefühlsmäßiger Ebene beschreiben; dies ermöglicht die Unterscheidung von Gruppen von Individuen aufgrund ihrer jeweils spezifischen Reaktionsmuster. Orientiert an den unterschiedlichen Analyseebenen und damit verbundenen Erfassungsmethoden, werden interindividuelle Unterschiede in den emotionalen Reaktionen, gegliedert nach psychophysiologischen sowie verhaltens- und erlebnisorientierten Ansätzen, dargestellt.

2.2 Psychophysiologische Ansätze

2.2.1 Grundlagen und frühe Arbeiten

Differentielle Psychophysiologie hat das Ziel, individuelle Reaktionsmuster und relativ überdauernde Eigenschaften der psychophysischen Organisation zu beschreiben (vgl. Fahrenberg, 1979). Hinweise zur Konzeption und Systematisierung physiologisch orientierter Forschungsstrategien in der differentiellen und diagnostischen Psychologie gibt Rösler (1983, 1984). Da in diesem Abschnitt die Betrachtung von emotionalen Reaktionsunterschieden im Vordergrund stehen soll, wird auf die Darstellung biochemisch orientierter Arbeiten, die sich besonders auf psychoendokrinologische Zusammenhänge und die Erforschung der Beziehung zwischen biogenen Aminen und psychiatrischen Krankheitsbildern beziehen (für einen Überblick zu verschiedenen

Forschungsansätzen hierzu siehe Levi, 1975), sowie auf die Diskussion von Modellen der Konstitutionsforschung (zu morphologisch orientierten Ansätzen vgl. Myrtek, 1980) verzichtet. Die im folgenden dargestellten Konzepte beziehen sich im wesentlichen auf emotionsbezogene interindividuelle Reaktionsunterschiede des vegetativen Nervensystems.

Eppinger und Heß (1910) beschrieben mit „Vagotonie" und „Sympathikotonie" eine Polarität vegetativer Regulationsformen, die sich in pharmakodynamischen und klinischen Merkmalen manifestieren sollen. Ausgehend von der morphologisch begründeten Zweiteilung des Nervensystems in einen sympathischen und einen parasympathischen Zweig, verallgemeinerten Eppinger und Heß das Prinzip antagonistischer Tonusregulierung einzelner Organe auf die Gesamtregulation. Während Vagotonie (Parasympathikotonie) eine durch einseitige Tonuserhöhung bedingte Verschiebung des vegetativen Gleichgewichts zur parasympathischen Seite bezeichnet, gilt Entgegengesetztes für die Sympathikotonie. Physiologische Charakteristika der Vagotoniker sind eine geringe Herzfrequenz, kleine Pupillen und trockene Haut; Sympathikotoniker zeigen starke Sympathikusreaktionen mit hoher Herzfrequenz, großen Pupillen und feuchten Händen (vgl. Grings & Dawson, 1978). Fahrenberg (1967) faßt die Schilderungen von Leschke (1928) und Guilleaume (1928) zu den psychischen Merkmalen von Vagotonikern und Sympathikotonikern zusammen. Danach sind Vagotoniker bedächtig, nüchtern und zuverlässig (Leschke) sowie schüchtern, apathisch, depressiv und hypochondrisch (Guilleaume). Sympathikotoniker sollen dagegen lebhaft, unzuverlässig und stimmungslabil (Leschke) sowie heftig, beweglich und unbeherrscht in Gefühlen und Handlungen sein (Guilleaume). Ein expliziter Bezug zu weiteren Persönlichkeitsvariablen wird in diesen Arbeiten jedoch nicht hergestellt.

Ausgehend von der Vagotonie-Sympathikotonie-Lehre von Eppinger und Heß, formulierte Wenger (zusammenfassend Wenger, 1966, Wenger & Cullen, 1972) die Hypothese, daß der Antagonismus des cholinergen und des adrenergen Systems zu einer phasischen oder chronischen Dominanz eines Teilsystems und damit zu einem vegetativen Ungleichgewicht („Autonomic Imbalance") führt. Wenger nahm dabei eine Normalverteilung mit den Extremen Vagotonie und Sympathikotonie und dem Mittelwert vegetatives Gleichgewicht („Autonomic Balance") an (Wenger, 1941). Ein Maß für dieses vegetative Gleichgewicht wurde aus der Summation mehrerer gewichteter physiologischer Meßwerte gewonnen (ausführliche Beschreibung der Prozedur siehe Wenger & Cullen, 1972, vgl. auch Fahrenberg, 1967). Dieser Summenwert, der im wesentlichen auf Blutdruck-, Herzfrequenz- und Hautleitfähigkeitsmessungen basierte, wurde „Autonomic Balance" oder $\bar{A}$ genannt. Er sollte eine höhere Zeitstabilität als einzelne physiologische Variablen besitzen und in Beziehung zu bestimmten Erkrankungen stehen.

Zur Überprüfung spezieller psychophysiologischer Konzepte wurden in einer systematischen Untersuchung von Myrtek (1980) physiologische, biochemische und psychologische Variablen an großen Patienten- und Studentenstichproben erhoben. Als zentrale Befunde berichtet Myrtek fehlende Beziehungen von morphologischen, biochemischen und physiologischen Variablen zu psychologischen Daten aus standardisierten Persönlichkeitsfragebogen, Befindens- und Stimmungsskalen, Beschwerdelisten und Lebensgewohnheiten. Auch Indikatoren bestimmter globaler Konzepte wie „Sympathikotonie-Vagotonie" waren nicht mit psychologischen Variablen korreliert. Nach Fahrenberg (1967) und Myrtek (1980) liegt der Wert der Arbeiten von Eppinger und Heß sowie Wenger weniger in der Methodik und den Ergebnissen als vielmehr in dem programmatischen Ansatz, physiologische Grundlagen der Persönlichkeit zu erforschen.

2.2.2 Individualspezifische Reaktionsmuster

Die Forschung zum vegetativen Gleichgewicht zeigte bereits (vgl. Fahrenberg, 1967, Wenger & Cullen, 1972), daß es kaum möglich ist, einzelne Individuen durch eine eindeutige Dominanz des gesamten sympathischen bzw. parasympathischen Systems zu beschreiben. Wenn überhaupt, so scheint sich eine Dominanz auf einzelne Funktionen zu beschränken. Niedrige Korrelationen zwischen Aktivierungsindikatoren unterschiedlicher Teilsysteme stützen die Vermutung einer selektiven Aktivierung. So konnten Malmo und Shagass demonstrieren, daß psychiatrische Patienten auf einen Schmerzreiz (Malmo & Shagass, 1949) oder während einer Therapiesitzung (Malmo, Shagass & Davis, 1950) in demjenigen System am stärksten reagierten, in dem psychosomatische Erkrankungssymptome vorlagen. (Patienten mit Kreislaufbeschwerden zeigten eine erhöhte Herzfrequenz, Patienten mit Spannungskopfschmerzen reagierten eher mit erhöhten EMG-Werten der Nackenmuskulatur.) Die Autoren bezeichneten diese spezifische Reaktionsweise als „Symptomspezifität". Der Sachverhalt, daß intraindividuelle Unterschiede in den Reaktionsmustern bestehen, wird durch das *Prinzip des individualspezifischen Reaktionsmusters (ISR)* ausgedrückt. (Zu individualspezifischem, stimulusspezifischem (SSR) und motivationsspezifischem Reaktionsmuster (MSR) vgl. Fahrenberg, 1983.) Tendiert ein Individuum dazu, auf unterschiedliche Reize oder Reizklassen mit einem für dieses Individuum typischen Muster physiologischer Veränderungen zu reagieren, so sprechen Lacey, Bateman und VanLehn (1953) von Reaktionsstereotypie. Die Ähnlichkeit in den maximalen Reaktionswerten ist Ausdruck der Reaktionsspezifität (vgl. Foerster, Schneider & Walschburger, 1983). So fanden Lacey et al. (1953) für vier verschiedene Streßbedingungen (Cold Pressor, mentale Belastung, Hyperventilation, Wörter-Assoziationsaufgabe) bei der Erfassung von Herzfrequenz, Variabilität der Herzfrequenz und Hautleitfähigkeit für ein Drittel der Vpn Maximalreaktionen in derselben Reaktionsvariable über alle vier Bedingungen; ein weiteres Drittel reagierte in drei der vier Bedingungen maximal mit demselben Funktionssystem. Diese

Disposition eines Individuums, auf unterschiedliche Reize oder Reizklassen mit einer Maximalreaktion in stets derselben Funktion bzw. mit einem gleichartigen Reaktionsmuster zu antworten, wird ISR-Prinzip genannt.

In den Rahmen individualspezifischer Reaktionsmuster lassen sich auch die Arbeiten Katkins zur elektrodermalen Labilität als Indikator von Angst und Aufmerksamkeit (zusammenfassend Katkin, 1975) einordnen. Die Bedeutung von elektrodermalen Reaktionen geringer Amplitude, die während der Ruhe- und Streßphase eines Experiments auftreten, wurde bereits von Mundy-Castle und McKiever (1953) diskutiert. Unter gleichen Versuchsbedingungen zeigten verschiedene Versuchspersonen eine deutlich unterschiedliche Anzahl von Spontanreaktionen. Lacey und Lacey (1958) unterschieden Versuchspersonen mit einer hohen elektrodermalen Aktivität (EDA) in der Ruhephase („Labiles") von solchen mit einer geringen Aktivität („Stabiles"; vgl. auch Bull & Gale, 1973; Crider & Lunn, 1971). Katkin und McCubbin (1969) untersuchten die Frage, ob eine hohe Anzahl von Spontanfluktuationen in der Ruhephase Indikator einer generell erhöhten, mit Angst verbundenen, Vigilanz ist. Als Maß für die Vigilanz wurde die erschwerte Habituation der Orientierungsreaktion auf einen akustischen Stimulus mittlerer Intensität verwendet. Entsprechend den Erwartungen konnte nur bei „Stabilen" eine signifikante Habituation der Orientierungsreaktion beobachtet werden (vgl. auch Siddle & Heron, 1976). In einem Experiment von Hirschman und Katkin (1971) wurde jedoch nachgewiesen, daß elektrodermale Aktivität auch in einer Nicht-Streßsituation mit erhöhter Aufmerksamkeit einhergeht. Dieser Befund wird auch durch Experimente zur Signalentdeckung gestützt, in denen „labile" Versuchspersonen bessere Leistungen als „stabile" aufwiesen. Die Anzahl der Treffer (hits) und die Sensitivität (d') fielen bei „Stabilen" mit der Zeit stärker ab als bei „Labilen" (vgl. Crider & Augenbraun, 1975; Hastrup, 1979). Elektrodermale Labilität stellt offenbar einen Indikator erhöhter Vigilanz dar, der jedoch nicht unmittelbar mit Ängstlichkeit in Verbindung steht. (Über den Zusammenhang von elektrodermaler Labilität mit erhöhter Wahrnehmungsgenauigkeit für autonome Erregung vgl. S. 496; zu interindividuellen Differenzen in der Habituationsgeschwindigkeit der EDA siehe Vossel, 1990; Vossel & Roßmann, 1982, 1985; vgl. auch Freixa i Baqué, 1982.)

Die Bedeutung von individualspezifischen Reaktionsmustern im Aktivierungsgeschehen wurde in mehreren Untersuchungen geprüft. In einer Studie von Engel (1960, vgl. auch Engel, 1972) wurden 20 Krankenschwestern fünf Stressoren (Automobilhorn, Kopfrechnen, Lernaufgabe, Cold-Pressor-Test, Hochheben eines Beins) mit einer jeweils fünfminütigen Erholungspause ausgesetzt; dabei wurden acht psychophysiologische Variablen (systolischer und diastolischer Blutdruck, elektrodermale Aktivität, Finger- und Gesichtstemperatur, Pulsfrequenz, Pulsvariabilität und Atemfrequenz) untersucht. Für ein Drittel der Versuchspersonen konnten in dieser Studie individualspezifische Reaktionsmuster gesichert werden (vgl. auch Fahrenberg, 1967, 1986).

Foerster und Walschburger (1980) erhoben an 125 Studenten psychologische Maße sowie sieben physiologische Aktivierungsindikatoren (elektrodermale Aktivität, Herzfrequenz, Pulsvolumenamplitude, Elektromyogramm, Lidschlagfrequenz, Alpha-Band des EEG, „Form" der Atemkurve) in vier Belastungssituationen (Rechnen, Interview, Antizipation der Blutentnahme, Blutentnahme) und in Ruhe. Bei der Verwendung des ausgangswertunabhängigen „Autonomic Lability Score" (ALS, Lacey, 1956) zur Bestimmung der Veränderungswerte zwischen Ruhe- und Belastungswerten ergab sich in einem dreifaktoriellen ANOVA-Plan (Probanden, Situationen, Kennwerte) im physiologischen Bereich ein Anteil von 27 % individualspezifischer Reaktionsmuster (ISR) an der Gesamtvarianz der Veränderungswerte. In einer Anschlußuntersuchung (Foerster & Schneider, 1982) mit zwei Meßwiederholungen zeigte ein Viertel der Probanden zumindest über einen Zeitraum von zwei Wochen stabile ISR-Tendenzen. Selbst bei einer Erweiterung des Zeitraums zur Stabilitätsprüfung auf ein Jahr konnten stabile individualspezifische Reaktionsmuster nachgewiesen werden (Fahrenberg, Foerster, Schneider, Müller & Myrtek, 1984). Zu der Frage, ob sich im Labor beobachtbare individualspezifische Reaktionsmuster auch in Feldsituationen nachweisen lassen, wurden an 58 Sportstudenten die Variablen Herz- und Atemfrequenz in sechs Laborsituationen (Ergometerarbeit, Ruhe, Rechnen unter Lärmbelastung, Reaktionszeittest, Antizipation freier Rede, Cold-Pressor-Test) und vier Feldsituationen (Entspannung, Gehen zum Stadion, Entspannung im Stadion, 1000-m-Lauf) an je drei Terminen innerhalb von drei Monaten gemessen (Foerster, 1985; vgl. auch Fahrenberg et al., 1984). Die Ergebnisse belegen eine transsituational konsistente und stabile ISR-Tendenz bei einer überzufälligen Anzahl von Probanden und stützen die Annahme des ISR-Prinzips als Persönlichkeitsvariable (vgl. auch Fahrenberg, Foerster, Schneider, Müller & Myrtek, 1986; Fahrenberg, Schneider & Safian, 1987; Robinson, Whitsett & Kaplan, 1987).

Aus dem Konzept der individualspezifischen Reaktion lassen sich Überlegungen zur Pathogenese psychosomatischer Erkrankungen ableiten. Beim Vorliegen einer sehr starken individualspezifischen Reaktion auf unterschiedliche Reize in einem bestimmten Organsystem kann es zu einer Überbeanspruchung des betreffenden Systems kommen, die schließlich in einer pathologischen Veränderung bzw. Funktionsstörung manifest wird. Die Gültigkeit dieser Überlegungen wird durch die Ergebnisse zahlreicher Untersuchungen an psychosomatischen Patienten belegt (vgl. Anderson, 1981, Cohen, Rickles & McArthur, 1978; Hodapp, Weyer & Becker, 1975; Levenson, 1979; Taylor, Gatchel & Korman, 1982; Walker & Sandman, 1977). Aus der Bestimmung individueller physiologischer Reagibilitätsmuster erhofft die psychosomatische Forschung, neue Erkenntnisse über die Disposition des Einzelnen für bestimmte Erkrankungen gewinnen zu können (vgl. Fahrenberg, 1986; Joraschky & Köhle, 1981). Besonders intensiv wird ein möglicher Zusammenhang zwischen kardiovaskulärer Reaktivität und koronaren Herzerkrankungen untersucht (Übersichten bei Krantz & Manuck, 1984; Matthews, Weiss, Detre, Dembroski, Falkner, Manuck & Williams, 1986).

2.2.3 *Weitere psychophysiologische Ansätze*

2.2.3.1 Hemisphärenspezialisierung und Hemisphärizität

Die Erforschung neurophysiologischer Korrelate interindividueller Differenzen im Emotionsausdruck richtet sich auch auf funktionale Asymmetrien der beiden Großhirnhemisphären. Relevanz besitzen hier Unterschiede in Art und Ausmaß der Spezialisierung der Hemisphären im Hinblick auf verschiedene psychische Funktionen und Prozeßcharakteristika („Hemisphärenspezialisierung") sowie interindividuell variable Tendenzen zur stärkeren oder vorrangigen Aktivierung einer bestimmten Hemisphäre („Hemisphärizität"). Besonders die *Hemisphärizität* ist bedeutsam für die Erklärung interindividueller Unterschiede im emotionalen Erleben und Verhalten. Bakan (1969) hat einen Zusammenhang zwischen Augenbewegungen und der zerebralen Aktivierung postuliert. Eine Klassifikation von Individuen in „Right Movers" und „Left Movers" wurde von Duke (1968) in Anlehnung an die Arbeiten von Day (1964, 1967) eingeführt (für Übersichten vgl. Ehrlichman & Weinberger, 1978; Schulter, 1984; Tucker, 1981). Unter der Annahme, daß verstärkte unilaterale zerebrale Aktivierung von Augenbewegungen in die kontralaterale Richtung begleitet ist, läßt sich die Hemisphärizität durch die Registrierung lateraler Augenbewegungen operationalisieren. Hierbei scheint es sich um ein relativ zuverlässiges Maß zu handeln. So berichtet Schulter (1984) Split-Half-Koeffizienten zwischen .83 und .95 sowie Testwiederholungskoeffizienten von .65 bis .92 für die Erfassung von Augenbewegungen. Nach Day (1964, 1967) neigen „Left Movers" zu stärkeren emotionalen Reaktionen und „Right Movers" zu einer eher objektiven, emotionslosen Sprache. Zur Beziehung zwischen Augenbewegungen und Abwehrmechanismen liegen Untersuchungen vor, die dafür sprechen, daß „Left Movers" vermehrt zum Einsatz verleugnender Abwehrstrategien (Gur & Gur, 1975), zur Projektion (Barkóczi, Komlósi & Sra, 1980) und zu Schilderungen von psychosomatischen Symptomen (Gur & Gur, 1975) neigen. In der Studie von Gur und Gur berichteten „Right Movers" häufiger als „Left Movers" aggressive Reaktionen auf Frustrationen. Die Ergebnisse zur Bevorzugung bestimmter Abwehrmechanismen sind jedoch inkonsistent (Schulter, 1984).

Diese und andere Befunde zur Hemisphärenasymmetrie legen es nahe, Konstrukte der differentiellen Psychologie, in diesem Falle der differentiellen Emotionsforschung, neurophysiologisch zu fundieren. Die zahlreichen Hinweise auf eine funktionale Asymmetrie der beiden Hemisphären sollten jedoch nicht vorschnell verallgemeinert werden. So warnt Schulter (1984) davor, verfrüht jeweils einer Hemisphäre bestimmte globale Fähigkeiten zuzuordnen.

2.2.3.2 Zirkadianer Rhythmus

Die Messung von physiologischen, biochemischen und psychologischen Variablen zu mehreren Tageszeiten verweist auf interindividuelle Differenzen in Verlauf und Variation dieser Parameter (Horne & Östberg, 1977). Für die Erforschung biologischer Rhythmen besitzt die Körpertemperatur eine große Bedeutung (Schandry, 1981b). Mit dem Begriff „zirkadianer Rhythmus" wird eine charakteristische Kurve beschrieben, die z. B. die Temperatur innerhalb von 24 Stunden durchläuft. Diese Kurve folgt ungefähr dem Aktivations- und Leistungsverlauf. Interindividuelle Differenzen in den habituellen Schlaf-Wach-Zeiten, den bevorzugten Tageszeiten für physische und mentale Leistungen sowie der subjektiven Wachheit nach dem Aufstehen und vor dem Schlafengehen lassen sich über Fragebogen erfassen (z. B. Horne & Östberg, 1976) und ermöglichen die Einteilung von Individuen auf einem Kontinuum zwischen den Polen „Morning Type" (M-Type) und „Evening Type" (E-Type). Verschiedene Verfahren zur Erfassung von „Morningness-Eveningness" beschreibt Kerkhof (1985). Wechselwirkungen zwischen der „Morningness-Eveningness"-Variable und dem Untersuchungszeitpunkt (morgens, abends) in der Wirkung auf physiologische Maße (orale Temperatur, Amplitude der evozierten Gehirnpotentiale, elektrodermale Aktivität) und Reaktionszeiten (z. B. Kerkhof, Willemse-v.d. Geest, Korving & Rietveld, 1981) bestätigen Unterschiede in den physiologischen Funktionen zwischen M-Types und E-Types zu frühen und späten Tageszeiten. Zwischen dem zirkadianen Rhythmus und aktivierungs- bzw. erregungsbezogenen Persönlichkeitsvariablen (z. B. Extraversion-Introversion, für eine Übersicht vgl. Blake & Corcoran, 1972) besteht nach Kerkhof (1985) jedoch nur ein indirekter Zusammenhang, da der Schlaf-Wach-Rhythmus nicht nur durch den endogenen Zeitgeber, sondern auch über psychosoziale Einflüsse determiniert wird (vgl. Matthews, 1988; Taub, Hawkins & Van de Castle, 1978).

2.3 Verhaltens- und erlebnisorientierte Ansätze

2.3.1 Einleitung

Der Zusammenhang zwischen wahrgenommenen bzw. berichteten Emotionen und deren physiologischen Korrelaten stellt ein zentrales Thema der Emotionsforschung dar. Nach Schachter und Singer (1962) ist physiologische Erregung *eine* Bedingung des emotionalen Erlebens, die Benennung der Emotion unterliegt jedoch kognitiven Prozessen. Dagegen betont Valins (1966), daß nicht die aktuelle physiologische Erregungsänderung, sondern die Wahrnehmung dieser Veränderung die notwendige Determinante des emotionalen Befindens darstellt. Zur Beurteilung der theoretischen Ansätze ist die Frage, ob oder wie genau Individuen dazu in der Lage sind, ihre physiologische Erregung wahrzunehmen, von großer Bedeutung. Katkin (1985) beschreibt interindividuelle Differenzen in der Fähigkeit, die eigene physiologische Erregung wahrzunehmen, und zeigt den Zusammenhang dieser Variable mit der subjektiven Wahrnehmung von Emotionen auf. Die Beziehung von physiologischer Erregung, wahrgenommenen Emotionen und wahrgenommenen Symptomen untereinander sowie den Zusammenhang dieser Variablen mit der Disposition „Symptom Reporting" untersucht Pennebaker (1982). Interindividuelle Differenzen zeigen sich außer in der Wahrnehmung autonomer Erregung und der Beziehung zwischen Emotionen und Symptomen auch im Verbalreport von Emotionen.

2.3.2 *Interindividuelle Differenzen in der Wahrnehmung autonomer Erregung*

2.3.2.1 Verfahren zur Erfassung der Wahrnehmung autonomer Erregung

Techniken zur Erfassung der Selbstwahrnehmung autonomer Erregung stammen aus der Biofeedbackforschung (Brener, 1977; Brener & Jones, 1974; McFarland, 1975; Whitehead, Drescher, Heiman & Blackwell, 1977). Biofeedback verbessert nach Brener (1977, Brener & Jones, 1974) die Fähigkeit eines Individuums, physiologische Reaktionen zu diskriminieren und ermöglicht damit eine Kontrolle über die autonome Erregung. Verschiedene Methoden zur Messung der Wahrnehmungsgenauigkeit der eigenen Herzfrequenz wurden entwickelt. McFarland (1975) instruierte Versuchspersonen, eine Taste im Rhythmus mit den eigenen Herzschlägen zu betätigen. Aufgrund der Diskrepanz zwischen der Anzahl objektiv erfaßter und berichteter Herzschläge ließ sich die Güte der Selbstwahrnehmung feststellen. Nach Katkin, Blascovich und Goldband (1981) läßt sich mit diesem Untersuchungsansatz jedoch nicht klären, ob Versuchspersonen mit einer geringen Diskrepanz ihre Herzfrequenz tatsächlich gut wahrnehmen oder ob sie ihre durchschnittliche Herzrate durch die Heranziehung anderer Kriterien nur gut einschätzen können.

Einen anderen Untersuchungsansatz wählten Brener und Jones (1974). Dem Probanden werden Serien von externen Stimuli (z. B. Töne) entweder kontingent oder nichtkontingent mit der R-Zacke des EKG dargeboten. Untrainierte Versuchspersonen können die beiden Reizserien nur nach dem Zufall trennen; nach einem Training steigt die Diskriminationsfähigkeit an (vgl. auch Brener & Ross, 1980; Clemens, 1979). Bei diesem Verfahren besteht das Problem, daß die Versuchsperson durch Anhalten des Atems oder Anspannen der Muskeln ihre Herzfrequenz ändern und somit kontingente von nichtkontingenter Reizdarbietung unterscheiden kann (Katkin et al., 1981). Zur Umgehung dieses Problems ließen Whitehead et al. (1977) die Versuchspersonen zwischen zwei kontingenten Serien von Stimuli, die aber mit unterschiedlicher Zeitverschiebung auf den Herzschlag folgen, diskriminieren. Ein Indikator für die Fähigkeit zur Wahrnehmung der eigenen Herzfrequenz ist die Diskriminationsleistung. Da eine direkte und eine verzögerte Herzfrequenzrückmeldung gleichermaßen von subjektiven Manipulationen (Atem anhalten etc.) beeinflußt werden, ist mit diesem

Design die Erfassung der Genauigkeit der eigenen Herzfrequenz möglich. Insgesamt konnte aber nur ein geringer Prozentsatz der Versuchspersonen überzufällig die Aufgabe lösen (Whitehead et al., 1977).

Katkin (1985; Katkin et al., 1981; Katkin, Morell, Goldband, Bernstein & Wise, 1982) erscheint es wahrscheinlich, daß die von Whitehead et al. (1977) vorgestellte Prozedur für die Versuchspersonen zu schwierig ist. In Experimenten seiner Arbeitsgruppe (zusammenfassend Katkin, 1985) sollen die Probanden daher nicht zwischen zwei kontingenten Reizserien, sondern zwischen Reizserien mit konstantem oder variablem Abstand zum Herzschlag diskriminieren (zur Beschreibung der Prozedur vgl. Abbildung 1). Die Arbeit von Katkin et al. (1981) demonstriert, daß die Fähigkeit, die beiden Reizserien zu trennen und damit die eigene Herzfrequenz wahrzunehmen, erlernt werden kann (vgl. auch Whitehead et al, 1977).

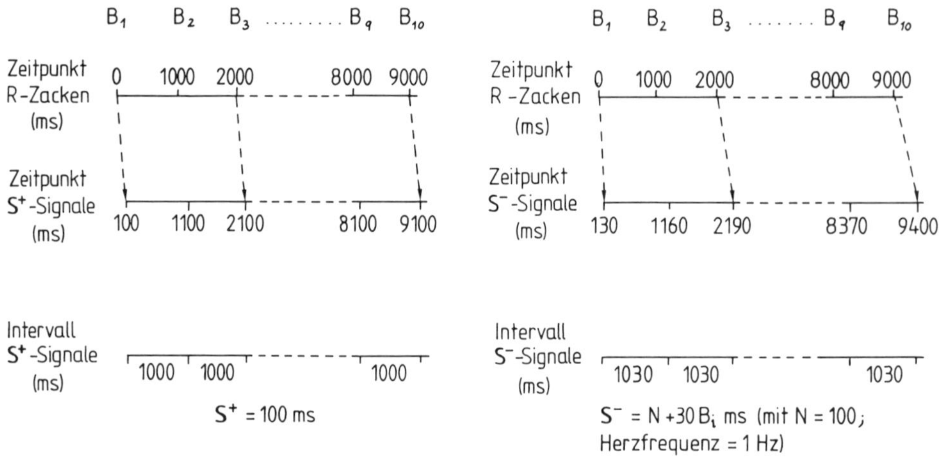

Abb. 1: Schematische Darstellung der Operationalisierung von Reizserien mit konstantem (S^+) bzw. variablem Abstand (S^-) zum Herzschlag. Die S^+-Signale stellen die Reize mit dem konstanten Abstand zur R-Zacke von 100ms dar. Der Abstand zwischen den S^+-Signalen ist (mit 1000ms im Bsp.) genauso groß wie der Abstand zwischen den R-Zacken. S^--Signale weisen einen innerhalb einer Serie von zehn Herzschlägen ständig zunehmenden und damit variablen Abstand zur R-Zacke auf. Jeweils innerhalb einer Serie von zehn Herzschlägen wird das S^--Signal um für diese Serie konstante N ms (mit N = 1-200, in der Bsp.-Serie mit N = 100) plus 30ms mal die Anzahl der Herzschläge in der Serie (B_i) verzögert. Innerhalb einer Serie bleibt somit der Abstand zwischen den S^--Signalen konstant (im Bsp. 1030ms), während der Abstand zwischen der jeweiligen R-Zacke und dem dazugehörigen S^--Signal ständig zunimmt (adaptiert nach Katkin et al., 1981, S. 1097).

2.3.2.2 Wahrnehmung autonomer Erregung und Persönlichkeit

Wie gut Personen die Wahrnehmung der eigenen Herzfrequenz erlernen, hängt u. a. auch mit dem Ausmaß ihrer elektrodermalen Labilität zusammen. So fanden Katkin et al. (1982), daß nur „Labile" von einem Trainingsprogramm profitieren und anschließend eine verbesserte Wahrnehmung der Herzfrequenz zeigen. Das Ergebnis der Arbeit steht in Einklang mit Untersuchungen, die eine erhöhte Vigilanz für externe Stimuli und eine größere Resistenz der Habituation der Orientierungsreaktion bei „Labilen" beschreiben (vgl. S. 491). Demnach scheinen „Labile" sowohl auf interne wie externe Stimuli eine größere Aufmerksamkeit zu richten als „Stabile".

Ausgehend von der Annahme, daß die Wahrnehmung autonomer Erregung eher mit einer Aktivität der rechten als der linken Hemisphäre einhergeht (Davidson, Horowitz, Schwartz & Goodman, 1981; Galin, 1974; Luria & Simernitskaya, 1977; Walker & Sandman, 1982), untersuchten Hantas, Katkin und Reed (1984) den Einfluß der Hemisphärizität (erfaßt über laterale Augenbewegungen, vgl. S. 493) auf die Wahrnehmung der eigenen Herzfrequenz bei rechtshändigen Männern. Die Versuchspersonen hatten wieder Serien von Reizen, die mit konstantem oder variablem Abstand auf den eigenen Herzschlag folgten, zu diskriminieren. „Left Movers" (Personen mit einer Rechtshemisphärendominanz) konnten die eigene Herzfrequenz deutlich besser wahrnehmen als „Right Movers". Beide Gruppen profitierten von einem Training und zeigten einen Anstieg der Diskriminationsfähigkeit, wobei der Unterschied zwischen den Gruppen jedoch bestehen blieb (vgl. auch Montgomery & Jones, 1984).

Den Einfluß der Fähigkeit, die eigene Erregung wahrzunehmen, auf die subjektive Wahrnehmung von Emotionen demonstriert eine Studie von Hantas, Katkin und Blascovich (1982; vgl. auch Hantas et al., 1984; Katkin, 1985). Die Versuchspersonen wurden in gute und schlechte Wahrnehmer ihrer eigenen Herzfrequenz unterteilt. Anschließend wurden den Probanden Dias von Unfallopfern gezeigt und Herzfrequenz sowie subjektive Befindlichkeit erfaßt. Alle Versuchspersonen zeigten einen vergleichbaren Anstieg der Herzfrequenz auf die Darbietung der Dias; Personen mit einer guten Wahrnehmung der eigenen Erregung berichteten jedoch intensivere Emotionen (vgl. auch Schandry, 1981a). Nach Katkin (1985) unterstreicht die Arbeit von Hantas et al. (1982) die Bedeutung der Wahrnehmung peripherer physiologischer Erregung bei der Determination von Emotionen.

2.3.3 Symptom Reporting

Die Arbeiten zum ISR-Konzept belegen interindividuelle Differenzen in der psychophysiologischen Reaktion auf verschiedene Situationen (vgl. S. 490). Pennebaker (1982, 1984; Pennebaker, Gonder-Frederick, Cox & Hoover, 1985; vgl. auch Shields & Stern, 1979) fragt, ob entsprechende Unterschiede auch auf der Wahrnehmungsebene nachweisbar sind. Um spezifische Beziehungen zwischen wahrgenommener Erregung (Symptoms oder Sensations) und berichteten Emotionen auffinden zu können, mußten neun Versuchspersonen eine „Symptom-Emotion Checklist“ acht bis 15 Mal pro Tag an fünf aufeinander folgenden Tagen beantworten (Pennebaker, 1982). Es wurden verschiedene Symptome wie Kopfschmerzen, feuchte Augen, schwitzende oder kalte Hände und Emotionen wie glücklich, ängstlich, ärgerlich, traurig erfaßt. Dabei ließ sich für bestimmte Symptome generell eine Assoziation mit spezifischen Emotionen sichern (z. B. war das Gefühl der Anspannung für acht der neun Versuchspersonen mit Muskelverspannungen und für sechs Personen mit Zittern verbunden). Gleichzeitig bestanden jedoch auch starke interindividuelle Differenzen in der Anzahl, dem Grad und sogar der Richtung, mit der Symptome zu bestimmten Emotionen in Beziehung standen. (Sich gesund fühlen war bei einer Person positiv und bei einer anderen negativ mit Druck in der Magengegend assoziiert.)

Den Zusammenhang zwischen berichteten Symptomen und Änderungen des systolischen Blutdrucks untersuchten Pennebaker, Gonder-Frederick, Stewart, Elfman und Skelton (1982) an 30 männlichen und weiblichen Studenten. Die Probanden wurden mit 20 ein- bis zweiminütigen Aufgaben (unangenehme Dias, Rechenaufgaben, Cold Pressor, Entspannung etc.), jeweils durch eine Ruhephase unterbrochen, konfrontiert. In jeder Phase wurde unmittelbar vor der Erfassung der physiologischen Daten (systolischer und diastolischer Blutdruck, Herzfrequenz, GSR und Fingerpulsvolumen) die Intensität für sieben Symptome (feuchte Hände, Schwere der Atmung, Pulsrate etc.) auf einer Ratingskala erfragt. Bei einer Analyse über alle Versuchspersonen zeigte sich eine signifikante Korrelation zwischen physiologischen Variablen und berichteten Symptomen nur für warme Hände und Fingerpulsvolumen. Berechnete man die Korrelationen zwischen physiologischen Daten und Symptomen jedoch für jede Versuchsperson einzeln über die 40 Durchgänge des Experiments, so ergaben sich für fast die Hälfte der Versuchspersonen hochsignifikante Korrelationen ($r > 0.70$) zwischen systolischem Blutdruck und Symptomen. Die Art der Beziehungen zwischen systolischem Blutdruck und berichteten Symptomen waren für die einzelnen Versuchspersonen jedoch sehr unterschiedlich. So korrelierte der systolische Blutdruck bei einer Versuchsperson mit berichteter schwerer Atmung und schnellem Puls, bei einer zweiten Versuchsperson mit einem Gefühl eines angespannten Magens und bei einer dritten Versuchsperson mit schwerer Atmung sowie feuchten und warmen Händen. Diese individuumspezifischen Korrelationen erwiesen sich dabei als konsistent über die Zeit. Zu den anderen physiologischen Maßen standen die berichteten Symptome dagegen in einem deutlich geringeren Zusammenhang.

Pennebaker (1981) untersuchte auch die Frage, in welchem Ausmaß die selbstberichtete Herzfrequenz durch die wahre Herzfrequenz und durch Situationsfaktoren beeinflußt wird. Zu diesem Zweck wurden in einem Experiment Versuchspersonen Dias (z. B. Nahaufnahme eines Auges, Liebespaar am Strand, Autoreifen, Fingeramputation) für jeweils 20 Sekunden dargeboten. (Diese Dias waren in einer Voruntersuchung von anderen Versuchspersonen bereits bzgl. der zwei Qualitäten „interessant“ und „angenehm“ eingeschätzt worden. Die Dias unterschieden sich deutlich auf den beiden Dimensionen.) Zur Erfassung der Wahrnehmungsgenauigkeit der Herzschläge wurde die Methode von McFarland (1975) verwendet. Beim Betrachten der Dias sollten die Versuchspersonen eine Taste im Rhythmus des eigenen

Herzens betätigen. Während die aktuelle Herzfrequenz keine signifikanten Veränderungen über den gesamten Versuch zeigte, variierten die Selbsteinschätzungen der Herzfrequenz (Betätigen der Taste) in Abhängigkeit von der Art der dargebotenen Dias. Die von der unabhängigen Stichprobe als interessant eingeschätzten Dias gingen mit einer erhöhten wahrgenommenen Herzfrequenz einher. Angenehm eingestufte Dias führten dagegen zur Wahrnehmung einer geringen Herzfrequenz. Selbst in einem Anschlußexperiment mit länger andauernden und intensiveren Stressoren und Variationen der aktuellen Herzrate bestand kein Zusammenhang zwischen wahrer und wahrgenommener Herzrate ($r < 0.07$). Pennebaker schließt aus diesen Untersuchungen, daß die Selbstwahrnehmung körperlicher Erregung in stärkerem Maße von der Bewertung externer Stimuli als von wahren körperlichen Erregungszuständen abhängig ist.

Mit Situationen deutlich unterschiedlichen Streßgehalts (Luftballon bis zum Platzen aufblasen, Cold-Pressor, Landschaftsdias betrachten, Kopfrechnen, Musik hören) wurden die Versuchspersonen in einem Experiment von Pennebaker und Epstein (1983) konfrontiert, in dem Fingertemperatur, Atem- und Herzfrequenz aufgezeichnet wurden. Die Versuchspersonen hatten während eines Experimentaldurchgangs und unmittelbar danach ihre wahrgenommene Fingertemperatur sowie die Atem- und Herzfrequenz auf einer Rating-Skala einzuschätzen. Eine andere Versuchspersonengruppe erhielt in einer Simulationsstudie nur die Information über die Experimentalbedingungen des Hauptexperiments. Diese Personen erlebten also nicht die Situationen, sondern sollten sie sich nur vorstellen und auf den im Hauptexperiment verwendeten Skalen angeben, wie sie bei der Konfrontation mit der entsprechenden Situation ihre Fingertemperatur, Atem und Pulsfrequenz einschätzen würden. Die für die drei vorgestellten Symptome und alle Situationen berechneten Mittelwerte dienten in der weiteren Studie als Maß für die generelle *Überzeugung* von Individuen über den Zusammmenhang des Erlebens bestimmter Situationen mit dem Auftreten bestimmter Symptome. Zur Prädiktion der im Hauptexperiment berichteten Symptome wurden Regressionsanalysen für jedes Symptom und jede einzelne Versuchsperson berechnet. Als Prädiktoren dienten die in der Simulationsstudie ermittelten generellen Überzeugungen bzgl. der auftretenden Symptome in bestimmten Situationen und die jeweilige physiologische Erregung zu drei Zeitpunkten unmittelbar vor sowie während der Symptomeinschätzung. (Hierdurch sollte berücksichtigt werden, daß Individuen ihre Symptome evtl. aufgrund vorangegangener Erregung oder Erregungsänderungen einschätzen.) Über alle Versuchspersonen gemittelt konnten jeweils ca. 50 Prozent der Varianz der wahrgenommenen Puls- und Atemfrequenz sowie ca. 30 Prozent der Varianz der Fingertemperatur durch die Variablen in der Regression erklärt werden. Während für die wahrgenommenen Frequenzmaße die generellen Überzeugungen die stärksten Prädiktoren der berichteten Symptome darstellten, wurde die wahrgenommene Fingertemperatur fast vollständig durch die aktuelle Fingertemperatur prädiziert. Pennebaker und Epstein nehmen als Ursache für die unterschiedliche Bedeutung der Prädiktoren u. a. an, daß Frequenzmaße (Herz, Atmung) im Vergleich zu Intensitätswerten (Temperatur) dem Individuum nicht so unmittelbar zugänglich sind. Der Grad der Übereinstimmung zwischen wahrgenommenen und aktuellen Symptomen stand in keinem Zusammenhang mit Persönlichkeitsvariablen wie Selbstaufmerkamkeit, Ängstlichkeit oder einer generell erhöhten Tendenz, Symptome zu berichten.

Unter persönlichkeitspsychologischer Perspektive scheinen jedoch noch andere Punkte in dieser Untersuchung von Bedeutung. Nach Pennebaker und Epstein

(1983) neigen Personen besonders dann dazu, Symptome aufgrund von Überzeugungen einzuschätzen, wenn diese in früheren erregungsinduzierenden Situationen mit der aktuellen und wahrgenommenen Erregung übereingestimmt haben. (Vgl. hierzu auch Hochschilds, 1979, Konzept der „Feeling Rules“ und die von Saarni, 1985, beschriebenen „Display Rules“.) In der dargestellten Studie wurden jedoch nur allgemeine und nicht individuelle Überzeugungen über den Zusammenhang von Situationsmerkmalen und auftretenden Symptomen analysiert. Derartige evtl. persönlichkeitsspezifische Überzeugungen müßten deshalb künftig unbedingt berücksichtigt werden. Diese Forderung läßt sich auch an einem anderen Punkt verdeutlichen. Pennebaker und Epstein berichten, daß für Personen, bei denen vermehrt allgemeine Überzeugungen die geschilderten Symptome prädizieren, die aktuellen Erregungswerte eine geringeres Gewicht besitzen. Dies weist darauf hin, daß sich die Gewichte für aktuelle Erregung und Überzeugungen in den Regressionsanalysen zwischen den Individuen unterscheiden. Dieses in unterschiedlichem Maße realisierte Heranziehen von allgemeinen Überzeugungen stand jedoch in der Untersuchung von Pennebaker und Epstein (1983) in keinem Zusammenhang mit Persönlichkeitsvariablen. Notwendig wäre hier die Erfassung von individuellen Überzeugungen, deren Art wahrscheinlich mitbedingt, in welchem Maße Personen sich auf subjektive Annahmen beim Benennen von Emotionen und Symptomen in bestimmten Situationen verlassen werden.

Individuen unterscheiden sich auch in der generellen *Häufigkeit*, mit der Symptome berichtet werden. Diese Tendenz, Symptome zu berichten, erfaßt über das „Pennebaker Inventory of Limbic Languidness“ (PILL, Pennebaker, 1982; Pennebaker, Burnam, Schaeffer & Harper, 1977), kann nach Pennebaker als ein stabiles eindimensionales Persönlichkeitsmerkmal betrachtet werden. Ein Einfluß dieser Variable auf die Fähigkeit zur Wahrnehmung der eigenen Erregung konnte zwar nicht demonstriert werden, jedoch vermutet Pennebaker (1984), daß Personen mit hohen PILL-Scores (starke „Symptom Reporter“) eine erhöhte Variabilität ihrer körperlichen Erregung annehmen, bei der Einschätzung ihrer Körperzustände vermehrt externe Reize heranziehen und sich besonders intensiv darum bemühen, Informationen über eigene Erregungsänderungen zu erhalten. Hohe „Symptom Reporter“ sollen sich zudem ängstlich, unsicher und sozial erwünscht verhalten. Ursachen hierfür sieht Pennebaker (1982) in einer durch soziale Unsicherheit und häufig bekräftigtes Berichten von Symptomen gekennzeichneten kindlichen Sozialisation.

2.3.4 Alexithymie

Interindividuelle Differenzen in der Bereitschaft bzw. Fähigkeit, affektive Inhalte zu kommunizieren, werden in der Literatur zur Psychosomatik unter dem Begriff „Alexithymie“ (aus dem Griechischen: keine Worte für Gefühle; Sifneos, 1973) diskutiert. Verschiedenen Forschern psychoanalytischer Tradition sind unabhängig voneinander bei den unterschiedlichsten psychosomatischen Patienten gemeinsame Verhaltensmerkmale aufgefallen, welche sich auf verbalen Gefühlsausdruck, Phantasie und soziale Anpassung beziehen. In seiner zentralen Annahme bezieht sich das Alexithymiekonzept auf den verminderten Verbalreport von Emotionen bei psychosomatischen Patienten (Lesser, 1981; Taylor, 1984; Einzelaspekte alexithymen Verhaltens diskutiert v. Rad, 1983, zur Kritik des Konzepts aus verhaltensmedizinischer Sicht vgl. Miltner, Birbaumer & Gerber, 1986; vgl. auch das Konzept der „Affektintensität“, Larsen & Diener, 1987). Alexithyme Personen sollen kaum oder nicht in der Lage sein, Gefühle zu benennen und adäquat auszudrücken. Unterscheidet man zwischen dem erlebnishaft-bewußten Ausdruck von Gefühlen („Feelings“) und deren physiologisch-körperlichen Begleiterscheinungen („Emotions“, vgl. Sifneos, 1975), so kann man Alexithymie als „emotions without feelings“ bezeichnen. Trotz einer Vielzahl von Veröffentlichungen, die sich mit der Relevanz, Ätiologie, Messung und Behandlung von Alexithymie bei psychosomatischen Patienten befassen, erscheint Lesser (1981) in einer Überblicksarbeit die Literatur eher als anekdotenhaft; insbesondere wird das Fehlen kontrollierter Studien kritisiert. Klinische Charakteristika seien zwar von vielen Autoren beschrieben worden, ein Bezug zu standardisierten psychiatrischen Diagnosekategorien fehle jedoch ebenso wie die Definition der Kriterien, nach denen eine Person als alexithym zu beschreiben ist. (So liegen noch keine ausreichend reliablen und validen Meßinstrumente zur Erfassung vor; vgl. Kohlmann, 1986; Lesser, 1981; Taylor, 1984.)

Martin und Pihl (1985) postulieren einen Zusammenhang zwischen Alexithymie und bestimmten dispositionellen Formen der Angstbewältigung. Wenn Alexithymie durch eine Diskrepanz zwischen physiologischen Erregungsindikatoren und der Bereitschaft bzw. Fähigkeit, diese Erregung zu kommunizieren, gekennzeichnet ist, so ließe sich hieraus ein Zusammenhang zwischen Alexithymie und repressiver Angstbewältigung ableiten. Die Hypothese einer Diskrepanz zwischen Self-Report und physiologischen Erregungsindikatoren bei Alexithymie wurde von Papciak, Feuerstein und Spiegel (1985) einer direkten Überprüfung unterzogen. Der erwartete Effekt zeigte sich bei alexithymen Versuchspersonen nur für selbstberichtete Anspannung, jedoch nicht für Depression, Ärger und Konfusion. Auch Martin und Pihl (1986) konnten eine Diskrepanz zwischen subjektiven und physiologischen Streßreaktionen bei gleichzeitig erhöhter sympathischer Erregung für alexithyme Versuchspersonen nachweisen. Alexithymie korrelierte jedoch nicht mit Ängstlichkeit, sozialer Erwünschtheitstendenz und Repression-Sensitization („Repression-Sensitization Scale“, Byrne, Barry & Nelson, 1963). Für Ahrens und Deffner (1985) stellen alexithyme Verhaltens- und Erlebnisweisen situativ auftretende Effekte dar, die an bestimmte Auslösebedingungen gebunden sind und daher als, von den Autoren allerdings nicht näher spezifizierte, Angstabwehrmechanismen verstanden werden können. Die Beziehung zwischen Alexithymie und repressiver Angstbewältigung bedarf jedoch noch einer theoretischen und empirischen Klärung. So wäre es evtl. möglich, Alexithymie über die Fähigkeit und Repression über die Bereitschaft, Emotionen auszudrücken und zu verbalisieren, zu differenzieren.

2.4 Bedeutung der deskriptiven Ansätze

Die dargestellten Konzepte interindividueller Differenzen im emotionalen Reagieren verweisen auf die Schwierigkeiten bei der Verwendung von Verbalreports zur Erfassung von Belastungsreaktionen, der Auswahl der geeigneten physiologischen Erregungsindikatoren sowie der Berechnung bzw. Interpretation von Diskrepanzen zwischen bestimmten Belastungsmaßen (vgl. Kohlmann, 1988). Im Hinblick auf die mangelnde bzw. geringe Konvergenz subjektiver und objektiver Erregungsindikatoren werden verschiedene Forschungsstrategien verfolgt. Während Laux (1976) die Verwendung von Multitrait-Multimethod-Matrizen (vgl. Campbell & Fiske, 1959) zur Analyse von Streßreaktionen vorschlägt, fordert Krohne (1986, Krohne & Rogner, 1985) neben der multidimensionalen Erfassung der Streßbewältigungsdisposition (vgl. Krohne, 1986) auch eine multimodale und multitemporale Messung der Bewältigungs- und Streßreaktionen. (Zu den Problemen dieser Ansätze vgl. Fahrenberg, 1982.) Lazarus und Folkman (1984) bevorzugen dagegen subjektive Berichte über das Befinden, die in Felduntersuchungen ja häufig die einzig zugängige Quelle emotionaler Belastungsreaktionen darstellen. Walschburger (1981) fordert eine repräsentative Erfassung aller organismischen Reaktionskomponenten, solange es nicht möglich ist, wenige Repräsentanten der Bereiche subjektives Erleben, Verhalten und physiologische Erregung gezielt und unter Beachtung individualspezifischer Reaktionsmuster auszuwählen. Allerdings kann weder die Auswahl einzelner Emotionsindikatoren noch die Festsetzung der jeweiligen Meßzeitpunkte oder die Bestimmung der Art des Vergleichs der Reaktionen auf den unterschiedlichen Analyseebenen auf theoretische Vorüberlegungen verzichten. Neben den größtenteils rein deskriptiven physiologischen Konzepten stellen die verhaltens- und erlebnisorientierten Ansätze „Symptom Reporting“ und „Alexithymie“ bereits einen Übergang zu explikativen Modellen der Beziehung von Persönlichkeit und emotionalen Reaktionen dar, über die im folgenden Abschnitt berichtet werden soll.

3 Die Vorhersage emotionalen Verhaltens aus Persönlichkeitsmerkmalen

3.1 Explikative Annahmegefüge: ein Überblick

Zur Erklärung interindividueller Unterschiede in den verschiedenen Bereichen emotionalen Reagierens kommt eine Vielzahl von Persönlichkeitsvariablen in Betracht. Die Entscheidung darüber, welche emotionsrelevanten Dispositionen hier zu berücksichtigen sind, sowie die Art der Annahmen über die Beziehung zwischen diesen und bestimmten zugeordneten Emotionen hängt natürlich von dem zugrundegelegten Modell von Emotionen ab. Vertreter eines Ansatzes, der von basalen (diskreten) Emotionen ausgeht (z. B. Izard, 1977; Plutchik, 1980; Scherer, 1984), werden andere (und in der Regel mehr) Persönlichkeitsdimensionen heranziehen als Anhänger einer allgemeinen (ein- oder mehrfaktoriellen) Aktivations-/Erregungstheorie von Emotionen (z. B. Duffy, 1962; Eysenck, 1967, 1981a; Russel, 1980).

Modelle diskreter Emotionen, etwa Plutchiks (1980) strukturelles Modell oder Izards „Differentielle Emotionstheorie“ (Izard, 1977, 1979; Izard & Buechler, 1980), bieten wenig Ansatzpunkte für eine Erklärung des Auftretens emotionalen Verhaltens aus dispositionellen Antezedenzien. Zwar wird etwa bei Izard darauf hingewiesen, daß die in der Theorie spezifizierten zehn Grundemotionen neben den Systemen der Homöostase, der Triebe, der Wahrnehmung, der Kognitionen und der Motorik ein Subsystem der Persönlichkeit bilden, für die Art des Zusammenhanges zwischen diesen Systemen wird aber im wesentlichen nur ausgesagt, daß sie zueinander in reziproker Interaktion stehen und dabei u. a. vergleichsweise überdauernde affektiv-kognitive Strukturen ausbilden. Wo differentielle Aspekte angesprochen werden (so sollen sich Individuen hinsichtlich der Zusammensetzung ihrer aus Grundemotionen gebildeten Emotionsmuster unterscheiden, Izard & Buechler, 1980, auch sollen interindividuelle Differenzen im Grad der Stabilität affektiver Reaktionen bestehen, Izard, 1979), bleiben diese im Sinne der im vorangegangenen Abschnitt dargestellten Ansätze deskriptiv. Überhaupt hat es den Anschein, daß Modelle diskreter Emotionen zwar interindividuelle Unterschiede ansprechen, diese aber eher als Epiphänomene des emotionalen Geschehens behandeln. Im Zentrum der Analysen stehen Fragen nach organismischen Subsystemen, nach deren Komponenten, nach der Funktion dieser Systeme und den Situationsmerkmalen, auf die sie ansprechen, sowie nach Verarbeitungsschritten, resultierenden Emotionen und weiteren Verhaltenskonsequenzen. Eine mögliche Weiterentwicklung dieses Ansatzes hin zu einer explikativen Einbeziehung von

Personmerkmalen bietet jedoch die kürzlich vorgelegte „Komponenten-Muster-Theorie" von Scherer (1986). Für eine explikative Betrachtung der Beziehung zwischen Persönlichkeit und Emotion liefern die (meist mehrfaktoriellen, vgl. Pribram & McGuinness, 1975; Routtenberg, 1968) Aktivations-/Erregungstheorien der Emotionen fruchtbarere Ansatzmöglichkeiten. Im Zentrum derartiger Theorien stehen, soweit Persönlichkeitsmerkmale betrachtet werden, die Konstrukte *Ängstlichkeit* und *Extraversion-Introversion.*

3.2 Ängstlichkeit

3.2.1 Definitionen und zentrale Unterscheidungen

3.2.1.1 Angst als Persönlichkeitsmerkmal und als emotionaler Zustand

Keine Emotion hat soviel Aufmerksamkeit erfahren, ist so gründlich theoretisch und empirisch analysiert worden wie die Angst. (Für einen Überblick über neuere Forschungsergebnisse vgl. Tuma und Maser, 1985.) Verschiedene Theoretiker haben der Angst sogar den Status eines zentralen Konzeptes innerhalb ihrer umfassenderen Theorie über das menschliche Erleben und Verhalten zugewiesen (so z. B. Freud, Dollard und Miller, Lazarus). Für den Bereich der Angst ist also eine ganz besonders enge Beziehung zwischen Persönlichkeitsmerkmalen und emotionalem Geschehen zu erwarten. Bereits mit dem Beginn der wissenschaftlichen Erforschung der Angst in den ersten Arbeiten Freuds (1893, 1895) wurden die konzeptuelle Trennung von aktuellem emotionalen Zustand und der als zugrundeliegend gedachten Persönlichkeitsdisposition vorgezeichnet und Überlegungen zur Beziehung zwischen den beiden Bereichen skizziert. So unterscheidet Freud in seiner frühen Arbeit „Über den psychischen Mechanismus hysterischer Phänomene" (1893) zwischen dem zeitlich kurzerstreckten Angstaffekt und den habitualisierten (pathologischen) Persönlichkeitsmerkmalen Hysterie und Neurasthenie. „Hysteriker" sollen dabei durch die Unfähigkeit gekennzeichnet sein, ein erlebtes psychisches Trauma adäquat (durch motorische Reaktionen oder innerpsychische Prozesse) zu verarbeiten. Damit verbunden sein soll das Wiederauftauchen des Affektes bei Vorliegen entsprechender Auslöser (z. B. Erinnerungen).

In der neueren Forschung wird die aktuelle Angst als ein zeitlich relativ kurz erstreckter (d. h. intraindividuell variierender) Zustand des Organismus verstanden, der durch spezifische Ausprägungen auf physiologisch-biochemischen, verhaltensmäßig-expressiven und subjektiv-gefühlsmäßigen Parametern gekennzeichnet ist (vgl. Ekman, 1982; Izard & Blumberg, 1985; Krohne, 1975; Strian, 1983). Bedingt durch die unterschiedlichen Erregungs- und Regulationsprozesse, denen die am Angstgeschehen beteiligten Systeme unterliegen, verlaufen Veränderungen auf diesen Parametern jedoch nicht synchron (Epstein, 1972). Die dieser Bestimmung zugrundeliegende Annahme, daß sich diskrete emotionale Zustände (etwa Angst, Ärger oder Freude) auch in unterscheidbaren physiologischen Reaktionsmustern manifestieren, ist allerdings umstritten. So weist Fahrenberg (1979) darauf hin, daß es bislang nicht gelungen ist, für verschiedene Emotionen jeweils spezifische Aktivierungsmuster reliabel zu reproduzieren (siehe auch Stemmler, 1984). Damit verbleiben also, neben einigen expressiven Merkmalen (insbesondere beim Gesichtsausdruck, Ekman & Oster, 1979; Rinn, 1984), subjektiv- gefühlsmäßige Parameter als die am zuverlässigsten zwischen verschiedenen emotionalen Zuständen differenzierende Informationsquelle. Angst als Zustand ist hier durch die Selbstwahrnehmung von Erregung, das Gefühl des Angespanntseins, ein Erlebnis des Bedrohtseins sowie durch verstärkte Besorgnis gekennzeichnet (vgl. z. B. Spielberger, 1972).

Für die Persönlichkeitsdisposition wird in der Regel der Begriff *Ängstlichkeit* verwendet (vgl. Krohne, 1975). Er bezeichnet zunächst einmal die intraindividuell relativ stabile, aber *inter*individuell variierende Neigung, Situationen als bedrohlich zu erleben und hierauf mit erhöhtem Angstzustand zu reagieren (vgl. Spielberger, 1972). Zusätzlich wird der Begriff Ängstlichkeit zurückgeführt auf ein System psychophysiologischer, verhaltensmäßiger und kognitiver Reaktionstendenzen, mit dessen Hilfe *inter*individuelle Unterschiede auf Parametern des Angstzustandes bei objektiv gleichen Stimulusbedingungen (z. B. Ankündigung einer Prüfung) *erklärt* werden sollen. Die genauere inhaltliche Bestimmung dieser Teilsysteme und der Art ihres Zusammenwirkens ist nur auf dem Hintergrund einer jeweiligen Ängstlichkeitstheorie (z. B. einer psychodynamischen, reiz-reaktionstheoretischen oder kognitiven Theorie) möglich (vgl. Krohne, 1981).

3.2.1.2 Angst und Furcht

Eine häufig getroffene Unterscheidung ist die zwischen *Angst* und *Furcht.* Nach Izard (1972; Izard & Blumberg, 1985) bezeichnet Angst ein Muster aus verschiedenen Emotionen (d. h. aus Gefühlszuständen und damit assoziierten Kognitionen und Handlungstendenzen). Furcht ist die zentrale (am intensivsten erlebte) Emotion in diesem Muster. Affekte wie Schmerz und affektiv-kognitive Strukturen wie Schuld-Aggression, Schüchternheit oder Scham bilden weitere Bestandteile, die jeweils mit Furcht zusammen erlebt werden können. Die Mehrzahl der Autoren unterscheidet Angst und Furcht allerdings nicht nach strukturellen, sondern nach funktionalen Gesichtspunkten. So hängt etwa für Epstein (1967, 1972), Lazarus (1966) oder Mandler (1975) die Auslösung von Angst bzw. Furcht von der Interpretation der vorliegenden situativen Bedingungen durch das Individuum ab. Nach Epstein (1972) soll Angst dann entstehen, wenn ein Individuum eine Situation als gefährlich erlebt, aber nicht zugleich adäquat (z. B. durch Flucht) reagieren kann. Diese Hemmung kann einmal dadurch zustande kommen, daß für eine Gefahr keine klare Zuordnung im Hinblick auf Art, Intensität, Auftretenszeitpunkt u.ä. getroffen werden kann (Epstein: „Stimulusunsicherheit"), zum anderen aber auch dadurch, daß trotz klarer Informationen über die Gefahr keine angemessenen Reaktionen möglich sind (Epstein: „Reaktionsblockierung"). Furcht soll demgegenüber dann vorliegen, wenn die Gefahr eindeutig zu bestimmen und die Reaktionen der Flucht bzw. Vermeidung möglich sind. Furcht ist somit ein Flucht- bzw. Vermeidensmotiv, Angst dagegen (allenfalls) das Motiv, weitere Information über Situations- und Verhaltensaspekte zu suchen. In ähnlicher Weise bestimmt auch Seligman (1975) im Rahmen seiner „Sicherheitssignal-Hypothese" den Unterschied zwischen Angst und Furcht.

Die genannten Autoren folgen mit ihren Differenzierungen im wesentlichen Freud (1926), der der Angst den Charakter der Unbestimmtheit und Objektlosigkeit zuschreibt und von Furcht spricht, wenn Angst „ein Objekt gefunden hat". Wie generell im Emotionsbereich (vgl. S. 505) ist diese Unterscheidung ausschließlich auf erlebnisdeskriptiver (subjektiv-gefühlsmäßiger) Ebene angesiedelt, wobei sich diese Beschreibungen primär auf differenzierende Situationsaspekte beziehen. Überzeugender wäre es, wenn mit Variationen der genannten Situationsparameter zugleich Unterschiede in Variablen, die auf den anderen emotionalen Beschreibungsebenen lokalisiert sind, einhergingen. Dies ist bislang nicht zuverlässig gelungen (siehe Frankenhaeuser, 1975).

3.2.1.3 Bereichsspezifische Angstneigungen

Betraf die, von vielen Autoren (vgl. u. a. Spielberger, 1972) allerdings nicht mitvollzogene, Trennung von Angst und Furcht im wesentlichen emotionale Zustände, so bezieht sich die in jüngster Zeit forciert betriebene Unterscheidung von Ängsten nach den sie jeweils auslösenden Umweltgegebenheiten eher auf das Persönlichkeitsmerkmal Ängstlichkeit. Im Sinne interaktionistischer Angstmodelle (u. a. Endler, 1975) lassen sich Personen danach unterscheiden, welche Themen (z. B. Zahnarztbesuch, Prüfung, Sportwettkampf) sie als bedrohlich erleben und mit einer Angstauslösung beantworten. Eine vergleichsweise grobe Unterscheidung ist die nach physisch gefährdenden und selbstwertbedrohenden Situationen und entsprechenden Angstneigungen (Bewertungsängstlichkeit vs. Ängstlichkeit im Bezug auf physische Verletzungen; vgl. u. a. Glanzmann & Laux, 1978; Hodges, 1968; Kendall, 1978; Spielberger,1972; für eine Übersicht vgl. auch Schwenkmezger, 1985).

Bewertungsängstlichkeit (vgl. Wine, 1982) bezieht sich auf die variable Neigung von Personen, in Situationen der sozialen Interaktion, bei denen die Möglichkeit des Versagens und des Selbstwertverlustes besteht, mit Angst zu reagieren. Im Zentrum der selbstwert- bzw. ich-bedrohenden Situationen steht die Prüfungssituation, deren Erforschung eine breite, in die 20er Jahre dieses Jahrhunderts zurückreichende Tradition besitzt (vgl. Spielberger, Anton & Bedell, 1976). Wesentliche theoretische Arbeiten wurden von Sarason und Mandler vorgelegt (Mandler & Sarason, 1952; Sarason & Mandler, 1952). Dokumentationen neuerer Ansätze und Befunde liefern Krohne und Laux (1982), Sarason (1980) und Schwarzer (1987). Eine weitere, in jüngster Zeit stärker beachtete Form der Bewertungsängstlichkeit ist die Rede- bzw. Sprechangst (Brüstle, Hodapp & Laux, 1985; Kriebel, 1984). Sie scheint Kristallisationskern eines sich verselbständigenden Themenbereichs, der sozialen bzw. interpersonalen Ängstlichkeit, zu werden (vgl. Buss, 1980; McGrath, 1970; Morris, Harris & Rovins, 1981). — *Angst vor physischer Verletzung* betrifft die variable Neigung von Personen, in Situationen, in denen eine Bedrohung der körperlichen Unversehrtheit durch andere Personen, durch Tiere, Naturereignisse oder materielle Gegebenheiten vorliegt, mit Angst zu reagieren. Unter der Vielzahl der in diesem Bereich unterscheidbaren Auslöser (für eine Übersicht siehe Strian, 1983) ist in den letzten Jahren die Angst bei ärztlichen, speziell zahnärztlichen, Eingriffen intensiv untersucht worden (vgl. Melamed, 1979; Tolksdorf, 1985).

Ansätze, die über eine Zweiteilung des Bereichs angstauslösender Themen hinausgehen, wurden u. a. von Endler (1975) und Becker (1980) vorgelegt. So faktorisierten Endler, Hunt und Rosenstein (1962) das von ihnen konstruierte „S-R Inventory of Anxiousness", in dem elf angstauslösende Situationen thematisiert werden. Die drei resultierenden Faktoren (bereichsspezifische Angstneigungen) ließen sich als „Interaktion mit anderen Personen", „Konfrontation mit einer physischen Gefahr" und „Neue oder fremde Situationen" identifizieren (vgl. auch Endler & Okada, 1975; Kendall, 1978). Becker (1980) inspizierte verschiedene in der Verhaltenstherapie eingesetzte Furchtinventare und kam durch Kreuzklassifikation hauptsächlicher Gefahrenquellen und gefährdeter Zonen zu sechs angstauslösenden Bereichen, zu denen er insgesamt 97 Items konstruierte. Mit Hilfe der Hauptkomponentenanalyse bestimmte er, im wesentlichen nach dem Kriterium der Interpretierbarkeit, sechs Faktoren 1. Ordnung, die er Angst vor „physischer Verletzung", „Auftritten", „Normüberschreitung", „Erkrankungen und ärztlichen Behandlungen", "Selbstbehauptung" und „Abwertung und Unterlegenheit" nannte. Da der Autor schiefwinklig in die Einfachstruktur rotiert hatte, konnte er anschließend zwei Faktoren 2. Ordnung ermitteln, die sich als „Angst vor physischen und psychischen Angriffen" und als „Angst vor Bewährungssituationen" im wesentlichen mit den bereits dargestellten großen angstauslösenden Themen deckten. Neben diesen beiden weiten Klassen werden zunehmend eingegrenztere Ängste beschrieben und operationalisiert. (Für eine Übersicht vgl. u. a. Schwarzer, 1987.) Exemplarisch seien hier nur die in jüngster Zeit intensiver untersuchte „Mathematik-Ängstlichkeit" (Ramirez & Dockweiler, 1987) und die „Sportwettkampf-Ängstlichkeit" (Hackfort, 1986; Hackfort & Schwenkmezger, 1980; Hindel & Krohne, 1988; Martens, 1977) erwähnt.

3.2.1.4 Komponenten der Angst

Eine weitere Differenzierung bezieht sich auf die Komponenten der Angst. Damit sind jedoch nicht die bereits erwähnten Beschreibungsebenen der Angstemotion (die physiologisch-biochemische, verhaltensmäßig-expressive und subjektiv-gefühlsmäßige) gemeint, sondern Einteilungsmöglichkeiten innerhalb einer (meist der subjektiven, seltener auch der expressiven) Ebene. So faktorisierte Buss (1962) beobachtete und selbstberichtete Indikatoren und erhielt zwei Hauptklassen der Angstemotion: „autonomic overreactivity" bzw. „somatic anxiety" mit den beobachtbaren Merkmalen Schwitzen, Erröten, flaches Atmen und den subjektiven Indikatoren körperliches Unbehagen und Schmerzen sowie „konditionierte" bzw. „psychic anxiety", bestehend aus Muskelanspannung, Ruhelosigkeit und Besorgniskognitionen (vgl. auch Buss, Wiener, Durkee & Baer, 1955; Hamilton, 1959). Eher auf dispositioneller Ebene ist die Unterscheidung von Fenz und Epstein (1965) sowie Fenz (1967) anzusiedeln, die aus Analysen der „Manifest Anxiety Scale" (MAS, Taylor, 1953) drei Faktoren extrahieren konnten: „Autonome Übererregbarkeit", „Symptome der Spannung der quergestreiften Muskulatur" (Anspannung, Schmerzen, Zuckungen und Zittern) sowie „Angstgefühle" (Ablenkbarkeit, Besorgnis, Furcht, Schlafstörungen u.ä.). Eine nach dispositioneller Neigung und emotionalem Zustand getrennte Erfassung „psychischer" und „somatischer" Angst im Sinne der Unterscheidung von Buss (1962) wurde von Schalling, Cronholm und Asberg (1975) durchgeführt.

Für den eingegrenzteren Bereich der Selbstwertbedrohung erbrachten Dimensionsanalysen des „Test Anxiety Questionnaire" (TAQ, Mandler & Sarason, 1952) als des seinerzeit geläufigsten Fragebogens zur Messung von Prüfungsängstlichkeit zwei Klassen von Items, die einerseits Selbstzweifel und Besorgnis im Hinblick auf die eigene Leistung („worry") und andererseits die Wahrnehmung autonomer Erregtheit („emotionality") zum Inhalt hatten (Sassenrath, 1964; Sassenrath, Kight & Kaiser, 1965).

Basierend auf diesen Studien, wählten Liebert und Morris (1967) aus dem TAQ jeweils fünf Items aus, die besonders eindeutig die Komponenten „Worry" bzw. „Emotionality" repräsentierten. Diese zehn Items boten sie ihren Versuchspersonen mit einer auf die Erfassung des momentanen Zustandes gerichteten Instruktion dar, wobei sie eine inverse Beziehung zwischen der Erwartung, ein gutes Prüfungsergebnis zu erzielen, und dem

Auftreten von „Worry"-Kognitionen postulierten. „Emotionalitäts"-Kognitionen sollten demgegenüber die unmittelbare Unsicherheit der Prüfungssituation reflektieren und deshalb bei maximaler Unsicherheit ($p = 0.50$) über das Prüfungsergebnis am ausgeprägtesten sein. Empirisch bestätigt werden konnte jedoch nur die Hypothese hinsichtlich der „Worry"-Kognitionen.

Wenn Emotionalitätskognitionen die unmittelbare Belastung in einer aversiven Situation und Besorgnis eher die zeitlich länger erstreckten Erwartungen an die Prüfung widerspiegeln, so müßte sich dies auch in unterschiedlichen Verläufen beider Komponenten niederschlagen. Entsprechend fanden Spiegler, Morris und Liebert (1968), daß während einer bedrohlichen Prüfungsepisode (bestehend aus den Phasen Antizipation, Konfrontation und Postkonfrontation) Emotionalitätskognitionen erst unmittelbar vor der Prüfung anstiegen, um direkt danach ebenso schnell wieder abzunehmen. Demgegenüber waren keine bedeutsamen Veränderungen der Besorgniskognitionen in Abhängigkeit von der Zeitdimension zu beobachten. Besorgnis variierte jedoch als Funktion sich ändernder Erwartungen. (Für einen nahezu gleichsinnigen Verlauf beider Komponenten während einer Prüfungsepisode siehe jedoch Lukesch und Kandlbinder, 1986; vgl. hierzu auch die Übersicht bei Lukesch und Helmke, 1984.) Der Befund von Spiegler et al. weist darauf hin, daß Emotionalitäts- und Besorgniskognitionen nicht nur unterschiedliche Verläufe während einer aversiven Episode aufweisen, sondern offenbar auch durch verschiedene Aspekte von Streß-Situationen angeregt werden. So konnten Morris und Liebert (1973) nachweisen, daß Besorgnis, nicht aber Emotionalität, als Folge einer Versagensrückmeldung ansteigt. Bei Androhung einer physischen Beeinträchtigung (Schock) kommt es dagegen zu einer Erhöhung der Emotionalitätskomponente, während das Ausmaß von Besorgnis hier unverändert niedrig bleibt. Dementsprechend lassen sich Besorgniskognitionen durch positive Rückmeldung vergleichsweise leicht reduzieren, während die Emotionalitätskomponente hierauf kaum anspricht (Lukesch & Kandlbinder, 1986; Morris & Fulmer, 1976).

Die in den genannten Untersuchungen, insbesondere in der Studie von Liebert und Morris (1967), vorgeschlagene konzeptuelle Trennung zwischen Besorgniskognitionen und dem subjektiven Erleben von Aufgeregtheit, das nicht mit der tatsächlichen autonomen Erregung verwechselt werden darf (vgl. Holroyd & Appel, 1980; Morris & Liebert, 1970), hat inzwischen zu einer umfangreichen Forschungsaktivität geführt. (Für Übersichten und Versuche theoretischer Präzisierungen siehe u. a. Deffenbacher, 1980; Dweck & Wortman, 1982; Morris, Davis & Hutchings, 1981; Schwarzer, 1984; Wine, 1982.) Dabei wurde deutlich, daß diese Unterscheidung nicht nur auf selbstwertbedrohliche Situationen beschränkt ist, sondern sich auch auf soziale Interaktionen (Morris, Harris & Rovins, 1981) und die verhaltenstherapeutische Behandlung der Angst (Borkovec, 1985) anwenden läßt. Eine Übertragung der von Liebert und Morris für den Angstzustand durchgeführten Einteilung auf die Ängstlichkeit haben Morris, Davis und Hutchings (1981) und Spielberger (1980; vgl. auch Hodapp, Laux & Spielberger, 1982; Spielberger, Gonzales, Taylor, Algaze & Anton, 1978) unternommen. Dabei zeigte sich allerdings, daß die beiden dispositionellen Aspekte, ebenso wie die Zustandsangstkomponenten, nicht unabhängig voneinander variieren. Die habitualisierten Neigungen zu Besorgniskognitionen bzw. zur Aufgeregtheit in bedrohlichen Situationen sind vielmehr deutlich (mit einem Wert um $r = 0.55$) positiv assoziiert (vgl. Schwarzer, 1984). Eine über die Differenzierung in Besorgnis- und Aufgeregtheitskognitionen hinausgehende Einteilung hat Sarason (1984) vorgeschlagen. Er unterscheidet speziell für Prüfungssituationen die vier Komponenten Anspannung („distress and uneasiness"), Besorgnis („worry"), aufgabenirrelevante Gedanken sowie körperliche Reaktionen (z. B. Selbstwahrnehmung erhöhter Herzrate). (Zur Messung dieser Komponenten vgl. Sarason, Sarason, Keefe, Hayes & Shearin, 1986.) Eine ebenfalls differenziertere Beschreibung der Variablen des „Motivationsprozesses" und des „Motivationszustandes" während einer Prüfung und eine empirische Analyse ihres Zusammenhanges hat Heckhausen (1982) vorgelegt.

3.2.2 Theorien der Beziehung zwischen Ängstlichkeit und Angst

3.2.2.1 Übersicht

An dieser Stelle werden nur Ansätze behandelt, in denen die Auslösung der Emotion Angst (bzw. einzelner ihrer Komponenten) aus persönlichkeitstheoretischen Annahmegefügen erklärt wird. Unberücksichtigt bleiben also theoretische Aussagen und empirische Befunde, in denen Ängstlichkeit oder Angst zu weiteren Verhaltenskonsequenzen (insbesondere zur Informationsverarbeitung und Leistung) in Beziehung gesetzt werden. (Für Angst und Informationsverarbeitung vgl. Eysenck, 1982; für den Einfluß von Ängstlichkeit bzw. Angst auf die Leistung siehe u. a. Glanzmann, 1985; Schwenkmezger, 1985; Spence & Spence, 1966.) Die hier darzustellenden Ansätze spezifizieren die Beziehung zwischen Persönlichkeit und der Emotion Angst, indem sie zunächst einen Satz *allgemeiner* Faktoren benennen, die für die Auslösung einzelner Komponenten des Angstzustandes (z. B. Besorgniskognitionen) verantwortlich sein sollen. Der persönlichkeits*spezifische* Aspekt wird sodann dadurch einbezogen, daß für bestimmte angstauslösende Faktoren (z. B. die Erwartung negativer, nicht kontrollierbarer Verhaltenskonsequenzen) angenommen wird, diese lägen als (habitualisierte) Tendenzen in unterschiedlich starker Ausprägung in einzelnen Personen vor. Ursache dieser interindividuell variablen Ausprägung sollen wiederum unterschiedliche auf diese Tendenzen bezogene Lerngeschichten und/oder biologische Ausstattungen der Individuen sein. Drei Gruppen von

Ansätzen lassen sich danach unterscheiden, welche allgemeinen Faktoren sie für die Auslösung von Angst verantwortlich machen und wie sie die Art der Lernbedingungen spezifizieren, die zu interindividuell unterschiedlich starken Verhaltenstendenzen führen sollen: *psychodynamische, reiz-reaktionstheoretische* und *kognitive* Theorien (vgl. hierzu auch Krohne, 1981). Im folgenden wollen wir uns auf die Darstellung einiger Aspekte reiz-reaktionstheoretischer Ansätze, des Trait-State-Modells von Spielberger sowie zentraler kognitionspsychologischer Konzeptionen beschränken.

3.2.2.2 Reiz-reaktionstheoretische Ansätze

Innerhalb der reiz-reaktionstheoretisch orientierten Angstforschung lassen sich drei Ansätze unterscheiden: 1. Die auf Watson (1919, Watson & Rayner, 1920) zurückgehende Vorstellung, daß Angst- bzw. Furchtreaktionen im Sinne Pawlows klassisch konditioniert werden. 2. Die auf der Grundlage der Lerntheorie Hulls (1943) von Mowrer (1939, 1960) und Miller (1948, 1951) analysierte motivierende und verhaltensverstärkende Funktion dieser konditionierten Reaktion („Zweiprozeß-Theorie"). 3. Die von Spence und Taylor (Spence & Spence, 1966; Spence, 1964; Taylor, 1956) angenommene triebanaloge Wirkung der Angst, die ebenfalls auf Konzepten Hulls beruht („Triebtheorie"). Da es den Autoren der Triebtheorie nicht primär um eine Bestimmung der Beziehung zwischen Disposition und aktuell ausgelöster Emotion, sondern um die Vorhersage des Leistungsverhaltens niedrig- und hochängstlicher Personen unter Berücksichtigung spezifischer Aspekte der Struktur der zu lösenden Aufgabe geht, sollen im folgenden nur die Konditionierungs- und Zweiprozeßtheorie der Angst beschrieben werden.

Nach Watson (1919) verfügen höhere Organismen über eine Reihe basaler Emotionen, darunter auch Furcht, die, vermutlich phylogenetisch determiniert, durch bestimmte Stimuli ausgelöst werden können. Für die Emotion Furcht postuliert Watson drei Klassen angeborener Auslöserreize: laute Geräusche, plötzliche Hilflosigkeit, Schmerz. Alle übrigen Auslöser von Furcht sollen diese Funktion über den Vorgang der klassischen Konditionierung erworben haben. Entsprechend dem von Pawlow beschriebenen Prozeß wird erwartet, daß beliebige zuvor neutrale Stimuli zu Auslösern für emotionale Reaktionen werden („Äquipotentialität"), wenn neutraler und unkonditionierter Stimulus eine zeitlang zusammen dargeboten werden. Nach den Prinzipien der Stimulusgeneralisierung soll sich die derart konditionierte emotionale Reaktion auf Objekte, die ähnliche Merkmale wie der konditionierte Stimulus aufweisen, übertragen.

Die *„Zweiprozeß-Theorie"* (Miller, 1951; Mowrer, 1939, 1960) stellt eine Erweiterung des Ansatzes von Watson um die Annahme dar, daß klassisch konditionierte Furcht instrumentelles Vermeidensverhalten vermittelt. Sie läßt sich somit in zwei Kernaussagen formulieren: 1. Furcht ist eine gelernte Reaktion, die auf Signale (CS) hin auftritt, denen in der Vergangenheit Situationen (US) der Verletzung oder des Schmerzes gefolgt sind (Mowrer, 1939). — 2. Furcht motiviert Vermeidensverhalten, d. h. wenn eine Reaktion ausgeführt wird, die den CS beendet, so wird Furcht reduziert, was wiederum dazu führt, daß die Vermeidensreaktion durch diese Furchtreduktion verstärkt wird (Miller, 1948, 1951; Mowrer, 1939). — Von zentraler Bedeutung für die Zweiprozeß-Theorie ist dabei die Annahme, daß der CS durch die Konditionierung nicht nur eine Signalfunktion erwirbt, sondern (sekundär) selbst zu einem als unangenehm erlebten Reiz wird. Entsprechend soll es nicht in erster Linie die Vermeidung einer (bevorstehenden) Bestrafung sein, von der ein bekräftigender Einfluß auf instrumentelle Reaktionen ausgeht, sondern die (erfolgreiche) Flucht vor dem unangenehmen CS.

Faßt man die Auffassungen von Watson, Mowrer und Miller im Hinblick auf ihre persönlichkeitspsychologischen Implikationen zusammen, so läßt sich Ängstlichkeit erstens bestimmen als die Bereitschaft des Organismus, auf eine Reihe von (im Prinzip nichtaversiven) Reizen mit Furcht (bzw. Angst) zu reagieren. Interindividuelle Unterschiede hinsichtlich Extensität und Intensität dieser Tendenz sind dabei Resultat der jeweiligen Konditionierungsgeschichte. Zum zweiten beschreibt Ängstlichkeit ein Motiv, unangenehme (gefahrbezogene) Hinweisreize zu meiden. Dieser Aspekt wird von persönlichkeitspsychologisch orientierten Vertretern dieses Ansatzes (z. B. Dollard & Miller, 1950) zur Erklärung „neurotischen" Verhaltens herangezogen. Dieses soll im wesentlichen aus Strategien zur Meidung entsprechend aversiver Situationen sowie zur Rechtfertigung dieses Vermeidensverhaltens bestehen (vgl. Mowrer, 1969). Gegen die Konzeption Watsons wie gegen deren Erweiterung durch Mowrer und Miller wurden zahlreiche, durch empirische Befunde gestützte, Einwände erhoben. Von diesen sollen hier insbesondere diejenigen erwähnt werden, die sich im Hinblick auf die Ausarbeitung neuerer kognitionspsychologischer Vorstellungen zur Angst als fruchtbar erwiesen haben.

1. Die Furchtreaktion läßt sich nicht auf jeden beliebigen „neutralen" Stimulus konditionieren. Vielmehr sind Organismen artspezifisch, also bedingt durch die Phylogenese, für die Herausbildung *bestimmter* Stimulus-Response-Verbindungen besonders gut vorbereitet („prepared", Seligman, 1970). Insekten, bestimmte andere Tiere, Dunkelheit, geschlossene Räume, Höhe u.ä. erlauben beim Menschen eine leichte, dauerhafte und relativ löschungsresistente Furchtkonditionierung, während sich etwa auf Stimuli wie Operngläser oder Blumen praktisch keine Furchtreaktion konditionieren läßt.

2. Viele Menschen zeigen keine Furchtreaktionen bei bestimmten Reizen, obwohl diese in der Vergangenheit mit starken traumatischen Erlebnissen verbunden waren. Rachman (1977) verweist in diesem Zusammenhang auf Untersuchungen an einer größeren Zahl von Personen, die kriegerischen Ereignissen (mit heftigen emotionalen Reaktionen in der konkreten Situation) ausgesetzt waren, ohne daß es bei ihnen zu einer dauerhaften Tendenz gekommen wäre, diese emotionalen Reaktionen auf entsprechende Signalreize (z. B. Sirenen, Flugzeuge) hin zu manifestieren. — Umgekehrt lassen sich bei Phobikern (also bei Personen, die starke emotionale Reaktionen auf bestimmte Reize manifestieren) nur in wenigen Fällen konkrete Konfrontationen mit traumatisierenden Reizen ausmachen (Marks, 1969; Rachman, 1977). Beide Sachverhalte sprechen gegen die Konditionierungshypothese der Furcht (jedenfalls gegen ihren generellen Anspruch auf Gültigkeit).

3. Eysenck (1976) konnte demonstrieren, daß unter bestimmten Umständen ein nichtverstärkter CS keineswegs zu einer Extinktion der emotionalen Reaktion führt, sondern im Gegenteil über die aufeinanderfolgenden Durchgänge eine zunehmend stärkere konditionierte Reaktion nach sich zieht. Demgegenüber läßt die Wiederholung des US eine Abschwächung der UR erkennen (Habituation). Er entwickelte zur Erklärung dieses für die Analyse vieler „neurotischer" Ängste, z. B. Zwangsverhalten, wichtigen Befundes das Konzept der „Angstinkubation" (vgl. Eysenck, 1984).

4. Furcht- bzw. Angstreaktionen erweisen sich zwar einerseits als relativ stabil, lassen sich aber andererseits durch Prozesse reduzieren, die nicht (oder nur schwer) in das Modell des klassischen Konditionierens integrierbar sind. Bei diesen „symbolischen" Prozessen handelt es sich um stellvertretendes Lernen (Bandura, 1986; Rachman, 1968) sowie um Lernen durch Instruktion (Mandel & Bridger, 1973). Rachman (1977) vermutet, daß Furcht bzw. Angst auch durch entsprechende Prozesse erworben werden kann. Er postuliert drei Wege zum Aufbau angstbezogener Verhaltenstendenzen: Die klassische Konditionierung, über die insbesondere die psychophysiologische und motorische Komponente der Emotion an bestimmte Situationsmerkmale gebunden wird, sowie das stellvertretende Lernen und die Informierung, durch die vor allem (aber nicht ausschließlich) eine Etablierung der kognitiven Reaktionsbereitschaft erfolgt.

5. Auch gegen die von Mowrer und Miller formulierte Auffassung, daß (klassisch konditionierte) Furcht bzw. Angst als Motiv für das Erlernen und die Aufrechterhaltung von Vermeidensreaktionen fungiert, wurden zahlreiche empirisch gestützte Einwände vorgetragen, die hier nur summarisch erwähnt werden können (für Übersichten vgl. u. a. Mineka, 1979; Rachman, 1976; Seligman & Johnston, 1973). Ein zentraler Einwand gegen die Zweiprozeß-Theorie leitet sich aus der durch vielfältige empirische Befunde belegten

Tatsache her, daß Furchtzustand und Vermeidensreaktionen häufig *dissoziiert* sind, der eine Sachverhalt mithin nicht als Erklärung für den anderen fungieren kann (vgl. Mineka, 1979; Seligman & Johnston, 1973). So schwächt sich einerseits die durch den CS ausgelöste Furchtreaktion über die Zeit stark ab, das Vermeidensverhalten bleibt aber bestehen (Kamin, Brimer & Black, 1963; Starr & Mineka, 1977), erweist sich häufig sogar als außerordentlich stabil (Solomon & Wynne, 1954). Offenbar verliert das Signal für die Vermeidensreaktion seine furchterregende Eigenschaft, sobald das Vermeidensverhalten beherrscht wird. Andererseits scheint es für eine Löschung des Vermeidensverhaltens nicht notwendig zu sein, daß die Furchtreaktion zuvor extinguiert (Kamin et al., 1963).

Da es offenbar nicht die durch Signalreize ausgelöste Furcht ist, auf die die Stabilität eines einmal gelernten Vermeidensverhaltens zurückzuführen ist, müssen andere Erklärungen für die Persistenz der Vermeidung gefunden werden. Hierzu haben Seligman und Johnston (1973) eine kognitiv orientierte Theorie ausgearbeitet, die auf folgenden Annahmen beruht: 1. Furcht spielt beim *Aufbau* des Vermeidensverhaltens eine Rolle, nicht aber bei seiner *Aufrechterhaltung*. 2. Organismen präferieren die Konsequenz „keine Strafe" gegenüber der Konsequenz „Strafe". 3. Organismen erwerben im Verlauf der Konfrontation mit Signalreizen die Erwartungen, daß auf eine Vermeidensreaktion die Konsequenz „keine Strafe" und auf die Nichtausübung dieser Reaktion die Konsequenz „Strafe" folgt. — Die Theorie vermag zu erklären, warum ein einmal gelerntes Vermeidensverhalten nur sehr schwer gelöscht werden kann. Jede Ausübung des gelernten Vermeidensverhaltens führt zur Bestätigung der entsprechenden Erwartung, während zugleich die an die Nichtausübung von Vermeidung geknüpfte Hypothese nicht falsifiziert wird. Sie vermag ferner den aus der Verhaltenstherapie (z.B. bei Behandlung von Zwangsverhalten) bekannten Effekt (vgl. Baum, 1970) zu erklären, daß die Verhinderung der Ausübung einer gelernten Vermeidung zu deren rascher Extinktion führt. Schließlich ist mit ihr die Beobachtung kompatibel, daß die meisten Organismen den Zustand der signalisierten Gefahr dem der unsignalisierten vorziehen (vgl. Badia, Harsh & Abbott, 1979). Nach der Zweiprozeß-Theorie wäre das Gegenteil zu erwarten, da das Signal ja einen unangenehmen (zu meidenden) Sachverhalt darstellt.

3.2.2.3 Das Trait-State-Modell

Basierend auf der von Cattell und Scheier (1961) vorgenommenen konzeptuellen und statistischen Trennung von Ängstlichkeit als Disposition und Angstemotion als Zustand, konzipierte Spielberger (1966, 1972) ein *„Trait-State-Angstmodell"*, das durch folgende Merkmale gekennzeichnet ist: In ihm werden reiz-reaktionstheoretische und kognitive Vorstellungen über die Angst integriert. Es ist interaktionistisch angelegt, indem es über die bloße begriffliche Differenzierung von Ängstlichkeit und Angstzustand hinaus angibt, wie Variationen der Disposition und der relevanten Situationsparameter hinsichtlich des Niveaus der ausgelösten Emotion zusammenwirken. Es ist ein Prozeßmodell, da in ihm Abfolgen von Antezedenzien und Konsequenzen des Angstzustandes spezifiziert werden. - Die zentralen Bestimmungen des Modells lassen sich in folgenden Aussagen formulieren (vgl. u. a. Spielberger, 1972): 1. Situationen, die vom Individuum als bedrohlich bewertet werden, lösen „Zustandsangst" („state anxiety" oder „A-State") aus. — 2. Die Intensität der Zustandsangst ist „proportional" der Stärke der Bedrohung, die von einer Person in einer bestimmten Situation erlebt wird. — 3. Die Dauer der Zustandsangst hängt von der zeitlichen Erstreckung der Bedrohungsbewertung ab. — 4. Hochängstliche Personen bewerten Situationen, die eine potentielle Herabsetzung ihres Selbstwertes involvieren (z. B. Leistungssituationen mit der Möglichkeit des Versagens), als bedrohlicher als niedrigängstliche Individuen. — 5. Ein Anstieg der Zustandsangst hat sowohl Trieb- wie Stimuluscharakter. Er äußert sich entweder direkt im Verhalten oder löst solche „innerpsychischen" Mechanismen aus, die sich in der Vergangenheit im Hinblick auf eine Angstreduzierung als wirksam erwiesen haben. - 6. Streß-Situationen, mit denen eine Person in der Vergangenheit häufig konfrontiert wurde, führen zur Ausbildung bestimmter der Angstreduzierung dienender Bewältigungsmechanismen.

Das Modell von Spielberger hat eine Vielzahl empirischer Untersuchungen, insbesondere zur Beziehung zwischen Ängstlichkeit, Angst und Leistung in selbstwertbedrohlichen Situationen, angeregt, auf die an dieser Stelle jedoch nicht im einzelnen eingegangen werden kann. (Für eine Übersicht vgl. u. a. Heinrich & Spielberger, 1982. Eine eingehende kritische Analyse des Modells wurde von Schwenkmezger, 1985, vorgelegt.) Der Ansatz ist jedoch durch eine Reihe von Problemen belastet, von denen hier nur die wesentlichen kurz skizziert werden sollen: 1. Die Bestimmung von Ängstlichkeit (A-Trait) ist defizient. So wird A-Trait definiert als „... differences in the disposition to perceive a wide range of stimulus situations as dangerous or threatening, and ... the tendency to respond to such threat with A-State reactions" (Spielberger, 1972, S. 39). Dies ist jedoch, wie bereits (vgl. S. 503) dargestellt, nur die allgemeinste, sozusagen theoriefreie, Beschreibung einer Disposition. Von einer Angsttheorie muß darüberhinaus eine inhaltliche Füllung dieses Rahmens erwartet werden, wie sie beispielsweise von Mowrer und Miller mit ihrer Definition von Angst als erworbenem Trieb geleistet wurde. Da diese Konkretisierung fehlt, wird auch die Bestimmung 4 tautologisch, sieht man einmal von der noch zu diskutierenden Einschränkung auf selbstwertbedrohliche Situationen ab. — 2. Das Postulat einer „Proportionalität" von Bedrohungsstärke (erlebter Gefährdung) und Intensität der Zustandsangstreaktion stellt keine empirisch überprüfbare Aussage dar, da in ihm nicht spezifiziert wird, welche Art funktionaler Beziehung zwischen beiden Variablen herrschen soll. Schwenkmezger (1985, S. 15) macht deutlich, daß neben der von Spielberger vermutlich gemeinten linearen Beziehung ein exponentieller Anstieg der Angst als Funktion erlebter Bedrohung plausibel ist. Geht man jedoch davon aus, daß ein sehr hohes Niveau emotionaler Erregung physiologische Hemmprozesse auslöst, so sind auch andere nichtlineare Zusammenhänge denkbar. — 3. Auf der Basis der sehr allgemeinen Bestimmung von Ängstlichkeit ist es theoretisch nicht nachvollziehbar, warum Hochängstliche nur in selbstwertbedrohenden Situationen mit einem stärkeren Angstanstieg als Niedrigängstliche reagieren sollen, während in Situationen der physischen Bedrohung (z. B. vor einem operativen Eingriff) ein für beide Gruppen gleichartiger Anstieg von einer „neutralen" Situation aus postuliert wird. (Für einen Versuch der Erklärung des Anstiegs berichteter Angst in selbstwertbedrohlichen Situationen siehe Laux & Glanzmann, 1987.) - 4. Die Ableitung empirisch prüfbarer Erwartungen aus dem Trait-State-Modell und die entsprechende Forschung erscheint insofern defizient, als sie sich nur auf zwei Konzepte des Modells, A-Trait und A-State, konzentriert und die übrigen Annahmen, beispielsweise hinsichtlich der prozessualen Abläufe und der damit verbundenen Auslösung von „Abwehr"-Mechanismen, völlig ausklammert.

3.2.2.4 Kognitive Angsttheorien

Kognitive Ansätze in der Angstforschung stellen, wie kognitive Theorien allgemein (vgl. Staats, 1981), eine sehr heterogene Gruppe dar. Dies gilt sowohl hinsichtlich der jeweils zentralen Konzepte wie der Art der Beziehungen, die zwischen diesen angenommen werden. Als einheitsstiftendes Moment, das diese Theoriegruppe zugleich von anderen Ansätzen, etwa reiz-reaktionstheoretischen, unterscheidet, könnte das Postulat dienen, daß bestimmte kognitive Strukturen und Aktivitäten als Mediatoren zwischen Umweltveränderungen und Verhalten fungieren. Ein Stimulus entfaltet danach seine Effektivität für die Regulierung eines Verhaltens (außer bei reflexhaften Verbindungen) erst nach einem durch die jeweilige kognitive Struktur determinierten Transformationsprozeß („cognitive transformation", Mischel, 1973).

Innerhalb der Persönlichkeitsforschung hat insbesondere Mischel (1973, 1981) die Vorstellung mediierender kognitiver Strukturen elaboriert. Er unterscheidet fünf Typen kognitiver Strukturen bzw. Faktoren, die in ihrer aktualisierten Form die Interaktion zwischen Person, Situation und Verhalten steuern sollen. Dabei konzipiert er ein zweistufiges Modell des Zusammenwirkens dieser Strukturen. Die beiden ersten Strukturen *(Kompetenzen, bestimmte Kognitionen und Verhaltensweisen „konstruieren" zu können,* und *personspezifische*

Merkmale der Einordnung von Information über Personen und Umweltereignisse) bezeichnen die „Kompetenzbasis“ des Verhaltens, d.h. die unterschiedlichen Kognitionen und Verhaltensweisen, die eine Person im Prinzip manifestieren kann. Die anderen drei Strukturen *(Erwartungen, Werte* sowie *sich selbst steuernde Systeme und Pläne)* sollen demgegenüber erklären, wie aus diesen Verhaltensmöglichkeiten aktuelles Verhalten („Performanz“) wird. Für kognitive Angsttheorien besonders wichtig sind dabei die Faktoren „Erwartungen“ sowie „selbststeuernde Systeme und Pläne“.

Das Konzept der *Erwartung* steht, wie bereits aus der Reformulierung der Zweiprozeßtheorie durch Seligman und Johnston (1973) deutlich wurde, an zentraler Stelle in nahezu allen kognitiv orientierten Ansätzen der Angstforschung. Beispielhaft hierfür ist die *Angstkontrolltheorie* Epsteins (1967, 1972; zusammenfassende kritische Darstellungen bei Fröhlich, 1983; Krohne, 1981), in der der Versuch unternommen wird, reiz-reaktionstheoretische Konzepte speziell aus dem Konfliktmodell Millers (1944, 1959) sowie auf Pawlow zurückgehende psychophysiologische Annahmen zur Erregung und Hemmung mit kognitiv orientierten Vorstellungen zu einer Theorie der Entstehung und Kontrolle von Angst zu integrieren. Wegweisend für die Entwicklung der modernen Emotionsforschung (vgl. etwa Lang, 1985) ist dabei der Versuch einer Verbindung psychophysiologischer und kognitionspsychologischer Annahmegefüge.

Die Kernbegriffe der Theorie sind *Erregung* und *Hemmung* bzw. *Kontrolle.* Angst wird als Spezialfall der Erregung angesehen. Starke Erregungssteigerungen sind biologisch unadaptiv und werden deshalb gehemmt. Die Entwicklung eines Hemmsystems ist eng an die Ausbildung von *Erwartungen* gebunden. Mit ihrer Hilfe lassen sich Hinweisreize nach ihrer raum-zeitlichen oder Ähnlichkeitsdistanz zum ursprünglich erregungsauslösenden Reiz anordnen. Die Stärke der durch einen spezifischen Hinweisreiz ausgelösten Erregung und der jeweils „zugehörigen“ Hemmung steigen mit der Annäherung an den Ursprungsreiz, wobei, in Analogie zum Konfliktmodell Millers (1944, 1959), der Hemmungsgradient steiler ansteigen soll als der Erregungsgradient. Entsprechend kommt es bei Annäherung an eine Gefahr zu einer *Modulierung* der Erregungshöhe. Zur Erregungshemmung stehen dem Organismus motorische (z.B. Flucht), kognitive (z.B. Aufmerksamkeitsablenkung) oder physiologische (z.B. Entspannung) Maßnahmen zur Verfügung, wobei der Erregungsanstieg beim Erstkontakt mit einem erregungsinduzierenden Reiz vor allem über vergleichsweise einfache Maßnahmen wie etwa Flucht gehemmt werden soll *(unmodulierte Angstkontrolle).* Mit fortgesetztem Kontakt und der Ausbildung von Erwartungen werden dann komplexere, besser auf den Stimulus „abgestimmte“ Hemmungen insbesondere kognitiver Natur eingesetzt *(modulierte* Kontrolle).

Der Bezug zur Persönlichkeit wird von Epstein hergestellt über die Annahme, daß Personen im Aufbau eines modulierten Angstkontrollsystems unterschiedlich weit fortgeschritten sind. Individuen, die sich auf ein moduliert arbeitendes System stützen können, haben von den Erfahrungen profitiert, die sie in der Vergangenheit mit angstauslösenden Reizen machen konnten. Im Umgang mit bedrohungsrelevanten Reizen erfahrene Personen verstehen es also, Hinweisreize hinsichtlich ihrer Bedeutung richtig einzuordnen und entsprechend dieser Bedeutung zu hemmen. Personen, die auch nach wiederholter Konfrontation mit bestimmten Stimuli immer noch unmoduliert reagieren, haben im Hinblick auf die Bedeutung einzelner Hinweisreize bislang wenig gelernt und verhalten sich gewissermaßen wie im Umgang mit derartigen Situationen Unerfahrene. Epstein spricht hier von „abnormer" Angstkontrolle. Personen, die im Umgang mit bedrohungsrelevanten Reizen noch unerfahren sind oder ein abnormes Angstkontrollsystem besitzen, also die Bedeutung von Hinweisreizen noch nicht kennen, werden häufig unvorbereitet mit Gefahrenreizen konfrontiert. Sie empfinden dabei starke Angst und müssen entsprechend massive und eher einfach strukturierte Hemmungen einsetzen.

In einer Reihe empirischer Studien hat der Arbeitskreis um Epstein zentrale Annahmen der Theorie überprüft, wobei insbesondere die von Fenz zu einem systematischen Forschungsprogramm (zusammenfassend Fenz, 1975) elaborierten Untersuchungen Beachtung verdienen, in denen die Entwicklung eines Angstkontrollsystems als Funktion steigender Erfahrung mit einem Stressor, dem als Sport betriebenen Fallschirmspringen, erforscht wurde. Epstein und Fenz (1962) glauben hiermit ein Paradigma gefunden zu haben, in dem die in der Regel nur in Feldforschungen einzulösende Forderung nach Einsatz eines lebensechten Stressors von hoher Bedrohlichkeit mit der ansonsten nur in Laborexperimenten erreichbaren Kontrolle relevanter Bedingungen verbunden werden kann. Hinsichtlich der zentralen Personvariable „Erfahrung" gestattet dieser Ansatz sowohl die längsschnitthafte Registrierung von Verläufen emotionalen Reagierens als Funktion wachsender Vertrautheit mit relevanten Hinweisreizen wie auch den entsprechenden querschnitthaften Vergleich erfahrener und unerfahrener bzw. (bei gleicher Länge der Erfahrung) leistungsstarker und -schwacher Springer. Als Situationsvariable wurde die zeitliche oder bedeutungsmäßige Distanz verschiedener Hinweisreize zur eigentlichen Konfrontation, dem Absprung, herangezogen. (Für empirische Befunde vgl. Epstein & Fenz, 1962, 1967; Fenz, 1974; Fenz & Epstein, 1962, 1967.)

Der neobehavioristischen Tradition (vgl. Bolles, 1972) folgend, beschränkt sich Epstein auf die Analyse von Kontingenzen, die im weitesten Sinne als „Ergebnis- oder Konsequenzerwartungen" bezeichnet werden können. Neuere sozial-kognitive Lerntheorien (vgl. Bandura, 1986) stellen diesen jedoch einen zweiten Typ gegenüber, die *„Selbstwirksamkeits-* oder *Kompetenzerwartungen"*

(Bandura, 1977; Krohne, 1980). Kompetenzerwartungen betreffen die Selbsteinschätzung einer Person, Verhaltensweisen, die Voraussetzung für das Erreichen eines bestimmten Zieles sind, auch tatsächlich ausführen zu können (Bandura, 1977).

Um diesen Typ besser von Erwartungen, die auf Ergebnisse von Ereignissen bezogen sind, abgrenzen zu können, ist es nötig, innerhalb der Klasse der *Konsequenzerwartungen* nochmals einige Differenzierungen zu treffen. Erwartungen, die sich auf die wahrscheinlichen Konsequenzen von Verhaltensweisen beziehen (R-S*-Erwartungen), müssen von solchen unterschieden werden, die Beziehungen zwischen Umweltereignissen (S-S*-Erwartungen) zum Inhalt haben (vgl. Bolles, 1972). Die Bedeutung von S-S*-Erwartungen für die Angst wurde bereits innerhalb der Theorien dargestellt, die die Rolle von Signal- oder Hinweisreizen bei der Angstauslösung und -hemmung betonen (Watson, Mowrer, Miller, Epstein). Die auf die Konsequenzen von Verhaltensweisen bezogenen Erwartungen (R-S*- Erwartungen) können auf zweifache Weise angstrelevant werden. Sie können zum einen thematisieren, *welche* Konsequenzen bestimmte Verhaltensweisen überhaupt haben. Dieser Aspekt wird mit den von Seligman und Johnston (1973) zur Erklärung der Persistenz des Vermeidensverhaltens postulierten Erwartungen, auf eine Vermeidensreaktion folge die Konsequenz „keine Strafe“ und auf die Nichtausübung dieser Reaktion folge Bestrafung, angesprochen. Sie können zum anderen aber auch angeben, *wie wahrscheinlich* es ist, daß eine bestimmte Verhaltensweise (z.B. eine spezifische Vermeidensreaktion) zu einem angestrebten Ergebnis (z.B. Sicherheit) führt. Dieser zweite Aspekt bildet den Kern des „Learned-Helplessness“-Syndroms (Seligman, 1975) wie auch des von Rotter (1966) entwickelten Persönlichkeitskonstrukts „Internale vs. externale Kontrollüberzeugung“ (vgl. u.a. Krampen, 1982, sowie Abschnitt 4.2). Während beim erstgenannten Konzept die Erwartung einer Unkorreliertheit insbesondere zwischen Vermeidensverhalten und Sicherheit angesprochen wird, bezieht sich Rotters Konstrukt auf die interindividuell variierende generalisierte Erwartung, daß Ergebnisse kontingent (internale Kontrollüberzeugung) bzw. nichtkontingent (externale Überzeugung) zum eigenen Handeln eintreten.

Bandura hat Selbstwirksamkeitserwartungen zunächst einmal primär unter dem Aspekt aktueller Erwartungen betrachtet (1977), später dann jedoch (Bandura, 1986), wohl in erster Linie als Konsequenz seiner verhaltensmodifikatorischen Forschungen (u.a. Bandura & Adams, 1977), auch deren Charakter als erworbene Verhaltenstendenzen bzw. Dispositionen betont. Gerade auf der Ebene habitualisierter Erwartungen ist jedoch die Trennung der Konzepte Kontrollüberzeugung und Selbstwirksamkeits- bzw. Kompetenzerwartung nicht unproblematisch. (Für eine kritische Diskussion dieser Unterscheidung vgl. u.a. Borkovec, 1978; Eastman & Marzillier, 1984; Kazdin, 1978; Teasdale,

1978. Für eine Differenzierung im Rahmen eines handlungstheoretischen Persönlichkeitsmodells siehe Krampen, 1987.) Tatsächlich lassen sich im Hinblick auf die Beziehung zwischen generalisierter personspezifischer Erwartung und Angstauslösung für beide Konstrukte weitgehend identische Erwartungen formulieren (vgl. u. a. Bandura, 1986; Krohne, Kohlmann & Leidig, 1986). Es ist nämlich gemeinsame Überzeugung der meisten kognitiv orientierten Ansätze in der Angstforschung, daß die Antizipation eines aversiven Ereignisses (sei es in Form einer S-S*- oder R-S*-Kontingenz) nur eine notwendige, nicht aber eine hinreichende Bedingung für die Auslösung von Angst ist. So sieht etwa das Streßbewältigungsmodell von Lazarus (zusammenfassend Lazarus & Folkman, 1984) die Auslösung der Emotion Angst als Konsequenz einer spezifischen Kombination von „Primär-“ und „Sekundärbewertungen“. Während unter Primärbewertung Erwartungen zusammengefaßt werden, die sich auf die persönliche Integrität angesichts bestimmter situativer Vorgänge beziehen, also Konsequenzerwartungen angesprochen werden, vollzieht das Individuum bei der Sekundärbewertung eine Abschätzung seiner Ressourcen und aktuellen Möglichkeiten im Hinblick auf einen erfolgreichen Abschluß der streßbezogenen Auseinandersetzung, äußert also eine Kompetenzerwartung. (Da der Ansatz von Lazarus jedoch weniger die Beziehung zwischen Persönlichkeit und Emotion als vielmehr die Bewältigung von Emotionen behandelt, wird er ausführlich im Kapitel von Laux und Weber besprochen.)

Als Dispositionen, die in ihrer aktualisierten Form das Zusammenwirken von Person, Situation und Verhalten steuern sollen, sind Kompetenzerwartungen in mehrfacher Weise mit der Emotion Angst verbunden (vgl. u. a. Bandura, 1986): 1. Die Erwartung, in einer problematischen Situation (z. B. einer Prüfung) keine adäquaten Bewältigungshandlungen zur Verfügung zu haben, führt zur Auslösung von Besorgniskognitionen (etwa im Hinblick auf mögliches Versagen und dessen Konsequenzen) und damit zur Ablenkung der Aufmerksamkeit von der eigentlichen Problembearbeitung, was wiederum eine effiziente Bewältigung behindert (Sarason, 1978; Wine, 1982). — 2. Die selbstwahrgenommene geringe Bewältigungskompetenz angesichts eines gefürchteten Objektes ist daneben auch mit erhöhten Werten auf biochemisch-physiologischen Parametern verbunden (Bandura, Taylor, Williams, Mefford & Barchas, 1985). — 3. Bestimmte Objekte werden vergleichsweise dauerhaft gefürchtet und entsprechend gemieden, weil das Individuum sich in der Vergangenheit als unfähig erlebt hat, diese Objekte adäquat zu kontrollieren. Umgekehrt verlieren Objekte ihren angsterregenden Charakter weitgehend, sobald eine Person sich imstande fühlt, verhaltensmäßige Kontrolle über sie auszuüben (Gunnar, 1980; Gunnar-von Gnechten, 1978; Miller, 1979, 1981). — 4. Emotionale Erregung ist jedoch nicht nur Konsequenz geringer Kompetenzerwartung. Vielmehr stellt die Selbstwahrnehmung erhöhter autonomer Erregung auch eine Informationsquelle (neben direkten und stellvertretend vermittelten Bewältigungserfahrungen sowie verbaler Beeinflussung) für die Einschätzung aktueller Selbstwirksamkeit in einer Problemsituation dar. Dabei kommt es insbesondere auf die Ursache der erlebten Erregungssteigerung, die situativen Umstände der Auslösung, die Höhe des wahrgenommenen Erregungsniveaus sowie die Art des erwarteten Einflusses erhöhter emotionaler Erregung auf ein gleichzeitig durchzuführendes Leistungsverhalten an (vgl. Bandura, 1986). So wird die Selbstwirksamkeitserwartung etwa dann besonders niedrig sein, wenn sich jemand in einer Problemsituation als aufgeregt erlebt, diese Aufregung auf eine bevorstehende Konfrontation bezieht sowie zugleich als Zeichen persönlicher Schwäche deutet und sich schließlich erinnert, auch in früheren ähnlichen Situationen, in denen er „aufgeregt" war, schlecht abgeschnitten zu haben.

Neben den „Erwartungen" genannten kognitiven Strukturen spielen für die kognitionstheoretische Analyse des Zusammenhanges von Persönlichkeit und Emotion auch Faktoren eine Rolle, die durch Begriffe wie „sich selbst steuernde Systeme" oder „Pläne" zusammengefaßt werden (vgl. Mischel, 1973). So wird im Rahmen der „sozialen Lerntheorie" (Bandura, 1986) postuliert, daß das Verhalten einer Person nicht nur durch Faktoren wie Erwartungen und Werte, sondern auch durch Aktivitäten wie Selbstbeobachtung, -beurteilung oder -verstärkung gesteuert wird. Eine systematischere theoretische und empirische Analyse der Beziehungen zwischen Persönlichkeitsdispositionen, Merkmalen des Prozesses der Selbstregulation und emotionalen Reaktionen steht derzeit noch aus. Ansätze hierzu finden sich jedoch u. a. in der Theorie des Kontrollprozesses von Carver und Scheier (1981, 1985).

Nach Carver und Scheier weist intentionales Verhalten (z. B. Problemlösen) die funktionalen Merkmale eines Feedback-Kontrollsystems auf, d. h. Verhalten wird überwacht und mit situationsspezifischen Bezugswerten verglichen. Bei beobachteten Diskrepanzen wird versucht, das Verhalten in Richtung der Bezugswerte bzw. Verhaltensstandards zu ändern. Der Ablauf dieser Vergleichsprozesse und damit insgesamt die Aktivität der Rückmeldungsschleife werden durch erhöhte *Selbstaufmerksamkeit* stimuliert. Auf Grund defizitärer Fähigkeiten, geringer Selbstwirksamkeitserwartung oder situativer Hindernisse kann es jedoch zu einem Versagen der Selbstregulation kommen. In diesem Fall gibt das Individuum die Überwachung des aktuellen Verhaltens und der Standards für eine kurze Zeit auf und vollzieht eine zweite Art von Kontrollprozeß. In diesem werden nicht momentane, sondern zukünftige Handlungsabläufe mit Bezugswerten verglichen. Subjektiv manifestiert sich dieser zweite Kontrollprozeß erstens in Form von *Konsequenzerwartungen*, d. h. als Abschätzen der Wahrscheinlichkeit, daß ein gewünschtes Ergebnis durch eine bestimmte Handlung erreicht werden kann, und zweitens als *emotionale Reaktion,* und zwar als *Hoffnung* (wenn der Vergleich positiv ausgefallen ist) oder als *Zweifel* bzw. *Verzweiflung* (bei ungünstiger Prognose). Hoffnung und positive Erwartung führen zu erneuter Anstrengung mit dem Ziel der Reduzierung der erlebten Diskrepanz, Zweifel zu dem Impuls, von weiteren Bemühungen abzulassen. Falls die situativen Rahmenbedingungen einem offenen Aus-dem-Felde-gehen entgegenstehen, kommt es zu *innerpsychischem Disengagement,* wie es für viele Leistungssituationen typisch ist. Dieses äußert sich in vermehrten aufgabenirrelevanten Kognitionen und einem damit verbundenen Leistungsabfall (vgl. Sarason, 1978; Wine, 1982).

Angst wird in diesem Modell insbesondere im Hinblick auf ihre kognitive Komponente (Besorgniskognitionen) relevant (vgl. Carver & Scheier, 1986; Carver, Scheier & Klahr, 1987). Wenn immer es zu einer Unterbrechung der auf die Aufgabenlösung bezogenen Anstrengungen kommt, sei es durch versagende Selbstregulation, sei es als Folge momentan erhöhter Erregung, die die Aufmerksamkeit kurzzeitig von der Aufgabe abzieht, so werden bei Ängstlichen mit erhöhter Wahrscheinlichkeit negative Konsequenzerwartungen und Zweifel und damit die Tendenz zum Disengagement ausgelöst. In jüngster Zeit haben die Autoren in diesem Zusammenhang allerdings weniger die Variable Ängstlichkeit als vielmehr „dispositionellen Optimismus-Pessimismus“ untersucht (Scheier & Carver, 1987; Scheier, Weintraub & Carver, 1986), wobei jedoch nicht ganz deutlich wird, inwieweit dieses Merkmal konzeptuell und empirisch von Dispositionen wie Ängstlichkeit oder Kontrollüberzeugung zu trennen ist (vgl. Scheier & Carver, 1985). Unklar bleibt auch, ob bereits schon die Wahrscheinlichkeit der Unterbrechung aufgabenbezogener Handlungen (als Voraussetzung für Kontrollprozesse der zweiten Art) bei ängstlichen Personen erhöht ist. Dies ist zu vermuten, wenn man davon ausgeht, daß diese Wahrscheinlichkeit mit emotionaler Erregung sowie mit der Aktivität des Kontrollsystems (die auch eine Funktion der Stärke der Selbstaufmerksamkeit ist) steigt. Sowohl emotionale Erregung wie Selbstaufmerksamkeit dürften jedoch bei Ängstlichen erhöht sein.

3.3 Extraversion-Introversion

3.3.1 Grundlagen des Konstrukts

Während der Bereich der Angstforschung durch eine Vielzahl divergierender theoretischer Ansätze gekennzeichnet ist, liegt für das Persönlichkeitsmerkmal „Extraversion-Introversion“ im wesentlichen nur eine ausgearbeitete Theorie vor. Zwar spielt das Konstrukt in verschiedenen Modellen der Persönlichkeit eine Rolle, so etwa bei Cattell (vgl. Cattell & Kline, 1977) oder Guilford (vgl.

Guilford, Zimmerman & Guilford, 1976), doch kann nur der von H. J. Eysenck vorgelegte Ansatz im engeren Sinne explikativ genannt werden. Dabei hat Eysenck seine Theorie hinsichtlich zentraler Annahmen mehrfach reformuliert (Eysenck, 1947, 1957, 1967, 1981a). Im folgenden soll nur auf die letzte Version (Eysenck, 1981a) und ihren unmittelbaren Vorläufer (Eysenck, 1967) Bezug genommen werden. (Zur Theorieanalyse vgl. u. a. Brocke & Battmann, 1985.)

Zur Beschreibung und Erklärung der nicht-intellektuellen Aspekte der Persönlichkeit konzipiert Eysenck im wesentlichen zwei als unabhängig voneinander variierend gedachte Dimensionen: Extraversion-Introversion (im folgenden nur Extraversion oder abgekürzt E genannt) und emotionale Labilität-Stabilität bzw. Neurotizismus (im folgenden Neurotizismus oder N). Interindividuelle Unterschiede auf beiden Dimensionen werden genetisch-konstitutionellen Faktoren zugeschrieben. Dabei rekurriert Eysenck auf verschiedene neuroanatomische Substrate und psychophysiologische Prozesse, die dem Verhalten zugrundeliegen und mit Reizen aus der Umwelt interagieren sollen, um auf diese Weise diejenigen Reaktionsmuster hervorzubringen, die unterschiedlichen Ausprägungen auf den Dimensionen E bzw. N zugeordnet werden.

Unterschiede auf der E-Dimension werden über das Konstrukt „cortical arousal" erklärt. Dieses Arousal wird primär über das aufsteigende aktivierende Retikulärsystem (ARAS) vermittelt, wobei Introvertierte, verglichen mit Extravertierten, durch eine niedrigere Erregungsschwelle, d. h. durch eine leichtere Affizierbarkeit dieses Systems im Ruhezustand, gekennzeichnet sein sollen. Dagegen werden Unterschiede auf der N-Dimension über das Konstrukt „activation" erklärt. Dieses bezeichnet die Aktivität des „visceral brain" (VB) genannten Systems, das aus Teilen des limbischen Systems und dem Hypothalamus besteht. Personen mit hohen N-Werten sind durch eine vergleichsweise leichte Erregbarkeit, d. h. eine niedrige Erregungsschwelle, gekennzeichnet.

Nach den Bestimmungen von Arousal und Activation wäre es naheliegend, beide Konstrukte über psychophysiologische Indikatoren zu operationalisieren. So böte sich für das kortikale Arousal beispielsweise eine Erfassung mittels verschiedener Parameter der elektrischen Aktivität des Cortex an. (Zum bisherigen Forschungsstand zu EEG-Indikatoren der Extraversion siehe u. a. Bartussek, 1984.) Unterschiede auf den Dimensionen Extraversion und Neurotizismus werden jedoch nicht über psychophysiologische Indikatoren (zur Problematik der Separierung der beiden Dimensionen mittels derartiger Maße siehe u. a. Eysenck, 1975), sondern über subjektiv gewonnene Daten registriert. (Zum gegenwärtigen Forschungsstand der Mehrebenenerfassung — über psychophysiologische und subjektive Indikatoren — von Activation und

Arousal siehe Fahrenberg, 1987.) Als Standardverfahren hat sich dabei, nach der Verwendung einer Reihe von Vorläuferformen, das „Eysenck Personality Inventory" (EPI) etabliert (Eysenck & Eysenck, 1965; für deutsche Versionen siehe u. a. Amelang & Borkenau, 1982; Eggert, 1974).

Aus der Theorie der zentralen Persönlichkeitsdimensionen Extraversion und Neurotizismus wurden Hypothesen hinsichtlich einer Vielzahl von Verhaltensunterschieden abgeleitet. Dabei fällt auf, daß die Aussagen zum Merkmal Extraversion erheblich umfassender und differenzierter ausfallen als die zum Neurotizismus (vgl. z. B. Eysenck, 1981b). So wurde die Dimension Extraversion u. a. in Verbindung gebracht mit Unterschieden bei motorischen Reaktionen, Lernmaßen, verschiedenen Parametern der Wahrnehmung, gehirnelektrischen Prozessen, sozialen und politischen Einstellungen und Verhaltensweisen oder etwa Reaktionen auf psychopharmakologische und psychotherapeutische Beeinflussung. (Für Übersichten vgl. u. a. Eysenck, 1981b; Eysenck & Eysenck, 1985; Morris, 1979; Wilson, 1978.) Im folgenden Abschnitt sollen nur Beziehungen zwischen Extraversion und verschiedenen Aspekten des emotionalen Reagierens behandelt werden.

3.3.2 Extraversion und emotionale Reaktionen

Eine zentrale vermittelnde Variable zwischen externer Stimulation, Arousal und emotionsbezogenen Reaktionen ist der „hedonic tone" (Eysenck, 1967; 1981a). Eysenck postuliert, daß es ein optimales Erregungsniveau für das Gefühl der Zufriedenheit und des Glücklichseins gibt. Sehr geringe (z. B. sensorische Deprivation) ebenso wie sehr hohe Stimulation (z. B. Schmerzreize) sollen mit einem negativen Hedonic Tone verbunden sein und deshalb gemieden werden. Mittlere Niveaus sensorischer Stimulation führen dagegen zu einem positiven Hedonic Tone und werden deshalb aufgesucht. Beim Übergang von sehr niedriger zu mittlerer wie auch von mittlerer zu sehr hoher Stimulation wird jeweils eine Indifferenzschwelle überschritten. Im Bereich dieser Schwelle wird Stimulation als neutral erlebt und deshalb weder aufgesucht noch gemieden. Da Introvertierte leichter kortikal erregbar sein sollen, müßten bei ihnen die Schwellen beim Übergang vom negativen zum positiven wie auch vom positiven zum negativen Hedonic Tone jeweils im Bereich geringerer Stimulation liegen als bei Extravertierten. Entsprechend müßten Introvertierte sensorische Deprivation und Isolation leichter ertragen können als Extravertierte; dafür müßten Extravertierte eine höhere Schmerzschwelle und -toleranz aufweisen als Introvertierte. Eysenck (u. a. 1967, 1981a) berichtet über experimentelle Bestätigungen beider Hypothesen. So soll etwa Extraversion mit der Schmerztoleranz zu $r = 0.69$ korrelieren (Lynn & Eysenck, 1961). Dieser Befund konnte von Amelang (1987) nicht bestätigt werden. Der Autor fand stattdessen eine negative Beziehung der Schmerztoleranz zum Neurotizismus sowie positive Korrelationen mit der Risikobereitschaft und Sozialen-Erwünschtheitstendenz.

Ebenfalls uneinheitlich ist die Befundlage für den Bereich sehr niedriger Stimulation. Da die Schwelle des Übergangs vom negativen zum positiven Hedonic Tone für Extravertierte vergleichsweise hoch ist, müßten derartige Personen reizarme Sachverhalte möglichst meiden und dafür komplexere Stimulation aufsuchen. Entsprechend sollte bei ihnen das „Sensation-Seeking"-Motiv (vgl. u. a. Zuckerman, 1979) stärker sein als bei Introvertierten. Tatsächlich scheinen generell positive, wenn auch nicht sehr ausgeprägte, Beziehungen zwischen Extraversion und Sensation Seeking zu bestehen (Farley, 1977; Zuckerman, 1979, 1983), während Neurotizismus und Sensation Seeking weitgehend unabhängig variieren. Allerdings scheint es sich bei der Extraversion, zumindest auf der Ebene subjektiver Daten, nicht um ein eindimensional variierendes Merkmal zu handeln. Vielmehr lassen sich zwei mittelhoch miteinander korrelierte Variablen, *Impulsivität* und *Soziabilität*, unterscheiden (vgl. u. a. Amelang & Borkenau, 1982; Eysenck, 1983; Eysenck & Eysenck, 1963). Das Sensation-Seeking-Motiv ist dabei nur mit dem Impulsivitätsaspekt der Extraversion assoziiert.

Die bislang dargestellten Zusammenhänge basieren auf theoretischen Erwartungen, die vergleichsweise direkt aus zentralen Annahmen zum Konstrukt des kortikalen Arousal abgeleitet wurden. Demgegenüber lassen sich Hypothesen über Unterschiede zwischen Extravertierten und Introvertierten hinsichtlich des *Ausdrucks* wie der *Wahrnehmung* von Emotionen nur über eine Reihe von Zwischenschritten, vermittelt über Annahmen zur Beziehung von Extraversion und Sozialverhalten, gewinnen. Cunningham (1977) induzierte über eine spezielle Technik sowohl positive wie negative Affekte in seinen Probanden und forderte diese zu einem möglichst unverfälschten Ausdruck der emotionalen Befindlichkeit über Stimme, Mimik und Gestik auf. Er registrierte dabei sowohl die Ausdrucksfähigkeit wie das Vermögen von Beobachtern, emotionalen Ausdruck korrekt zu identifizieren. Es zeigte sich zunächst, daß beide Fähigkeiten eine deutliche Konsistenz aufwiesen und negativ miteinander korrelierten. Extraversion war positiv mit der Ausdrucksfähigkeit, nicht aber mit der Emotionswahrnehmung assoziiert. Diese korrelierte jedoch positiv mit Neurotizismus. (Für weitere entsprechende Befunde vgl. Morris, 1979; Wilson, 1981.)

Zieht man die verschiedenen „Kanäle", auf denen Emotionen ausgedrückt werden können, heran, so lassen sich „internalisierende" von „externalisierenden" Personen unterscheiden. Internalisierer reagieren bei emotional bedeutsamen Stimuli auf der psychophysiologischen Ebene sehr stark, dafür aber expressiv nur schwach, so daß ihre emotionale Befindlichkeit schlecht eingeschätzt werden kann. Externalisierer zeigen das entgegengesetzte Reaktionsmuster. Entsprechend den bisherigen Bestimmungen ist zu erwarten, daß Externalisierer höhere Extraversionswerte aufweisen als Internalisierer. Dies konnte von Buck, Miller und Caul (1974) sowie Buck (1977) nachgewiesen werden.

Extraversion und allgemeine Ängstlichkeit sind nur schwach assoziiert. Dies gilt jedoch nicht für die soziale Ängstlichkeit, für die etwa Breen, Endler, Prociuk und Okada (1978) eine deutlich negative Beziehung zur Extraversionssubdimension Soziabilität fanden (vgl. auch Patterson & Strauss, 1972). Befunde aus dem Arbeitskreis von Morris weisen jedoch auf ein komplexeres Zusammenhangsmuster hin (vgl. Morris, 1979). Hiernach konnten zwei Dimensionen sozialer Angst gesichert werden. Die erste beschreibt Unterschiede hinsichtlich der Furcht vor negativer sozialer Bewertung und sozialer Zurückweisung. Sie ist deutlich mit Neurotizismus assoziiert. Die zweite Dimension bezieht sich auf Unbehagen, emotionale Anspannung und den Wunsch nach Flucht im Zusammenhang mit sozialer Interaktion. Hohe Werte in diesem Merkmal sind mit Introversion verbunden.

Eine Reihe neuerer Untersuchungen konnte Beziehungen zwischen Extraversion und dem Einsatz von Streßbewältigungsmaßnahmen sichern. So fanden McCrae und Costa (1986) u. a. positive Korrelationen zwischen Extraversion und den Mechanismen „Rationales Handeln", „Positives Denken", „Ablenkung", „Substitution", „Stärke aus Widerständigkeit gewinnen" und „Humor". Allerdings zeigte die Dimension Neurotizismus deutlich engere Assoziationen mit der Vielzahl der analysierten Bewältigungsvariablen als die Extraversion. Nach Parkes (1986) sollen die Variablen Extraversion und Neurotizismus als Moderatoren der Beziehungen zwischen Stressoren und subjektiver Belastung fungieren. Was die Extraversion betrifft, so wird diese Moderation insbesondere durch die unterschiedliche Nutzung von sozialer Unterstützung erreicht. So zeigen Extravertierte eine besondere Sensitivität für Veränderungen der sozialen Unterstützung. Unter hoher sozialer Unterstützung berichten sie weniger, unter niedriger sozialer Unterstützung mehr Belastung als Introvertierte (vgl. Duckitt, 1984). In ihrer eigenen Untersuchung registrierte Parkes eine positive Korrelation zwischen Extraversion und dem Ausmaß erlebter sozialer Unterstützung sowie dem Einsatz der Bewältigungsmaßnahme „direktes Handeln". Für den Mechanismus „Unterdrückung" fand sich eine Interaktion von N und E. Die höchsten Werte wurden für Introvertierte mit niedrigen Neurotizismus-Scores, die niedrigsten für das Muster Extraversion/niedriger Neurotizismus registriert.

3.3.3 Probleme der Extraversionstheorie Eysencks

Aus der Vielzahl der mit der Theorie Eysencks verbundenen Probleme sollen an dieser Stelle nur einige, für das Thema Persönlichkeit und Emotion besonders relevante, herausgegriffen werden: 1. Die Unabhängigkeit der Dimensionen E und N. 2. Mögliche Wechselwirkungen zwischen E und N. 3. Die Operationalisierung der Stärke arousalspezifischer Stimulation. 4. Die Homogenität der Dimension E. Abschließend werden Probleme und Lösungsvorschläge bei der Konzeptualisierung von Ängstlichkeit im zweidimensionalen Modell aufgezeigt.

Zu 1: Die von Eysenck unterstellte Unabhängigkeit der Dimensionen E und N setzt die Unabhängigkeit der den Dimensionen zugrundegelegten biologischen Strukturen und Prozesse voraus. Diese ist jedoch, wie Eysenck (1975) selbst darlegt, nicht gegeben. So kann kortikales Arousal zwar unabhängig von aktivationsinduzierenden Faktoren auch durch sensorische Stimulation oder problemlösende Tätigkeiten erhöht werden, emotionale Aktivierung wird jedoch (fast) immer auch eine kortikale Erregung nach sich ziehen. Entsprechende Zusammenhänge müßten sich auch auf kognitiver Ebene (z. B. im Q-Daten-Bereich) manifestieren. Umso erstaunlicher ist, daß Eysenck (1981a) weiterhin an einer stochastischen Unabhängigkeit der Dimensionen E und N festhält. — *Zu 2:* Aus dem zu 1 Dargestellten folgt unmittelbar, daß mit sehr spezifischen Wechselwirkungen zwischen E und N auf bestimmte Verhaltensmaße zu rechnen ist. Insbesondere muß davon ausgegangen werden, daß emotional belastende Bedingungen und habituelle Unterschiede auf der Dimension Neurotizismus einen Einfluß auf das kortikale Arousal und damit assoziierte Verhaltensparameter haben. Das bedeutet, daß der Zusammenhang von E mit bestimmten Verhaltensmaßen von den unterschiedlichen Ausprägungen von N abhängen kann. Hierzu liegen bislang jedoch weder Hypothesen noch systematische Untersuchungen vor (vgl. Bartussek, 1984; Brocke & Battmann, 1985; Stelmack, 1981). — *Zu 3:* Die Formulierung entsprechender Hypothesen setzt eine präzise inhaltliche Beschreibung verschiedener Anregungsbedingungen sowie die operationale Bestimmung ihrer Intensität voraus. So müssen arousalspezifische von activationspezifischen Faktoren getrennt werden und ihre jeweiligen Intensitäten meßbar sein. Beide Voraussetzungen sind bislang nur unzulänglich erfüllt (vgl. Amelang, 1987; Brocke & Battmann, 1985). — *Zu 4:* Die insbesondere im Hinblick auf die Vorhersage emotionaler Reaktionen und sozialer Verhaltensweisen (z. B. delinquentes Verhalten, Eysenck, 1977) wichtige Unterscheidung zwischen Impulsivität und Soziabilität wird zwar von Eysenck angesprochen, aber nicht in empirische Forschung umgesetzt. Amelang (1987) weist jedoch darauf hin, daß kortikales Arousal nicht in gleicher Weise mit den beiden Unterdimensionen der Extraversion in Beziehung steht. (Zu empirischen Befunden vgl. u. a. Amelang & Borkenau,

1982; Morris, 1979.) In jüngster Zeit hat das Merkmal Impulsivität, insbesondere auch außerhalb des Arbeitskreises Eysencks (vgl. z. B. Barratt & Patton, 1983), vestärkte Aufmerksamkeit erfahren. Dabei wurden sowohl die Stellung dieser Dimension im System Eysencks analysiert (u. a. Eysenck, 1983; Eysenck & Eysenck, 1977) wie auch Skalen zur Erfassung dieses Konstrukts entwickelt (Eysenck, Easting & Pearson, 1984; Vossel & Safian, 1985) sowie kognitive, verhaltensmäßige und psychophysiologische Korrelate der Impulsivität bestimmt (u. a. Barratt & Patton, 1983; Becker & Minsel, 1986; Schalling, Edman & Asberg, 1983).

Die für die Vermittlung der Beziehung zwischen bestimmten erregungsinduzierenden situativen Faktoren, der Steigerung von Activation oder Arousal und der anschließenden Verhaltensmanifestation zentrale Variable Angst spielt in Eysencks System eine vergleichsweise untergeordnete Rolle. Für Eysenck stellt hohe Ängstlichkeit eine Kombination aus hohen N- und niedrigen E-Werten dar. Gray (1981, 1982) weist jedoch darauf hin, daß bestimmte pharmakologische Beeinflussungen und neuroanatomische Eingriffe bei Patienten zwar Angst und Neurotizismus, nicht aber Introversion reduzieren. Er vermutet deshalb, daß der Angst ein *einheitliches* neuroanatomisches System zugrundeliegt, das vom restlichen Gehirn konzeptuell trennbar ist und in koordinierter Weise funktioniert. Es soll im wesentlichen das Septum, den Hippocampus und den Frontallappen des Cortex umfassen. Gray nennt dieses, unterschiedlichen Ausprägungen von Ängstlichkeit zugrundeliegende, System „Behavioural Inhibition System“ (BIS). Es soll insbesondere auf Strafreize, Signale für Nichtbelohnung und Neuigkeit ansprechen.

Unabhängig von diesem System soll ein zweites existieren, das auf Signale der Belohnung und Nichtbestrafung anspricht. Dieses System, dessen neuroanatomische Basis noch nicht endgültig geklärt ist (vgl. Gray, 1981), bildet die Grundlage zur Erklärung interindividueller Differenzen auf einer Dimension „Impulsivität“. Da die mit hoher Impulsivität verbundenen Verhaltensweisen in der Theorie Eysencks hohen Ausprägungen auf den Dimensionen Extraversion und Neurotizismus zugeordnet werden, kann man das Modell von Gray als eine 45-Grad-Rotation der Eysenck-Dimensionen ansehen. Mit Hilfe der von Gray formulierten Annahmen lassen sich eine Reihe von Befunden besser erklären als mit den Modellannahmen Eysencks. Hierzu gehören u. a. Unterschiede auf emotionsrelevanten Indikatoren bei affektbesetzten Wörtern (Stelmack & Mandelzys, 1975), bei geistiger Beanspruchung (Hinton & Craske, 1977) sowie bei verschiedenen Parametern des Vermeidenslernens nach Bestrafung (Nichols & Newman, 1986; Patterson, Kosson & Newman, 1987).

3.4 Explikative Ansätze: abschließende Bewertung

An dieser Stelle wollen wir uns auf die Behandlung von zwei Schwierigkeiten beschränken, die nahezu alle dargestellten Ansätze, wenn auch in unterschiedlichem Ausmaß, betreffen: 1. Die mangelhafte operationale Bestimmung relevanter Situationsparameter, insbesondere der Intensität emotionsauslösender Stimulation. 2. Defizite bei der unabhängigen Erfassung zentraler personspezifischer Faktoren, von denen angenommen wird, daß sie zwischen Situation und Verhaltensmanifestation vermitteln.

Zu 1: Zum Kern aller Theorien gehört die Annahme einer funktionalen Abhängigkeit emotionaler Reaktionen von spezifischen Situationsmerkmalen, z. B. der Intensität relevanter Stimulation (etwa Eysenck, Spielberger). Da aber meist zugleich auch personinterne Regulationsprozesse angenommen werden, kann die allgemeine Beziehung zwischen Situations- und Emotionsvariablen keine lineare sein (siehe Epstein, Eysenck). Deshalb wären hier zunächst einmal Trendanalysen erforderlich (vgl. Brocke & Battmann, 1985); realisiert werden in der Regel jedoch nur Zweipunktmessungen (z. B. „hohe" vs. „niedrige" Stimulation). Die auf entsprechenden Ergebnissen basierenden Aussagen sind jedoch solange ungeeignet, die zugrundeliegenden theoretischen Annahmen zu stützen bzw. zu falsifizieren, wie die relevanten Situationsparameter nicht präzise operationalisiert werden. Dies wurde bislang weitgehend vernachlässigt (vgl. Eysenck, Spielberger).

Zu 2: Die meisten Modelle nehmen auf der Personseite eine Reihe von Faktoren an, die zwischen Situationseinflüssen und Verhaltensergebnissen vermitteln sollen. Die operationale Trennung dieser Personparameter ist derzeit allerdings noch weitgehend unbefriedigend. So wird etwa bei Epstein an keiner Stelle der Versuch unternommen, die beiden für den Aufbau von Angstkontrolle zentralen Systeme der Erregung und Hemmung getrennt zu erfassen, so daß der Verlauf beobachtbarer Erregung bei Annäherung an die Gefahrenquelle vorhergesagt werden kann. Stattdessen wird retrospektiv aus bestimmten Eigenarten der Verläufe einzelner (subjektiver oder psychophysiologischer) Parameter auf das jeweilige Operieren eines bestimmten Angstkontrollsystems geschlossen. Das Problem verschärft sich noch bei den i.e.S. kognitiven (z. B. Bandura) und hier insbesondere bei den handlungstheoretisch orientierten Modellen (z. B. Carver & Scheier), da diese in der Regel das Operieren einer Vielzahl interner Faktoren annehmen. Die meisten derartigen Ansätze unterscheiden auf der Personseite verschiedene Klassen kognitiver Faktoren, z. B. Situationskonzepte, Handlungspläne, Erwartungen, Werte, ohne diese einzelnen Merkmale operational hinreichend deutlich voneinander sowie von Verhaltensergebnissen zu trennen. Diese Problematik besteht z. B. im Ansatz von Bandura wie auch in der, hier nicht näher abgehandelten, Streßbewältigungstheorie von Lazarus (Lazarus & Folkman, 1984; vgl. auch das Kapitel von Laux & Weber).

4 *Persönlichkeit als Moderator zwischen Umweltereignissen und emotionalen Reaktionen*

4.1 Kritische Lebensereignisse und Wohlbefinden

Eine zentrale Frage der differentiellen Emotionspsychologie ist die nach der Bedeutung interindividueller Differenzen bei der Entstehung kurzfristiger (z. B. Angst, Ärger) sowie dauerhafterer (z. B. Depression) psychischer und physischer Beeinträchtigungen aufgrund erfahrener belastender („kritischer") Lebensereignisse. Die psychologische Forschung zu spezifischen Reaktionen auf belastende Umweltereignisse zeigt, daß nur ein geringer Varianzanteil (bis zu zehn Prozent) resultierender negativer emotionaler Zustände und damit zusammenhängender Merkmale durch Lebensereignisse prädiziert werden kann (Andrews, Tennant, Hewson & Vaillant, 1978; Dohrenwend & Dohrenwend, 1974, Grant, Yager, Sweetwood & Olshen, 1982; Rabkin & Struening, 1976; Sarason, Sarason & Johnson, 1985). Daß nur einige der Personen, die kritischen Lebensereignissen ausgesetzt waren, auch erkranken, wird auf moderierende Faktoren in der Person und in der Umwelt zurückgeführt.

Starke interindividuelle Differenzen in der Streßanfälligkeit beobachteten bereits Hinkle, Christenson, Kane, Ostfeld, Thetford und Wolff (1958) bei in China aufgewachsenen und in die USA ausgewanderten Chinesen. Die 100 an der Studie teilnehmenden Personen wurde je vier Stunden von einem Internisten, Psychiater, Klinischen Psychologen und Anthropologen in Einzelsitzungen untersucht. 50 % aller von der Gesamtstichprobe beschriebenen Krankheitsepisoden entfielen auf nur 25 % der Versuchspersonen. Bei einem Vergleich von häufig bzw. selten erkrankten Chinesen zeigte sich, daß zwar beide Gruppen in Art und Häufigkeit vergleichbare Lebenserfahrungen gemacht hatten, die häufig erkrankten Personen jedoch stärker durch die Lebensereignisse betroffen erschienen sowie ehrgeiziger, pflicht- und verantwortungsbewußter wirkten. Die Gruppe der Gesunden schenkte dagegen emotionalen Problemen weniger Beachtung, war mit ihrem Leben zufriedener, sah es als interessanter und abwechslungsreicher an und erlebte weniger Konflikte und Ängste in zwischenmenschlichen Beziehungen. In der Krankheitsgeschichte der Familie unterschieden sich die Gruppen nicht hinsichtlich der *Häufigkeit* von Erkrankungen; die *Art* der Krankheitssyndrome zeigte jedoch eine positive

Familienanamnese. Nach Hinkle et al. (1958) belegt die Untersuchung, daß neben genetischen und Umweltfaktoren auch die Art der Wahrnehmung und des Umgangs mit belastenden Ereignissen die Auftretenswahrscheinlichkeit für Erkrankungen determiniert (vgl. auch Hinkle, 1974; für neuere Übersichten zum Einfluß der Persönlichkeit auf das physische Wohlbefinden vgl. Friedman & Booth-Kewley, 1987; Suls & Rittenhouse, 1987).

Garmezy (1971), Murphy und Moriarty (1976) sowie Antonovsky (1979) identifizierten in ihren Forschungsarbeiten zu Risikokindern, Risikofaktoren und Vulnerabilität die Widerstandsressourcen eines Individuums als die zentrale Gruppe von Personvariablen im Bereich Streßresistenz bzw. -anfälligkeit (Antonovsky: „Generalized Resistance Resource", GRR). Zu den GRRs sollen u. a. zählen: Anpassungsfähigkeit in den physiologischen, biochemischen, psychologischen, kulturellen und sozialen Bereichen; tiefe Beziehungen zu nahestehenden Personen und eine Verbundenheit mit der Gesellschaft. Antonovsky spricht neben Aspekten der Person auch den streßreduzierenden Effekt sozialer Beziehungen an, der aktuell unter dem Begriff „soziale Unterstützung" erforscht wird. (Für eine Übersicht vgl. Brownell & Shumaker, 1984; Cohen & Syme, 1985; Heller, 1986; Shumaker & Brownell, 1985 sowie den Beitrag von Laux & Weber in diesem Band.) Ebenso stellt er die in analoger Weise in der Literatur zur sozialen Unterstützung diskutierte Frage (vgl. Cohen & Wills, 1985; Thoits, 1982), ob bereits das Nichtvorhandensein von Ressourcen bei einem Individuum als Stressor wirkt.

Im folgenden werden Untersuchungen zu *Kontrollüberzeugungen* in ihrer Funktion als „Moderator" zwischen Umweltereignissen und resultierenden emotionalen und verhaltensmäßigen Konsequenzen dargestellt. (Weitere Moderatorvariablen, die an dieser Stelle jedoch nicht behandelt werden können, wären: „Sensation Seeking", Zuckerman, 1979, vgl. Sarason et al., 1985. „Hardiness", Kobasa, 1979, ein Amalgam aus den Eigenschaften Kontrolle, Engagement und Herausforderung, vgl. Gentry & Kobasa, 1984; kritische Darstellungen bei Funk & Houston, 1987; Hull, Van Treuren & Virnelli, 1987. „Typ-A", Friedman & Rosenman, 1974, vgl. Orpen, 1982; Smith & Rhodewalt, 1986.) Auf die zahlreichen methodischen Schwierigkeiten der Forschung zu „kritischen Lebensereignissen" (vgl. Schroeder & Costa, 1984) und der empirischen Prüfung von Moderatoreffekten eines Prädiktor-Kriteriumzusammenhangs (vgl. Dalbert & Schmitt, 1986; Krause, 1985; Wermuth, 1989; Zedeck, 1971), die zum Teil auch auf die darzustellenden Arbeiten zutreffen, wird nicht eingegangen. (Für konzeptuelle und statistische Überlegungen zu Moderatorvariablen vgl. Baron & Kenny, 1986; Wheaton, 1985.)

4.2 Wahrgenommene Kontrolle, Kontrollüberzeugung und Streßverarbeitung

Unkontrollierbarkeit und mangelnde Vorhersagbarkeit sind neben der zeitlichen Nähe einer Bedrohung zentrale Charakteristika aversiver Ereignisse (vgl. Averill, 1973; Miller, 1981; Mineka & Henderson, 1985; Paterson & Neufeld, 1987; Prystav, 1979; Thompson, 1981). Die Kontrollierbarkeit und Vorhersagbarkeit aversiver Stimuli und belastender Lebensereignisse sind somit für die Belastungs- und Streßwirkung dieser Ereignisse von großer Bedeutung (vgl. z. B. Abbott, Schoen & Badia, 1984). So treten in Situationen, die als subjektiv kontrollierbar erlebt werden, die negativen Wirkungen von Stressoren in abgeschwächter Form auf (vgl. Cohen, 1980, Lefcourt, 1976, 1983).

Das im Zusammenhang mit kognitiven Angsttheorien bereits angesprochene (vgl. S. 519) Konstrukt der „internalen vs. externalen Kontrollüberzeugung" (vgl. Rotter, 1966, 1975) unterscheidet Individuen, die Verstärkungen eher kontingent zu ihrem eigenen Verhalten sehen und annehmen, Merkmale ihrer eigenen Person (wie z. B. Fähigkeit, Begabung, Anstrengung) seien Ursachen für die Verhaltensfolgen (Internale), von solchen, die eher Faktoren außerhalb ihrer eigenen Person (wie Glück, Zufall, andere Personen) für die Ursachen von Verhaltensfolgen halten (Externale). Untersuchungen, die positive Beziehungen zwischen Streßerleben und externalen Kontrollüberzeugungen sowie zwischen Streßverarbeitung und internalen Kontrollüberzeugungen belegen, werden ausführlich von Krampen (1982) und Lefcourt (1983) diskutiert. Es werden daher nur einige Forschungsarbeiten exemplarisch dargestellt, welche die Bedeutung der Kontrollüberzeugung als Moderator der Beziehung zwischen kritischen Lebensereignissen und Streßreaktionen verdeutlichen.

Johnson und Sarason (1978) überprüften die Hypothese, daß Personen mit einer externalen Kontrollüberzeugung stärker durch Lebensveränderungen belastet werden als Internale. Studenten beantworteten Skalen zur Erfassung positiver und negativer Lebensveränderungen, Kontrollüberzeugung, Ängstlichkeit und Depression. Den Erwartungen entsprechend korrelierte nur bei Externalen die Anzahl erlebter negativer Lebensveränderungen positiv mit Depression und Ängstlichkeit (vgl. auch Lefcourt, Miller, Ware & Sherk, 1981; Miller & Cooley, 1981). — Ganellen und Blaney (1984) verwendeten die von Levenson (1974) entwickelten „IPC-Skalen" zur Erfassung von Internalität (I) sowie zwei Formen externaler Kontrollüberzeugung: das Gefühl der Machtlosigkeit und Abhängigkeit von *mächtigen anderen Personen* (P) bzw. die Erwartung, daß die Lebensereignisse von Schicksal oder *Zufall* abhängen (C). Außerdem beantworteten die Versuchspersonen Skalen zur Erfassung kritischer Lebensereignisse und Depression. Es wurden schrittweise multiple Regressionen mit einer der drei Variablen zur Kontrollüberzeugung, dem Score für Lebensereignisse und dem Interaktionsterm aus jeweiliger Kontrollüberzeugung und Lebensereignisscore als Prädiktoren von selbstberichteter Depression berechnet. Während die Analysen mit I und P jeweils zu Haupteffekten für Kontrollüberzeugung und kritische Lebensereignisse führten, erhielten in der Regression mit C nur Lebensereignisse als Haupteffekt und die Interaktion von C und Lebensereignissen ein signifikantes Gewicht. Individuen, die starken Lebensveränderungen ausgesetzt sind und gleichzeitig eine externale, fatalistische Kontrollüberzeugung besitzen, weisen die größte Vulnerabilität für Depression auf. Auch in einer Studie von Wheaton (1983) prädizierte die Interaktion von Fatalismus mit chronischem sowie akutem Streß Depression.

Ganellen und Blaney (1984) diskutieren die mögliche Funktion der Kontrollüberzeugung als Moderator zwischen Lebensereignissen und Streßreaktionen. Kritische Lebensereignisse sollen besonders bei Personen, die keine Kontrolle über diese Ereignisse wahrnehmen, zu Streßreaktionen führen. Dabei muß man jedoch zwischen vergangenen Streßereignissen und der Kontrollerwartung zukünftiger Ereignisse unterscheiden. Hierzu führen die Autoren die attributionstheoretische Perspektive (z. B. Abramson, Seligman & Teasdale, 1978, Miller & Norman, 1979, Weiner & Litman-Adizes, 1980) ein und argumentieren, daß internale Attributionen für negative Ereignisse (Mißerfolg) zu Selbstwertverlust und negativen Gefühlen führen. Bei externalen Attributionen sollen dagegen erlebte Mißerfolge nicht zu einer Beeinträchtigung des Selbstwertes beitragen, da derartige Attributionen wahrscheinlich den Effekt aktuell auftretender Ereignisse reduzieren. Da Externale aber die stärkste Belastung berichten, vermuten die Autoren, daß die Kontrollüberzeugung sich nicht auf die Verantwortlichkeitseinschätzung vergangener Ereignisse bezieht, sondern eher die Kontrollerwartung für zukünftige Belastungsereignisse beeinflußt.

Bereichsspezifische Kontrollüberzeugungen wurden besonders im Zusammenhang mit dem Gesundheitsverhalten untersucht. (Für einen Überblick siehe Strickland, 1978; Wallston & Wallston, 1982.) In einer Studie von Taylor, Lichtman und Wood (1984) zeigten Krebspatientinnen, die Vertrauen in sich selbst oder den Arzt hatten, eine bessere Anpassung an ihre Situation als Patientinnen ohne diese Überzeugungen. In einer ähnlichen Studie (Marks, Richardson, Graham & Levine, 1986) bestanden bei Krebspatienten mit hohen internalen Kontrollüberzeugungen bezüglich des Einflusses auf die eigene Gesundheit deutlich schwächere Zusammenhänge zwischen subjektiver Einschätzung des Schweregrades der Erkrankung und Depression als bei Patienten mit geringen internalen Kontrollüberzeugungen.

Die Bedeutung von Kontrollüberzeugungen im Belastungs-Bewältigungsgeschehen demonstriert auch eine Untersuchung von Ulich, Haußer, Mayring, Strehmel, Kandler und Degenhardt (1985), die an 79 arbeitslosen Lehrern nach Abschluß ihrer Ausbildung im Vergleich zu 25 festangestellten Lehrern durchgeführt wurde. Über einen Zeitraum von 13 Monaten wurden die Lehrer bis zu siebenmal interviewt und u. a. Daten zu Lebenssituation, subjektiven Belastungen und Kontrollüberzeugungen erhoben. Bei den arbeitslosen Lehrern nahm die situationsspezifische Kontrollüberzeugung, als Maß für die subjektiv erlebte

Beeinflußbarkeit der konkreten Situation, mit zunehmender Dauer der Arbeitslosigkeit ab. Die generalisierte Kontrollüberzeugung (operationalisiert über Selbstvertrauen) blieb von der Lebenssituation unbeeinflußt (vgl. aber Smith, 1970). Arbeitslose mit geringen vs. hohen generalisierten internalen Kontrollüberzeugungen unterschieden sich allerdings in der Art des Einflusses, den die Dauer der Arbeitslosigkeit auf ihre geschilderten Belastungen ausübte. Obwohl zu Beginn der Studie beide Gruppen im Niveau vergleichbare Belastungen berichteten, nahm der Belastungsgrad für Personen mit externalen Kontrollüberzeugungen mit zunehmender Arbeitslosigkeit ständig zu, während die berichtete Belastung bei Arbeitslosen mit internalen Kontrollüberzeugungen eher abnahm.

Die bisher dargestellten Untersuchungen belegen den streßreduzierenden Effekt internaler Kontrollüberzeugungen. Ob es sich hierbei um einen linearen Zusammenhang handelt, untersuchten Krause und Stryker (1984). Hierzu wurde an über 2000 Männern mittleren Alters die Kontrollüberzeugung zweimal im Abstand von zwei Jahren erfaßt. Zunächst wurden Personen, die zu beiden Erhebungszeitpunkten über bzw. unter dem Mittelwert lagen, in die Analyse mit einbezogen. In Analogie zu den bisher geschilderten Untersuchungen berichteten Versuchspersonen mit externalen Kontrollüberzeugungen stärkere körperliche Beeinträchtigungen in Abhängigkeit von belastenden Ereignissen als Internale. In einem zweiten Analyseschritt wurden die Gruppen in extreme und moderate Internale bzw. Externale geteilt. (Die Grenzwerte zur Bildung der Extremgruppen lagen eine Standardabweichung über bzw. unter dem Skalenmittelwert.) Es wurden wieder nur solche Personen betrachtet, die zu beiden Erhebungszeitpunkten der gleichen Subgruppe angehörten. Die Ergebnisse zeigten, daß Männer mit einer moderaten internalen Kontrollüberzeugung Streß effektiver bewältigen als extreme Internale sowie extreme und moderate Externale. Die Autoren nehmen an, daß moderate Internale effektivere Bewältigungsstrategien einsetzen als die anderen Personen. Extreme Internale sollen sich für die negativen Ereignisse verantwortlich fühlen und verstärkt mit Schuldgefühlen reagieren. Eine ähnliche Hypothese formulierte bereits Rotter (1966). Er postulierte einen nichtlinearen Zusammenhang zwischen Kontrollüberzeugung und der Anpassungsleistung in Belastungssitutionen.

4.3 Abschließende Bewertung

Neben bestimmten Persönlichkeitsmerkmalen mildern u. a. auch körperliche Fitness bzw. sportliche Betätigung (z. B. Roth & Holmes, 1985; vgl. auch Hull, Young & Ziegler, 1984) und soziale Unterstützung (für eine Übersicht vgl. Cohen & Wills, 1985) den negativen Effekt belastender Lebensereignisse. (Zur Persönlichkeit des Unterstützenden vgl. Thoits, 1984; zu sozialer Unterstützung als möglicher Persönlichkeitsvariable vgl. Sarason & Sarason, 1982;

Sarason, Sarason & Shearin, 1986.) Im Rahmen einer persönlichkeitspsychologischen Perspektive sind Untersuchungen zum Zusammenwirken verschiedener Moderatorvariablen bedeutsam. So beobachteten z. B. Sandler und Lakey (1982), daß die Beziehung von negativen Lebensereignissen und Angst bzw. Depression nur bei Internalen durch soziale Unterstützung abgeschwächt wird (vgl. auch Lefcourt, Martin & Saleh, 1984). Zur weiteren Erforschung von Moderatoreffekten müßten jedoch die mit bestimmten Persönlichkeitsvariablen einhergehenden Kognitionen und Verhaltensweisen genauer identifiziert und, ähnlich Ansätzen in der Bewältigungsforschung (z. B. Felton & Revenson, 1984; Menaghan, 1982; Pearlin & Schooler, 1978; Folkman & Lazarus, 1980), in ihrer spezifischen Funktion im Belastungs-Beanspruchungsprozeß analysiert werden.

Literatur

Abbott, B. B., Schoen, L. S. & Badia, P. (1984). Predictable and unpredictable shock: Behavioral measures of aversion and physiological measures of stress. *Psychological Bulletin, 96,* 45-71.

Abramson, L., Seligman, M. E. P. & Teasdale, J. (1978). Learned helplessness in humans: Critique and reformulation. *Journal of Abnormal Psychology, 87,* 49-74.

Ahrens, S. & Deffner, G. (1985). Alexithymie — Ergebnisse und Methodik eines Forschungsbereiches der Psychosomatik. *Psychotherapie. Medizinische Psychologie. Psychosomatik, 35,* 147—159.

Amelang, M. (1987). Fragebogen-Tests und experimentalpsychologische Variablen als Korrelate der Persönlichkeitsdimension Extraversion/Introversion (E/I) und Neurotizismus (N). In M. Amelang (Hrsg.), *Bericht über den 35. Kongreß der Deutschen Gesellschaft für Psychologie in Heidelberg 1986* (Vol. 2) (S. 403—416). Göttingen: Hogrefe.

Amelang, M. & Borkenau, P. (1982). Über die faktorielle Struktur und externe Validität einiger Fragebogen-Skalen zur Erfassung von Dimensionen der Extraversion und emotionalen Labilität. *Zeitschrift für Differentielle und Diagnostische Psychologie, 3,* 119—146.

Anderson, C. D. (1981). Expression of affect and physiological response in psychosomatic patients. *Journal of Psychosomatic Research, 25,* 143—149.

Andrews, G., Tennant, C., Hewson, D. & Vaillant, G. E. (1978). Life event stress, social support, coping style, and risk of psychological impairment. *Journal of Nervous and Mental Disease, 166,* 307—316.

Antonovsky, A. (1979). *Health, stress, and coping.* San Francisco, CA: Jossey-Bass.

Arnold, M. B. (1960). *Emotion and personality* (2 Vols.). New York: Columbia University Press.

Averill, J. R. (1973). Personal control over aversive stimuli and its relationship to stress. *Psychological Bulletin, 80,* 286—303.

Badia, P., Harsh, J. & Abbott, B. B. (1979). Choosing between predictable and unpredictable shock conditions: Data and theory. *Psychological Bulletin, 86,* 1107—1131.

Bakan, P. (1969). Hypnotizability, laterality of eye movements, and functional brain asymmetry. *Perceptual and Motor Skills, 28,* 927—932.

Bandura, A. (1977). Self-efficacy: Toward a unifying theory of behavioral change. *Psychological Review, 84,* 191—215.

Bandura, A. (1986). *Social foundations of thought and action. A social cognitive theory.* Englewood Cliffs, NJ: Prentice-Hall.

Bandura, A. & Adams, N. E. (1977). Analysis of self-efficacy theory of behavioral change. *Cognitive Therapy and Research, 1,* 287—308.

Bandura, A., Taylor, C. B., Williams, S. L., Mefford, I. N. & Barchas, J. D. (1985). Catecholamine secretion as a function of perceived coping self-efficacy. *Journal of Consulting and Clinical Psychology, 53,* 406—414.

Barkóczi, I., Komlósi, A. & Séra, B. (1980). *Lateral eye movement and verbal latency in subception and Bakan situation* (Reports from the Department of General Psychology). Budapest: Lorand Eötvös University.

Baron, R. B. & Kenny, D. A. (1986). The moderator-mediator variable distinction in social psychological research: Conceptual, strategic, and statistical considerations. *Journal of Personality and Social Psychology, 51,* 1173—1182.

Barratt, E. S. & Patton, J. H. (1983). Impulsivity: Cognitive, behavioral, and psychophysiological correlates. In M. Zuckerman (Ed.), *Biological bases of sensation seeking, impulsivity, and anxiety* (pp. 77—116). Hillsdale, NJ: Erlbaum.

Bartussek, D. (1984). Extraversion und EEG: Ein Forschungsparadigma in der Sackgasse? In M. Amelang & H.-J. Ahrens (Hrsg.), *Brennpunkte der Persönlichkeitspsychologie* (Vol. 1) (S. 157—189). Göttingen: Hogrefe.

Baum, M. (1970). Extinction of avoidance response through response prevention (flooding). *Psychological Bulletin, 74,* 276—284.

Becker, P. (1980). *Studien zur Psychologie der Angst.* Weinheim: Beltz.

Becker, P. & Minsel, B. (1986). *Psychologie der seelischen Gesundheit: Band 2. Persönlichkeitspsychologische Grundlagen, Bedingungsanalysen und Förderungsmöglichkeiten.* Göttingen: Hogrefe.

Blake, M. J. F. & Corcoran, D. W. J. (1972). Introversion-extraversion and circadian rhythms. In W. P. Colquhoun (Ed.), *Aspects of human efficiency: Diurnal rhythm and loss of sleep* (pp. 261—272). London: English Universities Press.

Bolles, R. (1972). Reinforcement, expectancy, and learning. *Psychological Review, 79,* 394—409.

Borkovec, T. D. (1978). Self-efficacy: Cause or reflection of behavioral change? In H. J. Eysenck & S. Rachman (Eds.), *Advances in behaviour research and therapy* (Vol. 1) (pp. 163—170). Oxford: Pergamon.

Borkovec, T. D. (1985). The role of cognitive and somatic cues in anxiety and anxiety disorders: Worry and relaxaion-induced anxiety. In A. H. Tuma & J. D. Maser (Eds.), *Anxiety and the anxiety disorders* (pp. 463—478). Hillsdale, NJ: Erlbaum.

Bowers, K. S. (1973). Situationism in psychology: An analysis and a critique. *Psychological Review, 80,* 307—336.

Breen, L. J., Endler, N. S., Prociuk, T. J. & Okada, M. (1978). Person x situation interaction in personality prediction: Some specifics of the person factor. *Journal of Consulting and Clinical Psychology, 46,* 567—568.

Brener, J. (1977). Sensory and perceptual determinants of voluntary visceral control. In G. E. Schwartz & J. Beatty (Eds.), *Biofeedback: Theory and research* (pp. 29—66). New York: Academic Press.

Brener, J. & Jones, J. M. (1974). Interoceptive discrimination in intact humans: Detection of cardiac activity. *Physiology and Behavior, 13,* 763—767.

Brener, J. & Ross, A. (1980). Cardiac discrimination and heart rate control. *Psychophysiology, 17,* 323.

Brocke, B. & Battmann, W. (1985). Die Aktivierungstheorie der Persönlichkeit. *Zeitschrift für Differentielle und Diagnostische Psychologie, 6,* 189—213.

Brownell, P. & Shumaker, S. A. (Eds.) (1984). Social support: New perspectives in theory, research, and intervention. Part I. Theory and research. *Journal of Social Issues, 40 (4),* Whole Issue.

Brüstle, G., Hodapp, V. & Laux, L. (1985). Ängstlichkeitstests als Prädiktoren von Angst und Angstbewältigung in einer Redesituation. In H. W. Krohne (Hrsg.), *Angstbewältigung in Leistungssituationen* (S. 78—93). Weinheim: edition psychologie.

Buck, R. (1977). Nonverbal communication of affect in preschool children: Relationships with personality and skin conductance. *Journal of Personality and Social Psychology, 35,* 225—236.

Buck, R., Miller, R. E. & Caul, W. F. (1974). Sex, personality, and physiological variables in the communication of affect via facial expression. *Journal of Personality and Social Psychology, 30,* 587—596.

Bull, R. H. C. & Gale, M. A. (1973). The reliability of and interrelationships between various measures of electrodermal activity. *Journal of Experimental Research in Personality, 6,* 300—306.

Buss, A. H. (1962). Two anxiety factors in psychiatric patients. *Journal of Abnormal and Social Psychology, 65,* 426—427.

Buss, A. H. (1980). *Self-consciousness and social anxiety.* Oxford: Freeman.

Buss, A. H., Wiener, M., Durkee, A. & Baer, M. (1955). The measurement of anxiety in clinical situations. *Journal of Consulting Psychology, 19,* 125—129.

Byrne, D., Barry, J. & Nelson, D. (1963). Relation of the revised Repression-Sensitization Scale to measures of self-description. *Psychological Reports, 13,* 323—334.

Campbell, D. T. & Fiske, D. W. (1959). Convergent and discriminant validation by the multitrait-multimethod matrix. *Psychological Bulletin, 56,* 81—105.

Carver, C. S. & Scheier, M. F. (1981). *Attention and self- regulation: A control-theory approach to human behavior.* New York: Springer.

Carver, C. S. & Scheier, M. F. (1985). Self-consciousness, expectancies, and the coping process. In T. Field, P. M. McCabe & N. Schneiderman (Eds.), *Stress and coping* (pp. 305—330). Hillsdale, NJ: Erlbaum.

Carver, C. S. & Scheier, M. F. (1986). Functional and dysfunctional responses to anxiety: The interaction between expectancies and self-focused attention. In R. Schwarzer (Ed.), *Self-related cognitions in anxiety and motivation* (pp. 111—141). Hillsdale, NJ: Erlbaum.

Carver, C. S., Scheier, M. F. & Klahr, D. (1987). Further explorations of a control-process model of test anxiety. In R. Schwarzer, H. M. van der Ploeg & C. D. Spielberger (Eds.), *Advances in test anxiety research* (Vol. 5) (pp. 15—22). Lisse, Niederlande: Swets & Zeitlinger.

Cattell, R. B. & Kline, P. (1977). *The scientific analysis of personality and motivation.* London: Academic Press.

Cattell, R. B. & Scheier, I. H. (1961). *The meaning and measurement of neuroticism and anxiety.* New York: Ronald.

Clemens, W. J. (1979). Assessment, learning, and retention of heartbeat discrimination. *Psychophysiology, 16,* 333—338.

Cohen, M. J., Rickles, W. H. & McArthur, D. L. (1978). Evidence for physiological response stereotypy in migraine headache. *Psychosomatic Medicine, 40,* 344—354.

Cohen, S. (1980). Aftereffects of stress on human performance and social behavior: A review of research and theory. *Psychological Bulletin, 88,* 82—108.

Cohen, S. & Syme, S. L. (Eds.). (1985). *Social support and health.* New York: Academic Press.

Cohen, S. & Wills, T. A. (1985). Stress, social support, and the buffering hypothesis. *Psychological Bulletin, 98,* 310—357.

Crider, A. & Augenbraun, C. B. (1975). Auditory vigilance correlates of electrodermal response habituation speed. *Psychophysiology, 12,* 36—40.

Crider, A. & Lunn, R. (1971). Electrodermal lability as a personality dimension. *Journal of Experimental Research in Personality, 2,* 145—150.

Cunningham, M. R. (1977). Personality and the structure of the nonverbal communication of emotion. *Journal of Personality, 45,* 564—584.

Dalbert, C. & Schmitt, M. (1986). Einige Anmerkungen und Beispiele zur Formulierung und Prüfung von Moderatorhypothesen. *Zeitschrift für Differentielle und Diagnostische Psychologie, 7,* 29—43.

Davidson, R. J., Horowitz, M. E., Schwartz, G. E. & Goodman, D. M. (1981). Lateral differences in the latency between finger tapping and the heart beat. *Psychophysiology, 18,* 36—41.

Day, M. E. (1964). An eye movement phenomenon relating to attention, thought, and anxiety. *Perceptual and Motor Skills, 19,* 443—446.

Day, M. E. (1967). An eye movement indicator of type and level of anxiety. Some clinical observations. *Journal of Clinical Psychology, 23,* 438—444.

Deffenbacher, J. L. (1980). Worry and emotionality in test anxiety. In I. G. Sarason (Ed.), *Test anxiety: Theory, research, and applications* (pp. 111—128). Hillsdale, NJ: Erlbaum.

Dohrenwend, B. S. & Dohrenwend, B. P. (1974). Overview and prospects for research on stressful life events. In B. S. Dohrenwend & B. P. Dohrenwend (Eds.), *Stressful life events: Their nature and effects* (pp. 313—331). New York: Wiley.

Dollard, J. & Miller, N. E. (1950). *Personality and psychotherapy.* New York: McGraw-Hill.

Duckitt, J. (1984). Social support, personality, and the prediction of psychological distress. *Journal of Clinical Psychology, 40,* 1199—1205.

Duffy, E. (1962). *Activation and behavior.* New York: Wiley.

Duke, J. (1968). Lateral eye movement behavior. *Journal of General Psychology, 78,* 189—195.

Dweck, C. S. & Wortman, C. B. (1982). Learned helplessness, anxiety, and achievement motivation: Neglected parallels in cognitive, affective, and coping responses. In H. W. Krohne & L. Laux (Eds.), *Achievement, stress, and anxiety* (pp. 93—125). Washington, DC: Hemisphere.

Eastman, C. & Marzillier, J. S. (1984). Theoretical and methodological difficulties in Bandura's self-efficacy theory. *Cognitive Therapy and Research, 8,* 213—229.

Eggert, D. (1974). *Eysenck-Persönlichkeits-Inventar.* Göttingen: Hogrefe.

Ehrlichman, H. & Weinberger, A. (1978). Lateral eye movements and hemispheric asymmetry: A critical review. *Psychological Bulletin, 85,* 1080—1101.

Ekman, P. (Ed.). (1982). *Emotion in the human face.* Cambridge, England: Cambridge University Press.

Ekman, P. & Oster, H. (1979). Facial expressions of emotion. *Annual Review of Psychology, 30,* 527—554.

Endler, N. S. (1975). A person-situation interaction model for anxiety. In C. D. Spielberger & I. G. Sarason (Eds.), *Stress and anxiety* (Vol. 1) (pp. 145—164). Washington, DC: Hemisphere.

Endler, N. S., Hunt, J. McV. & Rosenstein, A. J. (1962). An S-R inventory of anxiousness. *Psychological Monographs, 76* (17, Whole No. 536).

Endler, N. S. & Okada, M. (1975). A multidimensional measure of trait anxiety: The S-R Inventory of General Trait Anxiousness. *Journal of Consulting and Clinical Psychology, 43,* 319—329.

Engel, B. T. (1960). Stimulus-response and individual-response specificity. *Archives of General Psychiatry, 2,* 305—313.

Engel, B. T. (1972). Response specificity. In N. S. Greenfield & R. A. Sternbach (Eds.), *Handbook of psychophysiology* (pp. 571—576). New York: Holt.

Eppinger, H. & Heß, L. (1910). *Die Vagotonie.* Berlin: Hirschwald.

Epstein, S. (1967). Toward a unified theory of anxiety. In B. A. Maher (Ed.), *Progress in experimental personality research* (Vol. 4) (pp. 2—90). New York: Academic Press.

Epstein, S. (1972). The nature of anxiety with emphasis upon its relationship to expectancy. In C. D. Spielberger (Ed.), *Anxiety: Current trends in theory and research* (Vol. 2) (pp. 291—337). New York: Academic Press.

Epstein, S. & Fenz, W. D. (1962). Theory and experiment on the measurement of approach-avoidance conflict. *Journal of Abnormal and Social Psychology, 64,* 97—112.

Epstein, S. & Fenz, W. D. (1967). The detection of areas of emotional stress through variations in perceptual threshold and physiological arousal. *Journal of Experimental Research in Personality, 2,* 191—199.

Eysenck, H. J. (1947). *Dimensions of personality.* London: Routledge and Kegan Paul.

Eysenck, H. J. (1957). *The dynamics of anxiety and hysteria.* London: Routledge and Kegan Paul.

Eysenck, H. J. (1967). *The biological basis of personality.* Springfield, IL: Thomas.

Eysenck, H. J. (1975). The measurement of emotion: Psychological parameters and methods. In L. Levi (Ed.), *Emotions: Their parameters and measurement* (pp. 439—467). New York: Raven.

Eysenck, H. J. (1976). The learning theory model of neurosis — a new approach. *Behaviour Research and Therapy, 14,* 251—267.

Eysenck, H. J. (1977). *Crime and personality.* London: Routledge and Kegan Paul.

Eysenck, H. J. (1981a). General features of the model. In H. J. Eysenck (Ed.), *A model for personality* (pp. 1—37). Berlin: Springer.

Eysenck, H. J. (Ed.). (1981b). *A model for personality.* Berlin: Springer.

Eysenck, H. J. (1983). A biometrical-genetical analysis of impulsive and sensation seeking behavior. In M. Zuckerman (Ed.), *Biological bases of sensation seeking, impulsivity, and anxiety* (pp. 1—27). Hillsdale, NJ: Erlbaum.

Eysenck, H. J. (1984). Konditionierungsmodelle der Psychotherapie: Theoretische Grundlagen und empirische Demonstrationen. In M. Amelang & H. J. Ahrens (Hrsg.), *Brennpunkte der Persönlichkeitsforschung* (Vol. 1) (S. 231—250). Göttingen: Hogrefe.

Eysenck, H. J. & Eysenck, M. W. (1985). *Personality and individual differences. A natural science approach.* New York: Plenum.

Eysenck, H. J. & Eysenck, S. B. G. (1965). *Manual of the Eysenck Personality Inventory.* San Diego, CA: Edits.

Eysenck, M. W. (1982). *Attention and arousal: Cognition and performance.* Berlin: Springer.

Eysenck, S. B. G., Easting, G. & Pearson, P. R. (1984). Age norms for impulsiveness, venturesomeness, and empathy in children. *Personality and Individual Differences, 5,* 315—321.

Eysenck, S. B. G. & Eysenck, H. J. (1963). On the dual nature of extraversion. *British Journal of Social and Clinical Psychology, 2,* 46—55.

Eysenck, S. B. G. & Eysenck, H. J. (1977). The place of impulsiveness in a dimensional system of personality description. *British Journal of Social and Clinical Psychology, 16,* 57—68.

Fahrenberg, J. (1967). *Psychophysiologische Persönlichkeitsforschung.* Göttingen: Hogrefe.

Fahrenberg, J. (1979). Psychophysiologie. In K. P. Kisker, J.-E. Meyer, C. Müller & E. Strömgren (Hrsg.), *Psychiatrie der Gegenwart. Band I/1: Grundlagen und Methoden der Psychiatrie* (2. Aufl.) (S. 91—210). Berlin: Springer.

Fahrenberg, J. (1982). *Probleme der Mehrebenen-Beschreibung und Prozeß-Forschung* (Forschungsberichte des Psychologischen Instituts der Albert-Ludwigs-Universität Freiburg i.Br. Nr. 8). Freiburg: Albert-Ludwigs-Universität, Psychologisches Institut.

Fahrenberg, J. (1983). Psychophysiologische Methodik. In K.-J. Groffmann & L. Michel (Hrsg.), *Enzyklopädie der Psychologie: Serie Psychologische Diagnostik: Band 4. Verhaltensdiagnostik* (S. 1—192). Göttingen: Hogrefe.

Fahrenberg, J. (1986). Psychophysiological individuality: A pattern analytic approach to personality research and psychosomatic medicine. In S. Rachman & T. Wilson (Eds.), *Advances in behaviour research and therapy* (Vol. 8) (pp. 43—100). Oxford: Pergamon.

Fahrenberg, J. (1987). Concepts of activation and arousal in the theory of emotionality (neuroticism). A multivariate conceptualization. In J. Strelau & H. J. Eysenck (Eds.), *Personality dimensions and arousal* (pp. 99—120). New York: Plenum.

Fahrenberg, J., Foerster, F., Schneider, H.-J., Müller, W. & Myrtek, M. (1984). *Aktivierungsforschung im Labor-Feld-Vergleich.* München: Minerva.

Fahrenberg, J., Foerster, F., Schneider, H.-J., Müller, W. & Myrtek, M. (1986). Predictability of individual differences in activation processes in a field setting based on laboratory measures. *Psychophysiology, 23,* 323—333.

Fahrenberg, J., Schneider, H.-J. & Safian, P. (1987). Psychophysiological assessments in a repeated-measurement design extending over a one-year interval: Trends and stability. *Biological Psychology, 24,* 49—66.

Farley, F. H. (1977). The stimulation-seeking motive and extraversion in adolescents and adults. *Adolescence, 12,* 65—71.

Felton, B. J. & Revenson, T. A. (1984). Coping with chronic illness: A study of illness controllability and the influence of coping strategies on psychological adjustment. *Journal of Consulting and Clinical Psychology, 52,* 343—353.

Fenz, W. D. (1967). Specificity in somatic responses to anxiety. *Perceptual and Motor Skills, 24,* 1183—1190.

Fenz, W. D. (1974). Arousal and performance of novice parachutists to multiple sources of conflict and stress. *Studia Psychologica, 16,* 133—144.

Fenz, W. D. (1975). Strategies for coping with stress. In I. G. Sarason & C. D. Spielberger (Eds.), *Stress and anxiety* (Vol. 2) (pp. 305—336). Washington, DC: Hemisphere.

Fenz, W. D. & Epstein, S. (1962). Measurement of approach-avoidance conflict along a stimulus dimension by a thematic apperception test. *Journal of Personality, 30,* 613—632.

Fenz, W. D. & Epstein, S. (1965). Manifest anxiety: Unifactorial or multifactorial composition? *Perceptual and Motor Skills, 20,* 773—780.

Fenz, W. D. & Epstein, S. (1967). Gradients of physiological arousal in parachutists as a function of an approaching jump. *Psychosomatic Medicine, 29,* 33—51.

Foerster, F. (1985). Konsistente dichotome Reaktionsmuster von Herz- und Atemfrequenz in Labor- und Feldsituationen. *Zeitschrift für experimentelle und angewandte Psychologie, 32,* 553—562.

Foerster, F. & Schneider, H.-J. (1982). Individualspezifische, stimulusspezifische und motivationsspezifische Reaktionsmuster im zweimal wiederholten Aktivierungsexperiment. *Zeitschrift für experimentelle und angewandte Psychologie, 29,* 598—612.

Foerster, F., Schneider, H.-J. & Walschburger, P. (1983). *Psychophysiologische Reaktionsmuster: Zur Theorie und Methodik der Analyse individualspezifischer, stimulusspezifischer und motivationsspezifischer Reaktionsmuster in Aktivierungsprozessen.* München: Minerva.

Foerster, F. & Walschburger, P. (1980). Zur Beurteilung individualspezifischer, stimulusspezifischer und motivationsspezifischer Reaktionsmuster im Aktierungsexperiment. *Zeitschrift für experimentelle und angewandte Psychologie, 27,* 172—192.

Folkman, S. & Lazarus, R. S. (1980). An analysis of coping in a middle-aged community sample. *Journal of Health and Social Behavior, 21,* 219—239.

Frankenhaeuser, M. (1975). Experimental approaches to the study of catecholamines and emotion. In L. Levi (Ed.), Emotions: *Their parameters and measurement* (pp. 209—234). New York: Raven.

Freixa i Baqué, E. (1982). Reliability of electrodermal measures: A compilation. *Biological Psychology, 14,* 219—229.

Freud, S. (1893). Über den psychischen Mechanismus hysterischer Phänomene. *Wiener medizinische Presse, 34,* 121—126, 165—167.

Freud, S. (1895). Über die Berechtigung von der Neurasthenie einen bestimmten Symptomenkomplex als „Angstneurose" abzutrennen. *Neurologisches Zentralblatt, 14,* 50—66.

Freud, S. (1926). *Hemmung, Symptom und Angst.* Leipzig: Internationaler Psychoanalytischer Verlag.

Friedman, H. S. & Booth-Kewley, S. (1987). The „disease-prone personality". *American Psychologist, 42,* 539—555.

Friedman, H. S. & Rosenman, R. H. (1974). *Type A behavior and your heart.* New York: Knopf.

Frijda, N. H. (1986). *The emotions.* Cambridge, England: Cambridge University Press.

Fröhlich, W. D. (1983). Perspektiven der Angstforschung. In H. Thomae (Hrsg.), *Enzyklopädie der Psychologie: Serie Motivation und Emotion: Band 1. Theorien und Formen der Motivation* (S. 110—320). Göttingen: Hogrefe.

Funk, S. C. & Houston, B. K. (1987). A critical analysis of the hardiness scale's validity and utility. *Journal of Personality and Social Psychology, 53,* 572—578.

Galin, D. (1974). Implications for psychiatry of left and right cerebral specialization: A neurophysiological context for unconscious processes. *Archives of General Psychiatry, 31,* 572—583.

Ganellen, R. J. & Blaney, P. H. (1984). Stress, externality, and depression. *Journal of Personality, 52,* 326—337.

Garmezy, N. (1971). Vulnerability research and the issue of primary prevention. *American Journal of Orthopsychiatry, 41,* 101—116.

Gentry, W. D. & Kobasa, S. C. (1984). Social and psychological resources mediating stress-illness relationships in humans. In W. D. Gentry (Ed.), *Handbook of behavioral medicine* (pp. 87—116). New York: Guilford.

Glanzmann, P. (1985). Angst, Angstbewältigung und Leistung: Ein triebtheoretisches Modell. In H. W. Krohne (Hrsg.), *Angstbewältigung in Leistungssituationen* (S. 115—134). Weinheim: edition psychologie.

Glanzmann, P. & Laux, L. (1978). The effects of trait anxiety and two kinds of stressors on state anxiety and performance. In C. D. Spielberger & I. G. Sarason (Eds.), *Stress and anxiety* (Vol. 5) (pp. 145—164). Washington, DC: Hemisphere.

Grant, I., Yager, J., Sweetwood, H. & Olshen, A. (1982). Life events and symptoms: Fourier analysis of the time series from a three-year prospective inquiry. *Archives of General Psychiatry, 39,* 598—605.

Gray, J. A. (1981). A critique of Eysenck's theory of personality. In H. J. Eysenck (Ed.), *A model for personality* (pp. 246—276). Berlin: Springer.

Gray, J. A. (1982). *The neuropsychology of anxiety: An enquiry into the functions of the septo-hippocampal system.* Oxford: Oxford University Press.

Grings, W. W. & Dawson, M. E. (1978). *Emotions and bodily responses. A psychophysiological approach.* New York: Academic Press.

Guilford, J. S., Zimmermann, W. S. & Guilford, J. P. (1976). *The Guilford-Zimmermann temperament survey handbook.* San Diego, CA : Edits.

Guilleaume, A. C. (1928). *Le symathique et les systèmes associés vagotonies, sympathicotonies, neurotonies.* Paris: Masson.

Gunnar, M. R. (1980). Control, warning signals, and distress in infancy. *Developmental Psychology, 16,* 281—289.

Gunnar-von Gnechten, M. R. (1978). Changing a frightening toy into a pleasant toy by allowing the infant to control its actions. *Developmental Psychology, 14,* 157—162.

Gur, R. E. & Gur, R. C. (1975). Defense mechanisms, psychosomatic symptomatology, and conjugate lateral eye movements. *Journal of Consulting and Clinical Psychology, 43,* 416—420.

Hackfort, D. (1986). *Theorie und Analyse sportbezogener Ängstlichkeit.* Schorndorf: Hofmann.

Hackfort, D. & Schwenkmezger, P. (1980). *Angst und Angstkontrolle im Sport.* Köln: bps.

Hamilton, M. (1959). The assessment of anxiety states by rating. *British Journal of Medical Psychology, 32,* 50—55.

Hantas, M., Katkin, E. S. & Blascovich, J. (1982). Relationship between heartbeat discrimination and subjective experience of affective state. *Psychophysiology, 19,* 563.

Hantas, M., Katkin, E. S. & Reed, S. D. (1984). Heartbeat discrimination training and cerebral lateralization. *Psychophysiology, 21,* 274—278.

Hastrup, J. L. (1979). Effects of electrodermal lability and introversion on vigilance decrement. *Psychophysiology, 16,* 302—310.

Heckhausen, H. (1982). Task-irrelevant cognitions during an exam: Incidence and effects. In H. W. Krohne & L. Laux (Eds.), *Achievement, stress, and anxiety* (pp. 247—274). Washington, DC: Hemisphere.

Heinrich, D. L. & Spielberger, C. D. (1982). Anxiety and complex learning. In H. W. Krohne & L. Laux (Eds.), *Achievement, stress, and anxiety* (pp. 145—165). Washington, DC: Hemisphere.

Heller, K. (Ed.). (1986). Special Series: Disaggregating the process of social support. *Journal of Consulting and Clinical Psychology, 54,* 415—470.

Hindel, C. & Krohne, H. W. (1988). Beziehungen von Ängstlichkeit, Angst und Streßbewältigung zum Erfolg bei Leistungssportlern. *Zeitschrift für Differentielle und Diagnostische Psychologie, 9,* 39—50.

Hinkle, L. E. (1974). The effect of exposure to culture change, social change, and changes in interpersonal relationships on health. In B. S. Dohrenwend & B. P. Dohrenwend (Eds.), *Stressful life events: Their nature and effects* (pp. 9—44). New York: Wiley.

Hinkle, L. E., Christenson, W. N., Kane, F. D., Ostfeld, A., Thetford, W. N. & Wolff, H. G. (1958). An investigation of the relation between life experience, personality characteristics, and general susceptibility to illness. *Psychosomatic Medicine, 20,* 278—295.

Hinton, J. W. & Craske, B. (1977). Differential effects of test stress on the heart rates of extraverts and introverts. *Biological Psychology, 5,* 23—28.

Hirschman, R. & Katkin, E. S. (1971). Relationships among attention, GSR activity, and perceived similarity of self and others. *Journal of Personality, 39,* 277—288.

Hochschild, A. (1979). Emotion work, feeling rules, and social structure. *American Journal of Sociology, 85,* 551—575.

Hodapp, V., Laux, L. & Spielberger, C. D. (1982). Theorie und Messung der emotionalen und der kognitiven Komponente der Prüfungsangst. *Zeitschrift für Differentielle und Diagnostische Psychologie, 3,* 169—184.

Hodapp, V., Weyer, G. & Becker, J. (1975). Situational stereotypy in essential hypertension patients. *Journal of Psychosomatic Research, 19,* 113—121.

Hodges, W. F. (1968). Effects of ego threat and threat of pain on state anxiety. *Journal of Personality and Social Psychology, 8,* 364—372.

Holroyd, K. A. & Appel, M. A. (1980). Test anxiety and psychological responding. In I. G. Sarason (Ed.), *Test anxiety: Theory, research, and applications* (pp. 129—154). Hillsdale, NJ: Erlbaum.

Horne, J. A. & Östberg, O. (1976). A self-assessment questionnaire to determine morningness-eveningness in human circadian rhythms. *International Journal of Chronobiology, 4,* 97—110.

Horne, J. A. & Östberg, O. (1977). Individual differences in human circadian rhythms. *Biological Psychology, 5,* 179—190.

Hull, C. L. (1943). *Principles of behavior.* New York: Appleton-Century-Crofts.

Hull, E. M., Young, S. H. & Ziegler, M. G. (1984). Aerobic fitness affects cardiovascular and catecholamine responses to stressors. *Psychophysiology, 21,* 353—360.

Hull, J. G., Van Treuren, R. R. & Virnelli, S. (1987). Hardiness and health: A critique and alternative approach. *Journal of Personality and Social Psychology, 53,* 518—530.

Izard, C. E. (1972). Anxiety: A variable combination of interacting fundamental emotions. In C. D. Spielberger (Ed.), *Anxiety: Current trends in theory and research* (Vol. 1) (pp. 51—106). New York: Academic Press.

Izard, C. E. (1977). *Human emotions.* New York: Plenum.

Izard, C. E. (Ed.). (1979). *Emotions in personality and psychopathology.* New York: Plenum.

Izard, C. E. & Blumberg, S. H. (1985). Emotion theory and the role of emotions in anxiety in children and adults. In A. H. Tuma & J. Maser (Eds.), *Anxiety and the anxiety disorders* (pp. 109—129). Hillsdale, NJ: Erlbaum.

Izard, C. E. & Buechler, S. (1980). Aspects of consciousness and personality in terms of differential emotions theory. In R. Plutchik & H. Kellerman (Eds.), *Emotion. Theory, research, and experience: Vol. 1. Theories of emotion* (pp. 165—187). New York: Academic Press.

Johnson, J. H. & Sarason, I. G. (1978). Life stress, depression, and anxiety: Internal-external control as a moderator variable. *Journal of Psychosomatic Research, 22,* 205—208.

Joraschky, P. & Köhle, K. (1981). Maladaptation und Krankheitsmanifestation. Das Streßkonzept in der Psychosomatischen Medizin. In T. von Uexküll (Hrsg.), *Lehrbuch der Psychosomatischen Medizin* (2. Aufl.) (S. 170—202). München: Urban & Schwarzenberg.

Kamin, L. J., Brimer, C. J. & Black, A. H. (1963). Conditioned suppression as a monitor of fear of the CS in the course of avoidance training. *Journal of Comparative and Physiological Psychology, 56,* 497—501.

Kaplan, H. B. (Ed.). (1983). *Psychosocial stress: Trends in theory and research.* New York: Academic Press.

Katkin, E. S. (1975). Electrodermal lability: A psychophysiological analysis of individual differences in response to stress. In I. G. Sarason & C. D. Spielberger (Eds.), *Stress and anxiety* (Vol. 2) (pp. 141—176). New York: Wiley.

Katkin, E. S. (1985). Blood, sweat, and tears: Individual differences in autonomic self-perception. *Psychophysiology, 22,* 125—137.

Katkin, E. S., Blascovich, J. & Goldband, S. (1981). Empirical assessment of visceral self-perception: Individual and sex differences in the acquisition of heartbeat discrimination. *Journal of Personality and Social Psychology, 40,* 1095—1101.

Katkin, E. S. & McCubbin, R. J. (1969). Habituation of the orienting response as a function of individual differences in anxiety and autonomic lability. *Journal of Abnormal Psychology, 74,* 54—60.

Katkin, E. S., Morell, M. A., Goldband, S., Bernstein, G. L. & Wise, J. A. (1982). Individual differences in heartbeat discrimination. *Psychophysiology, 19,* 160—166.

Kazdin, A. E. (1978). Conceptual and assessment issues raised by self-efficacy theory. In H. J. Eysenck & S. Rachman (Eds.), *Advances in behaviour research and therapy* (Vol. 1) (pp. 177—185). Oxford: Pergamon.

Kendall, P. C. (1978). Anxiety: States, traits — situations? *Journal of Consulting and Clinical Psychology, 46,* 280—287.

Kerkhof, G. A. (1985). Inter-individual differences in the human circadian system: A review. *Biological Psychology, 20,* 83—112.

Kerkhof, G. A., Willemse-v.d. Geest, H. M. M., Korving, H. J. & Rietveld, W. J. (1981). Diurnal differences between morning-type and evening-type subjects in some indices of central and autonomous nervous activity. In A. Reinberg, N. Vieux & P. Andlauer (Eds.), *Night and shift work: Biological and social aspects* (pp. 457—464). Oxford: Pergamon.

Kobasa, S. C. (1979). Stressful life events, personality, and health: An inquiry into hardiness. *Journal of Personality and Social Psychology, 37,* 1—11.

Kohlmann, C.-W. (1986). *Alexithymie* (Mainzer Berichte zur Persönlichkeitsforschung Nr. 12). Mainz: Johannes Gutenberg-Universität, Psychologisches Institut.

Kohlmann, C.-W. (1988). Persönlichkeitsspezifische Aspekte der Erfassung von Belastungsreaktionen. In L. Brüderl (Hrsg.), *Theorien und Methoden der Bewältigungsforschung* (S. 192—199). München: Juventa.

Krampen, G. (1982). *Differentialpsychologie der Kontrollüberzeugungen.* Göttingen: Hogrefe.

Krampen, G. (1987). *Handlungstheoretische Persönlichkeitspsychologie.* Göttingen: Hogrefe.

Krantz, D. S. & Manuck, S. B. (1984). Acute psychophysiologic reactivity and risk of cardiovascular disease: A review and methodologic critique. *Psychological Bulletin, 96,* 435—464.

Krause, N. (1985). Stress, control beliefs, and psychological distress: The problem of response bias. *Journal of Human Stress, 11 (1),* 11—19.

Krause, N. & Stryker, S. (1984). Stress and well-being: The buffering role of locus of control beliefs. *Social Science and Medicine, 18,* 783—790.

Kriebel, R. (1984). *Sprechangst.* Stuttgart: Kohlhammer.

Krohne, H. W. (1975). *Angst und Angstverarbeitung.* Stuttgart: Kohlhammer.

Krohne, H. W. (1980). Parental child-rearing behavior and the development of anxiety and coping strategies in children. In I. G. Sarason & C. D. Spielberger (Eds.), *Stress and anxiety* (Vol. 7) (pp. 233—245). Washington, DC: Hemisphere.

Krohne, H. W. (1981). *Theorien zur Angst (2. Aufl.).* Stuttgart: Kohlhammer.

Krohne, H. W., Kohlmann, C.-W. & Leidig, S. (1986). Erziehungsstildeterminanten kindlicher Ängstlichkeit, Kompetenzerwartungen und Kompetenzen. *Zeitschrift für Entwicklungspsychologie und Pädagogische Psychologie, 18,* 70—88.

Krohne, H. W. & Laux, L. (Eds.). (1982). *Achievement, stress, and anxiety.* Washington, DC: Hemisphere.

Lacey, J. I. (1950). Individual differences in somatic response patterns. *Journal of Comparative and Physiological Psychology, 43,* 338—350.

Lacey, J. I. (1956). The evaluation of autonomic responses: Toward a general solution. *Annals of the New York Academy of Sciences, 67,* 123—164.

Lacey, J. I., Bateman, D. E. & VanLehn, R. (1953). Autonomic response specificity: An experimental study. *Psychosomatic Medicine, 15,* 8—21.

Lacey, J. I. & Lacey, B. C. (1958). The relationship of resting autonomic activity to motor impulsivity. *Research Publications of the Association of Nervous and Mental Diseases, 36,* 144—209.

Lang, P. J. (1985). The cognitive psychophysiology of emotion: Fear and anxiety. In A. H. Tuma & J. Maser (Eds.), *Anxiety and the anxiety disorders* (pp. 131—170). Hillsdale, NJ: Erlbaum.

Larsen, R. J. & Diener, E. (1987). Affect intensity as an individual difference characteristic: A review. *Journal of Research in Personality, 21,* 21—39.

Laux, L. (1976). The multitrait-multimethod rationale in stress research. In I. G. Sarason & C. D. Spielberger (Eds.), *Stress and anxiety* (Vol. 3) (pp. 171—181). Washington, DC: Hemisphere.

Laux, L. & Glanzmann, P. (1987). A self-presentational view of test anxiety. In R. Schwarzer, H. M. van der Ploeg & C. D. Spielberger (Eds.), *Advances in test anxiety research* (Vol. 5) (pp. 31—37). Lisse, Niederlande: Swets & Zeitlinger.

Lazarus, R. S. (1966). *Psychological stress and the coping process.* New York: McGraw-Hill.

Lazarus, R. S. & Folkman, S. (1984). *Stress, appraisal, and coping.* New York: Springer.

Lazarus, R. S. & Launier, R. (1978). Stress-related transactions between person and environment. In L. A. Pervin & M. Lewis (Eds.), *Perspectives in interactional psychology* (pp. 287—327). New York: Plenum.

Lefcourt, H. M. (1976). *Locus of control: Current trends in theory and research.* Hillsdale, NJ: Erlbaum.

Lefcourt, H. M. (1983). The locus of control as a moderator variable: Stress. In H. M. Lefcourt (Ed.), *Research with the locus of control construct* (Vol. 2) (pp. 253—268). New York: Academic Press.

Lefcourt, H. M., Martin, R. A. & Saleh, W. E. (1984). Locus of control and social support: Interactive moderators of stress. *Journal of Personality and Social Psychology, 47,* 378—389.

Lefcourt, H. M., Miller, R. S., Ware, E. E. & Sherk, D. (1981). Locus of control as a modifier of the relationship between stressors and moods. *Journal of Personality and Social Psychology, 41,* 357—369.

Leschke, E. (1928). Erkrankungen des vegetativen Systems. In M. Hirsch (Hrsg.), *Handbuch der inneren Sekretion* (Vol. 3). Leipzig: Kabitsch.

Lesser, I. M. (1981). A review of the alexithymia concept. *Psychosomatic Medicine, 43,* 531—543.

Levenson, H. (1974). Activism and powerful others: Distinctions within the concept of internal-external control. *Journal of Personality Assessment, 38,* 377—383.

Levenson, R. W. (1979). Effects of thematically relevant and general stressors on specificity of responding in asthmatic and nonasthmatic subjects. *Psychosomatic Medicine, 41,* 28—39.

Levi, L. (Ed.). (1975). *Emotions: Their parameters and measurement.* New York: Raven.

Levi, L. & Andersson, L. (1975). *Psychosocial stress: Population, environment and quality of life.* New York: Halsted.

Levine, S. & Scotch, N. A. (1970). *Social stress.* Chicago: Aldine.

Lewin, K. (1935). *A dynamic theory of personality.* New York: McGraw—Hill.

Liebert, R. M. & Morris, L. W. (1967). Cognitive and emotional components of test anxiety: A distinction and some initial data. *Psychological Reports, 20,* 975—978.

Lukesch, H. & Helmke, A. (1984). Eine Pilotstudie zum zeitlichen Verlauf der Angstemotion in einer Prüfungssituation. *Psychologie in Erziehung und Unterricht, 31,* 274—279.

Lukesch, H. & Kandlbinder, R. (1986). Zeitlicher Verlauf und Bedingungsfaktoren der Prüfungsangstkomponenten Besorgtheit und Aufgeregtheit. *Zeitschrift für Entwicklungspsychologie und Pädagogische Psychologie, 18,* 56—69.

Luria, A. R. & Simernistskaya, E. G. (1977). Interhemispheric relations and the functions of the minor hemisphere. *Neuropsychologia, 15,* 175—178.

Lynn, R. & Eysenck, H. J. (1961). Tolerance for pain, extraversion and neuroticism. *Perceptual and Motor Skills, 12,* 161—162.

Magnusson, D. & Stattin, H. (1982). Methods for studying stressful situations. In H. W. Krohne & L. Laux (Eds.), *Achievement, stress, and anxiety* (pp. 317—331). Washington, DC: Hemisphere.

Malmo, R. B. & Shagass, C. (1949). Physiologic study of symptom mechanisms in psychiatric patients under stress. *Psychosomatic Medicine, 11,* 25—29.

Malmo, R. B., Shagass, C. & Davis, F. H. (1950). Symptom specificity and bodily reactions during psychiatric interview. *Psychosomatic Medicine, 12,* 362—376.

Mandel, I. J. & Bridger, W. H. (1973). Is there classical conditioning without cognitive expectancy? *Psychophysiology, 10,* 87—90.

Mandler, G. (1975). *Mind and emotion.* New York: Wiley.

Mandler, G. & Sarason, S. B. (1952). A study of anxiety and learning. *Journal of Abnormal and Social Psychology, 47,* 166—173.

Marks, G., Richardson, J. L., Graham, J. W. & Levine, A. (1986). Role of health locus of control beliefs and expectations of treatment efficacy in adjustment to cancer. *Journal of Personality and Social Psychology, 51,* 443—450.

Marks, I. M. (1969). *Fears and phobias.* London: Heinemann.

Martens, R. (1977). *Sport competition anxiety test.* Champaign, IL: Human Kinetics Publishers.

Martin, J. B. & Pihl, R. O. (1985). The stress-alexithymia hypothesis: Theoretical and empirical considerations. *Psychotherapy and Psychosomatics, 43,* 169—176.

Martin, J. B. & Pihl, R. O. (1986). Influence of alexithymic characteristics on physiological and subjective stress responses in normal individuals. *Psychotherapy and Psychosomatics, 45,* 66—77.

Matthews, G. (1988). Morningness-eveningness as a dimension of personality: Trait, state, and psychophysiological correlates. *European Journal of Personality, 2,* 277—293.

Matthews, K. A., Weiss, S. M., Detre, T., Dembroski, T. M., Falkner, B., Manuck, S. B. & Williams, R. B. (Eds.). (1986). *Handbook of stress, reactivity, and cardiovascular disease.* New York: Wiley.

McCrae, R. R. & Costa, P. T. (1986). Personality, coping, and coping effectiveness in an adult sample. *Journal of Personality, 54,* 385—405.

McFarland, R. A. (1975). Heart rate perception and heart rate control. *Psychophysiology, 12,* 402—405.

McGrath, J. E. (Ed.). (1970). *Social and psychological factors in stress.* New York: Holt, Rinehart and Winston.

Mechanic, D. (1975). Some problems in the measurement of stress and social readjustment. *Journal of Human Stress, 1 (3),* 43—48.

Melamed, B. G. (1979). Behavioral approaches to fear in dental settings. In M. Hersen, R. M. Eisler & P. M. Miller (Eds.), *Progress in behavior modification* (Vol. 7) (pp. 172—203). New York: Academic Press.

Menaghan, E. (1982). Measuring coping effectiveness: A panel analysis of marital problems and coping efforts. *Journal of Health and Social Behavior, 23,* 220—234.

Miller, A. & Cooley, E. (1981). Moderator variables for the relationship between life change and disorders. *Journal of General Psychology, 104,* 223—233.

Miller, I. W. & Norman, W. H. (1979). Learned helplessness in humans: A review and attribution-theory model. *Psychological Bulletin, 86,* 93—118.

Miller, N. E. (1944). Experimental studies of conflict. In J. McV. Hunt (Ed.), *Personality and the behavior disorders* (Vol. 1) (pp. 431—462). New York: Ronald.

Miller, N. E. (1948). Studies of fear as an acquirable drive: I. Fear as motivation and fear-reduction as reinforcement in the learning of new responses. *Journal of Experimental Psychology, 38,* 89—101.

Miller, N. E. (1951). Learnable drives and rewards. In S. S. Stevens (Ed.), *Handbook of experimental psychology* (pp. 435—472). New York: Wiley.

Miller, N. E. (1959). Liberalization of basic S-R concepts: Extensions to conflict behavior, motivation, and social learning. In S. Koch (Ed.), *Psychology: A study of a science* (Vol. 2) (pp. 196—292). New York: McGraw-Hill.

Miller, S. M. (1979). Coping with impending stress: Psychophysiological and cognitive correlates of choice. *Psychophysiology, 16,* 572—581.

Miller, S. M. (1981). Predictability and human stress: Toward a clarification of evidence and theory. In L. Berkowitz (Ed.), *Advances in experimental social psychology* (Vol. 14), (pp. 203—256). New York: Academic Press.

Miltner, W., Birbaumer, N. & Gerber, W.-D. (1986). *Verhaltensmedizin.* Berlin: Springer.

Mineka, S. (1979). The role of fear in theories of avoidance learning, flooding, and extinction. *Psychological Bulletin, 86,* 985—1010.

Mineka, S. & Henderson, R. W. (1985). Controllability and predictability in acquired motivation. *Annual Review of Psychology, 36,* 495—529.

Mischel, W. (1973). Toward a cognitive social learning reconceptualization of personality. *Psychological Review, 80,* 252—283.

Mischel, W. (1981). A cognitive-social learning approach to assessment. In T. V. Merluzzi, C. R. Glass & M. Genest (Eds.), *Cognitive assessment* (pp. 479—502). New York: Guilford.

Montgomery, W. A. & Jones, G. E. (1984). Laterality, emotionality, and heartbeat perception. *Psychophysiology, 21,* 459—465.

Morris, L. W. (1979). *Extraversion and introversion. An interactional perspective.* Washington, DC: Hemisphere.

Morris, L. W., Davis, M. A. & Hutchings, C. H. (1981). Cognitive and emotional components of anxiety: Literature review and a revised worry-emotionality scale. *Journal of Educational Psychology, 73,* 541—555.

Morris, L. W. & Fulmer, R. S. (1976). Test anxiety (worry and emotionality) changes during academic testing as a function of feedback and test importance. *Journal of Educational Psychology, 68,* 817—824.

Morris, L. W., Harris, E. W. & Rovins, D. S. (1981). Interactive effects of generalized and situational expectations on the arousal of cognitive and emotional components of social anxiety. *Journal of Research in Personality, 15,* 302—311.

Morris, L. W. & Liebert, R. M. (1970). Relationship of cognitive and emotional components of test anxiety to physiological arousal and academic performance. *Journal of Consulting and Clinical Psychology, 35,* 332—337.

Morris, L. W. & Liebert, R. M. (1973). Effects of negative feedback, threat of shock, and level of trait anxiety on the arousal of two components of anxiety. *Journal of Counseling Psychology, 20,* 321—326.

Mowrer, O. H. (1939). A stimulus-response analysis of anxiety and its role as a reinforcing agent. *Psychological Review, 46,* 553—565.

Mowrer, O. H. (1960). *Learning theory and behavior.* New York: Wiley.

Mowrer, O. H. (1969). Psychoneurotic defenses (including deception) as punishment-avoidance strategies. In B. A. Campbell & R. M. Church (Eds.), *Punishment and aversive behavior* (pp. 449—466). New York: Appleton-Century-Crofts.

Mundy-Castle, A. C. & McKiever, B. L. (1953). The psychophysiological significance of the galvanic skin response. *Journal of Experimental Psychology, 46,* 15—23.

Murphy, L. B. & Moriarty, A. E. (1976). *Vulnerability, coping, and growth. From infancy to adolescence.* New Haven, CT: Yale University Press.

Myrtek, M. (1980). *Psychophysiologische Konstitutionsforschung. Ein Beitrag zur Psychosomatik.* Göttingen: Hogrefe.

Nichols, S. L. & Newman, J. P. (1986). Effects of punishment on response latency in extraverts. *Journal of Personality and Social Psychology, 50,* 624—630.

Orpen, C. (1982). Type A personality as a moderator of the effects of role conflict, role ambiguity and role overload on individual strain. *Journal of Human Stress, 8 (2),* 8—14.

Papciak, A. S., Feuerstein, M. & Spiegel, J. A. (1985). Stress reactivity in alexithymia: Decoupling of physiological and cognitive responses. *Journal of Human Stress, 11 (3)*, 135—142.

Parkes, K. R. (1986). Coping in stressful episodes: The role of individual differences, environmental factors, and situational characteristics. *Journal of Personality and Social Psychology, 51*, 1277—1292.

Paterson, R. J. & Neufeld, R. W. J. (1987). Clear danger: Situational determinants of the appraisal of threat. *Psychological Bulletin, 101*, 404—416.

Patterson, C. M., Kosson, D. S. & Newman, J. P. (1987). Reaction to punishment, reflectivity, and passive avoidance learning in extraverts. *Journal of Personality and Social Psychology, 52*, 565—575.

Patterson, M. L. & Strauss, M. E. (1972). An examination of the discriminant validity of the Social Avoidance and Distress Scale. *Journal of Consulting and Clinical Psychology, 39*, 169.

Pearlin, L. I. (1985). Social structure and processes of social support. In S. Cohen & S. L. Syme (Eds.), *Social support and health* (pp. 43—60). New York: Academic Press.

Pearlin, L. I. & Schooler, C. (1978). The structure of coping. *Journal of Health and Social Behavior, 19*, 2—21.

Pennebaker, J. W. (1981). Stimulus characteristics influencing estimation of heart rate. *Psychophysiology, 18*, 540—548.

Pennebaker, J. W. (1982). *The psychology of physical symptoms.* New York: Springer.

Pennebaker, J. W. (1984). Accuracy of symptom perception. In A. Baum, S. E. Taylor & J. E. Singer (Eds.), *Handbook of psychology and health* (Vol. 4) (pp. 189—217). Hillsdale, NJ: Erlbaum.

Pennebaker, J. W., Burnam, M. A., Schaeffer, M. A. & Harper, D. (1977). Lack of control as a determinant of perceived physical symptoms. *Journal of Personality and Social Psychology, 35*, 167—174.

Pennebaker, J. W. & Epstein, D. (1983). Implicit psychophysiology: Effects of common beliefs and idiosyncratic physiological responses on symptom reporting. *Journal of Personality, 51*, 468—496.

Pennebaker, J. W., Gonder-Frederick, L., Cox, D. J. & Hoover, C. W. (1985). The perception of general vs. specific visceral activity and the regulation of health-related behavior. In E. S. Katkin & S. B. Manuck (Eds.), *Advances in behavioral medicine: A research annual* (Vol. 1) (pp. 165—198). Greenwich, CT: JAI Press.

Pennebaker, J. W., Gonder-Frederick, L., Stewart, H., Elfman, L. & Skelton, J. A. (1982). Physical symptoms associated with blood pressure. *Psychophysiology, 19*, 201—210.

Plutchik, R. (1980). *Emotion: A psychoevolutionary synthesis.* New York: Harper & Row.

Pribram, K. H. & McGuinness, D. (1975). Arousal, activation, and effort in the control of attention. *Psychological Review, 82*, 116—149.

Prystav, G. (1979). Die Bedeutung der Vorhersagbarkeit und Kontrollierbarkeit von Stressoren für Klassifikationen von Belastungssituationen. *Zeitschrift für Klinische Psychologie, 8,* 283—301.

Rabkin, J. G. & Struening, E. L. (1976). Life events, stress, and illness. *Science, 194,* 1013—1020.

Rachman, S. (1968). *Phobias: Their nature and control.* Springfield, IL: Thomas.

Rachman, S. (1976). The passing of the two-stage theory of fear and avoidance: Fresh possibilities. *Behaviour Research and Therapy, 14,* 125—134.

Rachman, S. (1977). The conditioning theory of fear-acquisition: A critical examination. *Behaviour Research and Therapy, 15,* 375—387.

Rad, M. v. (1983). *Alexithymie: Empirische Untersuchungen zur Diagnostik und Therapie psychosomatisch Kranker.* Berlin: Springer.

Ramirez, O. M. & Dockweiler, C. J. (1987). Mathematics anxiety: A systematic review. In R. Schwarzer, H. M. van der Ploeg & C. D. Spielberger (Eds.), *Advances in test anxiety research* (Vol. 5) (pp. 157-175). Lisse, Niederlande: Swets & Zeitlinger.

Rinn, W. E. (1984). The neuropsychology of facial expression: A review of the neurological and psychological mechanisms for producing facial expressions. *Psychological Bulletin, 95,* 52—77.

Robinson, J. W., Whitsett, S. F. & Kaplan, B. J. (1987). The stability of physiological reactivity over multiple sessions. *Biological Psychology, 24,* 129—139.

Rösler, F. (1983). Physiologisch orientierte Forschungsstrategien in der Differentiellen und Diagnostischen Psychologie: I. Zur Konzeption des psychophysiologischen Untersuchungsansatzes. *Zeitschrift für Differentielle und Diagnostische Psychologie, 4,* 283—299.

Rösler, F. (1984). Physiologisch orientierte Forschungsstrategien in der Differentiellen und Diagnostischen Psychologie: II. Zur Systematisierung psychophysiologischer Untersuchungen. *Zeitschrift für Differentielle und Diagnostische Psychologie, 5,* 7—36.

Roth, D. L. & Holmes, D. S. (1985). Influence of physical fitness in determining the impact of stressful life events on physical and psychologic health. *Psychosomatic Medicine, 47,* 164—173.

Rotter, J. B. (1966). Generalized expectancies for internal versus external control of reinforcement. *Psychological Monographs: General and Applied, 80* (1, Whole No. 609).

Rotter, J. B. (1975). Some problems and misconceptions related to the construct of internal versus external control of reinforcement. *Journal of Consulting and Clinical Psychology, 43,* 56—67.

Routtenberg, S. (1968). The two-arousal hypothesis: Reticular formation and limbic system. *Psychological Review, 75,* 51—80.

Russell, J. A. (1980). A circumplex model of affect. *Journal of Personality and Social Psychology, 39,* 1161—1178.

Saarni, C. (1985). Indirect processes in affect socialization. In M. Lewis & C. Saarni (Eds.), *The socialization of emotions* (pp. 187—209). New York: Plenum.

Sandler, I. N. & Lakey, B. (1982). Locus of control as a stress moderator: The role of control perceptions and social support. *American Journal of Community Psychology, 10,* 65—80.

Sarason, I. G. (1978). The Test Anxiety Scale: Concept and research. In C. D. Spielberger & I. G. Sarason (Eds.), *Stress and anxiety* (Vol. 5) (pp. 193—216). Washington, DC: Hemisphere.

Sarason, I. G. (Ed.). (1980). *Test anxiety: Theory, research, and application.* Hillsdale, NJ: Erlbaum.

Sarason, I. G. (1984). Stress, anxiety, and cognitive interference: Reactions to tests. *Journal of Personality and Social Psychology, 46,* 929—938.

Sarason, I. G. & Sarason, B. R. (1982). Concomitants of social support: Attitudes, personality characteristics, and life experiences. *Journal of Personality, 50,* 331—344.

Sarason, I. G., Sarason, B. R. & Johnson, J. H. (1985). Stressful life events. Measurement, moderators, and adaptation. In S. R. Burchfield (Ed.), *Stress. Psychological and physiological interactions* (pp. 241—261). Washington, DC: Hemisphere.

Sarason, I. G., Sarason, B. R., Keefe, D. E., Hayes, B. E. & Shearin, E. N. (1986). Cognitive interference: Situational determinants and traitlike characteristics. *Journal of Personality and Social Psychology, 51,* 215—226.

Sarason, I. G., Sarason, B. R. & Shearin, E. N. (1986). Social support as an individual difference variable: Its stability, origins, and relational aspects. *Journal of Personality and Social Psychology, 50,* 845—855.

Sarason, S. B. & Mandler, G. (1952). Some correlates of test anxiety. *Journal of Abnormal and Social Psychology, 47,* 810—817.

Sassenrath, J. M. (1964). A factor analysis of rating-scale items on the Test Anxiety Questionnaire. *Journal of Consulting and Clinical Psychology, 28,* 371—377.

Sassenrath, J. M., Kight, H. R. & Kaiser, H. F. (1965). Relating factors from anxiety scales between two samples. *Psychological Reports, 17,* 407—416.

Schachter, S. & Singer, J. E. (1962). Cognitive, social, and physiological determinants of emotional state. *Psychological Review, 69,* 379—399.

Schalling, D., Cronholm, B. & Asberg, M. (1975). Components of state and trait anxiety as related to personality and arousal. In L. Levi (Ed.), *Emotions: Their parameters and measurement* (pp. 603—617). New York: Raven.

Schalling, D., Edman, G. & Asberg, M. (1983). Impulsive cognitive style and inability to tolerate boredom: Psychobiological studies of temperamental vulnerability. In M. Zuckerman (Ed.), *Biological bases of sensation seeking, impulsivity, and anxiety* (pp. 123—145). Hillsdale, NJ: Erlbaum.

Schandry, R. (1981a). Heart beat perception and emotional experience. *Psychophysiology, 18,* 483—488.

Schandry, R. (1981b). *Psychophysiologie. Körperliche Indikatoren menschlichen Verhaltens.* München: Urban & Schwarzenberg.

Scheier, M. F. & Carver, C. S. (1985). Optimism, coping, and health: Assessment and implications of generalized outcome expectancies. *Health Psychology, 4,* 219—247.

Scheier, M. F. & Carver, C. S. (1987). Dispositional optimism and physical well-being: The influence of generalized outcome expectancies on health. *Journal of Personality, 55,* 169—210.

Scheier, M. F., Weintraub, J. K. & Carver, C. S. (1986). Coping with stress: Divergent strategies of optimists and pessimists. *Journal of Personality and Social Psychology, 51,* 1257—1264.

Scherer, K. R. (1984). On the nature and function of emotion: A component process approach. In K. R. Scherer & P. Ekman (Eds.), *Approaches to emotion* (pp. 293—318). Hillsdale, NJ: Erlbaum.

Scherer, K. R. (1986). Voice, stress, and emotion. In M. H. Appley & R. Trumbull (Eds.), *Dynamics of stress. Physiological, psychological, and social perspectives* (pp. 157—179). New York: Plenum.

Schroeder, D. H. & Costa, P. T. (1984). Influence of life event stress on physical illness: Substantive effects or methodological flaws? *Journal of Personality and Social Psychology, 46,* 853—863.

Schulter, G. (1984). Differentiellpsychologische Perspektiven der Lateralitätsforschung. *Zeitschrift für Differentielle und Diagnostische Psychologie, 5,* 59—82.

Schwarzer, R. (1984). Worry and emotionality as separate components in test anxiety. *International Review of Applied Psychology, 33,* 205—219.

Schwarzer, R. (1987). *Streß, Angst und Hilflosigkeit* (2. Aufl.). Stuttgart: Kohlhammer.

Schwenkmezger, P. (1985). *Modelle der Eigenschafts- und Zustandsangst: Theoretische Analysen und empirische Untersuchungen zur Angsttheorie von Spielberger.* Göttingen: Hogrefe.

Seligman, M. E. P. (1970). On the generality of the laws of learning. *Psychological Review, 77,* 406—418.

Seligman, M. E. P. (1975). *Helplessness. On depression, development, and death.* San Francisco, CA: Freeman.

Seligman, M. E. P. & Johnston, J. C. (1973). A cognitive theory of avoidance learning. In F. J. McGuigan & D. B. Lumsden (Eds.), *Contemporary approaches to conditioning and learning* (pp. 69—110). Washington, DC: Winston.

Shields, S. A. & Stern, R. M. (1979). Emotion: The perception of bodily change. In P. Pliner, K. R. Blankenstein & I. M. Spigel (Eds.), *Advances in the study of communication and affect: Vol. 5. Perception of emotion in self and others* (pp. 85—106). New York: Plenum.

Shumaker, S. A. & Brownell, A. (Eds.). (1985). Social Support: New perspectives in theory, research, and intervention. Part II. Interventions and policy. *Journal of Social Issues, 41* (1), Whole Issue.

Siddle, D. A. T. & Heron, P. A. (1976). Reliability of electrodermal habituation measures under two conditions of stimulus intensity. *Journal of Research in Personality, 10,* 195—200.

Sifneos, P. E. (1973). The prevalence of „alexithymic“ characteristics in psychosomatic patients. *Psychotherapy and Psychosomatics, 22,* 255—262.

Sifneos, P. E. (1975). Problems of psychotherapy of patients with alexithymic characteristics and physical disease. *Psychotherapy and Psychosomatics, 26,* 65—70.

Smith, R. E. (1970). Changes in locus of control as a function of life crisis resolution. *Journal of Abnormal Psychology, 75,* 328—332.

Smith, T. W. & Rhodewalt, F. (1986). On states, traits, and processes: A transactional alternative to the individual difference assumptions in Type A behavior and physiological reactivity. *Journal of Research in Personality, 20,* 229—251.

Solomon, R. L. & Wynne, L. C. (1954). Traumatic avoidance learning: The principles of anxiety conservation and partial irreversibility. *Psychological Review, 61,* 353—385.

Spence, J. T. & Spence, K. W. (1966). The motivational components of manifest anxiety: Drive and drive stimuli. In C. D. Spielberger (Ed.), *Anxiety and behavior* (pp. 291—326). New York: Academic Press.

Spence, K. W. (1964). Anxiety (drive) level and performance in eyelid conditioning. *Psychological Bulletin, 61,* 129—139.

Spiegler, M. D., Morris, L. W. & Liebert, R. M. (1968). Cognitive and emotional components of test anxiety: Temporal factors. *Psychological Reports, 22,* 451—456.

Spielberger, C. D. (1966). Theory and research on anxiety. In C. D. Spielberger (Ed.), *Anxiety and behavior* (pp. 3—20). New York: Academic Press.

Spielberger, C. D. (1972). Anxiety as an emotional state. In C. D. Spielberger (Ed.), *Anxiety: Current trends in theory and research* (Vol. 1) (pp. 23—49). New York: Academic Press.

Spielberger, C. D. (1980). *Test Anxiety Inventory (TAI).* Palo Alto, CA: Consulting Psychologists.

Spielberger, C. D., Anton, W. D. & Bedell, J. (1976). The nature and treatment of test anxiety. In M. Zuckerman & C. D. Spielberger (Eds.), *Emotions and anxiety. New concepts, methods, and applications* (pp. 317—345). Hillsdale, NJ: Erlbaum.

Spielberger, C. D., Gonzales, H. P., Taylor, C. J., Algaze, B. & Anton, W. D. (1978). Examination stress and test anxiety. In C. D. Spielberger & I. G. Sarason (Eds.), *Stress and anxiety* (Vol. 5) (pp. 167—191). Washington, DC: Hemisphere.

Staats, A. W. (1981). Paradigmatic behaviorism, unified theory, unified theory construction methods, and the Zeitgeist of separatism. *American Psychologist, 36,* 239—256.

Starr, M. D. & Mineka, S. (1977). Determinants of fear over the course of avoidance learning. *Learning and Motivation, 8,* 332—350.

Stelmack, R. M. (1981). The psychophysiology of extraversion and neuroticism. In H. J. Eysenck (Ed.), *A model for personality* (pp. 38—64). Berlin: Springer.

Stelmack, R. M. & Mandelzys, N. (1975). Extraversion and pupillary response to affective and taboo words. *Psychophysiology, 12,* 536—540.

Stemmler, G. (1984). *Psychophysiologische Emotionsmuster.* Frankfurt a. M.: Lang.

Strian, F. (Hrsg.). (1983). *Angst. Grundlagen und Klinik.* Heidelberg: Springer.

Strickland, B. R. (1978). Internal-external expectancies and health related behaviors. *Journal of Consulting and Clinical Psychology, 46,* 1192—1211.

Suls, J. & Rittenhouse, J. D. (Eds.). (1987). Special Issue: Personality and physical health. *Journal of Personality, 55 (2),* Whole Issue.

Taub, J. M., Hawkins, D. R. & Van de Castle, R. L. (1978). Personality characteristics associated with sustained variations in the adult human sleep-wakefulness rhythm. *Waking and Sleeping, 2,* 7—15.

Taylor, G. J. (1984). Alexithymia: Concept, measurement, and implications for treatment. *American Journal of Psychiatry, 141,* 725—732.

Taylor, J. A. (1953). A personality scale of manifest anxiety. *Journal of Abnormal and Social Psychology, 48,* 285—290.

Taylor, J. A. (1956). Drive theory and manifest anxiety. *Psychological Bulletin, 53,* 303—320.

Taylor, J. A., Gatchel, R. J. & Korman, M. (1982). Psychophysiological and cognitive characteristics of ulcer and rheumatoid arthritis patients. *Journal of Behavioral Medicine, 5,* 173—188.

Taylor, S. E., Lichtman, R. R. & Wood, J. V. (1984). Attributions, beliefs about control, and adjustment to breast cancer. *Journal of Personality and Social Psychology, 46,* 489—502.

Teasdale, J. D. (1978). Self-efficacy: Toward a unifying theory of behavioral change? In H. J. Eysenck & S. Rachman (Eds.), *Advances in behaviour research and therapy* (Vol. 1) (pp. 211—215). Oxford: Pergamon.

Thoits, P. A. (1982). Conceptual, methodological, and theoretical problems in studying social support as a buffer against life stress. *Journal of Health and Social Behavior, 23,* 145—159.

Thompson, S. C. (1981). Will it hurt less if I can control it? A complex answer to a simple question. *Psychological Bulletin, 90,* 89—101.

Tolksdorf, W. (1985). *Der präoperative Streß.* Berlin: Springer.

Tucker, D. M. (1981). Lateral brain function, emotion, and conceptualization. *Psychological Bulletin, 89,* 19—46.

Tuma, A. H. & Maser, J. D. (Eds.). (1985). *Anxiety and the anxiety disorders.* Hillsdale, NJ: Erlbaum.

Ulich, D., Haußer, K., Mayring, P., Strehmel, P., Kandler, M. & Degenhardt, B. (1985). *Psychologie der Krisenbewältigung: Eine Längsschnittuntersuchung mit arbeitslosen Lehrern.* Weinheim: Beltz.

Valins, S. (1966). Cognitive effects of false heart-rate feedback. *Journal of Personality and Social Psychology, 4,* 400—408.

Vossel, G. (1990). *Elektrodermale Labilität: Ein Beitrag zur Differentiellen Psychophysiologie.* Göttingen: Hogrefe.

Vossel, G. & Roßmann, R. (1982). Interindividuelle Unterschiede in der Habituationsgeschwindigkeit der EDA: Eine systematische Analyse der Zusammenhänge verschiedener Habituationskennwerte. *Zeitschrift für Differentielle und Diagnostische Psychologie, 3,* 281—292.

Vossel, G. & Roßmann, R. (1985). Stabilität und Konsistenz der EDA-Habituationsgeschwindigkeit. *Zeitschrift für Differentielle und Diagnostische Psychologie, 6,* 10—18.

Vossel, G. & Safian, P. (1985). Dimensionen der Impulsivität. In D. Albert (Hrsg.), *Bericht über den 34. Kongreß der Deutschen Gesellschaft für Psychologie in Wien 1984* (Vol. 1) (S. 337—338). Göttingen: Hogrefe.

Walker, B. B. & Sandman, C. A. (1977). Physiological response patterns in ulcer patients: Phasic and tonic components of the electrogastrogram. *Psychophysiology, 14,* 393—400.

Walker, B. B. & Sandman, C. A. (1982). Visual evoked potentials change as heart rate and carotid pressure change. *Psychophysiology, 19,* 520—527.

Wallbott, H. G. & Scherer, K. R. (1985). Differentielle Situations- und Reaktionscharakteristika in Emotionserinnerungen: Ein neuer Forschungsansatz. *Psychologische Rundschau, 36,* 83—101.

Wallston, K. A. & Wallston, B. S. (1982). Who is responsible for your health? The construct of health locus of control. In G. S. Sanders & J. Suls (Eds.), *Social psychology of health and illness* (pp. 65—95). Hillsdale, NJ: Erlbaum.

Walschburger, P. (1981). Die Diskrepanz zwischen subjektiven und physiologischen Belastungsreaktionen: Ein informativer Indikator des individuellen Bewältigungsstils? *Schweizerische Zeitschrift für Psychologie, 40,* 55—67.

Watson, J. B. (1919). A schematic outline of the emotions. *Psychological Review, 26,* 165—196.

Watson, J. B. & Rayner, R. (1920). Conditioned emotional reactions. *Journal of Experimental Psychology, 3,* 1—14.

Weiner, B. & Litman-Adizes, T. (1980). An attributional, expectancy-value analysis of learned helplessness and depression. In J. Garber & M. E. P. Seligman (Eds.), *Human helplessness: Theory and applications* (pp. 35—57). New York: Academic Press.

Wenger, M. A. (1941). The measurement of individual differences in autonomic balance. *Psychosomatic Medicine, 3,* 427—434.

Wenger, M. A. (1966). Studies of autonomic balance: A summary. *Psychophysiology, 2,* 173—186.

Wenger, M. A. & Cullen, T. D. (1972). Studies of autonomic balance in children and adults. In N. S. Greenfield & R. A. Sternbach (Eds.), *Handbook of psychophysiology* (pp. 535—569). New York: Holt.

Wermuth, N. (1989). Moderating effects in multivariate normal distributions. *Methodika, 3,* 74—93.

Wheaton, B. (1983). Stress, personal coping resources, and psychiatric symptoms: An investigation of interactive models. *Journal of Health and Social Behavior, 24,* 208—229.

Wheaton, B. (1985). Models for the stress-buffering functions of coping resources. *Journal of Health and Social Behavior, 26,* 352—364.

Whitehead, W. E., Drescher, V. M., Heiman, P. & Blackwell, B. (1977). Relation of heart rate control to heart beat perception. *Biofeedback and Self-Regulation, 2,* 371—392.

Wilson, G. D. (1978). Introversion/Extroversion. In H. London & J. E. Exner (Eds.), *Dimensions of personality* (pp. 217—261). New York: Wiley.

Wilson, G. D. (1981). Personality and social behaviour. In H. J. Eysenck (Ed.), *A model for personality* (pp. 210—245). Berlin: Springer.

Wine, J. D. (1982). Evaluation anxiety: A cognitive-attentional construct. In H. W. Krohne & L. Laux (Eds.), *Achievement, stress, and anxiety* (pp. 207—219). Washington, DC: Hemisphere.

Wundt, W. (1874). *Grundzüge der physiologischen Psychologie.* Leipzig: Engelmann.

Zedeck, S. (1971). Problems with the use of „moderator" variables. *Psychological Bulletin, 76,* 295—310.

Zuckerman, M. (1979). *Sensation seeking: Beyond the optimal level of arousal.* Hillsdale, NJ: Erlbaum.

Zuckerman, M. (Ed.). (1983). *Biological bases of sensation seeking, impulsivity, and anxiety.* Hillsdale, NJ: Erlbaum.

9. Kapitel[1]

Bewältigung von Emotionen

Lothar Laux und Hannelore Weber

1 Einleitung

Auf den ersten Blick scheinen sich Emotionstheorien überwiegend mit dem Entstehen von Emotionen zu befassen. Man könnte vermuten, daß die meisten Emotionstheoretiker so sehr von der Frage, wie Emotionen entstehen, fasziniert sind, daß sich ihnen die Frage, wie man mit den einmal ausgelösten Emotionen umgeht, wie man sie *bewältigt*, gar nicht mehr stellt. Jedenfalls ist „Bewältigung von Emotionen“ kaum ein Thema in der Emotionsforschung. Die Mehrzahl der theoretischen und empirischen Beiträge zur Emotionsbewältigung stammt dagegen aus der *Streßforschung*, genauer gesagt aus jenem Bereich der Streßforschung, der sich inzwischen als *Bewältigungsforschung* etabliert hat. Bei eingehenderer Beschäftigung mit der Literatur der Emotionsforschung wird aber deutlich, daß einige Autoren durchaus die Auseinandersetzung mit Emotionen behandeln. Dies kann jedoch leicht übersehen werden, da sie häufig statt Bewältigung (coping) andere Begriffe gebrauchen (siehe Abschnitt 2).

Wegen der engen Nachbarschaft von Streß und Emotion beginnen wir unseren Beitrag mit einem Abschnitt, in dem die *Bewältigung von Emotionen* in den Kontext der Streß- und Emotionsforschung eingebettet wird. Im 3. Abschnitt werden die *Funktionen* der Bewältigung und die verschiedenen *Formen* emotionszentrierter Bewältigung beschrieben. Daran schließt sich die Diskussion der *Effizienz* dieser emotionszentrierten Bewältigungsformen an (4. Abschnitt). In Abschnitt 5 geht es um die Frage der *Variabilität* und *Stabilität* von aktuell eingesetzten Bewältigungsformen sowie um die Beziehung zwi-

[1] Die Autoren danken Frau Dipl.-Psych. M. Burda und den Herren Prof. D. Frey, Prof. K. W. Krohne, Prof. K. R. Scherer, Dipl.-Psych. G. Viering und Dr. G. Vossel für die sorgfältige Durchsicht einer früheren Version des Manuskripts.

schen aktueller Bewältigung und bewältigungsbezogenen *Persönlichkeitseigenschaften* (siehe auch Krohne & Kohlmann in diesem Band).

Die meisten Forschungsarbeiten, die in diesen ersten, grundlegenden Abschnitten besprochen werden, erfassen zwar Formen der Bewältigung von Emotionen, berücksichtigen aber in der Regel nicht die *Qualität* der bewältigten Emotionen. Daneben gibt es aber auch Ansätze und Forschungsarbeiten, die sich primär der Bewältigung spezifischer, *diskreter Emotionen* widmen. Sie werden am Beispiel der Emotionen Ärger und Trauer/Kummer im 6. Abschnitt dargestellt.

Bei den Forschungsarbeiten zur Bewältigung von Emotionen ist die Perspektive der psychologischen Theorien ebenso wie die Methodik der Erfassung meist auf die *einzelne Person* gerichtet. Viele Bewältigungsformen konkretisieren sich jedoch in der *Interaktion* zwischen Personen. So ist etwa die Absicht, die Interaktionspartner mit Hilfe der eingesetzten Bewältigungsformen zu beeinflussen, bisher kaum beachtet worden. Bei der Beschreibung unseres eigenen Ansatzes der *Selbstdarstellung* und des *Selbstwertschutzes* im 7. Abschnitt wollen wir versuchen, sowohl Strategien der Selbstdarstellung für die Analyse des Bewältigens von Emotionen nutzbar zu machen, als auch gängige Bewältigungsformen unter dem Gesichtspunkt der Selbstdarstellung zu interpretieren. Im Mittelpunkt steht dabei die *Emotionsdarstellung*: der intentionale Einsatz von expressiven Bewältigungsformen. In Abschnitt 8 weisen wir abschließend in Form eines Ausblicks auf die Notwendigkeit und Fruchtbarkeit der Erforschung *sozial-interaktiver* Prozesse in der Emotionsbewältigung sowie der systematischen Erforschung emotionsspezifischer Bewältigung hin.

2 *Bewältigung von Emotionen als Thema der Streß- und Emotionsforschung*

2.1 Streß und Emotion

Der Begriff „Streß" wurde von Selye zur Charakterisierung eines Syndroms unspezifisch hervorgerufener körperlicher Veränderungen eingeführt (Selye, 1946). Mit der Übertragung dieses physiologischen Streßkonzepts auf den psychologischen Bereich begann der Streßbegriff mehr und mehr den Emotionsbegriff und das Wortfeld emotionsbezogener Begriffe zu ersetzen. Im Gegensatz zum neutralen Emotionsbegriff verband man mit dem Streßkonzept die eingängige Idee, daß Tiere und Menschen dem Druck einer mächtigen Umwelt ausgesetzt sind, die ihre Anpassungskapazität beansprucht. Streß

„klang“ zudem wissenschaftlicher und objektiver als Emotion oder Gefühl (vgl. Cofer & Appley, 1964; Lazarus, 1966).

Dagegen ist der Streßbegriff heute durch eine derartige Aspektfülle und Vieldeutigkeit gekennzeichnet (siehe zusammenfassend Appley & Trumbull, 1986; Laux, 1983; Nitsch, 1981; Schwarzer, 1987), daß einige Emotionsforscher vorgeschlagen haben, ihn ganz zu vermeiden oder ihn nur für die endokrinologische Streßreaktion nach Selye zu reservieren, keinesfalls aber als Bezeichnung für intensive, negativ- schädliche Emotionen beizubehalten (Fahrenberg, 1979). Andere Forscher dagegen sehen seinen Wert darin, daß er als Sammelbegriff für viele unterschiedliche Forschungsfelder dienen kann (vgl. McGrath, 1982). Zu den Forschern, die den Streßbegriff beibehalten wollen und ihn vom Emotionsbegriff abgrenzen, gehört Janke (1974), der rät, dann von Streß zu sprechen, wenn stärkere Abweichungen von der intraindividuellen Normallage hinsichtlich *Intensität* oder *Dauer* emotionaler Reaktionen vorhanden sind. Durch das Kriterium der übermäßigen Intensität oder Dauer wahrt diese Begriffsverwendung die Nähe zur klassischen Streßkonzeption. Wie bei Selye wird die *Qualität* der beteiligten Emotionen nicht als Definitionsmerkmal berücksichtigt. Lustbetonte Emotionen (Freude, Begeisterung) können danach genauso mit Streß verbunden sein wie unlustbetonte.

Scherer (1985, S. 198) hat kürzlich eine ähnliche Konzeption wie Janke vorgeschlagen, ohne allerdings das „General-Impact-Modell“ von Selye zu übernehmen. Streß wird dabei als Sonderfall emotionaler Reaktionsweisen gesehen, „... bei der die Systemlage eines Organismus über einen längeren Zeitraum hinweg aus dem Gleichgewicht gebracht wird, ohne daß ein neuer Gleichgewichtspunkt auf einer anderen Ebene erreicht wird“. Im Gegensatz zu den „normalen“ Emotionen, die kurzfristige Anpassungsmechanismen des Organismus darstellen, wäre „Streß“ dadurch gekennzeichnet, daß eine schnelle, dem normalen Emotionsverlauf entsprechende Rückkehr zum Sollwert nicht möglich ist. Das Streßkonzept wird damit auf den Sonderfall, daß die unmittelbare Emotionsregulation versagt, beschränkt. Diese Trennung von streßbezogenen emotionalen Reaktionen (Angst-Streß, Ärger-Streß usw.) und „normalen“ emotionalen Reaktionen ist prinzipiell operationalisierbar. Mit seiner eingeengten Streßkonzeption übernimmt Scherer von der klassischen Streßlehre das Merkmal der Reaktionsintensität und -dauer, verzichtet aber auf die Unspezifitätsannahme und läßt Raum für kognitive Bewertungsvorgänge.

Als umfassendes Konzept wird Streß dagegen in *transaktionalen* Ansätzen definiert. Nach Lazarus und Launier (1978) ergibt sich Streß immer dann, wenn Umgebungsanforderungen oder innere Anforderungen die Ressourcen einer Person stark beanspruchen oder übersteigen. Somit wird Streß als Ungleichgewicht zwischen Anforderung und Kapazität verstanden. Das Ungleichgewicht ergibt sich als Resultat eines Bewertungsprozesses, der auch die Intensität und Qualität emotionaler Reaktionen bestimmt. Einschätzungen einer Person-Umwelt-Transaktion als streßreich führen primär zu negativ getönten Emotionen. Allerdings werden nach Lazarus und Launier (1978) unter den sog. Streßemotionen nicht nur eindeutig unlustbetonte emotionale Reaktionen verstanden, sondern auch Mischzustände, die positiv getönte Emotionen umfassen können. Sie ergeben sich, wenn eine Situation nicht als bedrohlich, sondern als herausfordernd interpretiert wird.

Emotionen werden dabei als komplexe organisierte Zustände aufgefaßt, die aus kognitiven Einschätzungen, Handlungsimpulsen und körperlichen Reaktionen bestehen. Jede emotionale Qualität wie Angst, Ärger, Freude läßt sich durch ein spezifisches Muster dieser Komponenten unterscheiden. Eine verbindliche Operationalisierung ist aus diesem Definitionsvorschlag aber nicht hervorgegangen. In den neueren empirischen Forschungsarbeiten der Lazarus-Gruppe wählen die Probanden lediglich solche Ereignisse oder Situationen aus, die sie als „besonders streßreich" erlebt haben (Folkman & Lazarus, 1980). In derartigen Untersuchungen verläßt man sich demnach bei der Auswahl der Ereignisse, die Streß und unlustbetonte Emotionen hervorrufen, auf eine Laienkonzeption von Streß. Zieht man die vorher dargestellten Definitionen von Streß heran, bleibt somit offen, wie groß das Ungleichgewicht zwischen Anforderung und Kapazität, die Abweichung von der intrainviduellen Normallage oder die Diskrepanz zum normalen Emotionsverlauf gewesen ist.

2.2 Bewältigung

In der Literatur herrscht kein Mangel an unterschiedlichen Bewältigungskonzeptionen. In den aktuellen empirischen Arbeiten wie in neueren Beiträgen zur Terminologie der Bewältigungsforschung zeichnet sich aber eine Orientierung an der Rahmenkonzeption von Lazarus ab, welcher der einzelne Autor entweder explizit zustimmt oder aber als Bezugssystem für seine abweichende Konzeption heranzieht (z. B. Filipp & Klauer, 1987; Fleming, Baum & Singer, 1984; Florin, 1985; Houston, 1987; Krohne, 1986, in Druck; Laux & Weber, 1987a; McCrae, 1984; Perrez & Reicherts, 1987; Stäudel & Weber, 1988; Thomae, 1987; Trautmann-Sponsel, 1988). Lazarus und Folkman (1984, S. 141) definieren *Bewältigung* „als sich ständig verändernde kognitive und verhaltensmäßige Bemühungen, mit spezifischen externen und/oder internen Anforderungen, die die Ressourcen einer Person beanspruchen oder übersteigen, fertigzuwerden (manage)". Diese, sehr allgemein gefaßte Bewältigungskonzeption gewinnt erst an Kontur, wenn folgende Merkmale hervorgehoben bzw. hinzugefügt werden:

1. Streß und Bewältigung sind als Konzepte eng miteinander verknüpft: In Abgrenzung gegenüber *automatisiertem* Verhalten oder der breit definierten Adaptation oder *Anpassung* (vgl. White, 1974) wird von „Bewältigung" nur im Zusammenhang mit streßhaftem Geschehen gesprochen, also dann, wenn ein Ungleichgewicht zwischen den Anforderungen an das Individuum und seinen Handlungsmöglichkeiten besteht.

2. Bewältigung ist ein *prozeßhaft-dynamisches* Geschehen, das nicht gleichgesetzt werden darf mit Konzepten wie *Bewältigungsstil* oder *Bewältigungsdisposition,* die Stabilitätsannahmen implizieren (vgl. Abschnitt 5).

3. Im deutlichen Gegensatz zum Alltagssprachgebrauch und zu einzelnen wissenschaftlichen Ansätzen (z. B. Pearlin & Schooler, 1978) bezieht sich Bewältigung auf die *Bemühung,* mit der Nicht-Passung zwischen Anforderungen und Handlungsmöglichkeiten fertigzuwerden, wird damit also vom *Gelingen* dieser Bemühung unterschieden. Genau genommen müßte man demnach von Bewältigungsbemühung oder Bewältigungsversuch sprechen.

   Bemühungen, die sich als nicht erfolgreich herausstellen, werden ebenso unter Bewältigung subsumiert wie solche, die zum Erfolg führen (vgl. das Konzept der *Meisterung,* White, 1974). Evaluative a priori- Feststellungen (z. B. reif oder unreif) sollen zugunsten empirischer *Effizienzanalysen* vermieden werden (vgl. Abschnitt 4). Diese Forderung trifft auch für die sogenannten Abwehrmechanismen zu, die als „realitätsverzerrende" Manöver nicht von vornherein als ineffiziente oder unterlegene Bewältigungsformen eingestuft werden dürfen.

   Zu Recht mag man bedauern, daß das wissenschaftliche Verständnis von Bewältigung im teilweisen Gegensatz zur alltagssprachlichen Verwendung steht. Der Begriff „Auseinandersetzung", der kein Gelingen impliziert, wurde gelegentlich vorgeschlagen, konnte sich aber nicht durchsetzen.

4. Bewältigung ist dadurch gekennzeichnet, daß Anstrengung oder *Aufwand* (effort) erforderlich ist, um das Gleichgewicht zwischen Person und Umwelt wiederherzustellen. Dabei ist kritisch anzumerken, daß es schwer fällt, unter einen derart charakterisierten Bewältigungsbegriff Formen der Reaktion auf Belastung wie „Resignation" oder „Akzeptieren der Situation" zu subsumieren, die in dem Sinne keinen „Aufwand" implizieren (vgl. Thomae, 1987).

5. Bei allem Variantenreichtum der einzelnen Formen ist Bewältigung letztlich auf zwei Funktionen gerichtet: Sie zielt zum einen auf die Änderung der gestörten Person-Umwelt-Konstellation (problem-focused coping) ab, zum zweiten ist sie auf die Regulierung von (negativen) Emotionen gerichtet, die sich aus dieser Konstellation ergeben (emotion-focused coping).

6. Die Anbindung von Bewältigung an das Streßkonzept schließt *positiv* getönte Emotionen aus der Gruppe von Emotionen, die Bewältigungsprozesse initiieren, aus. Allerdings werden unter den sog. *Streßemotionen* nicht nur eindeutig unlustbetonte emotionale Reaktionen verstanden, sondern auch emotionale Mischzustände. Sie ergeben sich, wenn eine Situation nicht als bedrohlich, sondern als herausfordernd interpretiert wird. Betrachtet man Bewältigung als einen Prozeß mit vielen Zwischenstufen, lassen sich auch den „rein" positiven Emotionen Funktionen bei der Auseinandersetzung mit Streßereig-

nissen zuschreiben (Lazarus, Kanner & Folkman, 1980), etwa als Atempausen (z. B. emotionales Auftanken) oder Aufrechterhaltung der Bewältigungsaktivität (z. B. durch freudig-optimistische Stimmung).

Im Zusammenhang mit der terminologischen Klärung von Bewältigung empfiehlt es sich, zwischen einer Reihe von Subkonzepten zu differenzieren und ihre Bedeutung festzulegen. Eine brauchbare Differenzierung haben Braukmann und Filipp (1984) vorgeschlagen: Sie trennen als erstes zwischen den *Bewältigungsreaktionen* (kleinste unterscheidbare und abgrenzbare intrapsychische oder offene Einheit innerhalb des gesamten Bewältigungsgeschehens) und den *Bewältigungsformen* (verschiedene in sich homogene Klassen von Bewältigungsreaktionen). Wenn man Stabilität der Bewältigung im zeitlichen Verlauf untersucht, können Bewältigungsmuster identifiziert werden, die sequentiell geordnete Konfigurationen von Bewältigungsreaktionen oder -formen darstellen, wie sie z. B. für Phasenmodelle charakteristisch sind (vgl. Abschnitt 5). Lassen sich diese sequentiell geordneten Bewältigungsreaktionen als intentional beschreiben und richten sie sich auf einen bestimmten Handlungsplan, werden sie als Bewältigungsstrategien bezeichnet. Beim *Bewältigungsstil* handelt es sich um zeitlich und transsituativ stabile Formen der Bewältigung, mit denen sich Personen typisieren lassen. Diese Liste von Braukmann und Filipp kann ergänzt werden durch die Konzepte *Bewältigungsdispositionen* und *Bewältigungsressourcen* (vgl. Abschnitt 5).

2.3 Emotion und Bewältigung

Die Formulierung Bewältigung von Emotionen bringt zum Ausdruck, daß Emotionen den Bewältigungsprozessen vorausgehen. Bewältigungsprozesse werden durch die unlustbetonte Erlebnisqualität von negativen Emotionen initiiert und haben die Regulation der emotionalen Reaktion zum Ziel (Frijda, 1986; Lazarus & Folkman, 1984).

In der Emotions- und Streßforschung lassen sich aber wenigstens noch zwei weitere grundlegende Formen der Beziehung zwischen Emotion und Bewältigung identifizieren:

(1) *Emotionale Reaktionen als Bewältigung:* Bei funktionaler Betrachtungsweise dienen Emotionen der Bewältigung. Danach zielt emotionales Verhalten auf die Bewältigung des emotionsauslösenden Ereignisses ab, was z. B. durch die Handlung bzw. den Handlungsimpuls bei Ärger veranschaulicht werden kann: Mit dem Angriff als Komponente des Ärgers bewältigt man -im besten Falle- das ärgerauslösende Ereignis (Frijda, 1986; Lazarus, Kanner, Folkman, 1980; Scherer, 1984).

(2) *Bewältigung als Mediatoren bei der Emotionsentstehung:* Bewältigungsprozesse bestimmen als Mediatoren die Qualität und die Intensität von Emotionen (Buck, 1984; Folkman & Lazarus, 1988; Lazarus, 1966; Scherer, 1984). So interpretieren z. B. Folkman und Lazarus (1985) bei einer Untersuchung an Examenskandidaten das Auftreten unterschiedlicher Emotionen (Furcht, Ärger, Schuld etc.) als Konsequenz des Einsatzes von unterschiedlichen Bewältigungsformen.

Wenn man den Vorgang der Bewältigung eines belastenden Ereignisses als Prozeß auffaßt, bei dem Emotionen entstehen und sich verändern, können nacheinander alle drei Formen der Beziehung zwischen Emotion und Bewältigung auftreten.

2.4 Bewältigung, Kontrolle und Regulation von Emotionen

Während sich in der Streßforschung das Bewältigungskonzept — auch in der spezifischen Form der Emotionsbewältigung — größter Beliebtheit erfreut und seine inflationäre Verwendung inzwischen beklagt wird, geht die Emotionsforschung sparsam mit dem Begriff um. In den Inhaltsverzeichnissen und in den Sachregistern vieler Monographien und Sammelwerke der Emotionsforschung wird der Begriff „coping" nur vereinzelt und nicht als tragendes theoretisches Konzept aufgeführt. Ausnahmen stellen zwei neuere Monographien von Buck (1984) und Frijda (1986) dar, in denen Konzepte und Ergebnisse emotionszentrierter Copingforschung in ein übergreifendes theoretisches Bezugsssystem integriert werden.

Bei der Suche nach einzelnen theoretischen Ansätzen in der Emotionsforschung, die das Bewältigungskonzept aufgreifen, wird man fündig bei den Modellen von Leventhal und Scherer (vgl. Scherer Kap. 2 in diesem Band). Charakteristischerweise handelt es sich um Forscher, die generell eine Konvergenz von Streß- und Emotionsforschung anstreben. Leventhals Schlüsselbegriff ist das konzeptuelle (volitionale) Bewältigen, mit dem er die Ausübung von Kontrolle über die drei von ihm für die Emotionsgenerierung angenommenen Systeme (expressiv-motorisches, schematisches und begriffliches System) bezeichnet. Konzeptuelles Bewältigen umfaßt zwei große Gruppen von Bewältigungsstrategien: Regulation der motorischen Reaktionen und Regulation der Stimulation (vgl. Leventhal, 1984).

Scherer (1985) postuliert im Rahmen seines Komponenten-Prozeß-Modells eine Sequenz von fünf Reizverarbeitungschritten, die die Art der Emotion bestimmen. Der 4. Schritt beinhaltet die Prüfung der *Bewältigungsfähigkeit,* unterteilt in Verursachungs-, Kontrollierbarkeits-, Macht- und Anpassungsfähigkeitsprüfung (siehe auch Leventhal & Scherer, 1987). In diesem Modell steht jedoch die Vorhersage diskreter Emotionen im Vordergrund und nicht die Bewältigung bereits vorhandener Emotionen.

Zu den bewältigungsbezogenen Emotionstheorien kann man ebenfalls das Modell von Kellerman (1980) und Plutchik (1980) zählen, da Abwehrmechanismen als eine spezifische Form kognitiver Bewältigungsformen definiert werden (vgl. Abschnitt 3). Im Mittelpunkt ihres Ansatzes steht die Verknüpfung von acht basalen Emotionen mit jeweils einem spezifischen Abwehrmechanismus (z. B. Furcht-Verdrängung, Ekel-Projektion).

Abgesehen von den beschriebenen Ausnahmen könnte man resümieren, daß die Behandlung emotionszentrierter Bewältigung in der Emotionsforschung vernachlässigt wird. In einigen Beiträgen der Emotionsforschung scheinen jedoch Begriffe wie Regulation und Kontrolle von Emotionen den Bewältigungsbegriff zu ersetzen. Unter *Regulations-* oder *Kontrollprozessen* wird dabei das Ausmaß und die Art der Kontrolle des emotionalen Ausdrucks (verbale und nonverbale Reaktionen) verstanden (vgl. Wallbott & Scherer, 1985). Hier sind alle Ansätze zu nennen, die sich mit der Diskrepanz von innerem Gefühl und Emotionsausdruck befassen (z. B. Ekman, 1984; Ekman und Friesen, 1974; Izard & Buechler, 1980). Der Ausdruck der Emotion kann von vollständiger *Unterdrückung* bis zur ihrer *impulsiven Entladung* reichen und bezieht auch Täuschungs- und Simulationsmaneuver mit ein. Dabei erstreckt sich die Kontrolle nicht nur auf den Emotionsausdruck; möglicherweise wirkt der Emotionsausdruck auf das innere Gefühl und die physiologischen Prozesse zurück (vgl. Ekman & Scherer, 1984). Da demnach der Emotionsausdruck die Intensität der Emotion beeinflußt, also emotionsregulierend wirkt, muß er als Bewältigungsform angesehen werden (vgl. Abschnitt 3, 4 und 7).

Ein weiterer Schlüsselbegriff, der von der Soziologin Hochschild (1979) vorgeschlagen wurde, ist die *Emotionsarbeit.* Damit wird der Versuch bezeichnet, Emotionen in ihrer Intensität oder Qualität zu verändern. „Ich versuchte, meinen Ärger zu unterdrücken", „Ich bemühte mich, nicht enttäuscht zu sein" sind Beispiele einer solchen Emotionsarbeit. Emotionsarbeit weist deutliche Gemeinsamkeiten mit dem beschriebenen Bewältigungskonzept auf: (a) Das entscheidende Verb ist in beiden Umschreibungen „to manage"; (b) als Definitionskriterium wird der Versuch hervorgehoben, nicht das Ergebnis, und (c) beide Konzeptionen betonen den erforderlichen Aufwand (effort). Der Hauptunterschied ist darin zu sehen, daß Emotionsarbeit auch das Hervorbringen (evocation) einer zunächst nicht vorhandenen Emotion umfaßt.

Die Emotionsforschung kann also zum Thema emotionszentrierte Bewältigung doch mehr beisteuern als es auf den ersten Blick scheint. Es muß aber festgestellt werden, daß der Brückenschlag bei vielen Themen noch aussteht.

3 Emotionszentrierte Bewältigung: Funktionen und Formen

In der Literatur findet man eine große Vielfalt inhaltlich unterscheidbarer Reaktionen bzw. Formen der Bewältigung und ebenfalls eine Fülle von theoretisch verankerten oder empirisch-induktiv zustandegekommenen Bewältigungsklassifikationen (zsfd. Braukmann & Filipp, 1984; Halsig, 1988).

Eine *theoretisch* begründete Differenzierung stellt die Klassifikation von Lazarus und Launier (1978) dar, die folgende Merkmale unterscheiden: Funktionen (problemlöse- und emotionszentriert), zeitliche Orientierung (Vergangenheit, Gegenwart, Zukunft), Bewertung (Schaden-Verlust, Bedrohung und Herausforderung), instrumenteller Fokus (selbst- vs. umgebungsbezogen), thematisches Merkmal (Überwinden, Tolerieren vs. Prävention) und Bewältigungsmodi (z. B. direkte Handlungen). Durch die Kombination solcher Parameter entsteht ein Raster, das durch konkrete inhaltliche Formen der Bewältigung ausgefüllt werden kann (siehe auch die theoretisch abgeleiteten Klassifikationen von Filipp & Klauer, 1987; Haan, 1977; Moos & Billings, 1982; Ray, Lindop & Gibson, 1982; Perrez & Reicherts, 1987; Ulich et al., 1985).

Empirische Ansätze zu einer Klassifikation von Bewältigungsverhalten lassen sich grob nach zwei methodischen Richtungen unterscheiden: zum einen die *Faktorenanalyse von standardisierten Inventaren,* in denen einzelne Bewältigungsreaktionen aufgelistet sind (vgl. z. B. Folkman, Lazarus, Dunkel-Schetter, DeLongis & Gruen, 1986; Janke et al., 1985; Pearlin & Schooler, 1978), zum zweiten die *inhaltsanalytische Kategorisierung* von Aussagen zur Bewältigung, die in mehr oder minder strukturierten Interviews gewonnen wurden (vgl. z. B. Thomae, 1987; Weber, 1987; Weber & Knapp-Glatzel, 1988). Während die Mehrzahl der empirischen Ansätze ohne explizit formulierten theoretischen Hintergrund auskommt, gibt es Klassifikationsversuche, in denen postulierte Basisdimensionen als Gerüst für die Fragebogenkonstruktion dienen. So legen Filipp und Klauer (1987) ihrem Fragebogen zur Erfassung von Formen der Krankheitsbewältigung (FEKB) ein Klassifikationsschema mit den Dimensionen *Aufmerksamkeitsorientierung* (Abkehr von bzw. Zuwendung zu belastungsrelevanten Informationen), *Soziabilität* (sozialer Rückzug/Abkapselung versus aktives Aufsuchen/Einbeziehen anderer) und *Kontrollebene* (aktional/ innerpsychisch) zugrunde.

Bisher konnte sich keiner der theoretisch oder empirisch begründeten Ordnungsversuche als allgemein akzeptiert durchsetzen. In den neueren Forschungsarbeiten wird aber immer häufiger die basale Einteilung in Funktionen und Formen der Bewältigung übernommen.

3.1 Funktionen der Bewältigung

Die gegenwärtige Bewältigungsforschung berücksichtigt besonders die *problemzentrierte* und *emotionsregulierende* Funktion der Bewältigung (Billings & Moos, 1981; Lazarus & Folkman, 1984; Pearlin & Schooler, 1978). Der intendierte Effekt problemzentrierten Bewältigens ist es, das jeweilige Problem zu lösen, bzw. auf die in Frage stehende belastende Situation einzuwirken. Bei der zweiten Funktion wird die Regulierung der negativen Emotionen angestrebt. Dabei geht es vor allem um den Versuch, den quälenden Spannungszustand, durch den Streßemotionen wie Angst, Ärger, Schuld, Depression, Eifersucht usw. oft gekennzeichnet sind, zu *verringern.* Auch langfristig erweist sich die Verringerung der Emotionsintensität als notwendig, da die anhaltende physiologische Mobilisierung als Komponente der emotionalen Reaktion zu Störungen des internen Milieus und zu somatischen Erkrankungen führen kann (vgl. z. B. Temoshok, Van Dyke & Zegans, 1983; Basler & Florin, 1985).

Die Regulierung umfaßt aber auch Reaktionen, die die Intensität unlustbetonter Emotionen, zumindest in ihrer ersten Konseqenz, *steigern.* Manche Personen verschlimmern nämlich ihren emotionalen Zustand zunächst, indem sie sich z. B. selbst beschuldigen oder erniedrigen, bevor nachfolgend eine emotionale Erleichterung eintritt. Die Erregung wird ebenfalls erhöht, wenn man sich für eine bevorstehende Auseinandersetzung mobilisieren möchte (vgl. Janke et al., 1985; Lazarus & Folkman, 1984; Weber & Knapp-Glatzel, 1988).

Zwischen dem problemlöse- und dem emotionszentrierten Bewältigen sind unterschiedliche *Interaktionsformen* denkbar: Die Funktionen können interferieren, wenn z. B. eine emotionale Entladung das Aufnehmen von neuen problembezogenen Informationen hemmt (antagonistische Beziehng). Häufig ist die eine Funktion aber auch auf die andere angewiesen, wenn z. B. planvolles Handeln durch Regulierung der Angst mit Hilfe von Selbstinstruktion erst effizient wird (synergistische Beziehung).

Es ist grundsätzlich denkbar, daß ein- und dieselbe Bewältigungsreaktion *beiden* Funktionen dient. So kann beispielsweise der Ärgerausbruch des leitenden Angestellten sowohl auf die kathartische Entladung abzielen als auch simultan bezwecken, die Mitarbeiter zu größerem Arbeitseinsatz aufzufordern. In der Forschungsliteratur wird daher neuerdings sogar gefordert, eine feste Anbindung von einzelnen Bewältigungsformen an eine bestimmte Funktion ganz aufzugeben (Lazarus & Folkman, 1987; Stone & Neale, 1984; Thoits, 1986). Welche Funktion mit dem Einsatz einer bestimmten Bewältigungsform in einer konkreten Streßepisode tatsächlich verbunden ist, kann nicht a priori festgelegt, sondern muß empirisch ermittelt werden (vgl. McCrae & Costa, 1986; Schulze, Flörchinger, Rees & Jäger, 1987).

3.2 Formen emotionszentrierter Bewältigung

Bewältigungsformen können auf oberster Abstraktionsebene in *intrapsychische* und *aktionale* unterteilt werden (z. B. Janke et al., 1985). Intrapsychische Formen sind kognitive Prozesse, die Wahrnehmungs-, Denk-, Vorstellungs- und Interpretationsprozesse umfassen (vgl. die spezifischere begriffliche Bestimmung von Kognition bei Dörner & Stäudel in diesem Band). Aktionale Formen beziehen sich demgegenüber auf Handlungen wie z. B. Angriff, soziale Zuwendung, Flucht und Rückzug. Aufmerksam machen wollen wir auf eine dritte, vernachlässigte Kategorie, auf *expressive* Bewältigungsformen, die — wenn überhaupt — meist als Unterformen aktionaler Formen genannt werden. Sie betreffen den Ausdruck von Emotionen (z. B. Entladung oder Unterdrückung von Emotionen) und erweisen sich besonders bei interaktionsbezogener Bewältigung als sehr bedeutsam (vgl. Abschnitte 4 — 8).

Einige Bewältigungsreaktionen kann man nicht nur einer, sondern zwei oder allen drei der aufgeführten Kategorien zuordnen (z. B. folgendes Item aus der Ways of Coping-Skala: „Ich ließ meinen Ärger an der Person aus, die das Problem hervorgerufen hatte"; vgl. Folkman, Lazarus, Dunkel-Schetter, DeLongis & Gruen, 1986). Eine Aufspaltung dieser Bewältigungsreaktionen in „reine" Grunddimensionen liefe jedoch auf eine künstliche Trennung von kognitiven, handlungsbezogenen und expressiven Anteilen hinaus, die nicht mehr dem natürlichen Einsatz der Bewältigungsreaktion gerecht wird. Daneben gibt es viele „eindimensionale" Bewältigungsreaktionen, z. B. rein kognitive Maneuver, die nicht von Handlungen oder Emotionsausdruck begleitet werden. Expressive und aktionale Bewältigungsreaktionen ohne intrapsychische Bewältigung dürften dagegen eher Ausnahmecharakter haben (z. B. explosive Affektentladungen oder dissoziative Handlungen).

Die drei grundlegenden Klassen von Bewältigungsformen, *intrapsychisch, aktional* und *expressiv,* können wiederum in einzelne Untergruppen unterschieden werden, wobei sich vor allem die Klasse der intrapsychischen Bewältigungsformen, die den traditionellen Forschungsschwerpunkt bilden, breit ausdifferenzieren läßt.

3.2.1 Intrapsychische Emotionsbewältigung

Die heterogene Gruppe intrapsychischer Bewältigungsformen läßt sich unterteilen in defensive, positiv konnotierte und selbstzentrierte Bewältigungsformen.

3.2.1.1 Defensive Bewältigungsformen

Alle Vorschläge zur Beschreibung und Taxonomierung des Bewältigungsverhaltens enthalten mehr oder minder explizit Formen von Bewältigung, die vom

Konzept des Abwehrmechanismus ausgehen. Zu den klassischen, von Sigmund oder Anna Freud (1982) aufgeführten Abwehrmechanismen wie z. B. Verdrängung, Leugnung, Reaktionsbildung, Projektion, Isolierung oder Intellektualisierung sind neue defensive Formen hinzugekommen wie z. B. Bagatellisierung oder Selbstbehinderung. Eine brauchbare Differenzierung ergibt sich durch den Vorschlag, zwischen defensiven (Abwehrmechanismen im engeren Sinn) und sog. evasiven Techniken zu unterscheiden (Thomae, 1968). Defensive Techniken dienen dazu, eine potentielle oder faktische Bedrohung vom Eindringen in das Bewußtsein abzuhalten (z. B. Verdrängung, Verneinung), während bei evasiven Techniken die Bedrohlichkeit prinzipiell erkannt wird, bevor auf sie in ausweichender oder abschwächender Form reagiert wird (z. B. Vermeidung, Bagatellisierung). Naturgemäß sind besonders die defensiven Formen (im engeren Sinn) schwierig zu definieren und vor allem zu operationalisieren.

Für die Erfassung defensiver Bewältigungsformen sind standardisierte Instrumente entwickelt worden (Defense Mechanisms Inventory, Coping Operations Preference Enquiry, Joffe u. Naditch Scales, zusammenfassend Vickers & Hervig, 1981; siehe auch der „Life Style Index" von Plutchik, Kellerman und Conte, 1979). Thomae und seine Mitarbeiter haben differenzierte inhaltsanalytisch fundierte Kategorien für defensive und evasive Techniken ausgearbeitet (z. B. Kipnowski, 1980). In unspezifischen Bewältigungsinventaren, die nicht allein auf defensive Bewältigungsformen, sondern ein umfassenderes Spektrum potentieller Bewältigungsreaktionen gerichtet sind, wird meist eine kleine Auswahl der folgenden defensiven Formen aufgeführt:

— *Verneinung:* die Situation nicht als bedrohlich betrachten

— *Affekt-Isolation:* keine emotionale Reaktion zeigen

— *Verkehrung ins Gegenteil:* auf die Situation mit positivem Affekt reagieren

— *Vermeidung:* an etwas anderes denken, was nichts mit der bedrohlichen Situation zu tun hat

— *Intellektualisierung:* eine analytisch-intellektuelle Orientierung gegenüber der Situation einnehmen

— *Bagatellisierung:* die Situation als weniger bedrohlich abtun

— *Wirklichkeitsfliehende Phantasien (Eskapismus):* die Zeit mit Tagträumen verbringen, um Schwierigkeiten zu vergessen.

Bei aller Unterschiedlichkeit der defensiven Bewältigungsformen dient ihr Einsatz dem gleichen Ziel, das emotionale Gleichgewicht beizubehalten oder wiederzugewinnen, indem entweder das emotionsauslösende Ereignis nicht anerkannt oder seine Bedrohlichkeit reduziert wird. In beiden Fällen wird die „Realität verzerrt" (oder besser: von einer intersubjektiv definierten Realität abweichend konstruiert).

Realitätsverzerrung ist für psychoanalytisch orientierte Autoren daher auch dasjenige Kriterium, mit dem sie Abwehrmechanismen von *adaptiven* Bewältigungsformen deutlich abheben. Die Gegenüberstellung und Abgrenzung zwischen Abwehrformen und nichtdefensiver Bewältigung ist zentrales Merkmal des Ansatzes von Haan (1977). Haan geht in ihrem theoretischen System der Persönlichkeit von 10 grundlegenden Ich-Prozessen aus, die jeweils in einem dreifachen Modus erfüllt werden können: in dem Modus der realitätsorientierten, flexiblen, der Logik folgenden Bewältigung (Coping), der realitätsverzerrenden, rigiden Abwehr (Defense) und in einem pathologischen Modus, der Fragmentation. Folgendes Beispiel veranschaulicht die Dreiteilung: der Ich-Prozeß „Selektive Bewußtheit, d. h. die Fähigkeit zur Aufmerksamkeitsfokussierung" wird in dem *Bewältigungs-Modus* realisiert durch „aufgabenbezogene Konzentration bei Ausschaltung störender Gefühle und Gedanken", im *Abwehr-Modus* als „Verleugnung, d. h. der Ausschaltung belastender Gedanken und Tatsachen" und schließlich als eine völlige Zuwendung nur zu angenehmen Gedanken im *Fragmentierungs-Modus.* Die Kriterien, die Haan heranzieht, um die Bewältigung gegenüber Abwehr und Fragmentierung auszuzeichnen, nämlich Flexibilität des Verhaltens, Zielgerichtetheit, Realitätsorientierung und ein „offener, geordneter und gemäßigter" Umgang mit emotionalen Bedürfnissen, lassen sich in einem zentralen Merkmal zusammenfassen, das der „accuracy". *Accuracy* meint, daß das Verhalten ausgerichtet wird an einer differenzierten Wahrnehmung der eigenen Person vor dem Hintergrund der Umwelt, daß also die eigene Realitätswahrnehmung angepaßt wird an eine sozial definierte, intersubjektiv-objektive Realität.

Andere Autoren weisen demgegenüber auf die potentielle Effizienz realitätsverzerrender Bewältigungsformen für das emotionale Wohlbefinden hin (siehe Abschnitte 4 und 6, Trauer/Kummer) und distanzieren sich von den wertenden, gelegentlich sogar abqualifizierenden Taxonomien neopsychoanalytischer Ansätze (Lazarus, 1983; Lazarus & Launier, 1978; Thomae, 1985; siehe auch Suls & Fletcher, 1985). Die Kritik entzündete sich besonders an der Studie von Vaillant (1977), der ehemalige Harvard-Graduierte untersuchte und dann zwischen Männern mit „reifen" und „unreifen" Abwehrmechanismen unterschied.

3.2.1.2 Positiv konnotierte intrapsychische Bewältigungsformen

Geht man von ihrer konnotativen Bedeutung aus, weisen die Begriffe „defensiv" oder „Abwehr", zumindest in der psychologischen Literatur, auf inadäquates Bewältigen hin. Die sprachlichen Bezeichnungen anderer Bewältigungsformen wie z. B. *positives Denken, positive Selbstinstruktion, Hoffen, Sinngebung* legen dagegen mehr oder weniger deutlich deren adaptive und damit positive

Funktion nahe (vgl. auch Faller & Verres in diesem Band). Zweifellos können in diesen Formen Realitätsverzerrungen und massive Selbsttäuschungen mitspielen. Hoffen in schwierigen Situationen kann nach Breznitz (1986) bedeuten, daß man die negativen Aspekte verneint und die wenigen positiven hervorhebt und überbewertet. Von dieser illusionären Form des Hoffens unterscheidet er allerdings die „reife" Form des Hoffens, die ohne Verneinungen auskommt. In ähnlicher Weise argumentieren Lazarus und Folkman (1984), wenn sie die realitätsgemäße Neueinschätzung (z. B. Relativieren, Gewinnen von Stärke und Kraft) von der realitätsverzerrenden (defensiven) Neueinschätzung unterscheiden. Wie fließend dabei die Übergänge sind, zeigt sich z. B. bei der Interpretation positiver Emotionen bei Patienten mit schwerem Leiden. Freude kann hier als Konsequenz von Verneinung und Reaktionsbildung und damit als defensive Bewältigungsform interpretiert werden. Liegt jedoch eine „realistische" Einschätzung der Krankheit vor, wird das Auftreten derselben Emotion als Resultat besonders effektiven Bewältigens angesehen (vgl. Viney, 1986).

Sieht man einmal von den positiven Selbstinstruktionen ab (vgl. Janke et al., 1985; Meichenbaum, 1977), scheint sich die derzeitige Forschung nicht in ausreichendem Maße um die Untersuchung dieser positiv konnotierten intrapsychischen Bewältigungsformen zu kümmern. Deutlich wird dies durch die vorhandenen Erhebungsinstrumente, in denen wichtige Bewältigungsformen wie z. B. Humor fehlen oder unterrepräsentiert sind (vgl. Aldwin & Revenson, 1987; Lefcourt & Martin, 1986 sowie Abschnitt 4).

3.2.1.3 Selbstabwertende Bewältigungsformen

Eine weitere Gruppe von intrapsychischen Bewältigungsformen ist im klaren Gegensatz zur emotionalen Distanzierung, die durch die defensiven Formen erreicht werden soll, durch eine selbstabwertende und selbstquälerische Auseinandersetzung gekennzeichnet (vgl. Brüstle, Hodapp & Laux, 1985; Weber & Knapp-Glatzel, 1988). Dazu zählen Bewältigungsformen wie Selbstbemitleidung und Selbstbeschuldigung, die nach Janke et al. (1985) auch mit gedanklicher Weiterbeschäftigung verbunden sind. Sie scheinen wenig geeignet, zu einer Minimierung unangenehmer Emotionen beizutragen.

3.2.2 Aktionale Bewältigungsformen

Es ist ein Mißverständnis, wenn in der Literatur gelegentlich aktionale Bewältigungsformen mit problembezogener und intrapsychische Formen mit emotionszentrierter Bewältigung gleichgesetzt werden. Wie die folgenden Beispiele zeigen, können sich sämtliche aktionalen Grundformen auf die Funktion der Emotionsregulation richten. Gestützt auf verschiedene Bewältigungsinventare lassen sich zumindest sechs Grundformen unterscheiden (vgl. Folkman, Lazarus, Gruen & DeLongis, 1986; Janke et al., 1985; Stone & Neale, 1984): (1) *Konfrontatives Bewältigen* (z. B. Aggressive Handlung), (2) *Vermeidung* (z. B. Flucht, soziale Abkapselung), (3) *Suche nach Ersatzbefriedigung* (z. B. Kompensation, Pharmakaeinnahme), (4) *Suche nach Hilfe* (z. B. Soziale Unterstützung), (5) *Entspannung* und (6) *problemlöseorientiertes Handeln.* Auf abstrakterer Ebene differenzieren Lazarus und Launier (1978) zwischen *Informationssuche* (z. B. Suche nach Informationen, die den momentanen Gefühlszustand verbessern), *direkter Handlung* (z. B. systematisches Entspannen) und *Unterdrücken von Handlungen* (z. B. Unterbrechen einer Auseinandersetzung, um sich zu erholen).

3.2.3 Expressive Bewältigungsformen

Der Emotionsausdruck läßt sich als Form der Bewältigung von Emotionen ansehen, wenn man annimmt, daß das expressive Verhalten auf das innere Gefühl zurückwirkt (vgl. Ekman & Scherer, 1984). Bewältigung von Emotionen liegt im Sinne der in Abschnitt 2 beschriebenen Rahmenkonzeption schon dann vor, wenn man sich bemüht, seine Emotionen auf expressivem Wege zu beeinflussen. Welche Formen des Emotionsausdrucks als effizient anzusehen sind, wird in Abschnitt 4 zur Diskussion gestellt.

Variieren kann der Ausdruck der Emotion bzw. die Kontrolle des Emotionsausdrucks von vollständiger *Unterdrückung* der Emotion bis hin zu ihrem impulsiven unkontrollierten *Ausdruck* bzw. *Entladung.* Dazwischen liegen die mehr oder weniger kontrollierten, dosierten Formen des Mitteilens emotionaler Befindlichkeit. Beim Ausdruck von Gefühlen läßt sich unterscheiden zwischen dem destruktiven Ausagieren und dem offenen konstruktiven Emotionsausdruck (vgl. Abschnitt 4 und Abschnitt 6.1, Ärger). Das positive Gegenstück zur Emotionsunterdrückung, verstanden im Sinne eines krampfhaften Sichzusammennehmens, wäre die „Resonanzdämpfung der Affekte" wie sie z. B. im Autogenen Training erreicht wird. Allerdings erfassen die derzeit häufig eingesetzten Inventare die Formen expressiven Bewältigens — wenn überhaupt — nur in sehr grober Weise, denn es wird oft lediglich zwischen direktem Ausdruck und Unterdrückung unterschieden. Für eine vollständige Deskription und für die Abschätzung der Effizienz expressiver Bewältigung sind aber subtilere Angaben erforderlich (vgl. Abschnitt 4; Laux & Weber, in Vorbereitung).

Bei der Beurteilung expressiver Bewältigungsformen müssen ihre erheblichen *sozialen* Konsequenzen beachtet werden. So ist z. B. der Ausdruck negativer Gefühle in vielen Kontexten sozial unerwünscht (Thoits, 1985a). Daher werden solche Gefühle oft unterdrückt, und man versucht, „angemessenere" Gefühle zum Ausdruck zu bringen. Die soziale Funktion des Emotionsausdrucks, speziell dessen strategische Nutzung, ist in der traditionell auf das einzelne Individuum gerichteten Bewältigungsforschung vernachlässigt worden. Wir gehen auf die soziale Bedingtheit expressiver und anderer Bewältigungsformen besonders in den Abschnitten 7 und 8 ein.

3.3 Erfassung von Formen und Funktionen der Bewältigung

Die Bewältigung von Streß und Emotionen ist mit solch unterschiedlichen Strategien wie dem Laborexperiment und biographischen Methoden untersucht worden. Während man sich in biographischen Ansätzen bemüht, Bewältigungsformen als Reaktionen auf „real life"- Situationen zu erfassen (vgl. Brüderl, 1988; Laux & Weber, 1987a, b; Lazarus & Folkman, 1987; Perrez & Reicherts, 1989; Reicherts, 1988; Thomae, 1987; Ulich et al., 1985; Ulich, 1987; Vossel, 1987; Weber & Knapp-Glatzel, 1988), kann man in experimentellen Arbeiten den Einsatz von Bewältigungsstrategien induzieren und systematisch variieren (z. B. Bloom, Houston, Holmes & Burish, 1977). In vielen Experimenten wird jedoch die Form der Bewältigung gar nicht manipuliert, sondern lediglich als abhängige Variable der Bedingungsmanipulation erfaßt (z. B. Rösler & Kühl, 1981). Daneben liegen noch experimentelle Arbeiten vor, in denen die Bewältigung nicht direkt erhoben, sondern aus der Divergenz der abhängigen Variablen erschlossen wird (z. B. Scherer, Wallbott, Tolkmitt & Bergmann, 1985; Weinstein, Averill, Opton & Lazarus, 1968).

In der Mehrzahl aller experimentellen oder biographisch orientierten Arbeiten werden Fragebogen zur Erfassung *aktueller* Bewältigungsformen eingesetzt. Andere Ansätze stützen sich demgegenüber auf halbstrukturierte Interviews, die inhaltsanalytisch ausgewertet werden (für einen Überblick siehe Halsig, 1988). Häufig stellen inhaltsanalytische Kategorisierungen die Grundlage dar für standardisierte Bewältigungsfragebogen (vgl. Horowitz & Wilner, 1980; Pearlin & Schooler, 1978).

Prinzipieller Aufbau und Problematik der Fragebogenmethoden werden am Beispiel der „Ways of Coping"-Skala (WoC-Skala; Folkman, Lazarus, Gruen & DeLongis, 1986) erläutert, da dieses Inventar in den amerikanischen wie in den europäischen Forschungsarbeiten der letzten Jahre als standardisiertes Verfahren am häufigsten eingesetzt wurde und für die Erfassung emotionszentrierter Bewältigung besonders relevant ist.

Es ist charakteristisch für den methodischen Ansatz von Lazarus, daß die Probanden gebeten werden, das Ereignis oder die Situation auszuwählen und zu beschreiben, das/die sie selbst im letzten Monat als sehr „streßreich" empfunden haben. Die Bewältigung dieser Episode wird dann mit Hilfe der „Ways of Coping"-Skala (WoC-Skala) erfaßt. Dabei sollen die Probanden angeben, in welchem Ausmaß sie die aufgeführten Bewältigungsreaktionen eingesetzt haben. Das Inventar besteht aus 66 Items, die 8 faktorenanalytisch gewonnenen Dimensionen zugeordnet sind (vgl. Tabelle 1).

Tabelle 1: Bewältigungsformen der Ways of Coping-Skala mit Beispielitems

1. Konfrontative Bewältigung
   „Ich beharrte auf meinem Standpunkt und kämpfte um das, was ich wollte."
2. Distanzierung
   „Ich habe weitergemacht, als sei nichts geschehen."
3. Selbstkontrolle
   „Ich bemühte mich, meine Gefühle für mich zu behalten."
4. Suche nach sozialer Unterstützung
   „Ich sprach mit jemandem, der bei diesem Problem etwas Konkretes unternehmen konnte."
5. Selbstzuschreibung von Verantwortlichkeit
   „Ich sah ein, daß das Problem von mir stammte."
6. Flucht-Vermeidung
   „Ich schlief mehr als gewöhnlich."
7. Planvolles Problemlösen
   „Ich machte mir einen Handlungsplan und führte ihn aus."
8. Positive Neueinschätzung
   „Ich entdeckte wieder, was wirklich wichtig im Leben ist."

Vier Punkte erscheinen uns bei der Besprechung der WoC-Skala und ihrem theoretisch-methodischem Fundament von vorrangiger Bedeutung:

1. *Inhaltliche Vollständigkeit:* Die WoC-Skala umfaßt trotz ihrer acht Dimensionen nur einen Ausschnitt aus der Vielfalt unterschiedlicher Bewältigungsreaktionen. Expressive Bewältigungsformen sind z. B. nur bruchstückhaft vertreten: Auf Skalenebene wird lediglich die Kontrolle bzw. Unterdrückung angesprochen (Subskala Selbstkontrolle). Der direkte Gefühlsausdruck wird nur durch das Item „Ich ließ meine Gefühle irgendwie raus" erfaßt. Durch die Zuordnung zur Skala „Konfrontative Bewältigung" wird dieses Item aber in einen anderen Bedeutungskontext eingebettet.

Ausgehend von einer Kritik an den wenigen und abstrakten Bewältigungsformen der WoC-Skala hat McCrae (1984) aus allen Items der WoC-Skala und aus weiteren 50 Items, die er aus der Bewältigungsliteratur ableitete, ein Inventar mit 28 Subskalen zusammengestellt, die aus einem bis sieben Items bestehen. Die vollständige Subskalenliste der *Coping Mechanisms Scale,* die ansonsten den generellen Aufbau der WoC-Skala beibehält, ist in Tabelle 2 (Abschnitt 4) dargestellt. Zusätzlich zu den Dimensionen der WoC-Skala erfaßt die Skala von McCrae positives Denken, sozialer Vergleich, Fatalismus, Glaube sowie zusätzliche problemzentrierte Strategien. Der Ausdruck von Emotionen als expressive Bewältigungsform bildet eine Subskala und und umspannt das Zurückhalten des Gefühls ebenso wie den kontrollierten und direkten Ausdruck.

2. *Theoretische Begründung:* Lazarus hatte beabsichtigt, mit der WoC-Skala ein Inventar zur Operationalisierung seiner theoretischen Klassifikation von Bewältigungsprozessen zu entwickeln (vgl. Lazarus & Launier, 1978). Klassifikationsmerkmale wie etwa die Bewältigungsform (Informationssuche, direkte Handlungen, Unterlassen von Handlungen, intrapsychische Formen) ließen sich aber faktoriell nicht getrennt abbilden. Daher spielt die theoretisch verankerte Taxonomie von Bewältigungsprozessen heute eine geringere Rolle in den Arbeiten der Lazarus-Gruppe als die faktorenanalytisch gewonnene Klassifikation. Generell gilt, daß die verschiedenen Fragebogenverfahren meist nicht auf einer explizit formulierten Bewältigungstheorie beruhen, sondern willkürliche Auflistungen von Bewältigungsreaktionen darstellen (siehe die Kritik von Braukmann & Filipp, 1984).

3. *Zuordnung von Formen bzw. Reaktionen zu Funktionen:* Bis auf die Ausnahme des „planvollen Problemlösens“ dienen nach Folkman und Lazarus (1985) alle Bewältigungsformen der WoCS der Regulation von Emotionen, wobei sich die „Suche nach Unterstützung“ auf beide Funktionen beziehen kann. Wenn auch Lazarus und Folkman (1987) neuerdings eine solche feste Zuordnung von einzelnen Bewältigungsformen zu einer spezifischen Funktion nicht mehr vornehmen, so bleibt doch der hohe Anteil der Emotionsbewältigung evident: *Streßbewältigung* ist bei Lazarus zumindest auf der Ebene der Operationalisierung vor allem *Emotionsbewältigung.*

Obwohl auch McCrae (1984) zumindest eine exemplarische Zuordnung seiner Bewältigungsskalen zu den beiden Grundfunktionen vornimmt, geht er bei der Effizienzbestimmung der Bewältigungsformen ganz pragmatisch davon aus, daß sich jede Bewältigungsform prinzipiell auf beide Funktionen beziehen läßt (vgl. McCrae & Costa, 1986 und Abschnitt 4).

Wie wenig sinnvoll eine feste Zuordnung von Bewältigungsform und übergeordneter Bewältigungsfunktion ist, läßt sich aus einer Studie von Stone und Neale (1984) ableiten. Die Autoren konnten zeigen, daß große *interindividuelle* Unterschiede bestehen in der Zuweisung von Handlungen und Kognitionen zu übergeordneten Bewältigungskategorien, bzw. -funktionen. So wurde z. B. eine spezifische Bewältigungsreaktion von einem Teil der Studienteilnehmer als „Entspannung“ klassifiziert, von anderen jedoch der „Ablenkung“ oder der „Distanzierung“ zugerechnet. Die Autoren resümieren daher: „Different coping items can serve different functions for different people" (Stone & Neale, 1984, S. 896).

Über Stone und Neale hinausgehend haben wir betont (Laux & Weber, 1987b; Weber, 1987), daß auch für den Einzelnen durchaus keine festgelegte Zuordnung zwischen Bewältigungsreaktion und Funktion bestehen muß. Die mit einer Bewältigungsreaktion verbundene Intention kann zum einen über Zeit oder Situation hinweg variieren (Fernsehen mal als Ablenkung, mal als Entspannung, als Katharsis oder aber problemlösende Informationssuche). Zum zweiten kann man mit *ein- und derselben* Bewältigungsreaktion unterschiedliche Ziele auch zugleich verfolgen. Angesichts solcher *Mehrfunktionalität* ist es daher nur konsequent, wenn Schulze et al. (1987) in einem neu entwickelten Inventar zur Erfassung von Bewältigung nicht nur eine klare Unterscheidung zwischen der einzelnen Bewältigungsreaktion und der damit verbundenen Intention (als subjektive Repräsentation von Funktion) einführen, sondern auch die mögliche Mehrintentionalität einer einzelnen Bewältigungsreaktion erfassen. Mehrintentionalität einer Bewältigungsreaktion stellt aber die traditionelle Fragebogenkonstruktion grundsätzlich in Frage, da nur Items die Testentwicklung überstehen, die jeweils eindeutig einer Form bzw. Funktion (in Gestalt von Subskalen) zugeordnet werden können (vgl. Laux & Weber, 1987b).

4. *Berücksichtigung diskreter Emotionen:* In den Publikationen der Lazarus-Gruppe werden die Formen der Emotionsbewältigung differenziert mitgeteilt, während aber Angaben über die Qualität der Emotionen fehlen (Eine Ausnahme ist die Untersuchung von Folkman und Lazarus (1985), in der jedoch Bewältigungsprozesse als Mediatoren für die Entstehung von Emotionen aufgefaßt werden, während es uns in diesem Beitrag primär um die zeitlich nachgeordnete Bewältigung von Emotionen geht). Bei einigen wenigen Items der WoC-Skala geht die Qualität der Emotion zwar aus dem Iteminhalt hervor („Ich zeigte meinen Ärger den Leuten, die das Problem verursacht hatten"), bei der Mehrzahl wird jedoch nur unspezifisch von Gefühlen gesprochen (z. B. „Ich bemühte mich, meine Gefühle für mich zu behalten"). Im Sinne von Spezifitätstheorien von Emotionen — zu denen ja die von Lazarus zählt — wäre es wünschenswert, wenn man die erfaßten Bewältigungsformen in Abhängigkeit von den diskreten Emotionen, die durch das vom Probanden selbst ausgewählte Streßereignis ausgelöst wurden, analysieren könnte. Wie aussichtsreich solch ein Versuch ist, zeigen die Ergebnisse von Wallbott und Scherer (1985), die u. a. die Kontroll- und Regulationsprozesse bei den vier Basisemotionen Freude, Trauer, Furcht und Ärger untersuchten und bedeutsame Unterschiede in der Verbalisation sowie in den berichteten nonverbalen Reaktionen fanden.

4 Die Effizienz von Bewältigung

Die vorherrschende Konzeption von Bewältigung, derzufolge unter Bewältigung sämtliche Formen der Auseinandersetzung mit Belastungen verstanden werden, d. h. ohne Einschränkung auf erfolgreiche Formen (vgl. dagegen Haan, 1977; Vaillant, 1977; siehe Abschnitt 3), macht die Bestimmung der Effizienz von Bewältigungsformen zu einer *empirischen* Aufgabe (vgl. Braukmann & Filipp, 1984; Cohen et al, 1982; Heim, 1988; Lazarus & Folkman, 1984, 1987; Menaghan, 1983a, b; Moos & Billings, 1982; Perrez, 1984; Silver & Wortman, 1980; Wortman, 1983). Effizienz bezieht sich dabei -in allgemeiner Form- auf die Erfüllung der Funktionen von Bewältigung, also die Veränderung problematischer Situationen und die Regulation negativer emotionaler Befindlichkeit.

Da Bewältigungsreaktionen durch situative und personbezogene Faktoren beeinflußt werden (siehe Abschnitt 5), ist die Frage nach „der" Effizienz von Bewältigung wenig sinnvoll. Vielmehr stellt sich die Effizienzbestimmung als ein *differentielles* Problem, d. h. als die Frage, welche Formen der Bewältigung bei *welchen Personen* unter *welchen Kontextbedingungen* hinsichtlich *welchen Kriteriums* als effizient (oder synonym adaptiv, funktional, erfolgreich) beurteilt werden können. Als mögliche Einflußfaktoren auf die Effizienz werden damit Personmerkmale, situative Faktoren, Formen der Bewältigung und die Art des Kriteriums spezifiziert. Diese Differenzierungen sind allerdings noch weitgehend theoretische Forderung, in den empirischen Arbeiten werden meist nur einzelne dieser Einflußfaktoren berücksichtigt.

4.1 Effizienzkriterien

Effiziente Bewältigung kann in der empirischen Bestimmung über eine Vielfalt von Indikatoren operationalisiert werden. Diese lassen sich nach vier Dimensionen einordnen: *1. Subjektivität* (z. B. Selbsteinschätzung, wie hilfreich ein bestimmtes Verhalten war)/ *Objektivität* (z. B. physiologische Indikatoren, Fremdratings, Tablettenkonsum nach medizinischem Eingriff), *2. Inhaltsbereich* (psychisch-emotionales Wohlbefinden, physische Gesundheit, Sozialverhalten), *3. zeitliche Perspektive* (kurz- versus langfristige Effizienz) und *4. Berücksichtigung funktionaler Zusammenhänge.* Dieser letzte Aspekt bezieht sich auf die Forderung, daß die Effizienz einzelner Bewältigungsformen nicht isoliert, sondern im Kontext des gesamten Bewältigungsprozesses bewertet werden sollte (Heim, 1986; Braukmann & Filipp, 1984; Kessler, Price & Wortman, 1985; Laux & Weber, 1987a,b; Perrez & Reicherts, 1987; Ulich et al., 1985).

Zur Effizienzbestimmung können nun innerhalb einer Forschungsarbeit unterschiedliche Indikatoren herangezogen werden, was aber nicht unbedingt zu gleichsinnigen Ergebnissen führt. So können *Diskrepanzen* auftreten zwischen einem subjektiv als entlastend empfundenen Verhalten (z. B. Leugnen erster Anzeichen einer Brustkrebserkrankung) und objektiven Kriterien (Krankheitszustand). Subjektives Wohlbefinden kann in Widerstreit liegen mit einem (objektiven) Fremdurteil, z. B. können Versuche eines Patienten, seine Krankheit im Sinne seines eigenen Krankheitsmodells zu bewältigen, vom Arzt als fehlende Kooperation beurteilt werden (Heim, 1986). Diskrepante Aussagen können sich schließlich ergeben zwischen dem subjektiven Wohlbefinden des Einzelnen und Kriterien sozialer Interaktion, indem nämlich die soziale Umwelt im Gegensatz zum Betroffenen die Situation als unbefriedigend einschätzt bzw. durch dessen Verhalten beeinträchtigt wird (Kessler, Price & Wortman, 1985; Kessler, McLeod & Wethington, 1985; Menaghan, 1983a; Belle, 1982; Wortman & Dunkel-Schetter, 1979).

Weichen Effizienzurteile im Hinblick auf einzelne Kriterien voneinander ab, wird es entweder zu einer Frage von Werthaltungen, welches Kriterium als ausschlaggebend beurteilt wird (Wortman, 1983), oder aber man verzichtet auf apodiktische Effizienzaussagen.

Auch Kosten-Nutzen Erwägungen, die in Betracht ziehen, mit welchen *Kosten* Bewältigung verbunden ist, verweisen auf diskrepante Beurteilungen der Effizienz von Bewältigung. Kann eine Form der Bewältigung als erfolgreich bezeichnet werden, wenn sie -um das Beispiel oben aufzugreifen- mit einer massiven Belastung für nahestehende Personen verbunden ist? Schönpflug (1983, 1986) verweist im Rahmen seines verhaltensökonomischen Ansatzes auf die Kostenaspekte von Bewältigung, die in der Bewältigungsforschung nur wenig berücksichtigt werden. So verbrauchen Bewältigungsanstrengungen interne und/oder externe Ressourcen, Bewältigung kann zur Verschlechterung bereits bestehender und zur Schaffung neuer Probleme führen, und überdies können Bewältigungsbemühungen versagen. Schönpflug hat vorgeschlagen, zwischen *Effektivität* im Sinne erfolgreichen Verhaltens und *Effizienz* im Sinne einer *kostengünstigen Wirksamkeit* zu unterscheiden (da diese Differenzierung in den empirischen Arbeiten, die hier zur Diskussion stehen, nicht nachvollzogen wird, wird auch der Begriff der „Effizienz“ in diesem Text nicht in der spezifischen Bedeutung nach Schönpflug verwendet).

Alle diese Überlegungen zur Bestimmung von Bewältigungseffizienz beziehen sich auf Streßbewältigung allgemein. Effizienzurteile über *emotionszentrierte* Bewältigung legen zunächst ein einfaches Kriterium nahe, nämlich die -unmittelbare- Regulation der negativen emotionalen Befindlichkeit, die über subjektive oder objektive Indikatoren überprüft werden kann. Doch zeigt sich etwa am Beispiel der Ärgerbewältigung, daß auch Kriterien der längerfristigen physischen Gesundheit (z. B. Bluthochdruck durch Ärgerunterdrückung) oder soziale Kriterien (z. B. Verletzung anderer durch impulsiven Ärgerausbruch) in ein Effizienzurteil einbezogen werden müssen. Grundsätzlich sind Differenzierungen im Hinblick auf den zeitlichen Verlauf notwendig. So kann z. B. der als befriedigend erlebte spontane Ärgerausbruch in der Folge zu Schuldgefühlen führen, oder umgekehrt kann ein Ärgerausbruch, der sich zunächst störend auswirkt, in der Folgezeit eine endgültige Problemlösung hervorrufen (siehe Averill, 1982; Verres & Sobez, 1980; Weber, in Druck). Die unterschiedlichen Dimensionen der Effizienzbestimmung, wie sie oben allgemein für die Streßbewältigung beschrieben wurden, müssen also im Hinblick auf die emotionszentrierte Bewältigung gleichermaßen berücksichtigt werden.

4.2 Empirische Ergebnisse zur Effizienz emotionszentrierter Bewältigung

In der nachfolgenden Darstellung empirischer Befunde zur Effizienz von Bewältigungsformen werden in erster Linie Studien referiert, in denen die Bewältigung heterogener Belastungssituationen und eines unspezifischen Distress-Zustandes untersucht wird; auf Studien zu spezifischen Streßereignissen oder Emotionen wird an entsprechender Stelle eingegangen (siehe Abschnitt 6, siehe zum Bereich Krankheitsbewältigung Faller & Verres, in diesem Band).

Vorherrschende Effizienzmaße sind standardisierte Skalen zu Indikatoren des *psychischen Wohlbefindes* bzw. des emotionalen Distress-Zustandes (Aldwin & Revenson, 1987; Billings & Moos, 1981; Folkman, Lazarus, Gruen & DeLongis, 1986; McCrae & Costa, 1986; Mitchell, Cronkite & Moos, 1983; Billings & Moos, 1984; Pearlin & Schooler, 1978; Pearlin et al., 1981). In den Arbeiten von Folkman, Lazarus, Gruen und DeLongis (1986) und Billings und Moos (1981) werden zudem *physische Symptome*, erfaßt über standardisierte Skalen, als Kriterium herangezogen. Andere Studien gehen von rein *subjektiven* Effizienzkriterien aus, z. B. der Einschätzung der Probanden, inwieweit die Situation positiv verändert wurde (Folkman, Lazarus, Dunkel-Schetter, DeLongis & Gruen, 1986; siehe auch Aldwin & Revenson, 1987), oder wie hilfreich die jeweilige Bewältigungsform war (McCrae & Costa, 1986; Horowitz & Wilner, 1980). Auffallend ist jedoch bei aller Divergenz der gewählten Indikatoren, daß sie sich zumeist auf den *psychisch-emotionalen* Zustand beziehen. Aspekte der *Problemlösung* werden dagegen selten überprüft (für Ausnahmen siehe Menaghan, 1982; McCrae & Costa, 1986; Perrez & Reicherts, 1989; Ulich et al., 1985).

4.2.1 Differentielle Effizienz von Bewältigungsformen

Für eine Darstellung der empirischen Ergebnisse zur Effizienz einzelner Bewältigungsformen liegt es nahe, von der Klassifikation von Bewältigungsformen auszugehen, wie sie in Abschnitt 3 dargestellt wurde, doch wird dies durch drei Kennzeichen der empirischen Arbeiten erschwert.

Tabelle 2: Rangplätze der Effizienz-Beurteilungen für 27 Bewältigungsformen (McCrae & Costa, 1986; Übersetzung der Verfasser)

Bewältigungsform	Effizienz im Hinblick auf: Problem-lösung	Distress Reduktion	Rangplatz Mittel
Gereizt-feindselige Reaktion	1	3	2.0
Vernünftig-rationales Handeln	25	21	23.0
Um Hilfe/Unterstützung ersuchen	26	25	25.5
Beharren, Durchhalten	19	14	16.5
Affekt-Isolierung	6	7	6.5
Fatalismus	13	8	10.5
Ausdruck von Gefühlen	23	22	22.5
Positives Denken	16	18	17.0
Ablenkung	9	13	11.0
Realitätsfliehende Phantasien	4	12	8.0
Intellektualisierung	17	15	16.0
Selbstbeschuldigung	5	1	3.0
Vergleich mit anderen	10	16	13.0
Entspannung, Beruhigung	14	17	15.5
Ersatzbefriedigung	15	24	19.5
Selbstbeherrschung	22	19	20.5
Stärke aus den Widerständen gewinnen	20	26	23.0
Vermeidung	18	10	14.0
Rückzug, Isolierung	11	6	8.5
Selbst-Anpassung	24	20	22.0
Wunschdenken	3	4	3.5
Aktives Vergessen	7	11	9.0
Humor	21	23	22.0
Passivität	8	5	6.5
Unentschlossenheit	2	2	2.0
Schuld/Verantwortlichkeit bestimmen	12	9	10.5
Glaube	27	27	27.0

Anmerkung: Rangordnung der Bewältigungsformen von „am wenigsten effizient" (1) bis „am meisten effizient" (27).

Erstens ist der Zusammenhang zwischen Bewältigungsformen und Effizienzkriterium häufig schwach, und signifikante Zusammenhänge ergeben sich lediglich für einige wenige Formen, so daß nur lückenhafte Aussagen über die Effizienz der in Abschnitt 3 vorgestellten Klassen von Bewältigungsformen möglich sind (Aldwin & Revenson, 1987; Menaghan, 1983b; Felton & Revenson, 1984). Offen bleibt dabei, welche Aussagen über die Effizienz von Bewältigungsformen getroffen werden können, für die kein Zusammenhang mit den gewählten Effizienzkriterien besteht. *Zweitens* werden in den faktorenanalytisch operationalisierten Bewältigungsformen mehrere der theoretisch „reinen“ Formen vermischt, so finden sich z. B. in dem Faktor „escape-avoidance“ (Folkman, Lazarus, Gruen & DeLongis, 1986) zugleich intrapsychische, aktionale und expressive Bewältigungsreaktionen, deren Effizienz isoliert nicht festgestellt wird. *Drittens* werden in einer Reihe von Studien von vorneherein nur ausgewählte Bewältigungsformen untersucht (Billings & Moos, 1981; Pearlin et al., 1981; Menaghan 1982). Besonders informativ ist daher die Studie von McCrae und Costa (1986), die für ein breites Spektrum an Bewältigungsformen eine Effizienzbeurteilung vorlegen (siehe Tabelle 2). Kriterium ist dabei die *subjektive Einschätzung* der Bewältigungsreaktionen durch die Probanden, sowohl im Hinblick auf *Problemlösung* („Did it help solve the problem“) als auch *Emotionsregulation* („Did it make You feel better“).

4.2.1.1 Effizienz intrapsychischer und aktionaler Bewältigungsformen

Bewältigungsreaktionen, die sich in mehreren Studien als ineffizient erweisen, sind *realitätsfliehende Wunschphantasien*, faktoriell verbunden mit den aktionalen Formen *Alkohol- oder Tablettenkonsum* und *Schlafen* („escapism“ bei Alwin & Revenson, 1987; „escape-avoidance“ bei Folkman, Lazarus, Gruen & DeLongis, 1986; Billings & Moos, 1981; McCrae & Costa, 1986). Ineffizient ist es den Studienergebnissen zufolge auch, die emotionale Belastung und Spannung an anderen auszulassen bzw. „*Dampf abzulassen*“, eine Kombination aus expressiven und aktional-aggressiven Bewältigungsreaktionen („Hostile reaction“, McCrae & Costa, 1986; „emotional discharge“, Pearlin & Schooler, 1978; bei Folkman, Lazarus, Gruen & DeLongis, 1986 dem Faktor „escape-avoidance“ und bei Aldwin & Revenson, 1987 dem Faktor „escapism“ zugehörig; „avoidance“ bei Billings & Moos, 1981; auch „confrontive coping“ bei Folkman, Lazarus, Gruen & DeLongis, 1986 und Folkman, Lazarus, Dunkel-Schetter, DeLongis & Gruen, 1986). Als ineffizient müssen den Ergebnissen nach schließlich *Selbstbeschuldigungen* und *Selbstabwertungen* bezeichnet werden (Alwin & Revenson, 1987; McCrae & Costa, 1986; Folkman, Lazarus, Gruen & DeLongis, 1986).

Fast durchgängig effizient erweisen sich dagegen in den genannten Studien *problemlöseorientierte* Bewältigungsreaktionen, d. h. Planung und Durchführung von Handlungen, zum Teil auch mit Unterstützung anderer, verstärkter Einsatz und aktive Anpassung an die Situation (vgl. Moos & Billings, 1982; siehe für ein gegenteiliges Ergebnis Baum, Fleming & Singer, 1983). Unter den intrapsychischen Bewältigungsreaktionen können Formen der *positiven Neubewertung* der Situation als effizient beurteilt werden (Folkman, Lazarus, Dunkel-Schetter, DeLongis & Gruen, 1986). Dazu gehören auch positive

Situationsbewertungen im temporalen (Wie geht es mir nun im Vergleich zum letzten Jahr?) oder sozialen Vergleich (Wie geht es mir im Vergleich mit anderen?; Pearlin & Schooler, 1978; Pearlin et al, 1981; Menaghan, 1982), ferner Interpretation der Situation als Herausforderung und im weitesten Sinne auch Humor und Glaube, die den positiv konnotierten Bewältigungsformen zugeordnet sind (McCrae & Costa, 1986, siehe Tabelle 2).

In bezug auf *defensive* Bewältigungsformen, deren Effizienz durch ihre Deklassierung von Seiten neoanalytischer Ansätze besonders zur Diskussion steht, lassen die vereinzelten Ergebnisse kaum Schlußfolgerungen zu. Realitätsfliehendes Wunschdenken als Form der Vermeidung erweist sich zwar den Studien nach als ineffizient, doch ist die selektive Wahrnehmung positiver Aspekte offensichtlich eine adaptive Form der Bewältigung. Für andere defensive Formen lassen sich keine oder nur vereinzelte Informationen geben. In der Studie von McCrae und Costa (1986) wird Affekt-Isolierung z. B. als wenig effizient eingeschätzt, Intellektualisierung dagegen erhält mittlere Werte (siehe Tabelle 2). Folkman, Lazarus, Dunkel-Schetter, DeLongis und Gruen (1986) zufolge erweist sich Distanzierung als wenig effizient, und Verleugnung ist als Item Bestandteil des als negativ beurteilten Faktors „escapism-avoidance“.

Eine bessere Urteilsbasis für *defensive* Bewältigungsformen findet sich dagegen in Studien, die die Auseinandersetzung mit gravierenden Ereignissen zum Inhalt haben (siehe zum Bereich Krankheitsbewältigung Faller & Verres, in diesem Band). Defensive Formen der Verleugnung und Vermeidung spielen vor allem in *Phasenmodellen* eine wichtige Rolle, wo sie im Wechsel mit Realitätszuwendung notwenige Schritte hin zur vollen Wiederanpassung darstellen (Horowitz, 1975; Shontz, 1975; Parkes, 1978; siehe Abschnitte 5 und 6, Trauer/Kummer). Damit wird hier die Funktion defensiver Formen innerhalb eines übergreifenden Bewältigungsprozesses berücksichtigt und eine für die Effizienzbestimmung wesentliche Dimension beachtet (Lazarus, 1983; Lazarus und Folkman, 1984; Scheier, Weintraub & Carver, 1986; Suls & Fletcher, 1985). Diese Differenzierung fehlt dagegen in den anderen Studien, die nicht von einem *Bewältigungsprozeß* ausgehen bzw. diesen empirisch erfassen.

4.2.1.2 Effizienz expressiver Bewältigungsformen

Da Formen expressiver Bewältigung bisher im Rahmen der Bewältigungsforschung nur wenig systematisch untersucht wurden (siehe Abschnitt 3; Wortman, 1983; Laux & Weber, in Vorbereitung), muß sich auch ihre Effizienzbeurteilung auf wenige Aspekte beschränken. In vielen Studien, in denen die Effizienz von Bewältigung überprüft wird, sind expressive Bewältigungsformen nur durch einzelne Items repräsentiert, die zudem die genaue Form des

Emotionsausdrucks, z. B. das Ausmaß an Kontrolle, nicht erkennen lassen. Wiederholt wird jedoch bestätigt, daß „Dampf ablassen", das gereizt-aggressive Ausagieren von Emotionen an anderen, sich als ineffizient erweist (siehe Abschnitt Effizienz intrapsychischer und aktionaler Bewältigung). Dagegen wird der Ausdruck von Gefühlen an sich — wobei offen bleibt, wie kontrolliert dies geschieht — als positiv gewertet (McCrae & Costa, 1986, siehe auch die Ergebnisse der Studie von Billings & Moos, 1981, denen zufolge das Nicht-Zeigen von Gefühlen als negativ eingeschätzt wird).

Für die Auseinandersetzung mit gravierenden Ereignissen betonen Silver und Wortman (1980) die positive Wirkung von „Ventilation of feelings", des freien, aber konstruktiven Ausdrucks und der Mitteilung von Gefühlen (vgl. Caplan, 1963; Heim, 1986; siehe den Beitrag von Faller & Verres, in diesem Band). Studien zur *sozialen Unterstützung* bestätigen, daß die Möglichkeit, Gefühle offen zum Ausdruck zu bringen, von Betroffenen als hilfreich erlebt werden (Wortman & Dunkel-Schetter, 1979; Dunkel-Schetter, 1984; Lehman, Ellard & Wortman, 1986; Wortman & Lehman, 1985; siehe Abschnitt 5, Umweltressourcen/Vulnerabilitätsfaktoren). Offen ist dabei die Frage, auf welche Weise der freie Emotionsausdruck die Emotionsbewältigung beeinflußt (Silver & Wortman, 1980). Eine mögliche Erklärung der positiven Wirkung liegt in *kathartischen Prozessen,* daß also der Gefühlsausdruck selbst die Gefühle „aufbraucht" (siehe auch Stone & Neale, 1984; Abschnitt Ärger). Eine zweite Möglichkeit besteht nach Silver und Wortman (1980) darin, daß der Betroffene über die Rückmeldung aus der Umwelt auf seinen Gefühlsausbruch hin Bestätigung für die „Legitimität" seiner starken Gefühle erhält und damit seine Befürchtung, nicht mehr „normal" zu sein, vermindert wird (vgl. Thoits, 1985a, b; siehe Abschnitt Trauer/Kummer). Schließlich kann der offene Gefühlsausdruck Problemlösen aktivieren oder eine Neubewertung der Situation einleiten. Beachtet werden muß auch, daß dem Emotionsausdruck unterschiedliche Ziele zugrundeliegen können, z. B die Aktivierung der Hilfe anderer oder eine Veränderung der Situation (Wortman, 1983; Laux & Weber, in Vorbereitung; siehe auch Abschnitt 7).

Offen ist andererseits, unter welchen Umständen sich der freie Ausdruck von Gefühlen als negativ-schädlich erweist. Der wichtigste Einflußfaktor ist dabei die Reaktion der anderen, sei es, daß sie den Gefühlsausdruck unterstützen, sei es, daß sie ihn ablehnen, wenn die Interaktion mit einem Menschen, dem es so offensichtlich schlecht geht, Angst und Unsicherheit auslöst. Negatives Feedback kann dazu führen, daß die Betroffenen den offenen Ausdruck negativer Gefühle unterbinden, um die sozialen Beziehungen nicht zu verlieren und sich in einer „Scharade" als optimistisch und tapfer darstellen (Wortman & Dunkel-Schetter, 1979; siehe auch Abschnitt 7).

Die möglicherweise positiven Auswirkungen des offenen Ausdrucks negativer Gefühle, hier vor allem Ärger, gegenüber den negativen Konsequenzen der Unterdrückung von Emotionen ist Gegenstand langwährender Diskussionen und Forschungsarbeiten zur Entstehung und der Bewältigung von Bluthochdruck (vgl. z. B. Chesney & Rosenman, 1985), von koronaren Herzkrankheiten (für einen aktuellen Überblick Dembroski & Costa, 1987) und von Krebs (z. B. Temoshok & Fox, 1984; siehe generell zu diesem Thema den Beitrag von Faller & Verres, in diesem Band). Diese Forschungsbereiche stellen Beispiele dafür dar, daß die Kontrolle oder Reduktion negativer Gefühle nicht unbedingt Zeichen ist für eine erfolgreiche Bewältigung (Wortman, 1983).

Die prinzipiell positive Bewertung des offenen Emotionsausdrucks ist jedoch nicht unumstritten (siehe Abschnitt 6, Ärger). Caplan (1963) zählt zwar einerseits den Ausdruck negativer Gefühle, andererseits aber ebenso die aktive Beherrschung von Emotionen zu den Kriterien für eine effiziente Bewältigung von Lebensereignissen. Nach einer Studie von Becker (1984) zeichnen sich seelisch gesunde Frauen durch ein Bewältigungsverhalten aus, das Nicht-Emotionalität und die Kontrolle negativer Gefühle beinhaltet. In der Studie von Scheier et al. (1986) war die Tendenz, sich auf Gefühle zu konzentrieren und sie auszudrücken, verbunden mit allgemeinem Rückzugsverhalten (disengagement) und dem Personmerkmal „Pessimismus" und wurde insgesamt als ein nicht-adaptives Bewältigungsmuster interpretiert, ohne jedoch empirisch überprüft zu werden.

4.2.2 Probleme empirischer Effizienzbestimmung

Die derzeitige Praxis der empirischen Überprüfung der Effizienz von Bewältigung ist mit einigen grundsätzlichen Schwierigkeiten konfrontiert, die hier kurz zusammengefaßt werden:

1) Ein erstes Problem stellt sich durch eine mögliche *Konfundierung* von Bewältigungsreaktionen als Prädiktoren und dem psychisch-emotionalen Zustand als dem gängigen Kriterium, was in besonderem Maße für die emotionszentrierten Bewältigungsformen zutrifft (vgl. McCrae & Costa, 1986). So kann etwa der Zusammenhang zwischen der Bewältigungsform „positive Situationsbewertung" und der subjektiven Zufriedenheit mit dem Ausgang der Streßepisode (Kriterium) eine zirkuläre Aussage darstellen (Folkman, Lazarus, Dunkel-Schetter, DeLongis & Gruen, 1986). Dabei wird die angenommene Kausalitätsrichtung (Bewältigungsverhalten bedingt Befinden) selten überprüft, da Verhalten und Kriterium meist nur einmal erfaßt werden. Der umgekehrte Zusammenhang (schlechter psychischer Zustand bedingt ineffizientes Bewältigungsverhalten) ist aber ebenso naheliegend wie die dritte Möglichkeit, daß sich nämlich schlechtes Befinden und ineffiziente Bewältigung gegenseitig negativ

verstärken und in einen Teufelskreis münden (Aldwin & Revenson, 1987; Felton & Revenson, 1984).

2) *Globale Kriterien* (Symptome, emotionales Befinden, Gesundheitsstatus), z. T. in beträchtlicher zeitlicher Distanz zur erfaßten Bewältigungsepisode erhoben, sagen nicht unbedingt etwas darüber aus, wie gelungen die Bewältigung einer spezifischen Streß-Situation im Hinblick auf die *momentane* Problemlösung oder Emotionsregulation war (McCrae & Costa, 1986). Die Tatsache, daß in vielen Studien die Zusammenhänge zwischen Bewältigungsformen und Kriterien weitgehend minimal sind (vgl. Aldwin & Revenson, 1987; Felton & Revenson, 1984; Menaghan, 1983b), mag die geringe Brauchbarkeit globaler Indizes bestätigen. Als Alternative bietet sich die unmittelbare Einschätzung der Effizienz als Bestandteil der Bewältigungserfassung an, wie es in den Fragebögen von Schulze et al. (1987) und Horowitz und Wilner (1980) geschieht, indem zu jedem Item angegeben wird, wie effizient das Verhalten empfunden wurde. Daß solche subjektiven Kriterien u.U. mit anderen Indikatoren nicht übereinstimmen, ist ein generelles Problem (siehe oben).

3) Effizienzaussagen müssen mehr differenziert werden im Hinblick auf *situative Einflußfaktoren.* Bewältigung variiert mit dem Stressortypus (McCrae, 1984; Folkman & Lazarus, 1980; Horowitz & Wilner, 1980; Pearlin & Schooler, 1978; Stone & Neale, 1982), was häufig in generalisierten Effizienzurteilen nicht beachtet wird. Grundsätzlich stellt sich auch die Frage nach dem Einfluß der *Belastungsintensität,* bei der zwei Wirkungsmodelle diskutiert werden. So ist zum einen denkbar, daß bestimmte Bewältigungsformen unabhängig von der Intensität des Streßereignisses belastungsreduzierend wirken (als Haupteffekt), oder aber zum anderen mit der Intensität *interagieren,* z. B. in weniger streßreichen Situation förderlich sind und ihre Wirksamkeit bei zunehmender Belastung verlieren. Umgekehrt können manche Bewältigungsformen ihre eigentliche Effizienz erst bei starker Belastung erweisen (Menaghan, 1983a, b; Aldwin & Revenson, 1987). Interaktionen zwischen Bewältigungsform und Intensität können möglicherweise auch widersprüchliche Ergebnisse zur Effizienz einzelner Formen erklären. So ist es z. B. denkbar, daß sich in der Tat der freie Ausdruck von Gefühlen bei stark belastenden Situationen als effizient, bei wenig intensiven Belastungen hingegen als negativ erweist.

4) Effizienzuntersuchungen sollten von differentiell begründeten Hypothesen ausgehen. Ein Beispiel für ein hypothesengeleitetes Vorgehen in der Effizienzbestimmung stellen die Arbeiten von Perrez und Reicherts dar (Perrez, 1984; Perrez & Reicherts, 1987; Reicherts, 1985; 1988). Während Perrez (1984) festhält, daß allgemeine, interindividuell gültige Normen für „angemessenes" Verhalten kaum gegeben werden können, erachtet er es — gerade im Hinblick

auf diagnostische Aussagen — für möglich, funktionale Normen für Verhalten unter definierten Ausgangsbedingungen und Zielsetzungen aufzustellen. Normen gelten dabei nicht für die einzelne, konkrete Verhaltensweise, sondern für Verhaltensklassen, die durch bestimmte Merkmale charakterisierbar sind. Perrez und Reicherts haben unter dieser Prämisse einen kriteriumorientierten Test zur Belastungsbewältigung entwickelt, der insbesondere zur Diagnose von fehlender Bewältigungskompetenz bei Sozialängstlichen und Depressiven eingesetzt werden soll. In diesem Verfahren werden Situations-Handlungs-Kombinationen vorgegeben, wobei sowohl die belastenden Situationen als auch das Bewältigungsverhalten in Anlehnung an Lazarus und die Kontrolltheorien von Seligman und Garber nach theoretisch bedeutsamen Merkmalen ausgewählt und systematisch variiert werden. Entscheidend ist nun, daß durch funktionale Regeln festgelegt wird, wie ein ideales Bewältigungsverhalten in einer durch bestimmte Parameter zu kennzeichnenden Situation und bei gegebener Zielsetzung aussieht. Ein Beispiel für eine solche Regel lautet: „Wenn bei einer belastenden Situation Regulierbarkeit gegeben ist, dann sollen Handlungen zur aktiven Situationsbeeinflussung gewählt werden, wenn die Beseitigung der Belastung subjektiv ein Ziel ist." Das mit diesem Verfahren diagnostizierbare Bewältigungsverhalten kann dann gezielt, d. h orientiert an dem idealen Bewältigungsverhalten, im Hinblick auf fehlende Kompetenzen verändert werden.

5 Stabilität und Variabilität emotionszentrierter Streßbewältigung

Unter dem Stichwort „Konsistenzdebatte" befaßt sich die Persönlichkeitspsychologie (vgl. Magnusson & Endler, 1977) mit der Frage, in welchem Maße Verhalten über Zeit und/oder Situationen konsistent oder variabel ist und in welchem Maße Person- und Situationsfaktoren bzw. die Interaktion beider Faktorengruppen das Verhalten beeinflussen. In die Bewältigungsforschung wurde die Konsistenz-Kontroverse vor allem von Lazarus und Launier (1978) getragen mit ihrer Kritik an dispositionellen Ansätzen, die von habituellen, konsistenten Bewältigungsreaktionen ausgehen.

Die von Lazarus als methodische Neuorientierung vorgeschlagene Erfassung kontextabhängiger, aktueller Bewältigungsprozesse anstelle habitueller Bewältigungsstile wird in vielen neueren Forschungsarbeiten übernommen und forciert zur Zeit die allgemeine Theorie- und Methodenentwicklung in der Bewältigungsforschung (Aldwin & Revenson, 1987; Baum, Fleming & Singer, 1983; McCrae, 1984; McCrae & Costa, 1986; Parkes, 1986; Scheier et al., 1986;

siehe auch Reicherts, 1988; Ulich et al., 1985; Broda, 1987). Es gab und gibt jedoch auch über diese Studien in der Tradition von Lazarus hinaus schon immer Arbeiten, in denen die Auseinandersetzung mit spezifischen, häufig gravierenden Streßereignissen situations- und kontextbezogen erfaßt wurde (siehe für einen Überblick Silver & Wortman, 1980; Moos, 1976; siehe auch Abschnitt Trauer/Kummer und den Beitrag von Faller & Verres in diesem Band).

5.1 Stabilität und Variabilität aktueller Bewältigungsreaktionen

Die Erfassung aktueller Bewältigungsreaktionen ist in den Arbeiten von Lazarus und Mitarbeitern verbunden mit der mehrmaligen Erfassung einzelner Bewältigungsepisoden, so daß das Ausmaß an Kontextabhängigkeit von Bewältigungsreaktionen empirisch überprüfbar wird (Folkman & Lazarus, 1980; Folkman, Lazarus, Dunkel-Schetter, DeLongis & Gruen, 1986; Folkman, Lazarus, Gruen & DeLongis, 1986; Folkman & Lazarus, 1985). Die Ergebnisse dieser Studien bestätigen zwar im großen und ganzen die angenomme Variabilität, doch zeigen die Studien auch, daß bestimmte Formen der Bewältigung stabiler sind als andere (vgl. auch Perrez & Reicherts, 1989). Nach Folkman, Lazarus, Gruen und DeLongis (1986) weisen problemorientierte Bewältigungsformen, zu denen sie in ihrer Untersuchung konfrontatives Bewältigen, soziale Unterstützung und planvolles Problemlösen zählen, eine ausgeprägte Variabilität auf, während emotionszentrierte Bewältigungsformen wie positive Neubewertung und Selbstkontrolle immerhin Autokorrelationen (Retest-Messungen über fünf Streßepisoden) in der Höhe von .47 und .44 erreichen. Den Autoren zufolge legt dies den Schluß nahe, daß die *problemzentrierten* Bewältigungsformen stärker auf den *Kontext,* bestimmte *emotionszentrierte* Formen dagegen stärker auf *personbezogene Faktoren* ansprechen (siehe auch Parkes, 1986). Welche Personfaktoren dafür in Frage kommen, wird jedoch nicht ausgeführt. Laux und Weber (1987b) schlagen vor, neue Konstrukte für Bewältigungsdispositionen (z. B. Tendenz zur positiven Neueinschätzung) einzuführen, die auf solchen empirischen Konsistenznachweisen beruhen.

Es stellt sich grundsätzlich die Frage, ob mit dem methodischen Vorgehen der Lazarus/Folkman-Gruppe nicht ohnehin die transsituative Konsistenz des Einsatzes von Bewältigungsformen unterschätzt wird:

(1) Bei der Aggregierung der Daten über mehrere Streßepisoden hinweg wird nicht getrennt zwischen gleichen (oder ähnlichen) und stark unterschiedlichen Streßepisoden. Stone und Neale (1984) z. B. konnten zeigen, daß im Umgang mit einem andauernden Problem zumindest die dominierende Bewältigungsform konstant blieb.

(2) Es stellt sich grundsätzlich die Frage, ob es sinnvoll ist, die Konsistenz einzelner Bewältigungsformen isoliert zu betrachten. Da in einer Streßepisode meist mehrere Formen zugleich realisiert werden (vgl. Lazarus & Folkman, 1987), wäre es sinnvoller, deren Konstellation über Episoden hinweg zu überprüfen, wobei die angemessendste Form der Überprüfung von einer individiuumsspezifisch erfaßten Konstellation ausgehen sollte (vgl. Laux & Weber, 1987a, b; Strehmel, 1988).

(3) Daß die Lazarus-Studien zumindest für einige Bewältigungsformen eine starke Variabilität nachweisen, ist vermutlich auch Konsequenz der mikroanalytischen Vorgehensweise, bei der einzelne, spezifische Gedanken und Handlungen erfaßt werden. Lazarus und Folkman (1987) selbst äußern mittlerweile Skepsis gegenüber dem Versuch einer Konsistenzbestimmung allein auf mikroanalytischer Basis und empfehlen eine makroanalytische, d. h. zeitlich ausgedehnte und auf stärkere Abstraktion gerichtete Forschungsstrategie, wie sie z. B. im biographischen Ansatz von Thomae (1987) verwirklicht ist. Ohnehin ist festzustellen, daß der „späte" Lazarus mehr und mehr von der Anti-Trait-Position wegrückt, die er in früheren programmatischen Schriften (vgl. Lazarus & Launier, 1978) eingenommen hat.

5.2 Stabilität von emotionszentrierter Bewältigung im Rahmen von Phasenmodellen

Eine völlig andere Konzeption von Stabilität in der emotionszentrierten Bewältigung liegt den Phasen- bzw. *Stufenmodellen* zugrunde, die von einer festgelegten, interindividuell invarianten Abfolge emotionaler Reaktionen auf krisenhafte Erfahrungen, vor allem Verlustereignisse, ausgehen (Horowitz, 1975; Shontz, 1975; Wortman & Brehm, 1975; siehe Abschnitt Trauer/Kummer). Konsistenz in der Bewältigung von Streßereignissen ist hier gerade nicht eine Folge stabiler Personmerkmale, sondern erscheint als ein der Ereignis- und Emotionsverarbeitung inhärentes, universell gültiges Merkmal. Klinger (1977) entwirft z. B. in seinem „incentive-disengagement cycle" einen Stufenablauf, in dem auf den Verlust einer Zielbindung in einem vierphasigen Verhaltensmuster reagiert wird: 1. mit gesteigerter Anstrengung um Aufrechterhaltung des Zieles; 2. mit Ärger und Frustration bei einem fortdauernden Mißlingen dieser Bemühungen; 3. mit Depression und Apathie, wenn das Ziel letztendlich aufgegeben werden muß und 4. mit einer allmählichen Stimmungs-Aufhellung, wenn die ursprüngliche Zielbindung im Laufe der Zeit verblaßt.

In ihrem Überblick über Studien zur Bewältigung von krisenhaften Ereignissen wie Trauer, Invalidität oder Krankheit kommen Silver und Wortman (1980) allerdings zu dem Ergebnis, daß die Studien eher deutlich für ein extremes Muster von Variabilität in der emotionalen Reaktion auf Krisen sprechen statt der angenommenen universellen Reaktionen wie Schock, Wut oder Depression und invarianten Phasen-Abfolgen. Auch die in fast allen Phasenmodellen postulierte abschließende Stufe der Akzeptanz und Neuanpassung läßt sich durch die Studien nicht belegen, zumindest nicht für alle Betroffenen. Angesichts der weitverbreiteten Vorstellungen von Phasenmodellen, gerade auch bei Laien und Helfer-Berufen, sehen sie in der Tradierung solcher Stufenmodelle die Gefahr, daß falsche Normen für die Bewältigung einschneidender Lebensereignisse verankert werden. Werden Betroffene von anderen an diesen Erwartungen gemessen, und müssen sie dann u.U. ihre eigene, davon abweichende Emotionsverarbeitung als deviant disqualifizieren, kann dies zu einer zusätzlichen Belastung werden (vgl. Thoits, 1985a; siehe Abschnitt 6., Trauer/Kummer).

5.3 Bewältigungsstile und Bewältigungsdispositionen

Formen von Bewältigung, die die Annahme habitueller, transsituativ konsistenter Bewältigungsreaktionen beinhalten, werden als *Bewältigungsstile* oder *Bewältigungsdispositionen* bezeichnet. In der Literatur werden eine Reihe solcher Bewältigungsstile genannt, z.B. Monitoring-Blunting (Miller, 1980); Coping-Avoiding (Goldstein, 1973); Anger-in, Anger-out (Spielberger et al., 1985); Typ A- Verhalten (Friedman & Rosenman, 1974; Glass, 1977) oder auch Alexithymie (Taylor, 1984), das bekannteste Beispiel für Bewältigungsdispositionen ist jedoch Repression-Sensitization (siehe den Beitrag von Krohne & Kohlmann in diesem Band). Nach Byrne (1964) tendieren Represser dazu, angsterregende Informationen abzuwehren, während Sensitizer ihre Aufmerksamkeit verstärkt darauf richten. Da es sich also um eine Dimension personspezifischer Formen der Aufmerksamkeitssteuerung in der Affektverarbeitung handelt (vgl. Asendorpf & Wallbott, 1985), ist diese Bewältigungsdisposition von unmittelbarer Relevanz für die Bewältigung von negativen Affekten. Das R-S-Konstrukt ist in der neueren Bewältigungsforschung vor allem von Krohne ausgearbeitet worden, wobei die Eindimensionalität des Konstruktes aufgegeben wurde (Krohne & Rogner, 1982; Krohne, 1986; Krohne & Rogner, 1985; siehe den Beitrag von Krohne & Kohlmann in diesem Band; vgl. auch Asendorpf, Walbott und Scherer, 1983).

Vom Ansatz her *mehrdimensional* sind im Unterschied zu den Bewältigungsstilen Verfahren, die den habituellen Einsatz einer Reihe unterschiedlicher Abwehrmechanismen erfassen (Haan, 1977; Plutchik et al., 1979; Gleser & Ihilevich, 1969). Die inhaltlich breiteste Erfassung habitueller Bewältigungsformen leistet der Streßverarbeitungsfragebogen (SVF) von Janke et al. (1985). Die Autoren fassen die von einer Person eingesetzten Streßverarbeitungsstrategien auf als habituelle Persönlichkeitsmerkmale. Sie halten es bei aller Vorläufigkeit der Annahmen für hinreichend plausibel, „daß ein Individuum im Verlaufe seines Lebens ein „Repertoire“ von Bewältigungsweisen erlernt, das intraindividuell eine gewisse zeitliche und situative Stabilität haben wird, auch wenn zu erwarten ist, daß erfahrungsabhängig Modifikationen auftreten und damit personabhängig die zeitliche und situative Stabilität eingeschränkt ist" (Janke et al., 1985, S. 8). Da vom SVF ein aktueller Streßverarbeitungsfragebogen abgeleitet wurde, der das Ausmaß erfaßt, in dem in bestimmten Belastungssituationen die SVF- Verarbeitungsstrategien aktuell eingesetzt werden, ist es möglich, Prädiktoren (SVF-hab) und Kriterienvariablen (SVF-ak) im gleichen begrifflichen Rahmen zu bestimmen.

Die Konzeption habitueller Bewältigungsstile wurde vor allem von Lazarus scharf kritisiert (Lazarus & Folkman, 1984; Folkman & Lazarus, 1980; Cohen & Lazarus, 1973). Seine Kritik entspricht im Kern derjenigen von Mischel (1968) an globalen Eigenschaftskonzeptionen, wenn er argumentiert: (1) Mit der Annahme von Bewältigungsdispositionen werde die Komplexität und Variabilität von Bewältigungsreaktionen unterschätzt und (2) die Erfassung von Bewältigungsdispositionen leiste nur einen sehr geringen Beitrag zur Vorhersage des aktuellen Bewältigens. Krohne (1986) hebt in seiner Kritik an der Position von Lazarus hervor, daß man die „Schwäche" einzelner Indikatoren für Bewältigungsdispositionen wie z. B. der R-S-Skala nicht verwechseln sollte mit der generellen „Schwäche" der Bewältigungsdispositionen für die Vorhersage des Verhaltens. Krohne schlägt vor, aktuelle Bewältigungsprozesse als Indikatoren für Dispositionen zu erfassen. Auch Laux und Vossel (1982) wenden sich gegen die radikale Abkehr von Bewältigungsdispositionen und weisen auf reformulierte verfeinerte Trait-Ansätze hin, für die die Kritik von Lazarus nicht zutrifft.

5.4 Bewältigungsressourcen und Vulnerabilitätsfaktoren

In Abgrenzung zu der Konzeption *spezifischer* Bewältigungsdispositionen und -stile wird eine Reihe *allgemeiner* Personfaktoren und Umweltmerkmale diskutiert, die als *Moderatoren* die aktuelle Bewältigung beeinflussen. Diese Faktoren werden als *Bewältigungsressourcen* bzw. als *Vulnerabilitätsfaktoren* bezeichnet (vgl. für einen Überblick Folkman, Schaefer & Lazarus, 1979; Lazarus & Folkman, 1984; Moos & Billings, 1982; Menaghan, 1983a). Der Begriff „Ressource" wird in anderen Zuammenhängen auch auf die Bewältigung übertragen in dem Sinne, daß Bewältigung ein Widerstandsfaktor gegenüber negativen Streßfolgen darstellt (Kessler, Price & Wortman, 1985; Cohen et al., 1982; Pearlin et al., 1981); diesem Verständnis von Ressource schließt sich die vorliegende Darstellung jedoch nicht an.

5.4.1 Personale Ressourcen/Vulnerabilitätsfaktoren

Personale Ressourcen umfassen generalisierte Einstellungen und Überzeugungen sowie Fähigkeiten und Fertigkeiten, die sich förderlich auf den Bewältigungsprozeß auswirken. Von den Bewältigungsdispositionen unterscheiden sie sich vor allem durch ihre Globalität, die weit über den engeren Bereich des Bewältigens hinausreicht. Die Vorschläge einzelner Autoren, welchen Merkmalen die Bedeutung einer Ressource zukommen kann, überschneiden sich weitgehend. Die folgende Zusammenstellung relevanter Merkmalsgruppen, erläutert durch einzelne Konstrukte, orientiert sich an Menaghan (1983a):

(1) *Selbstkonzeptvariablen:* Selbstwertgefühl (Pearlin & Schooler, 1978); „self-efficacy" (Bandura, 1977); Ichstärke (Cofer & Appley, 1964).

(2) *Einstellungen gegenüber der (Um)Welt:* Kontrollüberzeugungen (vgl. für einen Überblick Folkman, 1984; Thompson, 1981; Mayring, 1988); „sense of coherence" (Antonovsky, 1979); „hardiness" (Kobasa, 1979);

(3) *Intellektuelle Fähigkeiten:* kognitive Flexibilität und Komplexität, analytische Fähigkeiten, Wissen; kognitive Stile (Spivack, Platt & Shure, 1976).

(4) *Interpersonale Fähigkeiten:* kommunikative Fähigkeiten, Kompetenz und Leichtigkeit im Umgang mit anderen (D'Zurilla, 1986; Wrubel, Benner & Lazarus, 1981).

Einige Autoren haben sich nicht darauf beschränkt, einzelne Konstrukte vorzuschlagen, sondern postulieren Muster von Eigenschaften. So stützt sich Becker (1982) in seinem Modell *seelischer Gesundheit* auf folgende relativ stabile Kennzeichen des Verhaltens und Erlebens: *Kompetenzen* (zum Vollzug interner und externer Anpassungsleistungen), *Selbstaktualisierung* und *Sinnfindung.* Auch sehr weite und generelle Beschreibungsdimensionen sind in der neueren Bewältigungsforschung als moderierende Größen untersucht worden: Extraversion-Introversion, emotionale Labilität, Optimismus-Pessimismus (McCrae & Costa, 1986; Parkes, 1986; Scheier et al., 1986). Lazarus und Folkman (1984) erinnern schließlich an zwei ebenso basale wie banal klingende Bewältigungsressourcen, nämlich Gesundheit und Geld.

Der Begriff „Ressource" impliziert die stützende, positiv- fördernde Wirkung von Faktoren. Zugleich aber legt er nahe, daß die Abwesenheit von Ressourcen oder deren Inaktivierung sich auf die Bewältigung negativ auswirken kann: diese „Schattenseiten" der Ressourcen können als *Vulnerabilitätsfaktoren* interpretiert werden. Bei einigen Ressourcen, wie z.B. Kontrollüberzeugung oder Optimismus/Pessimismus ist die Doppelperspektive von Ressource (meist:

internale Kontrollüberzeugung; Optimismus) und Vulnerabilität (meist: externale Kontrollüberzeugung; Pessimismus) bereits Bestandteil des bipolaren Konstruktes. Lazarus und Folkman (1984) weisen darauf hin, daß sich auch bestimmte Werthaltungen je nach Kontext negativ auf die Bewältigung auswirken können, z. B. unangemessenes Bemühen um Autarkie (um nicht als hilfsbedürftig zu erscheinen oder Verpflichtungen eingehen zu müssen). Zu den Vulnerabilitätsfaktoren zählen auch alle Formen der allgemeinen Ängstlichkeit sowie der Leistungs- und Sozialen Ängstlichkeit (vgl. Krohne & Kohlmann in diesem Band; Schwarzer, 1987). Auch verwandte, ähnlich weite Beschreibungsdimensionen wie Negative Affektivität (Watson & Clark, 1984), emotionale Labilität (McCrae & Costa, 1986; Parkes, 1986) und Depressivität (Folkman & Lazarus, 1986) sind hier zu nennen.

5.4.2 Umweltressourcen/Vulnerabilitätfaktoren

Zu den bewältigungsrelevanten *Umweltfaktoren* zählt vor allem die soziale Unterstützung („social support"), verstanden als der Beitrag, den die sozialen Beziehungen eines Menschen zu dessen Schutz vor negativen Belastungsfolgen leisten (vgl. für einen Überblick Heller, 1986; Kessler, Price & Wortman, 1985; Sarason & Sarason, 1985; Schröder & Schmitt, 1988, Schwarzer & Leppin, 1989). Die soziale Unterstützung wurde in den 70er Jahren als bedeutsamer Moderator im Hinblick auf die Folgen belastender Erfahrungen eingeführt und hat zu einer Flut von Arbeiten geführt. Der aus dieser starken Expansion des Konzeptes resultierenden Konzeptunschärfe wurde in der Folgezeit durch Differenzierungen zu begegnen versucht. Unterschieden wurde zwischen den *strukturellen* Aspekten des sozialen Netzwerkes (Wohn- und Lebensform, Häufigkeit sozialer Kontakte, Teilnahme an sozialen Aktivitäten) und unterschiedlichen *Funktionen* oder *Typen* der sozialen Unterstützung. Die wesentlichen Typen der sozialen Unterstützung sind instrumentell-materielle Hilfen, emotionale Unterstützung und der Erhalt von Informationen sowohl über die Umwelt als auch Feedback über die eigene Person (vgl. House, 1981; Wortman, 1983; Schaefer, Coyne & Lazarus, 1981).

In der Auseinandersetzung mit streßhaften Ereignissen kommt der *emotionalen Unterstützung* besondere Bedeutung zu (Dunkel-Schetter, 1984; Horowitz & Wilner, 1980; Lehman et al, 1986; Wortmann, 1983); diese umfaßt neben der Vermittlung von Wärme, Zuneigung und Zugehörigkeit auch die Möglichkeit für den Betroffenen, Gefühle frei zum Ausdruck zu bringen. Emotionale Unterstützung ist also in dieser Funktion das soziale Pendant oder „coping assistance" (Thoits, 1986) zu der als hilfreich eingeschätzten Bewältigungsform „Ausdruck von Gefühlen". Aus soziologischer Perspektive sieht Thoits dabei Helfer und Unterstützungs-Empfänger in einem gemeinsamen Rollenspiel verbunden, in dem der Gefühlsausdruck des Hilfe-Empfängers durch den

Unterstützenden gelenkt oder verstärkt wird (siehe Abschnitte 4 und 6, Trauer/Kummer).

Wie bei den personalen Ressourcen, muß auch in bezug auf die soziale Unterstützung und andere Umweltressourcen (Hilfsinstitutionen z. B.) deren Nichtvorhandensein oder die Rückweisung von Hilfsgesuchen als Vulnerabilitätsfaktor betrachtet werden (Lazarus & Folkman, 1984). Soziale Unterstützung, meist untersucht mit einem positiven Bias in Richtung förderndhilfreich, kann sich aber auch als eine zusätzliche Belastung für den Betroffenen auswirken. Das ist der Fall, wenn wohlgemeinte Ratschläge und das Verhalten der anderen beim Betroffenen das Gegenteil bewirken. So kann z. B. das Bemühen der anderen, Gespräche über krisenhafte Erfahrungen und emotionales Erleben zu vermeiden, als negativ erlebt werden (Wortman & Dunkel-Schetter, 1979; Silver & Wortman, 1980; Wortman & Lehman, 1985; Dunkel-Schetter, 1984; Rook, 1984).

6 *Bewältigung diskreter Emotionen*

In den bisher vorgestellten Arbeiten, die sich mit emotionszentrierter Bewältigung befassen, werden häufig die unterschiedlichen Bewältigungsreaktionen differenziert mitgeteilt, nicht jedoch das, was bewältigt wird: die Emotionen. In den Untersuchungen bleibt meist offen, ob Bewältigungsreaktionen durch spezifische unlustbetonte Emotionen oder durch eine Mischung solcher Emotionen initiiert wurden. Daneben gibt es aber auch Forschungsansätze, deren Gegenstand die Bewältigung einzelner Emotionen ist. Im Rahmen dieses Beitrags ist es nun nicht möglich, die Bewältigung unlustbetonter Emotionen wie Scham, Schuld, Eifersucht, Neid und unlustbetonter emotionsbezogener Phänomene wie Hilflosigkeit und Schmerz im Einzelnen zu behandeln (für eine Übersicht siehe Euler & Mandl, 1983; Frijda, 1986; Izard, 1977; Plutchik & Kellerman, 1980).

Wir beschränken uns auf die Darstellung von zwei unlustbetonten Emotionen, *Ärger* und *Trauer/Kummer*, die in vielen Emotionstheorien zu den *Basisemotionen* gezählt werden. Dagegen kann auf eine explizite Darstellung der Bewältigung von *Angst* in unserem Abschnitt verzichtet werden, da Krohne und Kohlmann (in diesem Band) habituelle und aktuelle Angstbewältigung ausführlich erörtern. Außerdem ist in unserem Beitrag die Angst Gegenstand bei der Diskussion defensiver Bewältigungsformen (siehe Abschnitt 3) und bei der Selbstdarstellungs- und Selbstschutzinterpretation von emotionaler Bewältigung (siehe Abschnitt 7).

6.1 Ärger

6.1.1 Formen der Ärgerbewältigung

Ärger und Ärgerbewältigung werden in der psychologischen Forschung vorrangig im Kontext der Aggressionsforschung und psychosomatischer bzw. gesundheitspsychologischer Forschungsansätze untersucht. In diesem Forschungsumfeld konzentriert sich das Interesse an Ärger bzw. Ärgerbewältigung auf zwei Aspekte, auf aggressive Reaktionen und auf den Ausdruck von Ärger, d. h. konkret die Frage, ob sich aggressive Handlungsimpulse in offenem Verhalten manifestieren oder aber unterdrückt, verleugnet oder gegen die eigene Person gerichtet werden.

Offener Ärgerausdruck und Unterdrückung von Ärger werden meist eingängig in dem Begriffspaar *Anger-Out* und *Anger-In* (Funkenstein, King und Drolette, 1954) einander entgegengesetzt. Auf diese beiden Reaktionsstile reduziert sich die Untersuchung von Ärgerbewältigung vor allem im psychosomatischen Forschungskontext. Auch die wenigen Verfahren zur Erfassung habitueller Ärgerreaktionen enthalten im Kern die Out/In Dichotomie (Siegel, 1985; Spielberger et al., 1985; Spielberger, 1988; deutsch: Schwenkmezger & Hodapp, 1986, 1989). In der Operationalisierung nach Spielberger umfaßt Anger-In das Verbergen von Ärger und Feindseligkeit (I keep things in) bei durchaus vorhandenen, heftigen Ärgergefühlen, während Anger-Out impulsive, verbal und/oder physisch aggressive Reaktionen gegenüber Personen oder Objekten beinhaltet. Die beiden Reaktionsstile werden ergänzt durch eine dritte Dimension, *Anger-Control,* die sowohl die Kontrolle der Gefühlsintensität (I keep my cool) als auch der aktionalen und expressiven Reaktionen umfaßt.

Es gibt nur wenige Ansätze in der auf die Emotion Ärger bezogenen Literatur, die bei der Beschreibung und Erfassung von Ärgerbewältigung über die Anger-Out/In Dichotomie bzw. zusätzlich Anger-Control und den Bereich aggressiver Ärgerreaktionen hinausgehen. Dazu gehören vor allem Interventionsprogramme, zum zweiten die Arbeiten von Averill:

1) Interventionsprogramme zur Kontrolle bzw. Vermeidung aggressiv-destruktiver Ärgerreaktionen und chronischer, möglicherweise gesundheitsgefährdender Aktivierung durch Ärger lenken bestimmungsgemäß den Blick auf Formen der Ärgerbewältigung, die -im Hinblick auf definierte Therapieziele- als konstruktiv und effizient zu bewerten sind. Formen der Ärgerbewältigung, die in solchen Interventionsprogrammen vor allem vermittelt werden, sind Entspannung, kognitive Techniken zur Neubewertung von Provokationen (Novaco, 1975; Siebert, 1977; Ellis, 1976, 1977; Moon & Eisler, 1983) sowie der

Aufbau sozialer Fertigkeiten/Kompetenzen und Problemlösefähigkeiten (Novaco, 1979, 1985; Chesney, 1985).

2) Studien, die Ärger und Ärgerbewältigung einer umfassenden Phänomenanalyse unterziehen, sind rar, ein erstaunliches Defizit angesicht der Häufigkeit, mit der Ärger erlebt wird (vgl. Scherer & Tannenbaum, 1986; Weber, 1987). In einer der wenigen Studien zum Ärgererleben im Alltag weist Averill (1982, 1983) die hohe Frequenz *nicht-aggressiver* Ärgerreaktionen (z. B. nicht-feindselige Aussprache mit dem Betroffenen oder mit neutralen Dritten; „calming activities") nach. Aggression in unterschiedlicher Form (verbal, physisch, direkt, indirekt, verschoben) ist zwar als Handlungsimpuls stark ausgeprägt, wird jedoch im tatsächlichen Verhalten weniger manifest (siehe auch Scherer et al., 1985). Dies gilt vor allem für physische Aggression. Als eine Form der Ärgerbewältigung können auch die von Averill erfaßten *„reappraisals"* betrachtet werden, nachträgliche Reinterpretationen ("eigentlich war das Ganze eher komisch"), die die Ärgerepisode in neuem, versöhnlicherem Licht erscheinen lassen. Bewältigungscharakter kann schließlich denjenigen Faktoren zugeschrieben werden, die dazu führen, daß eine Ärgerepisode als beendet oder abgeschlossen betrachtet wird (Fridhandler & Averill, 1982). Hier geht es neben eigenen Einsichten vor allem auch um das Verhalten der anderen, das allerdings entsprechend wahrgenommen und akzeptiert werden muß, z. B. Bitten um Entschuldigung, Unterstützung durch Dritte oder eine erzielte Imageaufbesserung bzw. „Rehabilitierung" bei vorausgegangener Schädigung des persönlichen Ansehens.

Solche Reaktionen der sozialen Umwelt spielen eine wichtige Rolle bei der Wahl und Stabilisierung von Ärgerbewältigungsstilen. Die wahrgenommene Verstärkung eingesetzter Bewältigungsformen, etwa die Durchsetzung persönlicher Ziele durch aggressive Reaktionen oder das Gefühl erlebter Macht und Stärke, kann zu einer Chronifizierung des Verhaltens beitragen, die auch gegenüber Interventionen resistent ist, sofern sich Bewältigungsalternativen subjektiv als weniger effizient erweisen. Solche Zusammenhänge werden jedoch leider kaum erfaßt (Chesney, 1985).

6.1.2 Effizienz von Ärgerbewältigung

Die Frage nach einer effizienten Bewältigung von Ärger ist mit lebhaften Kontroversen verbunden, vor allem dort, wo Ärgerbewältigung in den drastisch reduzierten Alternativen Anger-In versus Anger-Out diskutiert wird.

Die Unterdrückung von Ärger (und Feindseligkeit) steht als möglicher Krankheitsfaktor, vor allem bei Bluthochdruck und koronaren Herzkrankheiten, aber auch bei Krebs, zur Diskussion, wenn auch mit widersprüchlichen Ergebnissen und ohne genaue Klärung der pathogenen Mechanismen (vgl. für einen Überblick Appel, Holroyd & Gorkin, 1983; Chesney & Rosenman, 1985; Dembroski & Costa, 1987). So werden aktuelle Bemühungen, Feindseligkeit und Ärger als die koronargefährdenden Komponenten des Typ A-Verhaltens zu präzisieren, dadurch erschwert, daß Studienergebnisse mal Anger-Out, mal Anger-In als mögliches Risikoverhalten ausweisen. Angesichts solcher Widersprüche erscheint es angebracht, in der psychosomatischen Forschung über die In/Out Typisierung hinauszugehen und die Bewältigung von Ärger differenzierter zu erfassen, wie es auch dem ausgereifteren Diskussionsstand in der Streßbewältigung (vgl. Abschnitt 4) entsprechen würde. Differenzierungen erscheinen vor allem notwendig im Hinblick auf ein breiteres Spektrum von Formen der Ärgerbewältigung, deren mögliche Situationsspezifität sowie auf die Einbeziehung subjektiver Effizienzkriterien (Laux & Weber, in Vorbereitung; Weber, 1989, in Druck). Wie sehr schon die Hinzunahme eines einzigen weiteren Bewältigungsstiles, nämlich reflexiv-problemlöseorientierte Ärgerbewältigung, die Ergebnisse differenzieren kann, zeigen Harburg, Blakelock & Roeper (1979).

Auch eine Reihe von populärtherapeutischen Veröffentlichungen werfen der Unterdrückung von Ärger vor, physische, psychische und soziale Störungen zu verursachen, und propagieren daher das freie Ausagieren von Ärger (z. B. Bach & Goldberg, 1974; siehe für eine Diskussion Tavris, 1982, 1984; dagegen Stearns & Stearns, 1986). Dem hält Tavris nachdrücklich die negativen Folgen ungebremsten Ausagierens entgegen, nämlich anhaltende Ärgergefühle, Ärger-Eskalation und Verletzung von anderen. Die klassische Empfehlung zur Ärgerbewältigung, „count to ten", ist für Tavris daher die effizientere Alternative zum freien Ausdruck.

Hintergrund für die Ablehnung der Unterdrückung von Ärger ist meist die Vorstellung, daß sich die Energie, die dem Ärger zugrundeliegt, bei einer Unterdrückung des direkten Ausdrucks andere Wege bahnt und so auf Umwegen (größeren) Schaden anrichtet, sei es gegenüber anderen oder der eigenen Person. Dem freien Ärgerausdruck wird dagegen ein *kathartischer Effekt* zugeschrieben, d. h. eine befreiende und letzten Endes weniger schädliche direkte Entladung des Gefühls (siehe auch Scheff, 1983, 1984).

Innerhalb der Aggressionsforschung wurde die Katharsishypothese, die ihre Quelle vor allem in psychoanalytischen und ethologischen Theorien hat, in der Form operationalisiert, daß der freie Ausdruck von Ärger/Frustration in Form von Aggression (oder dessen Beobachtung) zu einem physiologischen Erregungsabbau führt und/oder die Wahrscheinlichkeit aggressiver Folgehandlungen mindert (Hokanson, 1970). Die Katharsisannahme kann jedoch durch empirische Befunde nur eingeschränkt gestützt werden, auch gibt es im Gegenteil Bestätigungen dafür, daß aggressives Ausagieren die Aggressionsbereitschaft erhöht (Berkowitz, 1970; Hokanson, 1970; Quanty, 1976). Hokanson hat in einer Reihe von Studien zeigen können, daß kathartische Effekte im Sinne eines physiologischen Spannungsabbaus nicht an aggressive Reaktionen gebunden sind. Jedes Verhalten kann spannungsmindernd wirken, sofern es sich in der eigenen Lerngeschichte als effizient erwiesen hat, die auslösende Frustration zu reduzieren (Hokanson & Edelman, 1966; Hokanson, Willers & Koropsak, 1968).

Einen weiteren Aspekt bringen Verres und Sobez (1980) in die Diskussion um Ärgerbewältigung ein. Sie stellen die übermäßige *Kontrolle* von Ärger, wie sie durch kognitive Interventionstechniken denkbar wäre, in Frage (vgl. auch Niethardt, 1980). Daß Interventionen zur Ärgerkontrolle bei der Gefahr aggressiver Verletzungen indiziert sind, kann wohl kaum bestritten werden, doch ist Ärgerkontrolle als generelle Verhaltensregel fraglich. Verres und Sobez geben zu Bedenken, daß der kontrollierte Umgang mit Ärger die spontane, impulsive Erlebnisfähigkeit mindert und zudem die positiven Funktionen von Ärger zugleich „wegkontrolliert" werden. Ärger, bzw. der offen zum Ausdruck gebrachte Ärger, kann insofern eine positive Funktion haben, indem er als ein Signal wirken kann, Problemlösungen zu initiieren. Eine positive Funktion des Ärgers kann zum anderen darin liegen, daß der zum Ausdruck gebrachte Ärger dem Selbstwertschutz und Selbstdarstellungsabsichten dient, z. B. den Eindruck von Souveränität und Stärke vermittelt, und andererseits Verletzbarkeit und Angst verdeckt (Chesney, 1985; Novaco, 1976; Rothenberg, 1971; siehe Abschnitt 7).

Als Ideal der Bewältigung von Ärger kristalliert sich so nach Abwägung der Diskussion um die Unterdrückung versus den ungebremsten Ärgerausbruch der *konstruktive Ausdruck von Ärger* heraus, d. h. volle Wahrnehmung des eigenen Ärgers, aber dessen kontrollierte Mitteilung, die darauf abzielt, ohne Verletzung des anderen das zugrundeliegende Problem, Fehlverhalten oder Mißstand abzubauen (Verres & Sobez, 1980; Fishman-Alschuler & Alschuler, 1984; Holt, 1970).

6.2 Trauer/Kummer

Trauer umfaßt die charakteristischen Reaktionen auf den Verlust eines Menschen (Bojanovsky, 1986). Der Tod eines geliebten Menschen stellt - zumindest in einigen Kulturkreisen- das streßreichste Lebensereignis dar (Holmes & Rahe, 1967). Eine Vielzahl von Studien befaßt sich daher mit dessen Folgen hinsichtlich erhöhter psychischer wie physischer Krankheitsanfälligkeit und Mortalität (für einen Überblick siehe Bojanovsky, 1986; Parkes, 1978; Osterweis, Solomon & Green, 1984; Stroebe, Stroebe, Gergen & Gergen, 1980;

Stroebe & Stroebe, 1983). Die Verwitwung, die hier exemplarisch für Verlustereignisse dargestellt wird, ist mit zahlreichen Anforderungen der Reorganisation des eigenen Lebens verbunden, in materieller Hinsicht ebenso wie im Hinblick auf neue Rollen- und Identitätsfindungen (Averill, 1968; Glick, Weiss & Parkes, 1974; Parkes, 1978; Stroebe & Stroebe, 1985). Viele dieser Aufgaben verlangen eine problemlöseorientierte Bewältigung und das Erlernen neuer Fertigkeiten. Doch erfordert die Trauer, die außer den charakteristischen Emotionen Kummer oder Gram weitere Emotionen, Angst/Furcht, Ärger/Wut, Zorn, Schuld, Depression und Hilflosigkeit umfaßt, vor allem auch die Bewältigung intensiver Emotionen (Izard, 1977; Worden, 1987; Parkes, 1978; Stroebe et al, 1980; Lindemann, 1944).

6.2.1 Trauerreaktionen

Der Prozeß der Verarbeitung und Bewältigung eines Verlustes wird vorherrschend über ereignistypische Phasenabfolgen beschrieben. In Anlehnung an Bowlby's Theorie der Bindung und die Reaktionen eines Kindes auf den Verlust der Mutter beschreibt Parkes (1970; 1978) vier Phasen, nach denen sich die Trauerreaktion, wenn auch mit individueller Variation, vollzieht. Nach einer anfänglichen Phase des Betäubtseins und Abgestumpftseins als der ersten Schutzreaktion gegenüber dem Verlust folgt eine zweite Phase der Sehnsucht, erlebt in akuten und sporadischen Anfällen „voll ernster Angstgefühle und psychischer Pein" (Parkes, 1978, S. 55). Sehnsucht ist verbunden mit Suche nach dem verlorenen Menschen und Zorn/Feindseligkeit gegenüber dem Verstorbenen oder anderen, denen eine (Mit)Schuld am Verlust zugeschrieben wird, auch mit Schuldgefühlen gegenüber sich selbst. Die dritte Phase ist bei gleichzeitiger Abnahme der Gram-Anfälle gekennzeichnet durch Unsicherheit, Desorganisation, Apathie und Depression, bis dann in der vierten Phase eine neue Identität aufgebaut und das Leben reorganisiert wird.

Als Alternative zur einflußreichen Phasenkonzeption (siehe auch Kast, 1982; Spiegel, 1973; Osterweis et al, 1984) postuliert Worden (1987) vier *Traueraufgaben,* die bewältigt werden müssen, nämlich den Verlust als Realität akzeptieren, den Trauerschmerz erfahren, sich anpassen an eine Umwelt ohne den Verstorbenen und schließlich die emotionale Energie abziehen und neu investieren. Worden hält die Konzeption von Traueraufgaben, die dem Freud'schen Konzept der Trauerarbeit nahekommt, für angemessener als Phasen, da der Begriff der *Aufgabe* den tatsächlich erforderten psychischen Aufwand und eigene Aktivität besser zum Ausdruck bringt als der Begriff der Phasen, der ein mehr passives Durchleiden impliziert.

Gemeinsam ist jedoch beiden Konzepten, Trauerphasen wie Traueraufgaben, daß sich die Verarbeitung eines Verlustes über die *Zeit hinweg* erstreckt, daß es sich also notwendigerweise um einen (schmerzhaften) Prozeß handelt, damit es zu einer Wieder- oder Neuanpassung kommen kann. Wie selten sonst in der Bewältigungsforschung, steht in der Bewältigung von Verlusten der *Prozeßcharakter* im Vordergrund, wird die Zeit beinahe selbst zur Bewältigungsform („Zeit heilt alle Wunden"). Für die „normale" Trauer werden dabei Grenzen diskutiert, die meist um das „Trauerjahr" schwanken, doch kann es sein, daß sich Trauer über Jahre hinzieht oder nie ein Ende findet. Hier wird es Anliegen von Trauerberatung und -therapie, Risikofaktoren für abweichende Trauer zu identifizieren, z. B. massive Selbstvorwürfe, und stützend einzugreifen (Osterweis et al, 1984; Parkes, 1978, 1985; Parkes & Weiss, 1983; Worden, 1987).

Ein zweites gemeinsames Merkmal aller Trauerkonzeptionen ist der *allmähliche Prozeß von der Leugnung hin zur Realisierung* des Verlustes. Nach Parkes (1970, 1978) bringen dabei defensive Mechanismen dem Trauernden vor allem in der Phase der Sehnsucht Schmerzmilderung. Dazu gehören illusionäre Gefühle der Nähe und Anwesenheit des Verstorbenen, Identifikation mit dem Verstorbenen, Träume von einer Wiedervereinigung, Nichtwahrhabenwollen/Leugnen des Verlustes, vorübergehende Abgestumpftheit und die Vermeidung von Gedanken an den Verstorbenen durch ablenkende Überaktivität und selektives Vergessen, was aber auch mit einer Präokkupation mit Verlustgedanken abwechseln kann. Parkes erachtet Formen der Abwehr als notwendiger Bestandteil der Entwicklung hin zur Reorganisation, als Möglichkeiten zum Rückzug und zur Distanz, wenn die zu bewältigende Situation als zu komplex und momentan nicht-bewältigbar erscheint. Durch defensive Phasen gewinnt der Trauernde Sicherheit und Distanz zurück, so daß er sich dann erneut der Realität stellen kann. Defensive und realitätsorientierte Phasen alternieren damit typischerweise im Verlauf des Trauerprozesses (vgl. Horowitz, 1975). Die Mechanismen der Abwehr werden als universelle Bewältigungsformen beschrieben, die jedoch individuell unterschiedlich ausgeprägt sein können. Darüber hinaus beeinflussen persönliche Bewältigungsfähigkeiten und -ressourcen den jeweils individuellen Verlauf der Trauer (Bojanovsky, 1986; Worden, 1987).

6.2.2 Soziale Unterstützung

Als ein entscheidender Einflußfaktor auf den Trauerverlauf gilt die soziale Umwelt. Hilfe durch das soziale System erfolgt zunächst vor allem durch Nahestehende, Verwandte und Freunde, aber auch durch Priester und Religion, durch Ärzte, Selbsthilfe-Gruppen oder durch psychosoziale Institutionen. Grundsätzlich prägt das soziale System auch über Normen und Regeln, z. B. Trauerriten, den Trauerprozeß mit (Glick et al, 1974; Gorer, 1965; Lerner, 1975).

Die soziale Unterstützung durch Nahestehende beinhaltet auch praktisch-instrumentelle Hilfe, doch werten Trauernde emotionale Unterstützung als besonders hilfreich. Emotionale Unterstützung realisiert sich durch unbedingte Zuneigung und Wärme, durch „Dasein“ und die Möglichkeit, Gefühle zum Ausdruck zu bringen und sich auszusprechen (Wortman & Lehman, 1985; Lehman et al., 1986). Emotionale Hilfe äußert sich vor allem auch darin, daß die Angemessenheit der Gefühle bestätigt wird, daß die Angst des Trauernden, unangemessene Gefühle zu haben oder „verrückt zu werden“, vermindert wird (Glick et al, 1974; Parkes, 1978). Über eine solche „Validierung“ von (zum Ausdruck gebrachten) Gefühlen, gerade wenn sie durch Intensität oder Dauer „nichtnormativ“ sind, kann die sozial-emotionale Unterstützung verhindern, daß der Betroffene sich selbst verurteilt oder verachtet und so sein Selbstwertgefühl schützen (Thoits, 1985a, b; vgl. auch Stroebe & Stroebe, 1985; siehe Abschnitt 7).

Die Schattenseite sozialer Unterstützung manifestiert sich in Verhaltensweisen, die vom Trauernden als nicht hilfreich oder sogar als belastend empfunden werden, vor allem Aufmunterungen zur schnellen Erholung und die Erteilung „guter Ratschläge“ (Lehman et al., 1986). Obwohl sich allgemeine Vorstellungen darüber, was im Trauerfall hilfreiches und nicht-hilfreiches Verhalten darstellt, mit den Wünschen der Betroffenen decken, das Laienwissen um Hilfe also in diesem Sinne korrekt ist, wird im Trauerfall dann tatsächlich oft das „falsche“ Verhalten realisiert. Lehman et al. (1986) vermuten, daß Angst und Unsicherheit in der Interaktion mit Trauernden die Helfer dazu bewegen, sich nicht-hilfreich zu verhalten, Gefühlsausbrüche abzublocken, das Ausmaß an Belastung herunterzuspielen und eine schnelle Wiedererholung zu forcieren. Wenn innerhalb der Familie zu der Angst noch Betroffenheit angesichts des Leidens hinzukommt, oder aber durch familiäre Regeln der offene Gefühlsausdruck verboten ist, werden Außenstehende oft zu einer hilfreicheren Quelle der Unterstützung (Parkes, 1978). Besonders qualifiziert zur Hilfe sind andere, die ähnliche Situationen durchlebt haben, der Grundgedanke für die Initiierung von „Widow-to-widow“ Programmen (Silverman, 1969; Bankoff, 1983).

Schulz (1978) weist andererseits darauf hin, daß die im Trauerverlauf zunehmende Aufforderung der Umwelt, Trauergefühle zu kontrollieren und zu unterdrücken, im Sinne der *Selbstwahrnehmungstheorie* von Bem (1967) möglicherweise eine positive Funktion haben kann. Demnach hat die Selbstbeobachtung gefühlsmäßiger Kontrolliertheit die tatsächliche Reduktion der Trauergefühle zur Folge. Auch aus lerntheoretischer Sicht ist die Unterstützung des offenen Gefühlsausdrucks negativ zu sehen, da Trauergefühle so verstärkt werden (Gauthier & Marshall, 1977). Sowohl Selbstwahrnehmungstheorie aber auch lerntheoretische Überlegungen stehen damit im Widerspruch zu der vorherrschenden, auch empirisch gestützten Annahme, daß das intensive Erleben und der Ausdruck von Trauergefühlen im Sinne einer Katharsis notwendig ist für die Überwindung der Trauer (Parkes, 1970; Worden, 1987).

7 *Selbstdarstellung und Selbstwertschutz bei der Bewältigung von Emotionen*

In der Emotionsforschung wie in den Ansätzen zur Streßbewältigung ist den unterschiedlichen Absichten, die beim Umgang mit Emotionen verfolgt werden können, bisher wenig Aufmerksamkeit geschenkt worden. Nahezu unbeachtet blieb die Absicht, ein ganz bestimmtes Bild der eigenen Person beim Interaktionspartner hervorzurufen, also den Eindruck zu steuern, den man auf andere ausübt. In vielen Situationen bemüht man sich beispielsweise, Angst oder Ärger nicht sichtbar werden zu lassen, weil dies dem angestrebten Eindruck von Selbstsicherheit und Kompetenz — für viele Personen hoch bewertete Identitätsdimensionen — widersprechen würde.

Solch eine zielgerichtete Eindruckslenkung, meist als *Selbstdarstellung* bezeichnet, steht im Mittelpunkt verschiedener Ansätze in der Sozial- und Persönlichkeitspsychologie, die bisher nur vereinzelt für die Bewältigungsforschung nutzbar gemacht wurden (vgl. Laux, 1986; Schlenker & Leary, 1982; Schlenker, 1987). Selbstdarstellung beschränkt sich jedoch keineswegs auf öffentliche Auftrittssituationen, sondern prägt auch entscheidend die Emotionsbewältigung in intimen Beziehungen. Ein drastisches Beispiel hierfür liefern Wortman und Dunkel-Schetter (1979) mit der Selbstdarstellungsstrategie von einigen Krebskranken: Um zu vermeiden, daß sich Angehörige und Freunde immer mehr von ihnen abwenden, können Krebskranke ihren negativen Zustand deutlich oder sogar übertrieben mitteilen, um eben die dringend benötigte Anteilnahme zu provozieren. Da dies den Rückzug der anderen aber eher fördert, geben sie es häufig auf, ihre Angst und Verzweiflung zum Thema von Gesprächen zu machen. Stattdessen bringen sie zum Ausdruck, wie gut sie sich fühlen und daß sie ihre Krankheit gut bewältigen, was ihnen tatsächlich mit Anteilnahme und Anerkennung honoriert wird. Der Kranke wird somit zu „einem Spieler in dem Drama am Totenbett, dessen Thema der Optimismus ist" (Hackett & Weisman, 1969, S. 304).

Mit der Vermittlung solcher Selbstbilder will der Handelnde Einfluß darauf nehmen, wie ihn die Interaktionspartner wahrnehmen und behandeln. Die Projektion von Selbstbildern kann dabei gegenüber real vorhandenen, aber auch gegenüber bloß vorgestellten Interaktionspartnern stattfinden. In einigen Ansätzen wird an Stelle des imaginierten Publikums sogar das eigene Selbst als „Publikum" bzw. als interner Adressat eingeführt. Häufig berücksichtigen wir bei unserer Selbstdarstellung interne und externe Adressaten gleichzeitig oder wechseln schnell zwischen dem externen und dem internen Publikum hin und her (siehe das Modell der *Ausrede* von Snyder, Higgins & Stucky, 1983).

Selbstdarstellung kann auf viele unterschiedliche Motive zurückgeführt werden (u. a. Bedürfnis nach sozialer Anerkennung; Bemühen, einem Publikum zu gefallen; Streben nach Selbstverwirklichung). Es wurde auch versucht, sämtliche Formen der Selbstdarstellung von einem Macht- oder Kontrollmotiv abzuleiten (Tedeschi & Norman, 1985). Wie noch in den folgenden Abschnitten verdeutlicht wird, sehen wir Selbstdarstellung bei der Bewältigung von Emotionen vorwiegend durch den *Schutz* des *Selbstwertgefühls* motiviert, wobei aber andere Bewältigungsfunktionen wie Emotionsregulation oder Problemlösung hinzutreten können. Als *Selbstwert* oder *Selbstwertgefühl* soll dabei die Gesamtheit der affektiven Urteile einer Person über sich selbst bezeichnet werden (vgl. auch Stahlberg, Osnabrügge & Frey, 1985).

Eine systematische Analyse von Selbstdarstellungsprozessen im Rahmen der Emotionsbewältigung fehlt bisher im psychologischen Bereich, wie ja überhaupt die „Kommunikation von Absichten" als Funktion der expressiv-motorischen Komponente der Emotion kaum Gegenstand von Emotionstheorien ist (Scherer, 1984, S. 297). Soziologen haben sich dagegen des Themas angenommen (z. B. Goffman, 1959; Hochschild, 1979, 1983; Thoits, 1985a; Gerhards, 1988; vgl. auch Abschnitt 2).

Bei dem Versuch, eine Brücke zwischen Bewältigungs- und Selbstdarstellungsforschung zu schlagen, müssen wir uns darauf beschränken, die Auseinandersetzung mit *bereits ausgelösten* Emotionen unter dem Gesichtspunkt der Selbstdarstellung und des Selbstschutzes zu interpretieren. Dagegen gehen wir nicht auf Ansätze ein, die dieselbe theoretische Perspektive schon auf die *Emotionsentstehung* beziehen (z. B. Higgins, 1987; Schlenker & Leary, 1982).

Grundsätzlich kann unserer Auffassung nach jede Bewältigungsreaktion in der Absicht der Selbstdarstellung und des Selbstwertschutzes eingesetzt werden. Wir konzentrieren uns hier exemplarisch auf defensive und expressive Bewältigungsformen.

7.1 Selbstdarstellung und Selbstwertschutz bei defensiven Bewältigungsformen

Die Neuinterpretation von intrapsychischen Bewältigungsformen unter dem Gesichtspunkt der Selbstdarstellung und des Selbstwertschutzes wollen wir an Hand der Subskalen des Streßverarbeitungsfragebogens (SVF) von Janke et al. (1985) verdeutlichen, der eine beträchtliche Anzahl defensiver Bewältigungsformen enthält. Dabei sei daran erinnert, daß der Adressat der Darstellung sowohl der Interaktionspartner als auch das eigene Selbst sein kann. Unserer Auffassung nach wird das Selbst als „Publikum" durch die „sage ich mir, ..." - Formulierung mancher Items im SVF direkt angesprochen.

Bei der SVF-Dimension *Herunterspielen durch Vergleich mit anderen* wertet man andere ab, um den eigenen Selbstwert, der bedroht wurde, zu schützen („.. bin ich froh, daß ich nicht so empfindlich bin wie andere"). Bei optimaler Wirkung dieser Strategie kann sich dabei ein fließender Übergang zu einer Selbstwerterhöhung ergeben. Leicht fällt die Neuinterpretation auch bei der Dimension *Suche nach Selbstbestätigung.* Die Mitteilung des positiven Selbstbildes anderen gegenüber läßt sich aus folgendem SVF-Itembeispiel unmittelbar ablesen: „..bringe ich meine guten Eigenschaften zur Geltung". Die SVF-Bewältigungsform der

Resignation („.. neige ich dazu, schnell aufzugeben" oder „.. bin ich deprimiert") kann gleichfalls dazu dienen, die Wahrnehmungen und Handlungen anderer Personen zu beeinflussen, etwa im Hinblick darauf, daß diese Personen einem möglicherweise die Konfrontation mit bedrohlichen Lebensbereichen ersparen (vgl. Snyder et al., 1983).

Auch die im SVF aufgeführte Strategie der *Schuldabwehr* („.. denke ich, ich habe die Situation nicht zu verantworten") erweist sich als direkte Selbstschutzstrategie. Es geht um den Versuch, ein Selbstbild, das bedroht wurde oder bereits beeinträchtigt ist, durch Abstreiten der Verantwortlichkeit für die Streß-Situation zu schützen. In den Selbstdarstellungsansätzen wird die Auseinandersetzung mit der Verantwortlichkeit für problematische Situationen in mehrere defensive Einzelstrategien aufgespalten, die von der Herabsetzung der Eigenverantwortlichkeit (Entschuldigungen) bis hin zu Eingeständnissen reichen (Tedeschi & Norman, 1985). Zu diesem Themenbereich gehört auch das Modell der *Ausreden*, das Snyder et al. (1983) von selbstwerttheoretischer Position aus entworfen haben.

Als Fazit ergibt sich, daß bei den aufgeführten defensiven Bewältigungsformen das Ziel ihres Einsatzes darin bestehen kann, bestimmte Bilder der eigenen Person zu vermitteln, mit denen das Selbstwertgefühl geschützt werden soll. Gelingt dieser Selbstwertschutz, ist also der Selbstwert nicht länger bedroht oder beeinträchtigt, kommt es zur Verringerung der emotionalen Reaktion.

7.2 Emotionsdarstellung

Bei den dargestellten defensiven Formen der Emotionsbewältigung dienen kognitive Maneuver als Vehikel der Selbstdarstellung. Der Emotionsausdruck selbst kann aber ebenfalls in selbstdarstellerischer Absicht erfolgen. In diesem Fall wollen wir von *Emotionsdarstellung* sprechen. Entscheidendes definitorisches Bestimmungsmerkmal der Emotionsdarstellung ist die Absicht, über die Gestaltung von Emotionen bestimmte Eindrücke hervorzurufen, um somit Einfluß darauf zu nehmen, wie man wahrgenommen und behandelt wird. Eine solche Absicht kann nicht nur beim stark kontrollierten Gefühlsausdruck bzw. bei nonveridikalen Darstellungsformen (z. B. Verstellung, Täuschung) vorliegen, sondern auch beim offenen unmittelbaren Ausdrücken der inneren Befindlichkeit.

Expressive Bewältigungsformen liefern viele Beispiele für Emotionsdarstellung (vgl. Abschnitt 6). So kann nach Novaco (1976) der offene Ärgerausdruck die Funktion der *Selbstpromotion* haben, d. h. der Absicht dienen, Macht, Expressivität und Bestimmtheit zu demonstrieren. Ebenso kann die Unterdrückung des Ärgers mit dem Ziel erfolgen, z. B. Harmonie, Ausgeglichenheit oder aber Unverletzbarkeit zu vermitteln (vgl. Rothenberg, 1971).

Allgemein läßt sich sagen, daß der Einsatz gängiger expressiver Bewältigungsformen wie *Selbstkontrolle* („Ich bemühte mich, meine Gefühle für mich zu behalten“, Ways of Coping-Skala) oder *Reaktionskontrollversuche* („... versuche ich, Haltung zu bewahren“, SVF) kaum ohne die Vorstellung äußerer oder innerer Adressaten und damit der Absicht der Emotionsdarstellung denkbar ist.

Es überrascht daher auch nicht, daß die Kontrolle des Emotionsausdrucks zum Kern eines Persönlichkeitskonstruktes gehört, das interindividuelle Unterschiede in der Selbstdarstellung beschreibt, dem *self-monitoring*-Konzept von Snyder (1987), der darunter die interindividuell unterschiedlich ausgeprägte Fähigkeit zur Kontrolle des emotionalen Ausdrucks versteht. Diese Fähigkeitsdimension der expressiven Kontrolle ist von außerordentlicher Bedeutung bei der Eindruckslenkung, d. h. beim gezielten Vermitteln von Selbstbildern, denn es besteht ja die Gefahr, daß die Gefühle, die man nicht zeigen möchte, „durchsickern“ und die Interaktionspartner daher einen ganz anderen Eindruck formen als der Darsteller vermitteln wollte (Ekman & Friesen, 1974; Lippa, 1976). Die Fähigkeit zum Gefühlsausdruck wird auch angesprochen, wenn es darum geht, Gefühle, die man empfindet und die man anderen Personen gegenüber ausdrücken möchte, auch tatsächlich ausdrücken zu können. In diesem Sinne sprechen Buss und Briggs (1984) von *Expressivität,* Cheek und Hogan (1983) von *Selbstinterpretation.*

Grundsätzlich würde es sich anbieten, die gesamte Forschungsliteratur zum Thema *Ausdruck und Kommunikation* unter dem Gesichtspunkt der Emotionsdarstellung zu untersuchen (siehe zsfd. Buck, 1984; Ekman, 1984, 1985; Frijda, 1986; Scherer & Wallbott, 1984).

Emotionsdarstellung als Variante der Selbstdarstellung läßt sich als Zwischenschritt auf dem Wege des *Selbstwertschutzes,* der *Emotionsregulation* und der *Problemlösung* ansehen, wobei die Bedeutung der einzelnen Funktion und die Form ihrer Verknüpfung sicherlich interindividuell stark variieren. Wie beispielsweise die Analyse der Emotionsdarstellung bei Krebskranken von Wortman und Dunkel-Schetter (1979) zeigt, sieht der Krebskranke seinen Selbstwert durch den Rückzug der anderen, durch den Verlust von Beziehungen in Frage gestellt. Der Krebskranke braucht aber die anderen, um sich selbst zu bestätigen, daß er liebenswert und attraktiv geblieben ist. Aus diesem Grund behält er die „abschreckenden“ negativen Gefühle für sich und gibt Wohlbefinden vor. Er versucht durch sein Einwirken auf andere, die soziale Isolation zu überwinden (Problemlösung) und seinen beeinträchtigten Selbstwert zu erhöhen, was im Falle des Gelingens zu positiv getönten Emotionszuständen führt (Emotionsregulation). Die Beziehung zwischen Selbstwert und positiven Emotionen ist empirisch gut belegt (vgl. Filipp & Aymanns, 1987; Thoits, 1985a, b).

7.3 Selbstbehinderung

Emotionsdarstellung und defensive Bewältigungsformen können gemeinsam zum Schutz des Selbstwertes eingesetzt werden, wie sich bei der von Jones und Berglas (1978) beschriebenen *Selbstbehinderung* (self-handicapping) veranschaulichen läßt. Wegen der getrennten Entwicklung von Bewältigungs- und Selbstdarstellungsforschung ist diese komplexe Form der Selbstdarstellung in der Literatur zur Emotionsbewältigung noch gar nicht zur Kenntnis genommen worden. Kerngedanke ist, daß jemand eine vergleichsweise geringe „Behinderung" eingesteht, um sein Selbstbild hinsichtlich zentraler Bereiche wie Kompetenz und Intelligenz zu schützen. Er versucht damit, die Attributionen anderer Personen, so weit sie seine eigene Leistung betreffen, zu steuern. Der Einsatz von Selbstbehinderung ist immer dann wahrscheinlich, wenn die zu erbringende Leistung sich auf selbstwertrelevante Bereiche des Individuums bezieht und die Möglichkeit eines schlechten Abschneidens gegeben ist wie im Falle von Bewertungsängsten (z. B. soziale Angst oder Prüfungsangst).

Der Selbstbehinderer führt antizipiertes oder tatsächliches Versagen in sozialen Kontexten, in denen er als Person hervorgehoben ist — im „Rampenlicht" steht —, auf Angst zurück („Ich bin furchtbar nervös — ich vergesse bestimmt, was ich sagen wollte."). Symptome *sozialer Angst* werden sozusagen „verwertet", d. h. strategisch eingesetzt, um von vermeintlichen oder vorhandenen Defiziten im Bereich von Fähigkeit und Kompetenz abzulenken. Gelingt damit die Reduktion der Selbstwertbedrohung, wird die Angst verringert. Unsere Analyse zeigt also, daß hier die Darstellung der Angst im Verein mit einer defensiven kognitiven Strategie eine emotionale Erleichterung bewirkt. Unter theoretischem Gesichtspunkt erweist sich diese Strategie als ebenso komplex wie faszinierend: (1) Angst in sozialen Situationen entsteht, weil man an seiner Fähigkeit zweifelt, ein bestimmtes Selbstbild zu vermitteln (Schlenker & Leary, 1982). (2) Die Angstsymptome werden für eine Selbstbildprojektion instrumentalisiert, die von Kompetenzdefiziten ablenkt. (3) Ist die Darstellung erfolgreich, vermindert sich die Selbstwertbedrohung und damit die Angst.

Die Devise „lieber ängstlich als dumm erscheinen" scheint besonders bei der Bewältigung von *Prüfungsangst* bzw. *Leistungsangst* eine Rolle zu spielen. So konnten Smith, Snyder und Handelsman (1982) den strategischen Einsatz von Prüfungsangst in einer Intelligenzuntersuchung bei Hochprüfungsängstlichen experimentell demonstrieren.

Der Einsatz von self-handicapping führt zu Problemen beim Erfassen von Angst, da „Selbstbehinderer" bei der Darstellung ihrer Angstsymptomatik sich des Instruments der Angstskala bedienen. Nach einer schlechten Leistung kann sich der Proband z. B. sagen: „Während der Testdurchführung war ich sehr nervös — es ist daher kein Wunder, daß ich so schlecht abgeschnitten habe". Entsprechend hoch fällt der im Anschluß an die Leistungssituation erhobene Zustandsangstwert aus (vgl. Laux & Glanzmann, 1986).

Die derzeit favorisierten Angst- bzw. Prüfungsangsttheorien haben die Angstabwehrstrategie des „self-handicapping" noch nicht berücksichtigt. Angstberichte werden im wesentlichen als veridikaler Ausdruck der empfundenen Angst aufgefaßt (vgl. Spielberger et al., 1978). In

Spielbergers Trait-State-Angstmodell ist zwar vorgesehen, daß Zustandsangst den Einsatz defensiver Bewältigungsformen bewirkt, aber die Zustandsangstberichte selbst werden nicht als Widerspiegelungen defensiver Maneuver interpretiert. Laux und Glanzmann (1986) haben versucht, den Selbstdarstellungsansatz mit der neueren Prüfungsangsttheorie zu verbinden.

Besonders bei habituellem Einsatz ist self-handicapping mit *Kosten* für das Selbstkonzept der betreffenden Person verbunden, da sie nun als hochängstlich gilt und — schlimmer noch — möglicherweise diese Einschätzung im Laufe der Zeit übernimmt. Es ist denkbar, daß der Selbstbehinderer am Anfang die empfundene Angst absichtlich übertrieben darstellt. Dies schließt nicht aus, daß er sich selbst am Ende als hochängstliche Person betrachtet, weil wichtige Bezugspersonen seine Darstellung eines Hochängstlichen akzeptieren und ihn entsprechend behandeln: „Self-presentations are not only effective in fooling an audience; they also often deceive the actor as well“ (Schlenker, 1980, S. 199).

Hieraus läßt sich für die Streßforschung eine neue, über den Einzelmechanismus „Selbstbehinderung“ hinausgehende Interpretation der Chronifizierung von Bewältigungsformen ableiten (Laux, 1986): Möglicherweise bewirkt erst das „self-defining feedback“ wichtiger Personen des Publikums die *Chronifizierung* des Einsatzes dieser Bewältigungsformen. Habituelle Selbsttäuschungen, wie sie sich z. B. in sog. „Lebenslügen“ (vgl. Lazarus, 1983) manifestieren, wären als Ergebnis eines solchen wechselseitigen Beeinflussungsprozesses anzusehen. Extrem formuliert: Die Selbstdarstellung beginnt mit dem bewußten Versuch, das Publikum zu täuschen, am Ende hat man jedoch über die Wirkweise des „self-defining feedback“ sich selbst getäuscht.

Angesichts der potentiellen Kosten beim Einsatz von self-handicapping liegt es nahe, daß man im Fall von Selbstwertbedrohungen zunächst einmal versucht, weniger ruinöse Selbstschutzmechanismen einzusetzen. Hier bietet sich ein reichhaltiges Repertoire von Erklärungen an, die Schlenker und Leary (1982) als *selbstwertdienliche Erklärungen* zusammengefaßt haben. Sie werden ebenfalls eingesetzt, um Selbstbilder zu schützen, die auf zentralen Bereichen des Selbstwertes basieren. Wenn jemand z. B. befürchtet, in einem Vorstellungsgespräch schlecht abzuschneiden oder bereits tatsächlich schlecht abgeschnitten hat, kann er Gründe aufführen, die mit der Situation zusammenhängen (z. B. „Es war eine kalte unfreundliche Gesprächsatmosphäre“) oder mit dem temporären persönlichen Zustand (z. B. „Ich habe in der letzten Nacht zu wenig geschlafen“). Damit soll den relevanten Interaktionspartnern verdeutlicht werden, daß die schlechte Leistung nicht repräsentativ ist für die wahre Leistungsfähigkeit des Betreffenden. Gelingt es, diesen Eindruck zu vermitteln, werden seine öffentliche Einschätzung und sein Selbstwert nicht beeinträchtigt.

Ausgehend von Carvers (1979) kybernetischem Modell haben Schlenker und Leary (1982) die Bedingungen spezifiert, die zum Einsatz der verschiedenen Selbstschutzstrategien bei der Bewältigung sozialer Angst führen. Danach hält der Handelnde solange wie möglich an den weniger „kostspieligen“ Strategien fest. Der in dieser Weise geordnete Einsatz von Selbstschutzstrategien stimmt im Grundgedanken mit dem Schwellenmodell von Appley (vgl. Cofer & Appley, 1964) überein: Ego-defensive Verhaltensweisen werden intensiviert, wenn das Individuum sich auf der „Streßleiter“ nach oben bewegt.

7.4 Selbstextension

Die am Beispiel der Angst beschriebenen defensiven Formen der Selbstdarstellung lenken von Defiziten im Bereich zentraler Aspekte des Selbstkonzeptes ab. Es handelt sich demnach um die Vermittlung nichtveridikaler persönlicher Informationen in der Absicht des Selbstschutzes. Die zunächst temporäre Darstellung eines Symptoms aus strategischen Gründen kann jedoch — wie am Beispiel der Selbstbehinderung verdeutlicht wurde — eine veridikale Selbstkonzeptveränderung bewirken.

Zur langfristigen Wirkung defensiver Selbstschutzstrategien gibt es ein positives Gegenstück (vgl. Laux, 1986): Gemeint ist die absichtliche Vermittlung eines Selbstbildes der Kompetenz und Sicherheit, die dem Zustand und dem Selbstkonzept des Darstellers überhaupt nicht entspricht. Eine sozial ängstliche Person kann z. B. versuchen, die empfundene Angst und Unsicherheit in einer Auftrittssituation nicht für andere sichtbar werden zu lassen, indem sie den Emotionsausdruck stark kontrolliert und so tut, als ob sie selbstsicher wäre. Wenn diese Form der nicht veridikalen Darstellung einigermaßen gelingt und häufig angewandt wird, sind Erweiterungen des Selbstkonzepts in Richtung auf größere Selbstsicherheit und Kompetenz sehr wahrscheinlich. Laux (1986) hat daher vorgeschlagen, von einer Bewältigungsstrategie der Extension des Selbstkonzeptes oder kürzer der „Selbstextension“ zu sprechen. Daß Personen die Rollen „werden“ können, die sie spielen, ist Grundgedanke eines dramaturgischen Verfahrens, der sog. „Fixed Role Therapy“ von Kelly (1955). Rollenspiele werden auch jenseits therapeutischer Interventionen spontan von Personen zur Bewältigung sozialer Streß-Situationen eingesetzt, denen der „als ob“-Charakter ihres Verhaltens häufig durchaus bewußt ist (Hochschild, 1979; Thoits, 1986).

7.5 Mehrfunktionalität von Selbstdarstellung

Wie unsere Beispiele zeigen, ist Selbstdarstellung meistens nicht Endziel des Verhaltens, sondern steht im Dienste von Bewältigungsfunktionen wie der Emotionsregulation, der Problemlösung und/oder des Selbstwertschutzes. Daneben kann sich Selbstdarstellung auf Ziele richten, die über die Bewältigung von Emotionen hinausgehen wie Selbstwerterhöhung, Aufbau einer bestimmten Identität oder Reputation wie Glaubwürdigkeit, Attraktivität, Kompetenz, Macht etc. Die jeweilige Reaktion soll dann mehr leisten als „nur“ Problemlösung, Emotionsregulation oder Selbstwertschutz. Diese Auffassung deckt sich mit heterostatischen Ansätzen, bei denen Bewältigung nicht nur als

Ausgleich einer Störung gesehen wird (regulative Thematik nach Thomae, 1968), sondern als Chance zu Wachstum, Weiterentwicklung, Daseinssteigerung oder Lebensbewältigung (Oerter, 1985; Olbrich, 1985).

8 Ausblick

Von den möglichen Themen, die sich aus diesem Beitrag als Anregung für weitere theoretische und empirische Arbeiten auf dem Gebiet der Bewältigung von Emotionen ergeben, wollen wir als Ausblick 1. auf die Notwendigkeit einer Konzeption von Emotionsbewältigung im sozialen Kontext sowie 2. auf die Fruchtbarkeit einer systematischen Erforschung emotionsspezifischer Bewältigung hinweisen.

8.1 Emotionsbewältigung im sozialen Kontext

Emotionsbewältigung ist — wie auch die Entstehung von Emotionen — an soziale Normen gebunden (vgl. Averill, 1982). Solche Normen können sich als *Ausdrucksregeln* (display rules, Ekman & Friesen, 1969) und als *Gefühlsregeln* (feeling rules, Hochschild, 1979) manifestieren. Einen Eindruck vom Einfluß der Normierung läßt sich gewinnen, wenn man die Emotionsbewältigung in Abhängigkeit vom sozialen und kulturellen Kontext untersucht (siehe Levy, 1984). In einer internationalen Untersuchung, an der acht Länder beteiligt waren, haben Scherer, Wallbott und Summerfield (1986) u. a. Kontroll- und Regulationsprozesse für die vier Basisemotionen (Freude, Trauer, Furcht, Ärger) in unterschiedlichen sozialen Kontexten untersucht. Verbalisationen z. B. werden nach den Angaben der Teilnehmer an der deutschen Untersuchung am häufigsten bei Ärger und zwar besonders in Situationen mit mehreren anwesenden Personen kontrolliert. Die hohe Kontrolle könnte damit zusammenhängen, daß man Sanktionen der anderen fürchtet und sich daher überlegt, was man sagt.

Prinzipiell kann man davon ausgehen, daß Streßereignisse nicht auf isolierte Individuen, sondern auf soziale Gebilde einwirken und nicht nur beim direkt betroffenen Individuum, sondern auch bei mittelbar beteiligten Personen Bewältigungs-bzw. Unterstützungsreaktionen auslösen (Filipp & Klauer, 1987 sowie Abschnitt 6). Ebenso kann die Bewältigungsreaktion einer Person (z. B. aggressive Erregungsabfuhr) ein belastendes Ereignis für eine andere Person darstellen, woraus wechselseitig aufeinander bezogene Bewältigungsreaktionen resultieren. Trotz der offensichtlichen Bedeutung der Bewältigung von Emotionen in sozialen *Interaktionen* gehört dieses Thema aber zu den vernachlässigten Bereichen der psychologischen Emotions- und Bewältigungsforschung.

(a) Soziale Unterstützung

Der soziale Kontext von Bewältigung ist explizit Forschungsgegenstand der *sozialen Unterstützung*, indem hier untersucht wird, welchen Einfluß die soziale Umwelt, sei es durch instrumentelle, ratgebende, emotionale oder ideelle Unterstützung, auf die Bewältigung des Einzelnen nimmt. Nach dem gängigen Verständnis von sozialer Unterstützung als einer *Ressource* wird dabei vor allem die Moderatorwirkung von Ausmaß und Art der Unterstützung im Hinblick auf die aktuelle Bewältigung, vor allem aber die psychisch-physischen Konsequenzen von Streßerfahrung untersucht. Wie generell in der Streß- und Bewältigungsforschung ist jedoch auch hier die Perspektive auf den Einzelnen gerichtet, auf die Unterstützung, die ihr/ihm zuteil wird bzw. sie/er selbst aktiviert als aktuelle Form der Bewältigung, ohne daß die interpersonalen Prozesse auch erfaßt werden (Kessler, Price & Wortman, 1985).

Dagegen diskutieren Wortman und Dunkel-Schetter (1979) in einer theoretischen Analyse die Hintergründe und Einflußvariablen auf die Interaktion zwischen Unterstützungsleistenden und -empfängern am Beispiel der Bewältigung von Krebs. Es ist kennzeichend für diese Überlegungen, daß die Perspektive von *beiden*, Helfer *und* Empfänger, berücksichtigt wird. Damit wird zugleich auch die durch den Begriff „soziale Unterstützung" nahegelegte positive Wirksamkeit, und zwar für den Empfänger, aufgegeben. Stattdessen verweisen Wortman und Dunkel-Schetter (1979; Wortman & Lehman, 1985; Lehman et al., 1986; siehe Abschnitte 4. und 6., Trauer/Kummer) zum einen auf Interaktionen, die für den Betroffenen gerade *nicht* hilfreich sind, zum anderen werden auch die Schwierigkeiten und Belastungen herausgestellt, die für die Helfenden aus der Hilfeleistung entstehen.

(b) Emotionsbewältigung im Kontext von Familie und Partnerschaft

Das beschriebene Forschungsdefizit trifft auch für den spezifischen Bereich der Familienforschung zu. Trotz ihrer augenscheinlichen Relevanz sind Emotionen im Kontext von Familie und Partnerschaft bisher nur unzureichend erforscht worden. Nach dem Überblick von L'Abate (1985) stammt das, was man über emotionale Prozesse in Familien weiß, überwiegend aus der Beschäftigung mit Problemfamilien oder „pathologischen" Familien, während die Regulation von Emotionen in „normalen", nicht auffälligen Familien bisher nur am Rande untersucht wurde.

Immerhin gibt es eine Reihe verstreuter Forschungsaktivitäten, die man unter dem Gesichtspunkt der familien- und partnerschaftsbezogenen Emotionsbewältigung in Zukunft aufgreifen und integrieren könnte. Zu nennen wären hier vor allem diejenigen Ansätze, die sich mit dem *Ausdruck* von Emotionen oder Expressivität in Partnerschaft/Familie befassen (vgl. Halberstadt, 1984, 1986; Sade & Notarius, 1985; Markman & Notarius, 1987; Bradbury & Fincham, 1987; Gottman & Levenson, 1985). Die Bewältigung von Emotionen wird in diesen Bereichen allerdings nur ansatzweise über den Emotionsausdruck angesprochen. Auch in einem weiteren Themenbereich der Familienforschung, nämlich *Konflikt- und Konfliktbewältigung,* ist die Bewältigung von Emotionen implizit beinhaltet, ohne jedoch systematisiert zu werden (Peterson, 1983). Emotionsbewältigung in Partnerschaft/Familie ist dagegen explizit Thema in (populär)therapeutischen Veröffentlichungen mit Empfehlungen zur Beziehungsgestaltung und Umgang mit Emotion, z. B. Ärger und Wut (Bach & Goldberg, 1974; Bach & Wyden, 1970; Lerner, 1987), und dann generell im Bereich Partner/Familientherapie.

Auch die Forschungsarbeiten im Rahmen der soziologisch geprägten Familienstreßtheorie liefern Beiträge zur Emotionsbewältigung in Familien (Hill, 1949; Burr, 1973; McCubbin & Patterson, 1982, 1983; Boss, 1987; vgl. Schneewind, 1987 für eine kritische Diskussion). Bedingt durch die Orientierung an strukturellen Familienmerkmalen und die unterstellte Einheitlichkeit familialen Bewältigens („When we face problems or difficulties in our family, we respond by...“; Olson & McCubbin, 1983), wird jedoch auch in dieser Forschungsrichtung das sich gegenseitig beeinflussende aktuelle Bewältigungsverhalten in der Familie nicht zum eigentlichen Forschungsgegenstand.

Die zentralen Untersuchungen der Bewältigungsforschung, die in diesem Beitrag besprochen wurden, berücksichtigen den Kontext der Familie bzw. Partnerschaft meist gar nicht, obwohl viele ihr theoretisches Fundament von einer transaktionalen Konzeption von Bewältigung, also von einer wechselseitigen Einflußnahme von Person und personaler Umwelt, ableiten. In der Regel wird aber nur die individuelle Bewältigung erfaßt, nicht deren Bedingtheit durch andere bzw. Rückwirkung auf andere. Das muß gerade in den Studien von Lazarus und Mitarbeitern, den prominenten Vertretern des transaktionalen Ansatzes, verwundern, da dort Ehepartner die Teilnehmer sind, deren Bewältigung von Streßepisoden in der Datenauswertung nicht aufeinander bezogen wird (Folkman, Lazarus, Dunkel-Schetter, DeLongis & Gruen, 1986; Folkman, Lazarus, Gruen & DeLongis, 1986). Da Bewältigungsbemühungen eines Familienmitgliedes meist von den Bewältigungsversuchen anderer Familienmitglieder beeinflußt werden, kann eine ausschließlich individuumsbezogene Erfassung von Bewältigung einen Verzicht auf die Bestimmung wesentlicher Einflußgrößen bedeuten.

8.2 Emotionsspezifische Bewältigung

Wir haben in diesem Beitrag betont, daß *diskrete* Emotionen — und nicht bloß eine unspezifizierte Mischung negativer Emotionen — als Reaktion auf Streßereignisse erfaßt und der Einsatz von Bewältigungsreaktionen auf diese

Emotionen bezogen werden sollte. Aus dieser Forschungsperspektive ergibt sich als grundlegende Fragestellung, welche Bewältigungsformen bei negativen Emotionen *generell* und welche nur *emotionsspezifisch* einsetzbar sind.

Vermutlich lassen sich viele Bewältigungsformen bei allen Basisemotionen anwenden (z. B. Bagatellisierung, positive Selbstinstruktion, Vermeidung, Entspannung). Daneben scheint es aber Bewältigungsformen zu geben, die nur bei bestimmten Emotionen in Frage kommen oder zumindest bevorzugt bei spezifischen Emotionen eingesetzt werden. Beispielsweise bezieht sich die Dimension „Selbstzuschreibung von Verantwortlichkeit" der „Ways of Coping"-Skala sicherlich primär auf Schuldgefühle, die Dimension „Konfrontatives Bewältigen" primär auf Ärger. Jede Emotion scheint einen charakteristischen Bereich von Bewältigungsformen anzusprechen: Bei der Angst stehen defensive Formen im Mittelpunkt (vgl. Krohne und Kohlmann, in diesem Band). Kontrolle- Unterdrückung ist das Leitthema beim Ärger, während es für die Bewältigung von Trauer/Kummer typisch ist, daß defensive und realitätsorientierte Bewältigungsformen über die Zeit hinweg abwechseln (vgl. Abschnitt 6).

Zwar gibt es für jede diskrete Emotion Bewältigungsuntersuchungen, aber es fehlt eine vergleichende Analyse von Bewältigungsformen, die sich auf alle Basisemotionen stützt. Wir schlagen vor, für jede Basisemotion Hypothesen darüber aufzustellen, welche Bewältigungsformen prinzipiell bei den einzelnen Emotion einsetzbar sind und welche bevorzugt eingesetzt werden. Möglicherweise ergeben sich prägnante Unterschiede zwischen den diskreten Emotionen vor allem dann, wenn man nicht nur einzelne Bewältigungsformen untersucht, sondern deren Muster.

Als Ausgangspunkt für eine derartige Klassifikation *emotionsspezifischer Bewältigung* können die bisher nachgewiesenen Unterschiede zwischen diskreten Emotionen z. B. im Bereich von nonverbalen Reaktionen, physiologischen Symptomen, allgemeinen Körperempfindungen und Verbalisationen dienen. Ärger ist danach eher durch „heiße" Symptome wie Hitzewallungen, Furcht dagegen durch „kalte" Symptome wie Kältegefühl und Blaßwerden gekennzeichnet (vgl. Wallbott & Scherer, 1985). Es fehlen theoretische Ansätze und Untersuchungen, in denen solche differentiellen Reaktionsmuster systematisch mit unterschiedlichen Bewältigungsformen verknüpft werden.

Der Gedanke, daß Merkmale qualitativ unterschiedlicher Emotionen differentielle Bewältigungsprozesse initiieren, läßt sich auch auf den Ansatz der *Emotionsdarstellung* beziehen. Jede Basisemotion liefert unterschiedliches „Rohmaterial", das in der Absicht der Emotionsdarstellung verwertet werden kann. Bei jeder einzelnen Emotion müßte demnach die Frage der „Verwertbarkeit" ihrer Ausdruckskomponenten (z. B. Mimik, Stimme, sichtbare physiologische Symptome) für die Emotionsdarstellung untersucht werden.

Insgesamt käme man somit zu einer forschungsleitenden Systematik emotionsspezifischer Bewältigungsformen, die ein postemotionales Analogon zu den von Scherer (1985) postulierten, zwischen Reiz und Emotion vermittelnden Verarbeitungsschritten darstellen.

Literatur

Aldwin, D.M. & Revenson, T.A. (1987). Does coping help? A reexamination of the relation between coping and mental health. *Journal of Personality and Social Psychology, 53,* 337—348.

Antonovsky, A. (1979). *Health, stress, and coping.* San Francisco: Jossey-Bass.

Appel, M. A., Holroyd, K. A. & Gorkin, L. (1983). Anger and the etiology and progression of physical illness. In Temoshok, L., Van Dyke, C. & Zegans, L. S. (Eds.), *Emotions in health & illness. Theoretical and research foundations* (pp. 73—87). Orlando: Grune & Stratton.

Appley, M. H. & Trumbull, R. (1986). Development of the stress concept. In M. H. Appley & R. Trumbull (Eds.), *Dynamics of stress* (pp. 3—18). New York: Plenum Press.

Asendorpf, J., Wallbott, H. G. & Scherer, K. R. (1983). Der verflixte Represser: Ein empirisch begründeter Vorschlag zu einer zweidimensionalen Operationalisierung von Repression-Sensitization. *Zeitschrift für Differentielle und Diagnostische Psychologie, 4,* 111—126.

Asendorpf, J. & Wallbott, H. G. (1985). Formen der Angstabwehr: Zweidimensionale Operationalisierung eines Bewältigungsstils. In K. R. Scherer, H. G. Wallbott, F. J. Tolkmitt & G. Bergmann (Hrsg.), *Die Streßreaktion: Physiologie und Verhalten* (S. 39—49). Göttingen: Hogrefe.

Averill, J. R. (1968). Grief: Its nature and significance. *Psychological Bulletin, 70,* 721—748.

Averill, J. R. (1982). *Anger and aggression: An essay on emotion.* New York: Springer.

Averill, J. R. (1983). Studies on anger and aggression: Implication for theories on emotion. *American Psychologist, 38,* 1145—1160.

Bach, R. G. & Goldberg, H. (1974). *Keine Angst vor Aggression.* Köln: Dietrichs.

Bach, R. G. & Wyden, P. (1970). *Streiten verbindet.* Gütersloh: Bertelsmann.

Bandura, (1977). Self-efficacy: Towards a unifying theory of behavioral change. *Psychological Review, 84,* 191—215.

Bankoff, E. (1983). Social support and the adaptation to widowhood. *Journal of Marriage and the Family, 45,* 827—838.

Basler, H.-D. & Florin, I. (Hrsg.). (1985). *Klinische Psychologie und körperliche Krankheit.* Berlin: Kohlhammer.

Baum, A., Fleming, R. & Singer, J. E. (1983). Coping with victimization by technological disaster. *Journal of Social Issues, 39,* 117—138.

Becker, P. (1982). *Psychologie der seelischen Gesundheit.* Bd.1. Theorien, Modelle, Diagnostik. Göttingen: Hogrefe.

Becker, P. (1984). Bewältigungsverhalten und seelische Gesundheit. *Trierer Psychologische Berichte, 11,* Nr. 5. Universität Trier.

Belle, D. (1982). The costs of caring: Women as providers of social support. In L. Goldberger & S. Breznitz (Eds.), *Handbook of stress: Theoretical and clinical aspects* (pp. 496—505). New York: Free Press.

Bem, D.J. (1967). Self-Perception: An alternative interpretation of cognitive dissonance phenomena. *Psychological Review, 74,* 183—200.

Berkowitz, L. (1970). Experimental investigations of hostility catharsis. *Journal of Consulting and Clinical Psychology, 35,* 1—7.

Billings, A. G. & Moos, R. H. (1981). The role of coping responses in attenuating the impact of stressful life events. *Journal of Behavioral Medicine, 4,* 139—157.

Billings, A. G. & Moos, R. H. (1984). Coping, stress, and social resources among adults with unipolar depression. *Journal of Personality and Social Psychology, 46,* 877--891.

Bloom, L. J., Houston, B. K., Holmes, D. S. & Burish, T. G. (1977). The effectiveness of attentional diversion and situation redefinition for reducing stress due to a nonambiguous threat. *Journal of Research in Personality, 11,* 83—94.

Bojanovsky, J. J. (1986). *Verwitwete. Ihre gesundheitlichen und sozialen Probleme.* Weinheim: Beltz.

Boss, P. (1987). Family stress. In M.B. Sussman & S. K. Steinmetz (Eds.), *Handbook of marriage and the family* (pp. 695—724). New York: Plenum.

Bradbury, T. N. & Fincham, F. D. (1987). Affect and cognition in close relationships: Towards an integrative model. *Cognition and Emotion, 1,* 59—87.

Braukmann, W. & Filipp, S.-H. (1984). Strategien und Techniken zur Lebensbewältigung. In U. Baumann, H. Berbalk & G. Seidenstücker (Hrsg.), *Klinische Psychologie. Trends in Forschung und Praxis* (Bd. 6) (S. 52—87). Bern: Huber.

Breznitz, S. (1986). The effect of hope on coping with stress. In M. H. Appley & R. Trumbull (Eds.), *Dynamics of stress* (pp. 295—306). New York: Plenum Press.

Broda, M. (1987). *Wahrnehmung und Bewältigung chronischer Krankheiten.* Weinheim: Deutscher Studien Verlag.

Brüderl, L. (Hrsg.). (1988). *Belastende Lebenssituationen.* Weinheim/München: Juventa.

Brüstle, G., Hodapp, V. & Laux, L. (1985). Ängstlichkeitstests als Prädiktoren von Angst und Angstbewältigung in einer Redesituation. In H. W. Krohne (Hrsg.), *Angstbewältigung in Leistungssituationen.* Weinheim: Edition Psychologie.

Buck, R. (1984). *The communication of emotion.* New York: The Guilford Press.

Burr, (1973). *Theory construction and the sociology of the family.* New York: Wiley.

Buss, A. H. & Briggs, S. R. (1984). Drama and the self in social interaction. *Journal of Personality and Social Psychology, 47,* 1310—1324.

Byrne, D. (1964). Repression-Senzitization as a dimension of personality. In B. A. Maher (Ed.), *Progress in experimental personality research* (Vol. 1) (pp. 169—220). New York: Academic Press.

Caplan, G. (1963). Emotional crisis. In A. Deutsch (Ed.), *The encyclopedia of mental health* (Vol. 2) (pp. 521-532). New York: Franklin Watts.

Carver, C. S. (1979). A cybernetic model of self-attention processes. *Journal of Personality and Social Psychology, 37,* 1251—1281.

Cheek, J. M. & Hogan, R. (1983). Self-concepts, self-presentations, and moral judgements. In J. Suls & A. G. Greenwald (Eds.), *Psychological perspectives on the self* (Vol. 2) (pp. 249—273). Hillsdale, N.J.: Erlbaum.

Chesney, M. A. (1985). Anger and hostility: Future implications for behavioral medicine. In M. A. Chesney & R. H. Rosenman (Eds.), *Anger and hostility in cardiovascular and behavioral disorders* (pp. 277—290). Washington: Hemisphere.

Chesney, M. A. & Rosenman, R. H. (Eds.). (1985). *Anger and hostility in cardiovascular and behavioral disorders.* Washington: Hemisphere.

Cofer, C. N. & Appley, M. H. (1964). *Motivation: Theory and research.* New York: Wiley.

Cohen, F. & Lazarus, R. S. (1973). Active coping processes, coping dispositions, and recovery from surgery. *Pychosomatic Medicine, 35,* 375—389.

Cohen, F., Horowitz, M. J., Lazarus, R. S., Moos, R. H., Robins, L. N., Rose, R. M. & Rutter, M. (1982). Panel report on psychosocial assets and modifiers of stress. In G. R. Elliott & C. Eisdorfer (Eds.), *Stress and human health* (pp. 147—188). New York: Springer.

Dembroski, T. M. & Costa, P. T. (1987). Coronary prone behavior: Components of the Type A pattern and hostility. *Journal of Personality, 55,* 211—235.

Dunkel-Schetter, C. (1984). Social support and cancer: Findings based on patient interviews and their implications. *Journal of Social Issues, 40,* 77—98.

D'Zurilla, T. J. (1986). *Problemsolving therapy. A social competence approach to clinical intervention.* New York: Springer.

Ekman, P. (1984). Expression and the nature of emotion. In K. R. Scherer & P. Ekman (Eds.), *Approaches to emotion* (pp. 195—205). Hillsdale, NJ.: Erlbaum.

Ekman, P. (1985). *Telling lies: Clues to deceit in the marketplace, marriage, and politics.* New York: W.W. Norton.

Ekman, P. & Friesen, W. V. (1969). The repertoire of nonverbal behavior: Categories, origins, usage and coding. *Semiotica, 1,* 49—98.

Ekman, P. & Friesen, W. V. (1974). Detecting deception from the body or face. *Journal of Personality and Social Psychology, 29,* 288—298.

Ekman, P. & Scherer, K. R. (1984). Questions about emotion: An introduction. In K. R. Scherer & P. Ekman (Eds.), *Approaches to emotion* (pp. 1—8). Hillsdale: Erlbaum.

Ellis, A. (1976). Techniques of handling anger in marriage. *Journal of Marriage and Familiy Counseling, 2,* 305—315.

Ellis, A. (1977). *How to live with and without anger.* New York: Reader's Digest.

Euler, H. A. & Mandl, H. (Hrsg.). (1983). Emotionspsychologie. *Ein Handbuch in Schlüsselbegriffen.* München: Urban & Schwarzenberg.

Fahrenberg, J. (1979). Psychophysiologie. In K. P. Kisker, J. E. Meier, C. Müller & E. Strömgen (Hrsg.), *Psychiatrie der Gegenwart* (Bd. I/1) (S. 91—210). Berlin: Springer.

Felton, B. J. & Revenson, T. A. (1984). Coping with chronic illness: A study of illness controllability and the influence of coping strategies on psychological adjustment. *Journal of Consulting and Clinical Psychology, 52,* 343—353.

Filipp, S.-H. & Klauer, T. (1987). Ein dreidimensionales Modell zur Klassifikation von Formen der Krankheitsbewältigung. In H. Kächele & W. Steffens (Hrsg.), *Bewältigung und Abwehr. Beiträge zur Psychologie und Psychotherapie körperlicher Krankheiten.* Heidelberg: Springer.

Filipp, S.-H. & Aymanns, P. (1987). Die Bedeutung sozialer und personaler Ressourcen in der Auseinandersetzung mit kritischen Lebensereignissen. *Zeitschrift für Klinische Psychologie, 26,* 383—396.

Fishman-Alschuler, C. & Alschuler, A. S. (1984). Developing healthy responses to anger: The counselor's role. *Journal of Counseling and Development, 63,* 26—29.

Fleming, R., Baum, A. & Singer, J. E. (1984). Toward an integrative approach to the study of stress. *Journal of Personality and Social Psychology, 46,* 939—949.

Florin, I. (1985). Bewältigungsverhalten und Krankheit. In H.-D. Basler & I. Florin (Hrsg.), *Klinische Psychologie und körperliche Krankheit* (S. 126—145). Stuttgart: Kohlhammer.

Folkman, S. (1984). Personal control and stress and coping processes: A theoretical analysis. *Journal of Personality and Social Psychology, 46,* 839—852.

Folkman, S. & Lazarus, R. S. (1980). An analysis of coping in a middle-aged community sample. *Journal of Health and Social Behavior, 21,* 219—239.

Folkman, S. & Lazarus, R. S. (1985). If it changes it must be a process: Study of emotion and coping during three stages of a college examination. *Journal of Personality and Social Psychology, 48,* 150—170.

Folkman, S. & Lazarus, R.S. (1986). Stress processes and depressive symptomatology. *Journal of Abnormal Psychology, 95,* 107—113.

Folkman, S. & Lazarus, R. S. (1988). Coping as a mediator of emotion. *Journal of Personality and Social Psychology, 54,* 466—475.

Folkman, S., Lazarus, R. S., Dunkel-Schetter, C., DeLongis, A. & Gruen, R. J. (1986). Dynamics of a stressful encounter: Cognitive appraisal, coping and encounter outcomes. *Journal of Personality and Social Psychology, 50,* 992—1003.

Folkman, S., Lazarus, R. S., Gruen, R. J. & DeLongis, A. (1986). Appraisal, coping, health status, and psychological symptoms. *Journal of Personality and Social Psychology, 50,* 571—579.

Folkman, S., Schaefer, C. & Lazarus, R.S. (1979). Cognitive processes as mediators of stress and coping. In V. Hamilton & D. M. Warburton (Eds.), *Human stress and cognition: An information processing approach* (pp. 265—298). London: Wiley.

Freud, A. (1982). *Das Ich und die Abwehrmechanismen.* München: Kindler-Verlag.

Fridhandler, B.M. & Averill, J.R. (1982). Temporal dimensions of anger: An exploration of time and emotion. In J.R. Averill, *Anger and aggression. An essay on emotion* (pp. 253—279). New York: Springer.

Friedman, M. & Rosenman, R. H. (1974). *Type A behavior and your heart.* New York: Knopf.

Frijda, N. H. (1986). *The emotions.* Cambridge: Cambridge University Press.

Funkenstein, D. H., King, S. H. & Drolette, M. E. (1954). The direction of anger during a laboratory stress-inducing situation. *Psychosomatic Medicine, 16,* 404—413.

Gauthier, J. & Marshall, W. L. (1977). Grief: A cognitive-behavioral analysis. *Cognitive Therapy and Research, 1,* 39—44.

Gerhards, J. (1988). *Soziologie der Emotionen.* Weinheim/ München: Juventa.

Glass, D. C. (1977). *Behavior patterns, stress, and coronary disease.* Hillsdale: Erlbaum.

Gleser, G. C. & Ihilevich, D. (1969). An objective instrument for measuring defense mechanisms. *Journal of Consulting and Clinical Psychology, 33,* 51—60.

Glick. J. O., Weiss, R. S. & Parkes, C. M. (1974). *The first year of bereavement.* New York: Wiley.

Goffman, E. (1959). *The presentation of self in everyday life.* New York: Doubleday.

Goldstein, M. J. (1973). Individual differences in response to stress. *American Journal of Community Psychology, 1,* 113—137.

Gorer, G. (1965). *Death, grief, and morning.* London: Cressent Press.

Gottman, J. M. & Levenson, R. W. (1985). A valid procedure for obtaining self-report of affect in marital interaction. *Journal of Consulting and Clinical Psychology, 53,* 151—160.

Haan, N. (1977). *Coping and defending: Processes of self-environment organization.* New York: Academic Press.

Hackett, T. P. & Weisman, A. B. (1969). Denial as a factor in patients with heart disease and cancer. *Annals of the New York Academy of Science, 164,* 802—817.

Halberstadt, A. G. (1984). Familiy expression of emotion. In C. Z. Malatesta & C. E. Izard (Eds.), *Emotion in adult development* (pp. 235—252). Beverly Hills: Sage.

Halberstadt, A.G. (1986). Family socilization of emotional expression and nonverbal communication styles and skills. *Journal of Personality and Social Psychology, 51,* 827—836.

Halsig, N. (1988). Erfassungsmöglichkeiten von Bewältigungsversuchen. In L. Brüderl (Hrsg.), *Theorien und Methoden der Bewältigungsforschung.* München: Juventa.

Harburg, E., Blakelock, E. H. & Roeper, P. J. (1979). Resentful and reflective coping with arbitrary authority and blood pressure: Detroit. *Psychosomatic Medicine, 41,* 189—202.

Heim, E. (1986). Krankheitsauslösung - Krankheitsverarbeitung. In E. Heim & J. Willi (Hrsg.), *Psychosoziale Medizin* (Bd. 2) (S. 343—390). Heidelberg: Springer.

Heim, E. (1988). Coping und Adaptivität: Gibt es geeignetes oder ungeeignetes Coping? *Psychotherapie. Psychosomatik. Medizinische Psychologie, 38,* 8—18.

Heller, K. (Ed.). (1986). Disaggregating the process of social support. (Special series). *Journal of Consulting and Clinical Psychology, 54,* Nr. 4.

Higgins, E. T. (1987). Self-discrepancy: A theory relating self and affect. *Psychological Review, 94,* 319—340.

Hill, R. (1949). *Families under stress.* New York: Harper.

Hochschild, A. R. (1979). Emotion work, feeling roles and social structure. *American Journal of Sociology, 85,* 551—575.

Hochschild, A. R. (1983). *The managed heart. Commercialization of human feeling.* Berkeley, CA: University of California Press.

Hokanson, J. E. (1970). Psychophysiological evaluation of the catharsis hypothesis. In E. I. Megargee & J. E. Hokanson (Eds.), *The dynamics of aggression* (pp. 74—86). New York: Harper & Row.

Hokanson, J. E. & Edelman, R. (1966). Effects of three social responses on vascular processes. *Journal of Abnormal and Social Psychology, 3,* 442—447.

Hokanson, J. E., Willers, K. R. & Koropsak, E. (1968). The modification of autonomic responses during aggressive interchange. *Journal of Personality, 36,* 386—404.

Holmes, T. H. & Rahe, R. H. (1967). The social readjustment rating scale. *Journal of Psychosomatic Research, 11,* 213—218.

Holt, R. R. (1970). On the interpersonal and intrapersonal consequences of expressing or not expressing anger. *Journal of Consulting and Clinical Psychology, 35,* 8—12.

Horowitz, M. J. (1975). Psychological response to serious life events. In V. Hamilton & D. M. Warburton (Eds.), *Human stress and cognition* (pp. 235—263). Chichester: Wiley.

Horowitz, M. J. & Wilner, N. (1980). Life events, stress, and coping. In L. Poon (Ed.), *Aging in the 1980's: Selected contemporary issues in the psychology of aging* (pp. 363—370). Washington, D. C.: American Psychological Association.

House, J. S. (1981). *Work, stress, and social support.* Reading, MA: Addison-Wesley.

Houston, B. K. (1987). Stress and coping. In C. R. Snyder & C. Fort (Eds.), *Clinical and psychological perspectives on negative life events* (pp. 373—399). New York: Plenum Press.

Izard, C. E. (1977). *Human emotions.* New York: Plenum Press.

Izard, C. E. & Buechler, S. (1980). Aspects of consciousness and personality in terms of differential emotions theory. In R. Plutchik & H. Kellerman (Eds.), *Emotion: Theory, research and experience* (Vol. 1) (pp. 165—187). New York: Academic Press.

Janke, W. (1974). Psychophysiologische Grundlagen des Verhaltens. In M. v. Kerekjarto (Hrsg.), *Medizinische Psychologie* (S. 1—101). Berlin: Springer.

Janke, W., Erdmann, G. & Kallus, W. (1985). *Streßverarbeitungsfragebogen (SVF).* Hogrefe: Göttingen.

Jones, E. E. & Berglas, S. (1978). Control of attributions about the self through self-handicapping strategies: The appeal of alcohol and the role of underachievement. *Personality and Social Psychology Bulletin, 4,* 200—206.

Kast, V. (1982). *Trauern. Phasen und Chancen des psychischen Prozesses.* Stuttgart: Kreuz Verlag.

Kellerman, H. (1980). A structural model of emotion and personality: Psychoanalytic and sociobiological implications. In R. Plutchik & H. Kellerman (Eds.), *Emotion: Theory, research, and experience* (Vol. 1) (pp. 349—384). New York: Academic Press.

Kelly, G. A. (1955). *The psychology of personal constructs* (Vol. 1). New York: Norton.

Kessler, R. C., Price, R. H. & Wortman, C. B. (1985). Social factors in pathopsychology: Stress, social support, and coping processes. *Annual Review of Psychology, 36,* 531—572.

Kessler, R. C., McLeod, J. D. & Wethington, E. (1985). The costs of caring: A perspective on the relationship between sex and psychological distress. In I. G. Sarason & B. R. Sarason (Eds.), *Social support: Theory, research and applications* (pp. 491—506). Dordrecht: Nijhoff.

Kipnowski, A. (1980). *Formen der Daseinsbewältigung bei chronischer Krankheit: Eine Untersuchung bei erwachsenen Hämophilen.* Dissertation, Universität Bonn.

Klinger, E. (1977). *Meaning and void.* Minneapolis: University of Minnesota Press.

Kobasa, S. C. (1979). Stressful life events, personality, and health: An inquiry into hardiness. *Journal of Personality and Social Psychology, 37,* 1—11.

Krohne, H. W. (1986). Coping with stress: Dispositions, strategies, and the problem of measurement. In M. H. Appley & R. Trumbull (Eds.), *Dynamics of stress* (pp. 207—232). New York: Plenum Press.

Krohne, H. W. (in Druck). Coping research: Current theoretical and methodological development. *The German Journal of Psychology.*

Krohne, H. W. & Rogner, J. (1982). Repression-Sensitization as a central construct in coping research. In H. W. Krohne & L. Laux (Eds.), *Achievement, stress, and anxiety* (pp. 167—193). Washington: Hemisphere.

Krohne, H. W. & Rogner, J. (1985). Mehrvariablen-Diagnostik in der Bewältigungsforschung. In H. W. Krohne (Hrsg.), *Angstbewältigung in Leistungssituationen,* (S. 45—62). Weinheim: VCR.

L'Abate, L. (1985). The status and future of familiy psychology and therapy. In L. L'Abate (Ed.), *The handbook of familiy psychology and therapy* (Vol. 2) (pp. 1417—1435). Homewood, Ill: Dorsey Press.

Laux, L. (1983). Psychologische Streßkonzeptionen. In H. Thomae (Hrsg.), *Enzyklopädie der Psychologie. Motivation und Emotion* (Bd. 1, S. 453—535). Göttingen: Hogrefe.

Laux, L. (1986). A self-presentational view of coping with stress. In M. H. Appley & R. Trumbull (Eds.), *Dynamics of stress* (pp.233—253). New York: Plenum.

Laux, L. & Glanzmann, P. (1986). A self-presentational view of test anxiety. In R. Schwarzer, H. M. van der Ploeg & C. D. Spielberger (Eds.), *Advances in test anxiety research* (Vol. 5) (pp. 31—37). Hillsdale, N.J.: Erlbaum.

Laux, L. & Vossel, G. (1982). Theoretical and methodological issues in achievement-related stress and anxiety research. In H. W. Krohne & L. Laux (Eds.), *Achievement, stress, and anxiety* (pp. 3—18). Washington: Hemisphere.

Laux, L. & Weber, H. (1987a). Erträgnisse biographischer Forschung im Bereich von Streß und Bewältigung. In G. Jüttemann & H. Thomae (Hrsg.), *Biographie und Psychologie* (S. 285-298). Berlin: Springer.

Laux, L. & Weber, H. (1987b). Person-centred coping research. *European Journal of Personality, 1,* 193—214.

Laux, L. & Weber, H. (in Vorbereitung). *Streß und Emotionen.* Stuttgart: Kohlhammer

Lazarus, R. S. (1966). *Psychological stress and the coping process.* New York: McGraw-Hill.

Lazarus, R. S. (1983). The costs and benefits of denial. In S. Breznitz (Ed.), *The denial of stress* (pp. 1—30). New York: International Universities Press.

Lazarus, R. S. & Folkman, S. (1984). *Stress, appraisal, and coping.* New York: Springer.

Lazarus, R. S. & Folkman, S. (1987). Transactional theory and research on emotions and coping. *European Journal of Personality, 1,* 141—169.

Lazarus, R. S., Kanner, A. D. & Folkman, S. (1980). Emotions: A cognitive-phenomenological analysis. In R. Plutchik & H. Kellerman (Eds.), *Emotion: Theory, research, and experience* (Vol. 1) (pp. 189—217). New York: Academic Press.

Lazarus, R. S. & Launier, R. (1978). Stress-related transactions between person and environment. In L. A. Pervin & M. Lewis (Eds.), *Perspectives in interactional psychology* (pp. 287—327). New York: Plenum.

Lefcourt, H. M. & Martin, R. A. (1986). *Humor and life stress. Antidode to adversity.* New York: Springer-Verlag.

Lehman, D. R., Ellard, J. H. & Wortman, C. B. (1986). Social support for the bereaved: Recipients' and providers' perspectives on what is helpful. *Journal of Consulting and Clinical Psychology, 54,* 438—446.

Lerner, J. C. (1975). Changes in attitudes toward death: The widow in Great Britain in the early twentieth century. In B. Schoenberg, I. Gerber, A. Wiener, A. H. Kutscher, D. Peretz and A. C. Carr (Eds.), *Bereavement in psychosocial aspects.* New York: Columbia University Press.

Lerner, H. G. (1987). *Wohin mit meiner Wut?* Zürich: Kreuz Verlag.

Leventhal, H. (1984). A perceptual motor theory of emotion. In K. R. Scherer & P. Ekman (Eds.), *Approaches to emotion* (pp. 271—291). Hillsdale, N.J.: Erlbaum.

Leventhal, H. & Scherer, K. R. (1987). The relationship of emotion to cognition: A functional approach to a semantic controversy. *Cognition and Emotion, 1,* 3—28.

Levy, R. I. (1984). The emotions in comparative perspective. In K. R. Scherer & P. Ekman (Eds.), *Approaches to emotion* (pp. 397—412). Hillsdale, N.J.: Erlbaum.

Lindemann, E. (1944). Symptomatology and management of acute grief. *American Journal of Psychiatry, 101,* 141—148.

Lippa, R. (1976). Expressive control and the leakage of dipositional introversion-extraversion during role-playing teaching. *Journal of Personality, 44,* 541—559.

McCrae, R.R. (1984). Situational determinants of coping responses: Loss, threat, and challenge. *Journal of Personality and Social Psychology, 46,* 919—928.

McCrae, R. R. & Costa, R.T. (1986). Personality, coping, and coping effectiveness in an adult sample. *Journal of Personality, 54,* 385—405.

McCubbin, H.I. & Patterson, J. (1982). Family adaptation to crisis. In H.I. McCubbin, A. Cauble & J. Patterson (Eds.), *Family stress, coping, and social support.* Springfield: Thomas.

McCubbin, H.I. & Patterson, J. (1983). The family stress process: The double ABX model of adjustment and adaptation. *Marriage and Family Review, 6,* 7—37.

McGrath, J.E. (1982). Methodological problems in research on stress. In H.W. Krohne & L. Laux (Eds.), *Achievement, stress, and anxiety* (pp. 19—48). Washington: Hemisphere/ McGraw-Hill.

Magnusson, D. & Endler, N. S. (1977). Interactional psychology: Present status and future prospects. In D. Magnusson & N. S. Endler (Eds.), *Personality at the crossroads: Current issues in interactional psychology* (pp. 3—31). Hillsdale, NJ.: Erlbaum.

Markman, H.J. & Notarius, C.I. (1987). Coding marital and family interaction. In Th. Jacob (Ed.), *Family interaction and pathology* (pp. 329—390). New York: Plenum.

Mayring, P. (1988). Kontrollüberzeugung. In L. Brüderl (Hrsg.), *Theorien und Methoden der Bewältigungsforschung* (S. 139—148). München: Juventa.

Meichenbaum, D. (1977). *Cognitive-behavior modification: An intergrative approach.* New York: Plenum.

Menaghan, E.G. (1982). Measuring coping effectiveness: A panel analysis of marital problems and coping efforts. *Journal of Health and Social Behavior, 23,* 220—234.

Menaghan, E.G. (1983a). Individual coping efforts and family studies: Conceptual and methodological issues. *Marriage and Familiy Review, 6,* 113—135.

Menaghan, E.G. (1983b). Moderators of the relationship between life stress and mental health outcomes. In H.B. Kaplan (Ed.), *Psychosocial stress: Trends in theory and research* (pp. 157—191). New York: Academic Press.

Miller, S.M. (1980). When is a little information a dangerous thing? Coping with stressful events by monitoring versus blunting. In S. Levine & H. Ursin (Eds.), *Coping and Health* (pp. 145—169). New York: Plenum Press.

Mischel, W. (1968). *Personality assessment.* New York: Wiley.

Mitchell, R.E., Cronkite, R.C. & Moos, R.H. (1983). Stress, coping, and depression among married couples. *Journal of Abnormal Psychology, 92,* 433—448.

Moon, J.R. & Eisler, R.M. (1983). Anger control: An experimental comparison of three behavioral treatments. *Behavioral Therapy, 14,* 493—505.

Moos, R.H. (Ed.). (1976). *Human adaptation. Coping with life crises.* Lexington, MA: Heath.

Moos, R. H. & Billings, A.G. (1982). Conceptualizing and measuring coping resources and processes. In L. Goldberger & S. Breznitz (Eds.), *Handbook of stress* (pp. 211—230). New York: The Free Press.

Niethardt, P. (1980). Interdisziplinäre Arbeits- und Forschungsbereiche von Medizin und Psychologie. In T. Schneller u. a. (Hrsg.) *Medizinische Psychologie* (Bd. 3 S. 12—37). Stuttgart: Kohlhammer.

Nitsch, J.R. (Hrsg.). (1981). *Stress. Theorien, Untersuchungen, Maßnahmen.* Bern: Huber.

Novaco, R. W. (1975). *Anger control: The development and evaluation of an experimental treatment.* Lexington, M.A.: Heath.

Novaco, R.W. (1976). The function and regulation of the arousal of anger. *American Journal of Psychiatry, 133,* 1124—1128.

Novaco, R. W. (1979). The cognitive regulations of anger and stress. In P. Kendall & S. Hollon (Eds.), *Cognitive behavioral intervention.* (pp. 241—285). New York:Academic.

Novaco, R.W. (1985). Anger and its therapeutic regulation. In M.A. Chesney & R.H. Rosenman (Eds.), *Anger and hostility in cardiovascular disorders* (pp. 203—226). Washington: Hemisphere.

Oerter, R. (Hrsg.). (1985). *Lebensbewältigung im Jugendalter.* Weinheim: Edition Psychologie.

Olbrich, E. (1985). Konstruktive Auseinandersetzung im Jugendalter: Entwicklung, Förderung und Verhaltenseffekte. In R. Oerter (Hrsg.), *Lebensbewältigung im Jugendalter* (S. 7—29). Weinheim: Edition Psychologie.

Olson, D.H. & McCubbin, H.I. (1983). *Families. What makes them work.* Beverly Hills: Sage.

Osterweis, M., Solomon, F. & Green, M. (Eds.). (1984). *Bereavement: Reactions, consequences, and care.* Washington, D.C.: National Academy Press.

Parkes, C.M. (1970). The first year of bereavement: A longitudinal study of the reaction of London widows to the death of their husbands. *Psychiatry, 33,* 444—467.

Parkes, C.M. (1978). *Vereinsamung. Die Lebenskrise bei Partnerverlust.* Reinbek bei Hamburg: Rowohlt.

Parkes, C.M. (1985). Bereavement. *British Journal of Psychiatry, 146,* 11—17.

Parkes, C.M. & Weiss, A.S. (1983). *Recovery from bereavement.* New York: Basic Books.

Parkes, K.R. (1986). Coping in stressful episodes: The role of individual differences, environmental factors and situational characteristics. *Journal of Personality and Social Psychology, 51,* 1277—1292.

Pearlin, L.I., Lieberman, M.A., Menaghan, E. G. & Mullan, J.T. (1981). The stress process. *Journal of Health and Social Behavior, 22,* 337—356.

Pearlin, L. I. & Schooler, C. (1978). The structure of coping. *Journal of Health and Social Behavior, 19,* 2—21.

Perrez, M. (1984). Stressverarbeitung bei neurotisch Depressiven. Forschungsbericht Nr. 50. Psychologisches Institut der Universität Freiburg/Schweiz.

Perrez, M. & Reicherts, M. (1987). Behavior and cognition analysis of coping with stress by depressed persons. A criterion- and process-oriented measurement approach. In W. Huber (Ed.), *Progress in psychotherapy research* (pp. 115—133). Louvain-La-Neuve: Presses Universitaires.

Perrez, M. & Reicherts, M. (1989). Belastungsverarbeitung: Computer-unterstützte Selbstbeobachtung im Feld. *Zeitschrift für Differentielle und Diagnostische Psychologie, 10,*129—139.

Peterson, D.R. (1983). Conflict. In H.H. Kelley, E. Berscheid, A. Christensen, J.H. Harvey, T. L. Huston, G. Levinger, E. McClintock, L.A. Peplau & D.R. Peterson, *Close relationships* (pp. 360—396). New York: Freeman.

Plutchik, R. (1980). A general psychoevolutionary theory of emotion. In R. Plutchik & H. Kellerman (Eds.), *Emotion: Theory, research, and experience* (Vol. 1 S. 3—33). New York: Academic Press.

Plutchik, R. & H. Kellerman (Eds.). (1980). *Emotion: Theory, research, and experience.* New York: Academic Press.

Plutchik, R., Kellerman, H. & Conte, H.R. (1979). Structural theory of ego defenses. In C.E. Izard (Ed.), *Emotions, personality and psychopathology* (pp. 229—257). New York: Plenum.

Quanty, M.B. (1976). Aggression catharsis: Experimental investigations and Implications. In R.G. Geen & E.C. O'Neal (Eds.), *Perspectives on Aggression* (pp. 99—132). New York: Academic Press.

Ray, C. Lindop, J. & Gibson, S. (1982). The concept of coping. *Psychological Medicine, 12,* 385—395.

Reicherts, M. (1985). Kriteriumorientierte Messung in der Klinischen Psychologie: Die Entwicklung eines Tests zur Belastungsbewältigung. *Zeitschrift für Klinische Psychologie, Psychopathologie und Psychotherapie, 33,* 313—336.

Reicherts, M. (1988). *Diagnostik der Belastungsverarbeitung.* Freiburg, Schweiz: Universitätsverlag und Bern: Huber.

Rösler, F. & Kühl, R. (1981). Situations- und probandenspezifische Einflüsse bei der Aktualisierung von Bewältigungsstrategien in Belastungssituationen. *Zeitschrift für Differentielle und Diagnostische Psychologie, 2,* 107—121.

Rook, K.S. (1984). The negative side of social interaction: Impact an psychological well-being. *Journal of Personality and Social Psychology, 46,* 1097—1108.

Rothenberg, A. (1971). On anger. *American Journal of Psychiatry, 128,* 454—460.

Sade, J.E. & Notarius, C.I. (1985). Emotional expression in marital and family relationships. In L. L'Abate (Ed.), *The handbook of family psychology* (Vol. 1 pp. 378—404). Homewood, Ill.: Dorsey Press.

Sarason, I.G. & Sarason, B.R. (Eds.). (1985). *Social support: Theory, research, and application.* Dordrecht: Nijhoff.

Schaefer, C., Coyne, J. C. & Lazarus, R. S. (1981). The health-related functions of social support. *Journal of Behavioral Medicine, 4,* 381—406.

Scheff, T.J. (1983). *Explosion der Gefühle. Über die kulturelle und therapeutische Bedeutung kathartischen Erlebens.* Weinheim: Beltz.

Scheff, T.J. (1984). The taboo on coarse emotions. In P. Shaver (Ed.), *Review of personality and social psychology* (Vol. 5, pp. 146—169). Beverly Hills: Sage.

Scheier, M.F., Weintraub, J.K. & Carver, C.S. (1986). Coping with stress: Divergent strategies of optimists and pessimists. *Journal of Personality and Social Psychology, 51,* 1257—1264.

Scherer, K. R. (1984). On the nature and function of emotion: A component process approach. In K. R. Scherer & P. Ekman (Eds.), *Approaches to emotion* (S. 293—317). Hillsdale, N.J.: Erlbaum.

Scherer, K.R. (1985). Streß und Emotion: Ein Ausblick. In K.R. Scherer, H.G. Wallbott, F.J. Tolkmitt & G. Bergmann (Hrsg.), *Die Streßreaktion: Physiologie und Verhalten* (S. 195—205). Göttingen: Hogrefe.

Scherer, K.R. & Tannenbaum, P.H. (1986). Emotional experiences in everyday life: A survey approach. *Motivation and Emotion, 10,* 295—314.

Scherer, K.R. & Wallbott, H.G. (Hrsg.). (1984). *Nonverbale Kommunikation.* Weinheim: Beltz.

Scherer, K.R., Wallbott, H.G. & Summerfield, A.B. (1986). *Experiencing emotion. A cross-cultural study.* Cambridge: University Press.

Scherer, K.R., Wallbott, H.G., Tolkmitt, F.J. & Bergmann, G. (Hrsg.). (1985). *Die Streßreaktion: Psychologie und Verhalten.* Göttingen: Hogrefe.

Schlenker, B.R. (1980). *Impression management: The self-concept, social identity and interpersonal relations.* Monterey, CA: Brooks/Cole.

Schlenker, B.R. (1987). Threats to identity. Self-identification and social stress. In C.R. Snyder & C. Fort (Eds.), *Clinical and psychological perspectives on negative life events* (pp. 273—321). New York: Plenum Press.

Schlenker, B.R. & Leary, M. R. (1982). Social anxiety and self-presentation: A conceptualization and model. *Psychological Bulletin, 92,* 641—669.

Schneewind, K.A. (1987). Familienentwicklung. In R. Oerter & L. Montada (Hrsg.), *Entwicklungspsychologie* (S. 971—1014). München: Psychologie Verlagsunion.

Schönpflug, W. (1983). Coping efficiency and situational demands. In R. Hockey (Ed.), *Stress and fatigue in human performance* (pp. 298—330). Chichester: Wiley.

Schönpflug, W. (1986). Behavior economics as an approach to stress theory. In M. H. Appley & R. Trumbull (Eds.), *Dynamics of stress* (pp. 81—98). New York: Plenum.

Schröder, A. & Schmitt, B. (1988). Soziale Unterstützung. In L. Brüderl (Hrsg), *Theorien und Methoden der Bewältigungsforschung* (S. 149—159). München: Juventa.

Schulz, R. (1978). *The psychology of death, dying, and bereavement.* Reading, Mass.: Addison-Wesley.

Schulze, C., Flörchinger, E., Rees, U. & Jäger, R.S. (1987). *CEUS-Coping Fragebogen.* Beltz: Weinheim.

Schwarzer, R. (1987). *Streß, Angst und Hilflosigkeit* (2., erweiterte Aufl.). Stuttgart: Kohlhammer.

Schwarzer, R. Leppin, A. (1989). *Sozialer Rückhalt und Gesundheit.* Göttingen: Hogrefe.

Schwenkmezger, P. & Hodapp, V. (1986). Die deutsche Adaptation der Anger Expression (AX) Scale nach C.D. Spielberger. *Trierer Psychologische Berichte, 13,* Nr. 11.

Schwenkmezger, P. & Hodapp, V. (1989). Das State-Trait Anger Expression Inventory (STAXI). *Trierer Psychologische Berichte, 16,* Nr. 1

Die deutsche Adaptation der Anger Expression (AX) Scale nach C.D. Spielberger. *Trierer Psychologische Berichte, 13,* Nr. 11.

Selye, H. (1946). The general adaptation syndrome and the diseases of adaptation. *Journal of Clinical Endocrinology, 6,* 117—230.

Shontz, F.C. (1975). *The psychological aspects of physical illness and disability.* New York: Macmillan.

Siebert, M. (1977). Ärgerkontrolle: Eine Methode der Aggressionsbewältigung. *Zeitschrift für Klinische Psychologie, 6,* 59—69.

Siegel, J. M. (1985). The measurement of anger as a multidimensional construct. In M.A. Chesney & R.H. Rosenman (Eds.), *Anger and hostility in cardiovascular disorders* (pp. 59—82). Washington: Hemisphere.

Silver, R. & Wortman, C.B. (1980). Coping with undesirable life events. In J. Garber & M.E.P. Seligman (Eds.), *Human helplessness* (pp. 279—340). New York: Academic Press.

Silverman, P.R. (1969). The widow-to-widow program: An experiment in preventive intervention. *Mental Hygiene, 53,* 333—337.

Smith, T.W., Snyder, C.R. & Handelsman, M.M. (1982). On the selfserving strategy. *Journal of Personality and Social Psychology, 42,* 314—321.

Snyder, C.R., Higgins, R.L. & Stucky, R.J. (1983). *Excuses. Masquerades in search of grace.* New York: Wiley.

Snyder, M. (1987). *Public appearances/private realities. The psychology of self-monitoring.* New York: Freeman and Company.

Spiegel, Y. (1973). *Der Prozeß des Trauerns. Analyse und Beratung.* München: Kaiser Verlag.

Spielberger, C.D., Gonzales, H.P., Taylor, C.J., Algaze, B., & Anton, W.D. (1978). Examination stress and test anxiety. In C.D. Spielberger & I.G. Sarason (Eds.), *Stress and anxiety* (Vol. 5, pp. 167—191). Washington: Hemisphere.

Spielberger, C. D., Johnson, E. H., Russell, S. F., Crane, R. J., Jacobs, G. A. & Worden, T. J. (1985). The experience and expression of anger: Construction and validation of an Anger Expression Scale. In M. A. Chesney, & R. H. Rosenman (Eds.), *Anger and hostility in cardiovascular and behavioral disorders* (pp. 5—30). Washington: Hemisphere.

Spivack, G., Platt, J.J. & Shure, M.B. (1976). *The problem-solving approach to adjustment.* San Francisco: Jossey-Bass.

Stäudel, T. & Weber, H. (1988). Bewältigungs- und Problemlöseforschung: Parallelen, Überschneidungen, Abgrenzungen. In L. Brüderl (Hrsg.), *Theorien und Methoden der Bewältigungsforschung* (S. 63—78). München: Juventa.

Stahlberg, D., Osnabrügge, G. & Frey, D. (1985). Die Theorie des Selbstwertschutzes und der Selbstwerterhöhung. In D. Frey & M. Irle (Hrsg.), *Theorien zur Sozialpsychologie* (Bd. 3). Bern: Huber.

Stearns, C.Z. & Stearns, P.N. *Anger. The struggle for emotional control in Americas history.* Chicago: The University of Chicago Press.

Stone, A.A. & Neale, J.M. (1982). Development of a methodology for assessing daily experiences. In A. Baum & J. Singer (Eds.), *Advances in environmental psychology: Environment and health* (Vol. 4, pp. 49—83). New York: Erlbaum.

Stone, A. A. & Neale, J. M. (1984). New measure of daily coping: Development and preliminary results. *Journal of Personality and Social Psychology, 46,* 892—906.

Strehmel, P. (1988). Prozeßanalyse von Bewältigungsprozessen. In L. Brüderl (Hrsg.), *Theorien und Methoden der Bewältigungsforschung* (S. 208—230). München: Juventa.

Stroebe, M.S. & Stroebe, W. (1983). Who suffers more? Sex differences in health risks of the widowed. *Psychological Bulletin, 93,* 279—301.

Stroebe, M.S. & Stroebe, W. (1985). Social support and the alleviation of loss. In J.G. Sarason & B.R. Sarason (Eds.), *Social support: Theory, research, and application* (pp. 439—462). Dordrecht: Nijhoff.

Stroebe, W., Stroebe, M.S., Gergen, K. & Gergen, M. (1980). Der Kummer-Effekt: Psychologische Aspekte der Sterblichkeit der Verwitweten. *Psychologische Beiträge, 22,* 1—26.

Suls, J. & Fletcher, B. (1985). The relative efficacy of avoidant and nonavoidant coping strategies: A meta-analysis. *Health Psychology, 4,* 249—288.

Tavris, C. (1982). *Anger: The misunderstood emotion.* New York: Touchstone Press.

Tavris, C. (1984). On the wisdom of counting to ten: Personal and social dangers of anger expression. In P. Shaver (Ed.), *Review of personality and social psychology* (Vol. 5, pp. 170—191). Beverly Hills: Sage.

Taylor, G.J. (1984). Alexithymia: Concept, measurement, and implication for treatment. *American Journal of Psychiatry, 141,* 725—732.

Tedeschi, J.T. & Norman, N. (1985). Social power, self-presentation, and the self. In B.R. Schlenker (Ed.), *The self and social life* (pp. 293—322). New York: McGraw-Hill.

Temoshok, L. & Fox, B.H. (1984). Coping styles and other psychosocial factors related to medical status and to prognosis in patients with cutaneous malignant melanoma. In B.H. Fox & B.H. Newberry (Eds.), *Impact of psychoendocrine systems in cancer and immunity* (pp. 258—287). Lewiston, N.J.: Hogrefe.

Temoshok, L., Van Dyke, C. & Zegans, L.S. (Eds.). (1983). *Emotions in health and illness. Theoretical and research foundations.* Orlando: Grune & Stratton.

Thoits, P.A. (1985a). Self-labelling processes in mental illness: The role of emotional deviance. *American Journal of Sociology, 92,* 221—249.

Thoits, P.A. (1985b). Social support and psychological well-being: Theoretical possibilities. In I.G. Sarason & B.R. Sarason (Eds.), *Social support: Theory, research and applications* (pp. 51—72). Dordrecht: Nijhoff.

Thoits, P.A. (1986). Social support as coping assistance. *Journal of Consulting and Clinical Psychology, 54,* 416—423.

Thomae, H. (1968). *Das Individuum und seine Welt.* Göttingen: Hogrefe.

Thomae, H. (1985). *Dynamik des menschlichen Handelns. Ausgewählte Schriften zur Psychologie 1944—1984* (hrsg. von U. Lehr & F.E. Weinert). Bonn: Bouvier.

Thomae, H. (1987). Conceptualizations of responses to stress. *European Journal of Personality, 1,* 171—192.

Thompson, S. C. (1981). Will it hurt less if I can control it? A complex answer to a simple question. *Psychological Bulletin, 90,* 89—101.

Trautmann-Sponsel, R. D. (1988). Definition und Abgrenzung des Begriffs „Bewältigung". In L. Brüderl (Hrsg.), *Theorien und Methoden der Bewältigungsforschung* (S. 14—24). München: Juventa.

Ulich, D., Haußer, K., Mayring, P., Strehmel, P., Kandler, M. & Degenhardt, B. (1985). *Psychologie der Krisenbewältigung.* Weinheim: Basel.

Ulich, D. (1987). *Krise und Bewältigung im Lebenslauf.* München: Urban & Schwarzenberg.

Vaillant, G. (1977). *Adaptation to life.* Boston: Little-Brown.

Verres, R. & Sobez, I. (1980). *Ärger, Aggression und soziale Kompetenz.* Stuttgart: Klett-Cotta.

Vickers, R. R. & Hervig, L. K. (1981). Comparison of three psychological defense mechanism questionnaires. *Journal of Personality Assessment, 45(6),* 630—638.

Viney, L. L. (1986). Expression of positive emotion by people who are physically ill: Is it evidence of defending or coping? *Journal of Psychosomatic Research, 30,* 27—34.

Vossel, G. (1987). Stress conceptions in life event research: Towards a person-centred perspective. *European Journal of Personality, 1,* 123—140.

Wallbott, H. G. & Scherer, K. R. (1985). Differentielle Situations- und Reaktionscharakteristika in Emotionserinnerungen: Ein neuer Forschungsansatz. *Psychologische Rundschau, 36,* 83—101.

Watson, D. & Clark, L.A. (1984). Negative affectivity: The disposition to experience aversive emotional states. *Psychological Bulletin, 96,* 465—490.

Weber, H. (1987). *Das Stresskonzept in Wissenschaft und Laientheorie.* Regensburg: Roderer-Verlag.

Weber, H. (1989). Emotionen und Gesundheit: Das Beispiel Ärger. In D. Rüdiger, W. Nöldner, D. Haug & E. Kopp (Hrsg.), *Gesundheitspsychologie — Konzepte und empirische Beiträge.* Regensburg: Roderer.

Weber, H. (in Druck). Emotionsbewältigung. In R. Schwarzer (Hrsg.), *Einführung in die Gesundheitspsychologie.* Göttingen: Hogrefe.

Weber, H. & Knapp-Glatzel, B. (1988). Alltagsbelastungen. In L. Brüderl (Hrsg.), *Prozesse der Auseinandersetzung mit belastenden Lebenssituationen* (S. 161—181). München: Juventa.

Weinstein, J., Averill, J.R., Opton, E.M. & Lazarus, R.S. (1968). Defensive style and discrepancy between self-report and physiological indices of stress. *Journal of Personality and Social Psychology, 10,* 406—413.

White, R.W. (1974). Strategies of adaptation: An attempt at systematic description. In G.V. Coelho, D.A. Hamburg & J.E. Adams (Eds.), *Coping and adaptation* (pp. 47—68). New York: Basic Books.

Worden, W. (1987). *Beratung und Therapie in Trauerfällen.* Bern: Huber.

Wortman, C.B. (1983). Coping with victimization: Conclusions and implications for future research. *Journal of Social Issues, 39,* 195—221.

Wortman, C.B. & Brehm, J.W. (1975). Responses to uncontrollable outcomes: An integration of reactance theory and the learned helplessness model. In L. Berkowitz (Ed.), *Advances in experimental social psychology* (Vol. 8, pp. 277—336). New York: Academic Press.

Wortman, C.B. & Dunkel-Schetter, C. (1979). Interpersonal relationships and cancer: A theoretical analyses. *Journal of Social Issues, 35,* 120—155.

Wortman, C.B. & Lehman, D.R. (1985). Reactions to victims of life crisis: Support attempts that fail. In I.G. Sarason & B.R. Sarason (Eds.), *Social support: Theory, research and applications* (pp. 463—489). Dordrecht: Nijhoff.

Wrubel, J., Benner, P. & Lazarus, R.S. (1981). Social competence from the perspective of stress and coping. In J.D. Wine & M.D. Smye (Eds.), *Social competence* (pp. 61—99). New York: Guilford Press.

10. Kapitel

Psychodynamik der Emotionsstörungen

Rainer Krause

1 Definitorische Grundlagen

1.1 Einleitung

Jede für die Diskussion von Affektstörungen brauchbare Theorie muß Aussagen über drei unterscheidbare Funktionen des Affektsystems machen. 1. Die Bedeutung der Affekte für die Steuerung des bewußten und unbewußten Denkens und Handelns. 2. Die Bedeutung der Affekte für das soziale Zusammenleben und die Interaktionsregulierung. 3. Die Bedeutung der Affekte für die Selbstwahrnehmung und -einschätzung. Die Erforschung dieser unterschiedlichen Funktionskreise erfordert verschiedene Arten von Empirie. Modelle über die Steuerung des Denkens durch Affekte bzw. das Entstehen von Affekten durch Denkvorgänge erfordern Beobachtung von mentalen Innenwelten, wie sie teilweise von der empirischen Denkpsychologie (Dörner, 1985) und der Abwehrlehre der Psychoanalyse gepflegt wird (Moser, v.Zeppelin & Schneider, 1969). Systematische Aussagen über die Auswirkungen von Affektstörungen auf die direkte Interaktionsregulierung in der Dyade oder der Gruppe wurden erst mit der Verbindung von systematischer Beobachtung und Introspektion möglich (König, 1982; Krause, 1984a; Moser, 1985). Eine Theorie der Affektstörungen kann nicht anders als integrativ sein, da Emotion als „Readout“ im physiologischen, interaktiven, wie auch selbstreflexiven System verstanden werden muß (Buck, 1983; Moser, 1983). Die klinische Psychologie muß sich mit den Störungen des Zusammenwirkens dieser Readouts zu einem Zeitpunkt beschäftigen, zu dem die Gesetzmäßigkeiten ungestörten Funktionierens nicht ausreichend bekannt sind, so daß uns nur die Hoffnung bleibt, die hier berichteten Erfahrungen in der Behandlung „Affektgestörter“ könnten Beiträge zur Stimulierung der Grundlagenforschung liefern.

1.2 Psychiatrische Definitionen

Der Terminus Affektstörungen hat in den modernen psychopathologischen Klassifikationssystemen (z. B. dem DSM III) eine umschriebene Bedeutung. In Anlehnung an den amerikanischen Begriff „affective disorders", der selbst auf die europäischen Einteilungen zurückgeht, wird darunter eine Gruppe von Störungen verstanden, bei denen das Hauptmerkmal „eine Beeinträchtigung der Stimmung, begleitet von einem vollständigen oder partiellen manischen oder depressiven Syndrom, das nicht auf irgendeine andere körperliche oder psychische Störung zurückzuführen ist" (Köhler & Sass, 1984, S. 215), sein soll. Im einzelnen werden darunter die „bipolare Störung gemischt", die „bipolare Störung manisch", die „bipolare Störung depressiv", die „typische Depression", die „zyklothymen Störungen" verstanden. Bis auf die letzte Krankheitsgruppe werden also in der Terminologie des gegenwärtig bereits wieder überarbeiteten diagnostischen und statistischen Manuals psychischer Störungen unter Affektstörungen die affektiven Psychosen der deutschsprachigen Psychiatrie verstanden (Bleuler, 1969). Diese Einteilung deckt sich — wieder mit Ausnahme der dysthymen Störungen — mit der Diagnose 296 (Affektive Psychosen) der ICD 9 der Weltgesundheitsorganisation (WHO) (Degkwitz, Helmchen & Mombour, 1980). Von einem naiven Sprachverständnis ausgehend sind mit dieser Beschreibung weniger affektive Störungen als Störungen der Stimmung gemeint, und der Begriff Affekt wird eingestandenermaßen nur aus Gründen der historischen Kontinuität beibehalten (Köhler & Sass, 1984). Unterscheidet man mit Moser (1985) zwischen „state"- und „trigger"-Affekten, dann sind die „affective disorders" der modernen Psychiatrie Störungen der Zustandsaffekte. Störungen von „trigger"-Affekten sind unter der nosologischen Kategorie der Angstsyndrome zu finden, bei denen „Angst entweder das dominierende Symptom wie beim Paniksyndrom und beim generalisierten Angstsyndrom ist, oder die Angst auftritt, wenn der Betroffene versucht, die Symptome zu beherrschen" (phobische Störungen und Zwangssyndrome, Köhler & Sass, 1984, S. 237). Inwieweit das Paniksyndrom (300.01) sowie das generalisierte Angstsyndrom unter Störungen der „state"-Affekte rubrifiziert werden müssen, ist unklar. Eine genauere Kenntnis psychopathologischer Zustandsbilder zeigt, daß es eine große Gruppe von Störungen gibt, die sich weniger durch den Exzeß eines „state"- oder „trigger"-Affektes als durch Lücken im Erleben und/oder Ausdrücken von Affekten charakterisieren lassen, wobei diese Lücken nicht Folge der Dominanz eines Zustandsaffektes sind. Diese Lücke wird vom Betroffenen selten als Defekt erlebt, so daß es in vielen Fällen die soziale Umgebung ist, die ein psychopathologisches Zustandsbild diagnostiziert. Solche Bilder werden im allgemeinen nicht unter Affektstörungen abgehandelt, obgleich der Vorgang des Diagnostizierens fortlaufend auf veränderte Affektaustauschprozesse zwischen Interviewer und Patient rekurriert. Das Verstehen und die Verstehbarkeit des Fremdseelischen wird zum diagnostischen Kriterium (Jaspers, 1965). Diese Veränderungen werden in Begriffen wie Paramimie, Parathymie (Bleuler, 1969), Alexithymie (Lesser 1981) deutlich. Das Diagnostizieren einer Lücke auf der Grundlage eines empathischen zwischenmenschlichen Wahrnehmungsvorganges setzt biologisch oder kulturell definiertes Normwissen über das vollständige affektive Geschehen voraus, das ohne Rekurs auf die phylogenetische Entwicklung des Affektsystems nicht vollständig sein kann (Bischof-Köhler, 1985). In den klassifikatorischen Manualen ist dieses Normwissen auf jeden Fall nicht enthalten, vielmehr wird vorausgesetzt, daß der einzelne Diagnostiker implizite Kenntnisse darüber hat. Die psychiatrischen Klassifikationsmanuale münden, wie jede bloße Beschreibung, in eine bewußtseinspsychologische Alltagstheorie, in der die menschliche Psyche in Grunddimensionen wie Wollen, Fühlen, Denken (Spörri, 1966) aufgeteilt wird. Dementsprechend werden die Wahrnehmungsstörungen von den Denk- und Affektstörungen, diese wiederum von denen des Antriebs unterschieden. Für eine Reihe von praxeologischen und forschungstechnischen Zwecken ist eine solche Vorgehensweise unverzichtbar. Sie ist umso notwendiger, als im Bereich der psychischen Störungen eine Beschreibung der Erkrankung aufgrund *einer* Krankheitsursache selten möglich ist. Vielmehr sind die beobachtbaren Symptomgruppen Ausfluß von dynamischen Wirkzusammenhängen, bei denen die Kenntnis einer Wirkkomponente keine Rückschlüsse auf die Symptomatik erlaubt. Für eine psychologische Enzyklopädie bringt die scheinbar theoriefreie Beschreibung allerdings eine Reihe von Problemen, die schwerwiegend genug sind, sie nicht anzuwenden. Auf drei Gruppen von Schwierigkeiten soll im folgenden kurz eingegangen werden.

1.2.1 Abgrenzung zur Normalität

Die Abgrenzung zur Normalität ist im Kontext der Affektivität besonders problematisch. Dies wird schon bei Bleuler deutlich, der z. B. konstatiert, daß manische oder depressive Verstimmungen häufig so leicht seien, daß von einem „Irresein“ und einer „Psychose“ nicht gesprochen werden könne (Bleuler, 1969, S.426). Populäre Bezeichnungen für diese Zustände seien „Gemütskrankheit, traurige Verstimmung, Periode von Aufregung etc.“. Bei den „Persönlichkeitsstörungen“ ist die Problematik noch größer, denn dort müssen Eigenschaften wie „Mangel an Empathie“ bei den narzißtischen Störungen oder „chronische Leere und Langeweile“ (Borderlinestörung) diagnostiziert werden (Köhler & Sass, 1984, S. 330, 335). In solchen psychopathologischen Klassifikationsvorgängen steckt eine methodenimmanente Gefahr, nach der kulturell definierte Wahrnehmungen über adäquates zwischenmenschliches Verhalten ontologisiert werden. Die Verstehbarkeit fremdseelischer Vorgänge hängt auch von dem Verstehensbemühen des Diagnostizierenden ab. Die Diagnose „Narzißt“ bzw. „Borderline-Persönlichkeitsstörung“ wird häufig aus Abwehrgründen gegeben (Reiser & Levenson, 1984). Damit sei die Existenz dieser Störungen nicht bezweifelt. Es gibt vielmehr viele empirische Befunde, die darauf hindeuten, daß es gerade im affektiven Bereich sehr genaue kulturinvariante Grenzen für die Wahrnehmung und Einschätzung von Verhalten als „gesund" bzw. „gestört" gibt (Ellgring, 1989; Krause, 1981; Spörri & Heimann, 1957). Zweifellos gibt es auch „Unfähigkeit zur Empathie" als Symptom (McDougall, 1984). Festzuhalten ist allerdings, daß das Problem der Abgrenzung zur Normalität bei Affektstörungen wegen der kulturell definierten Regeln für das Zeigen von Affekten bei weitem virulenter als bei den Denkstörungen ist (Keßler & Schubert, 1987; Krause, 1982; Ekman & Friesen, 1969). Wieviel „Trauerarbeit" auf einen Todesfall als schicklich und normal gilt, ist kulturabhängig (Aries, 1980a). Es ist leichter einen Konsens herzustellen, ab wann eine Rede als inkohärent anzusehen ist.

1.2.2 Der Verlust der ganzheitlich prozessualen Sichtweise

Die Beschreibung und Benennung von Störungen nach den betroffenen Funktionen ist problematisch, weil in jedem Falle andere Funktionen mitbetroffen sind. So muß z. B. nach der ICD-9 bei Diagnoseschlüssel 296 mindestens eines der folgenden Symptome auch vorhanden sein, um eine affektive Psychose zu diagnostizieren: Wahnideen, Ratlosigkeit, gestörte Selbsteinschätzung, Wahrnehmungs- und Verhaltensstörungen. Der Entscheid für die Diagnose wird aufgrund einer postulierten Verursachungsrichtung vom gestörten Affekt auf die anderen Probleme getroffen. Just diese Verursachungsrichtung wird aber von manchen Autoren umgekehrt und die gestörte Affektivität als Folge gespaltener Selbstrepräsentanzen (Miller, 1979) oder irrationaler Ideen (Kovacs & Beck, 1979) angesehen. Die experimentelle Affektforschung ist sich wohl dahingehend einig, daß sie einen Affekt nicht als Zustand sondern als einen sich in der Zeit entfaltenden Prozeß versteht, an dem alle seelischen Funktionen beteiligt sind (Kuhl, 1983a, b; Leventhal & Scherer, 1987). Gerade deshalb ist man mit dem Problem konfrontiert, daß alle psychischen Störungen irgendwie Affektstörungen sind. Von einem psychodynamischen Verständnis von psychischen Störungen aus betrachtet gilt dies ohnehin, denn die jeder psychischen Störung immanenten Abwehrvorgänge bedeuten letztendlich ein Vermeiden von traumatischen Affekten (Fenichel, 1974, S. 230). Wie noch zu zeigen sein wird, sind psychische Störungen vernünftigerweise als pathologische Veränderungen der Gesetzmäßigkeiten, mit denen die einzelnen Komponenten verknüpft sind, zu sehen. Sie spielen sich also zwischen und nicht in den Komponenten ab.

1.2.3 Methodenimmanente Schwierigkeiten

Schließlich muß jede bewußtseinspsychologische Vorgehensweise voraussetzen, daß sie weiß, wovon sie spricht. Für die Beschreibung von affektiv gefärbten mentalen Innenwelten gibt es gar keine andere Darstellungsmöglichkeit als die „Beschreibung des Gemeinten“ (Holzkamp, 1964). Für die Erklärung des Affektes als prozeßhaftes Geschehen ist diese Methode nicht ausreichend. Das Erleben des Affektes und seine sprachliche Benennung ist innerhalb dieses Prozesses nur eine und dazuhin nicht einmal stets notwendige Durchlaufstation. Dies wird in der Diskussion über den unbewußten vs. bewußten Affekt (Freud, 1973c), tacit vs. explicit knowledge (Guidano & Liotti, 1983) oder experienced vs. occuring emotion (Moser, 1983) deutlich.

In Anbetracht dieser drei Gruppen von Schwierigkeiten ist für einen Beitrag in einer psychologischen Enzyklopädie eine Vorgehensweise angemessen, die den psychiatrischen Sprachgebrauch vorläufig einmal aufgibt. Stattdessen wollen wir auf der Grundlage der gegenwärtigen empirischen Kenntnisse definieren, was ein Affekt ist. Aufgrund dieser Definition sollen die bekannten Störungsbilder in bezug auf die Veränderung der Affektivität beschrieben werden.

2 Versuch einer Taxonomie der Affekte

Es gibt einen Konsens darüber, daß man das Emotionssystem als eine Art von „Interface“ zwischen der Umwelt und den verschiedenen Subsystemen des Organismus beschreiben kann (Buck, 1983; Frijda, 1986; Scherer 1984). Je nach der Beschreibung des affektiven Prozesses werden zwei (Moser, 1985), drei (Buck, 1983) bzw. fünf (Scherer, 1984) Subsysteme unterschieden. Die verschiedenen Beschreibungen sind teilweise ineinander überführbar. Um den klinischen Zustandsbildern gerecht zu werden, haben wir das komplizierteste Modell als Grundlage gewählt.

2.1 Die interne Struktur des Affektsystems

Danach umfaßt das Affektsystem: 1. Eine expressive Komponente in der Körperperipherie mit Gesichtsausdrücken und Vokalisierungen. 2. Eine physiologische Komponente der Aktivierung bzw. Desaktivierung des autonomen und endokrinen Systems. 3. Eine motivationale Komponente mit Verhaltens-

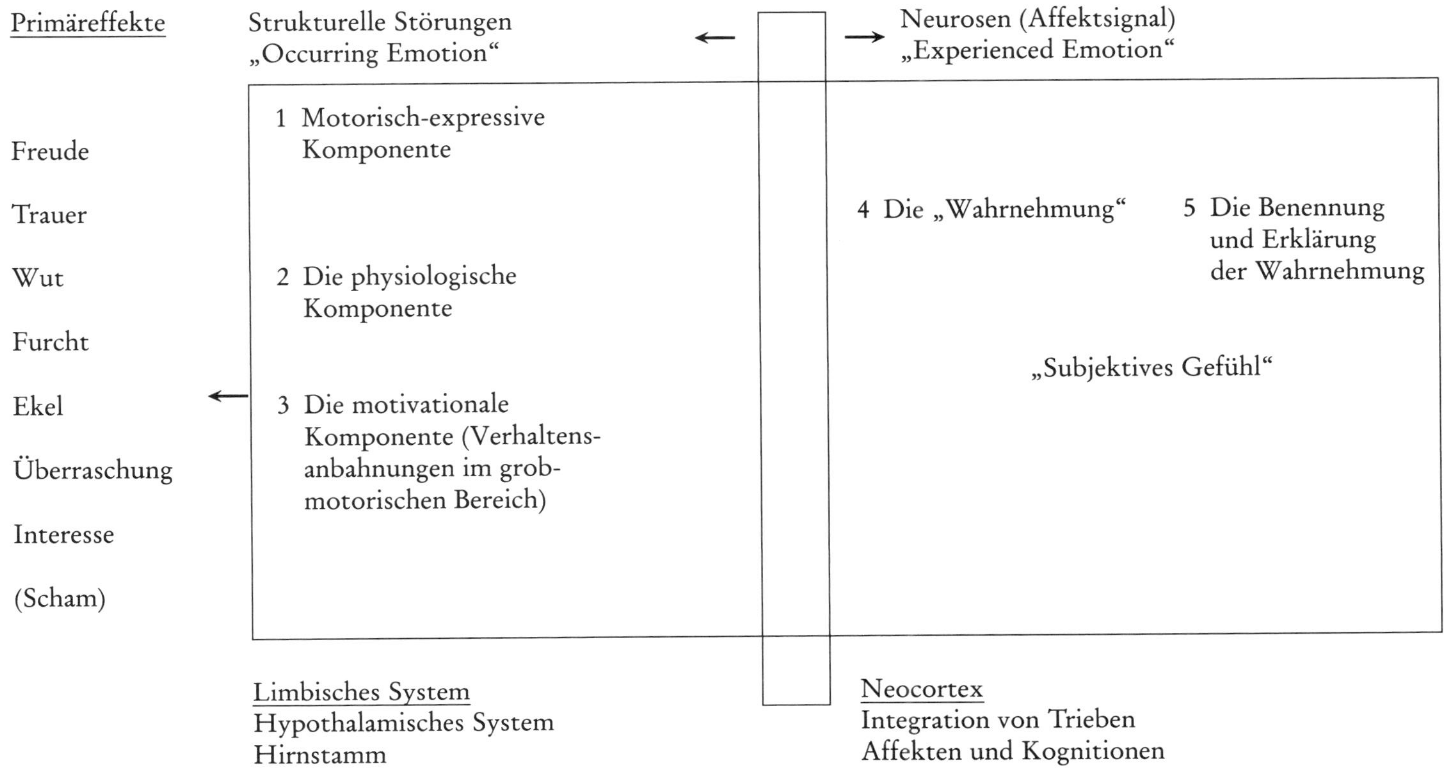
Primäreffekte
Freude
Trauer
Wut
Furcht
Ekel
Überraschung
Interesse
(Scham)
Strukturelle Störungen
„Occurring Emotion"
Neurosen (Affektsignal)
„Experienced Emotion"
1 Motorisch-expressive Komponente
2 Die physiologische Komponente
3 Die motivationale Komponente (Verhaltensanbahnungen im grobmotorischen Bereich)
4 Die „Wahrnehmung"
5 Die Benennung und Erklärung der Wahrnehmung
„Subjektives Gefühl"
Limbisches System
Hypothalamisches System
Hirnstamm
Neocortex
Integration von Trieben
Affekten und Kognitionen

Abb. 1

bahnungen in der Skelettmuskulatur und der Körperhaltung, die mit dem expressiven Signalanteil nicht deckungsgleich ist. 4. Eine bewußte Wahrnehmung der körperlichen Komponenten. 5. Eine Benennung und Bewertung der Wahrnehmung, der auslösenden Situation sowie eine Zuordnung zum Selbst- bzw. zum Objektbereich.

Diese Einteilung beruht auf der Beschreibung der Gefühlsreaktionen von gesunden Erwachsenen einerseits sowie den bei psychischen Störungen beobachtbaren Ausfällen andererseits. Jeder Versuch, die „Gefühlswelt“ sprachlich zu beschreiben, bezieht sich in irgendeiner Weise auf die Beteiligung bzw. Nichtbeteiligung der einzelnen Komponenten. So definiert Moser Gefühl als „eine erlebte und/oder bewußte affektive Codierung einer Situation mit mehr oder minder akzentuierten Selbst- und Objektanteilen“ (Moser, 1983, S.4). Es soll im folgenden in Anlehnung an verschiedene Autoren (Basch, 1976, 1983; Noy, 1982) eine an den beteiligten Komponenten orientierte Begrifflichkeit eingeführt werden. Unter Affekt sollen die körperlichen Reaktionen ohne bewußte Repräsentanz und Erleben derselben verstanden werden (Komponenten 1 bis 3). Unter Gefühl soll das bewußte Wahrnehmen und/oder Erleben der autonomen Anteile ohne erlebnismäßige Zuordnung zur Selbst- oder zur Objektstruktur verstanden werden (Komponente 1 bis 4). Unter Empathie sei das bewußte Erleben des autonomen Anteils bei gleichzeitiger Zuordnung zu einem Objekt (Empathie bzw. Fremdverständnis) bzw. zum Selbst (Selbstempathie, Einsicht, Selbstmitleid) verstanden (Komponente 1 bis 5). Sprechen wir vom Insgesamt aller Funktionen, ohne sie näher spezifizieren zu wollen, benutzen wir das Kürzel „Affektsystem“.

2.2 Eine soziale Dimensionierung der Affekte

Neben dieser Taxonomie, die sich am internen Aufbau des gesamten Affektsystems orientiert, ist eine weitere von Bedeutung, die sich an der sozialen Dimensionierung der Affekte orientiert. Auf der Grundlage einer ganzen Reihe von Untersuchungen hat sich mittlerweile die Ansicht durchgesetzt, daß ausgehend von bestimmten motorisch-expressiven Konfigurationen eine begrenzte Anzahl von Affekten in allen Kulturen auftritt (Ekman, Friesen & Ellsworth, 1982) und daß dieselben teilweise mit denen unserer tierischen Verwandten übereinstimmen (Ekman, Friesen & Ellsworth, 1982; Chevalier-Skolnikoff, 1973; Redican, 1982). Relativ sicher ist dies für die mimischen Konfigurationen Freude (happiness), Trauer (sadness), Wut (anger), Ekel (disgust), Überraschung (surprise), Furcht (fear). Die diesen Ausdrucksmustern entsprechenden Gefühle werden von manchen Theoretikern (Tomkins, 1968) als „primary motives“, in deutsch manchmal als „Primäraffekte“

bezeichnet (Krause, 1983). Inwieweit diese Universalität auch für andere Ausdruckskanäle wie zum Beispiel die Stimme gilt, ist noch nicht nachgewiesen. Zumindest in Beurteilungsstudien können naive Zuhörer unabhängig vom sprachlichen Inhalt Affektzustände identifizieren (z. B. Feldstein, 1964). Die physikalischen Charakteristika und Grundlagen dieser Zuordnungen sind aber nicht befriedigend identifiziert (Scherer, 1979), was bei der Komplexität der Datenauswertung in diesem Gebiet nicht verwunderlich ist (Scherer, 1982). Aus der Stimme können zusätzliche Informationen, für deren Übermittlung das Gesicht ungeeignet ist, gewonnen werden (z. B. Langeweile). Die obige Liste kann nicht beanspruchen, das was unter „Gefühl" und „Empathie" definiert wird, abzudecken, denn die Kulturuniversalität wurde durch die Vorgabe visuellen Reizmaterials überprüft. Sie bezieht sich deshalb auf den motorisch-expressiven Signalanteil des Affektsystems. So betrachtet sind in den Primäremotionen diejenigen Emotionen erfaßt, die durch visuelle eindeutige Signale ausgelöst werden können und somit der Beziehungsregulierung dienen. Sie können in Anlehnung an Dahl (1979) und De Rivera (1977) „it-emotions" genannt werden. Die selbstreflexiven „me-emotions" und solche, die der inneren Steuerung des Denkens und Handelns dienen, sind damit nicht erfaßt. Zwar ist es prinzipiell möglich, zu sich selbst in der Art von Außenobjekten in Beziehung zu treten, z. B. auf sich selbst wütend zu werden, und somit hat vielleicht auch jeder Primäraffekt ein selbstreflexives Pendant. Im allgemeinen ist aber das Erleben durch die Selbstreflexivität so verändert, daß die Sprachgemeinschaften auch andere Namen dafür entwickeln. Im übrigen scheinen die selbstreflexiven Gefühle stark kulturell formbar. Dazuhin gibt es selbstreflexive Affekte, die nicht aus den Primäraffekten ableitbar sind, sondern Fundamentalaussagen über das Selbst und seinen Zustand machen. Dies wird uns bei der Besprechung der Scham wie auch der traumatischen Angst im Gegensatz zur Objektangst beschäftigen (Krystal, 1978). Zwar ist auch das Schamgefühl wie die traumatische Angst kulturinvariant, und ersteres ist in Vorläufern schon bei Primaten zu finden (Kummer, Götz & Angst, 1974), aber sie dienen nicht der aktuellen Regulierung von Objektbeziehungen, sondern sind die Folgen nachhaltig gestörter Objektbeziehungen. Beide emotionalen Zustände sind für das Verständnis psychischer Störungen zentral und müssen einzeln besprochen werden. Im folgenden soll die nur in Zusammenarbeit mit der Ethologie beantwortbare Frage diskutiert werden, warum es für die Spezies Mensch offensichtlich von Nutzen war, ihre Objektbeziehungen nach der Art der Primäraffekte zu strukturieren und welcher Schaden für das psychische System entsteht, wenn diese Objektbeziehungsmatrix nicht eingehalten wird.

3 Phylogenetischer Exkurs

Unter den ethologischen Forschern besteht Konsens darüber, daß die im Verlaufe der Hominisation beobachtbare Lockerung der festen Instinktabläufe von einem Hypertrophieren des Affektsystems begleitet wird. Im Gegensatz zum motorisch expressiven Anteil des Affektsystems, der auf den frühen phylogenetischen Stufen fehlt, sind Verhaltensanbahnungen im motorisch skeletalen und im physiologisch hormonalen Bereich bei Instinkthandlungen sehr wohl vorhanden (Chance, 1980; Scott, 1980; Weinrich, 1980). Das Affektsystem ist aus dem Instinktsystem entstanden. Bei vielen expressiven interaktiven Handlungsweisen ist die ursprüngliche Instinkt- oder homöostatische Handlungskette noch in Rudimenten zu finden (Andrew, 1979; Darwin, 1872; Eibl-Eibesfeldt, 1984). Allerdings ist mit dem Affektsystem etwas Neues, das den Rahmen des Instinktiven sprengt, aufgetreten. Der soziale Signalanteil kann von der motivationalen Ausführungshandlung entkoppelt werden (Eibl-Eibesfeldt, 1984; Bischof-Köhler, 1985). Die Benutzung des Zeichens zieht also nicht notwendigerweise die Auslösung des entsprechenden Verhaltensprogrammes nach sich. Der Gewinn dieser Entkoppelung besteht darin, daß ein Moratorium für innere und weitere kommunikative Prozesse entsteht. Ohne diese biologische Entkoppelung von Ankündigung und Ausführungshandlung wäre der soziale und motivationale Freiraum für intelligentes soziales Prolemlösungsverhalten nicht entstanden. Solange die Lebewesen, zu welchen Zwecken auch immer, nicht kooperierten, bestand keine Notwendigkeit für eine Zeichenentwicklung. Affekttheorien, die die Affekthandlungen bloß als Teile von Instinkt- oder Triebhandlungen sehen, können wesentliche Forschungsbefunde nicht integrieren (Plutchik, 1980). Die Instantiierung eines Affekts bringt eine Erhöhung der Wahrscheinlichkeit bestimmter Verhaltensweisen mit sich, aber das Endverhalten muß nicht ausgeführt werden. Die Endhandlungen der homöostatischen und organismischen Reinforcement-Prozesse sind hingegen festgelegt. Ein Wutgesicht oder -schrei ist zwar mit einer Intentionsbewegung korreliert, die einen Angriff wahrscheinlicher werden läßt, wie aber Kummer, Götz und Angst (1974) z. B. für die Hammadrias Paviane gezeigt haben, verringert sich die Wahrscheinlichkeit einer innerartlichen Angriffshandlung eben durch die Benutzung des affektiven Zeichens. So entscheiden Faktoren wie die wechselseitige Körpergröße, die Vertrautheit des Ortes der Begegnung wie die Bewegungsgeschwindigkeit neben anderen Faktoren, ob bei zwei sich bedrohenden Pavianen aus einem Drohzeichen eine Angriffshandlung wird. All diese Evaluierungsprozesse setzen bereits Vergleichsakte und so etwas wie soziale Intelligenz voraus. Die phylogenetisch erworbene Kenntnis des Zeichens erlaubt eine Berücksichtigung möglicher Intentionen, ohne sie ausführen zu müssen. So dient aggressives affektives Verhalten der räumlichen Verteilung, aber auch dem Zusammenhalt der

Gruppe, wenn zum Beispiel die Fluchtreaktionen der rangniedrigeren Tiere durch die aggressiven Hütetechniken der ranghöheren verhindert werden (Kummer, Götz & Angst, 1974; Bischof-Köhler, 1985). „Jedes Ausdruckssystem schafft Bewußtheit, weil es nicht die Handlung oder die Sache selbst ist, sondern ein Zeichen derselben. So ist der Affektausdruck das Vermittlungsscharnier zwischen konkreter Aktion und abstrakter Vorstellung" (Ciompi, 1982). Die Affekte dienen also neben vielen anderen Funktionen der Verhaltensökonomisierung, der innerartlichen Schadensminimierung und der Bewußtwerdung von Intentionen. Bezogen auf eine menschliche soziale Umgebung, die durch Zusammenleben in kleinen Gruppen, Kinderaufzucht und gegenseitige Kooperation und Stützung gekennzeichnet werden kann, haben sich die Affekte als paradigmatische Formen der Objektbeziehungsregulierung von hohem Überlebenswert erwiesen. Sie ordnen die Motive und die sozialen Beziehungen. Ein Verlust dieser Ordnung ist von einer mentalen oder psychosozialen Erkrankung begleitet (Simon, 1983; Bischof, 1985; Eibl-Eibesfeldt, 1980). Solche Aussagen sind nur sinnvoll in bezug auf bestimmte definierte ökosoziale Umgebungen. Affekte dienen der Interaktionssteuerung und sind von den Systemen, die die Homöostase aufrechterhalten, sowie denjenigen Verhaltenssystemen, die aufgrund innerer hirnphysiologischer Veränderungen Verhalten belohnen bzw. bestrafen, abzugrenzen. Nach Scott (1980) gehören die Affekte den übergeordneten Verhaltenssystemen Sexualität, Aufzucht, Bindung und Aggression an. Das Sexualverhaltenssystem ist im Affektsystem wie im organismischen Reinforcementsystem verankert, was ihm eine recht hohe Bedeutung für die Regulation des Wohlbefindens einerseits wie eine hohe Störungsanfälligkeit andererseits gibt (Bischof, 1985).

4 *Die propositionale Struktur der Affekte*

In Anknüpfung an De Rivera (1977) und Suppes und Warren (1975) kann man die Primäraffekte als die Ankündigung von Handlungen charakterisieren. In der Struktur dieser Handlungen gibt es ein Subjekt, ein Objekt und eine gewünschte Interaktion zwischen beiden. Je nachdem *wo* sich das Objekt in Relation zur Position des Subjekts befindet, *wie* das Subjekt Handlungsmacht attribuiert und wie die hedonische Tönung der Situation kognoziert wird, entstehen die Primäremotionen. Es handelt sich um die von Leventhal und Scherer (1987) beschriebenen Basalkognitionen. In Abbildung 2 ist die Kennzeichnung der Subjekt-Objekt-Relationen in Form eines Entscheidungsstammbaumes dargestellt, der für die Besprechung der klinischen Zustandsbilder von Nutzen sein wird.

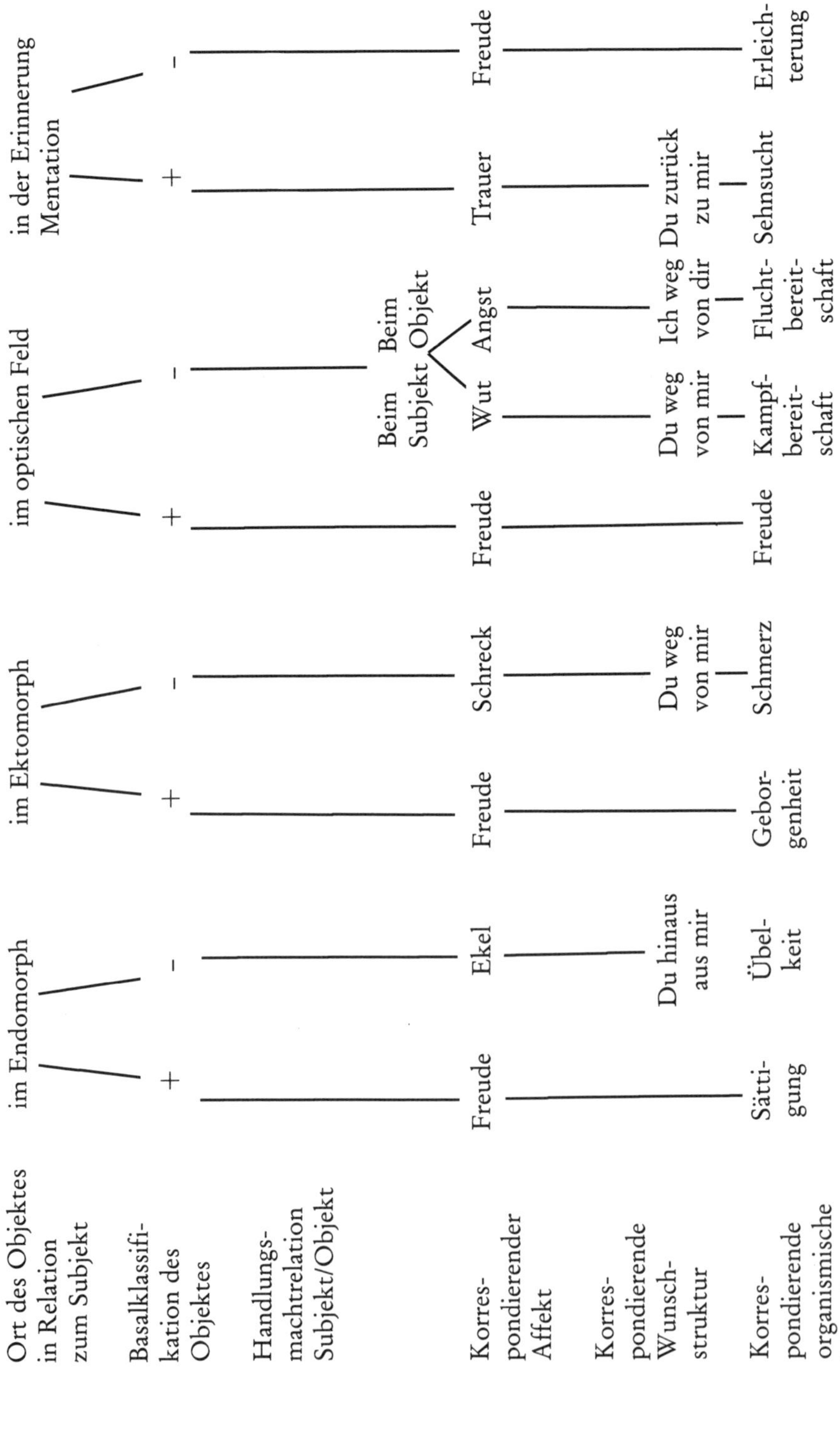

Abb. 2: Die propositionelle Struktur der Affekte

In bezug auf den Ort gibt es vier Möglichkeiten: Das Objekt ist im Subjekt, also im Mund oder im Magen-Darm-Bereich (endomorph), an der Körperperipherie des Subjekts (ektomorph), im optisch apperzeptiven Feld des Subjekts, also visuell gegenwärtig, oder das Objekt ist mental repräsentiert, aber abwesend. Die Objekte werden je nach diesen Ortsrelationen als gustatorische, taktile, visuelle bzw. mentale erlebt. In der Entwicklung des Kindes wechseln die Affekte und die Objekte mit der Entwicklung der Bedürfnisstruktur ihre Erlebens- und Darstellungsmodalität, so daß z. B. die frühen Objekte gustatorischer Natur sind (Lincke, 1981). Dies ist klinisch relevant, weil die Perzeption eines Objektes im Rahmen einer optisch wahrnehmbaren leib-seelischen Einheit — also in einer Haut steckend — ein später Erwerb ist. Die Konstituierung eines solchermaßen nach den Gesetzen der euklidischen Geometrie organisierten Köperschemas kann unter bestimmten noch zu besprechenden Randbedingungen einer gustatorischen, taktilen oder rein mentalen Objektkonstituierung Platz machen. Ein ekelhaftes Objekt hat sich stets bereits im Subjekt eingenistet. Die Prävalenz solcher Klassifikationen ist für die Beschreibung von psychopathologischen Prozessen von Bedeutung. Wer sich vor allem ekelt, ist von der Phantasie heimgesucht, alle Objekte hätten freien Zugang in seinen Subjektbereich. Während die Ortsklassifikation nur eine sehr einfache Unterscheidung perzeptiver Art voraussetzt, wird in der zweiten Klassifikation der Abb. 2 das Objekt hinsichtlich bereits gemachter Erfahrungen kogniziert. Das Erfahrungswissen kann aus der Phylogenese stammen und/oder aus sich darauf aufbauenden individuellen Erfahrungen. Es sind archaische Klassifikationen, die das Objekt als wohltuend, benevolent, im weitesten Sinne „gut" oder als schädigend, schmerzend, im weitesten Sinne „schlecht" erscheinen lassen. Freilich wechselt für gut und schlecht wenigstens partiell auch die Darstellungsmodalität je nachdem, wo das Objekt in Relation zum Subjekt ist. Schlecht im gustatorischen Bereich ist Übelkeit, schlecht im taktilen Bereich ist Schmerz, wohingegen schlecht im optisch apperzeptiven Feld „Angst/Wut" bedeutet. Die mit den Affekten korrelierten Konditionierungsprozesse verändern ihre Zeitkonstanten. So liegt bei Ekel das optimale Intervall zwischen konditioniertem Reiz und der unkonditionierten Reaktion bei 3—4 Stunden, bei Schmerz und/oder Angst in Sekundengröße. Obgleich man mit einem nur optischen Objekt eigentlich keine schlechten Erfahrungen machen kann, legt die heutige Forschung nahe, daß bestimmte Gestaltkonfigurationen im optischen wie im auditiven Bereich auf Grund eines phylogenetisch erworbenen pattern-detection-Verfahrens alle anderen Primäraffekte auslösen können (Orr & Lanzetta, 1984). Eine dritte relativ grundlegende Klassifikation ist die Attribuierung der relationalen Handlungsmacht, d. h. ob das Subjekt sich dem Objekt überlegen fühlt oder vice versa. Auch hier gibt es phylogenetisch erworbene Muster für Überlegen- vs. Unterlegenheit, z. B. Unterschiede des Körperumfanges zwischen Subjekt und Objekt. Freude signalisiert der

Umgebung, daß die laufende Form der Interaktion zwischen Subjekt und Objekt weitergehen soll. Sie ist ein artspezifisches Reinforcementsystem. Die anderen Affekte signalisieren jeweils einen Wunsch nach Veränderung einer laufenden Objektbeziehung. Kognitiv kann man diese Wünsche als Propositionen formulieren mit den Aussagebestandteilen Subjekt, Objekt und gewünschte Interaktion. Objekt und Subjekt müssen jeweils in Termini des Ortes, in dem sich die Interaktion abspielt, betrachtet werden. So gibt es gustatorische Mundraumobjekte, die durch die „Interaktion" in diesem Raume beschrieben werden können. Ekel repräsentiert so gesehen den Wunsch, „Du (Objekt) geh hinaus aus mir (Subjekt)", Wut repräsentiert den Wunsch, daß das Objekt verschwinden möge, wobei das Subjekt bleibt. („Du hau ab, ich bleibe"), wohingegen Angst den Wunsch repräsentiert, das Subjekt vom Ort des Objekts zu entfernen. Trauer repräsentiert den Wunsch, eine einmal gehabte Interaktion mit dem Objekt in einem der vier Bereiche wieder in Gang zu setzen. Gemäß dieser Vorstellung kann man gustatorischen, taktilen und optisch/auditiven Objekten „nachtrauern". Die Abwesenheit eines „bösen" Objektes ist im Moment der mentalen Vergegenwärtigung des Objektes von Erleichterung und Freude begleitet.

Aufgrund der obigen Taxonomie kann man die spezifischen Ausfälle in der Objektbeziehungsmatrix klassifizieren und den Störungsbildern zuordnen. Ich habe den Affekt „Neugier" nicht erwähnt, obgleich er in der menschlichen Entwicklung und für die Psychohygiene von großer Bedeutung ist. Er initiiert gewissermaßen die Frage „wie ist das Objekt", ehe es zur Klassifikation gut, schlecht oder irrelevant kommt. Es ist offensichtlich, daß die pathologische Veränderung des Affektsystems bestimmte Lernerfahrungen voraussetzt. Die Traumentheorie versucht Antworten auf die Frage nach den Ursachen solcher Veränderungen zu geben. Sie wird aber nur auf der Grundlage einer allgemeinen Theorie kognitiv-affektiver Entwicklung verständlich. Auf diese Entwicklung soll nun näher eingegangen werden.

5 Ontogenese der Affektentwicklung und die sogenannten frühen Störungen

Ausgehend von der oben aufgeführten Taxonomie kann man eine Entwicklungspsychologie des motorisch-expressiven Systems, der Affektphysiologie, der Affekthandlungen, der Perzeption und der Bewertung der Gefühle erstellen. Dazuhin kann man sich fragen, wann die einzelnen sozialrelevanten

Signalkonfigurationen auftreten (siehe dazu Ekman & Oster, 1982; Charlesworth & Kreutzer, 1973; Feldmann, 1982; Lewis & Rosenblum, 1978; Lewis & Michalson, 1983; Herzka, 1979; Sroufe; 1981). Da wir aus den psychischen Störungsbildern die mangelhafte Integration der verschiedenen Teilsysteme als Verursacher von Erkrankungen kennen, soll im Rahmen einer solchen Arbeit nur die Entwicklung der Integration der Teilsysteme besprochen werden. Es wird davon ausgegangen, daß die Integration und Synchronisierung der Teilbereiche des Affektsystems keine „naturgegebene Sache" ist, sondern bestimmter Anregungsbedingungen, Prägungen und Lernerfahrungen bedarf. In den psychodynamisch orientierten Theorien zur Psychopathologie soll die Diagnose für einen konkreten Patienten in verschiedenen Teilmodellen je gesondert gestellt werden. So gesehen gibt es eine Entwicklungsdiagnose, eine Strukturdiagnose, eine dynamische Diagnose (Blanck & Blanck, 1984). Diese Vorgehensweise ist klinisch nützlich, weil jede Neurose partiell einen „Infantilismus" beinhaltet und weil gerade bei schweren Störungen mit Entwicklungsasynchronien gerechnet werden muß. So werden zwar im allgemeinen Schwersttraumatisierte des ersten Lebensjahres Schwächen in der Strukturbildung aufzuweisen haben (defektes Ichideal und fehlende oder archaische Überichbildungen), sie werden in der Regel auch primitive Abwehrformen (z. B. Projektion und Fragmentierung) benutzen (dynamische Diagnose: Frosch, 1983; Blanck & Blanck, 1980), aber manchmal setzen schwere frühe Traumata kognitive Entwicklungsschübe in Gang. Die Beschreibung von Störungsbildern in Termini der ontogenetischen Entwicklung ist sonst unüblich. Die nosologische Einordnung in bezug auf den Schweregrad einer Störung erfolgt ebenfalls in Anlehnung an den Zeitpunkt der hauptsächlichen Schädigung (Fixierung oder Regression). Demensprechend wird von „frühen" oder „prägenitalen" Störungen gesprochen, um Psychosen, Borderlinestörungen, schwere narzißtische Persönlichkeitsentwicklungen, schwere Psychosomatosen und Perversionen zu charakterisieren (Hoffmann, 1986). Aus diesem Grunde werden wir diese sogenannten frühen Störungen im Zusammenhang mit der Entwicklung der Dialogstruktur besprechen, weil wir Grund zu der Annahme haben, daß die wesentlichen Traumata, sofern es sich um keine äußeren Noxen handelt, in „Entgleisungen der Kommunikationsstruktur" der frühen Eltern-Kind Dyade zu finden sind. In diesem Sinne sind alle frühen Störungen Affektstörungen, und alle frühen Störungen weisen auch Abweichungen in der Hardware des Affektaustausches oder — psychoanalytisch gesprochen — im interaktiven Anteil der Objektbeziehungen auf (siehe z. B. Ellgring, 1989; Steimer, Krause, Sänger-Alt & Wagner, 1988; Krause, Steimer-Krause, Wagner & Sänger-Alt, 1989; Wallbott, 1982).

5.1 Die „autistische Phase“ und die frühen Traumatisierungen

Nach Ansicht einer ganzen Reihe von Autoren kann man die Entwicklung des Kindes in einen vorsozialen und einen sozialen Anteil untergliedern. Der vorsoziale Anteil wird unter verschiedenen Termini eingeführt, so z. B. als primärer Narzißmus (Freud, 1973b), undifferenzierte Phase (Hartmann, 1975), Stufe der Nichtdifferenziertheit (Spitz, 1974), autistische Phase (Mahler, Pine & Bergman, 1975). Im allgemeinen wird diese Phase als Existenz im Physiologischen beschrieben, und das Ende wird mit Beginn des 2. Monats gesetzt, zeitgleich mit dem Auftreten des sozialen Lächelns. Diese Phase als normalen Autismus zu bezeichnen ist nicht ohne Probleme. Die Problematik liegt darin, daß eine adultomorphe Pathologisierung (Pine, 1981) eingeführt wird. Der Autismus eines Erwachsenen ist eine Krankheit. Einen frühkindlichen normalen Autismus kann es so betrachtet eigentlich nicht geben. Die Neigung zur Verwendung solcher Begriffe kommt aus dem Regressionskonzept der Psychoanalyse. Eine Psychopathologie ist aber nie die Wiederholung eines frühkindlichen Zustandes, sondern immer der Versuch einer Wiederholung mit den Mitteln des Erwachsenen, also metapsychologisch gesprochen Regression plus gegenwärtige Ich- und Abwehrstruktur. Neben diesen eher begriffslogischen Argumenten gegen diese Art der Benennung des ersten Lebensabschnitts gibt es handfeste empirische Einwände.

5.1.1 Empirische Studien zur frühen Dialogstruktur

Stirnimann (1965) meint, im ersten Lebensmonat drei Formen des Schreiens, nämlich aus Schmerz, Unbehagen und kommandierendes Schreien unterscheiden zu können. Die damit korrelierte Mimik ist ebenfalls unterschiedlich. Als Ursache werden innere Kontexte angegeben wie Hunger, Blähungen, Bewegungsbehinderung, Langeweile und Überreizung. Vor dem Einschlafen tauche ein sogenanntes Testschreien auf, das mit einer beginnenden Absicherung der Objektpermanenz zu tun habe. Weinen mit Tränenabsonderung taucht ab der 11. Woche auf. Was die motorischen Dialogstrukturen betrifft, kann man bereits nach der Geburt Feinabstimmungen der Haltungsefferenzen von Mutter und Kind beobachten, die, sofern sie erfolgreich sind, eine Art einheitlich symbiotisches Körpererleben gestatten. Bei schweren Störungen, die in einen späteren Autismus einmünden, kann die Veränderung des motorischen Verhaltens der erste Indikator für eine spätere Störung sein (Brooker & Mauth, 1982). Das erste Lächeln mit erkennbarem sozialen Kontext als Auslöser tritt ab der 3. Lebenswoche auf. Es liegen allerdings auch Beobachtungen vor, die ein solches reaktives Lächeln auf den 11. Lebenstag festlegen. Ab dem dritten Monat können heftige parallele Freudevokalisierungen beobachtet werden. Als Auslöser können ein Gesichtsschema und ab dem dritten Monat spezifische mimische Konfigurationen beobachtet werden.

Ausgehend von neueren Untersuchungen über die Imitationsfähigkeit von Säuglingen (Meltzoff & Moore, 1983), die sich allerdings auf Mundöffnungen und Zungenzeigen beschränkten, untersuchten Endres de Oliveira und Krause (1989), ob ein Affektgesicht eines Artgenossen als Auslöser für den identischen Affekt fungieren könne. Die Untersuchung ergibt, daß dies bis zum Beginn des dritten Monats selten gelingt, weil die Aufmerksamkeitsspanne für visuelles Fixieren nicht ausreicht. In einer Untersuchung von Field, Woodson, Greenberg und Cohen (1982) gelingt dies allerdings für Überraschung, Trauer und Freude bereits vor dem 3. Monat. Nach dem fünften Monat gelingt eine Affektansteckung auch selten, weil die Kinder aktive Abwehrbewegungen ausführen, um den visuellen Reizen zu entkommen, und weil sie nach dem Gesicht der Experimentatorin hinter den Fotografien suchen. Mit den Reizvorlagen Angst, Ekel und Trauer gelingt es im dritten Monat, statistisch signifikante Imitationsphänomene zu erzeugen. Die interindividuelle Varianz ist allerdings groß, wie auch die Neigung, affektiv zu reagieren, sehr stark variiert. Dieses Ergebnis entspricht Spitzs Beobachtung, daß ab dem vierten Monat Furchtkonditionierungen auftreten (Spitz, 1974). Die ersten systematischen Untersuchungen von schwersttraumatisierten Kindern zeigen, daß das Fehlen von Angstreaktionen in den ersten Lebensmonaten eine Folge der normalerweise benevolenten Umgebung ist. Gaensbauer (1982) filmte ein kleines Mädchen, dem im Alter von 2, 7 und 12 Wochen von seinem Vater mehrere Knochenbrüche und andere Verletzungen beigebracht worden waren nach der Klinikaufnahme im Alter von drei Monaten. Das Kind hatte zu diesem Zeitpunkt mimisch die fünf Affektausdrücke Trauer, Angst, Wut, Freude und Neugier aufzuweisen (Izard, 1979). Alle waren in verstehbarer Weise in die Kontexte und in die Lerngeschichte des kleinen Mädchens eingebettet. So tauchte die Angstreaktion nur bei Annäherung eines männlichen Fremden zusammen mit Wegdrehen, Blickabwendung und Hinwendung zur Mutter auf. Auf weibliche Fremde reagierte es nicht ängstlich. Diese Unterscheidungsleistung, die diskriminative Merkmale wie Haarlänge und Stimme benutzte, ist bei nicht traumatisierten Kindern ebensowenig zu beobachten wie die schwere Angstreaktion. Hier findet sich ein erster Hinweis darauf, daß sich Objektbeziehungen, Affekt und kognitive Organisation möglicherweise sehr intensiv gegenseitig beeinflussen, und zwar dergestalt, daß frühe schwerste Traumata vorzeitige mentale Entwicklungen in Gang setzen, die einer gesunden psychischen Reifung entgegenstehen. So hat die Unterscheidung männlich/ weiblich in diesem Alter wahrscheinlich höchst störende Rückwirkungen auf die Symbiose. Durch Traumata erzwungene vorzeitige Differenzierungen in Selbst- und Objektrepräsentanzen lassen ein durchaus berechtigtes Gefühl der Hilf- und Hoffnungslosigkeit entstehen, das mit einer hoffnungsvollen Entwicklung nicht vereinbar ist. So gesehen ist die langanhaltende Symbiose des menschlichen Kindes eine Art benevolenter Wahn, der die Entstehung des selbstreflexiven „Ichs“ in eine Entwicklungsperiode verlagert, in der die Handlungsmacht des Kindes wenigstens erträglich größer ist und in etwa derjenigen der „Nestflüchter“ unter den Säugern entspricht. Die katamnestischen Beobachtungen zeigen, daß bei Veränderung des Kontextes die schweren Affektzustände verschwinden, was allerdings nicht heißt, daß sie „vergessen“ sind. Vielmehr scheint es wahrscheinlich, daß nach den Gesetzen der „one-trial-Konditionierung 1. Art“ der Affekt als CR dann wieder auftaucht, wenn die Signalcharakteristika dem UCS hinreichend ähnlich sind. Der Ausdruck „ähnlich“ impliziert eine Art der inneren Begriffsbildung, und so gesehen sind frühe Traumatisierungen eine Form archaischer Ordnungsbildung, in der Signalcharakteristika leiblicher (propriozeptiver) und perzeptiver Herkunft das archaische mentale Feld nach den evozierten Affekten gliedern. Dabei gibt es sicher gewisse Bindungen der Affekte an die jeweiligen Sinnesgebiete. Die Ekelreaktion ist sehr früh beobachtbar. Sie ist durch gustatorische Reize leicht auslösbar und wird eine der wesentlichen Objektbeziehungen im ersten halben Jahr des Lebens darstellen. Es wird schwerfallen, in diesem Lebensalter durch nichtgustatorische Reize „Disgustreaktionen“ auszulösen. Schwer gestörte frühe Objektbeziehungen schlagen sich bei oberflächlicher Beobachtung vor allem in gestörter Nahrungsaufnahme und -ausscheidung nieder (Lempp, 1984). Freilich kann das Essen selbst nur einen relativ unwichtigen Stimulus darstellen, wenn die Ekelreaktion auf Charakteristika der fütternden Pflegeperson konditioniert wird. Die sogenannte Spontanaffektivität scheint ihren Konfigurationen nach der der erwachsenen Mimik zu entsprechen. Es gibt bestimmte Kontexte, die verstehbare Affektäußerungen hervorrufen. Dies ist für die meisten Primäraffekte nachgewiesen (Iglesias, Naranjo & Loeches, 1985; Endres de Oliveira & Krause, 1989). Affektansteckungen durch die Affekte anderer Mitglieder der Spezies sind auf stimmlicher und optischer Ebene beobachtbar. Von einer autistischen Phase kann also nicht gesprochen werden. Autistische Phänomene sollten deshalb nicht als Regressionen interpretiert werden (Bürgin, 1984).

5.1.2 Die Entwicklung des Körperschemas

Im Gegensatz zum Signalanteil fehlt für die volle Ausführung von Affekthandlungen bis zum Alter von 12—15 Monaten eine integrierte grobmotorische Efferenz zumindest für die Affekthandlungen, die Lokomotionswünsche im optisch-apperzeptiven Raum zum Gegenstand haben (Angst und Wut). Für die Affekthandlungen, die im Körperschema lokalisierbare Dinge ausstoßen sollen (Ekel) und diejenigen, die bestrebt sind, das Objekt im Bereich des Körperschemas zu behalten, sind die motorischen Handlungsschemata entwickelt (Würg- und Greifreflexe). Aufgrund der menschlichen Neotonie (Plessner, 1982) besteht eine Diskrepanz zwischen Signalanteil und schwach ausgeprägter Efferenz, die dazu führt, daß die primäre Pflegeperson in die Rolle eines sogenannten „Hilfsichs" gerät (Freud, 1973a). Ein wenig beachtetes aber sehr grundlegendes Phänomen im Zusammenhang mit Affektstörungen liegt darin begründet, daß die fehlende eigene Motilität im ersten Lebensjahr ohne Fremdhilfe zu ungenügenden Reizungen des Vestibulärapparates führt. Die spätere Konstituierung des phänomenal erlebten Körperschemas, also das Erleben des Körpers als gegliedertes Ganzes im Raum mit der Möglichkeit, gezielte Willkürhandlungen auszuführen, setzt Reizungen des vestibulären Apparates, der Hautsinnesorgane (Montagu, 1980), sowie der Ruffinischen Nervenendigungen und der Golgischen Sehnenspindeln in den Gelenkkapseln voraus. Sie alle liefern Rückmeldungen über die Stellung der einzelnen Körperorgane relativ zum Rumpf (Bischof, 1966a, b). Das physikalisch adäquate Erleben des Körpers als gegliedertes Ganzes im Raum beruht teilweise auf Erfahrungen und Lernprozessen an der Haltungsafferenz, am Vestibularapparat und der Hautsensorik. Erst aufgrund dieser Erfahrungen kommt es zu einem integrierten Körperschema. Der sensorische Homunculus entspricht nicht der physikalischen Gliederung des Körpers im Raum, sondern der Dichte der nervösen Versorgung. Ohne dieses feste Körperschema kann es zu keinem organisierten Erleben der Einzelbewegungen kommen. Unter einer Vielzahl von Bedingungen kommt es auch bei gesunden Erwachsenen zu temporärer bzw. dauerhafter Veränderung bzw. Auflösung dieser geordneten Gestalt, so unter Drogeneinwirkung, sensorischer Deprivation, Wechsel des spezifischen Gewichts des tragenden Mediums, aber auch unter bestimmten Triebzuständen, in denen das Meldeorgan des Triebzustandes sensorisch überproportioniert wird (z. B. das Erleben einer dicken Zunge bei Durst). Das phänomenale Körperich wird teilweise durch kulturell festgelegte Idealschemata und über Haltungs-, Körper- und Modevorschriften bestimmt (Turner, 1984; Imhof, 1983). Der Körper kann aber auch als Projektionsfeld psychischer bewußter und unbewußter Intentionen benutzt werden, wie z. B. beim body-building (Küchenhoff, 1983; McDougall, 1987). Wegen der fehlenden Efferenz kommt der passiven Bewegung des kindlichen Organismus, der Berührung der ganzen Haut von Beginn an große Bedeutung als einheitsstiftender Erlebnismatrix für das phänomenale Körperich zu. Dasselbe muß zwar nicht mit Ichqualitäten besetzt sein, aber es liefert den phänomenalen organismischen Rahmen, in den das Zentrum des eigenen Handelns später verlegt wird. Viele Studien haben gezeigt, daß die frühen oder strukturellen Störungen in Teilen andere Verrechnungsregeln in der Abstimmung innerer und äußerer Signale aufzuweisen haben, sei es im Zusammenhang mit Hunger und anderen Triebreizen, sei es mit der Zeitwahrnehmung und/oder der Wahrnehmung vestibulärer und optischer Reize (Colbert, Kögler & Markan, 1959). Im allgemeinen werden bei den schweren Störungen die inneren Reize in ihrer Bedeutung zugunsten der äußeren unterdrückt (Fisher & Cleveland, 1968; Schilder, 1970; Witkin, 1949/50).

5.2 Die „symbiotische" Phase und korrelierte Störungen

In dieser Phase beginnt, parallel zur Entwicklung des Dialogs, die Konstituierung von zweierlei Grenzphänomenen: Einmal die recht fragile Abgrenzung der Körperperipherie gegen andere lebendige Substanz (die Entwicklung eines dauerhaften Körperschemas) und zum anderen die Konstituierung einer mentalen Abgrenzung in bezug auf die eigenen Gefühle und Handlungen (eines eigenen Fühl- und Handlungszentrums). In „abnormen Zuständen" wie auch im psychotischen Erleben kann das Denk-, Fühl- und Handlungszentrum aus dem Körperschema herausverlagert werden. Die betreffenden Personen „sehen" ihren eigenen Körper von außen, oder sie attribuieren ihre Handlungen als Konsequenzen externer volitionaler Aktivitäten (Beeinflussungswahn, Gedankenmachen etc.). Körper- und Handlungsschema können verschiedene Entwicklungen einschlagen. Nach Jacobson (1972) entwickelt sich die Fähigkeit zum Unterscheiden von Objekten der Außenwelt rascher als die Fähigkeit, das Selbst von den Objekten zu unterscheiden. Dies ist, da das Verhalten des mütterlichen Körpers nur relativ geringfügige Unterschiede in bezug auf Temperatur, Gewebsstruktur, Geruch, Elastizität und zeitliche Verhaltensstruktur aufzuweisen hat, nicht weiter verwunderlich. Der Körper der Mutter ist also, ebenso wie der eigene Körper, in bestimmten Anteilen ein „transitional object" oder ein Übergangsobjekt, das je nach Bedarfslage die Qualitäten des Selbst oder eines externen Objektes annehmen kann (Winnicott, 1953). Die eine Symbiose garantierenden Verhaltensweisen sind keineswegs nur in der Körperhaltung und in der Grob- und Feinmotorik allein zu finden, sondern im Affektsignalsystem selbst. So unterschreiten z. B. die Latenzzeiten gemeinsamer kinetischer, stimmlicher wie auch mimischer Handlungsklassen von gesunden Müttern ihren 3 Monate alten Kindern gegenüber die Reaktionszeiten in Laborexperimenten bei weitem (Beebe, Stern & Jaffe, 1979). Von dieser symbiotischen Zweieinheit aus, also gewissermaßen aus dem Körperschema der Mutter heraus, kann nun die Außenwelt zusehends assimiliert werden. Da unsere Kultur eine Distanzkultur ist, in der das Kleinkind nicht in das narzißtische Körperschema der Mutter mit einbezogen wird, entfallen eine Fülle von vestibulären, Haut-, Wärme- und Stellungsreizen. Nach einer mündlichen Mitteilung von Parin sehen Mütter der von ihnen untersuchten schwarzafrikanischen Kulturen der Dogon und Agni eine Mutter, die ihr Kind ins Nebenzimmer legen würde und selbst etwas anderes betriebe, als „verrückt" an. Tatsächlich erleiden sie selbst psychoseähnliche Krisen, wenn sie durch Außenereignisse gezwungen werden, solche Verhaltensweisen einzuführen. Es scheint, als hätten wir eine Kulturtechnik entwickelt, die den notwendigen symbiotischen Prozeß zwischen Mutter und Kind erschwert, möglicherweise zugunsten einer Forcierung der Stimm- und Sprachentwicklung (Devereux, 1978). Das Schreien und Plaudern wird in der Distanzkultur eine hohe

Inzidenzrate und wohl auch eine hohe Bedeutung besitzen. Zusammenfassend kann man sagen, daß Störungen der Befähigung, symbiotische Beziehungen einzugehen, immer auch Störungen des Affektaustausches sind (Hans, Krause & Steimer, 1986; Rohde-Dachser, 1985). So erweisen sich manche Sexualstörungen bei genauerem Hinsehen als Störungen symbiotischer Regressionen. Die Feinsynchronisierung der Stimme, der Atmung, der Körperbewegungen im Rhythmus der Triebhandlung, die temporär zur Auflösung der Ich-Du-Grenzen führen kann, wird aus eben diesem Grunde als Auslöser für psychotisches Erleben gefürchtet (Krause, 1984b) und die „Erregung" prophylaktisch unterbrochen.

5.3 Die Entwicklung von Selbst- und Objektpermanenz und ihre Störung

Wenn das Kind die aufrechte Lokomotion zu entwickeln beginnt, kommt es zu einer hohen Bedeutsamkeit der die eigene Selbständigkeit garantierenden Körperfunktionen und einem ersten Höhepunkt der Abgrenzung. Sie spielen nun (im Alter von 10-15 Monaten) die zentrale Rolle zur Selbstwert- und Autonomieregulation. Die „narzißtischen" Affektzustände Wut/Triumph beziehen sich im Gegensatz zum sozialen Ärger auf das Nichtgelingen/Gelingen eines motorischen Handlungsablaufes und den ausführenden Körperteil. Der Begriff „narzißtisch" hat hier keine klinische Implikation. Er stellt eine Art „Kurzkodierung" zur Abgrenzung von intrasystemischen gegenüber intersystemischen (objektalen, sozialen) Affekten dar. Bei Sportveranstaltungen Erwachsener kann man solche „narzißtischen" Wutzustände beobachten (Keßler & Wagner, 1988). Ein Mißlingen der Entwicklung des primären Narzißmus des eigenen Körpers bedeutet auch ein Mißlingen der Autoerotik, der Liebe zum eigenen Körper. Das wiederum führt zu einer Einschränkung der Heteroerotik, und zwar nicht notwendigerweise in der Ausführung der Sexualhandlung, sondern im narzißtischen Anteil der Liebesbeziehung. Dies bedeutet, daß durch das Erleben des eigenen Körpers als in wesentlichen Bereichen defekt, das Geschenk, das ich mit ihm im Sexualakt dem anderen bereite, ein Danaergeschenk wird. Da aber erlebnismäßig nur soviel an Wertschätzung zurückkommt, wie in eine Beziehung investiert wird, sind bei schwach ausgebildetem primärem „Narzißmus" jeder Liebesbeziehung enge Grenzen gesteckt (siehe die Ausführungen über die Perversionen, Abschnitt 7.1). Die ersten affektiven Ordnungssysteme liefern Basalklassifikationen; ob die Welt „schlecht" oder „gut" ist (Urvertrauen, Erikson, 1957) und ob beim Subjekt viel oder wenig Handlungsmacht liegt (Autonomie). Freilich sind die Begriffe Welt und Selbst eine aus der Erwachsenenwelt stammende Klassifikation. In eine präzisere Sprache umformuliert handelt es sich um diffuse

Verhaltenserwartungen in bezug auf eine undifferenzierte Selbst/Objekt-Matrix. Die sich entwickelnden, Realität konstituierenden kognitiven Ordnungsschemata geraten unter den Einfluß dieser präkognitiven affektiven Schemata. Der Ordnung schaffende Organismus versucht, seine beginnende Welt so zu strukturieren, daß alle wiederkehrenden und „wichtigen“ Perzepte unter die positiven affektiven Ordnungen fallen. Wichtig und wiederkehrend ist einmal das Pflegeobjekt und zum anderen das eigene Körper- und Handlungsselbst. Gelingt dies nicht, werden affektiv negative Anteile aus den Invarianzen, die das Objekt und die eigene Handlung konstituieren, ausgeschlossen und der affektiven Ordnungsbildung zuliebe als nicht zum invarianten Objekt gehörig kodifiziert. Dies geschieht mit den Abwehrmechanismen der Projektion, der Fragmentierung und der projektiven Identifikation (Ogden, 1979; Melito, 1983; Lester, 1983). (Siehe die Ausführungen über Borderline-Störungen, Abschnitt 6.4.). Objekt- und Selbstpermanenz unter dem Druck starker, diskontinuierlich wechselnder Affekte aufrechtzuerhalten, ist stets eine Leistung. Auch gesunde Erwachsene können unter solchen Randbedingungen „fragmentieren“ (siehe die Ausführungen über posttraumatische Neurosen, Abschnitt 7.6) (Fiedler, 1985). Diese ersten affektiven Invarianzen machen keine Unterschiede in bezug auf die Realitätskategorien Selbst/Nichtselbst, Innen/Außen. Die Zeit spielt nur insofern eine Rolle, als die Aktivierung ähnlicher Reize zu gleichen affektiven Invarianzen führt (Engel, 1962). Sie haben Konditionierungsvorgänge zur Grundlage. Die instrumentelle Ordnung der Welt, also die Invarianzen, die sich aus den eigenen Handlungen bilden, haben neben den kognitiv-sensumotorischen auch affektive Anteile zumindest in dem Sinne, daß es primitive Klassifikationen von erfolgreichen und damit lustvollen und nicht erfolgreichen und damit unlustvollen Handlungsschemata gibt. Handlungen weisen so etwas auf wie eine gute Gestalt. Der Vorgang einer gelungenen Äquilibration aber auch einer gelungenen Akkomodation ist inhärent lustvoll (Ciompi, 1982). Dies mündet ein in eine Theorie der Ästhetik, nach der das Erkennen von Invarianzen lustvoll ist (Mittenecker & Raab, 1973; Krause, 1976). Versuche, Piagets Gedankengut mit der psychoanalytischen Entwicklungspsychologie und dem Therapieverfahren zu verbinden, liegen von Ciompi (1982), Guex (1982), Haynal (1975) und Schneider (1980) vor, können hier jedoch nicht referiert werden. Es sei nur auf einige Schwierigkeiten hingewiesen. Die Entwicklung der Affektivität wurde von Piaget (1954) nur am Rande behandelt, weil er der Meinung war, daß, unabhängig von der energetisierenden Wirkung der Affekte, sie sich entlang der gleichen Linien wie die Kognitionen entwickeln. Die Gefühlsentwicklung endet durch die Möglichkeit reversibler Willenshandlung in den moralischen Gefühlen (Boesch, 1984). In der für die kognitive Entwicklung konstruierten Grundvorstellung sind einige Ideen enthalten, die nicht ohne Modifikationen auf die Affektentwicklung übertragen werden können. Die erste ist die im Äquilibrationstheorem enthaltene Idee eines Widerspruchs. Die Regulationen kommen ja dann zustande, wenn sich Schema und Perzept widersprechen. Die Akkomodation besteht in einem System von Kompensationen, die ihrerseits auf reversiblen Operationen beruhen. Die Invarianz hängt so gesehen an der Vorstellung, daß es Handlungsabläufe antagonistischer Art gibt, in denen die eine Handlung die andere rückgängig macht (das Zurückschütten der Perlen ist das Gegenteil des Hineinschüttens). Ob es solche kompensatorisch logisch antagonistischen Operatoren im affektiven Bereich gibt, ist eine recht interessante Frage, die aber keineswegs einfach beantwortbar ist. Solche Gegensatzrelationen hat z. B. Plutchik (1980) aufgestellt. Wenn Freude das Gegenteil von Angst wäre, könnten wir je nach den Komponenten des Affektsystems verschiedene Gegensatzrelationen konstruieren: Auf der Phantasie und Wunschebene; auf der Ebene der Physiologie, z. B. der Antagonismus parasympathisch und sympathisch dominierter Abläufe; oder auf der Handlungsebene mit der Tendenz zur Lokomotion auf ein Objekt und der Tendenz, sich von einem Objekt fortzubewegen. Eine weitere Gegensatzrelation könnte im expressiven System selbst liegen, dergestalt, daß man quantifiziert, wieviele identische muskuläre Innervationen ein Ausdrucksgeschehen begleiten. Hier taucht die Frage auf, ob die die Realität konstituierenden kognitiven Kategorien von Objektpermanenz, Raum, Zeit und Kausalität auf die nicht kognitiven Anteile des Affektsystems anwendbar sind und wenn ja, wie. Es scheint zwingend anzunehmen, daß sich die Logik unseres bewußten Denkens auf die bereits bestehende Logik der Affekte sowie die unseres Wahrnehmungssystems auflagert (Riedl, 1981). Dies ist bereits bei Darwin als Prinzip des Gegensatzes der Bedeutung expressiver Phänomene ausformuliert. Wohlgemerkt handelt es sich hier um Gegensatzrelationen im körperlichen Bereich (groß/klein). Ob aber durch die Hintereinanderschaltung von antagonistischen affektiven Körpervorgängen der erste Affekt rückgängig gemacht und dadurch ein neues, höheres mentales Gleichgewicht hergestellt werden kann, ist fraglich. Die Additivität von Handlungen gilt für Affekte nur beschränkt. Angst plus Freude annuliert nicht beide Zustände, sondern ergibt einen neuen. Eine weitere Frage ist, ob die Schemavorstellungen, die aus dem Umgang mit Objekten entwickelt wurden, auf Affekte übertragen werden können. Während Objektschemata der Niederschlag der Ding- und Personerfahrungen sind, strukturieren affektive Schemata die Interaktionserfahrungen und das eigene Handlungspotential einer Person. Das Handeln am Objekt führt zu Schemata, nach denen die Objekte klassifiziert werden können (z. B. alle Objekte, die bewegt werden können), aber gleichzeitig zu affektiven Schemata am Selbst, nämlich ob und was ich alles bewegen kann. Solche affektiven Schemata am Selbst sind, wenn sie einmal etabliert sind, schwer umkehrbar und von hoher Generalität; sie sind stets von irrationalen Kognitionen und Perzepten begleitet (Keßler, 1983). Es gibt eine enge Verbindung zwischen kognitiver und affektiver Entwicklung in dem Sinne, daß beide immer stärker internalisiert werden, d. h. mit zunehmender kognitiver Entwicklung wird der nicht kognitive Anteil des Affektes immer stärker zurückgedrängt und der Phantasieanteil ausgebaut. In der Phantasie aber gelten die Gesetzmäßigkeiten der kognitiven Operationen, z. B. die Reversibilität. Hier kann ich jemanden umbringen und dann durch Liebe wieder auferstehen lassen, d. h. durch die Bindung der Affekte an Imaginationen unterliegen die kognitiven Anteile derselben den Gesetzmäßigkeiten der Imagination und des Denkens. Es ist ein ewiges Bemühen der „Erzieher", diese Gesetzmäßigkeiten auch auf die nichtkognitiven Anteile der Affekte auszudehnen. Wie auf Seite 639 vorgeschlagen, kann man Affekte als Schemata für Subjekt-Objekt-Beziehungen definieren. Generalisierte Angst ist ein relationales Ordnungsschema, wonach alle Objekte immer mächtiger sind als ich. Das Selbst schält sich aus Handlungen der Objekte an ihm selbst und den Antworthandlungen heraus. Es ist die Invariante aller Handlungen an ihm (Mead, 1973). Psychoanalytisch gesprochen ist es der Niederschlag seiner Objektbeziehungen (Ticho & Richards, 1982). Denken wir nun daran, daß die Affekte phylogenetisch präprogrammierte Objektbeziehungen sind, so ist das spätere Selbst die Invariante aus den Objektbeziehungen, die es erfahren hat, oder anders gesprochen, die Selbstwahrnehmung reflektiert die Affekte, die das entstehende Selbst erfahren mußte und die Antworten, die es auf seine Affektäußerungen erhalten hat. Wenn Affekte Invarianzen über Subjekt-Objekt-Beziehungen einerseits und Formen der Handlungsmacht andererseits sind, ist es unmöglich, in zwei affektlogisch antagonistischen motorischen Invarianzen gleichzeitig zu existieren. Zumindest auf der lokomotorischen Ebene kann man nicht gleichzeitig zu einem Objekt hin und von ihm wegrennen. Der Nettoeffekt sind entweder Pendelbewegungen oder ein Stupor (beides kommt bei schweren Ambitendenzen psychotischer Art vor). Versucht man, die Zusammenhänge zwischen Affekt und Kognitionsentwicklung aufgrund der empirischen Daten zusammenzustellen, gerät man in die Schwierigkeit, daß der Objektbegriff in den verschiedenen Realitätsbereichen nur bedingt vergleichbar ist. Ein verschwindendes Spielzeug ist nur beschränkt mit einer verschwindenden Mutter vergleichbar (Decarie & Solomon, 1984). Die sechste Stufe Piagets mit dem Postulat einer gedanklichen Repräsentanz von Objekten endet bereits mit ca. 1 1/2 Jahren. Die Selbst- und Objektkonsolidierung im psychodynamischen Sinne ist aber keineswegs abgeschlossen. Sie verändert sich vielmehr unter dem Druck affektiver Erlebnisse fortlaufend. Dabei sind zwei grundlegende Entwicklungslinien der Differenzierung zu beobachten: Aggression, Wut und Angst schaffen Differenzierung, Glück und Liebe Integration bzw. Reintegration. Ein ausgewogenes Verhältnis von Integration und Differenzierung ist für die Entwicklung am günstigsten. Vorzeitige Differenzierung kann zu schweren Enttäuschungen an den Objekten einerseits und zu extremem Hilflosigkeitserleben an der Selbststruktur andererseits führen, die nur unter Rückgriff auf sehr archaische Abwehrprozesse behoben werden können. Prinzipiell bedeutet ein Mobilisieren von zu viel Wut und die daraus folgende vorzeitige Differenzierung die Gefahr des Objektverlustes. Differenzierung und objektbezogene Aggression kann nur dann zugelassen werden, wenn kein Objektverlust droht (Kernberg, 1985a).

6 *Die frühen Störungen im Lichte der gegenwärtigen Affekttheorie*

Auf der Grundlage der in Kapitel 2. entwickelten Taxonomie und Prozeßtheorie der Affekte kann man die Theorie und Klinik der „frühen" Störung verbessern. Dabei sind zwei Betrachtungsweisen zu unterscheiden. Die erste orientiert sich an der internen Struktur des Affektsystems, so wie es in Abbildung 1 dargestellt ist. Die Störungen des Zusammenwirkens dieser verschiedenen Anteile soll dabei besprochen werden. Die zweite Betrachtungsweise versucht die Folgen einer Hypertrophierung bzw. des Ausfalles von spezifischen Primäremotionen auf a) die Psychophysik der sozialen Interaktionsregulierung und b) die mentalen Ablaufprozesse zu beschreiben.

6.1 Störungen des internen Aufbaus des Affektsystems

Buck (1983), Elias (1976), Lomax und Berkowitz (1972), Tomkins (1962, 1963) und Miller (1979, 1981) gehen davon aus, daß es möglich ist, bereits in den ersten beiden Lebensjahren den Signalanteil des Affektsystems unter operante Kontrolle zu bringen. Drei Varianten der Einflußnahme sind beobachtbar. Die eine ist eine kulturell sanktionierte, bewußte Einflußnahme, wie sie zum Beispiel von Erdheim (1982) für die frühe Kindererziehung der Azteken beschrieben wurde. Solche Vorschläge sind bis heute in Form von Erziehungsratgebern (Aries 1980b) bzw. den entsprechenden populären Periodika zu finden (Elias, 1976; Rüegg-Kuhlenkampf & Peters, 1972). Es liegt nahe, daß die Pathologie einer Großgruppe mit den Affektsozialisationsbedingungen zusammenhängt, die sie sich selbst auferlegt. So gibt es ernstzunehmende Hinweise darauf, daß der Umgang mit „Natur" im Sinne von Umwelt sich in unbewußter Anlehnung an die Sozialisierung der „Natur" unseres Körpers, vor allem der Affektsozialisierung, aufbaut (Duerr 1979).

6.1.1 Das Syndrom des falschen Selbst

Idealerweise sollten die Pflegepersonen die Primäraffekte dekodieren können, sie empathisch in sich wirken lassen, um dann in einer Art Ichspaltung die geeigneten Abhilfemaßnahmen in Gang zu setzen. Dies gilt vor allem für die negativen Affekte, die eine veränderte Objektbeziehung in Gang setzen sollen. Klinisch sind Fälle bekannt, in denen der Affekt des Kleinkindes in der Pflegeperson die gleichen Zustände in Gang setzt wie im Kinde selbst. Es kommt statt zur Empathie mit Abhilfemaßnahmen zur primären Identifikation mit dem Kind. Dies ist z. B. für depressive Eltern zutreffend, die auf die Wut des kleinen Kindes entweder selbst mit schweren Attacken antworten oder sich zurückziehen und das Kind „sich ausschreien" lassen, ein Vorgang, der lange Zeit als günstig für die Charakterentwicklung angesehen wurde (Theweleit, 1978). Unter solchen Bedingungen lernen die Kleinkinder durch Verzicht auf spezifische eigene Affekte die Wahrscheinlichkeit zu verringern, daß der gefährliche Triggeraffekt in den Eltern entsteht. Die korrespondierenden Objektbeziehungsänderungswünsche können nicht mehr signalisiert werden. Eine intensive wenn auch verborgene Sehnsucht, präverbal verstanden zu werden, bleibt den erwachsenen Patienten erhalten, die nicht selten zu Riesenerwartungen an die Feinfühligkeit der Handlungspartner bei gleichzeitiger äußerster Spärlichkeit des eigenen Ausdrucksverhaltens führt. An die Stelle der negativen Affekte treten im expressiven System entweder Neutralisierungen (Poker-Face), simulierte, falsche negative Affekte oder eine falsche Freundlichkeit (siehe Ekman, 1985; Krause & Lütolf, 1988). Die klinischen Namen, die diesen nach außen nicht offen pathologisch erscheinenden Zustandsbildern gegeben wurden, sind „as if personality" (Deutsch, 1942), „Affektentleerung" (McDougall, 1984), „falsches Selbst" (Winnicott, 1965), „Selbstentleerung" (Balint, 1963). Da diese Leerezustände subjektiv mit Todes- und Versteinerungszuständen korreliert sind, unternehmen die Patienten Außerordentliches, um sie zu vermeiden bzw. aus ihnen zu entkommen. Im einzelnen sei erwähnt: Extremes Risikoverhalten (Zuckerman, 1979), Suchtverhalten (Tress, 1985), perverse Handlungen (Khan, 1983), schwere Selbstverstümmelungen (Krause, 1985b; Sachsse, 1987). Unsere eigenen und andere Untersuchungen legen es nahe, daß viele frühe psychische Störungen meßbare Veränderungen, speziell Einschränkungen der Mimik des Obergesichts aufzuweisen haben (Ellgring, 1983; Steimer, Krause, Sänger-Alt & Wagner, 1988; Krause, Steimer-Krause, Wagner und Sänger-Alt, 1989). In diesem Sinne haben die subjektiv erlebten Versteinerungsgefühle auch ein behaviorales Korrelat.

6.1.2 Die „Psychosomatosen"

Ein anderer noch unverstandener, aber durch die empirisch beobachtbare Häufung wahrscheinlicher Weg ist ein Hypertrophieren des physiologisch-hormonalen Signalanteils der Affekte beim Wegfall des motorisch-expressiven Anteils. Inwieweit diese Verlagerung nach innen mit Internalisierungsvorgängen zu tun hat, ist noch offen, da über die körperlichen Begleitvorgänge von Internalisierungsprozessen wenig bekannt ist (Traue, 1989). Der Forschungsstand der Psychosomatik legt es nicht nahe, spezifische Funktionsstörungen eindeutig spezifischen Lernerfahrungen zuzuzordnen. Die neueren Arbeiten über die Physiologie der Primäraffekte erlauben jetzt zumindest spezifische Hypothesen (Ekman, Levenson & Friesen, 1983; Levenson, 1985). (Zur Problematik der Psychosomatik siehe Alexander, 1977; Franke, 1981; Weber, 1984). Die Behauptung, daß Patienten mit psychosomatischen Störungen überzufällig häufig ein Verhalten an den Tag legen, das als „alexithym" bezeichnet werden kann (Nemiah & Sifneos, 1970), muß näher spezifiziert werden. Wörtlich übersetzt bedeutet dies „Unfähigkeit, Gefühle zu lesen". Sicher ist, daß unter bestimmten Randbedingungen das Sprechen über die eigenen Gefühle eben diese Gefühle nicht reflektiert (von Rad, 1983; Mayer, 1986), daß die Denkprozesse, soweit sie in der Sprache sichtbar werden, weitgehend ohne Affekte ablaufen (pensée opératoire, Marty & D'Uzan, 1978). Neuere Untersuchungen zeigen, daß diese Verhaltensauffälligkeiten auch von einer Reduktion der Affektencodierung in nichtsprachlichen Systemen begleitet sind (Ahrens, 1984; Küchler, 1982; Krause, Steimer-Krause, Wagner und Sänger-Alt, 1989). Eine generelle „Alexithymie" für Patienten mit psychisch bedingten Somatisierungen ist zumindest auf Grund der psychodynamischen Krankheitslehre nicht zu erwarten. So sind konversionshysterische körperliche Veränderungen ganz anders zu erklären. Auf Grund unserer bisherigen eigenen Untersuchungen neigen wir aber zu der Ansicht, daß es Konversionsphänomene gibt, die am Signalanteil des Ausdruckssystems angreifen. Die Mimik oder die Stimme drücken den unbewußten Interaktionswunsch und dessen Abwehr aus. Dies trifft für die psychogenen Tics, das Stottern, das Gilles de la Tourette Syndrom (Schleifer, 1981) und eventuell auch für bestimmte Formen asthmatischer Erkrankungen zu. Bei diesen Störungen hat sich der Signalanteil des Affektausdrucksgeschehens von der Ausführungshandlung und von der subjektiven Repräsentanz verselbständigt (Krause, 1981, 1985a, 1988; Fenichel, 1974; Green, 1973). Inwieweit der physiologische Anteil kovariiert, ist unklar. Stottern scheint von einer physiologisch-hormonalen Innervation begleitet, die derjenigen des Ausdrucksverhaltens zumindest ähnelt (Leanderson & Levi, 1967). Für die psychogenen Tics ist dies mit Sicherheit nicht so. Beide Störungen haben aber eine gewisse Affinität zu den traumatischen Neurosen zumindest in dem Sinne, daß der Signalanteil des Affektes, der für die Traumatisierungssituation kennzeichnend war, ständig wiederholt werden muß, allerdings ohne jede kathartische, geschweige denn verändernde Wirkung. Wegen ihrer Mischstellung zwischen hysterischer Konversion und frühen Störungen wurden Stottern, Tics und Asthma in der klassischen Neurosenlehre „prägenitale Konversionsneurosen" genannt. Dieser Begriff wurde m. E. deshalb notwendig, weil man sich den Konversionsvorgang fälschlicherweise nur an der Skelettmuskulatur, also am Ausführungsteil des Affektes, vorgestellt hat, z. B. die hysterische Lähmung des Armes, der zuschlagen soll. Für die

Stimme (hysterische Aphasien) war allerdings bekannt, daß es Konversionen am Signalanteil des Affektes gibt. Die Situationsspezifität des „alexithymen" Verhaltens ist noch offen. Es liegen zumindest Beobachtungen vor, die es nahelegen, daß unter bestimmten sozialen Randbedingungen (hohe Vertrautheit, narzißtisch symbiotische Partnerbeziehung) eine sehr hohe Affektualisierung des expressiven Verhaltens auftreten kann (Cremerius, 1977). Die frühen Vorstellungen über die Spezifität der Organwahl (die bösen Sieben: Atmung, Herz-Kreislauf, Haut, Magen-Darm, Stoffwechsel und endokrines System, Skelettmuskulatur und Gelenke, Sexualapparat (Alexander, 1977)) lassen sich schwer überprüfen. Sie berücksichtigen auch das „somatische Entgegenkommen", das durch hereditäre Schwächen einzelner Organsysteme bedingt ist, nicht ausreichend (Thomä, 1981). Alexander hatte wie auch Freud den motorischen und den Signalanteil des Affektsystems nicht genügend unterschieden (Thomä & Kächele, 1985) und aus diesem Grunde eine pathognomisch wirkende Form der Hemmung der Affektausführungen postuliert, beispielsweise so, daß die Aktivierung von Feindseligkeit bei gleichzeitiger chronischer Blockierung der Ausführungshandlung (Angriff) zu einer Hyperaktivierung des sympathischen Nervensystems führe, die dann selbst wieder pathognomische Wirkungen habe. Auf Grund unserer Überlegungen scheint es vernünftiger anzunehmen, daß der Wegfall des Signalanteils die Gefühle chronifiziert, weil es keine Veränderung der Objektbeziehungen gibt und der Interaktionspartner von den Objektbeziehungswünschen feindseliger Art gar nichts weiß. Es gibt also keine terminale Handlung, weil sich die Objektbeziehung eben nicht ändert. Ähnliche Vorbehalte können gegenüber dem Diathese-Stress-Modell (Selye, 1956) geltend gemacht werden. Die Idee, man müsse seine Affekte gewissermaßen kathartisch durch die Ausführung der gesamten Handlungsprogramme abreagieren, beruht m. E. auf einer sehr verkürzten Affekttheorie. Die „kathartische" Methode legt im allgemeinen weniger Impuls- und Instinkthandlungen nahe als den Signalanteil der Affekte (Janov, 1986). (Überblicksartikel zur Alexithymie sind zu finden bei Lesser, 1981; Sandhöfer, 1986).

6.2 Auswirkungen auf die selbstreflexiven Funktionen

Ebenfalls nicht geklärt ist, inwieweit sich ein Verlust des Signalanteils der Primäraffekte in der frühen Entwicklung auf die selbstreflexiven Funktionen auswirkt. Klinisch gesichert ist, daß die schweren Psychosomatosen keine Selbstempathie aufbringen können, vor allem in den Teilen, in denen der Körper defekt ist. Es geht also weniger um Prävention, Für- und Vorsorge, sondern um die *Bekämpfung* des Schwachen, nicht Funktionierenden. In bezug auf das Erleben des eigenen Körpers hat sich die pensée opératoire — das Ding soll funktionieren — als relevant erwiesen (Overbeck, 1977). Inwieweit das selbstreflexive Erleben von Gefühlen betroffen ist, ist nicht klar. Alle klinischen Befunde sprechen aber dafür, daß bei einem Zerfall der Struktur des somatischen Anteiles der primären Affekte erhebliche Entdifferenzierungen des selbstreflexiven Erlebens zu gewärtigen sind. Die Bedingungen für das *Erleben* von Affekten sind noch keineswegs geklärt. „In jedem Fall gehört affektive Information aus dem subkortikalen Affektsystem dazu (afferente Rückmeldungen aus den autonomen physiologischen und expressiven Regulierungssystemen), die als unspezifisches oder affektspezifisches „emotional arousal" in den Affekttheorien konzeptualisiert wird" (Moser, 1985, S.3). An die Stelle des Erlebens des Affektes kann sein Benennen treten. Der affektive label hat aber kein oder nur ein verändertes somatisches Korrelat. Ungespürte Affekte können über den verbalsprachlichen label nachgestellt werden. Diese Formen der Imitation können aber auf Grund der veränderten Verlaufsstruktur und Gestaltkonfigurationen als solche erkannt werden (Ekman, 1985).

6.3 Die Psychosen

Wenn die Psychosen hier unter Affektstörungen abgehandelt werden, soll damit keine Aussage über die Ätiologie gemacht werden. Auf die affektiven Psychosen im engeren Sinne bin ich bereits im ersten Kapitel eingegangen.

6.3.1 Die Schizophrenien

Es ist hier nicht der Ort, die Psychopathologie der Psychosen zu referieren (Bleuler, 1969; Schneider, 1980; Süllwold, 1984). Zumindest bei Bleuler, aber auch bei anderen Autoren, wird die Störung der Affektivität (Parathymie) als für die Schizophrenien charakteristisch angesehen. Im einzelnen wird darunter der Verlust der affektiven Modulationsfähigkeiten und eine affektive Steifigkeit verstanden. Die Affekte sind inadäquat zur Realität, wohingegen das Affektleben in bezug auf die imaginäre Vorstellungswelt recht reichhaltig sein kann. Bei Schneider spielt die Abnormität des affektiven Verhaltens eine geringere Rolle, aber immerhin wird die Störung des Rapports und Kontaktes als wichtig angesehen. Auf die Wechselbeziehung zwischen kognitiver und affektiver Fehlentwicklung bin ich bereits in Abschnitt 5.3 eingegangen. Es sei noch einmal wiederholt, daß wegen fehlender integrativer Erfahrungen an der Körperperipherie und am Vestibularapparat (Grand, 1982) die Entwicklung eines integrierten Körperselbst erschwert ist. Körper- und Handlungsselbstanteile, die in negative Affektinteraktionen repetitiver Art eingebettet sind, werden aus Abwehrgründen kognitiv abgespalten. Psychosen des Kindesalters sind derart häufig von vestibulären und Haltungsdysfunktionen (Silver & Gabriel, 1964) begleitet, daß Ayers und Heskett (1972) ein Behandlungsprogramm für kindliche Schizophrenie auf dieser Grundlage entwickelt haben. Diese elementare Abgrenzung der Körperperipherie wird durch verwirrende Grenzdefinitionen in bezug auf Alter, Geschlecht, Selbst/Objekt, und Familie/Nichtfamilie verstärkt (Joraschky, Engelbrecht-Phillip & Arnold, 1988; Cierpka, 1985). Die kognitive Symptomatik wird als Restitutionsversuch verstanden, um die veränderte affektive Strukturbildung faßbar zu machen. Die Hypochondrie und Megalomanie reflektieren die Ausdehnung des Selbst auf die Objektwelt, der halluzinatorische Beeinflussungswahn den Eingriff der Objektwelt auf die Selbststruktur (Freud, 1978c). Die Selbststimulation der chronisch Schizophrenen aber auch der psychotischen Kinder ist der Versuch, über selbstinduzierte Feedbackmechanismen zu einem integrierten (Körper-)Selbst zu kommen.

6.3.1.1 Empirische Befunde über das affektive Verhalten der Schizophrenen

6.3.1.1.1 Decodierungsfähigkeit

Es gibt eine Fülle von Studien, die zeigen, daß die Schizophrenen die Affekte anderer „schlechter" decodieren (Dougherty, Bartlett & Izard, 1974; Muzekari & Bates, 1977; Walker, Marvitt & Emori, 1980; Walker, 1981). Alle Studien benutzen Fotos als Reizgrundlage. Larousso (1978) arbeitete mit Filmaufnahmen echter Emotionen (Versuchspersonen erwarten einen Elektroschock bzw. simulieren, einen Elektroschock zu erwarten). Unter der Bedingung des echten Schocks konnten Paranoide signifikant besser Perioden von Schockerwartungen von zeitgleichen anderen Perioden trennen. Bei simulierter Schockerwartung sind sie signifikant schlechter. Unter genuinen Bedingungen sind Paranoide und Normale gleich reaktionsschnell, in der Konfrontation mit simulierten Affekten brauchen die Paranoiden signifikant länger. Steimer (1983) macht geltend, daß 1. simulierte und spontane Expressionen unterscheidbare Phänomene sind; 2. Schizophrene simuliertes Material schlechter decodieren als genuines; 3. ein Befund vieler Studien, wonach Schizophrene negative posierte Affekte schlechter decodieren, nicht auf spontane negative Affektexpressionen übertragbar ist (Steimer, 1983, S. 113). Leider liegt das Filmmaterial Laroussos nicht mehr vor, so daß wir nicht untersuchen können, aufgrund welcher nonverbaler cues die Paranoiden unter genuinen Affektbedingungen die Perioden der angstvollen Erwartungen erkannt haben. Heute kennen wir die Psychophysik der falschen und echten Affekte recht genau (Ekman, 1985; Steiner, 1986). Steimer (1983) vermutet, daß das Problem der Schizophrenen weniger die mangelhafte Affekterkennung ist, sondern die mangelhafte Ausbildung und Akzeptanz sozialer Display-Regeln in bezug auf das Affekterleben. Dies deckt sich gut mit der klinischen Erfahrung, daß in für sie relevanten Bereichen, sei es in Institutionen oder in Psychotherapien, die Patienten sehr viel mehr bemerken als Normale (Searles, 1984/85). Allerdings eben nur in diesen Bereichen. Die Patienten sehen zu viel. Für das alltägliche Zusammenleben ist die dauerhafte Hinterfragung der sozialen Affektdisplayregeln außerordentlich hinderlich. Ein Vorgang, der auch in der Sozialisation von Psychotherapeuten eine große Rolle spielt. Nach Rosenthal, Hall, DiMatteo, Rogers und Archer (1979) sind erfahrene Kliniker im Pons-Test, der sich anheischig macht, die Sensitivität gegenüber nonverbaler Kommunikation zu messen, schlechter als Normale. Eine genaue Inspektion des Films wie auch der vorliegenden Daten zeigt, daß der Test mit unechten Affekten arbeitet und eigentlich die Befähigung oder, wenn man so will, den Willen mißt, die sozial tradierten Vorstellungen einer Affektdarstellung zu benutzen. Die Schulung von Klinikern geht aber gerade dahin, diese Regeln zu hinterfragen. Im Privatleben ist dies gewiß häufig recht störend (Rosenthal et al., 1979). Wenn wir von der in Abschnitt 2.1 eingeführten Terminologie ausgehen, handelt es sich bei den Wahrnehmungen von Schizophrenen möglicherweise um Affektansteckungen. Die erlebnismäßige Zuordnung zur Selbst- und Objektstruktur, wie sie für selbst- und fremdempathische Prozesse vonnöten ist, kann nicht vorausgesetzt werden. Im Gegenteil, das beobachtende Ich wird vom erlebenden Ich jeweils überrumpelt. Deshalb ist für Psychotiker eine Art von Abwehr charakteristisch, die Moser (1964) als Besetzungsabwehr gekennzeichnet hat. Darunter sind interaktive und mentale Vorgänge zu verstehen, die die affektive Valenz des eigenen und des Partnerverhaltens auf das eben erträgliche Niveau reduzieren. An anderer Stelle habe ich die Mechanismen zur Verhinderung solcher primären Identifikationen beschrieben (Krause, 1985b). Dieses erträgliche Niveau ist für einen Normalen, wie Bleuler sagt, „gefühlskalt". Beim nur zu leicht zu produzierenden Zusammenbruch dieser Abwehr wird die Besetzungsabwehr von einer Überbesetzung des Objektes abgelöst. Die oben beschriebene Grenzverwischung kommt unter dem Druck der Affekte zum Tragen (Subjekt/Objekt-Verschmelzung). Unsere eigenen Untersuchungen schizophrenen affektiven Verhaltens haben eine hochsignifikante Reduktion der Mimik des Obergesichtes, die nicht auf die Medikation und die geringere Sprachhäufigkeit zurückgeführt werden kann, ergeben (Anstadt, 1986; Anstadt & Krause, 1988; Steimer, Krause, Sänger-Alt & Wagner, 1988). Das wichtigste Ergebnis scheint mir, daß die Gesunden, ohne über die Erkrankung informiert zu sein und ohne auf manifest psychotisches Verhalten zu stoßen, ihr eigenes Ausdrucksverhalten auf das gleiche Niveau wie die Patienten reduzieren. Die emotionale Versandung, die man beim Fachpersonal nach jahrelangem Umgang mit Psychotikern manchmal beobachten kann, ist also ein Schutzphänomen, das die Besetzungsintensität der Beziehung auf ein den Patienten erträgliches Niveau reduziert.

6.3.1.1.2 Encodierungsstudien

Die Studien von Heimann (1966), Heimann und Spörri (1957), Spörri und Heimann (1957) haben die folgenden Ausdruckssyndrome empirisch gefunden: 1. Maskenhaft-natürlich, 2. Versunken-bedrängt, 3. Ekstatisch-obszön, 4. Magisch-verwirrt, 5. Das Syndrom der mimischen Desintegration. Aufgrund unserer eigenen Erfahrungen repräsentiert das „Maskenhaft-natürliche" die Abwehr, die auch in unseren Versuchen meistens dazu führt, daß die Sozialpartner die Patienten zwar als merkwürdig, nicht aber als psychotisch klassifizieren. Beim Zusammenbruch der Abwehr unter dem Einfluß eines zu intensiven Affektes kommt es zu den Zustandsbildern 2, 3 und 4, bei denen die Mimik einem Dialog mit einem Introjekt entspricht. Es wird also mit einem für den Außenstehenden nichtvorhandenen Dritten gesprochen. Unklar ist, ob die wahnhafte Einführung des Dritten nicht selbst wieder eine Form der Abwehr darstellt, die dazu dient, dem Einfluß des unmittelbaren Interaktionspartners zu entkommen. Aus einer Studie von Käsermann (1983) wissen wir, daß psychotische Sprachmerkmale als Folge einer Intimitätssteigerung des Interviewerverhaltens auftreten. Künstlerische Schriften von Psychotikern lassen ähnliches vermuten. Affektives nonverbales Verhalten fördert die oben beschriebene Immobilisierung. Die von Heimann beschriebene mimische Desintegrierung könnte die rechts/links-Asymmetrien, unorganisierte zeitliche Verlaufsstrukturen (unorganische on- und offsets) sowie ungewöhnliche Übergänge reflektieren. Aufgrund unserer heutigen Kenntnisse über das Ausdrucksverhalten könnte man solche Verhaltensweisen als den mißlungenen Versuch, einen Affekt nachzustellen, betrachten. Auch bei den meisten Normalen ist die Unechtheit eines Affektes für den Experten erkennbar, aber nicht in diesem grotesken Ausmaße. Es will also scheinen, als hätten die Patienten mit der Realisierung einer „sozialisierten" und damit natürlich auch teilweise unechten Interaktion Schwierigkeiten. Die Idealisierung der Schizophrenen in der Literatur beruht teilweise auf der solchermaßen zustandegekommenen Radikalität und Wahrheitsliebe der Kranken. Die andere Seite dieses Verhaltensmusters ist allerdings das gänzliche Fehlen von Charme und Verbindlichkeit. Aus der Familienforschung wissen wir, daß es für die Kranken lebensnotwendig erscheint, jede Interaktion auf ihre wirkliche Intention zu hinterfragen. Für ein normales Leben erweist sich dieser Stil allerdings als Behinderung und als Quelle fortwährender Interpretationsschwierigkeiten. Die Arbeiten über die Bedeutung der „expressed emotion" (Hahlweg, Feinstein, Müller & Dose, 1988) für die Rückfallprognose deuten in eine ähnliche Richtung. Eine Studie von Anstadt und Krause (1988) deutet darauf hin, daß Zeichnungen der Primäremotionen durch Schizophrene in ihrer Wirkung die Abwehrschranken unterlaufen. Das wütende Gesicht wird dann nicht adjektivisch als wütend beschrieben, sondern interaktiv als „der will mir an den Hals". Ansonsten sind in den Zeichnungen auch sehr viel mehr rechts/links Asymmetrien und andere mimische Desintegrationen zu finden. Am prominentesten ist allerdings die absolute Spärlichkeit bei der Ausgestaltung der Zeichnungen. Außer der Mimik selbst wird alles andere (Haare, Ohren, Schatten, Falten etc.) weggelassen. Man hat wiederum den Eindruck, daß die Patienten von den mimischen Perzepten derart gefesselt sind, daß sie sich für die affektiv unbedeutenden Accessoires nicht freimachen können. In den dyadischen Studien findet man ähnliche Verhaltensalgorithmen. So „glotzen" manche Patienten über lange Perioden ihre Partner unvermittelt an, wobei es Indikatoren dafür gibt, daß sie nicht die Rede des Partners innerlich moderieren, sondern sein Ausdrucksverhalten und nur das. Dies entspräche der Unfähigkeit, die Displayrules in sozialen Interaktionen anzuwenden. Aus langjährigen Psychotherapien von Schwerstgestörten wissen wir heute, daß Erinnerungen aus dem frühesten Lebensalter sehr wohl möglich sind (Alamansi, 1960, 1983; Anthi, 1983; Krause, 1985b; Peto, 1969). Diese Erinnerungen haben die Struktur von Gesichtsperzepten und Stimmen. So konnte Peto zeigen, daß drohende Augen als visuelle Vorläufer von sehr archaischen Überichbildungen fungieren. Der böse Blick (König, 1970) und seine Abwehr durch den Spiegel verdeutlichen diese sehr archaische Affektinduktion, die in der Mythologie des Gorgonenhauptes ihren Niederschlag gefunden hat (Alamansi, 1983). Angst vor Nähe als klinisches Syndrom ist so betrachtet immer Angst vor dem Verlust der Integrität der eigenen Existenz unter der Randbedingung, daß unter dem Druck eines eigenen oder fremden Affektes die Ich-Du-Grenzen „zerspringen". Daß solche Störungen notwendigerweise schwere sexuelle Abartigkeiten zur Folge haben, ergibt sich daraus, daß die sexuelle Vereinigung von der Art der Interaktion her (Rhythmisierung von Affektausdruck und Bewegung) die höchste Risikostufe für Systemgrenzenverletzungen bedeutet (Rohde-Dachser, 1985). Die präsprachlichen Interaktionserfahrungen sind ansonsten in Träumen einereits und in Reinszenierungen andererseits zugänglich (Blanck & Blanck, 1980; Grunert, 1982; Haynal, 1982). In einer klinischen Vignette habe ich beschrieben, wie eine episodisch psychotische Patientin visuelle Perzepte in Form von Fotos benutzte, um dem phantasmagorischen Einfluß der bösen Augen des Therapeuten zu entkommen (Krause, 1985a). Scheflen (1981) berichtet über Mutter-Patient-Interaktionen mit einer hohen wechselseitigen „Abhängigkeit" bei gleichzeitig extrem niedrigem Interaktionsverhalten wie Blickaustausch, Gestikulieren und Berühren. Das symbiotisch affiliative Verhalten findet seinen Niederschlag z. B. in achsensymmetrischen Körperhaltungen. Hardin (1978) berichtet, daß die Interaktionen von Schizophrenen untereinander durch geringes „Engagement" und hohe „Inklusivität" beschrieben werden können. „Engagement" ist ähnlich definiert wie bei Scheflen: Das engagierte Verhalten sinkt im Verlaufe der Interaktion; „Kommunizieren" scheint ungemein anstrengend. Deshalb findet man bei manchen Familien mit schizophrenen Kindern auch ein Nichtkommunizieren der Mütter aus Schutzgründen. Mit anderen Sozialpartnern geben sie diesen Verhaltensstil auf. Solche Mütter, die selbst schwer gestört erscheinen, zeigen hohe Stabilität dieses Verhaltens gegenüber allen Sozialpartnern.

6.4 Die „Borderline Störungen"

Beschreibungen dieses Störungsbildes liegen von Kernberg (1975), Rohde-Dachser (1983), Gunderson (1984) und Masterson (1981) vor. Es ist nicht möglich, genauer auf die Syndromatik dieses Störungsbildes einzugehen, zumal die Reliabilität dieser Diagnose nicht ganz befriedigen kann (Reiser & Levenson, 1984), und auch das theoretische Konzept, das hinter der Art von Klassifikation steckt, in einigen Teilen nicht unwidersprochen ist. Im wesentlichen geht es um die „Unfähigkeit" zur Entwicklung von reiferen Abwehrmechanismen im Sinne der Verdrängung, mit deren Hilfe inkompatible Vorstellungen und Affekte durch eine stabile Barriere von Gegenbesetzungen dem bewußten Erleben entzogen werden. An ihre Stelle treten beim Borderline-Patienten archaische Spaltungsmechanismen auf, die sich vor allem um die Trennung von guten und bösen Selbst- und Objektrepräsentanzen zentrieren, und die vom Ich „aktiv zu dem Zwecke eingesetzt werden, diese vorbewußten Repräsentanzen und die sich um sie kristallisierenden nicht integrierbaren Ichzustände im bewußten Erleben voneinander zu separieren" (Rohde-Dachser, 1983, S. 84). Die Abwehr ist so gesehen psychotisch, ihre Handhabung aber nicht. Die Patienten können ganz außerordentliche Befähigungen entwickeln, ihre Lebensumwelten wenigstens temporär ihren eigenen Abwehrbedürfnissen entsprechend umzugestalten. Für den Unerfahrenen ist es etwas schwierig, sich mit dem Gedanken anzufreunden, daß die Intelligenz und Intensität der Copingverfahren mit der Pathologie, in deren Dienste sie eingesetzt werden, nicht notwendigerweise korrelieren muß. Für Historiker, Kriminologen, aber auch für Kreativitätsforscher sind solche Trennungen zwischen Pathologie und Coping unumgänglich. Es sei an das Konzept der „kriminellen Energie" erinnert, wie an die Zusammenhänge von Ichstärke, Pathologie und Kreativität (Fest, 1981; Tuchmann, 1984; Krause, 1972, 1976, 1984b). Die Borderline-Patienten weisen ausgeprägte Störungen des Affektsystems auf, so eine extreme affektive Instabilität, eine Hypertrophie von Wut sowie die bereits berichteten Gefühle von Leere und Langeweile und deren Abwehr. Die Identitätsstörungen hängen mit der in Abschnitt 5.3 besprochenen gestörten Bildung von Selbst- und Objektrepräsentanzen zusammen.

6.5 Allgemeine Auswirkungen von Störungen der frühen Affektmatrix

Mögliche Folgen: 1. Die Fähigkeit, Affekte zu encodieren ist reduziert mit der obligaten Folge, daß die Patienten „schwer verstanden“ werden. Sie wirken auf ihre Interaktionspartner unecht, versteinert, hölzern etc. 2. Der physiologische Anteil des Affektsystems ist hypertrophiert, weil die Objektbeziehungen sich nicht ändern, mit dem Risiko chronifizierter Entgleisungen der physiologisch-hormonalen Reaktionssysteme. 3. Die selbstreflexiven Funktionen sind dadurch eingeschränkt, daß bereits die körperlichen Emotionsanteile (Komponenten 1-3) Spezifität vermissen lassen. 4. Statt der differenzierten Primäraffekte kann es zu Simulationen der Gefühle kommen. Diese sind empirisch von den echten Affekten trennbar. Die Unechtheit wird von erfahrenen Klinikern in der Gegenübertragung erlebt und klinisch z. B. als Syndrom des „falschen Selbst“ beschrieben. 5. Die Sprache über Gefühle kann differenzierter sein, als die Gefühle selbst. Im allgemeinen ist aber auch die Sprache in bezug auf die Gefühlsäußerungen undifferenziert. 6. Die Übergangswahrscheinlichkeiten zwischen den einzelnen Affektzuständen werden für einen „normalen“ Erwachsenen schwer verständlich. Extreme Werte sind bei der Hebephrenie zu finden. 7. Statt unvereinbare Gefühle gleichzeitig introspektiv erleben zu können, kommt es zu „Ambitendenzen“, d. h. ein Affekt bzw. Objektbeziehungswunsch muß durch einen antagonistischen, dahintergeschalteten konterkariert werden. Hier kommt eine präverbale Logik der Affekte zum Tragen. Wegen der Abhängigkeit der Gedächtnisfunktionen von der Affektivität werden die jeweils antagonistischen Affektzustände und die entsprechenden Persönlichkeitsanteile nicht erinnert (Fiedler, 1985; Hartocollis & Lester, 1982). 8. Die Übergangswahrscheinlichkeiten des Affektaustausches in der Dyade bzw. in der Gruppe sind verändert. Die direkte Übernahme eines fremden Affektes wird vermieden. Introspektiv wird dies als „Angst vor Nähe“ erlebt, auf der expressiven Signalebene als Verzicht auf „Engagement“. 9. Da die Affekte nach der Innenseite hin die Struktur von Wünschen haben, fallen die den Primäraffekten entsprechenden Wünsche aus. Diese Wünsche sollen in bezug auf ihre Propositionsstruktur näher spezifiziert werden. Ekel wird als Ausstoßungsreaktion gegenüber internalisierten und sozialen Objekten definiert, die als „fremd“ in bezug auf die eigenen Introjekte (speziell das Ichideal) erlebt werden. Wut dient explizit der Distanzregulierung, der Verteilung der Individuen auf den ihnen angemessen erscheinenden Raum und der Verteilung von Sexualpartnern. Das Subjekt behauptet den Raum und das Objekt soll vertrieben werden. Angst dient ebenfalls der Distanzregulierung und der Sexualpartnerverteilung. Das Objekt behauptet den Raum. Angst stellt das Negativ der Wut dar und kann zur „psychischen“ Kastration (Bischof, 1985) führen. Trauer setzt mentale Repräsentanzen und die faktische Abwesenheit des Objekts voraus. Da das Objekt abwesend ist, ist die zentrale Ausdruckskonfiguration stimmlicher Natur (ein Schrei). Die mimische Ausdruckskonfiguration ist wenig prominent und wird oft mit einem neutralen Gesicht verwechselt, zumal im Traueraffekt die Körperposition kollabiert und das Gesicht nach unten abgewinkelt wird (Hager & Ekman, 1985). Sinn des Traueraffektes ist die Bindung an ein Liebesobjekt. Trauer verhindert leichtfertigen Objektwechsel, weil die Aufgabe des Objektes in jedem Falle schmerzhaft ist und Arbeit verlangt, und zwar unabhängig vom jeweiligen Status der Liebenden. Trauer ist so gesehen das Pendant zur Liebe. Ohne Liebe keine Trauer und ohne Trauer keine Liebe. Neugier ist ein informationsverarbeitender Affekt und kein Interruptsystem im obigen Sinne. Er zieht allerdings die Aufmerksamkeitsbesetzung von einem Objekt weg und konzentriert es auf ein anderes, das als prinzipiell assimilierbar, halbwegs unbekannt und in genügender Distanz kogniziert wird. Die informationsverarbeitenden Affekte können als Nachfolger des Orientierungsreflexes gelten. Sie sind normalerweise von kurzer Dauer. Schreck wird im allgemeinen nicht als Affekt angesehen (Ekman, Friesen & Simons, 1985). Zwar ist das Ausdrucksmuster kulturinvariant, es ist aber ein eher reflektorisches Geschehen auf jede Art plötzlicher, abrupter Reizveränderung mit Zusammenzucken, Kopf einziehen, Augenschliessen und Luft anhalten. Schreck geht immer in einen anderen Affekt oder eine Displayrule über. Freude hat die Propositionsstruktur: Du mach weiter so mit mir. Freude fungiert als ubiquitäres Selbst- und Fremdbelohnungssystem, das keinen Änderungswunsch in bezug auf eine Objektbeziehung reflektiert, sondern den Wunsch, sie fortzusetzen oder zu intensivieren. In diesem Sinne ist Freude immer mit Zufriedenheit als selbstreflexivem Pendant korreliert, aber auch immer endlich, denn die Fortsetzung der gleichen Interaktion wird früher oder später unvereinbar mit dem Auftauchen neuer innerer und äußerer Nöte. Sie wird als Utopie im „ozeanischen Gefühl" einer eben noch bewußten Bedürfnislosigkeit reflektiert, dient der Distanzregulierung, dem Werbeverhalten, der Assimilation, der Neugier, der Bindung, m.E. eigentlich allen Funktionen.

7 Beschreibung der Störungsbilder aufgrund von Ausfällen und Fixierungen der Primäremotionen

Im folgenden sollen nun ausgehend von der Taxonomie der Primäremotionen (siehe Abschnitt 2.) einzelne Psychopathologien jeweils im Kontext einer Hypertrophie bzw. eines Ausfalls von Primäraffekten beschrieben werden.

Diese Beschreibungen sind idealtypisch, weil es sich ja stets um ganze Cluster von Ausfällen und deren Kompensationsversuche handelt. Das klinische Material beziehe ich aus Falldarstellungen.

7.1 Ekel

Ein partieller *Ausfall* des Ekelaffekts ist bei den Perversionen zu beobachten. Es wird eine sexuelle Interaktion mit einem Objekt eingegangen, das von einem Gesunden als „fremd“, nicht zum eigenen Selbst gehörig erlebt wird. Die Aufhebung der Ekelschranke (Freud, 1978a) hat die Funktion, spezifischen Objekten, die phantasmagorisch dem Selbst attribuiert werden, im Moment der sexuellen Erregung Zugang zum Selbstbereich zu gewähren. Das folgende Gefühl ist nicht nur sexuelle Erregung, sondern ein Gefühl der Ganzheit, der wenn auch temporären Rekonstituierung des Körper- und Handlungsselbst. Deshalb wird auch im normalen Sexualverkehr im Verlaufe des Aktes die Ekelschranke nicht unerheblich gesenkt (Kernberg, 1985b). Häufig beziehen sich die Restitutionswünsche auf die Geschlechtsidentität, die core-gender-identity (Stoller & Herdt, 1982). Deshalb sind manifeste Perversionen mit Restitutionsversuchen, die das eigene Genital betreffen, bei Männern häufiger. Es wird eine Interaktion herbeigeführt, in der bei Unterschreitung der Ekelschranke beim Interaktionspartner ein echter oder Spielaffekt hervorgerufen wird (Ekel, Schreck, Angst, Bewunderung), der die Existenz des eigenen Genitales über die visuell/ stimmliche, affektive Reaktion des Partners bestätigt. Interessanterweise hat Greenacre (1953, 1968, 1969) nachgewiesen, daß alle Perversen im Erleben ihres Körperschemas an den Genitalstellen schwere Defekte aufzuweisen haben, gewissermaßen sensorisch nicht repräsentierte Stellen, an deren Stelle der Fetisch als Partialobjekt zu treten hat. Das gleichzeitig oder unmittelbar anschließende Ejakulieren integriert die verschiedenen Erlebnisbereiche (visuell) kinästethisch unter hoher temporärer Besetzung und Erregung. Die folgenden ganzheitlichen Erlebnisse sind wenig dauerhaft, zumal die Ekelreaktion nach erfolgter Integration doch noch auftritt. Die drohende Fragmentierung wird in der perversen Handlung aufgefangen. Die Integration von liebevoller affektiver Zuwendung (Signalanteil des Affekts beim Partner) und der zeitlich synchronen Körperpflege ist im allgemeinen gestört. Die Wahl des perversen Objektes erhöht die Autonomie des Patienten. Das Objekt ist narzißtischer Herkunft, es wird nicht als separat erlebt, so daß die Perversion eine Form der Autoerotik darstellt. Die größere Seltenheit manifester Perversionen bei Frauen liegt darin begründet, daß sich die core-gender-identity anhand des Erlebens der gesamten Körperperipherie entwickelt und weniger ausschließlich um die Genitalregion als Definitionsmerkmal. Dementsprechend sind die Verlustängste stärker verteilt. Den verstärkten Verletzungs- und Kastrationsängsten entspricht eine Hypertrophie von Schamreaktionen bei Frauen in bezug auf das Körperschema (Lewis, 1979). Dazuhin besteht für Frauen eine gesellschaftlich akzeptierte Form, den ganzen eigenen Körper zu fetischieren (Waites, 1982). Dabei treten bestimmte Formen der Kleptomanie, des Exhibitionismus sowie manifeste Perversionen an die Stelle des männlichen Fetischismus (Zavitzianos, 1982; Cierpka, 1986). Eine *Hypertrophie* und Chronifizierung der Ekelreaktion ist Anzeichen einer geringen Assimilationsfähigkeit. Objekte, die geringfügig anders sind als das introjizierte Ichideal, werden als fremd und unassimilierbar erlebt und müssen ausgestoßen werden. Das soziale Derivat des Ekels, die Verachtung, die den gleichen Signalanteil benutzt, ist nach unseren Erfahrungen (deutsche und schweizerische Versuchspersonen) neben dem Lächeln der häufigste interaktionsregulierende Affekt; bei den Schizophrenen ist es vor dem Lachen der häufigste. Da aufgrund einer Beobachtung von Scherer interkulturell Ärger der introspektiv am häufigsten erlebte Affekt ist, muß man eine Ersetzungsregel postulieren, nach der Ärger als Verachtung encodiert wird. Verachtung soll beim Interaktionspartner „Scham" hervorrufen und ihn zum Verlassen des ideellen eigenen Binnenraumes veranlassen. Dieser Binnenraum dehnt sich im Verlaufe der Entwicklung aus der Sphäre des eigenen Körperselbst über den „personal space" auf die zum Selbst gehörig erlebten Gebiete (die Heimat) aus. Die Folge ist eine übertriebene „Fremdenfurcht" und sehr restriktive Anforderungen an die Gleichartigkeit der Sozialpartner (hoher Konformismus). Diese Attitüde setzt voraus, daß das Subjekt dem Objekt gegenüber Handlungsmacht besitzt. Häufig werden dem Objekt diejenigen Attribute phantasmagorisch zugeschrieben und zur Grundlage der Ausstoßung gemacht, die das Subjekt selbst zu haben meint, die mit dem Ichideal aber unvereinbar sind. Die Nichterfüllung der Ichidealnorm schafft einen Zwang zur Suche nach externen Objekten, die das Nichtassimilierbare absorbieren und durch externe Copingstrategien wieder handhabbar werden lassen (Pendant zur Angstbindung in der phobischen Reaktion). Dies führt zu der merkwürdigen Paradoxie, daß gerade diejenigen Personen und Kulturen mit schwacher oder realitätsferner Ichidealbildung das Exotische fortlaufend aufsuchen, um sich an ihm einerseits zu entsetzen und es andererseits doch noch zu assimilieren (Chasseguet-Smirgel, 1983; Erdheim, 1982; Theweleit, 1978). Eine Hypertrophie der Ekelreation ist kennzeichnend für Individuen mit wenig flexiblen Internalisierungen. Die Andersartigkeit der Objekte wird an peripheren äußeren Attributen des Objektes festgemacht. Eine Transposition auf innerseelische Attribute ist nur beschränkt möglich. Die prinzipiell mögliche Stufe der Moralität ist präkonventionell, weil die Gesetze der Moralität nur für die egozentrisch definierte Gruppe gelten sollen. Das Nichtassimilierbare entfällt aus dem Schutzbereich des Humanspezifischen (Colby & Kohlberg, 1984). Die Betreffenden empfinden keine Schamgefühle, weil sie und ihre Gruppe a priori das Gute repräsentieren. Möglicherweise schlecht erscheinende Taten werden als Folge der satanischen Handlungen des Fremden gesehen (siehe die Psychogenese des Fanatismus, Bolterauer, 1975). Gewinnt das „Fremde" die Oberhand, tritt eine Neigung zu paranoiden Reaktionen auf (das Weltjudentum hat sich mit dem Kommunismus verschworen, um das Gute umzubringen). Religiös neigen solche Personen zu apokalyptischen Heilsvorstellungen, in denen das endgültige Heil durch ein reinigendes Blutbad erreicht wird. Des einen Apokalypse ist des anderen Holocaust (Ostow, 1986). Die Störung entspricht klinisch gesehen meist dem Borderline-Niveau. Die Patienten besitzen ebensowenig eine konsolidierte Selbststruktur wie beim Ausfall des Ekelaffektes. Geliebte Personen werden nicht internalisiert, stattdessen kommt es zu unassimilierten Verhaltensverschreibungen (meine Ehre ist Treue; es lebe der Tod etc.). Fast immer erweist sich das Verhältnis zum anderen Geschlecht als gestört; die Existenz des anderen Geschlechts ist kaum mehr assimilierbar. Die perverse Beziehung wird auf sadomasochistische Art eingeengt, wobei das nichtassimilierbare Objekt durch Quälen dem Ichideal ähnlich gemacht werden soll. Dies ist die Wiederholung der eigenen Geschichte. Das Selbst ekelt sich vor sich selbst und spaltet die ekelhaften Anteile auf das externalisierte Objekt ab, das aber einen Selbstanteil repräsentiert. Die Geschlechtsidentität ist ebenso fragil wie die Identität des Selbst. Anstelle der „core-gender-identity" tritt manchmal hyperkonformistisches, hypertrophes Rollenverhalten auf. Diese Attitüde kann nur durch eine Geschichte intensiver Beschämungen erreicht werden. Das heranwachsende Kind mit seinen Bestrebungen und Gefühlen wird von der Erwachsenengruppe als „fremd", „wild" behandelt, und die Akzeptanz als zur Gruppe gehörig kann nur um den Preis einer Abspaltung von zum Selbst gehörigen Gefühlsanteilen und Handlungsbestrebungen geschehen. Diese aufgegebenen Handlungsanteile werden im Fremden oder in den noch nachwachsenden wilden Kindern gesucht, gefunden, bekämpft und erneut ins Exil vertrieben. Psychosomatische Erkrankungen der Körperperipherie, die ekelerregend sind (Neurodermitis), sollten in bezug auf die Verarbeitung des Ekels untersucht werden. Klinisch sind Fälle bekannt, in denen eine unbewußte Steuerung des Sexualverhaltens des Ehepartners eine gewisse Rolle im Auf und Ab der Störung spielte. Wir kennen Rorschachskalen, die auf der Grundlage von Defektdeutungen der Körperperipherie Prognosen über Sexualstörungen erlauben. Die Hypertrophie des Ekels in der Hysterie ist eine Verkehrung ins Gegenteil, also eine Umkehrung des kognitiven Anteils des Affekts. In der phantasierten Wunschstruktur wird der männliche Körper und speziell das männliche Genital mit Ekel erlebt. Im Signalanteil des Affekts (Objektbeziehungsanteil) kommt es allerdings zum Werbeverhalten. Der Ekel dient als Schutz gegen die eigene Begehrlichkeit, die sich auf das männliche Genitale richtet und mit dem Wunsch korreliert ist, eben dieses zu besitzen. Im Vorgang des Entreißens würden sie allerdings das Liebesobjekt zerstören. Die Ersetzung von „désir par le dégoût“ (Green, 1973) in der bewußten Repräsentanz des Affekts geschieht, um die schweren unbewußten Schuldgefühle wegen der aggressiven Neidgefühle in Schach zu halten. Die Neidgefühle selbst sind wiederum Folge einer unglücklichen Geschichte des Frauwerdens und einer durchaus verständlichen Unwilligkeit, sich mit der teilweise gesellschaftlich aufgezwungenen inferioren Rolle abzufinden.

7.2 Trauer

Ausfall: Die Unfähigkeit zu trauern (Mitscherlich und Mitscherlich, 1986) ist mit Bindungslosigkeit und der Unmöglichkeit der mentalen Wiedervergegenwärtigung ehemals geliebter Objekte und damit auch der Unfähigkeit, neue Objekte zu besetzen, korreliert. Da die Trauerreaktion mehrere Phasen (Herbeirufen und Sehnsucht, Wut und Verzweiflung, Ablösung und Reorganisation) durchläuft (Bowlby, 1961), muß jeweils festgestellt werden, welche Phase nicht erreicht wird. Die letzte Phase der Ablösung und Reorganisation ist häufig von einer Steigerung der „Objektzugewandtheit“ begleitet, die in einigen Fällen manische Züge tragen kann. Bei schwerstgestörten Patienten ist das mentale Festhalten des Objektes als Suchschema bei Trennungen nicht möglich. Deshalb entsteht auch keine Trauerreaktion (Boyer, 1985; Krause, 1985b). Es kommt nicht zur mentalen Permanenz eines Objekts. Behandlungstechnisch bereiten diese Patienten Schwierigkeiten wegen Ihrer Unfähigkeit, Trennungen zu ertragen. Sie vergessen die Wiederkehr des Therapeuten, verfallen den schlimmsten Verzweiflungen oder gefährlichem Agieren. Die schweren Depressionen haben mentale Repräsentanzen. Wegen der schweren Ambivalenzen und Haßgefühle dem Objekt gegenüber kann dieses aber nicht aufgegeben werden, so daß die Patienten in einem inneren Dialog mit einem nichtaufgegebenen Introjekt verbleiben. Die Nichtexistenz des Objektes wird also verleugnet (Freud, 1973d). Der Trauerprozeß wird in der zweiten Phase (Wut und Verzweiflung) arretiert, und es kommt zu keiner Reorganisation (Averill, 1979). Diese pathologische Trauer hat die Funktion, das Objekt als Introjekt am Leben zu erhalten, um die Schuldgefühle, die mit dem eigenen aggressiven Wunschanteil zusammenhängen, in Schach zu halten (Torok, 1983). Da das Überich gleichzeitig gegen das Ich wütet, ist der Doppelaspekt der Rache und Selbstbestrafung dieses Prozesses deutlich. Die depressive Position ist entwicklungsmäßig weiter fortgeschritten als der Ausfall von Trauer. Es geht um eine Wut-Abhängigkeits-Problematik. Die Forschungen Ellgrings (1989), der sich eingehend mit der Gesichtsmimik reaktiv wie auch endogen Depressiver befaßt hat, haben gezeigt, daß sie nicht durch Trauer zu kennzeichnen ist, sondern wenn überhaupt, durch einen Wut-/Angstkonflikt. Diese Beobachtung entspricht einer alten klinischen Erfahrung, daß Depression als eine Art Aggression gegen ein internalisiertes Objekt beschrieben werden kann. In der Depression wird also die mit dem Traueraffekt verbundene Arbeit nicht geleistet.

7.3 Wut

Hier ist zu unterscheiden, welcher Anteil des Affektes entfällt. Bei Zwangsstörungen wird im allgemeinen der introspektive, selbstreflexive Anteil des Wutaffektes von der Efferenz einerseits und vom Signalanteil andererseits entkoppelt. Die Patienten merken nicht, wenn sie aggressiv sind. Die Steuerung aggressiven Verhaltens mißlingt, weil der Signalanteil nicht für inneres Probehandeln benutzt werden kann (Moser, 1978). In einer funktionalen Betrachtungsweise benehmen sich die Patienten allerdings hochgradig aggressiv, d. h. der Handlungsanteil des Affektes ist erhalten. Tatsächlich ist Wut das häufigste Affektsignal im ansonsten sehr kargen mimischen Ausdrucksgeschehen von Stotterern. Die Integration der Affekte im präkognitiven Niveau hat stattgefunden (Krause, 1981). Ihre Remobilisierung durch temporäre Entlastung vom Überich-Druck, z. B. unter Alkoholgenuß oder unter Hypnose, ist möglich, allerdings folgt meist eine Intensivierung der Symptomatik. Diese Art von Pseudoquietismus muß unterschieden werden von denjenigen Formen des Aggressionsausfalls, in denen alle beteiligten Affektkomponenten der Aggression fehlen. Dies ist möglicherweise bei bestimmten Formen schwerer Psychosomatosen so, bei denen sich auf bis anhin unbekanntem Wege die Wut in einen körpereigenen, autoaggressiven Prozeß verwandelt. Deutende Interventionen über Aggressionswünsche gegenüber einem Objekt führen im allgemeinen zu einer Verschlimmerung der Symptomatik. Möglicherweise gibt es einen körperinternen, autoaggressiven Prozeß, der demjenigen der Depression entspricht. Anstelle eines mentalen Introjektes wird aber ein spezifisches Organ angegriffen. Die Wahl des Organs richtet sich unabhängig vom somatischen Entgegenkommen, wie auch der Spezifitätsfrage psychosomatischer Erkrankungen, nach der Objektbeziehungsfähigkeit des phantasierten Organs (das Herz braucht Ruhe und Sorge, der Darm soll sich bewegen). Phantasien von Psychosomatikern in bezug auf die betroffenen Organe wurden von Mayer (1986) untersucht. Sie unterscheiden sich durch die Reduktion von Phantasien von denjenigen der Neurotiker. Es ist unklar, ob es sich dabei um sekundäre Resomatisierungen ursprünglich neurotischer Konflikte handelt (Mitscherlich, 1984b). Wie bereits oben angedeutet, ist ein einheitlicher „Psychosomatiker" nicht zu erwarten. Vermeintliche Aggressionsfreiheit bei gleichzeitiger Ausführung aggressiver Handlungen kann natürlich auch durch andere Abwehrmechanismen (z. B. Projektion) erreicht werden (siehe S. 666).

7.4 Die informationsverarbeitenden Affekte Neugier, Interesse, Überraschung

Das Auftauchen dieser Affekte setzt bestimmte Verhältnisse zwischen der Assimilationsfähigkeit des verarbeitenden Subjektes und der „Entropie" des zu bearbeitenden Reizfeldes voraus (Attneave, 1969; Berlyne, 1960; Mittenecker & Raab, 1973). Viele Untersuchungen zeigen, daß solche Relationen zwischen Neuheit und Verarbeitungsfähigkeit auch mit Gefühlen erhöhten Wohlbefindens verbunden sind. Dies wurde in der Theorie des „arousal jags", jener umgekehrt U-förmigen Relation von „Neuheit" und Wohlbefinden, und der des „optimal sensation level" (OSL, Zuckerman, 1979) ausformuliert. Je niedriger die faktische oder selbstattribuierte Kompetenz, desto weniger Facetten der „Welt" können diese informationsverarbeitenden Affekte hervorrufen. Neugier und Interesse setzen die benevolente Annahme voraus, daß die Umgebung sich in den meisten Fällen als assimilierbar erweist. Exploratorisches Verhalten als kognitives und motorisches Äquivalent des Neugieraffektes kann nur stattfinden, wenn nicht bereits eine Erfahrungsmatrix vorliegt, die besagt, daß die auf das Subjekt zukommenden Reize im allgemeinen nicht assimilierbar sind. So gesehen sind Umgebungen, die die Copingstrategien überfordern, geeignet, hohe Erwartungsstabilität zu schaffen. Das Subjekt weiß immer schon, daß es nichts weiß. Die fatale Auswirkung niedriger heuristischer Kompetenz wurde von der Forschungsgruppe um Dörner (z. B. Dörner, 1985; Dörner, Kreutzig, Reither & Stäudel, 1983) untersucht. Neurosenpsychologisch bedeutet ein Verlust der Neugier und der informationsverarbeitenden Affekte immer eine Erhöhung der Ordnung der Welt, die allerdings in wesentlichen Bereichen undifferenziert, falsch und vor allem nicht modifizierbar ist. Ob solche Ordnungen der Welt in religiösen oder ideosynkratischen Systemen gefaßt sind, spielt prinzipiell keine Rolle. Wichtig ist, daß es Ordnungsbildungen sind, die auf dem Gefühl der Nichtassimilierbarkeit der Welt beruhen. Tatsächlich ist neurotisches Verhalten bei weitem redundanter und, wenn man seine Regeln einmal kennt, leichter vorherzusagen als gesundes. Dies läßt sich empirisch bis in die Sprachstrukturen nachweisen (Dahl, 1988). Die psychoanalytische Konzeption des Wiederholungszwangs und der Übertragung beruhen teilweise darauf, daß gerade die nichtassimilierbaren Anteile vergangener Subjekt-Objekt-Interaktionen wiederholt werden (siehe dazu Thomä & Kächele, 1985), und zwar mit eben den Coping-Strategien, die in der Ursprungssituation schon nicht ausgereicht haben. Vor diesem Hintergrund kann es eine Hypertrophie von Neugier als pathologisches Phänomen nicht geben. Ihr Ausfall ist allerdings immer von einer Reduktion der kognitiven Verarbeitungsfähigkeit begleitet. Die persistierende Sexualneugier in manchen Kinderneurosen und bei den Voyeuristen ist die Wiederholung eines Assimilationsversuchs, der mißlungen ist, und eben deshalb stets wiederholt werden muß. Sie können die Existenz der Geschlechtsunterschiede nicht verarbeiten (Freud, 1978a). Es gibt allerdings ein relativ leicht damit zu verwechselndes klinisches Phänomen, das als „risk-seeking-behavior“ oder „thrill“ beschrieben wurde (siehe S. 674). Dieses Verhalten hat mit Neugier nichts zu tun. Es muß als Versuch angesehen werden, durch fortlaufende externe Stimulation chronische Formen von Unterstimulation zu konterkarieren. Hohe Ausprägung von „sensation seeking behavior“ korreliert dementsprechend sehr hoch mit Ruhelosigkeit und Intoleranz in Situationen sozialer Isolation und Meditation (boredom susceptibility). Zuckerman (1979) hat nachgewiesen, daß „high risk seeking persons“ auch psychotische Elemente aufzuweisen haben, und zwar in dem Sinne, daß sie die normalerweise auftauchende Angst durch eine Art von „Unverletzlichkeitswahn“ außer Kraft setzen können. Die Relation von Angst, Risikoabschätzung und Tollkühnheit wird durch ein „falsches“ Modell des Selbst (unverletzlich) dahingehend verändert, daß an die Stelle der schweren Angstzustände das Gefühl „thrill“, eine eben noch handhabbare Form der Angstlust tritt. Die Wahrscheinlichkeit einer Verletzung wird systematisch verleugnet. Inwieweit die von Balint (1956) beschriebenen Philobaten unter das gleiche Modell subsumiert werden können, ist offen. Die dahinterliegende Anfälligkeit für Zustände der Langeweile verlangt eine Aufklärung der Langeweilegefühle. Die persistierende, wenn auch altersangemessene Langeweile der Adoleszenten ist das Grundmuster der „normalen“ Langeweile. Sie tritt dann auf, wenn man — aus welchen Gründen auch immer — zum Handeln entschlossen oder geneigt ist, man weiß auch in noch unspezifischer Weise, welcher Art die Handlung sein sollte, vermag aber keine der Alternativen, die im Moment möglich erscheinen, als befriedigende Konkretisierung der Handlungstendenz zu bejahen. Es ist eine Situation des Handelnwollens aber noch nicht Könnens (Boesch, 1980, 114ff). Diese Situation wird normalerweise durch eine Akkommodation der Wunschseite ebenso aufgelöst wie durch einen Ausbau der Assimilationsstrategien. Die „boredom susceptibility“ der Personen mit hohem „risk seeking behavior“ beruht auf einer Art von Agiersyndrom, weil eine ausreichende innere Selbststimulation durch benevolente Phantasien nicht möglich ist. Sie ist Ausdruck einer „emotionalen Verkümmerung“ (Revers, 1984) respektive eines Ichdefekts (Singer, 1977). Die Leeregefühle der narzißtischen und Boderlinestörungen werden als Defekt der Selbstwahrnehmung aufgrund von mangelhaften Binnenreizungen angesehen. Die körperbezogenen Selbststimulationen der Schwerstgestörten sind unter dem Namen des Hospitalismussyndroms bekannt geworden (Spitz, 1974; rhythmische Körperbewegungen und Stimulationen, spasmus mutans sowie an athetotische Bewegungen erinnernde motorische Abläufe). Bei milderen Formen konnte ich eine Art von Verschiebung auf visuelle Stereotypien entdecken. Bei schwer verwahrlosten Adoleszenten konnte ich folgende Verhaltensweisen beobachten: Stundenlanges Sitzen vor der Waschmaschinentrommel, in der man die

Wäsche sah; starren in die Flammen des Ofens oder fortlaufende Stimulation durch über den Unterarm laufendes warmes Wasser. All dies geschieht in einem ansonsten kataton anmutenden Zustand. Wichtig scheint das „lebendig“ Pulsierende der Bewegungsabläufe. Handelt es sich um taktile Stereotypien, dienen sie gleichzeitig auch der Konstituierung einer erlebten Körperperipherie. Ein Patient fürchtete das Baden in der Wanne, weil er wegen der fehlenden Stimulation sehr schnell begann zu fragmentieren. Ohne Dauerstimulation geraten diese Personen auf „bad trips“, in denen Leere, Fragmentierung und Auflösungsgefühle die Leitsymptome sind. Bei gefestigter Selbststruktur kann das artifiziell eingeleitete Fragmentieren unter Regressionsbedingungen von „Neugier“ geleitet werden. Dies setzt allerdings das Wissen voraus, daß das Subjekt die auf es zukommenden Erlebnisse für assimilierbar hält. Überraschung ist ein temporärer Affekt mit ganz spezifischer zeitlicher Verlaufsstruktur, der stets in einen anderen übergeht. Im Gegensatz zur Neugier als Attitüde, sich überraschen zu lassen, beschreibt Überraschung die Hinwendung zum unassimilierbaren Objekt.

7.5 Freude

Der Verlust der Freude ist klinisch kaum beschrieben worden, obgleich man sich sehr wohl operante Lernbedingungen vorstellen kann, die dies bewerkstelligen können. Freude wurde gewissermaßen als die Abwesenheit der negativen Affekte definiert. Gerade im Zusammenhang mit der eigentlich ungelösten Frage, warum manche Personen unter bestimmten stressauslösenden Randbedingungen nicht erkranken, andere aber sehr wohl, werden psychologische Konzepte wie „Lebenswillen, Freude am Dasein, Hoffnung“ etc. immer bedeutsamer (Tress, 1986). Es gibt einen gewissen Konsens darüber, daß Lachen und Weinen nicht mit dem Affekt Freude identisch ist (Plessner, 1982; Levine, 1979). Lachen und Weinen sind nur beschränkt objektbeziehungsregulierende Signale. Von der Phänomenologie des Ablaufes her sind beide durch periodisches Alternieren von Sekundär- und Primärprozeß zu kennzeichnen. Der Sekundärprozeß besteht in der Kognizierung des Komischen bzw. Tragischen, der Primärprozeßanteil in den konvulsivischen Vokalisierungen des Lachens und Weinens. Beide Vorgänge sind humanspezifisch und in dieser Form bei den Primaten nicht zu finden. Allenfalls kathartische psychotherapeutische Funktionen von Affekten sind beim Lachen und Weinen zu finden. Sie treten in Psychotherapien auch ziemlich häufig auf. Beide können allerdings auch Abwehrzwecken dienen, wenn der Sekundärprozeßanteil zunehmend ausfällt. Kathartisch wirksames Lachen und Weinen setzt eine hohe Verarbeitungsfähigkeit und eine hohe Affektivität voraus. Es handelt sich um die Grundform einer Regression im Dienste des Ichs. Der Moment der Auslösung der Zustände besteht im Erkennen des eigenen Selbst in seiner Involviertheit in tragische bzw. komische Zusammenhänge, was dann das Lachen bzw. Weinen auslöst, das sich erschöpft und in der mentalen Vergegenwärtigung der Situation erneut gestartet werden kann. Ausfälle von Lachen und Weinen sind stets Zeichen schwerer psychischer Störungen, die allerdings von der Seite des reduzierten Sekundärprozesses (Oligophrenien, Debilität, Imbezilität) wie auch von der Seite des defekten Primärprozesses zustandekommen können (Depression, Schizophrenien, Borderlinestörungen, pathologischer Narzißmus). Der Defekt des Primärprozesses kommt von der Prävalenz eines Objektbeziehungsaffektes. Alle dauerhaften State-Affekte, die Änderungen der Objektbeziehung reflektieren, sind unvereinbar mit Lachen und Weinen, weil sie die notwendige kognitive Distanzierung zu sich selbst als Objekt der Komik bzw. der Tragik nicht erlauben. Die Patienten sind ausschließlich mit der Planung ihrer Objektbeziehungen beschäftigt. Lachen und Weinen setzen immer selbstreflexive Funktionen voraus. Die schweren Störungen lassen beide Prozesse im allgemeinen auch vermissen. Objektbeziehungsaffekte können allerdings sehr wohl Auslöser des Lachens und Weinens sein. Sie werden in diesen Fällen allerdings nicht handlungsrelevant oder wenn, dann in sublimierter Form. Bekannt ist dies für Wut und Lachen wie auch für Wut und Weinen (Freud, 1978b; Kris, 1940; Dietz, 1985; Keßler & Schubert; 1989). Das Weinen aus Wut beinhaltet das selbstreflexive Zugeständnis der momentanen Ohnmacht, was ein selbstzerstörerisches Ausagieren der Wut unterbindet und intelligente Umweghandlungen für die spätere Rache erlaubt. Die Bedeutung des Frozzelns, Aufziehens oder Anmachens in witziger Form besteht in einer artifiziellen Schaffung einer kognitiv-affektiven Situation, in der der Sekundärprozeß stets vom Umschlag in den Primärprozeß bedroht ist, was ja bei geringer kognitiver Verarbeitungsfähigkeit auch nur zu leicht geschieht. Diese Techniken werden in allen Kulturen für den Erwerb der Affektkontrolle angewendet (Levine, 1979). Chronischer Ernst als Unfähigkeit zu lachen und zu weinen ist so gesehen ein Mangel an selbstreflexiver Distanzierungsfähigkeit. Schizophrene lachen übrigens sehr wohl. Allerdings über Situationen, die einem anderen einen höchst eindeutigen anderen Affekt einjagen würden, meist Furcht (Weltuntergangshumor). Inwieweit Lächeln (als Affekt zur Regulierung von Objektbeziehungen) und Lachen zusammenhängen, ist unklar. Klar ist, daß Ausfälle des Lächelns bei Kleinkindern Anzeichen schwerer Pathologien sind, die sich im allgemeinen bis in die Erwachsenenstörungen durchziehen, dergestalt, daß das Lächeln der frühen Störungen in den muskulären Innervationsmustern Abweichungen aufzuweisen hat, die es als unecht kennzeichnen. Mit dem Wegfall des Lächelns entfällt eines der wesentlichen Steuerungssyteme interaktiver Art. Möglicherweise ist der Verlust der Selbsttröstungsfunktionen bei der Depression das selbstreflexive Pendant zum Verlust der Verführungsfähigkeit. Beides ist kennzeichnend für schwere Depressionen.

7.6 Angst

Ausfälle des Signalanteils der Angst sind charakteristisch für schwere Störungen. Die Patienten suchen Situationen auf, die ein hohes Ausmaß an objektivierbarer Gefahr für sich und/oder ihre Umgebung implizieren. Selbstschädigung, Verschwendung, Glücksspiel, Gebrauch psychotroper Substanzen, exzessives Essen, gefährliche Formen sexueller Interaktionen, Schlägereien, sind psychiatrisch relevant und werden als „Impulsivität" vor allem bei der Borderline-Persönlichkeitsstörung beschrieben (Köhler & Sass, 1984). Der Ausfall von Schuldangst führt zur Unfähigkeit, soziale Normen im Hinblick auf gesetzeskonformes Vehalten zu akzeptieren (so bei der antisozialen Persönlichkeitsstörung). Der Ausfall des Signals der Schuldangst kann auf fehlende Internalisierungen zurückzuführen sein (siehe S. 688). Es sind aber auch Fälle bekannt, bei denen körperliche Angstsignale fehlinterpretiert werden, es also zu einer „occurring-emotion" kommt, die im selbstreferentiellen System aber falsch abgebildet wird (Zilboorg, 1933). Eine der Möglichkeiten einer solchen Umdeutung der Angstsignale besteht darin, sie zu erotisieren (Angst-Lust, thrill; Balint, 1956). Ein wie auch immer zustandegekommener Ausfall des Angstsignales führt zur „Impulsivität" und damit zu mangelnder Vorhersagbarkeit des sozial interaktiven Verhaltens. Bei der Besprechung von *Hypertrophien* von Angstzuständen muß unterschieden werden zwischen Hypertrophien des Signalanteiles der Angst und Hypertrophien des vollständigen Angstaffektes. Letzteres tritt bei posttraumatischen Belastungsreaktionen auf (Shatan, 1981; Köhler & Sass, 1984; Fenichel, 1974). Ob ein Angstaffekt traumatisch wird, hängt wesentlich davon ab, ob zur Zeit der Angstinduktion eine motorische Fluchtreaktion möglich war oder nicht. Eine dauerhafte Blockade der Fluchtreaktion vergrößert die Wahrscheinlichkeit einer Traumatisierung. Deshalb gehört zur traumatischen Situation die Randbedingung, daß der Wunsch, das als bedrohlich perzipierte Objekt zu verlassen (Angst), langfristig verhindert wird. Die Chronifizierung dieser Situation führt zur „traumatischen Situation", die von Krystal (1978) dahingehend definiert wurde, daß ein Individuum mit einem überwältigenden Affekt konfrontiert wird. Die Folge ist ein lähmender, überwältigender Zustand von Unbeweglichkeit, Hilf- und Hoffnungslosigkeit mit Depersonalisationserlebnissen und Disorganisation des Verhaltens. Das letzte notwendige Endglied einer Traumatisierung ist dieser überwältigende Affekt. Er ist nicht identisch mit dem Primäraffekt Angst, der der Objektbeziehungsregulierung dient, sondern indikativ für den Zusammenbruch des inneren wie äußeren Regulierungsgeschehens. Die Summation von Partialtraumata, kumulativer Traumata (Khan, 1963) oder Überanstrengungstraumata (Kris, 1956) erhöht die Wahrscheinlichkeit für das Auftreten eines traumatischen Affektes, der letzte Endschritt eines Traumas ist aber immer der überwältigende Affekt. Findet der auslösende

Stressor kein Ende, wechselt die traumatische Angst über in kataleptische Passivität, welche als phylogenetisch vorgezeichnetes „surrender pattern“ (Seligman, 1975) angesehen werden muß. Handelt es sich um menschliche Stressoren (Folterer), kooperieren die Opfer mit den Mördern in diesem Zustand. In Katastrophenereignissen ist dieses „surrender pattern“ weit häufiger als die Panikreaktion. Der „überwältigende Affekt“ steht in keiner notwendigen Relation zur tatsächlichen Gefahr, sondern beruht auf deren subjektiven Einschätzung, wenngleich rein statistisch betrachtet bestimmte Randbedingungen (Folter, Gehirnwäsche, Dauerbeschuß, Verhungern) nahezu alle Betroffenen schwer schädigen, weil die Verarbeitung auch bei bester Coping-Strategie nicht möglich ist. Nachwirkungen von Traumatisierungen sind bei weitem schlimmer, wenn es sich um Menschen als Verursacher des unerträglichen Affektes handelt (Niederland, 1980). Unbearbeitete traumatische Neurosen wurden auf die Kinder tradiert (Klein, 1986). Interessanterweise ähneln sich die psychopathologischen Zustandsbilder der Kinder von KZ-Mördern und KZ-Opfern. Wichtig ist, daß jeder anhaltende negative Affekt (Ekel, Scham) zur traumatischen Angst führen kann. Der traumatische Zustand verfällt einer Amnesie. Das posttraumatische Angstsyndrom ist nicht identisch mit der traumatischen Angst selbst. Am ähnlichsten sind Zustände von Alpträumen (pavor nocturnus), die regelmäßig durch die Unabänderlichkeit eines ablaufenden Prozesses charakterisiert werden können. In der Nachfolge eines Traumas kommt es zu einer Entdifferenzierung des affektiven Lebens (plus/minus), einer Entverbalisierung (kognitive Regression) und zu einer Resomatisierung. Es entsteht die lebenslange Befürchtung und Erwartung, das Trauma werde sich wiederholen und eine massive Einschränkung des Affektlebens, weil die Affekte als letztes Endglied des Traumas wirkten. Die Kindheit ist wegen der geringen Verarbeitungsfähigkeit und der hohen Bedürftigkeit, und weil die Stressoren im allgemeinen Menschen sind, besonders risikoreich für die Schaffung traumatischer Situationen. Sie treten aber auch bei Erwachsenen auf (Vergewaltigung, Autounfälle, Folterung, Kriegshandlungen und Katastrophen). Die posttraumatische Neurose ist gekennzeichnet durch a) ein Wiedererleben des Traumas (Erinnerung und unzensierte Träume) und b) durch eine massive Einschränkung der Reagibilität (Interesse, affektive Bandbreite), Schlafstörungen, Schreckreaktionen, Gedächtnisstörungen und Schuldgefühle wegen des Überlebens etc. Die Symptome von Kinderneurosen beinhalten meist noch erkennbare Teile der posttraumatischen Neurose. Die posttraumatische Reaktion tritt selten akut nach Beendigung der auslösenden und der begleitenden Affekte auf. Es kommt zuerst zu temporären Gefühlen der Erleichterung. Im allgemeinen gehen die posttraumatischen Belastungsreaktionen in Psychoneurosen über, oder sie heilen aus. Der Übergang zu einer Psychoneurose bedeutet, daß aus dem überwältigenden Affekt ein Anteil als Signal für die Steuerung der Reaktivierung des Ganzen herausgegriffen werden kann. „Die Angst wird bei der Verdrängung nicht neu erzeugt, sondern als Affektzustand nach einem vorhandenen Erinnerungsbild reproduziert“ (Freud, 1973a, S.239). Die erinnerte Angst ist nicht die gleiche wie die erlebte. Der Weg von der traumatischen Angst zur Signalangst bedeutet immer ein Stück Verinnerlichung, eine Reduktion von Körperlichkeit und Sichtbarkeit des Zustandes. Welcher Art die Signalangst im einzelnen ist und wie sie selbstreflexiv abgebildet wird, kann recht verschieden sein. Prinzipiell kann jede Affektkomponente als unbewußtes Steuerungssignal dienen. In diesem Sinne kann es ein physiologisches, ein motorisch-expressives und ein handlungsorientiertes Angstsignal geben. Diese müssen keine klare kognitive Entsprechung haben. Das kognitive System kann die Wunschstruktur eines verbotenen Affektes repräsentieren bei gleichzeitigem Verlust des körperlichen Affektsubstrats und der Ichfremdheit der betreffenden Phantasien. Dies geschieht vor allem bei den Zwangsstörungen. Demnach sind die häufigsten Zwangsgedanken wiederkehrende „Vorstellungen von Gewalttätigkeit (z. B. sein Kind zu töten), Verschmutzung...“ (Köhler & Sass, 1984, S.246). Der kognitive Anteil repräsentiert den Wunschanteil des Affektes, er wird aber durch die Ichdystonie und die Blockierung des somatischen Anteils des Affektes nicht als solcher erkannt und auch nicht handlungsrelevant. Die Trennung des somatischen Anteils vom kognitiven ist allerdings sekundär und wird durch Abwehrmechanismen erreicht (Isolierung, Verschiebung). Dies geschieht um den Preis einer allgemeinen „Verkopfung“ einerseits und einer Reduktion der Vitalität andererseits, so daß die Patienten häufig sekundäre depressive Verstimmungen entwickeln und/oder dem Alkohol verfallen, um die Blockade zwischen somatischem Anteil und Phantasie zu lockern. Das Umgekehrte geschieht in der Hysterie. Der Signalanteil des inkriminierten Affektes (Freude, Verführung) ist vorhanden. Die Verführungs- und Liebesfähigkeit ist prinzipiell gegeben, aber die kognitive Repräsentanz der Wunschstruktur wird umgekehrt. Dies gibt den von der interagierenden Objektwelt als hysterisch bezeichneten Widerspruch zwischen affektivem beziehungsregulierenden Verhalten und der korrespondierenden Wunschstruktur des Subjekts. Bei den phobischen Neurosen kommt es zur Angstentwicklung, aber die kognitive Repräsentanz des angstauslösenden Objektes wird auf einem Ähnlichkeitskontinuum derart verschoben, daß der ursprüngliche Stressor nicht mehr erkannt werden kann. Dies hat den Vorteil, daß Objekte gewählt werden können, die durch aktives Verhalten vermieden werden können. Diese Arten von Transformationen haben allerdings im allgemeinen wenig Dauer. Sekundäre Ängste, man könne dem phobischen Objekt begegnen, entwickeln sich, die selbst wieder zu schweren Handlungseinschränkungen führen. Das gleiche gilt für die Zwangshandlungen. Jede Situation, die den Ursprungsaffekt mobilisiert, meistens Wut, muß mit einer Zwangshandlung beantwortet werden. Da der externe und interne Signalanteil des Affektes entfällt, geraten die Patienten häufig in Situationen, in denen sie sehr geärgert werden, was die Isolierung von Soma und Kognition noch verstärkt. Das generalisierte Angstsyndrom mit motorischer Spannung, vegetativer Hyperaktivität, unspezifischer Erwartungsangst und Überwachheit ohne kognitiv-selbstreflexive Erwartung ist in seiner Ätiologie nicht klar. Es unterscheidet sich von den posttraumatischen Neurosen durch das Fehlen der Erinnerung an das Trauma. Möglicherweise ist die Angst direkter und automatischer Ausdruck eines Stauungszustandes sexueller Herkunft (Fenichel, 1974, S.266). Generell werden die Neurosen, die über das Angstsignal gesteuert werden, folgendermaßen charakterisiert. Es kommt zu einem Wunsch. Dieser Wunsch kann selber ein Affekt sein, z. B. der Impuls, jemanden anzugreifen. Aufgrund vorauslaufender Lernprozesse wird wegen dieses Wunsches ein Angstsignal mobilisiert, welches wiederum Abwehrmechanismen, die auch erlernt wurden, in Gang setzt. Diese Abwehrmechanismen verändern den Wunsch in seiner kognitiven Repräsentanz oder in der Ausführung derart, daß eine partielle Realisierung ohne zu hohe Angstbeträge (Signalangst) möglich wird. Bei Mißlingen der Abwehr verwandelt sich die Signalangst in die traumatische Angst. Der traumatische Konflikt wird vollständig reaktiviert. Dieser Regulierungsvorgang beinhaltet offensichtlich gewisse Ähnlichkeitsmessungen in bezug auf die jeweils aktuelle Annäherung an den traumatischen Konflikt. Je nach Art der Neurose und den dazugehörigen Abwehrformationen kann es sich um kognitive Operationen handeln oder um Ähnlichkeitsrelationen nach der Qualität und/oder Intensität der Affekte. Eine Steigerung des Signalaffektes über eine je verschiedene Schwelle hinaus führt stets zum traumatischen Affekt. Steigerung bedeutet meist, daß die fehlenden Komponenten des Affektsystems hinzugeschaltet werden. Der Affekt verliert seine Steuerungsfunktion und wird stattdessen zur Handlung selbst. Neben dieser Form der Abwehrmechanismen, die die Repräsentation des Wunsches im selbstreflexiven System steuern, gibt es präventive körperliche Mechanismen zur Affektabwehr. Die Abwehr geschieht über eine automatisierte Dauerkontrolle des motorisch-expressiven Systems, so daß das Entstehen eines Affekts überhaupt verhindert wird. Die entsprechende Wunschstruktur entfällt ebenfalls. Im allgemeinen geschieht dies durch Drill, indem die dem verpönten Affekt motorisch widersprechende Ausdruckskonfiguration eingenommen wird. So kann man die Kleidung der Militärs und Priester als eine Art chronisches Antischam- und Antiunterwerfungskorsett mit außerordentlichen Rückwirkungen auf die Psyche ansehen. Diese Formen der Abwehr gehen allerdings in den „Charakterwiderstand“ ein und sind von persönlichen inneren Konflikten nicht betroffen, solange sie sich in sozialen Umgebungen bewegen, die die gleichen Skotomisierungen in bezug auf die Objektbeziehungen pflegen.

8 Die selbstreflexiven Affekte

8.1 Allgemeine Überlegungen zum „Selbsterleben"

Die selbstreflexiven Affekte haben keinen direkten Lokomotionsanteil, denn der Angriffspunkt der Emotion ist der das Selbst repräsentierende ideelle Punkt innerhalb des Körperschemas des Subjektes. Allerdings sind auch bei solchen Affekten Bewegungen im Sinne von Transformationen der Positionen des Ichs in Relation zu den Strukturen Überich und Ichideal erkennbar, deren affektive Regelmechanismen und Entstehung später besprochen werden sollen. Redet man von selbstreflexiven Wahrnehmungen, muß man drei verschiedene Substrate für solches Erleben unterscheiden: 1. Ein materielles mit dem dazugehörigen Körper, 2. ein soziales Selbst als das Selbst in den Augen der anderen, was als zu mir gehörig bzw. mir fehlend erachtet wird, 3. ein spirituelles Selbst, d. h. die Frage, was als Selbst existiert (De Rivera, 1977). Es gibt verschiedene Formen fehlerhafter Repräsentationen. Erstens kann die Repräsentanz des Körpers das physikalische Substrat falsch bzw. deformiert abbilden. Kulturell definierte Verstümmelungen des Körperselbst gehen von einem phantasierten „Mangel" des natürlich vorfindbaren Körperselbst in Relation zum sozialen Selbst aus. Im allgemeinen hat der betreffende Körperteil eine symbolische Bedeutung für die Konstituierung des sozialen Selbst gewonnen (Füße, Lippen, Haut, Genitalien). Zweitens kann das Handlungsselbst die tatsächliche, teilweise biologisch vorgegebene Wunsch- und Triebstruktur falsch abbilden, z. B. daß sich jemand aggressionsfrei wähnt oder frei von sexuellen Bedürfnissen. Schließlich kann die Selbstdefinition in Relation zur Perzeption durch die Sozietät derart gravierende Abweichungen aufweisen, daß die betreffende Person als „verrückt" gilt. Die realitätskonstituierenden Parameter Raum, Zeit, Kausalität und Finalität können in der Konstituierung des Selbst unter dem Druck intensiver Affekte zusammenbrechen. Einheit des Raumes — Abtrennung von Körperteilen vom Körperselbst. Zeit — die Identität des Selbst wird unter wechselnden affektiven Randbedingungen und damit entlang der Zeitachse gewechselt (Dr. Jekyll and Mr. Hide). Kausalität — ausgeführte Handlungen werden als nicht vom Selbst verursacht attribuiert (Gedankenhören, Fernsteuerung). Finalität — Wünsche und Phantasien werden als Taten perzipiert (Allmacht der Gedanken, Magie). Wir kennen alle möglichen Formen von Verschiebungen zwischen den verschiedenen Repräsentationsformen dergestalt, daß z. B. der Körper als Repräsentations- und Projektionsleinwand für spirituelle und soziale Selbstdefinitionen bewußt oder unbewußt benutzt wird, wie in der Askese oder dem Bodybuilding. Repräsentationsfehler sind im vorhergehenden mehrfach angedeutet worden unter den Stichworten „falsches Selbst" (die phylogenetische Wunschstruktur wird nicht abgebildet), Fehlen der Gefühle, falsches Körperselbst (Hypochondrie und fehlende Körperrepräsentanzen), falsches Handlungsselbst (Wünsche und Handlungen werden falschen Instanzen attribuiert, Außen-/Innenvertauschung). Solche Außen-/Innenvertauschungen können mehrfach ablaufen (projektive Identifikation). Ein Handlungsimpuls des Selbst wird einem Objekt attribuiert, und dasselbe wird beeinflußt, sich den Attribuierungen entsprechend zu verhalten. Schließlich erfolgt eine Internalisierung des phantasmagorisch veränderten Objektes (Ogden, 1979). Psychopathologie im Zusammenhang mit selbstreferentiellen Gefühlen setzt meist auch einen Vergleichsakt der selbstreferentiellen Abbildung des Kranken mit der Perzeption desselben durch die Sozietät voraus. Dies schafft natürlich Probleme im Zusammenhang mit der Definition von Normalität.

Im Kontext der vorliegenden Arbeit sind vor allem die selbstreflexiven Emotionen, also das Selbst als Schnittpunkt der it-emotions der anderen von Bedeutung, wobei es offen bleiben muß, ob der Körper, die Handlungen oder das „Sein", also das bloße Faktum der Existenz, Anlaß für die Affekte der anderen ist. Wir gehen davon aus, daß die selbstreflexiven Emotionen auf internalisierten Derivaten der Primäremotionen aufbauen. Scham ist der internalisierte Ekel einer Bezugsgruppe oder eines Objektes, zu dem man sich selbst als zugehörig rechnet. Wesentliche Teile des Selbst werden als nicht zum phantasierten Anderen passend erlebt, und das Selbst des anderen ist der Referenzpunkt. Depression ist die internalisierte Wut eines Objektes, das man nicht verlassen kann, das man aber vertreiben möchte. Schuldangst ist die internalisierte Angst vor einem Objekt, das man fürchtet und nicht verlassen kann.

Die selbstreflexiven Affekte setzen relativ unabhängig funktionierende Strukturen voraus. So wird das Idealselbst als „Repräsentationen" mit kognitiver Struktur bezeichnet (Moser, 1983). Nach Ticho und Richards ist das Selbst „die Konstruktion eines Objektes der Reflektion und des Eigenbezuges, der Ort der selbstdefinierenden Erfahrungen, des Erlebens von Dauer und der Initiation von Selbstkontrollhandlungen" (Ticho & Richards, 1982, S.724). „Normaler Narzißmus" meint in diesem Kontext eine gut funktionierende Regulierung zwischen den Strukturen und keine Pathologie (Pritz & Mitterauer, 1977).

Beim gegenwärtigen Stand des Wissens ist es vernünftig, von zwei solchen Strukturen, nämlich dem „Ich-Ideal" (Chasseguet-Smirgel, 1981) einerseits und dem Überich andererseits (Sandler, 1960) auszugehen. Die korrespondierenden Zustandsaffekte bei Regelverletzungen sind Schamgefühle einerseits und Schuldgefühle andererseits. Die positiven Meldesysteme im Sinne von Gefühlen der Vollkommenheit bzw. des Stolzes und der Rechtschaffenheit werden im allgemeinen nicht bewußt erlebt. Sie machen als sogenannte Selbstwertgefühle die wenn auch sehr einflußreiche Hintergrundsmusik unseres Erlebens aus. Werden sie explizit handlungsrelevant, wie in dem chronischen Bemühen, ein rechtschaffener und stets vollkommener Mensch zu werden, kann man von einer bereits gestörten Selbstwertregulation ausgehen (Lincke, 1970).

8.2 Die Verinnerlichungsvorgänge

Die aufgeführten strukturellen Affekte setzen Verinnerlichungsprozesse voraus, die man auch als „Lernen" bezeichnen kann, wenn man im Auge behält, daß sich solche strukturbildenden Lernprozesse dadurch auszeichnen, daß der Lernende nicht nur periphere Verhaltensweisen des Objektes übernimmt, sondern die Totalität seiner Haltung ihm selbst gegenüber. Im Erwerb von mentalen Strukturen verinnerlicht der Lernende das Bild von sich selbst und das Bemühen, so zu werden wie das idealisierte Objekt. Um den spezifischen Charakteristika solcher Verinnerlichungsvorgänge gerecht zu werden, wurden die Begriffe Inkorporation, Identifikation und Introjektion benutzt. Die theoretische Herleitung ist ebenso unbefriedigend wie die unterschiedliche Benutzung der Termini durch die Autoren (Müller, 1985).

8.2.1 Die primäre Identifikation

Die früheste Äußerung einer Gefühlsbindung an eine Person (Freud, 1972) wird als „primäre Identifikation" bezeichnet, obgleich im betreffenden Alter sicher noch keine Selbst- und Objektrepräsentanzen entwickelt sind und somit auch die Grundlage für identifikatorische Vorgänge fehlt. Gemeint ist wohl der Vorgang, in dessen Verlauf die objektbezogenen Affekte und ihre Beantwortung durch den noch undifferenzierten Partner eine Vorform einer Struktur ergeben, der Affekt des anderen, so z. B. sein Gesicht und seine Stimme, zu einer organisierenden Matrix für die Konstituierung des Selbst wird. Bin ich, als entstehendes selbstreferentielles Wesen, der ideelle Punkt, in den hinein ein für mich wichtiges Gesicht repetitiv und dauerhaft eine Ekel- oder Wutreaktion macht, dann wird eine der frühesten kognitiven Aktivitäten darin bestehen, mir selbst, also diesem mir selbst nicht sichtbaren ideellen Punkt Eigenschaften zu attribuieren, die diese Affekte rechtfertigen. Dieser Vorgang ist für die frühe Repräsentanzenbildung unverzichtbar, denn auf dem erwähnten kognitiven Niveau kann sich nur *eine* Welt entwickeln.

Jede Form von Verinnerlichung setzt organisierende Aktivität voraus, was heißen will, daß man nicht introjizieren oder sich identifizieren kann, wenn nicht wenigstens in nuce mentale Modelle der anderen Person vorhanden sind. Die Affekte beinhalten vor jedem Lernvorgang ein Wissen um den korrespondierenden Handlungsimpuls auf Grund eines phylogenetischen Programmes.

Wir nehmen also an, daß ein Kind „weiß", was eine liebevolle Stimme und ein freundliches Gesicht bedeuten. Solche frühen mentalen Modelle als Vorläufer von Strukturen integrieren Triebreize, Affekte und Handlungsrepräsentanzen aus der Innenwelt mit Affektreizen und Handlungsrepräsentanzen des „significant other". Die ersten Organisatoren solcher inneren Modelle sind die zyklischen Triebreize und die mit ihnen verbundenen Affekte (Spitz, 1974). Um sie herum organisieren sich die weniger repetitiven anderen Erfahrungen, die zu den Selbst- und Objektrepräsentanzen führen. Das frühe Mutterschema bestünde so betrachtet aus der an die eigenen Triebe gebundene Erwartung auf Belohnung, wobei das Perzept, wenn es freundlich ist, selbst schon belohnenden Charakter hat. Beschreibt man den Prozeß in Termini des overt behavior, kann man von Konditionierungen erster Art als frühe Form der Ordnungsbildung sprechen. Beschreibt man ihn von einer hypothetischen Innenseite aus, handelt es sich um die Entwicklung von Hoffnung und Ordnung in bezug auf die Objekte und Sicherheit und Geborgenheit in bezug auf das Selbst.

8.2.2 Identifikation

Identifikation als strukturbildender Lernprozeß setzt Selbst- und Objektrepräsentanzen voraus. Im Vorgang der Identifikation werden Selbst- und Objektrepräsentanzen fusioniert und zu einem neuen Modell des Selbst umgebaut (Sandler, 1960). Identifikationen sind ein normaler entwicklungspsychologischer Vorgang, nachdem Teile des Selbstschemas nach der Vorlage eines gegenwärtigen oder vergangenen idealisierten Objektes verändert werden. In der Frühphase solcher Entwicklungen wird Ähnlichkeit durch Imitation von typischen Verhaltensmustern angestrebt. Im Verlauf dieses Prozesses der Verinnerlichung wird die Wertschätzung, die das idealisierte Objekt erfahren hat, in der Selbststruktur redupliziert. Die nun entstehende Struktur kann man „Ich-Ideal" nennen.

8.3 Das Ich-Ideal

Es ist nach Meinung führender Experten (Chasseguet-Smirgel, 1981) mit dem Überich nicht deckungsgleich. Bei einer gesunden Entwicklung werden allerdings nach der Adoleszenz die Funktionen des Überichs Teil des Ichideals. Das muß allerdings keineswegs so sein. Die Überichentstehung ist entwicklungspsychologisch betrachtet an die Auflösung des ödipalen Konfliktes gebunden. Das Ichideal ist die Nachfolgeorganisation der viel früheren narzißtischen Entwicklungsperiode. In ihm werden die Vorstellungen einer prinzipiell erreichbaren Vollkommenheit bewahrt, so daß das Ichideal stets ein utopisches Element von Mut, Schönheit, Kraft, Macht, Potenz, Allwissenheit beinhaltet, das seine Herkunft von der Idealisierung der Eltern und den narzißtischen Allmachtsphantasien des prärepräsentationalen Objektes verdankt. Das Ichideal ist der unbewußte Teil der verinnerlichten Liebe bzw. des Ekels eines Objektes vor der Selbst- und Objektdifferenzierung. Das Überich repräsentiert den unbewußten Teil der verinnerlichten Gebote eines dritten Objektes, das die Symbiose beendet. Es ist dabei im Auge zu behalten, daß diese Idealisierung ein notwendiger Zwischenschritt in der Überwindung des Narzißmus darstellt. Im Zuge der Selbst-/Objektdifferenzierung wird die dem beginnenden Kernselbst attribuierte Grandiosität an die Eltern teilweise abgetreten.

8.3.1 Die Scham

Die selbstreflexiven Affekte, die sich als Folge der IchIdeal/Ich-Differenzierung herausbilden, haben demnach auch eine narzißtische Qualität. So lassen sich Schamgefühle phänomenologisch dadurch charakterisieren, daß das erlebende Ich sich öffentlich exponiert, entblößt und erniedrigt fühlt. Es ist gewissermaßen die verinnerlichte Reaktion, sich den übermächtigen Blicken einer idealen Figur ausgesetzt zu sehen. Wurmser (1986) spricht von den tausend Augen der Scham. Dabei handelt es sich um das innere Gewahrwerden einer radikalen Andersartigkeit als die idealisierte Figur, die das Ich betrachtet. Dies ist begleitet von körperlich physiologischen Reaktionen, die die Körpergrenzen akzentuieren, wie Rotanlaufen, Erhitzung der Haut. Motorisch-expressiv ist dieser selbstreflexive Affekt begleitet von einem Versuch, den Sitz der Identität, das Gesicht dem Scheinwerferlicht der inneren Blicke zu entziehen. Die Demutsgeste, die Blickvermeidung, der Wunsch in den Boden zu versinken, ist bereits der Lösungsversuch, die vernichtende Andersartigkeit (Kleinheit) dadurch regressiv zu beheben, daß das Ich seine Existenz aufgibt und mit dem Erdboden fusioniert. Das Gesicht zu verlieren ist also durchaus wörtlich zu verstehen. Im Angesicht (Sic) einer idealen Existenz, an der ich nicht partizipieren kann, hat die Vorstellung einer eigenen Individualität keinen Sinn.

8.3.2 Das Erkennen

Das Gegenteil des Schamgefühls, der Last der tausend Augen, ist das biblische „Erkennen“. Es handelt sich dabei um den beglückenden Moment einer Identitätsfeststellung, in einem Dialog mit etwas Vollkommenerem mit dem dazugehörenden narzißtischen Glücksgefühl Teil eines vollkommenen Objektes zu sein. Dementsprechend hat der dialogisch menschliche Blick auch die beiden Bedeutungsmerkmale von liebevollem Erkennen einerseits und Vernichtung andererseits. Da die Gottesvorstellungen des modernen Menschen wenn nicht ganz verschwunden so doch wenig geeignet für symbiotische Beziehungen erscheinen, hat die dialogische Partizipation an „Kunstwerken“ ein Stückweit

Ersatzfunktion für das ideale Erkennen von Identität angenommen (Exline, 1972).

Jede Form der dauerhaften Fusionierung von Ichideal und Ich bedeutet eine Regression auf eine pathologische Form des Narzißmus. Dies gilt für Einzelpersonen, politische und religiöse Gruppen, aber auch für Künstler und ihre Produkte. Grundsätzlich kann man zwei Formen der Störung des Ichideals mit korrespondierenden Formen der Veränderung des selbstreflexiven Affekterlebens konstatieren.

Im religiösen Erleben, zumal im christlichen, nach dem der Mensch gottähnlich geschaffen wurde, er also, zumal über den „Menschensohn", teilweise identitätsverwandt ist, spielen solche Prozesse eine große Rolle. Auf der anderen Seite ist die Schau Gottes, seines Antlitzes, nur den Verstorbenen dauerhaft möglich, weil der Moment des Schauens zu einer Fusionierung, also einer Auflösung der Individualität führt und die Rückkehr zum Narzißmus bedeutet (Mose, Exodus, 12—33). Da dauerhafte Fusionierungen von Ich und Ichideal von schweren Pathologien begleitet sind, haben alle Religionen das Problem des sinnlich visuellen Dialogs mit einer idealen Existenz und der damit verbundenen Gefahr der Ichauflösung (das Versinken in Gott) zu lösen versucht. So ist in der russisch-orthodoxen Kirche die Versenkung in das gemalte Gesicht Christi eine Vorwegnahme der Auferstehung mit der dazugehörenden mystischen Verschmelzung in der Liturgie. Das Gesicht selbst ist in der Darstellungsform hochgradig ritualisiert. Die ehemals in der Mystik sehr lebendige Tradition der „Schau" Gottes ist im Protestantismus weitgehend aufgegeben worden, weil die Symbiose mit Gott wegen der prinzipiellen Schuldhaftigkeit des Menschen wenn nicht unmöglich so doch außerordentlich risikoreich erscheint, denn ob man ein „Kind" Gottes sei, ist letztendlich nur am Ende zu erkennen. Es handelt sich um eine schwere narzißtische Verarmung, weil die Kluft zwischen Ichideal und Ich so groß wurde, daß das narzißtische Wohlbefinden nur noch temporär über die Herstellung von Produktionen des Ichs erreicht werden kann (Lincke, 1970; Richter, 1979). Ob diese Produkte „Gefallen" finden, bleibt ohnehin offen. Das oben erwähnte Bemühen nach chronischer Rechtschaffenheit und stets ein guter Mensch zu sein, ist so betrachtet Zeichen einer narzißtischen Verarmung des Ichs und der damit verbundenen Angst vor Regressionen. Sich zeigen können, die Reaktion des anderen sehen und daraus ein Lebensgefühl zu entwickeln, ist die Grundlage eines jeden gesunden Narzißmus. Niemand kann der narzißtisch bestätigende Beobachter seiner selbst sein, solange er nicht die entsprechende Struktur internalisiert hat.

8.3.3 Ausfall des Schamgefühls

Dauerhafte Fusionierung von Ichideal und Ich bedeutet einen Ausfall des Schamgefühls als demjenigen Meldesystem, das Nichtidentität feststellt. Es werden Handlungen ausgeführt, die in einem durchschnittlichen Erwartungshorizont dazu führen müßten, daß die Mitglieder der Gruppe das Subjekt als nicht zur Gruppe gehörig betrachten. Die Intimitätsschranken und die Ich-/Du-Grenzen werden systematisch mißachtet und verletzt. Es kommt zu einem fortwährenden Eindringen in den Intim- und Systembereich des Objektes, das gemeinhin mit Ekel/Abscheu als korrespondierende Ausstoßungsreaktion beantwortet wird (Voyeurismus und Exhibitionismus). Das Objekt wird zur Selbstwertregulation benutzt und soll in der Rolle eines Selbst-Objektes die defiziente Selbstwertregulation übernehmen. Die „schamlosen" Selbstdarstellungen sogenannter pathologischer Narzißten (Kohut, 1973; Kernberg, 1983), aber auch das schamlose Eindringen mancher schizophrenogener Mütter in den Gefühlsbereich der Kinder, geht von der Erwartung aus, daß alle Objekte am Subjekt interessiert sind, und wer nicht interessiert ist, gehört nicht zur perzipierten Welt des Subjekts (Scheflen, 1981). Die Selbstwertregulation läuft in einem präinternalisierten Stadium ab, sie beruht auf den Handlungen „realer" Objekte. Das Verhalten ist suchtähnlich, denn beim Wegfall des bewundernden Objektes kommt es zu Derealisierungszuständen und schwersten Unwertgefühlen. Schamlosigkeit bedeutet immer einen Ausfall der Perzeption der Systemgrenzen. Dem entspricht die klinische Beobachtung, daß Schizophrene besonders schamanfällig sind, als Gegenreaktion zur fortdauernden Bedrohung der Systemgrenzen (Levine, 1971). Die Empathie bei Ausfall der Scham ist schwerst behindert. Eine Übernahme von Positionen, die außerhalb der eigenen Selbstwertregulation liegen, ist nicht möglich. Die Patienten haben eine ausgeprägte Neigung zu pathologischen Partnerbeziehungen, in denen der Partner die jeweils fehlenden Selbstregulierungsanteile interaktiv repräsentieren muß. Diese Partnerbeziehungen werden narzißtisch genannt, weil sie keine Interaktionen sind, die den phantasmagorischen Systembereich des Einzelindividuums verlassen (Willi, 1977; Richter, 1960). Von Zeppelin (1973) stellt diese Beziehungen den objektalen gegenüber, die dem eigenen Partner ein eigenes Fühl- und Handlungszentrum konzidieren. Sie kann in einer Studie an Hippies und Gammlern zeigen, daß nach dem Wechsel eines Gruppenmitgliedes von einer narzißtischen auf eine objektale Beziehungsmatrix, z. B. infolge einer Therapie oder von normalen Reifungs- und Lernvorgängen beim Kind, es auf seiten des Partners zu den schweren narzißtischen Aggressionen kommt, die nach dem Modell der Selbstamputation ablaufen.

Da unsere Wahrnehmung, wie uns unsere Mitmenschen erfassen, die einzige Grundlage darstellt, unser eigenes Ich zu beurteilen, ist die narzißtische

Exhibition ebenso wie der Voyeurismus der Versuch einer Selbstdefinition. Der spezifische Blick des anderen soll eine ausgebliebene Definition der Identität liefern. Da der Körper das Ich durch die Möglichkeit der direkten optischen und haptischen Rückmeldung kohärent repräsentieren kann, finden wir bei ungesicherter Identitätsdefinition stets eine starke Gleichsetzung von Körperich und Identität, mit der obligaten Beschäftigung mit dem Spiegelbild einerseits und der Unfähigkeit, eine Veränderung eines idealisierten Körperbildes durch Alter und/oder Krankheit andererseits zu ertragen. Die entsprechenden Ängste sind den Vernichtungsängsten der Psychotiker gleichzusetzen, weil der scheinbare Verlust des idealisierten Körpers den Verlust der Identität bedeutet.

8.3.4 Hypertrophie von Schamreaktionen

Es handelt sich um eine fortwährende Präokkupation mit der negativ akzentuierten Andersartigkeit des Ichs. Solche Menschen fühlen sich fortlaufend beobachtet, was eine Reexternalisierung einer tatsächlichen entwertenden Beobachtung darstellt. Die Erytrophobie bedeutet so gesehen eine dauernde Befürchtung, in der eigenen Nichtigkeit erkannt zu werden. Das Größenmoment finden wir in der „fixen Idee", dauernd von anderen angesehen zu werden. Es handelt sich so gesehen um eine Art verinnerlichter Exhibitionismus mit der gleichen Intensität des Eigenbezuges, negativer Akzentuierung und vor einer inneren Bühne. Dementsprechend hat der erzwungene soziale Rückzug keinerlei beruhigende Funktion. In manchen Fällen hat die Hypertrophie der Schamreaktion Abwehrfunktion und soll den Zusammenbruch der Systemgrenzen verhindern (siehe die Befunde von Levine, 1971). Die chronische Schamreaktion kann eine Sprengung der Systemgrenzen verhindern. Der Vorläufer der Schamreaktion ist das „Tabu hinzuschauen", wenn die affektive Erregung so groß wird, daß es zur automatischen Affektansteckung kommt (Tomkins, 1963). Trotz seiner Fragilität verhindert das Ich durch die Schamreaktion, vom Ichideal konsumiert zu werden (Lewis, 1979).

Frauen sind sehr viel stärker von chronischen Schamgefühlen betroffen als Männer. Letztere haben eine viel größere Inzidenzrate von Perversionen. In beiden Fällen handelt es sich um eine Erkrankung der Idealität. Einmal durch die scheinbare Unmöglichkeit, eine ideale Person zu werden, was mit der kulturellen Rollenverteilung und der damit verbundenen Entwertung der Frau zusammenhängt. Zum anderen durch die infantil magische Erschleichung der väterlich männlichen Funktionen unter Verzicht auf Reifung, Lernen, Leistung und Identifikation. In der erhöhten Beschämung der Frauen kann man die Moderatorvariable für die höhere Inzidenz von Depression und Hysterie beim weiblichen Geschlecht (Lewis, 1971) sehen.

Für die Schwergestörten ist die psychotherapeutische Arbeit mit fehlenden oder hypertrophen Schamgefühlen wichtiger als die Behandlung von Ängsten. Die Entwicklung von Schamgefühlen ist so gesehen eine Voraussetzung für die Akzeptanz von Selbstgrenzen, auf der anderen Seite sind die chronischen Schamgefühle ein schweres Hindernis für die Auseinandersetzung mit allen inneren Phantasien. Die Bearbeitung dieser Schamgefühle in der Übertragung ist unumgänglich (Morrison, 1984).

8.3.5 Allgemeine Überlegungen zur Entwicklung des Ich-Ideals

Grundsätzlich kann man feststellen, daß Pathologien der Idealität dann auftreten, wenn das Projekt, eine ideale Person zu sein, nicht in die Zukunft verschoben wird, um langfristig so zu werden, wie einem die idealisierte Person jetzt erscheint. Der Aufschub setzt einerseits eine Identifikation mit dem idealisierten Dritten, was im allgemeinen der Vater ist (Abelin, 1980) und andererseits Arbeit, Reifung und Realitätswahrnehmung voraus. Realitätskontrolle betrifft vor allem die Erkenntnis, daß die kindliche Sexualität unvollkommen in bezug auf Befriedigung der Erwachsenen wie auch den Zeugungsakt ist. Die Idealisierung des Vaters setzt die Akzeptanz der momentanen eigenen Kleinheit voraus. Diese ist aber nicht traumatisch, weil bei einer geglückten Entwicklung die Entwicklung selbst zum Ideal wird, so daß die momentane Nichterreichung der angestrebten eigenen Idealität nichts Quälendes bedeutet, sondern ein Motiv zu Wachsen.

Das ödipale Verbot, sich die Rechte des Vaters anzumaßen, ist so gesehen eher eine Entlastungsdeutung, die von der Erkenntnis ablenkt, daß es ohenhin nicht geht.

Entwicklungsbedingungen, die dem Kind vorgaukeln, es könne und müsse mit seinen kindlichen Fähigkeiten die prägenitale Sexualität eingeschlossen ein ideales Substitut für den Vater sein, verhindern solche Identifikationsvorgänge. Im Grunde handelt es sich um ein Festhalten an der kindlichen Größenidee, daß die infantilen Spielereien ohne den realen Erwerb der väterlichen Funktionen sich und die anderen befriedigen könnten. So ist der perverse Fetisch eine Prothese, die vorgibt, besser und vollkommener als die erwachsene genitale Sexualität zu sein. In stark ideologisierten politischen und religiösen Gruppierungen können identische Entwicklungen beobachtet werden. Die „Verführer" versprechen nach der Verjagung der Autoritäten eine Art narzißtischer Himmelfahrt, derzufolge die Mitglieder der Gruppe qua Mitgliedschaft, d. h. unter Umgehung echter Leistungen und der Realitätswahrnehmung, sich in ideale Personen verwandeln, sei es als Arier, Moonist, etc. Der (Ver-)Führer ist der selbst infantile prägeschlechtliche Illusionist, der die mögliche Vereinigung von Ichideal und Ich vorgaukelt. Solche apokalyptischen Erlösungsideen sind uns von den Psychosen wohlbekannt. Sie haben eine definierte Phasenabfolge mit der „Reinigung“ der Welt und der Einebnung aller Unterschiede im Blutbad, der Wiederkehr des idealisierten Objektes und der endgültigen Scheidung von Gut und Böse, mit der anschließenden Fusionierung der Erwählten mit dem guten Objekt. Solche Bewegungen sind selten harmlos, weil des einen Apokalypse stets den Holocost desjenigen bedeutet, der die narzißtische Kollektivphantasie nicht mitmachen will oder dazu ausersehen wurde, das radikal Andere, das Nichtich, darzustellen (Ostow, 1986). In der auf der Illusion gegründeten Gruppe erfüllt der „Verführer“ die Rolle, die die Mutter des künftigen Perversen spielt, indem sie ihm vorgaukelt, daß er nicht heranwachsen, sich nicht mit dem Vater zu identifizieren brauche.

8.4 Das Über-Ich

Vor der eigentlichen Überichentwicklung, die erst mit der Lösung des ödipalen Konfliktes einsetzt (Freud, 1973b), bilden sich präautonome Über-Ich-Schemata, die noch an die Gegenwart der Eltern gebunden sind. In ihnen wirkt der oben beschriebene Mechanismus der Identifikation und des Gehorsams in strukturbildender Weise zusammen. Das Kind, das die elterlichen Gebote befolgt, hat einen doppelten Gewinn (Sandler, 1960). Es gewinnt Befriedigung dadurch, daß es dasjenige tut, was die Mutter gesagt hat (ich bin ein braves Kind), aber auch dadurch, daß es so wie die Mutter ist, indem es sich selbst sagt, was es tun muß. Im letzteren findet man den identifikatorischen Anteil des Vorgangs „Gehorchen“. Wenn das Kind die phallische Phase erreicht, werden eine ganze Reihe von latent vorhandenen Konflikten bis zu einem Ausmaß intensiviert, das die bisherigen Lösungsversuche über den „identifikatorischen Gehorsam“ nicht mehr ausreichend erscheinen lassen.

1. Intensivierung des „negativen“ ödipalen Konfliktes, bzw. der zärtlich homoerotischen Bestrebungen dem gleichgeschlechtlichen Elternteil gegenüber und damit Eintritt in ein Rivalitätsverhältnis zum andersgeschlechtlichen Elternteil.
2. Intensivierung des „positiven“ ödipalen Konfliktes mit zärtlichen Strebungen dem andersgeschlechtlichen Elternteil gegenüber und einer Intensivierung des Rivalitätsverhältnisses zum gleichgeschlechtlichen Elternteil.
3. Die Erkenntnis der Unmöglichkeit der Realisierung solcher Wünsche.
4. Intensivierung von ohnehin schon präformierten Verletzungsängsten (sogenannte Kastrationsängste) durch eine projektiv veränderte Vaterwahrnehmung. Die eigene Wut wird auf den Vater projiziert und kehrt von dort in Form von Verletzungsängsten zurück.

Die Überichbildung löst dieses Bündel von schweren Konflikten durch eine Introjektion genannten Vorgang, der sich von der Identifikation dadurch unterscheidet, daß das Introjekt das reale Objekt gänzlich oder in Teilen in bezug auf die belohnenden und bestrafenden Qualitäten ersetzen kann, was für Identifikationen nicht gilt. Letztere benötigen die „reale Vorlage" des Ideals wenigstens von Zeit zu Zeit, d. h. der Aufbau des Introjektes geht parallel und/ oder ist die Folgeerscheinung einer Auflösung einer realen Objektbeziehung. Durch die Introjektion wird die spezifische Modalität der Objektbeziehung aufrechterhalten, ohne daß das reale Objekt notwendig wäre. Folglich wird weniger das Verhalten der Eltern introjiziert, sondern ihre Autorität, sich selbst zu belohnen und zu bestrafen. Die Angst vor Verletzung und Bestrafung wird nun durch Schuldängste abgelöst. Die weitere Folge der Überichbildung ist die Identifikation mit dem Introjekt, also die sukzessive Angleichung des Selbstschemas nach Maßgabe eines introjizierten Objektbildes. Es ist im Auge zu behalten, daß all diese Vorgänge parallel zur kognitiven Entwicklung ablaufen und durch dieselbe modifiziert und ameliorisiert werden (Colby & Kohlberg, 1984, Piaget, 1954).

8.4.1 Schuldgefühle

Die obige Definition von Schuldgefühlen kann nun um den strukturellen Gesichtspunkt erweitert werden. Schuldgefühle sind so gesehen die Wahrnehmung einer Kritik durch ein Introjekt, wohingegen Schamgefühle die Wahrnehmung des Ekels (also der Ausstoßungstendenz) durch ein idealisiertes Partialobjekt (das Ich-Ideal), mein besseres Ich, darstellen. Sowohl der Ausfall wie auch die Hypertrophie von Schuldgefühlen sind klinisch sehr bedeutsam. Die Verhältnisse werden dadurch kompliziert, daß die Schuldgefühle nicht notwendigerweise bewußt werden müssen, d. h. die Kritik des Introjektes unter Umgehung der selbstreflexiven Wahrnehmung direkt in Handlungen, z. B. selbstschädigende Verhaltensweisen, umgesetzt oder masochistisch erotisiert werden kann. Man muß also gewissermaßen zwischen der Intensität der Schuldgefühle und der Intensität der Kritik durch das Introjekt unterscheiden. Im folgenden soll zuerst auf die Randbedingungen eingegangen werden, die die Kritikneigung solcher introjizierten Strukturen besonders hervorkehren, um dann auf die Frage der Bewußtheit bzw. Unbewußtheit der selbstreflexiven Gefühle einzugehen. Es dürfte hoffentlich klar geworden sein, daß die Unbewußtheit durch Abwehr eine andere Entstehungsgeschichte und funktionale Bedeutung hat, als das Fehlen eines Gefühls wegen mangelnder Strukturbildung und wegen der instrumentellen Konditionierung des entsprechenden Gefühls.

8.4.2 Randbedingungen des Introjektionsvorganges

Im Rahmen des Introjektionsvorganges können die liebevollen Anteile der Beziehung zu den Eltern aufrechterhalten bleiben, wohingegen die bestrafenden Anteile neugebildeten Strukturen zuwachsen, d. h. daß je weniger ichsyntone Aggressionsmeisterung in der realen Beziehung zu den Eltern möglich ist und war, desto aggressiver ist die internalisierte Struktur. Folgende Randbedingungen sind klinisch für pathologische Überichbildungen von Bedeutung.

1. Die „negative" ödipale Beziehung ist zwar entwickelt, aber das Objekt dieser Liebe hat bereits vor der phallischen Phase eine derart massive narzißtische Entwertung erfahren, daß eine „Introjektion" gewissermaßen uninteressant ist. Die betreffenden Patienten bleiben auf einer Vatersuche. Die Überich-Entwicklung verbleibt in präautonomen Schemata.
2. Die „negative" ödipale Situation ist durch Gewalt, Hohn und Verachtung charakterisiert. Die liebevolle homoerotisch getönte Grundlage für die der Introjektion vorauslaufenden identifikatorischen Prozesse fehlt. Die zärtlichen, häufig als weibisch, schwul bezeichneten Wünsche werden abgespalten und im eigenen Körperschema oder in den eigenen Kindern, Schülern etc. bekämpft. Die Überichbildung ist schon von einer phantasmagorischen Gleichsetzung homoerotischer Bestrebungen mit Unterwerfung belastet. Zärtlichkeit bedeutet Schwäche, Kastration, Ehrlosigkeit, wobei die Frauen per definitionem ehrlos sind, weil sie angeblich solche Wünsche haben. Es kommt zu einer sadomasochistischen Überichstruktur, weil die präautonomen Bindungskräfte identifikatorischer Natur, die das Introjekt liebevoll gestalten könnten, nicht nur fehlen, sondern selbst Quelle von intensiven Schuldgefühlen sind. In einer bestimmten Variante kommt es zu gar keiner Introjektion und das Kind verbleibt in der dyadischen Beziehung zur Mutter, allenfalls mit der Phantasie der bessere Vater, Mamas Retter, zu sein.

Die positive ödipale Entwicklung, also die Liebe zum gleichgeschlechtlichen Elternteil, ist nicht als Wunsch zu einem faktischen sexuellen Vollzug zu verstehen. Es besteht im Gegenteil eine schamgetönte Hemmung vor sexuellen Interaktionen mit ehemals narzißtisch besetzen Objekten (Partial Objekten), so daß das vermeintliche väterliche Inzestverbot gewissermaßen die soziale Fassung einer ohnehin vorhandenen Hemmung darstellt. Die phallischen „Inzestwünsche" beziehen sich auf die spielerische Imitation des Vorganges der Verführung. Die Unverführbarkeit der Eltern bedeutet eine Dekompensation der narzißtisch phallischen Befähigung. Der faktische Vollzug der Handlung ist allerdings nicht weniger traumatisch, denn nun ist die Verführung Eingangspforte zu unkontrollierbaren schwerst angstauslösenden Prozessen. Die inzestuösen Gefühle der Eltern ihren Kindern gegenüber scheinen das bei weitem größere Problem als die kindlichen Wünsche zu sein (Bischof, 1985).

8.4.3 Hypertrophie und Ausfall von Schuldgefühlen

Wie bereits angedeutet, muß man zwischen der Intensität der Kritik und dem Erleben dieser Kritik unterscheiden. In der neurotischen Depression, in der erlebte Schuldgefühle eine wesentliche Rolle spielen, nimmt man an, daß Vorwürfe einem ehemaligen hochgradig ambivalent erlebten Liebesobjekt gelten, an dessen Stelle der Depressive sich selbst gesetzt hat. Dieser Vorgang hat den Vorteil, daß die durch die Trauer zu erreichende Ablösung vom Objekt nicht geleistet werden muß. Die Schuldgefühle werden als ichsynton, also als gerechtfertigt, erlebt.

In der Zwangsneurose, in der ubw. Schuldgefühle eine zentrale Rolle spielen, kommt es zu einer wenn auch vergeblichen Rebellion gegen die unbewußten Vorwürfe. In beiden Formen ist die Wut auf das ursprüngliche Introjekt relativ deutlich zu erkennen. Die Erotisierung der Strafen, z. B. im Wunsch, geschlagen und gedemütigt zu werden, ist noch nicht sehr gut verstanden. Sie kann außerordentlich viele Wurzeln haben (Rohde-Dachser, 1986). Viele selbstschädigende Handlungen dienen weniger einem unbewußten Strafbedürfnis als der Identitätssicherung bei Borderline-Strukturen und Psychosen.

Der Ausfall von Schuldgefühlen kann zustandekommen, weil es zu keiner Liebesbeziehung gekommen ist, und die Verinnerlichungen gewissermaßen nicht genügend Gratifikationen bieten, um die chronische Wut der Patienten „aus Liebe" in Grenzen zu halten. Ohne Bindung kann es keine Strukturbildung und damit auch kein Schuldangstsignal geben. In diesen Fällen müssen gleichzeitig die Affekte Trauer, Scham, Lachen und Weinen ausfallen, was für den betreffenden Patientenkreis auch zutrifft. Sie sind nicht als neurotisch anzusehen.

Literatur

Abelin, E. (1980). Triangulation, the role of the father and origins of core gender identity during the rapprochement subphase. In R. Lax et al. (Eds.), *Rapprochement* (pp 151—169). New York: Aronson.

Ahrens, S. (1984). Zur Affektverarbeitung bei psychosomatischen Patienten. Teil 1. *Zeitschrift für psychosomatische Medizin, 30,* 201—213.

Alamansi, R. J. (1960). The face breast equation. *Journal of the American Psychoanalytic Association, 8,* 43—70.

Alamansi, R. J. (1983). On the persistance of very early memory traces. *Journal of the American Psychoanalytic Association, 31,* 391—422.

Alexander, F. (1977). *Psychosomatische Medizin.* Berlin: Walter de Gruyter.

Andrew, R. J. (1979). Vom Ursprung des Gesichtsausdrucks. In K. Scherer & H. Wallbott (Hrsg.), *Nonverbale Kommunikation* (S.43—50). Weinheim: Beltz.

Anstadt, T. (1986). *Der Ausdruck von Primäraffekten in Gesichtszeichnungen von Schizophrenen.* Diplomarbeit an der Fachrichtung Psychologie der Universität des Saarlandes.

Anstadt, T. & Krause, R. (1988). Der Ausdruck von Primäraffekten in Gesichtszeichnungen von Schizophrenen. *Zeitschrift für Klinische Psychologie, 17,* (2), 119—131.

Anthi, P. R. (1983). Reconstruction of preverbal experiences. *Journal of the American Psychoanalytic Association, 31,* 33—58.

Aries, P. H. (1980a). *Eine Geschichte des Todes.* München: Hauser.

Aries, P. H. (1980b). *Die Geschichte der Kindheit.* München: dtv.

Attneave, F. (1969). *Informationstheorie in der Psychologie.* Bern: Huber.

Averill, J. (1979). The functions of grief. In C. Izard (Ed.), *Emotions in Personality and Psychopathology* (pp. 337—368). New York: Plenum Press.

Ayers, A. J. & Heskett, W.N. (1972). Sensory integrative dysfunction in a young schizophrenic girl. *Journal of Autism and Childhood Schizophrenia, 2,* 174—181.

Balint, E. (1963). On being empty of oneself. *International Journal of Psychoanalysis, 44,* 470—480.

Balint, M. (1956). *Angstlust und Regression.* Stuttgart: Klett.

Basch, M. F. (1976). The concept of affect: A re-examination. *Journal of the American Psychoanalytic Association, 24, 759—777.*

Basch, M. F. (1983). Empathic understanding. A review of the concept and some theoretical considerations. *Journal of the American Psychoanalytic Association, 31,* 101—126.

Beebe, B., Stern, D. & Jaffe, J. (1979). The kinethic rhythm of mother-infant interactions. In A. Siegman & S. Feldstein (Eds.), *Speech and Time. Temporal speech patterns in interpersonal context* (pp. 23—35). Hillsdale: Lawrence Erlbaum.

Berlyne, D. E. (1960). *Conflict, arousal and curiosity.* New York: McGraw Hill.

Bischof, N. (1966a). Psychophysik der Raumwahrnehmung. In *Handbuch der Psychologie. Bd. 1, 1. Halbband: Allgemeine Psychologie* (S. 307—408). Göttingen: Hogrefe.

Bischof, N. (1966b). Stellungs-, Spannungs- und Lagewahrnehmung. *In Handbuch der Psychologie, Bd. 1, 1. Halbband: Allgemeine Psychologie* (S. 409—497). Göttingen: Hogrefe.

Bischof, N. (1985). *Das Rätsel Ödipus.* München: Piper.

Bischof-Köhler, D. (1985). Zur Phylogenese menschlicher Motivation. In L. H. Eckensberger & E. Lantermann (Hrsg.), *Emotionalität und Reflexivität* (S. 3—58). München: Urban & Schwarzenberg.

Blanck, G. & Blanck, R. (1980). *Ich-Psychologie II.* Stuttgart: Klett-Cotta.

Blanck, G. & Blanck, R. (1984). *On tracking the patient.* Unveröffentl. Manuskript.

Bleuler, E. (1969). *Lehrbuch der Psychiatrie* (11. Auflage). Heidelberg: Springer.

Boesch, E. E. (1980). *Kultur und Handlung.* Bern: Huber.

Boesch, E. E. (1984). The development of affective schemata. *Human Development, 34,* 173—209.

Bolterauer, L. (1975). Der Fanatismus. *Psyche, 29,* 287—315.

Bowlby, J. (1961). Process of mourning. *International Journal of Psychoanalysis, 42,* 317—340.

Boyer, L. B. (1985). Psychoanalyse einer Borderline-Patientin. *Psyche, 39,* 1067—1101.

Brooker, A. E. & Mauth, Th. R. (1982). Infantile Autism: Clinical features, diagnosis, etiology and prognosis. *Psychological Reports, 50,* 587—592.

Buck, R. (1983). Emotional development and emotional education. In R. Plutchik & H. Kellermann (Eds.), *Emotion. Theory, research and experience. Vol. 2. Emotions in early development* (pp. 259—292). New York: Academic Press.

Bürgin, D. (1984). Die Psychose: Eine pervasive Entwicklung? In R. Lempp (Hrsg.), *Psychische Entwicklung und Schizophrenie* (S. 105—115). Bern: Huber.

Chance, M.R.A. (1980). An ethological assessment of emotion. In R. Plutchik & H. Kellerman (Eds.), *Emotion, theory, research and experience* (pp. 81—112) (Vol. 1). New York: Academic Press.

Charlesworth, W. R. & Kreutzer, M. A. (1973). Facial expressions of infants and children. In P. Ekman (Ed.), *Darwin and facial expression* (pp. 91—168). New York: Academic Press.

Chasseguet-Smirgel, J. (1981). *Das Ichideal.* Frankfurt: Suhrkamp.

Chasseguet-Smirgel, J. (1983). Perversion and the universal law. *International Review of Psychoanalysis, 10,* 393.

Chevalier-Skolnikoff, S. (1973). Facial expression of emotion in nonhuman primates. In P. Ekman (Ed.), *Darwin and facial expression* (pp. 11—90). New York: Academic Press.

Ciompi, L. (1982). *Affektlogik.* Stuttgart: Klett.

Cierpka, M. (1985). Zur Unterscheidung von Neurose und Psychose. *Forum der Psychoanalyse, 1,* 265—283.

Cierpka, M. (1986). Zur Psychodynamik der Kleptomanie. *Psychiatrische Praxis, 13,* 94—103.

Colby, A. & Kohlberg, L. (1984). Das moralische Urteil. Der kognitionszentrierte entwicklungspsychologische Ansatz. In G. Steiner (Hrsg.), *Entwicklungspsychologie* (S. 348—366) (Bd.1). Weinheim: Beltz.

Colbert, E.G., Kögler, R.R. & Markan, C.H. (1959). Vestibular disfunction in childhood schizophrenia. Ar*chives of General Psychiatry, 1,* 600—617.

Cremerius, J. (1977). Ist die psychosomatische Struktur „der französischen Schule" krankheitsspezifisch? *Psyche, 31,* 293—317.

Dahl, H. (1979). The appetite hypothesis of emotion. A new psychoanalytic model of motivation. In C. Izard (Ed.), *Emotions and personality in psychopathology* (pp. 199—223). New York: Plenum Press.

Dahl, H. (1988). Frames of mind. In H. Dahl & H. Kächele und Thoma (Eds.), *Psychoanalytic process research strategies.* Heidelberg: Springer. S. 51—66.

Darwin, C. (1872). *The expression of the emotions in men and animals.* London: Murray.

Decarie, Th. & Solomon, R. (1984). Affektivität und kognitive Entwicklung. In G. Steiner (Hrsg.), *Kindlers Psychologie des 20. Jahrhunderts. Bd.1, Entwicklungspsychologie* (S. 401—423). Weinheim: Beltz.

Degkwitz, R., Helmchen, H. & Mombour, W. (1980). *Diagnosenschlüssel psychiatrischer Krankheiten.* Berlin: Springer.

Deutsch, H. (1942). Some forms of emotional disturbance and their relationship to schizophrenia. *Psychoanalytic Quartely, 11,* 301—321.

De Rivera, J. (1977). *A structural theory of the emotions. Psychological issues.* Vol. 10. New York: International University Press, 4, Mono. 40.

Devereux, G. (1978). *Normal und Anormal.* Frankfurt: Suhrkamp.

Dietz, A. (1985). *Mimische Kommentare zu eigenem aggressiven Humor: Eine Studie zum FACS.* Unveröffentlichte Diplomarbeit an der Fachrichtung Psychologie der Universität des Saarlandes.

Dörner, D. (1985). Verhalten, Denken und Emotionen. In L. H. Eckensberger & E. Lantermann (Hrsg.), *Emotion und Reflexivität* (S. 157—181). München: Urban & Schwarzenberg.

Dörner, D., Kreutzig, H. W., Reither, F. & Stäudel, T. (1983). *Lohausen. Vom Umgang mit Unbestimmtheit und Komplexität.* Bern: Huber.

Dougherty, F. E., Bartlett, E. S. & Izard, C. E. (1974). Responses of schizophrenics to expressions of fundamental emotions. *Journal of Clinical Psychology, 30,* 243—246.

Duerr, H.P. (1979). Traumzeit. *Über die Grenze zwischen Wildnis und Zivilisation.* Frankfurt: Syndikat.

Eibl-Eibesfeldt, I. (1980). Medical aspects of communicative behaviour as seen from an ethological perspective. In S.A. Corson & E.O. Corson, *Ethology and nonverbal communication in mental health* (pp. 15—21). Oxford: Pergamon.

Eibl-Eibesfeldt, I. (1984). *Biologie des menschlichen Verhaltens.* München: Piper.

Ekman, P. (1985). *Telling lies. Clues to deceit.* New York: Norton.

Ekman, P. & Friesen, W. V. (1969). The repertoire of nonverbal behavior. Categories, Origins, Usage and Coding. *Semiotica, 1,* 49—98.

Ekman, P., Friesen, W. V. & Ellsworth, Ph. (1982). What are the similarities and differences in facial behaviour across cultures. In P. Ekman (Ed.), *Emotion in the human face* (pp. 128—143). Cambridge University Press.

Ekman, P., Friesen, W. V. & Simons, R. C. (1985). Is the startle reaction an emotion? *Journal of Personality and Social Psychology, 49,* 1416—1426.

Ekman, P., Levenson, R. W. & Friesen, W. V. (1983). Automatic nervous system activity distinguishes among emotions. *Science, 221,* 1208—1210.

Ekman, P. & Oster, H. (1982). A review of research. Developmental studies. In P. Ekman (Ed.), *Emotion in the human face* (pp. 153—159). Cambridge University Press.

Elias, N. (1976). *Über den Prozess der Zivilisation* (Bd. 1 u. 2). Frankfurt: Suhrkamp (Erstauflage 1936).

Ellgring, J. H. (1989). *Nonverbal communication in depression.* Cambridge university press.

Endres de Oliveira, G. (1989). Reagieren Kleinkinder auf affektive mimische Reize affektiv? *Acta Paedopsychiatrica, 52,* 26—35.

Engel, G. L. (1962). Anxiety and depression withdrawal: The primary affects of unpleasure. *The International Journal of Psychoanalysis, 43,* 89—97.

Erdheim, M. (1982). *Die gesellschaftliche Produktion von Unbewußtheit.* Frankfurt: Suhrkamp.

Erikson, E. H. (1957). *Kindheit und Gesellschaft.* Stuttgart: Klett.

Exline, R. (1972). Visual Interaction: The Glances of Power and Preference. In James K. Cole (Ed.), *Nebraska Symposium on Motivation* (pp. 163—2O6) (Vol 19). University of Nebraska Press.

Feldmann, R.S. (1982). *Development of nonverbal behavior in children.* Heidelberg: Springer.

Feldstein, St. (1964). Vocal patterning of emotional expression. *Science and Psychoanalysis, 7,* 193—210.

Fenichel, O. (1974). *Psychoanalytische Neurosenlehre* (Bd. 1, 2 und 3). Olten: Walter.

Fest, J. C. (1981) *Hitler.* Berlin: Ullstein.

Fiedler, K. (1985). Zur Stimmungsabhängigkeit kognitiver Funktionen. *Psychologische Rundschau, 36,* 124—134.

Field, T. M., Woodson, R., Greenberg, R. & Cohen, D. (1982). Discriminaton and Imitation of Facial Expressions by Neonates. *Science, 218,* 179—181.

Fisher, S. & Cleveland, S. E. (1968). *Body image and personality.* New York: Dover Publications.

Franke, A. (1981). *Psychosomatische Störungen. Theorien und Versorgung.* Stuttgart: Kohlhammer.

Freud, S. (1948). *Die Traumdeutung.* GW (Bd.2/3). London: Imago Publishing Company (Erstauflage 1900).

Freud, S. (1955): *Fetischismus.* GW (Bd. 14, S. 311—317). London: Imago Publishing Company (Erstauflage 1927).

Freud, S. (1972). *Massenpsychologie und Ichanalyse,* G.W. (Bd. 13, S. 70—162). Frankfurt Fischer (Erstauflage 1921).

Freud, S. (1973a). *Hemmung, Symptom und Angst. Studienausgabe* (Bd. 6, S 227—308) Frankfurt: Fischer (Erstauflage 1926).

Freud, S. (1973b). *Zur Einführung des Narzißmus.* GW (Bd. 10, S. 138—170). Frankfurt: Fischer (Erstauflage 1914).

Freud, S. (1973c). *Das Unbewußte.* GW (Bd. 10, S. 264—303). Frankfurt: Fischer (Erstauflage 1915).

Freud, S. (1973d) *Trauer und Melancholie.* GW, (Bd. 10, S. 428—446). Frankfurt: Fischer (Erstauflage 1916).

Freud, S. (1978a). *Drei Abhandlungen zur Sexualtheorie.* GW, (Bd. 5, S. 27—145). Frankfurt: Fischer (Erstauflage 1905a).

Freud, S. (1978b). *Der Witz und seine Beziehung zum Unbewußten. Studienausgabe* (Bd.4, S. 9—220). Frankfurt: Fischer (Erstauflage 1905b).

Freud, S. (1978c). *Über einen autobiographisch beschriebenen Fall von Paranoia* (dementia paranoides). GW (Bd. 8, S. 239—320). Frankfurt: Fischer (Erstauflage 1911).

Freud, S. (1978d). *Formulierungen über die zwei Prinzipien des psychischen Geschehens.* GW (Bd. 8, S. 230 238) (7. Auflage). Frankfurt: Fischer (Erstauflage 1911).

Frijda, N. H.(1986). *The emotions.* Cambridge: University Press.

Frosch, J. (1983). *The psychotic process.* New York: International Universities Press.

Gaensbauer, Th. J. (1982). The differentiation of discrete affect. A case report. *The Psychoanalytic Study of the Child, 37,* 29—66.

Grand, S. (1982). The body and its boundaries. A psychoanalytic view of cognitive process disturbances in schizophrenia. *International Review of Psychoanalysis. 9,* 327—342.

Green, A. (1973). *Le discours vivant.* Presses Universitaires de France.

Greenacre, Ph. (1953). Certain relationships between fetishism and faulty development of body image. *Psychoanalytic Study of the Child, 8,* 79—98.

Greenacre, Ph. (1968). Perversions. General considerations regarding their genetic and dynamic background. *Psychoanalytic Study of the Child, 23,* 47—63.

Greenacre, Ph. (1969). The fetish and the transitional object. *Psychoanalytic Study of the Child, 24,* 144—164.

Grunert, U. (1982). Selbst-Darstellung und Selbst-Entwicklung im manifesten Traum. In F.W. Eickhoff & W. Loch (Hrsg.), *Jahrbuch der Psychoanalyse* (S. 179—210). Stuttgart: Frommann.

Guex, G. (1982). *Das Verlassenheitssyndrom.* Bern: Huber.

Guidano, V. F. & Liotti, G. (1983). *Cognitive processes and emotional disorders.* New York: Guilford Press.

Gunderson, J. D. (1984). *Borderline personality disorder.* Washington: American Psychiatric Press.

Hager, J. & Ekman, P. (1985). The asymmetry of facial actions is inconsistent with models of hemispheric specialization. *Psychophysiology, 22,* 307—317.

Hahlweg, K., Feinstein, E., Müller, U. & Dose, M. (1988). Folgerungen aus der expressed emotion Forschung für die Rückfallprophylaxe Schizophrener. In Kaschka, Joraschky & Lungershausen (Hrsg.), *Die Schizophrenien* (S. 201—210). Heidelberg: Springer.

Hans, G., Krause, R. & Steimer, E. (1986). Interaktionsprozesse bei Schizophrenen — Methoden, Probleme und Forschungsthesen. In E. Nordmann & M. Cierpka (Hrsg.), *Familienforschung in Psychiatrie und Psychotherapie* (S. 30—51). Heidelberg: Springer.

Hardin, S. (1978). *Functional analysis of nonverbal interpersonal communication of selected schizophrenics and normals.* Doctoral Dissertation, University of Illinois, Urbana-Champaign.

Hartmann, H. (1975). *Ich-Psychologie und Anpassungsproblem.* Stuttgart: Klett.

Hartocollis, P. & Lester, E. P. (1982). New directions in affect theory. *Journal of the American Psychoanalytic Association, 30,* 197—211.

Haynal, A. (1975). Freud und Piaget. *Psyche, 29,* 242—272.

Haynal, A. (1982). Die Analyse des Traumes und der psychoanalytische Prozea. In F.W. Eickhoff & W. Loch (Hg.), *Jahrbuch der Psychoanalyse* (S. 158—179). Stuttgart: Frommann.

Heimann, H. (1966). *Die quantitative Analyse mimischer Bewegungen und ihre Anwendungsmöglichkeiten.* Bericht über den 25. Kongreß der Deutschen Gesellschaft für Psychologie, Münster (S. 639—646). Göttingen: Hochräthner.

Heimann, H. & Spörri, T. (1957). Das Ausdruckssyndrom der mimischen Desintegrierung bei chronischen Schizophrenen. *Schweizerische Medizinische Wochenschrift, 35/36,* 1126—1128.

Herzka, H.S. (1979). *Gesicht und Sprache des Säuglings* (2. Auflage). Basel: Schwabe.

Hoffmann, S.O. (1986). Die frühen Störungen. *Praxis der Psychotherapie und Psychosomatik, 31,* 179—180.

Holzkamp, K. (1964). *Theorie und Experiment in der Psychologie.* Berlin: Walter de Gruyter.

Iglesias, J., Naranjo, J.M. & Loeches, A. (1985). *Expression and recognition of emotion.* Communication presented at the Second European Conference on Facial Measurement, University of the Saarland, Saarbrücken, Germany.

Imhof, A. E. (1983). *Der Mensch und sein Körper von der Antike bis zur Gegenwart.* München: Beck.

Izard, C. E. (1979). *The maximal discriminative facial movement coding system.* Instructional Research Center, University of Delaware, Newark, Delaware.

Jacobson, E. (1972). *Psychotischer Konflikt und Realität.* Frankfurt: Fischer.

Jacobson, E. (1983). *Depression.* Frankfurt: Suhrkamp.

Janov, A. (1986). *Der Urschrei* (9. Auflage). Frankfurt: Fischer

Jaspers, K. (1965). *Allgemeine Psychopathologie* (8. Auflage). Berlin: Springer.

Joraschky, P, Engelbrecht-Phillip, G. & Arnold, S.(1988). Grenzenstörungen als Dysfunktionalitätsmaa bei Familien mit einem schizophrenen Jugendlichen. In W.P. Kaschka, P. Kaschka, W. P., Joraschky & E Lungershausen (Hrsg.), *Die Schizophrenien* (S. 173—187). Heidelberg: Springer.

Käsermann, M. L. (1983). Form und Funktion schizophrener Sprachstörungen. *Sprache und Kognition, 3,* 132—147.

Kernberg, O. F. (1975). *Borderline-Störungen und pathologischer Narzißmus.* Frankfurt: Suhrkamp.

Kernberg, O. F. (1983). Self, ego affects and drives. *Journal of the American Psychoanalytic Association, 30,* 893—917.

Kernberg, O. F. (1985a). *Objektbeziehungen und Praxis der Psychoanalyse.* Stuttgart: Klett-Cotta.

Kernberg, O. F. (1985b). Ein konzeptuelles Modell zur männlichen Perversion. *Forum der Psychoanalyse, 1,* 167—188.

Keßler, B. H. (1983). Rational-emotive Therapie. In R.J. Corsini (Hrsg.), *Handbuch der Psychotherapie* (Bd. 2) (S. 1105—1126). Weinheim: Beltz.

Keßler, B. H. & Wagner, T. (1988). Doppelfehler beim Denken. Gedanken im Tennisspiel und ihre Auswirkungen. *Sportpsychologie, 2,* 17—21.

Keßler, B. H. & Schubert, H. J. (1989). *Mimische Reaktionen auf Filme mit aggressivem Humor.* Medienpsychologie 1 (2), im Druck.

Khan, M. (1963). The concept of cumulative trauma. *Psychoanalytic Study of the Child, 18,* 286—306.

Khan, M. (1983). *Entfremdung bei Perversion.* Frankfurt: Suhrkamp.

Klein, H. (1986). Identification processes and denial in the shadow of nazism. *International Journal of Psychoanalysis, 67,* 45—52.

Köhler, K. & Sass, H.(1984). *Diagnostisches und statistisches Manual psychischer Störungen* (DSM 3). Weinheim: Beltz.

König, K. (1982). Interaktioneller Anteil der Übertragung und phobische Persönlichkeitsstruktur. *Psychotherapie und Psychosomatik, 27,* 25—32.

König, O. (1970). Die Ritualisierung des Auges in der Ornamentik. In ders., Kultur und Verhaltensforschung. *Einführung in die Kulturethologie* (S. 183—262). München: dtv.

Kohut, H. (1973). *Narzißmus.* Frankfurt: Suhrkamp.

Kovacs, M. & Beck, A.T (1979). Cognitive affective processes in depression. In C. Izard (Ed.), *Emotions in personality and psychopathology* (pp. 415—444). New York: Plenum Press.

Krause, R. (1972). *Kreativität.* München: Goldmann.

Krause, R. (1976). *Produktives Denken bei Kindern.* Weinheim: Beltz.

Krause, R. (1981). *Sprache und Affekt.* Stuttgart: Kohlhammer.

Krause, R. (1982). *Kernbereiche psychoanalytischen Handelns. Nervenarzt, 53,* 504—512.

Krause, R. (1983). Zur Phylo- und Ontogenese des Affektsystems. *Psyche, 37,* 1016—1043.

Krause, R. (1984a). Psychoanalyse als interaktives Geschehen. In U. Baumann (Hrsg.), *Psychotherapie: Makro- und Mikroperspektiven* (S. 146—158). Göttingen: Hogrefe.

Krause, R. (1984b). Ist Wissenschaft und Kunst heilsam für denjenigen, der sie macht? In P. Feyerabend (Hrsg.), *Wissenschaft und Kunst* (S. 75—86). Verlag der Fachvereine.

Krause, R. (1985a). Über die psychoanalytische Affektlehre am Beispiel der Einsicht. In L.H. Eckensberger & E. Lantermann (Hrsg.), *Emotionalität und Reflexivität* (S. 267—290). München: Urban & Schwarzenberg.

Krause, R. (1985b). Über die primäre Identifikation und ihre Abwehr. *Schweizerisches Jahrbuch für Psychoanalyse: Psychanalyse* (S. 95—120). Neuchâtel: La Baconniere.

Krause, R., (1988). Eine Taxonomie der Affekte und ihre Anwendung auf das Verständnis der frühen Störungen. *Psychotherapie und Medizinische Psychologie, 38,* 77—86.

Krause, R. & Lütolf, P. (1988). Facial indicators of transference processes in psychoanalytical treatment. In H. Dahl & H. Kächele (Eds.), *Psychoanalytic process research strategies* (S. 257—272). Heidelberg: Springer.

Kris, E. (1940). Laughter as an expressive process: Contributions to the psychoanalysis of expressive behavior. *International Journal of Psychoanalysis, 21,* 314—341.

Kris, E. (1956). The recovery of childhood memories in psychoanalysis. *Psychoanalytic Study of the Child, 11,* 54—88.

Krystal, H. (1978). Trauma and affects. *The Psychoanalytic Study of the Child, 33,* 81—116.

Küchenhoff, J. (1983). Body building: Der Körper als Statue. Fragmente. *Schriftenreihe zur Psychoanalyse, 9,* 6—32.

Küchler, Th. (1982). *Nonverbaler und verbaler Gefühlsausdruck bei Patienten mit psychosomatischen Störungen* (Bd. 13). Freiburg: Hochschulverlag.

Kuhl, J. (1983a). Emotion, Kognition und Motivation. 1. Auf dem Wege zu einer systemtheoretischen Betrachtung der Emotionsgenese. *Sprache und Kognition, 2,* 1—27.

Kuhl, J. (1983b). Emotion, Kognition und Motivation. 2. Die funktionelle Bedeutung der Emotionen für das problemlösende Denken und für das konkrete Handeln. *Sprache und Kognition, 4,* 228—253.

Kummer, H., Götz, W. & Angst, W. (1974). Triadic differentiation: An inhibitory process protecting pair bonds in baboons. *Behaviour, 49,* 62—87.

Larousso, L. (1978). Sensitivity of paranoid patients to nonverbal cues. *Journal of Abnormal Psychology, 87,* 463—471.

Leanderson, N. R. & Levi, M. A. (1967). A new approach to the experimental study of stuttering and stress. *Acta Otolaryngologica* (Supplement 2.2.4), 311—316.

Lempp, R. (1984). *Psychische Entwicklung und Schizophrenie.* Bern: Huber.

Lesser, I. M. (1981). A review of the alexithymia concept. *Psychosomatic Medicine, 43,* 531—543.

Lester, E. P. (1983). Separation, individuation and cognition. *Journal of the American Psychoanalytic Association, 31,* 127—156.

Levenson, R. (1985). *Autonomic nervous system correlates of facial activity.* Paper presented at the Second European Conference on Facial Measurement, University of the Saarland, Saarbrücken, Germany.

Leventhal, H. & Scherer, K. R. (1987). The relationship of emotion to cognition: A functional approach to a semantic controversy. *Cognition and Emotion,* 3—28.

Levine, J. (1979). Humor and psychopathology. In C.E. Izard (Ed.), *Emotions in personality and psychopathology* (pp. 37—70). New York: Plenum Press.

Levine, S. (1971). The psychoanalysis of shame. *International Journal of Psychoanalysis, 52,* 355—362.

Lewis, H. B. (1971). *Shame and guilt in neurosis.* New York: International Universities Press.

Lewis, H. B. (1979). Shame in depression and hysteria. In C.E. Izard (Ed.), *Emotions in Personality and psychopathology* (pp. 371—398). New York: Plenum Press.

Lewis, M. & Rosenblum, L. (1978). *The development of affect.* New York: Plenum Press.

Lewis, M. & Michalson, L. (1983). *Childrens emotions and moods.* New York: Plenum Press.

Lincke, H. (1970). Das Überich — eine gefährliche Krankheit? *Psyche, 24,* 375—402.

Lincke, H. (1981). *Instinktverlust und Symbolbildung.* Berlin: Seurin.

Lomax, A. & Berkowitz, N. (1972). The evolutionary taxonomy of culture. *Science, 177,* 228—239.

Mahler, M. S., Pine, F. & Bergmann, A. (1975). *The psychological birth of the human infant.* New York: Basic Books.

Marty, P. & D' Uzan, M. (1978). Das operative Denken (pense operatoire). *Psyche,* 32, 974—984.

Masterson, J. F. (1981). *The narcissistic and borderline disorders.* New York: Brunner.

Mayer M. (1986). *Körperimaginationen von Psychosomatikern und Phobikern.* Diplomarbeit im Fachbereich Psychologie der Universität des Saarlandes, Saarbrücken.

McDougall, J. (1984). The „disaffected" patiend: Reflections on affect pathology. *The Psychoanalytic Quarterly*, 53, 386—409.

McDougall, J. (1987). Ein Körper für zwei. *Forum der Psychoanalyse, 3,* 265—287.

Mead, G. H. (1973). *Geist, Identität und Gesellschaft.* Frankfurt: Suhrkamp, (Erstauflage 1934).

Melito, R. (1983). Cognitive aspects of splitting and libidinal object constancy. *Journal of the American Psychoanalytic Association, 31,* 515—533.

Meltzoff, A. N. & Moore, M. K. (1983). The origins of imitation in infancy: Paradigm, Phenomena and Theories. In L. P. Lipsett (Ed.), *Advances in infancy research* (Vol. 2). New York: Publishing Company.

Miller, A. (1979). *Das Drama des begabten Kindes.* Frankfurt: Suhrkamp.

Miller, A. (1981). *Du sollst nicht merken.* Frankfurt: Suhrkamp.

Mitscherlich, A. (1984b). Anmerkungen über die Chronifizierung psychosomatischen Geschehens. In G. Overbeck & A. Overbeck (Hrsg.), *Seelischer Konflikt — körperliches Leiden.* Frankfurt: Fachbuchhandlung für Psychologie, 143—170.

Mitscherlich, A. & Mitscherlich, M. (1986). *Die Unfähigkeit zu Trauern.* München: Piper.

Mittenecker, E. & Raab, E. (1973). *Informationstheorie für Psychologen.* Göttingen: Hogrefe.

Montagu, A. (1980). *Körperkontakt.* Stuttgart: Klett.

Morrison, A. P. (1984). Working with shame in psychoanalytic treatment. *Journal of the American Psychoanalytic Association, 32,* 479—507.

Moser, U. (1964). Zur Abwehrlehre. Das Verhältnis von Verdrängung und Projektion. *Jahrbuch der Psychoanalyse, Bd.3,* 56—84. Stuttgart: Huber.

Moser, U. (1978). Affektsignale und aggressives Verhalten. Zwei verbal formulierte Modelle der Aggression. *Psyche, 32,* 229—258.

Moser, U. (1983). *Beiträge zu einer psychoanalytischen Theorie der Affekte. Teil 1.* Berichte aus der Interdisziplinären Konfliktforschungsstelle, Nr. 10. Interdisziplinäre Konfliktforschungsstelle, Zürichbergstr. 43, CH—8044 Zürich.

Moser, U. (1985). *Beiträge zu einer psychoanalytischen Theorie der Affekte. Ein Interaktionsmodell.* Berichte aus der Interdisziplinären Konfliktforschungsstelle, Nr. 14. Interdisziplinäre Konfliktforschungsstelle, Zürichbergstr. 43, CH-8044 Zürich.

Moser, U., Zeppelin, I. von, Schneider, W. (1969). Computersimulation of a model of neurotic defense processes. *The International Journal of Psychoanalysis, 50,* 53—64.

Müller, H. (1985). Introjektion — Identifizierung — Verinnerlichung. Texte. *Schweizerische Gesellschaft für Psychoanalyse,* Ausbildungszentrum Zürich.

Muzekari, L. H. & Bates M. E. (1977). Jugdement of emotion in chronic schizophrenics. *Journal of Clinical Psychology, 33,* 662—666.

Nemiah, J. C. & Sifneos, P. E. (1970). Affect and phantasy in patients with psychosomatic disorders. In O. W. Hill (Ed.), *Modern trends in Psychosomatic Medicine, 2,* (pp. 26—34). London: Butterworth.

Niederland, W. G. (1980). *Folgen der Verfolgung: Das Überlebenden—Syndrom Seelenmord.* Frankfurt: Suhrkamp.

Noy, P. (1982). A revision of the psychoanalytic theory of affect. *The Annual of Psychoanalysis, 10,* 139—186.

Ogden, Th. (1979). On projective identification. *International Journal of Psychoanalysis, 60,* 357—373.

Orr, S. P. & Lanzetta, J. T. (1984). Extinction of an emotional response in the presence of facial expressions of Emotion. *Motivation and Emotion, 8,* 55—66.

Oster, H. (1978). Facial expression and affect development. In M. Lewis & L. Rosenblum (Eds.), *The development of affect* (pp. 43—76). New York: Plenum Press.

Ostow, M. (1986). The psychodynamics of apocalypsis: Discussion of papers on identification and the Nazi-phenomenon. *International Journal of Psychoanalysis, 67,* 277—285.

Overbeck, G. (1977). Das psychosomatische Symptom. Psychische Defizienzerscheinung oder generative Ich-Leistung. *Psyche, 31,* 333—354.

Peto, O. (1969). Terrifying eyes. A visual superego forerunner. *Psychoanalytic Study of the Child, 24,* 197.

Piaget, J. (1954). *Les relations entre l'affectivite et l'intelligence dans le developpement mental de l'enfant.* Paris: Centre de Documentation Universitaire.

Pine, F. (1981). In the beginning: Contributions to a psychoanalytic developmental psychology. *International Review of Psychoanalysis, 4,* 15—34.

Plessner, H. (1982). *Lachen und Weinen. Eine Untersuchung der Grenzen menschlichen Verhaltens.* GW (Bd.7, S. 201—388). Frankfurt: Suhrkamp (Erstauflage 1941).

Plutchik, R. (1980). *Emotion — A psychoevolutionary synthesis.* New York: Harper.

Pritz, W. F.& Mitterauer, B. (1977). The concept of narcissism and organismic selfreference. *International Review of Psychoanalysis, 4,* 181—196.

Rad, M. von (1983). *Alexythimie. Empirische Untersuchungen zur Diagnostik und Therapie psychosomatisch Kranker.* Berlin: Springer.

Redican, W. K. (1982). Evolutionary perspective on human facial displays. In P. Ekman (Ed.), *Emotion in the human face* (pp. 212—280). Cambridge University Press.

Reiser, D. E. & Levenson, H. (1984). Abuses of the borderline diagnosis. A clinical problem with teaching opportunities. *American Journal of Psychiatry, 141,* 1528—1532.

Revers, W. J. (1984). Die Langeweile: Symptom emotionaler Verkümmerung. *Zeitschrift für Klinische Psychologie und Psychotherapie, 32,* 4—13.

Richter, H. E. (1960). Die narziatischen Projektionen der Eltern auf das Kind. *Jahrbuch der Psychoanalyse,* 62—81. Köln: Westdeutscher Verlag.

Richter, H. E. (1979). *Der Gotteskomplex. Die Geburt und die Krise des Glaubens an die Allmacht des Menschen.* Hamburg: Rowohlt.

Riedl, R. (1981). *Biologie der Erkenntnis. Die stammesgeschichtlichen Grundlagen der Vernunft* (S. 52—77). Berlin: Parey.

Rohde-Dachser, Ch. (1983). *Das Borderline-Syndrom.* Bern: Huber.

Rohde-Dachser, Ch. (1985). Zum Problem der Näheangst. In U. Rüger (Hrsg.), *Neurotische und reale Angst* (S. 36—46). Göttingen: Vandenhoeck & Ruprecht.

Rohde-Dachser, Ch. (1986). Ringen um Empathie. Ein Interpretationsversuch masochistischer Inszenierungen. *Forum der Psychoanalyse, 2,* 44—58.

Rüegg-Kuhlenkampff, W. & Peters, M. (1972). Inhaltsanalytische Untersuchungen von Erziehungsfragen in deutschsprachigen Zeitschriften. In *Bulletin Nr. 9 des Psychologischen Instituts der Universität Zürich.*

Rosenfeld, D. (1984). Hypochondria, trias, somatic delusion and body scheme in psychoanalytic practice. *International Journal of Psychoanalysis, 65,* 377.

Rosenthal, A., Hall, J. A., DiMatteo, M. R., Rogers, P. L. & Archer, D. (1979). *Sensitivity to nonverbal communication. The Pons-Test.* Baltimore: John Hopkins Press.

Sachsse. U. (1987) Selbstbeschädigung als Selbstfürsorge. Zur intrapersonellen und interpersonellen Psychodynamik schwerer Selbstbeschädigungen der Haut. *Forum der Psychoanalyse, 3* , 41—51.

Sänger-Alt, C., Steimer-Krause, E., Wagner, G. & Krause, R. (1989). Mimisches Verhalten psychosomatischer Patienten. Untersuchungen zur Alexithymie an zwei Krankheitsgruppen. *Zeitschrift für Klinische Psychologie, 18,* 243—256.

Sandhöfer, M. (1986). *Affektives Verhalten psychosomatisch Kranker: Eine Literaturanalyse.* Diplomarbeit an der Fachrichtung Psychologie der Universität des Saarlandes, Saarbrücken.

Sandler, J. (1960). On the concept of the superego. *Psychoanalytic Study of the Child, 15,* 128—161.

Sandweg, R. (1986). *Colitis ulcerosa und Morbus Crohn unter besonderer Berücksichtigung prästruktureller Entwicklungsstörungen.* Vortrag gehalten auf der 3. Konferenz für Wissenschaft und Forschung der DPG in Frankfurt/M.

Scheflen, A. (1981). *Levels of schizophrenia.* New York: Bruner & Mazel.

Scherer, K. R. (1979). Nonlinguistic vocal indicators of emotion and psychopathology. In C. E. Izard (Eds), *Emotions in personality and psychopathology* (pp. 495—529). New York: Plenum Press.

Scherer, K. R. (1982). Methods of research on vocal communication. In K. R. Scherer & P. Ekman (Eds.), *Handbook of methods in nonverbal behavior research* (pp. 136—197). Cambridge University Press.

Scherer, K. R. (1984). On the nature and function of emotion. A component process approach. In K. R. Scherer & P. Ekman (Eds.), *Approaches to emotion* (pp. 293—317). Hillsdale: Erlbaum.

Schleifer, R. (1981). Zur Psychodynamik des Gilles de la Tourettesyndroms. *Praxis der Kinderpsychologie, 30,* 199—204.

Schilder, P. (1970). *The image and appearance of the human body* (2. Auflage). New York: International University Press.

Schneider, H. (1981). *Die Theorie Piagets — Ein Paradigma für die Psychoanalyse.* Bern: Huber.

Schneider, K. (1980). *Klinische Psychopathologie* (12. Auflage). Stuttgart: Thieme.

Scott, J. P. (1980). The function of emotions in behavioral systems. A system theory analysis. In Plutchik & Kellermann (Eds.), *Emotion, theory, research and experience. Vol. 1: Theories of emotion* (pp. 35—56). New York: Academic Press.

Searles, H. F. (1984/85). The role of the analysts facial expression in Psychoanalysis and psychoanalytic psychotherapy. *International Journal of Psychoanalysis and Psychoanalytic Psychotherapy, 10,* 47—73.

Seligman, M. E. P. (1975). *Helplessness.* San Francisco: Freeman.

Sclyc, H. (1956). *The stress of life.* New York: McGraw Hill.

Shatan, Ch. F. (1981). Die trauernde Seele des Soldaten. In R. Steinweg (Hrsg.), *Unsere Bundeswehr. Zum 25jährigen Bestehen einer umstrittenen Institution.* Frankfurt: Suhrkamp.

Silver, A. A. & Gabriel, H. P. (1964). The association of schizophrenia in childhood with primitive posture responses and decreased muscle-tone. *Developmental Medicine and Child Neurology,* 495—497.

Simon, F. (1983). Die Evolution unbewußter Strukturen. *Psyche, 37,* 520—554.

Singer, M. (1977). The experience of emptiness in narcissistic and borderline states. *International Review of Psychoanalysis, 4,* 459—479.

Spitz, R. A. (1974). *Vom Säugling zum Kleinkind.* Stuttgart: Klett.

Spörri, T. (1966). *Kompendium der Psychiatrie.* Frankfurt: Akademische Verlagsgesellschaft.

Spörri, T. & Heimann, H. (1957). Ausdruckssyndrome Schizophrener. *Der Nervenarzt, 28,* 364—367.

Sroufe, L. A. (1981). Die Organisation der emotionalen Entwicklung. In K. Foppa & R. Kroner (Hrsg.), *Kognitive Strukturen und ihre Entwicklung* (S. 15—34). Bern: Huber.

Steimer, E. (1983). *Nonverbale Aspekte interaktiven Verhaltens an Schizophrenen.* Diplomarbeit an der Fachrichtung Psychologie der Universität des Saarlandes, Saarbrücken.

Steimer, E., Krause, R., Sänger-Alt, C. & Wagner, G. (1988). Mimisches Verhalten schizophrener Patienten und ihrer Gesprächspartner. *Zeitschrift für Klinische Psychologie, 17* (2) 132—147.

Steiner, F. (1986). Differentiating smiles. In E. Bänninger-Huber & F. Steiner (Hrsg.), *FACS in psychotherapy research.* Berichte aus der Abteilung Klinische Psychologie Nr. 19. *Universität Zürich, Schmelzbergstr. 40,* 13—28.

Stirnimann, F. (1965) *Psychologie des neugeborenen Kindes.* München: Kindler.

Stoller, R. J. & Herdt, G. H. (1982). The development of masculinity: A cross-cultural contribution. *Journal of the American Psychoanalytic Association, 30,* 29—59.

Süllwold, L. (1984). *Schizophrenie.* Stuttgart: Kohlhammer.

Suppes, P. & Warren, H. (1975). On the generation and classification of defense mechanisms. *International Journal of Psychoanalysis, 56,* 405—414.

Theweleit, K. (1978). *Männerphantasien.* Frankfurt: Roter Stern.

Thomä, H. (1981). Über die Unspezifizität psychosomatischer Erkrankungen am Beispiel einer Neurodermitis mit 20jähriger Katamnese. In H. Thomä (Hrsg.), *Schriften zur Praxis der Psychoanalyse: Vom spiegelnden zum aktiven Psychoanalytiker* (S. 150—185). Frankfurt: Suhrkamp.

Thomä, H. & Kächele, H. (1985). *Lehrbuch der psychoanalytischen Therapie* (Band 1). Heidelberg: Springer.

Ticho, E. A. & Richards, H. E. (1982). Psychoanalytic theories of the self. *Journal of the American Psychoanalytic Association, 30,* 717—733.

Tomkins, S. S. (1962). *Affect, imagery and consciousness* (Vol.1). New York: Springer.

Tomkins, S. S. (1963). *Affect, imagery, consciousness. Vol.2: The negative affects.* New York: Springer.

Tomkins, S. S. (1968). *Affects — primary motives of man. Humanitas, 3,* 321—346.

Torok, M. (1983). Trauerkrankheit und Phantasma des cadavre exquit. *Psyche, 37,* 1497—519.

Traue, H. C. (1989). *Gefühlsausdruck, Hemmung und Muskelspannung unter sozialem Streß.* Göttingen: Hogrefe.

Tress, W. (1985). Zur Psychoanalyse der Sucht. *Forum der Psychoanalyse, 1,* 81—92.

Tress, W. (1986). *Das Rätsel der seelischen Gesundheit.* Göttingen: Vandenhoeck & Ruprecht.

Tuchmann, B. (1984). *Die Torheit der Regierenden.* Frankfurt: Fischer.

Turner, B. S. (1984). *The body and society.* Basic Blackwell.

Volkart, R. & Rothenfluh, Th. (1986). Normen, kognitiv-affektive Regulierung und soziale Kontrolle: Ein Modell sozial abweichenden Verhaltens. *Zeitschrift für Klinische Psychologie, 15,* 177—200.

Waites, E. A. (1982). Fixing women. Devaluation, Idealisation and the female fetish. *Journal of the American Psychoanalytic Association, 30,* 435—460.

Walker, E. (1981). Emotion recognition in disturbed and normal children. A research note. *Journal of Child Psychology and Psychiatry, 22,* 263—268.

Walker, E., Marvitt, S. J. & Emori, E. (1980). A cross-selectional study of emotion recognition in schizophrenics. *Journal of Abnormal Psychology, 89,* 428—436.

Wallbott, H. G. (1982). *Bewegungsstil und Bewegungsqualität: Untersuchungen zum Ausdruck und Eindruck gestischen Verhaltens in Zusammenhang mit psychopathologischen Störungen.* Dissertation im Fachbereich Psychologie der Universität Gieaen.

Weber, K. (1984). *Einführung in die psychosomatische Medizin.* Bern: Huber.

Weinrich, J. D. (1980). Toward a social biological theory of the emotion. In R. Plutchik & H. Kellermann (Eds.), *Emotion. Theory, research and experience. Vol. 1: Theories of emotion* (pp. 113—140). New York: Academic Press.

Willi, J. (1977). *Die Zweierbeziehung.* Hamburg: Rowohlt.

Winnicott, D. W. (1953). Transitional objects and transitional phenomena. *International Journal of Psychoanalysis, 34,* 89—97.

Winnicott, D. W. (1965). Ego distortions in terms of fine and false self. In ders. *The maturational processes and the facilitating environment.* New York: International Universities Press.

Witkin, H. A. (1949/50). The nature and importance of individual differences in perception. *Journal of Personality. 18,* 145—170.

Wurmser, L. (1986). Die schwere Last von tausend unbarmherzigen Augen. Zur Psychoanalyse der Scham und Schamkonflikte. *Forum für Psychoanalyse, 2,* 111—133.

Zavitzianos, G. (1982). The perversion of fetishism in women. *Psychoanalytic Quarterly, 51,* 405—425.

Zeppelin, I. von (1973). Social drop-outs and hippies: Fantasy, object relationship and aggressiveness. *British Journal of Medical Psychology, 46,* 181—190.

Zilboorg, G. (1933). Anxiety without affect. *Psychoanalytic Quarterly, 2,* 48—67.

Zuckerman, M. (1968). Field dependency as predictor of responses to sensory and social isolation. *Perceptual and Motor Skills, 27,* 757—758.

Zuckerman, M. (1979). Sensation seaking and risk taking. In C. E. Izard (Ed.), *Emotions in personality and psychopathology* (pp. 161—198). New York: Plenum Press.

11. Kapitel

Emotion und Gesundheit

Hermann Faller und Rolf Verres

1 Einleitung

Der folgende Beitrag will einen streiflichtartigen Überblick über das weite Feld der Forschung geben, die die Beziehung von Emotion und Gesundheit zum Thema hat. Wir diskutieren zunächst die Bedeutung emotionalen Befindens für Gesundheit und Krankheit, stellen die Frage, ob angegebene Lebenszufriedenheit ein geeignetes Kriterium für psychische Gesundheit sein kann, und erläutern die wichtige Rolle der Bewältigungskompetenz für die Aufrechterhaltung psychischer Gesundheit anhand von Beispielen *(Abschnitt 2)*. Bei der Frage, wie emotionale Belastungen des Alltags angemessen bewältigt werden können, kommt dem adaptiven Ausdruck von Emotionen (z. B. Ärger) ein großer Stellenwert zu *(Abschnitt 3)*. Daß bestimmte Arten von Streßbewältigung und Emotionsausdruck selbst krankheitsfördernd wirken können, läßt sich am Beispiel des sog. Typ-A-Verhaltens demonstrieren *(Abschnitt 4)*. Über die alltäglichen Belastungen hinauszugehen scheint häufig die Wirkung sog. kritischer Lebensereignisse auf Wohlbefinden und Gesundheit. Wie sich kritische Lebensereignisse auf die psychische und physische Gesundheit auswirken, kann nicht allgemein, sondern nur dadurch geklärt werden, daß man auch die jeweiligen subjektiven Bedeutungen und die individuellen Bewältigungsmöglichkeiten ausreichend berücksichtigt *(Abschnitt 5)*. Die bisherige Lebensereignisforschung fokussiert Gesundheitsstörungen. Wir wenden uns anschließend speziellen psychologischen Fragestellungen im Bereich der Medizin zu, indem wir emotionale Aspekte präventiven Verhaltens am Beispiel der Motivation zur Teilnahme an Krebsfrüherkennungsuntersuchungen analysieren *(Abschnitt 6)*. Nachdem sich die vorausgehenden Abschnitte mit der Bewältigung von Streß im Alltag oder bei kritischen Lebensereignissen befaßt haben, kommen wir schließlich zur psychischen Verarbeitung von Gesundheitsstörungen. Diese können ihrerseits infolge einer mißlungenen Verarbeitung der erstgenannten Belastungen entstanden sein und müssen nun selbst — im Sinne eines Coping (Bewältigungsverhalten) zweiter Ordnung — bewältigt werden. Wir zeichnen kritisch den theoretischen Hintergrund der Krankheitsbewältigungsforschung nach und diskutieren einzelne Ergebnisse, insbesondere anhand von Forschungen zu Herz-Kreislauf-Erkrankungen *(Abschnitt 7)*. Abschließend thematisieren wir emotionale Aspekte medizinischer Interventionen, vom Arzt-Patient-Gespräch bis zur Herzkatheteruntersuchung und zur Herzoperation *(Abschnitt 8)*.

Ziel dieses Beitrages ist es zu zeigen, daß die Beziehungen zwischen Gefühlen und Gesundheitserleben so komplex sind, daß nur eine offene Herangehensweise, die sich von theoretischen und methodologischen Voreingenommenheiten freimacht, den Gegenstand angemessen bearbeiten kann.

2 *Die Bedeutung des emotionalen Befindens für Gesundheit und Krankheit*

Die Weltgesundheitsorganisation definierte im Jahre 1946 Gesundheit als einen Zustand vollständigen körperlichen, seelischen und sozialen Wohlbefindens und nicht nur als die Abwesenheit von Krankheit oder Behinderung. Dieser utopischen Vorstellung vom seelisch und körperlich ganz ausgeglichenen Menschen in einer heilen Gesellschaft stehen zahllose Versuche der medizinpsychologischen Gesundheits- und der Psychotherapieforschung gegenüber, konkretere Ziele und Kriterien ärztlicher und psychotherapeutischer Möglichkeiten der Förderung von Gesundheit empirisch zu entwickeln.

Befassen wir uns zunächst mit den Zusammenhängen zwischen emotionalem Befinden und psychischer Gesundheit bzw. psychischer Krankheit.

Es genügt nicht, das Fehlen psychischer Krankheit zum Kriterium psychischer Gesundheit zu machen. In der Psychologie gibt es ebenso wie in der Medizin und der Kulturanthropologie keinen Konsens zur Frage, was das Wesen einer „psychischen Krankheit" ausmache. Und selbst das Vorhandensein von Glücksgefühlen, Wohlbefinden oder Zufriedenheit kann nicht generell als Kriterium für Gesundheit gelten, da diese Gefühle weitgehend situativ durch aktuelle Bedürfnisbefriedigung bedingt sind oder im Extremfall sogar als Zeichen eines momentanen Realitätsvergessens interpretierbar sind, so z.B. beim sexuellen Erfülltsein, aber auch bei Manien oder manchen Suchten.

Befindlichkeitsstörungen führen Menschen häufig zu Ärzten, professionellen Psychotherapeuten oder anderen Beratern. Wenn diese gebeten werden, durch ein Gespräch oder durch eine Medikamentenverordnung an der Veränderung menschlicher Gefühlsregungen mitzuwirken, liegt meist eine der folgenden Problemsituationen vor:

— ein *emotionales Defizit:* der Ratsuchende beklagt, zu wenig oder überhaupt keine Gefühle mehr erleben zu können;

— eine *zu intensive Emotionalität:* der Ratsuchende klagt über zu starke und zu häufige Gefühle einer bestimmten Art;

— ein Erleben der *„falschen" Emotionen:* der Ratsuchende klagt z. B. über ihm selbst schwer verständliche Schuldgefühle, über ängstlich getönte Grübelzwänge oder über von ihm selbst als fremd empfundene sadistisch-aggressive Impulse;

— ein häufiges Erleben *körperlicher Äquivalente* von Emotionen: der Ratsuchende klagt über Herzjagen, Erröten, Schwindelgefühle, Magenschmerzen oder „die Nerven", ohne daß ein somatisch-pathologischer Befund erhoben werden kann;

— ein *störendes Auffallen:* Bezugspersonen halten starke Ängste, Wutanfälle oder Depressionen eines Menschen für unangemessen und weisen diesem die Rolle eines Kranken zu.

Derartige Störungen von Zufriedenheit und Wohlbefinden konfrontieren den Berater nicht primär mit der Frage, was die Befindlichkeit von Menschen „gut" oder „schlecht" erscheinen läßt, sondern stärker mit der Frage, wie Menschen erschließen, daß ihre Befindlichkeit gut oder schlecht sei, und ferner mit der Frage, ob sich die geschilderte Befindlichkeit auf einen bestimmten Zeitpunkt, auf bestimmte Lebensbereiche oder auf das Leben als ganzes (in der momentanen Wahrnehmung) bezieht.

Diese Probleme zeigen sich deutlich in der Forschung zur „Lebenszufriedenheit". Die Ergebnisse empirischer Erfassungsversuche der allgemeinen Lebenszufriedenheit hängen von der jeweils aktuellen Stimmungslage beim Erhebungsversuch ab. In einem Experiment von Schwarz (1983) genügte es, ein scheinbar vergessenes Geldstück auf einem Fotokopiergerät gefunden zu haben, um eine statistisch signifikant höhere (wenn auch, absolut gesehen, nicht überwältigend hohe) Lebenszufriedenheit zu berichten, als es bei Personen geschah, die kein Geldstück gefunden hatten. In einem weiteren Experiment (Schwarz & Clore, 1983) berichteten — aus dem Telefonbuch ausgesuchte und nach Zufall den Bedingungen zugeteilte — Versuchspersonen dann, wenn sie vom Forscher bei Sonnenschein angerufen wurden, über höhere allgemeine Lebenszufriedenheit als solche, die bei Regen angerufen wurden. Schwarz und Clore sprachen die anzunehmende Situationsabhängigkeit des berichteten allgemeinen Wohlbefindens explizit in einer weiteren Telefoninterviewstudie an. Wurde das Wetter explizit angesprochen, verschwanden die Unterschiede in der angegebenen allgemeinen Zufriedenheit, wenn sich auch die momentane Stimmung nicht veränderte. Menschen scheinen ihr allgemeines Wohlbefinden weitgehend auf der Basis ihres momentanen Befindens zu beurteilen, auch wenn sie selbst bewußt spüren, daß ihre momentane Befindlichkeit hierfür eigentlich nur teilweise informativ ist, weil sie zum Teil vorübergehenden, für die überdauernde Lebenszufriedenheit vielleicht irrelevanten Ursachen zuzuschreiben ist.

Die Test-Retest-Reliabilitäten von Maßen des Wohlbefindens sind selten höher als r =.40 und selbst innerhalb einstündiger Interviews nur r =.60 (Glatzer & Zapf, 1984).

Die geäußerte Lebenszufriedenheit ist somit kein besonders verläßliches Indiz der Lebensqualität oder psychischen Gesundheit. In einem Urteilsmodell des subjektiven Wohlbefindens nehmen Schwarz und Strack (1985) an, daß zwar die Beurteilung der allgemeinen Lebenszufriedenheit stark von der situativen Stimmung abhänge, daß aber zumindest Aussagen über bereichsspezifische Lebenszufriedenheit reliabler seien, da diese eindeutiger nach verfügbaren Vergleichsstandards bewertet werden (vgl. auch Kommer, Schwarz, Strack & Bechtel, 1986).

Fahrenberg, Myrtek, Wilk und Kreutel (1986) setzten sich ebenfalls mit der starken Methodenabhängigkeit von Befunden zur Lebenszufriedenheit auseinander, wie z. B. der jeweiligen semantischen Akzentuierung (z. B. Zufriedenheit versus Abwesenheit von Unzufriedenheit; Wohlbefinden; Lebensqualität; Glück), der Bedeutung des aktualisierten Bezugssystems (intraindividuell-ipsativ vs interindividuell-vergleichend), des Umfangs (global vs differenzierend), der Perspektive (rückblickend-bilanzierend vs gegenwartsbezogen) und fordern angesichts der erheblichen „Methodenvarianz", grundsätzlich eine Methodenkombination einzusetzen. Beispielhaft stellen sie eine multimodale Studie über die Lebenszufriedenheit von Koronarkranken vor, bei der 24 verschiedene Fragebogenskalen und ein 14-teiliges halbstandardisiertes Interview kombiniert wurden. Durch diesen massiven Einsatz von Erfassungsversuchen auf den verschiedensten subjektiven Bedeutungsebenen erzielten diese Autoren eine weit höhere Reliabilität der Ergebnisse, als es nach dem Urteilsmodell von Schwarz und Strack (1985) zu erwarten gewesen wäre.

Den korrelativen Zusammenhängen zwischen Gesundheit, Glück und Zufriedenheit gingen von Zerssen und Hecht (1987) im Rahmen einer Sechs- bis Acht-Jahreskatamnese an 114 ehemaligen psychiatrischen Klinikpatienten mit nicht-psychotischen Störungen und 114 Vergleichsprobanden aus der altersentsprechenden Durchschnittsbevölkerung (25—64 Jahre) mit einem umfangreichen Forschungsinstrumentarium nach. Anhand von Korrelationsrechnungen, Hauptkomponentenanalysen und multiplen Regressionsanalysen prüften sie, inwieweit sich Indikatoren für Zufriedenheit aus den Indikatoren für Gesundheit und Glückserleben ermitteln ließen. Interessanterweise wichen die „psychisch Gestörten" zwar erwartungsgemäß signifikant in Richtung beeinträchtigter Gesundheit und größerer Unzufriedenheit von der Kontrollgruppe ab; sie äußerten aber entgegen der Erwartung auch signifikant häufiger positive („glückliche") Lebensereignisse im letzten Halbjahr vor der Nachuntersuchung als die Personen der psychisch unauffälligen Kontrollgruppe. Ausgerechnet diejenigen ehemaligen Angstpatienten, bei denen die Remissionsquote mit 15 % besonders niedrig lag, beurteilten rückblickend die (hier: verhaltenstherapeutische) Therapie als besonders hilfreich. Das Training des Umgehens mit Angst schien wichtiger gewesen zu sein als das Anstreben einer — oft ohnehin nur vorübergehenden — Angstreduktion. Ebenfalls unerwartet fand sich eine signifikant positive Korrelation zwischen positiven Lebensereignissen und Unzufriedenheit bei der psychisch unauffälligen Kontrollgruppe! Von Zerssen und Hecht interpretieren dies so: erst ein gewisses Maß an Unzufriedenheit motiviere einen gesunden Menschen dazu, seine Lebensumstände in einem positiven Sinne zu verändern und die eigenen Potenzen zu erleben. Zur Frage, ob man im Lichte dieser empirischen Ergebnisse weiterhin einem Jubilar unreflektiert nur „Gesundheit, Glück, Zufriedenheit" wünschen solle, regen von Zerssen und Hecht an zu überlegen, ob der Mensch, um sich zu verwirklichen und die gesellschaftliche Entwicklung voranzutreiben, nicht doch ein zeitweiliges Quantum an Unzufriedenheit brauche, um überhaupt selbst etwas in Bewegung zu setzen und sich erst dadurch wirklich zufrieden zu fühlen.

Wie erleben sich Gesunde? Dieser Frage war eine Studie von Deneke, Ahrens, Bühring, Haag, Lamparter, Richter und Stuhr (1987) gewidmet. Personen, die sich in den letzten 5 Jahren vor der Befragung körperlich und seelisch gesund gefühlt hatten und auch keinen Arzt aufgesucht hatten, waren keineswegs unter günstigeren früheren Sozialisationsbedingungen aufgewachsen, als sie erfahrungsgemäß bei den meisten psychosomatisch-psychotherapeutischen Patienten gefunden werden.

Tress (1986) hat das Vorhandensein einer zuverlässigen Bezugsperson in der Kindheit als Schutzfaktor herausgearbeitet, der die Entstehung einer psychischen Störung trotz frühkindlicher Belastungen verhindern kann.

Als entscheidendes Kriterium von Gesundheit stellte sich in der Untersuchung von Deneke et al. (1987) heraus, daß Gesunde ihren Drang nach selbstbestimmter Tätigkeit progressiv, produktiv und flexibel in ihre Lebenspraxis umsetzten, was dann wiederum (als positiver Rückkoppelungseffekt) ihr Vertrauen auf ihre eigenen Kräfte und ihre hoffnungsvoll-zuversichtliche Lebenseinstellung verstärkte. Neben der ausgeprägten Tendenz zu selbstbestimmtem Handeln fand sich also bei den „Gesunden" besonders deutlich die Fähigkeit, hoffen zu können: ein Befund, der unseres Erachtens einige Bedeutung auch für psychotherapeutisches Arbeiten hat.

Daß auch „Gesunde" nicht frei von Befindensbeeinträchtigungen sind, belegt eindrucksvoll die großangelegte epidemiologisch-tiefenpsychologische Feldstudie an 600 repräsentativ ausgewählten Angehörigen dreier Geburtsjahrgänge einer deutschen Großstadt von Schepank (1987). 26 % der Interviewten wiesen psychische und psychosomatische Symptome auf, deren Schweregrad dem einer klinischen Inanspruchnahmeklientel entsprach.

Zufriedenheit als Parameter für subjektives Gesundheitsgefühl kann sich erst dann einstellen, wenn es einerseits durch Aktivitäten zu einer befriedigenden Durchsetzung eigener Bedürfnisse gekommen ist und wenn andererseits keine Ablehnung dieser Erfolge durch Selbstzensur im Sinne der eigenen Gewissensinstanz (z. B. als nachträgliches Schuldgefühl) erfolgt (Hinrichs 1984).

Wie sehen nun die „Experten für psychische Gesundheit", nämlich die professionellen Psychotherapeuten, die Zusammenhänge zwischen emotionalem Befinden und Gesundheit bzw. Krankheit?

Interessant ist z. B. die Frage, ob diejenigen psychotherapeutischen Wertungen, die in der klinisch-psychologischen Fachliteratur besonders häufig als Kriterien psychischer Gesundheit genannt werden, das Ergebnis psychotherapeutischer Sozialisation von Fachleuten sind, also auch als ein Resultat ihrer empirischen Arbeiten begriffen werden können, oder aber bereits Motivations- und Auswahlkriterien für die Weiterbildung angehender Psychotherapeuten bedeuten. Halmos (1972) und North (1975) postulierten, daß Psychotherapeuten eine Subkultur bilden, die durch ein gemeinsames Wertemuster gekennzeichnet sei. Diese Frage erscheint uns aus wissenschaftlichen und fachpolitischen Gründen nicht unwichtig, da empirische Forschungen aus dieser gesamten Untergruppe möglicherweise zu einem sich selbst perpetuierenden System von Wertvorstellungen beitragen können. Mit Hilfe des „value survey" von Rokeach (1973) fanden Halmos und North tatsächlich ein überraschend einheitliches Wertemuster bei Psychotherapeuten mit typischen Leitwerten wie „reife Liebesfähigkeit", „Selbstachtung", „Freiheit", „Toleranz", „liebend" und „verantwortungsvoll". Ermann, Janta und Riedel (1985) ließen insgesamt 282 Personen, die in ihrer psychotherapeutischen Ausbildung unterschiedlich weit fortgeschritten waren (Studenten der Medizin, der Psychologie, psychoanalytische Ausbildungskandidaten und Psychotherapeuten mit abgeschlossener psychoanalytischer Weiterbildung), Wertbegriffe von Rokeach in eine Rangreihe bringen, je nach der Bedeutung, die die einzelnen Werte für ihr Leben hätten. Diese Autoren fanden, daß bei allen Gruppen sehr ähnliche Wertprofile psychischer Gesundheit vorhanden waren, und sie folgern, diese Wertprofile seien nicht das Ergebnis der psychotherapeutenspezifischen wissenschaftlich fundierten Sozialisation nach Abschluß des Universitätsstudiums, sondern sie bestünden schon von Anfang an und kennzeichneten bereits Studenten der Basisfächer Psychologie und Medizin, aus denen sich später diese Fachleute rekrutieren. Die Konkordanz der Wertehierarchien stieg an von den Studenten zu den Weiterbildungskandidaten bis hin zu den Psychoanalytikern mit abgeschlossener Weiterbildung. Liest man diese Wertelisten genauer, so fällt auf, daß sie ausschließlich positives Befinden abbilden und daß Begriffe wie „Leidensfähigkeit" oder „Frustrationstoleranz" nicht vorkommen.

Aufgrund langjähriger katamnestischer Untersuchungen betonen Bürckstümmer und Kordy (1983) einschränkend, daß die Norm- und Wertvorstellungen dessen, was Professionelle als Gesundheit begreifen, keine starren Persönlichkeitsdeterminanten der Therapeuten sind, selbst wenn sie in Erhebungen homogen wirken, sondern sich in der Wirklichkeit erst während der Interaktion von Therapeut und Patient konkretisieren und dabei auch verändern, was einen dynamischen Gesundheitsbegriff erfordert.

Die Bedeutung emotionalen Befindens für Gesundheit und Krankheit wird von den meisten psychologischen und medizinischen Fachleuten im Unterschied zu vielen Laien nicht dichotom betrachtet, sondern man geht allgemein von einem Kontinuum leibseelischer Funktionsfähigkeit aus (Weiner, 1983; Hambrecht, 1986). Eine gewisse Grenzziehung erscheint jedoch häufig aus pragmatischen Gründen erforderlich zu sein. Hierfür ist der Begriff der „Behandlungsbedürftigkeit" hilfreicher als der Begriff der „Krankheit". Die Behandlungsbedürftigkeit sollte vom potentiellen Patienten, seiner Bezugsgruppe und vom Therapeuten möglichst gemeinsam ausgehandelt werden.

Daß selbst die psychotherapeutische Evaluationsforschung nicht unbedingt klare Kriterien hervorgebracht hat, anhand derer man die Bedeutung des emotionalen Befindens für Gesundheit und Krankheit klären könne, zeigen Kordy und Senf (1985; vgl. Lang, 1990). Sie betonen aufgrund eigener empirischer katamnestischer Ergebnisse, daß viele Patienten eine Psychotherapie als außerordentlich bedeutsam für ihre weitere Lebensentwicklung erleben (vgl. Senf, 1988; Bräutigam etal., 1990), selbst wenn bei professionellen

Evaluationsversuchen keine hohe „Effektivität" für Veränderungen des emotionalen Befindens gemessen werden kann. Weniger als die emotionale Befindlichkeit als solche scheint die Haltung der Person zur eigenen Befindlichkeit bedeutsam für Behandlungsbedürftigkeit zu sein. Bei starkem Leidensdruck kann sich die Notwendigkeit, über mögliche Veränderungsinterventionen zu entscheiden, zunehmend vom Ratsuchenden auf den professionellen Therapeuten verschieben.

Gesundheit bedeutet also keineswegs die völlige Abwesenheit von Unglücklichsein, vielmehr die Fähigkeit, sich auch mit der Not des Lebens wirksam auseinanderzusetzen. Schon Sigmund Freud (1895) hatte diesen immer noch aktuellen Gedanken in den abschließenden Sätzen seiner „Studien über Hysterie", eines Textes aus den Anfängen der Psychoanalyse, so formuliert: es sei bereits viel damit gewonnen, wenn es dem Analytiker gelinge, das „hysterische Elend" des Patienten in „gemeines Unglück" zu verwandeln. Gegen das letztere könne er sich mit einem wieder genesenen Seelenleben besser zur Wehr setzen (vgl. dazu auch Kächele, 1987). In der modernen Coping-(Krankheitsbewältigungs-)Forschung wird dieser Gedanke u. E. bisher weniger berücksichtigt, als er es verdient hätte (vgl. Sellshopp, 1989).

3 Verarbeitung emotionaler Belastungen im Alltag

Wichtige Kennzeichen gesunden emotionalen Erlebens sind möglicherweise die Ich-Beteiligung, die Bewußtheit, das aktive Involviertsein und das bewußte Erleben von Selbstwirksamkeit (Bandura, 1982, 1985).

Angeregt durch den von V. v. Weizsäcker geprägten Begriff des „ungelebten Lebens" (v. Weizsäcker, 1940) enthält die psychosomatische Literatur viele Reflexionen zur Frage, inwieweit emotionale Unerfülltheit, Unabgeschlossenheit oder nicht bewußt durchlebte Episoden eine Bedeutung als Krankheitsfaktoren erlangen können (Zacher, 1984). Klassisches Paradigma ist die mögliche Entwicklung einer arteriellen Hypertonie im Zusammenhang mit zwanghaft-perfektionistischen Einstellungen zur Unterdrückung eigener Emotionalität bis hin zum Nichterleben und zur besonders starken Anpassung und Blockierung aggressiver Impulse durch ein Ideal größter Selbstbeherrschung (Herrmann, Rassek, Schäfer, Schmidt und von Uexküll, 1986).

Vermeidungsverhalten und mangelnder Emotionsausdruck stellen Risikofaktoren für Krankheitsanfälligkeit dar. Sowohl bei Depressiven (Billings & Moos, 1982) als auch bei Patienten mit Migräne (Florin, Gerhards, Knispel & Koch,

1985) und Spannungskopfschmerz (Traue, 1986) konnte Vermeidungsverhalten bei emotionalen Belastungen im Alltag als ätiopathogenetische Komponente des Erkrankens dargestellt werden.

Pennebaker (1982) fand mit Hilfe von Tiefeninterviews bei Personen, die nach traumatischen Erlebnissen nicht in der Lage waren, über diese Traumata zu sprechen, eine signifikant erhöhte Anfälligkeit für psychosomatische Störungen. Eine solche „Ausdrucksunfähigkeit" kann als Dauerbelastung im Sinne des Streßkonzepts interpretiert werden, da die Möglichkeiten, Stressoren durch angemessenes expressives Verhalten günstig zu beeinflussen, herabgesetzt sind, so daß die Stressoren weiterbestehen. Die mögliche energetisierende und kommunikative Wirkung von Ärger und Wut bei der Auseinandersetzung mit Konflikten wird von diesen Personen nicht genutzt (Novaco, 1975; Verres & Sobez, 1980; Averill, 1982); stattdessen kann es zu einer allmählichen Konditionierung pathogener autonomer Reaktionen kommen (Schonecke, 1986).

Hokanson (1970) zeigte experimentell, daß direkte Aggressionen gegen eine Ärger auslösende Person deutlich schneller zur Senkung des durch den Ärger angestiegenen systolischen Blutdrucks führten, als wenn die offenen Aggressionsäußerungen unterdrückt wurden. Gambaro und Rabin (1969) replizierten diese Ergebnisse. In einem weiteren Experiment zeigten Hokanson und Stone (1969) einen geschlechtsspezifischen Aspekt: die Blutdrucksenkungen bei aggressiven Verhaltensmöglichkeiten traten hauptsächlich bei männlichen Probanden auf (ausführlich dazu: Bandura, 1979).

Bei Hoffnungslosigkeit, passiv-akzeptierender Lebenshaltung oder geringer Kontrollmöglichkeit von Belastungen läßt sich in vielen Fällen eine vermehrte Freisetzung von Katecholaminen nachweisen, die ihrerseits zur unspezifischen Immunsuppression (Rodin, 1980) oder auch zur Unterdrückung immunkompetenter T- und B-Zellen führen und dadurch bei Chronifizierung solcher Reaktionen pathogen wirken (vgl. Fox & Newberry, 1984).

Untersuchungen über insuffizient wirkende Bewältigungsstile von Menschen, die eine psychosomatische Krankheit entwickelt haben, sind allerdings mit Vorsicht zu interpretieren, da die meisten dieser Arbeiten keine Prospektivstudien sind, so daß man dann nicht klären kann, ob die ermittelten Auffälligkeiten tatsächlich pathogenetisch wirksame Faktoren waren oder aber lediglich Folgeerscheinungen der Erkrankung bedeuteten (vgl. Tress, 1986). Auch fehlen häufig Kontrollgruppen.

Eine emotionale Aufgeschlossenheit und ein aktiv-expressives Verhalten können als wichtige Voraussetzungen für den Aufbau eines sozialen Unterstützungssystems gelten, das gerade bei langdauernden Belastungen die Widerstandskraft gegenüber psychischen und körperlichen Erkrankungen erhöht (Badura, 1981; Billings und Moos, 1981; Holahan und Moos, 1983; Florin, 1985).

Eine besonders wichtige emotionale Belastungsform im Alltag, die das Empfinden des Gesundseins stark beeinträchtigen kann, aber dennoch relativ wenig in der empirischen Gesundheitsforschung thematisiert wurde, ist die Kränkung. Um bei Belastungen Widerstand leisten zu können, muß die Person ihr eigenes Ich als stark erleben können, d.h. an die eigene Selbstwirksamkeit glauben können (Bandura, 1982, 1985). Diese Voraussetzung wird beim Erleben von Kränkungen empfindlich gestört. Besonders bei Kindern findet man häufig, daß der Organismus auf Kränkungen der leib-seelischen Identität sogar mit Fieber reagieren kann, währenddessen es zu passivem Rückzug und Benommenheit kommt: Erlebniszustände, die — wie Beckmann (1984) etwas spekulativ meint — vielleicht vorbewußt auch als Flucht in primäre symbiotische Urzustände mütterlicher Wärme begriffen werden können.

4 *Streßbewältigung und Emotionsausdruck als Krankheitsfaktor am Beispiel des sog. Typ-A-Verhaltens*

Im vorausgehenden Abschnitt haben wir diskutiert, daß bei der Bewältigung von Alltagsbelastungen eine generelle Hemmung des Emotionsausdrucks nicht unbedingt gesundheitsförderlich zu sein scheint (vgl. Laux & Weber, in diesem Band). Die Unfähigkeit, Gefühle zu äußern, ist als ätiologischer Faktor auch in der psychosomatischen Medizin unter dem Stichwort „Alexithymie" Gegenstand intensiver Forschungen (z.B. v. Rad, 1983; Ahrens, 1986; Ahrens & Deffner, 1985; Faller, 1989c). Am Beispiel des sog. Typ-A-Verhaltens (Friedman & Rosenman, 1974) soll nun gezeigt werden, wie der Versuch, emotionale Belastungen durch ein Übermaß an Kontrollbemühungen einerseits (Siegrist, 1985) und exzessivem Aggressivitätsausdruck andererseits zu bewältigen, krankheitsfördernd wirken kann.

Das Typ-A-Verhalten gilt als psychosozialer Risikofaktor der koronaren Herzkrankheit. Die koronare Herzkrankheit (KHK) besteht pathoanatomisch in einer zunehmenden arteriosklerotischen Verengung der das Herz selbst mit Blut versorgenden Herzkranzgefäße (Koronararterien). Die hierdurch bedingte Einschränkung der Sauerstoffversorgung des Herzmuskels (Koronarinsuffizienz) äußert sich in belastungsabhängigen Brustschmerzen (Angina pectoris). Ein plötzlicher thrombotischer Verschluß einer verengten Koronararterie führt zum Absterben des nicht mehr mit Sauerstoff versorgten Herzmuskelgewebes (Herzinfarkt).

Bei der Frage, ob psychischer Streß den kardiovaskulären Gesundheitszustand beeinflussen kann, muß man zwischen akuten und chronischen Wirkungen unterscheiden. Unzweifelhaft kann psychische Erregung bei vorbestehender KHK über eine Aktivierung des sympathischen Nervensystems einen Angina-pectoris-Anfall hervorrufen — durch die Beschleunigung des Herzschlags und den Blutdruckanstieg erhöht sich der Sauerstoffbedarf des Herzens, so daß bei eingeschränkter Sauerstoffversorgung ein relativer Sauerstoffmangel auftritt — oder gar über eine Verstärkung der elektrischen Instabilität des Herzmuskels höhergradige Herzrhythmusstörungen bis hin zu Kammerflimmern und Herzstillstand (plötzlicher Herztod) auslösen (Schmidt et al., 1986).

Die KHK selbst entsteht jedoch infolge arteriosklerotischer Gefäßwandveränderungen über Jahre, ja Jahrzehnte, unter dem Einfluß von zum Teil noch unbekannten Ursachen. Aus epidemiologischen Studien zur Aufklärung der multifaktoriellen Genese der KHK ging das Modell der Risikofaktoren hervor (Schäfer & Blohmke, 1977). Risikofaktoren sind mit der Auftretenswahrscheinlichkeit der KHK statistisch assoziierte Merkmale. Da die klassischen somatischen Risikofaktoren (z. B. Hypercholesterinämie, Hypertonus, Diabetes mellitus, Zigarettenrauchen, Übergewicht u. a.) nur etwa 50 % der Varianz aufklären (Epstein, 1979), schien der Einbezug weiterer — auch psychosozialer — Risikofaktoren legitim.

Aus klinischen Beobachtungen von Kardiologen Ende der 50er Jahre ging das Konzept des „Verhaltenstyps A“ hervor. Friedman und Rosenman (1974) beschreiben den Menschen, der dieses Verhaltensmuster zeigt, idealtypisch als jemanden, der immer mehr in immer weniger Zeit leisten will, der ungeduldig ist, der sich ständig in Eile befindet und unter Zeitdruck fühlt, der am liebsten mehrere Dinge gleichzeitig tut; er ist extrem leistungsorientiert und strebt nach sozialer Anerkennung; sein Beruf bedeutet ihm alles, auch in der Freizeit gehen ihm die beruflichen Sorgen nicht aus dem Kopf; er ist immer wachsam und aufmerksam, kann kein Entspannen zulassen, keine Schwäche zeigen, wehrt Bedürfnisse nach Zuwendung und Versorgung ab; er arbeitet lieber alleine, übernimmt gern Verantwortung; er neigt zum Rivalisieren, setzt sich gegen die Widerstände der Umgebung aggressiv durch. Er erscheint reizbar, impulsiv, kann seine Aggressivität oft nur mühsam kontrollieren.

Zur Erfassung dieses Verhaltensmusters entwickelten die Autoren das „strukturierte Interview“ (Rosenman, 1978). Das strukturierte Interview umfaßt Fragen zu alltäglichen Lebensgewohnheiten, insbesondere zu denjenigen Situationen, in denen das Typ-A-Verhalten zur Geltung kommen kann. Es ist selbst ein Provokationstest: auch durch den Interviewstil soll Typ-A-Verhalten ausgelöst werden. Auf der Basis der Beurteilung des Inhaltes der Probandenantworten (Ehrgeiz, Aggressivität, Eile, Ungeduld) und genau definierter Merkmale des Probandenverhaltens (z. B. laute, explosible, schnelle, sich beschleunigende Sprechweise, Antwortlatenz, Aggressivitätspotential, verdecktes Äußern von Ärger, Rivalisieren mit dem Interviewer) wird eine Globalklassifikation vorgenommen. Zur besseren Veranschaulichung geben wir einen Auszug aus der deutschen Fassung des strukturierten Interviews wieder. Extremes Typ-A-Verhalten ist durch folgende Merkmale gekennzeichnet (Langosch et al., 1985, Seite 58f.):

— Gemäß dem allgemeinen Eindruck zeichnet sich der Proband durch eine äußerst gespannte Wachsamkeit, eine ausgeprägte Energie und starke Dynamik aus.

— Sehr kräftiger Händedruck.

— Schaukelt mit den Knien häufig hin und her, trommelt mit den Fingern häufig auf dem Tisch, ballt die Hand zur Faust und weist mit dem Zeigefinger häufig in Richtung des Interviewers, um die Bedeutsamkeit des gerade Gesagten hervorzuheben.

— Häufig schnelle bis hastige Sprechweise, häufig eine deutliche Beschleunigung des Sprechtempos gegen Ende eines längeren Satzes.

— Häufig eine laute Sprechweise und häufiges Auftreten einer explosiblen bis stakkatoartigen Sprechweise, um einzelne Worte besonders zu betonen.

— Gehäuftes Verschlucken von Endworten und Endsilben.

— Verwendet gehäuft Einwortsätze, die stark betont werden, mit kurzer Antwortlatenz erfolgen und durch ihre Eindeutigkeit jede weitere Erörterung ausschließen, z. B. „natürlich", „ja, ja", „nein, niemals", „selbstverständlich".

— Die Antwort wird häufig unmittelbar nach Beendigung der Frage des Interviewers „hervorgeschossen", häufig wird der Interviewer sogar unterbrochen, bevor er seine Frage beendet hat.

— Deutliches Bemühen, das Sprechtempo des Interviewers zu beschleunigen oder seine Frage abzukürzen, z. B. durch ungeduldiges „ja, ja" oder „hm" oder ungeduldiges Kopfnicken, während der Interviewer noch die Frage stellt.

— Versuche des Interviewers, die Antwort des Probanden abzukürzen, werden in der Regel ignoriert.

— Feindseliges Verhalten gegenüber dem Interviewer, z. B. „unsinnige Frage", „was soll das" etc.

— Der Inhalt der Frage läßt leichte Erregbarkeit beim Warten, offen aggressives Verhalten bei Verärgerung, deutlichen Ehrgeiz und ausgeprägte innere Ungeduld erkennen.

— Gelegentlicher Gebrauch obszöner Worte.

Da diese Merkmale nur zum Teil der Selbstbeschreibung zugänglich sind, scheinen Fragebogenmethoden wie das Jenkins Activity Survey (JAS; Jenkins et al., 1974; Jenkins, 1978) zur Erfassung des Typ-A-Verhaltens weniger gut geeignet (Myrtek et al., 1984).

Empirische Untersuchungen erbrachten Evidenz für eine gewisse prädiktive Valenz des Typ-A-Verhaltens in Bezug auf die Entstehung einer KHK. Vor allem der Befund der prospektiven Western Collaborative Group Study (WCGS), daß sich bei Vorliegen des Typ-A-Verhaltensmusters das Koronarrisiko verdoppelte — auch bei statistischer Kontrolle der somatischen Risikofaktoren -, daß also unabhängig von den traditionellen Risikofaktoren ein in seiner Einflußstärke diesen durchaus vergleichbarer behavioraler Risikofaktor identifizierbar war (Brand, 1978), trug dazu bei, daß erstmals in der Medizin ein rein psychologischer Risikofaktor der KHK offizielle Anerkennung fand (Schmidt et al., 1986).

Spätere, auch großangelegte prospektive Studien (z. B. Multiple Risk Factor Intervention Trial, MRFIT; Shekelle et al., 1985) brachten negative oder widersprüchliche Ergebnisse zur Assoziation von Typ-A-Verhalten und KHK-Inzidenz (Übersichten: Matthews & Haynes, 1986; Booth-Kewley & Friedman, 1987; Langosch, 1989; zur Kritik vgl. Myrtek, 1983, 1985; Siegrist, 1985). Zudem war eine Tendenz festzustellen, immer mehr Menschen als Typ-A zu klassifizieren. Während in der WCGS 50 % der Probanden als Typ-A eingeordnet worden waren, waren es in der MRFIT schon 74 %. Dembroski und MacDougall (1983) kategorisierten gar bis zu 90 % der Inhaber von Führungspositionen als Typ-A.

Es erschien deshalb sinnvoll, das globale Typ-A-Konstrukt zu differenzieren, um besonders „toxische" Komponenten zu identifizieren. In diesem Zusammenhang hat die Komponente „Feindseligkeit" am meisten theoretische und empirische Aufmerksamkeit erhalten.

Durch eine Weiterentwicklung der Auswertungsvorschriften des strukturierten Interviews wurde die Variable „Potential for hostility“ gewonnen (Dembroski & Costa, 1987). Sie basiert auf Interviewäußerungen über Ärger und Gereiztheit in Frustrationssituationen, der auch im Sprachgebrauch zum Ausdruck kommenden Intensität des Ärgers und dem Interaktionsstil im Interview selbst (z. B. offen aggressive, streitprovozierende oder herabsetzende Äußerungen). Wie das globale Typ-A-Muster selbst kann auch Feindseligkeit multidimensional gefaßt werden. Eine Untersuchung der Aggressivität mittels des Buss-Durkee Hostility Inventory zeigte, daß neurotische, mit Angst-Indizes korrelierte Feindseligkeit negativ mit dem Schweregrad der KHK zusammenhing, offener Ärgerausdruck dagegen positiv (Siegman et al., 1987). Es erscheint zum gegenwärtigen Zeitpunkt noch zu früh, ein Urteil darüber abzugeben, ob dieser Weg, das Typ-A-Konzept weiterzuentwickeln, sich als fruchtbar erweisen wird; es muß zunächst weitere Forschung abgewartet werden.

5 *Lebenslauf-orientierte Emotionsforschung: Kritische Lebensereignisse und Gesundheit*

In der Metapher „Broken heart“ haben Parkes et al. (1969) das Ergebnis langjähriger Studien über die Auswirkungen der Verwitwung zusammengefaßt. 4486 Witwer im Alter von 55 Jahren und darüber wurden über einen Zeitraum von 9 Jahren nach dem Tod ihrer Ehefrauen hinsichtlich Mortalität und Morbidität untersucht. Die Mortalität war im ersten halben Jahr um 40 % erhöht gegenüber der Todesrate gleichaltriger verheirateter Männer, und sie sank in den nächsten Monaten wieder auf das Niveau der Vergleichsgruppe. Unter den Todesursachen der Witwer waren Herzerkrankungen deutlich überrepräsentiert. Der Verlust eines geliebten Menschen durch dessen Tod kann als eines der belastendsten Lebensereignisse überhaupt angesprochen werden (zur Übersicht vgl. Bojanovsky, 1986; Laux & Weber, in diesem Band).

Die Bedeutung belastender Erlebnisse, der sog. „kritischen Lebensereignisse“, für die Auslösung von Gesundheitsstörungen wurde bei einer großen Zahl von Erkrankungen untersucht (Übersicht: Katschnig, 1980a; Dohrenwend & Dohrenwend, 1974; Creed, 1985), z. B. bei Herzerkrankungen (Siegrist et al., 1980; Kaplan & Kimball, 1982), Depressionen (Cooper, 1980; Paykel & Hollyman, 1984) und Schizophrenie (Nuechterlein & Dawson, 1984; Lukoff et al., 1984). Die Ergebnisse sind allerdings nicht einheitlich, widersprechen einander teilweise. Woran das liegen mag, wird uns vielleicht ein kurzer Blick

Rang	Lebensereignis	Durchschnittswerte
1.	Tod des Ehepartners	100
2.	Scheidung	73
3.	Trennung vom Ehepartner	65
4.	Haftstrafe	63
5.	Tod eines nahen Familienangehörigen	63
6.	Eigene Verletzung oder Krankheit	53
7.	Heirat	50
8.	Verlust des Arbeitsplatzes	47
9.	Aussöhnung mit dem Ehepartner	45
10.	Pensionierung	45
11.	Änderung im Gesundheitszustand eines Familienmitglieds	44
12.	Schwangerschaft	40
13.	Sexuelle Schwierigkeiten	39
14.	Familienzuwachs	39
15.	Geschäftliche Veränderung	39
16.	Erhebliche Einkommensveränderung	38
17.	Tod eines nahen Freundes	37
18.	Berufswechsel	36
19.	Änderung in der Häufigkeit von Auseinandersetzungen mit dem Ehepartner	35
20.	Aufnahme eines Kredits über 10 000 $	31
21.	Kündigung eines Darlehens	30
22.	Veränderung im beruflichen Verantwortungsbereich	29
23.	Kinder verlassen das Elternhaus	29
24.	Ärger mit der angeheirateten Verwandtschaft	29
25.	Großer persönlicher Erfolg	28
26.	Anfang oder Ende der Berufstätigkeit der Ehefrau	29
27.	Schulbeginn oder -abschluß	26
28.	Änderung des Lebensstandards	25
29.	Änderung persönlicher Gewohnheiten	24
30.	Ärger mit dem Vorgesetzten	23
31.	Änderung von Arbeitszeit und -bedingungen	20
32.	Wohnungswechsel	20
33.	Schulwechsel	20
34.	Änderung der Freizeitgewohnheiten	19
35.	Änderung der kirchlichen Gewohnheiten	19
36.	Änderung der gesellschaftlichen Gewohnheiten	18
37.	Aufnahme eines Kredits unter 10 000 $	17
38.	Änderung der Schlafgewohnheiten	16
39.	Änderung der Häufigkeit familiärer Kontakte	15
40.	Änderung der Eßgewohnheiten	15
41.	Urlaub	13
42.	Weihnachten	12
43.	Geringfügige Gesetzesübertretungen	11

Abb. 1: Die „social readjustment rating scale". Aus: Katschnig (1980a).

auf die Methodik zur Erfassung kritischer Lebensereignisse zeigen. Das bedeutsamste Meßinstrument in diesem Forschungsbereich ist die „Social Readjustment Rating Scale“ von Holmes und Rahe (1967, dt. in: Katsching, 1980a; Abb. 1).

Diese Skala kam folgendermaßen zustande: 394 repräsentative gesunde Probanden erhielten einen Fragebogen mit 43 Ereignissen vorgelegt, die nach klinischer Erfahrung lebensverändernde Auswirkungen haben sollten. Dem Ereignis „Heirat“ wurde willkürlich der Ankerwert 500 zugeordnet. Die Probanden sollten nun für jedes Ereignis einschätzen, welchen Grad an sozialer Anpassung es im Hinblick auf die Veränderung gewohnter Lebensweisen von einem Menschen verlange. Ein höherer Wert würde also eine intensivere oder längere Anpassung bedeuten, ein niedrigerer Wert eine kürzere oder weniger intensive. Indem man die Durchschnittswerte der 394 Probanden durch 10 dividierte, kam man auf eine Gewichtszahl für jedes Ereignis in sog. „Life Change Unit Scores“.

Durch dieses Vorgehen wollte man ein objektives und reliables Instrument zur Messung des Ausmaßes der Belastung durch Lebensereignisse entwickeln. Man handelte sich jedoch eine Vielzahl von Schwierigkeiten ein. Lebensereignisse sind meist nicht so klar definierbar, wie die standardisierte Erhebung glauben machen will. Lebensereignisse haben vielmehr für jedes Individuum eine spezifische Bedeutung. Sie werden auf bestimmte Weise wahrgenommen, kognitiv verarbeitet und bewertet. Ist ein Lebensereignis erwünscht oder unerwünscht? War es vorhersehbar, so daß das Individuum sich darauf vorbereiten konnte? Sieht man das Ereignis als Herausforderung an, die es zu bestehen gilt, oder als Bedrohung, die ängstigt, oder gar als irreparablen Verlust? Erwartet man, das Ereignis kontrollieren zu können? Wie sind die subjektiv wahrgenommenen Bewältigungsmöglichkeiten? All diese Fragen tragen zur Konstitution der „subjektiven Wirklichkeit“ eines objektiven Lebensereignisses bei. Diese subjektive Wirklichkeit kann mit standardisierten Verfahren nur schwerlich erfaßt werden (vgl. Stegie, 1980; Filipp & Braukmann, 1981).

Vossel (1987) wendet sich — in Übereinstimmung mit Lazarus (z. B. Lazarus & Folkman, 1984; vgl. Laux & Weber in diesem Band) — gegen die z. B. von Holmes & Rahe (1967) und Dohrenwend et al. (1978) vertretene Annahme, unterschiedliche Ereignisse lösten ungeachtet ihrer Charakteristika (z. B. Erwünschtheit vs. Unerwünschtheit) unterschiedslos die gleiche — unspezifische — Streßreaktion aus, und dies zudem — normativ — für unterschiedliche Individuen in gleicher Weise, ungeachtet einer Mediation durch Bewertungs- und Bewältigungsprozesse. Er fordert eine völlige Neuorientierung der Life-event-Forschung, die mittels einer biographischen, personenzentrierten methodischen Herangehensweise die individuelle Bedeutung von Lebensereignissen erfassen und unter Berücksichtigung der Zeitdimension Bewältigungsprozesse einbeziehen müsse (vgl. auch Laux & Weber, 1987).

Neben Problemen der Konzeptualisierung kritischer Lebensereignisse (vgl. Katschnig, 1980 b) wird in der Literatur auf die Schwierigkeiten hingewiesen, einen Nachweis über die Kausalbeziehungen zu führen (z. B. Hultsch & Cornelius, 1981). Diese Schwierigkeiten können schon in der Operationalisierung begründet sein. Man kann argumentieren, daß die Berücksichtigung kognitiver Bewertungen von Lebensereignissen unabhängige und abhängige Variablen konfundiere und daß dies in zirkuläre Kausalschlüsse münde (Dohrenwend & Dohrenwend, 1978; Dohrenwend et al., 1984; Dohrenwend, 1986; Lazarus & Folkman, 1986).

Weitere Probleme entstehen aus der Methodik vieler Studien. Insbesondere bei retrospektiven Designs läßt sich methodisch oft nicht klären, was Ursache und was Folge ist. Häufig wird z. B. eine Stichprobe körperlich Kranker mit einer Kontrollgruppe in Bezug auf vorausgegangene Lebensereignisse verglichen. Kranke scheinen nun aber ein starkes Bedürfnis zu haben, eine Ursache ihrer Erkrankung zu finden und dieser dadurch Sinn zu verleihen. Cowie (1976) konnte z. B. bei Herzinfarktkranken zeigen, wie diese nach dem Infarktereignis sozusagen ihre Lebensgeschichte neu schreiben. Durch solche retrospektiven Rekonstruktionen versuchen viele Betroffene, eine biographische Kontinuität herzustellen, so daß der Herzinfarkt zu etwas nicht mehr wirklich Unvorhersehbarem wird, vielmehr zu etwas, was so kommen mußte. Der Versuch, retrospektive Kontrolle (vgl. Abschnitt 7), retrospektive Vorhersehbarkeit herzustellen, steht im Dienst der Krankheitsverarbeitung und soll die Angst vor zukünftiger Wiederholung mildern. Was so als „kritisches Lebensereignis“ zur Erklärung einer Erkrankung dienen soll, erscheint in dieser Perspektive möglicherweise als Folge der Krankheitsverarbeitung (vgl. Faller, 1989b). In der traditionellen Lebensereignisforschung wurden körperliche Erkrankungen meist eindeutig der Effektseite zugeschlagen. Erst in jüngerer Zeit kam ins Blickfeld, daß Erkrankungen selbst geradezu Prototypen kritischer Lebensereignisse sein können, die bewältigt werden müssen (Filipp et al., 1983).

Die Life-event-Forschung unterstellt weiterhin oft, die Person sei bloß passives Opfer zufälliger Ereignisse. Über die subjektive Verarbeitung hinaus sind jedoch auch viele Ereignisse selbst nicht unabhängig vom Verhalten der Betroffenen gegeben. So kann das Lebensereignis „Ehescheidung“ durchaus Bewältigungsmodus eines Partners sein (Lazarus & Launier, 1978; Wirsching & Stierlin, 1982; Bojanovsky, 1983). Ein weiteres Beispiel: Lukoff et al. (1984) äußern die Vermutung, daß Schizophrene eine Streß erzeugende Lebenspraxis hätten, die die Wahrscheinlichkeit des Auftretens kritischer Lebensereignisse erhöhe, manchmal vielleicht sogar in der Absicht, über die

Exazerbation der psychotischen Symptome eine Krankenhausaufnahme zu erreichen. Die Produktion eines Lebensereignisses wäre dann ein Versuch der Bewältigung schwer erträglicher, allerdings weniger spektakulärer alltäglicher Lebensprobleme.

Mit standardisierten Instrumenten erfaßte Lebensereignisse tragen meist nur wenig zur spezifischen Varianzaufklärung von Krankheitsentwicklungen bei (Vossel, 1987). Wie dieses auf den ersten Blick enttäuschende Ergebnis möglicherweise zustande kommt, läßt sich am Beispiel der Auslösung von Rezidiven schizophrener Erkrankungen verstehen. An diesem Beispiel läßt sich zeigen, daß die Variable „kritisches Lebensereignis" im Kontext mit anderen Variablen (hier: dem emotionalen Familienklima) betrachtet werden muß.

Man hat in den Familien Schizophrener immer wieder eine Atmosphäre festgestellt, die durch emotionales Überengagement und häufige feindselige Emotionsäußerungen gekennzeichnet waren („expressed emotion"; vgl. Olbrich, 1983). Ein solches Streß erzeugendes Milieu ist ungünstig bei einer Disposition für Schizophrenie, die als spezifische emotionale „Vulnerabilität" aufgefaßt werden kann (Zubin & Spring, 1977; Nuechterlein & Dawson, 1984; Olbrich, 1987). Schizophrene Menschen, die nach der Klinikentlassung mehr als 35 Stunden pro Woche in einem High-expressed-emotion-Familienklima verbringen und ohne rezidivprophylaktische Medikation sind, haben eine 9-Monats-Rezidivrate von 92 % (Vaughn & Leff, 1976). So bleibt kaum noch Spielraum für den Einfluß kritischer Lebensereignisse. Bei Schizophrenen, die aus einer Low-expressed-emotion-Familie stammen, lassen sich hingegen bei 70 % innerhalb von drei Monaten vor der Klinikaufnahme life-events feststellen (Leff & Vaughn, 1980). In jüngster Zeit sind die vielfältigen Bewältigungsstrategien schizophrener Patienten ins Interesse der Forschung gerückt (Lange, 1981; Böker & Brenner, 1983, 1985; Thurm & Häfner, 1987; Thurm-Mussgay, 1990). Sie können im Rahmen einer kognitiven Therapie zur Rezidivprophylaxe gefördert werden (Buchkremer & Fiedler, 1987).

Der gewöhnliche Alltagsstreß, hier das emotionale Familienklima, kann also belastend genug sein, um Krankheitsepisoden auszulösen. Deshalb wurden in letzter Zeit Anstrengungen unternommen, um vom relativ groben Maß „kritische Lebensereignisse" zu feineren Einflußfaktoren („Miniatur-Lebensereignisse") im Alltag zu gelangen (Kanner et al., 1981; Delongis et al., 1982; Monroe, 1983). Diese täglichen „hassles" (relativ geringfügige Alltagsärgernisse) korrelieren deutlicher mit dem Ausmaß nachfolgender psychischer Störungen als globale Daten über sog. kritische Lebensereignisse; außerdem ist zu berücksichtigen, inwieweit angenehme Ereignisse kompensatorisch bzw. protektiv wirken können (Averill, 1982; v. Zerssen & Hecht, 1987).

Weiterhin wurden komplexe Modellvorstellungen entwickelt, um den Zusammenhang von Lebensereignissen, psychosozialem Streß und körperlicher Krankheit zu klären. Als zukunftsträchtiger Forschungsbereich gilt in diesem Kontext die Psychoneuroimmunologie (Fox & Newberry, 1984; Ader, 1981; Schulz & Raedler, 1986; Klosterhalfen & Klosterhalfen, 1987; Boubjerg, 1989), die, so hofft man, das „missing link" zwischen Psyche, Zentralnervensystem und organischer Erkrankung finden wird.

6 *Emotionale Aspekte präventiven Verhaltens*

Wir wenden uns nun den Forschungsarbeiten zur Erklärung präventiven Verhaltens zu. Die bisherigen psychologischen Arbeiten zur Prävention psychischer Störungen sind fast alle am Paradigma der belastungsbezogenen Bewältigungskompetenz orientiert und befassen sich nur vereinzelt mit der möglichen Bedeutung von Genußfähigkeit oder sinnlicher Kreativität, schon gar nicht mit der Frage, inwieweit Förderungen dieser Fähigkeiten zur Verbesserung der Gesundheit beitragen könnten. Daß bereits der erste Schrei eines Neugeborenen in der Psychologie eher als Ausdruck eines „Traumas der Geburt" statt als Ausdruck ungebremster propulsiver Emotionalität als solcher betrachtet wurde (vgl. Rank, 1924; Janus, 1986), ist möglicherweise bezeichnend für das Vorherrschen einer konventionell einseitigen Betrachtungsweise innerhalb der klinisch-psychologischen Wissenschaftlergemeinschaft, die aufgrund der gewohnheitsmäßigen Fokussierung der wissenschaftlichen Aufmerksamkeit auf „Störungen" allmählich die störungsunspezifischen menschlichen Entwicklungspotentiale und euthymen Verhaltensmöglichkeiten, wie z. B. Humor, Lachen, Genießen, Tasten, Schmecken, Horchen, Schauen, Tanzen, Phantasieren, systematisch außer acht zu lassen scheint (vgl. Lutz, 1983; Verres, 1989a).

Es macht einen wichtigen Unterschied, ob ein Mensch hauptsächlich reaktiv, also gewissermaßen aus der Defensive heraus, sein Selbstwertempfinden gegenüber einer im wesentlichen als belastend betrachteten Umwelt zu behaupten versucht und auch vorwiegend unter dieser Perspektive von der klinischen Psychologie untersucht wird, oder ob er als jemand betrachtet wird, der aus dem zuversichtlichen Erleben, den Anforderungen des Lebens wirksam gewachsen zu sein, produktiv und planend handelt.

Antoch (1984) nimmt an, das Empfinden, den Anforderungen des Lebens gewachsen zu sein, entscheide darüber, mit welchem Grad an Bewußtheit und Intensität Spannungen zugelassen und bearbeitet, d. h. auch potentiell überwunden werden. Die in der Leistungsmotivationsforschung häufig untersuchte Variable „Hoffnung auf Erfolg“ im Gegensatz zu „Furcht vor Mißerfolg“ verdient unseres Erachtens auch in der klinischen Psychologie eine stärkere Beachtung: die Hoffnung ist dabei nicht nur als kognitives, sondern auch als emotionales Phänomen zu betrachten. Die sich erst in Ansätzen konturierende Forschungsrichtung einer „Gesundheitspsychologie“ als wichtige Erweiterung der klinischen und medizinischen Psychologie wird sich konzeptionell verstärkt mit diesen Fragen befassen müssen (Stone, Cohen u. Adler, 1979).

Becker (1980) legte ein hierarchisches Strukturmodell seelischer Gesundheit vor, bei dem die beiden Hauptfaktoren „Wohlbefinden“ und „Kompetenzen“ eine zentrale Rolle spielen. Sieland (1983) forderte hierzu, als weitere Hauptkriterien seelischer Gesundheit seien die Fähigkeiten zur flexiblen Rollenbewältigung und zur Selbstverwirklichung zu betrachten. Letztere impliziert nicht nur kognitive Fähigkeiten, sondern auch den gesamten intuitiv-emotionalen Umgang der Person mit sich selbst, dem eigenen Leib, dem eigenen Zeiterleben, den eigenen Werten und Bedürfnissen, Stimmungen, dem Lebensplan und dem Lebenssinn, und ferner die Fähigkeit zu einer Art von Selbstreflexion und Selbstgestaltung, bei der diese vielfältigen intuitiv-emotionalen Prozesse eine überdauernde Integration erfahren können.

Bei der Selbstreflexion als Voraussetzung seelischer Gesundheit ist auch die Fähigkeit zur Metareflexion zu berücksichtigen (Sieland, 1985). Gesundheitsbezogene Informationsverarbeitung erfolgt nämlich insbesondere hinsichtlich der emotionalen Komponenten nicht nur explizit (bewußt), sondern großenteils auch implizit, d. h. die Aufmerksamkeitssteuerung läuft, wie wir bereits darzustellen versuchten, im Alltag oft eher automatisch ab. Die Fähigkeit zur Metareflexion, insbesondere beim Umgang mit Emotionen und belastenden Lebensereignissen, kann gezielt gefördert werden, indem das über seine Emotionen reflektierende Subjekt dazu angeregt wird, seine gewohnten problembezogenen Reflexionsgewohnheiten (z. B. bei beginnender Vorahnung kritischer Ereignisse) bewußt hinsichtlich der Differenziertheit, der Reflexionsinhalte, der Reflexionsprozesse und der Reflexionsergebnisse kritisch zu überprüfen. Sieland schlägt vor, hierzu zwischen Reflexionskompetenz und (meist im Vergleich dazu niedriger ausgeprägter) Reflexionsperformanz zu unterscheiden, und er bietet zahlreiche empirisch überprüfte Hilfsmöglichkeiten an, wie z. B. Analysen von Tagebuchreflexionen zur Entwicklung und Einübung metareflektorischer Kategoriensysteme, Erfahrungsaustausch über reflexionsfördernde und -störende Umgebungsbedingungen, Demonstrationen ungünstiger Reflexionsgewohnheiten, wie z. B. bei erlernter Hilflosigkeit, Durchführung thematisch gebundener Tagebücher über den persönlichen Umgang mit wichtigen Lebensbereichen oder über den Umgang mit Ärger, Angst, Freude, Stimmung, usw.

Die bisherigen Ausführungen in diesem Abschnitt bezogen sich auf die primäre Prävention, d. h. den alltäglichen Gesundheitsschutz, bzw. die Weiterentwicklung von Gesundheit. Auch bei der sekundären Prävention, d. h. der Symptomaufmerksamkeit und der Beteiligung von Menschen an professionellen Früherkennungsuntersuchungen, die dazu dienen sollen, die weitere Ausbreitung von Krankheiten während ihrer noch symptomarmen Stadien zu verhindern, haben emotionale Prozesse eine wesentliche Bedeutung für das Gesundheitsverhalten. Dies soll am Beispiel der Angst vor Krebsfrüherkennungsuntersuchungen gezeigt werden.

Nimmt etwa ein Arzt an, ein bei der Früherkennung diagnostiziertes, 5 mm kleines Mammacarcinom könne am wirksamsten dadurch behandelt werden, daß unverzüglich eine radikale Brustamputation durchgeführt werde, so kann er nicht unhinterfragt davon ausgehen, daß diese Sichtweise von der Patientin geteilt wird. Es ist auch möglich, daß die Patientin selbst bei klarer Abwägung aller medizinischen und psycho-sozialen Gesichtspunkte die Entscheidung trifft, ein vielleicht kürzeres Leben ohne Operation sei für sie persönlich erstrebenswerter als ein vielleicht längeres Leben mit der Operation. In die subjektiven Entscheidungen zu derartigen sekundärpräventiven Folgeproblemen gehen stark emotional getönte Stellungnahmen ein, die häufig eher als intuitiv denn als rational-kognitiv bezeichnet werden müssen, da hier Fragen des persönlichen Lebensstils und des subjektiven Körperempfindens, also auch des Selbstbildes aufgeworfen werden.

Insbesondere ist ein fatalistischer bzw. pessimistischer Zukunftsbezug in Form von Hilflosigkeitsempfindungen nicht hinreichend als kognitives Phänomen im Sinne der traditionellen Attributionsforschung erklärbar. Attributionen sind keine rein kognitiven Prozesse, sondern sie bedeuten, wenn es um die eigene Gesundheit und Krankheit geht, auch Erleben, d. h. auch Selbstbetroffenheit. Diese ist nicht mit einer rationalen abwägenden Kosten-Nutzen-Kalkulation gleichzusetzen, wie beispielsweise im sog. Health-belief-Modell für das Gesundheitsverhalten postuliert wurde (vgl. Basler, 1980; Haynes, Taylor und Sackett, 1982; Verres, 1986). Die meisten psychologischen Theorien der Handlungsregulation setzen ein „Funktionieren" der Person in dem Sinne voraus, daß sie Ziele setzen und Informationen angemessen, d. h. urteilend, verarbeiten kann. Gerade beim Auftauchen von Ängsten wird jedoch deutlich, daß wir unsere Lebenswelt oft eher im Sinne eines komplexen „Angemutetwerdens" erleben als im Sinne sofortiger, konstruktiver kognitiver Kategorisierung. „Auch wer Emotionen vorschnell in Urteile gefaßt haben will, verfehlt zentrale Merkmale von Emotionen, wie z. B. die häufige Vagheit, Ambivalenz, die übergroße 'Ich-Beteiligung', die distanzierendes Urteilen oft nicht erlaubt" (Ulich, 1982).

Aus dieser Frage ergab sich dann das Konstrukt „Krankheitsverhalten". Mechanic (1962) definierte „illness behavior" als „the ways in which given symptoms may be differentially perceived, evaluated, and acted upon (or not acted upon) by different kinds of persons". Noch ganz innerhalb eines vereinfacht übernommenen medizinischen Krankheitsmodelles wurden Symptome als einfach „gegeben" hingenommen; sie traten auf wie ein Blitz aus heiterem Himmel — ein verbreitetes Prozeßdiagramm des Krankheitsverhaltens veranschaulicht dies auch graphisch (v. Troschke, 1974) — und lösten eine Kette von Reaktionen aus.

Von medizinsoziologischer Seite wurde in der Folgezeit eine Vielzahl demographischer, geographischer, ökonomischer, soziologischer und psychologischer Einflußfaktoren auf das Krankheitsverhalten beschrieben (Übersichten: Siegrist, 1974; Ritter-Röhr, 1975; Hendel-Kramer & Siegrist, 1979).

Medizinische Psychologie und Psychosomatische Medizin erforschten differenziert die verschiedenen emotionalen Reaktionen auf eine körperliche Erkrankung (Lipowski, 1970; 1983; Übersicht: Gaus & Köhle, 1986a). Wird die Krankheit als Herausforderung angesehen, mag das Inidividuum flexibel und rational reagieren. Häufiger jedoch wird eine Krankheit als äußerer Feind betrachtet, dem mit Angst und Aggression begegnet wird, oder gar als Bestrafung, die Ärger, Wut oder Traurigkeit auslöst, wenn sie als ungerecht erfahren wird. Bedeutet Krankheit für einen Menschen Schwäche, mag er diese beschämt zu verbergen trachten. Bedeutet sie einen irreparablen Schaden und Verlust, mag er mit Trauer und Depression reagieren. Manche Kranke können eine Erkrankung gar als Befreiung von Pflichten erleben oder offensichtlichen Nutzen, z. B. im Sinne einer Versorgung und Verwöhnung (sekundärer Krankheitsgewinn) aus ihr ziehen.

Zur Erfassung der emotionalen Reaktion von Menschen auf ihre Erkrankung wurden zunächst hauptsächlich Fragebögen eingesetzt (z. B. Pritchard, 1974; Pilowsky & Spence, 1975; Scheer & Moeller, 1976; Übersicht: Faller, 1983; vgl. auch Mayou, 1986).

Entwicklungen in Nachbardisziplinen, wie der Soziologie, in der als interpretatives Paradigma die Wirklichkeit als soziale Konstruktion betrachtet wurde (Berger & Luckmann, 1966), oder der Ethnologie, die das Krankheitserleben vor dem Hintergrund fremder Kulturen untersuchte (vgl. Heller, 1977, 1984; Pfleiderer & Bichmann, 1985), eröffneten auch der Erforschung emotionaler Reaktionen auf körperliche Erkrankungen neue Perspektiven: das Zustandekommen eines Symptoms wurde nun selbst im Kontext von Wahrnehmungs- und Interpretationsprozessen betrachtet (Herzlich, 1973; Cowie, 1976; Albert, 1980). Die Volksmedizinforschung konnte zeigen, wie das individuelle Erleben von Krankheit auch in Industriegesellschaften durch (sub)kulturelle Phänomene überformt wird (vgl. Schenda, 1976; Dornheim, 1983).

Innerhalb der sozialpsychologischen Theoriebildung waren es dann vor allem Attributions- und Kontrolltheorien, die einen starken Einfluß auf die Coping-Forschung ausübten (Übersicht: Fiske & Taylor, 1984). Sie ermöglichten es, die im Erleben vieler Kranker wichtigen Fragen von Verantwortung und Schuld zu konzeptualisieren. Erklärungsbedürftig schien nämlich der Befund, daß viele Kranke dazu neigen, ihren eigenen Beitrag zur Entstehung einer Krankheit zu überschätzen. So sehen viele Krebskranke ihre Erkrankung als Strafe für eigene Verfehlungen an (z. B. Abrams & Finesinger, 1953; Beck et al., 1975; Becker, 1984; 1986).

Selbstbeschuldigung scheint in manchen Fällen erstaunlicherweise adaptiv zu sein. In einer Untersuchung von Bulman und Wortman (1977) kamen Rückenmarksverletzte um so besser mit ihrer Querschnittslähmung zurecht, je mehr sie sich selbst die Schuld für ihren Unfall zuschrieben und diesen andererseits für unvermeidbar hielten, so z. B. im Falle eines leidenschaftlichen Tauchers, der seine Querschnittslähmung als logische Konsequenz seiner riskanten Freizeitaktivität verstand. Diejenigen Unfallopfer, die andere Personen anschuldigten und über die mögliche Vermeidbarkeit grübelten, bewältigten ihre Behinderung schlechter.

In einer Untersuchung an Brustkrebs-Patientinnen verlief die Krankheitsverarbeitung ebenfalls ungünstig, wenn andere beschuldigt wurden; Selbstbeschuldigung korrelierte jedoch nicht mit Anpassung (Taylor et al., 1984).

Am Beispiel einer Untersuchung zur Selbstanklage bei Müttern, deren Kinder bei der Geburt ernste Komplikationen erlitten hatten (Tennen et al., 1986), zeigen Shaver und Drown (1986), daß Kausalität, Verantwortlichkeit und das Erleben von Schuld konzeptuell und operational getrennt werden müssen. Thompson (1981) sieht eine adaptive Funktion von Selbstbeschuldigungen darin, wenigstens retrospektiv ein Erleben von Kontrolle zu ermöglichen und damit einem Ereignis nachträglich einen Sinn geben zu können. Derartige Attributionen, die das Selbstwertgefühl aufrechterhalten sollen, hatte Shaver (1970) „Abwehr-Attributionen" (defensive attributions) genannt (vgl. auch Laux & Weber, in diesem Band).

Interessanterweise waren die *spezifischen* Attributionen von Brustkrebs-Patientinnen auf konkrete Ursachenfaktoren, wie z. B. Streß, Karzinogene, Vererbung, Diät oder gar einen Schlag gegen die Brust, alle nicht mit der Anpassung korreliert (Taylor et al., 1984). Die Autorinnen interpretieren diesen Befund dahingehend, daß bei einer fortdauernden Bedrohung, wie sie eine Krebserkrankung darstelle, die wahrgenommene Ursache weniger wichtig sei als die wahrgenommene Beeinflußbarkeit des aktuellen und zukünftigen Verlaufs. Auch Bulman und Wortman (1977) hatten die Bedeutung einer spezifischen Ursachenwahrnehmung für weniger wichtig erachtet als das Phänomen, daß überhaupt ein Sinn gesucht wurde. Ähnlich Taylor (1983, S. 1167): „Die spezifische Form der Kognitionen, die ein Patient über seine Krankheit hat, mag eine geringere Rolle spielen als die Funktionen, denen diese Kognitionen dienen" (Übersetzung v. uns). Diese Kognitionen können gar illusionär sein, sie sind es vielleicht in bestimmten Phasen des Krankheitsprozesses sogar notwendigerweise, wenn Coping effektiv sein soll. Jedenfalls muß eine Enttäuschung derartiger Illusionen keine negativen Effekte haben (Taylor, 1983). In dieser Theorieperspektive dienen Attributionen mehr der *Sinnsuche* als der Kontrolle (vgl. auch Schumacher, 1989).

Ausgehend von den Überlegungen von Groeben (Groeben & Scheele, 1977; Groeben, 1986) wird in der jüngsten Zeit im deutschen Sprachraum die kognitive Repräsentation der Krankheitsverarbeitung unter dem Begriff der „Subjektiven Krankheitstheorie" erforscht (Faller, 1983; Faller, 1989a, 1990; Becker, 1984; Verres, 1986; Bischoff & Zenz, 1989). Becker (1984) konnte bei Brustkrebs-Patientinnen im Verlauf der Interviews eine Entwicklung von eher rationalen, äußerlichen, sozial akzeptierten Vorstellungen hin zu mehr persönlichen, biographischen, psychosomatischen, emotional bedeutsamen Ursachentheorien feststellen. Der prozessuale Charakter subjektiver Krankheitstheorien (Verres et al., 1985 a) läßt sich als Resultat der Aufmerksamkeitssteuerung (Wahrnehmung vs. Abwehr belastender Emotionen) erklären, die je nach Kontextbedingungen wechseln kann (Faller, 1988 a, 1989 a, 1990).

Die psychoanalytische Abwehrtheorie stellt eine weitere Wurzel der psychologischen Coping-Forschung dar. Das auf Sigmund Freud zurückgehende und von Anna Freud (1936) ausformulierte Konstrukt der „Abwehr" bezeichnet die Gesamtheit der unbewußten Versuche zur Verringerung von Angst und anderen unlustvollen Affekten wie Schmerz, Kränkung, Scham und Schuld, d.h. Gefühlen, die das Selbstwertgefühl mindern. In neuerer psychoanalytischer Sicht wird Abwehr als umfassendes kognitiv-affektives Regulationssystem verstanden, d.h. als gewissermaßen „normalpsychologische" Ich-Leistung, und damit nicht grundsätzlich den Anpassungsmechanismen entgegengestellt (Hoffmann, 1987; vgl. Krause, in diesem Band). Dies kommt einer „Rehabilitation" der Abwehrmechanismen gleich; entgegen der verbreiteten negativen Bewertung wird betont, daß Abwehr ubiquitär und für die Aufrechterhaltung von psychischer Gesundheit unerläßlich sei (vgl. auch Mantaos, 1977, 1989).

Mit „Verdrängung“ bezeichnet man die Abwehr von Impulsen aus dem eigenen Unbewußten; „Verleugnung“ wird die Zurückweisung bedrohlicher Aspekte der äußeren Wirklichkeit genannt. Beutel (1985, 1988), der stringent die Konzeptualisierung und Operationalisierung von Abwehrprozessen untersucht hat, weist darauf hin, daß Verdrängung, Verleugnung und ihre jeweiligen bewußten Korrelate, „Unterdrückung“ (bewußtes Nicht-daran-denken-wollen) und „Vermeidung“ (bewußtes Nicht-wahrnehmen-wollen) oft nicht klar genug unterschieden werden. Über testdiagnostische Erfassungsmöglichkeiten von Abwehrstrukturen berichten Ehlers und Czogalik (1984) und Hoffmann und Martius (1987), über die experimentelle Prüfung des Abwehrkonstrukts Hentschel (1985). Gaus und Köhle (1986 a) beschreiben anschaulich die bei körperlich Kranken zu beobachtenden Abwehrformen. Diese stellen eine durchaus „normale“ Form des Umgangs mit körperlicher Erkrankung dar.

Der Abwehrmechanismus der „Verleugnung“ wurde empirisch hauptsächlich bei Tumorkranken und Herzinfarktpatienten untersucht. Es wurde deutlich, daß auch die Abwehrstrategie der Verleugnung im interaktionellen Kontext betrachtet werden muß. Zum Beispiel kann eine abrupte Aufklärung über die Tumordiagnose, die die Verarbeitungsmöglichkeiten des Kranken überfordert, zunächst mit einer weitgehenden Verleugnung der mitgeteilten Information beantwortet werden. Zu einem späteren Zeitpunkt kann sich der Kranke dann unter bestimmten förderlichen Bedingungen möglicherweise Schritt für Schritt mit der in seiner Krankheit liegenden Todesdrohung konfrontieren. Bezüglich des Ausmaßes, in dem Krebskranke angsterregende Kognitionen zulassen können, scheinen sie je nach der momentanen Bewältigungskompetenz zwischen Wissen und Nichtwissen hin- und herzupendeln („middle knowledge“; Weisman, 1972; 1979; Meerwein, 1985).

Weisman (1972) hat darauf hingewiesen, daß Verleugnung definitionsgemäß von einem außenstehenden Interviewer festgestellt wird. Es ist vorstellbar, daß zum Beispiel ein dem Patienten nur wenig vertrauter Forscher ein starkes Ausmaß an Verleugnung von Angst diagnostiziert, nicht hingegen eine nahe Bezugsperson, die den Kranken intensiver kennt. Auf seiten des Kranken kann ein Motiv, negativ bewertete Gefühle nicht zu äußern, darin bestehen, daß er befürchtet, die Unterstützung seiner Umgebung, z. B. des Pflegepersonals oder auch der Angehörigen zu verlieren, insofern er diesen nicht zutraut, seine Gefühle zu ertragen (Verres et al. 1985 b). Auch in dieser Perspektive kann Verleugnung also als adaptiv erscheinen, da sie dem Patienten ermöglicht, eine gefährdete Beziehung zu schützen (Klapp & Scheer, 1984; Gaus & Köhle, 1986 a).

Einiges spricht deshalb dafür, daß ein Großteil festgestellter Verleugnung ein Forschungsartefakt sein kann. Doehrman (1977), der eine Übersicht über die psychische Bewältigung der koronaren Herzkrankheit in den verschiedenen Stadien des Verlaufs vorgelegt hat, fand, daß in empirischen Untersuchungen, in denen nicht in das Untersuchungsfeld integrierte, von außen kommende Forscher Fragebögen oder nur kurze Interviews verwandten, der Verleugnung eine größere Bedeutung beigemessen wurde als in klinischen Kasuistiken, die auf intensivem persönlichem Kontakt in einer unterstützenden Umgebung basierten. Beutel (1985) stellt fest, daß das Ausmaß, in dem Verleugnung konstatiert werde, so sehr von der Beziehung zwischen Forscher und Erforschtem abhänge, daß die Validität einer Untersuchung entscheidend vom Erhebungskontext abhänge. Er mißt hierbei der Vertrautheit im Kontakt zwischen Forscher und Erforschtem große Bedeutung bei. (Vgl. in diesem Zusammenhang auch die Kritik Klapps (1985) an den Forschungen der Hackett-Gruppe, z. B. Hackett et al., (1968)).

Gegenüber der in der frühen psychoanalytisch orientierten Coping-Forschung vorherrschenden Postulierung überdauernder Coping-Stile betont das Streßbewältigungsmodell von Lazarus (z. B. Lazarus & Folkman, 1984; vgl. Laux & Weber, in diesem Band) die Situationsgebundenheit und Kontextabhängigkeit von Bewältigungsprozessen. Emotionen stehen hier in enger Wechselwirkung mit kognitiven Bewertungen. Das Coping-Modell von Lazarus hat zwar breite Rezeption gefunden; es kann jedoch seine Herkunft aus der Streßforschung nicht verleugnen, die eine gewisse Distanz zu den Erfordernissen einer naturalistischen, klinisch orientierten Forschung mit sich bringt (vgl. Muthny, 1988).

Eine kognitiv-emotionale Theorie der Krankheitsbewältigung stellt auch Leventhal vor (Leventhal 1982; Nerenz & Leventhal, 1983; Leventhal et al., 1980). Die parallel laufende Regulation von wahrgenommener Bedrohung einerseits und Emotion andererseits wird hier in einem hierarchischen System der Informationsverarbeitung organisiert gedacht. Auf einer abstrakten Ebene verneinten z. B. 80 % der befragten Hypertonus-Patienten, daß die Menschen im allgemeinen die Höhe ihres Blutdrucks selbst wahrnehmen könnten; konkret und auf sich selbst bezogen, meinten hingegen 88 %, sie selbst könnten sagen, wann ihr Blutdruck erhöht sei. Eine ähnliche Diskrepanz hatte Verres (1986) zwischen der Einschätzung des eigenen vs. des generellen Krebsrisikos gefunden.

Vorschläge zur Definition und Klassifikation von Coping und zur Unterscheidung von Coping und Abwehr liegen in großer Zahl vor (zur Übersicht vgl. Laux, 1983; Prystav, 1981; Gaus & Köhle, 1986 a; Beutel, 1988; Steffens & Kächele, 1988; Laux & Weber, in diesem Band). Bekannt geworden ist z. B. das hierarchische Modell von Haan (1977), welches flexible, realistische, zukunftsbezogene Bewältigung von rigider, vergangenheitsorientierter, unbewußter

Abwehr und stereotyper, automatisierter, realitätsunangemessener, ineffektiver Fragmentierung unterscheidet. Die meisten Autoren folgen dieser strikten Unterscheidung zwischen Abwehr und Coping allerdings nicht. Häufig werden auch dichotome Modelle (z. B. Vigilanz vs. Vermeidung) vorgestellt, in denen das auf Experimente zur selektiven Wahrnehmung zurückgehende repression-sensitization-Konzept wiederkehrt (vgl. Heim, 1979; Broda, 1985; Florin, 1985; Krohne & Kohlmann, in diesem Band). Braukmann und Filipp (1984) schlagen vor, Bewältigungsreaktionen unter dem Aspekt der Aufmerksamkeitssteuerung (Aufmerksamkeitshinwendung vs. Aufmerksamkeitsabkehr) zu rekonzeptualisieren (vgl. Faller, 1988 a). Ein integratives Modell des Coping-Prozesses liegt von Heim (1986; Heim et al., 1983; vgl. dazu auch Hasenbring, 1987) vor.

Beim gegenwärtigen Stand der Forschung scheint es noch nicht allgemein möglich zu entscheiden, welche Bewältigungsformen günstig, welche ungünstig sind (Beutel, 1985; Florin, 1985; Heim, 1988, 1990). Globale Aussagen über die Adaptivität von Bewältigungsformen sind wahrscheinlich auch nicht zu erwarten. Vielmehr müssen u. a. Einflüsse der problematischen Situation, der Erkrankungsart, der Erkrankungsphase und der Persönlichkeit des Erkrankten berücksichtigt werden (Meyerowitz et al., 1983; Florin, 1985).

Krankheitsbewältigung wurde bei einem breiten Spektrum verschiedener Erkrankungen untersucht (Übersichten: Beckmann et al., 1982; Burish & Bradley, 1983; Schmidt, 1984; Dahme & Scheer, 1984; Muthny, 1990). Schwerpunkte der Forschungsaktivität sind Tumorerkrankungen (Weisman, 1979; von Kerekjarto, 1982; von Kerekjarto & Schug, 1987; Watson, 1983; Muthny & Koch, 1984; Muthny et al., 1986; Buddeberg, 1985; Herschbach, 1985, Herschbach & Henrich, 1987; Köhle et al., 1986; Schwarz, 1984; Ziegler et al., 1984, 1986; Übersichten: Meyerowitz et al., 1983; Hürny & Adler, 1985; Koch & Haag, 1986, 1987; Stegie & Mödinger, 1986; Hasenbring, 1987; Verres & Hasenbring, 1989), chronische Nierenerkrankungen (Freyberger, 1973; Übersichten: Balck et al., 1985; Gaus et al., 1986) und Herz-Kreislauf-Krankheiten (Übersichten: Stegie & Koch, 1982; Langosch, 1985; Köhle & Gaus, 1986; Langosch, 1989; Faller, 1990).

Am Beispiel des Herzinfarktes wollen wir die Komplexität des Zusammenspiels von emotionaler Belastung und Bewältigung abschließend verdeutlichen. Eine große Zahl von Studien konnte immer wieder den Befund bestätigen, daß viele Herzinfarktkranke die während des akuten Infarktes auftretenden starken Brustschmerzen nicht dem Herzen zuschreiben (Übersichten: Doehrman, 1977; Kämmerer, 1985a; Köhle & Gaus, 1986). Hierfür scheinen Prozesse der Wahrnehmung/Verleugnung des eigenen Bedrohtseins eine wichtige Rolle zu spielen, worauf insbesondere Hackett und Mitarbeiter in vielen Veröffentlichungen hingewiesen haben (z. B. Hackett et al., 1968; Übersichten: Klapp, 1985; Köhle & Gaus, 1986; Hahn & Kämmerer, 1985). Eine genaue Analyse zeigt, daß Aufmerksamkeitsabwendung einerseits und Wahrnehmung von bedrohlichen Aspekten des Infarkterlebens andererseits nebeneinander vorkommen, wobei die jeweilige Richtung der Aufmerksamkeitssteuerung durch Elemente subjektiver Krankheitstheorien argumentativ abgestützt wird (Faller, 1988 a; 1990).

Todesangst scheint von Infarktkranken im Akutstadium eher selten explizit geäußert zu werden; häufiger werden konkretisierte Ängste, wie Angst vor Trennung, Angst vor sozialer Entwertung u. a. angegeben. Viele Patienten scheinen zudem erst an den ängstlichen Reaktionen ihrer Umgebung, der Ehefrau oder des Arztes, ihr eigenes Bedrohtsein abzulesen. Sie erleben Beunruhigung durch die Einlieferung in die Klinik (Klapp, 1985); erst die soziale Inszenierung des Herzinfarktes scheint ihnen die Wahrnehmung eigener Ängste zu ermöglichen (Faller & Mecke, im Druck). Andererseits wird dann die durch zuverlässige Betreuung und Überwachung gekennzeichnete Atmosphäre der Intensivstation von vielen Infarktkranken als emotional stabilisierend (also nicht nur als belastend) erfahren (Klapp, 1985).

Nach Klapp und Scheer (1984) ist das Erleben des Intensivpatienten durch eine „Regression" psychischer Funktionen geprägt. Im Idealfall delegiere der Patient für eine gewisse Zeit Funktionen der Realitätskontrolle an das Behandlungsteam und akzeptiere das „kindliche" Versorgtwerden um der späteren Progression willen. Manchen Patienten scheint diese Regression jedoch so große Angst einzuflößen, daß sie ihre Autonomie verteidigen müssen und jegliche Passivität und Hingabe vermeiden. Sie können es schwer ertragen, bei der Befriedigung primärer Bedürfnisse und der Erledigung körperlicher Verrichtungen auf fremde Hilfe angewiesen zu sein, und entwickeln ein starkes Kontrollbedürfnis (vgl. Faller, 1988b). Andere Patienten scheinen sich äußerlich in übergefügiger Weise anzupassen und überspielen ihre Befürchtungen. Wieder andere Patienten werden von Angst überflutet, zeigen sich völlig abhängig vom Behandlungsteam und bleiben im regressiven Zustand fixiert.

In der chronischen Phase der koronaren Herzerkrankung steht unter den Befürchtungen die Angst vor einem Reinfarkt im Vordergrund. Hinzu treten Ängste vor körperlicher Beeinträchtigung; vor psychischer Einschränkung durch die Forderung, ein „Leben ohne Risikofaktoren" zu führen, gegen die manche Infarktkranke in selbstgefährdender Weise aufbegehren — Lachauer (1984) verwendet den Begriff der „Kamikaze-Mentalität"; die Angst vor einer Minderung des Selbstwertgefühls; schließlich Angst vor sozialer Beschämung, Sorge um die zukünftige soziale Position (vgl. Faller, 1989c; Biskup, 1982; Mayou et al., 1978 a, b; Mrazek et al., 1983; Mrazek, 1985; Köhle & Gaus, 1986;

v. Kerekjarto et al., 1983; Ziegeler, 1982). Körperliche Leistungsfähigkeit scheint für das Selbstwertgefühl der Infarktpatienten eine große Rolle zu spielen. Die durch die Verletzung der körperlichen Integrität erfahrene narzißtische Kränkung kann Gefühle von Scham, Ärger und Wut auslösen (Moersch et al., 1980; Ohlmeier, 1985; Kämmerer, 1985a; Reindell et al., 1980; Köhle & Gaus, 1986; Faller, 1989c). Verschiedentlich wird berichtet, daß Affekte von Ärger und Aggression projektiv, d. h. durch Schuldzuweisungen an andere, verarbeitet werden (Hahn, 1971; Ziegeler, 1982; Köhle & Gaus, 1986).

Noch wenig wissen wir über zeitliche Verläufe der emotionalen Auseinandersetzung mit Erkrankungen und über die Frage, welchen Kranken mit zunehmendem zeitlichen Abstand die Bewältigung der emotionalen Belastungen eher besser gelingt (Langosch & Brodner, 1984), und bei welchen Kranken das Befinden eher stabil bleibt (Langosch, 1980; Croog & Levine, 1982) bzw. bei welchen es gar zu einer zunehmenden Befindensverschlechterung im Sinne einer „krankheitsdauerdependenten Neurotisierung" (vgl. Weitemeyer & Meyer, 1967) kommen kann (Croog & Levine, 1977; Mayou et al., 1978 a, b; Medert-Dornscheidt & Myrtek, 1977; Myrtek, 1980; Langosch & Brodner, 1979; Klapp et al., 1985; Badura et al., 1987). Möglicherweise kann diese Befindensverschlechterung auch im Sinne einer Lockerung der Abwehr mit zunehmender zeitlicher Distanz zum bedrohlichen Ereignis verstanden werden (Faller, 1988 a). Brodner et al. (1985) konnten einen negativen Effekt eines stationären Rehabilitationsaufenthaltes auf das emotionale Befinden wahrscheinlich machen.

Auffällig ist die immer wieder festgestellte geringe Korrelation von psychischem Befinden und körperlichem Befund (Mayou et al., 1978 a, b; Davies-Osterkamp, 1977; Croog & Levine, 1977, 1982; Langosch & Betz, 1984; Huse-Kleinstoll et al., 1984; Medert-Dornscheidt & Myrtek, 1977; Myrtek, 1980; Kauderer-Hübel & Buchwalsky, 1986; Krampen & Ohm, 1985; Badura et al., 1987; vgl. aber auch positive Ergebnisse bei Faller, 1990).

Noch uneinheitlich sind schließlich die Ergebnisse zur Bedeutung der emotionalen Krankheitsverarbeitung für die Langzeitrehabilitation im medizinischen und beruflichen Bereich (Halhuber, 1985; Kämmerer, 1985 b; Köhle & Gaus, 1986; Byrne et al., 1981; Byrne, 1982; Croog & Levine, 1977, 1982; Garrity & Klein, 1971; Garrity, 1973 a, b, 1975; Cay et al., 1973; Cay, 1982; Brodner, 1983; Brodner et al., 1985; Trelawny-Ross & Russell, 1987; Faller 1990).

8 *Emotionale Aspekte medizinischer Maßnahmen*

Übersteigen die Belastungen die individuellen Bewältigungsressourcen einschließlich der sozialen Unterstützung (z. B. Badura, 1981; Baumann & Pfingstmann, 1986), so kann ein Kranker professionelle Hilfe in Anspruch nehmen. Deren Handlungsprogramme können jedoch selbst wieder zur Quelle emotionaler Belastungen werden. Bevor wir auf emotional belastende Aspekte spezifischer medizinischer Interventionen eingehen, wollen wir uns der allgemeinsten medizinischen Intervention, dem ärztlichen Gespräch, zuwenden.

Das Gespräch zwischen Arzt und Patient in Allgemeinpraxen (Ahrens, 1976; Hasenbring & Ahrens, 1986) und Krankenhaus (Siegrist, 1976, 1978) ist seit Anfang der siebziger Jahre Gegenstand medizinpsychologischer und -soziologischer Forschungen (Übersicht: Köhle & Raspe, 1982). Schon die frühen formal-quantitativen Untersuchungen von Visitengesprächen hatten eine deutliche „Asymmetrie" der Kommunikation zwischen Arzt und Patient herausgestellt. Die visiteführenden Ärzte schienen insbesondere Schwerkranken gegenüber Gesprächstechniken einzusetzen, die geeignet waren, die Thematisierung emotional belastender Inhalte zu vermeiden (Siegrist, 1982; Raspe, 1982). Linguistische Analysen machten deutlich, wie die Struktur der Gespräche regelhaft verhindern kann, daß die emotionalen Bedürfnisse der Patienten in ausreichendem Maße zur Sprache gebracht werden (Nothdurft, 1982; Bliesener, 1982; Gaus & Köhle, 1982). Mit Hilfe der Sprachinhaltsanalyse nach Gottschalk und Gleser (Schöfer, 1980; Koch & Schöfer, 1986) läßt sich das Ausmaß der in Visitengesprächen geäußerten Affekte auch quantitativ abbilden (Sodemann et al., 1982; Fauler et al., 1986; Sodemann & Köhle, 1986). So werden z. B. die vom Patienten zum Ausdruck gebrachte Todesangst und Trennungsangst, insbesondere bei Schwerkranken, nur zum geringsten Teil von den Ärzten aufgegriffen (Koch et al., 1982).

Wie fruchtbar Methoden der Gesprächsanalyse auf den Visitendialog angewandt werden können, zeigen exemplarisch Bliesener und Köhle (1986). Auf äußerst subtile Weise können die Redebeiträge von Arzt und Patient Wort für Wort und Satz für Satz auf ihre emotionsregulierende Funktion hin untersucht werden. Die Autoren zeigen an der Visite eines Herzinfarktpatienten, wie der Versuch des Kranken, dem Arzt einerseits seine Befürchtung, falsch behandelt zu werden und daran möglicherweise zu sterben, mitzuteilen, und andererseits eine offene Auseinandersetzung mit diesem zu verhindern, im Zusammenspiel mit der Angst des Arztes vor den antizipierten Vorwürfen des Patienten den Verlauf des Visitengesprächs determiniert.

Visitengespräche müssen jedoch nicht notwendigerweise in einer für die Bewältigung emotionaler Belastungen ungünstigen Form verlaufen. Das „Ulmer Modell“ einer internistisch-psychosomatischen Station konnte überzeugend nachweisen, daß eine Umgestaltung der Visite und eine Veränderung des ärztlichen Gesprächsverhaltens möglich sind, wodurch der Patient die Chance erhält, mit seinen emotionalen Wünschen zu Wort zu kommen und auch Gehör zu finden (Köhle et al., 1980; Westphale & Köhle, 1982; Safian et al., 1982; Fehlenberg et al., 1986; Köhle & Joraschky, 1986). In welcher Hinsicht Gespräche von Seelsorgern weitergehen als solche von Ärzten, zeigen sehr beeindruckend Bliesener, Hausendorf und Schentt (1988).

Das Visitengespräch ist für den Patienten ein wichtiger, wenn auch in zeitlicher Hinsicht kleiner Ausschnitt der Krankenhaussituation, die in ihrer Gesamtheit von vielen Patienten als emotional belastend erlebt wird (Engelhardt et al., 1973; Begemann, 1976; Siegrist, 1978; Wilker & Zenz, 1979; Raspe, 1983). Das Erleben der emotionalen Atmosphäre auf einer Krankenhausstation steht im Zusammenhang mit der subjektiven Befindlichkeit des Kranken (Krampen & Delius, 1981; vgl. auch Krampen & Ohm, 1985). Dies gilt in noch verstärktem Maße für das Erleben der Intensivstation. Trotz der dort herrschenden hektischen Betriebsamkeit trägt überraschenderweise für viele Kranke die Allgegenwart der als kompetent erlebten Betreuer zur Beruhigung bei (Klapp, 1985; Hannich et al., 1983; Bernhard, 1984; Gaus & Köhle, 1986 b).

Schmidt (1984) zeigt eine Vielzahl praktischer Anwendungsmöglichkeiten psychologischer Interventionsverfahren zur Verminderung emotionaler Belastung bei medizinischen Maßnahmen im Krankenhaus auf. Hierzu gehören z. B. Verfahren zur Angstreduktion vor geburtshilflichen Eingriffen (Davies-Osterkamp & Beckmann, 1982) oder bei der Zahnarztbehandlung (Schneller & Fleischer-Peters, 1985; Demmel & Lamprecht, 1986) bis hin zur Vorbereitung auf große Operationen, die in Narkose erfolgen (Davies-Osterkamp, 1977, 1985; Dony, 1982; Böhm & Dony, 1984).

Auf zwei Beispiele aus der Psychokardiologie, nämlich Herzkatheteruntersuchung und Operationen am offenen Herzen, wollen wir näher eingehen. Die bei Bewußtsein durchgeführte Untersuchung des Herzens mittels eines von einem peripheren Blutgefäß vorgeschobenen Katheters dient der Diagnostik, z. B. der Entscheidung, ob eine Herzoperation angezeigt ist. Operationen am offenen Herzen sollen z. B. Herzklappenfehler durch den Ersatz einer defekten Herzklappe mittels einer künstlichen Prothese beheben oder bei der koronaren Herzkrankheit die Durchblutung des Herzmuskels verbessern und einen Herzinfarkt verhüten, indem verengte Koronararterien mit Hilfe z. B. eines homologen Venentransplantates aus dem Unterschenkel überbrückt werden (aortokoronarer Bypass).

Salm (1982) konnte die Befindlichkeits- und Bewältigungsmerkmale von 80 Patienten, die sich einer Herzkatheterisierung unterziehen mußten, faktorenanalytisch zwei bipolaren Typen zuordnen. Typ 1 betrifft die kognitive Verarbeitung der Belastungssituation (mit den Polen „aktive Skepsis" vs. „blindes Vertrauen"); bei Typ 2 steht der unmittelbare emotionale Umgang mit der Belastung im Vordergrund. Seine Pole wurden mit „offene Panik" vs. „bewußte Gelassenheit" bezeichnet. Es ließen sich Zusammenhänge mit der Zahl der Komplikationen und der benötigten Betreuungsart nachweisen.

Insbesondere seit der Einführung der extrakorporalen Zirkulation (Herz-Lungen-Maschine) ist ein häufiges Auftreten psychischer Störungen nach Operationen am offenen Herzen beobachtet worden (Übersicht: Götze, 1980). Struktur und Verlauf dieser psychopathologischen Auffälligkeiten wurden von einer Hamburger Forschergruppe analysiert (Dahme et al., 1977, 1982; Speidel et al., 1985). In der frühen postoperativen Phase beispielsweise konnten 99 herzoperierte Patienten clusteranalytisch folgenden Syndromen zugeordnet werden: Unauffällig waren 49 Patienten; 33 zeigten ein leichtes psychoorganisches Syndrom mit affektiv-emotionalen Verstimmungen und psychomotorischen Störungen, 4 ein schweres psychoorganisches Syndrom mit Sinnestäuschungen und psychomotorischen Störungen, 9 ein paranoid-halluzinatorisches Syndrom mit affektiv-emotionalen und psychomotorischen Störungen und 4 ein delirantes Syndrom. Jeder zweite Patient wurde also postoperativ psychopathologisch auffällig, jeder fünfte psychotisch. Über den Beobachtungsverlauf von vier Wochen hinweg blieb lediglich ein Drittel der Patienten durchgehend unauffällig (Götze, 1980).

Die Entstehung dieser Störungen ist noch nicht völlig geklärt. Das Gewicht somatischer und psychischer Einflußfaktoren scheint sich je nach Störungsbild zu unterscheiden (Meffert et al., 1983). Somatische Risikofaktoren scheinen bedeutsam für das Auftreten einer psychoorganischen Störung (Denk-, Orientierungs-, Aufmerksamkeits- und Bewußtseinsstörung; vgl. Huse-Kleinstoll, 1980). Eine paranoid-halluzinatorische Symptomatik (Wahn, Sinnestäuschungen) scheint im Zusammenhang mit einer präoperativen Verleugnung der Bedrohung durch die Operation zu stehen. Es ist davon auszugehen, daß somatische und psychische Bedingungsfaktoren interagieren (Meffert, 1985).

Die Frage der Angstbewältigung steht im Mittelpunkt des Interesses der Forschergruppe um S. Davies-Osterkamp (Davies-Osterkamp, 1977, 1985; Davies-Osterkamp et al., 1978; Davies-Osterkamp & Salm, 1980). Davies-Osterkamp führte das Modell der Angstbewältigung von Janis (1958, 1965) fort, der aufgrund theoretischer Überlegungen und empirischer Befunde einen kurvilinearen Zusammenhang von präoperativer Angst und postoperativer Anpassung postuliert hatte. Während bei extrem hoher präoperativer Angst postoperativ starke Ängste vor körperlicher Schädigung auftreten und andererseits bei extrem niedriger präoperativer Angst — die als Resultat von

Verleugnung aufgefaßt wird — postoperativ Aggressionen gegen das Pflegepersonal geäußert werden, sei ein mittleres Ausmaß präoperativer Angst optimal, einen Prozeß der Auseinandersetzung, der „Befürchtungsarbeit“ (work of worrying) einzuleiten.

Davies-Osterkamp und Möhlen (1978) fanden ein höchst interessantes Ergebnis, als sie den präoperativen Verlauf der Angst als Prädiktor berücksichtigten. Eher hohe Angst eine Woche vor der Operation, die mit dem Herannahen des Operationstermins noch weiter anstieg, fiel postoperativ am stärksten ab und ging mit günstigem somatischem Verlauf einher. Eher niedrige Angst eine Woche präoperativ, die — als Effekt von Abwehrprozessen aufgefaßt — vor der Operation noch weiter abfiel, stieg nach der Operation wieder an und korrelierte mit schlechtem postoperativem Verlauf. Eine momentane Intensivierung der Angst kann also realitätsangemessen und sinnvoll sein und eine effektive Auseinandersetzung mit dem bedrohlichen Ereignis fördern. So läßt sich auch erklären, warum nicht nur Patienten mit depressiv-resignativer Einstellung einen weniger günstigen postoperativen Verlauf hatten, sondern auch zukunftsorientierte Patienten häufigere somatische Komplikationen mit längerem Aufenthalt auf der Wachstation aufwiesen. Möglicherweise drückte sich in der Zukunftsorientierung eine Vermeidung der aktuellen Auseinandersetzung mit der Bedrohlichkeit der Situation aus. Patienten mit sachlich-technischer Einstellung zur Operation — einer Haltung, die wohl durch intellektuelle Distanzierung, d. h. einer Trennung von Emotion und Kognition zustande kommt („Affektisolierung“), — zeigten postoperativ vermehrt Angstzustände, Mißtrauen und paranoide Phantasien. Aggressive und feindselige Reaktionen traten eher bei solchen Patienten auf, die präoperativ einen verschlossenen Eindruck machten und keine Gefühle zeigten (Möhlen & Davies-Osterkamp, 1979). Diese Reaktionen lassen sich möglicherweise so interpretieren, daß, nachdem die Operation geglückt war und die Abhängigkeit vom behandelnden Personal als geringer erlebt wurde, bisher unterdrückte Aggressionen eher geäußert werden konnten (Salm & Davies-Osterkamp, 1984).

Im Vergleich der beiden Belastungssituationen „Herzkatheteruntersuchung“ und „Herzoperation“ konnten Salm und Davies-Osterkamp (1984) eine situationsübergreifende Form der Angstbewältigung beobachten, die durch Aufmerksamkeitssteuerung entlang der bipolaren Dimension Vigilanz vs. Vermeidung gekennzeichnet war. In einer weiteren Untersuchung an Patienten der offenen Herzchirurgie fanden Davies-Osterkamp und Salm (1985) faktorenanalytisch folgende Dimensionen des präoperativen emotionalen Erlebens und der Bewältigung emotionaler Belastung:

Skala 1: ängstlich-hilflose Verfassung
Skala 2: vigilante Angstbewältigung vs. Vermeidung
Skala 3: Optimismus und Selbstaufwertung
Skala 4: Zukunftsorientierung
Skala 5: sachlich-technische Einstellung

„Verleugnung" läßt sich also in voneinander unabhängige Formen der Vermeidung einer Auseinandersetzung mit bedrohlichen Aspekten der bevorstehenden Operation differenzieren (Abb. 2).

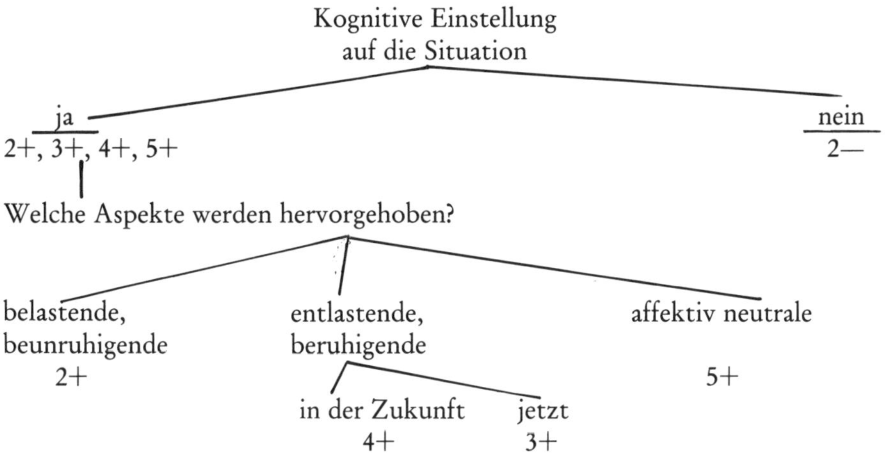

Abb. 2: Aspekte der Verleugnung (vgl. Text; die Zahlen beziehen sich auf die Skalen auf dieser Seite oben).
Aus: Davies-Osterkamp & Salm (1985)

Entweder wird eine kognitive Auseinandersetzung mit der Situation völlig vermieden (Skala 2), oder es werden affektiv-neutrale Aspekte der Situation (Skala 5) oder gar entlastende, beruhigende Aspekte hervorgehoben, die in der Gegenwart (Skala 3) oder in der Zukunft (Skala 4) gesucht werden können. Die Autorinnen fanden Anhaltspunkte dafür, daß die Skalen 2 und 3 vorwiegend die Bewältigung von Angst und Depression betrafen, die Skalen 4 und 5 auch die Bewältigung aggressiver Affekte.

Angst, Depressivität und Aggressivität als emotionale Korrelate, Bedrohung, Belastung und narzißtische Kränkung als Wahrnehmungs- und Kognitionsinhalte und schließlich hierauf gerichtete Verarbeitungs- und Bewältigungsprozesse stehen in enger Wechselwirkung miteinander. Dieses Wechselspiel ist von zentraler Bedeutung für Entstehung und Aufrechterhaltung von Gesundheit/

Krankheit. Wir wollten mit den abschließenden Ausführungen zu zeigen versuchen, daß dieses Wechselspiel als Gegenstand medizinpsychologischer Forschung und Praxis so komplex ist, daß es in seinen verschiedenen Kontexten (Alltagsprobleme, Lebenskrisen, Erkrankungen, Interventionen) immer aufs neue unvoreingenommen betrachtet werden muß, wenn man ihm gerecht werden will.

Literatur

Abrams, R. D. & Finesinger, J. E. (1953). Guilt reactions in patients with cancer. *Lancet*, 6, 474—482.

Ader, R. (Ed.). (1981). *Psychoneuroimmunology.* New York: Academic Press.

Ahrens, S. (1976). Erste Ergebnisse einer Untersuchung über Arzt-Patient-Interaktion in der Allgemeinpraxis (I). *Der praktische Arzt, 3,* 403-410.

Ahrens, S. (1986). Experimentelle Untersuchungen affektiver Reaktionen bei psychosomatischen Patienten. *Psychother. med. Psychol., 36,* 47—50.

Ahrens, S. & Deffner, G. (1985). Alexithymie — Ergebnisse und Methodik eines Forschungsbereiches der Psychosomatik. *Psychother. med. Psychol., 35*, 147—159.

Albert, E. H. (1980). Appealing for treatment: A cognitive analysis of hospital emergency patients. *Soc. Sci. & Med. 14,* 243—251.

Alexander, I. E., Colley, R. S., Adlerstein, A. M. (1957). Is death a matter of indifference? *Journal of Psychology, 43,* 277—283.

Antoch, R. F. (1984). *Ist seelische Gesundheit ein Mythos? Konturen einer integrativen Theorie der Persönlichkeit und ihrer Störungen.* Zitiert nach unveröff. Manuskript: Vortrag beim Kongreß für Klinische Psychologie und Psychotherapie, Berlin.

Armstrong, D. (1986). Illness behaviour revisited. In J. H. Lacey & D. A. Sturgeon D. A. (Eds.), *Proceedings of the 15th European Conference on Psychosomatic Research.* London & Paris: John Libbey.

Averill, J. R. (1982). *Anger and Aggression.* New York: Springer-Verlag.

Badura, B. (Hrsg.). (1981). *Soziale Unterstützung und chronische Krankheit.* Frankfurt: Suhrkamp.

Badura, B., Kaufhold, G., Lehmann, H., Pfaff, H., Schott, T. & Waltz, M. (1987). *Leben mit dem Herzinfarkt.* Berlin: Springer.

Balck, F., Koch, U. & Speidel, H. (Hrsg.). (1985). *Psychonephrologie.* Berlin: Springer.

Bandura, A. (1979). *Aggression — Eine sozial-lerntheoretische Analyse.* Stuttgart: Klett-Cotta.

Bandura, A. (1982). *Sozial-kognitive Lerntheorie.* Stuttgart: Klett-Cotta.

Bandura, A. (1985). *Social foundations of thought and action: A social cognitive theory.* Englewood Cliffs: Prentice Hall.

Basler, H. D. (1980). Medizinische-psychologische Interventionsmöglichkeiten im präventiven Bereich. In T. Schneller et al. (Hrsg.). *Medizinische Psychologie III: Die Integration psychologischer Konzepte in die Medizin.* Stuttgart: Kohlhammer, 38—65.

Baumann, U. & Pfingstmann, G. (1986). Soziales Netzwerk und Soziale Unterstützung. *Nervenarzt, 57,* 686—691.

Beck, D., König, U., Blaser, P., Meyer, R., Styk, J. & Ryhiner, O. (1975). Zur Psychosomatik des Mamma-Carcinoms. *Zeitschrift für psychosomatische Medizin und Psychoanalyse, 21,* 101—117.

Becker, H. (1984). Die Bedeutung der subjektiven Krankheitstheorie des Patienten für die Arzt-Patient-Beziehung. *Psychother. med. Psychol. 34,* 313—321.

Becker, H. (1986). *Psychoonkologie.* Berlin: Springer.

Becker, P. (1980). Prävention von Verhaltensstörungen und Förderung der psychischen Gesundheit. In W. Wittling (Hrsg.). *Handbuch der Klinischen Psychologie, Bd. 2,* S. 47—77. Hamburg: Hoffmann & Campe.

Beckmann, D. (1984). *Grundlagen der Medizinischen Psychologie. Ein Lehrbuch.* Göttingen: Verlag für Medizinische Psychologie.

Beckmann, D., Davies-Osterkamp, S. & Scheer, J. W. (Hrsg.), (1982). *Medizinische Psychologie. Forschung für Klinik und Praxis.* Berlin: Springer.

Begemann, H. (Hrsg.). (1976). Patient und Krankenhaus. München: Urban u. Schwarzenberg.

Berger, P. L. & Luckmann, T. (1966). *Die gesellschaftliche Konstruktion der Wirklichkeit.* Frankfurt: Fischer 1982.

Bernhard, P. (1984). Angst und Angstbewältigung von Patient und Personal einer medizinischen Intensivstation. *Psychother. med. Psychol., 34,* 50—55.

Beutel, M. (1985). Zur Erforschung der Verarbeitung chronischer Krankheit: Konzeptualisierung, Operationalisierung und Adaptivität von Abwehrprozessen am Beispiel von Verleugnung. *Psychother. med. Psychol., 35,* 295—302.

Beutel, M. (1988). Bewältigungsprozesse bei chronischen Erkrankungen. Weinheim: VCH, edition medizin.

Billings, A. & Moos, R. (1981). The role of coping responses and social resources in attenuating the impact of stressful life events. *Journal of Behavioral Medicine, 4,* 139—157.

Billings, A. & Moos, R. (1982). Stressful life events and symptoms: A longitudinal model. *Journal of Health Psychology, 1,* 99—117.

Bischoff, C. & Zenz, H. (Hrsg.). (1989). *Patientenkonzepte von Körper und Krankheit.* Bern: Huber.

Biskup, J. (1982). Die *psychosoziale Situation von Koronarpatienten.* Frankfurt: Lang.

Bliesener, T. (1982). Konfliktaustragung in einer schwierigen „therapeutischen Visite". In Köhle, K. & Raspe, H.-H. (Hrsg.) (1982), *Das Gespräch während der ärztlichen Visite.* München: Urban & Schwarzenberg.

Bliesener, T. & Köhle, K. (1986). *Die ärztliche Visite.* Opladen: Westdeutscher Verlag.

Bliesener, T., Hausendorf, H. & Scheytt, C. (1988). *Klinische Seelsorgegespräche mit todkranken Patienten.* Berlin: Springer.

Böhm, A. & Dony, M. (1984). Copingverhalten in der präoperativen Phase. *Psychother. med. Psychol.,* 34, 296—302.

Böker, W. & Brenner, H. D. (1983). Selbstheilungsversuche Schizophrener. *Nervenarzt,* 54, 578—589.

Böker, W. & Brenner, H. D. (Hrsg.). (1985). *Bewältigung der Schizophrenie.* Bern: Huber.

Bojanovsky, J. (1983). *Psychische Probleme bei Geschiedenen.* Stuttgart: Enke Verlag.

Bojanovsky, J. (1986). *Verwitwete. Ihre gesundheitlichen und sozialen Probleme.* Weinheim: Beltz Verlag.

Booth-Kewley, S. & Friedman, H. S. (1987). Psychological predictors of heart disease: A quantitative review. *Psychological Bulletin, 101,* 343—362.

Boubjerg, D. (1989). Psychoneuroimmunology and Cancer. In J. C. Holland & J. H. Rowland (Eds.), *Handbook of psychooncology.* New York: Oxford University Press.

Bräutigam, W., Senf , W. & Kordy, H. (1990). Wirkfaktoren psychoanalytischer Therapien aus der Sicht des Heidelberger Katamneseprojektes. In H. Lang (Hrsg.), *Wirkfaktoren der Psychotherapie.* Berlin: Springer.

Brand, R. (1978). Coronary-prone behavior as an independent risk factor for coronary heart disease. In T. M. Dembroski, S. M. Weiss, J. L. Shields, S. G. Haynes & M. Feinleib (Eds.),*Coronary-prone behavior.* New York: Springer.

Braukmann, W. & Filipp, S.-H. (1984). Strategien und Techniken der Lebensbewältigung. In U. Baumann, H. Berbalk & G. Seidenstücker (Hrsg.), *Klinische Psychologie. Trends in Forschung und Praxis, Band 6.* Bern: Huber.

Broda, M. (1985). Determinanten der Krankheitsverarbeitung. In W. Langosch (Hrsg.). *Psychische Bewältigung der chronischen Herzerkrankung.* Berlin: Springer.

Brodner, G. (1983). *Beiträge zur Prognose des Rehabilitationserfolgs bei „jugendlichen Herzinfarktpatienten".* München: Minerva.

Brodner, G. Langosch, W. & Borcherding, H. (1985). Psychologische Veränderungen einige Jahre nach Herzinfarkt. In W. Langosch (Hrsg.). *Psychische Bewältigung der chronischen Herzerkrankung.* Berlin: Springer.

Buchkremer, G. & Fiedler, P. (1987). Kognitive versus handlungsorientierte Therapie. Vergleich zweier psychotherapeutischer Methoden zur Rezidivprophylaxe bei schizophrenen Patienten. *Nervenarzt, 58,* 481—488.

Buddeberg, C. (1985). *Ehen krebskranker Frauen.* München: Urban & Schwarzenberg.

Bürckstümmer, G. & Kordy, H. (1983). Empirische Beobachtungen zum Gesundheitsbegriff und seinen impliziten Wertvorstellungen. *Psychother. med. Psychol., 33 (6),* 200—205.

Bulman, R. J. & Wortman, C. B. (1977). Attributions of blame and coping in the „real world": Severe accident victims react to their lot. *J. Pers. Soc. Psychol., 35,* 351—363.

Burish, T. G. & Bradley, L. A. (Eds.). (1983). *Coping with chronic disease.* New York: Academic Press.

Byrne, D. G. (1982). Psychological responses to illness and outcome after survived myocardial infarction: A long-term follow-up. *J. Psychosom. Res., 26,* 105—112.

Byrne, D. G., Whyte, H. M. & Butler, K. L. (1981). Illness behaviour and outcome following survival of myocardial infarction. *J. Psychosom. Res., 25,* 97—107.

Cay, E. L. (1982). Psychological problems in patients after a myocardial infarction. *Adv. Cardiol., 29,* 108—112.

Cay, E. L., Dugard, P. & Philip A. E. (1973). Return to work after a heart attack. *J. Psychosom. Res., 117,* 1—13.

Cooper, B. (1980). Die Rolle von Lebensereignissen bei der Entstehung von psychischen Erkrankungen. *Nervenarzt, 51,* 321—331.

Cowie, B. (1976). The cardiac patient's perception of his heart attack. *Soc. Sci. & Med., 10,* 87—96.

Creed F., (1985). Life events and physical illness. *J. Psychosom. Res., 29,* 113—123.

Croog, S. H. & Levine, S. (1977). *The heart patient recovers.* New York: Human Sciences Press.

Croog, S. H. & Levine, S. (1982). *Life after a heart attack. Social and psychological factors eight years later.* New York: Human Sciences Press.

Dahme, B., Achilles, I., Flemming, B., Götze, P., Haag, A., Huse-Kleinstoll, G., Meffert, H.-J., Polonius, M. J., Rodewald, G. & Speidel, H. (1977). Die psychische Bewältigung von Herzoperationen und Intensivpflege. *Medizinische Psychologie, 3,* 129—136.

Dahme, B., Flemming, B., Götze, P., Huse-Kleinstoll, G., Meffert, H.-J. & Speidel, H. (1982). Psycho-Somatik der Herzchirurgie. In D. Beckmann, S. Davies-Osterkamp & J. W. Scheer (Hrsg.), *Medizinische Psychologie. Forschung für Klinik und Praxis.* Berlin: Springer.

Dahme, B. & Scheer, J. W. (1984). Medical Psychology. *The German Journal of Psychology, 8,* 138—180.

Davies-Osterkamp, S. (1977). Angst und Angstbewältigung bei chirurgischen Patienten. *Medizinische Psychologie, 3,* 109—184. Auch in D. Beckmann, S. Davies-Osterkamp, J. W. Scheer (Hrsg.) (1982), *Medizinische Psychologie. Forschung für Klinik und Praxis.* Berlin: Springer.

Davies-Osterkamp, S. (1985). Psychologische Vorbereitung chirurgischer Patienten. In H.-D. Basler & I. Florin (Hrsg.), *Klinische Psychologie und körperliche Krankheit.* Stuttgart: Kohlhammer.

Davies-Osterkamp, S. & Beckmann, D. (1982). Psychosoziale Aspekte von Schwangerschaft und Geburt. In D. Beckmann, S. Davies-Osterkamp & J. W. Scheer (Hrsg.), *Medizinische Psychologie, Forschung für Klinik und Praxis.* Berlin: Springer.

Davies-Osterkamp, S. & Möhlen, K. (1978). Postoperative Genesungsverläufe bei Patienten der Herzchirurgie in Abhängigkeit von präoperativer Angst und Angstbewältigung. *Medizinische Psychologie, 4,* 247—260.

Davies-Osterkamp, S. & Salm, A. (1980). Ansätze zur Erfassung psychischer Adaptationsprozesse in medizinischen Belastungssituationen. *Medizinische Psychologie, 6,* 66—80.

Davies-Osterkamp, S., Möhlen, K., Lademann, H. R. & Scheld, H. H. (1978). Postoperative reactions in open-heart surgery patients. In H. H. Speidel & G. Rodewald (Eds.), *Psychic and neurological disfunctions after open-heart surgery.* INA (Vol. 19), Stuttgart: Thieme.

Davies-Osterkamp, S. & Salm, A. (1985). Psychische Bewältigungsprozesse in kardiologischen Belastungssituationen. In W. Langosch (Hrsg.), *Psychische Bewältigung der chronischen Herzerkrankung.* Berlin: Springer.

Delongis, A., Coyne, J. C., Dakof, G., Folkman, S. & Lazarus, R. S. (1982). Relationship of daily hassles, uplifts, and major life events to health status. *Health Psychology, 1,* 119—136.

Dembroski, T. M. & Costa, P. T. (1987). Coronary prone behavior: Components of the type A pattern and hostility. *Journal of Personality, 55,* 213-235.

Dembroski, T. M. & MacDougall, J. M. (1983). Behavioral and psychophysiological perspectives on coronary-prone behavior. In T. M. Dembroski, T. H. Schmidt & G. Blumchen (Eds.), *Biobehavioral bases of coronary heart disease.* New York: Karger.

Demmel, H.-J. & Lamprecht, F. (1986). Psychosomatische Zahnheilkunde. In Th. v. Uexküll *Psychosomatische Medizin* (3. Auflage). München: Urban & Schwarzenberg.

Deneke, F.-W., Ahrens, St., Bühring, B., Haag, A., Lamparter, U., Richter, R. & Stuhr, U. (1987). Wie erleben sich Gesunde? *Psychother. med. Psychol., 37,* 156—160, Stuttgart: Thieme-Verlag.

Doehrman, S. R. (1977). Psycho-social aspects of recovery from coronary heart disease: A review. *Soc. Sci. & Med., 11,* 199—218.

Dohrenwend, B. P. (1986). Note on a program of research on alternative social psychological models of relationships between life stress and psychopathology. In M. H. Appley & R. Trumbull (Eds.). *Dynamics of stress.* New York: Plenum.

Dohrenwend, B. S. & Dohrenwend, B. P. (Eds.), (1974). *Stressful life events: their nature and effects.* New York: Wiley.

Dohrenwend, B. S. & Dohrenwend, B. P. (1978). Some issues in research on stressful life events. *Journal of Nervous and Mental Disease, 166,* 7—15.

Dohrenwend, B. S., Krasnoff, L., Askenasy, A. R. & Dohrenwend, B. P. (1978). Exemplification of a method for scaling life events: The PERI life events scale. *Journal of Health and Social Behavior, 19,* 205—229.

Dohrenwend, B. S., Dohrenwend, B. P., Dodson, M. & Shrout, P. E. (1984) Symptoms, hassles, social supports, and life events: The problem of confounded measures. *Journal of Abnormal Psychology, 93,* 222—230.

Dony, M. (1982). Psychologische Aspekte im Bereich der Anästhesie. In D. Beckmann, S. Davies-Osterkamp, J. E. Scheer (Hrsg.), *Medizinische Psychologie, Forschung für Klinik und Praxis.* Berlin: Springer.

Dornheim, J. (1983). *Kranksein im dörflichen Alltag.* Tübingen: Tübinger Vereinigung für Volkskunde e. V.

Ehlers, W. & Czogalik, D. (1984). Dimensionen der klinischen Beobachtung von Abwehrmechanismen. *Prax. Psychother. Psychosom., 29,* 129—138.

Engelhardt, K., Wirth, A. & Kindermann, L. (1973). *Kranke im Krankenhaus.* Stuttgart: Enke.

Epstein, F. H. (1979). Predicting, explaining, and preventing coronary heart disease. *Modern Concepts of Cardiovascular Disease, 48.* 7—12.

Ermann, M., Janta, B., Riedel, P. (1985). Wertvorstellungen von Psychotherapeuten, Kandidaten und Studenten. *Psychother. Med. Psychol., 37 (7),* 189—192.

Fahrenberg, J., Myrtek, M., Wilk, D., Kreutel, K. (1986). Multimodalc Erfassung der Lebenszufriedenheit: Eine Untersuchung an Herz-Kreislauf-Patienten. *Psychother. Med. Psychol., 36 (11),* 347—354.

Faller, H. (1983). Subjektive Krankheitstheorien als Forschungsgegenstand von Volkskunde und medizinischer Psychologie. *Curare, 6,* 163—180.

Faller, H. (1988 a). Elemente subjektiver Theorien in der Angstbewältigung bei Herzinfarktkranken. In B. F. Klapp, B. Dahme (Hrsg.), *Jahrbuch Medizinische Psychologie Band 1, Psychosoziale Kardiologie.* Berlin: Springer.

Faller, H. (1988 b). Erwartungen an die Herzinfarktrehabilitation aus der Sicht der Patienten. *Praxis der Klinischen Verhaltensmedizin und Rehabilitation, 1,* 210—218.

Faller, H. (1989 a). Subjektive Krankheitstheorie des Herzinfarktes. In C. Bischoff & H. Zenz (Hrsg.), *Patientenkonzepte von Körper und Krankheit.* Bern: Huber.

Faller, H. (1989 b). Das Krankheitsbild von Herz-Kreislauf-Kranken — ein Gruppen- und Methodenvergleich. In C. Bischoff & H. Zenz (Hrsg.). *Patientenkonzepte von Körper und Krankheit.* Bern: Huber.

Faller, H. (1989 c). Emotionale Verarbeitung wahrgenommener Belastungen bei Herzinfarktrehabilitanden: Eine sprachinhaltsanalytische Untersuchung der Affekte in narrativen Interviews. *Psychother. med. Psychol., 39,* 151—160.

Faller, H. (1989 d). Zur Phänomenologie und Psychodynamik des Schmerzes beim akuten Herzinfarkt. *Z. Klin. Psychol. Psychopath. Psychother., 37,* 218—227.

Faller, H. (1990). *Subjektive Krankheitstheorie und Krankheitsverarbeitung bei Herzinfarktrehabilitanden.* Frankfurt: Lang.

Faller, H. & Mecke, U. (im Druck). Angst und ihre Bewältigung bei Herzinfarktkranken. In H. Lang & H. Faller (Hrsg.), *Das Phänomen Angst — Pathologie, Genese und Therapie.* Berlin: Springer.

Fauler, I., Safian, P. & Koch, U. (1986). Analyse der von Ärzten und Patienten zweier klinischer Populationen verbalisierten Affekte mittels des Gottschalk-Gleser-Verfahrens. In U. Koch & G. Schöfer (Hrsg.), *Sprachinhaltsanalyse in der psychosomatischen und psychiatrischen Forschung.* Weinheim: Psychologie-Verlags-Union.

Fehlenberg, D., Simons, C. & Köhle, K. (1986). Die Krankenvisite — Probleme der traditionellen Stationsarztvisite und Veränderungen im Rahmen eines psychosomatischen Behandlungskonzepts. In Th. v. Uexküll, *Psychosomatische Medizin,* (3. Auflage). München: Urban & Schwarzenberg.

Feifel, H., Branscomb, A. (1973). Who's afraid of death? *J. Abnorm. Psychol. 81.* 282—288.

Filipp, S.-H. & Braukmann, W. (1981). Verfahren zur Erfassung kritischer Lebensereignisse. In S.-H. Filipp (Hrsg.), *Kritische Lebensereignisse.* München: Urban & Schwarzenberg.

Filipp, S.-H., Aymanns, P., Klauer, T. (1983). Formen der Auseinandersetzung mit schweren körperlichen Erkrankungen als Prototypen kritischer Lebensereignisse: eine Verlaufsstudie. *Forschungsbericht Nr. 1 aus dem Projekt „Psychologie der Krankheitsbewältigung".* Universität Trier.

Fiske, S. T. & Taylor, S. E. (1984). *Social Cognition.* Reading, Mass.: Addison-Wesley.

Florin, I. (1985). Bewältigungsverhalten und Krankheit. In H.-D. Basler & I. Florin (Hrsg.). *Klinische Psychologie und körperliche Krankheit.* Stuttgart: Kohlhammer.

Florin, J., Gerhards, F., Knispel, M., Koch, M. (1985). Objektive Belastung, subjektives Belastungserleben und Formen des Umgangs mit Belastungen bei Migränepatienten und kopfschmerzfreien Personen. In D. Vaitl. & T. W. Knapp (Hrsg.). *Klinisch-psychologische Forschung, Bd. 3, Psychosomatik.* Weinheim: Beltz.

Fox, B. H. & Newberry, B. H. (Eds.). (1984). *Impact of psychoneuroendocrine systems in cancer and immunity.* Göttingen: Hogrefe.

Freud, A. (1936). *Das Ich und die Abwehrmechanismen* (13. Auflage). München: Kindler, 1982.

Freud, S. (1895). Zur Psychotherapie der Hysterie. In S. Freud & J. Breuer. *Studien über Hysterie.* Frankfurt: Fischer, 1985.

Freyberger, H. (1973). Psychotherapeutische Möglichkeiten und psychosoziale Rehabilitationsprozesse bei chronisch Nierenkranken im Dauerdialyse-Programm. *Fortschritte der Medizin, 3,* 93—95.

Friedman, M. & Rosenman, R. H. (1974). *Type A behavior and your heart.* New York: Knopf. dt.: Rette dein Herz. Reinbek: Rowohlt, 1985.

Fröhlich, W. D. (1983). Perspektiven der Angstforschung. In H. Thomae (Hrsg.). *Psychologie der Motive.* (Enzyklopädie der Psychologie, Themenbereich C, Serie IV, Bd. 2, S. 110—320). Göttingen: Hogrefe.

Gambaro, S. & Rabin, A. J. (1969). Diastolic blood pressure responses following direct and displaced aggression after anger arousal in high- and low-guilt subjects. *Journal of Personality and Social Psychology, 12,* 87—94.

Garrity, T. F. (1973 a). Social involvement and activeness as predictors of morale six months after first myocardial infarction. *Soc. Sci. & Med., 7,* 199—207.

Garrity, T. F. (1973 b). Vocational adjustment after first myocardial infarction: Comparative assessment of several variables suggested in the literature. *Soc. Sci. & Med., 7,* 705—717.

Garrity, T. F. (1975). Morbidity, mortality, and rehabilitation. In W. D. Gentry & R. B. Williams, jr. (Eds.), *Psychological aspects of myocardial infarction and coronary care.* St. Louis: Mosby.

Garrity, T. F. & Klein, R. F. (1971). A behavioral predictor of survival among heart attack patients. In E. Palmore & F. G. Jeffers (Eds.), *Prediction of Life Span.* Lexington: Heath.

Gaus, E. & Köhler, K. (1982). Ängste des Patienten — Ängste des Arztes. Anmerkungen zur Konfliktaustragung in einer schwierigen Visite bei einem Todkranken. In K. Köhle & H.-H. Raspe (1982), *Das Gespräch während der ärztlichen Visite.* München: Urban & Schwarzenberg.

Gaus, E. & Köhle, K. (1986 a). Psychische Anpassungs- und Abwehrprozesse bei körperlichen Erkrankungen. In Th. v. Uexküll, *Psychosomatische Medizin* (3. Auflage). München: Urban & Schwarzenberg.

Gaus, E. & Köhle, K. (1986 b). Psychosomatische Aspekte intensivmedizinischer Behandlungsverfahren. In Th. v. Uexküll, *Psychosomatische Medizin* (3. Auflage). München: Urban & Schwarzenberg.

Gaus, E., Köhle, K., Koch, U., Beutel, M. & Muthny, F. A. (1986). Psychosomatische Gesichtspunkte bei der Behandlung der chronischen terminalen Niereninsuffizienz. In Th. v. Uexküll, *Psychosomatische Medizin* (3. Auflage). München: Urban & Schwarzenberg.

Glatzer, W. & Zapf, W. (Hrsg.). (1984). *Lebensqualität in der Bundesrepublik.* Frankfurt: Campus.

Götze, P. (1980). *Psychopathologie der Herzoperierten.* Stuttgart: Enke.

Gottschalk, L. A., Gleser, G. (1969). *The measurement of psychological states through the content analysis of verbal behavior.* Berkley: University of California Press.

Groeben, N. & Scheele, B. (1977). *Argumente für eine Psychologie des reflexiven Subjekts.* Darmstadt: Steinkopff.

Groeben, N. (1986). *Handeln, Tun, Verhalten als Einheiten einer verstehend-erklärenden Psychologie.* Tübingen: Francke.

Haan, N. (1977). *Coping and defending. Processes of self-environment organization.* New York: Academic Press.

Hackett, T. P., Cassem, N. H. & Wishnie, H. A. (1968). The coronary-care unit. An appraisal of its psychological hazards. *New. Eng. J. Med., 279,* 1365—1370.

Hahn, P. (1971). *Der Herzinfarkt in psychosomatischer Sicht.* Göttingen: Verlag für Medizinische Psychologie im Verlag Vandenhoeck & Ruprecht.

Hahn, P. & Kämmerer, W. (1985). Die Risikopersönlichkeit bei koronaren Herzerkrankungen. *Prax. Psychother. Psychosom., 30,* 104—113.

Halhuber, M. J. (1985). Die Situation des Koronarkranken nach dem Herzinfarkt: Psychosoziale Aspekte und ihre Auswirkungen auf die Rehabilitationspraxis. In W. Langosch (Hrsg.), *Psychische Bewältigung der chronischen Herzerkrankung.* Berlin: Springer.

Halmos, P. (1972). *Beichtväter des 20. Jahrhunderts.* Zürich: Theologischer Verlag.

Hambrecht, M. (1986). Krankheitskonzepte als Paradigmata in der Psychotherapie. *Psychother. med. Psychol., 36 (2),* 58—63.

Hannich, H.-J., Wendt, M. & Lawin, P. (Hrsg.). (1983). *Psychosomatik der Intensivstation.* Stuttgart: Thieme.

Hasenbring, M. (1987). Zur Verarbeitung und Bewältigung einer Krebserkrankung: Theorie, empirische Ergebnisse und praktische Schlußfolgerungen. *Verhaltenstherapie und psychosoziale Praxis, 19* 383—399.

Hasenbring, M. & Ahrens, S. (1986). Zur Arzt-Patient-Beziehung in der ambulanten medizinischen Versorgung. *Psychother. med. Psychol., 36,* 274—283.

Haynes, R. B., Taylor, D. W., Sackett, D. L. (Hrsg.) (1982). *Compliance Handbuch.* München: Oldenbourg.

Heim, E. (1979). Coping oder Anpassungsvorgänge in der psychosomatischen Medizin. *Zeitschrift für psychosomatische Medizin und Psychoanalyse, 25,* 251—262.

Heim, E. (1986). Krankheitsbewältigung. In E. Heim & J. Willi, *Psychosoziale Medizin, Bd. 2, Klinik und Praxis.* Berlin: Springer.

Heim, E. (1988). Coping und Adaptivität: Gibt es geeignetes oder ungegeignetes Coping? *Psychother. med. Psychol., 38,*8—18.

Heim, E. (1990). Coping als Wirkfaktor: Eine Interventions-Strategie bei somatischen Krankheiten. In H. Lang (Hrsg.), *Wirkfaktoren der Psychotherapie.* Berlin: Springer.

Heim, E., Augustiny, K. & Blaser, A. (1983). Krankheitsbewältigung (Coping) — ein integratives Modell. *Psychother. med. Psychol., 33,* 35—40.

Heller, G. (1977). Die kulturspezifische Organisation körperlicher Störungen bei den Tamang von Cautara/Nepal. In G. Rudnitzki, W. Schiefenhövel & E. Schröder (Hrsg.), *Ethnomedizin. Beiträge zu einem Dialog zwischen Heilkunst und Völkerkunde.* Barmstedt: Verlag Detlef Kurth.

Heller, G. (1984). *Krankheitskonzepte und Krankheitssymptome. Eine empirische Untersuchung bei den Tamang von Cautara/Nepal zur Frage der kulturspezifischen Prägung von Krankheitserleben.* Frankfurt: Lang.

Hendel-Kramer, A. & Siegrist, J. (1979). Soziale und psychische Determinaten des Krankheitsverhaltens. In J. Siegrist & A. Hendel-Kramer (Hrsg.), *Wege zum Arzt.*

Ergebnisse medizin-soziologischer Untersuchungen zur Arzt-Patient-Beziehung. München: Urban & Schwarzenberg.

Henderson, J. G. (1966). Denial and repression as factors in the delay of patients with cancer presenting themselves to the physician. *Annals of the New York Academy of Science 125,* 856—864.

Hentschel, U. (1985). Zur Validität des Abwehrkonstruktes: Experimentelle Belege. In D. Czogalik, W. Ehlers & R. Teufel, *Perspektiven von Psychotherapieforschung: Einzelfall-Gruppe-Institution.* Freiburg: Hochschulverlag.

Herrmann, J. M., Rassek, M., Schäfer, N., Schmidt, T. H., von Uexküll, T. (1986). Essentielle Hypertonie. In Thure von Uexküll (Hrsg.). *Psychosomatische Medizin,* (3. Aufl., 715—742). München: Urban & Schwarzenberg.

Herschbach, P. (1985). *Psychosoziale Probleme und Bewältigunsstrategien von Brust- und Genitalkrebspatientinnen.* München: Röttger.

Herschbach, P. & Henrich, P. (1987). Probleme und Problembewältigung von Tumorpatienten in der stationären Nachsorge. *Psychother. med. Psychol., 37,* 185—192.

Herzlich, C. (1973). *Health and Illness.* London: Academic Press.

Hinrichs, R. (1984). Überlegungen zum psychoanalytischen Gesundheitsbegriff. *Psychother. med. Psychol., 34 (11),* 261—268.

Hoffmann, S. O. (1987). Die psychoanalytische Abwehrlehre — aktuell, antiquiert oder obsolet? *Forum Psychoanal., 3,* 22—39.

Hoffmann, S. O. & Martius, B. (1987). Zur testdiagnostischen Erfassung der Abwehrstrukturen von Patienten mit Angstneurosen, paranoiden Syndromen und karzinomatösen Erkrankungen — Eine Untersuchung mit dem Defense Mechanisms Inventory (DMI) und der Holtzman Inkblot Technique (HIT). *Psychother. med. Psychol., 37,* 97—104.

Hokanson, J. E. (1970). Psychophysiological evaluation of the catharsis hypothesis. In E. J. Megargee & J. E. Hokanson (Hrsg.). *The dynamics of aggression.* (pp. 74—86). New York: Harper & Row.

Hokanson, J. E. & Stone, L. (1969). Arousal reduction via selfpunitive behaviour. *Journal of Personality and Social Psychology, 12,* 72—79.

Holahan, C. J. & Moos, R. (1983). *Life stress and health: Personality, coping and family support in stress resistance.* Palo Alto: Social Ecology Laboratory, Stanford University and VA Medical Center.

Holmes, Th. & Rahe, R. H. (1967). The social readjustment rating scale. *J. Psychosom. Res., 11,* 213—218. Dt. in H. Katschnig (Hrsg.). (1980), Sozialer Streß und psychische Erkrankung. München: Urban & Schwarzenberg.

Hürny, C. & Adler, R. (1985). Psychoonkologische Forschung. In F. Meerwein (Hrsg.), *Einführung in die Psychoonkologie* (3. Auflage). Bern: Huber.

Hultsch, D. F. & Cornelius, S. W. (1981). Kritische Lebensereignisse und lebenslange Entwicklung: Methodologische Aspekte. In S.-H. Filipp (Hrsg.), *Kritische Lebensereignisse.* München: Urban & Schwarzenberg.

Huse-Kleinstoll, G. (1980). Preoperative somatic factors predisposing to psychic dysfunction after open-heart surgery. In H. Speidel & G. Rodewald (Eds.), *Psychic and neurological dysfunction after open-heart surgery.* Stuttgart: Thieme.

Huse-Kleinstoll, G., Boll, A., Dahme, B., Flemming, B., Götze, P., Meffert, H.-J., Priebe, K. & Speidel, H. (1984). Die psychische Belastung kardiochirurgischer Intensivpatienten. In U. Tewes (Hrsg.), *Angewandte Medizinpsychologie.* Frankfurt: Fachbuchhandlung für Psychologie.

Janis, I. L. (1958). *Psychological stress: Psychoanalytic and behavioral studies of surgical patients.* New York: Wiley.

Janis, I. L. (1965). Psychodynamic aspects of stress tolerance. In S. Klausner (Ed.), *The quest for self-control.* New York: Free Press.

Janis, J. L., Feshbach, S. (1953). Effects of fear-arousing communication. *Journal of Abnormal and Social Psychology, 48,* 78 ff.

Janus, L. (1986). *Vorgeburtliche Lebenszeit und Geburtserleben.* Heidelberg: Selbstverlag, J. Bischoff. Neuauflage: Die Psychoanalyse der vorgeburtlichen Lebenszeit und der Geburt. Pfaffenweiler: Centaurus-Verlagsgesellschaft, 1989.

Jenkins, C. D. (1978). A comparative review of the interview and questionnaire methods in the assessment of the coronary-prone behavior pattern. In T. M. Dembroski, S. M. Weiss, J. L. Shields, S. G. Haynes & M. Feinleib (Eds.), *Coronary-prone behavior.* New York: Springer.

Jenkins, C. D., Rosenman, R. H. & Zyzanski, S. J. (1974). Prediction of clinical coronary heart disease by a test for the coronary-prone behavior pattern. *New Eng. J. Med. 290,* 1271—1275.

Kächele, H. (1987). Ist das „gemeine Unglück" ein Ziel der psychoanalytischen Behandlung? *Forum Psychoanal., 3,* 89—99.

Kächele, H. & Steffens, W. (Hrsg.). (1988). *Bewältigung und Abwehr.* Berlin: Springer.

Kämmerer, W. (1985 a). Psychische Prodrome der Koronarerkrankung. In W. Langosch (Hrsg.), *Psychische Bewältigung der chronischen Herzerkrankung.* Berlin: Springer.

Kämmerer, W. (1985 b). Psychologische Risikofaktoren bei chronischen Herzkrankheiten. *Therapiewoche., 35,* 197—212.

Kanner, A. D., Coyne, J. C., Schaeffer, C. & Lazarus, R. S. (1981). Comparison of two modes of stress measurement: Daily hassles and uplifts versus major life events. *Journal of Behavioral Medicine, 4,* 1—39.

Kaplan, W. & Kimball, C. (1982). The risks and course of coronary artery disease: A biopsychosocial perspective. In T. Millon, C. Green & R. Meagher (Eds.), *Handbook of clinical health psychology.* New York: Plenum Press.

Kastenbaum, R., Costa, P. T. (1977). Psychological perspectives on death. In M. R. Rosenzweig, L. W. Porter (Eds.) *Annual review of psychology,* (Vol. 28), (pp. 225—250). Palo Alto: Stanford University Press.

Katschnig, H. (Hrsg.). (1980 a). *Sozialer Streß und psychische Erkrankung. Lebensverändernde Ereignisse als Ursache psychischer Störungen.* München: Urban & Schwarzenberg.

Katschnig, H. (1980 b). Lebensverändernde Ereignisse als Ursache psychischer Krankheiten — Eine Kritik des globalen Ansatzes in der Life-Event-Forschung. In H. Katschnig (Hrsg.) (1980 a), *Sozialer Streß und psychische Erkrankung. Lebensverändernde Ereignisse als Ursache psychischer Störungen.* München: Urban & Schwarzenberg.

Kauderer-Hübel, M. & Buchwalsky, R. (1986). Aspekte der beruflichen Wiedereingliederung nach Herzinfarkt in Abhängigkeit vom Schweregrad der Erkrankung — Nachbefragung von Patienten mit Anschlußheilbehandlung. *Rehabilitation,* 25, 9—13.

Kerekjarto, M. v. (1982). Über die Notwendigkeit einer psychosozialen Versorgung onkologisch und hämatologisch Kranker im Krankenhaus. In D. Beckmann, S. Davies-Osterkamp & J. W. Scheer (Hrsg.), *Medizinische Psychologie — Forschung für Klinik und Praxis.* Berlin: Springer.

Kerekjarto, M. v. & Schug, S. (Hrsg.). (1987). *Psychosoziale Betreuung von Tumorpatienten im ambulanten und stationären Bereich.* München: Zuckschwerdt.

Kerekjarto, M. v., Krasemann, E. O. & Maas, G. (1983). Wie leben Frührentner nach Herzinfarkt? *Münchner Medizinische Wochenschrift,* 125, 722—726.

Klapp, B. F. (1985). *Psychosoziale Intensivmedizin.* Berlin: Springer.

Klapp, B. F. & Scheer, J. W. (1984). Der Infarktpatient im Krankenhaus — Psychische Bewältigungsprozesse und die Beziehung zum Behandlungsteam. In J. W. Scheer & E. Brähler (Hrsg.) (1984), *Ärztliche Maßnahmen aus psychologischer Sicht — Beiträge zur medizinischen Psychologie.* Berlin: Springer.

Klapp, B., Laubach, W. & Scheer, J. W. (1985). Körperbeschwerden von Infarktpatienten. Zitiert nach E. Brähler & P. Möhring. Der Körper im Beschwerdebild — Erfahrungen mit dem Gießener Beschwerdebogen. In E. Brähler (Hrsg.) (1986), *Körpererleben.* Berlin: Springer.

Klosterhalfen, K. & Klosterhalfen, S. (1987). Psychoimmunologie. In M. Amelang (Hrsg.), *Bericht über den 35. Kongreß der Deutschen Gesellschaft für Psychologie in Heidelberg 1986.* Göttingen: Hogrefe.

Koch, U. & Schmeling, C. (1982). *Betreuung von Schwer- und Todkranken.* München: Urban & Schwarzenberg.

Koch, U. & Haag, G. (1986). Bücher zum Thema „Psychoonkologie“ (1975—85). *Psychother. med. Psychol., 36,* 136—142.

Koch, U. & Haag, G. (1987). Entwicklungen und Probleme psychoonkologischer Forschung. *Psychologische Rundschau, 38,* 97—102.

Koch, U. & Schöfer, G. (Hrsg.). (1986). *Sprachinhaltsanalyse in der psychosomatischen und psychiatrischen Forschung.* Weinheim: Psychologie Verlags Union.

Koch, U., Fauler, I., Safian, P. & Jährig, C. (1982). Affekte bei Ärzten und Patienten während der Visite: Eine Analyse verbalisierter Affekte mit dem Gottschalk-Gleser-Verfahren an Hamburger und Ulmer Visitengesprächen. In K. Köhle & H.-H. Raspe (Hrsg.), *Das Gespräch während der ärztlichen Visite.* München: Urban & Schwarzenberg.

Köhle, K. & Gaus, E. (1986). Psychotherapie von Herzinfarkt-Patienten während der stationären und poststationären Behandlungsphase. In Th. v. Uexküll, *Psychosomatische Medizin* (3. Auflage). München: Urban & Schwarzenberg.

Köhle, K. & Joraschky, P. (1986). Die Institutionalisierung der psychosomatischen Medizin im klinischen Bereich. In Th. v. Uexküll, *Psychosomatische Medizin* (3. Auflage). München: Urban & Schwarzenberg.

Köhle, K. & Raspe, H.-H. (Hrsg.). (1982). *Das Gespräch während der ärztlichen Visite.* München: Urban & Schwarzenberg.

Köhle, K., Böck, D. & Grauhan, A. (Hrsg.). (1980). *Die internistisch-psychosomatische Krankenstation. Ein Werkstattbericht.* (2. Auflage). Basel: Rokom.

Köhle, K., Simons, C. & Kubanek, B., M. e. Beitrag v. Zenz, J. (1986). Zum Umgang mit unheilbar Kranken. In Th. v. Uexküll, *Psychosomatische Medizin* (3. Auflage). München: Urban & Schwarzenberg.

Kommer, D., Schwarz, N., Strack, F., Bechtel, G. (1986). Stimmung und soziale Informationsverarbeitung bei depressiven Störungen. *Zeitschrift für Klinische Psychologie, Psychopathologie und Psychotherapie, 34,* 127—139.

Koos, E. L. (1954). *The health of Regionsville.* New York: Hafner.

Kordy, H. & Senf, W. (1985). Überlegungen zur Evaluation psychotherapeutischer Behandlungen. *Psychother. med. Psychol., 35 (8),* 207—212.

Krampen, G. & Delius, A. v. (1981). Wahrnehmung therapeutischer Umwelten und subjektive Befindlichkeit von stationären Patienten. *Medizinische Psychologie, 7,* 110—126.

Krampen, G. & Ohm, D. (1985). Klinikwahrnehmung und Genesung von Herzinfarktpatienten in einer Rehabilitationsklinik. *Rehabilitation, 24,* 64—68.

Lachauer, R. (1984). Herzinfarktpatienten in einer Rehabilitationsklinik — Erfahrungen aus psychoanalytischer Sicht. *Psychother. med. Psychol., 34,* 33—40.

Lang, H. (Hrsg.). (1990). *Wirkfaktoren der Psychotherapie.* Berlin: Springer.

Lang, H., Faller, H. & Schilling, S. (1989). Krankheitsverarbeitung aus psychosomatisch-psychotherapeutischer Sicht am Beispiel pankreatektomierter Patienten. *Psychother. med. Psychol., 39,* 239—247.

Lange, H. U. (1981). Anpassungsstrategien, Bewältigungsreaktionen und Selbstheilversuche bei Schizophrenen. *Fortschr. Neurol. Psychiat., 49,* 275—285.

Langosch, W. (1980). Ergebnisse psychologischer Verlaufsstudien bei Herzinfarkt-Patienten (Ein- und Drei-Jahres-Katamnese). In W. Langosch (Hrsg.), *Psychosoziale Probleme und psychotherapeutische Interventionsmöglichkeiten bei Herzinfarktpatienten.* München: Minerva.

Langosch, W. (Hrsg.). (1985). *Psychische Bewältigung der chronischen Herzerkrankung.* Berlin: Springer.

Langosch, W. (1989). *Psychosomatik der koronaren Herzkrankheiten.* Weinheim: VCH, edition medizin.

Langosch, W. & Betz, P. (1984). Zusammenhänge zwischen psychologischen und kardiologischen Befunden bei koronarangiographierten männlichen Patienten. *Krankenhausarzt, 57,* 11—16.

Langosch, W. & Brodner, G. (1979). Ergebnisse einer psychologischen Verlaufsstudie an Herzinfarkt-Patienten. *Zeitschrift für Klinische Psychologie, 8,* 256—269.

Langosch, W. & Brodner, G. (1984). Persönlichkeits- und Befindlichkeitsveränderungen von Herzinfarktpatienten in Abhängigkeit von Erkrankungsdauer und Untersuchungssetting im Vergleich zu einer Kontrollgruppe chronisch Kranker. *Zeitschrift für klinische Psychologie, 13,* 204—220.

Langosch, W., Schmidt, T. & Rüddel, H. (1985). Die deutsche Form des strukturierten Interviews zur Diagnostik des Verhaltenstyp-A-Musters (V.-A.-M.). In W. Langosch (Hrsg.), *Psychische Bewältigung der chronischen Herzerkrankung.* Berlin: Springer.

Laux, L. (1983). Psychologische Streßkonzeptionen. In H. Thomae (Hrsg.), *Enzyklopädie der Psychologie. Motivation und Emotion, Band 1, Theorie und Formen der Motivation.* Göttingen: Hogrefe.

Laux, L. & Weber, H. (1987). Person-centered coping research. *European Journal of Personality, 1,* 193—214.

Lazarus, R. S. & Folkman, S. (1984). *Stress, appraisal, and coping.* New York: Springer.

Lazarus, R. S. & Folkman, S. (1986). Cognitive theories of stress and the issue of circularity. In M. H. Appley & R. Trumbull (Eds.). *Dynamics of stress.* New York: Plenum.

Lazarus, R. S. & Launier, R. (1978). Stress-related transactions between person and environment. In L. A. Pervin & M. Lewis (Eds.), *Perspectives in interactional psychology.* New York: Plenum. Dt. Streßbezogene Transaktionen zwischen Person und Umwelt. In J. R. Nitsch (Hrsg.), *Streß: Theorien, Untersuchungen, Maßnahmen.* Bern: Huber, 1981.

Leff, J. P. & Vaughn, C. E. (1980). The interaction of life events and relatives' expressed emotion in schizophrenia and depressive neurosis. *Brit. J. Psychiat., 136,* 146—153.

Leventhal, H. (1970). Findings and theory in the study of fear communications. In L. Berkowitz (Ed.). *Advances in experimental social psychology, (vol. 5),* New York: Academic Press.

Leventhal, H. (1982). The integration of emotion and cognition. A view from the perceptual-motor theory of emotion. In M. S. Clark & S. T. Fiske (Eds.). *Affect and cognition.* N. J. Hillsdale: Erlbaum.

Leventhal, H., Meyer, H. & Nerenz, D. (1980). The common sense representation of illness danger. In S. Rachman, (Ed.), *Contributions to medical psychology* (Vol. 2). Oxford: Pergamon.

Lipowski, Z. J. (1970). Physical illness, the individual, and the coping process. *Int. J. Psychiat. Med., 1,*, 91—102.

Lipowski, Z. J. (1983). Psychosocial reactions to physical illness. *Canad. Med. Ass. J., 128,* 1069—1072.

Lukoff, D., Snyder, K., Ventura, J. & Nuechterlein, K. H. (1984). Life events, familial stress, and coping in the developmental course of schizophrenia. *Schizophr. Bull., 10,* 288—299.

Lutz, R. (Hrsg.). (1983). *Genuß und Genießen.* Weinheim: Beltz Verlag.

Metthews, K. & Haynes, S. G. (1986). Type A behavior pattern and coronary risk: Up date and critical evaluation. *Am J. Epidemiol, 123,* 923—960.

Mayou, R. (1986). Illness behaviour of cardiac patients. In J. H. Lacey & D. A. Sturgeon (Eds.), *Proceedings of the 15th European Conference on Psychosomatic Research.* London: John Libbey.

Mayou, R., Williamson, B. & Foster, A. (1978 a). Outcome two months after myocardial infarction. *J. Psychosom. Res., 22,* 439—445.

Mayou, R., Foster, A. & Williamson, B. (1978 b). Psychosocial adjustment in patients one year after myocardial infarction. *J. Psychosom. Res., 22,* 447—453.

Mechanic, D. (1962). The concept of illness behavior. *J. Chron. Dis., 15,* 189—194.

Medert-Dornscheidt, B. & Myrtek, M. (1977). Ergebnisse einer Zwei-Jahres-Katamnese an Patienten eines Heilverfahrens. *Rehabilitation, 16,* 207—217.

Meerwein, F. (Hrsg.). (1985). *Einführung in die Psycho-Onkologie* (3. Auflage). Bern: Huber.

Meffert, H.-J. (1985). Psychosomatische Aspekte im Zusammenhang mit einer Herzoperation. In W. Langosch (Hrsg.), *Psychische Bewältigung der chronischen Herzerkrankung.* Berlin: Springer.

Meffert, H.-J., Boll, A., Dahme, B., Götze, P., Huse-Kleinstoll, G., Polonius, M.-J., Prüssmann, K., Speidel, H. & Wessel, M. (1983). Der relative Anteil somatischer und psychischer Befunde an der Vorhersage psychopathologischer Auffälligkeiten nach Herzoperationen. In H. H. Studt (Hrsg.), *Psychosomatik in Forschung und Praxis.* München: Urban & Schwarzenberg.

Mentzos, S. (1977). *Interpersonale und institutionelle Abwehr.* Frankfurt: Suhrkamp.

Mentzos, S. (1989). *Neurotische Konfliktverarbeitung.* Frankfurt: Fischer.

Meyerowitz, B. E., Heinrich, R. L. & Schag, C. C. (1983). A competency-based approach to coping with cancer. In T. G. Burish & L. A. Bradley (Eds.), *Coping with chronic disease.* New York: Academic Press.

Möhlen, K. & Davies-Osterkamp, S. (1979). Psychische und körperliche Reaktionen bei Patienten der offenen Herzchirurgie in Abhängigkeit von präoperativen psychischen Befunden. *Zeitschrift für Psychosomatische Medizin und Psychoanalyse, 25,* 128—140.

Moersch, E., Kerz-Rühling, I., Drews, S., Nern, R. D., Kennel, K., Kelleter, R., Rodriguez, C., Fischer, R. & Goldschmidt, O. (1980). Zur Psychopathologie von Herzinfarkt-Patienten. *Psyche, 34,* 493—588.

Monroe, S. M. (1983). Major and minor life events as predictors of psychological distress. *Journal of Behavioral Medicine, 6,* 189—205.

Mrazek, J. (1985). Die subjektive Wahrnehmung des Herzinfarkts und die Angst des Infarktkranken. In W. Langosch (Hrsg.), *Psychische Bewältigung der chronischen Herzerkrankung,* 159—169.

Mrazek, J., Rittner, V., Seer, P. & Weidemann, H. (1983). Zur subjektiven Wahrnehmung des Herzinfarkts und seiner Ursachen. *Öff. Gesundheits-Wesen, 45,* 71—77.

Muthny, F. A. (1988). Einschätzung der Krankheitsverarbeitung durch Patienten, Ärzte und Personal — Gemeinsamkeiten, Diskrepanzen und ihre mögliche Bedeutung. *Zeitschrift für Klinische Psychologie, 17,* 319—333.

Muthny, F. A. (Hrsg.). (1990). *Krankheitsverarbeitung — Hintergrundtheorien, klinische Erfassung und empirische Ergebnisse.* Berlin: Springer.

Muthny, F. A. & Koch, U. (1984). Psychosoziale Situation und Reaktion auf lebensbedrohende Erkrankung — ein Vergleich von Brustkrebs- und Dialyse-Patientinnen. *Psychother. med. Psychol., 34,* 287—295.

Muthny, F. A., Koch, U. & Spaete, M. (1986). Psychosoziale Auswirkungen der Mastektomie und Bedarf an psychosozialer Versorgung — eine empirische Untersuchung mit Mammakarzinompatientinnen. *Psychother. med. Psychol., 36,* 240—249.

Myrtek, M. (1980). Psychische Veränderungen bei Herz- und Kreislaufkranken im Heilverfahren. In W. Langosch (Hrsg.), *Psychosoziale Probleme und psychotherapeutische Interventionsmöglichkeiten bei Herzinfarktpatienten.* München: Minerva.

Myrtek, M. (1983). *Typ-A-Verhalten. Untersuchungen und Literaturanalysen unter besonderer Berücksichtigung der psychophysiologischen Grundlagen.* München: Minerva.

Myrtek, M. (1985). Streß und Typ-A-Verhalten, Risikofaktoren der koronaren Herzkrankheit? Eine kritische Bestandsaufnahme. *Psychother. med. Psychol., 35,* 54—61.

Myrtek, M., Schmidt, T. H. & Schwab, G. (1984). Untersuchungen zur Reliabilität und Validität der deutschen Version des Jenkins Activity Survey (JAS). *Zeitschrift für Klinische Psychologie, 13,* 322—337.

Nerenz, D. R. & Leventhal, H. (1983). Self-regulation theory in chronic illness. In T. G. Burish & L. A. Bradley (Eds.), *Coping with chronic disease.* New York: Academic Press.

North, M. (1975). *Mythos und Wirklichkeit der Psychotherapie.* München: Urban & Schwarzenberg.

Nothdurft, W. (1982). Zur Undurchlässigkeit von Krankenhaus-Visiten. In K. Köhle & H.-H. Raspe (Hrsg.), *Das Gespräch während der ärztlichen Visite.* München: Urban & Schwarzenberg.

Novaco, R. W. (1975). *Anger Control.* Lexington: Lexington Books.

Nuechterlein, K. H. & Dawson, M. E. (1984). A heuristic vulnerability/stress model of schizophrenic episodes. *Schizophr. Bull., 10,* 300—312.

Ohlmeier, D. (1985). Zur psychoanalytischen Gruppentherapie und Persönlichkeitsstruktur von Herzinfarktkranken. In W. Langosch (Hrsg.), *Psychische Bewältigung der chronischen Herzerkrankung.* Berlin: Springer.

Olbrich, R. (1983). Expressed Emotion (EE) und die Auslösung schizophrener Episoden: eine Literaturübersicht. *Nervenarzt, 54,* 113—121.

Olbrich, R. (1987). Die Verletzbarkeit des Schizophrenen: J. Zubins Konzept der Vulnerabilität. *Nervenarzt, 58,* 65—71.

Parkes, C. M., Benjamin, B. & Fitzgerald, R. G. (1969). Broken hearts: a statistical study of increased mortality among widowers. *Br. Med. J., 1,* 740—743.

Paykel, E. S. & Hollyman, J. A. (1984). Life events and depression — a psychiatric view. *TINS, 7,* 478—481.

Pennebaker, J. W. (1982). *Psychology of physical symptoms.* New York: Springer Verlag.

Pfleiderer, B. & Bichmann, W. (1985). *Krankheit und Kultur. Eine Einführung in die Ethnomedizin.* Berlin: Reimer.

Pilowsky, I. & Spence, N. D. (1975). Patterns of illness behaviour in patients with intractable pain. *J. Psychosom. Res., 19,* 279—285.

Pritchard, M. (1974). Reactions to illness in long-term haemodialysis. *J. Psychosom. Res., 18,* 55—67.

Prystav, G. (1981). Psychologische Copingforschung: Konzeptbildungen, Operationalisierungen und Meßinstrumente. *Diagnostica, 27,* 189—214.

Rad, M. v. (1983). *Alexithymie.* Berlin: Springer.

Rank, O. (1924). *Das Trauma der Geburt.* Frankkfurt: Fischer, 1988.

Raspe, H.-H. (1982). Visitenforschung in der Bundesrepublik: Historische Reminiszenzen und Ergebnisse formal-quantitativer Analysen. In K. Köhle & H.-H. Raspe (Hrsg.), *Das Gespräch während der ärztlichen Visite.* München: Urban & Schwarzenberg.

Raspe, H.-H. (1983). *Aufklärung und Interaktion im Krankenhaus.* Göttingen: Vandenhoeck & Ruprecht.

Reindell, A., Petzold, E., Ferner, H. & Altmann, U. (1980). Unterschiedliche Therapieansätze in Abhängigkeit von psychophysiologischen Parametern bei Herzinfarktpatienten. In W. Langosch (Hrsg.), *Psychosoziale Probleme und psychotherapeutische Interventionsmöglichkeiten bei Herzinfarktpatienten.* München: Minerva.

Ritter-Röhr, D. (Hrsg.). (1975). *Der Arzt, sein Patient und die Gesellschaft.* Frankfurt: Suhrkamp.

Rokeach, M. (1973). *The Nature of Human Values.* New York: Free Press.

Rodin, J. (1980). Managing the stress of ageing: The role of control and coping. In S. Levin & H. Ursin (Eds.), *Coping and Health.* New York: Plenum Press.

Rosenman, R. H. (1978). The interview method of assessment of the coronary prone behavior pattern. In T. M. Dembroski, S. M. Weiss, J. L. Shields, S. G. Haynes & M. Feinleib (Eds.),*Coronary prone behavior.* New York: Springer.

Salm, A. (1982). Der Umgang mit der Angst am Beispiel der Herzkatheteruntersuchung. In D. Beckmann, S. Davies-Osterkamp & J. W. Scheer (Hrsg.), *Medizinische Psychologie, Forschung für Klinik und Praxis.* Berlin: Springer.

Salm, A. & Davies-Osterkamp, S. (1984). Medizinische Eingriffe am Herzen und ihre psychische Bewältigung. In J. W. Scheer & E. Brähler, *Ärztliche Maßnahmen aus psychologischer Sicht. Beiträge zur medizinischen Psychologie.* Berlin: Springer.

Safian, P., Fauler, I., Koch, U., Jährig, C. & Köhle, K. (1982). Inhaltliche und methodische Analyse von Visitengesprächen zweier klinischer Populationen mittels unterschiedlicher Rating-Verfahren. In K. Köhle & H.-H. Raspe (Hrsg.), *Das Gespräch während der ärztlichen Visite.* München: Urban & Schwarzenberg.

Schäfer, H. & Blohmke, M. (1977). *Herzkrank durch psychosozialen Streß.* Heidelberg: Hüthig.

Scheer, J. W. & Moeller, M. L. (1976). Krankheitskonzepte psychotherapeutischer Patienten I u. II. *Medizinische Psychologie, 1,* 13—29 u. 30—48.

Schenda, R. (1976). Das Verhalten der Patienten im Schnittpunkt professionalisierter und naiver Gesundheitsversorgung. Historische Entwicklung und aktuelle Problematik. In M. Blohmke, Ch. v. Ferber, K. P. Kisker & H. Schaefer (Hrsg.),*Handbuch der Sozialmedizin* (Band 3), Stuttgart: Enke.

Schepank, H. (1987). *Psychogene Erkrankungen der Stadtbevölkerung.* Berlin, Heidelberg, New York, London, Paris, Tokyo: Springer.

Schmidt, L. R. (1984). *Psychologie in der Medizin. Anwendungsmöglichkeiten in der Praxis.* Stuttgart: Thieme.

Schmidt, T. H., Adler, R., Langosch, W. & Rassek, M. (1986). Arterielle Verschlußkrankheiten: Koronare Herzkrankheit, Apoplexie und Claudicatio intermittens. In Th. v. Uexküll, *Psychosomatische Medizin* (3. Auflage). München: Urban & Schwarzenberg.

Schneller, Th. & Fleischer-Peters, A. (Hrsg.). (1985). *Anwendung psychologischer Methoden in der Zahnmedizin.* Frankfurt: Fachbuchhandlung für Psychologie.

Schöfer, G. (Hrsg.). (1980). *Gottschalk-Gleser-Sprachinhaltsanalyse.* Weinheim: Beltz.

Schonecke, O. W. (1986). Lernpsychologische Grundlagen für die Psychosomatische Medizin. In Th. v. Uexküll (Hrsg.), *Psychosomatische Medizin,* (3. Aufl.) (S. 81—102). München: Urban & Schwarzenberg.

Schulz, K.-H. & Raedler, A. (1986). Tumorimmunologie und Psychoimmunologie als Grundlagen für die Psychoonkologie. *Psychother. med. Psychol., 36,* 114—129.

Schumacher, A. (1989). Sinnfindung bei brustkrebserkrankten Frauen. In R. Verres & M. Hasenbring (Hrsg.), *Psychosoziale Onkologie. Jahrbuch der medizinischen Psychologie, Band 3*, S. 128—135. Berlin–Heidelberg: Springer.

Schwarz, N. (1983). Stimmung als Information: Zum Einfluß von Stimmungen auf die Bewertung des eigenen Lebens. In G. Lüders (Hrsg.), *Bericht über den 33. Kongreß der Deutschen Gesellschaft für Psychologie in Mainz 1982.* Göttingen: Hogrefe.

Schwarz, N. & Clore, G. (1983). Mood, misattribution, and judgements of well-being: Informative and directive functions of affective states. *Journal of Personality and Social Psychology, 45,* 513—523.

Schwarz, N. & Strack, F. (1985). Cognitive and affective processes in judgements of well-being: A preliminary model. In H. Brandstätter & E. Kirchler (Eds.). *Economic Psychology.* Linz: Taubner.

Schwarz, R. (1984). Aufklärung über die Tumordiagnose und Vorwissen bei Patientinnen unter Brustkrebsverdacht. *Psychother. med. Psychol., 34,* 111—115.

Senf, W. (1988). Was hilft in der Psychotherapie? Sicht der Therapeuten — Rückblick der Patienten. *Prax. Psychother. Psychosom., 33,* 281—291.

Sellschopp, A. (1989). Die gegenwärtige Lage der Psychoonkologie. In R. Verres & M. Hasenbring (Hrsg.), *Jahrbuch der medizinischen Psychologie, Band 3: Psychosoziale Onkologie.* Berlin: Springer.

Shaver, K. G. (1970). Defensive attribution: Effects of severity and relevance on the responsibility assigned for an accident. *J. Pers. Soc. Psychol., 14,* 101—113.

Shaver, K. G. & Drown, D. (1986). On causality, responsibility, and self-blame: A theoretical note. *J. Pers. Soc. Psychol., 50,* 697—702.

Shekelle, R. B., Hulley, S., Neaton, J., Billings, J., Borhani, N., Gerace, T., Jacobs, D., Lasser, N., Mittlemark, M., Stamler, J. and the MRFIT Research Group (1985). The MRFIT behavior pattern study: II. Type A behavior pattern and incidence of coronary heart disease. *American Journal of Epidemiology, 122,* 559—570.

Siegman, A. W., Dembroski, T. M. & Ringel, N. (1987). Components of hostility and the severity of coronary artery disease. *Psychosomatic Medicine, 49,* 127—135.

Siegrist, J. (1974). *Lehrbuch der medizinischen Soziologie.* München: Urban & Schwarzenberg.

Siegrist, J. (1976). Asymmetrische Kommunikation bei klinischen Visiten. *Medizinische Klinik, 71,* 1962—1966.

Siegrist, J. (1978). *Arbeit und Interaktion im Krankenhaus.* Stuttgart: Enke.

Siegrist, J. (1982). Asymmetrische Kommunikation bei klinischen Visiten. In K. Köhle & H.-H. Raspe (Hrsg.), *Das Gespräch während der ärztlichen Visite.* München: Urban & Schwarzenberg.

Siegrist, J. (1985). Koronargefährdendes Verhalten. In H.-D. Basler & I. Florin (Hrsg.), *Klinische Psychologie und körperliche Krankheit.* Stuttgart, Kohlhammer.

Siegrist, J., Dittmann, K., Rittner, K. & Weber, I. (1980). *Soziale Belastungen und Herzinfarkt. Eine medizinsoziologische Fall-Kontroll-Studie.* Stuttgart: Enke.

Sieland, B. (1983). Seelische Gesundheit und individuelle Psychohygiene. *Braunschweiger Arbeiten.* Braunschweig: Technische Universität, Seminar für Psychologie.

Sieland, B. (1985). Selbst- und Metareflexion als Methode und Ziel im Rahmen von Ausbildung, Selbsthilfe und Psychotherapie. In P. Fischer, (Hrsg.) *Therapiebezogene Diagnostik*, Tübinger Reihe 3. Tübingen: Deutsche Gesellschaft für Verhaltenstherapie.

Sodemann, U., Toerkott, J. & Köhle, K. (1982). Affekt-Themen in Visiten bei Patienten mit ungünstiger Prognose auf einer internistisch-psychosomatischen Krankenstation. In K. Köhle & H.-H. Raspe (Hrsg.), *Das Gespräch während der ärztlichen Visite.* München: Urban & Schwarzenberg.

Sodemann, U. & Köhle, K. (1986). Anwendung des Gottschalk-Gleser-Verfahrens und eines Angstthemenwörterbuches bei der Affektanalyse von Visitengesprächen. In U. Koch & G. Schöfer Hrsg.), *Sprachinhaltsanalyse in der psychosomatischen und psychiatrischen Forschung.* Weinheim: Psychologie-Verlags-Union.

Speidel, H., Boll, A., Dahme, B., Götze, P., Huse-Kleinstoll, G., Meffert, H.-J. & Prüssmann, K. (1985). Psychosozialer und medizinischer Status 3—5 Jahre nach einer Herzoperation. In W. Langosch (Hrsg.), *Psychische Bewältigung der chronischen Herzerkrankung.* Berlin: Springer.

Steffens, W., Kächele, H. (1988). Abwehr und Bewältigung — Vorschläge zu einer integrativen Sichtweise. *Psychother. med. Psychol., 38,* 3—7.

Stegie, R. (1980). Probleme der life-event-Forschung. *Medizinische Psychologie, 6,* 20—32.

Stegie, R. & Koch, U. (1982). Rehabilitation Psychology in the Federal Republic of Germany. *The German Journal of Psychology, 6,* 221—255.

Stegie, R. & Mödinger, H.-J. (1986). Methodenkritische Analyse deutschsprachiger empirischer Forschungsarbeiten (1975—1985) zu psychosozialen Auswirkungen maligner Tumoren. *Forschungsberichte des psychologischen Instituts der Albert- Ludwigs-Universität Freiburg i. Br. Nr. 34.*

Steigerwald, F. (1980). Die empirische Erfassung der Todesangst mit Fragebogen. *Medizinische Psychologie, 6,* 54—65.

Stern, K. (1950). *Allgemeine Psychologie,* 2. Aufl. Den Haag: Nijhoff.

Stone, G. C., Cohen, F., Adler, N. (1982). *Health psychology — a handbook. Theories, applications, and challenges of a psychological approach to the health care system.* San Francisco: Jossey-Bass Publ.

Taylor, S. E. (1983). Adjustment to threatening events. A theory of cognitive adaptation. *American Psychologist, 38,* 1161—1173.

Taylor, S. E., Lichtman, R. R. & Wood, J. V. (1984). Attributions, beliefs about control, and adjustment to breast cancer. *J. Pers. Soc. Psychol., 46.* 489—502.

Tennen, H., Affleck, G. & Gershman, K. (1986). Self-blame among parents of infants with perinatal complications: The role of self-protective motives. *J. Pers. Soc. Psychol., 50,* 690—696.

Thompson, S. C. (1981). Will it hurt less if I can control it? A complex answer to a simple question. *Psychological Bulletin, 90,* 89—101.

Thurm-Mussgay, J. (1990). *Krankheitsverarbeitung Schizophrener.* Konstanz: Hartung Gorre.

Thurm, I. & Häfner, H. (1987). Perceived vulnerability, relapse risk and coping in schizophrenia. An explorative study. *European Archives of Psychiatry and Neurological Sciences, 234*, 46—53.

Traue, H. C. (1986). Über die Inhibition von Ausdruck als Komponente psychosomatischer Störungen. *Zeitschrift für Psychosomatische Medizin und Psychoanalyse, 32*, 349—360.

Trelawny-Ross, C. & Russell, O. (1987). Social and psychological response to myocardial infarction: multiple determinants of outcome at six months. *J. Psychosom. Res., 31*, 125—130.

Tress, W. (1986). *Das Rätsel der seelischen Gesundheit.* Göttingen-Zürich: Vandenhoeck & Ruprecht.

Troschke, J. v. (1974). Psychosoziale Aspekte von Gesundheit und Krankheit. *Themen der Krankenpflege, 1*, 487—524.

Ulich, D. (1982). *Das Gefühl. Eine Einführung in die Emotionspsychologie.* München: Urban & Schwarzenberg.

Vaughn, C. E. & Leff, J. P. (1976). The influence of family and social factors on the course of psychiatric illness — a comparison of schizophrenic and depressed neurotic patients. *Brit. J. Psychiat., 129*, 125—137.

Verres, R. (1989 a). Präventives Verhalten in Abhängigkeit von subjektiven Krankheitstheorien. In W. Blankenburg (Hrsg.). *Biographie und Krankheit.* Bern: Huber.

Verres, R. (1989 b). Zur Kontextabhängigkeit subjektiver Krankheitstheorien. In C. Bischoff & H. Zenz (Hrsg.). *Patientenkonzepte von Körper und Krankheit.* Bern: Huber.

Verres, R. & Sobez, I. (1980). *Ärger, Aggression und soziale Kompetenz.* Stuttgart: Klett-Cotta.

Verres, R. & Hasenbring, M. (1989). *Psychosoziale Onkologie. Jahrbuch der medizinischen Psychologie, Band 3.* Berlin - Heidelberg: Springer.

Verres, R., Faller, H., Michel, U. & Schilling, S. (1985 a). Subjektive Krankheitstheorie: Einige Möglichkeiten und einige Schwierigkeiten bei der Analyse gesundheitsbezogener Kognitionen und Emotionen. In P. Fischer (Hrsg.), *Therapiebezogene Diagnostik.* Tübingen: DGVT.

Verres, R., Daniel, R., Michel, U., Faller, H., Schilling, S. & Völcker, A. (1985 b). Krebspatienten in der Wahrnehmung ihrer Mitmenschen: Ein Hindernis für die Bereitschaft zur psychotherapeutischen Betreuung? In A. Sellschopp, R. Schwarz & U. Michel (Hrsg.), *Psychosoziale Probleme bei Brustkrebs.* Heidelberg: Verlag für Medizin Dr. Ewald Fischer.

Verres, R. unter Mitarbeit von Schilling, S., Faller, H., Michel, U., Daniel, R. & Völcker, A. (1986). *Krebs und Angst. Subjektive Theorien von Laien über Entstehung, Vorsorge, Früherkennung, Behandlung und die psychosozialen Folgen von Krebserkrankungen.* Berlin: Springer.

Vossel, G. (1987). Stress conceptions in life event research: towards a person-centered perspective. *European Journal of Personality, 1,* 123—140.

Watson, M. (1983). Psychosocial intervention with cancer patients: a review. *Psychological Medicine, 13,* 839—846.

Weiner, H. (1983). Gesundheit, Krankheitsgefühl und Krankheit — Ansätze zu einem integrativen Verständnis. *Psychother. med. Psychol., 33, Sonderheft 1,* 15—34. Stuttgart: Thieme Verlag.

Weisman, A. D. (1972). *On dying and denying.* New York: Behavioral Publications.

Weisman, A. D. (1979). *Coping with Cancer.* New York: Mc Graw-Hill.

Weitemeyer, W. & Meyer A.-E. (1967). Zur Frage krankheitsdependenter Neurotisierung. *Archiv für Psychiatrie und Zeitschrift für die gesamte Neurologie, 209,*21—37.

Weizsäcker, V. v. (1940). *Der Gestaltkreis.* Frankfurt am Main: Suhrkamp, 1973.

Westphale, C. & Köhle, K. (1982). Gesprächssituation und Informationsaustausch während der Visite auf einer internistisch-psychosomatischen Krankenstation. In K. Köhle & H.-H. Raspe (Hrsg.), *Das Gespräch während der ärztlichen Visite.* München: Urban & Schwarzenberg.

Wilker, F.-W. & Zenz, H. (1979). Krankheit und Frustration. *Medizinische Psychologie, 5,* 81—94.

Wirsching, M. & Stierlin, H. (1982). *Krankheit und Familie.* Stuttgart: Klett-Cotta.

Zacher, A. (1984). Der Begriff des „ungelebten Lebens“ im Werk Viktor von Weizsäckers. *Psychother. med. Psychol., 34,* 237—241.

Zerssen, D. v. & Hecht, H. (1987). Gesundheit, Glück, Zufriedenheit im Licht einer katamnestischen Erhebung an psychiatrischen Patienten und gesunden Probanden. *Psychother. med. Psychol., 37,* 83—96.

Ziegeler, G. (1982). *Leben mit einem Herzinfarkt. Eine empirische Analyse von Strategien der psychosozialen Bewältigung einer chronischen Krankheit — am Beispiel von Herzinfarktkranken und ihren Familien.* Unveröff. Diss., Universität Göttingen.

Ziegler, G., Pulwer, R. & Koloczek, D. (1984). Psychische Reaktionen und Krankheitsverarbeitung bei Tumorpatienten — erste Ergebnisse einer empirischen Untersuchung. *Psychother. med. Psychol., 34,* 44—49.

Ziegler, G., Müller, F. & Grünwald, W. (1986). Psychische Reaktionen und Krankheitsverarbeitung von Tumorpatienten — weitere Ergebnisse. *Psychother. med. Psychol., 36,* 150—158.

Zubin, J. & Spring, B. (1977). Vulnerability — a new view of schizophrenia. *J. Abn. Psychol., 86,* 103—126.

Autorenregister

Sachregister